Staub's Kommentar

zum Gesetz, betreffend die

Gesellschaften mit beschränkter Haftung.

Zweite Auflage

unter Benutzung des handschriftlichen Nachlasses

bearbeitet von

Dr. Max Hachenburg,

Rechtsanwalt in Mannheim

Berlin 1906.

J. Guttentag, Verlagsbuchhandlung,

G. m. b. H.

Vorrede zur ersten Auflage.

Zahlreiche Wünsche sind an mich herangetreten, ich möchte das Gesetz betreffend die Gesellschaften mit beschränkter Haftung in gleicher Weise wie das Handelsgesetzbuch und die Wechselordnung kommentieren. Die Aufgabe reizte mich wegen der täglich sich mehrenden Wichtigkeit des Gesetzes und wegen seiner inneren Vorzüge, die ich in täglicher Praxis schätzen gelernt habe.

Ich wünsche und hoffe, daß meine Arbeit beitragen möge, die in Betracht kommenden Rechtsverhältnisse zu klären.

Berlin, im Februar 1903.

Staub.

Vorwort zur zweiten Auflage.

Kurz nach Staubs Tod erging das Ersuchen des Verlags an mich, die zweite Auflage des Kommentars zum Gesetz, betreffend die Gesellschaften mit beschränkter Haftung zu bearbeiten. Wir standen alle unter dem frischen Eindruck der Trauernachricht. Unter diesem sagte ich zu. Es schien eine Pflicht der Pietät, die zu erfüllen war. Von diesem Gesichtspunkte aus dachte ich zuerst nur an ein Durchsehen des Buches, nachschiebend, wo sich neuer Stoff angesammelt hatte, ordnend und zusammenziehend, wo es nötig fiel. Aber bald bemerkte ich, daß dies undurchführbar war. Es ließen sich neu aufgeworfene Fragen nicht einfach einschalten, es ließen sich Bedenken an der Richtigkeit der vorgetragenen Ansichten nicht unterdrücken. So kam ich zu einer Neubearbeitung des Kommentars. Ich stellte mich auf den Standpunkt, als habe Staub selbst mich zum Mitarbeiter berufen, dem er einzelne Gebiete zur selbständigen Darstellung überließ. Aus Notizen, die sich in seinem Handexemplar fanden, ließ sich erkennen, daß auch er gar manches umgestaltet hätte. So schrieb er auf das Schutzblatt „Thema: Die Sacheinlagen“. In der Tat verlangte diese Materie eine eingehendere Behandlung, als ihr in den Kommentaren zum Aktienrecht und der Gesellschaft mit beschränkter Haftung zu Teil geworden war. Ich habe versucht, sie in den Anmerkungen 11 bis 62 zu § 5 zu geben. Schwierigkeiten bereiteten in der Erkenntnis des Gesetzes und in dessen Anwendung die allgemeinen Regeln des Bürgerlichen Rechtes vom Rechtsgeschäft, von denen nur ein Teil in den Bestimmungen des Gesetzes über die Nichtigkeit behandelt ist. Es sind diese Fragen eingehend an verschiedenen Stellen des Kommentars besprochen. So Anm. 21 ff. zu § 2, 13 ff. zu § 57 und Anm. 3 ff. zu § 75 u. s. w. Im Zusammenhang damit steht die Frage der Stellung des Registerrichters zum Gesellschaftsvertrag und den Änderungen desselben. Von Bedeutung ist namentlich die Folge der Eintragung. Ich verweise hierfür auf Anm. 24 zu § 2, Anm. 10 und 13 zu § 7, auf Anm. 10 ff. zu § 57, Anm. 29 bis 41 zu § 75. Verwandt ist die Materie der Gültigkeit der Beschlüsse überhaupt. Auch hier ist in Anm. 6 bis 35 zu § 45 eine Neubearbeitung gegeben. Auf anderer Grundlage als in der ersten Auflage habe ich die §§ 19 bis 34 behandelt. Ebenso, zum Teil wenigstens, die §§ 55 ff. von Erhöhung und Herabsetzung des Stammkapitals. Wo ich dabei den Ausgangspunkt der Staubschen Ausführungen verließ und nicht minder an jeder sonstigen einzelnen Stelle, wo eine andere Ansicht vertreten wurde, als in der ersten Auflage, habe ich den Gedanken dieser vorangestellt, ihre Gründe mitgeteilt und die Gegengründe angegeben.

Überall aber, ob ich eine ganze Materie neubearbeitete oder ob ich eine Einchaltung machte, war ich stets bestrebt, das System und die Methode Staubs, die unerreicht ist, beizubehalten.

Die Verwertung der an verschiedenen Stellen zitierten ungedruckten Entscheidungen des Reichsgerichts hat mir mein verehrter Freund Herr Reichsgerichtsrat Dr. Düringer ermöglicht. Ich wiederhole den Dank hierfür auch an dieser Stelle.

Mannheim, 10. Januar 1906.

Hachenburg.

Vorrede zur ersten Auflage.

Zahlreiche Wünsche sind an mich herangetreten, ich möchte das Gesetz betreffend die Gesellschaften mit beschränkter Haftung in gleicher Weise wie das Handelsgesetzbuch und die Wechselordnung kommentieren. Die Aufgabe reizte mich wegen der täglich sich mehrenden Wichtigkeit des Gesetzes und wegen seiner inneren Vorzüge, die ich in täglicher Praxis schätzen gelernt habe.

Ich wünsche und hoffe, daß meine Arbeit beitragen möge, die in Betracht kommenden Rechtsverhältnisse zu klären.

Berlin, im Februar 1903.

Staub.

Vorwort zur zweiten Auflage.

Kurz nach Staubs Tod erging das Ersuchen des Verlags an mich, die zweite Auflage des Kommentars zum Gesetz, betreffend die Gesellschaften mit beschränkter Haftung zu bearbeiten. Wir standen alle unter dem frischen Eindruck der Trauernachricht. Unter diesem sagte ich zu. Es schien eine Pflicht der Pietät, die zu erfüllen war. Von diesem Gesichtspunkte aus dachte ich zuerst nur an ein Durchsehen des Buches, nachschiebend, wo sich neuer Stoff angesammelt hatte, ordnend und zusammenziehend, wo es nötig fiel. Aber bald bemerkte ich, daß dies undurchführbar war. Es ließen sich neu aufgeworfene Fragen nicht einfach einschalten, es ließen sich Bedenken an der Richtigkeit der vorgetragenen Ansichten nicht unterdrücken. So kam ich zu einer Neubearbeitung des Kommentars. Ich stellte mich auf den Standpunkt, als habe Staub selbst mich zum Mitarbeiter berufen, dem er einzelne Gebiete zur selbständigen Darstellung überließ. Aus Notizen, die sich in seinem Handexemplar fanden, ließ sich erkennen, daß auch er gar manches umgestaltet hätte. So schrieb er auf das Schutzblatt „Thema: Die Sacheinlagen“. In der Tat verlangte diese Materie eine eingehendere Behandlung, als ihr in den Kommentaren zum Aktienrecht und der Gesellschaft mit beschränkter Haftung zu Teil geworden war. Ich habe versucht, sie in den Anmerkungen 11 bis 62 zu § 5 zu geben. Schwierigkeiten bereiteten in der Erkenntnis des Gesetzes und in dessen Anwendung die allgemeinen Regeln des Bürgerlichen Rechtes vom Rechtsgeschäft, von denen nur ein Teil in den Bestimmungen des Gesetzes über die Nichtigkeit behandelt ist. Es sind diese Fragen eingehend an verschiedenen Stellen des Kommentars besprochen. So Anm. 21 ff. zu § 2, 13 ff. zu § 57 und Anm. 3 ff. zu § 75 u. s. w. Im Zusammenhang damit steht die Frage der Stellung des Registerrichters zum Gesellschaftsvertrag und den Änderungen desselben. Von Bedeutung ist namentlich die Folge der Eintragung. Ich verweise hierfür auf Anm. 24 zu § 2, Anm. 10 und 13 zu § 7, auf Anm. 10 ff. zu § 57, Anm. 29 bis 41 zu § 75. Verwandt ist die Materie der Gültigkeit der Beschlüsse überhaupt. Auch hier ist in Anm. 6 bis 35 zu § 45 eine Neubearbeitung gegeben. Auf anderer Grundlage als in der ersten Auflage habe ich die §§ 19 bis 34 behandelt. Ebenso, zum Teil wenigstens, die §§ 55 ff. von Erhöhung und Herabsetzung des Stammkapitals. Wo ich dabei den Ausgangspunkt der Staubschen Ausführungen verließ und nicht minder an jeder sonstigen einzelnen Stelle, wo eine andere Ansicht vertreten wurde, als in der ersten Auflage, habe ich den Gedanken dieser vorangestellt, ihre Gründe mitgeteilt und die Gegengründe angegeben.

Überall aber, ob ich eine ganze Materie neubearbeitete oder ob ich eine Einchaltung machte, war ich stets bestrebt, das System und die Methode Staubs, die unerreicht ist, beizubehalten.

Die Verwertung der an verschiedenen Stellen zitierten ungedruckten Entscheidungen des Reichsgerichts hat mir mein verehrter Freund Herr Reichsgerichtsrat Dr. Düringer ermöglicht. Ich wiederhole den Dank hierfür auch an dieser Stelle.

Mannheim, 10. Januar 1906.

Hachenburg.

Inhaltsverzeichnis.

Nachträge.

(Nach Fertigstellung des Druckes.)

Zu § 4. Anm. 27. Vgl. auch Marcus bei Holdheim 15, 141: Die gesetzliche Firmenbezeichnung „Gesellschaft mit beschränkter Haftung" genügt nicht als Firmenzusatz, der die Anwendung des § 30 Abs. 2 HGB. ausschließt.

Zu § 14. Anm. 1. Vgl. den wertvollen Aufsatz von Neukamp ZHR. 57, 1ff. und 479ff. Auf die Einzelheiten kann hier nicht mehr eingegangen werden.

Zu § 15. Anm. 7. Auch die Verpflichtung eines Nichtgesellschafters zur Abtretung von Geschäftsanteilen eines Gesellschafters bedarf der vorgeschriebenen Form. Wer nicht Gesellschafter ist, kann die Geschäftsanteile eines Gesellschafters mit dessen Einwilligung abtreten, daher sich auch in diesem Sinne obligatorisch verpflichten RG. v. 10. 1. 06 bei Holdheim 15, 114; Recht 1906, 387 Nr. 1007.

Zu § 16. Anm. 13. Die Gesellschaft ist berechtigt, gegen Ansprüche des neuen Erwerbers aus dem Geschäftsanteile mit Forderungen gegen den früheren Gesellschafter aufzurechnen. RG. v. 6. 12. 05 bei Holdheim 15, 114.

Zu § 17. Anm. 17. Es genügt nicht, daß sich aus den in der Genehmigungsurkunde enthaltenen Angaben der Betrag der dem Veräußerer verbleibenden Stammeinlage berechnen läßt. Dieser muß ausdrücklich bezeichnet sein. Die Genehmigung wird nicht durch Aushändigung eines dem abgetretenen Anteile entsprechenden und für den Erwerber angefertigten Anteilscheines ersetzt. (OLG. Hamm v. 16. 12. 05 im Recht 1906, 387, Nr. 1008.) Diese Entscheidung ist in ihrem ersten Teile zu formalistisch.

Zu § 24. Anm. 16. Das OLG. Karlsruhe Nr. 8353 vom 20. 4. 06 i. S. Terraingesellschaft Spörrwörth gegen Freundt[1]) hat die in der zweiten Auflage verlassene Ansicht, daß alle Gesellschafter, auch die aus früheren Emissionen für den umzulegenden Betrag haften, angenommen. Es entspreche dies dem Zwecke des Gesetzes, der Erhaltung des Stammkapitals. Damit ist aber über das Moment, daß die ursprünglichen Gesellschafter sich nur für ihre Gesamteinlage verpflichteten, nicht hinwegzukommen. Noch weniger durch das weitere Argument des OLG., daß diese Härte des Gesetzes dadurch gemildert werde, daß ja dem Ausgeschlossenen am Gewinne der Gesellschaft kein Anteil mehr zustehe und daß die zahlenden anderen Gesellschafter auf jenen ihren Rückgriff haben. Dieser Trost ist bei Gesellschaften, die zum Umlageverfahren gemäß § 24 kommen, ein recht geringer. Endlich erscheint auch nicht stichhaltig, daß die Gesellschafter es ja in der Hand haben, in dem Gesellschaftsvertrage zu bestimmen, daß nur mit Zustimmung aller Gesellschafter das Stammkapital erhöht werden kann. Denn durch die Gewährung eines solchen Mittels, das übrigens auch recht unpraktisch wäre, und der Entfaltung der Gesellschaft sehr hinderlich sein könnte, wird die Tatsache, daß ohne solche Bestimmung des Gesellschaftsvertrages die Mehrheit in der Lage ist, mangels einer solchen statutarischen Bestimmung auch den widerstrebenden Gesellschaftern weitergehende Lasten als sie übernahmen, aufzulegen,

---

1) Dieses Urteil wird voraussichtlich abgedruckt werden. Es ist nicht revisibel.

Abkürzungen.

ArchBürgR. = Archiv für bürgerliches Recht.
BadNotZ. = Badische Notariats-Zeitung.
BadRpr. = Badische Rechtspraxis.
BankArch. = Bank-Archiv, Zeitschrift für Bank- und Börsenwesen.
BGB. = Bürgerliches Gesetzbuch.
BauersZ. = Zeitschrift für Aktiengesellschaften, herausgegeben von Bauer.
Bolze = Die Praxis des Reichsgerichts in Civilsachen, herausgegeben von Bolze.
CBlFG. = Centralblatt für freiwillige Gerichtsbarkeit und Notariat.
CPO. = Civilprozeßordnung.
Dernburg = Das bürgerliche Recht des Deutschen Reichs und Preußens von Heinrich Dernburg.
DJZ. = Deutsche Juristenzeitung.
DNotVZ. = Zeitschrift des Deutschen Notarvereins.
Düringer-Hachenburg = Das Handelsgesetzbuch vom 18. Mai 1897, erläutert von A. Düringer und M. Hachenburg.
FG. = Reichsgesetz über die Angelegenheiten der freiwilligen Gerichtsbarkeit.
GmbH. = Gesellschaft mit beschränkter Haftung.
Gruchot = Beiträge zur Erläuterung des Deutschen Rechts, begründet von Gruchot.
HGB. = Handelsgesetzbuch.
Heinitz = Kommentar zum preußischen Stempelgesetz von Ernst Heinitz.
Holdheim = Wochenschrift, später Monatsschrift für Handelsrecht und Bankwesen, begründet von Paul Holdheim.
JW. = Juristische Wochenschrift.
KG. = Kammergericht.
KGJ. = Jahrbuch für Entscheidungen des Kammergerichts in Sachen der freiwilligen Gerichtsbarkeit.
LG. = Landgericht.
Lehmann-Ring = Kommentar zum HGB. für das Deutsche Reich von Carl Lehmann und Victor Ring.
Makower = Handelsgesetzbuch mit Kommentar von F. Makower.
OLG. = Oberlandesgericht.
OLGR. = Die Rechtsprechung der Oberlandesgerichte.
Pinner = Das Deutsche Aktienrecht, Kommentar zu Buch 2, Abschnitt 3 und 4 des HGB. von Albert Pinner.
Planck = BGB. nebst Einführungsgesetz erläutert von G. Planck.
Recht = Das Recht, Rundschau für den Deutschen Juristenstand.
Rehm = Die Bilanzen der Aktiengesellschaft und der GmbH. von Hermann Rehm.
RG. = Entscheidungen des Reichsgerichts in Civilsachen.
RGSt. = Entscheidungen des Reichsgerichts in Strafsachen.
RJA. = Entscheidungen in Angelegenheiten der freiwilligen Gerichtsbarkeit und des Grundbuchrechts.
ROHG. = Entscheidungen des Reichsoberhandelsgerichts.
SeuffA. = Seufferts Archiv.
SeuffBl. = J. A. Seufferts Blätter für Rechtsanwendung.
Simon, Bilanzen = Die Bilanzen der Aktiengesellschaften von Hermann Veit Simon.
Staub HGB. = Kommentar zum HGB. von Hermann Staub. (Die Zitate beziehen sich auf die 6. und 7. Auflage.)
ZHR. = Zeitschrift für das gesamte Handelsrecht.
Die Kommentare zum Gesetze betreffend die Gesellschaften mit beschränkter Haftung von Birkenbihl, Förtsch, Liebmann, Merzbacher, Neukamp und Parisius-Crüger sind lediglich mit den Namen der Verfasser zitiert.

nicht beseitigt. Dies widerspräche wieder dem § 53 Abs. 3. Und dann gelangt man zu den Versuchen der ersten Auflage, die zu den in Anm. 16 gezeigten Ergebnissen führen.

Zu § 29. Anm. 22.
Dividendengarantie:
Zulässig ist die Bestimmung des Gesellschaftsvertrags, wonach die Gesellschafter für bestimmte ihnen von der Gesellschaft zu leistende Dienste Nachzahlung bis zu einer festgesetzten Grenze (bis zu 30 Proz. Zuschlag auf Frachttarifsätze) zur Erzielung einer Dividende bis zu 4 Proz. zu leisten haben. Das ist eine statthafte Dividendengarantie. OLG. Hamm v. 16. 12. 05 im Recht 1906, 126 Nr. 228.

Zu § 39. Anm. 7. Der Registerrichter ist berechtigt zu prüfen, ob die bei ihm angemeldete Änderung in der Person des Geschäftsführers auch wirklich stattgefunden hat. Die Beifügung der Urkunde hat gerade den Zweck, dies zu ermöglichen. KG. v. 12. 10. 05 in CBlFG. 6, 709.

Zu § 45. Anm. 40. Die Beschlüsse einer Generalversammlung, die ein Sonderrecht verletzten, sind auch ohne Anfechtung des Verletzten unwirksam. RG. v. 20. 1. 06 bei Holdheim 15 S. 135, 139 (Genossenschaft).

Zu § 52. Anm. 42.
Zur rechsgültigen Kundgebung eines Aufsichtsratsbeschlusses bedarf es, wenn nicht der Gesellschaftsvertrag ein anderes bestimmt, der Mitwirkung aller Mitglieder des Aufsichtsrates. Auch die überstimmten Mitglieder sind zur Mitwirkung verpflichtet. Es kann Klage gegen sie auf Erfüllung dieser Pflicht erhoben werden. KG. v. 12. 10. 05 in CBlFG. 6, 709; RJ. 6, 190.

Zu § 55. Anm. 14.
Anm.: Bezüglich der Uebernahmeerklärung vgl. Neukamp ZHR. 57, 479 ff.

Zu § 59. Anm. 1. Das Register der Zweigniederlassung hat einen bei dem Gerichte der Hauptniederlassung schon eingetragenen Beschluß (über Erhöhung des Grundkapitals der AG.) ohne Prüfung der Gesetzmäßigkeit einzutragen. KG. v. 26. 10. 05 in CBlFG. 6, 715.

I.

Der Gesetzestext
ohne Anmerkungen.

Gesetz, betreffend

die Gesellschaften mit beschränkter Haftung

vom 20. April 1892

in der Fassung der Bekanntmachung vom 20. Mai 1898.

Erster Abschnitt.

Errichtung der Gesellschaft.

§ 1. Gesellschaften mit beschränkter Haftung können nach Maßgabe der Bestimmungen dieses Gesetzes zu jedem gesetzlich zulässigen Zweck errichtet werden.

§ 2. Der Gesellschaftsvertrag bedarf des Abschlusses in gerichtlicher oder notarieller Form. Er ist von sämtlichen Gesellschaftern zu unterzeichnen.

Die Unterzeichnung durch Bevollmächtigte ist nur auf Grund einer gerichtlich oder notariell errichteten oder beglaubigten Vollmacht zulässig.

§ 3. Der Gesellschaftsvertrag muß enthalten:

1. die Firma und den Sitz der Gesellschaft,
2. den Gegenstand des Unternehmens,
3. den Betrag des Stammkapitals,
4. den Betrag der von jedem Gesellschafter auf das Stammkapital zu leistenden Einlage (Stammeinlage).

Soll das Unternehmen auf eine gewisse Zeit beschränkt sein oder sollen den Gesellschaftern außer der Leistung von Kapitaleinlagen noch andere Verpflichtungen gegenüber der Gesellschaft auferlegt werden, so bedürfen auch diese Bestimmungen der Aufnahme in den Gesellschaftsvertrag.

§ 4. Die Firma der Gesellschaft muß entweder von dem Gegenstande des Unternehmens entlehnt sein oder die Namen der Gesellschafter oder den Namen wenigstens eines derselben mit einem das Vorhandensein eines Gesellschaftsverhältnisses andeutenden Zusatze enthalten. Die Namen anderer Personen als der Gesellschafter dürfen in die Firma nicht aufgenommen werden. Die Beibehaltung der Firma eines auf die Gesellschaft übergegangenen Geschäfts (Handelsgesetzbuch § 22) wird hierdurch nicht ausgeschlossen.

Die Firma der Gesellschaft muß in allen Fällen die zusätzliche Bezeichnung „mit beschränkter Haftung" enthalten.

§ 5. Das Stammkapital der Gesellschaft muß mindestens zwanzigtausend Mark, die Stammeinlage jedes Gesellschafters muß mindestens fünfhundert Mark betragen.

Kein Gesellschafter kann bei Errichtung der Gesellschaft mehrere Stammeinlagen übernehmen.

Der Betrag der Stammeinlage kann für die einzelnen Gesellschafter verschieden bestimmt werden. Derselbe muß in Mark durch hundert teilbar sein. Der Gesamtbetrag der Stammeinlagen muß mit dem Stammkapital übereinstimmen.

Sollen von Gesellschaftern Einlagen, welche nicht in Geld zu leisten sind, auf das Stammkapital gemacht oder soll die Vergütung für Vermögensgegenstände, welche die Gesellschaft übernimmt, auf Stammeinlagen angerechnet werden, so muß die Person des Gesellschafters, der Gegenstand der Einlage oder Übernahme sowie der Geldwert, für welchen die Einlage angenommen wird, oder die für die übernommenen Gegenstände zu gewährende Vergütung im Gesellschaftsvertrage festgesetzt werden.

§ 6. Die Gesellschaft muß einen oder mehrere Geschäftsführer haben.

Zu Geschäftsführern können Gesellschafter oder andere Personen bestellt werden. Die Bestellung erfolgt entweder im Gesellschaftsvertrage oder nach Maßgabe der Bestimmungen des dritten Abschnitts.

Ist im Gesellschaftsvertrage bestimmt, daß sämtliche Gesellschafter zur Geschäftsführung berechtigt sein sollen, so gelten nur die der Gesellschaft bei Festsetzung dieser Bestimmung angehörenden Personen als die bestellten Geschäftsführer.

§ 7. Die Gesellschaft ist bei dem Gericht, in dessen Bezirke sie ihren Sitz hat, zur Eintragung in das Handelsregister anzumelden.

Die Anmeldung darf nur erfolgen, nachdem von jeder Stammeinlage, soweit nicht andere als in Geld zu leistende Einlagen auf das Stammkapital gemacht sind, ein Vierteil, mindestens aber der Betrag von zweihundertundfünfzig Mark eingezahlt ist.

§ 8. Der Anmeldung müssen beigefügt sein:

1. der Gesellschaftsvertrag und im Falle des § 2 Absatz 2 die Vollmachten der Vertreter, welche den Gesellschaftsvertrag unterzeichnet haben, oder eine beglaubigte Abschrift dieser Urkunden,
2. die Legitimation der Geschäftsführer, sofern dieselben nicht im Gesellschaftsvertrage bestellt sind,
3. eine von den Anmeldenden unterschriebene Liste der Gesellschafter, aus welcher Name, Vorname, Stand und Wohnort der letzteren, sowie der Betrag der von einem jeden derselben übernommenen Stammeinlage ersichtlich ist,
4. in dem Falle, daß der Gegenstand des Unternehmens der staatlichen Genehmigung bedarf, die Genehmigungsurkunde.

In der Anmeldung ist die Versicherung abzugeben, daß die im § 7 Absatz 2 bezeichneten Leistungen auf die Stammeinlagen bewirkt sind, und daß der Gegenstand der Leistungen sich in der freien Verfügung der Geschäftsführer befindet.

Die Geschäftsführer haben ihre Unterschrift zur Aufbewahrung bei dem Gerichte zu zeichnen.

§ 9. Die Anmeldenden haften der Gesellschaft solidarisch für die Richtigkeit ihrer Angaben hinsichtlich der auf die Stammeinlagen gemachten Leistungen (§ 7 Absatz 2).

Verzichtleistungen oder Vergleiche der Gesellschaft in Betreff der ihr nach Absatz 1 zustehenden Ersatzansprüche sind unwirksam, soweit der Ersatz zur Befriedigung der Gläubiger der Gesellschaft erforderlich ist. Auf einen Vergleich, welchen der Ersatzpflichtige im Falle der Zahlungsunfähigkeit zur Abwendung oder Beseitigung des Konkursverfahrens mit seinen Gläubigern abschließt, findet diese Bestimmung keine Anwendung.

Die Ansprüche auf Grund der vorstehenden Bestimmungen verjähren in fünf Jahren seit der Eintragung der Gesellschaft in das Handelsregister.

§ 10. Bei der Eintragung in das Handelsregister sind die Firma und der Sitz der Gesellschaft, der Gegenstand des Unternehmens, die Höhe des Stammkapitals, der Tag des Abschlusses des Gesellschaftsvertrages und die Personen der Geschäftsführer anzugeben.

Enthält der Gesellschaftsvertrag besondere Bestimmungen über die Zeitdauer der Gesellschaft oder über die Befugnis der Geschäftsführer oder der Liquidatoren zur Vertretung der Gesellschaft, so sind auch diese Bestimmungen einzutragen.

In die Veröffentlichung, durch welche die Eintragung bekannt gemacht wird, sind außer dem Inhalte der Eintragung die nach § 5 Absatz 4 getroffenen Festsetzungen und, sofern der Gesellschaftsvertrag besondere Bestimmungen über die Form enthält, in welcher öffentliche Bekanntmachungen der Gesellschaft erlassen werden, auch diese Bestimmungen aufzunehmen.

§ 11. Vor der Eintragung in das Handelsregister des Sitzes der Gesellschaft besteht die Gesellschaft mit beschränkter Haftung als solche nicht.

Ist vor der Eintragung im Namen der Gesellschaft gehandelt worden, so haften die Handelnden persönlich und solidarisch.

§ 12. Auf die Anmeldung der Gesellschaft zur Eintragung in das Handelsregister eines Gerichts, in dessen Bezirk sie eine Zweigniederlassung besitzt, finden die Bestimmungen im § 8 Absatz 1 und 2 keine Anwendung. Der Anmeldung ist eine von dem Gerichte der Hauptniederlassung beglaubigte Abschrift des Gesellschaftsvertrages und der Liste der Gesellschafter beizufügen.

Die Eintragung hat die im § 10 Absatz 1 und 2 bezeichneten Angaben zu enthalten. In die Veröffentlichung, durch welche die Eintragung bekannt gemacht wird, sind auch die im § 10 Absatz 3 bezeichneten Bestimmungen aufzunehmen, die nach § 5 Absatz 4 getroffenen Festsetzungen jedoch nur dann, wenn die Eintragung innerhalb der ersten zwei Jahre nach der Eintragung in das Handelsregister des Sitzes der Gesellschaft erfolgt.

Zweiter Abschnitt.

Rechtsverhältnisse der Gesellschaft und der Gesellschafter.

§ 13. Die Gesellschaft mit beschränkter Haftung als solche hat selbständig ihre Rechte und Pflichten; sie kann Eigentum und andere dingliche Rechte an Grundstücken erwerben, vor Gericht klagen und verklagt werden.

Für die Verbindlichkeiten der Gesellschaft haftet den Gläubigern derselben nur das Gesellschaftsvermögen.

Die Gesellschaft gilt als Handelsgesellschaft im Sinne des Handelsgesetzbuchs.

§ 14. Der Geschäftsanteil jedes Gesellschafters bestimmt sich nach dem Betrage der von ihm übernommenen Stammeinlage.

§ 15. Die Geschäftsanteile sind veräußerlich und vererblich.

Erwirbt ein Gesellschafter zu seinem ursprünglichen Geschäftsanteile weitere Geschäftsanteile, so behalten dieselben ihre Selbständigkeit.

Zur Abtretung von Geschäftsanteilen durch Gesellschafter bedarf es eines in gerichtlicher oder notarieller Form geschlossenen Vertrages.

Der gerichtlichen oder notariellen Form bedarf auch eine Vereinbarung, durch welche die Verpflichtung eines Gesellschafters zur Abtretung eines Geschäftsanteils begründet wird. Eine ohne diese Form getroffene Vereinbarung wird jedoch durch den nach Maßgabe des vorigen Absatzes geschlossenen Abtretungsvertrag gültig.

Durch den Gesellschaftsvertrag kann die Abtretung der Geschäftsanteile an weitere Voraussetzungen geknüpft, insbesondere von der Genehmigung der Gesellschaft abhängig gemacht werden.

§ 16. Der Gesellschaft gegenüber gilt im Falle der Veräußerung des Geschäftsanteils nur derjenige als Erwerber, dessen Erwerb unter Nachweis des Übergangs bei der Gesellschaft angemeldet ist.

Die vor der Anmeldung von der Gesellschaft gegenüber dem Veräußerer oder von dem letzteren gegenüber der Gesellschaft in Bezug auf das Gesellschaftsverhältnis vorgenommenen Rechtshandlungen muß der Erwerber gegen sich gelten lassen.

Für die zur Zeit der Anmeldung auf den Geschäftsanteil rückständigen Leistungen ist der Erwerber neben dem Veräußerer verhaftet.

§ 17. Die Veräußerung von Teilen eines Geschäftsanteils kann nur mit Genehmigung der Gesellschaft stattfinden.

Die Genehmigung bedarf der schriftlichen Form; sie muß die Person des Erwerbers und den Betrag bezeichnen, welcher von der Stammeinlage des ungeteilten Geschäftsanteils auf jeden der durch die Teilung entstehenden Geschäftsanteile entfällt.

Im Gesellschaftsvertrage kann bestimmt werden, daß für die Veräußerung von Teilen eines Geschäftsanteils an andere Gesellschafter, sowie für die Teilung von Geschäftsanteilen verstorbener Gesellschafter unter deren Erben eine Genehmigung der Gesellschaft nicht erforderlich ist.

Die Bestimmungen im § 5 Absatz 1 und 3 über den Betrag der Stammeinlagen finden bei der Teilung von Geschäftsanteilen entsprechende Anwendung.

Eine gleichzeitige Übertragung mehrerer Teile von Geschäftsanteilen eines Gesellschafters an denselben Erwerber ist unzulässig.

Außer dem Falle der Veräußerung und Vererbung findet eine Teilung von Geschäftsanteilen nicht statt. Sie kann im Gesellschaftsvertrage auch für diese Fälle ausgeschlossen werden.

§ 18. Steht ein Geschäftsanteil mehreren Mitberechtigten ungeteilt zu, so können sie die Rechte aus demselben nur gemeinschaftlich ausüben.

Für die auf den Geschäftsanteil zu bewirkenden Leistungen haften sie der Gesellschaft solidarisch.

Rechtshandlungen, welche die Gesellschaft gegenüber dem Inhaber des Anteils vorzunehmen hat, sind, sofern nicht ein gemeinsamer Vertreter der Mitberechtigten vorhanden ist, wirksam, wenn sie auch nur gegenüber einem Mitberechtigten vorgenommen werden. Gegenüber mehreren Erben eines Gesellschafters findet diese Bestimmung nur in Bezug auf Rechtshandlungen Anwendung, welche nach Ablauf eines Monats seit dem Anfalle der Erbschaft vorgenommen werden.

§ 19. Die Einzahlungen auf die Stammeinlagen sind nach Verhältnis der letzteren zu leisten.

Die Stammeinlagen können den Gesellschaftern außer dem Falle einer Herabsetzung des Stammkapitals weder erlassen noch gestundet werden. Eine Aufrechnung können die Gesellschafter nicht geltend machen; ebensowenig findet an dem Gegenstande einer nicht in Geld zu leistenden Einlage wegen Forderungen, welche sich nicht auf den Gegenstand beziehen, ein Zurückbehaltungsrecht statt.

Eine Leistung auf die Stammeinlage, welche nicht in Geld besteht oder welche durch Aufrechnung einer für die Überlassung von Vermögensgegenständen zu gewährenden Vergütung bewirkt wird, befreit den Gesellschafter von seiner Verpflichtung nur, soweit sie in Ausführung einer nach § 5 Absatz 4 getroffenen Bestimmung erfolgt.

§ 20. Ein Gesellschafter, welcher den auf die Stammeinlage eingeforderten Betrag nicht zur rechten Zeit einzahlt, ist zur Entrichtung von Verzugszinsen von Rechts wegen verpflichtet.

§ 21. Im Falle verzögerter Einzahlung kann an den säumigen Gesellschafter eine erneute Aufforderung zur Zahlung binnen einer zu bestimmenden Nachfrist unter Androhung seines Ausschlusses mit dem Geschäftsanteil, auf welchen die Zahlung zu erfolgen hat, erlassen werden. Die Aufforderung erfolgt mittelst eingeschriebenen Briefes. Die Nachfrist muß mindestens einen Monat betragen.

Nach fruchtlosem Ablauf der Frist ist der säumige Gesellschafter seines Geschäftsanteils und der geleisteten Teilzahlungen zu Gunsten der Gesellschaft verlustig zu erklären. Die Erklärung erfolgt mittelst eingeschriebenen Briefes.

Wegen des Ausfalls, welchen die Gesellschaft an dem rückständigen Betrage oder den später auf den Geschäftsanteil eingeforderten Beträgen der Stammeinlage erleidet, bleibt ihr der ausgeschlossene Gesellschafter verhaftet.

§ 22. Wegen des von dem ausgeschlossenen Gesellschafter nicht bezahlten Betrages der Stammeinlage ist der Gesellschaft der letzte und jeder frühere, bei der Gesellschaft angemeldete Rechtsvorgänger des Ausgeschlossenen verhaftet.

Ein früherer Rechtsvorgänger haftet nur, soweit die Zahlung von dessen Rechtsnachfolger nicht zu erlangen ist; dies ist bis zum Beweise des Gegenteils anzunehmen, wenn der letztere die Zahlung nicht bis zum Ablauf eines Monats geleistet hat, nachdem an ihn die Zahlungsaufforderung und an den Rechtsvorgänger die Benachrichtigung von derselben erfolgt ist.

Die Haftpflicht des Rechtsvorgängers ist auf die innerhalb der Frist von fünf Jahren auf die Stammeinlage eingeforderten Einzahlungen beschränkt. Die Frist beginnt mit dem Tage, an welchem der Übergang des Geschäftsanteils auf den Rechtsnachfolger ordnungsmäßig angemeldet ist.

Der Rechtsvorgänger erwirbt gegen Zahlung des rückständigen Betrages den Geschäftsanteil des ausgeschlossenen Gesellschafters.

§ 23. Ist die Zahlung des rückständigen Betrages von Rechtsvorgängern nicht zu erlangen, so kann die Gesellschaft den Geschäftsanteil im Wege öffentlicher Versteigerung verkaufen lassen. Eine andere Art des Verkaufs ist nur mit Zustimmung des ausgeschlossenen Gesellschafters zulässig.

§ 24. Soweit eine Stammeinlage weder von den Zahlungspflichtigen eingezogen, noch durch Verkauf des Geschäftsanteils gedeckt werden kann, haben die übrigen Gesellschafter den Fehlbetrag nach Verhältnis ihrer Geschäftsanteile aufzubringen. Beiträge, welche von einzelnen Gesellschaftern nicht zu erlangen sind, werden nach dem bezeichneten Verhältnis auf die übrigen verteilt.

§ 25. Von den in den §§ 21 bis 24 bezeichneten Rechtsfolgen können die Gesellschafter nicht befreit werden.

§ 26. Im Gesellschaftsvertrage kann bestimmt werden, daß die Gesellschafter über den Betrag der Stammeinlagen hinaus die Einforderung von weiteren Einzahlungen (Nachschüssen) beschließen können.

Die Einzahlung der Nachschüsse hat nach Verhältnis der Geschäftsanteile zu erfolgen.

Die Nachschußpflicht kann im Gesellschaftsvertrage auf einen bestimmten, nach Verhältnis der Geschäftsanteile festzusetzenden Betrag beschränkt werden.

§ 27. Ist die Nachschußpflicht nicht auf einen bestimmten Betrag beschränkt, so hat jeder Gesellschafter, falls er die Stammeinlage vollständig eingezahlt hat, das Recht, sich von der Zahlung des auf den Geschäftsanteil eingeforderten Nachschusses dadurch zu befreien, daß er innerhalb eines Monats nach der Aufforderung zur Einzahlung den Geschäftsanteil der Gesellschaft zur Befriedigung aus demselben zur Verfügung stellt. Ebenso kann die Gesellschaft, wenn der Gesellschafter binnen der angegebenen Frist weder von der bezeichneten Befugnis Gebrauch macht, noch die Einzahlung leistet, demselben mittelst eingeschriebenen Briefes erklären, daß sie den Geschäftsanteil als zur Verfügung gestellt betrachte.

Die Gesellschaft hat den Geschäftsanteil innerhalb eines Monats nach der Erklärung des Gesellschafters oder der Gesellschaft im Wege öffentlicher Versteigerung verkaufen zu lassen. Eine andere Art des Verkaufs ist nur mit Zustimmung des Gesellschafters zulässig. Ein nach Deckung der Verkaufskosten und des rückständigen Nachschusses verbleibender Überschuß gebührt dem Gesellschafter.

Ist die Befriedigung der Gesellschaft durch den Verkauf nicht zu erlangen, so fällt der Geschäftsanteil der Gesellschaft zu. Dieselbe ist befugt, den Anteil für eigene Rechnung zu veräußern.

Im Gesellschaftsvertrage kann die Anwendung der vorstehenden Bestimmungen auf den Fall beschränkt werden, daß die auf den Geschäftsanteil eingeforderten Nachschüsse einen bestimmten Betrag überschreiten.

§ 28. Ist die Nachschußpflicht auf einen bestimmten Betrag beschränkt, so finden, wenn im Gesellschaftsvertrage nicht ein anderes festgesetzt ist, im Falle verzögerter Einzahlung von Nachschüssen die auf die Einzahlung der Stammeinlagen bezüglichen Vorschriften der §§ 21 bis 23 entsprechende Anwendung. Das Gleiche gilt im Falle des § 27 Absatz 4 auch bei unbeschränkter Nachschußpflicht, soweit die Nachschüsse den im Gesellschaftsvertrage festgesetzten Betrag nicht überschreiten.

Im Gesellschaftsvertrage kann bestimmt werden, daß die Einforderung von Nachschüssen, auf deren Zahlung die Vorschriften der §§ 21 bis 23 Anwendung finden, schon vor vollständiger Einforderung der Stammeinlagen zulässig ist.

§ 29. Die Gesellschafter haben Anspruch auf den nach der jährlichen Bilanz sich ergebenden Reingewinn, soweit nicht im Gesellschaftsvertrage ein anderes bestimmt ist.

Die Verteilung erfolgt nach Verhältnis der Geschäftsanteile. Im Gesellschaftsvertrage kann ein anderer Maßstab der Verteilung festgesetzt werden.

§ 30. Das zur Erhaltung des Stammkapitals erforderliche Vermögen der Gesellschaft darf an die Gesellschafter nicht ausgezahlt werden.

Eingezahlte Nachschüsse können, soweit sie nicht zur Deckung eines Verlustes am Stammkapital erforderlich sind, an die Gesellschafter zurückgezahlt werden. Die Zurückzahlung darf nicht vor Ablauf von drei Monaten erfolgen, nachdem der Rückzahlungsbeschluß durch die im Gesellschaftsvertrage für die Bekanntmachungen der Gesellschaft bestimmten öffentlichen Blätter und in Ermangelung solcher durch die für die Bekanntmachungen aus dem Handelsregister bestimmten öffentlichen Blätter bekannt gemacht ist. Im Falle des § 28 Absatz 2 ist die Zurückzahlung von Nachschüssen vor der Volleinzahlung des Stammkapitals unzulässig. Zurückgezahlte Nachschüsse gelten als nicht eingezogen.

§ 31. Zahlungen, welche den Vorschriften des § 30 zuwider geleistet sind, müssen der Gesellschaft erstattet werden.

War der Empfänger in gutem Glauben, so kann die Erstattung nur insoweit verlangt werden, als sie zur Befriedigung der Gesellschaftsgläubiger erforderlich ist.

Ist die Erstattung von dem Empfänger nicht zu erlangen, so haften für den zu erstattenden Betrag, soweit er zur Befriedigung der Gesellschaftsgläubiger erforderlich ist, die übrigen Gesellschafter nach Verhältnis ihrer Geschäftsanteile. Beiträge, welche von einzelnen Gesellschaftern nicht zu erlangen sind, werden nach dem bezeichneten Verhältnis auf die übrigen verteilt.

Zahlungen, welche auf Grund der vorstehenden Bestimmungen zu leisten sind, können den Verpflichteten nicht erlassen werden.

Die Ansprüche der Gesellschaft verjähren in fünf Jahren; die Verjährung beginnt mit dem Ablauf des Tages, an welchem die Zahlung, deren Erstattung beansprucht wird, geleistet ist. Fällt dem Verpflichteten eine bösliche Handlungsweise zur Last, so findet die Bestimmung keine Anwendung.

Für die in den Fällen des Absatz 3 geleistete Erstattung einer Zahlung sind den Gesellschaftern die Geschäftsführer, welchen in Betreff der geleisteten Zahlung ein Verschulden zur Last fällt, solidarisch zum Ersatze verpflichtet.

§ 32. Liegt die im § 31 Absatz 1 bezeichnete Voraussetzung nicht vor, so sind die Gesellschafter in keinem Falle verpflichtet, Beträge, welche sie in gutem Glauben als Gewinnanteile bezogen haben, zurückzuzahlen.

§ 33. Die Gesellschaft darf eigene Geschäftsanteile, auf welche die Stammeinlage noch nicht vollständig eingezahlt ist, nicht erwerben.

Sie soll auch eigene Geschäftsanteile, auf welche die Stammeinlage vollständig eingezahlt ist, nicht erwerben, sofern nicht der Erwerb aus dem über den Betrag des Stammkapitals hinaus vorhandenen Vermögen geschehen kann.

§ 34. Die Einziehung (Amortisation) von Geschäftsanteilen darf nur erfolgen, soweit sie im Gesellschaftsvertrage zugelassen ist.

Ohne die Zustimmung des Anteilsberechtigten findet die Einziehung nur statt, wenn die Voraussetzungen derselben vor dem Zeitpunkt, in welchem der Berechtigte den Geschäftsanteil erworben hat, im Gesellschaftsvertrage festgesetzt waren.

Die Bestimmung im § 30 Absatz 1 bleibt unberührt.

Dritter Abschnitt.

Vertretung und Geschäftsführung.

§ 35. Die Gesellschaft wird durch die Geschäftsführer gerichtlich und außergerichtlich vertreten.

Dieselben haben in der durch den Gesellschaftsvertrag bestimmten Form ihre Willenserklärungen kundzugeben und für die Gesellschaft zu zeichnen. Ist nichts darüber bestimmt, so muß die Erklärung und Zeichnung durch sämtliche Geschäftsführer erfolgen. Ist der Gesellschaft gegenüber eine Willenserklärung abzugeben, so genügt es, wenn dieselbe an einen der Geschäftsführer erfolgt.

Die Zeichnung geschieht in der Weise, daß die Zeichnenden zu der Firma der Gesellschaft ihre Namensunterschrift beifügen.

§ 36. Die Gesellschaft wird durch die in ihren Namen von den Geschäftsführern vorgenommenen Rechtsgeschäfte berechtigt und verpflichtet; es ist gleichgültig, ob das Geschäft ausdrücklich im Namen der Gesellschaft vorgenommen worden ist, oder ob die Umstände ergeben, daß es nach dem Willen der Beteiligten für die Gesellschaft vorgenommen werden sollte.

§ 37. Die Geschäftsführer sind der Gesellschaft gegenüber verpflichtet, die Beschränkungen einzuhalten, welche für den Umfang ihrer Befugnis, die Gesellschaft zu vertreten, durch den Gesellschaftsvertrag oder, soweit dieser nicht ein anderes bestimmt, durch die Beschlüsse der Gesellschafter festgesetzt sind.

Gegen dritte Personen hat eine Beschränkung der Befugnis der Geschäftsführer, die Gesellschaft zu vertreten, keine rechtliche Wirkung. Dies gilt insbesondere für den Fall, daß die Vertretung sich nur auf gewisse Geschäfte oder Arten von Geschäften erstrecken oder nur unter gewissen Umständen oder für eine gewisse Zeit oder an einzelnen Orten stattfinden soll, oder daß die Zustimmung der Gesellschafter oder eines Organs der Gesellschaft für einzelne Geschäfte erfordert ist.

§ 38. Die Bestellung der Geschäftsführer ist zu jeder Zeit widerruflich, unbeschadet der Entschädigungsansprüche aus bestehenden Verträgen.

Im Gesellschaftsvertrage kann die Zulässigkeit des Widerrufs auf den Fall beschränkt werden, daß wichtige Gründe denselben notwendig machen. Als solche Gründe sind insbesondere grobe Pflichtverletzung oder Unfähigkeit zur ordnungsmäßigen Geschäftsführung anzusehen.

§ 39. Jede Änderung in den Personen der Geschäftsführer sowie die Beendigung der Vertretungsbefugnis eines Geschäftsführers ist zur Eintragung in das Handelsregister anzumelden.

Der Anmeldung ist eine Abschrift der Urkunden über die Bestellung der Geschäftsführer oder über die Beendigung der Vertretungsbefugnis beizufügen. Diese Bestimmung findet auf die Anmeldung zum Handelsregister einer Zweigniederlassnng keine Anwendung.

Die Geschäftsführer haben ihre Unterschrift zur Aufbewahrung bei dem Gerichte zu zeichnen.

§ 40. Alljährlich im Monat Januar haben die Geschäftsführer eine von ihnen unterschriebene Liste der Gesellschafter, aus welcher Name, Vorname, Stand und Wohnort der letzteren sowie ihre Stammeinlagen zu entnehmen sind, zum Handelsregister einzureichen. Sind seit Einreichung der letzten Liste Veränderungen hinsichtlich der Person der Gesellschafter und des Umfangs ihrer Beteiligung nicht eingetreten, so genügt die Einreichung einer entsprechenden Erklärung.

§ 41. Die Geschäftsführer sind verpflichtet, für die ordnungsmäßige Buchführung der Gesellschaft zu sorgen.

Sie müssen in den ersten drei Monaten des Geschäftsjahres die Bilanz für das verflossene Geschäftsjahr nebst einer Gewinn- und Verlustrechnung aufstellen.

Durch den Gesellschaftsvertrag kann die bezeichnete Frist bis auf sechs Monate, bei Gesellschaften, deren Unternehmen den Betrieb von Geschäften in überseeischen Gebieten zum Gegenstande hat, bis auf neun Monate erstreckt werden.

Für Gesellschaften, bei welchen der Gegenstand des Unternehmens im Betriebe von Bankgeschäften besteht, ist die Bilanz innerhalb der vorbezeichneten Fristen in den im § 30 Absatz 2 bestimmten öffentlichen Blättern durch die Geschäftsführer bekannt zu machen. Die Bekanntmachung ist zum Handelsregister einzureichen.

§ 42. Für die Aufstellung der Bilanz kommen die Vorschriften des § 40 des Handelsgesetzbuchs mit folgenden Maßgaben zur Anwendung:

1. Anlagen und sonstige Vermögensgegenstände, welche nicht zur Weiterveräußerung, sondern dauernd zum Betriebe des Unternehmens bestimmt sind, dürfen höchstens zu dem Anschaffungs- oder Herstellungspreise angesetzt werden; sie können ohne Rücksicht auf einen geringeren Wert zu diesem Preise angesetzt werden, sofern ein der Abnutzung gleichkommender Betrag in Abzug oder ein derselben entsprechender Erneuerungsfonds in Ansatz gebracht wird;

2. die Kosten der Organisation und Verwaltung dürfen nicht als Aktiva in die Bilanz eingesetzt werden;
3. das Recht der Gesellschaft zur Einziehung von Nachschüssen der Gesellschafter ist als Aktivum in die Bilanz nur insoweit einzustellen, als die Einziehung bereits beschlossen ist und den Gesellschaftern ein Recht, durch Verweisung auf den Geschäftsanteil sich von der Zahlung der Nachschüsse zu befreien, nicht zusteht; den in die Aktiva der Bilanz aufgenommenen Nachschußansprüchen muß ein gleicher Kapitalbetrag in den Passiven gegenübergestellt werden;
4. der Betrag des im Gesellschaftsvertrage bestimmten Stammkapitals ist unter die Passiva aufzunehmen. Das Gleiche gilt von dem Betrage eines jeden Reserve- und Erneuerungsfonds, sowie von dem Gesamtbetrage der eingezahlten Nachschüsse, soweit nicht die Verwendung eine Abschreibung der betreffenden Passivposten begründet;
5. der aus der Vergleichung sämtlicher Aktiva und Passiva sich ergebende Gewinn oder Verlust muß am Schlusse der Bilanz besonders angegeben werden.

§ 43. Die Geschäftsführer haben in den Angelegenheiten der Gesellschaft die Sorgfalt eines ordentlichen Geschäftsmannes anzuwenden.

Geschäftsführer, welche ihre Obliegenheiten verletzen, haften der Gesellschaft solidarisch für den entstandenen Schaden.

Insbesondere sind sie zum Ersatze verpflichtet, wenn den Bestimmungen des § 30 zuwider Zahlungen aus dem zur Erhaltung des Stammkapitals erforderlichen Vermögen der Gesellschaft gemacht oder den Bestimmungen des § 33 zuwider eigene Geschäftsanteile der Gesellschaft erworben worden sind. Auf den Ersatzanspruch finden die Bestimmungen im § 9 Absatz 2 entsprechende Anwendung. Soweit der Ersatz zur Befriedigung der Gläubiger der Gesellschaft erforderlich ist, wird die Verpflichtung der Geschäftsführer dadurch nicht aufgehoben, daß dieselben in Befolgung eines Beschlusses der Gesellschafter gehandelt haben.

Die Ansprüche auf Grund der vorstehenden Bestimmungen verjähren in fünf Jahren.

§ 44. Die für die Geschäftsführer gegebenen Vorschriften gelten auch für Stellvertreter von Geschäftsführern.

§ 45. Die Rechte, welche den Gesellschaftern in den Angelegenheiten der Gesellschaft, insbesondere in Bezug auf die Führung der Geschäfte zustehen, sowie die Ausübung derselben bestimmen sich, soweit nicht gesetzliche Vorschriften entgegenstehen, nach dem Gesellschaftsvertrage.

In Ermangelung besonderer Bestimmungen des Gesellschaftsvertrages finden die Vorschriften der §§ 46 bis 51 Anwendung.

§ 46. Der Bestimmung der Gesellschafter unterliegen:

1. die Feststellung der Jahresbilanz und die Verteilung des aus derselben sich ergebenden Reingewinns;
2. die Einforderung von Einzahlungen auf die Stammeinlagen;
3. die Rückzahlung von Nachschüssen;
4. die Teilung sowie die Einziehung von Geschäftsanteilen;
5. die Bestellung und die Abberufung von Geschäftsführern sowie die Entlastung derselben;
6. die Maßregeln zur Prüfung und Überwachung der Geschäftsführung;
7. die Bestellung von Prokuristen und von Handlungsbevollmächtigten zum gesamten Geschäftsbetriebe;
8. die Geltendmachung von Ersatzansprüchen, welche der Gesellschaft aus der Gründung oder Geschäftsführung gegen Geschäftsführer oder Gesellschafter zustehen, sowie die Vertretung der Gesellschaft in Prozessen, welche sie gegen die Geschäftsführer zu führen hat.

§ 47. Die von den Gesellschaftern in den Angelegenheiten der Gesellschaft zu treffenden Bestimmungen erfolgen durch Beschlußfassung nach der Mehrheit der abgegebenen Stimmen.

Jede hundert Mark eines Geschäftsanteils gewähren eine Stimme.

Vollmachten bedürfen zu ihrer Gültigkeit der schriftlichen Form.

Ein Gesellschafter, welcher durch die Beschlußfassung entlastet oder von einer Verbindlichkeit befreit werden soll, hat hierbei kein Stimmrecht und darf ein solches auch nicht für andere ausüben. Dasselbe gilt von einer Beschlußfassung, welche die Vornahme eines Rechtsgeschäfts oder die Einleitung oder Erledigung eines Rechtsstreites gegenüber einem Gesellschafter betrifft.

§ 48. Die Beschlüsse der Gesellschafter werden in Versammlungen gefaßt.

Der Abhaltung einer Versammlung bedarf es nicht, wenn sämtliche Gesellschafter schriftlich mit der zu treffenden Bestimmung oder mit der schriftlichen Abgabe der Stimmen sich einverstanden erklären.

§ 49. Die Versammlung der Gesellschafter wird durch die Geschäftsführer berufen.

Sie ist außer den ausdrücklich bestimmten Fällen zu berufen, wenn es im Interesse der Gesellschaft erforderlich erscheint.

Insbesondere muß die Versammlung unverzüglich berufen werden, wenn aus der Jahresbilanz oder aus einer im Laufe des Geschäftsjahres aufgestellten Bilanz sich ergibt, daß die Hälfte des Stammkapitals verloren ist.

§ 50. Gesellschafter, deren Geschäftsanteile zusammen mindestens dem zehnten Teile des Stammkapitals entsprechen, sind berechtigt, unter Angabe des Zwecks und der Gründe die Berufung der Versammlung zu verlangen.

In gleicher Weise haben die Gesellschafter das Recht zu verlangen, daß Gegenstände zur Beschlußfassung der Versammlung angekündigt werden.

Wird dem Verlangen nicht entsprochen oder sind Personen, an welche dasselbe zu richten wäre, nicht vorhanden, so können die im Absatz 1 bezeichneten Gesellschafter unter Mitteilung des Sachverhältnisses die Berufung oder Ankündigung selbst bewirken. Die Versammlung beschließt, ob die entstandenen Kosten von der Gesellschaft zu tragen sind.

§ 51. Die Berufung der Versammlung erfolgt durch Einladung der Gesellschafter mittelst eingeschriebener Briefe. Sie ist mit einer Frist von mindestens einer Woche zu bewirken.

Der Zweck der Versammlung soll jederzeit bei der Berufung angekündigt werden.

Ist die Versammlung nicht ordnungsmäßig berufen, so können Beschlüsse nur gefaßt werden, wenn sämtliche Gesellschafter anwesend sind.

Das Gleiche gilt in Bezug auf Beschlüsse über Gegenstände, welche nicht wenigstens drei Tage vor der Versammlung in der für die Berufung vorgeschriebenen Weise angekündigt worden sind.

§ 52. Ist nach dem Gesellschaftsvertrage ein Aufsichtsrat zu bestellen, so finden auf denselben, soweit nicht im Gesellschaftsvertrage ein anderes bestimmt ist, die für den Aufsichtsrat einer Aktiengesellschaft nach § 243 Absatz 1, 2, 4, §§ 244 bis 248 und § 249 Absatz 1, 2 des Handelsgesetzbuchs geltenden Vorschriften entsprechende Anwendung.

Schadensersatzansprüche gegen die Mitglieder des Aufsichtsrats wegen Verletzung ihrer Obliegenheiten verjähren in fünf Jahren.

Vierter Abschnitt.

Abänderungen des Gesellschaftsvertrages.

§ 53. Eine Abänderung des Gesellschaftsvertrages kann nur durch Beschluß der Gesellschafter erfolgen.

Der Beschluß muß gerichtlich oder notariell beurkundet werden, derselbe bedarf einer Mehrheit von drei Vierteilen der abgegebenen Stimmen. Der Gesellschaftsvertrag kann noch andere Erfordernisse aufstellen.

Eine Vermehrung der den Gesellschaftern nach dem Gesellschaftsvertrage obliegenden Leistungen kann nur mit Zustimmung sämtlicher beteiligter Gesellschafter beschlossen werden.

§ 54. Die Abänderung des Gesellschaftsvertrages ist zur Eintragung in das Handelsregister anzumelden.

Bei der Eintragung genügt, sofern nicht die Abänderung die im § 10 Absatz 1 und 2 bezeichneten Angaben betrifft, die Bezugnahme auf die bei dem Gerichte eingereichten Urkunden über die Abänderung. Die öffentliche Bekanntmachung findet in Betreff aller Bestimmungen statt, auf welche sich die im § 10 Absatz 3 und im § 12 vorgeschriebenen Veröffentlichungen beziehen.

Die Abänderung hat keine rechtliche Wirkung, bevor sie in das Handelsregister des Sitzes der Gesellschaft eingetragen ist.

§ 55. Wird eine Erhöhung des Stammkapitals beschlossen, so bedarf es zur Übernahme jeder auf das erhöhte Kapital zu leistenden Stammeinlage einer gerichtlich oder notariell aufgenommenen oder beglaubigten Erklärung des Übernehmers.

Zur Übernahme einer Stammeinlage können von der Gesellschaft die bisherigen Gesellschafter oder andere Personen, welche durch die Übernahme ihren Beitritt zu der Gesellschaft erklären, zugelassen werden. Im letzteren Falle sind außer dem Betrage der Stammeinlage auch sonstige Leistungen, zu welchen der Beitretende nach dem Gesellschaftsvertrage verpflichtet sein soll, in der im Absatz 1 bezeichneten Urkunde ersichtlich zu machen.

Wird von einem der Gesellschaft bereits angehörenden Gesellschafter eine Stammeinlage auf das erhöhte Kapital übernommen, so erwirbt derselbe einen weiteren Geschäftsanteil.

Die Bestimmungen im § 5 Absatz 1 und 3 über den Betrag der Stammeinlagen sowie die Bestimmung im § 5 Absatz 2 über die Unzulässigkeit der Übernahme mehrerer Stammeinlagen finden auch hinsichtlich der auf das erhöhte Kapital zu leistenden Stammeinlagen Anwendung.

§ 56. Soll auf das erhöhte Stammkapital eine Einlage gemacht werden, welche nicht in Geld zu leisten ist, oder soll eine Vergütung für Vermögensgegenstände, welche die Gesellschaft übernimmt, auf eine Einlage angerechnet werden, so muß die Person desjenigen, welcher die Einlage zu leisten oder die Vermögensgegenstände zu überlassen hat, sowie der Gegenstand der Einlage oder Überlassung und der Geldwert, für welchen die Einlage angenommen wird, oder die für den überlassenen Gegenstand zu gewährende Vergütung in dem Beschlusse auf Erhöhung des Stammkapitals festgesetzt und in der im § 55 Absatz 1 bezeichneten Erklärung angegeben werden.

Die Bestimmung im § 19 Absatz 3 findet entsprechende Anwendung.

§ 57. Die beschlossene Erhöhung des Stammkapitals ist zur Eintragung in das Handelsregister anzumelden, nachdem das erhöhte Kapital durch Übernahme von Stammeinlagen gedeckt ist.

Die Bestimmung im § 7 Absatz 2 über die vor der Anmeldung des Gesellschaftsvertrages zu leistende Einzahlung, sowie die Bestimmung im § 8 Absatz 2 über die in der Anmeldung abzugebende Versicherung finden entsprechende Anwendung.

Der Anmeldung sind beizufügen:

1. die im § 55 Absatz 1 bezeichneten Erklärungen oder eine beglaubigte Abschrift derselben;
2. eine von den Anmeldenden unterschriebene Liste der Personen, welche die neuen Stammeinlagen übernommen haben; aus der Liste muß der Betrag der von jedem übernommenen Einlage ersichtlich sein.

In Bezug auf die Verantwortlichkeit der Anmeldenden für die Richtigkeit ihrer Angaben finden die Bestimmungen im § 9 entsprechende Anwendung.

§ 58. Eine Herabsetzung des Stammkapitals kann nur unter Beobachtung der nachstehenden Bestimmungen erfolgen:

1. der Beschluß auf Herabsetzung des Stammkapitals muß von den Geschäftsführern zu drei verschiedenen Malen durch die im § 30 Absatz 2 bezeichneten Blätter bekannt gemacht werden; in diesen Bekanntmachungen sind zugleich die Gläubiger der Gesellschaft aufzufordern, sich bei derselben zu melden; die aus den Handelsbüchern der Gesellschaft ersichtlichen oder in anderer Weise bekannten Gläubiger sind durch besondere Mitteilung zur Anmeldung aufzufordern;
2. die Gläubiger, welche sich bei der Gesellschaft melden und der Herabsetzung nicht zustimmen, sind wegen der erhobenen Ansprüche zu befriedigen oder sicherzustellen;
3. die Anmeldung des Herabsetzungsbeschlusses zur Eintragung in das Handelsregister erfolgt nicht vor Ablauf eines Jahres seit dem Tage, an welchem die Aufforderung der Gläubiger in den öffentlichen Blättern zum dritten Male stattgefunden hat;

4. mit der Anmeldung sind die Bekanntmachungen des Beschlusses einzureichen; zugleich haben die Geschäftsführer die Versicherung abzugeben, daß die Gläubiger, welche sich bei der Gesellschaft gemeldet und der Herabsetzung nicht zugestimmt haben, befriedigt oder sichergestellt sind.

Die Bestimmung im § 5 Absatz 1 über den Mindestbetrag des Stammkapitals bleibt unberührt. Erfolgt die Herabsetzung zum Zweck der Zurückzahlung von Stammeinlagen oder zum Zweck des Erlasses der auf diese geschuldeten Einzahlungen, so darf der verbleibende Betrag der Stammeinlagen nicht unter den in § 5 Absatz 1 und 3 bezeichneten Betrag herabgehen.

§ 59. Auf die Anmeldungen zu dem Handelsregister eines Gerichts, in dessen Bezirke die Gesellschaft eine Zweigniederlassung besitzt, finden die Bestimmungen im § 57 Absatz 2, Absatz 3 Nr. 1 und im § 58 Absatz 1 Nr. 4 keine Anwendung.

Fünfter Abschnitt.

Auflösung und Nichtigkeit der Gesellschaft.

§ 60. Die Gesellschaft mit beschränkter Haftung wird aufgelöst:

1. durch Ablauf der im Gesellschaftsvertrage bestimmten Zeit;
2. durch Beschluß der Gesellschafter; derselbe bedarf, sofern im Gesellschaftsvertrage nicht ein anderes bestimmt ist, einer Mehrheit von drei Vierteilen der abgegebenen Stimmen;
3. durch gerichtliches Urteil oder durch Entscheidung des Verwaltungsgerichts oder der Verwaltungsbehörde in den Fällen der §§ 61 und 62;
4. durch die Eröffnung des Konkursverfahrens; wird das Verfahren nach Abschluß eines Zwangsvergleichs aufgehoben oder auf Antrag des Gemeinschuldners eingestellt, so können die Gesellschafter die Fortsetzung der Gesellschaft beschließen.

Im Gesellschaftsvertrage können weitere Auflösungsgründe festgesetzt werden.

§ 61. Die Gesellschaft kann durch gerichtliches Urteil aufgelöst werden, wenn die Erreichung des Gesellschaftszweckes unmöglich wird, oder wenn andere, in den Verhältnissen der Gesellschaft liegende, wichtige Gründe für die Auflösung vorhanden sind.

Die Auflösungsklage ist gegen die Gesellschaft zu richten. Sie kann nur von Gesellschaftern erhoben werden, deren Geschäftsanteile zusammen mindestens dem zehnten Teile des Stammkapitals entsprechen.

Für die Klage ist das Landgericht ausschließlich zuständig, in dessen Bezirk die Gesellschaft ihren Sitz hat.

§ 62. Wenn eine Gesellschaft das Gemeinwohl dadurch gefährdet, daß die Gesellschafter gesetzwidrige Beschlüsse fassen oder gesetzwidrige Handlungen der Geschäftsführer wissentlich geschehen lassen, so kann sie aufgelöst werden, ohne daß deshalb ein Anspruch auf Entschädigung stattfindet.

Das Verfahren und die Zuständigkeit der Behörden richtet sich nach den für streitige Verwaltungssachen landesgesetzlich geltenden Vorschriften. Wo ein Verwaltungsstreitverfahren nicht besteht, kann die Auflösung nur durch gerichtliches Erkenntnis auf Betreiben der höheren Verwaltungsbehörde erfolgen. Ausschließlich zuständig ist in diesem Falle das Landgericht, in dessen Bezirk die Gesellschaft ihren Sitz hat.

§ 63. Über das Vermögen der Gesellschaft findet das Konkursverfahren außer dem Falle der Zahlungsunfähigkeit auch in dem Falle der Überschuldung statt.

Die auf das Konkursverfahren über das Vermögen einer Aktiengesellschaft bezüglichen Vorschriften im § 207 Absatz 2, § 208 der Konkursordnung finden auf die Gesellschaft mit beschränkter Haftung entsprechende Anwendung.

§ 64. Die Geschäftsführer haben die Eröffnung des Konkursverfahrens zu beantragen, sobald die Zahlungsunfähigkeit der Gesellschaft eintritt oder aus der Jahresbilanz oder aus einer im Laufe des Geschäftsjahres aufgestellten Bilanz Überschuldung sich ergibt.

Die Geschäftsführer sind der Gesellschaft zum Ersatze aller nach diesem Zeitpunkt geleisteten Zahlungen verpflichtet. Auf den Ersatzanspruch finden die Bestimmungen in § 43 Absatz 3 und 4 entsprechende Anwendung.

§ 65. Die Auflösung der Gesellschaft ist außer dem Falle des Konkursverfahrens zur Eintragung in das Handelsregister anzumelden. Das Gleiche gilt von einer Fortsetzung der Gesellschaft in den im § 60 Absatz 1 Nr. 4 bezeichneten Fällen.

Die Auflösung ist von den Liquidatoren zu drei verschiedenen Malen durch die im § 30 Absatz 2 bezeichneten öffentlichen Blätter bekannt zu machen. Durch die Bekanntmachung sind zugleich die Gläubiger der Gesellschaft aufzufordern, sich bei derselben zu melden.

§ 66. In den Fällen der Auflösung außer dem Falle des Konkursverfahrens erfolgt die Liquidation durch die Geschäftsführer, wenn nicht dieselbe durch den Gesellschaftsvertrag oder durch Beschluß der Gesellschafter anderen Personen übertragen wird.

Auf Antrag von Gesellschaftern, deren Geschäftsanteile zusammen mindestens dem zehnten Teile des Stammkapitals entsprechen, kann aus wichtigen Gründen die Bestellung von Liquidatoren durch das Gericht (§ 7 Absatz 1) erfolgen.

Die Abberufung von Liquidatoren kann durch das Gericht unter derselben Voraussetzung wie die Bestellung stattfinden. Liquidatoren, welche nicht vom Gerichte ernannt sind, können auch durch Beschluß der Gesellschafter vor Ablauf des Zeitraums, für welchen sie bestellt sind, abberufen werden.

§ 67. Die ersten Liquidatoren sind durch die Geschäftsführer, jede Änderung in den Personen der Liquidatoren sowie eine Beendigung ihrer Vertretungsbefugnis ist durch die Liquidatoren zur Eintragung in das Handelsregister anzumelden.

Der Anmeldung ist eine Abschrift der Urkunden über die Bestellung der Liquidatoren oder über die Änderung in den Personen derselben beizufügen. Diese Vorschrift findet auf die Anmeldung zum Handelsregister einer Zweigniederlassung keine Anwendung.

Die Eintragung der gerichtlichen Ernennung oder Abberufung von Liquidatoren geschieht von Amtswegen.

Die Liquidatoren haben ihre Unterschrift zur Aufbewahrung bei dem Gerichte zu zeichnen.

§ 68. Die Liquidatoren haben in der bei ihrer Bestellung bestimmten Form ihre Willenserklärungen kundzugeben und für die Gesellschaft zu zeichnen. Ist nichts darüber bestimmt, so muß die Erklärung und Zeichnung durch sämtliche Liquidatoren erfolgen.

Die Bestimmung ist mit der Bestellung der Liquidatoren zur Eintragung in das Handelsregister anzumelden.

Die Zeichnungen geschehen in der Weise, daß die Liquidatoren der bisherigen, nunmehr als Liquidationsfirma zu bezeichnenden Firma ihre Namensunterschrift beifügen.

§ 69. Bis zur Beendigung der Liquidation kommen ungeachtet der Auflösung der Gesellschaft in Bezug auf die Rechtsverhältnisse derselben und der Gesellschafter die Vorschriften des zweiten und dritten Abschnitts zur Anwendung, soweit sich aus den Bestimmungen des gegenwärtigen Abschnitts und aus dem Wesen der Liquidation nicht ein anderes ergibt.

Der Gerichtsstand, welchen die Gesellschaft zur Zeit ihrer Auflösung hatte, bleibt bis zur vollzogenen Verteilung des Vermögens bestehen.

§ 70. Die Liquidatoren haben die laufenden Geschäfte zu beendigen, die Verpflichtungen der aufgelösten Gesellschaft zu erfüllen, die Forderungen derselben einzuziehen und das Vermögen der Gesellschaft in Geld umzusetzen; sie haben die Gesellschaft gerichtlich und außergerichtlich zu vertreten. Zur Beendigung schwebender Geschäfte können die Liquidatoren auch neue Geschäfte eingehen.

§ 71. Die Liquidatoren haben die aus §§ 36, 37, § 41 Absatz 1, § 43 Absatz 1, 2 und 4, § 49 Absatz 1 und 2, § 64 sich ergebenden Rechte und Pflichten der Geschäftsführer.

Sie haben sofort bei Beginn der Liquidation und demnächst in jedem Jahre eine Bilanz aufzustellen.

§ 72. Das Vermögen der Gesellschaft wird unter die Gesellschafter nach Verhältnis ihrer Geschäftsanteile verteilt. Durch den Gesellschaftsvertrag kann ein anderes Verhältnis für die Verteilung bestimmt werden.

§ 73. Die Verteilung darf nicht vor Tilgung oder Sicherstellung der Schulden der Gesellschaft und nicht vor Ablauf eines Jahres seit dem Tage vorgenommen werden, an welchem die Aufforderung an die Gläubiger (§ 65 Absatz 2) in den öffentlichen Blättern zum drittenmale erfolgt ist.

Meldet sich ein bekannter Gläubiger nicht, so ist der geschuldete Betrag, wenn die Berechtigung zur Hinterlegung vorhanden ist, für den Gläubiger zu hinterlegen. Ist die Berichtigung einer Verbindlichkeit zur Zeit nicht ausführbar oder ist eine Verbindlichkeit streitig, so darf die Verteilung des Vermögens nur erfolgen, wenn dem Gläubiger Sicherheit geleistet ist.

Liquidatoren, welche diesen Vorschriften zuwiderhandeln, sind zum Ersatze der verteilten Beträge solidarisch verpflichtet. Auf den Ersatzanspruch finden die Bestimmungen im § 43 Absatz 3 und 4 entsprechende Anwendung.

§ 74. Nach Beendigung der Liquidation sind die Bücher und Schriften der Gesellschaft für die Dauer von 10 Jahren einem der Gesellschafter oder einem Dritten in Verwahrung zu geben. Der Gesellschafter oder der Dritte wird in Ermangelung einer Bestimmung des Gesellschaftsvertrages oder eines Beschlusses der Gesellschafter durch das Gericht (§ 7 Absatz 1) bestimmt.

Die Gesellschafter und deren Rechtsnachfolger sind zur Einsicht der Bücher und Schriften berechtigt. Gläubiger der Gesellschaft können von dem Gericht (§ 7 Absatz 1) zur Einsicht ermächtigt werden.

§ 75. Enthält der Gesellschaftsvertrag nicht die nach § 3 Absatz 1 wesentlichen Bestimmungen oder ist eine dieser Bestimmungen nichtig, so kann jeder Gesellschafter, jeder Geschäftsführer und, wenn ein Aufsichtsrat bestellt ist, jedes Mitglied des Aufsichtsrats im Wege der Klage beantragen, daß die Gesellschaft für nichtig erklärt werde.

Die Vorschriften der §§ 272, 273 des Handelsgesetzbuchs finden entsprechende Anwendung.

§ 76. Ein Mangel, der die Bestimmungen über die Firma oder den Sitz der Gesellschaft oder den Gegenstand des Unternehmens betrifft, kann durch einstimmigen Beschluß der Gesellschafter geheilt werden.

§ 77. Ist die Nichtigkeit einer Gesellschaft in das Handelsregister eingetragen, so finden zum Zwecke der Abwickelung ihrer Verhältnisse die für den Fall der Auflösung geltenden Vorschriften entsprechende Anwendung.

Die Wirksamkeit der im Namen der Gesellschaft mit Dritten vorgenommenen Rechtsgeschäfte wird durch die Nichtigkeit nicht berührt.

Die Gesellschafter haben die versprochenen Einzahlungen zu leisten, soweit es zur Erfüllung der eingegangenen Verbindlichkeiten erforderlich ist.

Sechster Abschnitt.

Schlußbestimmungen.

§ 78. Die in diesem Gesetze vorgesehenen Anmeldungen zum Handelsregister sind durch die Geschäftsführer oder die Liquidatoren, die im § 7 Absatz 1, § 12 Absatz 1, § 57 Absatz 1, § 58 Absatz 1 Nr. 3, § 80 Absatz 5 vorgesehenen Anmeldungen sind durch sämtliche Geschäftsführer zu bewirken.

§ 79. In Ansehung der in §§ 7, 54, § 57 Absatz 1, § 58 Absatz 1 Nr. 3, § 80 Absatz 5 bezeichneten Anmeldungen zum Handelsregister findet, soweit es sich um die Anmeldung zum Handelsregister des Sitzes der Gesellschaft handelt, eine Verhängung von Ordnungsstrafen nach § 14 des Handelsgesetzbuchs nicht statt.

§ 80. Wird eine Aktiengesellschaft zum Zweck der Umwandlung in eine Gesellschaft mit beschränkter Haftung aufgelöst, so kann die Liquidation derselben unterbleiben, wenn hinsichtlich der Errichtung der neuen Gesellschaft den nachstehenden Bestimmungen genügt wird.

Das Stammkapital der neuen Gesellschaft darf nicht geringer sein als das Grundkapital der aufgelösten Gesellschaft.

Den Aktionären ist durch öffentliche Bekanntmachung oder in sonst geeigneter Weise Gelegenheit zu geben, mit dem auf ihre Aktien entfallenden Anteil an dem Vermögen der aufgelösten Gesellschaft sich bei der neuen Gesellschaft zu beteiligen. Die Aktien der sich beteiligenden Mitglieder müssen mindestens drei Vierteile des Grundkapitals der aufgelösten Gesellschaft darstellen.

Der auf jede Aktie entfallende Anteil an dem Vermögen der aufgelösten Gesellschaft wird auf Grund einer Bilanz berechnet, welche der Generalversammlung der Aktionäre zur Genehmigung vorzulegen ist. Der Beschluß, durch welchen die Genehmigung erfolgt, bedarf einer Mehrheit von drei Vierteilen des in der Generalversammlung vertretenen Grundkapitals.

Die neue Gesellschaft muß spätestens binnen einem Monat nach Auflösung der Aktiengesellschaft zur Eintragung in das Handelsregister angemeldet werden. Die Eintragung darf nur erfolgen, nachdem die Beobachtung der vorstehenden Bestimmungen nachgewiesen ist.

§ 81. In dem Falle des § 80 geht das Vermögen der aufgelösten Gesellschaft einschließlich ihrer Schulden mit der Eintragung der neuen Gesellschaft in das Handelsregister auf diese von Rechts wegen über.

Jeder Aktionär, welcher bei der neuen Gesellschaft sich nicht beteiligt hat, kann von dieser die Auszahlung eines seinem Anteil an dem Vermögen der aufgelösten Gesellschaft entsprechenden Betrages verlangen.

Unverzüglich nach der Eintragung der neuen Gesellschaft in das Handelsregister sind die Gläubiger der aufgelösten Gesellschaft nach Maßgabe der Bestimmungen des § 297 des Handelsgesetzbuchs durch die Geschäftsführer der neuen Gesellschaft aufzufordern, sich bei dieser zu melden. Die Gläubiger, welche sich melden und der Umwandlung nicht zustimmen, sind zu befriedigen oder sicherzustellen. Die Geschäftsführer sind den Gläubigern der aufgelösten Gesellschaft persönlich und solidarisch für die Beobachtung dieser Vorschriften verantwortlich.

§ 82. Mit Gefängnis bis zu einem Jahre und zugleich mit Geldstrafe bis zu fünftausend Mark werden bestraft:

1. Geschäftsführer und Mitglieder einer Gesellschaft mit beschränkter Haftung, welche behufs Eintragung der Gesellschaft in das Handelsregister, sowie Geschäftsführer, welche behufs Eintragung einer Erhöhung des Stammkapitals in das Handelsregister dem Gericht (§ 7 Absatz 1) hinsichtlich der Einzahlungen auf die Stammeinlagen wissentlich falsche Angaben machen;
2. Geschäftsführer einer Gesellschaft mit beschränkter Haftung, welche, um die Eintragung einer Herabsetzung des Stammkapitals in das Handelsregister zu erwirken, dem Gericht (§ 7 Absatz 1) hinsichtlich der Befriedigung oder Sicherstellung der Gläubiger wissentlich eine unwahre Versicherung abgeben;
3. Geschäftsführer, Liquidatoren, sowie Mitglieder eines Aufsichtsrats oder ähnlichen Organs einer Gesellschaft mit beschränkter Haftung, welche in einer öffentlichen Mitteilung die Vermögenslage der Gesellschaft wissentlich unwahr darstellen oder verschleiern.

Zugleich kann auf Verlust der bürgerlichen Ehrenrechte erkannt werden.

Sind mildernde Umstände vorhanden, so tritt ausschließlich die Geldstrafe ein.

§ 83. Die Strafvorschriften der §§ 239 bis 241 der Konkursordnung finden gegen die Geschäftsführer einer Gesellschaft mit beschränkter Haftung, welche ihre Zahlungen eingestellt hat oder über deren Vermögen das Konkursverfahren eröffnet worden ist, Anwendung, wenn sie in dieser Eigenschaft die mit Strafe bedrohten Handlungen begangen haben.

§ 84. Die Geschäftsführer oder Liquidatoren einer Gesellschaft mit beschränkter Haftung werden mit Gefängnis bis zu drei Monaten und zugleich mit Geldstrafe bis zu eintausend Mark bestraft, wenn entgegen den Vorschriften im § 64, § 71 Absatz 1 der Antrag auf Eröffnung des Konkursverfahrens unterlassen ist.

Sind mildernde Umstände vorhanden, so tritt ausschließlich die Geldstrafe ein.

Straflos bleibt derjenige, bezüglich dessen festgestellt wird, daß der Antrag auf Eröffnung des Konkursverfahrens ohne sein Verschulden unterblieben ist.

II.

Der Kommentar.

(Text mit Anmerkungen.)

Allgemeine Einleitung.

I. Entstehungsgeschichte des Gesetzes.

Von vielen Seiten von den Vertretern des Handelsstandes und im Parlament, war an- Anm. 1.
geregt worden, den bestehenden Gesellschaftsformen eine neue hinzuzufügen, bei welcher die Teilnehmer lediglich ihr eingelegtes Kapital riskieren, ohne zu der komplizierten Organisation und den schweren Anforderungen des Aktiengesellschaftsrechts greifen zu müssen. Diesen Anregungen folgend, wurde im Reichsjustizamt der Entwurf eines Gesetzes betreffend die Gesellschaften mit beschränkter Haftung ausgearbeitet und dem Reichstag vorgelegt. Er gelangte in der Sitzung vom 19. Februar 1892 zur ersten Lesung. Nach kommissarischer Durchberatung wurde der Entwurf schon in der Sitzung vom 21. März 1892 in dritter Lesung en bloc angenommen. Nach erfolgter Zustimmung des Bundesrats wurde das Gesetz am 20. April 1892 ausgefertigt und im Reichsgesetzblatt vom 26. April 1892 verkündet. Es hat am 19. Mai 1892 Gesetzeskraft erlangt.

Im Anschluß an die am 1. Januar 1900 in Kraft getretene neue Gesetzgebung wurden im EG. z. HGB. Art. 11 mehrfache Änderungen des Gesetzes vorgenommen. Im Art. 13 EG. z. HGB. wurde der Reichskanzler ermächtigt, den neuen Text des Gesetzes unter fortlaufender Nummernfolge der Paragraphen und Abschnitte durch das Reichsgesetzblatt bekannt zu machen. Auf Grund dieser Ermächtigung hat der Reichskanzler den neuen Text des Gesetzes durch Bekanntmachung vom 20. Mai 1898 so publiziert, wie dasselbe vom 1. Januar 1900 ab gilt.

II. Die Quellen des Rechts betreffend die Gesellschaften mit beschränkter Haftung.

1. **Die vornehmste Quelle ist das vorliegende Gesetz.**
2. **Subsidiär aber kommen folgende Rechtsquellen in Betracht.** Anm. 2.
   a) Da die Gesellschaft mit beschränkter Haftung eine Handelsgesellschaft ist (§ 13 Abs. 3) und die Rechte und Pflichten eines Vollkaufmanns hat (Anm. 17, 18 u. 19 zu § 13) so kommen subsidiär alle diejenigen Vorschriften des HGB. zur Anwendung, welche sich aus dieser Eigenschaft ergeben. So hat sie z. B. die Verpflichtung, Bücher zu führen, ihre Geschäfte sind präsumtive Handelsgeschäfte u. s. w. (vgl. Näheres hierüber Anm. zu § 13).
   b) Im übrigen kommen die Vorschriften des bürgerlichen Rechts zur Anm. 3.
   Anwendung. **Insbesondere kommen subsidiär die Vorschriften des BGB. über die Vereine in Betracht.** Das ist hier in gleicher Weise anzunehmen wie bei der Aktiengesellschaft. Dort nimmt es die herrschende Ansicht an (RG. v. 23. 1. 03 in JW. 03, 5 Anl. S. 39; Staub HGB. Anm. 9 zu § 178; Makower HGB. 347; Ring bei Lehmann-Ring 374; Lehmann, Das Recht der Aktiengesellschaften I 102; Simon in ZHR. 49, 1 ff.; Gierke ArchBürgR. 19, 131; Bieberfeld, Der Einfluß des BGB. auf das Aktienrecht ZAktWes. 12 S. 7, 126 ff.). Diese herrschende Ansicht stützt sich mit Recht auf § 22 BGB., wonach auch solche Vereine, deren Rechtsfähigkeit auf besonderer reichsgesetzlicher Vorschrift beruht, rechtsfähige Vereine im Sinne des BGB. sind, auf § 6 HGB., aus welchem folgt, daß Aktiengesellschaften Vereine sind, und auf Art. 2 EG. z. BGB., wonach in Handelssachen das BGB. überall da zur Anwendung kommt, wo das HGB. nichts Abweichendes vorschreibt. Die gegenteilige

Ansicht Pinner ZHR. 50, 105; Goldmann-Lilienthal, Kommentar z. BGB. I 52; Dernburg BürgR. I § 82 Nr. IV) ist schon für das Aktienrecht verfehlt. Pinner führt aus: Ausgeschlossen ist die Anwendung von Einzelbestimmungen des BGB. auf handelsrechtliche Institute, die ihre Regelung im HGB. gefunden haben. „Indem das HGB. ein Institut einheitlich regelt, hat es die Präsumtion für sich, daß diese Regelung eine geschlossene sein soll.“ Allein wenn dies richtig wäre, so wäre das BGB. von der subsidiären Anwendung auf dem Gebiete des Handelsrechts so gut wie gänzlich ausgelöschen. Der Kaufmann, die Prokura und die Handlungsvollmacht, die Firma, die Handelsbücher, das Kontokurrent, der Kommissionär, der Lagerhalter, der Spediteur, der Frachtführer, das alles sind handelsrechtliche „Institute“, die das HGB. „einheitlich“ regelt. Ist darum die Regelung eine „geschlossene“ und die subsidiäre Anwendung des BGB. ausgeschlossen? Bei allen diesen Instituten ist vielmehr bisher in allen denjenigen Punkten, die das HGB. nicht regelt, das BGB. von Wissenschaft und Praxis angewendet worden. Wie soll denn, wenn das BGB. im Aktienrecht nicht zur Anwendung gelangen soll, die Frage, in welcher Weise dem Erfordernisse der schriftlichen Form der Aktienzeichnung genügt wird, in welcher Weise die solidarisch haftbaren Mitglieder haften, wie sie die Ausgleichung untereinander vorzunehmen haben, die Fragen über den Beginn, das Ende, die Hemmung und Unterbrechung der im Aktienrechte angeordneten mannigfachen Verjährungen, und zahllose andere Fragen, beantwortet werden? Auch Goldmann-Lilienthal (I 52) erklären: „Soweit reichsgesetzliche Vorschriften über ein vereinsrechtliches Institut den Charakter einer Kodifikation haben, sagen sie, soweit sie „also“ den dieses Institut betreffenden Rechtsstoff ausschließlich regeln, kommen die allgemeinen Vorschriften des BGB. über die rechtsfähigen Vereine auch nicht ergänzend zur Anwendung.“ Der Fehler liegt hier in dem „also“: Daraus, daß ein Gesetzbuch eine Materie kodifiziert, folgt noch nicht, daß dieselbe „ausschließlich“ geregelt wird. Der Einfluß des BGB. erstreckt sich vielmehr auf alle Rechtsgebiete, auf alle Gesetze. Überall wo z. B. die Begriffe der Geschäftsfähigkeit, des Irrtums, des Vertrages, des Kaufes, der Fahrlässigkeit eine Rolle spielen, sind diese jetzt dem BGB. zu entnehmen. Diesem Einflusse des BGB. sind auch diejenigen Gesetze nicht entzogen, die den Charakter selbständiger Kodifikationen haben, so das Patentgesetz, die Stempelgesetze, das Strafgesetzbuch. Um wieviel weniger ist ein Gesetzbuch diesem Einflusse entzogen, in dessen Einführungsgesetz (Art. 2 EG. z. HGB.) ausdrücklich gesagt ist, daß das BGB. überall da Anwendung findet, wo das Gesetzbuch selbst nichts Abweichendes vorschreibt! Auch Dernburgs (I § 82 Nr. IV) Begründung ist unzureichend. Er meint, daß die Bestimmungen des BGB. über rechtsfähige Vereine, wie aus ihrer Entwicklungsgeschichte und ihrem Aufbaue hervorgeht, für die handelsgesellschaftlichen Körperschaften nicht bestimmt sind. Ganz richtig. Die Vorschriften des BGB. sind samt und sonders zunächst nur für diejenigen Verhältnisse bestimmt, die das Gesetzbuch selbst regelt. Aber das hindert doch auch sonst nicht, sie auch auf alle anderen Verhältnisse anzuwenden, soweit nicht aus den diese anderen Verhältnisse regelnden Vorschriften etwas Abweichendes sich ergibt, und besonders kann dies doch kein Hindernis sein bei der Auslegung eines Gesetzbuchs, das nach seinem Einführungsgesetze die subsidiäre Anwendung des BGB. ausdrücklich angeordnet hat. Dernburg muß übrigens selbst zugeben, daß der § 31 BGB. auch auf Aktiengesellschaften Anwendung findet. Dies erklärt er damit, daß dieser Grundsatz ein „allgemeiner“ sei. Das ist doch aber wohl nicht mehr als ein Verlegenheitswort.

Anm. 4. Würde die hier bekämpfte Meinung im Rechte sein, so würde sie um so mehr für das Recht der Gesellschaft mit beschränkter Haftung gelten. Denn hier liegt noch unzweifelhafter die „einheitliche“ Regelung eines Rechtsinstituts, eine geschlossen geregelte Materie“, eine „Kodifikation“ vor. Alle Fragen, die in unserem Gesetze keine Regelung gefunden haben, müßten aus sich selbst heraus, aus der Natur der Sache, nicht aber ergänzender Weise aus den vielleicht willkürlichen positiven Vorschriften des

BGB. beantwortet werden, und Wissenschaft und Praxis, die bei der Auslegung unseres Gesetzes stets die gegenteiligen Wege gegangen sind, müßten hier umkehren. Nie sind unsere Reichsgesetze und Reichsgesetzbücher anders ausgelegt worden, als dahin, daß überall dort, wo sie selbst im Stiche lassen, das betreffende Landesrecht ergänzend herangezogen wurde, und daraus folgt jetzt (wie auch die im Art. 4 EG. z. BGB. enthaltene Vorschrift ergibt), daß das BGB. ergänzend herangezogen werden muß. Nach Pinner und Goldmann-Lilienthal wäre diese ganze Auslegungsart ein großer schwerer Irrtum. Es leuchtet ein, daß dies nicht richtig ist. Vielmehr finden ergänzenderweise die Vorschriften des BGB. Anwendung, und zwar überall da, wo es sich um vereinsrechtliche Fragen handelt, die Vorschriften des BGB. über rechtsfähige Vereine. Denn auch die Gesellschaft mit beschränkter Haftung ist ein Verein (§ 13 des Ges., § 6 HGB.). Die hier vertretene Auffassung teilt das RG. v. 19. 2. 05 RG. 56, 95, das Kammergericht im Beschlusse v. 2. 12. 01 in DJZ. 7, 53, KGJ. 23 A S. 105 u. RJA. 3, 25; Liebmann Anm. 2 zu § 1; Neukamp Anm. 1 d zu § 13, Gierke ArchBürgR. 19, 132. Abweichend Parisius-Crüger, deren Begründung aber zum Teil unrichtig, zum Teil unklar ist. Unrichtig ist es, wenn sie sagen, daß nach § 22 BGB. bei Vereinen, deren Zweck auf einen wirtschaftlichen Geschäftsbetrieb gerichtet sei und die besonderer reichsgesetzlicher Regelung unterliegen, lediglich das betreffende Reichsgesetz entscheide. Denn davon steht im § 22 BGB. nichts. Unklar aber ist es, wenn sie sagen: „Das vorliegende Gesetz will die Rechtsverhältnisse der Gesellschaft mit beschränkter Haftung einheitlich und vollständig regeln, das BGB. kommt auf diese Gesellschaft nur subsidiär zur Anwendung." Der zweite Satz hebt ja den ersten auf. Regelt unser Gesetz die Gesellschaft mit beschränkter Haftung vollständig, so kommt das BGB. eben nicht zur subsidiären Anwendung; kommt es aber zur subsidiären Anwendung, so hat eben unser Gesetz die Rechtsverhältnisse der Gesellschaften mit beschränkter Haftung nicht vollständig geregelt.

Die subsidiäre Anwendbarkeit des Vereinsrechts bedeutet hier wie beim HGB. insbesondere die Anwendbarkeit der §§ 29 u. 48 BGB., so daß dem Antrage eines jeden Gläubigers auf Bestellung eines Liquidators stattzugeben ist (KG. in OLGR. 4, 256). Ebenso ist § 31 BGB. für die Haftung der Gesellschaft mit beschränkter Haftung für die Handlungen ihrer Geschäftsführer in Ausübung ihres Amts unzweifelhaft anwendbar (RG. a. a. O.). Ebenso ist aber auch in allen Fragen, wo aus dem vorliegenden Gesetze weder direkt noch durch Auslegung, noch durch Analogie etwas zu entnehmen ist, das bürgerliche Recht zur Anwendung gelangt. So sind z. B. die Begriffsmerkmale eines Rechtsgeschäfts oder Rechtswirkungen von Begriffen, über welches unser Gesetz Regeln aufstellt, ohne es zu definieren, aus dem BGB. und aus dem HGB. zu entnehmen. Die allgemeinen Rechtsgrundsätze, mit denen sich unser Gesetz überhaupt nicht beschäftigt, so die Wirkungen des Irrtums, Betruges, Zwanges, Scherzes, bestimmen sich nach dem BGB. (vgl. hierüber Staub HGB. Allg. Einl. Anm. 14). Über die Modifikationen der Regeln des BGB. für Irrtum und Betrug bei Gründung der Gesellschaft mit beschränkter Haftung vgl. Anm. 24 zu § 2 u. zu § 55. Anm. 5.

c) Aber auch andere Reichsgesetze sind maßgebend, so z. B. § 144 des Gesetzes über die Angelegenheiten der freiwilligen Gerichtsbarkeit, der die Löschung der Gesellschaft von Amts wegen wegen Nichtigkeit regelt, und § 148 desselben Gesetzes. Anm. 6.

d) **Landesgesetze** können nur insoweit in Betracht kommen, als öffentlichrechtliche Vorschriften in Betracht kommen (Art. 55 EG. z. BGB.). Anm. 7.

3. **Ob zu den Quellen des Rechts auch das Gewohnheitsrecht** gehört und in welcher Reihenfolge es als Rechtsquelle in Betracht kommt, kann hier eingehend nicht untersucht werden. Vgl. Staub, Kommentar zum HGB. I (Allg. Einl. Anm. 17 ff.); Düringer-Hachenburg, Kommentar zum HGB. 1, 4 B I. Die Frage, ob sich Gewohnheitsrecht gegen das geschriebene Gesetz bilden kann, ist derart schwierig und auf unserem Gebiet so unpraktisch, daß wir sie hier füglich übergehen können. Anm. 8.

III. Übergangsfragen.

Anm. 9. Die Übergangsfragen sind hier von geringer Wichtigkeit, weil die Änderungen, welche am 1. 1. 1900 in Kraft getreten sind, nicht erheblicher Natur sind. Doch mag betont werden, daß auch hier der Grundsatz gelten muß, daß die neuen Vorschriften auf diejenigen Gesellschaften, welche am 1. 1. 1900 bestanden, Anwendung finden. Das neue gesellschaftliche Leben regelt sich nach dem neuen Recht. Von besonderer Bedeutung wird aber bei der neugeregelten Frage die Nichtigkeit der Gesellschaften (vgl. Kommentar zu den §§ 75—77). Dagegen werden Rechte Dritter, welche vor dem 1. 1. 1900 entstanden waren, durch entgegenstehende Vorschriften des neuen Rechts nicht berührt, es sei denn, daß sie nur befriedigt werden können durch Maßregeln, welche neuen Bestimmungen zwingender Natur widersprechen (vgl. über alles dies Näheres Staub HGB. Anm. 1ff. zum § 178).

IV. Die rechtliche Natur der Gesellschaft mit beschränkter Haftung.

Anm. 10. A. **Die Grundprinzipien der Gesellschaft mit beschränkter Haftung sind die gleichen wie die der Aktiengesellschaft** (so auch Förtsch Anm. 2 zu § 1; Dernburg 1 § 89). Wenn § 178 HGB., um das Wesen der Aktiengesellschaft zu charakterisieren, sagt: „Die sämtlichen Gesellschafter sind mit Einlagen auf das in Aktien zerlegte Grundkapital der Gesellschaft beteiligt, ohne persönlich für ihre Verbindlichkeiten zu haften", so gilt im Wesen der Sache das Gleiche auch hier.

Anm. 11. 1. Auch hier sind die Gesellschafter für die Verbindlichkeiten der Gesellschaft nicht haftbar. Für die Verbindlichkeiten der Gesellschaft haftet lediglich das Gesellschaftsvermögen (§ 13). Im Grunde genommen ist denn auch der Name, den das Gesetz unserer Gesellschaft gegeben hat, nicht ganz zutreffend. Der Name „Gesellschaft mit beschränkter Haftung" deutet grammatikalisch darauf hin, daß die Gesellschaft nur beschränkt haftet. Die Gesellschaft haftet aber mit ihrem gesamten Vermögen. Die Mitglieder aber haften nicht beschränkt, sondern überhaupt nicht. Denn unter der Haftung versteht man in der Rechtssprache eine Haftung gegenüber den Gläubigern. Eine solche besteht hier nicht, ebensowenig wie bei der Aktiengesellschaft, und anders als bei der offenen Handelsgesellschaft und der Kommanditgesellschaft. Wenn nach § 24 und § 31 Abs. 3 in gewissen Hinsichten die einzelnen Gesellschafter für die Verpflichtungen der anderen haften, so handelt es sich hier überall doch nur um Verbindlichkeiten gegenüber der Gesellschaft, nicht um eine Haftung gegenüber den Gläubigern. Das Gleiche gilt von der Nachschußpflicht, wenn eine solche statutarisch vereinbart wird (§ 26). Ganz korrekt hätte der Name unserer Gesellschaft heißen müssen: Gesellschaft ohne Haftung der Mitglieder und mit beschränkter Beitragspflicht.

Daß die Gesellschafter für die Schulden der Gesellschaft nicht haften, wie dies auch bei der Aktiengesellschaft der Fall ist, macht sie zur juristischen Person. Wenn die Gesellschafter nicht haften, ein haftendes Rechtssubjekt aber vorhanden ist, nämlich die Gesellschaft (§ 13 Abs. 2), so ist eben die Gesellschaft ein selbständiges gedachtes Rechtssubjekt, eine juristische Person. Bestätigt wird dies durch § 13 Abs. 1 (vgl. über die juristische Persönlichkeit der Gesellschaft mit beschränkter Haftung Näheres zu § 13).

Anm. 12. Wegen dieser Nichthaftung der Gesellschafter für die Schulden einerseits, und weil andererseits die Verhältnisse der Gesellschaft nicht, wie bei der Aktiengesellschaft, in erheblichem Umfange zu publizieren sind, ist unsere Gesellschaftsform sehr beliebt. Es kann auf diese Weise, wie Parisius und Crüger zutreffend hervorheben, ein Industrieller sich von der persönlichen Haftung für seine mehr oder minder gewagten Unternehmungen befreien, wenn er für dieselben eine Gesellschaft mit beschränkter Haftung mit einem anderen, z. B. seiner Ehefrau bildet, und sich von dem einzigen Gesellschafter, der außer ihm beteiligt ist, dessen Geschäftsanteil wieder abtreten läßt. Geht dann die Sache schief, so bleibt ihm sein Privatvermögen. Auch sonstige Nebenzwecke können mit dieser Gesellschaftsform verfolgt und erreicht werden. So kann z. B. jemand sein Grundstück in eine Gesellschaft mit beschränkter Haftung inferieren, auf dieser einzigen Basis die Gesellschaft gründend; er läßt sich dann von seinem Mitgesellschafter dessen Geschäftsanteil cedieren. Die so in einer Hand vereinigten Geschäftsanteile repräsentieren das ganze Gesellschaftsvermögen. Wer sie besitzt, kann das Grundstück wirtschaftlich sein eigen nennen. Durch Abtretung der Geschäftsanteile kann dieses Vermögen von Hand zu Hand übergehen, ohne daß der Immobiliarstempel verwendet zu werden braucht.

Nicht selten wird in der Praxis von einzelnen Gläubigern die Übernahme der persönlichen Haftung der Gesellschafter verlangt, namentlich seitens der Banken. Das ändert an dem Wesen der Gesellschaft natürlich nichts. Die Gesellschafter sind alsdann Bürgen, auch wenn ihre Erklärung dahin lautet, daß sie auf die Beschränkung ohne Haftung verzichten. Entscheidend ist der hierbei obwaltende Wille der Parteien.

2. Auch hier sind die Gesellschafter mit Einlagen auf das in einzelne Teile zerlegte Grundkapital beteiligt. Die Teile, in welche das Grundkapital zerlegt wird, heißen hier nicht Aktien, sondern Geschäftsanteile. Doch ist dies lediglich ein Unterschied im Namen, in der Bezeichnung, kein sachlicher Unterschied, gerade so wie es kein sachlicher Unterschied ist, daß das Grundkapital hier Stammkapital heißt (§ 3 Nr. 3). Anm. 13.

Demgemäß gilt hier das Gleiche, wie bei der Aktiengesellschaft (vgl. Staub HGB. Anm. 13 u. 14 zu § 178).

a) Sämtliche Mitglieder beteiligen sich mit Einlagen (§ 3 Nr. 4), deren Geldbetrag dem Nennbetrag des entsprechenden Anteils gleichkommt (§ 14). Dagegen ist auch hier nicht gesagt, daß die Gesellschafter sich nur mit Stammeinlagen beteiligen. Schon für das Aktienrecht ist ein solcher Ausspruch im neuen HGB. vermieden, weil es hier nach § 212 HGB. auch sonstige Leistungsversprechen gibt und demgemäß statutarisch vereinbart werden kann, daß die Mitgliedschaft nur dadurch erworben wird, daß aus jener Einlage auch gewisse sonstige Verpflichtungen übernommen werden. Bei der Gesellschaft mit beschränkter Haftung ist dies in noch viel weiterem Umfange der Fall (§ 3 Abs. 2). Anm. 14.

b) Einlagen auf das in Teile zerlegte Grundkapital sind es, mit welchen jedes einzelne Mitglied beteiligt ist. Die Teile, in welche das Grundkapital, hier Stammkapital genannt, zerlegt wird, heißen hier Geschäftsanteile. Auch hier, wie bei der Aktiengesellschaft, wird also die Mitgliedschaft der Gesellschafter zum Ausdruck gebracht in Teilbeträgen einer Grundziffer. Auch hier, wie bei der Aktie, liegt darin ein zwar äußerliches Moment. Aber die Bedeutung desselben liegt darin, daß der Wert des Anteils nicht ausgedrückt wird in einer Quote des Gesellschaftsvermögens, sondern in einer bestimmten Ziffer. Dieses Moment birgt auch hier Gefahren in sich, weil eine solche feste Ziffer den Schein erweckt, als stelle der Geschäftsanteil einen unwandelbaren Vermögenswert dar, der dieser Ziffer gleichkommt, und als sei ein jener Grundziffer entsprechender Barbetrag oder wenigstens sonstiger Wert von Anfang an vorhanden gewesen und stets vorhanden. Anm. 15.

Den Gefahren, die dieser Schein in sich birgt, sucht der Gesetzgeber durch seine Einzelbestimmungen vorzubeugen. Einmal dadurch, daß eine Unterpari-Emission verboten ist. Wer einen Wert von 1000 Mk. einlegt, kann dafür nicht einen Geschäftsanteil von 1200 Mk. erhalten (§ 14). Aber trotzdem bleibt die Ziffer des Geschäftsanteils eine fiktive. Man denke nur an die Fälle, wo Sacheinlagen inferiert werden. Ob die inferierten Objekte wirklich soviel wert sind, als der Nennbetrag der dafür gewährten Geschäftsanteile, bleibt stets problematisch. Und dann erwäge man, daß die Nennziffer des Stammkapitals auf alle Fälle eine fiktive wird, sobald die Gesellschaft ins Verkehrsleben tritt. In diesem Augenblicke ist das Vermögen der Gesellschaft einem fortwährenden Wechsel ausgesetzt, und trotz dieses Wechsels bleibt die Ziffer des Stammkapitals unverändert. Das Stammkapital ist solchergestalt nicht etwa gleichbedeutend mit dem jedesmaligen Gesellschaftsvermögen, die Ziffer des Stammkapitals bedeutet nicht etwa, trotz des volltönenden Ausdrucks „Stammkapital", einen unverrückbaren Stamm von Gesellschaftsvermögen. Sie ist Anm. 16.

vielmehr nur eine Ziffer, ein Rechnungsfaktor. Sie zeigt an, wieviel an Werten als Äquivalent für die Ausgabe der Anteile mindestens geleistet worden ist oder wenigstens geleistet werden sollte. Sie wird ferner meist als Grundziffer einer Berechnung benutzt, um auszurechnen, wie hoch die Beteiligung des einzelnen Mitgliedes an dem Ergebnisse der Gesellschaft ist, und sie zeigt endlich an — und das ist das Wichtigste —, welcher Betrag an Gesellschaftsvermögen mindestens vorhanden sein muß, ehe an eine Verteilung von Gewinn an die Mitglieder herangetreten werden kann (§ 42 Nr. 4), oder mit anderen Worten, welchen Betrag reinen Aktivvermögens die Gesellschaft ihren Gläubigern unter allen Umständen zu reservieren verspricht. Die einzelnen Geschäftsanteile aber bedeuten nichts weiter als die Ziffer des Betrages, der mindestens auf die Geschäftsanteile eingelegt worden ist. Das Beteiligungsverhältnis wird keineswegs damit immer angegeben. Denn es ist nicht nötig, daß der Gewinn und die Liquidationsraten nach Verhältnis der Geschäftsanteile verteilt werden (näheres zu § 14).

Anm. 17. B. **Die Unterschiede zwischen der Aktiengesellschaft und der Gesellschaft mit beschränkter Haftung** sind daher nicht in den Grundprinzipien zu suchen, sondern in der einzelnen Ausgestaltung. Diese aber sind stärker als es den Anschein hat. So bedeutsam die Analogie des Aktienrechts ist, so sehr muß davor gewarnt werden, Rechtssätze und Rechtssprüche dieses Gebietes ohne weiteres auf unsere Gesellschaft herüberzunehmen. Es soll hier kurz der wesentliche Gegensatz skizziert werden. Im übrigen ist auf die Einzelbestimmungen zu verweisen.

Anm. 18. Zunächst ist hervorzuheben, daß die Anteile bei der Aktiengesellschaft für den Verkehr bestimmt sind. Für die Aktien besteht eine Erleichterung des Umsatzes. Dadurch ist auch das Band, das den Gesellschafter hier mit der Aktiengesellschaft verknüpft, ein viel loseres. Es ist ein weit größerer Kreis von Interessenten, der hier in Betracht kommt. Es ist, wie der Erwerb ein leichter und der Umsatz ein häufiger ist, auch die Gefahr, daß hierbei und hierdurch der Erwerber getäuscht werde, eine größere. Daher neben der Möglichkeit dieses raschen Wechsels der Gesellschaftereigenschaft, die durch die Inhaberaktie gewährleistet wird, das Bedürfnis auch des Schutzes solcher dritten Erwerber. Die Folge ist eine Reihe von Vorschriften, die nur diesem Ziele dienen. Das sind namentlich die Bestimmungen über die Gründung und den obligatorischen Aufsichtsrat.

Bei der Gesellschaft mit beschränkter Haftung wird ein innigeres Verhältnis zwischen der Gesellschaft und ihren Mitgliedern erstrebt. Ihre Geschäftsanteile sind nicht für den Verkehr bestimmt. Sie sind als feste Anlage und Beteiligung gewollt. Daher ist ihr Umsatz durch das Verlangen der notariellen oder gerichtlichen Urkunde erschwert. Andererseits fehlen die dem Schutz der Gesellschaft dienenden Bestimmungen. Sie muß keinen Aufsichtsrat haben. Bei ihrer Gründung fallen alle Vorschriften fort, welche das Interesse der späteren Gesellschafter sichern. Nur die Gläubiger bedürfen hier der besonderen Beachtung.

Im einzelnen:

Anm. 19. 1. Die Beschaffenheit der Beteiligung.

a) Die Veräußerlichkeit. Bei der Aktiengesellschaft ist es in die Wahl der Gründer gelegt, ob die Aktien auf Inhaber oder Namen lauten. Nur wenn nichts gesagt ist, sind sie Namensaktien (§§ 179, 183 HGB.). Bei der Gesellschaft mit beschränkter Haftung gibt es nur auf die Namen lautende Geschäftsanteile. Auch die Namensaktie ist ein Ordrepapier (§ 222 Abs. 3 HGB.). Ein Geschäftsanteil ist nie indossabel. Auch wenn dies durch das Statut ausgeschlossen ist, erfolgt die Übertragung der Aktie formlos. Der Geschäftsanteil ist stets nur in gerichtlicher oder notarieller Urkunde übertragbar (§ 15). Jede andere Bestimmung des Gesellschaftsvertrages ist nichtig. Bei der Aktie wie bei dem Geschäftsanteil kann die Zustimmung der Gesellschaft im Statut vorbehalten sein. Bei jener aber nur bei der Namensaktie, bei diesem bei jedem Geschäftsanteile. Bei der Aktiengesellschaft bedarf es einer Anmeldung der Veräußerung bei der Gesellschaft nur bei den Namensaktien (§ 223 HGB.). Bei einer Gesellschaft mit beschränkter Haftung ist dies stets erfordert (§ 16).

b) Der **Betrag** der Aktien jeder Emission ist gleich groß. Er muß mindestens 1000 M. sein. Nur durch die Erhöhung des Grundkapitals können Aktien verschiedener Größe entstehen. Bei der Gesellschaft mit beschränkter Haftung ist schon bei der Gründung die größte Verschiedenheit der Geschäftsanteile zulässig. Neben einem solchen von einer Million kann ein Anteil von 500 M. stehen. Anm. 20.

c) Im Aktienrechte kann bei Namensaktien, deren Übertragung an die Genehmigung der Gesellschaft gebunden ist, den Aktionären die Verpflichtung zu **wiederkehrenden** nicht in Geld bestehenden Leistungen auferlegt werden (§ 218 HGB.). Bei jeder Gesellschaft mit beschränkter Haftung können von allen oder einzelnen Gesellschaftern neben ihrer Einlage beliebige Verpflichtungen, wiederkehrende oder einmalige, in Geld oder in anderen Leistungen bestehend, übernommen werden.

2. **Die Schutzvorschriften.** Anm. 21.

a) **Zu Gunsten der Gesellschafter.** Nur der Aktionär bedarf derselben. Daher die Vorschriften über die **Sachgründung** und die Fürsorge, daß nicht faule Einlagen gemacht werden. Daher die Vorschrift des Gründerberichts und der Revisoren. Daher auch die Vorschriften über die Aufnahme jeder Übernahme einer Anlage oder sonstiger Gegenstände mit dem ihr zufließenden Kapitale durch die Gesellschaft in den Gründungsvertrag, daher die Bestimmungen über die Nachgründung innerhalb der ersten zwei Jahre (§§ 186, 191, 193, 194, 207 HGB.). Erst bei der Erhöhung des Stammkapitals fehlen diese Maßregeln. Hier sind die Gesellschafter selbst in der Lage zu prüfen, ob die Sacheinlagen übernommen werden und Aktien dafür gegeben werden sollen. Hier bedarf es auch keiner Bestimmung, daß die Übernahme von Vermögensgegenständen mittels des neuaufgenommenen Kapitals in den Beschluß über die Erhöhung aufzunehmen ist (§ 279 HGB.). Dem Vorgange der Erhöhung des Grundkapitals der Aktiengesellschaft steht die Gründung der GmbH. gleich. Keine der oben erwähnten für die Gründung der Aktiengesellschaft getroffenen Vorschriften ist auf sie übergegangen. Die Sacheinlage ist, aber nur mit Rücksicht auf die Gläubiger, im Gesellschaftsvertrage festzustellen (§ 5 Abs. 4), ebenso wie bei der Erhöhung des Grundkapitals der Aktiengesellschaft. Eine Vorschrift, wonach bei der Gründung der GmbH. die Übernahme von Vermögensgegenständen, die mittels des durch Bargründung aufgebrachten Kapitals erworben werden sollen, der Aufnahme in den Gesellschaftsvertrag bedürfen, kennt das Gesetz über die GmbH. nicht. Sie in dasselbe hineinzulegen, hieße aktienrechtliche Bestimmungen dem Geiste des Gesetzes zuwider anwenden.

b) **Zu Gunsten der Gläubiger** sind die Schutzvorschriften bei der GmbH. schärfer als bei der Aktiengesellschaft. Sie bilden den Ersatz für die Erleichterung der Gründungsvorschriften. In zwei Momenten zeigt sich dies besonders. Das eine ist die dem Aktienrechte völlig fremde Gesamthaftung aller Gesellschafter für das Gesamtkapital (§ 24). Der Aktionär haftet stets nur für seine Einlage, nie für die der andern Aktionäre. Der Gesellschafter der GmbH. hat in letzter Linie für die Einlage aller andern Gesellschafter einzustehen. Das andere ist das Verbot der Auszahlung des zur Erhaltung des Stammkapitals erforderlichen Vermögens (§ 30 Abs. 1). Jede Zahlung an einen Gesellschafter in dieser Eigenschaft, welche das Vermögen unter diesen Betrag mindert, ist ungültig. Die Aktiengesellschaft geht von dem Gesichtspunkte aus, daß die **Einlage** nicht zurückgefordert und an den Aktionär nur der Reingewinn verteilt werden darf (§ 213 HGB.; das Nähere über diesen Unterschied vgl. Anm. 1 ff. zu § 30). Es können hierdurch Fälle eintreten, in denen bei der Aktiengesellschaft eine Leistung zulässig, bei der GmbH. verboten ist. Es wird z. B. die Auszahlung der festgesetzten Dividende bei der Aktiengesellschaft durch spätere Verluste nicht berührt, bei der GmbH. wird sie unzulässig (vgl. zu § 29) Anm. 22.

Anm. 23. 3. Die Organisation. Dasselbe Moment, das für die Bestimmungen bei der Gründung mitentscheidend war, macht sich auch hier geltend. Bei der Aktiengesellschaft führt die Rücksicht auf die leichte Beweglichkeit der Mitgliederrechte und den häufigen Wechsel der Mitglieder zu einer festen, unabänderlichen Organisation. Jede Aktiengesellschaft muß Vorstand und Aufsichtsrat haben. Andere Organe aber hat sie nicht. Der Aktionär kann nur in der Generalversammlung sich betätigen (§ 250 HGB.). Das Statut kann dies nicht ändern. Es kann keine anderen Organe schaffen. Es kann nicht dem einzelnen Aktionär selbständige Rechte, in die Verwaltung einzugreifen, geben oder ihm die in der Generalversammlung auszuübenden, insbesondere sein Stimmrecht, nehmen. Das alles gilt bei der GmbH. nicht. Sie muß keinen Aufsichtsrat haben. Sie kann sich neben diesem noch andere Organe schaffen. Sie kann die Rechtstellung ihrer Mitglieder beliebig ausgestalten. Sie kann jedem Gesellschafter einen Einfluß auf die Geschäfte geben, wie sie ein Teilhaber einer offenen Handelsgesellschaft hat. Sie kann ihm die Rechte, die ihm das Gesetz einräumt, auch sein Stimmrecht, völlig nehmen. Die Bestimmungen der §§ 46 ff. sind rein dispositiver Natur. Das nahe Verhältnis der einzelnen Gesellschafter zueinander, die Erschwerung des Eintritts in die Gesellschaft führt zu der Freiheit der inneren Ausgestaltung.

Anm. 24. 4. Die Bilanz muß bei jeder Aktiengesellschaft publiziert werden. Bei der GmbH. nur dann, wenn sie ein Bankgeschäft betreibt. Deshalb gibt es auch selten Bankgesellschaften mit beschränkter Haftung. Bei der Aktiengesellschaft dürfen alle umlaufenden Kapitalien höchstens zu den Gestehungskosten angesetzt werden. Die GmbH. hat hier völlige Freiheit. Die Aktiengesellschaft muß eine Reserve bilden. Die GmbH. kann es tun. All dieses besagt wieder nur, daß auf Aktionäre, die einander fremd sind und nur für Geld eine Aktie kaufen, bei der Bilanz in anderer Weise Rücksicht zu nehmen ist, als auf die Gesellschafter bei der GmbH., denen man auch diese Fürsorge selbst überlassen kann.

5. Inwieweit die Gerichtspraxis auf dem Gebiete des Aktienwesens für die Erkenntnis des Rechts der GmbH. anwendbar ist, wird aus der folgenden Darstellung erhellen.

Anm. 25. C. **Die GmbH. und die offene Handelsgesellschaft.** Aus diesem Verhältnisse der GmbH. zur Aktiengesellschaft folgt aber auch, daß Rechtsgrundsätze derselben, die sich nicht auf eine Besonderheit der Aktiengesellschaft zurückführen lassen, analog auf die GmbH. anwendbar sind. Ausgeschlossen ist dagegen die Analogie mit der offenen Handelsgesellschaft. Diese ist im Gegensatz zur Aktiengesellschaft und GmbH. keine juristische Person, daher z. B. eine entsprechende Anwendung des § 153 Abs. 3 HGB. unstatthaft erscheint. Auch Streitigkeiten über eine Verteilung des Vermögens der GmbH. in Liquidation sind nicht zwischen den Gesellschaftern, sondern nur zwischen diesen und den Liquidatoren auszutragen (vgl. RG. 59, 58 vom 5. 10. 04). Direkt unzulässig ist es, wenn im Gesellschaftsvertrage mit Begriffen operiert wird, welche der offenen Handelsgesellschaft angehören, aber im Widerspruche stehen mit den Vorschriften des Gesetzes über die GmbH. So sind Übereinkommen, wonach ein Geschäftsführer sich mit einer Einlage beteiligt, die ihm verzinst und bei seinem Austritt wieder zurückvergütet wird, unzulässig und unwirksam.

Anm. 26. D. **Ausländisches Recht.** Kein anderes Recht außer dem deutschen kennt diese besondere Form der Gesellschaft. In Österreich steht die Einführung der GmbH. nach deutschem Vorbilde bevor (Ullmann, Die GmbH. und ihre Entwickelung. Vortrag, gehalten im niederösterreichischen Gewerbeverein am 3. 3. 05; Grünhut, Die österreichische Gesetzesvorlage über die GmbH. DJZ. 05, X 780).

Erster Abschnitt.

Errichtung der Gesellschaft.

§ 1.

Gesellschaften mit beschränkter Haftung können nach Maßgabe der Bestimmungen dieses Gesetzes zu jedem gesetzlich zulässigen Zweck errichtet werden.

Der vorliegende Paragraph enthält die Vorschrift, daß sich eine Gesellschaft mit beschränkter Haftung zu jedem gesetzlich zulässigen Zweck bilden kann. Einleitung.

I. Zu jedem Zweck können sich GmbH. bilden.

1. In erster Linie kommen natürlich Erwerbsgesellschaften in Betracht. Anm. 1.

a) So sind denn GmbH. zu den verschiedensten Zwecken errichtet worden: im Bergbau- und Hüttenwesen, in der Industrie der Steine und Erden, in der Metallverarbeitung, in der Maschinenfabrikation, in der chemischen, in der Beleuchtungsindustrie, in der Textil-, der Papier-, in der Nahrungs- und Genußmittelindustrie, im Baugewerbe, zur Errichtung von Markthallen, von Ausstellungen, im Verkehrswesen (Straßen- und Kleinbahnen), im Speditions- und Transportgewerbe, im Gastwirts- und Hotelgewerbe, zu Bädern und Heilanstalten, zum Betriebe von Theatern.

b) Auch Bankgeschäfte können in dieser Gesellschaftsform betrieben werden. Ein in der Reichstagskommission gestellter Antrag, die Bankgeschäfte auszuschließen, wurde abgelehnt. Doch wurde für Bankgeschäfte die Sonderbestimmung des § 41 Abs. 4 wegen Veröffentlichung der Bilanz hinzugefügt. Der Betrieb des Hypothekenbankgeschäfts jedoch ist den GmbH. untersagt, d. h. der Betrieb eines Unternehmens, welches in der hypothekarischen Beleihung von Grundstücken und der Ausgabe von Schuldverschreibungen auf Grund der erworbenen Hypotheken besteht (§§ 1 und 2 des Hypothekenbankgesetzes vom 13. 7. 99). Anm. 2.

c) Auch das Versicherungsgeschäft gegen Prämien kann unter dieser Gesellschaftsform betrieben werden. Geschieht dies, so fällt die Gesellschaft unter das Gesetz über die privaten Versicherungsunternehmungen vom 12. 5. 01. Nach § 6 Abs. 2 und 3 dieses Gesetzes aber kann zum Betriebe der verschiedenen Arten der Lebensversicherung, sowie zum Betriebe der Unfall-, Haftpflicht-, Feuer- und Hagelversicherung die Erlaubnis nur an Versicherungsvereine auf Gegenseitigkeit und an Aktiengesellschaften erteilt werden, also nicht an GmbH. Dabei gilt als Lebensversicherung auch die Invaliditäts-, Alters-, Witwen-, Waisen-, Aussteuer- und Militärdienstversicherung, gleichviel ob auf Kapital oder Renten. Die Erlaubnis kann GmbH. also nur erteilt werden für andere Versicherungszweige (Kreditversicherung, Transportversicherung, Hypothekenversicherung, Seeversicherung, Frostgefahrversicherung, Diebstahlsversicherung, Streikversicherung; Krankenversicherung mit Ausnahme der Unfallversicherung; Überschwemmungsgefahrversicherung; Mißwachsversicherung). Doch kann nach § 117 jenes Gesetzes der Bundesrat eine Erschwerung und eine Erleichterung anordnen: Anm. 3.

α) Er kann anordnen, daß die Vorschrift des § 6 Abs. 2 des gedachten Gesetzes auch für andere als die dort bezeichneten Versicherungszweige gilt, d. h. also, daß die Erlaubnis zum Geschäftsbetriebe auch hinsichtlich der anderen Versicherungszweige, z. B. hinsichtlich der Diebstahlsversicherung, nur an Versicherungsgesellschaften auf Gegenseitigkeit oder an Aktiengesellschaften erteilt werden kann — das ist die Erschwerung,

§ 1. β) er kann anordnen, daß für Versicherungszweige, für welche die Vorschrift des § 6 Abs. 2 nicht gilt (z. B. für Diebstahlsversicherung), die Vorschriften des gedachten Gesetzes ganz oder teilweise außer Anwendung bleiben.

Anm. 4. 2. Es braucht aber überhaupt kein Erwerbszweck zu sein. Es können auch, obwohl die GmbH. eine Handelsgesellschaft ist, ideale Zwecke in dieser Form verfolgt werden. So sind in der Tat bereits GmbH. gegründet worden zur Errichtung von privaten Gesellschaftshäusern (z. B. Logen oder sonstigen Vereinshäusern), für gemeinnützige und Wohltätigkeitsanstalten, als Erziehungs- und Unterrichtsanstalten, als Sportvereine u. s. w. Daß die GmbH. nicht bloß zu wirtschaftlichen Zwecken errichtet werden kann, geht aus unserem Paragraphen mit voller Deutlichkeit hervor. Die im Aktienrecht hierüber entstandene Streitfrage (vgl. einerseits Simon in ZHR. 49, 8 u. 9; andererseits Gierke ArchBürgR. 19, 133) kann hier gar nicht auftauchen. Doch wird auch im Aktienrecht die Auffassung Simons, wonach Aktiengesellschaften infolge der §§ 21 und 22 BGB. nur zu wirtschaftlichen Zwecken errichtet werden können, nicht als zutreffend anzusehen sein.

Anm. 5. II. **Der Zweck muß jedoch ein gesetzlich zulässiger sein.** Gesetzlich zulässig ist jeder Zweck, der nicht gegen ein gesetzliches Verbot verstößt (vgl. § 134 BGB.). Ein gegen ein gesetzliches Verbot verstoßendes Rechtsgeschäft ist nichtig. Ist der Zweck gesetzlich verboten, so kann daher die Gesellschaftsform nicht gewählt werden. Eine Gesellschaft zur Förderung des gewerbsmäßigen Glücksspiels oder eine Diebesbande oder eine Gesellschaft zum Betriebe einer Bordellwirtschaft kann sich in dieser Form nicht konstituieren. Als erlaubt anzusehen ist eine Vereinigung zur Erwerbung besserer Arbeitsbedingungen. Da aber kraft Gesetzes (§ 152 Abs. 2 RGwO.) jedem Teilnehmer an einer solchen Vereinigung jederzeit der Rücktritt freisteht, so ist dies mit den Bestimmungen der GmbH. nicht vereinbar, es müßte denn jedem Gesellschafter das Recht gegeben sein, jeden Augenblick die Auflösung der Gesellschaft zu fordern (§ 60 Abs. 2). Damit verliert aber die Vereinbarung ihren Zweck völlig. Als erlaubt anzusehen sind auch Kartelle und Syndikate (vgl. RG. Düringer-Hachenburg, HGB. II, 41). Anders nur dann, wenn diese Vereinigung eine nicht durch berechtigte wirtschaftliche Interessen gebotene, dem Volkswohl nachteilige Preissteigerung und Monopolisierung bezweckt. Sofern die Gesetzgebung die Kartelle regelt und unter gewissen Umständen verbietet, ist eine Gesellschaft, die diesem Zwecke dient, unter denselben Umständen unstatthaft. Wenn der Zweck nicht gesetzlich verboten, aber unsittlich ist, so greift zwar unser Paragraph nicht direkt Platz. Aber die Gesellschaftsgründung ist ebenfalls nicht möglich. Auch hier ist der Gesellschaftsvertrag nichtig (§ 138 BGB.). Über die Frage, ob die Gründung einer GmbH. einen gegen die guten Sitten verstoßenden Zweck verfolgt, ist im Einzelfall zu entscheiden. Als solche erschiene z. B. eine Gesellschaft, deren Zweck die Einschmuggelung von Waren aus dem Ausland ist, namentlich wenn mit diesem ein Zoll- und Handelsvertrag besteht (RG. 42, 295). Bei wirtschaftlichen Vereinigungen, die dem Konkurrenzkampf dienen, wird stets im Einzelfalle das sittlich Erlaubte festzustellen sein.

Nicht unter die Bestimmungen des § 1 fällt die Gründung der Gesellschaft zu einem Zweck, der nur mit staatlicher Genehmigung erreichbar ist. Hier ist die Wirksamkeit bedingt durch die Konzessionserteilung, z. B. bei Eisenbahnbetrieb. Der Zweck aber ist ein gesetzlich zulässiger. Wenn aber nach Landesrecht Religionsgesellschaften nur durch besonderes Gesetz Korporationsrechte erlangen können (so Art. 13 preuß. VerfUrk.), ist eine GmbH. als Religionsgesellschaft unzulässig (KG. v. 20. 4. 05, OLGR. 11, 393; CBlFG. 6, 312).

Anm. 6. III. **Rechtsfolgen, wenn ein gesetzlich unzulässiger Zweck gewählt würde.**

1. Solange die Gesellschaft nicht in das Handelsregister eingetragen ist, hat der Registerrichter das Recht und die Pflicht, darüber zu wachen, daß eine solche Gesellschaft nicht zur rechtlichen Existenz gelange. Er hat das Recht und die Pflicht zu prüfen, ob der Zweck erlaubt ist. Einen Anhaltspunkt gewährt ihm die Angabe des Gegenstandes des Unternehmens im Gesellschaftsvertrage (§ 3 Nr. 2). Kommt er aber

zu der Überzeugung, daß diese Angabe auf Schein beruht, daß unter diesem Deckmantel § 1.
in Wahrheit andere Zwecke verfolgt werden, so kann der Registerrichter die Eintragung verweigern. Er wird von diesem Rechte freilich nur sehr vorsichtigen Gebrauch machen. Aber im Prinzip ist ihm dieses Recht nicht zu versagen. Er kann auch Ermittlungen veranstalten, um festzustellen, ob der angegebene Gesellschaftszweck nicht auf Schein beruht, falls er einen solchen Verdacht hat (§ 12 FG.). Unter der Partei ist ein Vertrag, der einen gesetzwidrigen oder gegen die guten Sitten verstoßenden Zweck verfolgt, nichtig. Es kann jeder auf Feststellung der Nichtigkeit klagen. Er kann dem Begehren auf Einzahlung der ersten Einlage die Einrede hieraus entgegenhalten. Er kann eine einstweilige Verfügung erwirken, wodurch die Eintragung untersagt wird. Denn mit der Eintragung ändert sich die Rechtslage.

2. Wenn die Gesellschaft eingetragen ist, obgleich sie sich zu einem gesetzlich unzulässigen, oder gegen die guten Sitten verstoßenden Zweck gebildet hatte, so liegt ein Fall des § 75 vor. Eine nach § 3 Abs. 1 wesentliche Bestimmung des Gesellschaftsvertrages ist nichtig, nämlich der Teil, der den Gegenstand des Unternehmens betrifft. Es kann daher die besondere Nichtigkeitsklage des § 75 angestellt werden. Ebenso greift der § 144 FG. Platz. Das Registergericht kann von Amts wegen die Auflösung der Gesellschaft herbeiführen. Die Gesellschaft ist also nicht absolut nichtig. Ein Gesellschafter kann daher nach der Eintragung nicht die Zahlung der Einlage unter Hinweis auf den unerlaubten Grund der Gesellschaft verweigern (vgl. § 77 Abs. 3). Er muß die Nichtigkeitsklage durchführen oder durch das Registergericht die Löschung von Amts wegen veranlassen. In beiden Fällen bleibt er auch in diesem Falle verpflichtet, die Einlage, so weit es zur Deckung der Gläubiger erforderlich ist, zu leisten. Ein Gläubiger, der den verbotenen Zweck kennt, wird dann keinen Anspruch auf Befriedigung und Einziehung der Einlage zu diesem Zwecke haben, wenn seine Forderung ebenfalls gegen das Gesetz oder die guten Sitten verstößt, also z. B. wenn es sich um Hehlerlohn oder Kuppelgeld handelt. Ist sein Geschäft ein erlaubtes, so steht seiner Forderung die Kenntnis des Mangels in dem Gesellschaftsvertrage nicht im Wege. Näheres zu §§ 75 u. 76. Daneben greift noch § 62 Platz für das Recht zur Herbeiführung der Auflösung, wenn das Gemeinwohl gefährdet wird. Anm. 7.

3. Wenn der Gesellschaftszweck ursprünglich gehörig gewählt war, die Gesellschaft aber nachher andere, gesetzlich unzulässige oder unsittliche Zwecke verfolgt, so z. B. wenn eine Gesellschaft, die sich mit dem Betriebe der Gastwirtschaft beschäftigt, nachträglich zum Betriebe einer Bordellwirtschaft übergeht, so wird dadurch die Gesellschaft weder nichtig, noch ohne weiteres aufgelöst. Im Wege des Privatrechts kann in solchem Falle nur mit der Auflösungsklage nach § 61 vorgegangen werden. Daneben haben die öffentlichen Behörden die ihnen durch öffentliches Recht gewährleisteten Rechte zum Einschreiten. Dazu gehört die Befugnis nach § 62, wenn das Gemeinwohl gefährdet ist (vgl. hierüber Anm. 1 und 2 zu § 62). Anm. 8.

§ 2.

Der Gesellschaftsvertrag bedarf des Abschlusses in gerichtlicher oder notarieller Form. Er ist von sämtlichen Gesellschaftern zu unterzeichnen.

Die Unterzeichnung durch Bevollmächtigte ist nur auf Grund einer gerichtlich oder notariell errichteten oder beglaubigten Vollmacht zulässig.

Der vorliegende Paragraph bestimmt die Form des Gesellschaftsvertrages (Abs. 1) **und die Zulässigkeit und Form von Vollmachten zum Abschlusse des Gesellschaftsvertrages** (Abs. 2). Einleitung.

1. (Abs. 1.) **Der Gesellschaftsvertrag muß in gerichtlicher oder notarieller Form abgeschlossen werden. Er ist von sämtlichen Mitgliedern zu unterzeichnen.** Mit der gerichtlichen oder notariellen Form ist diejenige Form gemeint, welche § 128 BGB. die gerichtliche oder Anm. 1.

§ 2. notarielle Beurkundung nennt. Die näheren Vorschriften für die Beobachtung dieser Form sind in den §§ 168 ff. FG. enthalten. Die weitere Vorschrift, daß der Gesellschaftsvertrag von sämtlichen Gesellschaftern unterzeichnet werden muß, hat den Zweck, die Sukzessivgründung auszuschließen. Der Gesellschaftsvertrag muß also von sämtlichen Personen festgestellt werden, welche die ersten Gesellschafter sein sollen. Es ist nicht zulässig, daß der Gesellschaftsvertrag (das Statut) durch eine einzelne Person festgestellt wird und die anderen Personen durch Zeichnung oder sonstwie die Einlagen übernehmen und dadurch dem Vertrage beitreten, so daß auf diese Weise die Gesellschaft errichtet wird. Ein Zeichnungsschein, wodurch jemand einer von anderen Beteiligten notariell begründeten Gesellschaft mit einem Teile des Stammkapitals beitritt, ist wirkungslos (KG. im Recht 02, 299 Nr. 1519). Damit ist jedoch nicht gesagt, daß sämtliche Gesellschafter oder ihre Vertreter beim Abschlusse gleichzeitig zugegen sein müssen. Das Erfordernis gleichzeitiger Anwesenheit ist hier nicht, wie im § 925 BGB. für die Auflassung, vorgeschrieben. Vielmehr ist hier diejenige sukzessive Vertragsschließung zulässig, die bei der gerichtlichen oder notariellen Beurkundung überhaupt zulässig ist. Es können nach §§ 128 und 152 BGB. Antrag und Annahme besonders beurkundet werden (KG. v. 13. 8. 01 in OLGR. 3, 262). Es ist auch nicht zutreffend, wenn Förtsch Anm. 3 sagt, daß das besonders umständlich sei. Gesetzt, der Gesellschaftsvertrag soll von 5 Personen beschlossen werden, von denen drei in Berlin und zwei in Memel wohnen. Dann kann die Vertragsschließung, wenn die beiden in Memel wohnenden Personen nicht durch Bevollmächtigte bei der Verhandlung in Berlin vertreten sind, in der Weise erfolgen, daß die drei Berliner sich gegenseitig die Abschließung des Gesellschaftsvertrags offerieren und diese Offerte gleichzeitig annehmen und ferner den beiden Memelern die Errichtung eines Gesellschaftsvertrages unter den angegebenen Bedingungen antragen, und daß alsdann die beiden Memeler vor dem Notar in Memel diesen Antrag annehmen. Diese Annahmeerklärung braucht nicht, wie Parisius-Crüger Anm. 12 annehmen, den gesamten Inhalt des Gesellschaftsvertrages zu enthalten. Es genügt eine deutliche Bezugnahme auf den Antrag (vgl. das Formularbuch des Berliner Anwaltsvereins 227).

Anm. 2. Die notarielle Beurkundung erfolgt normalerweise so, daß der Gesellschaftsvertrag zu Protokoll erklärt wird. Er kann aber auch überreicht und als Anlage zum Protokoll genommen werden (§§ 174, 176 Abs. 2, 177 FG.). In diesem Falle braucht der Gesellschaftsvertrag nicht besonders unterzeichnet zu werden. Es genügt, wenn das Protokoll unterzeichnet wird. Der Abs. 1 Satz 2 unseres Paragraphen steht dem nicht entgegen. Er will, wie oben Anm. 1 ausgeführt, nur besagen, daß sämtliche Gesellschafter den Gesellschaftsvertrag feststellen müssen. Indem sie das Protokoll, in welchem dies geschieht, unterzeichnen, wird der Vorschrift des Abs. 1 Satz 2 genügt.

Liegt ein gültiger Vorvertrag vor, so kann auf Grund desselben ein Kontrahent zur Abgabe der Gründungserklärung verurteilt werden (§ 894 CPO.). Der Gesellschaftsvertrag wird dann dadurch geschlossen, daß der oder die anderen Gesellschafter den Gesellschaftsvertrag unter Beifügung des rechtskräftigen Urteils zu Protokoll erklären.

Anm. 3. Die gerichtliche Beurkundung braucht nicht vor dem Amtsgericht zu erfolgen, welches das zuständige Registergericht ist. Ob die Gerichte oder die Notare zuständig oder beide zuständig sind, bestimmt das Landesgesetz (Art. 141 EG. z. BGB.). In Preußen sind beide zuständig (Preußisches Gesetz über die freiwillige Gerichtsbarkeit Art. 31).

Anm. 4. 2. (Abs. 2.) **Die Bevollmächtigung ist zulässig, doch muß die Vollmacht gerichtlich oder notariell errichtet oder beglaubigt sein.** Im allgemeinen ist nach der Regel des BGB. die Vollmacht zum Abschlusse von Rechtsgeschäften formlos, auch wenn das Geschäft selbst an eine Form gebunden ist (§ 167 Abs. 2 BGB.). Hier aber ist für die Vollmacht eine Form vorgeschrieben. Der Gesellschaftsvertrag ist daher nicht vollendet, falls dem Bevollmächtigten nicht eine beglaubigte Vollmacht erteilt ist. Dieselbe kann aber auch nachträglich erteilt oder nachträglich beglaubigt werden. Sie ist dann als Genehmigung aufzufassen (vgl. unten Anm. 10). Eine unbeglaubigte Vollmacht kann als Verpflichtung zur Erteilung der Vollmacht aufgefaßt werden. Sie ist in diesem Sinne nicht wirkungslos. Die Erfordernisse der gerichtlichen Beglaubigung ergeben sich aus § 183 FG. Sie setzt Vollziehung oder Anerkennung der Unterschrift in Gegenwart des Richters voraus. Landesrechtliche Delegation an einen Gerichtsschreiber ist unzulässig (KG. v. 3. 11. 02 OLGR. 6, 111). § 2.

Welchen Inhalt die Vollmacht haben muß, ergibt die Natur der Sache. Sie muß unzweideutig ersehen lassen, daß sie zu dem Abschlusse des betreffenden Gesellschaftsvertrages ermächtigt. Ob dies der Fall ist, kann nur von Fall zu Fall entschieden werden. Allgemeine Vorschriften lassen sich darüber nicht geben. Es ist verfehlt, das allgemeine Erfordernis aufzustellen, daß die Höhe der Stammeinlagen enthalten sein muß (so auch KGJ. 19, 17). Es ist auch verfehlt, eine Generalvollmacht für ungenügend zu erklären (Liebmann Anm. 5; dagegen Birkenbihl Anm. 8). Der Begriff der Generalvollmacht und das Erfordernis der Spezialvollmacht ist dem neuen Recht überhaupt nicht bekannt. Es kann sich immer nur darum handeln, ob deutlich ersichtlich ist, daß die Vollmacht zur Errichtung der betreffenden Gesellschaft ermächtigt. Eine generelle Handlungsvollmacht wird im allgemeinen nicht genügen. Denn der Betrieb eines Handelsgewerbes bringt in der Regel die Beteiligung bei der Gründung von GmbH. nicht mit sich. Doch kann auch dies der Fall sein. Wenn z. B. im Gesellschaftsvertrage einer offenen Handelsgesellschaft oder Aktiengesellschaft die Beteiligung bei der Gründung von GmbH. einer bestimmten Art als Gegenstand des Unternehmens bezeichnet ist, so bezieht sich eine allgemeine Handlungsvollmacht auch hierauf. Der Prokurist ist stets dazu bevollmächtigt. Denn dieser ist ja nicht bloß zu den gewöhnlichen Geschäften des betreffenden Betriebes, sondern zu allem berechtigt, was der Betrieb eines Handelsgewerbes mit sich bringt. Wird die Vollmacht in der Weise gegeben, daß der Bevollmächtigte zum Abschlusse des der Vollmacht beigehefteten Vertrages ermächtigt war, so empfiehlt es sich, ihm die Befugnis zu Abänderungen zu geben. Andernfalls auch redaktionelle Abweichungen beanstandet werden können. Anm. 5.

Es können auch alle Gesellschafter ein und dieselbe Person ermächtigen, den Gesellschaftsvertrag abzuschließen (§ 181 BGB.). Ebenso kann ein Gründer den anderen bevollmächtigen. Aus dieser Bevollmächtigung wird man annehmen, falls sie speziell für den Abschluß des Gesellschaftsvertrages erteilt ist, daß die Zustimmung zum Kontrahieren mit sich selbst erteilt ist (§ 181 BGB.). Anm. 6.

Gesetzliche Vertreter bedürfen keiner Vollmacht. Inwieweit diese legitimiert sind, bestimmt sich nach anderen Vorschriften (vgl. hierüber unten Anm. 13 u. 14). Gesetzliche Vertreter werden ihre Vertretungsbefugnis anderweit nachweisen müssen: z. B. der Vorstand einer Aktiengesellschaft durch den Registerauszug (falls nicht etwa dasselbe Registergericht in Frage kommt) und der offene Gesellschafter ebenso. Der Vormund durch seine Bestallung und ebenso der Konkursverwalter. Die Vertreter öffentlicher Korporationen bedürfen einer Legitimationsurkunde, die nach den die Verfassung der Korporation regelnden Gesetzen auszustellen ist (KG. v. 13. 8. 01 OLGR. 3, 259). Es gibt Fälle, in denen ein gesetzlicher Vertreter nur auf Grund amtlicher Autorisation Vertretungsbefugnis erlangt; so z. B. ist die Berechtigung, den Provinzialverband bezw. Kreis zu vertreten, in dem preußischen Gesetze von einer besonderen urkundlichen Autorisation abhängig gemacht (§ 91 der Provinzialordnung; § 137 der Kreisordnung von 72/81). Die Erteilung einer solchen Ermächtigung, mag sie sich auch selbst als Vollmacht bezeichnen, ist keine Vollmacht im Sinne unseres Absatzes 2. Sie bedarf keiner Beglaubigung (KG. v. 13. 8. 01 a. a. O.). Anm. 7.

Der gleichen Form, wie die Vollmacht, bedarf auch eine zur Wirksamkeit der Beteiligungserklärung erforderliche Zustimmung (z. B. des Ehemannes), es sei denn, daß es sich um die Genehmigung einer öffentlichen Behörde (z. B. des Vormundschaftsgerichts) handelt.

§ 2. 3. **Die nachträgliche Genehmigung hat die gleiche Kraft, wie die im voraus erfolgte Bevollmächtigung.**

Anm. 8. Das Gesetz erwähnt das zwar nicht. Aber es sind auch hier die Rechtsgrundsätze des BGB. anwendbar, da sie nicht ausgeschlossen sind. Hieraus ist zu entnehmen, daß der Gesellschaftsvertrag auch von einer Person abgeschlossen werden kann, welche keine Vollmacht hat, aber als Vertreter einer anderen Person auftritt. Ein so abgeschlossener Gesellschaftsvertrag wird gültig, wenn nur die nachträgliche Genehmigung, und zwar, analog dem Abs. 2, in gerichtlicher oder notarieller Beurkundung oder Beglaubigung beigebracht wird (Förtsch Anm. 6; KG. 13. 8. 01 OLGR. 3, 261). Den gleichen Grundsatz hat das KG. bei der noch strengeren Form der Auflassung aufgestellt und zwar ebenfalls auf Grund der Vorschrift des § 177 BGB. (KG. v. 4. 3. 01 in RJA. 2, 85).

Anm. 9. Es kann also, wenn nicht alle Gesellschafter anwesend oder gehörig vertreten sind, der Gesellschaftsvertrag entweder, wie oben Anm. 1 erwähnt, in der im § 128 BGB. vorgesehenen Form in zeitlicher Reihenfolge abgeschlossen werden oder so, daß eine Person als Vertreter des abwesenden Gesellschafters auftritt und nachträglich eine gehörig beglaubigte Genehmigungserklärung des abwesenden Gesellschafters beibringt. Hatte solch ein Vertreter den Gesellschaftsvertrag mit abgeschlossen, aber unter Vorbehalt der Genehmigung des Vertretenen, so ist diese Erklärung für den Vertretenen nicht bindend. Für ihn gelten die bisherigen Erklärungen der anderen Gesellschafter als Vertragsofferte. Es kann der Vertrag durch den Beitritt des Vertretenen gemäß § 128 BGB. perfekt werden (so auch KGR. v. 13. 8. 01 OLGR. 3, 262 oben). Über die Rechtslage bei Versagung der Genehmigung vgl. unten Anm. 22.

Anm. 10. Als nachträgliche Genehmigung muß es auch gelten, wenn nachträglich die Vollmacht erteilt oder die erteilte beglaubigt wird (vgl. oben Anm. 4). Eine Eintragung zum Handelsregister findet aber nicht statt, solange nicht die Genehmigung oder anderweitige Beschaffung der Vollmacht erfolgt. Wird diese aber verzögert, so können die anderen Gesellschafter den ohne Vollmacht Vertretenen zur Erklärung gemäß § 177 BGB. auffordern. Wird die Genehmigung nicht binnen 14 Tagen erteilt, so gilt sie als verweigert. Kannten die anderen Gesellschafter den Mangel oder mußte sie ihn kennen (und das wird bei dem Verlangen der beglaubigten Vollmacht stets der Fall sein), so können sie keinerlei Schadenersatzansprüche gegen den vollmachtlosen Vertreter erheben (§ 179 Abs. 3 BGB.). Es stand ihnen ja frei, den Vertreter zuzulassen oder nicht. Der „Mangel der Vertretungsmacht" bedeutet im vorliegenden Falle den Mangel der im Gesetze vorgeschriebenen Vollmacht. Denn nur diese ist die Vertretungsmacht. Die anderen Gesellschafter können den vollmachtlosen Vertreter nicht zur Erfüllung der Stelle des Vertreters zwingen, auch wenn er das Bestehen einer mündlichen Vollmacht behauptet hatte. Anders wenn er für die nachträgliche Genehmigung und Vollmachtsausstellung ausdrücklich einzustehen sich verpflichtete (vgl. Anm. 35 Zusatz 8).

Anm. 11. Ist der Vertreter durch eine beglaubigte Vollmacht legitimiert, so vertritt er den Vollmachtgeber wirksam, auch wenn dieser die Vollmacht bereits widerrufen hatte (§ 172 Abs. 2 BGB.). Wenn von den anderen Gesellschaftern nur einer oder einzelne den Widerruf kannten oder kennen mußten (§ 173 BGB.), so bliebe der Vertretene den übrigen Gesellschaftern gegenüber gebunden. Da aber seine Teilnahme an der GmbH. nicht einem Gesellschafter gegenüber bestehen, einem anderen gegenüber nicht bestehen kann, mithin ein nur einheitlich festzustellendes Rechtsverhältnis vorliegt, so erscheint der Vertretene hier allen Gesellschaftern gegenüber gebunden. Kannten aber alle Gegenkontrahenten den Mangel dieser formell ordnungsgemäß erscheinenden Vollmacht, so tritt auch trotz der Eintragung der Gesellschaft keine Verpflichtung für den ohne Vollmacht Vertretenen ein. Nicht erheblich ist die Täuschung des Registerrichters (§ 171 BGB.). Denn ihm gegenüber wird nicht seitens des vollmachtlosen Vertreters gehandelt. Eine strafbare Handlung der Geschäftsführer, welche diese Tatsache bei der Anmeldung verschweigen, liegt nicht vor, vorausgesetzt, daß nur die 25 Proz. Einzahlung auf den Geschäftsanteil des vollmachtlos vertretenen Gesellschafters erfolgt war (§ 82 Abs. 1 Ziff. 1).

Ist die Gesellschaft zum Handelsregister eingetragen, obwohl ein Gesellschafter nicht § 2.
ordnungsgemäß vertreten war, so begründet diese Tatsache für die anderen Gesellschafter Anm. 12.
keine Nichtigkeit der Gesellschaft. Ebensowenig kann der Registerrichter eine Wiederlöschung androhen und falls der Mangel nicht beseitigt wird, vollziehen (§ 144 FG.). Denn dies verlangt denselben Tatbestand wie die Nichtigkeitsklage. Auch § 142 FG. ist nicht anwendbar (vgl. hierüber unten Anm. 21 ff. und Anm. 1 und 3 zu § 75). Über die Haftung der anderen Gesellschafter für den Ausfall am Stammkapital, der durch den Wegfall der ohne Vollmacht Vertretenen entsteht, vgl. unter Anm. 25. Über die Befugnis der anderen Gesellschafter auf Grund der Unwirksamkeit des Beitritts des ohne Vollmacht Vertretenen die Auflösung der Gesellschaft zu fordern vgl. unter Anm. 21 und die Ausführungen zu § 61.

Zusatz 1. Zahl und Qualität der Gründer.

1. Über die Zahl ist nichts bestimmt. Da es sich um eine Gesellschaft handelt und ein Anm. 13.
Vertrag geschlossen werden muß, so sind zur Gründung der Gesellschaft mindestens zwei Personen erforderlich. Da das Gesetz eine größere Anzahl nicht fordert, so kann ein Gesellschaftsvertrag, durch welchen eine GmbH. gegründet wird, auch zwischen zwei Personen geschlossen werden, so z. B. auch zwischen zwei Eheleuten. Zweifelsfragen stoßen hier auf, wenn offene Handelsgesellschaften oder Kommanditgesellschaften Gründer sind. Kann die offene Handelsgesellschaft und ein Gesellschafter miteinander eine GmbH. schließen? Oder eine Kommanditgesellschaft mit ihrem Komplementar oder mit ihren Kommanditisten? Ist das Erfordernis der Zweizahl erfüllt? Die Fragen müssen bejaht werden. Jene Gesellschaften besitzen ja formelle Parteifähigkeit und außerdem sind zwei physische Personen vorhanden, welche, was ebenfalls erforderlich ist, die rechtliche Gründerverantwortlichkeit übernehmen.

2. **Über die Qualität der Gründer** ist im Gesetze gleichfalls nichts gesagt. Wer fähig ist, Mit- Anm. 14.
glied eines rechtsfähigen Vereins zu sein, kann Mitglied einer GmbH. werden: also jede physische oder juristische Person.

   a) Die physischen Personen brauchen nicht selbständig verpflichtungs- Anm. 15.
   fähig zu sein. Für Minderjährige, Geisteskranke, Verschwender kann der gesetzliche Vertreter auftreten. Ob dazu die Genehmigung des Vormundschaftsgerichts nötig ist, richtet sich nach den Vorschriften des BGB. Die §§ 1822 Nr. 3 u. 1643 BGB. greifen hier nicht Platz. Der Vormund oder der Vater bedürfen daher der Genehmigung des Vormundschaftsgerichts nicht, weil es sich in diesem Sinne nicht um einen Gesellschaftsvertrag handelt, der zum Betriebe eines Erwerbsgeschäfts eingegangen wird. Als solcher ist nur ein Gesellschaftsvertrag zu verstehen, inhalts dessen die Kontrahenten selbst das Geschäft betreiben wollen. Hier aber soll die als selbständige juristische Person entstehende neue Gesellschaft das Erwerbsgeschäft betreiben. Planck Anm. 3b zu § 1822 BGB. erachtet nicht einmal Beteiligung als Kommanditist als unter diesen Paragraphen fallend, obwohl doch hierbei eine persönliche Haftung in gewissen Grenzen konstituiert wird, um wieviel weniger fällt darunter die Beteiligung als Gesellschafter einer GmbH. Ob die Genehmigung nach § 1822 Nr. 1 oder Nr. 13 erforderlich ist, richtet sich nach der Art der Beteiligung.

   b) Auch juristische Personen können als Gründer einer GmbH. auftreten (RG. v. Anm. 16.
   13. 8. 01 OLGR. 3, 260), insbesondere also rechtsfähige Vereine im Sinne des BGB., Aktiengesellschaften, Aktienkommanditgesellschaften, öffentlich-rechtliche Korporationen, z. B. Kreisverbände, Stadtgemeinden, auch GmbH. selbst. Eine GmbH. kann aus lauter GmbH. bestehen. So bei einer Gesellschaft, welche die Verfolgung eines gemeinsamen Zieles aller Beteiligten bezweckt.

   Für juristische Personen tritt natürlich der gesetzliche Vertreter auf und übernimmt dadurch die etwaige strafrechtliche Verantwortlichkeit. Dabei hat der Registerrichter die Legitimation der Personen, welche den Vertrag namens der beitretenden GmbH. oder sonstiger juristischer Personen privaten Rechts zeichnen, nicht zu prüfen. Zur Zeichnung genügt auch hier Beifügung des Namens der Geschäftsführer unter

§ 2. die durch Stempeldruck hergestellte Firma (KG. v. 19. 8. 04 KGJ. 28 A 241). Natürlich muß dabei der gesetzliche Vertreter innerhalb seiner Vertretungsbefugnis handeln. Bei der schrankenlosen und unbeschränkbaren Vertretungsbefugnis, die dem Vorstande der hier in Frage stehenden Vereine regelmäßig zukommt, wird dieser Legitimationspunkt regelmäßig keine Schwierigkeiten machen. Auch der Liquidator einer Aktiengesellschaft oder GmbH. darf sich durch Inferierung des gesamten Vermögens seiner Gesellschaft in eine zu gründende GmbH. bei der Gründung einer solchen beteiligen (OLG. Dresden v. 9. 3. 04 OLGR. 5, 493). Vorausgesetzt ist aber, daß diese Beteiligung zur Beendigung schwebender Geschäfte dient. Anderenfalls ist sie nur gestattet, wenn der Liquidator hierzu von den Gesellschaftern ermächtigt ist. Auch diese Ermächtigung ist nur zulässig, wenn die Beteiligung nicht die Abstoßung der Schulden in Frage stellt und zu Liquidationszwecken geschieht (KG. v. 4. 2. 01 KGJ. 21 A 56; OLG. Dresden OLGR. 7, 6). Bei dem Vorstande und den Liquidatoren von Aktiengesellschaften richtet sich diese Frage nach § 303 HGB.

Anm. 17. c) Endlich können auch diejenigen Gesellschaften, die nicht juristische Persönlichkeit, aber doch eine gewisse Parteifähigkeit besitzen, als Gründer einer GmbH. auftreten, nämlich die offene Handelsgesellschaft und die Kommanditgesellschaft. Vgl. oben Anm. 11. Davon zu trennen ist die Frage, ob eine GmbH. Mitglied einer offenen Handelsgesellschaft sein kann, vgl. darüber Anm. 7 zu § 13.

Anm. 18. d) Kann aber auch eine bürgerliche Gesellschaft als Gründer auftreten? Eine bürgerliche Gesellschaft als solche allerdings nicht. Denn sie besitzt keine Parteifähigkeit. Aber sie kann in dem Sinne und mit der Wirkung als Gründerin auftreten, daß die wahren Gründer in solchem Falle die Mitglieder der bürgerlichen Gesellschaft sind. Diese sind nach § 8 Nr. 3 nach Namen, Stand und Wohnort anzugeben. Dies würde allerdings dann unzulässig sein, wenn es unzulässig wäre, daß mehrere Personen gemeinsam einen Stammanteil bei der Gründung übernehmen. Es ist das aber nicht unzulässig, weil es überhaupt nicht unzulässig ist, daß mehrere Personen einen Geschäftsanteil durch Rechtsgeschäft unter Lebenden erwerben (vgl. hierüber zu § 18; a. M. OLG. Stuttgart v. 3. 5. 01 RJA. 2, 130). Ganz dasselbe gilt überall für den nicht rechtsfähigen Verein. Denn für ihn gilt ja das Recht der Gesellschaft (§ 54 BGB.). Auch er kann also nicht als Gründer einer GmbH. auftreten (Dernburg I § 80 Nr. VI). Geschieht dies dennoch, so sind die einzelnen Vereinsmitglieder die Gründer. Außerdem haften aber die Handelnden für die durch den Gründungsvertrag entstehenden Verbindlichkeiten (§ 54 BGB.). Gierke (Vereine ohne Rechtsfähigkeit 2. Aufl. 30) erachtet den nicht rechtsfähigen Verein ohne weiteres für fähig, Mitglied eines rechtsfähigen Vereins zu sein. Dem kann aber nicht gefolgt werden. Denn es fehlt ihm (außer in gewissen prozessualischen Hinsichten) die formelle Parteifähigkeit, wie sie der offenen Handelsgesellschaft zukommt. Er ist nicht nach den Regeln dieser, sondern nach den Regeln über die bürgerliche Gesellschaft zu beurteilen. Das bestimmt das Gesetz ausdrücklich.

Anm. 19. e) Ein Einzelkaufmann kann nicht unter seiner Firma als Gründer einer GmbH. fungieren. Dies folgt daraus, daß überall da, wo aus Gründen des öffentlichen Interesses der Name gewisser Personen zum Zwecke der möglichst sicheren Feststellung der Identität in öffentliche Listen eingetragen werden muß, unter dem Namen nicht der Handelsname, sondern der bürgerliche Name zu verstehen ist, weil nur dieser dem Erfordernis der möglichst sicheren Feststellung der Identität genügt (Staub HGB. I Anm. 3 zu § 17). Die Praxis verfährt jedoch anders.

Anm. 20. f) Der Gesellschaftsvertrag kann bestimmen, daß Gesellschafter bestimmte Eigenschaften haben müssen, z. B. daß sie nur physische Personen sein können oder nur Inländer oder nur Frauen u. s. w. Fehlt bei einem der Gründer eine solche vertragsgemäß verlangte Eigenschaft, so kann dies zu einer Anfechtung wegen Irrtums oder

Betruges durch die anderen Gesellschafter und, nach der Eintragung, durch die Gesellschaft führen (vgl. hierüber unten Anm. 32). War den übrigen Gesellschaftern dieser Mangel bekannt, so liegt in dem Abschlusse mit dem betreffenden Mitgründer der Verzicht auf diese Eigenschaft, also eine Ausnahme von der statutarischen Voraussetzung. Der Beitritt dieser Person zur Gesellschaft ist gültig. Die Bestimmung des Gesellschaftsvertrages über die Voraussetzungen der Gesellschaftereigenschaften bleiben für die Weiterveräußerung des Geschäftsanteils in Wirksamkeit. § 2.

Zusatz 2. Einfluß der Unwirksamkeit der Beitrittserklärung eines Gesellschafters auf die Gültigkeit des Gesellschaftsvertrages. Ist die Erklärung eines Gründers ungültig, so daß eine Verpflichtung hieraus nicht erwächst (vgl. unten Anm. 22 ff.), so bewirkt dieses keine Nichtigkeit des ganzen Gesellschaftsvertrages. Eine Nichtigkeit tritt nur ein, wenn der Gesellschaftsvertrag des wesentlichen Inhaltes, wie ihn § 3 Abs. 1 vorschreibt, entbehrt. Es folgt hieraus, daß das Prinzip des § 139 BGB. über teilweise Nichtigkeit für die GmbH. ausgeschlossen ist. Es darf von den übrigen Gesellschaftern nicht behauptet werden, daß sie ohne den nichtigen Teil des Gesellschaftsvertrages diesen nicht abgeschlossen hätte (vgl. auch Anm. 1 ff. zu § 75). Es kann aus diesem Moment höchstens das Recht auf Auflösung des Gesellschaftsvertrages (§ 61) fließen. Ist die Gesellschaft noch nicht eingetragen, so steht dem Gesellschafter, der infolge der Nichtigkeit der Erklärung eines Mitkontrahenten die Auflösung fordert, das Recht auf einstweilige Verfügung zu, die bis zum Austrage der Sache den Eintrag hindert. Ist die Eintragung erfolgt, so bleibt es unter allen Umständen bei der Haftung der übrigen Gesellschafter. Nur können sie infolge der Auflösung und der durch sie herbeigeführten Liquidation die Einlagen, die nicht zur Deckung der Passiven nötig sind, verweigern (vgl. Anm. 9 zu § 77). Anm. 21.

Für den Registerrichter entsteht aus der Ungültigkeit einer Beitrittserklärung, sofern sie ihm bekannt ist, das Recht, die Eintragung abzulehnen. Es ist eine der Einlagen nicht übernommen. Das Stammkapital ist nicht gedeckt. Die auf dieses gemachte Anzahlung ist rückforderbar. Ist aber die Eintragung erfolgt, so kann der Registerrichter sie nicht wieder löschen. Eine Löschung von Amtswegen darf nur in den Fällen eintreten, in denen die Nichtigkeitsklage möglich ist (§ 144 Abs. 1 FG.). Eine Anwendbarkeit des § 142 FG. und eine Löschung wegen Mangels einer Voraussetzung der Eintragung ist ausgeschlossen. Bei der GmbH. ist die Löschung von Amtswegen auf die Fälle der Nichtigkeit beschränkt. (Dorner, Kommentar zum RG. über die Angelegenheiten der freiwilligen Gerichtsbarkeit, Anm. 1 zu § 144 S. 500 ff.; Düringer-Hachenburg HGB. I 336.) Die anscheinend gegenteilige Meinung des KG. (Beschluß vom 18. 4. 04, RJA. 4 Heft 3 S. 162; CBlFG. 5, 104, vgl. auch KG. vom 28. 11. 04 CBlFG. 6, 86) ist nicht zu billigen. Durch die Anwendung auch des § 142 FG. neben § 144 würde eine Rechtsunsicherheit entstehen, die nicht im Sinne des Gesetzes liegen kann. Man kann den § 142 nicht dadurch wieder einführen, daß man außer der Löschung der Gesellschaft oder des in das Handelsregister einzutragenden Beschlusses als nichtig „Löschungen anderer Art" einführt, die neben der auf Nichtigkeit beruhenden möglich sind. Selbstverständlich ist stets zulässig, daß die Eintragung als solche, weil im Widerspruche mit dem Inhalt des Statuts stehend, von Amtswegen gelöscht wird. Das war auch der Kern des zitierten Beschlusses des KG. und insofern ist die Entscheidung richtig.)

Über die Folgen, wenn alle Erklärungen oder alle bis auf eine ungültig sind, vgl. unten Anm. 28.

Über die Nichtigkeit eines Gesellschaftsvertrages wegen Verstoßes gegen § 3 vgl. Anm. 1 ff. zu § 3 und Anm. 3 ff. zu § 75.

Zusatz 3. Folgen der Unwirksamkeit einer Beitrittserklärung für die einzelnen Gesellschafter. Die dem BGB. entsprechende Folge wäre der Ausschluß der Rechtswirkung jeder mangelhaften Erklärung für den Erklärenden. Diese ist aber für das Gebiet der GmbH. auf die Fälle der Nichtigkeit und Unwirksamkeit zu beschränken. In dem Falle der Anfechtbarkeit gilt sie nicht. Anm. 22.

a) Nichtigkeit tritt ein, wenn ein Gesellschafter, der unter sieben Jahre alt oder entmündigt oder geisteskrank war, selbst oder durch einen von ihm bestellten Vertreter handelt oder wenn ein Gesellschafter sich in einem vorübergehenden Zustande des Aus-

§ 2. schlusses der freien Willensbestimmung befand (§§ 104 u. 105 BGB.). Aus der Beitrittserklärung einer solchen Person können keinerlei Rechtsfolgen erwachsen. Es bedarf einer Reaktion gegen die formell vorhandene Erklärung nicht. Sie ist auch keiner Bestätigung fähig. Die nachträgliche Genehmigung durch den gesetzlichen Vertreter des Gesellschafters oder durch diesen selbst nach Wiedererlangung der freien Willensbestimmung ist ohne Belang. Es bedarf einer Wiederholung des Gesellschaftsvertrages mit allen andern Gesellschaftern. Ist die Eintragung noch nicht erfolgt, so bildet diese wiederholte Erklärung mit dem ursprünglichen Vertrage zusammen ein Ganzes und wird mit diesem zum Eintrage verwendet. Erfolgt die Wiederholung erst nach der Eintragung, so heilt sie die Nichtigkeit der Beitrittserklärung und beseitigt deren Folgen (vgl. unten Anm. 28). Möglich ist, daß die Erklärungen der anderen Gesellschafter als Offerten an den willensunfähigen Mitkontrahenten auch nach der Entdeckung dieses Willensmangels noch in Kraft sind (§ 147 BGB.). In diesem Falle wird die nur von dem gesetzlichen Vertreter allein erklärte nachträgliche Genehmigung als Annahme des Vertragsanerbietens genügen, sobald sie nur entsprechend beurkundet ist.

Relativ unwirksam ist die Beitrittserklärung des Minderjährigen oder des gemäß § 114 BGB. in der Geschäftsfähigkeit Beschränkten. Lehnt der gesetzliche Vertreter die Genehmigung ab, so ist die Erklärung ohne jede Wirkung. Erfolgt dieselbe, so ist die Erklärung von Anfang an wirksam. Die anderen Gesellschafter und nach der Eintragung die Geschäftsführer können den gesetzlichen Vertreter zur Entschließung auffordern (§ 108 BGB.). Erfolgt die Genehmigung, wenn auch formlos, so ist der Vertrag für den in der Geschäftsfähigkeit Beschränkten wirksam geworden. Dabei ist es einerlei, ob diese Genehmigung vor oder nach der Eintragung zum Handelsregister erfolgte.

Den Fällen der Ungültigkeit wegen eines Mangels in der vollen Geschäftsfähigkeit stehen die Fälle gleich, in denen die Unwirksamkeit der Erklärung eines Gesellschafters aus einem anderen Rechtsgrunde eintritt. So bei dem Mangel einer Vollmacht des Vertreters (oben Anm. 7 und 9), so bei dem Beitritt unter Bedingung und Vorbehalt (unten Anm. 34 u. 39), so bei dem Beitritt unter Ausschluß der Geldeinlage ohne dem Gesetze entsprechende Angabe der Sacheinlage (vgl. Anm. 44 zu § 5). In diesen Fällen und ähnlichen kann die Eintragung zum Handelsregister den Mangel nicht heilen. Es entsteht keinerlei Verpflichtung dieses Gesellschafters.

Über die Behandlung des Scheingeschäftes vgl. unten Anm. 32.

Anm. 23. b) Anfechtung einer Beitrittserklärung wegen Irrtums, Betrugs und Zwanges ist nur zuzulassen, solange der Gesellschaftsvertrag noch nicht zum Handelsregister eingetragen ist. Die Anfechtung vernichtet die Erklärung. Jeder Gesellschafter, sowohl der, der ein Anfechtungsrecht ausübt, als auch jeder der Gegenkontrahenten kann dann dem Eintrage widersprechen und bis zum Austrage des Rechtsstreits über die Beendigung der Anfechtung ein richterliches Verbot der Eintragung beantragen (vgl. oben Anm. 21). Eine trotz erfolgter Anfechtung vollzogene Eintragung ändert an der geschaffenen Sachlage nichts mehr. Für den anfechtenden Gesellschafter besteht keinerlei Verpflichtung.

Anders, wenn die Eintragung vor der Anfechtung erfolgte. Das Gesetz selbst enthält hierüber nichts. Es ist aber schon vom ROHG. und RG. für das Aktienrecht dem Aktionär die Anfechtung nach der Eintragung in dauernder Rechtsprechung versagt worden (ROHG. 5, 415; 20, 270; RG. 2, 132; 9, 37; 19, 26; 45, 108; 54, 125). Die Gerichte erklären die Vorschriften des Civilrechts über die Anfechtung des erklärten Willens, „auf dem Gebiete solcher Erklärungen, welche dazu bestimmt sind, über den Kreis derjenigen, welchen zunächst erklärt wird, hinaus Dritten das Vorhandensein des erklärten Verhältnisses kundzugeben und mit dieser Kundgebung auf ihre Entschließungen zu wirken wie zur öffentlichen Kenntnis bestimmte Beteiligungserklärungen, nur in äußerst beschränkten Grenzen für anwendbar" (RG. 9, 38). Das gilt in besonderem Maße bei Beteiligungserklärungen, welche vor einer Behörde abgegeben werden und an deren rechtspolizeiliche Prüfung durch die Behörde bestimmte, das allgemeine Interesse berührende und nicht wieder zurückzunehmende Wirkungen geknüpft sind. Daher müssen die Anfechtungsgründe interner Art hier außer Betracht bleiben. Dasselbe Prinzip wird für das Genossenschaftsrecht durchgeführt (RG. Vereinigte Civilsenate v. 16. 5. 04, 57, 232). Es gilt endlich ebenso für die GmbH. (RG. v. 25. 3. 99 JW. 89 306 u. 5. 10. 04, das. S. 563 Nr. 33.). Über die Anfechtung durch die Gesellschaft gegenüber dem Gesellschafter vgl. unten Anm. 31. § 2.

Aus demselben Grunde können Schadensersatzansprüche eines Gesellschafters wegen Betrugs nicht gegen die Gesellschaft, sondern nur gegen die Person des Betrügers erhoben werden (RG. 54, 125; Sievers DJZ. 8, 88). Dies gilt sowohl dann, wenn der Zeichner selbst aus dem ihm gespielten Betruge Ansprüche ableitet, als wenn ein späterer Käufer seines Geschäftsanteils sie erhebt (OLG. Dresden v. 26. 1. 05 SeuffA. 60, 409 Nr. 215). Auch dann ist dieser Schadensersatzanspruch aus Betrug ausgeschlossen, wenn der Betrug nicht durch die Mitgesellschafter oder Geschäftsführer bei der Gründung der Gesellschaft, sondern durch letztere bei dem Erwerbe eines Geschäftsanteils einer bestehenden Gesellschaft durch deren Geschäftsführer verübt wurde, auch wenn die Gesellschaft selbst dabei als Kommissionär tätig war und einen ihr gehörenden Anteil verkaufte. Auch hier haben die Ansprüche des Gesellschafters hinter denen der Gläubiger zurückzustehen (RG. v. 8. 11. 05 JW. 06 S. 21 Nr. 42).

Das hier ausgesprochene Prinzip gilt endlich auch für die Kapitalserhöhung (RG. 2, 132; RG. v. 4. 6. 02 DJZ. 7, 435; KG. v. 27. 5. 02 OLGR. 4, 469; Staub b. Holdheim 10, 133; Dernburg I 252; a. M. Lehmann im Recht 01 S. 166).

Über die Anfechtung der Gründererklärung als zum Nachteile der Gläubiger erfolgt vgl. Anm. 44.

c) An der eingetragenen Gesellschaft vermag der Registerrichter, auch wenn einzelne Gesellschaftererklärungen unwirksam sind, nichts zu ändern. Über den Ausschluß der Löschung der Gesellschaft vgl. Anm. 21. Er hat aber auch kein Recht, die Eintragung dahin abzuändern, daß er die Gesellschaft nur für das durch die gültigen Erklärungen gedeckte Stammkapital als bestehend erklärt. Dies wäre eine dem Gesetz völlig fremde Herabsetzung des Stammkapitals durch den Registerrichter, ein unzulässiger Eingriff in den eingetragenen Bestand. Anm. 24.

d) Das Schicksal des Geschäftsanteils, der durch die ungültige Beitrittserklärung übernommen werden sollte, ist, daß dieser nicht zur Entstehung gelangt. Der Geschäftsanteil bestimmt sich nach der Höhe der übernommenen Stammeinlage (§ 14). Er bedeutet den aus der Übernahme fließenden Anteil an der Gesellschaft, das Mitgliedsrecht (vgl. Anm. 1—5 zu § 14). Fehlt die Übernahme, so fehlt auch die Mitgliedschaft und damit der Geschäftsanteil. Daraus folgt aber nicht, daß auch das Stammkapital um diesen Betrag vermindert ist. Der § 5 Absatz 3 Satz 2, daß der Gesamtbetrag der Stammeinlagen mit dem Stammkapitale übereinstimmen muß, hat nicht die Bedeutung, daß niemals eine Gesellschaft bestehen kann, bei der diese Übereinstimmung nicht vorhanden ist. Eine solche ergibt sich bei der Amortisation von Geschäftsanteilen aus den Überschüssen des Gesellschaftsvermögens (vgl. Anm. 19 zu § 34). Eine solche tritt auch hier ein, wenn nach der Eintragung der Gesellschaft sich herausstellt, daß eine Beitrittserklärung nicht rechtswirksam ist. Der Fall ist dem dieser Amortisation insofern ähnlich, als in beiden ein Geschäftsanteil verschwindet, und in beiden der Betrag des Stammkapitals in gleicher Höhe bleibt. Der Unterschied ist hier nur der, daß bei der Ungültigkeit der einen Gründererklärung keine volle Deckung des Stammkapitals vorliegt, mithin ein Verlust an Kapital die Folge ist. Wurde eine Gesellschaft mit einem Stammkapitale von 100000 M. gegründet, ist ein Gründer, der 10000 M. übernommen hatte, geisteskrank gewesen, so beginnt die Gesellschaft ihre Geschäfte mit einem Stammkapitalkonto von 100000 M. auf der Passivseite, dem auf der Aktivseite nur 90000 M. Einzahlungen gegenüberstehen, mithin mit einer Unterbilanz von 10000 M. Ehe diese ausgeglichen ist, kann eine Verteilung von Gewinn nicht erfolgen. Anm. 25.

e) Eine Haftung der anderen Gesellschafter für den Verlust, den die Gesellschaft durch die Ungültigkeit eines Gründerbeitritts erleidet, besteht nicht. Die Bestimmung Anm. 26.

§ 2. des § 24 ist nicht anwendbar. Sie ist zu beschränken auf die Insolvenz eines Gesellschafters. Sie darf nicht auf die Garantie für die Rechtsbeständigkeit der Einlagezusage ausgedehnt werden. Ein Schluß aus § 437 Absatz 1 BGB., daß die Haftung für die Existenz einer Forderung als das Geringere in der Haftung für den Eingang enthalten war, ist unzulässig. Denn jene Stelle handelt von der Cession einer Forderung. Die Stellung der Mitgesellschafter hat mit der des Veräußerers nichts gemein. Sie sind dem Bürgen vergleichbar. Dieser aber haftet nicht für die Existenz, sondern nur für den Eingang des verbürgten Betrags. Im Gegenteil, es stehen ihm alle Einreden des Hauptschuldners zu. So dürfen auch die Mitgesellschafter, welche für den Ausfall bei der Einlage eines Gesellschafters haftbar gemacht werden, der Klage entgegenhalten, daß diese Einlage nicht gültig übernommen wurde. Eine Haftung für diesen Wegfall einer Einlage aus Rechtsgründen kennt das Gesetz nicht.

Anm. 27. f) Kann an Stelle des nicht entstandenen Geschäftsanteils ein anderer gesetzt werden? Zweifellos solange die Gesellschaft noch nicht eingetragen ist. Dann wird eben der Gesellschaftsvertrag abgeändert. An Stelle des wegfallenden Gesellschafters schließt ein anderer den Vertrag. Nur muß dies mit allen übrigen Gesellschaftern in förmlicher Weise vereinbart sein. Weniger einfach liegt die Sache nach der Eintragung. Die Gesellschaft ist jetzt entstanden. Die Schaffung neuer Geschäftsanteile ist als Regel nur im Wege der Erhöhung des Stammkapitals möglich. Es bliebe also nur der Weg, daß die Gesellschafter das Stammkapital um den ausgefallenen Betrag herabsetzen und dann wieder, um es auf die frühere Summe zu bringen, um jenen Betrag erhöhen. Abgesehen von dem Umstande, daß sich diese beiden Momente nicht sofort vereinigen lassen, denn die Herabsetzung des Stammkapitals setzt den Ablauf des Sperrjahres voraus (vgl. zu § 58), hätte man hier einen völlig zwecklosen Umweg gemacht. Es kann nicht dem Geiste des Gesetzes entsprechen, die Aufbringung des Stammkapitals, dessen Erhaltung eine der wichtigsten Aufgaben ist, zu erschweren. Man wird daher die Bestimmung über die Erhöhung des Stammkapitals auch hier entsprechend anwenden müssen. Die Gesellschafter wollen ein Stammkapital in Höhe des eingetragenen Betrages. Der Gesellschaftsvertrag, der von den übrigen Gesellschaftern mit Ausnahme desjenigen, der sich nicht verbindlich machte, gültig vereinbart wurde, entspricht bezüglich des nicht gedeckten Teiles dem Beschluß der Gesellschaft, das Kapital zu erhöhen. Es bedarf nur dessen Übernahme in der Form des § 55 Abs. 1. Der neue Gesellschafter erklärt in beglaubigter Form, daß er von dem Stammkapitale den Betrag von 10000 M., für den die Beitrittserklärung eines ursprünglichen Gesellschafters ungültig sei, übernehme. Die anderen Gesellschafter geben ihre Zustimmung zu diesem Beitritt zur Gesellschaft (§ 55 Absatz 2 Satz 1). Dadurch wird an der Existenz der Gesellschaft nichts geändert. Aber es ist für den fehlenden Betrag der Einlage die Deckung wieder erfolgt.

Anm. 28. Selbstverständlich kann als Übernehmer dieses nicht existent gewordenen Geschäftsanteiles auch der frühere Gesellschafter, dessen Beitritt unwirksam war, auftreten. Er ist aber hierbei wie jeder Dritte zu behandeln. Hiervon zu unterscheiden ist der Fall der nur relativen Unwirksamkeit, bei der die Genehmigung heilende Folgen hat, so bei der Minderjährigkeit und der Vertretung ohne Vollmacht (vgl. oben Anm. 22). Hier genügt die formlose Erklärung gegenüber der Gesellschaft.

Anm. 29. g) Die Gesellschafter können die Herabsetzung des Stammkapitals um den Betrag, der durch die Ungültigkeit der einen Einlage nicht gedeckt wird, beschließen. Für dieses sind die allgemeinen Bestimmungen des § 58 wie für den Fall der Herabsetzung des Stammkapitals zur Ausgleichung einer Unterbilanz maßgebend (vgl. die Bemerk. zu § 58).

Anm. 30. h) Ein gültiger Vorvertrag über die Errichtung einer GmbH. verpflichtet den Gesellschafter, dessen Beitrittserklärung selbst unwirksam ist, zu wirksamer Wiederholung. Sie bedarf ebenfalls stets der für die Errichtung selbst bestimmten Form. So wenn der im Zustande der totalen Betrunkenheit Unterzeichnende sich vorher in nüchternem Zustande gültig verpflichtete, bei der Gründung mitzuwirken. So wenn die Sacheinlagezusage wegen fehlender Angaben (Anm. 44 zu § 5) ungültig ist, sich aber im

Vorvertrage die genaue Festsetzung findet. Dieses Recht der Gesellschaft kann mittels Klage geltend gemacht werden. Das rechtskräftige Urteil ersetzt die formgerechte Urkunde. § 2.

Aus der Verpflichtung aus dem Vorvertrage ist eine Entkräftung der Einrede aus der Ungültigkeit des Hauptvertrages abzuleiten. Es kann dem Einwand des auf Leistung der Einlage verklagten Gesellschafters, daß seine Beitrittserklärung nichtig sei, entgegengehalten werden, daß er gezwungen werden kann, diese in gültiger Form zu wiederholen. Es wäre gegen Treue und Glauben, sich in einem solchen Falle der Leistungspflicht zu entziehen, der man alsbald nach dem Urteile auf Abgabe der Erklärung genügen muß.

i) Kann auch die Gesellschaft sich auf die Nichtigkeit und Unwirksamkeit der Beitrittserklärung eines Gesellschafters berufen? Zweifellos, denn diese schließt die Rechtsfolge der ungültigen Erklärung für alle Beteiligten aus. Die Gesellschaft kann sich also auf die Geschäftsunfähigkeit eines Gesellschafters stützen, um diesen von der Gesellschaft fernzuhalten. Einen Anspruch auf gültige Vornahme seines nachträglichen Beitritts (oben Anm. 27) hat dieser nur, wenn ein gültiger Vorvertrag vorliegt. Soweit ihm das Recht der Bestätigung zusteht, wie bei der Vertretung durch den Nichtbevollmächtigten und beim Abschlusse durch den Minderjährigen, schließt dieses das Recht der Gesellschaft, sich auf die Ungültigkeit zu stützen, aus. Anm. 31.

In gleicher Weise kann der Gesellschaft das Recht der Anfechtung wegen Irrtums, Betrugs und Zwanges zustehen. Auch hier ist dem Gedanken, der zu dem Ausschlusse der Anfechtung durch die Gesellschaft selbst führte, Rechnung zu tragen. Er führt hier allerdings nicht so weit. Der Gesellschaft steht das Anfechtungsrecht zu. Allein es muß verbunden sein mit einer Einziehung des Geschäftsanteils des Anfechtungsgegners. Die für die Amortisation vorgeschriebenen Grundsätze sind zu beachten (§ 34). Falls nicht die Rückzahlung der Einlage des auszuschließenden Gesellschafters aus Überschüssen erfolgt, ist das Stammkapital herabzusetzen und das Sperrjahr zu beobachten (vgl. Anm. 2, 6 u. 7 zu § 34). Das zur Amortisation vom Gesetz verlangte Einverständnis des Gesellschafters wird durch die Anfechtung ersetzt. Der Gesellschafter verwirkt hierdurch sein Mitgliedsrecht. So wie diese Ausschließung im Wege der Einziehung des Geschäftsanteils für den Fall der Nichterfüllung einer gesellschaftlichen Verpflichtung nicht nur statutarisch eingeführt werden kann, sondern unter Umständen als Folge der Nichterfüllung bei Ausübung des Rücktrittsrechts im Sinne des § 326 zur Lösung des Konfliktes der Gesetze erforderlich ist (Anm. 43 zu § 3), so muß sie hier zu demselben Zwecke dienen. Es kann weder der Gesellschaft zugemutet werden, einen Gesellschafter, der nur einem Betrug seine Aufnahme verdankt, in ihrer Mitte zu behalten. Noch kann ihr im Hinblick auf die Gläubiger gestattet sein, den Vertrag mit ihm ohne weitere Rücksicht auf deren Interessen aufzuheben. Dem dient der Weg der Amortisation. So muß es als zulässig erscheinen, wenn die anderen Mitglieder eines Syndikates, bei denen der Nachweis eines bestimmten Umsatzes zur Beteiligung berechtigt, den Geschäftsanteil eines Gesellschafters, der durch falsche Umsatzziffern seine Aufnahme erlangte, wieder amortisieren. Haben sie noch keine Geschäftsüberschüsse erzielt, so können sie durch freiwillige Einzahlungen den zur Amortisation erforderlichen Überschuß herbeiführen. Anm. 32.

Diese Beschränkung auf den Weg der Amortisation ist nur dann geboten, wenn die Gesellschaft bereits eingetragen ist. Vor der Eintragung steht den anderen Gesellschaftern die Anfechtung der Beitrittserklärung des Betrügers frei (OLG. Hamburg v. 11. 2. 05 OLGR. 10, 245). Sie reichen dann den nach der Anfechtung berichtigten Gesellschaftsvertrag zum Handelsregister ein.

k) Ungültigkeit aller Beitrittserklärungen oder aller bis auf eine. Der Grundsatz, daß die Unwirksamkeit des Beitritts eines Gesellschafters den Bestand des Gesellschaftsvertrags nicht berührt, setzt voraus, daß noch mindestens zwei gültige Erklärungen bleiben. Denn mindestens zwei Gesellschafter sind zur Gründung der Gesellschaft nötig (oben Anm. 13). Sind alle Erklärungen ungültig oder bleibt nur eine gültige Erklärung übrig, so ist überhaupt kein Gesellschaftsvertrag vorhanden. Der ein- Anm. 33.

§ 2. getragene Gesellschaftsvertrag wird für nichtig erklärt. Die Vorschrift des § 75 ist anwendbar. Ebenso ist Löschung von Amtswegen zulässig. Sie wird abgewendet, wenn die ungültigen Erklärungen ordnungsgemäß nachgeholt werden (vgl. Anm. 27 und 28. Es wäre auch hier zwecklos, die Eintragung zu löschen, um sie alsbald wieder vorzunehmen.

Ist keine gültige Erklärung vorhanden, so entsteht auch trotz der Eintragung keinerlei Verpflichtung zur Einlage. Bleibt aber ein Gesellschafter übrig, so findet auf ihn § 77 Anwendung. Er hat seine Einlage zu machen. Für die Einlage des oder der anderen Gesellschafter hat er nicht, auch nicht bis zur Höhe der Schulden der Gesellschaft, einzustehen (vgl. oben Anm. 26).

Zusatz 4. Bedingungen und Befristungen bei der Gründung.

Anm. 34. a) Die Entstehung der Gesellschaft ist bedingt oder befristet. Die Entstehung einer Gesellschaft kann nur unbedingt erfolgen. Sie ist ein „bedingungsfeindliches Rechtsgeschäft" (vgl. E. F. Bruck, Die bedingungsfeindlichen Rechtsgeschäfte, S. 96 ff.). Gemeint ist jedoch damit nur eine Bedingung von aufschiebender Wirkung. Die Errichtung einer Gesellschaft ist die Errichtung eines für den öffentlichen Rechtsverkehr bestimmten Gebäudes. Dazu sind nur Definitiverklärungen geeignete Bausteine. Eine bedingt begründete Gesellschaft besteht noch nicht. Einer Eintragung zum Handelsregister sind nur bestehende Gesellschaften fähig. Eine Bestimmung aber, daß ein bedingter Gesellschaftsvertrag nichtig sei, kennt das Gesetz über die GmbH. nicht. Es kann daher der Gesellschaftsvertrag, sobald die Bedingung eingetreten ist, als rechtswirksam geworden zum Handelsregister eingetragen werden. So z. B., wenn der Erwerb eines Terrains oder eines Patentes als Bedingung der Entstehung der Gesellschaft gesetzt wird. Der Fall liegt dem gleich, wo die Gesellschaft zum Betriebe eines konzessionspflichtigen Gewerbes gegründet wird (§ 8 Ziff. 4). Auch hier ist ihre Entstehung von dem Eintritt einer Bedingung, der staatlichen Genehmigung, abhängig. Der Registerrichter muß bei der aufschiebend bedingten Gründung den Eintritt der Bedingung von Amtswegen prüfen. Er kann eine Erklärung aller Gesellschafter hierüber fordern. Er kann aber den Gesellschaftsvertrag, der jetzt unbedingt und vorbehaltlos wird, nicht zurückweisen.

Anm. 35. Ist ein bedingter Gesellschaftsvertrag eingetragen, so kann ihn der Richter von Amtswegen wieder löschen (§ 144 FG.). Die Löschung hat zu unterbleiben, wenn die Bedingung vorher eintrat oder alle Gesellschafter auf dieselbe verzichten.

Eine auflösende Bedingung ist gültig. Nur muß diese als Auflösungsgrund im Sinne des § 60 aufgefaßt werden. Eine Klausel des Gesellschaftsvertrages, daß dieser wieder aufgehoben und alle seine Wirkungen beseitigt sein sollen, falls nicht das erste Geschäftsjahr 10 Proz. Nutzen gewähre, erschiene ungültig. Sie ist aber gültig in dem Sinne, daß die Gesellschaft in diesem Falle aufgelöst und liquidiert wird.

Anm. 36. Befristungen sind statthaft. Die auflösende Befristung ist identisch mit der Beschränkung der Gesellschaft auf eine bestimmte Zeit (§ 3 Abs. 2, vgl. Anm. 20 hierzu). Die aufschiebende Befristung, welche die Existenz der Gesellschaft auf einen späteren Tag festsetzt, bedeutet, daß sie vorher nicht zum Handelsregister eingetragen werden soll. Die Geschäftsführer dürfen sie vorher nicht anmelden. Erfolgt dies doch und geschieht die Eintragung, so gewinnt die Gesellschaft trotz der Befristung von dem Tage des Eintrags ab ihre Existenz. Es gilt dasselbe wie bei der offenen Handelsgesellschaft (§ 123 Abs. 3 HGB.).

Anm. 37. b) Eine Beitrittserklärung wird bedingt oder befristet. Beides ist unzulässig. Jeder Vorbehalt und jede Bedingung entkräftet die Beteiligungserklärung (RG. 33, 93; KG. v. 13. 8. 01 OLGR. 3, 261). Eine solche Erklärung ist wie der bedingte Zeichnungsschein im Aktienrecht (§ 189 Abs. 4 Satz 1 HGB.) ungültig. Der Registerrichter weist den Eintrag eines solchen Gesellschaftsvertrages zurück, wie jeden Gesellschaftsvertrag, bei dem eine Beitrittserklärung ungültig ist. Dabei ist es einerlei, ob die Bedingung aufschiebend oder auflösend ist. Es kann auch keinem Gesellschafter gestattet sein, bei Eintritt eines Ereignisses wieder auszutreten. Dasselbe gilt von der Setzung einer Frist. Wer einer Gesellschaft beitritt, muß dies sofort tun. Zulässig ist jedoch die Bedingung,

daß die Gesellschaft bis zu einem bestimmten Tage eingetragen und entstanden sein müsse. § 2.
Das ist auch im Aktienrecht statthaft (§ 189 Abs. 3 Ziff. 4 und Abs. 4 Satz 1 HGB.). Der Gesellschafter will sich nur auf eine bestimmte Frist bis zur Eintragung binden. Erfolgt der Eintrag rechtzeitig, so bleibt er verhaftet. Erfolgt er später, so ist der Gesellschafter vorher frei geworden. Geschieht der Eintrag einer Gesellschaft trotz solcher Befreiung eines Unterzeichners des Vertrages, so ist eine Löschung ausgeschlossen. Der Fall gehört zu der Gruppe der Eintragungen bei Ungültigkeit einzelner Beitrittserklärungen (vgl. oben Anm. 23). Die Zusage, nach Ablauf einer bestimmten Zeit Gesellschafter werden zu wollen, hat aber hier die Bedeutung, daß, falls ungeachtet der Befristung die Eintragung erfolgt, der Gesellschafter seine Einlage nicht verweigern kann. Denn als Zusage, einer künftigen Gesellschaft beizutreten, ist sie gültig. Ebenso wie die bedingte Erklärung. In jedem Vorvertrage über Gründung einer Gesellschaft sind alle Beschränkungen eines Beitritts zulässig. Daraus folgt die Verpflichtung des bedingt oder befristet Verpflichteten bei Eintritt der Bedingung oder des Tages zur Gesellschaftsgründung mitzuwirken. Hieraus ergibt sich wieder die Pflicht nach der Eintragung der Gesellschaft zur Abgabe der unbedingten und unbefristeten Erklärung, sobald die Voraussetzungen hierzu vorliegen (vgl. oben Anm. 30).

Eine Bedingung oder eine Befristung, die nicht in den Gesellschaftsvertrag aufgenommen wurde, berührt die Wirksamkeit der Beitrittserklärung nicht (RG. 33, 93). Es entstehen hieraus nur Wirkungen unter den Gesellschaftern. Für denjenigen, dessen Erklärung gegen seinen Willen ohne die Beschränkungen, die er verlangt, abgegeben wurde (vgl. auch Anm. 43 zu § 5), entsteht nur ein Anspruch auf Auflösung der Gesellschaft gemäß § 61. Anm. 38.

Zusatz 5. Vorbehalte sind bei der Beitrittserklärung unzulässig insofern sie die Wirkung der Erklärung aufheben oder abschwächen sollen. Sie teilen das Schicksal der Bedingungen. Oft kann sich der Vorbehalt als echte Bedingung darstellen, bei der eine unrichtige Bezeichnung gewählt ist. Nur ein Vorbehalt liegt vor, wenn zwar die Willenserklärung des Beitretenden nicht von dem Eintritte seines künftigen Ereignisses abhängt oder durch ein solches wieder aufgehoben wird, wohl aber Rechte des Gesellschafters entstehen sollen, die mit der Erfüllung seiner Einlagezusage im Widerspruch stehen. Er will zwar Gesellschafter werden und die Einlage machen. Er behält sich aber gewisse Fälle vor, in denen er trotz dieser Erklärung nicht zu erfüllen braucht und aus seiner Stellung wieder ausscheiden kann. Dahin gehört das Recht des Rücktritts, das Recht, sich durch Preisgabe der Anzahlung von der weitergehenden Verpflichtung zu befreien und ähnliches. Solche Bestimmungen, wenn sie als selbständiger Teil des ganzen Gesellschaftsvertrages erscheinen, z. B die letzterwähnte Klausel allgemein aufgenommen worden sein sollte, sind ungültig. Nehmen sie aber die Form des Vorbehaltes bei einer Beitrittserklärung an, so machen sie auch diese selbst unwirksam (vgl. auch RG. 33, 93; KG. v. 13. 8. 01 OLGR. 3, 261). Anm. 39.

Mitunter ist ein Vorbehalt als eine Ablehnung des Vertragsantrags der anderen Gesellschafter und als eine eigene neue Offerte aufzufassen. So wenn bei geplanter Geldgründung ein Gesellschafter seiner Unterschrift beifügt, daß er sich vorbehalte, statt baren Geldes Wertpapiere oder eine Forderung an X mit Hypothek einzubringen. Hier liegt überhaupt keine Beitrittserklärung vor, sondern ein erneuter Antrag. Genehmigen die anderen Gesellschafter nachträglich in vorschriftsmäßiger Form dieses Verlangen, so kommt hierdurch erst der Vertrag mit dem unter Vorbehalt Beitretenden zu stande. Eine stillschweigende Zustimmung genügt nicht. Anm. 40.

Vorbehalte, die nicht im Gesellschaftsvertrage erscheinen, sind ohne Wirkung für die Gesellschaft (vgl. oben Anm. 38). Anm. 41.

Zusatz 6. Scheingeschäfte. Die Behauptung, der Gesellschaftsvertrag sei nicht ernstlich gewollt, es seien vielmehr alle Gesellschafter einig, daß, sei es für sämtliche, sei es nur für einzlne keine Rechtsfolgen entstehen sollen, wird nach Eintragung der Gesellschaft nicht gehör. Sie ist so wenig zulässig wie die Anfechtung wegen Irrtums oder Betruges (oben Anm. 23), und zwar aus denselben Gründen. Für die dritten Kontrahenten, die sich mit der Anm. 42.

§ 2. eingetragenen Gesellschaft einlassen, gilt, was § 405 BGB. zu Gunsten des Erwerbers einer simulierten Forderung ausspricht. Es kann also kein Gesellschafter behaupten, daß er bei der Gründung mit den anderen Beteiligten verabredet habe, er solle nur seinen Namen leihen, eine Haftungspflicht aber nicht für ihn entstehen (vgl. auch RG. 57, 297). Auch wenn der Geschäftsanteil eines solchen Gesellschafters weiter veräußert ist, bleibt er für seinen Erwerber gemäß § 22 haftbar. Nur solange die Gesellschaft nicht eingetragen ist, kann die Nichtigkeit des Scheinaktes geltend gemacht werden. Es kann der Gesellschafter, der sich darauf beruft, durch einstweilige Verfügung den Eintrag hemmen (vgl. oben Anm. 21).

Anm. 43. **Zusatz 7.** Von dem Scheingeschäft streng zu trennen ist die **Beteiligung für Rechnung eines anderen.** Diese Erklärung ist gültig. Sie erzeugt nur Wirkungen für den Erklärenden selbst. Auch der „Strohmann" ist wahrer Gründer (vgl. für das Aktienrecht RG. 28, 77; 41, 134; RG. v. 11. 5. 01, JW. 01, 485, RG. in Straff. 30, 314). Auch wer für Rechnung eines anderen handelt, erklärt seinen wahren und vorhandenen Willen, Gesellschafter zu werden. Nur ist er verpflichtet, die Wirkungen seines Rechtsgeschäfts auf den anderen zu übertragen. Dieser Fall tritt häufig dann ein, wenn der Gründer verborgen zu sein wünschte, z. B. wenn ein Großhändler nicht haben will, daß seine Kunden seine Beteiligung bei einem Warenhause inne werden. Die Verpflichtung zur Übertragung des Geschäftsanteils bedarf hier keiner notariellen Form. Sie ist der Ausfluß eines Mandats- oder Dienstverhältnisses (vgl. RG. v. 18. 2. 03, 54, 75).

Der Strohmann ist Treuhänder für seinen Auftraggeber. Im Konkurse jenes ist dieser berechtigt, die Aussonderung des Geschäftsanteils zu fordern. Im übrigen richtet sich das Verhältnis zwischen beiden nach den konkreten Umständen. Im Zweifel wird der Strohmann verpflichtet sein, jederzeit die Übertragung des Geschäftsanteils auf den Auftraggeber vorzunehmen. Bei der Ausübung der Rechte aus dem Geschäftsanteile hat er sich nach den Weisungen des letzteren zu richten 2c.

Wenn sich mehrere Gesellschafter desselben Strohmannes bedienen oder wenn dieser zugleich für sich und für Rechnung eines anderen sich beteiligt, so entsteht für ihn doch stets nur ein Geschäftsanteil. Das Verhältnis nach innen ist dann analog dem mehrerer Mitberechtigter (§ 18), nur daß stets der Gesellschaft gegenüber der Strohmann als alleiniger Gesellschafter erscheint. Eine Übertragung des Anteils des Auftraggebers ist nur durch Veräußerung eines Teiles des Geschäftsanteils möglich. Sie bedarf auch in diesem Falle der Genehmigung der Gesellschaft (§ 17). Wird diese versagt, so kann der Beauftragte dem Auftraggeber nur das Miteigentum an dem Geschäftsanteile einräumen.

Anm. 44. Veräußert der Vertrauensmann den ihm anvertrauten Geschäftsanteil, so erwirbt ihn der Käufer, da der Verkäufer, wenn auch für fremde Rechnung, doch als Gesellschafter erscheint und ihm die veräußerten Rechte zustehen. Der Vertrauensgeber hat nur die Schadensersatzklage. Zulässig ist es, zur Sicherung des Anspruches auf Übertragung des Geschäftsanteils diesen dem Vertrauensgeber zu verpfänden.

Zusatz 8. Anfechtbarkeit der Beitrittserklärung als zum Nachteil der Gläubiger erfolgt. Erfolgt die Beteiligung an einer GmbH. für Rechnung eines anderen, um dessen Gläubiger den Zugriff auf den Geschäftsanteil zu entziehen, so ist dies anfechtbar (RG. v. 29. 11. 04, RG. 59, 195).

Die durchgeführte Anfechtung hat aber nicht die Wirkung, daß der Geschäftsanteil auf den Namen des Schuldners umgeschrieben werden muß. Für die Gesellschaft ist das Urteil im Anfechtungsprozesse ohne Wirkung. Der Anfechtungsbeklagte hat lediglich die Zwangsvollstreckung in diesen Geschäftsanteil zu dulden. Der Fall liegt analog der Vollstreckung in ein fraudulos auf den Namen eines anderen erworbenes Grundstück.

Statt dieses Weges steht dem Gläubiger auch die Möglichkeit offen, den Anspruch seines Schuldners an den Gesellschafter auf Übertragung des Geschäftsanteils zu pfänden. Es setzt dieses nicht das Vorliegen eines Anfechtungsurteils voraus, sondern nur eines vollstreckbaren Titels gegen den Schuldner.

Anm. 45. Davon zu unterscheiden ist der Fall, daß ein Gesellschafter eine Einlage, insbesondere Sacheinlage macht, in der Absicht, seinem Gläubiger hierdurch diese Zugriffsobjekte zu entziehen.

Ist diese Absicht bei der Gründung den anderen Gesellschaftern bekannt, so steht dem Gläubiger das Anfechtungsrecht zu. Die Gesellschaft muß, soweit es zu dessen Befriedigung erforderlich ist, die Zwangsvollstreckung in die Einlage gestatten (RG. 24, 23/24). Der Geschäftsanteil wird hierdurch nicht vernichtet. Ebensowenig wird der Gesellschaftsvertrag elbst berührt. Der Gesellschafter ist gewährpflichtig. Die anderen Gesellschafter haften nicht gemäß § 24 des Gesetzes, falls für die Einlage von dem Gesellschafter nicht deren Wert zu erlangen ist. Sie haften aber der Gesellschaft aus der wissentlichen Übernahme von anfechtbaren Einlagen auf den hieraus entstehenden Schaden. Sie können die Haftung durch Herabsetzung des Stammkapitals (§ 58) abwenden (vgl. oben Anm. 29). § 2.

Über die Verpflichtung des formlos Beauftragten zur Übertragung des für fremde Rechnung gezeichneten Geschäftsanteils vgl. oben Anm. 43 und die Ausführungen zu § 15.

Zusatz 9. Übernahme der Garantie für einen Zeichner des Gesellschaftsvertrages. Sie ist gültig, wenn sie als Bürgschaft für die Erfüllung seiner Verpflichtung gemeint ist. Sie untersteht den allgemeinen Regeln über die Bürgschaft. Ein Übergang des Geschäftsanteils auf den zahlenden Bürgen kraft Gesetzes findet nicht statt, da dies kein Teil des Anspruches des Gläubigers gegen den Hauptschuldner und kein Sicherungsrecht ist. Der Bürge kann sich nur durch eine ordnungsgemäß übernommene Verpflichtung des Gesellschafters, ihm im Falle der Zahlung den Geschäftsanteil zu übertragen, ein Recht auf denselben verschaffen. Anm. 46.

Bedeutet die Garantie jedoch ein Einstehen dafür, daß der nicht selbst erschienene oder ordnungsgemäß vertretene Gesellschafter die von einem vollmachtlosen Vertreter gezeichnete Einlage macht, so kann diese Garantie nicht bewirken, daß die Gesellschaft eintragungsfähig ist. Sie vermag nicht, die fehlende Willenserklärung des ohne Vollmacht Vertretenen zu ersetzen. Der Garant kann nicht als eventueller Gesellschafter betrachtet werden. Denn sein Beitritt wäre ein bedingter. Die Eintragung ist trotz solcher Garantie zu versagen. Den Gesellschaftern gegenüber können aus der Garantie, falls der Vertretene den Vertrag nicht genehmigt, Ansprüche auf Schadenersatz folgen. Auslegungsfrage ist es, ob in der Garantie das Versprechen, für sich selbst den Gesellschaftsvertrag zu unterzeichnen, liegt. Ist trotz des Mangels der Genehmigung der Eintrag erfolgt und die Gesellschaft entstanden (vgl. oben Anm. 22 und 25), so steht der Anspruch aus der Garantie der Gesellschaft zu. Einen Anspruch auf den Geschäftsanteil hat der Garant nicht.

Zusatz 10. Auslegung des Gesellschaftsvertrages. In der ersten Auflage (S. 32 Anm. 25) war der Satz aufgestellt: „Für den Gesellschaftsvertrag ist das maßgebend, was die Parteien erklärt haben, nicht das, was sie gewollt haben. Der Gesellschaftsvertrag ist nach objektiven Momenten auszulegen." Dieser Satz ist nur in beschränktem Umfange richtig. Zunächst muß für den Gesellschaftsvertrag das allgemeine Prinzip des § 133 BGB. gelten, daß nicht an dem buchstäblichen Sinne zu haften ist, sondern der wirkliche Wille zu erforschen. Es ist nirgends ein Anhalt dafür, daß für unser Gesetz eine abweichende Regel gelten solle. Bei den notwendigen Bestandteilen des Gesellschaftsvertrages, die § 3 aufzählt, wird eine Interpretation selten notwendig sein. Man kann sich kaum vorstellen, daß Sitz, Zweck, Stammkapital und Stammeinlagen nicht unzweideutig ausgesprochen sind. Am ersten ist dies bei der Zweckangabe möglich. Hierbei wird nun allerdings betont werden müssen, daß die Auslegung sich nicht über den Wortlaut hinwegsetzen darf. Denn dieser wird eingetragen und ist für jeden Dritten maßgebend. Aber bei der Prüfung desselben hat der Richter doch wieder die Vorschrift des § 133 BGB. zu beachten. Handelt es sich um Bestandteile des Gesellschaftsvertrages, die zwar, um gültig zu sein, in diesem erscheinen müssen, die aber keine notwendigen Voraussetzungen des Gesellschaftsvertrages sind, insbesondere also um Verpflichtungen der Gesellschafter gegenüber der Gesellschaft (§ 3 Abs. 2) oder um solche der Gesellschaft gegenüber den Gesellschaftern, so muß den Berechtigten und Verpflichteten das Recht gegeben sein, den bei der Schöpfung dieses Rechtsverhältnisses vorwaltenden Willen vor dem buchstäblichen Wortlaut zur Geltung zu bringen. Hier greift neben § 133 auch § 157 BGB. ein. Die Ergänzung des unvollständig erklärten Willens ist aus der Verkehrssitte zu entnehmen. Es wird z. B. nicht zu beanstanden sein, wenn bei der Anm. 47.

§ 2. Einlegung eines Geschäfts um einen festen Betrag, jedoch auf Grund einer auf den Tag der Einlage aufzumachenden Bilanz, der Verkehrsanschauung entsprechend die Verpflichtung des Inferenten, den sich etwa ergebenden Minderbetrag in Geld auszugleichen, gesehen wird (vgl. unter Anm. 20 zu § 5). Es wird umgekehrt zulässig sein, daß, wenn der Gesellschaftsvertrag bestimmt, daß bei dem Ausscheiden eines Gesellschafters aus dem Amte als Geschäftsführer sein Geschäftsanteil amortisiert werden kann (vgl. zu § 34), der Gesellschafter nachweist, daß hierbei nur der Fall seiner freiwilligen Kündigung, nicht ein solcher ohne sein Verschulden durch die Gesellschaft erfolgender gemeint sei. Man kann ihm dieses Recht nicht durch den Hinweis darauf, daß der Gesellschaftsvertrag allgemein laute, abschneiden.

Der Gesellschaft steht, wie bei jedem Rechtsgeschäfte, so ganz besonders bei dem Gesellschaftsvertrage, das Recht zu, die Bedeutung mündlicher Absprachen, die nicht in den Gesellschaftsvertrag kamen, von dem Gesichtspunkte aus zu bestreiten, daß sie als fallen gelassen gelten. Der Gesellschafter kann demgegenüber besondere Umstände nachweisen, aus denen sich diese Vermutung widerlegt (OLG. Colmar 13. 5. 04 im Recht 04, 455 Nr. 1937). Solche Nebenabreden dürfen aber nie im Widerspruch mit dem Inhalt des Vertrages stehen, so daß dieser selbst wieder aufgehoben wird. Es kann sich nur um ergänzende Bestimmungen zu Verpflichtungen der Gesellschaft und der Gesellschafter, die keine wesentlichen Bestandteile des Vertrages (§ 3 Absatz 1) sind, drehen.

Anm. 48. Zusatz 11. **Bedarf auch ein Rechtsgeschäft, durch welches die Verpflichtung zur Gründung oder Mitgründung einer GmbH. eingegangen wird, der gerichtlichen oder notariellen Form?** Dies wird vom RG. (43, 136) bejaht. Schon die erste Auflage (Anm. 25 S. 32) hatte diese Ansicht bekämpft. Das RG. erklärt auch gegenüber den hier vorgebrachten Gründen, an seiner Meinung festzuhalten (RG. v. 15. 4. 03 in JW. 248 u. 321 v. 7. 5. 04, und bei Holdheim 13, 257), ohne neue Gründe anzuführen. Diese Ansicht des RG. kann als richtig nicht anerkannt werden. Das RG. sagt: „Es gibt keinen Anspruch auf Vollziehung der Form, wenn das Gesetz dem rechtsgeschäftlichen Willen nur in der gebührenden Form Beachtung schenkt." Dieser Satz ist richtig. Aber das RG. vermengt hier zwei Dinge. Die Verpflichtung, sich bei einer GmbH. zu beteiligen, ist wohl zu scheiden von dem „Abschluß des Gesellschaftsvertrages", von welchem im § 2 unseres Gesetzes die Rede ist. Der Abschluß des Gesellschaftsvertrages ist derjenige Rechtsakt, durch welchen die Gesellschaft gebildet wird, die Errichtung desjenigen juristischen Gebäudes, welches, nachdem in der Eintragung die Krönung hinzukommt, eine GmbH. ist. Dieses juristische Gebäude betrifft die Festsetzung der Lebensbedingungen der künftigen **Gesellschaft**, die Gestaltung der Rechtsverhältnisse, wie sie zwischen der Gesellschaft und den Gesellschaftern bestehen sollen, die „dauernde, auch Dritten erkennbar zu machende Grundlage der Gesellschaftsverhältnisse" (Motive zu § 2). Von der Festsetzung dieser Satzungen sind begrifflich verschieden diejenigen Abreden, durch welche sich die einzelnen Gesellschafter verpflichten, ein solches Rechtsgebäude zu errichten. Das ist auch bei der Aktiengesellschaft nicht anders. Verpflichtet sich jemand, sein Fabrikgrundstück in eine Aktiengesellschaft zu inferieren, so werden hierüber eine Reihe von Abreden getroffen, die mit der Errichtung der Aktiengesellschaft selbst, mit den Lebensbedingungen der künftigen Gesellschaft, mit den Rechtsverhältnissen der Gesellschafter zur Gesellschaft nicht das geringste zu tun haben. Der Fabrikbesitzer erklärt sich z. B. zur Inferierung bereit, jedoch nur gegen die Verpflichtung der anderen Kontrahenten, ihm die Aktien nach einer bestimmten Zeit oder zu einem bestimmten Kurse abzunehmen oder sie ihm zu lombardieren, oder gegen die Abrede, seinen Sohn zum Vorstande der Gesellschaft anzustellen u. s. w. u. s. w. Bei der Gründung einer GmbH. haben derartige Abreden inter socios oft zum Inhalt, daß der eine Gesellschafter dem anderen seine Geschäftsanteile jederzeit zu einem bestimmten Kurse abkaufen oder überlassen muß, oder daß ein Teil dem anderen seine Geschäftsanteile abkaufen muß, wenn sich eine bestimmte Unterbilanz herausstellt, oder daß eine gewisse Zeit lang der eine Gesellschafter den halben Gewinn dem anderen überlassen muß u. s. w. u. s. w. Oder es wird einem Gesellschafter das Recht eingeräumt, nach Ablauf einer gewissen Zeit neues Kapital einzuschießen, und die übrigen Gesellschafter werden verpflichtet, dem zuzustimmen. Für die Gesellschaft ist dies natürlich nicht bindend, ein Bestandteil des Gesellschaftsvertrages ist dies nicht, weil der Kapitalserhöhungsbeschluß nur in Form eines konkreten Beschlusses auf Abänderung eines Gesellschaftsvertrages gültig ist. Aber inter socios können solche Verpflichtungen vereinbart und eventuell klagend geltend gemacht werden. Für diese rein obligatorischen Verträge kann aber auch bei der GmbH. eine Form nicht gefordert werden. Nur in den Fällen, in denen ein obligatorischer Vertrag an eine Form gebunden ist, gilt das Prinzip, daß es keine formlose Verpflichtung zur Eingehung dieses Vertrages gibt. Niemand kann sich formlos verpflichten, einen notariellen Vertrag über einen Hausverkauf zu schließen. Anders aber, wenn das Erfüllungsgeschäft an die Form gebunden ist. Hier ist die Verpflichtung formlos gültig. Man kann sich mündlich verpflichten, eine Wechselverpflichtung einzugehen. Aber man kann sie nur eingehen in der strengen Form des Wechsels. Man kann sich mündlich verpflichten, eine Hypothek zu bestellen. Aber man bestellt sie nur in den bekannten erschwerenden Formen (RG. 48, 133; 50, 77). Dasselbe gilt auch hier. Wie das Versprechen der Bestellung der Hypothek ist auch die Zusage der Gründung einer GmbH. formlos gültig. Ihr gegenüber ist der Beschluß des Gesellschaftsvertrages das dingliche Geschäft. Wäre die Auffassung des RG. richtig, so könnte man sich einem Dritten gegenüber überhaupt nicht verpflichten, einer GmbH. beizutreten. Denn das wäre ja kein Gesellschaftsvertrag, und für eine solche Verpflichtung gegenüber dem Dritten gäbe es keine Rechtsform, wenn man nicht etwa annehmen wollte, daß man sich einem Dritten gegenüber formlos und nur dem künftigen Mitgesellschafter gegenüber nur notariell verpflichten könnte, einer GmbH. beizutreten, ein Ergebnis, das unannehmbar ist. Endlich ist noch auf § 15 Abs. 4 hinzuweisen. Dort hat das Gesetz ausdrücklich angeordnet, daß bei der Veräußerung eines Geschäftsanteils auch der obligatorische Vertrag der Form bedarf. Das beweist, daß das Prinzip, wie es das RG. aufstellt, dem Gesetze nicht zu Grunde liegt. Sonst wäre diese Stelle zwecklos. Das RG. war offenbar früher auch anderer Ansicht. Sonst wäre es nicht zu erklären, daß es in der Entscheidung 41, 282 sorgfältig untersucht, ob die in einfacher Schriftform abgegebene Verpflichtungserklärung eines Brauereibesitzers, seine Brauerei in eine zu gründende Aktiengesellschaft zu inferieren, nicht wegen ungenügender Bestimmtheit, besonders hinsichtlich der Rechtsverhältnisse der künftigen Aktiengesellschaft, ungültig ist. Wozu diese umständlichen Untersuchungen der materiellen Frage, wenn die Form fehlte? Denn auch im Aktienrecht ist für den eigentlichen Gründungsvertrag die notarielle oder gerichtliche Form Erfordernis. Dagegen nimmt das RG. in Bd. 43 zu Unrecht auf seine früheren Entscheidungen in 14, 93 und 40, 48 Bezug. In diesen beiden Entscheidungen hatte es die Frage untersucht, ob derjenige Rechtsakt, durch welchen jemand Mitglied einer Genossenschaft oder einer Aktiengesellschaft wird, notwendig in der gesetzlichen Form betätigt werden muß. Das hat das RG. mit Recht bejaht. Die Aktienzeichnung als solche, der Akt, durch welchen man Mitglied wird, ist allerdings nur in schriftlicher Form gültig, nur in dieser Form wird die Mitgliedschaft erworben. Dagegen war bisher nicht bezweifelt worden, daß die einem Dritten oder einem künftigen Mitgesellschafter gegenüber abgegebene Verpflichtung, eine Aktie zu zeichnen, auch in mündlicher Form gültig ist. § 2.

Die Verpflichtung, einer GmbH. beizutreten, bedarf hiernach keiner besonderen Form. Die Form kann freilich aus anderen Gründen notwendig werden, so wenn sich jemand verpflichtet, sein Grundstück oder sein ganzes Vermögen zu inferieren (§§ 31, 313 BGB.). **Auch muß die Verpflichtungserklärung die nötige materielle Bestimmtheit haben.** Es muß feststehen, nach welchen Rechtsverhältnissen die künftige Gesellschaft leben soll (vgl. hierüber RG. 30, 95 und 41, 282). Es müssen also insbesondere alle wesentlichen Erfordernisse des Gesellschaftsvertrages feststehen. Es muß feststehen, daß im übrigen nichts Besonderes vereinbart werden soll. Es muß feststehen, was sonst besonders vereinbart werden soll. Das Erfordernis der Bestimmtheit oder Bestimmbarkeit ist aber nicht allzu streng aufzufassen, nicht etwa dahin, daß gerade alle Festsetzungen des abzuschließenden Gesellschaftsvertrages unabänderlich feststehen müssen. Zulässig ist eine gewisse Wandelbarkeit, Anm. 49

§ 2. die das Erfordernis der Bestimmtheit nicht beeinträchtigt. Man kann sich z. B. gültig verpflichten, einer GmbH. beizutreten, welche entweder die Firma A. Schulze & Co. Gesellschaft mit beschränkter Haftung trägt oder einen der anderen Namen der Gesellschafter mit einem das Geschäftsverhältnis andeutenden Zusatz oder ohne einen solchen. Es genügt, wenn das künftige Gesellschaftskapital, wenn auch nur objektiv, im Mindest- und im Höchstbetrage feststeht, wenn die von dem Verpflichteten übernommene Höchsteinlage feststeht u. s. w.

Anm. 50. Zusatz 12. **Wenn der Gesellschaftsvertrag in nicht gehöriger Form abgeschlossen und gleichwohl eingetragen worden ist,** so ist die Gesellschaft gültig. Ein Fall des § 75 liegt nicht vor. Vielmehr muß das Prinzip, welches das RG. in 26, 68 ausgesprochen hat, wonach auch im Aktienrecht ein formlos abgeschlossener Gesellschaftsvertrag, wenn die Eintragung nur mit dem Willen der Kontrahenten erfolgt ist, die Nichtigkeit der Gesellschaft nicht zur Folge hat, auch hierauf ausgedehnt werden. Für die formlos erfolgte Kapitalserhöhung hat dies das Kammergericht unter Bezugnahme auf die Entscheidung des RG. in Bd. 26 angenommen (KG v. 9. 7. 00 in RJA. 1, 116). Der § 75 ist dahin auszulegen, daß Nichtigkeit dann eintritt, wenn eine der im § 3 Abs. 1 enthaltenen Bestimmungen fehlt oder ihrem Inhalte nach nichtig ist, wogegen Mängel in der Form der Gesellschaftserrichtung nicht mehr in Betracht kommen, wenn der Gesellschaftsvertrag eingetragen ist. Entgegen dieser schon in der ersten Auflage ausgesprochenen Ansicht hat das RG. 54, 418 v. 13. 5. 03 entschieden. Es stützt sich auf den Grundsatz des BGB. § 125, daß alle Rechtsakte, welche der vorgeschriebenen Form entbehren, nichtig sind. Es legt die Motive dar, welche zur Einführung der Nichtigkeitsklage führten. „Hiernach kann nicht von der Einführung eines neuen Rechtsgrundsatzes die Rede sein, daß eine Nichtigkeit, welche dem Gesellschaftsvertrage wegen Nichtbeobachtung der gesetzlich gebotenen gerichtlichen oder notariellen Form anhaftet, durch die Eintragung der Gesellschaft in das Handelsregister geheilt würde." Die einengende Auslegung des § 75, daß nur Mängel im urkundlichen Inhalte des Gesellschaftsvertrages die Nichtigkeitsklage begründen, sei mit der Fassung des Gesetzes nicht vereinbar. Diese Gründe wirken nicht überzeugend (vgl. Staub DJZ. 03, 336; Hachenburg das. 439; Keyßner ZHR. 54, 285). Im Gesetze selbst ist ein unmittelbarer Ausspruch über diesen Punkt nicht enthalten. Es muß aus sich selbst ergänzt werden. Nirgends ist auch der Rechtssatz ausgesprochen, daß die Anfechtung wegen Betrugs und Irrtums ausgeschlossen sei, sobald die Gesellschaft im Handelsregister eingetragen ist (vgl. oben Anm. 23 Zus. 3). Und doch hat das RG. unter allgemeiner Billigung aus dem Geist des Gesetzes diese Auslegung gefunden. Fragen, wie die hier vorliegende, können nicht aus dem Wortlaute von Gesetzesstellen, sondern nur aus dem Wesen des ganzen Gesetzes heraus gelöst werden. Das RG. übersieht bei seiner Begründung den Unterschied zwischen dem Formmangel und dem des materiellen Inhaltes des Gründungsaktes. Der letztere wird auch durch den Eintrag nicht verdeckt. Denn dieser erfolgt mit den Mängeln, die dem Vertrage anhaften. Welche Urkunde der Eintragung zu Grunde liegt, vermag niemand zu sehen, wenn er nicht diese selbst sich vorlegen läßt. Was aber gilt, wenn statt des notariellen Protokolls eine Privaturkunde mit beglaubigter Unterschrift vorlag, muß auch angenommen werden, wenn zwar eine notarielle Urkunde errichtet ist, diese aber aus irgend einer Ursache nichtig ist. So wenn einer der Gründer als anwesend angeführt ist, aber nicht anwesend war und später unterzeichnete. So wenn die Urkunde vom Stellvertreter des Notars aufgenommen war, dessen Vertretungsbefugnis bereits erloschen war. So wenn sich der Notar im Nebenzimmer aufhielt und den Akt von seinem Gehilfen vornehmen ließ, von Zeit zu Zeit Blicke in dieses Nebenzimmer werfend u. s. w. (vgl. OLG. Stuttgart v. 4. 11. 04 DNotVZ. 05, 288). In all diesen Fällen kann der Registerrichter der Urkunde nicht ansehen, daß sie diese Mängel hat. Eine notarielle Urkunde im Sinne des § 2 setzt aber doch eine gültige Urkunde voraus. Die Folge wäre, daß bei längst bestehenden Gesellschaften ein Mitglied, das deren Liquidation erzwingen will, in den Registerakten stöbern und auf Grund eines ihm durch Zufall bekannt werdenden Umstandes eine blühende Gesellschaft vernichten kann. Eine Heilung durch Beschluß der Gesellschafter gibt es nicht. Der § 76 führt diesen Fall nicht an. Es bliebe nur die Bestätigung im Sinne des § 141 Abs. 2 BGB. Hierzu ist aber nicht nur die Mitwirkung aller, sondern aller ursprünglichen Gesellschafter, der Gründer, erforderlich,

da diese Bestätigung eine erneute Vornahme bedeutet. Es wäre dies aber eine Neu- § 2.
gründung, die eine neue Gesellschaft erzeugte. Gerade diese Konsequenzen zeigen aber, daß die Auslegung der §§ 75 und 76 durch das RG. nicht richtig sein kann. Die Nichterwähnung des § 2 in den §§ 75 und 76 bedeutet nicht, daß man die Nichtigkeit wegen Formmangels als selbstverständlich ansieht und daß man eine Heilung, die bei inhaltlichen Mängeln gestattet ist, ausschließen will. Aus § 76 folgt vielmehr der eingangs aufgestellte Satz, daß die eingetragene Gesellschaft wegen eines Mangels in der Form nicht als nichtig erklärt werden kann. Die notarielle Beurkundung ist, wie das RG. selbst es ausdrückt, als „zuverlässige Errichtungsgrundlage" gefordert. Errichtungsgrundlagen sind auch die Bestimmungen über die Deckung der Stammeinlage (vgl. § 7 Abs. 2). Man ist aber darüber einig, daß Fehlen dieser Grundlage auf den Bestand der Gesellschaft keinen Einfluß hat (vgl. Anm. 10 zu § 7). Dieselben Gründe müssen in unserem Falle ebenso zu einem Zurücktreten des formalen Momentes hinter den materiellen Interessen führen.

Solange der nicht in ordnungsgemäßer Form errichtete Vertrag nicht zum Handelsregister eingetragen ist, entbehrt er jeder Rechtsfolge. Jeder Kontrahent kann auf Feststellung der Nichtigkeit klagen. Liegt ein gültiger Vorvertrag vor, so hat jeder Kontrahent das Recht auf Bestätigung im Sinne des § 141 Abs. 2 BGB., d. h. auf eine nochmalige Vornahme in ordnungsgemäßer Form, aber mit der Verpflichtung, sie so zu behandeln, als sei der Akt von Anfang an gültig gewesen. Dieses Moment ist für die Einlage, namentlich Sacheinlage, von Bedeutung. Ist aber die Eintragung erfolgt, so besteht die Gesellschaft ohne Rücksicht auf die Wahrung der Form bei ihrer Errichtung.

Zusatz 13. Jede **nach dem Abschluß des Gesellschaftsvertrages** und vor dem Eintrage Anm. 51.
erfolgende **Ergänzung oder Abänderung** bedarf ebenfalls der Beobachtung der Vorschrift des § 2. Erfolgt sie, so ist es so anzusehen, als ob sie von Anfang an darin enthalten war (Bayr. OLG. in OLGR. 5, 281 und im Recht 02, 270). Eine solche Änderung ist, da sie vor der Eintragung zum Handelsregister erfolgte, nur einstimmig möglich. Die Bestimmungen über Statutenänderung finden noch keine Anwendung.

Zusatz 14. Stempelfrage. Von Reichswegen ist der Gesellschaftsvertrag nicht stempel- Anm. 52.
pflichtig. In Preußen kommen folgende Stempel zum Ansatz:

a) Nach pos. 25 des Preußischen Stempeltarifs beträgt der Stempel bei Errichtung der Gesellschaft, falls das Stammkapital 100000 M. oder weniger beträgt: $^1/_{50}$ Proz., wenn es mehr als 100000 M., aber nicht mehr als 300000 M. beträgt: $^1/_{10}$ Proz., wenn es mehr als 300000 M., aber nicht mehr als 500000 M. beträgt: $^1/_2$ Proz., wenn es mehr als 500000 M. beträgt: 1 Proz.
b) Für Sacheinlagen kommt ein besonderer Wertstempel in Ansatz. Darüber s. zu § 5.
c) Befreit sind von dem Stempel zu a alle Verträge über Errichtung von Gesellschaften, deren Zweck nicht auf den Gewinn der Teilnehmer gerichtet ist, also nicht bloß gemeinnützige oder Wohltätigkeitsgesellschaften, sondern alle diejenigen, deren Reingewinn nicht in höherem Maße verteilt werden darf, als dem landesüblichen und zeitgemäßen Zinsfuß für Kapitalanlagen entspricht. Hier wird jedoch ein Fixstempel von 1,50 M. erhoben. Die im § 5 g des Stempelgesetzes angeordnete allgemeine Befreiung von Stempeln für gewisse gemeinnützige Gesellschaften greift in Bezug auf den Errichtungsstempel nicht Platz, weil nicht die Gesellschaft, sondern die Gesellschafter für den Errichtungsstempel haftbar sind (vgl. unten zu d). Von dem Stempel unter b ist befreit das Einbringen von Nachlaßgegenständen unter gewissen Umständen (hierüber zu § 5).
d) Zur Zahlung der Stempelsteuer verpflichtet sind alle Teilnehmer an dem Vertrage (§ 12 c des Stempelsteuergesetzes), also alle Gesellschafter, einerlei ob sie selbst oder durch Bevollmächtigte handeln. Die Gesellschaft selbst ist nicht haftbar (§§ 12 a und 13 b des Preuß. Stempelsteuergesetzes; Liebmann Anm. 6; Heinitz 2. Aufl. 367).
e) Für den Fall, daß die Einzahlungen bei der Gründung nur teilweise erfolgen, s. zu § 7.

§ 3.

§ 3.

Der Gesellschaftsvertrag muß enthalten:

1. die Firma und den Sitz der Gesellschaft,
2. den Gegenstand des Unternehmens,
3. den Betrag des Stammkapitals,
4. den Betrag der von jedem Gesellschafter auf das Stammkapital zu leistenden Einlage (Stammeinlage).

Soll das Unternehmen auf eine gewisse Zeit beschränkt sein oder sollen den Gesellschaftern außer der Leistung von Kapitaleinlagen noch andere Verpflichtungen gegenüber der Gesellschaft auferlegt werden, so bedürfen auch diese Bestimmungen der Aufnahme in den Gesellschaftsvertrag.

Einleitung. **Der vorliegende Paragraph regelt in seinem ersten Absatze die wesentlichen Erfordernisse des Gesellschaftsvertrages,** in seinem zweiten Absatze hebt er einige Bestimmungen hervor, die gültig nur im Gesellschaftsvertrage getroffen werden können.

Anm. 1. I. (Abs. 1.) **Die wesentlichen Erfordernisse des Gesellschaftsvertrages.**

A. Im allgemeinen ist hierüber zu sagen:

1. Ein Beispiel eines in knappster Form gehaltenen Gesellschaftsvertrages ist folgendes: Die Kaufleute Heinrich Schneider und Albert Schuster zu Berlin, beide Friedrichstraße 31 wohnhaft, vereinigen sich hiermit zu einer GmbH., deren Firma „Berliner Leder-Engrosgeschäft, GmbH." lauten, deren Gegenstand der Betrieb eines Leder-Engrosgeschäfts sein und deren Stammkapital 20000 M. betragen soll, worauf jeder Gesellschafter die Leistung einer Einlage von 10000 M. übernimmt.

Alle sonstigen Rechtsverhältnisse ergeben sich, wenn der Gesellschaftsvertrag diese kürzeste Form hat, aus dem Gesetze.

Anm. 2. 2. Enthält der Gesellschaftsvertrag eines dieser Erfordernisse nicht, so muß der Registerrichter die Eintragung ablehnen. Jeder Gesellschafter kann die Nichtigkeit durch Feststellungsklage feststellen lassen. Haben sich die Parteien in anderer Weise gültig verpflichtet, eine GmbH. zu bilden (vgl. hierüber Anm. 25 u. 26 zu § 2), so kann auf Abänderung des Gesellschaftsvertrages zur Herstellung seiner Gültigkeit geklagt werden. Ist trotz des Fehlens eines wesentlichen Erfordernisses die Eintragung der Gesellschaft erfolgt, so liegt Nichtigkeit gemäß §§ 75 und 76 vor. Auch in diesem Falle kann, wenn die Gesellschafter in anderer Weise sich gültig verpflichtet haben, eine GmbH. zu bilden, auf Abgabe derjenigen Erklärungen geklagt werden, welche zur Beseitigung der Nichtigkeit geeignet sind.

Anm. 3. B. Die einzelnen wesentlichen Erfordernisse des Gesellschaftsvertrages.

1. **Die Firma und der Sitz der Gesellschaft.**

a) Die Firma. Hierüber s. ausführlich Anm. 2ff. zu § 4.

b) Der Sitz der Gesellschaft. Erfordert ist die Festsetzung eines in einer bestimmten Gemeinde belegenen Sitzes. Daher bei der Bestimmung Berlins als Sitzes stets nur die Gemeinde Berlin, nicht der Ort in seiner weiteren Bedeutung gemeint ist (RG. 59, 106 v. 27. 10. 04). Der Sitz der Gesellschaft ist eigentlich der Ort, an welchem die Verwaltung geführt wird. Es ist aber nicht ungültig, wenn die Statuten einen anderen Ort als Sitz bestimmen. Das wird im Aktienrecht angenommen (Staub HGB. Anm. 10 zu § 182) und ebenso allgemein bei der GmbH. Durch § 24 BGB. wird dies bestätigt (vgl. auch RG. v. 28. 1. 02 bei Holdheim 11, 125). Der so frei gewählte Ort gilt als Sitz und Hauptniederlassung der GmbH., und zwar für alle Rechtsverhältnisse, so z. B. auch für den Prozeß (§ 17 CPO.).

Anm. 4. Der Sitz ist ein einheitlicher. Die GmbH. kann ebensowenig wie die Aktiengesellschaft einen mehrfachen Sitz haben. Sie kann nur einen Hauptsitz und im übrigen Zweigniederlassungen haben. Wird die Verwaltung und das Geschäft anderswo geführt als am nominellen Sitz der Gesellschaft, so muß an jenem anderen Orte eine Zweigniederlassung angemeldet werden. Dort ist auch der Sitz der gewerblichen Niederlassung nach § 21 CPO. (RG. v. 28. 1. 02 bei Holdheim 11, 125). Es ist unzulässig, auf Grund des § 17 Abs. 1 Satz 2 CPO., da wo die Verwaltung geführt wird, den allgemeinen Gerichtsstand zu behaupten, wenn der Sitz im Statut besonders geregelt ist. Das folgt aus § 17 Abs. 3 CPO. (RG. 59, 106 v. 7. 10. 04). § 3.

Der Sitz muß selbstverständlich in Deutschland sein (RG. 7, 67). Das folgt auch aus § 7. Anm. 5.

Der Sitz kann auch verlegt werden. Dazu ist erforderlich und ausreichend ein Beschluß auf Abänderung des Gesellschaftsvertrages. Der Aufsichtsrat z. B. kann die Sitzverlegung nicht beschließen. Auch kann ihm durch Gesellschaftsvertrag ein solches Recht nicht übertragen werden. Dabei gilt aber die Verlegung des Geschäftsbetriebes nicht als Sitzverlegung, da ja der Sitz der Gesellschaft und der Ort ihres Geschäftsbetriebes nicht gleichbedeutende Begriffe sind (KGJ. 13, 45; vgl. oben Anm. 3). Anm. 6.

Über das Verfahren bei der Sitzverlegung gilt folgendes: Der Beschluß auf Sitzverlegung wird zunächst in das Handelsregister des bisherigen Sitzes eingetragen und dadurch rechtsgültig (Glücksmann bei Holdheim 10, 161 gegen Staub HGB. 6 u. 7. Aufl. Anm. 10 zu § 182; KG. v. 28. 1. 01 KGJ. 21 A 269 und OLGR. 2, 336). Von dieser Eintragung ab hat die Gesellschaft ihren Sitz am neuen Orte. Dort muß sie jedoch ebenfalls eingetragen werden, wenn auch nicht zum Zwecke der Gültigkeit des Sitzverlegungsbeschlusses. Die betreffende Anmeldung wird die Gesellschaft in ihrem eigenen Interesse bewirken. Eventuell wird der Richter des neuen Ortes auf Grund der §§ 14 HGB. und 132 ff. FG. die Gesellschaft zur Anmeldung anzuhalten haben und die Organe des Handelsstandes, auch der Registerrichter des aufgegebenen Sitzes werden ihn auf die Sitzverlegung aufmerksam machen. Schlimmsten Falls kann das Registergericht des neuen Ortes für schleunige Eintragungen anderer Art auch vor der Eintragung der Sitzverlegung am neuen Orte tätig werden. Denn die Sitzverlegung ist schon erfolgt durch Eintragung am alten Sitze. Nach der zitierten KGE. ist eine Eintragung der Gesellschaft am neuen Sitze überhaupt nicht vorgeschrieben. Indessen davon ist nur soviel richtig, daß sie nicht ausdrücklich im Gesetze vorgeschrieben ist. Aber ihre Notwendigkeit folgt zwingend aus dem Wesen und dem Zwecke des Handelsregisters. Zweifelhaft kann aber mangels einer ausdrücklichen Gesetzesbestimmung sein, in welcher Weise die Anmeldung am neuen Orte zu bewirken ist. Als Minimum wird man fordern müssen: die Einreichung des Gesellschaftsvertrages, die Führung des Nachweises, daß die Gesellschaft eingetragen und der Sitz verlegt ist, und endlich muß, damit die zur Zeit gültigen Eintragungen auch am neuen Orte erfolgen können (z. B. die Vorstandsmitglieder, die Prokuristen u. s. w.), der Nachweis gefordert werden, welche Eintragungen am alten Sitze zur Zeit bestehen. Am besten erfolgt diese Nachweisung dadurch, daß der Registerrichter des alten Sitzes dem des neuen Sitzes die Akten übersendet. Glücksmann a. a. O. fordert weiter, daß die Vorstandsmitglieder ihre Unterschrift zu zeichnen haben. Doch ist nicht ersichtlich, warum dies geschehen soll. Anm. 7.

Über Zweigniederlassungen s. § 12. Über Nichtigkeit infolge Fehlens von Firma und Sitz vgl. Anm. 9 zu § 75.

2. **Der Gegenstand des Unternehmens.** Anm. 8.

a) Derselbe bedarf nach der schon in der ersten Auflage vertretenen Ansicht keiner Spezialisierung (vgl. Staub HGB. Anm. 11 zu § 182, für das Recht der GmbH. zustimmend Liebmann Anm. 3, für das Aktienrecht Goldschmidt bei Holdheim 9, 183 und jetzt RG. v. 25. 11. 05; JW. 06, 70 Nr. 26). Auch die Vorschrift des § 8 Nr. 4, wonach, wenn der Gegenstand des Unternehmens vorheriger Genehmigung bedarf, die Genehmigungsurkunde beizubringen ist, ändert hieran nichts. Es ist nicht zutreffend, wenn Förtsch Anm. 6 sagt: Die Bezeichnung des Gegenstandes des Unternehmens müsse ersichtlich machen, ob derselbe der staatlichen Genehmigung bedarf oder nicht.

§ 3. Das Erfordernis der Staatsgenehmigung ist als Ausnahme von der Regel nicht zu unterstellen (RG. a. a. O.). Ist der Gegenstand so allgemein gefaßt, daß an sich auch Geschäfte darunter fallen können, welche staatlicher Genehmigung bedürfen (z. B. Handelsgeschäfte aller Art: darunter kann z. B. auch die Gastwirtschaft, die Eisenbahnunternehmung, die Versicherung auf Prämien fallen), so ist doch davon auszugehen, daß solche nicht beabsichtigt sind. Aus dem gleichen Grunde ist ja auch trotz § 1 nicht ersichtlich zu machen, daß erlaubte Zwecke verfolgt werden. Auch dies wird vermutet. Es würde daher z. B. die Angabe genügen: der Betrieb der Gastwirtschaft, und es braucht nicht hinzugefügt zu werden, daß nicht beabsichtigt wird, mit Hilfe kupplerischer Mittel die Gastwirtschaft zu betreiben. Wenn Förtsch Anm. 6 mit Rücksicht auf § 41 Abs. 4 weiter behauptet, daß die Bezeichnung des Gegenstandes ersichtlich machen müsse, ob der Gegenstand des Unternehmens im Betriebe von Bankgeschäften besteht, und deshalb die Bezeichnung „Handelsgeschäfte aller Art" hier bei der GmbH. nicht für zulässig hält, so kann auch dies für zutreffend nicht erachtet werden. Die Bezeichnung ist nicht unzulässig. Ob, wenn sie gewählt wird, die Gesellschaft der Vorschrift des § 41 Abs. 4 unterfällt, weil zu Handelsgeschäften aller Art auch Bankgeschäfte gehören, darüber vgl. zu § 41. Nicht zu dem Gegenstand des Unternehmens gehört die Angabe, ob die Geschäfte der Gesellschaft in dem angegebenen Geschäftszweige (Handel mit Landesprodukten) für fremde oder für eigene Rechnung betrieben werden. Solche Zusätze sind lediglich Ordnungsvorschriften für den internen Betrieb. Dagegen kann der „Betrieb eines Agentur- und Kommissionsgeschäfts" als Gegenstand bezeichnet werden. Über die Nichtigkeit der Gesellschaft infolge Fehlens der Angabe des Gegenstandes vgl. Anm. 10 zu § 75.

Anm. 9. b) Beispiele von Bezeichnungen des Gegenstandes des Unternehmens: Handelsgeschäfte aller Art, Betrieb von Bank-, Handels- und industriellen Geschäften aller Art; Maschinenfabrikation und verwandte Geschäfte u. s. w.

Anm. 10. c) Die Änderung des Gegenstandes des Unternehmens ist eine Änderung des Gesellschaftsvertrages und unterliegt den Erfordernissen einer solchen Änderung. Darüber s. zu § 53.

Anm. 11. d) Über die rechtliche Bedeutung der Statutenbestimmung über den Gegenstand des Unternehmens hinsichtlich der Vertretungsbefugnis der Geschäftsführer, daß sie insbesondere nur eine interne Anweisung ist, darüber s. zu § 35.

Anm. 12. 3. **Der Betrag des Stammkapitals.** Näheres über das Stammkapital s. Anm. 2 zu § 5. Über die Nichtigkeit der Gesellschaft infolge Fehlens dieses Punktes vgl. Anm. 11 zu § 75. Hier sollen jedoch folgende begriffliche Bemerkungen gemacht werden:

Das Wesen des Stammkapitals ist schon in der allgemeinen Einleitung Anm. 15 u. 16 erläutert. Die Ziffer des Stammkapitals ist der Betrag der mindestens eingelegten oder einzulegenden Werte, und gleichzeitig ist es der Betrag, den die Gesellschaft an die Gesellschafter nicht eher zu verteilen verspricht, als die Gläubiger befriedigt sind. In beiden Beziehungen ist der Begriff wirtschaftlich oft ohne Bedeutung. Denn wenn auch ersichtlich ist, welcher Betrag mindestens eingelegt ist, so ist damit noch keineswegs gesagt, wieviel davon zur Zeit vorhanden ist. Es kann weit mehr oder weit weniger vorhanden sein, je nachdem die Gesellschaft gut oder schlecht gewirtschaftet hat. Und wenn ferner auch aus der Ziffer des Stammkapitals ersichtlich ist, wieviel die Gesellschaft den Gläubigern verspricht, an die Gesellschafter nicht zu verteilen, ehe die Gläubiger befriedigt sind, so kann es doch sein, daß die Gesellschaft weniger als soviel ihr eigen nennt, indem es anderweit, nicht durch Verteilung an die Gesellschafter, absorbiert ist (Fall der Unterbilanz).

Es genügt, wenn das Stammkapital aus dem Inhalte des Vertrages ersichtlich ist, z. B. die Gesellschaft hat sechs Geschäftsanteile von je 10000 Mk. Dann ist damit das Stammkapital auf 60000 Mk. festgesetzt. Zu empfehlen ist diese Art freilich nicht. Ungenügend wäre es aber, wenn lediglich gesagt wäre, daß die sechs Gesellschafter das zum Betriebe erforderliche Kapital bis zum Maximalbetrage von 60000 Mk. aufbringen werden. Das wären Zubußen oder Nachschüsse, aber keine Einlagen, also auch kein § 3. Stammkapital.

4. **Der Betrag der einzelnen Stammeinlagen.** Auch hierüber s. Näheres Anm. 3 u. 4 zu § 5. Anm. 13. Über die Nichtigkeit der Gesellschaft infolge Fehlens dieses Punktes vgl. Anm. 12 zu § 75. Auch hier seien einige begriffliche Bemerkungen an dieser Stelle gemacht.

a) Wesen der Stammeinlagen. Der Betrag des Stammkapitals ist, wie oben Anm. 12 ausgeführt, derjenige Betrag, den die sämtlichen Gesellschafter mindestens eingelegt oder einzulegen haben. Die Stammeinlage nun ist der Betrag derjenigen Werte, die der einzelne Gesellschafter mindestens eingelegt oder einzulegen hat. Die Summe der Stammeinlagen bildet das Stammkapital (§ 5 Abs. 3).

Aber wohlgemerkt: Die Stammeinlage bedeutet nur den Betrag, den der Gesell- Anm. 14. schafter mindestens eingelegt hat. Es können den Gesellschaftern außer den Stammeinlagen noch andere Verpflichtungen auferlegt werden (hierüber Abs. 2 und unten Anm. 25 ff.).

Verschieden von dem Begriff der Stammeinlagen ist der Begriff des Anm. 15. Geschäftsanteils. Die beiden Begriffe stehen miteinander in Wechselbeziehung, aber sie sind verschiedene Begriffe. Der Geschäftsanteil ist die Gesamtheit der dem Gesellschafter zustehenden Gesellschaftsrechte, wie die Aktie die Zusammenfassung der dem Aktionär zustehenden Gesellschaftsrechte ist. Die Stammeinlage verhält sich zum Stammanteil, wie der Nennbetrag der Aktie zum Aktienrecht. Auch der Aktionär hat einen Mindestbetrag an Werten zu leisten. Möglicherweise hat er daneben noch andere Verpflichtungen, z. B. einen Zuschlag über den Nennbetrag (Agio) oder periodische Naturalleistungen zu erfüllen (§ 212 HGB.). Aber jedenfalls hat er den Nennbetrag seiner Aktie als Mindestbetrag zu leisten. Die Aktie aber ist sein Geschäftsanteil. Sie stellt die Gesamtheit seiner Gesellschaftsrechte dar und der ihr anhaftende Nennbetrag ist nichts weiter als eine Identitätsbezeichnung. Das Gleiche ist hinsichtlich des Nennbetrages des Geschäftsanteils der Fall. Denn weder bei der Aktie noch bei dem Geschäftsanteil der GmbH. wird mit dem Nennbetrag notwendig das Beteiligungsverhältnis hinsichtlich des Stimmrechts, des Gewinnbezuges oder des Anteils am Liquidationsüberschusse angegeben, da in allen diesen Beziehungen statutarisch andere Beteiligungsrechte als nach dem Verhältnis der Nennbeträge bestimmt werden können (§§ 214 Abs. 3, 252, 300 Abs. 2 HGB.; §§ 47, 45, 29, 72 GmbHG.).

b) Was gültigerweise eingelegt werden kann, darüber s. zu § 5.

6. **Weitere wesentliche Erfordernisse aber braucht der Gesellschaftsvertrag nicht zu enthalten.** Anm. 16. Daß die Namen der Gesellschafter genannt sein müssen, ist selbstverständlich. Das liegt in der Natur eines jeden Vertrages und folgt außerdem aus den Vorschriften über die Abschließung notarieller oder gerichtlicher Verträge. Weiterhin ist hier nicht, wie beim Abschluß des Aktien-Gesellschaftsvertrages, erforderlich:

a) eine Bestimmung über die Art der Bestellung und Zusammensetzung des Vorstandes. Anm. 17. Hierüber bestimmt das Gesetz (§ 6 des Gesetzes);

b) eine Bestimmung über die Form, in welcher die Berufung der Gesellschaftsversammlung Anm. 18. geschieht. Auch hierüber bestimmt das Gesetz (§ 51);

c) über die Form, in welcher die von der Gesellschaft ausgehenden Bekanntmachungen er- Anm. 19. folgen. Damit ist nicht die Art der Unterzeichnung und die Frage von wem die Bekanntmachung ausgehen soll, gemeint. Unter der Form ist vielmehr die Art der Bekanntmachung (öffentliche Blätter, eingeschriebene Briefe u. s. w.) verstanden. Darüber bestimmt allerdings auch das Gesetz nichts. Es bleibt dem Gesellschaftsvertrage überlassen, hierüber Bestimmung zu treffen. Es ist das nur nicht ein wesentliches Erfordernis des Gesellschaftsvertrags. Bestimmt auch der Gesellschaftsvertrag darüber nichts, so erfolgt die Bekanntmachung in geschäftsüblicher Form. In einigen Fällen schreibt das Gesetz eine Bekanntmachung in öffentlichen Blättern vor (z. B. in § 30 Abs. 2, § 41 Abs. 4). In diesen Fällen ist aber für den Fall, daß der Gesellschaftsvertrag öffentliche Blätter nicht bestimmt, dahin Vorsorge getroffen, daß die für die Bekanntmachungen aus dem Handelsregister bestimmten

§ 3. Blätter zur Bekanntmachung benutzt werden. In einzelnen Fällen ist aber eine solche Vorsorge nicht getroffen, nämlich im § 244 HGB., der gemäß § 52 Abs. 1 hier zur Anwendung gelangt, und in § 81 Abs. 3 des Gesetzes, § 297 HGB. Doch wird in diesen Fällen das Gleiche gelten müssen wie nach § 30 Abs. 2.

Anm. 20. II. (Abs. 2.) **Bestimmungen, die gültig nur im Gesellschaftsvertrage getroffen werden können.** Es ist allgemein zu sagen, daß alle Abreden der Gründer, welche einen Teil des Gesellschaftsrechts bilden sollen, in dem Gesellschaftsvertrage erscheinen müssen. Der Gründungsvertrag ist ein von den Gründern vereinbartes Grundgesetz, nach dem die Gesellschaft bestehen soll (RG. 31, 17; 45, 99). Was nicht in diesem erscheint, ist nur von Bedeutung zwischen den Gründern persönlich. Die Wirkung dieser Verpflichtung und Berechtigung ist im Einzelfalle festzustellen. Als Norm des Gesellschaftsrechts kommt sie nicht in Betracht. Es kann eine im Gesellschaftsvertrage getroffene Bestimmung Abänderungen des Gesetzes, das subsidiär gilt, enthalten. Sie kann besondere Fälle, für die das Gesetz keine Regel enthält, einführen. Das Gesetz erwähnt in § 3 von jeder dieser Arten einen besonders wichtigen Fall.

A. **Die Beschränkung des Unternehmens auf gewisse Zeit** kann zwar bestimmt werden, jedoch nur im Gesellschaftsvertrage.

1. Auf gewisse Zeit ist das Unternehmen beschränkt, wenn es kalendermäßig bestimmt oder bestimmbar ist. Es ist nicht notwendig, daß die Zeit im voraus kalendermäßig bestimmt ist. Es schadet nicht, wenn die Endzeit subjektiv unbestimmt ist, sofern sie nur objektiv als sicher erscheint. Es wäre zulässig, zu bestimmen, daß die Gesellschaft so lange dauern soll, bis die Gewerbeausstellung zu Breslau von der Regierung als geschlossen erklärt wird, oder so lange als der Handelsvertrag zwischen Deutschland und Österreich in Kraft ist. Dagegen ist eine gewisse Zeit im Sinne des vorliegenden Paragraphen dann nicht vorhanden, wenn darüber, ob der Zeitpunkt eingetreten ist, Meinungsverschiedenheiten entstehen können, also auch objektiv kein bestimmter Endtermin vorliegt, so z. B.: ein Turnverein soll so lange bestehen, bis die sämtlichen Mitglieder tüchtige Turner geworden sind. Der Beschränkung des Unternehmens auf Zeit steht das den Gesellschaftern eingeräumte Recht der Kündigung gleich (vgl. § 60 Anm. 24). Es kann dies Recht auch an feste Voraussetzungen geknüpft sein. Es kann auch der Eintritt eines ungewissen Ereignisses als Auflösungsgrund gesetzt sein (vgl. Anm. 35 zu § 2, Anm. 24 zu § 60). Es kann alles nur im Gesellschaftsvertrage bedungen werden. Eine spätere Abänderung des Gesellschaftsvertrages, welche ein solches Recht eines Gesellschafters, die Auflösung der Gesellschaft zu fordern, einführt, ist im Wege der Statutenänderung zulässig. Sie enthält keine Erschwerung der Leistung einzelner Gesellschafter (§ 53 Abs. 3).

Anm. 21. 2. Ist keine gewisse Zeit bestimmt, so dauert die Gesellschaft so lange, bis ein Auflösungsbeschluß gemäß § 60 Nr. 2 gefaßt wird oder ein anderer Auflösungsgrund eintritt.

Anm. 22. 3. Ist aber eine Zeit bestimmt, so ist damit nicht etwa die Dauer der Gesellschaft unabänderlich auf die betreffende Zeit festgelegt. Vielmehr kann trotz der Zeitbestimmung die Auflösung der Gesellschaft vor der bestimmten Zeit beschlossen werden, nur daß der betreffende Auflösungsbeschluß gleichzeitig die Erfordernisse eines Beschlusses auf Änderung des Gesellschaftsvertrages haben muß (vgl. für das Aktienrecht Staub HGB. Anm. 5 u. 6 zu § 292). Wenn in Gemäßheit des § 3 Abs. 2 noch andere Verpflichtungen der Gesellschafter bestehen, so bedarf, wenn die Dauer der Gesellschaft und damit diese Verpflichtungen verlängert werden sollen, dieser Beschluß der Zustimmung der Belasteten (§ 53 Abs. 3). Dagegen kann die Ansicht von Liebmann (Anm. 4 b zu § 53) und Neukamp (Anm. 3 zu § 60), wonach die Bestimmung des Gesellschaftsvertrages über die Beschränkung der Gesellschaftsdauer auf eine gewisse Zeit ein durch Majoritätsbeschluß unentziehbares Sonderrecht darstellt, nicht gebilligt werden, wenigstens nicht in dieser Allgemeinheit. Das Argument Liebmanns, daß die Verbindung der Gesellschafter mit der Gesellschaft und zueinander hier grundsätzlich enger gemeint ist, als bei der Aktiengesellschaft, ist nicht beweisend. Was Liebmann hier Grundsatz nennt, ist kein Rechtsgrundsatz, aus welchem derartige weitgehende, abnorme Konsequenzen gezogen werden dürfen. Denn daß eine Bestimmung des Gesellschaftsvertrages nicht durch einen einfachen Statutenänderungsbeschluß abgeändert werden kann, wäre eine ganz besondere Ausnahme. Ganz unerheblich ist das fernere Argument Liebmanns, daß die Aktie leichter veräußerlich ist. Soll etwa bei der Aktiengesellschaft mit vinkulierten Namensaktien die Zeitdauer nicht durch Statutenänderungsbeschluß abänderlich sein? Auch das, was Neukamp für seine Ansicht geltend macht, daß das Gesetz der Festsetzung der Zeitdauer ganz besondere Wichtigkeit beimißt, indem es sogar die Veröffentlichung dieser Festsetzung anordnet (§ 10 Abs. 3), genügt keineswegs, um diese Ansicht zu rechtfertigen. Denn auch hinsichtlich der Firma, des Sitzes, des Gegenstandes des Unternehmens schreibt das Gesetz die Veröffentlichung vor und diese Bestimmungen sind noch viel wichtiger. Denn sie sind Essentialien des Gesellschaftsvertrages. Ihr Fehlen oder ihre Nichtigkeit macht den ganzen Vertrag nichtig. Und doch kann eine Abänderung aller dieser Bestimmungen im Wege der einfachen Statutenänderung erfolgen. § 3.

Zulässig ist jedenfalls, daß der Gesellschaftsvertrag bestimmt, die Fortsetzung der Gesellschaft könne mit der zur Statutenänderung erforderlichen Mehrheit beschlossen werden. Nur muß auch hier wieder die Ausnahme für die Gesellschafter gemacht werden, für welche besondere Verpflichtungen bestehen. Sie können nicht im voraus auf die im Gesetze angeordnete besondere Zustimmung (§ 53 Abs. 3) verzichten. Zuzugeben ist andererseits, daß die die Zeitdauer beschränkende Bestimmung derart sein kann, daß sie im Sinne eines durch Majoritätsbeschluß nicht entziehbaren Sonderrechts zu deuten ist. Das kann hier so gut wie bei jeder anderen Statutenbestimmung der Fall sein. So kann z. B. gesagt sein, daß die Zeitdauer nicht abänderlich ist (vgl. Staub HGB. Anm. 9 zu § 274) oder nur durch allseitige Zustimmung abänderlich oder nur mit Zustimmung eines bestimmten Gesellschafters. In allen diesen Fällen ist nur mit Zustimmung der Beteiligten eine Abänderung jener Statutenbestimmung möglich. Eine Bestimmung dieser Art liegt auch vor, wenn einem Gesellschafter ein Kündigungsrecht eingeräumt ist. Ein solches Recht ist dahin zu verstehen, daß der Gesellschafter ein der Bestimmung der Majorität nicht ausgesetztes Recht haben soll, an die Gesellschaft nicht länger gebunden zu sein, als bis zum Ablauf seiner Kündigungsfrist. Anm. 23.

4. Der Aufnahme in den Gesellschaftsvertrag bedürfen auch die Anordnungen, durch welche bei Einräumung eines Kündigungsrechts den anderen Gesellschaftern die Möglichkeit gegeben wird, trotz der Kündigung die Gesellschaft fortzusetzen. Es kann bestimmt sein, daß die anderen Gesellschafter durch Erwerb des Geschäftsanteiles des Kündigenden die Wirkung der Kündigung beseitigen können, oder daß die Gesellschaft innerhalb bestimmter Frist die Amortisation des Geschäftsanteils beschließen könnte. In solchen Fällen ist die Wirkung der Kündigung in Schwebe, bis diese Fristen abgelaufen sind. Anm. 24.

B. **Andere Verpflichtungen der Gesellschafter außer der Kapitaleinlage.** Wie oben Anm. 12 ausgeführt wurde, gehört es zum Wesen der GmbH., daß jeder Gesellschafter einen Mindestbetrag von Werten in die Gesellschaft einlegt oder wenigstens einzulegen sich verpflichtet. Dieser Mindestbetrag ist „die von jedem Gesellschafter auf das Stammkapital zu leistende Einlage" oder die „Stammeinlage". Außer dieser Einlage, die hier im zweiten Absatze „Kapitaleinlage" genannt wird, können den Gesellschaftern, wie Absatz 2 unseres Paragraphen sagt, noch andere Verpflichtungen auferlegt werden. Anm. 25.

1. Es fragt sich zunächst: welcher Art diese anderen Verpflichtungen sein können? Es ist darauf nur zu antworten: jede andere Verpflichtung, die Gegenstand eines Schuldverhältnisses sein kann, also sowohl solche auf ein Tun als Unterlassen. Es gibt keinen Leistungsinhalt, der grundsätzlich sich nicht als gesellschaftliche Verpflichtung eignet. Es können Verpflichtungen übernommen werden, die von einer Gegenleistung der Gesellschaft abhängen. Hierbei kann es sich um Sachleistungen drehen, namentlich um Überlassung der von dem Gesellschafter hergestellten Ware um einen bestimmten oder doch bestimmbaren Preis. Hierher gehören insbesondere die Ver- Anm. 26.

§ 3. pflichtungen, die der § 212 HGB. bei Aktiengesellschaften jetzt zuläßt: periodische Naturalverpflichtungen (die Verpflichtung, Rüben zu bauen und an die Gesellschaft zu liefern — Zuckerrüben-Gesellschaften — die Verpflichtung, alle Waren, die die Gesellschafter fabrizieren, an die Gesellschaft abzuliefern, damit sie von dort aus für gemeinsame Rechnung verkauft werden — Kartellvereine —). Die Art der Bestimmung der Vergütung muß nur den allgemeinen Vorschriften über Verträge entsprechen. Es kann ein bestimmter Preis vereinbart werden. Es kann aber auch der Generalversammlung durch das Statut die Befugnis übertragen werden, den Preis alljährlich durch Mehrheitsbeschluß festzustellen. Es kann der Gesellschaftsvertrag auch bestimmen, daß der Preis für jedes Jahr durch den Vorstand, den Aufsichtsrat oder die Generalversammlung innerhalb eines bestimmten Mindest- oder Höchstbetrages festgesetzt wird, oder daß der Preis durch Beschluß der Generalversammlung herabgesetzt werden kann, wenn ein zur Auszahlung desselben ausreichender Reingewinn nicht vorhanden ist. In all diesen Fällen ist § 315 BGB. anwendbar. Die Bestimmung des Preises hat nach billigem Ermessen zu erfolgen. Entspricht sie dem nicht, so wird die Bestimmung durch Urteil getroffen. Kann die Vergütung auch dann ausgezahlt werden, wenn ein Reingewinn nicht vorhanden ist? Inwieweit der § 30 Abs. 1 entgegensteht, vgl. Anm. zu § 30. Die Beschränkung, daß für die Leistungen der Gesellschafter eine den Wert übersteigende Vergütung nicht gezahlt werden darf, die für das Aktienrecht im § 216 vorgeschrieben ist, greift hier nicht Platz.

Anm. 27. Wie Sachleistungen können entgeltliche Dienstleistungen bedungen sein. Auch die Verpflichtung, als Geschäftsführer für die Gesellschaft gegen Entgelt tätig zu werden, kann als gesellschaftliche Verpflichtung genannt sein. Es ist dies aus den Umständen des Falles zu bestimmen (RG. v. 7. 5. 04 bei Holdheim 13, 256). Es wird dies meist dann der Fall sein, wenn die anderen Gesellschafter nur Kapitalisten, der zum Geschäftsführer Bestimmte aber die treibende Kraft des Unternehmens ist, ohne die sich die anderen nicht zur Beteiligung hätten bewegen lassen. Bestellung des Geschäftsführers im Gesellschaftsvertrage und Übernahme des Amtes daselbst genügt allein noch nicht zur Annahme einer gesellschaftlichen Verpflichtung. Wird sie bejaht, so folgt daraus die Unanwendbarkeit des § 624 BGB. Wie ein Teilhaber einer offenen Handelsgesellschaft muß der Geschäftsführer auch hier über fünf Jahre hinaus tätig bleiben, falls dies bedungen ist. Es liegt kein Dienst-, sondern Gesellschaftsverhältnis vor. Für Klage aus diesem bestimmt sich der Gerichtsstand nach § 22 CPO. (RG. a. a. O.).

Anm. 28. Andererseits können den Aktionären auch Leistungen ohne Vergütung, unentgeltliche Leistungen, durch den Gesellschaftsvertrag gültig auferlegt werden. Sie sind keine Schenkungen, sondern Erfüllung gesellschaftlicher Verpflichtungen. Auch hier sind die verschiedensten Arten möglich. Es kann die Leistung von Sachen und hierbei auch die Zahlung von Summen bedungen werden. Es kann z. B. bestimmt werden, daß jeder Gesellschafter jährlich einen Betrag von 100 M. in die Gesellschaftskasse zu zahlen hat. Die Summen können auch zunächst unbestimmt sein, es kann z. B. vereinbart werden, daß die Geschäftsunkosten auf die einzelnen Gesellschafter verteilt und jeder Gesellschafter die aus der Bilanz sich ergebenden Geschäftsunkosten pro rata seines Geschäftsanteils zu tragen hat. (Über den Unterschied zwischen diesen Summenverpflichtungen und den Nachschüssen s. zu § 26.) Es ist aber endlich auch nicht einzusehen, warum nicht die Verpflichtung zur Zahlung einer einmaligen bestimmten Summe neben der Stammeinlage den Gesellschaftern zur Pflicht gemacht werden kann. Es ist also ein Zuschlag zur Stammeinlage, ein Agio, mit anderen Worten: eine Ausgabe der Geschäftsanteile über pari zulässig (ebenso Liebmann Anm. 4 zu § 5; anders Neukamp Anm. 4 zu § 3 und Anm. 3 zu § 5). Das stimmt auch mit dem Begriff der Stammeinlage durchaus überein, da die Stammeinlage lediglich das ist, was der Gesellschafter mindestens einzulegen hat. Die einzelnen Stammeinlagen zeigen nur diese Minima. Das Stammkapital ist lediglich die Summe aller dieser Minima. Der Geschäftsanteil ist lediglich der diesem Minimum entsprechende Teil des Stammkapitals. Darüber hinaus können den Gesellschaftern Verpflichtungen jeder Art auferlegt werden. Es ist nicht ersichtlich, warum nicht auch die Zahlung einer einmaligen bestimmten Summe über jenen Mindestbetrag von den Gesellschaftern übernommen werden könnte. § 3.

Ebenso sind unentgeltliche Dienste möglich, sei es als Geschäftsführer, sei es als Revisor oder in sonstiger Weise. Hierher gehören auch die Verpflichtungen, alle Erfindungen innerhalb des Geschäftsbereiches der Gesellschaft ihr unentgeltlich zu überlassen. Hierher endlich die Übernahme von Konkurrenzklauseln. Die Verpflichtung, innerhalb einer bestimmten Zeit kein Konkurrenzgeschäft zu beginnen oder zu übernehmen, kann auch für eine Zeit übernommen werden, nachdem der Gesellschafter seinen Geschäftsanteil veräußerte. Auch darin liegt noch eine ihm als Gesellschafter obliegende Leistung.

Kann den Gesellschaftern auch die Verpflichtung auferlegt werden, bei einer Erhöhung des Aktienkapitals die neuen Anteile zu übernehmen? Hierüber zu § 53 und zu § 55. Anm. 29.

2. **Auch einzelnen Gesellschaftern können Verpflichtungen auferlegt werden.** Sie müssen nicht notwendig von allen übernommen sein. Demgemäß können den Gesellschaftern auch verschiedene Leistungen auferlegt werden. Anm. 30.

3. **Die Auferlegung muß in dem ursprünglichen Gesellschaftsvertrage vereinbart werden.** Die nachträgliche Auferlegung oder die Erschwerung der ursprünglichen Verpflichtungen kann nur mit Zustimmung der Belasteten erfolgen (§ 53 Abs. 3). Die **Verpflichtung** muß soweit in dem Gesellschaftsvertrage enthalten sein, daß dieser alle wesentlichen Bestandteile derselben enthält (vgl. § 5 Abs. 4). Wie dort Gegenstand, Person und Gegenwert der Sacheinlage als Essentialien festgesetzt werden müssen, so muß hier die Person des Gesellschafters und der Inhalt seiner Verpflichtung in dem Gesellschaftsvertrage stehen. Sonst ist die Abrede über die Verpflichtung nicht fähig, Bestandteil des **Gesellschaftsverhältnisses** zu sein. Es ist dies Ausfluß eines allgemeinen Prinzips. Eine Erklärung, daß sich ein Gesellschafter zu Leistungen beliebiger Art verpflichtete, wäre, wegen dieser Unbestimmtheit, wertlos, auch wenn im Vorvertrage diese Leistungen genauer bezeichnet waren. Anm. 31.

4. **Gesetzliche Voraussetzung bei der Auferlegung von solchen Verpflichtungen ist nicht, daß die Übertragung des Gesellschaftsanteils an die Genehmigung der Gesellschaft geknüpft ist.** Im § 212 HGB. ist dies bei den dort zugelassenen Verpflichtungen der Aktionäre zu wiederkehrenden Naturalleistungen vorgesehen. Hier bleibt es dem Gesellschaftsvertrage überlassen, eine solche Vinkulierung zu bestimmen. Darüber, ob sich der Gesellschafter durch Veräußerung des Geschäftsanteils von seinen Verbindlichkeiten für die Zukunft befreien kann, vgl. unten Anm. 26. Der Gesellschaftsvertrag kann außer der Genehmigung der Übertragung als weitere statutarische Bedingung die Übernahme dieser Verpflichtungen durch den Erwerber festsetzen. Ebenso kann sich jeder Gesellschafter verpflichten, nur an solche Personen zu verkaufen, welche die gleichen Verpflichtungen übernehmen. Sein Unterlassen macht ihn schadenersatzpflichtig. Anm. 32.

5. **Die Wirkung einer Statutenbestimmung, in welcher den Gesellschaftern derartige Verpflichtungen auferlegt werden.** Anm. 33.

Die erste Wirkung ist natürlich, daß der Gesellschafter die Verpflichtung erfüllen muß, widrigenfalls er verklagt werden kann. Eine Anfechtung seiner Verpflichtung als solcher wegen Irrtums, Betrugs, Drohung u. s. w. ist hier zulässig. Die erste Auflage hatte diesen Fall der Einlage gleichgestellt (Anm. 31 S. 41, Anm. 21 zu § 2). Allein zu Unrecht. Die für die Ausschließung der Anfechtung bei der Einlage aufgeführten Gründe, die Sicherheit des Verkehrs und das Interesse des Dritten, die mit der Gesellschaft kontrahieren daran, daß die Einlagen auch vorhanden sind, treffen hier nicht zu. Die Gesellschaft kann hier auch durch Statutenänderung auf das Recht selbst und durch den Vorstand auf die einzelnen Leistungen verzichten. Sicherungsmaßnahmen, wie § 30 solche bezüglich des Stammkapitals trifft, kennt das Gesetz hier im Gegensatz zur Einlage nicht. Bei Erfüllung seiner Ver-

§ 3. pflichtung hat der Gesellschafter Vorsatz und Fahrlässigkeit seiner selbst und seiner Gehilfen zu vertreten (§§ 276, 278 BGB.), nicht etwa gemäß § 708 BGB. diligentia quam suis, da sich diese Spezialvorschrift auf die Mitglieder einer Gesellschaft bürgerlichen Rechts bezieht. Ist der Gesellschafter Kaufmann, so ist bei der Beurteilung seines Verhaltens die Sorgfalt eines ordentlichen Kaufmanns zu Grunde zu legen (§ 347 HGB.), sofern die Beteiligung bei der Gesellschaft im Betriebe seines Handelsgewerbes erfolgte. — Für den Verzugsfall können Vertragsstrafen vorgesehen werden, obwohl dies hier nicht, wie im § 212 HGB., ausdrücklich gestattet ist. Auf die Vertragsstrafen finden dann die §§ 339—345 BGB. Anwendung (vgl. Staub HGB. zu § 348 HGB.; Düringer-Hachenburg II 234 ff. zu § 348 HGB.). Die Gesellschafter können gemäß § 343 BGB. die richterliche Herabsetzung einer zu hohen Konventionalstrafe verlangen, außer wenn ihr Beitritt sich als das Handelsgeschäft eines Vollkaufmanns darstellt §§ 348, 351 HGB.). Eine Kaduzierung des Geschäftsanteils wegen Nichterfüllung der Verpflichtung kann nicht erfolgen. Denn die §§ 20 ff. beziehen sich nur auf die rückständigen Kapitaleinlagen. Für das Aktienrecht ist bestritten, ob eine Ausschließung oder vielmehr die Amortisation der Aktie als Folge der Verletzung einer Verpflichtung statutarisch festzusetzen zulässig ist. (Dafür Staub HGB. Anm. 12 zu § 212; Ring bei Lehmann-Ring Nr. 7 zu § 212; dagegen KG. vom 23. 2. 01 OLGR. 2 S. 232, 233; Dernburg I § 81 Anm. 9; Wolff in der Festgabe der Rechtsanwaltschaft des KG. für Wilke 342; RG. 49, 77 v. 25. 9. 01.) Das RG. hat diese Ansicht in dem angezogenen Erkenntnisse für das Aktienrecht eingehend entwickelt. Ob diese Gründe des RG. in der Tat unbedingt für die GmbH. anwendbar sind, wie die erste Auflage (Anm. 31 S. 41) annahm, ist nicht unzweifelhaft. Es wird vom RG. neben den juristischen Momenten hervorgehoben, daß die Aktiengesellschaft auf „eine Vereinigung von Personen zu gemeinsamer Tätigkeit für einen bestimmten individuellen, nur von bestimmten Einzelpersonen zu erreichenden oder nur solchen dienenden Zweck“ nicht angelegt sei. Die gesperrt gedruckten Worte hebt auch das RG. im Druck hervor. Berücksichtigt man aber die weitere Möglichkeit, die § 3 Abs. 2 unseres Gesetzes gibt, die Gesellschaft individuell zu gestalten, so erscheint der vom RG. betonte Ausgangspunkt hier nicht zutreffend. Es muß daher die Streitfrage für die GmbH. selbständig entschieden werden. Nicht gegen die Zulassung der Amortisation spricht das Argument des RG., daß eine Einziehung der Aktien, also hier des Geschäftsanteils, vorliege, unter Herabsetzung des Grundkapitals, die das Gesetz nur unter Voraussetzungen zulasse, welche hier nicht zuträfen. Das ist nicht richtig. Denn eine Einziehung des Geschäftsanteils ist im Gesetz zulässig, sobald sie im Gesellschaftsvertrag für statthaft erklärt ist (§ 34). Das kann allgemein erfolgen. Es kann aber auch unter Beschränkung auf gewisse Fälle, namentlich Nichterfüllung der besonderen Pflichten, angeordnet sein. Wenn ein Gesellschafter die gesellschaftliche Verpflichtung, als Geschäftsführer tätig zu sein, schwer verletzt, so muß es auch der Gesellschaft möglich sein, durch Einziehung seines Geschäftsanteils den ganzen Mann los zu werden. Daß die Einziehung gegen Entgelt erfolgen müsse, verlangt § 34 nicht einmal. Jedenfalls aber müßte sich der Gesellschafter gefallen lassen, daß sein Geschäftsanteil gegen Zahlung des Nominalbetrages amortisiert wird (vgl. zu § 34). Dagegen kann der Gesellschafter sich von den Verpflichtungen nicht durch Abandonnierung des Geschäftsanteils befreien. Der § 34 des Gesetzes hat nur eine Einziehung, also einen gegen den Gesellschafter gerichteten Akt zum Gegenstand, durch welchen sein Anteil vernichtet wird (vgl. zu § 34). Die Bestimmungen des § 27 über die Befreiung von Nachschußpflichten sind auf diesen besonderen Fall zu beschränken und nicht auf andere Leistungen ausdehnbar. Durch das Statut kann aber ein solches Abandonrecht geschaffen werden. Es steht ja im freien Belieben der Gesellschafter, ob sie überhaupt das Recht der Gesellschaft auf die besondere Leistung begründen will.

Der § 326 BGB. bei Verzug in der Erfüllung kann nur insoweit angewendet werden, als der Gesellschaft das Recht frei steht, nach Ablauf der Nachfrist statt der Erfüllung Schadensersatz zu fordern. Dagegen ist das Recht des Rücktritts ausgeschlossen, da

dieser den ganzen Gesellschaftsvertrag mit dem säumigen Gesellschafter aufheben würde § 3.
und wieder zu der unzulässigen Rückzahlung des Stammeinlagen (§ 30) führte. Es kann auch für diesen Fall stets nur der Weg der Amortisation gewählt werden.

6. Gerät der Gesellschafter in Konkurs, so wird die Gesellschaft für „die sonstige Verpflichtung" des Gesellschafters Konkursgläubiger. Soweit die Forderung nicht auf einen Geldbetrag lautet, wird sie in Reichswährung umgesetzt (§ 69 KO.). Ansprüche auf Dienstleistungen bestehen weiter. Sie werden, da es sich nicht um ein Dienstverhältnis handelt, nicht der Kündigung nach § 17 KO. unterworfen. Ein durch die Konkursverwalter erfolgender Verkauf eines Geschäftsanteils hat dieselbe Wirkung wie ein freiwilliger Verkauf durch den Gesellschafter (vgl. unten Anm. 38 u. Anm. 21 ff. zu § 16). Anm. 34.

7. Tod eines Gesellschafters beendet die Verpflichtung zu den besonderen Leistungen nur dann, wenn diese persönlicher Art sind, d. h. solche, die nicht durch einen Dritten möglich sind, also insbesondere Tätigkeiten, die von ihm als Geschäftsführer, Betriebsleiter u. s. w. zu entfalten sind. Bei Sachleistungen wird im Zweifel ein Übergang auf die Erben anzunehmen sein. Der Gesellschaftsvertrag kann Bestimmungen dafür treffen, daß im Falle des Aufhörens der der Gesellschaft zugesagten Leistungen des Gesellschafters seine Rechte nicht auf seine Erben übergehen. Es kann angeordnet sein, daß diese im Todesfalle des Gesellschafters verpflichtet sind, den Geschäftsanteil an die Gesellschaft oder einen von ihr bezeichneten Dritten zu verkaufen. Es kann die Einziehung dieses Geschäftsanteils für den Fall des Todes zugelassen sein (§ 34 Abs. 1). Ein Recht auf eine solche Einziehung und Rückzahlung des Einlagekapitals kann den Erben dagegen nicht eingeräumt werden (vgl. Anm. 8 zu § 34). Anm. 35.

8. Wird der Gesellschafter von den sonstigen Verpflichtungen durch Veräußerung seines Geschäftsanteils frei? Nach der im § 16 enthaltenen Regel des Gesetzes wird jeder Gesellschafter durch die ordnungsgemäß angemeldete Veräußerung von den künftigen Leistungen aus seinen Verpflichtungen als Gesellschafter frei (vgl. Anm. 21 ff. zu § 16). Ausnahmen macht das Gesetz nur für die Erhaltung des Stammkapitals (RG. v. 26. 5. 89 in JW. 89, 144 Nr. 36). Daher alle gemäß § 3 Abs. 2 des Gesetzes übernommenen Verpflichtungen mit der Veräußerung des Geschäftsanteils auf den Erwerber übergehen. Dabei ist es einerlei, ob der Erwerber denselben gewachsen ist. Es ist Sache der Gesellschaft, wenn sie solche Folgen fürchtet, die Veräußerung an ihre Genehmigung zu knüpfen. Es können also auch Rübenlieferungspflichten und ähnliche auf diesem Wege übertragen werden. Zulässig ist im Gesellschaftsvertrag im Falle einer Veräußerung des Geschäftsanteils eine Garantie des Veräußerers für die Leistungen des Erwerbers einzuführen. Auch diese ist eine dem § 3 Abs. 2 entsprechende Verpflichtung. Wie von der positiven Leistung wird der Gesellschafter auch von der Verpflichtung zur Unterlassung befreit, also namentlich von Konkurrenzklauseln. Es ist mangels anderweiter Anhaltspunkte anzunehmen, daß diese den Gesellschafter nur so lange binden als er Gesellschafter ist. Die Gesellschaft kann ihm die Verpflichtung auferlegen, auch eine Zeit nach der Veräußerung sich der Konkurrenz zu enthalten (vgl. oben Anm. 28). Unterbleibt dies, so muß angenommen werden, daß mit Aufgabe des Geschäftsanteils die Befreiung auch von dieser Verpflichtung eintritt. Nur muß die Veräußerung eine ernstliche sein. Der Einwand der Gesellschaft, daß ein Scheingeschäft vorliege, ist stets gestattet. Dagegen ist es ohne Belang, ob die Veräußerung entgeltlich oder unentgeltlich erfolgt. Es ist daher möglich, daß ein Gesellschafter, sofern ihm nur die Veräußerung ohne Genehmigung der Gesellschaft gestattet ist, sich durch Schenkung an einen Leistungsunfähigen von seinen besonderen gemäß § 3 Abs. 2 übernommenen Pflichten befreit. Es ist daher geboten, daß die Gesellschaften, welche ihren Gesellschaftern neben der Leistung der Stammeinlage weitere Lasten auflegen, im Gesellschaftsvertrage gegen solche Bestimmungen Fürsorge treffen. Anm. 36.

9. Wie, wenn der Gesellschafter nicht seinen Geschäftsanteil, wohl aber das Objekt, aus welchem die Leistungen im wesentlichen fließen, veräußert? z. B. das Gut, aus welchem die Rüben zu gewinnen sind, die Fabrik, in welcher die von Anm. 37.

§ 3. ihm an die Gesellschaft zu liefernden Waren hergestellt werden. In diesem Falle hat nur der Gesellschafter die Verpflichtungen weiter zu erfüllen. Ein Recht, den Erwerber in Anspruch zu nehmen, hat die Gesellschaft an sich nicht. Es bedarf hierzu besonderer Umstände, insbesondere einer Schuldübernahme. Ebenso haftet der Erwerber, wenn er das Geschäft des Gesellschafters mit Firma übernommen hat (§ 25). Der Erwerber haftet in solchem Falle für die Verbindlichkeiten des Veräußerers, obwohl er nicht Gesellschafter wird. Geraten wird es sein, auch für solche Fälle im Gesellschaftsvertrage Fürsorge zu treffen. Die Gesellschaft kann in ihren Statuten den Gesellschaftern die Verpflichtung auferlegen, auch ihren G e s c h ä f t s nachfolgern beim Verkauf der Leistungsquelle den Erwerb des Geschäftsanteils mitaufzuerlegen, und eine solche Veräußerung nicht eher perfekt zu machen, als bis die Gesellschaft die Veräußerung genehmigt hat. Bei Zwangsverkäufen versagt allerdings auch diese Vorsichtsmaßregel.

Anm. 38. 10. **Eine Befreiung von den besonderen Verpflichtungen** kann nur durch Statutenänderung erfolgen. Der Vorstand hat dazu kein Recht. Eine Befreiung von einer Einzelverpflichtung liegt jedoch im Rahmen der Vertretungsbefugnis des Vorstandes. § 25 hindert ihn daran nicht, da er nur von den Kapitaleinlagenverpflichtungen handelt.

Anm. 39. 11. **Die Nachschußverpflichtung** unterliegt besonderer Regelung (§§ 26 ff.).

Anm. 40. 12 Gleich den Leistungen der Gesellschafter an die Gesellschaft bedürfen auch **alle besonderen Leistungen der Gesellschaft an die Gesellschafter** der Aufnahme in den Gesellschaftsvertrag. Hierher sind die Einräumung von Vorzugsrechten für einzelne Geschäftsanteile wie die von Vorrechten für einzelne Gesellschafter zu zählen (vgl. das Nähere Anm. 45 f. zu § 5). Der Abs. 2 § 3 ist nur der Ausfluß eines Prinzips. Eine Abrede zwischen den Gründern ist nur dann für die Gesellschaft wirksam, wenn sie im Gesellschaftsvertrage erscheint (oben Anm. 20).

Anm. 41. **Zusatz 1. Es gibt noch eine große Reihe anderer Bestimmungen, die gültig nur im Gesellschaftsvertrage getroffen werden können.** Es wird hier des besseren Verständnisses wegen kurz hingewiesen auf § 5 Abs. 4 (Sacheinlagen), § 15 Abs. 5, § 17 Abs. 3 und 5 (besondere Bestimmungen über die Abtretung von Geschäftsanteilen oder von Teilen solcher), § 26 Abs. 1 (Zulässigkeit der Einforderung von Nachschüssen über den Betrag der Stammeinlage hinaus), § 29 Abs. 1 (anderweite Bestimmung in Betreff des Anspruchs auf den Reingewinn), § 34 (Zulässigkeit der Einziehung von Geschäftsanteilen) 2c. 2c.

Anm. 42. **Zusatz 2. Welche Rechtsfolge entsteht, wenn die Gesellschafter eine Bestimmung, die für die Gesellschaft nur im Gesellschaftsvertrage gültig getroffen werden kann, formlos vereinbaren?** Man sollte meinen, daß die Antwort einfach dahin lautet, eine solche Bestimmung sei ungültig. Im Grunde genommen ist auch diese einfache Antwort die richtige. Doch ist dabei zu betonen, daß sie nur als g e s e l l s c h a f t l i c h e B e s t i m m u n g u n g ü l t i g i s t. Das heißt: wenn sie nicht in der Form der Statutenfeststellung getroffen wird, so ist sie keine gültige Gesellschaftsregel. Für das Verhältnis der Gesellschaft zu den Gesellschaftern existiert sie rechtlich nicht. Wenn z. B. die Gesellschafter, und es sei einhellig, vereinbaren, daß jeder Gesellschafter 100 M. pro Jahr in die Gesellschaftskasse zu zahlen hat, zur Bestreitung der Geschäftsunkosten, oder wenn sie vereinbaren, daß ein Gesellschafter neues Kapital einschießen soll, oder wenn sie vereinbaren, daß der jährliche Reingewinn in bestimmter Weise geteilt werden soll, oder daß ein Gesellschafter nach Abtretung seines Geschäftsanteils der Gesellschaft keine Konkurrenz machen darf, so ist alles dies als Gesellschaftsregel nur gültig, wenn es in der Form der Statutenfeststellung vereinbart und in das Handelsregister eingetragen wird. Allein den Gesellschaftern bleibt es unbenommen, derartige Vereinbarungen mit Gültigkeit untereinander zu treffen. Sie können sogar eine regelrechte Gesellschaft bilden, deren Gegenstand die Erhaltung der GmbH. ist. Sie sind dann doppelt vereinigt. Sie bilden einen Verein, die GmbH., die durch ihre Vereinbarung eine selbständige juristische Persönlichkeit bildet. Sie bilden außerdem eine Gesellschaft gemäß §§ 705 ff. BGB. Ist letzteres die Absicht, so kann jeder Gesellschafter auf Grund einer solchen Vereinbarung auf Erfüllung derselben klagen. Die Gesellschaft selbst kann es an sich nicht. Anders dann, wenn die Gesellschafter eine Vereinbarung derart zu Gunsten der Gesellschaft treffen, daß dieser unmitttelbar Rechte hieraus entspringen sollen. So wenn sich sämtliche Gesellschafter oder ein Teil dahin verständigen, daß jeder derselben der Gesellschaft eine bestimmte Summe auf längerre Zeit zinslos leihe oder die zur Deckung der Unterbilanz nötige Summe ersatzlos einzahle. Es zeigt sich wieder die analoge Erscheinung, wie sie bei der Gründung der GmbH. betont worden ist. Es ist dort zu unterscheiden zwischen der Verpflichtung, die GmbH. zu bilden, und dem Rechtsakte der Gründung selbst. So ist auch hier zu unterscheiden zwischen Vereinbarungen, die nur unter den Gesellschaftern persönlich gelten sollen, und Gesellschaftsbeschlüssen. Mit alledem soll aber nicht gesagt werden, daß jeder derartige Beschluß der Gesellschafter oder wenigstens jeder einstimmige Beschluß, als Vereinbarung inter socios gelten soll, auch wenn er nicht in gehöriger Form gefaßt und nicht eingetragen ist. Vielmehr muß es der Auslegung im einzelnen überlassen werden, was beabsichtigt ist, ob also insbesondere beabsichtigt ist, eine Vereinbarung zu treffen, die nicht bloß Gesellschaftsbeschluß sein soll, sondern ob sie außerdem oder gar lediglich eine Sozietätsvereinbarung sein sollte. Dabei ist noch zu bemerken, daß auch einzelne Gesellschafter unter sich solche Vereinbarungen treffen können, die für sie obligatorisch bindend sind, ohne Teil des Gesellschaftsvertrages zu bilden. So kann eine Anzahl von Gesellschaftern, die zwar die einfache, aber nicht die zu Statutenänderung erforderliche Mehrheit besitzt, vereinbaren, daß jedes Jahr ein Teil des Reingewinnes als Reserve zurückzuhalten beschlossen werde. Diese Verbindlichkeit ist unter den Kontrahenten verbindlich. Ihre Nichterfüllung macht schadensersatzpflichtig. § 3.

Andererseits sind Vereinbarungen, welche nur unter den Gesellschaftern gelten sollen, denkbar, auch wenn sie im Gesellschaftsvertrage stehen. Es ist auch dieses durch Auslegung festzustellen. Die Folge ist dann, daß diese stets formlos geändert werden können. So wenn ein Gesellschafter den anderen für eine bestimmte Zeit eine Verzinsung ihrer Einlage garantiert. Diese Abrede bildet keinen Teil des Statuts (a. M. Bayr. OLG. v. 12. 4. 02 OLGR. 5, 281). Anm. 43.

Zusatz 3. Aus der in § 3 Abs. 2 zugelassenen Uebernahme von Verpflichtungen jeder Art, verbunden mit der Befugnis, die Rechte der Gesellschafter nach dem jeweiligen Falle zu gestalten (§ 45), ergibt sich die Möglichkeit, die GmbH. der offenen Handelsgesellschaft bedeutend zu nähern, im Gegensatz zum Aktienrecht, bei dem beide Wege verschlossen sind. Es ist ein Gesellschaftsvertrag denkbar (und solche sind nicht selten), bei dem jeder von den Gesellschaftern im Gesellschaftsvertrage, der auf 10 Jahre geschlossen ist, die Geschäftsführung übernimmt und seine ganze Arbeitskraft dem Geschäfte widmet, unter ausdrücklicher Verpflichtung, weder im Handelszweige der Gesellschaft Geschäfte zu machen noch sich bei einem anderen gleichartigen Unternehmen zu beteiligen. Es wird jedem Gesellschafter das Recht gegeben, auch unabhängig von seiner Eigenschaft als Geschäftsführer, die Bücher und Schriften der Gesellschaft stets einzusehen. Es ist bestimmt, daß der Geschäftsanteil nicht auf die Erben übergeht, diese vielmehr verpflichtet sind, ihn an die Gesellschaft oder einen von dieser bezeichneten Dritten zu verkaufen u. s. f. Nur bei einem Punkte wird stets der Unterschied der GmbH. und der offenen Handelsgesellschaft bleiben, in der Festlegung des einbezahlten Kapitals und der Unmöglichkeit der Entnahme desselben, das Korrelat zu der Ausschließung der persönlichen Haftung. Eine Milderung dieses Momentes sieht die Praxis darin, daß die Einlagen nur in dem Mindestbetrage gemacht werden, wogegen die Gesellschafter der Gesellschaft weitere Beträge leihen, über die sie jederzeit verfügen können. So ist es möglich, daß drei Gesellschafter zusammen 24000 M. einlegen und daneben 240000 M. freies Darlehen gewähren. Im Interesse der Solidität der Gesellschaften liegt dieses System nicht. Anm. 44.

§ 4.

Die Firma der Gesellschaft muß entweder von dem Gegenstande des Unternehmens entlehnt sein, oder die Namen der Gesellschafter oder den Namen wenigstens eines derselben mit einem das Vorhandensein eines Gesellschafts-

§ 4. verhältnisses andeutenden Zusatze enthalten. Die Namen anderer Personen als der Gesellschafter dürfen in die Firma nicht aufgenommen werden. Die Beibehaltung der Firma eines auf die Gesellschaft übergegangenen Geschäfts (Handelsgesetzbuch § 22) wird hierdurch nicht ausgeschlossen.

Die Firma der Gesellschaft muß in allen Fällen die zusätzliche Bezeichnung „mit beschränkter Haftung" enthalten.

Einleitung. **Der vorliegende Paragraph schreibt die Beschaffenheit der Firma der GmbH. vor.** Er enthält somit, wenn auch die hauptsächlichste, so doch immerhin nur eine einzelne Vorschrift über das Firmenrecht der GmbH. Das weitere Firmenrecht soll im Zusammenhange mit diesem Paragraphen behandelt werden.

Aber auch hinsichtlich der Beschaffenheit der Firma ist die Vorschrift unseres Paragraphen nicht vollständig. Sie befaßt sich nur mit den notwendigen Bestandteilen der Firma. Ergänzend greift hier eine Vorschrift des § 18 Abs. 2 HGB. über die zulässigen Zusätze der Firma Platz.

Hiernach hat die Firma der GmbH. obligatorische und fakultative Bestandteile. Die obligatorischen Bestandteile sind die in unserem Paragraphen erörterten. Sie bestehen aus einem notwendigen Hauptbestandteil (Abs 1) und einem notwendigen Zusatze (Abs. 2). Dazu treten noch die fakultativen Zusätze nach § 18 Abs. 2 HGB.

Anm. 1. **Man muß hiernach unterscheiden die obligatorischen und fakultativen Bestandteile der Firma der GmbH.**

1. **Die obligatorischen Bestandteile der Firma der GmbH.** Sie bestehen aus einem notwendigen Hauptbestandteile und einem notwendigen Zusatze.

Anm. 2. a) **Der notwendige Hauptbestandteil.** In dieser Hinsicht unterscheidet das Gesetz zwei Fälle:

α) Wird eine sogenannte Sachfirma gewählt, d. h. eine solche, welche Personennamen nicht enthält, so muß sie von dem Gegenstande des Unternehmens entlehnt sein. Dieses Erfordernis ist hier absolut aufgestellt. Bei der Aktiengesellschaft ist im § 20 nur gesagt, daß die Sachfirma „in der Regel" von dem Gegenstande des Unternehmens entlehnt werden muß. Während es daher bei der Aktiengesellschaft unter Billigung des Registerrichters möglich ist, als Sachfirma Phantasienamen zu wählen (z. B. Phönix, Mercur, Excelsior, Neptun, Dreizack, Rapid), ist eine solche Phantasiebezeichnung hier bei der GmbH. als Hauptbestandteil der Firma nicht genügend (KG. v. 2. 7. 1900 SeuffA. 56, 8). Hier kann eine Phantasiebezeichnung nur als fakultativer Zusatz neben dem notwendigen Hauptbestandteil gewählt werden (vgl. hierüber unten Anm. 7). Was man unter den Worten „Von dem Gegenstande des Unternehmens entlehnt" zu verstehen hat, ist nur durch Heranziehung des § 3 Nr. 3 festzustellen. Aber der Gegenstand des Unternehmens braucht nicht etwa deutlich erkennbar zu sein. Dazu dient ja die Statutenbestimmung § 3 Nr. 2. Hier ist nur eine „Entlehnung" erforderlich Es kann z. B. heißen: Restauration oder Verlagsgeschäft oder Logenheim oder Turnverein oder Lagerhaus oder Wursthaus oder Handelskontor oder Apotheke, oder auch in Verbindung mit Phantasienamen z. B. Pharus Verlag oder Restauration „Im weißen Rößl" oder Apotheke zum Schwan oder Turnverein Vorwärts. Auch würde genügen die Bezeichnung „Im weißen Rößl" zur Bezeichnung einer Gesellschaft, die sich mit dem Betriebe einer Gastwirtschaft beschäftigt, wenn das Restaurant diesen Namen trägt. Genügen würde ferner die Bezeichnung „Excelsior" oder „Problem", wenn dies das Warenzeichen derjenigen Waren ist, mit welchen die Gesellschaft Handel treibt. Es genügt auch die Bezeichnung „Klavier" für eine Klavierfabrik, obwohl die Bezeichnung auch einem Klavierunterrichtsunternehmen entlehnt sein kann. Dagegen entspricht bei einem auf Verpflegung von Rekonvaleszenten gerichteten wohltätigen Unternehmen die Firma „Haus Nazareth" den Erfordernissen der Sachfirma nicht (KG. in KGJ. 20 A, 202 und RJA. 163).

β) Wird eine Personenfirma gewählt, d. h. eine solche, welche Personennamen enthält, so ist folgendes vorgeschrieben: § 4. Anm. 3.

αα) Regelmäßig ist es nur zulässig, in die Personenbezeichnung die Namen der Gründer selbst aufzunehmen, nicht die Namen fremder Personen (wobei jedoch mythologische oder historische Namen, z. B. Salvator, Friedrich der Große, Columbus, wohl auch Bismarck, als Phantasienamen, nicht als wirkliche Namen fremder Personen gelten). Die Namen aller Gründer brauchen nicht aufgenommen zu werden. Für den Fall aber, daß nicht die Namen aller Gründer in die Firma aufgenommen werden, so ist weiter vorgeschrieben, daß ein ein Gesellschaftsverhältnis andeutender Zusatz in die Firma aufgenommen wird (Gesellschaft; Verein; Gebrüder; Erben; Vater und Sohn; und Kompagnie). Die Vorschrift deckt sich fast wörtlich, jedenfalls aber dem Sinne nach mit der Vorschrift des § 19 HGB. für die Firma der offenen Handelsgesellschaft und muß ebenso wie diese ausgelegt werden. Wenn also z. B. Schulze und Müller die Gründer sind, so kann der Hauptbestandteil der Firma lauten: Schulze & Müller, oder Schulze & Co. oder Müller & Co. Oder die Firma kann lauten: Schulze, Gesellschaft mit beschränkter Haftung. Die Beifügung des Vornamens eines Gründers ist nicht erforderlich. Denn § 18 HGB. ist nicht anwendbar. Darf, so muß man angesichts unseres Abs. 1 fragen, wenn alle Gründer genannt sind, ein das Gesellschaftsverhältnis andeutender Zusatz nicht hinzugefügt werden? Das ist allerdings zu verneinen. Doch ist diese Verneinung richtig zu verstehen. Es darf kein Zusatz beigefügt werden, der den Irrtum erregt, als seien außer den einzigen Gründern Schulze und Müller noch andere Gründer vorhanden, wohl aber ein Gesellschafterzusatz, der diesen Irrtum nicht erregt, z. B. Kompagnie Schulze & Müller mit beschränkter Haftung, oder Torfbereitungs-Gesellschaft Müller & Schulze mit beschränkter Haftung, oder Schulze & Müller Gesellschaft mit beschränkter Haftung. Unrichtig aber ist es, wenn Förtsch Anm. 2 sagt, ein Gesellschafterzusatz sei immer dann notwendig, wenn Personennamen in die Firma aufgenommen werden. So ist unser Abs. 1 nicht zu verstehen, so ist § 19 HGB. niemals verstanden worden. Ist eine Aktiengesellschaft unter den Gründern, so kann auch deren Name zur Firma der GmbH. verwendet werden. Dies ist namentlich von Bedeutung, wenn in dieser Firma der Aktiengesellschaft ein Personenname von besonderem Klange enthalten ist, diese Person aber nicht Gesellschafter wird. Die Aktiengesellschaft Siemens & Halske könnte eine GmbH. mit der Firma Siemens & Halske, Fabrik für Ferndruckapparate Gesellschaft mit beschränkter Haftung gründen helfen. Auch aus den Namen zweier Aktiengesellschaften läßt sich eine Firma für die GmbH. bilden, z. B. Siemens-Schuckert-Werke mit beschränkter Haftung. Der Name eines später durch Erhöhung des Stammkapitals der Gesellschaft beitretenden Gesellschafters kann im Wege der Statutenänderung zur Bildung der Firma verwendet werden. Seiner Zustimmung hierzu, wenn er einmal Gesellschafter ist, bedarf es nicht. Der Name jedes Gesellschafters kann von der Gesellschaft der Firma eingefügt werden.

ββ) Die eben behandelten beiden Vorschriften können außer Anwendung bleiben, wenn ein Geschäft mit Firma bei Gründung der Gesellschaft erworben wird. In diesem Falle kann die bisherige Firma (nur mit dem Zusatze „mit beschränkter Haftung") mit oder ohne Nachfolger-Zusatz beibehalten werden (RG. v. 4. 11. 01 in DJZ. 02, 202). Es braucht weder die Vorschrift beachtet zu werden, daß die Namen der Gründer der Gesellschaft in die Firma aufgenommen werden, noch die Vorschrift, daß, wenn die Namen des Gründers der Gesellschaft in die Firma aufgenommen werden, aber nicht alle, ein Gesellschafterzusatz beigefügt werden muß. Es inferiert z. B. der Einzelkaufmann Siegismund Wild sein unter der Firma „Albert Haberfeld" betriebenes Geschäft in eine zu gründende GmbH. In diesem Falle kann die Firma lauten „Albert Haberfeld mit beschränkter Haftung", obwohl dies ein fremder Name, nicht der Name eines Gründers ist. Betrieb Siegismund Wild sein Geschäft unter der Firma Siegismund Wild, und inferiert er es in die Gesellschaft, so kann diese firmieren „Siegismund Wild mit beschränkter Haftung". Sie braucht keinen Gesellschafterzusatz hin- Anm. 4.

§ 4. zuzufügen, obgleich sie den Namen eines Gründers, und zwar nur den Namen eines Gründers in die Firma aufnimmt. Betreiben Siegismund Wild und Georg Kornfeld ein Geschäft unter der Firma Wild, Kornfeld & Co. und inferieren diese es in eine von ihnen beiden allein gegründete GmbH., so kann diese firmieren Wild, Kornfeld & Co. mit beschränkter Haftung. Sie können also den Gesellschaftsverhältnis-Zusatz „& Co." beibehalten, obgleich der Name aller Gesellschafter in die Firma aufgenommen wird. Nicht auf die Gesellschaft geht der Hoflieferantentitel des früheren Geschäftsinhabers über (KG. v. 6. 1. 02 bei KGJ. 23 A, 208).

Über die Firmenführung beim Geschäftsübergang nach der Entstehung der Gesellschaft s. Näheres unten Anm. 15 ff.

Anm. 5. γ) Ist auch eine sogenannte gemischte Firma zulässig? Eine gemischte Firma ist eine solche, die aus einer Sachbezeichnung und einer Personenbezeichnung zusammengesetzt ist. Für den Fall, daß ein Geschäft bei der Gründung übernommen wird, kann die Zulässigkeit einer solchen Mischfirma nicht zweifelhaft sein. Wenn z. B. das Geschäft einer Firma: Berliner Metallwarenfabrik Epstein & Co. bei der Gründung übernommen wird, so kann die Firma der GmbH. lauten: Berliner Metallwarenfabrik Epstein & Co., Gesellschaft mit beschränkter Haftung. Aber auch wenn die Gesellschaft eine ursprüngliche Firma wählt, ist die Zulässigkeit der gemischten Firma unbestreitbar schon deshalb, weil ja § 18 Abs. 2 HGB. anwendbar ist wonach unterscheidende Zusätze gestattet sind (vgl. unten Anm. 7). Der Satz 1 Abs. 1 unseres Paragraphen steht aber nicht entgegen, nicht einmal seinem Wortlaut nach. Denn der erste Satz schreibt nichts weiter vor, als daß die Firma entweder nichts enthalten darf, als eine dem Gegenstand des Unternehmens entlehnte Sachbezeichnung, oder aber, wenn sie Personennamen „enthält" (also entweder allein oder mit einer anderen Bezeichnung), die Personenbezeichnung den Namen der Gründer entlehnt sein muß.

Anm. 6. b) **Der notwendige Zusatz.** Die Firma der GmbH. muß den notwendigen Zusatz haben: **mit beschränkter Haftung.** Mangelt dieser Zusatz, so ist die Firmenbezeichnung nichtig und damit der Gesellschaftsvertrag (vgl. Keßler CBlFG. 5, 210). Der notwendige Zusatz lautet nicht: Gesellschaft mit beschränkter Haftung, sondern nur: mit beschränkter Haftung. Doch ist es in jedem Falle gestattet, das Wort Gesellschaft hinzuzufügen, auch dann, wenn die Namen aller Gesellschafter in die Firma aufgenommen werden (vgl. oben Anm. 3). Der Zusatz „mit beschränkter Haftung" muß genau so lauten, wie er vom Gesetze vorgeschrieben ist. Er darf nicht, wie das häufig in den Tagesblättern und sogar auch in gerichtlichen Urteilen geschieht, lauten: mit beschränkter Haftpflicht. **Er darf auch nicht abgekürzt werden.** Gleichwohl ist außerordentlich üblich die Bezeichnung „m. b. H." bezw. „G. m. b. H.". Dieser abgekürzten Bezeichnung hat sich schon der Volkswitz bemächtigt. Es muß betont werden, daß, wie auch der Kommissionsbericht hervorgehoben hat, die Abkürzung im rechtsgeschäftlichen Verkehr unzulässig ist. Auf Geschäftsschildern, Briefbogen, in Zeitungsinseraten, und sonst begegnet man dieser Abkürzung. Daß das Registergericht nach § 37 HGB. dagegen einzutreten habe, wie die erste Auflage annahm, wird man nicht billigen. Es liegt nicht der Gebrauch einer dem Zeichnenden „nicht zustehenden" Firma vor. Noch weniger wird man bei dem Gebrauche außerhalb des rechtsgeschäftlichen Verkehrs davon reden können[1]). Daß diese Abkürzung, wie Ring annimmt (ArchBürgR. 23, 412), bereits deutsches Gewohnheitsrecht geworden ist, wird man nicht annehmen dürfen. Denn in allen öffentlichen Urkunden wird stets die volle Bezeichnung durchgeführt. Der Zusatz braucht keineswegs am Schlusse zu stehen. Zusatz heißt hier, wie auch im § 18 Abs. 2 HGB., Beisatz (OLG. Dresden in Holdheim 98, 60; Liebmann Anm. 4; Dernburg I § 89; anders Förtsch Anm. 3; Parisius-Crüger 12). Auch in Klammern kann er beigefügt werden (KG. bei KGJ. 19, 15).

---

1) Daß im vorliegenden Kommentare die Abkürzung im Texte gebraucht wird, darf wohl als zur Erleichterung für Drucker und Leser erfolgt auf Zustimmung auch des letzteren rechnen.

2. **Die fakultativen Bestandteile der Firma.** Nach § 18 Abs. 2 HGB. sind bei der Firma Zusätze gestattet, die zur Unterscheidung der Person und des Geschäftes dienen. Schließt sich diese Vorschrift auch an die Vorschrift über die Einzelfirma an, so ist es doch anerkannten Rechtens, daß sie sich auf alle Firmen bezieht (vgl. Staub, HGB. Anm. 13 zu § 18; Düringer-Hachenburg I Note VI zu § 18). Da auch die GmbH. Handelsgesellschaft ist (§ 13 des Gesetzes) und für die Handelsgesellschaften die Vorschriften über die Kaufleute gelten (§ 6 HGB.), so gilt die Vorschrift auch für die GmbH. Es wurde daraus schon oben Anm. 5 hergeleitet, daß die Firma der GmbH. außer Personennamen auch Sachbezeichnungen enthalten kann, die dem Gegenstand des Unternehmens entlehnt sind, daß sie also eine gemischte Firma sein kann. § 4. Anm. 7.

Über diese fakultativen Bestandteile gilt alles, was im Handelsrecht in dieser Lehre ausgeführt ist (vgl. Staub HGB. Anm. 7 ff. zu § 18). Insbesondere wird hervorgehoben:

a) Diese fakultativen Zusätze sind nicht bloß dann zulässig, wenn sie im gegebenen Falle, z. B. zur Vermeidung von Verwechselungen, nötig sind (vgl. KGJ. 20 A, 267). Auch die Stelle, wo sie stehen, ist gleichgültig; sie können vorn, hinten oder in der Mitte der Firma stehen (vgl. über alles dies Staub HGB. Anm. 7 zu § 18). Anm. 8.

b) Sie bilden, einmal als Bestandteil in die Firma aufgenommen, mit den notwendigen Bestandteilen der Firma ein zusammenhängendes Ganze. Sie bilden aber nur ein zusammenhängendes, nicht ein untrennbares Ganze. Es kann daher die GmbH. einen solchen Zusatz wieder ablegen, auch dann, wenn es sich um eine abgeleitete Firma handelt. Wenn sie z. B. ein Geschäft erwirbt mit der Firma: Stuttgarter Metallwaren-Fabrik Eberhard & Kleiner, so kann sie im Augenblicke der Geschäftsübernahme oder auch später die Firma ändern in Eberhard & Kleiner Gesellschaft mit beschränkter Haftung (vgl. hierüber Staub HGB. Anm. 8 zu § 18). Anm. 9.

c) Die Zusätze sind gestattet, wenn sie zur Unterscheidung der Personen oder des Geschäftes dienen (nicht gerade notwendig sind; vgl. oben Anm. 8). Zur Unterscheidung der in der Firma genannten Personen von anderen gleichen Namens dienen Titel, Adelsprädikate, Standesbezeichnungen, z. B. Apotheker, Doktor. Zur Unterscheidung des Geschäfts können alle nur denkbaren Zusätze verwendet werden, nicht etwa bloß solche, die der Branche entnommen sind oder eine Beziehung zum Geschäfte haben. Diese allerdings auch (vgl. oben Anm. 5). Es ist jede willkürliche Bezeichnung gestattet, mag sie auch phantastisch klingen oder zur Reklame dienen (KG. in KGJ. 20 A, 267; auch abgedruckt in RJA. 1, 115). Deshalb sind auch sinnbildliche Bezeichnungen gestattet, z. B. Namen, die aber als persönliche Namen der Gesellschafter nicht aufzufassen sind, z. B. solche historischen oder mythologischen Inhalts (vgl. oben Anm. 3). So hat das Kammergericht die Aufnahme des Wortes Orlow in die Firma einer Beleuchtungsgesellschaft gestattet, mit Rücksicht darauf, daß dies der Name des zweitgrößten Diamanten und ohne Rücksicht darauf, daß dies auch der Name einer russischen Adelsfamilie ist (KGJ. 19, 15 vgl. Staub HGB. Anm. 9 u. 11 zu § 18). Tatfrage ist es, ob Zusätze, wie „Erste", „Einzige", „Welthaus" u. s. w. zu dulden sind. Sie sind dann nicht zu beanstanden, wenn sie der wirklichen Sachlage entsprechend erscheinen (Düringer-Hachenburg I Note V 2, 18). Anm. 10.

d) Nur der Täuschung darf der Zusatz nicht dienen, wie dies im § 18 Abs. 2 HGB. ausdrücklich vorgeschrieben ist. Er darf nicht täuschen über die Art und den Umfang des Geschäfts oder über die Verhältnisse des Geschäftsinhabers. So würde z. B. eine mit 20000 M. Grundkapital begründete Gesellschaft nicht firmieren dürfen: Internationale Terraingesellschaft oder Größtes Bankgeschäft der Welt. Die Verhältnisse des Geschäftsinhabers sind täuschend angegeben, wenn z. B. Zusätze wie städtisch, königlich, privilegiert, provinzial gewählt werden, obwohl die damit angedeuteten Beziehungen in Wahrheit nicht bestehen (vgl. KGJ. 22 A, 100; Staub HGB. Anm. 10 u. 11 zu § 18). Die Zusätze preußisch, sächsisch, deutsch (z. B. Preußische Hypothekenbank, Sächsische Bank) oder Berliner (z. B. Berliner Gasspar-Apparat-Gesellschaft) können aber als täuschende Anm. 11.

§ 4. Zusätze nicht betrachtet werden, auch wenn keine Beziehungen zu den betreffenden Staaten oder Städten bestehen, obwohl allerdings nicht geleugnet werden kann, daß durch solche Zusätze schon Täuschungen hervorgerufen wurden. Indessen gibt es gewisse Dinge, mit denen die Götter selbst vergebens kämpfen.

Anm. 12. e) Hinzuzufügen ist auch hier, daß handelsrechtlich gestattete Zusätze auch aus anderen Gründen verboten sein können. Sie können z. B. gegen Polizeigesetze oder gegen das Preßgesetz oder gegen Vertragsrechte verstoßen (vgl. Staub HGB. Anm. 11 zu § 18).

Anm. 13. 3. **Alle diese Bestandteile brauchen nicht gerade in deutscher Sprache abgefaßt zu sein** (Staub HGB. Anm. 14 zu § 18). Nur der Zusatz „mit beschränkter Haftung" muß in deutscher Sprache abgefaßt sein.

Zusatz. Die übrige Lehre vom Firmenrecht der GmbH.

Anm. 14. I. **Das Wesen der Firma** (§ 17 HGB.). Auch hier ist die Firma der Name, unter welchem die Gesellschaft im Handel ihre Geschäfte betreibt und die Unterschrift abgibt. Sie ist hier eigentlich noch mehr als das. Denn bei der GmbH. fällt wie bei der Aktiengesellschaft der Name und die Firma zusammen. Eine GmbH. hat ebensowenig wie die Aktiengesellschaft einen Namen und außerdem eine Firma. Ihr Name ist vielmehr ihre Firma und ihre Firma ist ihr Name. Die Firma ist hier der Name, unter welchem die Gesellschaft überhaupt im Rechtsverkehr auftritt, nicht bloß der Name, unter welchem die Gesellschaft im Handel auftritt. Und nicht mit allen ihren Rechtsakten bewegt sie sich im Handel (vgl. zu § 13).

Anm. 15. II. **Die Zulässigkeit der Firmenfortführung beim Übergange eines Geschäfts** (§ 22 HGB.).

1. **Allgemeines.** Es ist schon oben betont worden, daß bei der Gründung einer GmbH. auch eine bereits bestehende Firma fortgeführt werden kann, wenn bei der Gründung das Geschäft erworben wird.

Es ist das aber nicht der einzige Fall, wo eine GmbH. eine abgeleitete Firma führen kann. Sie kann ja auch nach ihrer Gründung ein Geschäft erwerben und hierbei eine andere Firma übernehmen.

Und endlich kann die GmbH. auch ihr Geschäft mit Firma veräußern.

Alle diese Fälle fallen unter § 22 HGB. Die hierbei in Betracht kommenden Grundsätze sollen hier kurz dargelegt werden. Wegen der ausführlichen Erörterung ist überall auf § 22 HGB. und die dazu gegebenen Erläuterungen zu verweisen.

Anm. 16. 2. **Die Voraussetzungen des Firmenüberganges** sind:

a) Es muß ein einem Vollkaufmann gehörendes bestehendes Handelsgeschäft erworben werden. Es muß also einem Vollkaufmann gehören. Dagegen ist es gleichgültig, ob die Firma eingetragen ist (Näheres Staub HGB. Anm. 1 zu § 22; Düringer-Hachenburg I Note II 1 zu § 22). Ein Handelsgeschäft muß es sein, und zwar ein bestehendes. Hierüber, insbesondere darüber, ob durch die Liquidation und den Konkurs einer Handelsgesellschaft das Geschäft aufhört, ein bestehendes Handelsgeschäft zu sein, siehe Staub HGB. Anm. 2 u. 3 zu § 22. Erworben muß das Geschäft werden (hierüber Staub HGB. Anm. 4 zu § 22)[1].

Anm. 17. b) Die ausdrückliche Zustimmung des Geschäftsinhabers oder der Erben. Ist die veräußernde Gesellschaft in Liquidation oder in Konkurs geraten, so können nach der herrschenden Ansicht Liquidatoren und Konkursverwalter die Firma nicht veräußern, sondern nur das Geschäft. Zum gleichzeitigen Übergang der Firma gehört die Einwilligung der Geschäftsinhaber selbst. (Hierüber s. Staub HGB. Anm. 5 zu § 22; Düringer-Hachenburg I Note II 5 zu § 22.) Soll insbesondere das Geschäft einer GmbH. auf eine andere Gesellschaft mit Firma übergehen, so gehört zum Firmenübergange die Zustimmung der Generalversammlung der veräußernden Gesellschaft. Sicherlich während

1) Erwirbt die GmbH. bei ihrer Gründung oder später die Firma eines bestehenden Geschäfts, so wird dieser Vorgang in das Handelsregister oft dahin eingetragen, daß die bisherige Firma gelöscht wird. Sie ist aber nicht zu löschen, sondern auf die GmbH. zu übertragen (KG. v 4. 11. 01 in der DJZ. 7, 202).

ihres Bestehens. Denn wenn die Gesellschaft ihre Firma übertragen soll, muß sie ihre Firma ändern, und das ist eine Statutenänderung (vgl. unten Anm. 28). Das Gleiche gilt aber, wenn die die Firma veräußernde Gesellschaft in Liquidation getreten ist. Auch hier ist die Übertragung der Firma eine Änderung derselben, also eine Statutenänderung. Das Gleiche gilt auch im Konkurse. Denn eine Firma muß sie auch in diesem Stadium haben. Soll sie die Firma übertragen, so muß sie eine andere Firma annehmen, also ihre Firma ändern. Der Konkursverwalter kann jedenfalls über die Firma der GmbH. nicht verfügen (RG. v. 14. 12. 01 in JW. 02, 95). Alles das gilt auch, wenn eine Aktiengesellschaft ihr Geschäft mit Firma veräußert. § 4.

3. **Die Wirkungen des Firmenüberganges** sind: Anm. 18.

a) Die Befugnis, die erworbene Firma zu führen. Der Erwerber hat nicht die Pflicht, sie zu führen. Es kann z. B. eine GmbH. ein Geschäft mit dem Firmenrecht erwerben und braucht die erworbene Firma doch nicht zu führen. Der Firmenerwerb hat auch dann noch Sinn und Bedeutung. Er hat die Wirkung eines Untersagungsrechts gegen den Veräußerer. Ebenso ist es selbstverständlich, daß eine erworbene Firma wieder abgelegt werden kann. Alsdann muß nach den Regeln der ursprünglichen Firma firmiert werden.

b) Zur Fortführung der bisherigen Firma besteht die erworbene Befugnis. Doch gelten hier Besonderheiten. Erwirbt eine GmbH. ein Geschäft mit Firma und will sie die erworbene Firma fortführen, so muß sie ihre bisherige Firma durch eine Statutenänderung entsprechend ändern. Zwei Firmen für die Hauptniederlassung kann sie nicht führen (KGJ. 14, 34)[1]). Über die besondere Firma für eine Zweigniederlassung vgl. unten Anm. 28. Ferner muß sie den Zusatz „mit beschränkter Haftung" hinzufügen (§ 4 Abs. 2 des Gesetzes). Veräußert umgekehrt eine GmbH. ihr Geschäft mit Firma (unter welchen Voraussetzungen dies geschehen kann, ist an anderer Stelle zu erörtern; Anm. 25 ff. zu § 60; s. auch oben Anm. 17), so darf der Erwerber, wenn er nicht gerade selbst eine GmbH. ist oder wird, den Zusatz „mit beschränkter Haftung" nicht führen, wohl aber den übrigen Teil der Firma. Insbesondere kann auch ein Einzelkaufmann, wenn er eine Sachfirma erwirbt, diese führen, aber stets ohne den Zusatz „Gesellschaft mit beschränkter Haftung" oder eine ein Gesellschaftsverhältnis andeutende Firma (Müller & Co.) (Staub HGB. Anm. 9 zu § 22). Überall ist es gestattet, aber nicht geboten, einen Nachfolger-Zusatz zu führen. Dieser Nachfolger-Zusatz kann später auch abgelegt werden (BayObLG. in RJA. 1, 47). Anm. 19.

c) Der Firmenerwerb hat zur ferneren Folge die Befugnis zur Weiterveräußerung der Firma und zur Verwendung derselben bei Zweiggeschäften und bei Hauptgeschäften, zu welchen die Zweiggeschäfte erhoben werden. (Über alles dieses s. Staub HGB. Anm. 10 zu § 22 und dazu noch KGJ. 18, 26.) Anm. 20.

d) Der Veräußerer verliert natürlich die Befugnis zur Führung der Firma und ebenso darf an demselben Platze auch niemand anders die Firma führen, auch nicht etwa mit Weglassung der Worte „mit beschränkter Haftung". Es bleibt dieselbe Firma, wie das KG. (v. 4. 11. 01 in der DJZ. 7, 202) und das RG. (v. 8. 2. 02 in JW. 186) betonen. Anm. 21.

4. **Über die Form des Vertrages betreffend die Veräußerung eines Handelsgeschäfts** (§ 311 BGB. greift Platz, wenn das Geschäft das ganze Vermögen des Veräußerers bildet) und über die materiellen Grundsätze bei der Veräußerung eines Handelsgeschäfts, insbesondere darüber, was inter partes als übergehend gilt hinsichtlich der Aktiva und hinsichtlich der Passiva, darüber s. Staub, HGB. Anm. 12 ff. zu § 22; Düringer-Hachenburg I, Note II 2 u. 3. Hier können alle diese Fragen nicht erörtert werden. Anm. 22.

5. Über die Voraussetzungen, unter welchen eine GmbH. ihr Geschäft veräußern kann, s. Anm. 25 u. 26 zu § 60. Anm. 23.

III. **Einfluß des Eintritts in das Geschäft und des Ausscheidens eines Gesellschafters** (§ 24 HGB.). Es fragt sich, ob dieser Paragraph hier Anwendung findet. Soweit es sich um den Anm. 24.

---

1) Wohl aber kann sie ein Geschäft mit dem Firmenrecht erwerben und sofort weiter veräußern (KG. v. 4. 11. 01 in der DJZ. 7, 202).

§ 4. **Eintritt** eines Gesellschafters handelt, ist die Frage gegenstandslos. Denn ein solcher Eintritt soll nach § 24 auf das Recht, die bisherige Firma zu führen, einflußlos bleiben. Man gelangt zu dieser Ansicht, mag man den § 24 oder die Erwägung zum Ausgangspunkt nehmen, daß es sich um eine juristische Person handelt, bei welcher der Eintritt eines Genossen überhaupt diese schwerwiegende Bedeutung nicht hat. In Frage kommt aber, ob der Abs. 2 des § 24 hier Anwendung findet, wonach, wenn ein Gesellschafter ausscheidet, dessen Namen in der Firma enthalten ist, die Firma nur mit Einwilligung dieses Gesellschafters oder seiner Erben fortgeführt werden kann. Allein das bezieht sich nur auf die offene Handelsgesellschaft und die Kommanditgesellschaft. Aber so wenig, wie für die Aktiengesellschaft gilt es für die GmbH. Diese bildet eine juristische Persönlichkeit. Wenn auch bei der Wahl der ursprünglichen Firma eine gewisse Anlehnung an die Namen der Gesellschafter stattfindet, so kann dies doch auf den späteren Wechsel der Mitglieder nicht übertragen werden (ebenso Liebmann Anm. 1; anders Förtsch Anm. 1).

Anm. 25. Die andere Frage, ob der § 24 Anwendung findet, wenn eine GmbH. in eine Handelsgesellschaft oder Kommanditgesellschaft als offener Gesellschafter eintritt, ist dann gegenstandslos, wenn man einen solchen Eintritt für nicht möglich erklärt (vgl. Staub HGB. Anm. 19 zu § 105; KG. bei Holdheim 2, 99). Das Nähere über diese Frage vgl. Anm. 6 zu § 13. Läßt man den Eintritt zu, so finden auch §§ 24, 105 HGB. Anwendung.

Anm. 26. IV. **Haftung des Geschäftsübernehmers für die geschäftlichen Schulden beim Übergange des Geschäfts mit Firma** (§ 25 Abs. 1 und 2). Dieser Paragraph findet hier Anwendung. Erwirbt also die GmbH. bei der Gründung oder später ein bestehendes Geschäft mit Firma, so haftet sie für die Schulden, wenn diese Haftung nicht gemäß § 25 Abs. 2 ausgeschlossen wird. Daß die Firma den Zusatz „mit beschränkter Haftung“ oder „Gesellschaft mit beschränkter Haftung“ erhielt, ändert an diesem Ergebnisse nichts, da hierdurch eine Firmenverschiedenheit nicht begründet wird (vgl. KG. v. 4. 11. 01 in DJZ. 7, 202; RG. v. 8. 2. 02 in JW. 186; oben Anm. 21). Das ist besonders bei der Gründung von GmbH. wohl zu beachten. Es genügt zur Wirksamkeit des Ausschlusses der Haftung nicht, daß der **Gesellschaftsvertrag** den Ausschluß enthält. Denn der Gesellschaftsvertrag wird nicht eingetragen und publiziert. Eingetragen wird nur die **Gesellschaft** und zu den zu publizierenden Bestimmungen gehört diese Bestimmung nicht (§ 10 des Gesetzes). Vielmehr ist der etwa vereinbarte Ausschluß der Haftung für die Passiva des übernommenen Geschäfts zugleich mit der Gesellschaft zur besonderen Eintragung in das Handelsregister anzumelden. Sonst haftet die Gesellschaft für alle Passiva des übernommenen Geschäfts, sie mag dieselben übernommen haben oder nicht. Übernimmt die GmbH. das Geschäft, aber ohne Firma, so gehört zur Übernahme der Passiva ein besonderer Rechtsgrund (§ 25 Abs. 3). Bei dem Einbringen des Geschäfts ohne Firma ist die Abrede der Übernahme einer Schuld auch für den Gläubiger nur wirksam, wenn sie im Gesellschaftsvertrage beurkundet ist (§ 5 Abs. 4; RG. v. 31. 1. 03. in JW. 05, 214 Nr. 23).

Alles was § 25 HGB. über den Übergang der Forderungen vorschreibt, gilt hier.

Die neben der Haftung des Erwerbers bestehende Weiterhaftung des Veräußerers des Geschäfts verjährt in fünf Jahren (§ 26 HGB.).

Über alles dies s. die Erläuterungen bei Staub HGB. zu §§ 25 und 26, Düringer-Hachenburg I Note II u. III zu § 25.

Das Gleiche gilt natürlich auch, wenn eine GmbH. ihr Geschäft mit Firma an eine andere Person veräußert.

Anm. 27. V. **Das Erfordernis der deutlichen Unterscheidung der Firma** (§ 30 HGB.). Auch für die GmbH. gilt die Vorschrift, daß ihre Firma sich von allen an demselben Orte oder in derselben Gemeinde bereits bestehenden und in das Handelsregister eingetragenen Firmen deutlich unterscheiden muß. Dabei muß hervorgehoben werden, daß der Zusatz „mit beschränkter Haftung“ oder „Gesellschaft mit beschränkter Haftung“ kein genügendes Unterscheidungsmerkmal ist, da dieser Zusatz eine Firmenverschiedenheit nicht erzeugt (vgl. KG. v. 4. 11. 01 in DJZ. 7, 202; RG. v. 8. 2. 02 in JW. 1902, 186; anders KG.

v. 29. 1. 03 in KGJ 26 A, 216: „Automat Gesellschaft mit beschränkter Haftung“ und „Automat Aktiengesellschaft“ sollen verschieden sein). Auch der Hauptbestandteil der Firma muß so gewählt werden, daß er sich in seiner Totalität von allen Firmen desselben Ortes oder derselben Gemeinde unterscheidet. Ob dieser Erfolg erzielt ist, kann nur von Fall zu Fall beurteilt werden. Wegen des Näheren hierüber muß auf § 30 HGB., die Erläuterungen dazu bei Staub und bei Düringer-Hachenburg, verwiesen werden. Hinzugefügt muß aber werden, daß, wenn auch der Zusatz „mit beschränkter Haftung“ für sich allein nicht ausreicht, um die deutliche Unterscheidung zu begründen, so doch immerhin dieser Zusatz in Verbindung mit anderen Momenten dazu genügen kann. Es existiert z. B. eine Firma Hermann Odebrecht. Die Firma Hermann Odebrecht Schuhfabrik würde nicht deutlich unterschieden sein, weil die Hinzufügung der Branche im Verkehr nicht erkennen läßt, ob sie wirklich zur Firma gehört. Dieses Bedenken fällt aber weg, wenn die Firma Hermann Odebrecht Schuhfabrik Gesellschaft mit beschränkter Haftung geführt wird. Hier ist offensichtlich, daß sie Bestandteil der Firma ist. In ihrer Totalität ist diese Firma deutlich unterschieden von der Firma Hermann Odebrecht. Ob aus anderen Gründen (§ 8 des Wettbewerbsgesetzes) der Gebrauch einer ähnlichen, aber nicht gleichen Firma untersagt werden kann, ist eine andere Frage. Notwendig ist das nicht. Es kann sich z. B. um eine ganz andere Branche handeln und die Absicht der Verwechselung absolut ausgeschlossen sein. § 4.

VI. **Die Firma der Zweigniederlassung** kann von der der Hauptniederlassung verschieden sein. Es ergibt sich dies als allgemeine Regel des Firmenrechts aus den §§ 30 Abs. 3 u. 126 Abs. 3 HGB. (Düringer-Hachenburg I Note IV zu § 30; a. M. Staub HGB. I Anm. 7 zu § 30. Es kann hier diese Streitfrage nicht ausgetragen werden.) Ist allgemein für die an einem anderen Ort befindliche Filiale eine andere Firma zulässig, so muß dies auch für die GmbH. sein. Allerdings muß diese Filialfirma ebenfalls, da sie ein Name der Gesellschaft ist, im Gesellschaftsvertrag zugelassen sein. Die Gesellschaft hat dann zwei und mehr Firmen. Nicht für die Hauptniederlassung. Das ist bei ihr wie bei jedem Handelsgeschäfte unstatthaft (vgl. oben Anm. 19). Sonst aber führt sie für die verschiedenen Plätze verschiedene Firmen. Die besondere Firma bildet für den Geschäftskreis der Zweigniederlassung den einzigen Namen (RG. v. 1. 11. 05 in JW. 05, 722 Nr. 13). Dieses Prinzip wird besonders dann von praktischem Wert, wenn eine GmbH. durch Erhöhung des Stammkapitals ein an einem von dem Orte ihrer Hauptniederlassung verschiedenen Platze bestehendes Geschäft mit der Firma erwirbt oder wenn ein neuer Gesellschafter eintritt, dessen Name als Firmenbestandteil für den Ort der Filiale, aber nur für diesen wertvoll ist. Wollte man die Fortführung der besonderen Filialfirma nicht zulassen, so nähme man der GmbH. jede Möglichkeit, sich diesen idealen Wert zu erhalten. (Für die hier vertretene Ansicht anscheinend OLG. Dresden bei Holdheim 13, 22. Dagegen KG. v. 21. 3. 1900 in KGJ. 20 A, 36 im Widerspruche mit KG. in OLGR. 2, 199. Dafür offenbar auch RG. v. 1. 11. 05 in JW. 05, 721 Nr. 13. Die Eintragung einer Hypothek im Grundbuche auf die besondere Firma der Zweigniederlassung wird zugelassen. Die Errichtung einer Zweigniederlassung mit abweichender Firma ist als zulässig vorausgesetzt. Vgl. auch Anm. 10 zu § 12.) Anm. 28.

VII. **Änderungen der Firma.** Will eine GmbH. ihre Firma ändern, so muß sie die Vorschriften des § 4 des Gesetzes ebenso beachten, wie wenn sie bei der Gründung eine Firma wählt. Desgleichen gilt das oben Anm. 7 ff. über die zulässigen Zusätze Gesagte. Die Form, in welcher die Änderung erfolgt, ist die Änderung des Gesellschaftsvertrages (§§ 53, 54 des Gesetzes). Anm. 29.

VIII. **Eintragung des Konkursvermerks in das Handelsregister** (§ 32 HGB.). Hierüber gelten die Vorschriften des § 32 unverändert. Es wird der Konkursvermerk eingetragen. Die erfolgte und die unterbliebene Eintragung hat aber nicht die Wirkungen des § 15 HGB. Vielmehr trifft die Konkursordnung Fürsorge in dieser Hinsicht durch die Unwirksamkeit aller Rechtsakte, welche nach der Konkurseröffnung liegen, gegenüber der Konkurs- Anm. 30.

§ 4. masse. Darüber und über den Schutz des guten Glaubens vgl. Staub HGB. Anm. 73 zu § 366; Staub WO. § 4 zu Art. 74.

Anm. 31. IX. **Folgen der unbefugten Führung einer Firma** (§ 37 HGB.). Sowohl aktiv, als passiv kommen die Vorschriften dieses Paragraphen bei der GmbH. zur Anwendung. Gebrauchen die Leiter einer GmbH. eine Firma, die der Gesellschaft nicht zusteht, oder in einer Gestalt, wie sie ihr nicht zusteht, so kann gegen sie seitens des Registerrichters und seitens des Verletzten nach Maßgabe des § 37 vorgegangen werden. Umgekehrt kann auch von ihr, und zu ihren Gunsten vom Registerrichter, eingeschritten werden, wenn ein anderer die Firma oder ein sonstiges Recht der GmbH. durch unbefugte Führung einer Firma verletzt.

Das Nähere kann hier nicht vorgetragen werden. Vielmehr muß hier auf die Erläuterungen zu § 37 HGB. verwiesen werden.

Anm. 32. X. **Keine Anwendung finden die Vorschriften des § 15a der Gewerbeordnung über die Anbringung der Firma auf dem Firmenschild.** (Vgl. Staub HGB. Anm. 3 im Exkurse zu § 37.)

§ 5.

Das Stammkapital der Gesellschaft muß mindestens zwanzigtausend Mark, die Stammeinlage jedes Gesellschafters muß mindestens fünfhundert Mark betragen.

Kein Gesellschafter kann bei Errichtung der Gesellschaft mehrere Stammeinlagen übernehmen.

Der Betrag der Stammeinlage kann für die einzelnen Gesellschafter verschieden bestimmt werden. Derselbe muß in Mark durch hundert teilbar sein. Der Gesamtbetrag der Stammeinlagen muß mit dem Stammkapital übereinstimmen.

Sollen von Gesellschaftern Einlagen, welche nicht in Geld zu leisten sind, auf das Stammkapital gemacht oder soll die Vergütung für Vermögensgegenstände, welche die Gesellschaft übernimmt, auf Stammeinlagen angerechnet werden, so muß die Person des Gesellschafters, der Gegenstand der Einlage oder Übernahme sowie der Geldwert, für welchen die Einlage angenommen wird, oder die für die übernommenen Gegenstände zu gewährende Vergütung im Gesellschaftsvertrage festgesetzt werden.

Einleitung. **Der vorliegende Paragraph enthält Vorschriften über die Höhe des Stammkapitals und der Stammeinlagen** (Abs. 1, 2 und 3) **und ferner Vorschriften über Sacheinlagen und Übernahmen.**

Anm. 1. I. **Die Vorschriften über die Höhe des Stammkapitals und der Stammeinlagen** sind in drei Absätzen enthalten. Es sind im ganzen fünf Vorschriften, von denen drei in einem Absatze, dem Absatze 3, zusammengefaßt sind, obgleich sie in keinem engeren Zusammenhange zueinander stehen, als die sämtlichen fünf Vorschriften untereinander. Bei der vorliegenden Erläuterung werden die fünf Vorschriften als gleichwertig hintereinander behandelt.

Anm. 2. 1. (Abs. 1 erste Hälfte.) Das Stammkapital muß mindestens 20000 M. in deutscher Reichswährung, obgleich dies letztere nicht ausdrücklich vorgeschrieben ist (vgl. unten Anm. 9), betragen.

Wird dieser Vorschrift nicht entsprochen, so ist die Gesellschaft nicht eintragungsfähig. Die aus Versehen erfolgte Eintragung erzeugt eine Gesellschaft, die gemäß §§ 74, 75 des Gesetzes und § 144 FG. für nichtig erklärt werden kann. Eine Heilung dieses Mangels ist nicht zugelassen (§ 76). Es muß eine Neugründung erfolgen. Sie kann sich in der Weise abspielen, daß die für nichtig erklärte Gesellschaft, da sie trotz der Nichtigkeit

Rechtspersönlichkeit behält (RG. v. 11. 12. 04, 59, 325 und Holdheim 14, 143), ihr Vermögen in die neugegründete Gesellschaft einbringt (vgl. Anm. 2 zu § 76). § 5.

Das Stammkapital kann nie unter 20000 M. sinken, auch nicht im Wege der Herabsetzung des Stammkapitals (Anm. 7 zu § 58 Abs. 2).

2. (Abs. 1 zweite Hälfte.) Die Stammeinlage muß mindestens 500 M. betragen. Anm. 3.
Darin liegt die Vorschrift, daß auch jeder Geschäftsanteil 500 M. betragen muß. Denn die Stammeinlage ist der Betrag desjenigen eingelegten Wertes, der mit dem Nennbetrage der dem Gesellschafter hierfür zugeteilten Mitgliedschaft (Geschäftsanteil) korrespondiert (§ 14). Der Gesellschafter kann als Äquivalent für seine Mitgliedschaft der Gesellschaft noch andere Werte zuführen. Sie sind ebenfalls Ausfluß der von ihm übernommenen gesellschaftlichen Verpflichtungen. Aber er muß mindestens eine Kapitaleinlage machen (d. h. nicht etwa eine Einlage in wirklichem Kapital im Sinne von Geld, sondern eine Einlage in Wertobjekten), mit deren Betrag der dafür gewährte Geschäftsanteil in seiner Nennziffer übereinstimmt (§ 3 Abs. 1 Nr. 4 und Abs. 2).

Enthält ein Gesellschaftsvertrag eine Stammeinlage unter 500 M., so ist diese Festsetzung nichtig. Denn sie verstößt gegen eine zwingende Vorschrift des Gesetzes. Das hat die weitere Folge, daß eine Nichtigkeit des ganzen Gesellschaftsvertrages eintritt. Denn diese ist auch für den Fall angeordnet, daß eine der wesentlichen Bestimmungen, die § 3 Abs. 1 aufzählt, nichtig ist. Zu dieser gehört der Betrag der von jedem Gesellschafter zu leistenden Einlage. Auch hier ist keine Heilung, sondern nur eine Neugründung möglich.

Wenn die unzulässige Angabe der Höhe des Stammkapitals oder der Stammeinlage Anm. 4.
auf einem Versehen des Notars oder Richters beruht, der den ihm vorgelegten richtigen Entwurf falsch abschrieb, so tritt trotzdem die Nichtigkeit ein. Nur der Inhalt der Urkunde selbst kommt in Betracht. Vor der Eintragung ist eine Berichtigung in einem ordnungsgemäß beurkundeten Nachtrage zulässig. Nach der Eintragung ist der eingetragene Akt einer Ergänzung nicht mehr fähig. War die Urkunde selbst richtig, lag dem Registerrichter nur eine falsche Abschrift derselben vor, aus der der Registerbeamte den Eintrag entnahm, oder ist nur dessen Eintrag, nicht die ihm vorgelegte Urkunde unrichtig, so ist das unerheblich. Es bedarf hier nur einer Berichtigung des Eintrages (vgl. Anm. 10 ff. zu § 10).

3. (Abs. 2.) Kein Gesellschafter kann bei Errichtung der Gesellschaft mehrere Anm. 5.
Stammeinlagen übernehmen[1]). Während es bei der Aktiengesellschaft gestattet ist, das Grundkapital von vornherein in beliebig viele Teile zu zerlegen und so viele selbständige Mitgliedschaften (Aktien) zu bilden, als sich unter Zugrundlegung der Ziffer des Aktienkapitals und der Vorschriften über den Mindestbetrag jeder Aktie überhaupt nur bilden lassen, ist ein Gleiches hier nicht gestattet. Hier können bei der Gründung nur so viele Mitgliedschaften (Geschäftsanteile) gebildet werden, als Gründer vorhanden sind. Jeder Gründer kann nur einen Geschäftsanteil, oder, wie das Gesetz sagt, nur eine Stammeinlage übernehmen[2]). Damit ist aber nicht der Erfolg erreicht, daß bei der GmbH. ein Gesellschafter stets nur einen Stammanteil besitzen kann. Die Vorschrift kann umgangen werden, indem der Gründer, der mehrere Geschäftsanteile wünscht, etwa um sie später leichter zu veräußern, die Übernahme durch mehrere Personen für seine Rechnung (vgl. oben Anm. 43 zu § 2) erklären läßt. Alsbald nach der Eintragung zum Handelsregister erwirbt er sie. Bei der Kapitalserhöhung kann der Gesellschafter auch direkt von der Gesellschaft weitere Anteile übernehmen (§ 55 Abs. 2). Die Vorschrift des Abs. 2 ist nicht anwendbar auf den Fall, daß eine offene Handelsgesellschaft

1) Dagegen können umgekehrt mehrere Gesellschafter einen Stammanteil übernehmen (vgl. § 18 und die Erläuterungen dazu).

2) Die Bestimmung ist durch die Reichstagskommission eingefügt worden. Sie bezweckt, die Verknüpfung von Kapital und Person zu verstärken und das Heranziehen des großen Publikums zu erschweren.

§ 5. und einer ihrer Teilhaber getrennte Geschäftsanteile übernehmen. Die erstere ist nicht identisch mit der letzteren (LG. Straßburg CBlFG. 2, 341).

Anm. 6. Wenn entgegen der Vorschrift des Abs. 2 ein Gesellschafter mehrere Stammeinlagen übernimmt, so ist in erster Linie die Übernahme nichtig, und zwar bezüglich aller Einlagen. Es ist aber auch der Betrag „der von jedem Gesellschafter zu leistenden Einlage" nicht gültig festgesetzt. Der § 3 Abs. 1 Ziffer 4 ist verletzt. Es ist unzulässig, zu bestimmen, daß der Gesellschafter A mehrere Beträge auf das Stammkapital einlege. Aus der Nichtigkeit dieser Festsetzung folgt wieder die Nichtigkeit des ganzen Gesellschaftsvertrages (§ 75, vgl. oben Anm. 3). Eine Heilung ist auch hier nicht möglich.

Anm. 7. 4. (Abs. 3 Satz 1.) Der Betrag der Stammeinlagen kann für die einzelnen Mitglieder verschieden bestimmt werden. Man hat mit dieser Vorschrift (vgl. Kommissionsbericht 3) im Auge gehabt, die GmbH. von der Gestaltung der Aktiengesellschaft zu entfernen. Auch Förtsch Anm. 3 meint, es sei ein charakteristischer Unterschied von der Aktiengesellschaft, daß hier die Einlagen nicht die gleichen zu sein brauchen. In der Tat kann das Aktienkapital nur in verschiedene Beträge zerlegt werden, wenn eine Kapitalserhöhung stattfindet (vgl. Staub HGB. Anm. 2 zu § 180 und Anm. 13 zu § 182). (Vgl. Anm. 20 Allg. Einleitung.) Es bedürfen die GmbH. der Erlaubnis, Stammanteile verschiedenen Betrages auszugeben, mehr als die Aktiengesellschaft, weil bei der letzteren jeder Gründer mehrere Gesellschaftsanteile übernehmen kann, bei der GmbH. jeder Gründer nur einen. Wenn sich also nicht zufällig alle Gründer mit dem gleichen Betrage beteiligen wollen, so bleibt nichts übrig, als Geschäftsanteile verschiedenen Betrages auszugeben.

Anm. 8. 5. (Abs. 3.) Der Betrag der Stammeinlagen muß in Mark durch 100 teilbar sein. Bei der Aktiengesellschaft ist das Gleiche üblich, obwohl es hier nicht gesetzlich vorgeschrieben ist. Zu Schwierigkeiten kann die Vorschrift dann führen, wenn jemand Sacheinlagen macht, die er ehrlicherweise nicht gerade auf einen so runden Betrag beziffern kann. Er muß dann den Rest bar einlegen oder umgekehrt einen überschießenden Betrag herausgezahlt bekommen oder endlich ihn zu dem abgerundeten geringeren Preise unter Verzicht auf den Mehrwert einbringen. Wenn z. B. jemand eine Forderung von 556 M. zum Nennbetrage einbringen will, so muß er entweder einen Stammanteil von 500 M. erwerben, und sich die Auszahlung von 56 M. ausbedingen oder er muß einen Stammanteil von 600 M. übernehmen und 44 M. bar einlegen oder endlich sich mit einem Geschäftsanteil von 500 M. begnügen. Auch die Verletzung dieser Vorschrift führt zur Nichtigkeit der Gesellschaft. Denn auch die Bestimmungen über diese Beschaffenheit der Stammeinlage fallen unter § 3 Ziffer 4. Andere als durch 100 teilbare Stammeinlagen und Geschäftsanteile sind unmöglich. Eine Gesellschaft, die solche schafft, ist nicht zulässig. Es gilt hier dasselbe wie bei der Vorschrift über die Höhe des Stammkapitals und der Stammeinlage. Es sind zwingende Vorschriften des Gesetzes.

Anm. 9. Zugleich ergibt diese Vorschrift, daß das Stammkapital und die Stammeinlagen in deutscher Reichswährung anzugeben sind. Wenn die Ziffer in Mark durch 100 teilbar sein soll, so ergibt sich daraus, daß sie in Mark lauten soll. Angabe der Stammeinlage in anderer als der Reichswährung macht den Gesellschaftsvertrag aber nicht ungültig. Eine solche kann zwar vom Registerrichter zurückgewiesen werden. Trägt er dennoch ein, so besteht die Gesellschaft. Es liegt keine Vorschrift vor, deren Verletzung einen wesentlichen Punkt des Gesellschaftsorganismus berührt. Es fehlt hier auch an dem „Muß" des Gesetzes. Nur müssen die Stammeinlagen stets durch 100 in Mark teilbar bleiben. Es wäre eine Gesellschaft gültig, die ein Stammkapital von 100000 frcs. hat und von dem jeder Gesellschafter je 50000 frcs. übernahm. Es entspricht dies einer Reichswährung von 80000 M., so daß jeder Geschäftsanteil von 40000 M. in Reichswährung mit 100 teilbar ist. Auf den Kurswert wird es hierbei nicht ankommen, sondern die rechnungsmäßige Relation der Währungen.

Anm. 10. 6. (Abs. 3.) Der Gesamtbetrag der Stammeinlagen muß mit dem Stammkapital übereinstimmen. Diese Vorschrift erscheint selbstverständlich. Sie ist aber doch mehr als eine einfache mathematische Wahrheit, wie die erste Auflage (Anm. 4 S. 51) annahm. Freilich müssen bei einem korrekten Vertrage die Summe der Einlagen und das Stammkapital einander gleich sein. Wie aber, wenn dies nicht der Fall ist? Wie, wenn das Stammkapital auf 100000 M. bemessen ist, dann aber fünf Geschäftsanteile geschaffen sind, je vier zu 20000 M. und der fünfte zu 19500 M., da man vergaß, der Sacheinlage eine Geldeinlage von 500 M. zuzufügen? Oder wenn man umgekehrt zwei Einlagen von je 60000 M. festsetzt, weil dies der Größe des Sacheinbringens entspricht? Auch hier ist eine Bestimmung über die Festsetzung des Betrages der von jedem Gesellschafter zu leistenden Einlage (§ 3 Abs. 1 Ziffer 4) verletzt. Diese Festsetzung der Einlage ist nichtig. Mit ihr der ganze Gesellschaftsvertrag (vgl. oben Anm. 3). Anders liegt der Fall, wenn die Festsetzung der von jedem Gesellschafter zu leistenden Einlage in Ordnung ist, die Übernahme aber falsch. Wenn also oben im ersten Beispiele die zu leistende Einlage auf 5000 M. bestimmt würde, so daß die 100000 M. des Stammkapitals mit der Summe dieser Einlage stimmten, dagegen an späterer Stelle der betreffende Gesellschafter erklärt, er mache eine Sacheinlage im Werte von 4500 M. Oder wenn im zweiten Beispiele die Einlagen mit 50000 M. richtig angegeben sind, die beiden Gesellschafter aber erklären, daß sie Werte von je 60000 M. einlegen. In beiden Fällen ist zunächst durch Auslegung der Wille der Kontrahenten festzustellen. Er kann dahin gehen, daß im ersten Falle die 500 M. als Geldeinlage als selbstverständlich vorausgesetzt sind. Im zweiten, daß der Mehrbetrag herauszuzahlen ist. Wollen aber die Gesellschafter nur eine Einlage in Höhe der angegebenen Ziffern, so stimmt ihre Übernahme-Erklärung nicht mit der Feststellung der Einlagen überein. Sie ist keine Annahme des von den anderen Gesellschaftern angebotenen Vertrages. Man will dem Gesellschafter 5000 M. Beteiligung geben. Er will aber nur 4500 M. nehmen. Man offeriert je 50000 M. Die Inferenten wollen je 60000 M. Hier fehlt eine wirksame Beitrittserklärung. Die Unwirksamkeit ist auf diese beschränkt (vgl. Anm. 21 ff. zu § 3). § 5.

Die Vorschrift über die Übereinstimmung von Stammkapital und Stammeinlagen gilt nur für die Gründung und die Festsetzung der letzteren hierbei (§ 3 Abs. 1 Ziffer 4). Sie hat aber nicht die Bedeutung, daß auch stets die Summe der Geschäftsanteile, deren Höhe sich nach dem Betrage der übernommenen Stammeinlagen bestimmt (§ 14), gleich dem Stammkapitale sein muß (vgl. Anm. 25 zu § 3; Anm. 1 zu § 14; Anm. 19 zu § 34; Anm. 7 zu § 58).

II. Die Vorschriften über Sacheinlagen und Übernahme. Anm. 11.

1. Die Sacheinlagen.

Die Bestimmungen des Abs. 4 beschäftigen sich mit einem nicht zur Entstehung der Gesellschaft nötigen Bestandteile des Vertrags, der Deckung der übernommenen Stammeinlagen. Sie braucht so wenig wie im Aktienrecht durch Zahlung von Geld zu erfolgen. Auch sonstige Werte sind dazu geeignet. Nur bedarf es im letzteren Falle einer Regelung im Gesellschaftsvertrag. Enthält dieser nichts, so geht die Verpflichtung auf Einlage in Geld (vgl. § 5 Abs. 4). Einer Erklärung, Geld einzulegen, bedarf es nicht.

a) Zulässig ist es, eine Wahlverbindlichkeit zu schaffen, der zufolge der Gesellschafter entweder Geld oder einen anderen Wert einlegt. Steht das Wahlrecht der Gesellschaft zu, so ergibt sich die Statthaftigkeit dieser Abrede schon daraus, daß bei einer Sacheinlage die Gesellschaft nicht verpflichtet ist, auf dieser zu bestehen. Sie kann statt derselben Geld nehmen (vgl. § 19 Abs. 3). Nur die Annahme von anderen Sachen an Stelle von Geld ist verboten, nicht das Umgekehrte. Dafür, daß auch dem Gesellschafter ein Wahlrecht zugebilligt werden kann, spricht § 19 Abs. 3. Er behandelt die Fälle, daß statt der Geldeinlage eine Sacheinlage geleistet wird. Er erklärt dies für zulässig, wenn dies in Ausführung einer gemäß § 5 Abs. 4 getroffenen Bestimmung erfolgt. Demnach ist es statthaft zu bedingen, daß der Gesellschafter statt des Geldes eine Sache leisten könne (facultas alternativa). Es wurde daher zu Unrecht beanstandet, daß im Gesellschaftsvertrag bedungen war, daß auf die von jedem Gesellschafter sofort bar zu bezahlenden 50 Proz. Anm. 12.

§ 5. ihrer Einlagen auch sichere kautionsfähige Wertpapiere in Zahlung genommen würden (LG. Gießen in CBlFG. 1, 679). Wird diese Möglichkeit zu bedingen, daß statt des Geldes eine Sache gegeben werden darf, anerkannt, so muß auch die Konsequenz in der Zulassung der Wahlverbindlichkeit gezogen werden. Die Wahl muß vor der Eintragung vollzogen sein. Die Art der Anmeldung und der hierbei abzugebenden Versicherung hängt davon ab. Es hängt ferner von den Umständen des Falles ab, ob die Gesellschaft oder der Gesellschafter, welche für die 25 Proz. erste Einzahlung Geld forderte oder leistete, für die restlichen 75 Proz. noch das Wahlrecht haben oder ob dies durch die Wahl des ersten Einlageteiles vollzogen ist.

Auch zwischen mehreren Sachwerten kann aus demselben Grunde eine Wahlverpflichtung geschaffen werden. Nur müssen beide den Erfordernissen der Bestimmtheit entsprechen. Dem Interesse des Publikums ist genügt, wenn es auf die Möglichkeit dieser Wahl durch die Bekanntgabe hingewiesen wurde. Eine Hingabe an Zahlungsstatt kann nicht nur für eine Geld- sondern auch für eine Sacheinlage vereinbart sein (§ 19 Abs. 3). Ist dies zulässig, so ist auch das entsprechende Wahlrecht nicht zu beanstanden.

Anm. 13. b) Die Bestimmungen des Gesetzes über die Sacheinlagen sind denen des Aktienrechts nachgebildet. Sie enthalten denselben Grundgedanken, daß Sacheinlagen nur im Gesellschaftsvertrag bedungen werden können, daß sie der nötigen Bestimmtheit bedürfen und daß sie zu veröffentlichen sind. Der § 5 Abs. 4 schließt sich auch seinem Wortlaut nach den §§ 186 u. 279 HGB. an. Völlig identisch ist die Behandlung der Sacheinlage der GmbH. nur mit der der Sacheinlage bei der Erhöhung des Grundkapitals der Aktiengesellschaft. Bei der Gründung derselben fügt das HGB. eine Reihe von Kautelvorschriften bei (Gründerbericht, Revisoren, Gründerhaftung ꝛc. §§ 191, 192, 193, 202 HGB.). Man hat diese Teile des Aktienrechts auf die Gründung der GmbH. nicht übernommen. Es erschien nach Ansicht der Motive die Vorschrift über die Aufnahme der Sacheinlage in den Gesellschaftsvertrag und die Bekanntmachung derselben genügend, um den Gläubigern den nötigen Schutz zu geben. Wie bei der Erhöhung des Stammkapitals wo die Aktiengesellschaft und die Aktionäre selbst es sind, welche das Übereinkommen treffen, so sind jene Schutzmaßregeln auch bei der GmbH. infolge des Ausschlusses der Eigenschaft des Geschäftsanteils als kursierendes Wertpapier entbehrlich erschienen. Soweit aber die Bestimmungen über die Sacheinlage vom Aktienrecht übernommen wurden, decken sie sich inhaltlich mit denen des § 5 Abs. 4. Sie sind als Auslegungsquelle verwertbar (vgl. Anm. 25 Allg. Einleitung). Über den Unterschied bezüglich der Begleichung der Geldeinlagen der Aktiengesellschaft und der GmbH. vgl. Anm. 15 zu § 7. Über die Verschiedenheit der Bestimmungen über die Übernahme von Gegenständen, die nicht als Einlage auf die Gesellschaft übertragen werden vgl. unten Anm. 29 und Allg. Einleitung Anm. 21. Auch hier ist die Gründung der GmbH. gleich der Erhöhung des Grundkapitals bei der Aktiengesellschaft geregelt.

Anm. 14. c) Geeignet, als Sacheinlagen zu dienen sind alle vorhandenen selbständigen Wertgegenstände. Alles was bestehendes Wertobjekt ist und Gegenstand des Rechtserwerbs durch das Rechtssubjekt sein kann, gehört hierher. Ausgeschlossen ist, was noch nicht vorhanden ist. Ausgeschlossen ist, was nicht Gegenstand des Rechtsverkehrs ist.

Im einzelnen gestaltet sich die Sacheinlage nach diesen Grundprinzipien je nach der Verschiedenheit des Gegenstandes:

Anm. 15. a) Körperliche Sachen, Grundstücke und bewegliche Sachen, wie Rechte an solchen sind zur Sacheinlage tauglich, die Übertragbarkeit der letzteren vorausgesetzt. Ausgeschlossen ist daher die Einbringung einer Nutznießung oder Nutzung, weil diese nicht veräußert werden kann (§§ 1059, 1902 BGB.). Zulässig als Sacheinlagen sind aber solche Rechte an Sachen, insbesondere an Immobilien, welche als Einlage erst geschaffen werden. Die Bestellung eines Erbbaurechts, einer Nutznießung, einer Dienstbarkeit erzeugt Werte, welche als Aktiva in der Bilanz der Gesellschaft erscheinen können. Man denke an den Fall, daß ein Gründer zu Gunsten einer Fabrik seinem Grundstück, das in der Nähe derselben ist, die Servitut der Benutzung einer Wasserkraft, die Ausbeutung eines Steinbruchs auferlegt. Es sind dies keine erst zukünftigen Werte. Sie entstehen bereits insoweit vor der Eintragung der Gesellschaft zum Handelsregister, als ihre Verwirklichung nur von deren Eintragung und von der von jener abhängigen Eintragung zum Grundbuche abhängt. Es wäre sinnlos, die Parteien zu dem Umwege zu nötigen, daß die Servitut zuerst zu Gunsten der ebenfalls in die Gesellschaft von anderer Seite einzuwerfenden Fabrik bestellt, diese dann um den durch die Dienstbarkeit erhöhten Wert eingebracht und von dem Totalwert derselben der Mehrwert der Dienstbarkeit zur Deckung der Einlage des Bestellers der Dienstbarkeit verwendet werde. Dieser Weg würde auch völlig versagen, wenn die Gesellschaft gar kein herrschendes Grundstück erwirbt, und die Benutzung des Grundstücks des Inferenten als persönliche Dienstbarkeit (Nutzungsrecht) bestellt werden soll. § 5.

Sachen, die erst geschaffen werden sollen, sind nicht taugliche Einlagen. Früchte auf dem Halme können Sacheinlagen nur gemeinsam mit dem Grundstück selbst sein, auf dem sie wachsen. Da sie eine selbständige Existenz nicht haben, so sind sie für sich nicht fähig, Sacheinlagen zu sein. Zulässig ist dagegen eine bereits existierende, aber einem anderen gehörende Sache einzulegen. Der Gesellschafter haftet dafür. Darüber unten Anm. 24 Näheres. Nicht hinderlich ist, daß an der eingebrachten Sache Rechte Dritter bestehen oder daß sich dieselben im unmittelbaren Besitze eines Dritten (Mieter, Verwahrer u. s. w.) befinden.

β) Bei Forderungen ist Übertragbarkeit verlangt. Ansprüche, die an die Person des Gründers gebunden sind, so daß die Leistung nur an seine Person möglich ist, sind nicht einlagefähig. Ist die Übertragung durch Vertrag an die Zustimmung des Schuldners geknüpft, so ist mit dessen Einwilligung die Einlage statthaft (§ 399 BGB.). In dem Gesellschaftsvertrage braucht diese nicht enthalten zu sein. Sie kann vor und nach dessen Abschlusse erfolgen. Nur muß sie vor der Eintragung zum Handelsregister vorliegen. Anm. 16.

Nicht übertragbar sind Anteile bei einer Gesellschaft, sei es einer solchen des Handels- oder des bürgerlichen Rechts (§ 719 BGB.). Davon zu trennen ist das Einbringen des ganzen Gesellschaftsvermögens als Sachgesamtheit durch alle Gesellschafter. Nicht die Anteile werden hier eingebracht, sondern die den Gesellschaftern gehörenden Sachen und Forderungen. Es kann bedungen werden, daß ein Gesellschafter, der zugleich Mitglied einer offenen Handelsgesellschaft bleibt, das Ergebnis dieser Beteiligung an die Gesellschaft abzuliefern hat. Das ist aber eine besondere Verpflichtung im Sinne des § 3 Abs. 2. Als Einlage ist diese Zusage nicht verwendbar.

Unerheblich ist es, daß die Forderung bestritten ist. Es ist Sache der Gründer, zu erwägen, welchen Wert die Forderung in dieser Eigenschaft hat. So ist eine GmbH. möglich, bei denen sich eine Anzahl Gläubiger einer anderen Gesellschaft zusammentun, um ihre verschiedenen Ansprüche, auch die Regreßklagen gegen den gemeinsamen Schuldner auf gemeinsame Kosten und unter Beschränkung ihres Beitrags hierzu durchzuführen. Sie legen ihre Ansprüche in die Gesellschaft um einen nach den Chancen des Prozesses abgewogenen Betrag ein. Einer Bemerkung im Gesellschaftsvertrag, daß die Forderung bestritten ist, bedarf es nicht. Dasselbe gilt, wenn die Forderung bereits im Prozesse ist (§ 255 CPO.).

Noch weniger ist erfordert, daß die Höhe der eingebrachten Forderung feststehe. Sie kann entweder zu einem festbewerteten Satze übernommen sein, dann trägt die Gesellschaft das Risiko. Oder es wird dieser Wert bei späterer Feststellung ausgeglichen. Die Gesellschaft bezahlt den Überschuß heraus und der Inferent deckt das Manko. Der Fall ist ähnlich dem bei der Übernahme eines ganzen Geschäfts (vgl. unten Anm. 20).

Der Fall einer solchen Einlage tritt z. B. ein, wenn ein Gesellschafter an einen Dritten einen größeren Posten Waren verkauft hat, der Preis erst durch die ziemlich umständliche Berechnung unter Kontrolle eines Sachverständigen festzusetzen ist. Die Forderung

§ 5. wird in Höhe der Einlage übernommen unter Garantie des Inferenten, daß dieser Wert auch in Wahrheit vorhanden ist. Diese Garantie ist, auch wenn sie vertragsmäßig bedungen wird, doch kein andere als die gesetzliche für die Existenz der Forderung, die bei jeder Einlage eines Anspruchs besteht (§ 437 BGB.).

Anm. 17. Zulässig ist das Einbringen von Forderungen, gegen welche eine Gegenleistung zu machen ist, einerlei, ob diese von der Gesellschaft übernommen oder von dem Gesellschafter selbst zu erfüllen ist. Wie im ersten Falle das Vertragsverhältnis zu bewerten ist, ist Sache der Gründer. Es kann ein laufender Pachtvertrag zur Ausbeutung eines Steinbruchs ein sehr wertvolles Objekt darstellen. Was von dem Einbringen eines Vertragsverhältnisses gilt, wird man auch von einer Vertragsofferte eines Dritten an den Inferenten annehmen, vorausgesetzt, daß diese bindend und übertragbar ist, so daß ihre Annahme seitens der Gesellschaft wirksam erfolgt. Auch dieses Recht kann einen Wert darstellen, ebenso als habe der Gesellschafter schon angenommen. Es kann dies von Bedeutung werden, wenn an jenen Erwerbsakt eine Steuer geknüpft ist wie z. B. in manchen Einzelstaaten bei Immobilien und deren Inferent sich diese, die er zu einem höheren Betrage als er sie erwirbt, einzubringen gedenkt, mit dem Rechte der Übertragung der Offerte auf längere Zeit fest an Händen geben läßt.

Unzulässig ist aber die Einlage einer erst künftigen Forderung, deren Existentwerden von anderen Momenten als solchen, die lediglich im Willen des Inferenten liegen, abhängt. Unbrauchbar sind also Ansprüche auf künftiges Gehalt, auf künftige Dividende der Gesellschaft u. s. w.

Unzulässig sind Forderungen an den Inferenten selbst, sowohl civilrechtliche Anerkenntnisse als wechsel- oder handelsrechtliche Formalobligationen. Das eigene Akzept des Inferenten ist nichts als ein in Wechselform gegebenes Zahlungsversprechen. Auch daß diese Schuldversprechen durch Bürgschaft Dritter gedeckt sind, ändert hieran nichts. Maßgebend ist die Hauptschuld.

γ) Gleich Forderungsrechten eignen sich auch alle **immateriellen Rechte**, sobald sie selbständigen Vermögenswert haben, zu Sacheinlagen. Hierher gehört das geistige Eigentum in seinen verschiedenen Erscheinungen, Urheberrechte an Schriftwerken und Kunstwerken, Patentrechte und Gebrauchs- und Geschmacksmuster. Als Einlage kann auch hier die Einräumung eines beschränkten Rechts erscheinen, so namentlich eine Lizenzgewährung bei einem Patente. Auch Erfindungen, die nicht patentrechtlich geschützt sind, repräsentieren, sofern sie nur durch ein Fabrikationsgeheimnis gedeckt sind, einen objektiven Vermögenswert. Die Gesellschaft wird hierfür ein Erfindungs- oder Fabrikationskonto errichten. Firma und Kundschaft sind keine selbständigen Vermögensgegenstände. Sie können keine Einlage bilden. Sie werden nur mit dem Geschäfte, zu dem sie gehören, übertragen. Hierbei können sie zur Wertbemessung als Zubehör der Hauptsache in Betracht kommen.

Staatliche Konzessionen, sofern sie übertragbar sind, sind der Einlage fähig.

Anm. 18. δ) Sachgesamtheiten bilden einen häufigen Gegenstand der Einlage. Es sind damit die Fälle getroffen, in denen sich aus einer Reihe von Einzelgegenständen eine Einheit bildet, durch welche die einzelnen Gegenstände zueinander in Beziehung stehen (vgl. Kohler, Das Vermögen als Einheit ArchBürgR. 22, 2ff.). Als solche kommen hier für die praktische Anwendung fast ausschließlich Vermögensinbegriffe in Betracht. Denn daß jemand eine Herde oder eine Bibliothek in eine Gesellschaft einbringt, dürfte sich kaum ereignen. Als Typen erscheinen Nachlaßvermögen, Konkursmassen und besonders **Handelsgeschäfte.** In diesem Falle kann mit dem Erwerb der Aktiva dieser Gesamtheiten eine Übernahme von Schulden derselben verbunden sein. Notwendig ist dies nicht. Über den kraft Gesetzes an die Übernahme eines Handelsgeschäftes mit Firma geknüpften Übergang der Passiva vgl. Anm. 26 zu § 4.

Die Übernahme einer solchen Sachgesamtheit kann in verschiedener Weise erfolgen Entweder sie wird ohne Kontrolle der einzelnen Bestandteile eingelegt. Der Wert wird schätzungsweise angenommen. Ist er in Wahrheit größer oder geringer, so trifft die

Differenz in beiden Fällen die Gesellschaft. Dies ist der Fall bei Übernahme einer Konkursmasse mit allen ihren Aktiven, „mögen sie bekannt oder unbekannt sein". (So in dem vom RG. bei Holdheim 12, 132 entschiedenen Stempelfalle). Diese Form wird hauptsächlich in solchen Fällen gewählt werden, bei denen die Gesellschaft auf einen Nutzen durch die Übernahme einer ungeordneten Masse rechnet Es kann aber auch der Wert berechnet werden durch Verzeichnung der einzelnen Aktiven und deren Berechnung. In diesem Falle steht der Inferent für das Vorhandensein der Aktiven oder bei Mitübernahme von Passiven für das Vorhandensein des sich ergebenden reinen Vermögenswertes ein. § 5.

ε) Besonderes gilt dabei für die Einlage eines Handelsgeschäfts. Die Fälle sind in der Praxis sehr häufig. (Einzelne Beispiele s. bei Parisius-Crüger Ziff. 6 zu § 5, S. 83 ff. 3. Aufl.) Auch ein Geschäftsvermögen kann unter Verzicht auf eine Bilanzgrundlage übernommen werden. Das ist möglich, aber nicht üblich. Wird eine Bilanz errichtet, so muß mit der Tatsache gerechnet werden, daß im Gegensatze zu anderen Sachgesamtheiten das Handelsgeschäft ständigen Veränderungen unterworfen ist. Die Bilanz gewährt ja nur ein Augenblicksbild und auch dieses nur unvollkommen. Unerheblich ist zunächst, daß sich die einzelnen Gegenstände verschieben. Aus dem Wesen der Vermögenseinheit folgt das Prinzip der Surrogation, des Ersatzes der einzelne Teile durch andere (vgl. Kohler a. a. O., 8 ff.). Es besteht aber auch keinerlei Gewißheit, daß im Momente des Abschlusses des Gründungsvertrages und des effektiven Einbringens der Wert der gleiche ist. Zwei Wege bieten sich und werden begangen. Der eine: Man bringt das Geschäft auf Grund einer früheren Bilanz ein, die man der Bewertung zu Grunde legt. Das Geschäft „gilt" dann in der Zwischenzeit von dieser Bilanz bis zur Einlage in die Gesellschaft als für deren Rechnung geführt. Hier liegt auf der Hand, daß der Wert des Geschäfts in diesen zwei Zeitpunkten nicht identisch zu sein braucht, ja nicht identisch sein kann. Es besteht keinerlei Gewähr dafür, daß die Gesellschaft auch wirklich den Wert in dem Geschäft erhält, für den sie einen Geschäftsanteil gibt. Andererseits kann sie ja auch mehr als diesen Betrag empfangen, wenn die zwischen Bilanz und Übernahme liegende Geschäftsepoche günstig war. Verluste der Zwischenzeit vermindern die Einlage. Sie erscheinen am Ende des Geschäftsjahres der Gesellschaft als Verluste derselben, obwohl sie es nicht sind. Denn sie stammen aus einer Zeit, in der sie noch gar nicht bestand. Der Inferent haftet aber nur dafür, daß die vorgezeigte Bilanz richtig war, daß also sein Geschäft zur Zeit der Errichtung derselben den angegebenen Wert hatte. Das Risiko der Zwischenepoche ist zu Lasten der Gesellschaft. Das wird durch die Klausel, daß das Geschäft von der Bilanz ab für Rechnung der Gesellschaft geführt gilt, ausgedrückt. Eine Ausgleichung auf den effektiven Wert am Tage der Einlage hat nicht statt. Dasselbe gilt, wenn nicht eine vom Inferenten herrührende frühere Bilanz benutzt, sondern vor der Illation zu diesem Zwecke eine neue Bilanz errichtet wird. Auch das Ergebnis dieser ist, man mag sich mit der Errichtung der Gesellschaft noch so sehr beeilen, niemals identisch mit dem Stande des Geschäftes auf den Tag der Gesellschaftsgründung und der Eintragung zum Handelsregister. Die Gefahr der Differenz zwischen dem Bilanzwert und dem tatsächlich vorhandenen mag geringer sein als bei der früheren Geschäftsbilanz, schon deshalb, weil die Aufnahme nach anderen Prinzipien erfolgt. Vorhanden ist sie stets. Das Risiko der Veränderung ist zu Lasten der Gesellschaft. Anm. 19.

Der andere Weg: Es wird das Geschäft eingebracht auf Grund einer auf den Tag der Einlage zu errichtenden Bilanz, eine Bilanz, die also weder am Tage der Gesellschaftserrichtung noch der Einbringung des Geschäfts schon vorhanden sein kann. Auch hier wird das Geschäft zu einem bestimmten Betrage angenommen. Es dient ja zur Deckung der Stammeinlage. In der Annahme auf diese liegt seine Bewertung (vgl. unten Anm. 39). Aber hier ist eine Ausgleichung gewollt. Auch wenn der Inferent keine ausdrückliche Zusage in dieser Richtung macht, so ist als Parteiwille anzusehen, daß er für das Ergebnis einsteht. Das ist in der Verabredung der aufzumachenden Bilanz ausgedrückt. Sollte die Bilanz ein Minus ergeben, so hat er den Fehlbetrag zu ergänzen wie bei der Gewährleistung für eine mangelhafte Sache, bei der die Gesellschaft Wandelung oder Anm. 20.

§ 5. Minderung fordert, wie bei einer Forderung, die nicht in der angegebenen Höhe existiert. Umgekehrt aber bedeutet auch die Einbringung auf Basis der aufzumachenden Bilanz die Verpflichtung der Gesellschaft, den Mehrbetrag herauszuzahlen. Sie wäre sonst ohne Rechtsgrund bereichert. Der Inferent wollte ihr sein Geschäft nur in Höhe seiner Stammeinlage als Einlage überlassen (vgl. hierüber Rehm, Einlage der Sachgesamtheiten bei Aktiengesellschaften und GmbH. in ArchBürgR. 22, 119 ff.). Der hierbei stattfindende Ausgleich verwandelt die Sacheinlage nicht in eine Bareinlage, so daß der Gesellschaftsvertrag nachträglich abgeändert werden müßte. Er stellt also auch keine bei der Anmeldung zu kontrollierende Geldleistung dar (Rehm, 126 u. 135). Es liegt lediglich die Folge einer Garantie vor, die bei jeder Sacheinlage möglich, als gesetzliche in einer Reihe von Fällen anerkannt ist, so z. B. bei der Haftung für Existenz einer Forderung ꝛc. Dieser zweite Weg ist der für die Gesellschaft sicherere. Sie erhält dann jedenfalls den Wert der Stammeinlage.

Aus dem vorstehend Ausgeführten erhellt, was übrigens auch als selbstverständlich sich aus dem Wesen der Sachgesamtheit ergibt, daß eine Inventarisierung und Bilanzierung derselben und eine Aufnahme dieser Einzelwerte in den Gesellschaftsvertrag nicht erforderlich ist. Es kann auf dieselbe ganz verzichtet, und sie kann nachträglich vorgenommen werden. Die Sachgesamtheit gilt wirtschaftlich und rechtlich als Einheit. Ein Verzeichnis der einzelnen Bestandteile fordern, hieße sie in diese auflösen. Die Beteiligten wollen aber nicht diese einzelnen Stücke, sondern das aus ihnen gebildete Ganze als Einbringen in die Gesellschaft.

Anm. 21. ζ) Unverwendbar zu Einlagen auf das Stammkapital sind **Tätigkeiten.** Sie sind niemals ein Sachwert, der geeignet ist, unter den Aktiven der Gesellschaft zu erscheinen. Daher ist die Zusage von Diensten auszuscheiden (vgl. Förtsch Anm. 4; a. M. Birkenbihl Anm. 7, mit der irrigen Begründung, daß § 3 Abs. 2 andere Verpflichtungen als Leistung von Kapitalien kenne. Aber in § 3 Abs. 2 ist ja gerade von Verpflichtungen, die nicht auf die Stammeinlage gemacht werden, die Rede). Die Übertragung eines Anspruchs auf Dienste eines anderen, falls sie rechtlich übertragbar sind (vgl. oben Anm. 13), kann dagegen, da hier ein bestehendes Recht in Frage steht, unter Umständen einen Vermögenswert darstellen.

Ebenso ist die Zusage eines Werkes nicht einlagefähig, es handle sich um eine herzustellende Sache oder andere Resultate. Die Einlage eines Grundstückes oder Rohbaues mit der Verpflichtung, darauf ein fertiges Haus zu erstellen, ist nur insoweit zulässig, als der gegenwärtige Wert der vorhandenen Immobilien geht. Für die ausstehende Arbeit ist nur ein Übernahmevertrag gegen Entgelt möglich (vgl. unten Anm. 30). Nicht zur Einlage verwendbar ist die Zusage einer Rhederei, die Waren der Gesellschaft um einen billigeren Satz als den der Konkurrenz zu befördern. Diese Verpflichtung kann allenfalls gemäß § 3 Abs. 2 in den Gesellschaftsvertrag aufgenommen werden. Kapitaleinlage ist sie nicht. Ein laufender Transportvertrag eines Inferenten mit einem Transportunternehmer ist dagegen einlagefähig (oben Anm. 17).

Anm. 22. d) Befreiungen der Gesellschaft von Passiven fallen nicht unter Sacheinlagen. Diese setzen ein Aktivum voraus. Da aber die Verminderung des Gesellschaftsvermögens um ein Passivum der Erhöhung um ein Aktivum gleichsteht, so muß die Bestimmung des § 5 Abs. 4 auch auf jene Anwendung finden. Die Frage, ob Aufrechnungen auch unter Sacheinlagen fallen (RG. 42, 4), ist nicht richtig gestellt. Eine Sacheinlage kann doch nur durch Überlassung eines in der Gesellschaft bleibenden Wertes erfolgen. Den schafft die Aufrechnung so wenig wie der Verzicht. Man muß aber den Gedanken des § 5 Abs. 4 dahin auffassen, daß „Einlagen, welche nicht in Geld zu leisten sind", nicht nur, wie das gewöhnlich geschieht, durch Zuwendung eines Aktivums, sondern auch durch Beseitigung eines Passivums „gemacht werden". Alle Arten der Begleichung der Einlagen anders als durch Geld fallen unter § 5 Abs. 4. Daß dies dem Gesetze entspricht, ergibt sich auch aus § 19 Abs. 3. Dort ist die Aufrechnung allerdings nur in dem besonderen Falle, daß der Inferent eine Gegenleistung für einen der Gesellschaft überlassenen Gegenstand fordert und diese auf die Stammeinlage „verrechnet wird“, vorgesehen. Damit ist aber die Möglichkeit einer Aufrechnung anerkannt. Und aus dieser fließt wieder der weitere Gedanke, daß die Beseitigung eines Passivums als Einlage zulässig ist. Es kann also der Eigentümer eines Grundstückes für den Verzicht auf eine auf einem von der Gesellschaft zu erwerbenden Terrain liegende Dienstbarkeit einen Geschäftsanteil erhalten. Es kann die Ablösung eines Mietvertrages für die Gesellschaft von solcher Bedeutung sein, daß sie den Mieter als Gesellschafter hierfür annimmt. Der Wert der Befreiung von dieser wird als Einlage anzuerkennen sein. § 5.

Die **Aufrechnung** befreit die Gesellschaft ebenfalls von einem Passivum. Sie ist nur in den Fällen zulässig, in denen spätestens bei Eintragung der Gesellschaft zum Handelsregister für dieselbe eine Schuld entsteht. Mit künftigen Schulden der Gesellschaft kann keine Verrechnung vereinbart werden. Als aufrechenbare Schulden können weiter nur solche in Betracht kommen, welche die Gesellschaft im Gründungsvertrage übernimmt. Verbindlichkeiten, die erst nach der Errichtung, wenn auch vor der Eintragung für diese künftig existent werdende Gesellschaft eingegangen werden und mit denen belastet diese ins Leben tritt, scheiden aus, weil sie im Momente der Errichtung des Gesellschaftsvertrages noch nicht bestehen. Schulden der Gesellschaft selbst vor der Errichtung sind unmöglich. Es gibt nur Schulden der Gründer. Diese gehen nur dann auf die Gesellschaft über, wenn der Gesellschaftsvertrag es bestimmt. Das geschieht durch die Übernahme von Passiven, die auf einem inferierten Objekte, Grundstücke oder Geschäfte ruhen. Mit all diesen Schulden der Gesellschaft kann der Gläubiger seine Einlage verrechnen, falls es im Gesellschaftsvertrage vorgesehen ist. Es ist hierdurch möglich, daß ein Gründer eine mit einer Hypothek belastete Liegenschaft einbringt, welche die Gesellschaft übernimmt und daß der Gläubiger aus der Hypothek seine Einlage durch Verrechnung mit der Hypothekenforderung leistet. Anm. 23.

Aus § 5 Abs. 4 folgt aber endlich, daß eine Verrechnung im Gesellschaftsvertrage nur mit solchen Forderungen möglich ist, für welche die Gesellschaft einen Vermögensgegenstand, der den Anforderungen der Sacheinlage entspricht, erhielt. Denn anderenfalls wäre, was das Gesetz versagt, eine Gewährung von Geschäftsanteilen für geleistete Dienste, sogenannte Freianteile möglich. Es kann nicht, wenn die Gesellschafter einem der Gründer eine Belohnung für die Gründung zusagten, auch wenn diese von der Gesellschaft im Gesellschaftsvertrage übernommen wurde, diese Forderung zur Einlage benützt werden. Ebensowenig die Honorarforderung des Rechtsanwalts, der die Gründer beraten und die Entwürfe ausgearbeitet hat. Damit wäre eine Gesellschaft ohne Fundierung des Stammkapitals mit entsprechenden Aktiven entstanden. Ebenso können Auslagen, welche ein Gründer für die Gesellschaft hatte, die ihm diese vergüten will, z. B. Prüfung eines zu übernehmenden Bergwerkes, nicht zur Schaffung einer Stammeinlage dienen. Auch hier fehlt das Vermögensobjekt, das als Gegenwert in der Gesellschaft liegt. Über die Begleichung solcher Forderungen durch die Gesellschaft vgl. Anm. 60.

e) Nicht nötig ist, daß der Inferent Eigentümer des einzulegenden Gegenstandes ist. Man kann sich auch gültig verpflichten, einen zur Zeit noch fremden Gegenstand zu inferieren. (RG. in JW. 1900, 414 und im Recht 1900, 539; BayObLG. in OLGR. 1, 248.) Die Zustimmung des Dritten ist hierzu erforderlich. Sie soll bei der Anmeldung zum Handelsregister vorliegen, andernfalls es zwar nicht an der Wirksamkeit der Einlageerklärung, wohl aber an der Gewißheit der Erfüllung fehlt. Unrichtig ist es daher zu verlangen, daß auch diese Zustimmung im Gesellschaftsvertrage erfolge (BayObLG. in RJA. 01, 147). Es ergibt sich dieses schon daraus, daß ja auch die Einbringung von fremden Sachen oder Forderungen erfolgen kann, ohne daß die anderen Kontrahenten davon Kenntnis haben. Wird hier die Zustimmung des Berechtigten, sobald der Mangel im Rechte des Inferenten entdeckt wird, nicht beigebracht, so haftet der Inferent gemäß § 437 BGB. Die Illation kann auch in der Weise erfolgen, daß die Gesellschaft die Gegenstände im Gesellschaftsvertrage von einem Dritten übernimmt mit der Abrede, daß sie die Einlage eines Gesellschafters Anm. 24.

§ 5. bilden sollen. Der mit diesem Dritten geschlossene Vertrag wird nach der Eintragung der Gesellschaft für dieselbe unmittelbar wirksam.

Anm. 25. f) Mehrere, denen ein Gegenstand gemeinsam gehört, können diesen Gegenstand gemeinschaftlich inferieren, sei es so, daß der Geschäftsanteil den Inferenten gemeinsam zugeteilt wird, oder auch so, daß den Inferenten mehrere Geschäftsanteile zugeteilt werden, jedem einer. In diesem letzteren Falle sind die gemeinsam Berechtigten sämtlich, und zwar jeder einzelne, Inferenten, nur daß sie sich hinsichtlich des Gegenwertes bereits auseinandergesetzt und die Gesellschaft angewiesen haben, in Gemäßheit dieser Teilung die Geschäftsanteile zuzuteilen. Diese Art der Illation kommt insbesondere dann häufig vor, wenn offene Handelsgesellschaften oder Kommanditgesellschaften in GmbH. umgewandelt werden. Es bringen zu diesem Zwecke sämtliche Gesellschafter ihre Anteile ein und erhalten dafür Anteile der GmbH. — Selbstverständlich können auch mehrere Gegenstände die Sacheinlage bilden: Es kann in diesem Falle eine Gesamtvergütung vereinbart sein, mag dieselbe in dem Geschäftsanteile allein oder in diesem und einer Vergütung bestehen. Das Gesetz fordert nicht, daß für jeden Gegenstand ein besonderer Preis fixiert wird (anders BayObLG. vom 18. 7. 95 bei Holdheim 4, 356).

Anm. 26. g) Der Wert der Sacheinlage braucht sich mit der Ziffer des zu gewährenden Stammanteils ziffermäßig nicht zu decken oder anders ausgedrückt: es ist die Inferierung von Sachen nicht bloß in der Weise zulässig, daß für den Wert der Sache glatt ein gleichwertiger Stammanteil gewährt wird. Vielmehr sind Kombinationen zulässig. Es kann der Gründer eine Sach- und eine Geldeinlage machen, und dafür einen Stammanteil erhalten. Es kann der Gesellschafter nur eine Sacheinlage machen, aber dafür außer dem Stammanteil noch eine weitere Vergütung erhalten, z. B. eine Geldsumme, die aber nicht in festen Zinsen bestehen darf (vgl. unten Anm. 51). Ebenso kann die weitere Vergütung in der Übernahme von Schulden bestehen. Bei der Übernahme eines Geschäftes mit 150000 Aktiven und 50000 Passiven wird man jedoch nicht wohl von einer Vergütung von 150000 durch Gewährung eines Geschäftsanteils in Höhe von 100000 und Übernahme von Schulden im Betrage von 50000 sprechen. Der Wert der Sacheinlage als Ganzes, um die sie eingelegt wird, unter Zugrundelegung der Schuldübernahme, ist 100000, die auf die Stammeinlage verrechnet werden. Vgl. auch unten Anm. 47.

Anm. 27. h) Die rechtliche Natur der Illation. Der Illationsvertrag ist ein Teil des Gesellschaftsvertrages (RG. 2, 303; weitere Citate bei Staub, HGB. Anm. 4 zu § 186). Er ist ein obligatorischer Veräußerungsvertrag wenn auch eigener Art. Zu trennen von diesem Veräußerungsvertrage, der Zusage der Übertragung des Rechts ist dessen Vollzug. Er ist kein Bestandteil des Gesellschaftsvertrags. Inwieweit er bei der Vorbereitung der Eintragung getätigt sein muß vgl. Anm. 14 ff. zu § 7 und 12 zu § 8. Die zum Vollzuge nötige Willenserklärung des Inferenten kann im Gesellschaftsvertrag erfolgen. Sie muß es nicht. So kann eine Aktiengesellschaft, welche eine Filiale in eine GmbH. umwandelt, das Handelsgeschäft dieser Filiale einbringen. Sie kann dabei den bisherigen Filialdirektor anweisen, die körperlichen Gegenstände dieser Niederlassung nun für die neue Gesellschaft zu besitzen. Der Geschäftsführer derselben kann diese Übertragung für die Gesellschaft bereits annehmen. Ist dieser Übertragungsakt aus irgend einem Grunde ungültig, so ist das auf die Wirksamkeit des Illationsvertrags ohne Einfluß. Für den Vollzugsakt erscheint dabei als Gegenkontrahent bereits die Gesellschaft, wenn auch erst als werdende Person, nicht die einzelnen Gesellschaftsgründer. Hieraus folgt, daß es für den Erwerb im guten Glauben nicht auf das Wissen oder Wissenmüssen der anderen Gründer, sondern nur der Geschäftsführer ankommt. Die Gesellschaft erwirbt das freie Eigentum an den ihr überlieferten Waren, wenn auch ein Gesellschafter wußte, daß diese verpfändet waren.

Da der Illationsvertrag in notarieller oder gerichtlicher Urkunde erfolgt, so sind damit stets auch die für einzelne Veräußerungen, z. B. bei Immobilien (§§ 313 BGB.), bei einem ganzen Vermögen (§ 311 BGB.), bei Geschäftsanteilen einer GmbH. u. s. w. vorgeschriebenen Formen gewahrt. § 5.

Die Gewährleistung für den inferierten Gegenstand richtet sich nach den allgemeinen Grundsätzen des BGB., modifiziert durch die besondere Natur der GmbH. Bei körperlichen Sachen ist für die Verschaffung des Rechtes einzustehen. Ebenso wird für heimliche Mängel und zugesagte Eigenschaften gehaftet. Im ersten Falle (§§ 433ff., § 440 BGB.) ist als Folge des Gewährleistungsanspruchs eine Aufhebung des Vertrags nur unter Beobachtung der für die Einziehung von Geschäftsanteilen zulässigen Form zu gestatten (vgl. Anm. 26 zu § 2). Wer seine Zusage nicht erfüllt, hat keinen Anspruch auf Belassung seiner Gesellschaftereigenschaft. Dasselbe gilt bei der Haftung für Eigenschaften der Illaten. Die Wandelklage bewirkt nicht ohne weiteres die Aufhebung des Illationsvertrages. Will die Gesellschaft das Amortisationsverfahren nicht, so muß sie sich mit der Minderung und der Zahlung der Differenz in Geld begnügen. Bei der Einlage einer Forderung oder eines sonstigen Rechts haftet der Inferent für Existenz (§ 437 BGB.). Die Haftung für die Beibringlichkeit der Forderung muß besonders übernommen sein. Sie kann aus den Umständen folgen. Sie kann in einem Nebengedinge, das nicht in den Gesellschaftsvertrag aufgenommen zu werden braucht, übernommen sein. Auf Grund wesentlichen Irrtums und Betrugs kann der Inferent seine Einlageerklärung gegenüber der Gesellschaft so wenig anfechten, wie seine Teilnahme am Gründungsakte überhaupt (Anm. 23 zu § 2), sobald der Gesellschaftsvertrag zum Handelsregister eingetragen ist. Bis dahin steht ihm die Anfechtung gegenüber den anderen Gründern zu. Auch für die Anfechtung durch die Gesellschaft gegenüber dem Inferenten gelten dieselben Grundsätze wie für die Errichtung des Vertrags selbst (vgl. Anm. 32 zu § 2). Die Anfechtung ist zulässig, aber die Formen der Einziehung des Geschäftsanteils sind zu wahren. Die Einlage darf, wenn die Herabsetzung des Stammkapitals nötig fällt, erst nach Ablauf des Sperrjahres zurückgegeben werden. Ob aus diesem Zurückgeben einer Einlage für die anderen Gesellschafter das Recht auf Auflösung folgt, ist Tatfrage. Namentlich ist zu prüfen, ob die Erfüllung des Gesellschaftszwecks unmöglich wird (§ 61 Abs. 1). Die Nichterfüllung der Illationszusage ist, solange die Gesellschaft nicht eingetragen ist, den gewöhnlichen Rechtsfolgen des BGB. (§ 326) unterworfen. Die andern Gesellschafter können statt der Erfüllung Schadensersatz verlangen oder diesem säumigen Kontrahenten gegenüber vom Vertrage zurücktreten. Ist die Gesellschaft durch die Eintragung entstanden, so sind auch hier wieder die Interessen der Gläubiger zu wahren. Ein Rücktritt der Gesellschaft unter Ausschluß des säumigen Gesellschafters ist nur unter Beobachtung der Bestimmungen über die Amortisation möglich (vgl. Anm. 32 zu § 2; Anm. 33 zu § 3). Der Gesellschafter, der die zugesagte Sacheinlage nicht macht, muß es sich gleich dem, der durch Betrug seine Aufnahme erwirkt, gefallen lassen, daß die Gesellschaft ihn ausschließt und seinen Geschäftsanteil einzieht.

Eine Haftung für den Wert der eingebrachten Gegenstände besteht in der Regel nicht. Eine Übernahme ist ausdrücklich und stillschweigend möglich (vgl. Anm. 20 bei der Einlage von Handelsgeschäften). Ebenso besteht eine Haftung bei absichtlicher Schädigung der Gesellschaft, also bei wissentlichem Verschweigen von Tatsachen, aus denen ein Minderwert erhellen mußte, z. B. bei Einbringung eines Bergwerks, dessen Erschöpfung ihnen bekannt war oder eines Patentes, das unverwertbar ist (vgl. RG. v. 22. 3. 02 in JW. 02 S. 259, 260).

Bei allen Haftungen aus der Sacheinlage besteht für den Gesellschafter kein Recht, sich durch Hingabe des Geschäftsanteils frei zu machen.

2. **Die Übernahme** im Gegensatze zur Sacheinlage ist ein Erwerb von Gegenständen durch die Gesellschaft gegen andere Vergütung als Gewährung von Geschäftsanteilen. Anm. 28.

a) Das Gesetz erwähnt nur den Fall, daß die Gesellschaft einen Gegenstand gegen Vergütung übernimmt und diese auf die Stammeinlage angerechnet werden soll. Der Gründer verkauft eine Liegenschaft an die Gesellschaft und bedient sich des Kaufpreises zur Begleichung seiner Einlage. Diese Abrede ist lediglich eine Umgehung

§ 5. der unmittelbaren Einlage. Ihre Erwähnung beseitigt ausdrücklich, was für die Aktiengründung auch ohnedies anerkannt war, die Möglichkeit, die Bestimmungen über die Sacheinlagen durch einen besonderen Übernahmevertrag, der formell vom Einlagevertrag getrennt wird, zu umgehen. Einem solchen Übernahmevertrag mit dem Gesellschafter selbst, der seine Einlageverpflichtung mit dem Kaufpreise verrechnen will, steht das Abkommen mit einem Dritten, dessen Gegenforderung zur Begleichung einer Einlage eines Gesellschafters dienen soll, gleich (RG. v. 25. 5. 98, 41, 125). Das sind aber die einzigen Übernahmeverträge, die in dem Gesellschaftsvertrage auf Grund des § 5 Abs. 4 aufzunehmen sind.

Anm. 29. b) Nicht im Gesetze erwähnt sind Übernahmeverträge mit Dritten, die nicht Gesellschafter sind und deren Gegenleistung nicht in der Verrechnung mit einer Einlage besteht. Sie bedürfen nicht der Aufnahme in den Gesellschaftsvertrag zu ihrer Gültigkeit. Eine Abrede der Gesellschafter mit einem Dritten vor der Gründung, daß die Gesellschaft mit dem von ihnen bar eingeschossenen Kapitale dessen Fabrik kaufen wird, ist wirksam, auch wo sie nicht im Gesellschaftsvertrage steht. Der Erwerb dieses Objektes, wenn auch fest vor der Gründung verabredet, kann sich erst nach dem Eintrage vollziehen. Er gilt als reine Verwaltungshandlung, für die nur die Geschäftsführer verantwortlich sind (Motive S. 20, 21). Es liegt hier nur eine Anlage des Gesellschaftskapitals vor. Die Motive sind an dieser Stelle keineswegs, wie die erste Auflage ihnen vorwarf, unklar, so daß auf den Geist und Zweck des Gesetzes zurückgegangen werden müsse. Die erste Auflage hatte (Anm. 18 S. 54/55) die Ansicht vertreten, daß auch diese zweite Art von Übernahmeverträgen der Aufnahme in den Gesellschaftsvertrag bedürfen. „Es wäre eine große Inkonsequenz, besondere Fürsorge zu treffen für den Fall, daß Übernahmeverträge mit den Gründern abgeschlossen würden, und Übernahmen anderer Art ohne jede Fürsorge zu lassen." Allein diese Ansicht läßt sich gegenüber dem klaren Wortlaute des Gesetzes und der Vergleichung mit dem Aktienrechte nicht aufrecht erhalten. Der § 5 Abs. 4 spricht kein Wort von solchen Übernahmeverträgen mit Dritten. Es geht nicht an, aus legislatorischen Gründen eine Form für einen Vertrag zu fordern, von der das Gesetz nichts weiß und nichts wissen will. Der § 5 Abs. 4 lehnt sich auch hier an das Aktienrecht an, aber (vgl. Allg. Einl. Anm. 21 und oben Anm. 13) nicht an die Gründung, sondern an die Erhöhung des Grundkapitals. Bei jener ist allerdings bestimmt, daß bei der Übernahme von Anlagen oder sonstigen Gegenständen das Abkommen in den Gründungsakt aufzunehmen ist, auch wenn keine Aktien, sondern andere Vergütungen gewährt werden (§ 186 HGB.). Bei der Erhöhung des Grundkapitals findet sich diese Anordnung nicht. Wohl aber hat § 279 HGB. denselben Wortlaut wie § 5 Abs. 4 unseres Gesetzes. Nur die Übernahme ist erwähnt, für welche die Vergütung auf die Einlage angerechnet wird. Es ist zweifellos, daß, wenn die Aktiengesellschaft ein Anwesen zu kaufen beschloß und der Vertrag, vorbehaltlich der Beschaffung der Mittel durch Kapitalerhöhung, bereits vorliegt, es keiner Erwähnung desselben im Beschlusse über die Erhöhung und keiner Genehmigung durch die Generalversammlung bedarf (vgl. Staub HGB., Einleitung zu § 279). Die Gründung der GmbH. steht in ihrer Behandlung der Erhöhung des Grundkapitals der Aktiengesellschaft gleich. So wenig das Gesetz die Vorschriften über den Erwerb von Anlagen oder Immobilien in den nächsten zwei Jahren nach der Gründung von dem Aktienrecht übernahm, so wenig kennt es die Bestimmung über die Unwirksamkeit einer Übernahmeabrede zu Lasten der Gesellschaft, falls nicht ein Gesellschafter hierdurch seine Einlage begleicht. Für die jetzt vertretene Ansicht sind nicht nur die andern Kommentare (unklar Förtsch), sondern offenbar auch das RG. In dem Urteile vom 35. 5. 98 RG. 41, 125 wird zwar eine Tilgung einer Einlageschuld durch eine mit Heranziehung eines Kaufpreisanspruchs eines Dritten ausgeführte Verrechnung für unwirksam erklärt. Der Satz aber, daß die Geschäftsführer nach Errichtung der Gesellschaft kraft ihrer Verwaltungsbefugnisse (§ 35) berechtigt sind, Vermögensgegenstände von dritten Personen zu erwerben, wobei der Preis aus dem Kapital der Gesellschaft berichtigt werden muß, wird nicht beanstandet.

c) Nicht als Übernahmen im Sinne des § 5 Abs. 4 erscheinen Abreden, bei denen der Gesellschafter einen Gegenstand der Gesellschaft leistet, die Gegenleistung aber nicht in der Verrechnung auf eine Einlage besteht. Auch hier war in Konsequenz des in ihr aufgestellten Begriffs der Übernahme die erste Auflage (Anm. 17 S. 54) anderer Meinung. Soweit es sich um Verpflichtungen eines Gesellschafters als solchen dreht, ist § 3 Abs. 2 anwendbar (vgl. Anm. 25 ff. zu § 3). Dann brauchen diese aber nicht in einer Sachleistung zu bestehen. Es sind hier auch Zusagen von Diensten wie herzustellenden Sachen möglich. Gerade dieses Moment, das auch die erste Auflage hervorhebt, zeigt, daß hier keine Übernahme, die gemäß § 5 Abs. 4 zu behandeln ist, vorliegt. Man kann doch nicht wohl von der „Übernahme" künftiger Dienste als Geschäftsführer sprechen. Einer Aufnahme in den Gesellschaftsvertrag bedürfen diese Abmachungen, um gesellschaftsrechtliche Verpflichtungen zu erzeugen, nicht aber um einen rechtswirksamen Dienstvertrag herzustellen. Solche Übereinkommen außerhalb des Gesellschaftsvertrages sind gültig, nur bilden sie keinen Teil desselben. So die tagtäglich vorkommende Abrede, daß der Vorbesitzer eines in die Gesellschaft inferierten Geschäfts für mehrere Jahre Geschäftsführer oder Agent wird, daß er bestimmte Räume in seinem Hause an die Gesellschaft vermietet, daß er Lieferungsverträge abschließt u. s. w. Über die „Gewährung besonderer Vorteile" neben dem Geschäftsanteile, die unter Umständen in einem solchen Abkommen liegen kann, so in der Verpflichtung der Gesellschaft, einem Gründer ihre ganze Produktion zu verkaufen oder die seine abzunehmen, vgl. unten Anm. 53. **§ 5.** Anm. 30.

d) Die Voraussetzungen für den der Illation gleichstehenden Übernahmevertrag (Anm. 28) sind dieselben wie für jene. Nur solche Wertobjekte können den Gegenstand der Übernahme bilden, welche Gegenstand der Sacheinlage sein können (Anm. 14 bis 21). Unmöglich ist die Übernahme künftiger Dienste des Gesellschafters gegen Vergütung, mit welcher aufgerechnet würde. Dann wäre ja die Umgehung des Gesetzes, die durch die Behandlung der Übernahme vereitelt werden sollte, wieder eingeführt. Der Text spricht daher auch nur von Vermögensgegenständen und meint nur der Aufnahme in die Bilanz fähige Wertobjekte. Anm. 31.

Verbindungen von echten Übernahmen mit unechten, d. h. nicht unter § 5 Abs. 4 fallenden, sind nicht nur möglich, sondern überaus häufig. Es können von denselben Gesellschaftern Sachen eingebracht werden gegen Gewährung eines Geschäftsanteils und andere gegen Zahlung. Es kann dieselbe Sache an die Gesellschaft veräußert werden, teilweise unter Verrechnung auf eine Sacheinlage, teilweise gegen bar oder Übernahme von Schulden u. s. w. Auf die letzteren Übernahmen ist § 5 Abs. 4 nicht anwendbar. Es braucht die Summe, für welche nicht ein Geschäftsanteil gewährt wird, nicht im Gesellschaftsvertrage benannt zu werden. Sie kann einer künftigen Schätzung überlassen bleiben. Dies ist bei der Übernahme eines Handelsgeschäfts mit allen Aktiven und den auf den Tag der Einbringung zu Buche stehenden Passiven der Fall. Der die übernommene Stammeinlage nach Abzug der Passiva übersteigende Wert des Geschäfts ist bar herauszubezahlen (vgl. Anm. 20). Wenn aber die Überlassung einer Sache, die teils gegen Verrechnung auf die Einlage, teils gegen Herauszahlung des Überschusses erfolgen soll, nicht im Gesellschaftsvertrag beurkundet ist (vgl. unten Anm. 32 ff.), so ist dieses Abkommen für die Gesellschaft vollständig unwirksam. Es kann, wenn die Übergabe erfolgte, diese aber gemäß § 5 Abs. 4, § 19 Abs. 2 für die Gesellschaft nicht als Erfüllung anerkannt wird, nicht von der Gesellschaft die Zahlung des vollen Betrages als Kaufpreis verlangt werden. Denn die Gesellschaft wollte die Sache nicht kaufen und für den ganzen Betrag einen baren Preis bezahlen. Sie wollte eine Verrechnung, wenn auch nur eine teilweise auf die Einlage, und diese ist unzulässig. Ist der Erwerb der Sache als Sacheinlage unwirksam, so zieht dies auch die Ungültigkeit bezüglich des Teiles nach sich, der durch Zahlung beglichen werden sollte. Es ist nicht Wille der Parteien, daß für diesen Teil das Rechtsgeschäft gültig sein sollte, während der wichtigste Teil, die Einlage, nichtig ist. Es entsteht in diesem Falle auch kein Anspruch des Inferenten auf Zahlung des Über-

§ 5. betrages. Er kann für die ganze Sachleistung nur den Bereicherungsanspruch geltend machen. Soweit ihm der Kaufpreis für Mehrbetrag **bezahlt** ist, kann er diesen mit der Bereicherungsforderung verrechnen. Hatte z. B. ein Gesellschafter eine Liegenschaft von 70000 M. Wertanschlag der Gesellschaft übertragen, war die Abrede, daß er von diesem seinen Geschäftsanteil von 55000 M. begleiche, den Rest von 15000 M in bar erhalten sollte, nicht in den Gesellschaftsvertrag aufgenommen, so schuldet er die 55000 M. Einlage trotz der Auflassung der Liegenschaft. Die Gesellschaft ist nur um den Betrag bereichert, den sie für das Grundstück erlöst. Beträgt er z. B. nur 45000 M., so hat der Gesellschafter hier auf den empfangenen Betrag von 15000 M. zu verrechnen, so daß lediglich 30000 M. zur Konkursmasse der Gesellschaft anmeldbar wären.

Anm. 32. 3. **Die Fixierung der Sacheinlage und der Übernahme im Gesellschaftsvertrage.** Alle Einlagen, welche nicht in Geld bestehen, alle Übernahmen von Vermögensgegenständen, deren Vergütung als Stammeinlage angerechnet werden sollen, müssen im Gesellschaftsvertrage festgesetzt werden. Nicht beigefügt ist, wie im Aktienrechte (§§ 186 u. 279), daß anderenfalls dieses Abkommen der Gesellschaft gegenüber unwirksam ist. Die Rechtskonsequenz ist aber hier dieselbe. Der Zweck, den beide Gesetze verfolgen, ist auch hier der gleiche: der Hinweis des Publikums, das mit der Gesellschaft in Verbindung tritt, daß das Kapital nicht durch Geld, sondern durch andere Gegenstände aufgebracht ist. Es soll verhütet werden, daß nicht bei anscheinender Bargründung durch Hingabe von Gegenständen an Zahlungsstatt (§ 19 Abs. 3) eine Täuschung über die Fundierung der Gesellschaft entstehe. Deshalb muß dieses Abkommen, daß nicht Geld, sondern andere Gegenstände zu leisten sind, im Gesellschaftsvertrage **seinem wesentlichen Inhalte nach** (das besagt die Vorschrift der Bezeichnung von Sache, Person und Wert) erscheinen. Es darf nicht erst bei dem Einbringen ein Abkommen zwischen Gesellschaft und Gesellschafter nötig fallen. Schon beim Abschluß des Gesellschaftsvertrages muß dieses als ein perfektes und bindendes erscheinen, mögen auch Nebenbestandteile der Ergänzung durch Auslegung oder dispositive Gesetzesbestimmungen bedürfen. Es ist wichtig, diese leitende Idee des Gesetzes, die auch § 19 Abs. 3 bestätigt, voranzustellen. Hiernach wird sich die Auslegung unserer Gesetzesstelle selbst zu richten haben. Es muß betont werden, daß es zur Gültigkeit des Abkommens erfordert ist aber auch genügt, wenn die **nötige materielle Bestimmtheit** vorliegt, ein Satz, der bezüglich der Gültigkeit eines jeden Abkommens zutrifft (RG. 30, 95). Es ist nicht zu verlangen, daß in ausdrücklicher Form schematisch die Aufzählung der einzelnen Bestandteile erfolge. Es genügt, wenn die Einigung hierüber aus der Gesellschaftsurkunde selbst erhellt. Das Gesetz gebraucht den Ausdruck „**festgesetzt**", nicht „angegeben". Für diese Feststellung sind alle Mittel des Ausdruckes gestattet. Nur muß diese im Gesellschaftsvertrage erfolgen. Bei der Bedeutung, welche dem aus dem Gesellschaftsvertrage sich ergebenden Willen der Gesellschaft, mit Sacheinlage zu gründen, für das Bestehen derselben zukommt (vgl. unten Anm. 43), kann nicht genug vor einem im Interesse der Gesellschaft und des Publikums nicht gebotenen Formalismus gewarnt werden.

Person (Rechtssubjekt), Gegenstand (Leistung) und Geldwert oder Vergütung (Gegenleistung) bilden in diesem Sinne die Essentialien des Abkommens.

Im einzelnen:

Anm. 33. a) **Die Person.** Die Bezeichnung des Rechtssubjektes kann in jeder Weise, die über dasselbe keinen Zweifel läßt, erfolgen. Es ist insbesondere nicht erforderlich, daß die Person mit Namen bezeichnet werde. Es genügt, wenn zwei Teilhaber einer offenen Handelsgesellschaft ihr Geschäft als alleinige Gesellschafter in die GmbH. einbringen, die Bemerkung: „Die beiden Gesellschafter" machen u. s. w. Es genügt, wenn die Gesellschafter eingangs aufgeführt sind, bei der Einlagefestsetzung von den Gesellschaftern unter Ziffer 1, 2 u. s. w. zu sprechen.

Anm. 34. b) **Der Gegenstand** muß so bezeichnet sein, daß über seine Identität kein Zweifel ist (LG. Hamburg bei Holdheim 13, 59). Mehr ist auch hier nicht erfordert. Es können hier nicht alle möglichen Arten der Einlage und ihre Bezeichnung besprochen werden. Doch sind einige der für die Praxis wichtigsten zu erwähnen.

Bei beweglichen Sachen sind vertretbare nur nach den Gattungsmerkmalen zu beschreiben. Es genügt die Zusage, statt baren Geldes 5000 Zentner Nußkohlen einzulegen oder eine festgesetzte Anzahl von bestimmten Wertpapieren u. s. w. Bei nicht vertretbaren beweglichen Sachen und bei Immobilien ist stets die Beschreibung des Individuums in objektiv bestimmter Weise geboten. Daß sie auch subjektiv bestimmt sei, darf nicht verlangt werden. Es ist nicht genügend, wenn ein Gesellschafter „Liegenschaften" einbringen wird, wohl aber wenn er sämtliche Liegenschaften einbringt, die am Tage der Errichtung des Vertrages im Grundbuche auf seinen Namen als Eigentum eingetragen sind. Es ist Sache der Gründer, sich zu vergewissern, welchen Wert die Grundstücke haben. Eine detaillierte Aufzählung oder gar eine Bezeichnung nach Grundbuchblättern und Nummern, nach Lage und Beschaffenheit, ist nicht nötig. § 5. Anm. 35.

Bei Forderungen ist der Schuldner, der Leistungsgegenstand und die Schuldursache das Charakteristische. Es ist aber stets nach den Umständen des einzelnen Falles zu entscheiden, ob der Anspruch genügend gekennzeichnet ist. Sie können die Anführung eines dieser Momente entbehrlich machen. Ungenügend ist z. B. die Erklärung, Forderungen aus Immobilienverkäufen an Bewohner einer bestimmten Stadt einzulegen (LG. Hamburg a. a. O.). Dagegen muß es zulässig sein, die Forderung aus dem Verkaufe einer Immobilie, bei dem der Verkäufer den ihm vom Vermittler noch nicht aufgegebenen Käufer selbst noch nicht kennt, als Einlage anzugeben. Sind mehrere Mitschuldner vorhanden, so genügt die Angabe eines derselben. Der Leistungsinhalt ist entbehrlich, sobald er sich aus dem Zusammenhange ergibt, z. B. bei Schadensersatz aus Regreßansprüchen. Hier genügt die Schuldursache. Sie ist ihrerseits entbehrlich, sobald aus der Leistungsverpflichtung sich die Identität der Forderung ergibt. Werden ganze Gruppen von Forderungen eingebracht, so genügt, da hier eine, wenn auch auf Parteiwillen beruhende, Sachgesamtheit vorliegt, die summarische Aufzählung, wie Forderungen aus Kontokurrentverkehr, aus Bankverbindung, aus Warenlieferung u. s. w. (LG. Mannheim bei Holdheim 15, 54). Ebenso müssen auch „alle Geschäftsausstände" als hinreichende Bezeichnung gelten. Es steht objektiv fest, was hierunter fällt, sobald nur bekannt ist, welches Geschäft gemeint ist und sein kann. Anm. 36.

Bei immateriellen Gütern ist nach demselben Prinzip zu verfahren. Bei Patenten, Gebrauchsmustern u. s. w. ist es nicht nötig, die Registernummer anzugeben. Umgekehrt kann durch deren Benennung die Beschreibung des Inhaltes vermieden werden. Bei den Urheberrechten ist das Werk anzugeben. Doch kann auch hier eine zusammenfassende Bezeichnung wie: „alle Werke des Inferenten" genügen. Bei Einbringen des Geschäftsanteils einer GmbH. genügt die Angabe der Firma derselben. Die Angabe des Nominalbetrages ist nicht geboten, da dieser doch nicht maßgebend ist u. s. f. Anm. 37.

Sachgesamtheiten werden unter der im Verkehr üblichen Bezeichnung inferiert. Dem Gesetze entsprechen Angaben wie: „Das Aktivvermögen der Konkursmasse der Aktiengesellschaft Iduna", „das unter der Firma Nikolas Mauer betriebene Handelsgeschäft mit allen Aktiven und Passiven" oder „mit den aus Wareneinkauf herrührenden Passiven" u. s. w. Nicht geboten ist die Bezugnahme auf eine Bilanz. Fehlt die Angabe, so ist eben das Geschäft so wie es am Tage der Einlage ist, übernommen (vgl. oben Anm. 19). Noch weit weniger kann die Anfügung einer Bilanz, welche als Bestandteil des Vertrags erschiene, gefordert werden. Sie hat mit der Identität des Objektes nichts zu tun. Auch ist hier, wie gezeigt wurde (oben Anm. 19 und 20), eine Bilanz, die vor der Einbringung errichtet wurde, nie identisch mit dem Stande an diesem Tage. Sie gäbe, wenn damit der Gegenstand bezeichnet werden soll, ein falsches Bild desselben. Auch ist durch die Zerlegung des Geschäftsganzen in einzelne Konti wie Immobilienkonto, Maschinenkonto, Debitorenkonto, Warenkonto u. s. w. nichts anderes gesagt, als daß das Geschäft Schuldner und Waren, Liegenschaften und Maschinen besitzt, womit weder für die Beschreibung desselben noch für die Aufklärung des Publikums etwas getan wäre. Wollte man diese letztere bezwecken, so müßte nicht die Bilanz, es müßten sämtliche Inventuren, Anm. 38.

§ 5. das Verzeichnis der Debitoren, der Maschinen, der Waren u. s. w. ebenfalls Bestandteile des Vertrages bilden und dann als solche auch veröffentlicht werden! Davon kann selbstverständlich nie die Rede sein. Wer ein solches Verlangen stellt, der übersieht, daß der § 5 Abs. 4 nur die Feststellung „des Gegenstandes" der Einlage fordert, so daß über sein Wesen objektiv kein Zweifel ist, nicht aber, daß er einer Kontrolle der Einlage durch alle Interessenten, welche diese Urkunden einsehen könnten, dienen soll. Bei Einlage in eine GmbH. kennt das Gesetz, wie bei der Erhöhung des Grundkapitels der Aktiengesellschaft, keine andere Prüfung der Einlagen, als durch die Gesellschafter. Es wäre absurd, eine solche durch die ganze Geschäftswelt herbeizuführen, so daß alle Konkurrenten die intimsten Fragen des Geschäfts, seine Kunden, seine Warenbestände, durchsehen könnten. Dabei ist zu betonen, daß auch die Inventuren kein richtiges Bild ergeben, da auch diese bei der Einlage nicht stimmen können. Dazu kommt, daß die Bezeichnung eines Geschäfts durch Verzeichnen aller einzelnen Objekte die für die Gesellschaft vorteilhaftere Einbringung auf Grund einer erst zu errichtenden Bilanz ausgeschlossen erschiene, während aber gerade auch diese ratsam und zulässig sein kann (vgl. oben Anm. 20). Nicht erforderlich ist in diesem Falle die Aufnahme von Vereinbarungen über die Art der Bilanzerrichtung in den Gesellschaftsvertrag. Ist hierüber nichts, auch nicht in einem Neben- oder Vorvertrage, vereinbart, so entscheiden im Streitfalle über die Bewertung das Gericht und die Sachverständigen. Bei einer Sachgesamtheit wird stets eine Einheit eingelegt, die unter diesem Namen im Verkehr erscheint und als Vertragsgegenstand anerkannt ist. So gut der Inhaber seines Handelsgeschäfts dieses unter dieser Bezeichnung verkaufen kann, so gut kann er es auf diese Weise in die Gesellschaft einbringen. Für die hier ausgeführte Ansicht die Entscheidung des RG. I. Civ.Sen. v. 25. 11. 05 JS. Kaemena gegen Beerend I, 228, 05 teilweise abgedruckt in JW. 1906 70 Nr. 26 (vgl. Anm. 8 zu § 3). Das RG. hat einen Gesellschaftsvertrag, in dem bestimmt ist, daß ein Gesellschafter seine Einlage nicht in Geld leiste, sondern durch Einbringen des von ihm betriebenen Fabrikgeschäfts nebst Maschinen nach dem Stande vom 21. 12. 01, wobei der Geldwert dieser Einbringung auf 100000 M. angenommen wurde, als dem Gesetze entsprechend anerkannt. „Eine Spezialisierung der klägerischen Einlage und der Übernahmewerte des Inventars, der Betriebsmaterialien, der Fabrikeinrichtung, die übertragenen Schutzrechte u. s. w. im Gesellschaftsvertrage war nicht erforderlich."

Anm. 39. c) Der Geldwert, für den die Einlage angenommen und die Vergütung, die für den übernommenen Gegenstand verrechnet wird, ist im Aktienrecht als der Betrag der für die Einlage zu gewährenden Aktien bezeichnet. In der Tat ist hier trotz des verschiedenen Wortlauts dasselbe gemeint. Die Wertschätzung des Objektes ist für die GmbH. nicht wesentlich. Maßgebend ist die Annahme auf die Einlage oder mit anderen Worten die Feststellung des hierfür zu gewährenden Geschäftsanteils. Nicht korrekt wäre daher die Fassung, daß der Gesellschafter X, der einen Stammanteil von 50000 M. übernahm, eine Liegenschaft, geschätzt zu 60000 M., einbringe. Es ist nicht erkenntlich, ob die 50000 M. Stammanteil durch die zu 60000 M. geschätzte Liegenschaft gedeckt, oder ob der Betrag von 10000 M. herausbezahlt werden soll. Für ungültig ist ein solches Abkommen nicht zu halten. Es ist Frage der Auslegung, wie die Übertragung stattfindet. Nicht erforderlich ist, daß überhaupt eine Wertbemessung erwähnt wird. Das ist ein interner Vorgang der Gründung. Es muß nur ersichtlich sein, welcher Stammanteil durch die Sacheinlage beglichen werde. Dies besagt, daß dieselbe für den Wert in Höhe des Nominalbetrags desselben angenommen werde. Das Einbringen des Geschäfts mit Aktiven unter Übernahme aller Passiven auf Grund einer zu errichtenden Bilanz bedeutet also, daß dieses Geschäftsganze auf den Betrag des vom Inferenten gezeichneten Anteils gewertet ist. Über die Ausgleichungspflicht vgl. oben Anm. 20.

Ist ein Vermögensgegenstand an die Gesellschaft veräußert, mit dem Vergütung verrechnet werden soll (oben Anm. 28 ff.), so muß in gleicher Weise diese Vergütung feststehen. Sie muß eine Forderung gegen die Gesellschaft begründen. Es muß feststehen, welchen Wert man ihr beilegt, um die Einlage zu decken. Nicht erfordert ist, daß der effektive Wert endgültig normiert ist. Auch bei dieser Form kann die Vergütung einer späteren Bilanzierung oder Schätzung bedürfen, an die sich die Ausgleichung anschließt. Nur hat auch hier der Veräußerer dafür einzustehen, daß seine Vergütung mindestens die verrechnete Summe beträgt (oben Anm. 20). Unzulässig ist aber ein Abkommen, das weder die Einlage bewertet noch den Stammanteil bezeichnet, auf den sie erfolgen soll. Hier fehlt es an dem Erfordernis des § 3 Ziff. 4, dem Betrage der zu leistenden Einlage. Unstatthaft wäre ein Vertrag, wonach ein Geschäftsvermögen verzeichnet werden und die Höhe des von dem Inferenten zu übernehmenden Stammanteils sich nach dem Ergebnisse dieser Bilanz richten sollte (Rehm ArchBürgR. 24, 141). § 5.

d) Nebenabreden sind, soweit sie nicht das Übereinkommen in seinen wesentlichen Bestandteilen abändern, sondern nur ergänzen, auch ohne Aufnahme in den Gesellschaftsvertrag wirksam. In diesem ist nur die Feststellung von Person, Gegenstand und Gegenwert vorgeschrieben. Abreden über Gewährleistung, die über das gesetzliche Maß hinausgehen, sind gültig, auch wenn sie nur in privater Urkunde zwischen den Gründern oder nur mündlich verabredet wurden, sofern nicht aus der Nichtaufnahme in die Vertragsurkunde der Wille des Kontrahenten erhellt, daß dieser Punkt fallen solle. Wenn vorher in dem Vorvertrage eingehend die Verpflichtungen des Inferenten aus der Einbringung geregelt sind, so bleiben diese in Kraft, wenn auch im Gesellschaftsvertrage nur die Essentialien des Illationsabkommens mitgeteilt sind. Der Inferent eines Geschäftes, der für alle Ausstände das Delcredere zusagte, kann sich dem nicht entziehen mit der Behauptung, daß dies nicht im Gesellschaftsvertrage stehe. Ebenso bindet ihn die Abrede über die Art, wie die Bilanz auf den Tag der Einlage zu errichten ist. Er kann, wenn eine besondere Abschreibung auf das Gebäude- oder das Patentkonto verabredet wurde, sich diesen Verpflichtungen nicht entziehen, auch wenn sie im Gesellschaftsvertrage nicht wiederholt sind. Sobald die Essentialien des Einlageabkommens im Gesellschaftsvertrage aufgenommen sind, ist dieses in seinem ganzen Umfange wirksam. Anders nur, wenn der Nebenvertrag eine Abänderung der wesentlichen Teile enthält. Diese gehört in den Gesellschaftsvertrag. Sie ist vor der Eintragung der Gesellschaft zum Handelsregister durch einen Nachtrag, nach der Eintragung nur auf dem für den Fall der Auslassung des ganzen Abkommens zulässigen Wege der Herabsetzung des Stammkapitals und Wiedererhöhung möglich (vgl. Anm. 43). Es ist unwirksam, wenn die Parteien des Gesellschaftsvertrages unter sich verabreden, daß an Stelle des in der Urkunde stehenden Objektes ein anderes gegeben werden sollte. Hierdurch wird der Einlagevertrag in einem wesentlichen Punkte betroffen. Dagegen wäre es nicht erheblich, wenn an Stelle der Verpflichtung der Gesellschaft, den Mehrwert des Gegenstandes in bar auszubezahlen, die Abrede tritt, statt dieser Zahlung eine Schuld des Gesellschafters zu übernehmen. Anm. 40.

e) Die Schuldübernahme bei der Sacheinlage ist schon erwähnt worden als häufige Begleiterscheinung (vgl. oben Anm. 23). Es fragt sich, inwieweit sie einer Feststellung im Gesellschaftsvertrage bedarf. Sie ist zweifellos von der Deckung der Einlage verschieden. Die Gesellschaft sagt außer der Annahme der Sache und der Verrechnung auf die Einlage auch noch die Zahlung einer Schuld des Gesellschafters zu. Sie gehört aber bei der Übernahme einer Sachgesamtheit mit zu dieser und zu dem Gegenstande der Einlage. Sollen Passiven mitübernommen werden, so bildet dies ein wesentliches Moment des Objektes. Der Wert der Sachgesamtheit ist ein anderer, je nachdem die mit ihr verbundenen Schulden übernommen werden oder dem Inferenten verbleiben. Im ersteren Falle ist der Wert der Sachgesamtheit (des Handelsgeschäftes u. s. w.) nur der reine Vermögenswert. Ebenso bilden bei der Vergütung für die veräußerte Sachgesamtheit die abzuziehenden Passiven ein wesentliches Moment. Es muß also diese Übernahme ebenfalls im Gesellschaftsvertrage erwähnt sein, anderenfalls der Gegenstand ohne diese Belastung auf die Gesellschaft übergeht. Auch ein Gläubiger des Inferenten kann sich nicht darauf berufen, abgesehen von dem Übergange der Schulden kraft Gesetzes (vgl. Anm. 26 Anm. 41.

§ 5. zu § 4), selbst wenn vorher zwischen den Gründern eine diesbezügliche Abrede geschaffen war (RG. v. 31. 1. 05 in JW. 05, 214). Dasselbe gilt, wenn einzelne Gegenstände unter Übernahme der darauf ruhenden Schulden übernommen werden sollen, Grundstücke mit Hypotheken, Warenlager mit Pfandlasten u. s. w.

Nicht erforderlich ist aber, daß die Schuld ziffernmäßig feststehe. Es muß nur für die Festsetzung des Wertes und des Gegenstandes erkenntlich sein, daß sie übernommen wird. Sie muß nur gleich der Forderung so objektiv bestimmt sein, daß ihre Feststellung von der Willkür der Partei unabhängig ist. So bei Übernahme des Geschäfts mit allen Passiven oder mit allen aus Warenbezügen oder aus Bankverbindung herrührenden Passiven. Es ergibt sich dann aus der Verrechnung, ob infolge dieser Schuldübernahmen die Garantie des Inferenten herangeholt werden muß (Anm. 20). Zulässig ist auch eine Illation des Geschäfts in der Weise, daß die Gesellschaft die Passiven bis zu der Höhe übernimmt, welche sich als Überschuß der Aktiven über die Stammeinlage ergibt, daß der Inferent aber den Mehrbetrag selbst zu decken habe. Es wird Dritten gegenüber die Gesellschaft die Zahlung eines Passivums nicht weigern dürfen, da sie nicht bestimmte Passiven ausschloß. Wohl aber hat der Inferent ihr auch hier die Differenz zu vergüten.

Anm. 42. 4. **Die Folgen der Nichtbeobachtung der Vorschrift über die Feststellung von Sacheinlagen und Übernahmen.** Es ist hier zu unterscheiden, ob der Wille, Sacheinlagen zu machen, aus dem Vertrage überhaupt nicht erhellt oder ob dieser Wille zwar ersichtlich ist, aber seinem Inhalte nach nicht den Erfordernissen der Vollständigkeit der Erklärung entspricht.

Anm. 43. a) Enthält der Gesellschaftsvertrag kein Wort darüber, daß andere als Geldeinlagen zu machen sind, so ist die gegenteilige Absicht des Kontrahenten für die Gesellschaft gleichgültig. Leistungen von Sachen statt Geldes befreien den Gesellschafter nicht (§ 19 Abs. 3; vgl. hierüber zu § 19). Ist im Gesellschaftsvertrage nichts gesagt, so gilt die Leistung als Geldleistung versprochen.

Unbedingt nichtig ist eine solche trotz der Festsetzung zwischen den Gründern nicht in den Gesellschaftsvertrag aufgenommene Abrede nicht. Sie ist nur der Gesellschaft gegenüber nicht wirksam. Zwischen den Gründern hat sie Rechtskraft. Hatte der Gründer unterschrieben, in der Meinung, der Illationsakt sei im Vertrage enthalten, so kann er *vor* Eintragung zum Handelsregister den Vertrag wegen Irrtums über den Vertragsinhalt anfechten. Nach der Eintragung steht ihm dieses Recht nicht mehr zu (Anm. 23 zu § 2). Es ist in diesem Falle zu unterscheiden, ob die Beteiligten in der Beseitigung des eingetretenen, aber nicht vereinbarten Zustandes einig sind oder nicht. *Sind sie nicht einig*, so kann der Gesellschafter, dessen Zusage, daß er eine Sacheinlage mache, *ohne dessen Willen*, etwa weil er durch einen Bevollmächtigten vertreten war, der seine Abrede nicht kannte, aus dem Gesellschaftsvertrage fortgeblieben ist, Auflösung der Gesellschaft aus wichtiger Ursache (§ 61 Abs. 1) und Neugründung auf vertragsmäßiger Basis verlangen. Dasselbe Recht steht den anderen Gesellschaftern zu, wenn der Inferent sich weigert, seine Einlage in Sachen zu machen und sich zur Geldleistung erbietet. Eine *Heilung* dieser Unwirksamkeit des nicht in den Gesellschaftsvertrag aufgenommenen Beschlusses über Sacheinlage sieht aber das Gesetz nicht vor. *Sind die Parteien einig*, so kann auf die Geldleistung verzichtet und diese, soweit sie erfolgte, wieder zurückgegeben werden, dies aber nur *unter Wahrung der Vorschrift des § 19 Abs. 2 und § 58 über Herabsetzung des Stammkapitals*. Hiermit ist die Erhöhung desselben unter Bezeichnung der Sacheinlage zu verbinden.

Anm. 44. b) *Der Gesellschaftsvertrag schließt die Geldeinlage aus.* Aber die Sacheinlage ist nur unvollständig beschrieben. Dann ist es unmöglich, von dem Gesellschafter die Geldeinlage zu fordern (RG. 42, 41). Der Wille, diese nicht zu machen, ist ja deutlich ersichtlich. Die Folge ist mithin, daß seitens dieses Gesellschafters eine wirksame Beitrittserklärung zum Gesellschaftsvertrage nicht vorliegt. Wird erklärt, der Gesellschafter solle kein Geld geben, wird seine Sacheinlage aber in unbestimmter und daher unwirksamer Weise zugesagt, so ist dieser überhaupt zu nichts verpflichtet. Es findet alles an früherer Stelle (Anm. 22 ff. zu § 2) über die Unwirksamkeit einer Beitrittserklärung Gesagte Anwendung. Für den so den Gesellschaftsvertrag zeichnenden Gesellschafter entsteht keine Verpflichtung. Er kann aber durch einen gültigen Vorvertrag zum ordnungsgemäßen Abschlusse gehalten sein (Anm. 30 zu § 2). Dieser vollzieht sich durch vollständige dem Gesetze entsprechende Wiederholung des Aktes mit allen anderen Gesellschaftern. Das gilt sowohl vor als nach der Eintragung des Gesellschaftsvertrages zum Handelsregister. Bei freiwilliger Erfüllung ist die Rückforderung ausgeschlossen, wenn ein Anspruch auf Wiederholung des Beitrittsaktes besteht. Für die anderen Gesellschafter wirkt die Ungültigkeit der Zusage der einen Sacheinlage keine Nichtigkeit des ganzen Gesellschaftsvertrages. Sie können hieraus nur einen Grund zur Auflösung der Gesellschaft ableiten (Anm. 21 zu § 2). Ist es unmöglich, von dem an seine Erklärung nicht gebundenen Gesellschafter eine wirksame Erklärung zu verlangen, so ist es gestattet an dessen Stelle einen anderen Gesellschafter aufzunehmen (Anm. 27 zu § 2). Mißlingt dies, so haften, auch wenn die Gesellschaft zum Handelsregister eingetragen ist, die übrigen Gesellschafter nicht für den Ausfall (Anm. 26 zu § 2). Der Registerrichter ist befugt, den Eintrag einer Gesellschaft, bei der die von einem Gesellschafter zu leistende Sacheinlage unbestimmt und unverpflichtend angegeben ist, zurückzuweisen (Anm. 24 zu § 2). Den eingetragenen Gesellschaftsvertrag vermag er nicht zu löschen. Noch weniger kann er eine teilweise Abänderung unter Streichung des Stammkapitals um den Betrag der nicht gültig übernommenen Sacheinlage vornehmen (Anm. 24 zu § 2). Haben alle Gesellschafter Sacheinlagen in ungenügender Form übernommen, z. B. wenn die Gesellschaft nur aus zwei Mitgliedern besteht, die sich beide verpflichten, „Liegenschaften" zu inferieren, so ist kein Gesellschaftsvertrag zu stande gekommen. Die eingetragene Gesellschaft unterliegt der Nichtigkeitsklage (Anm. 33 zu § 2). § 5.

Wird im Gegensatz zu dem Willen der anderen der Beitritt eines Gesellschafters in der Weise erklärt, daß er statt Geldes eine Sache einbringen will, so fehlt es hier an der gültigen Annahme des ihnen gemachten Anbietens. Die Beitrittserklärung ist unter Vorbehalt abgegeben (Anm. 39 und 40 zu § 2) und mithin unwirksam. Sie wird wirksam, wenn die anderen Gesellschafter diese Sacheinlage statt der Geldeinlage vor der Eintragung genehmigen. Enthält der Gesellschaftsvertrag bei Festsetzung der Art der Einlage die Fixierung der Sacheinlage eines Gesellschafters, so bedarf es keiner besonderen Übernahmeerklärung. Sie liegt in der Zeichnung des ganzen Vertrages, der für jeden ihm beitretenden Gesellschafter als Einheit aufzufassen ist.

Über die entsprechenden Vorgänge bei Erhöhung des Stammkapitals vgl. Anm. 4 zu § 56.

5. **Die Tragung der Gefahr bei der Sacheinlage.** Ist eine Geldeinlage zugesagt, so kann hier eine objektive Unmöglichkeit der Erfüllung nicht eintreten. Bei dem Versprechen der Sacheinlage, insbesondere einer konkret bestimmten, ist der zufällige Untergang vor der Erfüllung möglich. Er befreit den Gründer von der Einlageverpflichtung. Er beseitigt aber auch dessen Beteiligung (§ 323 BGB.). Kein Gesellschafter, der sich mit einem bestimmten Gegenstande beteiligen will, ist verpflichtet, bei dessen Untergang Geld einzulegen. Es ist durch Prüfung des Einzelfalles festzustellen, ob der Wegfall dieser Einlage die anderen Gesellschafter berechtigt, die Auflösung der Gesellschaft zu fordern. Die Sachlage ist analog der Ungültigkeit der Beitrittserklärung, nur daß diese hier erst nachträglich unwirksam wird (vgl. Anm. 21 ff. zu § 2 und oben Anm. 44). War die Sacheinlage schon vor der Eintragung zum Handelsregister unmöglich geworden, so hat der Registerrichter bei Kenntnis hiervon die Eintragung abzulehnen. Eine erfolgte Eintragung kann er nicht beseitigen, weder wenn die Sacheinlage schon vor, noch wenn sie nach der Eintragung, aber vor der Erfüllung unterging. Über die Ersetzung des hiernach nicht gedeckten Stammkapitals vgl. Anm. 27 zu § 2. Darüber, daß die Sacheinlage nicht schon bei der Anmeldung zum Handelsregister bewirkt sein muß vgl. Anm. 17 zu § 7. Wird die Erfüllung nur teilweise unmöglich, so mindert sich die Beteiligung um den verminderten Betrag (§ 323 Abs. 1 Satz 2). Für die Lücke, die hierdurch entsteht, gilt das oben Bemerkte. Zahlt der Gesellschafter, dessen Sacheinlage vor der Erfüllung unterging, mit Anm. 45.

§ 5. Zustimmung der anderen Gesellschafter den Betrag derselben in Geld, so bedarf es hierzu eines besonderen Aktes nicht. Es ist zulässig, daß an Stelle der Sacheinlage eine Geldeinlage tritt (vgl. oben Anm. 20 und Anm. 24 zu § 19; Rehm, ArchBürgR. 22, 32).

Anm. 46. War die Sacheinlage schon zur Zeit des Abschlusses des Gesellschaftsvertrages objektiv unmöglich (§ 305 BGB.), so ist eine wirksame Beitrittserklärung nie vorhanden gewesen. Der Verpflichtungsakt ist für diesen Gründer nichtig. Kannte er die Unmöglichkeit der Leistung oder mußte er sie kennen, so haftet er den andern Gesellschaftern für den Schaden, den sie durch ihr Vertrauen auf die Gültigkeit seiner Zusage erleiden, falls ihnen nicht ebenfalls Fahrlässigkeit zur Last fällt (§ 307 Abs. 1 BGB.). Ein Recht, daß ihm der Geschäftsanteil wieder überschrieben werde, hat der Gründer nicht, der sich auf die Nichtigkeit seines Beitritts stützt und der nur den andern Gesellschaftern schadensersatzpflichtig ist.

Anm. 47. **Zusatz 1. Ausgabe von Geschäftsanteilen über pari.** Die Frage, ob solche Ausgabe zulässig ist, ist bestritten. Sie ist zu bejahen (Anm. 28 zu § 3). Es ist hiernach zulässig, daß im Gesellschaftsvertrage vereinbart wird, jeder Gesellschafter oder ein bestimmter Gesellschafter habe für seinen Geschäftsanteil außer seiner Kapitaleinlage noch eine weitere Summe oder ein sonstiges weiteres Wertobjekt an die Gesellschaft zu zahlen oder zu leisten (Agio). Das Gesetz erwähnt die Ausgabe über pari nicht ausdrücklich. Ihre Zulässigkeit folgt jedoch aus § 3 Abs. 2. Das Gesetz ordnet, da es die Ausgabe über pari nicht ausdrücklich erwähnt, demgemäß auch nicht an, daß das Agio in einen gesetzlichen Reservefonds fließen oder überhaupt einen Gegenposten im Passivum erhalten muß. Es ist dies also auch nicht gesetzlich notwendig. Doch empfiehlt dies Liebmann Anm. 4 mit Recht. Denn wenn es nicht geschieht, so wäre dadurch ein sofort verteilbarer Überschuß vorhanden. Es ist aber regelmäßig nicht die Absicht der Gesellschafter, Gewinn zu verteilen, der nicht im Betriebe entstanden ist. Die Ausbedingung eines Agios geschieht doch, um die Gesellschaft dauernd zu stärken. Indessen da es nun einmal gesetzlich nicht geboten ist, das Agio in einen Zwangsreservefonds fließen zu lassen, so kann der dadurch erzielte Bilanzgewinn auch zur Verteilung als Gewinn gelangen. Es kann in der Tat Fälle geben, wo auch dies ganz rationell ist. So z. B. wenn eine Gesellschaft bereits derart erstarkt ist, daß ihre Geschäftsanteile weit mehr als den Nominalbetrag wert sind. Da ist es ganz rationell, wenn bei einer Kapitalerhöhung die neuen Anteile mit Agio ausgegeben werden und mit der Bestimmung, daß der solchergestalt entstandene oder vermehrte Jahresgewinn an die bisherigen Gesellschafter zur Auszahlung gelangt.

Es kann die Leistung des Agios auch durch eine Sachleistung erfolgen. So namentlich, wenn eine Sache eingebracht wird, die mehr wert ist, als die zu deckende Einlage. Sie kann von der Gesellschaft trotz des Mehrwertes nur in Höhe der Stammeinlage übernommen werden. Dann hat sie in dem Mehrwert eine stille Reserve. Sie kann zum vollen Werte auf sie übergehen. Dann ist der Mehrbetrag zurückzuvergüten. Es kann in diesem letzteren Falle der Inferent auf die Auszahlung verzichten. Dann liegt der Fall des Agios vor. Unzulässig ist es aber, daß die Gesellschaft selbst, nach der Übernahme die höher gewerteten Objekte nur zur Höhe der Einlage, die Gegenstände zu dem effektiven Werte in die Bilanz einzustellen und dadurch ein Gewinn zu erzielen versucht, jedenfalls soweit es sich um Gegenstände handelt, die dauernd dem Geschäftsbetriebe bestimmt sind (§ 42 Ziffer 1).

Wird das Agio einem Reservefonds einverleibt, so ist dieser kein Zwangsreservefonds, sondern ein freiwilliger. Er kann daher wie jeder freiwillige Reservefonds aufgelöst werden (vgl. zu § 42).

Zusatz 2. Ausgabe von Vorzugsgeschäftsanteilen.

Anm. 48. a) Zulässigkeit. Nach § 185 HGB. können im Gesellschaftsvertrage für einzelne Gattungen von Aktien verschiedene Rechte, insbesondere in betreff der Verteilung des Gewinnes oder des Gesellschaftsvermögens, festgesetzt werden. Das Gleiche muß auch hier gelten, obgleich das Gesetz es nicht ausdrücklich festsetzt. Die Struktur der GmbH. steht dem in keiner Weise entgegen. (Vgl. im Gegenteil § 29 Abs. 2, § 72 Abs. 2; ebenso Förtsch Anm. 5 zu § 29). Auch hier muß natürlich eine Festsetzung im Gesellschaftsvertrage gefordert werden. Doch genügt auch hier eine Bestimmung im späteren Gesellschaftsvertrage. Letzteres findet z. B. bei der Erhöhung des Stammkapitals statt, wo die Gewährung von Vorzugsrechten an die neuen Anteilseigner erfolgt, um neue Mitglieder wirksamer zu werben. Aber es haben auch umgekehrt die ersten Gesellschafter es in der Hand, durch eine Statutenbestimmung ihren Anteilen den dauernden Charakter von Vorzugsanteilen zu gewähren. Sie bestimmen z. B., daß die Inhaber der ersten Anteile auch bei einer etwaigen Kapitalserhöhung eine Vorzugsdividende von 25 Proz. genießen sollen. Freilich ist dies eine Bestimmung des Gesellschaftsvertrages, die wieder durch Statutenänderung geändert werden kann, falls sie nicht als unentziehbares Recht bestellt wurde. Es kann gewollt und bestimmt werden, daß zur Entziehung dieser Vorrechte die Zustimmung sämtlicher Inhaber der ersten Geschäftsanteile gehört. § 5.

Die Schaffung von Vorzugsanteilen in der Weise, daß man, ohne das Stammkapital zu erhöhen, beschließt, die Inhaber der bisherigen Stammanteile sollen das Recht haben, durch Zahlung eines bestimmten Betrages ihre Anteile in Vorzugsanteile umzuwandeln, ist mit Zustimmung aller beteiligten Inhaber sicherlich zulässig. Im Aktienrecht ist streitig, ob es auch durch Mehrheitsbeschluß bestimmt werden kann. Dort verneint es Staub, allerdings im Widerspruch mit der herrschenden Ansicht, entschieden (vgl. Staub HGB. Anm. 2 zu § 185). Für die GmbH. folgerte die erste Auflage (Anm. 26, S. 57) die Verneinung daraus, daß zur Auferlegung von statutarisch nicht gestatteten Nachschüssen die Zustimmung aller Belasteten gehört. Der Schluß scheint jedoch nicht genügend, denn es handelt sich hier nicht um die Auflage von Nachschüssen, sondern das Recht, durch freiwillige Leistung ein anders geartetes Mitgliederrecht zu erwerben. Anm. 49.

Zweifellos ist hier, wie im Aktienrechte, gestattet, den durch Schaffung von Vorzugsanteilen ohne Erhöhung des Stammkapitals intendierten Zweck auch in folgender Weise zu erreichen. Man erhöht das Grundkapital durch Ausgabe von Vorzugsanteilen und gestattet gleichzeitig den bisherigen Gesellschaftern, ihre Anteile zu einem gewissen geringeren Kurse, behufs späterer Amortisation derselben, in die Gesellschaft einzubringen, also in Zahlung auf Vorzugsanteile zu geben und den Rest bar einzuzahlen. Hierbei werden die Sondervorschriften über Kapitalserhöhung einerseits und Amortisation andererseits gewahrt. Die Kapitalserhöhung ist in solchem Falle eine qualifizierte im Sinne des § 56. Die Amortisation erfolgt durch Herabsetzung des Stammkapitals unter Vernichtung der Geschäftsanteile, welche die Gesellschaft selbst erworben hat (vgl. Bemerkungen zu § 34). Dann ist der ursprüngliche Stand des Stammkapitals wieder hergestellt und einzelne Geschäftsanteile genießen Vorzugsrecht. Freilich ist der Weg sehr umständlich. Und das zeigt wieder, daß auch die unmittelbare Erreichung des Zieles möglich sein muß (oben Anm. 49). Anm. 50.

b) Der Inhalt des Vorzugsrechts kann zunächst in vermögensrechtlichen Zuwendungen bestehen. Es können hierbei wie bei den Aktien bevorzugte Ansprüche auf Gewinnverteilung und auf Kapitalverteilung bei der Auflösung bestellt werden. Es kann ein Vorrecht derart geschaffen sein, daß zuerst ein Geschäftsanteil bis zu einer bestimmten Höhe Dividende erhält, ehe die anderen Geschäftsanteile etwas bekommen. Es kann den Bevorzugten ein höherer Prozentsatz eingeräumt sein. Es kann dabei für Vorzugsdividende ein besonderer Genußschein ausgegeben werden. Er hat dadurch die Eigenschaft, lediglich nur als Ausdruck des Vorzugsrechts eines Geschäftsanteils zu erscheinen. Daher teilt er dessen Schicksal. Mit dessen Untergang geht er unter. Es wird mit ihm verändert (vgl. Anm. 18ff. zu § 14). Da es sich hier stets um Vorrechte an dem Gewinn handelt, so ist ohne weiteres klar, daß diese nie gegen § 30 Abs. 1 verstoßen. Zulässig sind aber weiter auch Vorrechte, die sich nicht an den bilanzmäßigen Reingewinn, sondern an bestimmte Quellen desselben anschließen. So kann dem Inferenten eines Patents für seinen Geschäftsanteil das Recht eingeräumt sein, neben und vor den statutarischen Dividenden aus allen Lizenzen, welche sein Patent bringt, einen Prozentsatz zu ziehen, oder von jedem Stück, das die Gesellschaft auf Grund des von ihr selbst betriebenen Patentes verkauft, eine Gebühr zu erhalten. Anm. 51.

§ 5. Unzulässig wird das Vorzugsrecht, sobald es auf eine sofortige Zahlung einer bestimmten Summe geht. Der Einleger erhielte einen Teil des zur Erhaltung des Stammkapitals erforderlichen Vermögens wieder zurück. Handelt es sich um die Zahlung bestimmter Beträge, Zinsen oder Kapitalien, in späteren Jahren, so wird die Auszahlung unstatthaft, sobald hierfür das zur Erhaltung des Stammkapitals nötige Vermögen angegriffen wird (vgl. Anm. 2 ff. zu § 30). Die gegenteilige Ansicht der ersten Auflage (Anm. 28 S. 57) läßt sich nicht aufrecht erhalten.

Anm. 52. Der Inhalt des Vorzugsrechts kann auch in anderem als in Geld auszudrückenden Werten bestehen. So insbesondere in einem doppelten und mehrfachen Stimmrechte, in dem Rechte, jederzeit die Versammlung einzurufen, in dem Rechte auf den Vorsitz in der Versammlung, in dem Rechte, daß gegen diese Stimme eine Statutenänderung nicht erfolgen darf, in dem Rechte jederzeit die Bücher und Schriften der Gesellschaft einzusehen u. s. w. Es müssen dies stets, und darin liegt der Gegensatz des **Vorzugsrechts zu den besonderen Vorteilen** (unten Anm. 55), durchweg Ansprüche sein, die mit dem **Geschäftsanteile** verbunden sind. Der Gesellschaftsvertrag kann aber hierbei das Erlöschen desselben für den Fall des Todes des Gründers oder der Veräußerung des Geschäftsanteils anordnen und sie damit den persönlichen Vorteilen annähern.

Anm. 53. c) **Die Ablösung** der Vorzugsrechte kann im Gesellschaftsvertrage bestimmt sein. Namentlich bei den auf einen Vermögenswert gerichteten ist dies ratsam. Auch hier darf der § 30 Abs. 1 nicht verletzt werden. Die Zahlung der Ablösungssumme kann nur aus dem Betrag, der nicht für Erhaltung des Stammkapitals erforderlich ist, erfolgen. Jede andere Zahlung wäre ungültig und müßte zurückerstattet werden (vgl. Anm. 2 ff. zu § 30). Das Gedinge der Ablösung selbst ist aber gültig. Nur seine Ausführung kann auf die erwähnte Schwierigkeit stoßen. Es können daher der Gesellschaft die Mittel hierzu unentgeltlich von einem Gesellschafter zur Verfügung gestellt werden. Der andere Gesellschafter kann dies nicht ablehnen unter dem Hinweise, daß das Gesellschaftsvermögen das Stammkapital nicht übersteige.

Eine Ablösung der Vorzugsrechte ohne vorherige statutarische Bestimmung ist nur statthaft unter Zustimmung der Bevorrechtigten. Ebenso kann eine statutarische Festsetzung der Ablösung nur mit Zustimmung der Berechtigten wirksam erfolgen (§ 53).

Anm. 54. d) Zum Überfluß wird auch hier hinzugefügt, daß von den **Prioritätsgeschäftsanteilen** wohl zu unterscheiden sind die **Prioritätsobligationen**. Die letzteren sind einfache Forderungen (vgl. Staub HGB. Anm. 7 zu § 185). Solche können schon bei der Gründung beschlossen werden. Es erhalten nicht selten Inferenten für den Betrag, um den der Einlagegegenstand die Stammeinlage überschreitet, Schuldscheine der Gesellschaft an Ordre mit hypothekarischem Eintrage. Wird dagegen später eine solche Prioritätsanleihe ausgegeben, so ist das nach außen Verwaltungshandlung der Geschäftsführer. Nach innen ist die Zustimmung der Gesellschafter einzuholen (§ 47 Anm. 6).

Anm. 55. **Zusatz 3. Können auch einem einzelnen Gesellschafter besondere Vorteile eingeräumt werden?** Die Frage ist wohl zu unterscheiden von der eben behandelten Frage der **Vorzugsgeschäftsanteile**. Das Wesen der letzteren besteht in der Einräumung von gesellschaftlichen Vorzugsrechten. Im Aktienrecht ist ausdrücklich vorgesehen, daß einem Aktionär auch sonst besondere Vorteile eingeräumt werden können, die ihm nach der Gründung nicht in seiner Eigenschaft als Aktionär, sondern unabhängig von dieser Eigenschaft zustehen, die er also je nach ihrer Beschaffenheit auch selbständig übertragen kann, und die seine Gesellschaftereigenschaft überdauern können (§ 186 Abs. 1 HGB.). Ist eine solche Einräumung auch hier zulässig? Das Gesetz erwähnt sie nicht. Aber darum ist sie nicht unstatthaft. **Alle solche besonderen Vorteile sind insoweit zulässig, als durch ihre Einräumung nicht der § 30 verletzt wird**, d. h. die besonderen Vorteile müssen derart sein, daß ihre Erfüllung eine Verteilung des Stammkapitals nicht involviert. Denn wenn auch der besondere Vorteil gerade darin besteht, daß er dem Gesellschafter unabhängig von dieser Eigenschaft **zustehen** soll, so wird er ihm doch in dieser seiner Eigenschaft **gewährt**. Auch darauf bezieht sich der § 30 (vgl. Anm. 2 zu § 30). Die Gesellschaft soll für das, was der Gesellschafter ihr bietet, jedenfalls nicht soviel geben, daß sie ihr Grundkapital angreift, um das Äquivalent zu begleichen. Es darf also das Äquivalent dem Gesellschafter, soweit es in Leistung von Kapital besteht, nur von dem Überschusse der Aktiva über Schulden und Grundkapital gezahlt werden. Ein fester dauernder Zins ist also hier ebenfalls unzulässig (vgl. oben Anm. 51). Dagegen können besondere Vorteile, welche sich innerhalb jenes Rahmens halten, wohl bedungen werden, z. B. das Recht auf den Bezug von Geschäftsanteilen bei einer Kapitalserhöhung, freies Entree in die Vergnügungslokale der Gesellschaft, Geldbezüge aus dem bilanzmäßigen Überschusse oder aus dem Agio. § 5.

Zu betonen ist hierbei, daß es sich um die Übernahme einer gesellschaftlichen Verpflichtung, die zwar nicht an den Geschäftsanteil geknüpft ist, die aber stets als Ausfluß der Gesellschaftereigenschaft erscheint, handelt. Der Unterschied von dem Vorzugsrechte ist nur der, daß dieses an den Geschäftsanteil, die besonderen Vorteile an die Person des Gründers gebunden sind. Sie bilden wie die Vorzugsrechte ein Äquivalent für die Beteiligung. Sie können auch hier vermögensrechtlicher oder idealer Art sein (vgl. Anm. 47 und 48). So Rechte, daß die Gesellschaft gewisse Waren nur von dem Gesellschafter kaufen oder an ihn verkaufen dürfe, so die Einräumung von Vorkaufs- oder Vormietsrechten u. s. w. Nicht hierher gehört aber die bei der Gründung besprochene und nach dieser in Vollzug gesetzte Abrede eines außerhalb der gesellschaftsrechtlichen Sphäre gegenseitigen Vertrages, insbesondere eines Anstellungsvertrages. Es gehört zu den täglichen Erscheinungen, daß der Inferent eines Geschäfts sich der Gesellschaft verpflichtet, als Geschäftsführer tätig zu sein und diese ihm. Soll hiermit nicht etwa eine gesellschaftliche Verpflichtung (Anm. 27 zu § 3) geschaffen sein, sondern nur ein Dienstverhältnis, so wird die Gültigkeit eines solchen Dienstvertrages, den die Gesellschaft nach der Eintragung der Gesellschaft vollzieht, dadurch nicht berührt, daß der Geschäftsführer, Betriebsleiter, Agent u. s. w. auch Gesellschafter ist und dieses Abkommen schon bei der Gründung vereinbart war, auch wenn diese Anstellung für den Gesellschafter als Voraussetzung des Abschlusses erscheint. Wird diese Zusage dem Mitgründer gegenüber nach dem Entstehen der Gesellschaft von dieser nicht erfüllt, so steht jenem kein Klagerecht gegen die Gesellschaft zu, sondern nur ein Ersatzanspruch gegen die Mitkontrahenten, welche für die Anstellung einzustehen haben. Anm. 56.

Die Gewährung der besonderen Vorteile seitens der Gesellschaft an einen der Gründer muß in dem Gesellschaftsvertrage aufgenommen werden. Nicht etwa deshalb, weil es sich um Gewährung von Vergütungen für eingelegte Vermögensgegenstände handelt (§ 5 Abs. 4). Solche Vorzüge und Vorteile kommen auch bei Geldeinlagen ebenso vor, wie bei Sacheinlagen. Wohl aber weil hier eine gesellschaftliche Berechtigung geschaffen werden soll. Diese kann nur im Gesellschaftsvertrage erfolgen. Denn sonst entstehen nur Verpflichtungen zwischen den einzelnen Gründern. Ebenso wie die besonderen Pflichten der Gesellschafter der Aufnahme in den Gesellschaftsvertrag bedürfen, da sie sonst den Verpflichteten nicht als Gesellschafter treffen, so müssen die gesellschaftlichen Mitgliedsrechte im Gesellschaftsvertrage erscheinen, da nur hierdurch wieder die rechtlichen Beziehungen der Gesellschaft zu ihren Mitgliedern erzeugt werden. Die Aufnahme dieser besonderen Vorteile in den Gesellschaftsvertrag ist hier eine nicht durch eine positive Gesetzesbestimmung angeordnete, sondern eine begriffliche Notwendigkeit, fließend aus dem Wesen der GmbH. als einer juristischen Person (vgl. Anm. 20 zu § 3). Anm. 57.

Nicht in den Gesellschaftsvertrag aufgenommene Zusagen erzeugen nur obligatorische Beziehungen zwischen den Kontrahenten. Sie können gegenüber diesen erzwungen werden, solange die Gründer noch alle Gesellschafter sind. Sie sind nicht durchführbar, sobald die Geschäftsanteile in fremde Hände übergingen. Es bleibt dann nur der Anspruch auf Schadensersatz wegen Nichterfüllung. Auslegungsfrage ist es auch hier, ob die Nichtaufnahme eines bedungenen Vorteils in den Gesellschaftsvertrag nicht den Verzicht auf dieselben bedeutet. Notwendig ist dieser Schluß nicht. Es kann gewollt sein, daß nur persönliche Beziehungen entstehen sollen. Es kann geschehen sein in der irrigen Meinung, die Abrede hätte auch ohne Einrückung in den Gesellschaftsvertrag Geltung.

§ 5. **Zusatz 4. Können Gründerentschädigungen vereinbart werden?** Das Aktienrecht (§ 186
Anm. 58. Abs. 3) enthält die Bestimmung, daß der Gesamtaufwand, welcher zu Lasten der Gesellschaft an Aktionäre oder andere als Entschädigung oder Belohnung für die Gründung oder deren Vorbereitung gewährt wird, im Gesellschaftsvertrage festzusetzen ist. Für die GmbH. ist diese Vorschrift nicht übernommen. Es folgt hieraus nicht, daß solche Gründerentschädigungen nicht zulässig, wohl aber, daß sie nicht in den Gesellschaftsvertrag aufgenommen werden müssen. Es liegt hier eine der Kautelarbestimmungen des Aktienrechts vor, deren Übernahme auf die GmbH. nicht erforderlich erschien. Mit der Gewährung von gesellschaftlichen Vorrechten läßt sich die Gewährung des Gründeraufwandes nicht vergleichen. Daher ist aus dieser Analogie auch nicht das Verlangen der Aufnahme der Gründerentschädigung in den Gesellschaftsvertrag, wie es in der ersten Auflage (Anm. 31 S. 58) geschah, begründbar. Dies zeigt schon der Umstand, daß es sich bei der aktienrechtlichen Vorschrift nicht nur um Gründer, sondern auch um Dritte handelt, denen ein solcher Aufwand ersetzt wird. Für diese würde die Heranziehung der Regeln über die besonderen Vorteile völlig versagen. Es muß beachtet werden, daß bei diesen Vorteilen die Aufnahme in den Gesellschaftsvertrag aus begrifflichen Momenten folgt (vgl. oben Anm. 53 und Anm. 20 zu § 2). Auch die Motive halten eine besondere Regelung der Gründerprovision nicht für erfordert, da die §§ 30 und 31 genügten, um eine Zahlung aus den Mitteln des Stammkapitals zu verbieten, eine aus Billigkeitsgründen angemessen scheinende Vergütung aus anderen Mitteln aber leicht zu beschaffen sei. Es ist also stets nur immer wieder die Vorschrift des § 30 zu beachten. Ist diese gewahrt, so steht der Gründerentschädigung, z. B. aus dem Agio, nichts im Wege.

Hierbei ist im einzelnen zu bemerken:

Anm. 59. a) Die Entschädigung oder Belohnung ist an einen Dritten zu entrichten. Hier kann § 30 nie in Frage kommen. Denn Zahlungen an Dritte sind nie Zahlungen des Kapitals an Gesellschafter. Es liegt hier eine Schuld vor, die entweder mit der Gesellschaft entsteht, falls sie nach der Gründung, aber vor der Eintragung eines Geschäftsführers für die Gesellschaft kontrahiert wird (Anm. 1 zu § 11) oder die, falls sie aus früherer Zeit stammt, doch von den Geschäftsführern gültig beglichen wird. Auch die dem Makler für das Zustandekommen der Gesellschaft versprochene Provision gehört hierher. Lehnt der Geschäftsführer die Zahlung ab, so besteht nur ein Anspruch an die Gründer, welche die Zusage machten.

Anm. 60. b) Die Entschädigung oder Belohnung ist an einen Gesellschafter zu gewähren. Soweit die Gesellschafter bare Vorlagen für die Gesellschaft machten, Gerichts- und Notariatsgebühren verlegten, Reisespesen hatten u. s. w., überhaupt Ansprüche Dritter im Interesse der Gesellschaft tilgten, verstößt deren Ersatz nicht gegen § 30. Hier sind gegen die Gesellschaft Ansprüche aus Geschäftsführung entstanden. Ihre Begleichung kann wiederum nie das Stammkapital angreifen. Denn es werden ja Schulden der Gesellschaft hieraus gedeckt. Wohl aber wird die Zahlung einer jeden Belohnung eines Gründers für seine Bemühungen, welche die anderen Gesellschafter ihm zusagten und die von den Geschäftsführern infolgedessen bezahlt wird, unstatthaft sein. Denn dann, aber auch nur dann, fließt an einen Gesellschafter ein Teil der Stammeinlage zurück. Besteht die Gründerbelohnung aus einem Teile des Agio oder aus dem Reingewinne oder wird sie in Form anderer Begünstigung statt Vermögenswertes gegeben (z. B. freien Eintritt in den Zoologischen Garten u. s. w.), so ist auch gegen deren Gültigkeit nichts einzuwenden. Nur soweit den Gründern gesellschaftsrechtliche Ansprüche eingeräumt werden, erfordern diese die Aufnahme in den Gesellschaftsvertrag (Anm. 53).

Über die Unzulässigkeit der Verwendung von Gründerbelohnungen und -entschädigungen zur Deckung von Stammeinlagen vgl. oben Anm. 23.

Anm. 61. **Zusatz 5. Die Bestimmungen des Gesellschaftsvertrages über die Einlagen oder Übernahmen können, einmal eingetragen, nicht beseitigt werden.** Bei Aktiengesellschaften hat man diese historische Reminiszenz in der Praxis oft beseitigt. Es war den Beteiligten manchmal unangenehm, daß die Art und der Charakter der Illation ewig aus den Statuten hervorging. Im Aktienrechte ist man aber jetzt allgemein der Ansicht, daß solche Beseitigung nicht zulässig ist (Pinner 29; Düringer bei Holdheim 8, 233; OLG. Dresden in OLGR. 1, 204; KG. bei KGJ. 27 A, 226). Für die GmbH. muß das Gleiche gelten. Das Statut enthält insoweit historische Tatsachen. Diese sind begrifflich einer Beseitigung nicht fähig. Es ist vom gesetzgeberischen Standpunkte aus wichtig, daß die Grundlagen der Gesellschaft stets erkennbar sind. § 5.

Zusatz 6. Stempelfragen bei Einlagen und Übernahmen. Anm. 62.

1. Für Sacheinlagen kommt nach dem preußischen Stempelgesetze Position 25 ein besonderer Wertstempel zur Erhebung. Derselbe beträgt

a) für unbewegliche, im Inlande befindliche Sachen oder diesen gleichgeachtete Rechte 1 Proz. des Entgelts einschließlich der auf der Einlage ruhenden, auf die Gesellschaft übergehenden Passiva und des Wertes aller sonstigen ausbedungenen Leistungen und vorbehaltenen Nutzungen, oder, wenn das Entgelt aus dem Vertrage nicht hervorgeht, des Wertes des eingebrachten Vermögens (dagegen nur ein Fixstempel von 1,50 M., wenn die Sachen oder Rechte außerhalb Preußens sich befinden),

b) für bewegliche Vermögensgegenstände $^1/_3$ Proz. des Entgelts einschließlich des Wertes der ausbedungenen Leistungen und vorbehaltenen Nutzungen oder, wenn das Entgelt nicht aus dem Vertrage hervorgeht, des Wertes des eingebrachten Vermögens. Wenn nicht der Wert selbst, sondern der aus dem Vertrage hervorgehende Anspruch auf Überlassung der Werte eingebracht wird, so ist nicht der Einbringungsstempel von 1 bezw. $^1/_3$ Proz., sondern der Forderungsstempel zu verwenden (vgl. Anm. 35 zu § 55). Werden Aktien eingelegt, so kommt der Reichsstempel mit $^1/_3$ Proz. zur Anwendung zufolge § 18 RStG. (RG. 51, 351),

c) für Forderungsrechte $^1/_{50}$ Proz. des Wertes der Forderungen.

Unter dem Werte des Entgelts unter a und b ist der Geldwert, für den die Einlage angenommen ist, zu verstehen, also der Wert der hierfür gegebenen Geschäftsanteile ohne Rücksicht auf den höheren Wert (vgl. oben Anm. 39).

d) Dadurch, daß in den Einbringungsakten für einzelne Gegenstände besondere Äquivalente festgesetzt werden, wird an den vorstehenden Grundsätzen nichts geändert. Nur dann findet besondere Besteuerung statt, wenn über die mehreren Objekte besondere Rechtsgeschäfte geschlossen werden (RG. 53, 319). Anm. 63.

e) Bei den häufigen Fällen der Sacheinlage durch Einbringen eines Geschäftes mit Aktiven und Passiven oder eines Grundstückes mit Hypothek ist der Stempel von beiden Beträgen zu entrichten, von dem Geschäftsanteile und der außerdem übernommenen Verbindlichkeit. Der Betrag der Passiven erhöht den Wert der Leistung und von diesem erhöhten Werte ist der Stempel zu entrichten (Heinitz 380). Es ist übrigens selbstverständlich, daß aus dieser Stempelpflicht nicht folgt, daß auch die Schulden in solchem Falle der Einlage ziffernmäßig in dem Gesellschaftsvertrage stehen müssen. Dort muß nur Gegenstand und Wert der Einlage ersichtlich sein. Die Ermittelung des zu versteuernden Betrages hat damit nichts zu tun. Anm. 64.

Indessen kommt dieser Einbringungsstempel nicht etwa neben dem Vertragsstempel (vgl. Anm. 28 zu § 1) zur Anwendung, vielmehr ist letzterer auf den ersteren dann anzurechnen, wenn das Einbringen des Vermögens in die Gesellschaft zugleich mit deren Errichtung beurkundet wird.

Von dieser Stempelsteuer sind gewisse Gesellschaften befreit und ferner auch das Einbringen von Nachlaßgegenständen in eine GmbH., wenn diese ausschließlich von den Teilnehmern an der Erbschaft gebildet wird. Das Nähere siehe im Stempelgesetze und seinen Kommentaren.

2. Übernahmen. Diese sind bei der GmbH. rein gesellschaftliche Vereinbarungen, sobald die Vergütung auf die Einlage verrechnet wird (Anm. 28 ff.). Es kommen also hinsichtlich der Stempelsteuer nicht die Vorschriften über Kauf, Werkverdingung u. s. w. zur Anwendung, sondern die Vorschriften über die Gesellschaft. In Preußen ist von solchen Vereinbarungen ein besonderer Stempel nicht zu erheben. Vielmehr kommt lediglich der Stempel für den Gesellschaftsvertrag überhaupt (Anm. 28 zu § 1) und soweit wirkliche

§ 5. Sacheinlagen vorhanden sind, der Stempel für Sacheinlagen zur Anwendung, aber kein besonderer Stempel für Übernahmevereinbarungen nach § 3 Abs. 2. Für diese Übernahmevereinbarungen nach § 3 Abs. 2 kann eine abweichende Meinung überhaupt nicht aufkommen. Denn diese werden vom Gesetze ja mit den klarsten Worten als Gesellschaftsverpflichtungen bezeichnet („sollen den Gesellschaftern außer den Kapitaleinlagen noch andere Verpflichtungen gegenüber der Gesellschaft auferlegt werden"). Sie sind keine Übernahmen, die unter § 5 Abs. 4 fallen. Die Übernahmevereinbarungen, die mit Dritten vereinbart sind oder mit einem Gesellschafter ohne Verrechnung auf die Einlagen, also nicht gesellschaftliche Vereinbarungen, sind nach anderen Grundsätzen für stempelpflichtig zu erachten (als Kauf, Werkverdingung u. s. w.), natürlich nur insoweit die Vergütung nicht auf die Stammeinlage angerechnet wird. Denn insoweit handelt es sich um Sacheinlagen und diese werden ja nach anderen Grundsätzen versteuert (oben Anm. 33). Für das preußische Recht sind übrigens nach den zutreffenden Bemerkungen von Heinitz (2. Aufl. 376 u. 381) schon auf Grund des Stempelgesetzes die gemischten Geschäfte nur nach Position 25 c, nicht nach Position 32 des Stempeltarifs zu versteuern (zust. RG. v. 6./27. 5. 02 im ZBl. der Abgabengesetzgebung Berlin 02, 234 Anm.; RG. 51, 386 u. 391; 53, 319).

§ 6.

Die Gesellschaft muß einen oder mehrere Geschäftsführer haben.

Zu Geschäftsführern können Gesellschafter oder andere Personen bestellt werden. Die Bestellung erfolgt entweder im Gesellschaftsvertrage oder nach Maßgabe der Bestimmungen des dritten Abschnitts.

Ist im Gesellschaftsvertrage bestimmt, daß sämtliche Gesellschafter zur Geschäftsführung berechtigt sein sollen, so gelten nur die der Gesellschaft bei Festsetzung dieser Bestimmung angehörenden Personen als die bestellten Geschäftsführer.

Einleitung. **Der vorliegende Paragraph enthält einige Vorschriften über Geschäftsführer.** Er beschäftigt sich nur mit der Bestellung derselben als Gründungsakt. Der Hauptstock der Vorschriften über die Geschäftsführer ist jedoch in den §§ 35 ff. enthalten. Dort sollen die prinzipiellen Erörterungen über dieses Institut erfolgen und die in Betracht kommenden zahlreichen Einzelfragen erörtert werden.

Hier sei nur kurz folgendes erwähnt:

Anm. 1. 1. (Abs. 1.) **Die Gesellschaft muß einen oder mehrere Geschäftsführer haben.**

a) Sie „muß". Als Gründungsvorschrift hat dies den Sinn, daß die Gesellschaft nicht eingetragen werden darf, wenn der Geschäftsführer nicht bestellt ist. Dieser hat ja die Gesellschaft anzumelden (§ 78, § 8 Nr. 2). Eine Gesellschaft ohne Geschäftsführer ist vom Registerrichter zurückzuweisen. Ist sie trotzdem auf Anmeldung der Gesellschafter allein getragen, so ist sie zur Entstehung gelangt. Der Registerrichter kann nur die Gesellschafter zur Bestellung des Geschäftsführers anhalten. Für das spätere Leben der Gesellschaft hat dieses „muß" nicht den Sinn, als hörte die Gesellschaft zu bestehen auf, wenn ein Geschäftsführer nicht vorhanden ist. Wohl aber hat es verschiedene andere Bedeutungen. So hat z. B. jeder Gesellschafter das Recht, nach § 50 einzugreifen, um die Wahl des fehlenden Geschäftsführers zu bewirken. Der Gesellschafter und der Gläubiger haben das Recht, nach § 29 BGB. vorzugehen (vgl. § 35), wenn sie klagend auftreten, auch nach § 57 CPO. Besteht ein Aufsichtsrat, so hat dieser die Verpflichtung, für die Bestellung des Geschäftsführers zu sorgen. Eine strafrechtliche Verantwortlichkeit für Vernachlässigung dieser Pflicht besteht allerdings nicht (vgl. den Exkurs zu § 84).

b) Die rechtliche Stellung des Geschäftsführers ist die gleiche, wie die des Vorstandes bei der Aktiengesellschaft. Er ist der gesetzliche Vertreter der Gesellschaft (vgl. zu § 35). § 6. Anm. 2.

c) Wer stellt den Geschäftsführer an, insbesondere im Gründungsstadium? Auch hierüber siehe zu § 35. Anm. 3.

2. (Abs. 2.) **Zu Geschäftsführern können Gesellschafter und andere Personen bestellt werden.** Was sonst über die Qualifikationen der Geschäftsführer gilt, ob nur physische Personen bestellt werden können, ob nur Männer bestellt werden können, ob Geschäftsfähigkeit erforderlich ist 2c. 2c., auch über die Zahl der Geschäftsführer, alles dies wird zu § 35 erörtert. Anm. 4.

3. (Abs. 2.) **Die Bestellung des Geschäftsführers erfolgt entweder im Gesellschaftsvertrage oder nach Maßgabe des dritten Abschnitts.** Nach Maßgabe des dritten Abschnitts bedeutet: durch Beschluß der Gesellschafter nach § 46 Nr. 5, sofern nicht im Gesellschaftsvertrage eine andere Art der Bestellung vorgesehen ist (§ 45 Abs. 2). Die Bestellung des Geschäftsführers im Gesellschaftsvertrage macht diese nicht zu einem Teile desselben. Sie kann daher auch ohne Beobachtung der Abänderung des Gesellschaftsvertrags aufgehoben und widerrufen und ein anderer Geschäftsführer bestellt werden (RG. v. 24. 2. 01 in OLGR. 3, 644, und RGJ. 21 A, 261). Ungültigkeit dieser Bestellung ist ohne Einfluß auf die Gültigkeit des Gründungsaktes selbst. Anm. 5.

Alles Nähere hierüber siehe zu § 35.

4. **Der Absatz 3 unseres Paragraphen enthält eine Auslegungsvorschrift für einen ganz bestimmten Fall der Bestellung der Geschäftsführer:** nämlich für den Fall, daß nach dem Gesellschaftsvertrage sämtliche Gesellschafter zur Geschäftsführung berechtigt sein sollen. Auch diese Auslegungsvorschrift soll zu § 35 erörtert werden. Dort werden ähnliche Fälle im Zusammenhange behandelt, so z. B. der Fall, daß nicht sämtliche Gesellschafter im Gesellschaftsvertrage ernannt sind. Denn auch dieser verdient besondere Behandlung. Anm. 6.

Zusatz. Weitere Vorschriften über die Geschäftsführer enthält, wie bereits in der Einleitung betont, das Gesetz an anderen Stellen. So z. B.: über die Bestellung der Geschäftsführer, wenn sie nicht im Gesellschaftsvertrage geregelt ist, sprechen sich §§ 46 Nr. 5, 47 ff. aus. Es ist zu verweisen auf die Vorschrift, daß die Geschäftsführer sich selbst anzumelden haben (§§ 39, 78). Ob auch bei der Gründung? Siehe darüber zu § 7. Ferner auch die Vorschrift, daß ihr Name vom Gericht veröffentlicht wird (§ 10). Ihre Obliegenheiten und Befugnisse sind hauptsächlich durch die §§ 35—44, 64, 66, 75, 78, 80, 81, ihre civilrechtliche Verantwortlichkeit durch die §§ 9, 43, 44, ihre strafrechtliche durch die §§ 82—84 geregelt. Über Stellvertreter der Geschäftsführer bestimmt § 44. Anm. 7.

§ 7.

Die Gesellschaft ist bei dem Gericht, in dessen Bezirke sie ihren Sitz hat, zur Eintragung in das Handelsregister anzumelden.

Die Anmeldung darf nur erfolgen, nachdem von jeder Stammeinlage, soweit nicht andere als in Geld zu leistende Einlagen auf das Stammkapital gemacht sind, ein Vierteil, mindestens aber der Betrag von zweihundertundfünfzig Mark eingezahlt ist.

Der vorliegende Paragraph ordnet an, daß und wo die Gesellschaft anzumelden ist (Abs. 1), **und daß die Anmeldung nur erfolgen darf nach Erfüllung der Einlageverpflichtungen in gewissem Umfange** (Abs. 2). Einleitung.

1. (Abs. 1.) **Der erste Absatz ordnet an, daß und wo die Gesellschaft anzumelden ist.** Doch sollen hierbei auch die übrigen Modalitäten der Anmeldung erörtert werden. Anm. 1.

§ 7. a) Die Vorschrift der Anmeldung an sich ist nicht dahin zu verstehen, als müßte die errichtete Gesellschaft angemeldet werden, um einer öffentlich-rechtlichen Pflicht zu genügen. Vielmehr bestimmt das Gesetz an anderer Stelle ausdrücklich, daß ein Zwang zur Anmeldung einer errichteten Gesellschaft nicht besteht (§ 79). Der Staat hat kein Interesse daran, daß eine errichtete Gesellschaft auch angemeldet werde und dadurch zur rechtlichen Existenz gelange. Aber die Geschäftsführer haben den Gesellschaftern gegenüber die Verpflichtung zur Anmeldung und können eventuell im Prozeßwege dazu angehalten werden. Sie haften auch bei Verzug auf Schadensersatz. Und ferner hat die Vorschrift die Bedeutung, daß die Gesellschaft anzumelden ist, widrigenfalls die Eintragung und damit ihre Entstehung unterbleibt. Denn sie entsteht ja nur durch die Eintragung.

Anm. 2. b) Was ist anzumelden? Die Gesellschaft. Nach der ursprünglichen Fassung war der Gesellschaftsvertrag und die Person der Geschäftsführer anzumelden. Das ist durch die Fassung v. 20. 5. 98 dahin geändert, daß die Gesellschaft anzumelden ist.

Anm. 3. Es wird also nicht der Gesellschaftsvertrag angemeldet und es ist auch nicht vorgeschrieben, daß die Geschäftsführer anzumelden sind. Letzteres geschieht gleichwohl in der Praxis (vgl. auch das Formularbuch des Berliner Anwaltsvereins I 136). Förtsch Anm. 2 meint, es sei deshalb nötig, weil sie ja nach § 10 einzutragen seien. Allein nach § 10 werden ja auch noch andere Daten eingetragen, die gleichwohl nicht angemeldet zu werden brauchen. Die Geschäftsführer werden ja allerdings eingetragen (§ 10). Als Grundlage der Eintragung dient aber die bei der Anmeldung zu überreichende Legitimation der Geschäftsführer (§ 8 Nr. 2). Spätere Veränderungen im Personalbestande des Vorstandes sind allerdings anzumelden (§ 39).

Anm. 4. Angemeldet wird auch nicht die Firma. Der § 29 HGB. greift insoweit nicht Platz, ist vielmehr ersetzt durch die Spezialvorschrift unseres Paragraphen. Die Firma wird allerdings eingetragen (§ 10), aber auf Grund der Anmeldung der Gesellschaft und des der Anmeldung beigefügten Gesellschaftsvertrages (§ 8 Nr. 1).

Anm. 5. Wohl aber ist gemäß § 29 HGB. der Ort der Handelsniederlassung unter Umständen in die Anmeldung aufzunehmen. Fällt der Sitz der Gesellschaft und ihre Niederlassung zusammen, so ist das natürlich nicht notwendig. Wenn aber die Gesellschaft ihre Niederlassung an einem anderen Orte hat, als an ihrem Sitze, oder wenn sie außer am Orte ihres Sitzes noch an einem anderen Orte eine Niederlassung hat, so gilt anderes. Liegt dieser andere Ort in dem Gerichtsbezirke des Gesellschaftssitzes, so genügt (und ist erforderlich) die Angabe des anderen Ortes in der Anmeldung. Liegt aber der andere Ort nicht in dem Gerichtsbezirke des Gesellschaftssitzes, so muß gemäß § 13 HGB. und § 12 unseres Gesetzes die Anmeldung der Gesellschaft auch am Gerichte der Zweigniederlassung erfolgen, und das Gericht der Zweigniederlassung hat von Amtswegen dem Gerichte des Hauptsitzes eine Nachricht von der Eintragung zukommen zu lassen, damit dieses einen Vermerk über die Errichtung der Zweigniederlassung macht (§ 131 FG.). Zur Entstehung der Gesellschaft genügt aber die Eintragung am Orte des Gesellschaftssitzes.

Anm. 6. c) Bei welchem Gerichte erfolgt die Anmeldung der Gesellschaft? Bei demjenigen Gerichte, in dessen Bezirk die Gesellschaft ihren Sitz hat. Das ist derjenige Ort, den der Vertrag als Gesellschaftssitz bezeichnet, mag dies auch ein freigewählter Ort sein, an welchem sich der Geschäftsbetrieb oder die Verwaltung nicht befindet (Anm. 3 zu § 3). Über den Fall, daß die Niederlassung sich an einem anderen Orte oder auch einem andern Orte befindet, siehe oben Anm. 5.

Anm. 7. d) Wer hat anzumelden? Die sämtlichen Geschäftsführer (§ 78). Die Gesellschafter und der etwa ernannte Aufsichtsrat wirken dabei nicht mit. Ob eine Anmeldung durch Bevollmächtigte möglich ist, ist bestritten. Dagegen war die erste Auflage, da nach § 8 Abs. 2 in der Anmeldung die Versicherung abzugeben ist, welche höchst persönlicher Natur ist und deshalb eine Vertretung nicht zuläßt. Ebenso für das Aktienrecht KG. v. 28. 11. 04 bei KGJ. 28 A, 229; ČBlFG. 6, 86. Parisius-Crüger Anm. 2 lassen die Vertretung zu.

Der letzteren Ansicht ist der Vorzug zu geben. Aus § 12 HGB. folgt, daß jede Anmeldung zum Handelsregister auch durch Bevollmächtigte geschehen kann. Jede Anmeldung zum Handelsregister enthält ein persönliches Moment und eine Versicherung. Die Anmeldung einer offenen Handelsgesellschaft enthält die Versicherung, daß eine solche begründet ist, die Anmeldung einer Person als Prokuristen die ihrer Bestellung u. s. w. Es kann also aus der Tatsache, daß eine Versicherung die Anmeldung begleitet, nichts gefolgert werden. Daraus endlich, daß an die Verletzung der Versicherung strafrechtliche und zivilrechtliche Haftungen angeknüpft sind, folgt nicht, daß deren Abgabe nur durch die Geschäftsführer persönlich möglich ist. Ein Geschäftsführer, der durch den Bevollmächtigten eine Unwahrheit versichern läßt, bleibt verantwortlich, wie er andererseits straffrei ist, wenn er ohne Kenntnis der Unwahrheit die Versicherung abgab. Nur die Unterschrift muß persönlich hinterlegt werden. Denn diese kann nur der Geschäftsführer selbst abgeben. Es ist diese Frage der Bevollmächtigung zur Anmeldung von Bedeutung, wo die Geschäftsführer in verschiedenen Städten und verschiedenen Staaten wohnen und die besonderen Urkunden jeweils gebührenpflichtig sind. § 7.

Der Notar, der die Urkunde aufgenommen hat, kann die Anmeldung nicht ohne besondere Vollmacht statt der Geschäftsführer bewirken. Er kann zwar nach § 129 FG. den Eintragungsantrag stellen, dieser aber ersetzt nicht die Anmeldung. Tritt er als Antragsteller auf, so ist ihm von der erfolgten Eintragung Nachricht zu erteilen (§ 130 Abs. 2 FG.) und er hat ohne Vollmacht das Beschwerderecht (§ 129 FG.). Der Meinung von Weißler (Anm. 1 zu § 129 FG.), daß der Notar, der den Gesellschaftsvertrag aufgenommen hat, auch die Anmeldung bewirken dürfe, kann nicht beigestimmt werden (zust. Dorner FG. 467). Anm. 8.

Anmeldung durch einen hierzu nicht Befugten ist keine Anmeldung. Ein Recht, die eingetragene Gesellschaft wieder zu löschen, folgt aber für den Registerrichter hieraus nur dann, wenn das Bestehen des Eintrages dem Willen der Gesellschafter nicht entspricht. Ebenso wenn ein ordnungsgemäß beurkundeter Vertrag und die bereits unterzeichnete Anmeldung vom Notar, obwohl die Gesellschafter erklärt hatten, sie wollten den Eintrag noch nicht, versehentlich eingereicht wurde. Alsdann können die Beteiligten sofort die Löschung beantragen. Anders aber, wenn sie in Kenntnis dieser Tatsachen sich denselben fügen und die Gesellschaft ihr Geschäft beginnt. Es ist unstatthaft, diese Tatsache der versehentlichen Einreichung der Anmeldung ohne Willen der Gesellschafter und der Geschäftsführer später zu benutzen, um ein Nichtbestehen der Gesellschaft zu behaupten und Löschung derselben zu fordern. Von der Einreichung einer Anmeldung zu unterscheiben ist die Anmeldung durch die Geschäftsführer gegen den Willen der Gesellschafter. Diese Anmeldung ist stets rechtswirksam. Sie macht nur die Geschäftsführer haftbar. Anm. 9.

Erfolgt die Anmeldung nicht durch alle Geschäftsführer, so hat der Registerrichter die Anmeldung zurückzuweisen. Trägt er die Gesellschaft aus Versehen ein, so kann er sie nicht ohne weiteres wieder löschen (a. M. anscheinend KG. v. 28. 11. 04 bei KGJ. 28 A, 229). Nur wenn feststeht, daß die Anmeldung durch den einen Geschäftsführer dem Willen der anderen widersprach, kann die Löschung erfolgen. Denn dann liegt überhaupt keine Anmeldung vor. Stimmen aber diese anderen Gesellschafter, wenn auch nur stillschweigend, zu, so darf der Registerrichter nicht wieder löschen. Unanwendbar ist die Vorschrift des § 142 FG. Unter den Voraussetzungen des Eintrags sind nur die materiell-rechtlichen zu verstehen, nicht die formellen der Rechtspolizei. Der Eintrag ist gültig, sobald ein gültiger Gesellschaftsvertrag mit Willen der Gesellschafter eingetragen ist (vgl. hierüber und die gegenteilige Ansicht des KG. im Beschlusse v. 18. 4. 04 CBlFG. 5, 104 Anm. 21 zu § 2). Anm. 10.

e) In welcher Form erfolgt die Anmeldung? In öffentlich beglaubigter Form (§ 12 HGB.). Die Wahl der gerichtlichen oder notariellen Protokollform ist natürlich ebenfalls zulässig. Anm. 11.

f) Die Verantwortlichkeit für die inhaltliche Richtigkeit der Anmeldung ist in civilrechtlicher Hinsicht im § 9, in strafrechtlicher im § 82 Nr. 1 geregelt. Anm. 12.

§ 7. 2. (Abs. 2.) **Die Anmeldung darf nur erfolgen nach Erfüllung der Einlageverpflichtungen in**
Anm. 13. **gewissem Umfange.**

a) Eine Anmeldung ohne die Erfüllung dieser Voraussetzungen ist wirkungslos. Erfolgt sie gleichwohl, so ist die Eintragung abzulehnen. Ist aber die Eintragung erfolgt, so hat es hierbei sein Bewenden. Der Registerrichter kann die Gesellschaft nicht wieder löschen. Es handelt sich auch hier nur um formelle Vorschriften über die Art der Anmeldung. Eine Nichtigkeit der Gesellschaft liegt nicht vor. Diese ist nur in den in § 75 aufgezählten Fällen möglich (vgl. Anm. 21 zu § 3 und Anm 3 ff. zu § 75). Wo keine Nichtigkeitsklage möglich ist, kann auch keine Löschung von Enträgen erfolgen (§ 144 FG.). Es läßt sich als allgemeine Regel für die Tätigkeit des Registerrichters aussprechen, daß er jede Anmeldung nach Form und Inhalt genau zu prüfen daß er die materielle Voraussetzung der angemeldeten Vorgänge, speziell der Gesellschaftsgründung, zu kontrollieren (vgl. Anm. 2 zu § 10) und im Interesse der Beteiligten jeden Antrag auf Eintragung, der in einem dieser Punkte Mängel zeigt, abzulehnen hat. Eine einmal erfolgte Eintragung aber muß wiederum im Interesse der Beteiligten intakt bleiben. Die eingetragene Gesellschaft kann von dem Registerrichter nicht mehr beseitigt werden. Er kann sie nur wegen der bestimmten Mängel im Inhalte des Gründungsaktes (§ 75) zur Löschung bringen, aber auch nur dann nur in bestimmtem Verfahren und unter Aufrechterhaltung der Wirkung des Eintrags zu Gunsten Dritter (vgl. auch oben Anm. 10 a. E., Anm. 21 ff. zu § 2 und Anm. 3 ff. zu § 75). Über die Eintragung abändernder Beschlüsse zum Handelsregister und die Wiederbeseitigung vgl. Anm. 11 zu § 54, bei Erhöhung und Herabsetzung des Stammkapitals vgl. Anm. 10 ff. zu § 57 und Anm. 45 zu § 58.

Anm. 14. b) In welchem Umfange müssen die Einlageverpflichtungen vor der Anmeldung erfüllt sein? Hier ist zu unterscheiden zwischen Sacheinlagen und Geldeinlagen.

α) **Sacheinlagen.** Das Gesetz verlangt, daß, soweit nicht andere als Geldeinlagen gemacht sind, ein Viertel jeder Stammeinlage eingezahlt sein muß. Nichts ist gesagt über die Sacheinlagen und die diesen gleichstehenden Veräußerungen von Gegenständen unter Verrechnung der Vergütung. Es stehen sich zwei Ansichten gegenüber. Die erste Auflage verteidigte im Gegensatze zu der herrschenden Meinung die Ansicht, daß alle anderen als Geldeinlagen vollständig gemacht sein müssen, während alle anderen Kommentare sich damit begnügen, daß die Sacheinlagen zur freien Verfügung der Gesellschaft stehen (Förtsch Anm. 4; Neukamp Anm. 4; vgl. auch Liebmann Besprechung der ersten Auflage dieses Kommentars bei Holdheim 13, 8).

Für die letztere Meinung sind auch die Motive. Sie führen aus:

„Der Gegenstand einer solchen Einlage muß vielmehr unter allen Umständen der Gesellschaft schon vor der Eintragung unverkürzt zur Verfügung gestellt werden, wenn auch unter Umständen die weiter zur Erfüllung der Einlageverpflichtung noch erforderlichen Rechtsakte, wie namentlich die grundbuchmäßige Eintragung des Eigentums an den Immobilien, zunächst noch vorbehalten bleiben müssen. Die Bestimmung des § 7 Abs. 2 ist dementsprechend gefaßt."

Die erste Auflage (Anm. 11 S. 63) bekämpfte diese Stelle. Es sei nicht richtig, daß die Bestimmung des § 7 Abs. 2 dem hier ausgesprochenen Gedanken entsprechend gefaßt sei. Er enthalte kein Wort davon, daß die Sacheinlagen der Gesellschaft nur „zur Verfügung gestellt zu werden brauchen". Er spreche vielmehr von den Sacheinlagen in dem Sinne, daß sie „selbstverständlich" vor der Anmeldung vollständig geleistet werden müßten. Es sei der Grundgedanke der Motive, daß die Sacheinlagen selbstverständlich vollständig geleistet werden müssen, in völlig reiner Weise, nicht in der abgeschwächten Form zum Ausdruck gekommen, daß die Sacheinlagen nicht geleistet, sondern nur zur Verfügung gestellt zu werden brauchen. Der § 7 Abs. 2 lasse nur zwei Deutungen zu: „entweder man nimmt an, er bezieht sich auf Sacheinlagen überhaupt nicht — dann

brauchen dieselben weder bewirkt, noch zur Verfügung gestellt zu werden — oder aber § 7.
er bezieht sich auf sie, dann müssen sie vor der Anmeldung bewirkt sein".

Es läßt sich zunächst die in der ersten Auflage verteidigte Ansicht nicht aufrecht er- Anm. 15.
erhalten. Der § 7 Abs. 2 läßt sich nicht in der Weise deuten, daß damit gesagt sein solle, von Geldeinlagen sind nur 25 Proz., von Sacheinlagen ist das ganze Einbringen vor der Eintragung zu leisten. Es wäre eine eigene Art von Ausdrucksweise, eine solch wichtige Bestimmung in die Form zu kleiden, daß man nur für die Geldeinlagen eine Vorschrift gibt. Dazu kommt, daß der Wortlaut des § 7 Abs. 2 dem unbefangenen Auge die Bestimmung über die Geldeinzahlung als eine Ausnahme darstellt, eine Ausnahme dahin, daß überhaupt vor der Entstehung der Gesellschaft eine Einlage erfolgt, nicht aber dahin, daß diese nur 25 Proz. beträgt. Nicht beweiskräftig ist demgegenüber der Hinweis auf § 8 Abs. 2 und § 9 Abs. 1. Allerdings ist dort die Rede davon, daß die Stammeinlagen „bewirkt", d. h. gemacht sein müssen. Aber auch diese beiden Stellen beziehen sich ausdrücklich nur auf § 7 Abs. 2 und die daselbst erwähnten Geldeinlagen. Dazu kommt endlich ausschlaggebend, daß eine vollständige Leistung im Zustande der Gesellschaft vor der Eintragung unmöglich ist. Der Begriff der beschränkten Rechtsfähigkeit, mit dem die erste Auflage operiert, hat im Gesetze keinen Boden. Eine Auflassung an die Gründer für die noch nicht errichtete Gesellschaft ist nur in der Weise denkbar, daß sie an die physischen Personen erfolgte mit der Auflage, das Eigentum an die errichtete Gesellschaft weiter zu übertragen. Dieser Versuch, die Sacheinlage zuerst an die Gründer oder die Geschäftsführer und dann an die Gesellschaft gelangen zu lassen, widerspricht den Intentionen der Partei und dem Gesetze vollständig. Schon um der Kosten willen, man denke an Stempel und Steuern, wird jedes solche Verfahren abgelehnt. Schon der Gefahr wegen, welche die Sacheinlagen in der Hand der Gründer oder der Geschäftsführer laufen, kann das Gesetz diese Erfüllung vor der Errichtung der Gesellschaft nicht gewollt haben. Wird darauf der Ton gelegt, daß die Gesellschaft ja auch Geldeinlagen empfange, also die Geldstücke, daß sie mithin ebensogut Waren erwerben könne und wie diese auch Forderungen und Immobiliarrechte und schließlich Grundstücke, so ist hier der erste Satz schon bedenklich. Die Einzahlung hat noch keinen Eigentumserwerb zur Folge. Sie kann es nicht haben, da die Gesellschaft noch nicht existiert. Sie will auch nicht den Geschäftsführer zum Eigentümer dieser Geldleistungen machen. Jeder Versuch eines Gläubigers des Geschäftsführers, die Geldleistung zu pfänden, wäre zurückzuweisen. Die Einzahlungen bedeuten rechtlich erst die Offerten der Gesellschafter und verbunden mit der Übergabe der Geldstücke oder deren Surrogaten an den Vertreter der künftigen Gesellschaft. Man könnte also hieraus nur zu einer Verpflichtung der Gesellschafter gelangen, bezüglich der Sachleistungen die Übertragungsofferte abzugeben und diese, soweit sie nicht nur mittels der Erklärung des Willens sich abspielen, vorzubereiten. Bei Waren wäre die Übergabe möglich, bei den Immobiliarrechten wenigstens eine urkundliche Erklärung. Bei Grundstücken scheitert auch dies an dem Erfordernisse der gleichzeitigen Anwesenheit beider Vertragsteile. Es wäre also nicht einmal diese Offerte in rechtlich bindender Weise bei allen Illationsgegenständen möglich. Bei den oft wichtigsten versagte sie. Allerdings findet sich eine Auflassung „an die soeben begründeten und noch nicht eingetragene Aktiengesellschaft" anerkannt (OLG. Colmar v. 25. 5. 03 in OLGR. 6, 486), oder doch wenigstens für den Fall, daß hierbei die Personen für die Gesellschaft mitwirken, welche später, wenn sie rechtsfähig wird, deren Vertreter sind (Bergwerksgrundbuchamt Mosbach BadNotZ. 05 Nr. 2; CBlFG. 5, 805). Aber abgesehen davon, daß ja auch bei dieser Ansicht die Eintragung in das Grundbuch erst nach der Eintragung der Gesellschaft in das Handelsregister erfolgen kann, ist diese Ansicht selbst sehr bedenklich. Der Eigentumserwerb hat bei Grundstücken unbedingt und unzweideutig zu erfolgen (vgl. Lehmann-Ring I Bem. 4 Abs. 2 zu § 195).

So würde man zu den von der herrschenden Meinung auf Grund der Motive ver- Anm. 16.
teidigten abgeschwächten Systemen, wonach die Sacheinlagen zwar nicht bewirkt und vollbracht, aber doch zur Verfügung der Geschäftsführer stehen müssen, gedrängt. Diese

§ 7. Ansicht stützt sich auf die oben schon zitierten §§ 8 Abs. 2, 9 Abs. 1. Die Geschäftsführer haben zu versichern, „daß die im § 7 Abs. 2 bezeichneten Leistungen auf die Stammeinlage bewirkt sind, und daß der Gegenstand der Leistungen sich in der freien Verfügung der Geschäftsführer befindet". Die Geschäftsführer haften dabei solidarisch für die Richtigkeit ihrer Angaben „hinsichtlich der auf die Stammeinlagen gemachten Leistungen" (§ 7 Abs. 2). Wenn die Geschäftsführer dies versichern müssen, so müsse das von denselben Versicherte auch vorher erfolgt sein. Gegen diese Ansicht sprechen aber folgende Momente. Zunächst steht im Gesetze nichts davon. Der § 8 Abs. 2 bezieht sich nur auf die in § 7 Abs. 2 bezeichneten Leistungen. Er ist die Kontrolle dieser Vorschrift. Der Registerrichter soll dies nicht selbst nachprüfen. Aber es soll ihm von den anmeldenden Organen versichert werden. Ist es vom Gesetze nicht geboten, daß die Sacheinlage vorher gemacht sei, so hat die Versicherung, daß dies geschehen ist, auch gar keinen Sinn. Wenn das Gesetz aber fortfährt, daß auch zu versichern sei, daß sich die Leistungen in der freien Verfügung der Geschäftsführer befinden, so kann es unmöglich mit einem Male damit die Sacheinlagen meinen, von denen bisher nicht die Rede war. Das hätte doch anders ausgedrückt werden müssen. Die Bemerkung der Motive ist ein Gedanke des Verfassers derselben geblieben. In der Wirklichkeit hat er ihn nicht umgesetzt.

Sodann, und das ist ein Grund, der sowohl gegen die Ansicht der ersten Auflage als gegen die herrschende Meinung spricht, würde dieses Verlangen, die Sacheinlagen schon vor der Eintragung unverkürzt der Gesellschaft zur Verfügung zu stellen, eine nicht motivierte und nicht zu motivierende Abweichung von dem System der Aktiengesellschaft bedeuten (Rehm, Einlage von Sachgesamtheiten ArchBürgR. 22, 122, Note 5). Es ist an früherer Stelle (Allg. Einl. Anm. 21 ff.) auf das Verhältnis beider Gesellschaften hingewiesen. Bei der Gründung sind die Kautelarvorschriften des Aktienrechts für die GmbH. abgeschwächt, nicht verschärft. Im Aktienrechte findet sich die in der Hauptsache gleiche Vorschrift einer Versicherung, daß auf jede Aktie, soweit nicht andere als durch Barzahlung zu leistende Einlagen bedungen sind, der eingeforderte Betrag bar einbezahlt und im Besitz des Vorstandes ist (§ 195 Abs. 3 Satz 7). Diese Stelle wird von der Auslegung und der Praxis stets so aufgefaßt, daß nicht in bar erfolgende Einlagen weder ganz noch teilweise zur Zeit der Anmeldung geleistet sein müssen. (Staub HGB. I, Anm 15 zu § 195. Makower HGB. I Bem. IVa zu § 195; Lehmann-Ring HGB. I Bem. 4 Abs. 2 zu § 195; a. M. Cosack LehrbHR. § 117 III 4.) Es hat diese verschiedene Behandlung praktisch ihren guten Sinn. Es wäre durchaus unzweckmäßig auch die Sacheinlagen, mit denen die Gesellschaft ihr Geschäft betreiben soll, vor deren Existenz der Gesellschaft bereits auszufolgen. Das führte praktisch zu den größten Schwierigkeiten. Es vergeht mitunter ein längerer Zeitraum bis die Eintragung vollzogen ist. Der Registerrichter kann Beanstandungen vorbringen, die beseitigt werden müssen. Wem gehören die Sachen in dieser Zwischenzeit? Wer ist berechtigt, das Handelsgeschäft, das eingebracht wird, zu leiten und über die Bestandteile desselben zu verfügen? Der bisherige Inhaber nicht mehr. Denn er soll die Sache ja zur freien Verfügung der Gesellschaft halten. Die Gesellschaft und ihre Organe noch nicht, denn sie besteht ja noch nicht und kann keine Geschäfte schließen. Man kann aber das Geschäft nicht still liegen lassen. Daraus, daß es häufig für Rechnung der neuen Gesellschaft betrieben wird, folgt gerade, daß der frühere Inhaber es noch weiter führt. Diese Erwägungen führten für das Aktienrecht zu dem Ergebnis, nur bei der Bargründung, bei der sich keinerlei solche Schwierigkeiten ergeben, die Voreinzahlung von 25 Proz. zu fordern. Dieselben Motive sprechen bei der GmbH. für den Ausschluß des Verlangens der Vorleistung bei der Sacheinlage. Das Gesetz begnügt sich in beiden Fällen, bei der Aktiengesellschaft und der GmbH., mit der Zusage, die nach der Eintragung zu vollziehen ist, wie es sich ja auch bei der Geldeinlage auf ein Viertel derselben beschränkt. Es ist endlich noch darauf hinzuweisen, daß es kaum möglich erscheint bei der Sacheinlage festzustellen, was „freie Verfügung" bedeutet und wie sie durchgeführt werden soll. Man könnte nur bei Waren und Wertpapieren, wo körperlicher Besitz stattfindet, ein den Geldleistungen analoges Verhältnis der „tatsächlichen Gewalt“ (vgl. § 854 Abs. 7 BGB.) herbeiführen. Bei Forderungen und anderen unkörperlichen Rechten ist eine freie Verfügung undenkbar. Bei Immobilien wäre der Besitz möglich. Aber die rein tatsächliche Herrschaft wäre zwecklos, solange das Recht selbst beim Inferenten bleibt, der hierdurch jeden Moment über das Grundstück verfügen und mittels dieser Verfügung zu Gunsten Dritter den Besitz der Gewieder vernichten kann. § 7.

Hieraus folgt, daß eine Sacheinlage vor der Eintragung weder voll geleistet werden noch zur freien Verfügung der Geschäftsführer stehen muß. Sie wird erst nach der Eintragung verlangt und vollzogen. Die Gefahr bis dahin trägt dadurch allein der Inferent. Ein sich vor der Eintragung und der Erfüllung ereignender zufälliger Untergang trifft den Gesellschafter, sofern nicht aus der besonderen Art der Einlage, wie bei der eines Handelsgeschäfts auf Grund einer zurückliegenden Bilanz ein Gegenteiliges anzunehmen ist.

3. **Geldeinlage.** Anm. 17.

aa) In welcher Höhe müssen diese im Stadium der Gründung gemacht werden? Es muß ein Viertel von jeder Stammeinlage eingezahlt werden, soweit dieselbe nicht in einer Sacheinlage besteht. Wenn eine Stammeinlage ganz durch Sachen, eine andere ganz in Geld zu belegen ist, so bietet diese Vorschrift keine Schwierigkeit. Wie aber, wenn eine Stammeinlage teils in Geld, teils durch Sachen zu belegen ist? Auch hierauf gibt das Gesetz eine klare Antwort. Von jeder Stammeinlage, soweit nicht andere als Geldeinlagen gemacht sind, ist ein Viertel einzuzahlen. Das kann nichts anderes bedeuten als: von der Stammeinlage ist der durch Sacheinlagen gedeckte Betrag abzuziehen, und von dem Rest ist ein Viertel in bar einzuzahlen. Die herrschende Meinung verfährt anders. Sie berechnet in dem Falle, wo eine Stammeinlage teils durch Sachen, teils durch Geld zu decken ist, das bar zu zahlende Viertel von dem Nennbetrage des Stammanteils, zieht aber hiervon den Betrag der Sacheinlage ab (vgl. Parisius-Crüger Anm. 3; Birkenbihl Anm. 10; Neukamp Anm. 4; Förtsch Anm. 5; auch RG. v. 3. 5. 01 in GoltdArch. 04, zitiert in Kaufmanns 1900—01, 1, 208). Allein das Gesetz bietet für diese Ansicht keinen Anhalt. Der Grundgedanke des Gesetzes ist vielmehr der: was nicht durch Sacheinlage gedeckt ist, muß in Geld eingezahlt werden und hiervon der vierte Teil sofort bei der Gründung. — Mindestens aber sind 250 M. einzuzahlen, sagt § 7 Abs. 2. Doch ist das nicht genau. Wenn nämlich nach Abzug des durch Sacheinlage gedeckten Teils der Stammeinlage weniger als 250 M. übrig bleiben, so braucht natürlich nur dieser Betrag eingezahlt zu werden.

Sind Stammeinlagen von verschiedener Größe, einige unter, andere über 1000 M. übernommen, so wäre für jene das Fixum von 250 M., für diese die Leistung von 25 Proz. maßgebend. Dann würde das Verhältnis der Einzahlungen verschieden, was zufolge § 19 Abs. 1 unstatthaft. Um dieses zu vermeiden, müssen auch die über 1000 M. betragenden Stammeinlagen in demselben Verhältnisse wie die kleineren, also mit mehr als 25 Proz. herangezogen werden. Entscheidend ist dabei stets der geringste Betrag der Einlage, dem sich alle anderen zu fügen haben. Bei Einlage von 500, 700, 900 und 1000 M. müssen alle Gesellschafter 50 Proz. einzahlen, da die erste Einlage 50 Proz. nämlich 250 M. von 500 M. leisten muß. Durch das Vorhandensein einer Einlage unter 1000 M. wird für alle Einlagen der Minimalprozentsatz der Einzahlung von 25 Proz. aufgehoben. Anm. 18.

Daß das Agio voll eingezahlt sein muß, ehe die Gesellschaft eingetragen wird, ist hier nicht angeordnet (anders im Aktienrecht).

ββ) In welcher Weise muß die Geldeinlage gemacht werden? Das Gesetz vermeidet hier das Wort Barzahlung. Und nach den Motiven ist hiermit bewußterweise von der korrespondierenden Bestimmung des Aktienrechts (§ 195 Abs. 3 HGB.) abgewichen worden. Dort ist Barzahlung gefordert, hier Geldzahlung. Allein der Anm. 19.

§ 7. Unterschied ist nicht sehr erheblich. Auf den ersten Blick sollte man sogar meinen, er bestehe überhaupt nicht. Denn Geldzahlung und Barzahlung sind allgemein identische Begriffe. Nach den Motiven soll aber „nach den Umständen des Falls unter Berücksichtigung allgemeiner Verkehrsgewohnheiten entschieden werden, was als Einzahlung zu betrachten ist. Jedenfalls muß dieselbe eine derartige sein, daß der eingezahlte Betrag zur freien Verfügung der Geschäftsführer steht." Dieser Ausspruch der Motive ist, da der Wortlaut des Gesetzes damit nicht im Widerspruch steht, bei der Auslegung zu Grunde zu legen. Das tut auch das RG. Zwar hat es in RG. 36, 112 gesagt, daß die Zahlungen in bar erfolgen müssen. Doch sollte dort nur betont werden, daß, wenn keine Sacheinlage vereinbart ist, unter allen Umständen Geldzahlungen geleistet werden müssen, auch wenn den Geldbeträgen gleichwertige Objekte in die Gesellschaft eingebracht seien. Es war dort also nur der Gegensatz zur Sacheinlage betont worden. In der Entscheidung RG. 41, 122 dagegen, wo gerade der Begriff der Bareinzahlung in Frage stand, hat das RG. sich ganz auf den Standpunkt der Motive gestellt (vgl. auch RGSt. 32, 82). Es hat der baren Zahlung der Stammeinlagen andere Arten von Leistungen gleichgestellt, welche jeden Augenblick mit zweifelloser Sicherheit in bares Geld umgesetzt werden können, also einen dem baren Gelde gleichkommenden Wert besitzen.

Anm. 20. Allein wenn das RG. 36, 186; 41, 122 angenommen hat, daß ein Scheck unter Umständen als Einzahlung genügt, nämlich dann, wenn die Bank, auf welche er lautet, finanziell so gestellt ist, und zugleich der Betrag des Schecks sich in solchen Grenzen bewegt, daß nach allgemeiner Anschauung der Einlösung des Schecks sofort bei seiner Präsentation mit vollständiger Sicherheit entgegengesehen werden kann, so kann dies nicht gebilligt werden. Ein Scheck kann als Einzahlung nicht genügen, und genügt auch nach allgemeinen Verkehrsgewohnheiten als Zahlungsmittel nicht. Ein Scheck ist immer nur ein Zahlungsversuch. Er ist ja nur eine Anweisung. Der Scheckerwerber erhält kein Recht, mit Ausschluß des Scheckgebers, also frei über das Geld zu verfügen. Der Scheckgeber kann ja die Anweisung noch widerrufen und er kann außerdem noch das Guthaben abheben. Der Geldzahlung vollkommen adäquat gilt ein Rechtsakt nach allgemeinen Verkehrsgewohnheiten nur, wenn infolge desselben der Zahlungsempfänger tatsächlich und rechtlich jederzeit über den Betrag verfügen kann. Das ist z. B. der Fall, wenn der Betrag bei der Reichsbank auf Girokonto des Zahlungsempfängers umgebucht wird und sei es auch ohne Benachrichtigung des Zahlungsempfängers, oder auch wenn eine solche Buchung (hier unter Benachrichtigung des Zahlungsempfängers) bei anderen sichern Banken erfolgt ist. Derartige Rechtsakte gelten nach allgemeinen Verkehrsgewohnheiten als Geldzahlung. Nach der in der ersten Auflage (Anm. 16 S. 66) vertretenen Ansicht sollte es deshalb auch genügen, wenn eine sichere Bank die Einzahlung als Gründerin zu leisten habe und den Geschäftsführern anzeige, daß sie die Gesellschaft in ihren Büchern für diesen Betrag erkannt habe. Dies dürfte zu weit gehen. Eine solche Anzeige wäre nur eine Schaffung einer neuen Schuldursache. Ebenso müssen auch Sichtwechsel ausgeschlossen werden, auch solche Sichtwechsel, deren sofortige Zahlung durch die Person und die Verhältnisse des Ausstellers unter allen Umständen sicher ist. Später erst fällig werdende Tratten, die erst diskontiert werden müssen, genügen noch weniger (RGSt. 36, 187).

Anm. 21. Erforderlich ist aber fernerhin wie im Aktienrecht, daß die Zahlung in der Weise erfolgt, daß die Gesellschaft bei ihrem Entstehen Eigentümerin des barbezahlten Geldes und Forderungsberechtigter bei dem ihr überwiesenen Betrage wird. Allerdings kann, solange die Gesellschaft nicht besteht, eine Zahlung im Sinne der Erfüllung nicht erfolgen. Denn diese setzt die bestehende Schuld und diese wieder das Bestehen der Gesellschaft voraus. Einzahlung bedeutet in § 7 Abs. 2 die *tatsächliche Übergabe* des Geldes und bei der Überweisung die von dem Dritten angenommene Anweisung zu Gunsten der entstehenden Gesellschaft. Ein Eigentum derselben an dem Gelde, ein Anspruch bei der Bank aus der Giroüberweisung ist erst möglich nach der Eintragung der Gesellschaft. Bis dahin ist nur eine Offerte der Gesellschafter möglich, daß diese das Eigentum und die Forderung mit ihrem Entstehen erwerben soll. Aber diese muß ernstlich sein. Einzahlung oder Überweisung des Geldes mit der Abrede, daß es alsbald nach der Anmeldung wieder an den Gesellschafter zurückfließen solle, genügt dem Gesetze nicht. Ebensowenig wenn ein Gesellschafter das Geld nur zum Zwecke der vorübergehenden Einlage geliehen hat und die Geschäftsführer dies wissen (RGSt. 24, 287; 30, 314). § 7.

Bei der Geldeinlage ist außerdem erforderlich, daß dieselbe zur Zeit der Anmeldung zur freien Verfügung der Gesellschaft steht. Es darf nicht der Betrag in Sachen umgesetzt oder als Darlehen ausgeliehen sein. Wohl aber kann er bei einer sichern Bank als depositum irregulare hinterlegt sein. Es ist nicht notwendig, daß er als depositum regulare hinterlegt wird, da hier nicht, wie im Aktienrecht, vorgeschrieben ist, daß das eingezahlte Geld im Besitze des Vorstandes sei. es genügt vielmehr, daß es in der freien Verfügung der Geschäftsführer ist. Es darf also trotz der „freien Verfügung" der Geschäftsführer nicht über die Gelder disponieren. Er darf auch aus diesen vor der Eintragung keine Zahlung leisten. Notwendige Auslagen sind von den Gründern vorzulegen (Staub in DJZ. 03 76, vgl. auch Anm. 13 zu § 8). Im Gegensatz hierzu findet sich in einem (ungedruckten) Erkenntnisse des RG. vom 27. 9. 05 (I. 784 u. 93/05) J. S. Strecker und Gen. gegen Reiser und Gen. ausgesprochen, daß bei Einzahlungen auf eine künftig zu errichtende Gesellschaft, die als Betriebsmittel dienen sollten, und im Vorbereitungsstadium durch das Gründerkonsortium bereits zu Betriebszwecken (der Bergwerke) verwendet wurden, „rechtlich auch nach § 7 Abs. 2 des Gesetzes vom 20. April 1892 nichts im Wege stand, diese vorher geleisteten Zahlungen bei der Errichtung als Einzahlungen auf das Stammkapital anzusehen und zu behandeln". Diese Ansicht ist bedenklich. Sie widerspricht dem Verlangen, daß die Einzahlungen zur Verfügung der Geschäftsführer stehen müssen. Aus der Verwendung durch das Konsortium war ein Anspruch der Einzahlenden gegen dessen Mitglieder entstanden. Dieser Anspruch war einlagefähig. Das praktische Ergebnis war erreichbar. Aber es durften nicht die bereits verbrauchten Zahlungen als Geldleistungen behandelt werden. Übrigens hatte das RG. diese letztere Frage nicht zu entscheiden. Es ist anzunehmen, daß es auch bei Vorliegen derselben die hier abgelehnten Konsequenzen ebenfalls nicht ziehen würde. Anm. 22.

Dabei muß hier bemerkt werden, daß auch diese Erfordernis der Geldeinzahlung selbst schon dadurch erfüllt wird, daß ein Rechtsverhältnis hergestellt wird, kraft dessen eine sichere Bank den Betrag der Gesellschaft so schuldet, daß die letztere über denselben rechtlich und tatsächlich jederzeit verfügen kann (siehe oben Anm. 20). Ist von dieser Art der Geldeinzahlung Gebrauch gemacht, so ist damit, solange dieser Zustand dauert, zugleich dem Erfordernis des Zur-freien-Verfügung-Stehens genügt. Anm. 23.

Ferner muß auch hier bemerkt werden, daß die Geschäftsführer im Namen der Gesellschaft die freie Verfügungsgewalt über das Geld haben müssen. Es genügt nicht, daß sie die Möglichkeit haben, in eigenem Namen über das Geld frei zu verfügen (vgl. hierüber Anm. 13 zu § 8). Anm. 24.

γγ) Auf jede Stammeinlage muß der Betrag besonders eingezahlt sein. Ein Hinüberziehen der von einem Gesellschafter gezahlten Beträge auf die Einlagepflicht eines anderen Gründers ist nicht zulässig. Es genügt z. B. nicht, daß nur eine Stammeinlage eingezahlt ist, wenn die auf diese geleistete Einzahlung auch ein Viertel des gesamten Stammkapitals ausmacht. (RGSt. 26, 66; 33, 252.) Anm. 25.

δδ) Nicht nötig ist, daß der Gesellschafter selbst die Einzahlung leistet. Es kann auch für ihn ein anderer einzahlen (RGSt. 30, 318; für das Aktienrecht). Das kommt häufig vor, insbesondere dann immer, wenn jemand nicht selbst mit seinem Namen bei der Gründung hervortreten will und einen anderen für sich den Gesellschaftsvertrag abschließen läßt (Anm. 43 zu § 2). Nur darf die Zahlung nicht durch die Gesellschaft selbst aus Geldern, die sie geliehen hat, geschehen (RG. 47, 180 und bei Holdheim 10, 121). Anm. 26.

§ 7. **Zusatz 1. Hinsichtlich des Stempels** ist zu bemerken, daß, wenn die Stammeinlage nicht
Anm. 27. sofort voll in bar eingezahlt wird, der Wertstempel nur von der jedesmaligen Teilzahlung zu entrichten ist. Der Betrag von Sacheinlagen (§ 5 Abs. 4) kommt aber für die Stempelberechnung sofort im ganzen Umfange in Ansatz. (Tarifstelle 25 des preußischen Stempelgesetzes; Heinitz, 2. Aufl. 369, 370.)

Anm. 28. **Zusatz 2. Die allgemeinen Vorschriften über das Handelsregister und über die Eintragungen in das Handelsregister finden natürlich auch bei der GmbH. Anwendung.** Dieselben können im einzelnen hier nicht erläutert werden.

1. Zuständigkeit für die Führung des Handelsregisters. Hierüber bestimmt § 8 HGB. in Verbindung mit § 125 FG. Danach sind die Amtsgerichte zuständig.

Anm. 29. 2. Über die Tätigkeit des Registergerichts und über die Bedeutung der Eintragungen gelten die Erläuterungen in Staub HGB., Exkurs zu § 8. Insbesondere gilt auch hier, daß der Registerrichter keine allgemeine Disziplinargewalt über den Handelsstand hat, sondern nur die ihm durch das Gesetz verliehenen Einzelbefugnisse (vgl. Staub HGB. Anm. 1 im Exkurse zu § 8).

Anm. 30. a) Die Eintragungen erfolgen in der Regel auf Antrag der Parteien. Doch trägt ausnahmsweise der Registerrichter auch von Amtswegen ein und aus (vgl. hierüber Staub HGB. Anm. 6 im Exkurse zu § 8).

Anm. 31. b) Nur die im Gesetz vorgesehenen Eintragungen sind statthaft, also z. B. nicht die Eintragung einer Handlungsvollmacht für eine GmbH. (vgl. Staub HGB. Anm. 6 im Exkurse zu § 8).

Anm. 32. c) Die Prüfung des Gerichts erstreckt sich jedenfalls darauf, daß die erforderlichen Erklärungen in gehöriger Art und Form abgegeben werden. Aber das Gericht kann auch, wie aus § 12 FG. hervorgeht, vor der Eintragung Ermittelungen anstellen, ob die abgegebenen Erklärungen wahr sind, und von der Wahrheit die Eintragungen abhängig machen (vgl. Staub HGB. Anm. 7—10 im Exkurs zu § 8; Düringer-Hachenburg HGB. I, Note III zu § 14).

Insbesondere über den Umfang der Prüfung des Registerrichters bei der Eintragung der Gründung einer GmbH. siehe Anm. 1 zu § 10 des Gesetzes.

Anm. 33. d) Die Eintragungen haben oft deklaratorische Bedeutung (so z. B. die Eintragung der Geschäftsführer und Prokuristen), oft aber auch konstitutive Bedeutung (so die Eintragung der Gesellschaft selbst, der Statutenänderungsbeschlüsse). Aber auch dort, wo sie konstitutive, rechtserzeugende Kraft haben, haben sie doch außerdem deklaratorische Bedeutung. Eine GmbH. entsteht allerdings durch die Eintragung. Aber daß es eine GmbH. ist, kann, wenn es darauf ankommt, dem Dritten nur entgegengehalten werden, wenn die Eintragung auch publiziert worden ist.

Anm. 34. In allen Fällen aber hat die Eintragung die Bedeutung einer Vermutung für die Richtigkeit einer eingetragenen Tatsache (RG. 41, 22).

Über alles dies, sowie über die strafrechtliche Frage, ob in der bewußt unrichtigen Anmeldung eine intellektuelle Urkundenfälschung liegt, siehe Staub HGB. Anm. 11ff. im Exkurse zu § 8.

3. Über die Öffentlichkeit des Handelsregisters gilt § 9 HGB.

4. Über die Publikationen der handelsrechtlichen Eintragungen durch das Handelsgericht gelten §§ 10 und 11 HGB.

Anm. 35. 5. Für die Form der Eintragung in das Handelsregister, für die Zeichnungen zum Handelsregister und für Vollmachten gilt § 12 HGB. Dazu kommt noch § 129 FG., der die Anmeldung zu Protokoll des zuständigen Gerichtsschreibers gestattet.

Anm. 36. 6. Über die Anmeldung und Zeichnung beim Gericht der Zweigniederlassung gilt § 13 HGB. Zur Ergänzung aber dienen §§ 12, 39 Abs. 2, 59, 67 Abs. 2 unseres Gesetzes.

Vgl. besonders die Erläuterungen zu § 12 unseres Gesetzes.

7. Über die Verpflichtung des Gerichts, die Eintragung durch Ordnungsstrafen zu erzwingen, gilt allerdings § 14 HGB., jedoch modifiziert durch § 79 unseres Gesetzes. § 7. Anm. 37.

Ebenso gelten die Vorschriften des FG. über das Ordnungsstrafverfahren.

Vgl. Näheres hierüber zu § 78 unseres Gesetzes.

8. Über die Rechtsfolgen der Eintragung und der Nichteintragung einer einzutragenden Tatsache gilt § 15. Vgl. hierüber die Erläuterungen bei Staub HGB. zu § 15; Düringer-Hachenburg I zu § 15. Anm. 38.

9. Auch die im § 16 HGB. aufgestellten Regeln über die Wirkung richterlicher Entscheidungen zur Mitwirkung bei einer Eintragung gelten hier. Anm. 39.

10. Endlich ist wegen Beseitigung von zu Unrecht erfolgten Eintragungen auf die §§ 141, 144 FG. zu verweisen. Der § 144 FG. betrifft insbesondere die Löschung nichtiger Gesellschaften und nichtiger Gesellschaftsbeschlüsse. Vgl. hierüber oben Anm. 8ff., ferner Anm. 21ff. zu § 3 und Anm. 3ff. zu § 75. Anm. 40.

§ 8.

Der Anmeldung müssen beigefügt sein:

1. der Gesellschaftsvertrag und im Falle des § 2 Absatz 2 die Vollmachten der Vertreter, welche den Gesellschaftsvertrag unterzeichnet haben, oder eine beglaubigte Abschrift dieser Urkunden,
2. die Legitimation der Geschäftsführer, sofern dieselben nicht im Gesellschaftsvertrage bestellt sind,
3. eine von den Anmeldenden unterschriebene Liste der Gesellschafter, aus welcher Name, Vorname, Stand und Wohnort der letzteren, sowie der Betrag der von einem jeden derselben übernommenen Stammeinlage ersichtlich ist,
4. in dem Falle, daß der Gegenstand des Unternehmens der staatlichen Genehmigung bedarf, die Genehmigungsurkunde.

In der Anmeldung ist die Versicherung abzugeben, daß die im § 7 Abs. 2 bezeichneten Leistungen auf die Stammeinlagen bewirkt sind, und daß der Gegenstand der Leistungen sich in der freien Verfügung der Geschäftsführer befindet.

Die Geschäftsführer haben ihre Unterschrift zur Aufbewahrung bei dem Gerichte zu zeichnen.

Der vorliegende Paragraph behandelt einige Modalitäten der Anmeldung: im Abs. 1 die Beilagen der Anmeldung, im Abs. 2 die in der Anmeldung abzugebende Versicherung über die Leistung der Einlagen, im Abs. 3 die Zeichnung der Unterschrift durch die Geschäftsführer. Einleitung.

I. (Abs. 1.) **Die Beilagen der Anmeldung.**

1. **Der Gesellschaftsvertrag und die Vollmachten.** Anm. 1.

a) Der Gesellschaftsvertrag. Gemeint ist eine Ausfertigung oder eine beglaubigte Abschrift des Gesellschaftsvertrages. Denn die Urschrift bleibt bei den Akten der Urkundsbeamten.

b) Die Vollmachten. Hat sich bei der Abfassung des Gesellschaftsvertrages ein Gesellschafter durch einen Bevollmächtigten vertreten lassen, so ist die Vollmacht in Urschrift oder in beglaubigter Abschrift der Anmeldung beizufügen. Daß die Urschrift der Vollmacht in notarieller oder gerichtlicher oder in notariell oder gerichtlich beglaubigter Anm. 2.

§ 8. Form vorliegen muß, schreibt § 2 Abs. 2 vor. Wenn die so beschaffene Vollmacht nicht in Urschrift eingereicht wird, so ist sie in beglaubigter Abschrift einzureichen. Diese Abschrift braucht nicht notwendig gerichtlich oder notariell beglaubigt zu sein. Es genügt Beglaubigung durch jede zur Erteilung von Beglaubigungen befugte Urkundsperson.

Anm. 3. Hat ein gesetzlicher Vertreter mitgewirkt, so bestimmt sich nach anderen Grundsätzen, in welcher Weise derselbe seine Legitimation darzutun hat (vgl. hierüber Anm. 7 zu § 2).

Anm. 4. c) Ebenso ist die etwa erforderliche Genehmigungserklärung beizufügen, und zwar auch in derselben beglaubigten Form, in welcher die Vollmachten zu beglaubigen sind (vgl. hierüber Anm. 7 u. 8 zu § 2). Es handelt sich hier um die Genehmigung des Gesellschafters, wenn ein Pseudovertreter für ihn aufgetreten ist oder um die Genehmigung des Ehemanns oder von Behörden u. s. w.

Anm. 5. 2. **Die Legitimation der Geschäftsführer,** sofern dieselben nicht im Gesellschaftsvertrage bestellt sind. Wie die Geschäftsführer zu bestellen sind, darüber siehe Anm. 5 zu § 6. Hiernach genügt z. B. auch ein Beschluß der Gesellschafter. Derselbe kann auch schriftlich gefaßt sein. Es ist nicht notwendig, daß er zum Zwecke der Eintragung gerichtlich oder notariell beurkundet oder beglaubigt sein muß. Die Anmeldung des Beschlusses durch die Geschäftsführer zeugt im allgemeinen für die Richtigkeit. Doch kann ja nach der allgemeinen Vorschrift des § 12 FG. der Registerrichter jederzeit Ermittelungen anstellen über die Wahrheit der Grundlagen der Eintragung. Wie aber, wenn der Gesellschaftsvertrag auch eine mündliche Beschlußfassung zuläßt? Auch das ist möglich. Dann kann auch der hier in Rede stehende Gesellschafterbeschluß mündlich gefaßt werden. Aber es muß dann eine schriftliche Bescheinigung der Gesellschafter, daß sie den Beschluß mündlich gefaßt haben, gefordert werden (Birkenbihl Anm. 3).

Anm. 6. 3. **Eine von den Anmeldenden unterschriebene Liste der Gesellschafter.** Diese Liste muß den Namen, Vornamen, den Stand und Wohnort der Gesellschafter enthalten, sowie den Betrag der von einem jeden Gesellschafter übernommenen Einlagen ersichtlich machen. Als Vorname genügt der Rufname, die Angabe sämtlicher Vornamen ist nicht nötig. Bei juristischen Personen genügt die Angabe des eingetragenen Namens oder des sonstigen Namens, unter welchem die juristische Person im Rechtsverkehr auftritt, sowie des Sitzes. Bei offenen Handelsgesellschaften, die in das Handelsregister eingetragen sind, genügt die Angabe der Firma der Gesellschaft und ihres Sitzes, bei solchen, die nicht eingetragen sind, wird allerdings die Angabe der einzelnen Gesellschafter miterfolgen müssen, weil dies zur Identifizierung erforderlich ist. Ob es sich um Sach- oder Geldeinlagen handelt, und wieviel darauf eingezahlt ist, braucht aus der Liste nicht hervorzugehen.

Anm. 7. Diese Liste gewährt keineswegs eine Gewähr dafür, wer jeweilig Gesellschafter ist. Sie ist ja nur jedes Jahr zu erneuern (§ 40) und außerdem nur bei der Kapitalserhöhung zu ergänzen (§ 57 Abs. 3 Nr. 2).

Anm. 8. 4. **Die Genehmigungsurkunde, wenn der Gegenstand des Unternehmens der staatlichen Genehmigung bedarf.** Ob das Unternehmen konzessionspflichtig ist, darüber hat allein die zuständige Konzessionsbehörde zu entscheiden, nicht der Registerrichter. Bescheinigt jene, daß das Unternehmen nicht konzessionspflichtig ist, so muß sich der Registerrichter mit diesem negativen Attest begnügen und darf die Eintragung nicht ablehnen, weil er es für konzessionspflichtig hält. Ein Kompetenzkonflikt besteht daher nicht. So für das Aktienrecht die herrschende Ansicht (vgl. Staub HGB. Anm. 11 zu § 195). Für das Recht der GmbH. muß das Gleiche gelten (vgl. auch Neukamp Anm. 2; Liebmann Anm. 4; Förtsch Anm. 4; während Birkenbihl zu Unrecht das Vorhandensein eines Kompetenzkonfliktes annimmt). Indessen kann es doch zu einem formellen Kompetenzkonflikt insofern kommen, als der Registerrichter nicht verpflichtet ist, vor Beibringung der Konzessionsurkunde zu der Frage Stellung zu nehmen, ob die Gesellschaft im übrigen eintragungsfähig ist (KGJ. 11, 23), während andererseits die Konzessionsbehörde unter Umständen nach den für sie geltenden Vorschriften die Konzession nicht eher zu erteilen braucht, als bis der Registerrichter bescheinigt hat, daß der Eintragung im übrigen keine Bedenken entgegen-

stehen. Dieser formelle Konflikt kann nur durch das Entgegenkommen einer der beiden § 8.
Behörden beigelegt werden. In Berlin ist der Registerrichter der entgegenkommende Teil und gibt die Bescheinigung, daß der Eintragung Bedenken nicht entgegenstehen.

Zu bemerken ist hierbei, daß die Vorschrift sich nicht bezieht auf Fälle, in denen es Anm. 9.
sich nur um die Genehmigung einzelner Anlagen aus Gründen sicherheits- oder gesundheitspolizeilicher Natur handelt, sondern nur, wo der Betrieb des ganzen Unternehmens staatlicher Genehmigung bedarf. Es ist z. B. die Konzessionsurkunde zur Eintragung nicht nötig, wenn eine GmbH. sich bildet zur Fertigstellung von Waren, zum Bleichen, Färben, Bedrucken und Appretieren derselben, auch wenn die Ausführung dieses Zweckes Anlagen erheischt, welche der staatlichen Genehmigung bedürfen. Dagegen muß die Genehmigungsurkunde beigebracht werden, wenn die Gesellschaft bezweckt den Betrieb von Eisenbahnen, die Emission von Banknoten, die Auswanderungsvermittelung, das Versicherungsgeschäft. Auch die besonderen Vorschriften, welche das Vereins- oder Versammlungsrecht der einzelnen Bundesstaaten enthält, sowie die Bestimmungen über die geistlichen Genossenschaften und religiösen Vereine finden hier Anwendung. Die Frage der Konzessionspflicht tritt auch hervor bei Beschränkungen der Gewerbeordnung in Bezug auf Gastwirtschaften, Schauspielunternehmungen, Heilanstalten u. s. w. Ob solche Konzessionen auch juristischen Personen erteilt werden können, ist allerdings zweifelhaft (vgl. Staub HGB. Anm. 11 zu § 195).

Darüber, ob die Konzessionsurkunde beizubringen ist, wenn durch Statutenänderung ein konzessionspflichtiges Unternehmen begonnen wird, siehe zu § 54.

5. **Nicht beizufügen sind die Urkunden über die Bestellung des Aufsichtsrats.** Auch wenn ein Anm. 10.
Aufsichtsrat gebildet ist, sind diese Urkunden nicht einzureichen. Eine dem § 195 Abs. 2 Nr. 4 HGB. analoge Vorschrift ist hier nicht gegeben. Dadurch entsteht sogar eine Inkongruenz. Denn der § 244 HGB., wonach der Vorstand die Verpflichtung hat, jede Änderung im Personalbestande des Aufsichtsrats zu publizieren und die Publikation dem Registergericht einzureichen, ist hier anwendbar (§ 52 des Gesetzes). Sie kann nur durch den Gesellschaftsvertrag außer Kraft gesetzt werden. Die Registerakten ergeben also die Veränderungen, nicht aber die ursprüngliche Gestalt des Aufsichtsrats. Der Registerrichter hat nun zwar kein Zwangsmittel zur Beibringung der Urkunden. Aber es ist doch als sein Recht zu betrachten, sie einzufordern.

6. **Fehlt es an einer der vorgeschriebenen Beilagen,** ist eine derselben unvollständig und un- Anm. 11.
richtig, so hat der Registerrichter den Eintrag abzulehnen. Ist der Eintrag erfolgt, so kann dieser Mangel der Anmeldung eine Löschung von Amtswegen nicht begründen (vgl. Anm. 10 u. 13 zu § 7; Anm. 21 zu § 2).

II. (Abs. 2.) **Die Versicherungen der Geschäftsführer in der Anmeldung.** Anm. 12.

1. **In der Anmeldung** ist die Versicherung abzugeben. Doch ist zu beachten, daß die Versicherung dem Gerichte gegenüber abgegeben wird (§ 82 Nr. 1), daß daher die Anmeldung überhaupt erst wirkt in dem Augenblicke, wo sie dem Amtsgericht eingereicht wird. Vorher ist sie lediglich ein Entwurf, den der Erklärende noch zurückhalten kann. Daraus folgt, daß dem Gesetze genügt wird, wenn der Inhalt der Versicherung in dem Augenblicke zutrifft, wo die Anmeldung dem Gerichte eingereicht wird. Es verschlägt nichts, daß der Inhalt nicht zutrifft in dem Augenblicke, wo sie der Erklärende unterschreibt oder wo er seine Unterschrift beglaubigen läßt, oder wo er die Versicherung zu notariellem Protokoll erklärt. Erfolgt die Einreichung der Anmeldung ohne den Willen der Geschäftsführer, etwa durch ein Versehen in der Kanzlei des amtierenden Notars, so haften die Geschäftsführer im Falle der Unrichtigkeit ihrer Angaben nicht. Es fehlt an dem Willen der Anmeldung. Über die Eintragung auf Grund einer nicht mit dem Willen des Anmeldenden erfolgten Anmeldung vgl. Anm. 9 ff. zu § 7.

2. **Der Inhalt der Versicherung** geht dahin, daß die im § 7 Abs. 2 bezeichneten Leistungen Anm. 13.
auf die Stammeinlagen bewirkt sind, und daß der Gegenstand der Leistungen sich in der freien Verfügung der Geschäftsführer befindet. *Der Inhalt dieser Versicherung ist bereits in Anm. 13—28 zu § 7 eingehend erläutert.*

§ 8. Anm. 14. Über die Verantwortlichkeit der Geschäftsführer für die Richtigkeit der Versicherung siehe in civilrechtlicher Hinsicht § 9, in strafrechtlicher § 82 Nr. 1.

Anm. 15. III. (Abs. 3.) **Die Geschäftsführer haben ihre Unterschrift zur Aufbewahrung bei dem Gerichte zu zeichnen.** Nicht auch die Firma. Die Zeichnung muß entweder in gerichtlicher oder notarieller oder in gerichtlich und notariell beglaubigter Form erfolgen (§ 12 HGB.) oder zu Protokoll des zuständigen Gerichtsschreibers (§ 128 FG.). Die Zeichnung muß dem ganzen Umfange nach handschriftlich sein. Es ist nicht zulässig, die Firma der Gesellschaft durch Stempeldruck herzustellen (KG. in CBlFG. 6, 286; RJA. 6, 47 Heft 1).

Die Zeichnung muß auch zum Zweigregister geschehen (§ 13 HGB.). Siehe § 12 unseres Gesetzes.

§ 9.

Die Anmeldenden haften der Gesellschaft solidarisch für die Richtigkeit ihrer Angaben hinsichtlich der auf die Stammeinlagen gemachten Leistungen (§ 7 Abs. 2).

Verzichtleistungen oder Vergleiche der Gesellschaft in Betreff der ihr nach Absatz 1 zustehenden Ersatzansprüche sind unwirksam, soweit der Ersatz zur Befriedigung der Gläubiger der Gesellschaft erforderlich ist. Auf einen Vergleich, welchen der Ersatzpflichtige im Falle der Zahlungsunfähigkeit zur Abwendung oder Beseitigung des Konkursverfahrens mit seinen Gläubigern abschließt, findet diese Bestimmung keine Anwendung.

Die Ansprüche auf Grund der vorstehenden Bestimmungen verjähren in fünf Jahren seit der Eintragung der Gesellschaft in das Handelsregister.

Einleitung. **Der vorliegende Paragraph regelt die Verantwortlichkeit der anmeldungspflichtigen Personen für die Richtigkeit ihrer Angaben.** Dabei spricht Abs. 1 den Umfang der Verantwortlichkeit aus, Abs. 2 regelt die Wirksamkeit von Vergleichen und Verzichten über die betreffenden Regreßansprüche, Abs. 3 die Verjährung der Regreßansprüche. In Zusätzen werden weitere Regreßansprüche erörtert.

Anm. 1. I. (Abs. 1.) **Die Anmeldenden haften der Gesellschaft solidarisch für die Richtigkeit ihrer Angaben hinsichtlich der auf die Stammeinlagen gemachten Leistungen.**

1. **Wer haftet?** Die Anmeldenden. Also die Geschäftsführer (§ 78). Bewirken auch andere Personen als die Geschäftsführer die Anmeldung, z. B. die Gesellschafter oder die Mitglieder des Aufsichtsrats oder ein erwählter Prokurist oder Handlungsbevollmächtigter, so trifft auch sie die vorliegende Haftung. Birkenbihl Anm. 2 verneint dies mit Unrecht. Das Gesetz erwähnt doch nun einmal nicht bloß die Geschäftsführer, sondern die Anmeldenden schlechthin, und es hat einen guten Sinn, alle Anmeldenden, auch wenn sie ohne gesetzliche Haftung angemeldet haben, haftbar zu machen. Denn sie verletzen eben durch eine falsche Anmeldung die publica fides (vgl. aber bezüglich der strafrechtlichen Haftung § 82 Nr. 1). Die Geschäftsführer aber haften auch dann, wenn sämtliche Gesellschafter dazu bestellt sind. Birkenbihl Anm. 2 verneint dies mit Unrecht. Denn auch in diesem Falle ist die Geltendmachung eines Anspruchs von praktischem Werte, so z. B. wenn die Gesellschaft in Konkurs geraten ist oder wenn ein Gläubiger den Regreßanspruch der Gesellschaft für sich pfändet.

Anm. 2. 2. **Wem haften sie?** Der Gesellschaft. Hier wie im § 204 und § 202 HGB. muß angenommen werden, daß damit bestimmt sein sollte, daß beim Vorliegen der hier behandelten Voraussetzungen lediglich die Gesellschaft es sein soll, welche befugt ist, die Rechte aus dieser Verantwortlichkeit geltend zu machen (vgl. Motive S. 22). Man wollte wohl damit eine Überlastung der Geschäftsführer mit Verantwortlichkeiten von allen Seiten verhüten. Ein Dritter, auch ein zukünftiger Geschäftsanteilskäufer oder § 9. ein Gläubiger, hat daher keinen Anspruch gegen die Geschäftsführer, sofern derselbe sich auf den Tatbestand des § 9 Abs. 1 gründet, auch wenn ein solcher Anspruch nach den allgemeinen Vorschriften über die Haftung aus unerlaubten Handlungen begründet wäre, auch wenn das Interesse des Dritten durch den der Gesellschaft zustehenden Ersatzanspruch nicht voll gedeckt wäre, auch wenn wissentlich unrichtige Angaben, also dolose Pflichtverletzungen vorliegen (vgl. Birkenbihl Anm. 2; für das Aktienrecht Staub HGB. Anm. 2 zu § 202 und Anm. 2 zu § 204). Dritter ist auch jeder Mitgründer. Wenn er sich darauf verließ, daß die Einlagen, wie versichert wurde, von allen gemacht sind, später aber bei der Insolvenz eines Gesellschafters für dessen Teil herangeholt wird, so steht ihm kein Anspruch gegen die Geschäftsführer aus der unwahren Versicherung zu.

Nur dann, wenn die Geschäftsführer neben ihrer Tätigkeit, welche sie bei der Anmel- Anm. 3. dung der Gesellschaft entwickelt haben, durch Erklärungen oder Zusicherungen oder durch sonstiges Verhalten gegenüber einzelnen Personen noch in besondere kontraktliche oder außerkontraktliche Beziehung zu diesen getreten sind, welche ein besonderes Klagerecht des Dritten begründen kann, ist ein Anspruch des Dritten denkbar. Die Voraussetzungen solcher Ansprüche ruhen im bürgerlichen Recht. Sie sollten hier nicht geordnet, aber auch nicht beseitigt werden. Auf Schadensersatz können die Ansprüche jedenfalls nur dann gerichtet werden, wenn der Schaden nicht nur auf dieselben Erklärungen zurückgeführt wird, hinsichtlich deren hier eine Haftung gegenüber der Gesellschaft konstituiert ist (vgl. hierüber Staub HGB. Anm. 3 zu § 202).

3. **Wer ist zur Klage legitimiert?** Die Klage wird erhoben seitens der Gesellschaft ver- Anm. 4. treten durch die Geschäftsführer. Es bedarf hierzu eines Beschlusses der Gesellschafterversammlung (§ 46 Nr. 8). Ob der Prozeßgegner die Einlassung davon abhängig machen, einen Gesellschafterbeschluß fordern darf vgl. Ausführungen zu § 46 Nr. 8. Wenn der Geschäftsführer selbst verklagt werden soll, so unterliegt der Bestimmung der Gesellschafter die Vertretung der Gesellschaft im Prozesse (§ 46 Nr. 8). Sie ernennen also einen Bevollmächtigten, welcher auf Grund dieses Beschlusses die Gesellschaft im Prozesse zu vertreten berechtigt ist, als gesetzlicher Vertreter der Gesellschaft ad hoc. Ist die Gesellschaft im Konkurse, so führt der Konkursverwalter den Prozeß und braucht dazu weder nach innen, noch nach außen eines Gesellschafterbeschlusses (für das Aktienrecht Bolze 23 Nr. 58), noch kann er durch einen Gesellschafterbeschluß zur Anstellung der Klage gezwungen werden.

4. **Wofür haften die Geschäftsführer?** Für die Richtigkeit der in der Anmeldung enthaltenen Anm. 5. Angaben hinsichtlich der auf die Stammeinlagen gemachten Leistungen.

a) Sie haften für die objektive Richtigkeit. Verschulden ist nicht nötig. Der Entwurf hatte einen Entschuldigungsbeweis zugelassen. Auch dieser wurde von der Reichstagskommission gestrichen, indem angenommen wurde, daß bei gehöriger Sorgfalt eine unrichtige Angabe in den hier in Rede stehenden Punkten nicht wohl möglich sei (Kommissionsbericht S. 6). Sie haften nicht, wenn die Anmeldung mit der unrichtigen Versicherung ohne ihren Willen beim Registerrichter eingereicht wurde (vgl. Anm. 12 zu § 8).

b) Die Angaben müssen sich beziehen auf die auf die Stammeinlagen ge- Anm. 6. machten Leistungen, d. h. es sind diejenigen Angaben, welche sie nach § 8 Abs. 2 über die im § 7 Abs. 2 erwähnten Leistungen in der Form der Versicherung zu machen haben. Das geht aus der Citierung des § 7 Abs. 2 deutlich hervor. Diese Angaben müssen richtig sein. Sonst haften sie. Es kann schon nach der klaren Fassung des Gesetzes keinem Zweifel unterliegen, daß sowohl die Angaben darüber, daß die Leistungen gemacht sind, als auch die Angaben darüber, daß sie zur freien Verfügung der Gesellschaft stehen, gemeint sind.

Dagegen sind sonstige Angaben in der Anmeldung nicht gemeint (vgl. Anm. 6). Anm. 7. Machen die Geschäftsführer sonstige Angaben in der Anmeldung, die nicht vorgeschrieben sind, z. B. Angaben über die Angemessenheit der Einlagewerte, so trifft sie nicht die

§ 9. Haftung des vorliegenden Paragraphen, d. h. die strenge Haftung wegen objektiver Unrichtigkeit, sondern allenfalls die Haftung aus Verschulden (vgl. das Folgende).

Anm 8. c) **Über die Haftung der Geschäftsführer für sonstige Ungehörigkeiten bei der Gründung;** z. B. für falsche Angaben anderer Art in der Anmeldung oder für Versehen bei der Geschäftsführung vor Eintragung der Gesellschaft, siehe unten Anm. 22.

Anm. 9. 5. **Worin besteht die Haftung?** Sie haben der Gesellschaft das zu ersetzen, was ihr dadurch entgeht, daß die Tatsachen anders liegen, als sie von den Geschäftsführern angegeben werden. Haben sie versichert, daß auf die Barzahlung 50 Proz. eingezahlt sind und es waren nur 25 Proz. eingezahlt, so haben sie der Gesellschaft 25 Proz. zu erstatten. Haben sie versichert, daß ihnen das zu inferierende Warenlager übergeben sei, und ist dies nicht richtig, so haben sie einen ebensolchen Posten Ware zu liefern, oder Schadensersatz zu leisten. Dabei ist es unerheblich, ob man die Ansicht vertritt, daß Sacheinlagen bei der Eintragung noch nicht geleistet sein müssen (vgl. Anm. 14 ff. zu § 7). Es kann die Versicherung unter Hinweis hierauf unterbleiben. Wird sie aber gemacht, so stehen die Geschäftsführer dafür ein. Sie haben die Gesellschaft so zu stellen, als wäre die Angabe nicht unrichtig, sondern richtig. Der Anspruch ist daher ausgeschlossen, wenn zwar nicht zur Zeit der Anmeldung, wohl aber nach dieser die Leistungen ordnungsgemäß erfolgten.

Anm. 10. Der Anspruch der Gesellschaft besteht nur in dem Verlangen auf Deckung des Defizits am Stammkapital (Motive 22). In der ersten Auflage (Anm. 10 S. 73) war gegen diese von den Kommentaren akzeptierte Ansicht der Motive ausgeführt, daß, wenn dies die Absicht des Verfassers der Motive war, er seine Absicht in dem Gesetze zum Ausdruck hätte bringen sollen. Im Gesetze sei eine uneingeschränkte Haftung für die Richtigkeit der Angaben angeordnet. Allein das Gesetz hat diese Ansicht der Motive doch zum Ausdruck gebracht. Es knüpft die Haftung an das formale Moment der Erklärung an und macht dadurch die Geschäftsführer zu Bürgen für die Gesellschafter.

Anm. 11. Von einer bloß subsidiären Haftung wie bei der analogen Vorschrift des § 204 HGB. ist hier keine Rede. Die Gesellschaft soll nach dem Willen des Gesetzgebers ausgestattet mit den ihr zugesagten Werten ins Leben treten. Fehlen sie ihr bei der Entstehung, so haben die Geschäftsführer sofort das Fehlende zu ergänzen. Sie können nicht etwa verlangen, daß die Gesellschaft die eigentlichen Leistungspflichtigen vorerst verklagt. Sie haben nicht bloß den **Ausfall** zu ersetzen. Nur können sie verlangen, daß die Gesellschaft ihnen Zug um Zug gegen den von ihnen zu leistenden Ersatz ihre Ansprüche gegen die Einlagepflichtigen abtritt (vgl. § 255 BGB.).

Keine Haftung besteht, wenn Sacheinlagen gemacht und zur Verfügung der Gesellschaft gestellt waren, sofern sich später herausstellt, daß diese nicht in das Eigentum der Gesellschaft übergingen, weil der Inferent selbst kein Eigentum hatte. Die Haftung bezieht sich nur auf die Wahrheit der tatsächlichen Versicherung.

Anm. 12. 6. **Solidarisch** haften die Geschäftsführer. Das bedeutet als Gesamtschuldner gemäß §§ 421 bis 426 BGB. Die näheren Grundsätze können hier nicht auseinandergesetzt werden (vgl. hierüber Staub HGB. Anm. 7 ff. zu § 128).

Anm. 13. II. (Abs. 2.) **Verzicht auf diesen Regreßanspruch und Vergleiche über diesen sind in gewissen Grenzen unwirksam.**

1. **Die Verzichte und Vergleiche müssen sich auf die im Abs. 1 bezeichneten Ansprüche beziehen.** Soweit die Gesellschaft sonstige Ansprüche aus der Gründungstätigkeit der Geschäftsführer hat, sind diese von der Vorschrift nicht getroffen (vgl. unten Anm. 22—24). Das Aktienrecht (§ 205 HGB.) erklärt Vergleiche und Verzichte innerhalb der ersten fünf Jahre seit der Eintragung zum Handelsregister für unstatthaft. Auch nach dieser Zeit bedürfen sie der Zustimmung der Generalversammlung. In dieser kann der Widerspruch einer Minderheit von einem Fünftel des vertretenen Kapitals die Genehmigung ausschließen. Hiervon weiß unser Gesetz nichts. Es ist lediglich die Unwirksamkeit zu Gunsten der Gläubiger bestimmt. Dann aber ist es einerlei, ob der Verzicht und der Vergleich auch nach fünf Jahren (falls nur keine Verjährung eingetreten war) und unter Zustimmung aller Gesellschafter erfolgt war.

2. Sie sind unwirksam, soweit der Ersatz zur Befriedigung der Gläubiger der Gesellschaft erforderlich ist. Es ist dabei einerlei, ob dieser Umstand schon im Moment des Verzichts und Vergleichs vorhanden war oder erst nachher eintritt. Solange die Verjährung nicht durchgreift, ist zu Gunsten der Gläubiger der Ersatzanspruch zu erhalten. Diese Tatsache, daß der Ersatz zur Deckung der Gläubiger nötig ist, muß die Gesellschaft beweisen, wenn sie die Unwirksamkeit geltend macht (vgl. Förtsch Anm. 6). Eine Gesellschaft, die imstande ist, ihre Gläubiger zu befriedigen, ist an den Verzicht oder Vergleich gebunden, auch wenn er die Gesellschaft schädigt. § 9. Anm. 14.

Die Unwirksamkeit bedeutet nicht, wie die erste Auflage Anm. 15 S. 74 annahm, Nichtigkeit, ebensowenig eine civilrechtliche Anfechtbarkeit. Beide setzen einen Mangel in der Willenserklärung voraus (§§ 104 ff. BGB.). Die hier in Frage stehende Unwirksamkeit bedarf allerdings keiner Anfechtung im Sinne des § 142 BGB. Andererseits kann doch der andere Teil sie nicht geltend machen, sondern nur die Gesellschaft. Die Gesellschaft muß erklären, daß sie die Unwirksamkeit geltend machen wolle. Diese Geltendmachung stützt sich wieder auf die besonders zu beweisenden Tatsachen, daß der Verzicht die Gläubiger benachteiligt. Anm. 15.

Die Bezeichnung als unwirksam entspricht der Ausdrucksweise des Konkursrechts (§ 29 KO. und § 1 des AnfG.). Dort sind Rechtshandlungen der Schuldner als den Gläubigern gegenüber unwirksam anzufechten. Die Unwirksamkeit der Vergleiche und Verzichte im Sinne des § 9 Abs. 2 gehört zu derselben Gruppe. Nur bedarf es hier keines Nachweises der Gefährde und keiner gerichtlichen Anfechtung. Jede Erklärung der Gesellschaft genügt. Praktisch wird § 9 Abs. 2 besonders für den Fall des Konkurses sein. Es muß, damit Verzicht und Vergleich unwirksam sind, feststehen, daß die Aktiven nicht mehr reichen, um die Passiven zu decken. Dann aber muß ja der Konkurs eröffnet werden (§ 207 KO.). Es kann der Konkurs nicht dadurch verschoben werden, daß behauptet wird, infolge der Überschuldung bestehe der Regreßanspruch noch.

Inwieweit durch eine nur teilweise Unwirksamkeit der übrige Inhalt des Vergleichs berührt wird, bestimmt sich nach § 138 BGB. Es hängt davon ab, ob der andere Teil ihn auch bei Kenntnis dieser Unwirksamkeit geschlossen hätte. Anm. 16.

3. Ausnahmsweise kann die Unwirksamkeit nicht geltend gemacht werden, wenn der Vergleich abgeschlossen worden ist mit einem Ersatzpflichtigen im Falle der Zahlungsunfähigkeit desselben zur Abwendung oder Beseitigung des Konkursverfahrens. Gemeint ist nicht der Zwangsvergleich im Konkurse, denn dieser dient zwar zur Beseitigung des Konkurses, bindet aber die Gesellschaft, gleichviel, ob sie beitritt oder nicht, aus konkursrechtlichen Gründen (§§ 184—189 KO.). Wohl aber ist die Zustimmung zur Einstellung des Verfahrens im Falle des § 202 KO. gemeint. Birkenbihl Anm. 5 glaubt darauf aufmerksam machen zu müssen, daß unser Paragraph den Fall der Zahlungsunfähigkeit zur Vorbedingung macht, während doch bei Aktiengesellschaften, Gesellschaften mbH., und Aktienkommanditgesellschaften der Konkurs Zahlungsunfähigkeit nicht voraussetzt, sondern auch bei Überschuldung eintreten kann. Allein Birkenbihl vergißt dabei, daß es sich hier nur um Regreßansprüche gegen Geschäftsführer handelt, jene Gesellschaften aber nicht das Amt eines Geschäftsführers erhalten können. Dies ist nur bei physischen Personen möglich (vgl. zu § 35). Sodann ist der außergerichtliche Vergleich zur Abwendung des Konkurses gemeint, d. h. ein Vergleich, geschlossen von einem Schuldner, in dessen Person die Voraussetzung der Konkurseröffnung eingetreten ist, gleichgültig, ob ein Konkursantrag gestellt oder beabsichtigt ist und gleichgültig, ob der Schuldner sich mit allen seinen Gläubigern vergleicht, und mit allen, mit denen er sich vergleicht, gleichmäßig, wenn er sich nur mit der Gesamtheit der Gläubiger derart arrangiert, daß der Konkurs dadurch vermieden wird (vgl. Staub HGB. Anm. 9 zu § 205). Solche außergerichtlichen Akkorde zur Abwendung des Konkurses spielen im kaufmännischen Leben eine große Rolle, und es hält nicht schwer, festzustellen, wann die Voraussetzungen desselben vor- Anm. 17.

§ 9. handen sind. Parisius-Crüger Anm. 4 tun dem Gesetze unrecht, wenn sie sagen, es sei unklar, was damit gemeint sei.

Ein Vergleich und Verzicht, den der Konkursverwalter der in Konkurs geratenen Gesellschaft mit dem Geschäftsführer schließt und ein gegenüber diesem erklärter Verzicht desselben ist stets wirksam. Der Konkursverwalter übt ja die Rechte der Gesellschaft für die Gläubiger aus (vgl. auch Bett, Konkurs der Aktiengesellschaft 58).

(Abs. 3.) **Die Ersatzansprüche des Abs. 1 verjähren in fünf Jahren.**

Anm. 18. 1. Ersatzansprüche auf Grund der vorstehenden Bestimmungen sind es, die verjähren. Es gibt auch noch andere Ansprüche gegen die Geschäftsführer aus ihrer Gründungstätigkeit (vgl. unten Anm. 22). Auf diese bezieht sich die Verjährung nicht.

Anm. 19. 2. Die Dauer der Verjährung ist fünf Jahre seit Eintragung der Gesellschaft. Nach rechtskräftiger Feststellung der Forderungen tritt die 30jährige Verjährung ein (§ 218 BGB.). Die fünfjährige Verjährung läuft aber auch dann, wenn die Angaben, auf Grund deren die Haftung eintritt, betrügerisch gewesen sind (Birkenbihl Anm. 7).

3. Über den Lauf, die Hemmung und die Unterbrechung der Verjährung gelten die allgemeinen Vorschriften der §§ 198—221 BGB. (Vgl. darüber Staub HGB. Anm. 10 ff. zu § 159 und Staub WO. Exkurs zu Art. 79.)

Hervorzuheben ist dabei, daß die Verjährung mit der Eintragung zum Register beginnt. Das Datum ist hiernach leicht festzustellen. Einer Kenntnis der Gesellschafter von der Unwahrheit der durch die Geschäftsführer versicherten Tatsachen bedarf es nicht. Ist ein Vergleich geschlossen, derzufolge die Bestimmung des Abs. 2 zu Gunsten der Gläubiger unwirksam ist, so wird hierdurch der Lauf der Verjährung nicht gehemmt. Denn der Vergleich ist, insoweit der Ersatz zur Deckung der Gläubiger nötig ist, kein Grund aus dem der Verpflichtete zur Verweigerung der Leistung berechtigt wäre (§ 202 Abs. 1 BGB.). Keine Hemmung bewirkt es, daß die Gesellschaft in den letzten 6 Monaten der Verjährungszeit ohne Geschäftsführer war. Die Bestimmung des § 206 BGB. über die geschäftsunfähigen Personen sind nicht auf juristische Personen ausdehnbar. Die Gesellschafter haben für die rechtzeitige Bestellung der Geschäftsführer Sorge zu tragen. Für die Unterbrechung der Verjährung ergibt sich aus dem Wesen der GmbH. nichts besonderes.

Anm. 20. 4. Auch die Wirkung der Verjährung ist die in den §§ 222 ff. BGB. bestimmte. Die Hauptwirkung ist die, daß der Geschäftsführer ein Recht hat, die Leistung zu verweigern. Es steht ihm eine Einrede zu. Es tritt nicht, wie Parisius und Crüger Anm. 4 sagen, der Untergang des Anspruchs ein. Über die Frage, ob die Verjährung durch Rechtsgeschäfte ausgeschlossen oder erschwert werden kann, entscheidet § 225 BGB. Beides ist hiernach unmöglich. Wenn aber § 225 BGB. eine Erleichterung der Verjährung im allgemeinen zuläßt, so erscheint dies nach Anm. 21 hier nur anwendbar vorbehaltlich der Unwirksamkeit zu Gunsten der Gläubiger.

Anm. 21. IV. **Hinzugefügt muß werden, daß die hier angeordnete Haftung durch Verträge nicht im voraus beschränkt werden kann.** Sie ist, wie schon der Abs. 2 ergibt, im öffentlichen Interesse, im Interesse aller derjenigen, die in Rechtsbeziehungen mit der Gesellschaft eintreten, erlassen.

Anm. 22. **Zusatz. Andere Regreßansprüche aus der Gründungstätigkeit der bei der Gründung mitwirkenden Personen.**

1. **Weitere Regreßansprüche gegen die Geschäftsführer aus ihrer Tätigkeit vor der Entstehung der Gesellschaft.**

a) Regreßansprüche der Gesellschaft. Die Geschäftsführer haben zwar zunächst die Verpflichtung, die ihnen nach § 7 Abs. 2 § 8 Abs. 2 obliegenden Versicherungen richtig abzugeben. Verletzen sie diese Verpflichtung, so greift unser § 9 Platz. Sie haben aber außerdem die Verpflichtung, ihr Amt als Geschäftsführer auch im übrigen so auszuüben, wie gegenüber der bestehenden Gesellschaft. Sie haften sonst in gleicher Weise, wie der bestehenden Gesellschaft. Der § 43 des Gesetzes greift auch dann Platz, wenn der Geschäftsführer vor Eintragung der Gesellschaft seine Pflicht verletzt, wenn er bei Führung der Geschäfte vor der Eintragung nicht so handelt, wie ein ordentlicher Geschäftsmann. Das RG. (5 S. 21) hat dies bei der Aktiengesellschaft angenommen. Der Fall lag dort so, daß der Vorstand einen Teil der gemachten Einzahlungen vor der Eintragung der Gesellschaft den Einzahlern wieder zurückgegeben hatte. Dieser Fall kann sich auch hier ereignen. Die Angabe über die geschehenen Einzahlungen kann zur Zeit der Anmeldung richtig sein, aber zwischen Anmeldung und Eintragung kann das eingezahlte Geld wieder unwirtschaftlich verausgabt sein. Auch um zahlreiche andere Pflichtverletzungen kann es sich handeln. Ein in die Gesellschaft einzulegendes und vor der Anmeldung oder Eintragung schon übergebenes Geschäft oder Grundstück muß zwischen Anmeldung und Eintragung verwaltet werden, und zwar ordnungsmäßig. Pflichtverletzungen hierbei oder sonst bei Führung der Geschäfte haben zur Folge, daß der Geschäftsführer der Gesellschaft zum Schadensersatz verpflichtet ist. Man braucht, um diese Schadensersatzpflicht juristisch zu konstruieren, nicht mit dem RG. in Bd. 5 S. 21 zu einer Rückbeziehung der Gesellschaftsexistenz seine Zuflucht zu nehmen. Die rechtliche Konstruktion liegt viel näher. Die errichtete und zur Eintragung bestimmte Gesellschaft ist eben insoweit rechts- und verkehrsfähig, als sie sich einen Geschäftsführer bestellen kann. Das mit dieser Bestellung entstehende Rechtsverhältnis mit allen Konsequenzen, Rechten und Pflichten der Gesellschaft gehört eben zu denjenigen Rechtsverhältnissen, in welche die Gesellschaft schon im Stadium der Gründung mit der Wirkung treten kann, daß das Rechtsverhältnis mit der Eintragung der Gesellschaft ohne weiteres von der entstehenden Gesellschaft übernommen und fortgesetzt wird. Der Grund dieser Regreßansprüche kann hiernach jede Pflichtverletzung sein, die im Rahmen des § 43 begangen werden kann. § 9.

Eine besondere Verpflichtung, die Gründung und ihre Vorgänge in allen Einzelheiten zu prüfen, wie dies in §§ 192, 193 HGB. dem Vorstande der Aktiengesellschaft auferlegt ist, liegt hier nicht vor. Das gehört nicht zu den Aufgaben des Geschäftsführers, und daß er dafür nicht verantwortlich gemacht werden sollte, geht aus § 9 Abs. 1 hervor. Aber wenn der Geschäftsführer wissentlich mitwirkt bei einer Schädigung der Gesellschaft, so verletzt er seine Verpflichtung als Geschäftsführer und haftet auf Schadensersatz mit der Klage aus dem Dienstvertrage. So z. B. wenn ein von ihm als wertlos erkanntes Patent der Gesellschaft zu hohem Preise inferiert wird. Bei der Eintragung einer solchen Gesellschaft darf er nicht mitwirken. Er macht sich sonst zum Mitschuldigen (vgl. auch RG. 47, 183). Anm. 23.

Die Verjährung richtet sich nach § 43 Abs. 4. Sie beginnt also nicht mit der Eintragung der Gesellschaft, sondern mit der Begehung der Handlung. Anm. 24.

Für die Legitimation der Klage gilt hier das oben Anm. 4 Gesagte.

Auf den Verzicht findet § 43 Abs. 3 Anwendung.

b) Ansprüche Dritter. Durch die Tätigkeit der Geschäftsführer bei Gründung der Gesellschaft können auch Dritte geschädigt sein: Gesellschafter, Gläubiger, zukünftige Gesellschafter. Soweit es sich um den Tatbestand des § 9 Abs. 1 handelt, steht der auf diesen Tatbestand gestützte Regreßanspruch nur der Gesellschaft zu (vgl. Näheres oben Anm. 2 u. 22). Anm. 25.

Allein aus weiteren Tatbeständen können sie auch Dritten haften. So z. B., wenn sie, um die Gesellschaft zustande zu bringen, Gesellschafter geworben und dabei falsche Tatsachen vorgespiegelt haben. Wie aber, wenn sie bei der Gründung wissentlich mitgewirkt haben, um die Gesellschaft zu schädigen? Wenn z. B. der Gesellschaft ein von ihnen als wertlos erkanntes Patent inferiert wird, so müssen sie sich, wie oben Anm. 23 gezeigt, der Anmeldung der Gesellschaft enthalten. Sonst machen sie sich zum Mitschuldigen und haften der Gesellschaft. Aber auch, so fragt es sich, den anderen Gesellschaftern? Das muß bejaht werden. Zwar haften sie aus Pflichtverletzungen gegen die Gesellschaft nur der Gesellschaft. Hier aber begehen sie gleichzeitig eine Pflichtverletzung gegen die bei der Gründung beteiligten Gesellschafter. Sie lassen es geschehen, daß diese die Gesellschaft gründen und ihr Vermögen aufs Spiel setzen, obwohl sie wissen, daß die Gründer Anm. 26.

§ 9. dadurch geschädigt werden. Die Gründer werden dadurch direkt geschädigt, es liegt ein direkt gegenüber den Gründern begangener Rechtsbruch vor. § 826 BGB. kommt zur Anwendung.

Anm. 27. Wie steht es nun mit der Haftung gegenüber künftigen Gesellschaftern und den Gläubigern aus solcher Handlungsweise? Darüber siehe unten Anm. 29. Das dort Gesagte gilt hier analog.

Anm. 28. 2. **Regreßansprüche gegen die Gründer.** Eine besondere Haftung der Gründer für ihre Gründungstätigkeit ist hier nicht statuiert. Aus allgemeinen Rechtsgründen ist folgendes zu entnehmen. Eine Verpflichtung, den Vorgang der Gründung zu prüfen, und insbesondere darauf zu achten, daß die Einzahlungen erfolgen, daß die Gesellschafter zahlungsfähig und die inferierten Werte angemessen sind, ist den Gründern nicht auferlegt. Fahrlässigkeiten nach dieser Richtung können daher keinen Regreßanspruch der Gesellschaft oder der Gesellschafter gegen die Gründer auf Grund der Gründungstätigkeit begründen (RG. v. 16. 2. 01 bei Holdheim 10, 142). Allein wenn sie die Gesellschaft dolos schädigen, wenn sie der Gesellschaft Werte zu hohem Preise inferieren, von denen sie wissen, daß sie wertlos sind, z. B. wertlose Patente oder Grundstücke, oder wenn sie in dem Gesellschaftsvertrage wider besseres Wissen versichern, daß die Einlagen geleistet sind[1]), oder wenn sie den Geschäftsführer zu einer solchen fälschlichen Versicherung verleiten oder auch nur wissentlich dulden, daß sie erfolgt, so verletzen sie ihre Pflichten gegenüber der entstehenden und zur Eintragung bestimmten Gesellschaft und werden dieser letzteren verantwortlich. Sie haften der Gesellschaft für den dadurch entstehenden Schaden, der mindestens darin besteht, daß die Gesellschaft ohne die betreffenden Werte zur Entstehung gelangt. Der fehlende Minderwert der Geschäftsanteile ist der Mindestbetrag des Schadens. Weitere Ansprüche sind nicht ausgeschlossen. Mit den Rechten aus dieser Pflichtverletzung entsteht die Gesellschaft. Denn die Gründer sind das Organ, durch welches die entstehende Gesellschaft sich betätigt. Das Produkt der Gründungstätigkeit, Rechte und Pflichten, die hierdurch entstehen, entstehen für die entstehende Gesellschaft und werden durch die Eintragung der Gesellschaft Rechte und Pflichten der entstandenen Gesellschaft. Daß das Gesetz an solche Regreßansprüche denkt, zeigt § 46 Nr. 8. Die Klage ist die actio pro socio, sie verletzen ihre Gesellschafterverpflichtung, indem sie bei Abschluß des Gesellschaftsvertrages treulos handeln. Es greift daher z. B. für den Gerichtsstand § 22 CPO. Platz. Die Verjährung ist nicht die dreijährige für unerlaubte Handlungen, da es sich um einen kontraktlichen Anspruch handelt.

Anm. 29. Gleichzeitig liegt darin eine Pflichtverletzung der dolos handelnden Mitglieder ihren Gesellschaftern gegenüber. Sie haften auch diesen mit der actio pro socio. Der Anspruch wird hier dahin gehen, daß sie dem geschädigten Mitgründer seinen Einlagebetrag zurückzahlen und ihn von den weiteren Verpflichtungen gegenüber der Gesellschaft befreien unter Rücknahme des Anteils. Für die Verjährung gilt hier das Gleiche wie in Anm. 28. Haften sie aber aus solcher Tätigkeit auch dritten Personen? Zukünftigen Gesellschaftern oder Gläubigern der Gesellschaft? Das Reichsgericht (Urteil vom 16. 2. 01 bei Holdheim 10, 142) bezeichnet diese Haftung als unbedenklich. Es bestehen aber die größten Bedenken. Solche Handlungsweise enthält wohl einen direkten Eingriff in die Rechtssphäre der entstehenden Gesellschaft, auch einen direkten Eingriff in die Rechtssphären der Mitgründer. Wenn aber auch jeder zukünftige Gesellschafter und jeder zukünftige Gläubiger unter den Folgen jener Handlungsweise leiden kann, so kann doch der ursprüngliche Gründer nicht ins Uferlose verantwortlich gemacht werden für alle Schäden, die irgend jemals irgend jemandem aus seiner Handlungsweise entstehen können. Vielmehr haftet man nur für

---

1) In einem Falle hatten die Gesellschafter in dem Gründungsvertrage wider besseres Wissen versichert, daß 25 Proz. der Bareinlagen gemacht sind. Sie haften solidarisch zunächst für die bei der Entstehung fehlenden 25 Proz., aber ferner auch für den etwaigen Ausfall an den weiteren 75 Proz., denn wenn sie die Wahrheit gesagt hätten, wäre die Gesellschaft nicht entstanden und hätte die Geschäftsanteile in jenem Nennbetrage nicht ausgegeben.

diejenigen Schäden, die aus einer Pflichtverletzung gegenüber der betreffenden Person § 9.
entstehen. Gegenüber zukünftigen Gesellschaftern und gegenüber zukünftigen Gläubigern hat aber der gründende Gesellschafter keine Rechtspflichten. Ihnen gegenüber begeht er keine Pflichtverletzung, wenn er eine dolose Inferierung vornahm (vgl. die ähnlichen Erwägungen bei Staub HGB. Anm. 20 zu § 241).

Ferner sei noch bemerkt, daß die Gründer auch noch aus ihren Illations- Anm. 30.
verträgen haften können, z. B. auf Grund der dort gemachten Zusicherungen (vgl. insbesondere Anm. 20 und 28 zu § 5).

Und endlich sei erwähnt, daß weitergehende Ansprüche sich daraus ergeben können, Anm. 31.
daß die Gründer miteinander oder mit dritten Personen, auf welche später die Geschäftsanteile übertragen werden, in einem besonderen Verhältnisse stehen können. Wenn z. B. zehn Personen ein Konsortium, eine Gesellschaft, zum Zwecke der Vorbereitung und Gründung einer GmbH. bilden, und vier von ihnen mit der Prüfung der zu inferierenden Werte betraut werden, so haften diese den übrigen sechs, wenn sie hierbei ihre Sorgfaltspflicht verletzt haben, sei es nun, daß diese sechs sofort bei der Gründung oder erst später der Gesellschaft beitreten. Ähnliches gilt in den häufigen Fällen, daß die Gesellschaft zur Ausnützung eines von einem der Gesellschafter eingelegten Patentes oder Betriebsgeheimnisses gegründet wird. Das Patent ist aber nichtig, das Geheimnis bereits bekannt. Der Inferent haftet nicht nur der Gesellschaft. Die anderen, mit denen er die Ausbeutung dieser Erfindung vereinbart, können von ihm Schadensersatz fordern, stets vorausgesetzt, daß die sämtlichen Gründer vor der Gründung in einem echten Gesellschaftsverhältnis standen und für dieses die Form der GmbH. wählten.

§ 10.

Bei der Eintragung in das Handelsregister sind die Firma und der Sitz der Gesellschaft, der Gegenstand des Unternehmens, die Höhe des Stammkapitals, der Tag des Abschlusses des Gesellschaftsvertrages und die Personen der Geschäftsführer anzugeben.

Enthält der Gesellschaftsvertrag besondere Bestimmungen über die Zeitdauer der Gesellschaft oder über die Befugnis der Geschäftsführer oder der Liquidatoren zur Vertretung der Gesellschaft, so sind auch diese Bestimmungen einzutragen.

In die Veröffentlichung, durch welche die Eintragung bekannt gemacht wird, sind außer dem Inhalte der Eintragung die nach § 5 Absatz 4 getroffenen Festsetzungen und, sofern der Gesellschaftsvertrag besondere Bestimmungen über die Form enthält, in welcher öffentliche Bekanntmachungen der Gesellschaft erlassen werden, auch diese Bestimmungen aufzunehmen.

Der vorliegende Paragraph ordnet an, in welcher Weise die Eintragung der Gesellschaft in das Handelsregister erfolgt (Abs. 1 und 2) **und was hierbei zu publizieren ist** (Abs. 3). Einleitung.

Die Eintragung setzt voraus, daß die Gründungsvorschriften befolgt sind. Es fragt sich zunächst, in welcher Weise der Registerrichter seine Prüfungstätigkeit auszuüben hat.

Demgemäß wird diese letztere Frage von uns zunächst behandelt.

I. **Die Prüfung der Gründung durch den Registerrichter.** Anm. 1.

1. **Grundsätzliche Natur und Umfang der Prüfungstätigkeit.** Vielfach wird gelehrt, daß dem Registerrichter lediglich eine formale Prüfung der Gründung obliegt. Es wird dies im Aktienrecht ausgesprochen (vgl. Ring Nr. 2 zu § 195; vgl. auch Staub HGB. Anm. 6 zu § 198). Die gleiche Ansicht wird für das Recht der GmbH. vertreten

§ 10. (Parisius-Crüger Anm. 2 zu § 8). Allein bei näherer Erwägung kann dies nicht aufrecht erhalten werden. Nach früherem Recht mag dies zutreffend gewesen sein. Die Entscheidung des Kammergerichts (KGJ. 8, 15), die dies aussprach, mag damals ihre Berechtigung gehabt haben. Allein im neuen Recht ist dem Registerrichter das Recht und die Pflicht auferlegt, die Wahrheit der in Frage kommenden Tatsachen von Amtswegen zu ermitteln (§ 12 FG.). Daraus folgt allerdings nicht, daß er sich in keinem Falle mit den ihm überreichten Urkunden und Erklärungen zu begnügen brauche. Allein wenn er die Unrichtigkeit der abgegebenen Erklärung kennt, so braucht er sicherlich die Eintragung nicht zu bewirken (dies entspricht schon den Anschauungen des früheren Rechts; vgl. Staub HGB. Anm. 9 im Exkurse zu § 8). Doch muß man weiter gehen. Auch wenn er irgend welchen begründeten Zweifel an der Wahrheit dessen, was ihm zwecks Herbeiführung der Eintragung erklärt worden ist, hat, so hat er das Recht und die Pflicht, die Wahrheit nachzuprüfen. Das steht mit der Denkschrift zum HGB. in Übereinstimmung. Indessen muß man noch weiter gehen. Auch darüber hinaus, d. h. auch wenn er keine begründeten Zweifel hat, hat der Registerrichter jedenfalls das Recht, wenn auch nicht die Pflicht, die Wahrheit der abgegebenen Erklärungen nachzuprüfen und zu diesem Zwecke von Amtswegen Ermittelungen vorzunehmen (vgl. Staub HGB. Anm. 7—10 im Exkurse zu § 8; Düringer-Hachenburg I Note III zu § 8). Er darf z. B. in jedem Falle ermitteln, ob die Einzahlungen erfolgt und die Sacheinlagen bewirkt sind, ob der Betrieb des Unternehmens dem statutarischen Gegenstande des Unternehmens entspricht 2c. 2c. Er hat ferner die Pflicht zu diesen Ermittelungen, sobald ihm begründete Zweifel an der Richtigkeit aufstoßen. Dagegen ist ihm eine Prüfung von Sacheinlagen auf deren Wert vollständig verschlossen. Wenn das Gesetz nicht einmal den Gründern selbst eine solche Pflicht auflegt (RG. bei Holdheim 10, 142), wenn die Bestimmungen des Aktienrechts, welche eine Nachprüfung der Sacheinlagen begründen, nicht übernommen sind, so kann nicht der Registerrichter die Rolle des Revisors übernehmen.

Anm. 2. Was den Inhalt der Statuten betrifft, so muß er dieselben natürlich ablehnen, wenn darin gegen zwingende Gesetze verstoßen ist, wenn z. B. das Geschäftsjahr auf weniger als ein Jahr festgesetzt ist (vgl. § 39 Abs. 2 HGB.) oder wenn gesagt ist, daß die Generalversammlung auf die restierenden Einlagen verzichten darf (§ 25 des Gesetzes). Redaktionelle Änderungen kann er nicht verlangen (OLG. Hamburg v. 31. 3. 05 in OLGR. 11, 28). Nur gesetzwidrigen Bestimmungen darf er entgegentreten (vgl. Staub HGB. Anm. 6 zu § 198). Freilich verlangen die Registerrichter oft Änderungen und Zusätze, die mehr Zweckmäßigkeitsrücksichten entsprechen. Die Interessenten kommen diesen Wünschen nach, weil der Beschwerdeweg ihnen zu umständlich ist.

Anm. 3. In gleicher Weise ist es die Aufgabe des Registerrichters, zu prüfen, ob alle Voraussetzungen der Anmeldung gegeben sind, also ob sie von den hierzu berufenen Personen in der vorgeschriebenen Weise erfolgt, ob die erforderlichen Versicherungen vorliegen, überhaupt der erforderliche Inhalt der Anmeldung gegeben ist und die nötigen Beilagen beigefügt sind.

Anm. 4. 2. **Im Falle von Streitigkeiten zwischen den Beteiligten** darf der Registerrichter die Eintragung aussetzen bis nach Erledigung des Rechtsstreits (§ 127 FG.). Doch muß die Aussetzung durch die Umstände des Falles gerechtfertigt sein. Die Tatsache allein, daß der Gesellschaftsvertrag angefochten ist, rechtfertigt die Aussetzung nicht. Vielmehr bedarf es der Prüfung, ob die Anfechtung in tatsächlicher und rechtlicher Hinsicht dergestalt begründet ist, daß mit der demnächstigen Nichtigkeitserklärung gerechnet werden muß. Diese Anschauung hat das Kammergericht auf dem Gebiete der Lehre von der Anfechtung von Generalversammlungsbeschlüssen im Aktienrechte vertreten (KGJ. 21 A, 243). Das Gleiche muß auch hier gelten. Es muß mit anderen Worten die Anfechtung nicht bloß erfolgen, sondern die Anfechtbarkeit dem Registerrichter glaubhaft erscheinen. Ebenso kann das Prozeßgericht durch einstweilige Verfügung die Aussetzung des Eintrags anordnen (OLG. Frankfurt im Recht 02, 268).

3. **Gegen die Verfügungen des Registerrichters** steht die Beschwerde und weitere Beschwerde nach §§ 19 und 27 ff. FG. jedem zu, dessen Recht durch die Verfügung beeinträchtigt wird. Doch wird man diese Beschwerde nur geben können gegen die ablehnenden Verfügungen. § 10. Anm. 5.

Wenn die Gesellschaft einmal eingetragen ist, so ist sie ein Verkehrsinstitut geworden. Sie kann aus dem Rechtsleben nicht wieder durch einfache Verfügungen entfernt werden. Vielmehr erfolgt die Nichtigkeitserklärung einer eingetragenen Gesellschaft nur gemäß §§ 75 und 76 des Gesetzes und § 144 FG. (vgl. Anm. 21 zu § 2; Anm. 10 und 13 zu § 7; Anm. 12 zu § 8; Anm. 3 ff. zu § 75).

II. **Die Eintragung der Gesellschaft und die Veröffentlichung.** Anm. 6.

A. (Abs. 1 und 2.) **Die Eintragung.**

1. **Der Inhalt der Eintragung.** Eingetragen wird nicht der Gesellschaftsvertrag, wie früher, sondern die Gesellschaft. Dieselbe wird in der Weise individualisiert, daß folgende Eintragungen erfolgen: Eingetragen wird

a) in jedem Falle:

α) die Firma und der Sitz der Gesellschaft,

β) der Gegenstand des Unternehmens,

γ) die Höhe des Stammkapitals,

δ) der Tag des Abschlusses des Gesellschaftsvertrages,

ε) die Personen der Geschäftsführer. Cohn, Handelsregister, fügt hinzu, daß die Personen der Geschäftsführer nach Familiennamen, Vornamen, Beruf und Wohnort anzugeben sind. Ausdrücklich ist dies nicht vorgeschrieben, aber im Sinne des Gesetzes liegt es allerdings.

b) wenn der Gesellschaftsvertrag hierüber besondere Bestimmungen enthält, ist ferner einzutragen: Anm. 7.

α) die Zeit der Dauer der Gesellschaft, falls dieselbe auf Zeit beschränkt ist oder, was dem gleich steht, wenn jedem Gesellschafter ein Recht auf Kündigung mit bestimmter Frist zusteht. Nicht aber wenn die Gesellschaft auf unbestimmte Zeitdauer bestehen soll, auch wenn der Gesellschaftsvertrag letzteres besonders bestimmte.

β) Die Befugnis der Geschäftsführer oder der Liquidatoren zur Vertretung der Gesellschaft, wenn der Gesellschaftsvertrag darüber besondere Bestimmungen enthält, d. h. wenn Abweichungen von der Gesamtvertretung des § 35 Abs. 2 und § 68 angeordnet sind. Wenn der Gesellschaftsvertrag nur die gesetzlichen Bestimmungen wiederholt, braucht die Eintragung darüber nichts zu enthalten. Anm. 8.

c) Außerdem ist nach § 130 FG. der Tag der Eintragung und die Unterschrift des zuständigen Beamten anzugeben. Anm. 9.

d) Weitere Angaben braucht die Eintragung nicht zu enthalten, insbesondere nicht die Namen der Gesellschafter und die Höhe der einzelnen Stammeinlagen, auch dann nicht, wenn es sich um Sacheinlagen handelt. In letzterem Falle ist nur die Veröffentlichung angeordnet. Anm. 10.

2. **Die Bedeutung der Eintragung der Gesellschaft** ist, daß die Gesellschaft dadurch existent wird (§ 11 des Gesetzes). Die Veröffentlichung ist zur Erzielung dieses Erfolges nicht erforderlich. Anm. 11.

Diesen Effekt hat aber nur eine solche Eintragung, welche der Vorschrift des vorliegenden Paragraphen gemäß erfolgt ist. Doch ist das nur cum grano salis zu verstehen. Nicht jeder Verstoß gegen Abs. 1 und 2 wird bewirken, daß die GmbH. nicht entsteht. Vielmehr wird man annehmen müssen, daß zur Entstehung der Gesellschaft eine solche Eintragung genügt, welche die Identität der Gesellschaft erkennen läßt. Die Firma, der Gegenstand und die Höhe des Stammkapitals werden hinreichen. Auch in diesen Punkten werden unerhebliche Abweichungen nicht zur Ungültigkeit der Eintragung führen. Die Weglassung der Geschäftsführer, der Modalitäten der Vertretungsbefugnis, der besonderen Bestimmungen über die Zeitdauer können nicht als absoluter Mangel betrachtet werden. Die fehlende Eintragung in diesen Punkten hat andere Folgen. Hier ist § 15 HGB. maßgebend. Solange diese Eintragung nicht er-

§ 10. folgt ist, kann die einzutragende Tatsache keinem Dritten entgegengehalten werden, der sie nicht kannte. Es kann daher, wenn alle Gründer noch Gesellschafter sind, jeder dem anderen gegenüber sich darauf berufen. Ist aber ein Dritter als Erwerber von Geschäftsanteilen vorhanden, so versagt diesem gegenüber die Bestimmung. Er muß sich aber gefallen lassen, daß die Eintragung auch während seiner Mitgliedschaft erfolge. Fehlt die Eintragung der Geschäftsführer, so sind diese Dritten gegenüber noch nicht Geschäftsführer, falls diese die Ernennung nicht kennen. Ebenso richtet sich den gutgläubigen Dritten gegenüber die Vertretungsbefugnis nur nach dem Gesetze.

Anm. 12. Der Tag der Feststellung des Gesellschaftsvertrages kann als wesentlicher Eintragungspunkt überhaupt nicht erachtet werden. Sein Fehlen ist wirkungslos.

Anm. 13. Es kann sich also nur fragen, welches die Folgen sind, wenn die Eintragung an jenen wesentlichen Mängeln (Fehlen der Firma oder des Stammkapitals oder des Gegenstandes oder an wesentlichen Abweichungen nach diesen Richtungen) leidet. Ist der Gesellschaftsvertrag in diesen Punkten korrekt und nur die Eintragung inkorrekt, so hat der Registerrichter die Eintragung von Amtswegen zu vervollständigen oder zu berichtigen. Er darf die Eintragung nicht von Amtswegen nach § 142 FG. löschen. Das darf er ja nicht einmal dann ohne weiteres, wenn der Gesellschaftsvertrag jene Bestimmungen nicht enthielt (§ 75 des Gesetzes, § 144 FG.). Auf jene Berichtigung des Registers durch Beschwerde hinzuwirken, hat die Gesellschaft und jeder Gesellschafter das Recht (§ 20 FG.). Bis zur Bewirkung dieser Berichtigung besteht die Gesellschaft nicht zu Recht. Sie steht der noch nicht eingetragenen Gesellschaft gleich. Liegt eine Unrichtigkeit vor, welche nicht einen wesentlichen Mangel zur Folge hat, so berührt das weder die Gültigkeit der Gesellschaft noch ihr Entstehen durch den Eintrag. Der Registerrichter hat von Amtswegen den Eintrag zu berichtigen. Für das Verfahren nach den §§ 142, 144 HGB. ist hier kein Raum (über Beschluß des KG. v. 18. 4. 04 in CBlFG. 5, 104, der zu Unrecht § 142 HGB. anwenden will, vgl. Anm. 21 zu § 2).

Anm. 14. 3. **Die Eintragung ist dem Antragsteller bekannt zu machen** (§ 130 FG.). Zu den Antragstellern kann auch der Notar, der die Anmeldung beurkundet oder beglaubigt hat, gehören (§ 129 FG.).

Anm. 15. 4. **Die Einsicht der Eintragung und des Gesellschaftsvertrages steht jedermann zu** (§ 9 HGB.; vgl. oben Anm. 4 zu § 7). Abschriften kann nur der verlangen, der ein rechtliches Interesse darlegt (§ 9 HGB.).

Anm. 16. 5. **Bei Änderung des Gesellschaftsvertrages** in den nach Anm. 5—7 einzutragenden Punkten muß die Eintragung ebenfalls erfolgen, so wenn der Sitz verlegt wird, die Firma geändert wird, der Gegenstand des Unternehmens, die Höhe des Stammkapitals geändert wird. Demgemäß ist denn auch der Tag, an welchem der betreffende Änderungsbeschluß gefaßt wird, einzutragen. Die Personen der Geschäftsführer sind, wenn ein Personenwechsel eintritt, nach § 39 einzutragen. Ferner ist, wenn die Zeitdauer fernerhin nicht auf Zeit beschränkt werden soll, oder wenn sie fernerhin auf Zeit beschränkt werden soll, beides einzutragen, und endlich ist, wenn die Befugnis der Geschäftsführer oder Liquidatoren zur Vertretung der Gesellschaft, wenn sich dieselbe gegen die Eintragung ändert, als Abänderung des Gesellschaftsvertrags einzutragen. Ob außerdem eine Anmeldung nach § 39 erfolgt, siehe zu § 39. Wenn dagegen die Vertretungsbefugnis sich ändert, aber ohne Abweichung von den Bestimmungen des Gesellschaftsvertrages, sondern im Rahmen dieser Bestimmungen, so erfolgt nur eine Eintragung nach § 39.

Die Eintragung hat übrigens in Verbindung mit der Veröffentlichung auch noch die Bedeutung des § 15 HGB. (vgl. unten Anm. 22).

Anm. 17. B. (Abs. 3.) **Die Veröffentlichung.**

1. **Der Inhalt der Veröffentlichung.**

a) Zu veröffentlichen sind zunächst alle einzutragenden Punkte (oben Anm. 5—7),

b) außerdem aber sind, obwohl sie nicht eingetragen werden, folgende Punkte zu veröffentlichen:

α) Im Falle einer qualifizierten Gründung die nach § 5 Abs. 4 getroffenen Festsetzungen. In diesem Falle werden auch die Namen der inferierenden Gesellschafter bekannt gegeben. § 10.

β) Sofern der Gesellschaftsvertrag besondere Bestimmungen über die Form enthält, in welcher öffentliche Bekanntmachungen der Gesellschaft erlassen werden, auch diese Bestimmungen. Was versteht man unter besonderen Bestimmungen? Jede Bestimmung darüber ist eine besondere. Denn eine allgemeine Bestimmung darüber gibt es nicht (vgl. Anm. 19 zu § 3). Anm. 18.

Zu bemerken ist hier auch, daß es sich um öffentliche Bekanntmachungen handelt. Ist bestimmt, daß die Einladung der Gesellschafter durch eingeschriebene Briefe zu erfolgen hat, so ist dies nicht zu publizieren.

γ) Auch der Tag der Eintragung des Gesellschaftsvertrages ist zu veröffentlichen. Denn dieser ist ja, wenn auch nicht nach Abs. 1 und 2 unseres Paragraphen, so doch nach § 130 FG. einzutragen und nach unserem Abs. 3 ist der Inhalt der Eintragung, also der ganze Inhalt der Eintragung zu veröffentlichen. Anm. 19.

c) Weitere Punkte sind nicht zu veröffentlichen. Insbesondere ist nichts zu veröffentlichen: Anm. 20.

α) über die Zahl und die Namen der Gesellschafter, über die einzelnen Stammeinlagen, sofern sie nicht Sacheinlagen sind u. s. w.,

β) über den Aufsichtsrat. Hier besteht sogar eine Inkongruenz. Der § 244 HGB., der dem Vorstand der Aktiengesellschaft zur Pflicht macht, jede Änderung in den Personen des Aufsichtsrats in den Gesellschaftsblättern bekannt zu machen, und die Bekanntmachung zum Handelsregister einzureichen, ist für anwendbar erklärt (§ 52). Der § 195 Nr. 4 HGB. dagegen, nach welchem bei der Gründung die Urkunden über die Bestellung des Aufsichtsrats einzureichen sind, und der § 199 Nr. 4 HGB., wonach der erste Aufsichtsrat vom Registerrichter zu veröffentlichen ist, ist nicht anwendbar (Anm. 10 zu § 8). So ist aus dem Handelsregister der Bestand des ersten Aufsichtsrats nicht zu ersehen, wohl aber spätere Veränderungen im Personalbestande des Aufsichtsrats. In vielen Statuten wird die Anwendbarkeit des § 244 HGB., da der ganze Aufsichtsrat dispositiven Rechtes ist, ausgeschlossen. Dann entfällt dieser Widerspruch, Anm. 21.

γ) über die Zulässigkeit von Nachschüssen,

δ) über Vorrechte bestimmter Teilnehmer,

ε) über das Geschäftsjahr,

ζ) über die Anordnung eines Reservefonds und dessen Dotierung,

η) über die Bilanzen und Abschreibungen.

2. **Wo erfolgt die Publikation?** Jedenfalls im Deutschen Reichsanzeiger, außerdem in den vom Amtsgericht bezeichneten Blättern (vgl. Anm. 29 zu § 7). Anm. 22.

3. **Die rechtliche Bedeutung der Publikation** ist diejenige, die sich aus § 15 HGB. ergibt (vgl. hierüber Anm. 28 u. 33 zu § 7). Daß die Veröffentlichung nur die Bedeutung einer Ordnungsvorschrift hätte, wie Parisius-Crüger Anm. 2 lehren, ist nicht richtig. Anm. 23.

§ 11.

Vor der Eintragung in das Handelsregister des Sitzes der Gesellschaft besteht die Gesellschaft mit beschränkter Haftung als solche nicht.

Ist vor der Eintragung im Namen der Gesellschaft gehandelt worden, so haften die Handelnden persönlich und solidarisch.

Der vorliegende Paragraph behandelt den rechtlichen Charakter der Gesellschaft im Stadium zwischen dem Abschlusse des Gesellschaftsvertrages und der Eintragung in das Handelsregister (Abs. 1) und bestimmt ferner eine Civilstrafe für das Handeln im Namen der Gesellschaft vor der Eintragung (Abs. 2). Einleitung.

§ 11. I. (Abs. 1.) Der rechtliche Charakter der Gesellschaft zwischen dem Ab-
Anm. 1. schlusse des Gesellschaftsvertrages und vor der Eintragung und die aus diesem Rechtscharakter sich ergebenden Konsequenzen.

1. **Der rechtliche Charakter.** Zunächst muß als Wille des Gesetzes angesehen werden, daß die GmbH. im Stadium zwischen dem Abschluß des Gesellschaftsvertrages und der Eintragung in gewissen Grenzen und mit gewissen Wirkungen im Rechtsverkehr auftreten kann. Durch den Abschluß des Gesellschaftsvertrages entsteht eine Vereinigung, die dazu bestimmt ist, in das Handelsregister eingetragen und dadurch GmbH. zu werden. Schon um dies zu werden, muß sie in gewissen Grenzen im Rechtsverkehr auftreten. Denn sie soll ja ausgestattet mit gewissen Rechten und behaftet mit gewissen Pflichten entstehen. Die Geldeinlagen sollen zu ihrer Verfügung sein. Denn ohne solche kann sie gar nicht zum Handelsregister angemeldelt werden, also niemals eine GmbH. werden. Auch wenn sie, solange sie nicht besteht, kein Eigentum, überhaupt kein Recht erwirbt, ist das Anbieten der Übertragung dieser Rechte an sie vorgesehen, die mit ihrer Existenz für sie entstehen. Es muß ihr ferner in diesem Stadium ein Geschäftsführer bestellt werden. Denn nur dieser kann die Anmeldung bewirken. Dadurch nun, daß ihr ein Geschäftsführer bestellt wird, entsteht zwischen diesem und der Gesellschaft ein Dienstverhältnis, kraft dessen Rechte und Pflichten für die Gesellschaft erwachsen. Weiter: die erworbenen Gegenstände müssen verwaltet, das Geld muß zur Aufbewahrung einer sicheren Stelle übergehen, die Mobilien aufbewahrt, die Immobilien bewirtschaftet werden. Weiter: ein bestehendes Geschäft, das als Sacheinlage erworben wird, muß, falls seine Ausfolgung vor der Eintragung geschieht (Anm. 14ff. zu § 7), zwischen Anmeldung und Eintragung fortgeführt werden. Durch alles dies entstehen neue Rechtsverhältnisse, neue Rechte und Pflichten, zunächst für die entstehende Gesellschaft, und so, daß sie im Augenblicke der Eintragung Rechte und Pflichten der entstandenen Gesellschaft werden. Hierin liegt aber kein Übergang der Rechte und der Pflichten. Denn die in der Entstehung begriffene und die entstandene Gesellschaft sind identisch, nur der rechtliche Charakter der Vereinigung verwandelt sich. Die entstehende und die entstandene Gesellschaft sind in ihren Eigenschaften verschieden, aber sie sind identische Vereinigungen. Sie sind ebenso identisch, wie die Knospe und die Blüte, die Puppe und der Schmetterling, der Embryo und das Kind identisch sind. Darum hat das Gesetz nicht so unrecht, wenn es sagt: Vor der Eintragung besteht die GmbH. „als solche" nicht. Als solche, als GmbH. besteht sie nicht. Aber es besteht eine Gesellschaft, die zwar ihrer rechtlichen Natur nach verschieden ist von der demnächst eingetragenen Gesellschaft, die aber durch den Akt der Eintragung in das Handelsregister GmbH. wird. Sie ist die GmbH. in dem Stadium der Entwickelung. Die GmbH. besteht in diesem Stadium, aber nicht „als solche". (Vgl. die ähnlichen Erwägungen hinsichtlich einer entstehenden Genossenschaft im RG. 39, 29.) Sie ist der nasciturus im Gebiete der juristischen Person. Noch nicht rechtsfähig, aber als Träger künftiger Rechte oder künftiger Träger von Rechten im Gesetze anerkannt und daher der Fürsorge bedürftig. Der Geschäftsführer der entstehenden Gesellschaft hat die Bedeutung (nicht die rechtliche Rolle) eines Pflegers der Leibesfrucht.

Anm. 2. Aber als was sonst besteht die in der Entstehung begriffene GmbH.? Welchen rechtlichen Charakter hat denn nun das vor der Eintragung bestehende Rechtswesen? Man könnte denken, es sei ein nicht rechtsfähiger Verein. Allein dieser Gedanke ist abzuweisen. Denn der nicht rechtsfähige Verein ist dazu bestimmt, in seiner eigenartigen Rechtsgestaltung dauernd im Rechtsverkehr aufzutreten. Das ist hier nicht der Fall (so auch Dernburg I, 201; RG. 60, 99). Hier ist eine Vereinigung von Personen vorhanden, die einen Augenblickszweck hat, nämlich den Zweck, GmbH. zu werden. Es ist eine Gelegenheitsgesellschaft, also eine Gesellschaft bürgerlichen Rechts (vgl. Staub HGB. Anm. 3 zu § 188; RGSt. 36, 73: „Die Gründer bilden mit Abschluß des Gesellschaftsvertrages eine nach bürgerlichen Rechten zur beurteilende Gesellschaft"; auch PrOVG. v. 20. 2. 02 in DJZ. 7, 511). Sehr erheblich ist es allerdings nicht, ob man eine bürgerliche Gesellschaft oder einen nicht rechtsfähigen Verein als vorhanden annimmt, weil auch für die

nicht rechtsfähigen Vereine die Vorschriften über die Gesellschaft gelten (§ 54 BGB.). Doch § 11.
fehlt der Vereinigung die passive Parteifähigkeit im Prozesse, wenn man sie nicht als Verein ohne Rechtsfähigkeit, sondern als Gesellschaft auffaßt (§ 50 CPO.; RG. 60, S. 94, 100).

2. **Welche Rechtsverhältnisse entstehen nun durch das Handeln namens der errichteten aber noch nicht eingetragenen Gesellschaft?** Anm. 3.

a) Zu bemerken ist hierbei zunächst, daß hier nur ein Handeln namens der im Stadium der Gründung befindlichen Gesellschaft behandelt wird, d. h. ein Handeln, bei welchem der Sach- und Rechtslage entsprechend der Gegenkontrahent darüber nicht im Zweifel ist, daß es sich um eine errichtete, aber noch nicht eingetragene GmbH. handelt. Über das Handeln namens der Gesellschaft derart, als sei die GmbH. schon eingetragen, spricht sich Abs. 2 unseres Paragraphen aus (s. unten Anm. 9—15).

b) Aus dem solchergestalt abgeschlossenen Vertrage wird zunächst die Vereinigung berechtigt, d. h. die Gesellschafter in ihrer Vereinigung. Alle Rechte entstehen für die Gesamtheit der Gründer. Sie erwerben, soweit eine Übertragung von Eigentum stattfindet, Gesamteigentum gemäß § 718 BGB. Im Augenblicke der Eintragung wird die eingetragene GmbH. die Eigentümerin. Nach dem Willen und der Konstruktion des Gesetzes ist dies kein Rechtsübergang, sondern ein Wechsel in der Rechtsnatur des Rechtssubjekts, nicht ein Wechsel des Rechtsträgers (vgl. oben Anm. 1). Vorausgesetzt ist selbstverständlich, daß kein weiterer formeller Akt erforderlich ist. Den Eintrag zum Grundbuch vermag der Erwerb für die künftige Gesellschaft nicht zu ersetzen. Es ist daher auch nicht üblich, liegenschaftliches Eigentum zuerst für die Gründer, dann für die Gesellschaft zu erwerben, schon der bedeutenden Kosten wegen. Anm. 4.

Ebenso wird verpflichtet zunächst die als bürgerliche Gesellschaft bestehende Vereinigung. Im Augenblicke der Eintragung tritt die GmbH. als solche an ihre Stelle. Zunächst wird die als bürgerliche Gesellschaft bestehende Vereinigung verpflichtet. Als Gesellschafter würden die Mitglieder mit ihrem ganzen Vermögen und im Zweifel auch solidarisch haften. Es entspricht dies aber nicht ihrer Absicht. Es ist anzunehmen, daß die solchergestalt vereinigten Personen nur mit dem Gesellschaftsvermögen haften wollen. Es ist streitig, ob eine Gesellschaft bürgerlichen Rechts derart im Rechtsverkehr auftreten kann, daß die Gesellschafter nur mit einer zur Haftung bestimmten Vermögensmasse haften. Durch ihre interne Satzung können die Mitglieder dies nicht bestimmen. Wohl aber kann beim Abschlusse eines Rechtsgeschäfts verabredet sein, daß der Gläubiger sich nur an das Gesellschaftsvermögen hält. Die Haftung ist auf bestimmte Gegenstände beschränkt (vgl. RG. 12, 229). Das kann auch stillschweigend geschehen. Das ist hier der Fall. Deutlich ausgedrückt ist die Absicht, nur beschränkt haften zu wollen dadurch, daß im Namen einer im Entstehen begriffenen GmbH. kontrahiert wird. Wenn also die Gründer mit einem Dritten vereinbaren, daß dieser die Geschäftsführung der von ihnen gebildeten, im Entstehen begriffenen Gesellschaft übernehmen soll, so kann der Dritte beim Scheitern der Gründung einen Schadensersatz gegen die Gesellschafter nur soweit geltend machen, als dieselben für die Gesellschaft sich zu Beiträgen verpflichteten und solche leisteten. (Über die zu anderen Ergebnissen führende Ansicht des RG. vgl. unten Anm. 9.) Anm. 5.

Die Geschäftsführer persönlich haften für solche Akte des Zwischenstadiums nicht. Abs. 2 betrifft ja einen anderen Fall. Alles zusammengefaßt, so ist die Wirkung des Auftretens einer im Entstehen begriffenen GmbH. folgende: die Vereinigung wird berechtigt, d. h. die Gesellschafter werden Gesamtberechtigte; die Vereinigung wird verpflichtet, d. h. die Gesellschafter in ihrer Vereinigung werden verpflichtet, haften jedoch nur mit dem Gesellschaftsvermögen; Rechte und Pflichten gehen im Augenblicke der Eintragung auf die entstehende GmbH. über. Die Geschäftsführer haften nicht. Das Entsprechende gilt natürlich überall für solche Rechtsakte, welche andere Gesellschaftsorgane (der Aufsichtsrat, die Gesellschafter) befugt in diesem Stadium vornehmen, z. B. wenn eines dieser Organe den Geschäftsführer bestellt. Anm. 6.

§ 11. c) Doch ist dabei zu beachten, daß diese eigenartigen Verhältnisse, d. h.
Anm. 7. das Handeln im Rechtsverkehr mit den ebengedachten Wirkungen, nur dann Platz greift, wenn das Auftreten im Rechtsverkehr sich in denjenigen Grenzen hält, die der Gesellschaft in diesem Zwischenstadium zugewiesen sind. Nur wenn diejenigen Akte, die für dieses Zwischenstadium erforderlich sind, getätigt werden, treten jene Rechtsfolgen ein. Welches diese Rechtsakte sind, ergibt sich aus folgendem: Es handelt sich um die Empfangnahme und Verwaltung von Einlagen, um den Abschluß und das Eingehen eines Dienstverhältnisses mit den Geschäftsführern, um sonstige Akte zur Vorbereitung der Gesellschaftsentstehung (z. B. Beauftragung des Notars). Wenn die Gesellschaft darüber hinaus im Rechtsverkehr auftritt, dann tritt Haftung nach den gewöhnlichen Grundsätzen ein. Auf die entstehende Gesellschaft selbst gehen die so entstandenen Verpflichtungen nicht ohne weiteres über. So z. B. wenn die Geschäftsführer namens der Gesellschaft Übernahmeverträge abschließen, die nicht in den Gesellschaftsvertrag aufgenommen waren (vgl. Anm. 29 zu § 5), wenn sie z. B. ein Grundstück kaufen, oder ein Geschäftslokal mieten, oder Personal engagieren, und sei es auch, um den Betrieb zu beginnen. Denn wohlgemerkt: nicht diejenigen Rechtsgeschäfte, welche der künftige Geschäftsbetrieb bedingt sondern nur diejenigen, ohne welche die Gesellschaft nicht entstehen kann, bewegen sich in den zulässigen Grenzen. Nur wenn ein im Gange befindliches Geschäft die Einlage bildet, sind die Grenzen natürlich weiter gesteckt. In diesem Falle liegen die auf die Fortführung des Geschäfts gerichteten Geschäfte in den zulässigen Grenzen. Für Rechtsgeschäfte, welche namens der noch nicht eingetragenen Gesellschaft über den Rahmen des vom Gesetze zugelassenen Aktionskreises einer solcher Gesellschaft hinaus geschlossen werden, haften die Gesellschafter in Höhe der versprochenen Einlagen (oben Anm. 5). Auf die eingetragene GmbH. gehen solche Rechte und Pflichten nicht ohne weiteres über, sondern nur durch Akte der Rechtsübertragung und der Schuldübernahme.

Anm. 8. 3. **Welche Rechtsverhältnisse gelten nach innen bei der in der Entstehung begriffenen Gesellschaft?** Es frägt sich, ob in diesem Stadium die Beschlüsse nach dem Prinzip der Majorität gefaßt werden. Dies ist zu verneinen. Die Verfassung, die der Gesellschaftsvertrag enthält, bezieht sich auf die Zeit nach der Eintragung. Wird das Eingreifen der Gesellschafter in dem Stadium der Gründung notwendig, so haben alle Gesellschafter zuzustimmen. So z. B., wenn der bestellte Geschäftsführer stirbt und ein neuer bestellt werden muß. Der § 197 HGB. findet keine entsprechende Anwendung.

Anm. 9. II. (Abs. 2.) **Die Civilstrafe für das Handeln im Namen der Gesellschaft.**

1. Die Vorschrift bezieht sich auf das Handeln im Namen der Gesellschaft, als bestände sie schon als eingetragene GmbH. Diese Auffassung der Vorschrift ist festzuhalten trotz der Entscheidung des RG. 47, 1 (auch RG. v. 22. 3. 02 in JW. 317 und in DJZ. 7, 295; 55, 305 für unser Gesetz). Das RG. faßt die analoge Vorschrift des § 200 HGB. dahin auf, daß es darauf nicht ankomme, ob das Auftreten so erfolgt ist, als sei die Aktiengesellschaft schon eingetragen. Allein die gegenteilige, mildere Auffassung wird bestätigt durch die Motive des für die Gestaltung des früheren Artikel 211 HGB. vorbildlich gewordenen Artikel 181 des preußischen Entwurfs zum HGB.: „Die Bestimmung solle verhüten, daß Aktiengesellschaften vor erteilter landesherrlicher Genehmigung faktisch als solche ihre Geschäfte beginnen." Während das RG. diesen Anspruch für seine Ansicht anführt, ist sie vielmehr als durchschlagendes Argument für die entgegengesetzte zu verwerten. Denn hiernach sollte nur verhütet werden, daß die Aktiengesellschaft „als solche" ihre Geschäfte beginne. Ehe sie rechtlich „als solche" besteht, soll sie auch „faktisch als solche", als perfekte Aktiengesellschaft nicht im Rechtsverkehr auftreten. Ferner wird durch den früheren Artikel 55 HGB. und den jetzigen § 179 BGB. der § 11 Abs. 2 unseres Gesetzes keineswegs überflüssig. Diese Gesetzesstellen haben den Fall im Auge, wo der Vertretene existiert. Hier aber liegt ein Fall vor, wo der Pseudovertreter im Namen einer zukünftigen, erst entstehenden Person handelt. Ob auch in diesem Falle die Grundsätze des § 179 BGB. Platz greifen, kann zweifelhaft

sein. Der § 11 Abs. 2 hätte seine volle Berechtigung schon dann, wenn er dazu dienen sollte, diesen Zweifel zu beseitigen. Schließlich aber ist es vom Standpunkte gesetzgeberischer Erwägungen gar nicht anzunehmen, daß derjenige, der redlicherweise im Namen der entstehenden, aber noch uneingetragenen Gesellschaft handelt, persönlich haften soll. Das wäre, wie auch das RG. 55, 304 anerkennt, eine Strafvorschrift. Welcher gesetzgeberische Grund sollte vorliegen, um den Geschäftsführer, der, um ein Warenlager, welches als Sacheinlage übergeben ist, ordnungsmäßig aufzubewahren, einen Verwahrungsvertrag schließt, persönlich für die Kosten der Verwahrung, oder den Aufsichtsrat, der im Stadium der Gründung einen Geschäftsführer bestellt, für dessen Gehalt persönlich haften zu lassen? (Gegen das RG. auch Heine in der DJZ. 6, 555.) § 11.

2. Danach ist Voraussetzung der Anwendung unseres Abs. 2, daß der Gegenkontrahent die Nichtexistenz der Gesellschaft nicht kennt. Ist dies der Fall, dann tritt die Civilstrafe des vorliegenden Abs. 2 ein. Im Namen der GmbH., gleich ob sie bestände, darf nicht gehandelt werden. Soweit tritt die Haftung des Abs. 2 ein. Anm. 10.

3. Endlich ist vorausgesetzt, daß mit einem Dritten kontrahiert wurde. Gegenüber Mitgesellschaftern ist § 11 Abs. 2 unanwendbar. Es kann kein Gesellschafter deshalb in Anspruch genommen werden, wenn bei den Vorverhandlungen eine Zusage erfolgte, die für die Gesellschaft, weil nicht in den Gesellschaftsvertrag aufgenommen, nicht bindend ist (OLG. Colmar 11. 5. 04 im Recht 04, 455 Nr. 1936). Anm. 11.

III. **Es haften die Handelnden persönlich und solidarisch,** und zwar auch nach Eintragung der Gesellschaft. Anm. 12.

1. Die Vorschrift bezieht sich, wie oben Anm. 9 u. 10 dargetan, nur auf das Handeln derart, daß darin das Vorgeben liegt, es sei die GmbG. entstanden. Die für das Aktienrecht gefällte entgegengesetzte Entscheidung des RG. (47, 1) kann aus den oben (Anm. 9) angegebenen Gründen nicht gebilligt werden.

2. Als handelnde Personen sind diejenigen zu betrachten, die sich als Vertreter der GmbH. gerieren. Es haften aber auch diejenigen, in deren Auftrage so gehandelt worden ist, z. B. der Aufsichtsrat oder die Gesellschafter, die solchen Auftrag erteilt haben. Dieser Auftrag kann auch durch konkludente Handlungen erteilt werden (vgl. unten Anm. 17). Die letztere Haftung folgt aus dem Zwecke unserer Vorschrift. Sie soll den Dritten wirksam gegen die Gefahren eines Handelns im Namen einer noch nicht eingetragenen GmbH. schützen. Die zur Erreichung dieses Schutzes statuierte Civilstrafe muß alle diejenigen treffen, welche durch ihr Handeln jene Gefahren heraufbeschwören, welche also in jener Weise selbst handeln, oder solches Handeln veranlaßt haben. Auf die formale Frage, wer dem Dritten gegenüber handelnd aufgetreten ist, kann hierbei das entscheidende Gewicht nicht gelegt werden. Dagegen haften nicht ohne weiteres diejenigen, mit deren Willen und Zustimmung gehandelt ist (a. M. RG. 55, 304, siehe auch Anm. 17). Anm. 13.

3. Das durch diese Haftung entstehende Rechtsverhältnis ist im einzelnen nicht geregelt. Zunächst haften die handelnden Personen und nur sie, nicht auch die Gesellschaft, auch nachdem diese eingetragen ist, während die Folgen der gehörig und befugt für die errichtete und noch nicht eingetragene Gesellschaft getätigten Rechtsakte zunächst die Gesellschafter treffen und alsdann auf die GmbH. mit ihrer Entstehung übergehen (vgl. oben Anm. 5), die über den gesetzlichen Aktionskreis einer entstehenden GmbH. hinaus, aber namens der entstehenden Gesellschaft getätigten Akte dagegen nur die Gesellschafter treffen (oben Anm. 7). Es kann indessen nicht gemeint sein, daß der Vertrag ohne weiteres zwischen den unbefugt handelnden Vertretern der noch nicht bestehenden Gesellschaft und dem Gegenkontrahenten gilt. Denn diesem würde dadurch ein Rechtsverhältnis aufgedrängt werden, in das er nicht eintreten wollte. Er wollte ja mit einer GmbH. kontrahieren. Vielmehr wird man nach Analogie des § 179 BGB. dem Gegenkontrahenten das Recht geben müssen, nach seiner Wahl Erfüllung oder Schadensersatz zu verlangen, wenn nicht die Gesellschaft in den Vertrag binnen mäßiger Anm. 14.

§ 11. Frist eintritt. Die im § 177 BGB. vorgesehene Frist von zwei Wochen wird hier nicht strikte gelten können, aber einen Anhaltspunkt bieten. Den in mäßiger Frist erfolgten Eintritt der GmbH. wird sich der Gegenkontrahent gefallen lassen müssen. Er erfolgt durch Genehmigung des Geschäfts nach § 184 BGB. Die Möglichkeit einer solchen Genehmigung ist vorausgesetzt in den Urteilen des RG. 32, 99; 47, 34 und bei Gruchot 46, 855. Doch scheint an dieser letzteren Stelle das RG. anzunehmen, daß die Genehmigung allein die für die Gesellschaft handelnde Person noch nicht befreie, da für diese eine Haftung und nicht bloß eine Gewährleistung in § 11 Abs. 2 angeordnet sei. Es ist also anscheinend zur Befreiung die Erfüllung erfordert. Damit geht aber das RG. über das vom Gesetze Gewollte hinaus. Eine Haftung des für die Gesellschaft Handelnden mit dieser ist mehr als § 11 Abs. 2 bezweckt. Denn das Geschäft ist zwar fälschlich im Namen der Gesellschaft, jedenfalls aber im Interesse der Gesellschaft geschlossen. Man wird den in Frage stehenden Verhältnissen dann gerecht, wenn man annimmt, daß die GmbH. dem Gegenkontrahenten gegenüber berechtigt ist, durch Genehmigung des in ihrem Intresse geschlossenen Geschäfts Rechte und Verpflichtungen zu übernehmen. Erfolgt aber diese Genehmigung, so fällt die Haftung des Pseudovertreters fort. Die Genehmigung erfolgt formlos (§ 182 BGB.).

Anm. 15. 4. Die Solidarhaft richtet sich nach den §§ 421 ff. BGB., desgleichen die Ausgleichungsansprüche unter den mehreren Haftenden.

Anm. 16. 5. Die Rechte aus den betreffenden Rechtsgeschäften entstehen zunächst für die handelnden Personen. Für wen sollten sie sonst entstehen? Auch ist dies ja das Korrelat ihrer alleinigen Haftung. Genehmigt die entstandene Gesellschaft das Geschäft, so geht das Recht von selbst auf die Gesellschaft über (vgl. Anm. 14). Ein besonderer Akt der Rechtsübertragung ist nicht erforderlich. Der Fall liegt der Genehmigung durch den vollmachtlosen Vertreter gleich.

Anm. 17. 6. Haften außer den handelnden Personen noch die Gesellschafter persönlich? Als solche nicht. In ihrem und im Namen der von ihnen gebildeten bürgerlichen Gesellschaft — denn eine solche ist ja die errichtete und noch nicht eingetragene Gesellschaft (oben Anm. 1 u. 2) — ist ja gar nicht gehandelt worden, sondern im Namen einer angeblich eingetragenen, also als solche bestehenden GmbH. (RG. 55, 305). Wie aber, wenn sie wußten, daß die Geschäftsführer namens der Gesellschaft handeln, als sei sie schon entstanden? Darin kann ein stillschweigender Auftrag liegen, und dann haften sie als handelnde Personen (vgl. oben Anm. 13). Dagegen wird ihre Haftung dadurch allein nicht begründet, daß sie nachträglich von solchem Gebaren der Geschäftsführer erfahren und ihm nicht widersprechen oder es gar genehmigen. Darin kann ein stillschweigender Auftrag für die Zukunft liegen, weiter so zu handeln, aber ein Rechtsgrund, weshalb sie für das ohne ihren Auftrag Geschehene haften sollen, besteht nicht. Der § 177 BGB. findet hierauf keine Anwendung, weil dieser nur vorschreibt, daß durch die Genehmigung des fälschlich Vertretenen das Rechtsgeschäft wirksam wird. Hier aber ist ja nicht im Namen der Gesellschafter oder der von ihnen gebildeten Gründungsgesellschaft, sondern im Namen einer GmbH. als solcher gehandelt worden, als sei sie schon eingetragen.

Anm. 18. IV. Wer haftet, wenn namens einer erst entstehenden Gesellschaft gehandelt wird, diese aber nicht zur Entstehung gelangt? Auch hier sind nicht die Gesellschafter haftbar. Denn für diese ist nicht gehandelt. Es muß dann aber § 11 Abs. 2 hier anwendbar sein. In dem Handeln für die entstehende Gesellschaft liegt das Einstehen für deren Existentwerden, wie bei der Behauptung des Bestehens die Garantie für deren Rechtsbestand.

Anm. 19. V. Für eine eingetragene, aber nachher für nichtig erklärte Gesellschaft haften die Handelnden nicht. Für diese Verpflichtungen ist das Gesellschaftsvermögen als selbständiges Zugriffsobjekt vorhanden (§ 77).

§ 12[1]). § 12.

Auf die Anmeldung der Gesellschaft zur Eintragung in das Handelsregister eines Gerichts, in dessen Bezirke sie eine Zweigniederlassung besitzt, finden die Bestimmungen im § 8 Absatz 1 und 2 keine Anwendung. Der Anmeldung ist eine von dem Gerichte der Hauptniederlassung beglaubigte Abschrift des Gesellschaftsvertrages und der Liste der Gesellschafter beizufügen.

Die Eintragung hat die im § 10 Absatz 1 und 2 bezeichneten Angaben zu enthalten. In die Veröffentlichung, durch welche die Eintragung bekannt gemacht wird, sind auch die im § 10 Absatz 3 bezeichneten Bestimmungen aufzunehmen, die nach § 5 Absatz 4 getroffenen Festsetzungen jedoch nur dann, wenn die Eintragung innerhalb der ersten zwei Jahre nach der Eintragung in das Handelsregister des Sitzes der Gesellschaft erfolgt.

Der vorliegende Paragraph behandelt die Anmeldung und Eintragung der Zweigniederlassung. Vorher sind jedoch zur Vollständigkeit und zum Verständnis eine Reihe von Vorbemerkungen zu machen. Einleitung

I. Vorbemerkungen. Anm. 1.

1. Die erste Vorbemerkung geht dahin, daß sowohl im § 13 HGB., als im vorliegenden Paragraphen lediglich diejenige Zweigniederlassung behandelt ist, welche an einem Orte außerhalb des Gerichtsbezirks des Hauptsitzes besteht, die sogenannte externe Zweigniederlassung. Errichtet die Gesellschaft eine Zweigniederlassung an einem anderen Orte, als dem Sitze der Gesellschaft, aber in demselben Gerichtsbezirke, so ist das zwar auch eine Zweigniederlassung, allein diese sogenannte interne Zweigniederlassung ist zwar ebenfalls anzumelden und abzumelden, nämlich gemäß § 29 HGB. beim Hauptregister, jedoch nicht in der im § 12 angeordneten Weise. Ein besonderes Zweigregister wird über eine solche interne Zweigniederlassung nicht gebildet, und alle späteren Eintragungen beziehen sich, indem sie im Hauptregister gemacht werden, auf sie eo ipso mit. Hat endlich die Gesellschaft an demselben Orte mehrere Geschäfte, und sei es auch an verschiedenen Stellen und von verschiedener Branche, so liegt eine Zweigniederlassung überhaupt nicht vor.

2. Über den Begriff der Zweigniederlassung gilt im allgemeinen dasjenige, was zu § 13 HGB. gelehrt wird (vgl. Staub HGB. Anm. 3 zu § 13; Düringer-Hachenburg I Note I zu § 13). Anm. 2.

Eine Zweigniederlassung im Sinne des Gesetzes ist vorhanden, wenn an einem vom Sitze des Hauptgeschäfts verschiedenen Orte gleichartige Geschäfte des Prinzipals abgeschlossen werden, dieser abgezweigte Betrieb nach seiner Organisation auf die Dauer berechnet ist und der damit Beauftragte eine selbständige Tätigkeit entwickelt (KGJ. 5, S. 22 und 23; 14, 12; 18, 18; ROHG. 14, 402; RG. 7, 324). Zum Begriff

---

1) Zur Ergänzung dient § 13 HGB. Derselbe lautet:

Soweit nicht in diesem Gesetzbuch ein anderes vorgeschrieben ist, sind die Eintragungen in das Handelsregister und die hierzu erforderlichen Anmeldungen und Zeichnungen von Unterschriften sowie die sonst vorgeschriebenen Einreichungen zum Handelsregister bei jedem Registergericht, in dessen Bezirke der Inhaber der Firma eine Zweigniederlassung besitzt, in gleicher Weise wie bei dem Gerichte der Hauptniederlassung zu bewirken.

Eine Eintragung bei dem Gerichte der Zweigniederlassung findet nicht statt, bevor nachgewiesen ist, daß die Eintragung bei dem Gerichte der Hauptniederlassung geschehen ist.

Diese Vorschriften kommen auch zur Anwendung, wenn sich die Hauptniederlassung im Auslande befindet. Soweit nicht das ausländische Recht eine Abweichung erforderlich macht, haben die Anmeldungen, Zeichnungen und Eintragungen bei dem Gerichte der Zweigniederlassung in gleicher Weise zu geschehen, wie wenn sich die Hauptniederlassung im Inlande befände.

§ 12. der Selbständigkeit gehört dabei lediglich, daß der Leiter der Zweigniederlassung nicht bloß Geschäftsvermittler, sondern nach außen selbständig aufzutreten berechtigt ist, wenn auch nicht gerade notwendig im unbeschränkten Umfange. Auf die innerliche Abhängigkeit vom Prinzipal kommt es überhaupt nicht an (Brendel bei Gruchot 33, 223), auch darauf nicht, ob in dem Nebengeschäfte alle Geschäftszweige des Hauptgeschäfts betrieben werden (OG. Wien bei Adler-Clemens Nr. 1334; KGJ. 5, 22; KG. v. 24. 5 97 bei Perl-Wreschner 97, 82). Als einzelne Merkmale der Selbständigkeit sind aufzustellen: daß von der Filiale aus eigene Geschäfte wie von der Hauptniederlassung — im Gegensatz zu bloßen Vorbereitungs-, Vermittelungs- und Ausführungsgeschäften — abgeschlossen werden, daß die Filiale eine äußerlich selbständige Leitung hat, daß sie mit einem intern gesonderten Geschäftsvermögen ausgestattet ist und für sie eine besondere Buchführung besteht (KGJ. 18, 18; ROHG. 14, 401 ff.). Eine Geschäftsstelle, an der nur die von dem Hauptgeschäfte gesandten Waren zu den vom Prinzipal bestimmten Preisen durch Angestellte verkauft werden, ist hiernach keine eintragungspflichtige Zweigniederlassung (KGJ. 18, 17). Desgleichen liegt eine Zweigniederlassung nicht vor, wenn einer der Geschäftsführer an einem anderen Orte wohnt und von dort aus, sei es auch an einem anderen Orte, Waren verkauft und die erzielten Ordres dem Hauptgeschäfte zur Effektuierung übermittelt, wenn im übrigen jene Merkmale des Zweiggeschäfts nicht vorliegen. Zweigniederlassungen sind ferner nicht die Fabriken und technischen Bureaus (Bolze 22 Nr. 695 b; KG. bei Perl-Wreschner 97, 82; OG. Wien bei Adler-Clemens Nr. 1271), Speicher zum Empfangnehmen und Aushändigungsstellen, Agenturen, weil der Agent nicht selbständig abschließt, wohl aber die Subdirektionen und Generalagenturen der Versicherungsgesellschaften (KGJ. 5, 22; ROHG. 14, 402); nicht die Eisenbahndirektionen, dieselben sind Teile des Hauptunternehmens, nicht Pertinenzien, sie sind Glieder des ganzen Organismus (RG. 2, 391).

Anm. 3. Bei der GmbH. modifiziert sich übrigens der Begriff der Zweigniederlassung ebenso, wie bei der Aktiengesellschaft dadurch, daß auch die GmbH. frei bestimmen kann, wo sie ihren Sitz haben soll (Anm. 3 zu § 3). Hat sie dort, wo sie ihren Sitz hat, nicht ihren Betrieb oder die Zentralstelle ihrer Verwaltung, oder hat sie dort, wo sie ihren Sitz hat, einen Kleinbetrieb, ihren Hauptbetrieb und die Zentralverwaltung in einem anderen Gerichtsbezirke, so ist an der letzteren Stelle eine Zweigniederlassung vorhanden und demgemäß anzumelden (KGJ. 13, 42).

Anm. 4. Hervorzuheben ist, daß die Zweigniederlassung kein selbständiges Rechtssubjekt ist. Das maßgebende Rechtssubjekt, Träger der Rechte und Pflichten, welche durch den Betrieb der Zweigniederlassung entstehen, ist der Inhaber der Hauptniederlassung, hier die GmbH. als solche (RG. 38, 403). Vgl. unten Anm. 12.

Anm. 5. 3. Die Errichtung der Zweigniederlassung ist ein reiner Verwaltungsakt. Wenn daher die Statuten nicht anderes bestimmen, so erfordert sie keine Statutenänderung (ROHG. 22, 282; Staub HGB. Anm. 2 zu § 201). Auch sonst ist von Gesetzes wegen weder ein Gesellschafterbeschluß, noch die Zustimmung des Aufsichtsrats, wo ein solcher besteht, einzuholen. Vielmehr ist, wenn die Statuten nicht entgegenstehen, der Geschäftsführer allein zur Errichtung der Zweigniederlassung auchnach innen befugt. Nach außen ist er stets dazu befugt, auch wenn die Statuten in dieser Hinsicht seine Machtbefugnis einschränken (§ 37 Abs. 2).

Anm. 6. 4. Die Eintragung der Zweigniederlassung ist weder für die rechtliche Existenz der GmbH. selbst, noch für die rechtliche Existenz der Zweigniederlassung entscheidend. Die GmbH. entsteht durch die Eintragung am Hauptsitze (§ 11 Abs. 1). Die Zweigniederlassung besteht von dem Augenblicke an, wo die GmbH. an dem betreffenden Orte ein Geschäft betreibt, welches die oben Anm. 2 angegebenen Erfordernisse aufweist. Betreibt sie das Geschäft an einem anderen Orte in dem Gerichtsbezirke, zu welchem der Hauptsitz der Gesellschaft gehört, so wird dies gemäß § 29 HGB. beim Hauptregister eingetragen (vgl. oben Anm. 1). Betreibt sie ein Geschäft

an einem anderen Orte, als an ihrem statutarischen Sitze, und zwar in einem anderen § 12.
Gerichtsbezirke, so wird die Eintragung notwendig nach § 13 HGB. und nach unserem § 12. Erzwungen werden beide Eintragungen nach § 14 HGB.

5. In das Zweigregister sind nach § 13 Abs. 1 HGB. grundsätzlich, d. h. soweit nicht im Einzelfalle etwas Gegenteiliges vorgeschrieben ist, alle Anmeldungen, Unterschriftszeichnungen und Einreichungen zu bewirken. Anm. 7.

a) Ausnahmen hiervon siehe in unserem § 12 Abs. 1, ferner in § 39 Abs. 2, § 59, § 67 Abs. 2 Satz 2 des Gesetzes.

b) Hervorzuheben ist, daß auch die Liste der Gesellschafter einzureichen ist, nicht bloß bei der ersten Anmeldung der Zweigniederlassung (darüber siehe unten Anm. 20), sondern auch später. Das letztere folgt aus § 40 unseres Gesetzes und § 13 Abs. 1 HGB.

c) Alle Eintragungen in das Zweigregister setzen den Nachweis voraus, daß die Eintragung im Hauptregister bereits erfolgt ist (§ 13 Abs. 2 HGB.). Davon sind selbstverständlich ausgenommen diejenigen Eintragungen, die sich lediglich auf das Zweigregister beziehen, z. B. die Eintragung einer bloß für die Zweigniederlassung bestellten Prokura (§ 50 Abs. 3 HGB.); ferner die Aufhebung der Zweigniederlassung. Diese ist beim Hauptregister nur zu vermerken, nicht dort anzumelden und einzutragen (vgl. unten Anm. 8).

6. Werden die Errichtung und Aufhebung der Zweigniederlassung nicht auch zum Hauptregister angemeldet und dort eingetragen? Hier wird, um Mißverständnisse zu vermeiden, wiederum nur von der sogenannten Externzweigniederlassung oder eigentlichen Zweigniederlassung gesprochen, d. h. von derjenigen, die in einem anderen Orte außerhalb des Gerichtsbezirkes besteht. Die interne oder uneigentliche Zweigniederlassung, die an einem anderen Orte innerhalb des Gerichtsbezirkes des Hauptsitzes besteht, wird ja gemäß § 29 HGB. zum Hauptregister angemeldet und dort eingetragen. Die Anmeldung der externen Zweigniederlassung zum Hauptregister ist aber nicht vorgeschrieben und eine eigentliche Eintragung der Zweigniederlassung erfolgt im Hauptregister nicht. Vielmehr hat der Registerrichter der Zweigniederlassung nach § 131 FG. dem Registerrichter des Hauptsitzes Nachricht zu geben von der Eintragung der Zweigniederlassung und der letztere hat einen diesbezüglichen Vermerk im Hauptregister zu machen. Auch eine Publikation des Vermerkes erfolgt nicht. Das Gleiche gilt von der Aufhebung der Zweigniederlassung. Anm. 8.

7. Die Bedeutung der Eintragung und Publikation im Zweigregister. Bei solchen Rechtsakten, deren Wirksamkeit nicht bloß dem gutgläubigen Dritten gegenüber, sondern überhaupt von der Eintragung abhängt, ist für die Vorfrage, ob der Rechtsakt wirksam ist, die Eintragung im Hauptregister entscheidend. Ist aber ein solcher Akt eingetragen, und handelt es sich um die Frage, inwieweit der Dritte sich denselben entgegenhalten zu lassen braucht, so ist für den Geschäftsverkehr mit der eingetragenen Zweigniederlassung die Eintragung und Publikation bei der Zweigniederlassung, nicht die Publikation bei der Hauptniederlassung entscheidend. Das ergibt sich aus § 15 Abs. 3 HGB. (vgl. auch Anm. 33 zu § 7). Anm. 9.

8. Die Firma der Zweigniederlassung. Hierüber greift zunächst die allgemeine Vorschrift des § 30 HGB. Platz (vgl. daher Staub HGB. Anm. 6 ff. zu § 30; Düringer-Hachenburg I Note IV zu § 30). Über die Frage, ob die GmbH. für die Zweigniederlassung eine besondere Firma führen kann, vgl. Anm. 28 zu § 4. Wenn die erste Auflage (S. 89 Anm. 8) infolge eines zu Zwecken der Unterscheidung notwendigen Zusatzes zur Filialfirma eine Statutenänderung fordert, so ist ja damit die Möglichkeit der besonderen Firma für die Zweigniederlassung zugegeben. Anerkennt man für die Zweigniederlassung eine besondere Firma, so muß man auch für die Gesellschaft unter dieser Firma den Rechtserwerb zulassen. Rechtssubjekt bleibt freilich stets die Gesellschaft als solche. Aber sie erwirbt im besonderen Falle unter den besonderen Namen. So OLG. Dresden bei Holdheim 14, 22; BayOLG. in CBlFG. 5, 183 und BankA. 3, 96 für die Eintragung von Anm. 10.

§ 12. Hypotheken im Grundbuch. A. M. KG. bei Holdheim 13, 182, das im Grundbuche nur Eintragungen auf die Hauptniederlassung anerkennt, jedoch einen Hinweis auf die Zugehörigkeit der Hypothek zur Zweigniederlassung gestattet. Jetzt hat das RG. (v. 1. 11. 05 in JW. 05, 721 Nr. 13) die Frage zu Gunsten der ersteren, hier vertretenen Ansicht entschieden. Zusätze, wie Filiale oder Filiale Frankfurt a. M., begründen keine wirkliche Verschiedenheit der Firma. Sie sind ohne statutarische Firmenänderung zulässig.

Anm. 11. 9. Vertretung der Zweigniederlassung. Dieselbe ist nicht besonders geregelt. Es folgt aus dem in Anm. 2 Gesagten, daß nicht etwa ein Geschäftsführer oder ein Prokurist vertreten muß, es kann auch ein Handlungsbevollmächtigter sein (ROHG. 17, 320). Die Bestellung eines besonderen Geschäftsführers für die Zweigniederlassung ist nicht zulässig (KGJ. 12, 34 für das Aktienrecht; vgl. zu § 37). Dagegen ist die Bestellung eines besonderen Prokuristen für die Zweigniederlassung zulässig (§ 50 Abs. 3 HGB.).

Anm. 12. 10. **In prozessualischer Hinsicht** ist zweierlei zu bemerken.

a) Die Frage, ob die Zweigniederlassung unter ihrer Firma klagen oder verklagt werden kann, ist nicht richtig gestellt. Die Zweigniederlassung ist ein als Pertinenz im weiteren Sinne eines Hauptgeschäfts zu betrachtendes Geschäft. Ein Geschäft ist aber kein Rechtssubjekt. Ein Zweiggeschäft ist ebensowenig prozeßfähig, wie ein Hauptgeschäft. Es kann also weder klagen, noch verklagt werden. Klagen und verklagt werden kann aus den durch das Zweiggeschäft entstehenden Rechtsbeziehungen nur die GmbH. selbst. Diese ist die Trägerin dieser Rechtsbeziehungen (vgl. oben Anm. 4). Dagegen kann die Gesellschaft unter ihrer Filialfirma klagen und verklagt werden (vgl. oben Anm. 10).

Anm. 13. b) Einen besonderen allgemeinen Gerichtsstand begründet die Zweigniederlassung nicht, da sie kein zweites Domizil begründet. Aber der Gerichtsstand der Verwaltung und der Gerichtsstand der Erfüllung können am Sitze der Zweigniederlassung begründet sein (ROHG. 17, 319; OLG. Hamburg in ZHR. 42, 503).

II. **Die Anmeldung und Eintragung der Zweigniederlassung.**

Anm. 14. 1. Es ist hier nochmals darauf hinzuweisen, daß es sich lediglich um die externe oder eigentliche Zweigniederlassung handelt, d. h. um eine Niederlassung außerhalb des Gerichtsbezirks des Hauptsitzes. Errichtet die Gesellschaft eine Niederlassung an einem anderen Orte als dem Sitze der Gesellschaft, aber in demselben Gerichtsbezirke, so erfolgt die Anmeldung zwar ebenfalls, aber nicht in der hier vorgeschriebenen Weise, sondern gemäß § 29 HGB. (vgl. oben Anm. 1 und 8).

Anm. 15. 2. **Bei der externen oder eigentlichen Zweigniederlassung gilt über die Anmeldung folgendes:**

a) Die Anmeldung muß erfolgen. Sie wird sonst gemäß § 14 HGB. erzwungen. Die Anmeldung der errichteten Gesellschaft zum Hauptsitze braucht nicht zu erfolgen. D. h. sie kann nicht vom Gericht erzwungen werden. Nur besteht die Gesellschaft nicht, solange die Eintragung am Gerichte des Hauptsitzes nicht erfolgt (§ 79, § 11). Ist sie aber dort erfolgt und betreibt die Gesellschaft eine Zweigniederlassung an einem anderen Orte außerhalb des Gerichtsbezirks des Hauptsitzes, so greift § 14 HGB. Platz. D. h. diese Zweigniederlassung muß eingetragen und diese Eintragung kann erzwungen werden.

Anm. 16. b) Die Anmeldung erfolgt in der Form des § 12 HGB., also persönlich bei dem Gerichte oder in öffentlich beglaubigter Form. Außerdem kann nach § 128 FG. die Anmeldung auch zu Protokoll des Gerichtsschreibers des Registergerichts erfolgen. Bevollmächtigung ist zweifellos zulässig. Nur die Unterschrift ist persönlich einzureichen.

Anm. 17. c) Die anmeldungspflichtigen Personen sind die sämtlichen Geschäftsführer (§ 78 des Gesetzes).

Anm. 18. d) Über den Inhalt der Anmeldung ist nichts gesagt. Es ist nur gesagt, was beizufügen ist. Es ist anzugeben, daß die GmbH. eine Zweigniederlassung in dem betreffenden Orte betreibt und unter welcher Firma. Demgemäß wird die Gesellschaft zur

Eintragung in das Handelsregister dieses Gerichtsbezirks angemeldet. Unrichtig ist es, wenn Cohn, Das Handels- und Genossenschaftsregister, 2. Aufl. S. 267 fordert, daß die Anmeldung alle diejenigen Angaben enthalten müsse, welche Gegenstand der Eintragung sind (vgl. unten Anm. 24). Vgl. dagegen richtig das Formular im Formularbuch des Berliner Anwaltsvereins I S. 137. Außerdem ist die Unterschrift zu zeichnen gemäß § 13 Abs. 1 HGB. (oben Anm. 7), was daraus folgt, daß unser Paragraph den § 8 Abs. 1 und 2, aber nicht § 8 Abs. 3 von der Anwendung ausschließt. Die im § 8 Abs. 2 vorgeschriebene Versicherung, daß die Leistungen auf die Einlagen erfolgt sind, ist nicht erforderlich, auch wenn die Anmeldung der Zweigniederlassung sich unmittelbar an die Gründung der Gesellschaft anschließt, da § 8 Abs. 2 von der Anwendung ausgeschlossen ist. § 12.

e) Die Beilagen der Anmeldung. Sie sind im Abs. 1 deutlich bezeichnet. Danach ist beizufügen: Anm. 19.

α) Eine von dem Gericht der Hauptniederlassung zu beglaubigende Abschrift des Gesellschaftsvertrages. Ist der Gesellschaftsvertrag geändert worden — unter Umständen ist dies mehrfach geschehen —, so müssen auch von den Abänderungsbeschlüssen beglaubigte Abschriften beigefügt werden. Die Abschriften müssen von dem Gerichte der Hauptniederlassung beglaubigt sein. Eine notarielle Beglaubigung der Ausfertigung oder eine von irgend einem Gericht herrührende Beglaubigung der Ausfertigung genügt also nicht. A. M. KG. bei Holdheim 13, 200, KGJ. 26 A, 225, ZHR. 55, 386, OLGR. 8, 285, BankA. 7, 174: Es ist nur der Gesellschaftsvertrag in seiner derzeitigen Fassung einzureichen.

β) Eine von dem Gerichte der Hauptniederlassung beglaubigte Abschrift der Liste der Gesellschafter ist beizufügen. Wird die Zweigniederlassung nicht unmittelbar nach Eintragung der Gesellschaft am Hauptsitze, sondern erst geraume Zeit später errichtet oder angemeldet, so muß die Liste natürlich auf den zeitigen Stand zurückgeführt sein. Sie muß zu diesem Zwecke auch ausnahmsweise außerhalb des Jahres (während nach § 40 die Liste nur alljährlich eingereicht werden muß) am Hauptsitze eingereicht werden. Sonst könnte ja das Gericht des Hauptsitzes keine beglaubigte Abschrift der Liste, wie sie den jetzigen Verhältnissen entspricht, erteilen. Anm. 20.

γ) Außerdem aber muß der Nachweis beigebracht werden, daß die Gesellschaft am Hauptsitze eingetragen ist. Das folgt aus § 13 Abs. 2 HGB. Dieser Nachweis erfolgt durch einen vom Gerichte des Gesellschaftssitzes zu beglaubigenden Auszug der dort erfolgten Eintragung der Gesellschaft (Cohn a. a. O. S. 268). Anm. 21.

δ) Dagegen bedarf es nicht der Vorlage der Vollmachten der Vertreter, welche den Gesellschaftsvertrag unterzeichnet haben, nicht der Vorlage der Legitimation der Geschäftsführer oder der Urkunde über die staatliche Genehmigung. Darin liegt eine Abänderung des § 13 Abs. 1 HGB. durch unseren § 12 Abs. 1. Anm. 22.

f) Der Inhalt der Eintragung. Er ist der gleiche, wie bei der Eintragung der Gesellschaft am Hauptsitze. Das folgt aus unserem Abs. 2. Es ist daher auf Anm. 6—10 zu § 10 zu verweisen. Zu bemerken ist auch hier, daß außerdem noch der Tag der Eintragung (nämlich der Eintragung im Zweigregister) bei der Eintragung anzugeben ist und die Unterschrift des zuständigen Beamten. Anm. 23.

g) Die Publikation. In dieselbe sind regelmäßig die im § 10 Abs. 3 bezeichneten Bestimmungen aufzunehmen (das Gesetz sagt eigentümlicherweise „auch" die im § 10 Abs. 3 bezeichneten Bestimmungen). Das Nähere hierüber siehe Anm. 17 ff. zu § 10. Doch ist hier eine Ausnahme gemacht. Die Illationsfestsetzungen nach § 5 Abs. 4 sind in die Publikation nur dann aufzunehmen, wenn die Eintragung der Zweigniederlassung innerhalb der ersten zwei Jahre nach der Eintragung in das Handelsregister des Sitzes der Gesellschaft erfolgt. Mit der Zeit verliert die Art, wie die Gesellschaft entstanden ist, immer mehr an Interesse. Daher diese Vorschrift. Anm. 24.

h) Was später in das Zweigregister einzutragen ist, darüber siehe oben Anm. 7.

§ 12. i) **Welche rechtliche Bedeutung die Eintragung in das Zweigregister und die betreffende Publikation hat**, darüber siehe oben Anm. 9.

Anm. 25. k) **Was hat der Registerrichter zu prüfen bei der Eintragung der Zweigniederlassung.** Er hat nur zu prüfen, ob die Anmeldung den Vorschriften des Gesetzes entspricht. Nicht hat er zu prüfen, ob die für die Eintragung der Gesellschaft selbst vorgeschriebenen gesetzlichen Bestimmungen erfüllt sind, da die Gesellschaft mit der Eintragung der Gesellschaft am Sitze besteht. Auch wenn Nichtigkeitsgründe vorliegen sollten, so ist es nicht seine Sache, die Zweigniederlassung deshalb von der Eintragung auszuschließen. Er mag dann bei dem Richter des Sitzes das Verfahren gemäß § 144 FG. anregen. Ob eine Zweigniederlassung tatsächlich vorliegt, ist aber sein Recht zu prüfen, da er ja (vgl. Anm. 32 zu § 7) überhaupt das Recht hat, nachzuprüfen, ob die vor ihm erklärten Tatsachen der Wirklichkeit entsprechen (anders Cohn a. a. O. S. 269). Ob das Unternehmen staatlich genehmigt ist, hat er im allgemeinen nicht nachzuprüfen. Diese Frage ist erledigt durch die Eintragung der Gesellschaft am Hauptsitze. Wenn aber die Genehmigung örtlich begrenzt ist, so hat er zu prüfen, ob sie auch seinen Bezirk betrifft, und eventuell die Eintragung von einer Ausdehnung der Genehmigung abhängig zu machen (Cohn a. a. O. S. 269).

Anm. 26. **Zusatz 1. Auch die Aufhebung der Zweigniederlassung ist anzumelden und einzutragen**, und zwar nur zum Register der Zweigniederlassung. Der Registerrichter der Zweigniederlassung zeigt die Eintragung der Aufhebung dem Registerrichter der Hauptniederlassung an und dieser vermerkt die Aufhebung im Hauptregister (vgl. oben Anm. 8).

Anm. 27. **Zusatz 2. Die inländische Zweigniederlassung einer ausländischen GmbH.**

1. **Kann eine solche vorkommen?** Im allgemeinen nicht. Wie in Anm 10 ff. der Allgemeinen Einleitung ausgeführt wurde, besteht zwischen der Aktiengesellschaft und der GmbH. eine Verschiedenheit im Wesen nicht. Nur die Ausgestaltung im einzelnen weist Verschiedenheiten auf (vgl. Anm. 17—24 das.). Bis zum Erlaß des Gesetzes betreffend die GmbH waren zweifellos deutsche Zweigniederlassungen ausländischer Erwerbsgesellschaften, welche im wesentlichen auf **der** Grundlage aufgebaut waren, daß lediglich ein Gesellschaftsvermögen den Gläubigern haftete und die Beteiligung ziffermäßig nach Nennbeträgen zerlegt war, sie mochten im Auslande heißen wie immer (limited society, société anonyme), als deutsche Zweigniederlassungen ausländischer Aktiengesellschaften zu betrachten und zu behandeln. Es ist nicht anzunehmen, daß sich dies seit dem Erlaß unseres Gesetzes geändert hat, auch dann nicht, wenn bei der betreffenden ausländischen Gesellschaft die Ausgestaltung im einzelnen sich unserer GmbH. nähert. Denn entscheidend bleibt immer noch, daß das Grundwesen einer solchen Gesellschaft auch das der Aktiengesellschaft ist; daß ferner unsere Gesetze für die registermäßige Behandlung inländischer Zweigniederlassungen ausländischer **Aktiengesellschaften** fürsorgliche Bestimmungen getroffen haben (§ 201 Abs. 5 HGB.), nicht aber Spezialbestimmungen über inländische Zweigniederlassungen ausländischer Gesellschaften mbH. — was zwar nicht zwingend darauf hinweist, aber doch der Vermutung Raum gibt, daß solche Zweigniederlassungen überhaupt nicht eingetragen werden sollen, sondern eben nur als Zweigniederlassungen ausländischer Aktiengesellschaften — und daß endlich die letztere Art der Behandlung dem öffentlichen Interesse weit mehr dient, als wenn die Eintragung als Zweigniederlassung einer ausländischen GmbH. erfolgte, da die Kautelen bei den Aktiengesellschaften schärfer sind.

Anm. 28. Die Ausleger unseres Gesetzes stimmen mit dem vorstehenden Ergebnisse überein, wenn auch teilweise mit anderen Gründen. Liebmann Anm. 2 sagt, daß die GmbH. eine spezifisch deutsche Gesellschaft sei. Doch ist damit nichts bewiesen, weil es ja immerhin sein kann, daß nach den Gesetzen irgend eines Staates Gesellschaften errichtet werden können, welche im Grundwesen und in der Ausgestaltung im einzelnen den gleichen Aufbau gestatten, wie unsere GmbH. Was dann? Parisius-Crüger Anm. 4 sagen, daß „ausländische Gesellschaftsfirmen bei diesem deutschen

Gesetze nicht in Betracht kommen können". Das ist für sich nicht verständlich. Sie citieren aber Liebmann und daraus ist zu entnehmen, daß sie dasselbe wie dieser besagen wollen. Liebmanns Ansicht ist aber oben widerlegt worden. Förtsch Anm. 6 meint, daß es im deutschen Recht Zweigniederlassungen ausländischer GmbH. schon deshalb nicht geben könnte, weil die ausländischen Gesellschaften den Zusatz „mit beschränkter Haftung" annehmen müßten, was doch nicht angängig sei. Warum sollte das nicht angängig sein? Daß der Zusatz gerade deutsch sein müsse, meint wohl Förtsch auch nicht. Eine solche Annahme wäre ja gänzlich grundlos. Man nimmt auch im Aktienrecht nicht an, daß die ausländischen Aktiengesellschaften den Zusatz „Aktiengesellschaft" in deutscher Sprache annehmen müssen, um fähig zu sein, ihre Zweigniederlassungen in Deutschland eintragen zu lassen. Und wie, wenn eine ausländische GmbH. den Zusatz in deutscher Sprache annimmt? Sind nun auch die Gründe der anderen Ausleger nicht zutreffend, so ist es doch ihr Ergebnis. Inländische Zweigniederlassungen ausländischer GmbH. wird es also regelmäßig nicht geben. § 12.

Ausnahmsweise ist dies allerdings denkbar, nämlich dann, wenn ein ausländisches Gesetz in der zweifellosen, sei es ausgesprochenen oder sonst erkennbaren Absicht, die Bildung gleicher Gesellschaften, wie die deutschen GmbH. zu ermöglichen, ein unserem Gesetze adäquates Gesetz schaffen würde. Wenn auf Grund eines solchen Gesetzes sich in dem betreffenden Staate Gesellschaften bilden (wie jetzt in Österreich beabsichtigt: Ullmann, Die GmbH., Wien 05 Grünhut DJZ. 05, 780; vgl. Anm. 26 der Allg. Einleitung) und in Deutschland Zweigniederlassungen errichten würden, so würden diese hier eintragungsfähig und eintragungspflichtig sein als Zweigniederlassungen einer ausländischen GmbH. Anm. 29.

2. **Welche Grundsätze gelten für die inländische Zweigniederlassung einer ausländischen GmbH.?** Anm. 30.

a) **Der Hauptgrundsatz ist der in Anm. 28 betonte: die ausländische Gesellschaft muß eine offenbare Nachbildung unserer Gesellschaftsform sein.** Sie muß insbesondere auch einen **Zusatz in der Firma** enthalten, der nichts weiter ist als eine Übersetzung der Worte „mit beschränkter Haftung". Und ferner muß die Ausgestaltung im einzelnen mit den für unsere Gesellschaft charakteristischen Vorschriften unseres Gesetzes übereinstimmen. Insbesondere muß die Übertragung der Anteile in gleicher Weise erschwert sein, wie bei uns. Die Haftung des § 24 muß ebenfalls festgesetzt sein.

b) **Der Sitz der Gesellschaft muß** sich im Auslande befinden. Anm. 31.

c) **Der Gegenstand des Unternehmens muß nach deutschem Rechte erlaubt sein.** Eine GmbH. zum Zwecke des Sklavenhandels würde hier nicht eingetragen werden können.

d) **Die Höhe des Grundkapitals** muß mindestens 20000 M. sein. Das ist ein Prohibitivgesetz. Doch ist die ausländische Währung zulässig (vgl. auch Anm. 9 zu § 5). Der Betrag des einzelnen Geschäftsanteils muß mindestens 500 M. sein. Anm. 32.

e) **Die Anmeldung, Eintragung und Publikation** richtet sich nach § 13 Abs. 3 HGB., modifiziert durch die Vorschriften unseres Gesetzes. Es erfolgen die gleichen Eintragungen, wie bei der Hauptniederlassung und die gleiche Publikation, soweit nicht das ausländische Recht Abweichungen ergibt. Die Abweichungen dürfen natürlich nicht derart sein, daß die Anmeldung überhaupt nicht statthaft ist. Anm. 33.

Zusatz 3. Ob die Zweigniederlassung einer deutschen GmbH. im Auslande eingetragen werden kann, richtet sich nach dem ausländischen Rechte. In der Schweiz z. B. ist sie nach der Rechtsprechung einzutragen (vgl. Cahn, Die GmbH. im Gesellschaftsrecht, Schaffhausen 99, 150, Beschluß des Schweizerischen Bundesrats v. 16. Juni 1902 in der DJZ. 7, 476; Ebenso in Österreich (Canstein DJZ. 8, 413). Anm. 34.

Zweiter Abschnitt.

Rechtsverhältnisse der Gesellschaft und der Gesellschafter.

§ 13.

§ 13.

Die Gesellschaft mit beschränkter Haftung als solche hat selbständig ihre Rechte und Pflichten; sie kann Eigentum und andere dingliche Rechte an Grundstücken erwerben, vor Gericht klagen und verklagt werden.

Für die Verbindlichkeiten der Gesellschaft haftet den Gläubigern derselben nur das Gesellschaftsvermögen.

Die Gesellschaft gilt als Handelsgesellschaft im Sinne des Handelsgesetzbuchs.

Einleitung. **Der vorliegende Paragraph gibt drei Fundamentalgrundsätze über das Wesen der GmbH.:** über ihre Parteifähigkeit (Abs. 1), über die Haftung für die Verbindlichkeiten (Abs. 2), und endlich über ihre Eigenschaft als Handelsgesellschaft (Abs. 3).

Anm. 1. I. (Abs. 1.) **Über ihre Parteifähigkeit ist bestimmt: daß sie als solche selbständig ihre Rechte und Pflichten hat; daß sie Eigentum und andere dingliche Rechte an Grundstücken erwerben kann; daß sie vor Gericht klagen und verklagt werden kann.**

1. Sie ist dadurch zur juristischen Person erhoben. Sie hat Körperschaftseigenschaft (Gierke, Die Genossenschaftstheorie 38 ff.). Wenn die Gesetze sagen, daß eine Gesellschaft „selbständig als solche" ihre Rechte und Pflichten hat, so ist damit eine derartige Selbständigkeit statuiert, wie sie nur der juristischen Person eigen ist. So auch bei der Aktiengesellschaft im § 210 HGB., die auf Grund des gleichen Ausspruches ganz allgemein als juristische Person erachtet wird. Dazu kommt der Grundsatz des Abs. 2: für die Verbindlichkeiten der Gesellschaft haftet nur das Gesellschaftsvermögen. Es haftet also nur die Gesellschaft, eine direkte Haftung der einzelnen Gesellschafter sollte mit diesem Ausspruche abgelehnt werden (vgl. Motive 23). Wenn nun aber kein Gesellschafter und doch die Gesellschaft haften soll, so ist gar nicht ersichtlich, wie das anders denkbar wäre, als so, daß die Gesellschaft, als selbständiges Rechtssubjekt gedacht, Trägerin der Haftung ist. Ausschlaggebend ist aber, daß auch bei der GmbH. sich diese und die einzelnen Gesellschafter als Berechtigte und Verpflichtete gegenüberstehen, eine Auffassung von der das ganze Gesetz durchzogen ist. Der Gesellschafter ist der Gesellschaft zur Zahlung seiner Einlage, zur Gewährung der Nachschüsse, zur Rückgabe des zu Unrecht empfangenen Stammkapitales verpflichtet. Ihr gegenüber besteht sein Anspruch auf Teilnahme am Gewinn, auf Mitwirkung bei der Verwaltung, auf Auflösung durch Richterspruch, auf Anteil am Liquidationsergebnis (RG. 59, 58). Bei der offenen Handelsgesellschaft dagegen sind solche Ansprüche auf Zahlung der Einlage, auf Gewinnanteil oder nur als Klage der einzelnen Gesellschafter gegen die anderen denkbar. Das in § 124 HGB. ihr gegebene Klagerecht ist trotz der Formel, die mit § 210 HGB. und § 13 unseres Gesetzes übereinstimmt, nur für die rechtlichen Beziehungen der Gesamtheit der Gesellschafter zu Dritten gegeben.

Anm. 2. So ist denn auch die Annahme, daß die GmbH. juristische Person ist, weitaus die herrschende Ansicht. Alle Kommentare zu diesem Gesetze nehmen dies an, ebenso das ObLG. München in seinen Entscheidungen 16, 148; Keyßner in ZHR. 40, 397; Simon in der Wochenschrift für Aktienrecht 1892, 225; Goldschmidt, Alte und neue Formen der Handelsgesellschaft 33; Dernburg, Bürgerliches Recht I, 225; das KG. in der Entscheidung v. 2. 12. 01 bei KGJ. 23 A, 105 und in RJA. 3, 25; das RG. in seiner Entscheidung v. 30. 5. 02 in JW. 394 und v. 1. 10. 02 in DJZ. 7, S. 546, 547 und v. 19. 2. 04 in JW. 04, 167. Ebenso das SächsOVG. v. 6. 2. 02 in

DJZ. 7, 396. Auch das PrOVG., welches in seiner Entscheidung 30, 1 die juristische Persönlichkeit der Gesellschaft verneint hat, hat doch in anderen Entscheidungen (32, 76) wieder anerkannt, daß sie ein selbständiges Rechtssubjekt sei, welches nur auf dem Gebiete des öffentlichen Rechts nicht in allen Beziehungen den juristischen Personen gleichstehe. § 13.

Dagegen hat jedoch Meurer (Die juristischen Personen nach deutschem Reichsrecht, Stuttgart 1901) die juristische Persönlichkeit der GmbH. mit Entschiedenheit verneint. Für ihn ist der § 13 „nur eine Umschreibung der Rechtsstellung der Gesellschaft nach außen, während nach innen das reine Gesellschaftsbild besteht". Indessen die Rechtsstellung nach außen ist doch das Entscheidende. Ist die Gesellschaft in ihrer Rechtsstellung nach außen eine juristische Person, so ist sie eben eine juristische Person. Es kommt ja darauf an, welchen Charakter im Rechtsverkehr nach außen die Gesellschaft annimmt; ob sie im Rechtsverkehr selbständig ist; ob sie oder die Gesellschafter den Gläubigern haften; ob im Namen der Gesellschafter oder im Namen der Gesellschaft kontrahiert wird u. s. w. Nach innen ist selbstverständlich ein Gesellschaftsbild vorhanden. Meurer weist darauf hin, daß das Stammkapital durch die Stammeinlagen der Gesellschafter gebildet wird, daß sich der Geschäftsanteil nach dem Betrage der übernommenen Stammeinlage bestimmt, daß nach dem Verhältnis der Geschäftsanteile die Verteilung des Reingewinns erfolge, sich das Stimmrecht und das Einberufungsrecht richte u. s. w. Alle diese Vorschriften sind aber nichts weiter als Bestandteile der Verfassung, welche jede juristische Person haben muß. Die eine Verfassung hat diesen, die andere jenen Inhalt. Alle Verfassungen aber laufen darauf hinaus, in welcher Art das Gesellschaftsvermögen von den Gesellschaftern aufgebracht, wie sie an der Verwaltung teilnehmen und wie ihnen die Früchte des gesellschaftlichen Lebens zu gute kommen sollen. Das ist doch bei keiner juristischen Person anders. Überall muß das Verhältnis der Gesellschaft zu den Gesellschaftern durch eine Verfassung geordnet werden, welche die Pflichten und Rechte der Gesellschafter zur Gesellschaft regelt. Das bietet immer das reine Gesellschaftsbild. Aber für die Frage der juristischen Persönlichkeit entscheidend ist die Rechtsstellung der Gesellschaft nach außen. Meurers Argumente sind in keiner Weise geeignet, die herrschende Ansicht umzustimmen. Anm. 3.

Aus der juristischen Persönlichkeit der GmbH. ergeben sich die im § 13 aufgezählten rechtlichen Fähigkeiten von selbst. Anm. 4.

a) Sie hat selbständig ihre Rechte und Pflichten. „Ihre" Rechte und Pflichten, das bedeutet: sie ist fähig zu allen denjenigen Rechten und Pflichten, welche sich mit ihrer Eigenschaft als juristische Person vertragen, welche, wie Lehmann, Aktienrecht I 254 zutreffend sagt, kraft ihrer Beschaffenheit nicht auf physische Personen zugeschnitten sind.

Zunächst trifft dies auf Privatrechte und privatrechtliche Verpflichtungen zu. Ob es gerade vermögensrechtliche Verpflichtungen im eigentlichen Sinne sind, entscheidet hierbei nicht. So kann sie zwar familienrechtliche Befugnisse nicht haben, wohl aber ist sie fähig, des Namens- oder Zeichenrechts, des Urheberrechts und Erfinderrechts teilhaftig zu werden. Sie kann Erbin und Legatarin sein (Lehmann, Aktienrecht I 256; Ring Nr. 1 zu § 210 HGB.; vgl. § 2101 BGB.). Sie kann als Testamentsvollstrecker ernannt werden (§§ 2197 ff. BGB.). Es ist dies namentlich für den Fall von Wert, wenn dem Testamentsvollstrecker die Verwaltung des Nachlasses übertragen wird (§ 2209 BGB.). Sie kann auch Vollmachtträgerin sein, da hierzu die unbeschränkte Geschäftsfähigkeit des Vertreters nicht gehört (§ 165 BGB.; OLG. Dresden in ZHR. 33, 242 für die Aktiengesellschaft; Ring Nr. 1 zu § 210 HGB. für die Aktiengesellschaft). Es steht daher nichts entgegen, daß eine GmbH. die Vertretung eines Aktionärs in der Generalversammlung einer Aktiengesellschaft oder einer GmbH. übernimmt. Desgleichen können gegen sie Verpflichtungen der entsprechenden Art begründet werden: sie kann aus der Verletzung des Zeichenrechts, des Namensrechts, der Erfinderrechte, aus

§ 13. der Verletzung der Urheberrechte, wegen unlauteren Wettbewerbs verklagt und verurteilt werden[1]).

Anm. 5. Auf den Rechtsgrund der fraglichen Rechte und Verpflichtungen kommt es nicht an. Auch nicht auf den Gegenstand. Die GmbH. wird nicht etwa bloß insoweit berechtigt und verpflichtet, als der Gegenstand ihres Unternehmens reicht (vgl. zu § 35). Was die Verpflichtungen angeht, so haftet die GmbH. auch dann, wenn es solche aus Delikten sind. Die Anwendung des § 31 BGB. auf die GmbH. ist zweifellos (vgl. oben Anm. 3 Allg. Einleitung). Sie haftet für die unerlaubten Handlungen ihrer Geschäftsführer und ihres Aufsichtsrats. Das ist nicht Haftung für fremde Schuld, sondern für eigene. Ebenso steht die GmbH. für die Folgen von Tatumständen ein, an welche auch ohne Verschulden die Folgen der unerlaubten Handlung zu knüpfen sind. Sie haftet insbesondere auch als Tierhalter (§ 833 BGB.). Bestraft nach den Bestimmungen des Strafrechts, die Strafen, gegen physische Personen androhen, kann sie nicht werden (ROHG. 17, 291; RGSt. 16, 123). Delikte, begangen von den Geschäftsführern, wenn auch in Ausführung ihres Amtes, haben nur jene vor dem bürgerlichen Strafrichter zu verantworten. Das RStGB. kennt keine Bestrafung juristischer Personen. Damit ist die Möglichkeit einer Strafbarkeit von Vergehen der GmbH. nicht verneint. Nur muß seine Behandlung eine andere, gesellschaftsrechtliche sein (vgl. Gierke, Genossenschaftstheorie 771 ff.). Die Auflösung der Gesellschaft wegen Gefährdung des Gemeinwohls ohne Anspruch auf Entschädigung ist eine solche Strafe für verbotenes Handeln, welche die Gesellschaft als solche trifft (vgl. § 62).

Anm. 6. Ebenso kann die GmbH. durch unerlaubte Handlungen verletzt werden. Da sie vermögensfähig ist, bedarf dieses Vermögen strafrechtlichen und civilrechtlichen Schutz. Nur solche Delikte, die einen Menschen mit menschlichen Eigenschaften voraussetzen, sind bei ihr ausgeschlossen. Daher können strafrechtlich verfolgbare Beleidigungen im allgemeinen nicht gegen die GmbH. begangen werden (RGSt. 1, 178; 9, 2). Wohl aber kann das Delikt der kreditgefährdenden Verleumdung gegen die GmbH. begangen werden (Lehmann, Aktienrecht I 256), und zwar nicht bloß mit der Wirkung, daß die Gesellschaft auf Zahlung einer Buße antragen oder auf Entschädigung klagen kann, sondern auch mit dem Erfolge der Bestrafung (vgl. StPO. § 414 Abs. 2). Desgleichen kann die GmbH. aus den §§ 1, 6, 7 und 8 des Gesetzes zur Bekämpfung des unlauteren Wettbewerbs strafrechtlich vorgehen. Ebenso ist eine Verletzung ihres Urheber- oder Patentrechts strafrechtlich verfolgbar. Daß in all diesen Fällen, eventuell auch solchen, die nicht strafbar sind, aber eine Verletzung der Rechte der Gesellschaft enthalten, die civilrechtlichen Ansprüche bestehen, ist selbstverständlich.

Anm. 7. Inwieweit die GmbH. am Gesellschaftsleben teilnehmen kann, ist bestritten. Die erste Auflage Anm. 6 S. 95 führt aus: „Sie kann z. B. Aktionärin sein, auch eine Aktiengesellschaft begründen. Sie kann aber nicht Teilhaberin einer offenen Handelsgesellschaft sein (Staub HGB. Anm. 19 zu § 105); demgemäß auch nicht Komplementarin einer Kommanditgesellschaft, wohl aber kann sie Kommanditistin einer Kommanditgesellschaft sein (Staub HGB. Anm. 7 zu § 161). Sie kann nicht Komplementarin, wohl aber Kommanditistin einer Aktien-Kommanditgesellschaft sein. Sie kann Mitglied einer GmbH. sein (vgl. Anm. 16 zu § 2). Sie kann stille Gesellschafterin

---

1) Durch diese allgemeine Rechtserwerbs- und Verpflichtungsfähigkeit werden aber landesgesetzliche Vorschriften, welche den Erwerb von Rechten durch juristische Personen beschränken oder von staatlicher Genehmigung abhängig machen, soweit diese Vorschriften Gegenstände im Werte von mehr als 5000 M. betreffen, nicht berührt (Art. 86 EG. z. BGB.). Nach Art. 6 des preußischen AG. z. BGB. bedürfen Schenkungen an juristische Personen zu ihrer Wirksamkeit der staatlichen Genehmigung, wenn sie Gegenstände im Werte von mehr als 5000 M. betreffen. Nach Art. 7 desselben Gesetzes bedarf allerdings auch ein Grundstückserwerb durch eine juristische Person im Werte von mehr als 5000 M. der staatlichen Genehmigung; doch bezieht sich dies nicht auf juristische Personen, deren Rechtsfähigkeit auf einem anderen Gesetze als dem BGB. beruht, also auch nicht auf GmbH. Über den Erwerb von Grundstücken in Preußen durch außerpreußische GmbH. siehe Anm. 8.

sein und auch einen stillen Gesellschafter aufnehmen (Staub HGB. Anm. 5 und 11 zu § 335)". Die in der ersten Auflage nicht ausgeführten Gründe für diese Verneinung der Zulässigkeit der Beteiligung der GmbH. als Teilhaber einen offenen Handelsgesellschaft bestehen besonders darin, daß sie ihr Vermögen der Verwaltung eines Dritten, des anderen Teilhabers preisgäbe, daß sie unter anderer Firma arbeitete als die gesetzlich zulässige, daß die Vorschriften über die Bilanz umgangen würden u. s. w. Gegen diese wendet sich Möller bei Holdheim 13, 154. Seine Ausführungen verdienen Billigung. Aus den oben angeführten und ähnlichen Momenten ließe sich auch nach einer Reihe anderer Rechtsgeschäfte der Gesellschaft verbieten. Die GmbH. bleibt was sie war, auch wenn sie sich mit einer physischen oder juristischen Person zu einer offenen Handelsgesellschaft verbindet. Ihre Firma, ihre Bilanz u. s. w. bleiben dieselben. Ob der Geschäftsführer einen Vertrag über eine solche Gesellschaft schließen kann ohne Genehmigung der Gesellschafter, ist an anderer Stelle zu besprechen (vgl. zu § 35). § 13.

Ob und inwieweit die GmbH. öffentlichrechtliche Rechte und Pflichten hat, unterliegt besonderen Vorschriften. Das HGB. legt ihr z. B. die Führung der Bücher, unser Gesetz die Veröffentlichung der Bilanzen, wenn das Geschäft ein Bankgeschäft ist, auf. Andere öffentlichrechtliche Pflichten enthalten z. B. die Steuergesetze, die sozialpolitischen Versicherungsgesetze, das Haftpflichtgesetz. Ob aus der Verletzung solcher Verpflichtungen die Gesellschaft oder ihre gesetzlichen Vertreter oder beide haften, kann nur an der Hand jeder einzelnen Vorschrift beantwortet werden. Für Strafen der Geschäftsführer haftet im allgemeinen die Gesellschaft nicht, weil sie keine Delikte begehen kann (RGSt. 5, 182; 16, 121), aber für die sonstigen vermögensrechtlichen Leistungen (Steuern, Versicherungsbeiträge u. s. w.) haftet die Gesellschaft. Anm. 8.

Endlich kann die Gesellschaft auch öffentliche Rechte, so namentlich auch Wahlrechte ausüben, zwar nicht zu parlamentarischen Körperschaften, wohl aber zu Handelskammern, kaufmännischen Schiedsgerichten, Gewerbegerichten u. s. w. (PrOVG. bei Holdheim 13, 51). Der Gebrauch des Wahlrechts erfolgt durch die Vertreter. Anm. 9.

b) Sie kann Eigentum an Grundstücken und andere dingliche Rechte daran erwerben. Damit ist aber nur gesagt, daß von Reichswegen aus der juristischen Natur der GmbH. Hindernisse für den Rechtserwerb nicht bestehen. Landesrechtliche Beschränkungen für den Eigentumserwerb ausländischer juristischer Personen sind hierdurch für die GmbH. nicht beseitigt (Art. 88 EG. z. BGB.). Es gilt also auch die preußischrechtliche Beschränkung hinsichtlich des Erwerbes von Grundeigentum für die GmbH. anderer Bundesstaaten; dieselbe geht dahin, daß juristische Personen, die in einem anderen Bundesstaate ihren Sitz haben, zum Erwerbe von Grundstücken im Werte von mehr als 5000 M. der staatlichen Genehmigung bedürfen (Art. 7 Abs. 1 des preußischen AG. z. BGB.), ausländische juristische Personen sogar ohne Rücksicht auf den Wert (Art. 7 Abs. 2 daselbst). Die Berliner Zweigniederlassung einer in Dresden domilizierenden GmbH. bedarf daher der staatlichen Genehmigung bei dem Erwerbe eines Grundstücks in Preußen im Werte von mehr als 5000 M. Anm. 10.

c) Sie kann vor Gericht klagen und verklagt werden.

α) Sie ist parteifähig, aber nicht prozeßfähig, d. h. sie ist fähig, Subjekt von Rechten und Verbindlichkeiten und damit auch Prozeßsubjekt zu werden. Sie ist aber unfähig, selbständig Verpflichtungen zu kontrahieren und daher nicht fähig, vor Gericht handelnd aufzutreten. Sie bedarf dazu notwendig eines Vertreters. Die Prozeßfähigkeit setzt die Parteifähigkeit voraus. Aber eine parteifähige Person ist nicht notwendig prozeßfähig (RG. 12, 399; 32, 175). Die Geschäftsführer sind in den Prozeßschriften insbesondere der Klage als „gesetzliche Vertreter" der Gesellschaft anzugeben (§ 130 Ziff. 1 CPO.). Es genügt nicht die Bemerkung „vertreten durch die Geschäftsführer" ohne Beifügung der Namen derselben (RG. 20. XI. 02 JW. 03, 3 Nr. 3). Zur Aufrechnung stellen kann sie nur Forderungen der Gesellschaft selbst. Nur Forderungen an die Gesellschaft können zur Kompensation benutzt werden, wenn sie klagt. Sie wird im Prozeß vertreten durch Geschäftsführer als gesetzliche Vertreter, außer im Falle des § 46 Nr. 8. An einen von Anm. 11.

§ 13. den Geschäftsführern erfolgen gültig Zustellungen und Ladungen, auch wenn im übrigen diese Geschäftsführer kollektiv vertretungsberechtigt sind (§ 171 Abs. 3 CPO.). Die Eide sind von den Geschäftsführern zu leisten. Diese können daher auch nicht als Zeugen vernommen werden (vgl. RG. 2, 400 für die Vorstandsmitglieder der Aktiengesellschaft). Wohl aber kann jeder Gesellschafter als Zeuge vernommen werden, weil er eben nicht Partei ist (RG. v. 30. 5. 02 in JW. 294 und v. 30. 5. 02 im Recht 02, 463; vgl. auch Anm. 4 zu § 35). Doch kommt für die Verweigerungs- und Beeidigungsfragen nach § 384 Nr. 1 und § 393 Nr. 4 CPO. der Grad der wirtschaftlichen Beteiligung in Betracht (Dernburg, Bürgerliches Recht I § 68 Anm. 4; Liebmann Anm. 5). Das RG. (v. 30. 5. 02 in JW. 394) meint jedoch, daß der Beeidigung niemals ein Hindernis im Wege steht, weil es sich immer nur um ein tatsächliches Interesse am Ausgange des Rechtsstreits handele, eine Auffassung, die sehr formell und sehr bedenklich erscheint. Der letztere Gesichtspunkt ist allerdings nicht maßgebend für die Frage, ob ein Gesellschafter im Prozesse der Gesellschaft als Richter fungieren kann. Die Frage ist vom RG. 7, 311 für die Aktiengesellschaft bejaht. Für die GmbH. muß dasselbe gelten (Birkenbihl Anm. 4). Hier ist allein maßgebend, daß er weder Partei, noch mitberechtigt oder mitverpflichtet ist (§ 41 Nr. 1 CPO.). Doch kann er nach § 42 CPO. unter Umständen wegen seines hohen Interesses zur Sache wegen Befangenheit abgelehnt werden. Dagegen wird man der Ansicht Dernburgs a. a. O. nicht beitreten können, daß auch bei der Frage nach dem Ausschlusse des Richters kraft Gesetzes auf den Grad der wirtschaftlichen Beteiligung Rücksicht genommen werden müsse, so daß z. B. ein Richter, der der alleinige oder der Hauptgesellschafter ist, ausgeschlossen sei. Denn das Gesetz geht eben hier nicht von dem Grade des wirtschaftlichen Interesses aus, sondern legt die juristische Parteirolle zu Grunde. Der Grad des wirtschaftlichen Interesses kommt nur bei der Frage nach der Ablehnung wegen Befangenheit zur Geltung.

Anm. 12. β) Die Auflösung der Gesellschaft hat auf das schwebende Verfahren folgenden Einfluß.

Der Prozeß wird allerdings zunächst unterbrochen. Er wird mit den Liquidatoren fortgesetzt. Die Unterbrechung wird von Wilmowski-Levy (Kommentar zur CPO. Anm. 3 zu § 219) für den Fall geleugnet, daß der Geschäftsführer Liquidator wird. Allein auch in diesem Falle hört die gesetzliche Vertretungsbefugnis des Geschäftsführers auf, er erhält eine neue Vertretungsbefugnis anderer Art. Nicht der Wechsel der vertretenden Person, sondern der Wechsel der Vertretungsbefugnis ist nach § 241 CPO. entscheidend. Wie aber, wenn die Liquidatoren ihr Amt niederlegen? Alsdann kann der Prozeßrichter einen Prozeßpfleger bestellen (§ 57 CPO.) oder es kann nach § 29 BGB. ein anderer Vertreter der Gesellschaft bestellt werden. Dagegen ist die Liquidation ohne Einfluß auf die Zwangsvollstreckung. Sie wird in das Vermögen der Gesellschaft fortgesetzt.

Anm. 13. γ) Die Wirkung des gegen die Gesellschaft ergangenen Urteils ist einfach die, daß dasselbe lediglich gegen die Gesellschaft rechtskräftig und vollstreckbar ist. Die Gesellschafter werden davon höchstens wirtschaftlich berührt, weil die GmbH. ein selbständiges Rechtssubjekt ist.

Anm. 14. δ) Gerichtsstand. Die Gesellschaft hat ihren ordentlichen Gerichtsstand dort, wo sie ihren Sitz hat (§ 17 CPO.). Neben dem gesetzlichen Gerichtsstand, aber eben nur neben dem gesetzlichen, nicht statt desselben, ist auch ein statutarischer Gerichtsstand zulässig (§ 17 Abs. 3 CPO.).

Anm. 15. II. (Abs. 2). **Die Haftung für die Verbindlichkeiten der Gesellschaft.**

Für die Verbindlichkeiten der Gesellschaft haftet lediglich das Gesellschaftsvermögen. Darin liegt zweierlei:

1) Es haftet lediglich die Gesellschaft mit ihrem Gesellschaftsvermögen,

2) es haftet das ganze Gesellschaftsvermögen.

Anm. 16. 1. Es haftet lediglich die Gesellschaft mit ihrem Gesellschaftsvermögen.

Die durch das Auftreten der Gesellschaft im Rechtsverkehr entstehenden Verbindlichkeiten sind Verbindlichkeiten der Gesellschaft. Für sie haftet infolgedessen nur die Gesellschaft oder, wie unser Absatz sagt, das Gesellschaftsvermögen Die Gesellschafter stehen § 13. mit den Gläubigern der Gesellschaft in keinem direkten Rechtsbande. Nicht einmal dann, wenn sie sich rechtswidrig Teile des Gesellschaftsvermögens auszahlen lassen, die sie sich um der Gläubiger willen nicht auszahlen lassen durften, haften sie den Gläubigern direkt (§ 31 des Gesetzes; weitergehend § 317 HGB.). Auch die im § 24 angeordnete Haftung der Gesellschafter für die rückständigen Einlagen der anderen Gesellschafter ist keine Haftung gegenüber den Gläubigern, sondern gegenüber der Gesellschaft. Das Gleiche gilt von der Pflicht zur Einzahlung von Nachschüssen gemäß §§ 26 ff.

Alle diese Verpflichtungen der Gesellschafter geben dem Gläubiger kein direktes Recht Anm. 17. gegenüber dem Gesellschafter. Doch kann der Gläubiger die Rechte der Gesellschaft aus diesen Verpflichtungen pfänden und sich überweisen lassen und auf diesem Wege sich den Weg zu einem direkten Angriff gegen die Gesellschafter ebnen. Doch beruht dieser dann auf abgeleitetem Rechte. Im Konkurse kann natürlich der Konkursverwalter und nur dieser jene Rechte geltend machen, da ja die Disposition über die Rechte der Gesellschaft auf ihn übergeht. Doch ist auch hierbei darauf aufmerksam zu machen, daß die durch Nachschußverbindlichkeit entstehenden Rechte Bestandteile des Gesellschaftsvermögens erst dadurch werden, daß sie von den Gesellschaftern beschlossen werden. Der Konkursverwalter kann durch seinen Willensakt diesen Beschluß nicht ersetzen (vgl. zu § 26).

2. Es haftet das ganze Gesellschaftsvermögen. Das ist selbstverständlich und Anm. 18. wird nur deshalb hervorgehoben, weil in einem Beschlusse eines angesehenen Berliner Gerichts die auffällige Ansicht vertreten wurde, daß nur das durch die Stammeinlagen aufgebrachte Gesellschaftsvermögen den Gläubigern hafte!

Zu dem der Zwangsvollstreckung unterworfenen Vermögen gehören auch die Ansprüche der Gesellschaft an die Gesellschafter. Nur muß der Anspruch bereits entstanden sein. Dies ist nicht der Fall, wenn das Gesellschaftsverhältnis nur die Möglichkeit eines solchen Anspruchs gewährt, z. B. Einzahlung von rückständigen Stammeinlagen und Nachschüssen. Zulässig ist die Pfändung erst nach der ordnungsgemäßen Beschlußfassung. Zulässig ist aber auch, daß ein Gläubiger nach diesem Beschlusse auf die Pfändung dieser Ansprüche verzichtet. Eine Verletzung dieser Zusage gibt der Gesellschaft das Recht des Widerspruchs. Anm. 19.

III. (Abs. 3.) **Die GmbH. gilt als Handelsgesellschaft im Sinne des HGB.** Anm. 20.

1. Daß der Betrieb im Einzelfall kein Handelsgewerbe darstellt, ändert daran nichts. Das ist in dem korrespondierenden § 210 HGB. ausdrücklich in dieser Weise zum Ausdruck gebracht. Hier sollte derselbe Gedanke zum Ausdruck gebracht werden, wenn auch in kürzerer Form (vgl. Motive 23). Es kommt also gar nicht darauf an, worin der Gegenstand des Unternehmens besteht, so daß z. B. eine Gesellschaft, die ein Gewerbe betreibt, das nicht unter § 1 HGB., aber auch nicht unter § 2 HGB. fällt, indem es so klein ist, daß es kaufmännische Einrichtungen nicht erfordert, ja sogar eine Gesellschaft zur Verfolgung rein idealer Tendenzen (z. B. die Gesellschaft mit beschränkter Haftung Loge Leopold zur Treue) eine Handelsgesellschaft ist.

Sie ist aber nicht bloß Handelsgesellschaft, sondern sie hat auch die Rechte und Pflichten eines Vollkaufmanns (§ 6 Abs. 2 HGB.).

2. Sie ist also eine als Vollkaufmann geltende Handelsgesellschaft, die Anm. 21. nicht notwendig ein Handelsgewerbe betreibt. Aus dieser Rechtsstellung ergeben sich folgende Konsequenzen:

a) Sie ist eine als Vollkaufmann geltende Handelsgesellschaft und hat daher diejenigen Rechte und Pflichten, welche sich an die Eigenschaft als Vollkaufmann knüpfen. Sie hat z. B. die Buchführungspflicht, auch wenn sie kein Handelsgewerbe betreibt. Denn diese Pflicht wird schlechtweg an die Vollkaufmannsqualität geknüpft.

Aber sie betreibt nicht notwendig ein Handelsgewerbe. Sie ist auch dann Handels- Anm. 22. gesellschaft und Vollkaufmann, wenn sie kein Handelsgewerbe betreibt. Man kann nicht umgekehrt, wie dies Lehmann-Ring Nr. 5 zu § 210 HGB. bezüglich der Aktiengesellschaft tut, sagen: „Da Kaufmann im Sinne des HGB. nur ist, wer ein Handelsgewerbe betreibt,

§ 13. so gilt die Aktiengesellschaft stets als ein Handelsgewerbe betreibend." Bleiben wir zunächst bei der Aktiengesellschaft, so ist dies deshalb schief, weil ja allerdings die Regel des § 1 HGB. dahin geht, daß Kaufmann der ist, der ein Handelsgewerbe betreibt, von dieser Regel aber gerade im § 210 HGB. eine Ausnahme gemacht ist, indem dieser Paragraph wörtlich sagt: „Die Aktiengesellschaft gilt als Handelsgesellschaft, auch wenn der Gegenstand des Unternehmens nicht in dem Betrieb eines Handelsgewerbes besteht." Hier wird also das Rechtssubjekt Kaufmann, obgleich der Gegenstand des Unternehmens kein Handelsgewerbe ist. Der umgekehrte Satz aber, daß, wenn ein Rechtssubjekt Kaufmann ist, seine Tätigkeit im Rechtsverkehr dadurch notwendig den Charakter eines Handelsgewerbes habe, ist nicht zutreffend und nirgends enthalten. Auch § 344 HGB. besagt das nicht. Man denke doch: eine Studentenverbindung soll dadurch, daß sie sich die Form einer GmbH. gibt, ein Handelsgewerbe betreiben. Davon ist im Gesetz keine Rede, weder im Aktiengesetz, noch in unserem, für welches letztere überall die gleichen Erwägungen gelten müssen, da die Vorschrift ausgesprochenermaßen das Gleiche besagen soll, wie der § 210 HGB. (Motive S. 23). Die Gesellschaft ist also Handelsgesellschaft und Vollkaufmann, und betreibt möglicherweise dennoch kein Handelsgewerbe. Das ist wichtig für alle diejenigen Rechtsvorschriften, in denen die Gesetze den Ton nicht darauf legen, daß der betreffende Rechtsakt von einem Kaufmann, sondern darauf, daß er von einer Person im Betriebe ihres Handelsgewerbes erfolgt. Fällt dies auch regelmäßig zusammen, so doch nicht immer.

Anm. 23. b) Folgende beiden Fälle müssen unterschieden werden:

α) Die Gesellschaft betreibt ein Gewerbe, aber ein solches, das nicht unter § 1 HGB. noch unter § 2 des HGB. fällt, oder ein Kleingewerbe, das zwar unter § 1 fällt, aber gleichzeitig unter § 4 HGB. Hier greift der § 5 HGB. ein. Da die Firma ein Gewerbe betreibt und im Handelsregister eingetragen ist, so können zufolge des § 1 Einwendungen aus der Art des Gewerbes unter keinen Umständen gemacht werden. Der Betrieb gilt also als Handelsgewerbe und zwar als Vollhandelsgewerbe, sofern sie nur überhaupt ein Gewerbe betreibt.

Anm. 24. Ihre Geschäfte sind dann Handelsgeschäfte, ihre Vollmachten Handelsvollmachten, ihre Bürgschaften Handelsbürgschaften, für ihre Geschäftsbesorgung kann sie Provision fordern, die von ihr übernommenen Vertragsstrafen sind nach § 348 HGB., ihre Kontokurrente nach dem HGB. zu beurteilen. Überhaupt ist hier in allen privatrechtlichen Beziehungen davon auszugehen, nicht bloß, daß man es mit einer Handelsgesellschaft und einem Vollkaufmann zu tun hat, sondern auch mit Geschäften im Betriebe eines Vollhandelsgewerbes.

Anm. 25. Daß auch ihre Grundstücksgeschäfte Handelsgeschäfte sind, wird nur gegenüber der Erinnerung an das frühere Recht, nach welchem Verträge über Grundstücke keine Handelsgeschäfte waren, in diesem Zusammenhange erwähnt. Aber andererseits muß hier gleichzeitig bemerkt werden, daß die Formvorschrift des § 313 BGB. auch bei Grundstücksveräußerungsverträgen einer GmbH. gilt.

Anm. 26. β) Betreibt die Gesellschaft aber kein Gewerbe, handelt es sich vielmehr um einen Verein mit rein idealen Tendenzen und Bestrebungen und einer sich demgemäß vollziehenden Lebenstätigkeit, so ist der § 5 HGB. kein Hindernis, dies geltend zu machen. Freilich können auch in diesem Falle die Umstände so liegen, daß sie nicht einwenden kann, ihr Gewerbe sei kein Handelsgewerbe, wenn sie sich z. B. im Rechtsverkehr als gewerbetreibende Gesellschaft geriert (vgl. Staub HGB. Exkurs zu § 5). Allein, wenn das nicht der Fall ist, so sind alle Bestimmungen des HGB., welche einen Kaufmann „im Betriebe seines Handelsgeschäftes" voraussetzen, unanwendbar. Die von der Gesellschaft versprochene Vertragsstrafe kann herabgesetzt werden. Ihr steht als Bürgen die Einrede der Vorausklage zu. Bürgschaft, Schuldversprechen und Anerkenntnis bedürfen der schriftlichen Form (§§ 348, 349, 350 HGB.). Dagegen finden auch auf diese Art idealer Gesellschaften alle Vorschriften des HGB. Anwendung, die nur die Kaufmannseigenschaft fordern. So kann jeder Dritte mit ihr im

Kontokurrent stehen (§ 355 HGB.). So kann sie insbesondere Verpflichtungsscheine § 13.
an Order ausstellen. Es ist damit jeder GmbH., auch der nicht gewerbetreibenden, der übliche Weg der Ausgabe von Teilschuldverschreibungen mit hypothekarischer Sicherheit bei Aufnahme von Darlehen offen (§ 363 HGB.).

c) Auch in anderer als handelsrechtlicher Hinsicht wird nicht etwa jede GmbH. schlechtweg Anm. 27.
als handelsgewerbetreibende Gesellschaft angesehen. Betreibt sie kein Handelsgewerbe, so finden auf sie die Bestimmungen der Gewerbeordnung über die Sonntagsruhe im kaufmännischen Handelsgewerbe keine Anwendung. Betreibt sie kein Gewerbe, so ist sie nicht gewerbesteuerpflichtig (Entscheidung des PrOVG. in Staatssteuersachen 2, 235, für das Aktienrecht).

§ 14.

Der Geschäftsanteil jedes Gesellschafters bestimmt sich nach dem Betrage der von ihm übernommenen Stammeinlage.

Der vorliegende Paragraph bestimmt, daß der Geschäftsanteil mit einem Nennbetrage bezeichnet wird, der ebenso groß ist, wie der Betrag der übernommenen Stammeinlage. Einleitung.

1. Jeder Geschäftsanteil wird mit einem dem Betrage der übernommenen Anm. 1.
Stammeinlage entsprechenden Nennbetrage bezeichnet. Damit ist hier genau dasselbe angeordnet, wie bei der Aktiengesellschaft für den Gesellschaftsanteil eines jeden Aktionärs, die Aktie. Auch diese wird bezeichnet mit einem Nennbetrage, der dem Betrag der übernommenen Kapitalseinlage entspricht. Die Vorschrift steht mit den Grundprinzipien der GmbH. im Einklang. Sie ist selbst eines der Grundprinzipien der GmbH. Die GmbH. kann nicht entstehen, ohne ein Vermögenssubstrat. Dasselbe wird von dem Personensubstrat, den Gründern, aufgebracht, indem diese sich zur Leistung verpflichten.

Die sämtlichen Leistungen, die als Einlagen erfolgen, bilden das sogenannte Stamm- Anm. 2.
kapital. Das Stammkapital ist der Betrag, welchen die Gesellschafter mindestens an Werten einzulegen sich verpflichten, und welcher das Fundament der Gesellschaft werden soll. Zu diesem Zwecke figuriert dieses Stammkapital in der Passivseite. Dadurch wird der Erfolg erreicht, daß an die Gesellschafter nicht eher Gewinn verteilt wird, als bis soviel an Aktiven vorhanden ist, daß außer den Schulden auch der Betrag des Stammkapitals gedeckt ist. Die Gesellschafter können außer denjenigen Einlagen, welche in der Ziffer des Grundkapitals zum Ausdruck kommen, noch andere Verpflichtungen übernehmen (§ 3 Abs. 2 des Gesetzes und Anm. 25 ff. hierzu). Doch sind dies Nebenleistungen, nicht das, was das Gesetz Kapitaleinlage (§ 3 Abs. 2) oder Stammeinlage (§ 3 Nr. 4, § 5) nennt.

Die Stammeinlage ist also derjenige Bestandteil der Einlage, der in der Ziffer des Anm. 3.
Stammkapitals zum Ausdruck kommt. Der Gesamtbetrag der Stammeinlagen und daher auch der Geschäftsanteile müssen bei der Gründung mit dem Stammkapital übereinstimmen (§ 5 Abs. 3). Daß dies später nicht stets durchgeführt werden kann und Ereignisse möglich sind, bei denen die Summe der Geschäftsanteile nicht mit dem Stammkapitale übereinstimmt, vgl. Anm. 33 zu § 3; Anm. 19 zu § 34; Anm. 7 zu § 58. Die Einlagen können sich natürlich nicht nachträglich ändern. Sie sind ein historisches Ereignis, das der Vergangenheit angehört. Wohl aber kann der Nominalbetrag der Geschäftsanteile eine andere Bedeutung erhalten. Das ist stets der Fall, sobald sich das Verhältnis zum Stammkapital verschiebt.

Als Äquivalent für die Stammeinlage erwirbt der Gesellschafter die Mitgliedschaft. Anm. 4.
Diese Mitgliedschaft, die Summe der aus der Mitgliedschaft fließenden Rechte — auf Mitverwaltung, Gewinnbezug, Anspruch auf Liquidationsguthaben — wird der Geschäftsanteil genannt. Es ist dasselbe, was bei der Aktiengesellschaft Aktie heißt.

Die Bezeichnung des Geschäftsanteils könnte nun, rein abstrakt betrachtet, auf ver- Anm. 5.
schiedene Weise erfolgen. Sie könnte erfolgen durch einen Bruchteil. Beträgt das Stamm-

§ 14. kapital 90000 M. und hat der Gesellschafter A 30000 M., der Gesellschafter B 60000 M. davon eingelegt, so könnte das Gesetz davon sprechen, daß A einen Geschäftsanteil im Betrage von 1/3 des Stammkapitals, B einen Geschäftsanteil im Betrage von 2/3 des Stammkapitals erhält. Diese Art der Bezeichnung besteht bei den Kuxen. Jeder Kux bedeutet einen aliquoten Teil des gesamten Gesellschaftsvermögens. Es stände begrifflich auch nichts entgegen, daß die Stammanteile nach Nummern (Nr. 1, Nr. 2, Nr. 3 u. s. w.) bezeichnet werden, oder auch nach Namen (Stammanteil Bertha, Caroline u. s. w.) Das Gesetz wählt nun die Bezeichnung derart, daß jeder Geschäftsanteil mit einem Nennbetrage bezeichnet wird, der dem Betrage der übernommenen Stammeinlage entspricht. Die Bezeichnung des Geschäftsanteils erfolgt also in gleicher Weise, wie die Bezeichnung der Aktien im Aktienrecht. In dieser Beziehung stehen sich das Recht der GmbH. und das Recht der Aktiengesellschaft gleich. Der Gedanke hat in den beiden Gesetzen nur einen verschiedenen Ausdruck erhalten. Während hier von der Stammeinlage ausgegangen und zunächst betont wird, daß die Summe der sämtlichen Stammeinlagen mit der Gesamtziffer des Stammkapitals übereinstimmen muß (§ 5 Abs. 3), alsdann aber im vorliegenden § 14 gesagt wird, daß jeder Geschäftsanteil mit dem Nennbetrage bezeichnet wird, der dem Betrage der übernommenen Stammeinlage gleichkommt, geht das Aktienrecht von dem Verhältnis des Grundkapitals zum Geschäftsanteil aus, indem es im § 178 mit der Bestimmung beginnt, daß das Aktienkapital in Aktien zerlegt wird. Es würde auf dasselbe hinauskommen, wenn auch unser Gesetz sich dahin ausgedrückt hätte: Das Stammkapital wird in Geschäftsanteile zerlegt, auf jeden Geschäftsanteil muß eine Einlage gemacht werden, die ihrem Werte nach mindestens dem Betrage des Geschäftsanteils entspricht. Es kann nur zum Verständnis des Gesetzes dienen, wenn man sich alles dies klar macht. Für diese Klarstellung ist besonders eingetreten Esser zu § 47. Förtsch Anm. 4 zu § 47 und Keyßner in ZHR. 98, 533 stimmen ihm zu. Nur Neukamp bestreitet, daß der Geschäftsanteil einen Nennwert habe, aber sehr mit Unrecht.

Anm. 6. 2. Es muß betont werden, daß die Vorschrift unseres Paragraphen nichts weiter enthält, als eine Vorschrift über die Art, wie der Geschäftsanteil zu bezeichnen ist. Es kann nur zum Verständnis des Gesetzes und seiner Grundbegriffe beitragen, wenn man die Bedeutung unserer Vorschrift, so wichtig sie sein mag, nicht überschätzt. Die Vorschrift bedeutet nichts weiter, als daß der Geschäftsanteil mit einem Nennbetrage bezeichnet wird, der dem Betrage der übernommenen Stammeinlage gleichkommt.

Anm. 7. Das ist nichts weiter, als eine an die Gründungsgeschichte der Gesellschaft anknüpfende Identitätsbezeichnung. Lautet z. B. der Geschäftsanteil auf 1000 M., so ist damit angedeutet, daß der erste Übernehmer des Geschäftsanteils Werte im Betrage von 1000 M. in die Gesellschaft einzulegen übernommen hat. Aber wie wenig bedeutet das für die Folgezeit? In dem Augenblicke, wo die Gesellschaft in das Verkehrsleben tritt, ist das Stammkapital einem unaufhörlichen Wechsel unterworfen. Eine Gesellschaft, die mit 100000 M. Stammkapital in das Leben tritt, kann schon in kurzer Zeit weit mehr oder weniger in ihrem Besitz haben, und wer von einer solchen Gesellschaft einen Geschäftsanteil von 1000 M. hat, kann, selbst wenn der gesetzlichen Regel gemäß die Gesellschafter im Verhältnis der Anteilbeträge an der Gesellschaft beteiligt sind, nicht ohne weiteres sagen, er besitze in seinem Geschäftsanteil eine Mitgliedschaft, die einen Wert von 1000 M. hat. Er kann damit seinen Geschäftsanteil bald zu hoch, bald zu gering einschätzen. Zu diesen wirtschaftlichen Erwägungen kommt aber noch hinzu, daß auch in rechtlicher Hinsicht der Nennbetrag des Stammanteils nichts mehr ist, als die Bekundung der historischen Tatsache, daß der betreffende ursprüngliche Gesellschafter mindestens so viel an Werten einzulegen übernommen hat, als der Betrag des Geschäftsanteils lautet. Denn keineswegs bedeutet der Nennbetrag des Geschäftsanteils notwendig, daß der betreffende Gesellschafter in jenem Verhältnisse bei der Gesellschaft beteiligt ist, welcher dem Zahlenverhältnis des Nennbetrages zur Gesamtziffer des Stammkapitals entspricht. Bei einer Gesellschaft von 100000 M. Stammkapital ist der Inhaber eines Geschäfts-

anteils von 10000 M. keineswegs notwendig mit $^1/_{10}$ am gesamten Stimmrechte, am **§ 14.**
Gewinnbezuge, an der Ausschüttung des Vermögens beteiligt. In allen diesen Hinsichten kann vielmehr der Gesellschaftsvertrag das Beteiligungsverhältnis anders bestimmen (§§ 29, 45 Abs. 2, 47 Abs. 2, 72 des Gesetzes). Es kann auch infolge von Ungültigkeit einer Beitrittserklärung (vgl. Anm. 25 zu § 3), infolge einer Amortisation aus Überschüssen (vgl. Anm. 19 zu § 34), infolge einer Herabsetzung des Stammkapitals zur Beseitigung der Unterbilanz (vgl. Anm. 7 zu § 58) sich das Verhältnis der Geschäftsanteile zum Stammkapital und damit die Beteiligungsziffer verschieben.

So ist der Nennbetrag, welcher zur Bezeichnung des Geschäftsanteils dient, juristisch Anm. 8.
und wirtschaftlich nichts weiter, als eine historische Reminiszenz. Als solche mag sie zur Bezeichnung des Geschäftsanteils sehr geeignet sein, aber daß sie nichts weiter als das ist, muß mit aller Schärfe betont werden. Diese historische Reminiszenz mag auch unter Umständen der zeitigen Wahrheit wirtschaftlich und juristisch gleich oder nahezu gleichkommen. Aber da dies nicht notwendig ist, so muß immer wieder betont werden, daß sie eine juristische Bedeutung nicht hat.

3. Um dies kurz zu wiederholen, ist zu sagen: Anm. 9.

a) Die Stammeinlage ist diejenige Einlage des Gesellschafters, welche in der Ziffer des Stammkapitals zum Ausdruck gelangt.

b) Der Geschäftsanteil ist die Mitgliedschaft, der Inbegriff derjenigen Rechte, welche der Anm. 10.
Gesellschafter als Äquivalent für seine Einlagen, nicht bloß für seine Stammeinlagen, sondern für alles das erhält, was er zu leisten verspricht. Der Geschäftsanteil ist die durch die Übernahme der Einlage geschaffene Rechtsposition des Gesellschafters (vgl. Motive 23)

c) Die Bezeichnung des Geschäftsanteils erfolgt durch einen Nennbetrag, der dem Betrage Anm. 11.
der übernommenen Stammeinlage gleichkommt. Die Bezeichnung hat als solche den Wert einer historischen Reminiszenz. Sie gewährt wohl einen Anhaltspunkt, aber keinen sicheren Schluß auf das Maß von Rechten, welches dem Inhaber des Geschäftsanteils zukommt, und auf den Wert seiner Rechte.

d) Die Bestimmung, daß der Gesamtbetrag der Stammeinlagen mit dem Stammkapital Anm. 12.
übereinstimmen muß (§ 5 Abs. 3), bedeutet nicht, daß die Summe der Geschäftsanteile stets dem Stammkapital gleichkommt (vgl. Anm. 10 zu § 5).

4. Zu bemerken ist, daß der Nennbetrag des Geschäftsanteils sich nach Anm. 13.
dem Betrage der **übernommenen** Stammeinlage, nicht etwa nach dem Betrage des gezahlten Teils der Stammeinlage richtet, wie ja auch die Aktie denjenigen Nennbetrag enthält, den der Aktionär zu leisten verspricht, nicht den, den er leistet.

5. Das Verhältnis zwischen Stammkapital, Stammeinlage und Geschäfts- Anm. 14.
anteil drückt sich auch bei der Buchung aus. Es gibt kein Geschäftsanteilkonto. Die Geschäftsanteile existieren als solche für die Gesellschaft nicht. Die Stammeinlagen sind die Summe des Stammkapitals und finden ihren Ausdruck im Stammkapitalkonto. Daß dieses Stammkapital in einzelne Anteile zerlegt wird, ist bei der GmbH. wie bei der Aktiengesellschaft für die Buchung unerheblich. Dem Stammkapitalkonto gegenüber stehen nur persönliche Konti der einzelnen Gesellschafter. Das Stammkapitalkonto fordert von den Einlagekonti der Gesellschafter die gezeichnete Summe. Jede Zahlung wird dem persönlichen Einlagekonto zu Lasten des Stammkapitalkontos gutgeschrieben. Der ausstehende Teil der Einlagekonti bildet ein Aktivum der Gesellschaft, dem auf der Passivseite das Stammkapital gegenübersteht. Wird ein Geschäftsanteil kaduziert (§ 21), der Gesellschafter also ausgeschlossen, so muß dessen persönliches Konto beglichen werden. Es wird ihm der Erlös der Versteigerung gutgeschrieben, ebenso die Summe, welche die anderen Gesellschafter gemäß § 24 aufbringen. Denn die Zahlung geschieht, vorbehaltlich des Regresses, für den Ausgeschlossenen. Bleibt noch ein Teil der Einlage ungedeckt, so bleibt der Gesellschafter trotz Kaduzierung Schuldner für diesen Restbetrag. Ist er unbeibringlich, so ist dieser Rest über Verlustkonto abzubuchen.

§ 14. 5. Daß der Inhaber des Geschäftsanteils auch Verpflichtungen gegen die Anm. 15. Gesellschaft haben kann, braucht für den ersten Inhaber desselben nicht betont zu werden. Der Geschäftsanteil ist ja der Gegenwert für die von ihm übernommenen Verpflichtungen. Betont mag aber werden, daß auch der spätere Erwerb des Geschäftsanteils mit der Übernahme von Verpflichtungen verbunden ist (§§ 16 Abs. 3, 26 des Gesetzes). (Vgl. Anm. 14ff. zu § 16.)

Exkurs zu § 14.

Von den Gesellschaftsanteilscheinen und den sonstigen Urkunden über die Rechte der Gesellschafter.

Anm. 1. I. **Die Anteilscheine.**

1. Von Gesetzeswegen kann der Gesellschafter hier keine Anteilscheine verlangen. Anders als im Aktienrecht (vgl. Staub HGB. Anm. 11 und 12 zu § 179).

Aber durch den Gesellschaftsvertrag kann ein solches Recht begründet werden (RG. v. 15. 5. 01 in JW. 521). Die Statuten der GmbH. bestimmen oft, daß Anteilscheine ausgegeben werden. In den Motiven ist die Zulässigkeit der Anteilscheine ausdrücklich erwähnt (Motive 24).

Anm. 2. 2. Welche rechtliche Bedeutung haben die auf Grund der Gesellschaftsverträge ausgegebenen Anteilscheine? Sie haben nicht die Bedeutung, welche die Aktie hat. Sie sind keine Wertpapiere. Es hängt die Übertragung des Anteilrechts (und die Verpfändung desselben) nicht von der Übertragung des Anteilscheines ab. Sie ist lediglich eine Beweisurkunde, wie der Schuldschein, der über eine Darlehnsforderung ausgestellt ist (Motive 24; RG. v. 15. 5. 01 in JW. 01, 521 und v. 28. 4. 03 in JW. 03 Anl. 9 S. 74). Die Übertragung des Geschäftsanteils erfolgt durch gerichtlichen oder notariellen Vertrag. Sind Anteilscheine ausgegeben, so ist mit Abschluß des Vertrages und Wahrung der obengedachten Form die Übertragung (oder Verpfändung) rechtsgültig vollzogen. Die Aushändigung des Scheines kann später erfolgen. Der Erwerber kann sie verlangen auf Grund des § 402 BGB. Ob der Gesellschaftsvertrag gemäß § 15 Abs. 5 die Übertragung des Geschäftsanteils an die Übertragung des Scheines knüpfen kann, soll zu § 15 erörtert werden. Aber auch in diesem Falle ist die Voraussetzung des Scheines nur eine „weitere“ Voraussetzung. Die Übertragung setzt jedenfalls einen gerichtlichen oder notariellen Vertrag voraus. Geschäftsanteile an Ordre oder solche auf den Inhaber gibt es nicht (Motive 14, Anm. 19 zur Allg. Einleitung). Über die Wirkung der Abtretung im Falle der Ausgabe von Anteilscheinen vgl. Anm. 65 und 66 zu § 15.

Anm. 3. Das ist besonders zu beachten bei gerichtlichen Pfändungen und Verwertung des Geschäftsanteils. Die Pfändung und Verwertung des Geschäftsanteils hängt nicht davon ab, daß der etwa ausgestellte Anteilschein mit gepfändet oder übertragen wird. Es genügt, wenn die Identität festgestellt wird. Die Pfändung und Versteigerung kann auch dann erfolgen, wenn der Anteilschein nicht zur Stelle ist. Der Ersteigerer erwirbt den Geschäftsanteil auch ohne Aushändigung des Scheines. Er kann auf Grund des § 402 BGB. von dem Schuldner die Herausgabe des Scheines verlangen.

Anm. 4. Auch in allen sonstigen Hinsichten ist der Anteilschein kein Wertpapier. Überall, wo die Gesetze von Wertpapieren sprechen, sind darunter Anteilscheine einer GmbH. nicht gemeint (vgl. z. B. § 1 Nr. 1 HGB.; § 381 BGB.).

Anm. 5. 3. Die Form des Anteilscheins richtet sich nach § 127 BGB. Es ist eine durch Rechtsgeschäft bestimmte schriftliche Urkunde. Für eine solche gelten im Zweifel die Regeln des § 126 BGB. Sie muß also von dem Aussteller, d. h. von den Vertretern der Gesellschaft namens derselben eigenhändig durch Namensunterschrift unterzeichnet werden. Faksimilierte Unterschriften würden nicht genügen, da kein Inhaberpapier vorliegt (§ 793 Abs. 2 BGB.) und eine Sondervorschrift, wie im § 181 HGB., hier nicht gegeben ist, da ja das Gesetz diese Anteilscheine überhaupt nicht erwähnt. Man wird jedoch häufig als Wille der Kontrahenten anzunehmen haben, daß diese die strenge Form des § 126 BGB. nicht wünschen und einen lediglich von faksimilierter Unterschrift oder ohne jede Unterschrift ausgestellten Schein für genügend halten. § 14.

4. Oft wird nicht über jeden Anteil ein Anteilschein ausgegeben, sondern es wird unter Zerlegung des Stammkapitals in gleichmäßige Teile, über jeden dieser Teile ein Anteilschein ausgegeben. Dieses Verfahren ist zur Verwirrung der Begriffe sehr geeignet. Bei großer Vorsicht und unter Festhaltung der in Frage kommenden juristischen Begriffe ist jedoch auch dieses Verfahren unschädlich. Es beträgt z. B. das Stammkapital 90000 M. und der Gesellschafter A, der 30000 M. eingelegt hat, erhält 30 Anteilscheine à 1000 M., der Gesellschafter B, der 60000 M. eingelegt hat, erhält 60 Anteilscheine à 1000 M. Dadurch kann allerdings der Gesellschafter A verleitet werden, einen Geschäftsanteil von 1000 M. ohne Zustimmung der Gesellschaft zu veräußern, ohne die Vorschrift des § 17 zu beachten, weil er im Glauben ist, er besitze in Wahrheit 30 Geschäftsanteile. Unschädlich ist jene inkorrekte Bildung von 30 Scheinen über einen Geschäftsanteil dann, wenn sich A klar macht, daß dies in Wahrheit nichts weiter ist, als die durch 30 Urkunden erfolgte Verbriefung eines Geschäftsanteils. Hält er dies fest, so wird er wissen, daß er ohne Zustimmung der Gesellschaft, für den Fall, daß die Statuten nichts dem Entgegenstehendes bestimmen, nur den ganzen, 30000 M. betragenden Geschäftsanteil veräußern kann, einen Teilbetrag von 1000 M. aber nur mit Zustimmung der Gesellschaft. Tut er das erstere, so wird er auf Grund der erfolgten Cession seine 30 Anteilscheine dem Erwerber aushändigen. Tut er das letztere, so wird er einen Anteilschein dem Erwerber aushändigen. Anm. 6.

Es steht also nichts entgegen, daß derartige Anteilscheine über Teile von Geschäftsanteilen ausgestellt werden, ehe solche Teile von Geschäftsanteilen vorhanden sind. Jene Anteilscheine sind dann eben im voraus und eventuell ausgestellt. Sie erfüllen ihre Funktionen in dem Falle, wo die Eventualität, nämlich die zulässige Teilung des Geschäftsanteils in dieser Weise eintritt.

5. Ein Aufgebot verlorener Anteilscheine gemäß §§ 946 ff. CPO. findet nicht statt, da jenes Aufgebotsverfahren nur in den gesetzlich bestimmten Fällen erfolgt und eine gesetzliche Vorschrift, wonach derartige Urkunden aufgeboten werden können, fehlt (§ 946 CPO.). Ein solches Verfahren kann auch nicht durch Statut vorgeschrieben werden (Gaupp CPO., Anm. II zu § 946 CPO.). Derartige Statutenbestimmungen, die nicht selten vorkommen, sind ungültig. Wer auf Grund eines verlorenen Anteilscheins einen Geschäftsanteil gutgläubig von einem Nichtberechtigten erwirbt, hat ein Nichts erworben (Anm. 65 zu § 15). Anm. 7.

6. Stempelpflichtig sind Geschäftsanteilscheine weder im Reich, noch in Preußen Anm. 8.

II. **Dividendenscheine.** Anm. 9.

1. Können auch Dividendenscheine ausgestellt werden, insbesondere auch Dividendenscheine auf den Inhaber? Beides ist zu bejahen (vgl. Motive 24; Liebmann Anm. 4 zu § 14). Auch im Aktienrechte ist die Ausgabe von Dividendenscheinen, insbesondere auch von solchen auf den Inhaber, nur deshalb gestattet, weil keine gesetzliche Bestimmung entgegensteht. Insbesondere steht der § 795 BGB. der Ausstellung von Inhaberscheinen ohne staatliche Genehmigung schon deshalb nicht entgegen, weil es sich nicht um einen Geldanspruch auf eine bestimmte Summe handelt. Auch der Umstand, daß der Geschäftsanteil nur durch gerichtlichen oder notariellen Vertrag übertragen werden kann, steht dieser Annahme nicht entgegen. Auch bei der Aktiengesellschaft wird mit Recht angenommen, daß auch bei Namensaktien Dividendenscheine auf den Inhaber zulässig sind (Staub, HGB. Anm. 13 zu § 213; a. M. Simon, Die namenlosen Zinsscheine bei Holdheim 11, 219, der die Inhaberpapiereigenschaft der Divi-

§ 14. dendenscheine bestreitet). Der Grund liegt darin, daß die Stellung auf den Namen nur die Bedeutung hat, daß die Aktie selbst, das Aktienrecht, nur durch Indossament übertragen werden kann. Dagegen ist das Forderungsrecht auf die einzelnen aus der Mitgliedschaft fließenden Bezugsrechte selbständig übertragbar und auch in anderer Weise, als die Mitgliedschaft selbst, wie ja auch bei der offenen Handelsgesellschaft zwar das Mitgliedsrecht selbst ohne Zustimmung der Sozien nicht übertragbar ist, wohl aber kann der Anspruch auf die einzelnen Gewinnbezüge selbständig und ohne die Zustimmung der Sozien übertragen werden (Staub HGB. Anm. 23 im Exkurse zu § 122). So kann auch hier zwar das Mitgliedsrecht nur durch gerichtlichen oder notariellen Vertrag übertragen werden. Aber das schließt nicht aus, daß das aus der Mitgliedschaft fließende Gewinnbezugsrecht selbständig und formlos übertragen werden kann. Deshalb kann es auch selbständig verbrieft und in der dieser Verbriefung entsprechenden Form übertragen, also auch durch Inhaberpapier verbrieft und durch körperliche Übergabe desselben übertragen werden. Freilich liegt nur ein Inhaberpapier im weiteren Sinne, kein echtes Inhaberpapier vor, da die Leistung nicht — wie dies nach § 793 BGB. beim echten Inhaberpapier der Fall ist — nur nach Maßgabe des im Papiere enthaltenen Versprechens geschuldet wird, sondern nach Maßgabe des Hauptrechts, des Geschäftsanteils, so daß auch Einwendungen auch nach Maßgabe des Hauptrechts zulässig sind, was, wenn es ein echtes Inhaberpapier wäre, nach § 796 BGB. nicht zulässig wäre. Kompliziert liegt der Fall dann, wenn über einen Geschäftsanteil mehrere Anteilscheine und zu jedem dieser Anteilscheine zugehörige Dividendenscheine ausgegeben sind. Trotz der Kompliziertheit ist nicht Ungültigkeit anzunehmen. Es ist durchaus zulässig, die Rechte auf Gewinnbezug zu teilen, insbesondere auch so, daß darüber mehrere Berechtigungsscheine ausgegeben werden. Im Aktienrecht geschieht dies häufig. Ein Teil des Dividendenrechts, z. B. die ersten 5 Proz., werden durch sogenannte Genußscheine, der Rest durch Dividendenscheine verbrieft. Dies ist auch hier zulässig. Es ist deshalb zulässig, daß das Dividendenrecht quantitativ derart geteilt wird, daß $^1/_{10}$ des Gewinnes auf den einen Schein, ein weiteres $^1/_{10}$ auf einen anderen Schein 2c. 2c. entfällt.

Anm. 10. 2. Ist hiernach die Ausgabe von Dividendenscheinen, insbesondere von solchen auf den Inhaber zulässig, so sind hiernach kurz die weiteren Fragen, die über solche Dividendenscheine bestehen, zu erörtern.

a) Der Dividendenschein kann selbständig übertragen werden. Der Geschäftsanteil und der Dividendenschein kann hiernach verschiedene Besitzer, d. h. Berechtigte haben. Der jedesmalige Präsentant des auf den Inhaber lautenden Dividendenscheins ist berechtigt, den Gewinn zu erheben. Einer Zustimmung der Gesellschaft bedarf diese Übertragung auch dann nicht, wenn die Übertragung des Geschäftsanteils der Zustimmung der Gesellschaft bedarf.

Anm. 11. b) Die Übertragung des Dividendenscheins erfolgt nach selbständigen Regeln. Hat er die Rechtsform eines gewöhnlichen Schuldscheins, so erfolgt die Übertragung durch Cession. Ist er als Orderpapier gemäß § 363 HGB. ausgestellt, so erfolgt die Übertragung auch durch Indossament. Lautet er auf den Inhaber, was zulässig ist (Anm. 9), durch bloße Übertragung des Besitzes. Ist der Dividendenschein auch kein echtes Inhaberpapier (oben Anm. 9), so ist er doch ein Inhaberpapier im weiteren Sinne und die Regeln über die Art, wie die Übertragung, Verpfändung und Pfändung von Inhaberpapieren erfolgt, finden analoge Anwendung. Selbstverständlich können aber auch die Rechte aus Orderpapieren und aus Inhaberpapieren durch gewöhnliche Cession übertragen werden. Was die Verpfändung anlangt, so erfolgt sie wie die Übertragung (§§ 1274, 1292 BGB.). Nur muß bei Dividendenscheinen auf Order oder auf den Inhaber die Übergabe des Papiers dazu kommen (§§ 1274, 1294 BGB.). Wenn ein gewöhnlicher Schuldschein vorliegt, muß die Anzeige seitens des Gesellschafters an die Gesellschaft hinzutreten (§ 1280 BGB.). Ist der Geschäftsanteil mit Anteilschein und Inhaberdividendenscheinen formlos verpfändet, so ist die Verpfändung der Dividendenscheine gültig, die des Anteilscheines ungültig (vgl. Anm. 2 im Exkurse zu § 15). Ob das ganze Geschäft hiernach bestehen kann, richtet sich nach § 139 BGB. — Die Pfändung der Dividendenscheine kann selbständig ohne Pfändung des Anteilrechts erfolgen. Die Pfändung erfolgt, wenn der Dividendenschein ein gewöhnlicher Schuldschein ist, nach den Regeln von der Pfändung und Überweisung gewöhnlicher Forderungen (§§ 828 ff. CPO.), wenn der Dividendenschein ein Orderpapier ist, nach den Regeln von der Pfändung von Orderpapieren (§ 831 CPO.), wenn er ein Inhaberpapier ist, nach den Regeln von der Pfändung beweglicher Sachen (§ 808 Abs. 2 CPO.). Über die Verpfändung und die Pfändung vgl. noch den Exkurs zu § 15. **§ 14.**

c) Der Dividendenschein gilt, wenn der Geschäftsanteil verpfändet ist, nicht ohne weiteres mitverpfändet, sondern nur, wenn der Dividendenschein mitübergeben ist (§ 1296 BGB.). Bei Veräußerung des Geschäftsanteils gebührt dem Veräußerer ein entsprechender Teil der Dividende (§ 101 Nr. 1 BGB.). Anm. 12.

d) Der Dividendenschein ist Träger des Dividendenrechts, als des bedingten Anspruchs auf Gewinn, und Träger des Dividendenrechts, als des unbedingt gewordenen Anspruchs auf Gewinn (über diese Begriffe siehe zu § 29). Er ist aber nicht Träger des Gesellschaftsrechts auf Mitwirkung bei der Feststellung der Dividendenanspruchsbedingungen. Nicht der Dividendenscheininhaber, sondern der Gesellschafter, der Eigentümer des Anteilsscheins, hat bei der Feststellung der Dividende mitzuwirken, auch wenn der letztere den Dividendenschein bereits veräußert hat (RG. 15, 99; Aktienrecht). Der Gesellschafter, nicht der Dividendenscheininhaber, hat das Recht, die Bilanz anzufechten oder sonst Mitgliederrechte wahrzunehmen (RG. 14, 170; Aktienrecht). Anm. 13.

e) Einwendungen gegen den Dividendenschein sind, wenn er nur Schuldschein ist, zulässig, wie gegen jeden Cessionar. Wenn er aber ein Orderpapier und durch Indossament übertragen ist, oder ein Inhaberpapier und durch Übergabe übertragen ist, so sind nur die Einwendungen gemäß § 364 Abs. 2 HGB. und § 796 BGB. zulässig, d. h. Einwendungen, welche die Gültigkeit der Ausstellung des Dividendenscheins betreffen, solche, welche sich aus der Urkunde ergeben, solche, welche dem Aussteller unmittelbar gegen den Inhaber zustehen (näheres Staub HGB. Anm. 5 ff. zu § 364; Düringer-Hachenburg II, Note IV zu § 365). Außerdem aber sind, da der Dividendenschein ein Annexum des Geschäftsanteils ist, diejenigen Einwendungen zulässig, welche sich aus dem Geschäftsanteil in Bezug auf das Dividendenrecht ergeben (vgl. oben Anm. 9). Anm. 14.

f) Das Aufgebotsverfahren von Dividendenscheinen auf den Inhaber ist ausgeschlossen (§ 799 BGB.). Diese Bestimmung ist analog anwendbar, obgleich der Dividendenschein kein echtes Inhaberpapier ist (oben Anm. 9). Für den Fall des Verlustes trifft § 804 BGB. anderweit Fürsorge. Dividendenscheine auf Order sind aufgebotsfähig (§ 365 Abs 2 HGB.), Dividendenscheine, die nur cediert werden können, sind nicht aufgebotsfähig (vgl. oben Anm. 7). Anm. 15.

g) Stempelpflichtig ist der Dividendenschein nicht, nicht nach Reichsrecht (Tarif Nr. 2a des Reichsstempelgesetzes findet keine Anwendung, weil mangels eines Nennbetrages keine Schuldverschreibung im Sinne dieser Stelle vorliegt), auch nicht in Preußen (Tarifstelle 58 des preußischen Stempelgesetzes paßt nicht, auch hier deshalb, weil der Schein nicht auf einen bestimmten Kapitalbetrag lautet — vgl. Heinitz 567 —). Anm. 16.

III. Auch **Talons**, d. h. Scheine, durch welche der Inhaber berechtigt wird, die Dividendenscheine zu empfangen, können ausgegeben werden. Das Nähere hierüber siehe Staub HGB. Anm. 12 zu § 213. Anm. 17.

IV. Auch **Genußscheine** können hier ausgegeben werden, und zwar mit verschiedener Bedeutung: Anm. 18.

1. Als reine Gläubigerrechte. Diese Genußscheine sind nicht Schuldverschreibungen auf bestimmte Summen. Die Gesellschaft beteiligt durch ihre Ausgabe die Berechtigten in Form eines Gesellschaftsverhältnisses an ihrem Handelsgewerbe. Es ist dies keine stille Gesellschaft. Dagegen spricht die Übertragbarkeit der Scheine und die Feststellung der Beteiligung am Reingewinn. Ähnlich der stillen Gesellschaft ist aber das durch die Ausgabe der Genußscheine geschaffene Rechtsverhältnis. Die Gesellschaft beteiligt eine Anzahl anderer Personen am Reingewinn, ohne sie zu Gesellschaftern der GmbH. zu

§ 14. machen (vgl. OLG. Hamburg bei Holdheim 13, 178). Dazu gehören sowohl solche Genußscheine, die an die Stelle amortisierter Geschäftsanteile treten. Diese Rechtserscheinung ist, wie im Aktienrecht, zulässig (vgl. Staub HGB. Anm. 1 im Exkurse zu § 179). Ebenso auch Genußscheine, die ausgegeben werden als Äquivalent für Gelder, welche zur Hebung der Gesellschaft à fonds perdu gegeben werden, ohne aber in einer Erhöhung des Grundkapitals Ausdruck zu finden. Endlich solche, welche einzelnen Gesellschaftern gegeben werden, um ihnen ein selbständiges, von der Mitgliedschaft unabhängiges Vorzugsrecht zu gewähren (vgl. Anm. 48 und 51 zu § 5). Die letzteren kommen namentlich als ein besonderes Äquivalent für die Überlassung von Gebrauchsrechten bei Erfindungen u. s. w. vor. Diese Genußrechte teilen die Schicksale der obligatorischen Rechte. Sie sind veräußerlich und vererblich. Sie können ablösbar sein, soweit nicht § 30 verletzt wird (vgl. Anm. 53 zu § 5). Ohne solche im Gesellschaftsvertrage oder besonderem Übereinkommen zugelassene Ablösung steht der Gesellschaft kein Recht auf dieselbe zu. Es ist daher bei Schaffung solcher Rechte geboten, die Ablösung zu bedingen. Im Konkurse der Gesellschaft gewähren die Genußscheine keine Konkursforderung (Bett, Konkurs der Aktiengesellschaft 73).

Anm. 19. 2. Aber auch als Zubehör des Geschäftsanteils kann der Genußschein gegeben werden. Es kann ein Teil der Dividende in solchen Genußscheinen verbrieft werden (vgl. Näheres Staub HGB. Anm. 2 und 3 im Exkurse zu § 179; vgl. oben auch Anm. 9). Es kann aber einzelnen Gesellschaftern ein solches Genußrecht als Vorrecht vor den übrigen Gesellschaftern gegeben und hierüber ein Schein ausgefertigt werden. Ist dies als Vorzugsrecht des Geschäftsanteils gemeint (vgl. Anm. 48 zu § 5), so bildet auch dieser Genußschein ein Teil des Geschäftsanteils und folgt diesem. Er ist selbständig der Veräußerung unfähig.

Anm. 20. 3. Der Genußscheininhaber hat kein Stimmrecht, da er ja als solcher nicht Gesellschafter ist. Ob und inwieweit gesellschaftsvertragsmäßig den Inhabern von Genußscheinen ein Stimmrecht gewährt werden kann, vgl. Anm. 4 zu § 47.

Anm. 21. 4. Die Genußscheine dürfen als gewöhnliche Schuldscheine ausgestellt werden, oder auch an Order lauten, aber auch auf den Inhaber. Es gilt hierüber und über die Übertragung der Genußscheine das oben Anm. 11 über den Dividendenschein Gesagte.

Anm. 22. 5. Die Genußscheine unterliegen nicht dem Reichsstempel, da die betreffende Tarifnummer (Anm. zu Tarif-Nummer 1 und 2 des Reichsstempelgesetzes) nur die Genußscheine zu Aktien betrifft. Ob sie dem Landesstempel unterliegen, hängt von ihrer rechtlichen Natur ab.

Anm. 23. **Zusatz. Stempelfragen.** Die Frage, ob der Anteilschein, der Dividendenschein, der Genußschein stempelpflichtig sind, ist oben Anm. 8, 16, 22 erörtert worden.

§ 15.

Die Geschäftsanteile sind veräußerlich und vererblich.

Erwirbt ein Gesellschafter zu seinem ursprünglichen Geschäftsanteile weitere Geschäftsanteile, so behalten dieselben ihre Selbständigkeit.

Zur Abtretung von Geschäftsanteilen durch Gesellschafter bedarf es eines in gerichtlicher oder notarieller Form geschlossenen Vertrages.

Der gerichtlichen oder notariellen Form bedarf auch eine Vereinbarung, durch welche die Verpflichtung eines Gesellschafters zur Abtretung eines Geschäftsanteils begründet wird. Eine ohne diese Form getroffene Vereinbarung wird jedoch durch den nach Maßgabe des vorigen Absatzes geschlossenen Abtretungsvertrag gültig.

Durch den Gesellschaftsvertrag kann die Abtretung der Geschäftsanteile an weitere Voraussetzungen geknüpft, insbesondere von der Genehmigung der Gesellschaft abhängig gemacht werden.

Der vorliegende Paragraph bestimmt: § 15.

1. zunächst die prinzipielle Vererblichkeit und Veräußerlichkeit der Geschäftsanteile (Abs. 1), Einleitung.
2. die Form der Abtretung und die Form des obligatorischen Vertrages, durch welchen die Verpflichtung zur Abtretung begründet wird (Abs. 3 und 4),
3. er gestattet ferner, daß der Gesellschaftsvertrag die Abtretung an weitere Voraussetzungen knüpft (Abs. 5) und
4. er bestimmt endlich mitten in diesen Vorschriften (in Abs. 2) die Wirkung des Erwerbes eines Geschäftsanteils in einem ganz bestimmten Falle.

Nach diesen Gesichtspunkten und in dieser Reihenfolge sollen die Erläuterungen dieses wichtigen Paragraphen erfolgen. Der zuletzt erwähnte Punkt 4 wird aber erweitert: Die Wirkung des Erwerbes und der Veräußerung eines Geschäftsanteils soll nicht bloß für diesen bestimmten Fall, sondern überhaupt erörtert werden (siehe unten Anm. 60ff.).

In Zusätzen werden weitere Materien erörtert werden, welche hiermit eng zusammenhängen.

I. (Abs. 1.) **Die prinzipielle Anerkennung der Vererblichkeit und Veräußerlichkeit der Geschäftsanteile.** Anm. 1

A. Die vorliegende Vorschrift will besagen, daß von Gesetzeswegen die Vererblichkeit und Veräußerlichkeit der Anteilrechte im Prinzip anerkannt wird. Ohne diese Vorschriften würden die Bestimmungen des BGB. über Körperschaften anwendbar sein (vgl. oben Anm. 3 Allgem. Einleitung). Es ist zufolge §§ 38 und 40 BGB. die Mitgliedschaft nicht vererblich, wenn nicht die die Satzung ein Gegenteiliges bestimmt. Hier gilt das Umgekehrte. Der Anteil ist vererblich, wenn nicht die Satzung das Gegenteil anordnet. Der Wille des Gesetzes geht aber nicht etwa dahin, daß die Geschäftsanteile unter allen Umständen vererblich und veräußerlich sein müssen, sondern nur, daß von Gesetzeswegen der Vererblichkeit und Veräußerlichkeit kein Hindernis im Wege steht, daß also die Geschäftsanteile frei vererblich und veräußerlich sind, wenn der Gesellschaftsvertrag nichts Gegenteiliges verordnet. Die Veräußerlichkeit wird nicht zwingend vorgeschrieben, sondern (Motive 14 u. 15) „im Prinzip anerkannt" und „zugelassen", damit sie den Gesellschaftern für den Bedürfnisfall die Realisierung ihrer Anteilrechte „ermöglichen soll", auch der Charakter der Mitgliedschaft als eines „regelmäßig dauernden Verhältnisses" wird dabei betont. Dieser Gesetzestendenz steht es nicht entgegen, wenn die von dem Gesetze zugelassene Veräußerlichkeit beseitigt wird, wo die Gesellschafter kein Bedürfnis empfinden, sich die Realisierung ihrer Anteilsrechte zu ermöglichen. Der Charakter der Mitgliedschaft als eines regelmäßig dauernden Verhältnisses wird dadurch erst recht gewahrt. Auch die Gesetzesworte stehen dieser in den Motiven ausgesprochenen Gesetzestendenz in keiner Weise entgegen. Der Abs. 5 bestätigt sie vielmehr, wenn dort gesagt ist, daß der Gesellschaftsvertrag die Veräußerlichkeit an weitere Voraussetzungen knüpfen kann.

1. Hiernach kann der Gesellschaftsvertrag sowohl die Veräußerlichkeit, als die Vererblichkeit ausschließen. Demgemäß kann er die Übertragbarkeit auch auf Zeit ausschließen. Hinsichtlich des Eingriffs in die Vererblichkeit kann auf die Analogie mit der oHG. verwiesen werden, bei welcher ebenfalls bestimmt werden kann, daß der Geschäftsanteil auf die Erben nicht übergeht (§§ 138, 139 HGB.). Die in der Literatur vertretene entgegengesetzte Ansicht (Förtsch Anm. 2, Merzbacher Anm. 8) kann nicht gebilligt werden. Es liegt kein Eingriff in die Testierfähigkeit des Erblassers vor. Es entsteht vielmehr der Geschäftsanteil mit dieser Beschränkung. Er ist sterblich wie sein Träger. Dieser Ausschluß der Vererblichkeit kann nur in dem ursprünglichen Gesellschaftsvertrage geschehen (Neukamp Anm. 8) oder in demjenigen Kapitalserhöhungsbeschlusse, der die betreffenden Geschäftsanteile kreiert. Anm. 2.

§ 15. Durch einen späteren Beschluß mit Genehmigung der betreffenden Gesellschafter, weil hierin der Eingriff in ein Sonderrecht liegt (vgl. zu § 53).

Anm. 3. Wenn der Gesellschaftsvertrag die Vererblichkeit ausschließt, so muß er natürlich auch bestimmen, was aus dem Geschäftsanteile beim Tode des Gesellschafters werden soll. Sonst ist die Bestimmung unvollständig und hat im Rahmen der Verfassung der GmbH. keinen Platz. In erster Reihe ist hier die Einziehungsmöglichkeit nach § 34 eine geeignete Handhabe. Der Geschäftsanteil kann beim Tode des Gesellschafters eingezogen werden (vgl. Anm. 3 zu § 34). Es kann aber auch bestimmt werden, daß beim Tode eines Gesellschafters der Geschäftsanteil auf Dritte zu übertragen ist. Das ist kein Erbvertrag und bedarf nicht der höheren Form eines solchen. Das ist vielmehr eine durchaus zulässige Bestimmung des Gesellschaftsvertrages. Dieses Recht der Übernahme kann einem Gesellschafter oder allen Gesellschaftern nach Maßgabe ihrer Anteile oder nach sonstigem Maßstabe, es kann auch der Gesellschaft selbst eingeräumt sein. Es kann bestimmt sein, daß die Gesellschaft dieses Recht des Erwerbs auf Dritte übertragen kann. Es kann festgestellt sein, daß der Geschäftsanteil ohne Gegenwert an die Berechtigten fallen soll. Es kann eine Gegenleistung bedungen sein. Diese kann wieder in dem Betrage der Einlage bestehen oder in dem gegenwärtigen durch Schätzung zu bestimmenden Wert. Es kann neben diesem Rechte des Erwerbs eine Verpflichtung zur Abnahme gegenüber den Erben bestellt werden, bei all diesem vorausgesetzt, daß die Form dieser Verpflichtung (Abs. 3) gewahrt ist. Hierzu genügt die Aufnahme in den Gesellschaftsvertrag. Nicht aber kann bestimmt werden, daß im Falle des Todes eines Gesellschafters sein Geschäftsanteil ohne Übertragung an die hierzu berechtigte Person falle. Einen solchen Übergang ohne rechtsgeschäftliche Übertragung kennt das Recht nur bei der Universalnachfolge der Erben.

Es ist endlich eine Verbindung von Einziehung des Geschäftsanteils und Erwerbsrecht Dritter möglich, derart, daß bei Verweigerung der Übertragung die Einziehung gestattet ist. Eine solche Androhung der Amortisation ist deshalb von Wert, weil hierdurch jeder Versuch der Erben, die Übertragung zu vereiteln, als aussichtslos erscheint. Die Hauptgefahr, daß die Erben den Geschäftsanteil an Dritte veräußern, wird allerdings meistens schon dadurch ausgeschlossen sein, daß die Veräußerung an die Genehmigung der Gesellschaft geknüpft ist.

Als zulässig muß endlich die Bestimmung bezeichnet werden, daß beim Tode des Gesellschafters, auch ohne daß die Einziehung durchgeführt oder die Veräußerung erfolgt ist, alle Rechte, einschließlich des Rechtes auf Dividende, ruhen. Es sind dies keine absoluten Rechte. Der Gesellschaftsvertrag kann sie für Zeit oder für immer aufheben.

Wie der Geschäftsanteil für unvererblich erklärt werden kann, so ist auch eine Beschränkung der Erbfähigkeit möglich. Es kann bestimmt sein, daß der Geschäftsanteil nur auf einen solchen Erben übergehen kann, der dasselbe Geschäft wie der Erblasser betreibt, oder der fähig ist, die Verpflichtungen des Erblassers zu übernehmen. Erst wenn ein solcher Erbe nicht vorhanden ist, tritt die Einziehung des Geschäftsanteiles ein.

Liegt eine Beschränkung der Vererblichkeit nicht vor, so kann der Gesellschafter letztwillig beliebig über seinen Geschäftsanteil verfügen. Geschieht das durch Vermächtnis, so entsteht, auch wenn nur ein eigenhändiges Testament vorliegt, ein Anspruch des Bedachten auf Übertragung des Geschäftsanteils (§ 2174 BGB.).

Anm. 4. 2. Die Veräußerlichkeit kann aber nicht bloß beseitigt, sondern auch beschränkt, an bestimmte Voraussetzungen geknüpft werden. Hierüber siehe unten Anm. 45ff. Ebenso kann natürlich auch die Vererblichkeit, wie sie (Anm. 2) beseitigt werden kann, auch an bestimmte Bedingungen geknüpft oder in bestimmter Weise geregelt werden (vgl. Anm. 3)

Anm. 5. II. (Abs. 3 und 4.) **Die Form des auf Abtretung gerichteten Vertrages und die Form der Abtretung.**

Das Gesetz behandelt zwar zuerst im Abs. 3 den Abtretungsvertrag selbst, sodann im Abs. 4 den auf Abtretung gerichteten obligatorischen Vertrag. Aus logischen und systematischen Gründen wird aber die umgekehrte Reihenfolge in der Behandlung beobachtet. § 15.

A. **Der auf Abtretung gerichtete obligatorische Vertrag muß in gerichtlicher oder in notarieller Form abgeschlossen werden.** Das Gesetz drückt sich dahin aus: Anm. 6.

Der gerichtlichen oder notariellen Form bedarf eine Vereinbarung, durch welche die Verpflichtung eines Gesellschafters zur Abtretung eines Geschäftsanteils begründet wird. Die erschwerende Form ist eingeführt, damit die Anteilrechte nicht zu einem Gegenstande des Handelsverkehrs werden. Sie sollen besonders nicht in den Börsenverkehr geraten und nicht Gegenstand der Agiotage werden, wie die Aktien. Deshalb wird der Erwerb der Geschäftsanteile und schon das pactum de cedendo mit zeitraubenden und kostspieligen, daher die reifliche Überlegung der Kontrahenten herausfordernden Förmlichkeiten umgeben. Die Veräußerung und der Erwerb sind dadurch vor übereilter Vornahme geschützt. Der leichte, wilde, spekulative Handel ist damit gehemmt. Es ist übrigens auffallend, daß die Vorschrift, wonach schon der obligatorische Vertrag an die schwere Form gebunden ist, heute noch wenig bekannt ist. In der Geschäftswelt wird immer mündlich und schriftlich, oft in Reversen, mit derartigen Verpflichtungen operiert.

1. Nur Vereinbarungen, also Verträge werden durch diese Formvorschrift getroffen. Nicht getroffen ist z. B. der Fall des § 142 HGB. Nach diesem hat ein Mitglied einer offenen Handelsgesellschaft unter Umständen das Recht, die Übernahme des Geschäfts, d. h. aller Aktiven und Passiven, also auch mit den zum Geschäftsvermögen etwa gehörigen Anteilen an einer GmbH., zu verlangen. Die obligatorische Verpflichtung wird hier durch die Erklärung des einen Gesellschafters begründet. Ob zum Rechtsübergange selbst in diesem Falle die Abtretung gehört, darüber siehe unten Anm. 36. — Wer bei einer Auslobung einen Geschäftsanteil einer GmbH. als Belohnung aussetzt, ist verpflichtet, demjenigen, der den betreffenden Erfolg herbeigeführt hat, den Geschäftsanteil zu cedieren (§ 657 BGB.). Die Beobachtung der Form ist für die Entstehung der obligatorischen Verpflichtung zur Abtretung also nicht erforderlich, da die Auslobung kein Vertrag ist (Goldmann-Lilienthal I 362 Anm. 3). Aber die Abtretung des Geschäftsanteils, zu welcher der Auslober hiernach verpflichtet ist, muß sich in den Formen des Abs. 3 vollziehen. — Durch Vermächtnis kann auch in einem eigenhändigen Testament, also ohne die Formvorschrift unseres Abs. 4, die obligatorische Verpflichtung auferlegt werden, einen Geschäftsanteil einem anderen abzutreten. Denn die Vererbung ist kein Vertrag. Der Vermächtnisnehmer erwirbt durch den Erbfall das obligatorische Recht auf Abtretung (§ 2174 BGB.). Die Abtretung selbst muß sich in der Form des Abs. 3 vollziehen (vgl. oben Anm. 3). — Ein Gesellschaftsbeschluß, durch welchen eine GmbH. aufgelöst wird und dem Liquidator aufgetragen wird, die zum Vermögen der Gesellschaft gehörigen Geschäftsanteile einer (anderen) GmbH. unter die Gesellschafter zur Verteilung zu bringen, bedarf der hier vorgeschriebenen Form nicht, weil er kein Vertrag ist. Nach § 60 unseres Gesetzes bedarf ein solcher Beschluß keiner besonderen Form. Er erzeugt das obligatorische Recht des Gesellschafters auf ratierliche Abtretung der im Besitze der Gesellschaft befindlichen Geschäftsanteile. Die Abtretung selbst erfolgt in der Form des Abs. 3. Anm. 7.

2. Die Vereinbarung muß so beschaffen sein, daß sie die Verpflichtung zur Abtretung eines Geschäftsanteils begründen soll. Anm. 8.

a) Damit sind nicht bloß Kaufverträge gemeint, sondern alle Verträge, durch welche die Verpflichtung zur Abtretung eines Geschäftsanteils begründet werden kann. Auch für obligatorische Schenkungsverträge ist die vorliegende Frage erheblich. Denn bei diesen ist nur die notarielle oder gerichtliche Beurkundung des Schenkungsversprechens, nicht des Vertrages verlangt (§ 518 BGB.). Auch wenn die Verpflichtung auf Abtretung an einen Dritten lautet, ist die Form zu

§ 15. wahren (vgl. RG. 50, 165). — Dagegen sind Abtretungsverpflichtungen (und Abtretungen), welche in einem gerichtlichen Vergleiche erklärt werden, einer weiteren Form nicht bedürftig (RG. 48 S. 187, 189).

Anm. 9. Hervorzuheben ist, daß auch Gesellschaftsverträge, durch welche die Verpflichtung zur Einbringung eines Geschäftsanteiles begründet wird, unter die vorliegende Formvorschrift fallen, mag es sich um die Verpflichtung zur Einbringung in eine juristische Person (Aktiengesellschaft, GmbH., Aktienkommanditgesellschaft) oder in eine Gesellschaft im engeren Sinne (offene Handelsgesellschaft, Kommanditgesellschaft, Gesellschaft bürgerlichen Rechts) handeln. Bei Umwandlung von Gesellschaften in andere Gesellschaftsformen ist zu prüfen, ob das Rechtssubjekt dasselbe bleibt und nur seinen rechtlichen Charakter ändert (z. B. Umwandlung einer Aktienkommanditgesellschaft in eine Aktiengesellschaft gemäß § 332 HGB.; Umwandlung einer offenen Handelsgesellschaft in eine Kommanditgesellschaft; Staub HGB. Anm. 2 zu § 131) oder ob die Auflösung der alten Gesellschaft und die Einbringung der zu ihrem Vermögen gehörenden Gegenstände in eine neu gebildete Gesellschaft vorliegt (letzteres z. B. bei Umwandlung einer GmbH. in eine Aktiengesellschaft, bei Umwandlung einer Aktienkommanditgesellschaft in eine einfache Kommanditgesellschaft; Staub HGB. Anm. 7 zu § 334). Im ersteren Falle liegt keine Abtretung vor, wohl aber im letzteren. Die Fälle der §§ 303—305 HGB. gehören sämtlich zur letzteren Alternative. Doch ist dies wiederum nicht erheblich, da in allen diesen Fällen der obligatorische Übertragungsvertrag schon aus anderem Grunde der hier vorgesehenen Form bedarf (§ 311 HGB.). Hinsichtlich der Einbringungsverträge ist aber noch zu erwähnen, daß der Einbringungsvertrag regelmäßig nicht bloß die Verpflichtung zur Einbringung enthält, sondern die Einbringung selbst, also die im Abs. 3 erwähnte Abtretung des Geschäftsanteils. Die Einbringungsverträge bedürfen daher schon aus diesem Grunde der gerichtlichen oder notariellen Form, wenn Geschäftsanteile einer GmbH. zum Gegenstand der Einbringung gehören. Die Bildung einer Gesellschaft derart, daß der Geschäftsanteil selbst in die Gesellschaft nicht inferiert wird, sondern nur das Recht an den vermögensrechtlichen Bezügen der Gegenstand der Beteiligung ist (sogenannte Unterbeteiligung), bedarf der Form des vorliegenden Paragraphen nicht.

Anm. 10. Auch wenn mehrere Personen einen Geschäftsanteil zum Miteigentum besitzen, so ist doch die Verpflichtung zur Inferierung in eine von den bisherigen Miteigentümern fortan zu bildende Gesellschaft, als die Verpflichtung, das Miteigentum in Eigentum zur gesamten Hand umzuwandeln, eine Verpflichtung zur Abtretung. Denn diese Umwandlung kann nur durch Veräußerung, also durch Abtretung des betreffenden Anteils geschehen (vgl. Staub HGB. Exk. zu § 122 Anm. 10; Fuchs Grundbuchrecht, § 925 BGB. Anm. IV, 211).

Anm. 11. Dagegen ist der Eintritt eines Gesellschafters in eine offene Handelsgesellschaft, zu deren Vermögen ein Geschäftsanteil einer GmbH. gehört, formfrei, wie ja auch der Eintritt in eine Gesellschaft dieser Art, zu welcher das Eigentum eines Grundstücks gehört, formfrei ist. Hier liegt keine Veräußerung vor. Also ist auch der obligatorische, auf solchen Eintritt gerichtete Vertrag formfrei. Ob der Eintritt in eine Gesellschaft bürgerlichen Rechts dieser Art formfrei ist, hängt von der rechtlichen Konstruktion eines solchen Eintritts ab (siehe hierüber Knoke ArchBürgR. 20, 183).

Anm. 12. Wie aber liegt die Sache, wenn mehrere Sozien einer offenen Handelsgesellschaft, Kommanditgesellschaft, bürgerlichen Gesellschaft, sich auseinandersetzen und hierbei ein der Sozietät gehöriger Geschäftsanteil einer GmbH. einem Sozius zum Alleineigentum verbleibt? In diesem Falle liegt nur eine Aufgabe von Rechten, ein Anwachsen der von den übrigen Gesellschaftern aufgegebenen Rechte an das Recht dessen vor, dem der Gegenstand zum alleinigen Eigentum verbleibt. Durch dieses Aufgeben und Anwachsen verwandelt sich das bisherige Gesamteigentum in Alleineigentum. Eine Veräußerung liegt nicht vor. Für den Fall, daß mehrere Gesellschafter als Eigentümer verbleiben, also eine Sozietät übrig bleibt, wird dies auch nicht angezweifelt (vgl. z. B. Fuchs

Grundbuchrecht 211) und kann angesichts des § 738 BGB. wohl auch billiger Weise § 15.
nicht angezweifelt werden (vgl. Staub HGB. Anm. 3 im Exk. zu § 141). Wohl aber wird oft ein anderer Standpunkt vertreten, wenn auf solche Weise ein Sozius als Eigentümer verbleibt (z. B. von Fuchs Grundbuchrecht 210; Goldmann und Lilienthal I 262 Anm. 4; Düringer-Hachenburg II 301; OLG. Hamburg v. 19. 6. 01 in RJA. 2, 146, auch zitiert bei KGJ. 22 D, 24; KG. v. 17. 2. 02 in RJA 3, 97). Allein das RG. steht konsequent auf dem anderen Standpunkte (vgl. RG. 25, 257; RG. v. 12. 7. 89 in JW. 345; v. 23. 10. 93 bei Gruchot 38, 1063; v. 14. 10. 98 bei Holdheim 8, 196; Staub HGB. Anm. 8 zu § 145).

Wieder anders liegt die Sache, wenn eine solche Auseinandersetzung dahin geht, daß Anm. 13.
der Geschäftsanteil mehreren Sozien oder allen Sozien zum ideellen nach Quoten geteilten Miteigentum verbleibt oder daß er gar in reelle Teile unter sie geteilt werden soll. In solchem Falle liegt ein obligatorischer, auf Veräußerung gerichteter Veräußerungsvertrag vor und die Vorschrift des vorliegenden Abs. 4 greift Platz. Ebenso, wenn ein Alleineigentümer eines Geschäftsanteils einen anderen zum Miteigentümer macht.

Darüber, ob die Vereinbarung eines Vorkaufsrecht der Formvorschrift Anm. 14.
untersteht, sind die Meinungen sehr geteilt, wie dies bei der Erörterung des § 313 BGB. zu Tage getreten ist. (Dafür z. B. OLG. Jena, OLGR. 1, 293; KG. v. 7. 1. 01 ebenda 2, 74; Goldmann-Lilienthal I 522 Anm. 3, dagegen z. B. Düringer-Hachenburg II 301; Thiele DNotV. 2 318; Oberneck Grundbuchrecht, 3. Aufl. S. 591 Anm. 3 und in DNotV. 1, 35; RG. 60 225.) Die erste Auflage war für das Erfordernis der Form eingetreten. Doch erscheint es angezeigt, der anderen Meinung zu folgen. Denn das Vorkaufsrecht erzeugt keine Verpflichtung, zu veräußern. Es wirkt nur, wenn bereits ein formell abgeschlossener Veräußerungsvertrag vorliegt. Die Erklärung des Vorkaufsberechtigten, in den Vertrag einzutreten, ist selbstredend nicht an die Form gebunden.

b) Die Verpflichtung zur Abtretung muß durch den Vertrag begründet werden, Anm. 15.
damit die Formvorschrift des Abs. 4 Platz greift. Sie braucht natürlich nicht gerade wörtlich zum Ausdruck zu kommen. Ein Vertrag z. B., durch welchen sich jemand zur Abnahme von Geschäftsanteilen verpflichtet, fällt unter die Vorschrift (vgl. z. B. den Fall in RG. 43, 136). Denn ein solcher Vertrag involviert natürlich auch die Verpflichtung zur Abtretung. Zweifelhafter liegt der Fall, wenn ein Vertrag so beschaffen ist, daß der eine Teil nur zur Abnahme verpflichtet sein soll, der andere Teil aber nicht zur Abtretung, auch wenn der Abnahmepflichtige seiner Abnahmepflicht gemäß sich zur Abnahme bereit erklärt. Die erste Auflage (Anm. 15 S. 110) hatte hier die Formvorschrift verneint. Das RG. hat inzwischen in mehreren Urteilen sich dahin ausgesprochen, daß alle Verträge, welche auf Verpflichtung zur Abnahme von Geschäftsanteilen gerichtet sind, unter die Formvorschrift des § 15 Abs. 3 fallen, auch wenn sie den Gesellschaftern freie Hand lassen, zu veräußern oder zu behalten (RG. v. 5. 11. 02 in JW. 03, 11 und bei Holdheim 12, 43; RG. v. 13. 2. 04, 56 S. 60 und bei Holdheim 14, 141; RG. v. 17. 12. 04 in JW. 05, 92). Im Momente, in dem der Berechtigte die Abnahme fordert, wird er auch zur Abtretung verpflichtet. Daher ist die Garantie für die Güte des Geschäftsanteils in der Form, daß sich der Garant verpflichtet, auf Verlangen des Gesellschafters den Geschäftsanteil abzunehmen mangels der vorgeschriebenen Form ungültig (RG. a. a. O.). Diese Auffassung des RG. geht aber zu weit. Sie tut dem Wortlaut und dem Zwecke des Gesetzes Gewalt an. Das Gesetz will nur die Verpflichtung zur Veräußerung von der Form abhängig machen. Auf diese muß es der Vertrag absehen. Man wollte den Verkehr mit Geschäftsanteilen erschweren. Dabei aber war nie an solche Garantiezusagen durch Wiederabnahme des Geschäftsanteils gedacht. Es ist beachtlich, daß das RG. in dem Urteile v. 5. 11. 02 selbst die Frage offen läßt, ob es überhaupt Fälle gebe, wo der bloß einseitigen Verpflichtung zur Abnahme auf seiten des Gesellschafters von Anfang bis zum Schlusse ein völlig freies Belieben entgegenstehe. Auf diesen Fall, das gibt das RG. zu, würde der Wortlaut des § 15 Abs. 4 nicht passen. Ist aber dieses richtig, so wird man mit der Feststellung, daß aus der Entschließung des

§ 15. Geschäftsanteileigners, die Abnahme zu fordern, eine Pflicht zum Veräußern werde, die Ungültigkeit der Zusage der Abnahme nicht ableiten können.

Anm. 16. c) Die Verpflichtung zur Abtretung muß den unmittelbaren Inhalt der Vereinbarung bilden. Dagegen fallen nicht andere Verträge darunter, deren Betätigung zu der gesetzlichen Verpflichtung zur Abtretung indirekt führen kann. So kann z. B. der Auftrag, einen Geschäftsanteil, sei es unmittelbar durch Übernahme von der Gesellschaft (bei der Gründung oder Kapitalserhöhung vgl. Anm. 43 zu § 2) oder durch Cession in eigenem Namen, aber für fremde Rechnung zu erwerben, formlos erteilt und übernommen werden. Der Beauftragte ist, nachdem er den Auftrag ausgeführt hat, verpflichtet, dem Auftraggeber den Anteil abzutreten und dieser verpflichtet, ihn abzunehmen (vgl. RG. 50, 45; 54, 79). Ebenso kann auf Grund eines Gesellschaftsvertrages, in welchem sich die Gesellschafter verpflichten, alles, was einer von ihnen in Betätigung der Gesellschaftsgeschäfte erzielen würde, zu teilen, auf Abtretung derjenigen Geschäftsanteile einer GmbH. geklagt werden, welche ein Gesellschafter hierbei erzielt hat, falls nicht sonstige Hindernisse (z. B. erforderliche Genehmigung der Gesellschaft) entgegenstehen. Ebenso bei einem Vertrage zwischen zwei Gesellschaftern, von denen der eine einen Geschäftsanteil erwerben soll. Desgleichen ist ein Schadloshaltungs- und Garantievertrag, inhalts dessen A dem B erklärt, er möge nur einen Geschäftsanteil erwerben, er komme ihm für allen Schaden auf, mündlich gültig, obgleich ein solcher Vertrag zur Folge hat, daß, wenn die Beteiligung bei der Gesellschaft zu Schaden führt, A dem B das eingezahlte Geld zurückzahlen und B alsdann dem A den Geschäftsanteil abtreten muß (§ 249 BGB.; vgl. oben Anm. 14 und die gegenteilige Ansicht des RG.). Eine Bürgschaft für eine Forderung, zu deren Sicherheit ein Geschäftsanteil abgetreten ist, kann von einem Kaufmann mündlich, von einem Nichtkaufmann schriftlich übernommen werden, die notarielle Form ist nicht erforderlich, obgleich der Bürge, wenn er den Gläubiger befriedigt, dadurch (vgl. §§ 774, 401, 412 BGB.; Planck Anm. I zu § 401 BGB.) einen Anspruch auf Abtretung jenes Geschäftsanteils erhält. — Dagegen ist die Verpflichtung, einen Gründungsmakler durch Überlassung von Geschäftsanteilen zu belohnen, ungültig, wenn der Vertrag nicht gerichtlich oder notariell abgeschlossen ist. Dem Makler wird in diesem Falle nur durch § 653, eventuell durch § 812 BGB. zu helfen sein. Wie aber, wenn die Abrede allgemeiner dahin lautet, der Makler solle als Lohn einen Teil derjenigen Werte erhalten, welche der Kommittent bis Abschluß des Geschäfts erzielen werde? Diese Abrede ist formlos gültig.

Anm. 17. d) Zusätzlich ist noch zu erwähnen, daß das Abkommen, durch welches ein obligatorischer Vertrag auf Abtretung eines Geschäftsanteils aufgehoben wird, der Form nicht bedarf. Es genügen hier schlüssige Handlungen (RG. in BayZeitschr. 1, 154). Ist aber die Abtretung einmal selbst in gehöriger Weise erfolgt, so bedarf der Vertrag auf Rückgängigmachung dieser Abtretung und selbstverständlich auch die Rückabtretung selbst der Form. Nicht an die Form gebunden ist auch das einseitige Rechtsgeschäft der Ausübung eines vorbehaltenen Rücktritts (RG. v. 22. 1. 05 in JW. 05, 171). Auch die Verpflichtung, einen Geschäftsanteil nicht innerhalb einer bestimmten Zeit zu verkaufen, und die Verpflichtung, einem Anderen das Recht des Alleinverkaufs zu bestellen, ist formlos (RG. v. 12. 10. 04 bei Holdheim 14, 112 und RG. v. 15. 11. 04 in DJZ. 05, 266. Die hier citierten Urteile sind für Grundstücke und die Anwendung des § 313 BGB. ergangen. Das Prinzip ist dasselbe).

Anm. 18. e) Begründet die Vereinbarung die Verpflichtung zur Abtretung, so fällt sie in ihrem ganzen Umfange unter die Formvorschrift, nicht etwa bloß derjenige Teil, der die Pflicht zur Abtretung begründet. Ein Kaufvertrag muß daher nicht bloß in demjenigen Teile, der die Verpflichtung des Verkäufers zur Abtretung betrifft, sondern in seinem ganzen Umfange, auch in den die Gegenleistung betreffenden Punkten gerichtlich oder notariell beurkundet sein, in allen denjenigen Punkten, welche die Parteien für wesentlich erachtet haben (§ 154 BGB.), also z. B. auch denjenigen Teil des Vertrages, in welchem Zusicherungen über die Eigen-

schaften des Geschäftsanteils gemacht werden (vgl. RG. v. 25. 7. 02 in JW. Beilage 245). § 15.
Aus demselben Grunde sind auch alle späteren Abänderungen formal zu beurkunden (RG. 5, 181; OLG. Königsberg v. 15. 10. 02 in OLGR. 6, 40).

f) Auch dann ist die Form zu beobachten, wenn die Vereinbarung nur ein Bestandteil eines anderen Vertrages ist, der im übrigen einer Form nicht bedarf. So z. B. wenn ein Kaufvertrag über ein Geschäft mit Aktiven und Passiven abgeschlossen wird. Soweit die den Gegenstand des Kaufvertrages bildenden Aktiva in Anteilen einer GmbH. bestehen, bedarf der Kaufvertrag der gerichtlichen oder notariellen Form. Sonst ist er insoweit ungültig. Ob er dann überhaupt ungültig ist, richtet sich nach § 139 BGB. Anm. 19.

g) Ferner ist zu erwähnen, daß die Vorschrift auch obligatorische Übertragungsverträge über Teile von Geschäftsanteilen betrifft, obwohl das Gesetz nur von Geschäftsanteilen spricht (RG. 43, 136). Denn auch durch Abtretung eines Teiles des Geschäftsanteils wird eine Mitgliedschaft als solche übertragen und die Formvorschrift findet ihrem Sinne und Zwecke gemäß auf eine solche Abtretung Anwendung. Dagegen findet die Vorschrift nicht Anwendung bei Verträgen auf Abtretung der aus der Mitgliedschaft fließenden Rechte auf Bezug von Gewinn, Ausschüttungsguthaben und sonstigen Ansprüchen auf vermögensrechtliche Leistungen. (Letztere hat der Gesellschafter z. B. oft zu fordern als Gegenleistung für Verpflichtungen gemäß § 3 Abs. 2 des Gesetzes.) Vgl. unten Anm. 73. Anm. 20.

h) Auch dann ist die Form zu beobachten, wenn die Gesellschaft eigene Geschäftsanteile besitzt (§ 33 Abs. 2) und diese zu veräußern sich verpflichtet. Der Grund der Formvorschrift trifft hier ebenfalls zu (vgl. unten Anm. 42). Anm. 21.

i) Und endlich ist zu erwähnen, daß nicht bloß der Vertrag, sondern auch schon die Offerte der Form bedarf. (Staub HGB. Anm. 10 im Exk. zu § 361.) Ebenso natürlich deren Annahme. Beide brauchen aber nicht in einem Akt zu erfolgen. Anm. 22.

k) Endlich werden noch folgende fast selbstverständliche Bemerkungen gemacht: Anm. 23.

α) Die Vorschrift findet auch dann Anwendung, wenn eine Vereinbarung auf Abtretung eines Geschäftsanteils vor der Eintragung der Gesellschaft getroffen wird (vgl. auch unten Anm. 42).

β) Weiter wird bemerkt, daß der Vertrag auf Abtretung eines Geschäftsanteils auch durch Bevollmächtigte geschlossen werden kann. Die Vollmacht bedarf keiner Form (§ 167 Abs. 2 BGB.). Anm. 24.

γ) Auch wird erwähnt, daß die Vorschrift auch für den Handelsverkehr gilt (Neukamp Anm. 4), da ja der im früheren Art. 317 HGB. für Handelsgeschäfte ausgesprochene Grundsatz der Formfreiheit jetzt im BGB. für alle Rechtsgeschäfte gilt, für Handelsgeschäfte aber nach der Bestimmung im § 350 nichts Besonderes in dieser Hinsicht gilt, so daß Ausnahmen, welche das BGB. und andere Reichsgesetze von der Formfreiheit machen, auch für das Gebiet des Handelsrechts gelten (vgl. Staub HGB. Anm. 1 zu § 350; Düringer-Hachenburg II, Note II zu § 350). Anm. 25.

3. **Welches ist die Form?** Das Gesetz sagt: Die gerichtliche und notarielle Form. Gemeint ist die gerichtliche oder notarielle Beurkundung, welche in den §§ 167 ff. FG. näher geregelt ist. Sie wird auch gewahrt durch gesonderte Beurkundung der Offerte und Annahme gemäß § 128 BGB. Gerichtliche und notarielle Beglaubigung genügt natürlich nicht. — Vertretung ist zulässig. Die Vollmacht ist formlos gültig (§ 167 Abs. 2 BGB.). Auch Abschluß durch einen Pseudovertreter genügt, wenn die Genehmigung hinzukommt (§ 177 BGB.). Dieselbe bedarf keiner Form (§ 182 Abs. 2 BGB.). Anm. 26.

4. **Die Folge der Wahrung der Form** ist die Verpflichtung zur Abtretung und natürlich auch zur Annahme. Weigert sich ein Kontrahent, so kann er darauf verklagt werden. Die rechtskräftige Verurteilung ersetzt durch die Abtretungs- bezw. Annahmeerklärung (§ 894 CPO.). Es kann nunmehr derjenige, der ein rechtskräftiges Urteil auf Abtretung erstritten hat, zu gerichtlichem oder notariellem Protokoll die so erfolgte Abtretung an- Anm. 27.

§ 15. nehmen, und derjenige, der ein rechtskräftiges Urteil auf Annahme der Abtretung erstritten hat, kann nunmehr zu gerichtlichem oder notariellem Protokoll die Abtretung erklären. Die Annahme ist durch Urteil erfolgt.

Anm. 28. 5. **Die Folge der Nichtwahrung der Form** ist, daß der Vertrag nichtig ist (§ 125 BGB.; RG. 43, 136; OLG. Colmar v. 26. 2. 01, OLGR. 2, 204). Beide Teile können die Nichtigkeit geltend machen. Der Formzwang bezweckt nicht bloß den Schutz des Gesellschafters, sondern auch seines Vertragsgenossen. Gerichtliche oder notarielle Beglaubigung der Abtretungserklärung ändert nichts an dieser Rechtslage (RG. v. 15. 5. 01 in JW. 521). Das Gezahlte kann zurückgefordert werden nach § 814 BGB. (RG. v. 15. 5. 01 in JW. 521), auch wenn der Zahlende die Nichtigkeit kannte (KG. v. 6. 2. 02 in OLGR. 4, 23). Entbehren einzelne Bestandteile des Vertrags der Form, so ist das ganze Abkommen nichtig, falls nicht die Annahme begründet ist, daß der Vertrag auch ohne dieselben geschlossen wäre (§ 139 BGB.; RG. 52, 4).

Anm. 29. 6. **Die mangelnde Form des obligatorischen auf Abtretung gerichteten Vertrages wird in einem Falle durch Erfüllung geheilt, nämlich durch die Abtretung selbst,** wenn diese in gehöriger Form erfolgt. Ein Analogon findet sich in §§ 313, 518 Abs. 2 und 766 BGB. Über die Frage, ob darin eine allgemeine Regel, daß ein obligatorischer mangels der Form nichtiger Vertrag durch freiwillige Erfüllung geheilt wird vgl. Hachenburg, Vorträge 2. Aufl. 96. Die Frage ist dort bejaht.

Anm. 30. Die Heilung bewirkt die Gültigkeit des Vertrages in seinem ganzen Umfange. Es wird so angesehen, als sei der Vertrag in allen seinen Teilen gerichtlich oder notariell beurkundet. Zwar heißt es hier nicht wie im § 313 BGB., daß der Vertrag „seinem ganzen Inhalte" nach gültig wird. Aber gemeint ist zweifellos dasselbe. Alle Vereinbarungen, welche die Parteien in Ansehung des Vertrages bis zur Vornahme der Abtretung getroffen haben, werden mit der Abtretung wirksam, sei es, daß sie den Preis oder sonstige Modalitäten betreffen, sei es, daß der Vertrag schriftlich oder überhaupt formlos abgeschlossen worden war, oder daß er durch formlose Nebenabreden oder Nachtragsabreden ergänzt wurde (Goldmann-Lilienthal I 365; Planck II, Anm. zu § 313, hinsichtlich der analogen Vorschrift des § 313 BGB.). Da der Vertrag seinem ganzen Inhalte nach gültig wird, so wird z. B. auch ein in dem Vertrage als integrierender Bestandteil des Vertrages vereinbartes Rückkaufsrecht gültig. Man kann nicht etwa sagen, daß dieses Rückkaufsrecht, da es doch eine Pflicht zur Rückabtretung begründet, erst gültig wird durch die Rückabtretung selbst. Entscheidend ist vielmehr, daß die Stipulation des Rückkaufsrechts ein Bestandteil des ursprünglichen Kaufvertrages ist und dieser seinem ganzen Inhalte nach durch die Abtretung gültig wird. Vorausgesetzt ist, daß bezüglich solcher Nebenabreden zur Zeit der Erfüllung Willensübereinstimmung noch besteht. Das ist nicht der Fall, wenn ein Teil auf Grund des mündlichen Übereinkommens nicht erfüllen wollte und eine von diesem unabhängige Übertragung des Geschäftsanteils erfolgt (RG. 52, 5).

Anm. 31. Desgleichen werden auch solche Bestandteile des Vertrages gültig, die einer anderen Form bedürfen. So z. B. wenn in dem pactum de cedendo einer der beiden Kontrahenten als Vertragsmodalität eine Bürgschaft übernimmt. Diese müßte eigentlich schriftlich erteilt werden. Aber mit dem ganzen pactum wird auch die Bürgschaft durch die Vollziehung der Abtretung selbst gültig. Wie aber, wenn in dem pactum de cedendo als Vertragsmodalität die Verpflichtung zur Übertragung eines Grundstücks übernommen wird? Z. B.: Es werden Geschäftsanteile einer GmbH. gegen ein Grundstück eingetauscht. Wird auch dieser Vertrag durch die Abtretung selbst in allen seinen Teilen gültig? Das muß verneint werden. Das RG. v. 30. 1. 04 in JW. 04, 169 läßt bei einem Tausche zweier Grundstücke die Heilung erst bei der Auflassung beider Grundstücke eintreten. Analog auf unsere Frage angewendet hieß es, daß bei einem Tausche von Grundstück und Geschäftsanteil dasselbe gelten muß. Die erste Auflage hatte allerdings angenommen, daß die Auflassung als die höchste Form des Vermögensrechts auch die Ungültigkeit des obligatorischen Vertrages über einen Geschäftsanteil heile. Allein die Ansicht des RG. scheint die folgerichtigere. Die Wahrung der Form und die Erfüllung für die ebenfalls an eine Form geknüpfte Gegenleistung kann ihre Wirkung nicht auf die Verpflichtung zur Leistung des Geschäftsanteils erstrecken. § 15.

Die Heilung wirkt ex nunc. Für die analoge Vorschrift des § 313 BGB. nehmen Schollmeyer Anm. 3 zu § 313 und Planck Anm. 2 zu § 313 das Gegenteil an, sie wollen den § 141 Abs. 2 analog anwenden, Düringer-Hachenburg II 902 wollen dies wenigstens im Zweifel gelten lassen, weil dies regelmäßig dem Willen der Kontrahenten entspricht. Goldmann-Lilienthal I 365 bestreiten die analoge Anwendung im Anschluß an ähnliche Gesetzesauslegungen des früheren Rechts (vgl. z. B. RG. bei Gruchot 29, 388) mit Recht. Sie heben besonders hervor, daß der Wille der Parteien in Ermangelung einer gesetzlichen Vorschrift einen nichtigen Vertrag nicht ex tunc wirksam machen kann. Die Rückbeziehung kann nur gesetzlich vorgeschrieben werden, sie ist immer eine Fiktion. Die Parteien können ja vereinbaren, daß sie sich gegenseitig dasselbe gewähren wollen, als sei der Vertrag von Anfang an gültig gewesen. Aber sie müssen das eben vereinbaren, und es gilt dann, weil sie es jetzt vereinbaren. Ebenso Oberneck, Grundbuchrecht § 54 S. 293. Anm. 32.

7. Der notarielle oder gerichtliche Vertrag muß die Abtretung des Geschäftsanteils selbst zum Zwecke haben und sie direkt beurkunden. Es ist nicht zulässig, einen in öffentlicher Urkunde abgeschlossenen Vertrag, der von der Abtretung nichts erwähnt, aber auf diese gerichtet ist, umzudeuten und aufrecht zu erhalten. Anm. 33.

8. Nicht anwendbar ist § 15 Abs. 4 auf den Vertrag, durch den ein Dritter sich zur Veräußerung eines Geschäftsanteils verpflichtet. Er übernimmt die Herbeiführung dieses Formalaktes durch den Anteilseigner (vgl. OLG. Hamburg in OLGR. 8, 259). Anm. 34.

9. Die Vorschrift des § 15 Abs. 4 gilt auch bei einem im Auslande abgeschlossenen Verpflichtungsvertrage, auch wenn dem Rechte dieses Ortes eine entsprechende Vorschrift fremd ist. Das folgt aus § 30 EG. z. BGB. Der Zweck des § 15 Abs. 3 und 4 ist, zu verhindern, daß die Geschäftsanteile Gegenstand des Handelsverkehrs werden. Diesem Zweck wäre direkt zuwidergehandelt, wenn die Abtretung von Geschäftsanteilen im Auslande ohne die Form des § 15 möglich wäre (vgl. OLG. Karlsruhe in BadRpr. 01, 294). Anm. 35.

B. **Die Abtretung selbst muß ebenfalls in gerichtlicher oder notarieller Form erfolgen.** Anm. 36.

1. Diese Vorschrift des Abs. 3 ist praktisch weit wichtiger, als die Vorschrift des Abs. 4. Denn in den meisten Fällen tätigen die Parteien nur die vereinbarte Abtretung und beurkunden weder einen besonderen obligatorischen Vertrag auf Abtretung, noch geben sie die Bedingungen der Abtretung bei dieser selbst zu notariellem Protokoll. Der gewöhnliche Fall ist also der des Abs. 4 Satz 2, nämlich der, daß die Abtretung erfolgt und damit die vorher schriftlich oder mündlich erfolgten Vereinbarungen der Abtretung gültig werden. In den meisten Fällen, in denen der obligatorische Veräußerungsvertrag beurkundet wird, steht dem sofortigen Vollzuge der Übertragung ein Hindernis entgegen.

2. Die Abtretung muß auch dann zu gerichtlichem oder notariellem Protokoll erfolgen, wenn der obligatorische Vertrag bereits gerichtlich oder notariell beurkundet worden ist. Es kann im Einzelfalle zweifelhaft sein, ob die Urkunde den Verpflichtungs- oder den Abtretungsvertrag enthält. Wenn der Vertrag eine allgemeine Fassung hat wie: „A verkauft an B seinen Geschäftsanteil um 1500 M.", wenn keine besonderen Momente vorliegen, aus denen anzunehmen ist, daß der Vollzug aufgeschoben werden soll, so enthält diese Erklärung bereits die Abtretung. Neben der Verkaufserklärung nochmals den Ausspruch der Abtretung fordern, wäre zweckloser Formalismus. Der obligatorische und der sogenannte dingliche Vertrag sind hier eins. Anm. 37.

Auch die Aufhebung der Abtretung bedarf der Form. Denn sie ist ja auch eine Abtretung. Nur die Aufhebung des auf Abtretung gerichteten obligatorischen Vertrages ist formfrei (oben Anm. 17). Eines solchen Vertrages bedarf es auch dort, wo die Verpflichtung zur Abtretung auf anderem Rechtsgrunde als auf Vertrag beruht (RG. v. 5. 11. 02 in JW. 02, 11/12). So ist z. B. der Erbe durch das Vermächtnis

§ 15. verpflichtet, dem Legatar den Geschäftsanteil abzutreten. Die Abtretung selbst bedarf der Form des Abs. 3 (vgl. oben Anm. 7). Der Liquidator einer aufgelösten GmbH., der durch Liquidationsbeschluß beauftragt worden ist, die zum Vermögen der Gesellschaft etwa gehörigen Geschäftsanteile einer anderen GmbH. unter die Gesellschafter zur Verteilung zu bringen, ist verpflichtet, diese Abtretung in der Form des Abs. 3 zu bewirken (vgl. oben Anm. 7). Ebenso wenn das Begehren einer Schadensersatzklage gegen einen Bevollmächtigten oder ein Organ einer Gesellschaft, welche für die unzulässigen Ankäufe von Geschäftsanteilen haftbar gemacht werden, auf Wiederabnahme dieser Geschäftsanteile und Vergütung der Gegenleistung geht.

Anm. 38. 3. Um eine Abtretung durch Vertrag muß es sich handeln. Eine solche Abtretung liegt in dem Akt der Einbringung in eine juristische Person, Aktiengesellschaft, GmbH., offene Handelsgesellschaft, Kommanditgesellschaft u. s. w. (vgl. oben Anm. 9). Eine Abtretung liegt nicht vor, und die Form des Abs. 3 braucht daher nicht beobachtet zu werden, wenn die Gesellschafter einer offenen Handelsgesellschaft, Kommanditgesellschaft, bürgerlichen Gesellschaft sich derart auseinandersetzen, daß einer von ihnen den im Eigentum zur gesamten Hand befindlichen Geschäftsanteil als Alleineigentum behält (oben Anm. 12), wohl aber dann, wenn sie sich dahin auseinandersetzen, daß sie sich in den Geschäftsanteil teilen, sei es ideell, sei es zu bestimmten Nennbeträgen (vgl. oben Anm. 13). Der Abtretungsform bedarf es nicht, wenn eine Aktiengesellschaft sich mit einer anderen Gesellschaft fusioniert. Darin liegt eine Universalrechtsnachfolge, einer besonderen Übertragung der einzelnen Vermögensstücke bedarf es nicht. Wie es keiner Cession der einzelnen Forderungen bedarf, so bedarf es auch hier nicht der Abtretung (vgl. Staub HGB. Anm. 11 zu § 306). Das Gleiche gilt bei der Umwandlung einer Aktiengesellschaft in eine GmbH. (vgl. zu § 80). Bei Umwandlung von Gesellschaften in andere Gesellschaften ist auch hier zu prüfen, ob das Rechtssubjekt dasselbe bleibt und nur seinen rechtlichen Charakter ändert (z. B. Umwandlung einer Aktienkommanditgesellschaft in eine Aktiengesellschaft gemäß § 332 HGB., Umwandlung einer offenen Handelsgesellschaft in eine Kommanditgesellschaft, Staub HGB. Anm. 2 zu § 131; Anm. 6 zu § 162), oder ob die Auflösung der alten Gesellschaft und die Einbringung der zu ihrem Vermögen gehörigen Gegenstände in eine neugebildete Gesellschaft vorliegt (letzteres z. B. bei Umwandlung einer Aktienkommanditgesellschaft in eine einfache Kommanditgesellschaft, Staub HGB. Anm. 7 zu § 235). Hinsichtlich der Illationen ist überall zu bemerken, daß nicht erst ein Illationsversprechen und dann erst die Illation beurkundet werden muß. Hinsichtlich derjenigen Gegenstände, die durch Cession zu übertragen sind, kann der Illationsvertrag sogleich die Übertragung selbst enthalten (vgl. oben Anm. 37). Gehört ein Geschäftsanteil einer GmbH. zu den zu inferierenden Gegenständen, so kann in solchem Illationsvertrage die Abtretung derselben neben allen sonstigen Vereinbarungen gleich mit beurkundet werden.

Anm. 39. Wo ein Übergang ohne Vertrag erfolgt, bedarf es zum Übergange natürlich nicht der Abtretung in der hier vorgeschriebenen Form, so z. B. im Falle des § 142 HGB. (anderer Ansicht Lehmann bei Lehmann-Ring Nr. 4 zu § 142).

Anm. 40. 3. Es muß sich um Abtretung des **Geschäftsanteils** handeln. Die Form des Abs. 3 ist dann nicht notwendig, wenn es sich nicht um Abtretung des Geschäftsanteils, sondern um Abtretung der Rechte aus einem obligatorischen Vertrage auf Abtretung handelt (vgl. RG. 53, 269; Staub HGB. Anm. 18 zu § 350 HGB.). A verpflichtet sich z. B. durch einen Kaufvertrag, seinen Geschäftsanteil an B abzutreten. B tritt seine Rechte aus diesem Kaufvertrage an C ab. Letztere Abtretung bedarf der Form nicht.

Anm. 41. **Zulässig und der vorliegenden Formvorschrift unterworfen ist die Abtretung künftiger Geschäftsanteile.** Häufig kommt es vor, daß vor der Gründung einer Gesellschaft oder vor einer Kapitalserhöhung ein Gesellschafter seinen künftigen Geschäftsanteil abtritt. Es ist nicht bloß ein obligatorischer Vertrag auf Abtretung künftiger Geschäftsanteile (RG. v. 5. 11. 02 bei Holdheim 12, 43), sondern auch die Abtretung selbst begrifflich möglich und deshalb auch gesetzlich zulässig, da es ja auch zulässig ist, künftig ent-

stehende Forderungen im voraus zu cedieren (RG. v. 20. 9. 03 in JW. 03 Anl. 14 S. 244; § 15.
DJZ. 8, 573) und für die Abtretung von Rechten nach § 413 BGB. dasselbe gilt, wie von der Abtretung von Forderungen (vgl. OLG. Hamburg v. 1. 11. 01 in OLGR. 213; OLG. Kiel v. 10. 7. 02 in OLGR. 5, 280. Gegen die hier vertretene Meinung mit unzutreffenden Gründen Lützeler in DNotVZ. 02, 536). Selbstverständlich tritt die Wirksamkeit der Abtretung erst ein mit der Entstehung des Geschäftsanteils. Aber mit dem Eintritt dieser Bedingung ist die Abtretung mit dinglicher Kraft in Wirksamkeit getreten.

4. Die Abtretung durch einen Gesellschafter ist gemeint. Der Verkauf durch die Gesellschaft beim Ausschluß eines säumigen Gesellschafters (§§ 21, 23) oder bei der Preisgabe im Nachschußverfahren (§ 27) ist formfrei. Hier veräußert nicht ein Gesellschafter, auch nicht die Gesellschaft als solcher einen Geschäftsanteil (vgl. Anm. 5 u. 9 zu § 23 und Anm. 10ff. zu § 27). Das Gleiche gilt von der Abtretung durch den Versteigerungsbeamten in Ausführung der Zwangsvollstreckung. Denn auch das ist keine Abtretung durch den Gesellschafter (vgl. den Exkurs zu § 15). Ist aber die Gesellschaft selbst Eigentümerin eines eigenen Geschäftsanteils, so ist die Form zu wahren. Hier handelt sie als Gesellschafter im Verkehr. Anm. 42.

5. Die Formvorschrift bezieht sich auf die Abtretung von Teilen von Geschäftsanteilen, obgleich das Gesetz dies nicht ausdrücklich erwähnt (RG. 43, 136). (Vgl. hierüber oben Anm. 20.) Anm. 43.

Dagegen findet die Vorschrift keine Anwendung, wenn es sich um die Abtretung von einzelnen vermögensrechtlichen Ansprüchen handelt, welche aus der Mitgliedschaft fließen, so die Ansprüche auf Gewinn, Ausschüttungsguthaben oder auf etwaige Gegenleistungen, welche die Gesellschaft dem Gesellschafter für seine gemäß § 3 Abs. 2 übernommenen Verpflichtungen schuldet. In diesem Falle wird nicht die Mitgliedschaft abgetreten, auch nicht zum Teil, sondern nur einzelne Ansprüche, die auf Grund der Mitgliedschaft dem Mitgliede zustehen. Mitglied bleibt bei solcher Abtretung lediglich der Cedent, und zwar in vollem Umfange, wie ja auch bei der Aktiengesellschaft nur der Aktionär, nicht der Dividendenscheininhaber Mitglied der Gesellschaft ist. Die Abtretung jener Ansprüche folgt allgemeinen Regeln. Jede solche Abtretung kann durch die allgemeine Übertragungsart (formlose Cession nebst Papierübergabe) erfolgen; die Dividendenscheine auf Ordre außerdem noch durch Indossament und Übergabe des Papiers, die Dividendenscheine auf den Inhaber außerdem noch durch bloße Übergabe des Papiers (vgl. Exkurs zu § 14). Anm. 44.

6. Die Form für die Abtretung ist die gerichtliche oder notarielle Beurkundung nach §§ 176ff. FG. Ein Abtretungsvertrag, d. h. die Abtretung und ihre Annahme, muß beurkundet werden. Die Form des § 128 BGB. (gesonderte Beurkundung für Offerte und Annahme) genügt aber auch hier. Beglaubigung genügt nicht. Ferner genügt es, wenn die eine Partei zur Beurkundung rechtskräftig verurteilt ist und die andere Partei den anderen Teil des Abtretungsvertrages zu Protokoll erklärt (oben Anm. 27). Die notarielle oder gerichtliche Urkunde ist bei dem von dem Prozeßgerichte abgeschlossenen Vergleich nicht erfordert (Anm. 8). Der Abtretungsvertrag kann auch durch Bevollmächtigte geschlossen werden. Die Vollmacht bedarf in diesem Falle keiner Form (§ 167 Abs. 2 BGB.). Auch das Auftreten eines Pseudovertreters genügt, wenn die Genehmigung hinzukommt (§ 177 BGB.). Die Genehmigung ist formlos gültig (§ 182 Abs. 2 BGB.). Aber im Sinne des § 16 dürfte in unbeglaubigten Urkunden kein Nachweis des Überganges liegen. Verfügungen der Zwischenzeit und Maßnahmen der Zwangsvollstreckung bleiben wirksam, falls sie vor der Genehmigung erfolgten (§ 184). Anm. 45.

6. Die Folge der Nichtwahrung der Form ist, daß eine Abtretung nicht vorliegt. Der Cessionar wird nicht Gesellschafter. Der formlos geschlossene obligatorische Vertrag ist nicht geheilt. Der formgerecht geschlossene muß durch formgerechte Abtretung erfüllt werden. Das auf Grund des formlos geschlossenen obligatorischen Vertrages Hingegebene Anm. 46.

§ 15. muß nach den Regeln von der ungerechtfertigten Bereicherung herausgegeben werden (RG. v. 15. 5. 01 in JW. 521 und bei Gruchot 46, 402; OLG. Jena v. 6. 12. 02 bei OLGR. 6, 208). Wenn freilich der Cessionar zu einer Zeit, wo der Cedent noch in der Lage gewesen wäre, die Anteile anderweit gegen Entgelt zu begeben, die Ungültigkeit der Übertragung erfuhr, so handelte er wider Treu und Glauben, wenn er unter Hintenansetzung des ihm bekannten Interesses des Cedenten an einer gültigen Veräußerung der Anteile und bauend auf die Fortdauer der Unkenntnis des Cedenten die Rückgängigmachung der bewirkten Vermögensleistung absichtlich hinausschob, um die günstige oder ungünstige Entwickelung des Gesellschaftsunternehmens abzuwarten (RG. v. 15. 5. 01 in JW. 521 und bei Gruchot 46, 402). Diese Entscheidung ist allerdings nach früherem Recht ergangen, nach neuem folgt sie aus § 826 BGB.

Anm. 47. Auch der Gesellschaft gegenüber gilt der Cessionar in solchem Falle nicht als Gesellschafter, auch wenn die Veräußerung angemeldet ist (vgl. Anm. 5 zu § 16). Ebenso kann jeder Dritte sich auf diese Nichtigkeit berufen.

Anm. 48. 7. Die Folge der Wahrung der Form ist

a) Heilung der mangelnden Form des obligatorischen Vertrages (oben Anm. 29 ff.),

b) der Übergang des Geschäftsanteils auf den Erwerber (vgl. unten Anm. 66 ff.).

Anm. 49. III. (Abs. 5.) **Bestimmungen des Gesellschaftsvertrages über weitere Voraussetzungen der Übertragbarkeit der Geschäftsanteile.**

1. Das Prinzip. Von Gesetzeswegen ist der Geschäftsanteil frei übertragbar. Die Übertragung ist nur an die Form gebunden. Doch kann die freie Übertragbarkeit nach unserer Ansicht (oben Anm. 1 und 2) durch den Gesellschaftsvertrag ausgeschlossen werden, und jedenfalls kann sie, wie im Abs. 5 angeordnet ist, von weiteren Voraussetzungen — neben der Beobachtung der Form —, insbesondere von der Genehmigung der Gesellschaft abhängig gemacht werden.

Anm. 50. 2. **Die Genehmigung der Gesellschaft als Voraussetzung der Abtretung.**

a) Nur wenn der Gesellschaftsvertrag die Wirksamkeit der Abtretung an die Genehmigung der Gesellschaft knüpft, ist sie eine Voraussetzung der Wirksamkeit. Dies muß aber im ursprünglichen Gesellschaftsvertrage geschehen oder in demjenigen Kapitalserhöhungsbeschlusse, der die betreffenden Geschäftsanteile kreiert. Der Geschäftsanteil muß mit diesem Hindernis der Verkehrsfreiheit entstehen. Ein einfacher Gesellschafterbeschluß oder ein unter Stimmenmehrheit zustande gekommener Statutenänderungsbeschluß kann daher die freie Übertragbarkeit nicht schmälern. Denn sie ist ein Sonderrecht, das nicht per maiora beseitigt werden kann (Gierke, Genossenschaftstheorie 253; Neukamp Anm. 8). Ein Statutenänderungsbeschluß jedoch, der mit der Zustimmung der beteiligten Gesellschafter zustande kommt, ist geeignet, dieses Sonderrecht aufzuheben (vgl. zu § 53).

Anm. 51. Der Gesellschaftsvertrag kann die Genehmigung nicht bloß für alle Geschäftsanteile, sondern auch für eine bestimmte Gattung von Geschäftsanteilen oder auch für einen bestimmten Geschäftsanteil für erforderlich erklären. Er kann ferner die Abtretung von Geschäftsanteilen in bestimmten Fällen von der Genehmigung abhängig machen oder umgekehrt von der Genehmigung befreien. So kann z. B. der Gesellschaftsvertrag bestimmen, daß im allgemeinen die Abtretung an die Genehmigung gebunden ist, daß aber diese Genehmigung dann nicht erforderlich ist, wenn die Gesellschaft eine Unterbilanz hat oder wenn sie eine bestimmte Unterbilanz hat oder wenn die Abtretung an bestimmte Personen erfolgen soll. Sie kann für die Erben vorgeschrieben werden, und es können die Erben davon befreit sein u. s. w. Es ist Auslegungsfrage, ob in Fällen, in denen Dritten ein Erwerbsrecht gegeben ist, die Veräußerung der Genehmigung, die allgemein vorgeschrieben ist, bedarf. So wenn beim Todesfall eines Gesellschafters den anderen Gesellschaftern ein Vorkaufsrecht eingeräumt wird, sobald die Erben zum Verkauf schreiten, oder wenn den ersteren auch ohne die Verkaufsabsicht der letzteren das Recht des Ankaufs zusteht. Man wird hier im Zweifel annehmen, daß eine besondere Genehmigung nicht mehr erforderlich ist.

b) Durch wen und in welcher Form wird die Genehmigung erteilt? Die erste Auflage (Anm. 48 S. 116) sah hier nur einen formellen Akt, der dem Geschäftsführer obliege. Auch nach innen habe dieser nicht die Verpflichtung, die Genehmigung der Gesellschafter einzuholen, falls der Gesellschaftsvertrag dies nicht vorschreibe. Allein diese Ansicht wird dem Wesen dieser Genehmigung nicht gerecht. Die Geschäftsführer üben allerdings alle Rechte der Gesellschaft aus, soweit sich diese auf individualrechtlichem Gebiete bewegen. Kauf und Darlehen, Miete und Bürgschaft sind bindend, wenn die Geschäftsführer auch gegen den Willen der Gesellschafter handeln. Anders bei den Akten gesellschaftsrechtlicher Art. Hier kann nur das Organ handeln, dem diese Funktion, sei es durch Gesetz, sei es durch Gesellschaftsvertrag übertragen ist. Die Genehmigung der Veräußerung eines Geschäftsanteils ist die Aufnahme eines neuen Gesellschafters an Stelle eines früheren, ein Vorfall sozialrechtlicher Art. Es kann also § 35 Abs. 1 keine Anwendung finden. Damit ist nicht gesagt, daß nicht dem Geschäftsführer die Funktion der Genehmigung übertragen sein kann. Es folgt dies schon aus § 45, wonach ja alle in § 46 aufgezählten Obliegenheiten anderen Stellen zugesprochen werden können. Es bedarf nicht einmal einer ausdrücklichen Zuweisung an den Geschäftsführer. Die Auslegung des Willens, der im Gesellschaftsvertrage niedergelegt ist, kann auch ohne besondere Bestimmung zu diesem Ergebnisse führen. So wenn die Befugnisse der Gesellschafterversammlung aufgezählt sind und die Erteilung der Genehmigung hierbei nicht erwähnt ist, während an anderer Stelle lediglich die Genehmigung vorbehalten wurde. Hier kann der Parteiwille deren Erteilung dem Geschäftsführer als Organ der Gesellschaft übertragen wollen. Besser ist es jedenfalls, wenn die Statuten sich deutlich darüber aussprechen. Über die Genehmigung bei der Veräußerung von Teilen von Geschäftsanteilen vgl. Anm. 16 zu § 17 und Anm. 18 zu § 47. § 15. Anm. 52.

Eine besondere Form für die Genehmigung ist vom Gesetze nicht vorgeschrieben. Der Gesellschaftsvertrag kann auch in dieser Hinsicht Erfordernisse aufstellen, namentlich Schriftlichkeit. Bei der Abtretung von Teilen von Geschäftsanteilen schreibt schon das Gesetz eine Form vor (§ 17 Abs. 2 des Gesetzes). Anm. 53.

Die Genehmigung kann vor oder nach der Abtretung erteilt werden. (Die vorherige Genehmigung hat das OLG. Hamburg in OLGR. 3, 67 für genügend erklärt.) Es ist nicht etwa bloß die Genehmigung des § 184 BGB. gemeint. Der Ausdruck unseres Gesetzes stammt aus der Zeit vor dem BGB. Sie kann endlich auch gleichzeitig, d. h. in dem Akte der Beurkundung der Cession erteilt werden. Anm. 54.

c) Die Genehmigung kann willkürlich verweigert werden. Sie kann nicht gerichtlich erzwungen werden. Es kann der Gesellschaft nicht entgegengehalten werden, daß sie keinen Grund habe, die Genehmigung zu verweigern. Doch kann der Gesellschaftsvertrag auch nach dieser Richtung etwas anderes festsetzen. Er kann, falls der Geschäftsführer die Genehmigung versagt, auch eine Anrufung der Gesellschafterversammlung vorsehen. Dann hat diese das Recht der Genehmigung. Es kann bestimmt werden, daß die Genehmigung nur aus besonderen Gründen versagt werden darf. Dann ist ein Klagerecht des Veräußerers gegeben. Dem Erwerber steht es nicht zu. Wenn aber der Gesellschaftsvertrag nichts weiter sagt, als daß die Abtretung nur mit Genehmigung der Gesellschaft erfolgen darf, so kann sie eben willkürlich verweigert werden. Anm. 55.

d) Ohne die im Gesellschaftsvertrage vorgeschriebene Genehmigung ist die Abtretung unwirksam (§§ 399, 413 BGB.). Sie gilt weder einem Dritten gegenüber, noch auch unter den Parteien. Der obligatorische Vertrag auf Abtretung ist zwar ohne Genehmigung gültig und verpflichtet den Geschäftsanteilinhaber, das Seinige zu tun, um eine wirksame Abtretung zu bewirken, insbesondere also um die Genehmigung der Gesellschaft zu beschaffen. Erfolgt aber die Abtretung selbst ohne die Genehmigung der Gesellschaft, so ist sie unwirksam. Mit Recht hat das Reichsgericht angenommen, daß, wenn feststeht, daß die Genehmigung nicht gegeben wird, eine Klage auf Abtretung nicht Anm. 56.

§ 15. zulässig ist, weil damit die Verurteilung zu einer unmöglichen Leistung gefordert wird (RG. in JW. 96, 323). Die Abtretung hat jedoch, auch wenn die Genehmigung versagt wird, stets die Wirkung, den formlosen obligatorischen Vertrag zu heilen. Hierzu ist nur die formgültige Abtretung erfordert.

Anm. 57. Unter Umständen wird in der ohne Genehmigung der Gesellschaft erfolgten Abtretung durch Auslegung der obligatorische Vertrag auf Abtretung zu erblicken sein. Es müssen dann natürlich die Erfordernisse des der Abtretung zu Grunde liegenden obligatorischen Vertrages oder eines Schuldversprechens, falls ein solches gewollt ist, vorhanden sein. Ebenso ist es Tatfrage, ob mangels Genehmigung durch die Gesellschaft die Parteien ein Verhältnis derart wollen, daß der Veräußerer den Geschäftsanteil zwar der Gesellschaft gegenüber behält, den Erwerber aber als den Berechtigten hieraus behandelt. Ist dies nicht anzunehmen, so ist die Erfüllung unmöglich. Wußte der Käufer, daß die Genehmigung der Gesellschaft vorbehalten ist, so stehen ihm keine Ansprüche gegen den Veräußerer zu. War ihm diese Bedingung unbekannt, so haftet der Veräußerer auf Schadensersatz. Es ist die Bestimmung des § 440 BGB. anwendbar. Dem Falle, daß das veräußerte Recht dem Verkäufer nicht gehört, steht der gleich, daß er in der Veräußerung desselben durch die Rechte Dritter beschränkt ist. Hiernach regelt sich auch das Verhältnis bei der Verzögerung der Erklärung der Gesellschaft. Dieser gegenüber hat der Erwerber keinen Anspruch auf Bescheid. Er kann nur seinem Verkäufer eine Frist setzen, nach deren Umlauf er auf Erfüllung verzichte oder vom Vertrage zurücktrete. Ist die Genehmigung Sache der Gesellschafterversammlung, deren Berufung nicht in der Hand des Verkäufers liegt, so muß die Frist so gehalten sein, daß der Verkäufer die nächste Versammlung befragen kann.

Anm. 58. 3. **Andere Voraussetzungen der Übertragbarkeit** kann ebenfalls der Gesellschaftsvertrag bestimmen:

a) Er kann z. B. statt oder neben der Genehmigung der Gesellschaft die Genehmigung der einzelnen oder bestimmter Gesellschafter fordern, oder auch einer dritten Person, einer Behörde. In welchem Gesellschaftsvertrage dies bestimmt werden kann, in welcher Form diese Genehmigung zu erteilen ist, welches die Folgen der nichterteilten Genehmigung sind, darüber ist auf Anm. 50 zu verweisen.

Anm. 59. b) Als eine weitere Voraussetzung der Übertragbarkeit ist denkbar die Übergabe des Anteilscheins. Es ist jedenfalls zulässig, daß der Gesellschaftsvertrag dies anordnet (RG. v. 15. 5. 01 bei Holdheim 10, 287). Ist dies im Gesellschaftsvertrage angeordnet, so ist allerdings die Abtretung des Gesellschaftsanteils noch nicht vollzogen in dem Augenblicke, wo der Abtretungsvertrag in gehöriger Form geschlossen ist. Dazu ist weiter erforderlich die Aushändigung des Scheins. Aber immer ist festzuhalten, daß die Aushändigung des Scheins nur eine weitere Voraussetzung im Sinne unseres Abs. 5 sein kann. Durch die bloße Aushändigung des Scheins kann dagegen eine Übertragung nicht erfolgen. Geschäftsanteilscheine auf den Inhaber oder auf Order gibt es nicht (vgl. den Exkurs zu § 14). Ist aber der Vertrag in genügender Form vollzogen und fehlt noch die Aushändigung des Scheins, so ist in solchem Falle die Übertragung noch nicht vollzogen. Demgemäß kann auch die Verpfändung in solchem Falle nur erfolgen unter Übergabe des Anteilscheins. Guter Glaube hilft in solchem Falle nichts. Sollte also auch jene Voraussetzung der Übertragung aus dem Anteilschein nicht hervorgehen, so hat doch die Übertragung des Geschäftsanteils ohne Übergabe des Anteilscheins in solchem Falle keine Wirkung.

Anm. 60. c) Andere weitere Voraussetzungen der Übertragbarkeit sind Eigenschaften des Erwerbers, z. B. die Zugehörigkeit zu einer gewissen Körperschaft oder Religionsgemeinschaft. Die Übertragung an eine zu solcher Gemeinschaft nicht gehörige Person ist wirkungslos, wenn der Gesellschaftsvertrag die Zugehörigkeit zur Voraussetzung macht. Guter Glaube hilft auch hier nichts.

Anm. 61. Andere Beispiele: der Gesellschaftsvertrag kann bestimmen, daß Geschäftsanteile nur an Männer, oder nur an Inländer, oder nur an Hausbesitzer, oder nur an solche Personen abgetreten werden können, welche an die Gesellschaftskasse à fonds perdu einen

bestimmten Betrag zahlen, oder welche eine bestimmte Fabrik betreiben oder ein Geschäfts- § 15.
unternehmen mit bestimmtem Umsatze betreiben oder die ein gewisses Einkommen haben 2c. 2c.

d) Als Voraussetzung der Übertragbarkeit kann der Gesellschaftsvertrag Anm. 62.
auch die Übernahme von Verpflichtungen des Gesellschafters durch den Erwerber festsetzen. Solange diese Erklärung nicht erfolgt ist, bleibt der Übertragungsakt wirkungslos. Ob der Gesellschaftsvertrag die Übernahme als Voraussetzung der Übertragbarkeit des Geschäftsanteils fordert oder ob sie als Bedingung erscheint, unter der nur die Übertragung genehmigt werden darf, kann im Einzelfalle zweifelhaft sein. Eine Auslegungsregel läßt sich nicht geben.

4. **Auch ein Vorkaufsrecht** kann durch Gesellschaftsvertrag statuiert werden, sei es für die Anm. 63.
Gesellschaft oder für die Gesellschafter. Über die Form der Bestellung des Vorkaufsrechts vgl. oben Anm. 14. Die Erklärung, in einen Verkauf eines Geschäftsanteils einzutreten, bedarf keiner Form, wohl aber die Übertragung an den Vorkaufsberechtigten. Enthält der Gesellschaftsvertrag keine näheren Bestimmungen, so gelten die Vorschriften der §§ 504 ff. BGB. Eine Sicherung des Vorkaufsberechtigten, daß nicht der Verpflichtete durch Übertragung des Geschäftsanteils das Verkaufsrecht vereitle, kann durch den Vorbehalt der Genehmigung seitens der Gesellschaft und die Bestimmung, daß diese wirksam erst erteilt werden kann, wenn das Vorkaufsrecht nicht ausgeübt ist, herbeigeführt werden.

Steht das Vorkaufsrecht allen Gesellschaftern zu, so erwerben dieselben bei rechtzeitiger Ausübung den Geschäftsanteil gemeinschaftlich. Eine bedingte Ausübung für den Fall, daß kein anderer Gesellschafter Gebrauch von dem Vorkaufsrecht mache, ist zulässig.

Von dem Vorkaufsrechte zu trennen ist das Kaufrecht eines anderen und die Verpflichtung des Gesellschafters, unter bestimmten Voraussetzungen zu einem festgesetzten Preise den Geschäftsanteil diesem abzutreten (vgl. oben Anm. 16 und RG. 49, 149).

5. **Von der Vererbung handeln die Vorschriften des Abs. 3—5 nicht.** Über die Rechtsverhältnisse Anm. 64.
im Falle der Vererbung siehe oben Anm. 3, unten Anm. 86 ff.

V. **Die Wirkung der gehörigen Abtretung.** Anm. 65.

1. **Vorbemerkung.** Im Abs. 2 unseres Paragraphen ist eine Wirkung der gehörigen Abtretung behandelt: es ist bestimmt, daß, wenn ein Gesellschafter zu seinem ursprünglichen Geschäftsanteile weitere Geschäftsanteile erwirbt, dieselben ihre Selbständigkeit behalten. Diese Wirkung wird unten im Zusammenhange behandelt (Anm. 69). Vorerst soll hier die Wirkung des Erwerbes überhaupt behandelt werden.

2. **Die Wirkung der Abtretung eines Geschäftsanteils überhaupt.** Anm. 66.

a) Die formgerechte und alle sonstigen Voraussetzungen der Übertragbarkeit des Gesellschaftsvertrages erfüllende Übertragung bewirkt den Übergang des in dem Geschäftsanteile liegenden Mitgliedsrechts. Zunächst ist inter partes der obligatorische Vertrag auf Abtretung erfüllt und derart geheilt, daß er wegen Mangels der Form des obligatorischen Vertrages nicht mehr angefochten werden kann (vgl. oben Anm. 29). Aber auch in dinglicher Hinsicht ist der Rechtsübergang vollzogen. Würde der Cedent jetzt in Konkurs geraten, so wäre der Geschäftsanteil kein Bestandteil seiner Konkursmasse. Würde der Cessionar jetzt in Konkurs geraten, so würde der Verwalter seiner Masse den Geschäftsanteil zur Konkursmasse vindizieren können. Nur die Gläubiger des Cessionars, nicht die des Cedenten können ihn jetzt noch für sich pfänden. Der Cedent kann ihn nicht anderweit cedieren. Guter Glaube des dritten Erwerbers hilft diesem nicht. Auch die Gesellschaft selbst ist gegenüber dem Cessionar schon von dem Augenblicke der gehörigen Cession nicht anders gestellt, soweit sie als Gläubigerin oder Gegenkontrahentin des Gesellschafters in Betracht kommt. Allein in allen denjenigen Beziehungen, wo es sich um die Geltendmachung der Mitgliedschaftsrechte gegenüber der Gesellschaft handelt, ist zu dieser Ausübung weiter erforderlich, daß der Rechtsübergang bei der Gesellschaft gehörig angemeldet wird (§ 16 Abs. 1). Aber es handelt sich hier nur um die Ausübung der Mitgliedschaftsrechte gegenüber der Gesellschaft. Der Rechtsübergang selbst

§ 15. ist mit der gehörigen Abtretung vollzogen und dies kommt auch sonst im Rechtsverkehr zur Geltung. Nur zum Ausweise, zur Legitimation für die Ausübung der Rechte aus dem übergegangenen Mitgliedschaftsrechte gegenüber der Gesellschaft bedarf es jener Anmeldung (vgl. zu § 16).

Anm. 67. b) Das Gesagte gilt von den Rechten, welche aus der Mitgliedschaft fließen. An die Mitgliedschaft knüpfen sich aber auch noch Pflichten gegenüber der Gesellschaft (§ 16 Abs. 3, § 22, § 24 u. s. w.). Hier muß das Verhältnis unter den Beteiligten und gegenüber der Gesellschaft unterschieden werden. Im Verhältnis zwischen Veräußerer und Erwerber kann in der Entgegennahme der Abtretung eine Erfüllungsübernahme liegen. Nimmt jemand die Abtretung eines mit 25 Proz. eingezahlten Geschäftsanteils bewußterweise entgegen und zahlt dafür einen dieser geringen Einzahlung entsprechenden Preis, so liegt darin auf seiten des Erwerbers die Erfüllungsübernahme hinsichtlich der restlichen Einzahlungen vor, deren Rechtsfolgen sich nach § 415 Abs. 3 BGB. richten. Dagegen wird umgekehrt hinsichtlich unbekannter Rückstände meist angenommen werden müssen, daß der Cedent den Cessionar von ihnen zu befreien habe. Nur die Auslegung des betreffenden Vertrages kann hier von Fall zu Fall die Entscheidung treffen. Vgl. Anm. 6 im Exkurs zu § 84.

Anm. 68. Der Gesellschaft gegenüber entsteht eine rechtliche Veränderung hinsichtlich der Person des Verpflichteten erst durch die Anmeldung. Von der Anmeldung ab hört der Cedent auf, für die von nun ab fällig werdenden Verpflichtungen der Gesellschaft zu haften (RG. v. 26. 5. 99; JW. 444). Von der Anmeldung ab haftet der Erwerber der Gesellschaft für die von nun ab fällig werdenden Verpflichtungen. Für die von dem jetzigen Gesellschafter nicht einziehbare Bareinlage haftet der frühere Gesellschafter sogar auch nach der Veräußerung, auch wenn sie erst nach der Veräußerung fällig wurde. Dies jedoch auf Grund der Spezialbestimmung des § 22. Hinsichtlich des Überganges der mit dem Geschäftsanteil verbundenen Verpflichtungen hat hiernach die Anmeldung eine intensivere Bedeutung, als hinsichtlich des Rechtsüberganges. Die Rechte gehen über und nur zur Legitimation zum Zwecke der Ausübung bedarf es der Anmeldung. Die Pflichten aber gehen nicht schon mit der Abtretung, sondern erst mit der Anmeldung über. Erst von da ab sind sie Rechte der Gesellschaft gegen den Cessionar. Erst von da ab könnte ein Gläubiger der Gesellschaft diese Rechte gegen den Cessionar pfänden, erst von da ab könnte der Konkursverwalter der in Konkurs geratenen Gesellschaft sie zur Konkursmasse ziehen. Würde die Gesellschaft vor der Anmeldung in Konkurs geraten, so müßte sie sich mit ihren Rechten gegen den vielleicht unvermögenden Cedenten begnügen. Ein Recht auf Anmeldung der Abtretung hat sie nicht.

Näheres hierüber zu § 16.

Anm. 69. 3. In dem Falle, daß der Erwerber bereits einen Geschäftsanteil besaß, behalten sein früherer und sein hinzuerworbener Geschäftsanteil ihre Selbständigkeit. Dies ist im Abs. 2 unseres Paragraphen ausgesprochen. Der Erwerber besitzt dann zwei Mitgliedschaften, wie wenn ein Aktionär zwei Aktien besitzt. Die beiden Geschäftsanteile fließen nicht in einen zusammen. Er kann daher einen der beiden Geschäftsanteile selbständig veräußern, ohne daß es von Gesetzeswegen der Genehmigung der Gesellschaft bedürfte. Der § 17 Abs. 1 greift hierauf nicht Platz. Bestehen auf dem einen Geschäftsanteil Rückstände, so kann ihm wegen derselben nur der betreffende Geschäftsanteil kaduziert werden. Wegen der Ausfälle auf einen der solchergestalt in einer Hand vereinigten Geschäftsanteile können nur die Rechtsvorgänger des betreffenden Anteils belangt werden u. s. w. Alles dies gilt entsprechend auch dann, wenn ein Gesellschafter einen Teil seines Geschäftsanteils veräußert und denselben wieder zurückerwirbt, oder wenn ein Gesellschafter, der alle seine Anteile veräußert hat, dieselben sämtlich zurückerwirbt. Durch den Rückerwerb fließt der abgetretene Teil nicht mit den übrigen Teilen des Geschäftsanteils wieder zusammen. Denn die zulässigerweise erfolgte Teilveräußerung gemäß § 17 des Gesetzes macht den veräußerten

Teil des Geschäftsanteils zu einem selbständigen Geschäftsanteil. (Vgl. Anm. 21 zu § 17.) — Zu bemerken ist, daß der Gesellschaftsvertrag anordnen kann, kein Gesellschafter dürfe zu seinem Geschäftsanteil einen zweiten hinzu erwerben. Solcher Bestimmung begegnet man in den Statuten nicht selten, weil oft Wert gelegt wird auf eine bestimmte Anzahl von Mitgliedern der Gesellschaft. § 15.

4. Der Cessionar erwirbt den Geschäftsanteil nur, wenn der Cedent Eigentümer desselben war und mit denjenigen Lasten und Mängeln, mit welchen er behaftet war. Guter Glaube hilft dem Erwerber nichts. Der § 932 BGB. und der § 366 HGB. greifen nicht Platz, weil nicht eine bewegliche Sache Gegenstand der Veräußerung ist. War der Veräußerer nicht mehr Inhaber des Geschäftsanteils, hatte er ihn bereits anderweit veräußert, war er ihm kaduziert, hatte er ihn zu Unrecht erworben, vielleicht auf Grund eines ungültigen Kaduzierungsverfahrens, war der Geschäftsanteil verpfändet oder gepfändet, und alles dies dem Cessionar unbekannt, so nützt diesem sein guter Glaube nichts. Desgleichen, wenn die Cession an die Genehmigung der Gesellschaft gebunden oder an sonstige Voraussetzungen geknüpft war. Anm. 70.

Alles das gilt auch dann, wenn über den Geschäftsanteil ein Anteilschein ausgegeben war. Insbesondere findet § 405 BGB. hier keine Anwendung. Nach diesem Paragraphen kann, wenn der Schuldner eine Urkunde über die Schuld ausgestellt hat, und die Forderung unter Vorlegung der Urkunde abgetreten wird, der Schuldner sich nicht darauf berufen, daß die Eingehung und Anerkennung des Schuldverhältnisses nur zum Schein erfolgt, oder daß die Abtretung durch Vereinbarung mit dem ursprünglichen Gläubiger ausgeschlossen sei. Zwar findet diese Vorschrift gemäß § 413 BGB. auch auf andere Rechte entsprechende Anwendung, doch nur, soweit nicht das Gesetz ein anderes vorschreibt. Hier aber folgt aus dem Spezialrecht unseres Gesetzes die Unanwendbarkeit des § 405 BGB. Die Gesellschaft kann wirksam einwenden, sie habe den Anteilschein nur zum Schein ausgestellt, wenn dies wirklich der Fall wäre. Denn aus ihren fundamentalen Bestimmungen folgt, daß ein Geschäftsanteil nur auf ganz bestimmte Weise, durch Gründung oder Kapitalserhöhung, entstehen kann, nicht durch Ausstellung von Anteilscheinen zum Schein. Die Gesellschaft oder ihre Organe mögen in solchem Falle schadensersatzpflichtig sein. Aber ein wahres Mitgliedschaftsrecht kann auf diese Weise nicht zur Entstehung gelangen. Desgleichen kann sie auch dem gutgläubigen Inhaber des Anteilscheines einwenden, daß die Abtretung seitens des ursprünglichen Gesellschafters ausgeschlossen sei. Ob sie stets dies auch schon deshalb könnte, weil der Cessionar diesen Einwand auch im Falle des Erwerbes unter Vorlegung der Urkunde sich nach § 405 BGB. dann entgegenhalten lassen muß, wenn der neue Gläubiger bei der Abtretung den Sachverhalt kannte oder kennen mußte wie die erste Auflage (Anm. 66 S. 119) annahm, ist zweifelhaft. Solche Vereinbarungen können allerdings nur im Gesellschaftsvertrage getroffen werden. Allein daraus, daß das Gesetz die Möglichkeit solcher Vereinbarungen vorschreibt, kann man doch nicht schließen, daß es Sache des Erwerbers sei, sich zu vergewissern, ob dem Erwerbe seiner Mitgliedschaft Hindernisse im Gesellschaftsvertrage nicht entgegenstehen. Anm. 71.

Dagegen schadet es dem Erwerber nichts, daß der Veräußerer bereits einen obligatorischen Vertrag abgeschlossen hatte, inhalts dessen er sich einem anderen gegenüber zur Abtretung des Geschäftsanteils verpflichtet hatte. Die Abtretung selbst entscheidet. Ein dem Dritten gegenüber wirksames jus ad rem gibt es nicht. Selbst dann nicht, wenn der Erwerber von dem persönlichen Rechte des Dritten wußte. Doch kann unter Umständen dem wissenden Erwerber gegenüber der § 826 BGB. Platz greifen (vgl. Planck 2a zu § 823 BGB.; Oertmann in der Festgabe für Dernburg 61—90). Anm. 72.

Zusatz 1. Nur auf die Abtretung der Geschäftsanteile selbst bezieht sich der § 15, nicht auch auf die Abtretung der einzelnen Ansprüche auf Gewinn oder Auseinandersetzungsguthaben. Diese können formlos abgetreten werden. Sie können ferner ohne Zustimmung der Gesellschaft auch dort abgetreten werden, wo der Gesellschaftsvertrag für die Abtretung des Geschäfts- Anm. 73.

§ 15. anteils eine solche fordert (Motive 24). Sie können auch selbständig, d. h. ohne den Geschäftsanteil abgetreten werden. Der Geschäftsanteil und die einzelnen aus ihm hervorgehenden Vermögensansprüche können daher verschiedene Berechtigte haben (vgl. oben Anm. 44).

Anm. 74. Die Gewinnbezugsrechte können zum Zwecke rechtlicher und selbständiger Übertragung auch verbrieft werden, nicht bloß durch einfache Schuldscheine, sondern auch durch Dividendenscheine auf Order oder auf den Inhaber (vgl. Exkurs zu § 14). Wie die Abtretung der einzelnen vermögensrechtlichen Ansprüche erfolgt, darüber siehe oben Anm. 44. Demgemäß sind die Gewinnbezugsrechte und die Rechte auf die Ausschüttungsguthaben auch selbständig verpfändbar und pfändbar. Die Verpfändung und Pfändung folgt den gewöhnlichen Regeln über die Verpfändung und Pfändung von Forderungen, und zwar verschiedenen Regeln, je nachdem eine Verbriefung überhaupt nicht vorliegt bezw. in gewöhnlichen Schuldscheinen, oder eine Verbriefung durch Ordrepapier oder durch Inhaberpapier vorliegt (vgl. jedoch über die Verpfändung und Pfändung von Dividendenscheinen auf Order oder auf Inhaber den Exkurs zu § 14 und den Exkurs zu § 15).

Anm. 75. **Ferner bezieht sich der § 15 nur auf Abtretung wirklicher Geschäftsanteile, d. h. von Geschäftsanteilen, wie sie nach Eintragung der Gesellschaft bestehen.** Vor der Eintragung der Gesellschaft besteht der Geschäftsanteil nicht, mithin kann er auch nicht einfach abgetreten werden. Es kann in diesem Stadium möglicherweise der Gesellschaftsvertrag geändert werden durch Ausscheiden eines Gründers oder Eintritt eines anderen. Dies bedarf selbstverständlich der Form des § 2. Aber eine einfache Abtretung eines Geschäftsanteils ist das nicht. Wohl aber kann schon vor der Eintragung der Geschäftsanteil in dem Sinne abgetreten werden, daß der Geschäftsanteil mit seiner Entstehung als abgetreten gilt (Abtretung eines künftigen Geschäftsanteils). Auf diese Abtretung bezieht sich unser § 15 ebenfalls (oben Anm. 41).

Anm. 76. **Zusatz 2. Die bloße Legitimationsübertragung des Geschäftsanteils:** Übertragung zur Ausübung der Rechte für Rechnung des Cedenten. Wie bei der Cession von Forderungen und bei der Übertragung von Aktienrechten, so ist auch hier anzunehmen, daß auch die Abtretung eines Geschäftsanteils dazu benutzt werden kann, um den Cessionar nicht zum wirklichen Gesellschafter zu machen, sondern um ihn bloß nach außen als solchen zu legitimieren (für die Cession von Forderungen siehe RG. 25, 207; 53, 417; Dernburg II 304; Rehbein BGB. 130; für das Aktienrecht RG. 30, 51; 40, 80).

Anm. 77. Voraussetzung auch solcher Übertragung ist selbstverständlich die Beobachtung der Form und die Innehaltung der weiteren Voraussetzungen, an welche im Gesellschaftsvertrag die Übertragung geknüpft ist. Denn wenn der Rechtsakt nach außen wie ein wirklicher Übertragungsakt wirken soll, so muß er auch dessen Voraussetzungen entsprechen.

Anm. 78. Die Wirkung solcher Legitimationsübertragung nach außen ist, daß der Sukzessor legitimiert ist, die Gesellschaftsrechte auszuüben. Die Gesellschaft kann nicht einwenden, daß der Eigentumsübertragungswille nicht vorliegt. Wohl aber kann sie hier, wie immer bei derartigen Verhältnissen, einwenden, daß nicht der Cedent das betreffende Recht geltend machen dürfe. Das Wesen dieses Rechtsgeschäfts besteht darin, daß der Legitimationserwerber nach außen legitimiert wird, die Rechte des Berechtigten auszuüben. Mithin können die Rechte des Legitimationserwerbers nicht weiter gehen, als die des Legitimationsübertragers. Es sind ja nur dessen Rechte, die er ausüben darf und soll. Das wird besonders praktisch bei der Frage nach dem Umfang des Stimmrechts des Legitimationserwerbers. Dieser darf nicht mitstimmen, wenn der Übertrager nicht mitstimmen dürfte, wenn es sich z. B. um ein mit dem Übertrager abzuschließendes Rechtsgeschäft handelt. Stimmt der Cessionar dennoch, so verletzt er das Gesetz. Ganz gleichgültig ist dabei, ob der Legitimationserwerber von der Absicht des Cedenten, ein Stimmverbot zu umgehen, wußte oder nicht (vgl. hierüber Staub HGB. Anm. 18 zu § 222 und Anm. 5 im Exkurse zu § 224).

Anm. 79. Auch jedem Dritten gegenüber ist der Cessionar legitimiert, insbesondere zur Veräußerung. Daß der Dritte wußte, daß es sich bloß um eine Legitimationsübertragung handelte, ändert daran nichts. Denn die Legitimationsübertragung hat ja den Sinn, daß

der Erwerber nach außen befugt sein soll, alles zu tun, was der Veräußerer dürfte. Anders § 15.
wenn der Dritte wüßte, daß die Legitimationsübertragung nur zu einem bestimmten Zweck, Ausübung des Stimmrechts u. s. w., gewollt ist. Er handelt arglistig, wenn er sich dieses Legitimationseigentums bedient, um den Geschäftsanteil zu erwerben. Der Schadensersatzanspruch geht dann auf Rückübertragung des Geschäftsanteils.

Wie aber steht es mit den Verpflichtungen, welche an den Erwerb des Geschäftsanteils Anm. 80.
geknüpft sind? Der Gesellschaft gegenüber entstehen durch die Anmeldung des Überganges des Geschäftsanteils gewisse Verpflichtungen (vgl. oben Anm. 68). Die erste Auflage (Anm. 75 zu § 15 S. 121) nahm an, daß diese zweifelsohne auch gegenüber dem bloßen Legitimationserwerber entstehen, wenn der Erwerb bei der Gesellschaft angemeldet worden ist. „Muß die Gesellschaft diesen als Berechtigten anerkennen, so kann sie ihn auch als Verpflichteten betrachten.“ Als zweifelhaft aber wird bezeichnet, ob auch die anderen Folgen der Geschäftsanteilsveräußerung und deren Anmeldung, nämlich die Befreiung des Veräußerers von den weiterhin fällig werdenden Leistungen, im Falle der bloßen Legitimationsübertragung eintreten. Doch aus denselben Erwägungen bejaht dies die erste Auflage (a. a. O.), aus welchen angenommen wird, daß der Legitimationserwerber das Recht nur in dem gleichen Umfange ausüben kann, wie es der Cedent ausüben dürfte. Durch die Substitution eines anderen Verpflichteten würde die Gesellschaft in ihrer Rechtsposition benachteiligt sein. Freilich müsse sie sich diese Substitution durch eine ernste Abtretung gefallen lassen. Aber dann liege ja eben eine wirkliche Cession, ein ernstes, mit Leistungen und Gegenleistungen verknüpftes Rechtsgeschäft vor, von welchem anzunehmen sei, daß es so leichter Hand nicht getätigt werden wird. Dagegen würde es die Lage der Gesellschaft auf das Höchste erschweren, wenn es gestattet wäre, durch eine Cession an einen Strohmann sich aller ferneren Verpflichtungen gegen die Gesellschaft zu entledigen. Dieser Ansicht von der Doppelhaftung des Veräußerers und des Erwerbers wird man sich nicht anschließen können. Es ist nicht richtig, wenn die erste Auflage mit dem Begriff des Scheinaktes operiert, bei dem sich der, der ihn tätigt, diese Folgen gefallen lassen müsse. Es ist nicht richtig, daß sich in dem Falle der ernsten Abtretung die Gesellschaft die Substitution eines anderen Gesellschafters gefallen lassen müsse, die Vorschiebung eines Strohmannes nicht. Es werden hier zwei Momente zu trennen sein. Ein simulierter Verkauf, bei dem es an dem ernstlichen Willen der Übertragung fehlt (§ 117 BGB.), ist nichtig. Die Gesellschaft kann ihn einfach unbeachtet lassen. Sie hat, auch wenn ihr vom bisherigen Gesellschafter die Anzeige gemacht und vom Erwerber die Erwerbsurkunde produziert wird, das Recht, die Gültigkeit derselben für sich zu beanspruchen, auch wenn der Übertragungsakt nur simuliert ist (§ 409 Satz 1 BGB.). Verpflichtet hierzu ist sie nicht. Sie kann statt dessen die Nichtigkeit geltend machen. Sie kann aber nur eines von beiden tun. Behauptet sie die Nichtigkeit, so hat sie keinerlei Recht gegen den Erwerber. Umgekehrt, behandelt sie die Veräußerung als ihr gegenüber wirksam, so muß sie auch den Veräußerer nach den Bestimmungen des Gesetzes behandeln.

Anders, wenn eine ernstlich gemeinte Veräußerung vorliegt, die aber nur be- Anm. 81.
zweckt, den Erwerber zum Eigentümer im Interesse des Veräußerers zu machen. Aus welchem Grunde dies erfolgen mag, ist einerlei. Es kann geschehen, um ihm die unbeschränkte Ausübung des Rechts aus der Mitgliedschaft für den Gesellschafter, der ins Ausland geht, zu verschaffen. Es kann erfolgen, um den Gesellschafter, dem die Amortisierung droht, vor dieser zu bewahren. Es kann geschehen, um den Geschäftsanteil aus der Nachlaßmasse heranzunehmen und mittels des Erwerbers nach dem Tode des Veräußerers darüber zu disponieren. In all diesen Fällen liegt eine Treuhänderschaft vor. Ein Rechtserwerb nicht im Interesse des Erwerbers, sondern des Veräußerers. In all diesen Fällen liegt ebenso wie bei dem Erwerben des Geschäftsanteils bei der Gründung (Anm. 43 zu § 2) für Rechnung und im Interesse eines Dritten ein wirklicher Erwerb vor. So wenig jemand dort auf den Gedanken kommt, den Kommittenten für haftbar zu halten, so wenig bleibt es hier der Veräußerer. Umgekehrt muß auch der Legitimations- und Treuhanderwerber es sich gefallen lassen, daß er allein der Träger der Verpflichtungen ist. Es bleibt ihm nur der

§ 15. Rekurs gegen den Veräußerer auf Grund des internen Verhältnisses. Verkauft der Gesellschafter, um sich von den Verpflichtungen zu befreien, an einen insolventen Erwerber, so braucht die Gesellschaft, wenn sie bei der Anzeige diesen Verdacht hegt, nur die Einrufung der rückständigen Einlage zu beschließen, und die Haftung des Veräußerers ist gewahrt (§ 22 Abs. 3). Einer Einziehung derselben bedarf es nicht einmal. Wenn der angebliche Käufer keinen Kaufpreis bezahlt und der Akt nur Scheingeschäft ist, so steht es der Gesellschaft, wie oben gezeigt, frei, den ganzen Akt als nichtig zu behandeln.

Anm. 82. Nach demselben Grundsatz ist der Fall zu behandeln, daß die Übertragung des Geschäftsanteils zwar im Interesse des Erwerbers, aber nur zu dessen Sicherheit erfolgt. Die rechtliche Wirksamkeit der Sekuritätscession ist von der Praxis des RG. nun als zweifellos anerkannt.

Auch hier liegt ein fiduziarisches Rechtsgeschäft vor. Aber auch hier erhält der Erwerber den Geschäftsanteil mit allen Lasten. Er kann nicht einwenden, daß er ja den Geschäftsanteil nicht behalten wolle. Er muß sich als Erwerber behandeln lassen mit allen Folgen des Gesetzes. Denn der Zweck seines Erwerbes ist der Gesellschaft einerlei. Er haftet ihr auch, wenn dieser bei der Anzeige mitgeteilt wird. Will man dies vermeiden, so muß man auch diese Form vermeiden und sich mit der Verpfändung begnügen.

Anm. 83. Über die Verwertung des zur Sicherheit veräußerten Geschäftsanteils vgl. Düringer-Hachenburg II Vorbemerkung zu § 368 Note XII 2c.

Die Verpflichtung zur Rückübertragung liegt in der Tatsache, daß es sich nur um einen Sicherungsübergang handelt. Einer besonderen formellen Zusage (unten Anm. 84) bedarf die Übernahme dieser Verpflichtung nicht. Auch wenn die Veräußerung kein Wort über den Zweck derselben enthält, kann der Nachweis desselben in jeder Weise erbracht werden.

Anm. 84. Die Rechtsverhältnisse nach innen, zwischen den beiden Kontrahenten der Legitimations- und Treuhandübertragung, die Verpflichtung zur Rückübertragung u. s. w. richten sich nach dem zu Grunde liegenden Verhältnisse. Solche Übertragung kann die verschiedensten Ursachen und Zwecke haben. Einige sind oben Anm. 76 gezeigt. Je nach diesem Verhältnisse richtet sich der Anspruch auf Rückübertragung. Einer Form bedarf die Verpflichtung hierzu nicht (vgl. oben Anm. 16).

Anm. 85. **Zusatz 3. Keine Erwähnung hat in unserem Gesetze gefunden die gesetzliche Übertragung von Geschäftsanteilen.** Es kann aber keinem Zweifel unterliegen, daß diese auch bei Geschäftsanteilen einer GmbH. stattfindet (§§ 412, 413 BGB.). Die Fälle gesetzlichen Übergangs von Forderungen sind sehr zahlreich (vgl. z. B. § 268 Abs. 2, § 426 Abs. 2, § 774 Abs. 1 BGB.). Hervorzuheben ist, daß ein gesetzlicher Übergang von Geschäftsanteilen von der Genehmigung der Gesellschaft dort abhängig ist, wo die freiwillige Abtretung nur mit dieser Genehmigung stattfinden kann (§§ 412, 413, 399 BGB.). Doch kennt unser Gesetz eine Übertragung der Geschäftsanteile kraft Gesetzes, die sich ohne die sonst erforderliche Genehmigung vollzieht (§ 22 Abs. 4). Ganz verschieden von allen diesen Fällen ist wiederum der Fall des § 1381 Abs. 2 BGB., nach welchem der Ehemann, der in eigenem Namen, aber mit den Mitteln des eingebrachten Gutes der Ehefrau einen Geschäftsanteil erwirbt, ohne weiteres, d. h ohne besondere Abtretung, die Ehefrau zum Eigentümer des Geschäftsanteils macht. Dasselbe gilt in all den Fällen, in denen eine Surrogation kraft Gesetzes erfolgt (Hachenburg, Vorträge 2. Aufl. 214). Neben den Bestimmungen des ehelichen Güterrechts (vgl. auch § 1413) stehen die des Elternrechts (§ 1646, Erwerb des Vaters aus Mitteln des Kindes) und des Erbrechts (§ 2019, der Erwerb des Erbschaftsbesitzers aus Mitteln der Erbschaft). Wenn nach dem Gesellschaftsvertrage die Gültigkeit der Übertragung an die Übergabe des Anteilscheins geknüpft ist, so schließt dies die Surrogation nicht aus. Das Gesetz weist der Ehefrau, den Kindern, den Erben das Wertobjekt unmittelbar zu.

Anm. 86. **Zusatz 4. Welches ist die Rechtsfolge, wenn ein Gesellschafter stirbt oder in Konkurs gerät, oder eine Gesellschaft sich auflöst, welche Mitglied der GmbH. ist?**

1. **Wenn ein Gesellschafter stirbt,** so wird sein Erbe, gesetzlicher oder Testamentserbe, Gesellschafter. Er ist berechtigt, aber auch verpflichtet, doch zunächst nur beschränkt, unbeschränkt

nur, wenn er die Rechtswohltat des Inventars verloren hat oder wenn er sich der Gesellschaft gegenüber nicht mehr als Erbe, sondern als definitiver Gesellschafter geriert (vgl. hierüber zu § 18 Abs. 2, wo die gleiche Frage für den Fall behandelt ist, daß mehrere Erben vorhanden sind). Der Übergang durch Erbschaft kann allerdings im Gesellschaftsvertrage ausgeschlossen oder an Bedingungen geknüpft werden (oben Anm. 1—3). Ist ein Geschäftsanteil durch Vermächtnis vererbt, so erwirbt der Vermächtnisnehmer gegen den Erben einen Anspruch auf Abtretung des Geschäftsanteils. Diese Abtretung erfordert die gerichtliche oder notarielle Form des Abs. 3 (vgl. oben Anm. 7) und die Genehmigung der Gesellschaft, wenn eine solche im Gesellschaftsvertrage erfordert ist, sowie die sonstigen Voraussetzungen der Übertragbarkeit, welche der Gesellschaftsvertrag in Gemäßheit des Abs. 5 etwa aufstellt. § 15.

Kann die Genehmigung der Gesellschaft nicht beschafft werden, so liegt eine unmögliche Leistung vor (vgl. oben Anm. 56) und das Vermächtnis ist dann unwirksam (§ 2171 BGB.). Anm. 87.

Fällt der Geschäftsanteil mehreren Erben zu, so greift § 18 des Gesetzes Platz. Hierüber und über das Verhältnis der Gesellschaft zu mehreren Erben siehe zu § 18. Über ihr Verhältnis untereinander gilt folgendes: Anm. 88.

Mehrere Erben werden Eigentümer zur gesamten Hand der einzelnen Nachlaßgegenstände (Cosack, Bürgerliches Recht II 730). Über seinen Gesamtanteil an der Erbschaft kann jeder Miterbe verfügen und damit verfügt er auch über den zum Nachlaß etwa gehörigen Geschäftsanteil (§ 2033 BGB.). Die gerichtliche oder notarielle Form ist dazu schon nach § 2033 BGB. erforderlich und es erübrigt sich daher eine Erörterung der Frage, ob zu dieser Verfügung die Form unseres Abs. 3 erforderlich ist. Ist aber eine solche Verfügung über den gesamten Anteil an der Erbschaft, wenn dazu auch ein Geschäftsanteil einer GmbH. gehört, an die Genehmigung der Gesellschaft gebunden, wenn der Gesellschaftsvertrag eine solche erfordert? Man wird dies bejahen müssen. Denn wenn die Gesellschaft zwar nicht die Vererblichkeit, wohl aber die Übertragung des Geschäftsanteils unter Lebenden beschränkt hat, so braucht sie sich nicht gefallen zu lassen, daß ohne ihre Genehmigung ein ererbter Geschäftsanteil im Wege einer Veräußerung von einem Erben auf eine fremde Person übertragen wird. Die durch die Vererbung selbst geschaffene Rechtslage muß sie sich dann gefallen lassen, weitere Veränderungen der Rechtslage durch Rechtsgeschäfte unter Lebenden dagegen nicht. Anm. 89.

Was die Auseinandersetzung unter den Erben anlangt, so liegt ein bloßes Anwachsen und daher keine Abtretung vor, wenn die Erben sich derart auseinandersetzen, daß einer von ihnen den ererbten Geschäftsanteil übernimmt. In diesem Falle gilt das Gleiche, wie bei der Auseinandersetzung unter Sozien. Es liegt keine Abtretung vor und es bedarf daher nicht der Form des Abs. 3 und 4 und nicht der Genehmigung nach Abs. 5. (Die Frage ist allerdings nicht unzweifelhaft. Sie kehrt im BGB. bei der Frage wieder, ob in solchem Falle bei Grundstücken Auflassung erforderlich ist. Liegt keine Veräußerung vor, so ist Auflassung nicht erforderlich. Gewöhnlich ist man der Ansicht, daß § 99 der Grundbuchordnung von der Notwendigkeit der Auflassung ausgeht; vgl. Fuchs, Grundbuchrecht S. 211, 253.)

Anders aber, wenn sich die Erben so auseinandersetzen, daß sie sich in den Geschäftsanteil teilen, sei es zu ideellem, sei es zu realem Miteigentum. Dann ist die Abtretung erforderlich (vgl. über alles dies oben Anm. 38). Anm. 90.

2. **Wenn ein Gesellschafter in Konkurs gerät,** so liegt darin keine Veräußerung des Geschäftsanteils. Der Gemeinschuldner bleibt Eigentümer. Der Konkursverwalter erhält nur die Verwaltung und Verfügung. Einer Abtretung bedarf es nicht. Der Konkurs eines Gesellschafters löst auch die Gesellschaft nicht auf, es sei denn, daß der Gesellschaftsvertrag dies vorschreibt. Es ist ebenso möglich, im Gesellschaftsvertrage für den Fall des Konkurses die Amortisation des Geschäftsanteils des Gemeinschuldners vorzusehen. Zweifelhafter ist dagegen, ob für diesen Fall eine Verkaufspflicht des Gesellschafters mit Wirksamkeit für die Konkursverwaltung bestimmt werden kann. Gegenüber dem Konkurs- Anm. 91.

§ 15. verwalter kann die Erfüllung dieses nur obligatorisch wirksamen Vertrags nicht verlangt werden. Auch ein Vorkaufsrecht versagt gegenüber der Veräußerung durch den Konkursverwalter. Verpflichtungen des Gesellschafters sind Forderungen, die zu dessen Konkursmasse anzumelden sind. Dies gilt auch von solchen, die gemäß § 3 Abs. 2 bestellt sind. Die Rechte des Gesellschafters übt der Konkursverwalter aus. Zur Veräußerung durch den Konkursverwalter bedarf es natürlich der Form der Abs. 3 und 4. Soweit der Gesellschaftsvertrag Genehmigung der Gesellschaft zur Veräußerung fordert, ist zu beachten, daß der Konkurs eine Zwangsverwertung des Vermögens enthält und nach deren Grundsätzen zu beurteilen ist (vgl. unten Exkurs zu § 15).

Anm. 92. 3. **Wenn eine Gesellschaft sich auflöst, welche Mitglied der GmbH. ist, so entstehen folgende Rechtsverhältnisse.** Wenn eine offene Handelsgesellschaft oder eine Kommanditgesellschaft oder eine bürgerliche Gesellschaft sich auflöst, so befindet sich die sich auflösende Gesellschaft in Liquidation. In diesem Zustand bleibt sie Gesellschafterin der GmbH. Wenn die Gesellschafter sich dahin auseinandersetzen, daß ein Gesellschafter den Geschäftsanteil übernimmt (z. B. daß ein Gesellschafter das ganze Geschäft mit Aktiven und Passiven übernimmt), so liegt darin keine Abtretung des Geschäftsanteils, sondern ein Anwachsen der Rechte der anderen Sozien an das Recht des übernehmenden Sozius. Darin liegt keine Abtretung und es bedarf daher nicht der Form der Abs. 3 und 4 und nicht der Genehmigung nach Abs. 5 (vgl. oben Anm. 38). Wie steht es mit den Verpflichtungen gegenüber der Gesellschaft? Gehen diese auf den Erwerber über? Hierüber zu § 16. Teilen die Gesellschafter den Geschäftsanteil in Stücke, so bedarf dies der Genehmigung der Gesellschaft (§ 17). Auch die Befreiung von dieser Genehmigung kann nur im Gesellschaftsvertrage ausgesprochen werden. Allerdings liegt keine „Abtretung an andere Gesellschafter" vor. Aber wenn schon der Gesellschaftsvertrag bestimmen kann, daß eine Abtretung eines Teiles an andere Gesellschafter ohne Genehmigung der Gesellschaft zulässig ist, um so mehr kann er anordnen, daß eine Teilung unter den mehreren Gesellschaftern, die einen Geschäftsanteil in Gemeinschaft oder zur gesamten Hand besitzen, gestattet sein soll. Wenn eine Aktiengesellschaft sich auflöst, so bleibt sie Gesellschafterin der GmbH., von welcher sie einen Geschäftsanteil besitzt. Wenn die Aktiengesellschaft aber ihren Aktionären die Geschäftsanteile überläßt, so liegt darin eine Abtretung, und dazu gehört die Form der Abs. 3 und 4 und die Genehmigung nach Abs. 5. Das Gleiche gilt, wenn eine GmbH. sich auflöst, zu deren Vermögen Geschäftsanteile einer anderen GmbH. gehören (vgl. oben Anm. 38). Wenn eine Aktiengesellschaft sich mit einer anderen vereinigt, so liegt darin eine Universalrechtsnachfolge. Es bedarf weder einer Abtretung in der Form des Abs. 3 (der Fusionsvertrag bedarf ja aus anderem Grunde der Form des Abs. 4), noch der Genehmigung des Abs. 5 (vgl. oben Anm. 8).

Anm. 93. **Zusatz** 5. **Das Rechtsverhältnis unter den Abtretungskontrahenten** richtet sich nach bürgerlichem Rechte. Es kann von der verschiedensten Art sein (Kauf, Tausch, Schenkung, Auftrag, Kommission, Gesellschaft u. s. w.). Hier können unmöglich die verschiedenen Rechtsverhältnisse erörtert werden (vgl. Exkurs zu § 84).

Anm. 94. **Zusatz 6. Stempelfragen.** Nach dem Reichsstempelgesetz ist die Übertragung nicht stempelpflichtig, weil es sich nicht um Aktien und nicht um eine Ware handelt. Wohl aber nach dem preußischen Stempelgesetze. Es kommt die Tarifnummer 25d des preußischen Stempelgesetzes zur Anwendung, wonach die Gesellschaftsverträge, wenn sie betreffen die Überlassung der Rechte an dem Gesellschaftsvermögen seitens eines Gesellschafters oder dessen Erben an einen anderen Gesellschafter, die Gesellschaft oder einen Dritten, mit $^1/_{50}$ Proz. des Wertes der Gegenleistung oder, wenn eine solche in der Urkunde nicht enthalten ist, des Wertes der überlassenen Rechte zu verstempeln sind. Daß diese Tarifnummer auch bei der Veräußerung von Geschäftsanteilen einer GmbH. zur Anwendung gelangt, hat Heinitz, Stempelsteuergesetz 2. Aufl. 385 Anm. 5 ausgeführt. Auch ist zu bemerken, daß die Tarifnummer bei jeder Art von Veräußerung von Geschäftsanteilen einer GmbH. zur Anwendung kommt, auch wenn die Veräußerung den Charakter eines Kaufes, Tausches u. s. w. hat, nicht bloß wenn der Übergang im Wege eines Gesellschaftsvertrages stattfindet, obwohl die Tarifnummer nur handelt von „Gesellschaftsverträgen, wenn sie betreffen" u. s. w. Das Stempelgesetz versteht eben in dieser Tarifnummer unter den Verträgen über den Übergang von Gesellschaftsrechten einen „Gesellschaftsvertrag, betreffend die Überlassung von Rechten" (vgl. Heinitz 409). Auch der obligatorische Vertrag unterliegt diesem Stempel, sofern er formgerecht abgeschlossen ist. Ein nur privater Vertrag ist nicht stempelpflichtig, selbst wenn er nachträglich durch die Abtretung gültig wird. § 15.

Exkurs zu § 15.

Die Verpfändung und die Pfändung von Geschäftsanteilen.

I. **Die Verpfändung von Geschäftsanteilen.**

1. **Ihre Zulässigkeit** ist nicht zu bezweifeln, obwohl sie im Gesetz nicht erwähnt ist. Die Verpfändung von Rechten ist im allgemeinen insoweit zulässig, als die Abtretung zulässig ist (§ 1274 Abs. 2 BGB.). Daraus folgt auch, daß künftige Geschäftsanteile der Verpfändung zugänglich sind. Es kann nicht bloß ein Vertrag über die Verpfändung geschlossen werden, sondern die Verpfändung selbst mit der Wirkung, daß im Augenblicke der Entstehung des Geschäftsanteils die Verpfändung in rechtliche Wirksamkeit tritt (vgl. oben Anm. 41 zu § 15). Anm. 1.

2. **Sie erfolgt in derselben Form, wie die Abtretung,** also in Form eines gerichtlichen oder notariellen zweiseitigen Vertrages, abgeschlossen zwischen dem Verpfänder und dem Pfandnehmer — siehe Anm. 45 zu § 15 — (Düringer-Hachenburg II Vorbemerkung zu § 398 Note IV 1b; OLG. Karlsruhe v. 11. 7. 01 in OLGR. 3, 263; RG. 53, 107 und v. 20. 4. 03 in JW. 03 Anl. 95 S. 74). Das folgt aus § 1274 BGB. und wird von Förtsch Anm. 10 mit Unrecht geleugnet. Dagegen wird von Merzbacher Anm. 2 zu § 15, Liebmann Anm. 6 zu § 16, Parisius-Crüger Anm. 1 zu § 16 mit Unrecht gefordert, daß auch die Anzeige an die Gesellschaft zu erfolgen habe. Dieses Erfordernis ist im § 1280 BGB. nur für die Verpfändung von Forderungen aufgestellt. Der Geschäftsanteil ist aber keine Forderung, sondern ein Mitgliedschaftsrecht, kraft dessen allerdings auch Leistungen gefordert werden können. Auch wird man den § 16 Abs. 1 des Gesetzes hier nicht anwenden können (vgl. zu § 16). Die Gesellschaft ist genügend geschützt, da der Pfandgläubiger vermöge der §§ 1275, 407 BGB. jede Leistung, die nach der Verpfändung erfolgt, und jedes Rechtsgeschäft, welches nach der Verpfändung mit der Gesellschaft seitens des Verpfänders vorgenommen wird, gegen sich gelten lassen muß, wenn die Verpfändung der Gesellschaft unbekannt ist. — Es kann auch im Gesellschaftsvertrag selbst, wenn in diesem die Gesellschafter auf Grund besonderer Abrede zu der Gesellschaft in ein Schuldverhältnis treten, die Verpfändung der Geschäftsanteile der Gesellschafter an die Gesellschaft ausgesprochen werden. Es wird eine künftige Sache für eine künftige Forderung verpfändet. Hat die Gesellschaft Anteilsscheine ausgegeben, so tritt dadurch keine Erleichterung allein auch keine Erschwerung der Form ein. Die Verpfändung erfolgt auch in diesem Falle durch gerichtlichen oder notariellen Vertrag, da auch zur Übertragung des Rechts die Übergabe der Urkunde nicht erforderlich ist (§ 1274 BGB.). Wenn freilich der Gesellschaftsvertrag die Übertragung an die Übergabe des Anteilscheins knüpft (Anm. 59 zu § 15), so ist auch die Verpfändung hiervon abhängig. In diesem Falle ist eine ohne Übergabe des Anteilscheins geschehene Verpfändung unwirksam. Guter Glaube hilft nichts. Anm. 2.

3. **Knüpft der Gesellschaftsvertrag die Übertragung an weitere Voraussetzungen, z. B. an die Zustimmung der Gesellschaft,** so ist auch die Verpfändung davon abhängig. Denn soweit ein Recht nicht übertragbar ist, kann auch ein Pfandrecht an ihm nicht bestellt werden (§ 1274 Abs. 2 BGB.; OLG. Karlsruhe v. 11. 7. 01 in OLGR. 3, 263). Dies gilt auch in dem Falle, wo die Übertragung an die Aushändigung des Anteilscheins geknüpft ist (oben Anm. 2). Anm. 3.

§ 15. 4. **Die Wirkung der Verpfändung** ist, daß der Pfandgläubiger die vermögensrechtlichen Vor-
Anm. 4. teile beziehen kann, soweit nicht etwa die Ausgabe und Abtrennung der Dividendenscheine entgegensteht (§ 1275 BGB.). Seine Befriedigung durch Verwertung des Geschäftsanteils kann er auf Grund eines vollstreckbaren Schuldtitels nach den für die Zwangsvollstreckung gültigen Vorschriften suchen (§ 1277 BGB.). Doch können die Parteien ein anderes vereinbaren, z. B. daß der Pfandgläubiger freihändig veräußern darf. Die lex commissoria d. h. die Vereinbarung, daß der Geschäftsanteil dem Pfandgläubiger zufallen oder übertragen werden soll, ist vor dem Eintritt der Verkaufsberechtigung auch hier nicht zulässig (§§ 1277, 1245 Abs. 2, 1229 BGB.). — Verwaltungsrechte, z. B. das Stimmrecht, kann der Pfandgläubiger nicht ausüben (Motive S. 24). Diese stehen vielmehr dem Verpfänder nach wie vor zu, auch wenn die Ausübung den Wert des Rechts schmälert, selbst wenn darin der Untergang des Rechts liegt. Dagegen kann durch ein selbständiges Rechtsgeschäft, das nicht eine gesellschaftliche Verwaltungshandlung, insbesondere nicht die Ausübung des Stimmrechts ist, die Aufhebung oder Abänderung der Rechte aus dem Geschäftsanteil nur mit Zustimmung des Pfandgläubigers erfolgen (§ 1276 BGB.). Nur muß natürlich die Gesellschaft von der Verpfändung wissen (§§ 1275, 407 BGB.). Eine Zustimmung zur Einziehung des Geschäftsanteils ist dem Pfandgläubiger gegenüber unwirksam. Erfolgt eine Einziehung auf Grund einer vor der Verpfändung erfolgten Zustimmung des Geschäftsanteilseigners, so muß der Pfandgläubiger diese Einziehung gestatten. Der auf Grund der durchgeführten Amortisation an Stelle des Geschäftsanteils tretende Gegenwert fließt an den Pfandgläubiger.

Zulässig ist aber, daß in dem Verpfändungsvertrage dem Gläubiger auch die Ausübung aller gesellschaftlichen Rechte, insbesondere des Stimmrechts übertragen ist. Er ist dann nicht der Beauftragte, der der Weisung des Gesellschafters zu folgen hätte. Er übt das Stimmrecht kraft eigenem Recht aus. Der Gesellschafter kann nicht verlangen, daß er in einer Weise stimme, die dem Pfandrechte nachteilig ist. Er kann z. B. nicht fordern, daß ein Geschäftsführer, dem Verstöße gegen seine Amtspflichten vorgeworfen werden, entlastet werde. Andererseits darf aber der stimmberechtigte Pfandgläubiger das Stimmrecht, das ihm nur zur Wahrung seiner Interessen anvertraut ist, nicht gegen die Interessen des Pfandschuldners ausüben, soweit nicht die Wahrung eigener Interessen in Frage steht. In dem oben angenommenen Falle darf also der Pfandgläubiger gegen den Willen des Pfandschuldners nicht für die Entlastung des regreßpflichtigen Gesellschafters stimmen (Hachenburg, Das Stimmrecht aus verpfändeten Aktien, Bank-Arch. 03, 152).

Anm. 5. Die Verpflichtungen des Gesellschafters werden durch die Verpfändung nicht berührt. Ebensowenig die Folgen der Nichterfüllung. Die Nichtleistung der Einlage kann auch bei der verpfändeten Aktie zur Kaduzierung führen. Zahlt der Pfandgläubiger, um das Pfandrecht zu erhalten, so steht ihm ein Ersatzanspruch nur gegen den Verpfänder zu § 1226 BGB. Verkauft der Verpfänder den Geschäftsanteil, so erwirbt ihn der Käufer nur mit dem Pfandrechte belastet. Guter Glauben des Erwerbers ist hierbei ohne Wert.

Anm. 6. 5. **Alles das bezieht sich nur auf die Verpfändung selbst, nicht auf den obligatorischen, auf Verpfändung gerichteten Vertrag, das pactum de pignorando.** Dieses ist nach allgemeinen Grundsätzen auch formlos gültig. Die Vorschrift des § 15 Abs. 4 ist darauf nicht anwendbar, da § 1274 BGB. nur bestimmt, daß die Bestellung des Pfandrechts an einem Rechte nach den für die Übertragung geltenden Vorschriften erfolgt. Aus einem mündlich geschlossenen pactum de pignorando kann hiernach auf die Bestellung des Pfandrechts geklagt werden. Das rechtskräftige Urteil auf Bestellung des Pfandrechts ersetzt die Bestellungserklärung. Auf Grund eines solchen Urteils kann der Gläubiger vor dem Notar durch Annahmeerklärung die Bestellung des Pfandrechts so perfekt machen.

Anm. 7. Für die Praxis ist die Betonung dieser Seite der Sache auch noch aus einem andern Grunde wichtig. Erfolgt nämlich die Bestellung des Pfandrechts an einem Geschäftsanteil aus Unkenntnis nicht in der § 15 Abs. 3 vorgeschriebenen Form, so wird doch regelmäßig in einem solchen Falle wenigstens ein pactum de pignorando als vorhanden angenommen werden können. Dieses wäre dann gültig. § 15.

Zu bemerken ist übrigens, daß die Aufhebung der Verpfändung keiner Form bedarf.

6. Die für die Verpfändung des Geschäftsanteils geltende Form bezieht sich auch auf die Verpfändung von Teilen von Geschäftsanteilen in bestimmtem Nennbetrag (vgl. Anm. 1 zu § 17 und Anm. 43 zu § 15. Daß dieselbe zulässig ist, darüber siehe Anm. 14 zu § 17). Eine Verpfändung des Geschäftsanteils für eine Schuld in bestimmter Höhe (bis zu 25000 M.) ist keine Verpfändung eines Teiles, sondern eine Beschränkung der dinglichen Haftung. Sie bedarf keiner Genehmigung der Gesellschaft. Ebenso auch nicht die Verpfändung von einzelnen vermögensrechtlichen Ansprüchen, welche aus der Mitgliedschaft fließen (Ansprüche auf Gewinn, Ausschüttungsguthaben u. s. w.). (Vgl. hierüber Anm. 73 u. 74 zu § 15.) Die Verpfändung dieser Ansprüche folgt allgemeinen Regeln. Sie erfolgt so, wie Forderungen überhaupt verpfändet werden, also durch formlose Verpfändungserklärung. Wenn Dividendenscheine auf Order ausgegeben sind, so kann die Verpfändung auch durch Indossament und Übergabe des Papiers erfolgen (§ 1192 BGB.). Bei Dividendenscheinen auf Inhaber ist erforderlich genügende Einigung und Übergabe des Papiers (§ 1293 BGB.). Über die Verpfändung von Orderpapieren und Inhaberpapieren und ihre Wirkungen siehe weiter Staub HGB. Anm. 8—13 und 66—69 zu § 368. Anm. 8. Anm. 9.

Zur Verpfändung von Dividendenscheinen allein ist niemals die Genehmigung der Gesellschaft erfordert, auch wenn diese bei der Veräußerung des Geschäftsanteils vorgeschrieben ist. Bei der Verpfändung von Geschäftsanteilen und Dividendenscheinen in formell ungenügender Weise ist eine einheitliche Willenserklärung anzunehmen. Das ganze Rechtsgeschäft ist nichtig. Es sei denn, daß nachgewiesen wird, daß die Verpfändung der Dividendenscheine auch ohne die des Geschäftsanteils selbständig gewollt war (RG. v. 28. 4. 03 in JW. Beil. 9 S. 74). Anm. 10.

Die Veräußerung des Pfandrechts bei einem Geschäftsanteil erfolgt nur durch Veräußerung der Forderung, für welche er als Sicherheit bestellt ist. Einer Form bedarf es hierbei nicht. Das Pfandrecht geht mit der Forderung auf den Cessionar über. Dasselbe gilt bei dem Übergang einer Forderung kraft Gesetzes wie bei Zahlung durch den Bürgen.

II. **Die Zwangsvollstreckung in Geschäftsanteile.** Anm. 11.

1. **Sie erfolgt durch Pfändung,** wie die Pfändung einer Forderung, d. h. durch Zustellung eines Pfändungsbeschlusses (§§ 857 Abs. 1, 829 CPO.). Es fragt sich aber, wem der Beschluß zuzustellen ist, damit die Pfändung wirksam werde. Bei Forderungsrechten wird die Pfändung wirksam durch Zustellung an den Drittschuldner. Das ist zwar analog auf andere Rechte anwendbar (§ 857 Abs. 1 CPO.). Jedoch bestimmt § 857 Abs. 2 CPO., daß, wenn ein Drittschuldner nicht vorhanden ist, die Pfändung bewirkt wird durch die Zustellung des Beschlusses an den Schuldner. Der Geschäftsanteil einer GmbH. schließt in sich Rechte, hinsichtlich deren die Gesellschaft Drittschuldnerin ist (die vermögensrechtlichen Bezugsrechte auf Gewinn, Ausschüttungsguthaben und auf Vergütung für Leistungen gemäß § 3 Abs. 2) und solche Rechte, hinsichtlich deren die Gesellschaft nicht wohl als Drittschuldnerin bezeichnet werden kann (die Verwaltungsrechte, z. B. das Stimmrecht). Aus dem Vorhandensein der Rechte der ersteren Art folgt, daß die Pfändung des Geschäftsanteils erst bewirkt ist in dem Augenblicke, wo der Beschluß der Gesellschaft und dem Schuldner zugestellt ist. — Die Pfändung bewirkt, daß der Gesellschafter seinen Anteil nicht mehr anderweit zum Schaden des Pfandgläubigers veräußern kann. Die Veräußerung ist gestattet, aber unbeschadet des Pfandrechts. Guter Glaube hilft dem Erwerber nichts (vgl. Anm. 70 zu § 15). Die Verwaltungsrechte des Gesellschafters, das Stimmrecht, sind durch die Pfändung nicht gehemmt (vgl. oben Anm. 4). Die vermögensrechtlichen Leistungen darf

§ 15. die Gesellschaft an den Gesellschafter nicht mehr bewirken. — Was nun aber die weitere exekutivische Verwertung des Geschäftsanteils betrifft, so kann die Überweisung zur Einziehung (§ 835 CPO.) hier nicht erfolgen, weil von einer „Einziehung" hier begrifflich nicht die Rede sein kann (RG. v. 8. 5. 05 in OLGR. 10, 392). Der Geschäftsanteil ist nur der Inbegriff der Mitgliedsrechte. In der Hauptsache werden dieselben nicht eingezogen, sondern ausgeübt. Die aus der Mitgliedschaft fließenden Rechte auf Gewinn können wohl zur Einziehung überwiesen werden, nicht aber die Mitgliedschaft selbst, die Gesamtheit der Mitgliedsrechte. Auch die Überweisung an Zahlungsstatt zum Nennwerte (§ 835 CPO.) ist hier begrifflich nicht gegeben. Denn unter dem Nennwert einer Forderung im Sinne des § 835 CPO. ist etwas ganz anderes zu verstehen, als der Nennbetrag des Geschäftsanteils bedeutet. Der Nennwert einer Forderung ist derjenige **Geldbetrag**, welchen nach Inhalt des betreffenden Forderungsrechts der Gläubiger vom Schuldner zu fordern hat. Will sich, so meint § 835 CPO., der Gläubiger durch die gepfändete Forderung ohne Rücksicht auf ihren wirtschaftlich geringeren Wert, soweit der Nennbetrag der Forderung das Gläubigerrecht deckt, für befriedigt erklären, so mag er diese Art der Überweisung wählen. Hier beim Geschäftsanteil bedeutet aber der Nennbetrag keineswegs eine Summe Geldes, die der Anteilberechtigte von der Gesellschaft zu fordern hat. Er ist, wie an anderer Stelle ausgeführt ist (vgl. Anm. 5 und 6 zu § 14), nichts weiter, als eine Bezeichnung, die der historischen Tatsache entlehnt ist, daß der erste Inhaber des Geschäftsanteils versprochen hat, ein Objekt in diesem Wertbetrage in die Gesellschaft einzulegen. Keineswegs benennt er eine Summe Geldes, die die Gesellschaft an den Gesellschafter zu zahlen hätte. Es bleibt also nur übrig eine andere Art der Verwertung auf Anordnung des Gerichts nach § 844 CPO., nämlich die Veräußerung. Die Zulässigkeit derselben ist im § 857 Abs. 5 CPO. für veräußerliche Rechte besonders vorgesehen. Vgl. auch RG. v. 1. 7. 02 in der DJZ. 7, 509.

Anm. 12. Die Veräußerung erfolgt im Wege der Versteigerung. Zuständig sind die Gerichtsvollzieher. Durch den Zuschlag erwirbt der Ersteher das Recht (§ 817 Abs. 1 CPO.; § 156 BGB.). Einer gerichtlichen oder notariellen Cession bedarf es nicht mehr, da diese nach § 15 Abs. 3 des Gesetzes nur zur Veräußerung durch einen Gesellschafter nötig ist, hinsichtlich der Zwangsversteigerung aber nur darüber gestritten wird, ob der Gerichtsvollzieher als Vertreter des Gläubigers oder in amtlicher Eigenschaft der Veräußerer ist, dagegen so viel feststeht, daß der Vollstreckungsschuldner der Veräußerer nicht ist. Der Gesellschaft gegenüber gilt der Ersteher erst als Gesellschafter, wenn die Veräußerung unter Nachweis des Überganges angemeldet war. Denn § 16 bezieht sich auf jede Veräußerung, nicht bloß auf eine Abtretung durch den Gesellschafter (Anm. 2 zu § 16). Der Ersteher wird daher gut tun, sich den Nachweis des Überganges durch eine beglaubigte Abschrift des Versteigerungsprotokolls oder eine amtliche Bescheinigung des Gerichtsvollziehers zu sichern.

Anm. 13. **Hervorzuheben ist als praktisch sehr wichtig, daß der Ersteher auch in die Pflichten eintritt, welche auf dem Geschäftsanteil ruhen.** Der § 16 bezieht sich in allen seinen Teilen auch auf diese Veräußerung (vgl. Anm. 2 zu § 16) und der § 16 Abs. 3 ergibt deutlich, daß der Erwerber die Pflichten übernimmt. Das ist besonders wichtig, wenn noch rückständige Einlageverpflichtungen oder vielleicht Umlageverpflichtungen gemäß § 24 auf dem Geschäftsanteil ruhen. Diese gehen auf den Ersteher über. Guter Glaube schützt ihn dabei nicht. Es ist daher Vorsicht beim Erstehen von in der Zwangsversteigerung ausgebotenen Geschäftsanteilen geboten. Es ist in der Praxis vorgekommen, daß ein Geschäftsanteil von 150000 M. Nennbetrag von dem Exekutionsgläubiger selbst in der Versteigerung für 100 M. erworben wurde, und daß der Ersteher dann zu seinem Schaden erfahren hat, daß auf dem Geschäftsanteil die aus § 24 fließende Verpflichtung lag, für den Einlagerückstand eines anderen Gesellschafters in Höhe von 12000 M. aufzukommen. Der betreffende Gesellschafter, dessen Geschäftsanteil versteigert wurde, war zwar frustra excussus, sein einziges Vermögensobjekt war der eben versteigerte Geschäftsanteil, seine Verpflichtung aus § 24 war daher

gemäß diesem Paragraphen wiederum auf die anderen Gesellschafter verteilt worden; § 15.
nun aber, da ein solventer Mann den Geschäftsanteil erworben, konnte jene Umlage rückgängig gemacht und der Betrag von 12000 M. von dem unglücklichen Ersteher eingezogen werden.

Über Gewährleistung beim Kaufe und der Zwangsversteigerung vgl. Exkurs zu § 84.

Auch Teile des Geschäftsanteils können gepfändet werden (darüber Anm. 14.
siehe Anm. 26 zu § 17). Auch Geschäftsanteile von Gesellschaften, die im Konkurse sind (vgl. KG. v. 8. 5. 05 in OLGR. 10, 393).

2. Das alles ist auch dann nicht anders, wenn Anteilscheine ausgegeben Anm. 15.
sind. Die Pfändung und die Versteigerung setzen die Beibringung des Anteilscheins nicht voraus; vielmehr hat der Ersteher auf Grund des Zuschlages diese Urkunde zu fordern (§§ 402, 413 BGB.). Anders freilich, wenn nach dem Inhalt des Gesellschaftsvertrages, was ja zulässig ist (vgl. Anm. 59 zu § 15), die Abtretung an die Aushändigung des Anteilscheins geknüpft ist. In diesem Falle ist die Übergabe des Scheines erforderlich. Aber es gilt die Wegnahme des Anteilscheins durch den Gerichtsvollzieher als Übergabe. Das folgt aus der Analogie des § 831 CPO. in Verbindung mit § 857 CPO. Das Entsprechende gilt für die Versteigerung. Sie überträgt in diesem Falle den Geschäftsanteil erst durch Zuschlag des Geschäftsanteils und Übergabe des Anteilscheins an den Ersteher.

3. Die Pfändung der aus der Mitgliedschaft fließenden Einzelrechte auf Anm. 16.
Gewinn und Auseinandersetzungsguthaben folgt selbständigen Regeln, wie die Verpfändung dieser Rechte selbständigen Regeln folgt (oben Anm. 8), nämlich den Regeln über die Pfändung von Forderungen. Es erfolgt deshalb die Pfändung und Überweisung gemäß §§ 828 ff. CPO. Sind Dividendenscheine auf Order ausgegeben, so erfolgt die Pfändung der Forderung durch Pfändung des Papiers (§ 831 CPO.), alsdann erfolgt die Überweisung gemäß § 835 CPO. auch bei in blanco gerierten Papieren (RG. 35, 77). Die Verwertung durch Versteigerung findet hier nicht statt, es sei denn, daß wegen Unausführbarkeit der Überweisung eine andere Art der Verwertung gemäß § 844 CPO. vom Gericht angeordnet ist. Die Pfändung und Zwangsverwertung von Dividendenscheinen auf den Inhaber erfolgt, wie die Pfändung körperlicher Sachen, nur mit der Maßgabe, daß, wenn sie einen Kurs- oder Marktpreis haben, der Verkauf aus freier Hand durch den Gerichtsvollzieher zum Tageskurse erfolgt. — Über die Pfändung solcher Ansprüche für den Fall, daß der Geschäftsanteil ohne Genehmigung der Gesellschaft nicht veräußert werden darf, siehe unten Anm. 19.

4. **Kann ein Geschäftsanteil gepfändet werden, wenn der Gesellschaftsvertrag die Veräußerung** Anm. 17.
verbietet oder die Veräußerung an die Genehmigung der Gesellschaft knüpft? Neukamp Anm. 6 meint, daß angesichts der Vorschrift der §§ 137, 399 BGB., §§ 851, 857 CPO. dem vertragsmäßigen Veräußerungsverbote jede dingliche Wirkung entzogen sei (so auch Liebmann Anm. 8; Förtsch Anm. 13). Alle diese Schriftsteller haben allerdings einen Ausspruch der Motive für sich. Doch ist dieser nicht richtig. Allerdings ist er auch vor der neuen Gesetzgebung getan. Unsere neuen Gesetze stellen das Prinzip auf, daß Forderungen und sonstige Rechte nur insoweit der Pfändung unterworfen sind, als sie übertragbar sind (§§ 851, 857 CPO.). Auch die auf Grund vertragsmäßigen Veräußerungsverbots nicht veräußerlichen Rechte sind davon nicht ausgenommen. Der § 851 Abs. 2 CPO. sagt nicht, daß eine nach § 399 BGB. nicht übertragbare Forderung ohne Rücksicht auf das vertragsmäßige Übertragungsverbot der Pfändung unterliegt. Dann wäre allerdings dem vertragsmäßigen Veräußerungsverbot jede dingliche Wirkung versagt. Es wird im Prinzip das vertragsmäßige Veräußerungsverbot auch hierbei respektiert. Nur ist bestimmt, daß die nach § 399 BGB. nicht übertragbaren Forderungen wenigstens insoweit gepfändet werden können, als der geschuldete Gegenstand der Pfändung unterworfen ist. Auf Rechte findet § 851 Abs. 2 entsprechende Anwendung (§ 857 Abs. 1 CPO.). Demnach können Rechte, die auf Grund eines vertrags-

§ 15. mäßigen Verbots nicht veräußert werden können, insoweit, aber auch nur insoweit gepfändet werden, als der geschuldete Gegenstand der Pfändung unterworfen ist. Es können also die Gewinn- und Ausschüttungsrechte und etwaige sonstige Bezugsrechte (z. B. die Gegenleistung für Verpflichtungen des Gesellschafters nach § 3 Abs. 2 des Gesetzes) gepfändet werden, weil der geschuldete Gegenstand, Geld, der Pfändung unterliegt, nicht aber die Verwaltungsrechte, daher nicht der gesamte Geschäftsanteil, wenn seine Veräußerung an die Zustimmung der Gesellschaft geknüpft ist. Mit Zustimmung der Gesellschaft steht natürlich der Pfändung nichts entgegen[1]).

Anm. 18. Ist für die Veräußerung an einen Gesellschafter die Zustimmung der Gesellschaft nicht verlangt, so kann auch zu dessen Gunsten der ganze Geschäftsanteil gepfändet werden. Es ist nicht zulässig, diese Pfändung deshalb zu untersagen, weil diese nur den Zweck habe, den Geschäftsanteil an einen Dritten zu versteigern. Aus § 851 Abs. 2 CPO. und § 399 BGB. folgt, daß jeder Geschäftsanteil, dessen Veräußerung nicht verboten ist, gepfändet werden kann. Also kann ein Geschäftsanteil, dessen Veräußerung an eine bestimmte Person erlaubt ist, auch durch diese gepfändet werden.

Anm. 19. An der Pfändbarkeit der vermögensrechtlichen Bezugsrechte (oben Anm. 17) würde es auch nichts ändern, wenn der Gesellschaftsvertrag auch die Übertragung dieser Rechte an die Zustimmung der Gesellschaft knüpfen würde. Denn dann würde § 851 Abs. 2 CPO. Platz greifen. Die Pfändung wäre deshalb zulässig, weil der geschuldete Gegenstand (Geld) der Pfändung unterworfen ist.

§ 16.

Der Gesellschaft gegenüber gilt im Falle der Veräußerung des Geschäftsanteils nur derjenige als Erwerber, dessen Erwerb unter Nachweis des Übergangs bei der Gesellschaft angemeldet ist.

Die vor der Anmeldung von der Gesellschaft gegenüber dem Veräußerer oder von dem letzteren gegenüber der Gesellschaft in Bezug auf das Gesellschaftsverhältnis vorgenommenen Rechtshandlungen muß der Erwerber gegen sich gelten lassen.

Für die zur Zeit der Anmeldung auf den Geschäftsanteil rückständigen Leistungen ist der Erwerber neben dem Veräußerer verhaftet.

Einleitung. **Der vorliegende Paragraph behandelt die Wirkung der Veräußerung eines Geschäftsanteils auf das Verhältnis der Veräußerungskontrahenten zur Gesellschaft.** Prinzip ist hierbei, daß die Veräußerung eines Geschäftsanteils der Gesellschaft gegenüber erst dann wirksam ist, wenn dieselbe bei der Gesellschaft angemeldet ist.

I. **Der vorliegende Paragraph greift nur Platz, wenn ein Geschäftsanteil veräußert ist.**

Anm. 1. 1. **Ein Geschäftsanteil** muß veräußert sein. Doch genügt auch hier (vgl. Anm. 43 zu § 15) die Veräußerung eines Teils eines Geschäftsanteils. Das ist für die Frage des Überganges der Verpflichtungen besonders wichtig (siehe Anm. 24 zu § 17).

Dagegen greift der vorliegende Paragraph nicht Platz, wenn einzelne aus dem Geschäftsanteil fließende Vermögensansprüche abgetreten werden, so der Anspruch auf Gewinnbezug, auf das Liquidationsguthaben, oder Ansprüche, welche dem Gesellschafter als Gegenleistung für seine Leistungen nach § 3 Abs. 2 des Gesetzes zustehen. In diesen Fällen gelten die allgemeinen Regeln für das Verhältnis des Cessionars zur Gesellschaft, also die Regeln von der Cession (vgl. § 407 BGB.), für den Fall der Verbriefung dieser Rechte durch Indossament oder Inhaber-

1) Bemerkt mag hierbei werden, daß der § 857 Abs. 3 CPO. hierauf keinen Bezug hat. Er bezieht sich lediglich auf den Nießbrauch und die beschränkten persönlichen Dienstbarkeiten (§§ 1059, 1092 BGB.).

papier die Vorschriften, vermöge deren der Schuldner nur an den legitimierten Präsentanten solcher Papiere zu leisten hat. § 16.

2. **Veräußert** muß ein Geschäftsanteil sein, damit die Vorschrift des vorliegenden Paragraphen Platz greifen soll. Wie der Zusammenhang ergibt, ist das Wort Veräußerung hier in einem sehr weiten Sinne gebraucht. Es umfaßt nicht bloß die Abtretung, die im § 15 behandelt ist. Das heben schon die Motive 25 hervor. Sie betonen insbesondere, daß auch die Veräußerung durch den Gerichtsvollzieher im Wege der Zwangsvollstreckung darunter fällt (vgl. Anm. 12 im Exkurs zu § 15). Gemeint ist jede Singularsukzession, durch welche ein Wechsel der Geschäftsanteil-Inhaberschaft eintritt. Ausgeschlossen ist die Universalsukzession. Weder die Vererbung[1]), die ja überhaupt keine Veräußerung ist, noch auch die Fusion zweier Aktiengesellschaften und der Abschluß einer gütergemeinschaftlichen Ehe fallen unter den vorliegenden Paragraphen. Ebenso sind natürlich ausgeschlossen von dem vorliegenden Paragraphen diejenigen Umwandlungen von Gesellschaften, bei denen das Rechtssubjekt nicht wechselt, wie z. B. die Umwandlung einer Aktienkommanditgesellschaft in eine Aktiengesellschaft (vgl. Anm. 9 zu § 15), da ja hierin eine Veräußerung nicht liegt. In diesen Fällen gilt der Rechtsnachfolger auch ohne Anmeldung der Rechtsnachfolge der Gesellschaft gegenüber als Gesellschafter. Wohl aber fällt unter den vorliegenden Paragraphen die Veräußerung eines Geschäfts mit Aktiven und Passiven. Ebenso diejenigen Fälle, in denen man ihrer Eigenart wegen eine Veräußerung im Sinne anderer Gesetze nicht erblickt, die aber doch einen teilweisen Wechsel in der Anteilinhaberschaft darstellen. Das sind die Fälle des sogenannten Anwachsens von Rechten, in denen die mehreren Eigentümer zur gesamten Hand (mehrere Sozien, mehrere Erben) sich dahin auseinandersetzen, daß einem von ihnen die gemeinsame Sache zufällt (vgl. Anm. 7 u. 12 zu § 15). Um so mehr fällt darunter eine Teilung derart, daß ein jeder von ihnen einen realen Teil überwiesen erhält. Unter unseren Paragraphen fällt ferner die Übertragung kraft Gesetzes (Anm. 17 zu § 15), nur nicht dann, wenn bei Kaduzierung eines Gesellschafters der Geschäftsanteil auf den Vormann zurückfällt. Auch dann greift die Vorschrift des vorliegenden Paragraphen Platz, *wenn die Veräußerung mit Genehmigung der Gesellschaft erfolgt*. Auch in diesem Falle bleibt es den Veräußerungskontrahenten überlassen, die erfolgte Veräußerung nicht anzumelden und auf diese Weise den alten Gesellschafter der Gesellschaft gegenüber im Gesellschaftsverbande zu lassen. — *Die Veräußerung durch die Gesellschaft* in den Fällen der §§ 23 und 27 des Gesetzes fällt aber sinngemäß nicht unter den vorliegenden Paragraphen. Es braucht der Erwerber, der sein Recht unmittelbar von der Gesellschaft ableitet, naturgemäß nicht als Erwerber bei der Gesellschaft angemeldet zu werden (Förtsch Anm. 1). Er gilt also auch von dem Erwerbe ab auch der Gesellschaft gegenüber als Gesellschafter. Das Gleiche wird man hiernach auch bei jeder anderen Veräußerung eines Geschäftsanteils durch die Gesellschaft annehmen müssen. — Ebenso gilt bei Veräußerungen an die Gesellschaft (§§ 33, 34) der Veräußerer auch ohne Anmeldung des Rechtsüberganges der Gesellschaft gegenüber nicht mehr als Veräußerer. Anm. 2.

II. **Liegen die zu I gedachten Voraussetzungen vor, so greift die Vorschrift des vorliegenden Paragraphen Platz.** *Dieselbe besagt, daß im Falle der Veräußerung des Geschäftsanteils der Erwerber gegenüber der Gesellschaft als Gesellschafter gilt, wenn sein Erwerb unter Nachweis des Überganges bei der Gesellschaft angemeldet ist.* Anm. 3.

1. **Was versteht man unter gehöriger Anmeldung des Erwerbes?** Die Anmeldung des Erwerbes kann in jeder beliebigen Weise erfolgen. Es brauchen nur die Erfordernisse einer empfangsbedürftigen Willenserklärung gewahrt zu werden. Die Anmeldung kann *mündlich oder schriftlich* erfolgen. Sie kann durch den *Veräußerer oder durch den Erwerber erfolgen*. Insbesondere hat es also auch der Veräußerer in der Hand, Anm. 4.

---

1) Anders im Falle des Vermächtnisses, welcher nur einen Anspruch auf Übertragung gewährt (§ 2174 BGB.).

§ 16. die Anmeldung selbständig, ohne Mitwirkung des Erwerbers, zu bewirken. Das ist für ihn oft sehr wichtig, da er dadurch den Pflichtenübergang für die Zukunft herbeiführt (unten Anm. 21). Auch durch einen Bevollmächtigten, z. B. durch den Notar, der die Abtretungsverhandlung aufgenommen hat, kann die Anmeldung erfolgen. Dieser hat aber nicht etwa vermutete Vollmacht nach Art von § 129 FG. Bewirkt der Bevollmächtigte die Anmeldung ohne Vorlegung der Vollmacht, so ist sie unwirksam, wenn sie von der Gesellschaft sofort zurückgewiesen wird (§ 174 BGB.). Auch genügt die Genehmigung der durch einen Pseudovertreter erfolgten Anmeldung unter den Voraussetzungen des § 180 BGB. Einer Eintragung in ein Buch, in ein Verzeichnis, oder in eine Liste bedarf es nicht. Doch erfordert dies allerdings die Ordnung. Eine Liste ist ja überdies alljährlich dem Gerichte einzureichen (§ 40). Auch eine Bescheinigung der erfolgten Anmeldung ist nicht vorgeschrieben und kann daher vom Gesellschafter auch nicht verlangt werden.

Anm. 5. Unter Nachweis des Überganges muß die Anmeldung erfolgen. Dazu ist genügend und erforderlich die Vorlegung einer dem § 15 Abs. 3 entsprechenden Urkunde, falls eine Abtretung vorliegt; eine amtliche Bescheinigung des Gerichtsvollziehers (Versteigerungsprotokoll u. s. w.), wenn der Ersteher in der Zwangsvollstreckung der Erwerber ist; der Auseinandersetzungsvertrag, wenn hierauf der Übergang gestützt wird (vgl. Anm. 42 zu § 15). Dabei genügt es, wenn die Urkunde formell in Ordnung ist. Ob der Eigentumsübertragungswille vorliegt, ist im allgemeinen gleichgültig (vgl. Anm. 76 zu § 15; vgl. jedoch auch Anm. 78 u. 80 daselbst). Bei Teilabtretungen müssen die Vorschriften des § 17 erfüllt sein. Es muß also regelmäßig eine, und zwar formgerechte Genehmigung der Abtretung seitens der Gesellschaft vorliegen. Der Nachweis der Genehmigung gehört überhaupt zum Nachweise des Überganges überall dort, wo Gesetz oder Gesellschaftsvertrag für die Wirksamkeit der Veräußerung die Genehmigung der Gesellschaft oder anderer Personen erfordern. Ohne die erforderliche Genehmigung gilt die Anmeldung nicht, sie ist wirkungslos. Über den Einfluß materieller Fehler des Übertragungsaktes siehe unten Anm. 25ff. — Als genügend muß es übrigens bezeichnet werden, wenn die Gesellschaft unter Nachweis der geschehenen Cession um ihre Genehmigung ersucht wird — darin liegt zugleich die Anmeldung — oder wenn die Vertreter der Gesellschaft an dem Cessionsakte teilnehmen, z. B. so, daß sie die nach Gesetz oder Statut erforderliche Genehmigung der Abtretung gleichzeitig im Abtretungsakte erklären. Dies muß als Anmeldung gemäß § 16 gelten. Denn der Sinn einer solchen Zuziehung zu dem Akte ist doch sicherlich der, daß der Gesellschaft die hiermit gleichzeitig getätigte Cession angemeldet und sie die dazu erforderliche und bei ihr nachgesuchte Genehmigung hiermit erteilt. Es kann dann einem solchen Akte gegenüber nicht nachträglich eingewendet werden, der Cessionar sei nicht als Gesellschafter gegenüber der Gesellschaft zu betrachten, weil die Cession nicht „unter Nachweis des Überganges bei der Gesellschaft angemeldet sei". Dagegen genügt es nicht, daß die Gesellschaft vor der Abtretung oder nach ihr, aber ohne den Nachweis derselben, um die Genehmigung ersucht wird.

Anm. 6. Der Veräußerer braucht nicht angemeldet gewesen zu sein. Es steht nichts im Wege, daß ein Cessionar den Geschäftsanteil veräußert, ohne daß sein Erwerb überhaupt angemeldet wird. Es genügt, wenn die vorgelegten Urkunden eine zusammenhängende Kette von gültigen Rechtsübergängen ergeben bis zurück zum letzten angemeldeten Geschäftsanteilsinhaber. Wenn sich nachträglich herausstellt, daß die Kette nur scheinbar bestand, daß ein Veräußerer zweimal cediert hatte, so daß ein früherer, sich später anmeldender Cessionar, nicht der bereits angemeldete, der wahre Erwerber ist, so fällt das Recht des ersteren auch gegenüber der Gesellschaft weg. Über die Rechtsverhältnisse in der Zwischenzeit siehe unten Anm. 12. — Selbstverständlich kann die Anmeldung des Erwerbers nicht mehr erfolgen, wenn der Erwerber, ehe er selbst angemeldet war, den Geschäftsanteil seinerseits weiter veräußert hat. Denn nur die wahre zeitige Inhaberschaft kann Gegenstand der Anmeldung sein. Wohl aber kann der noch als Gesellschafter angemeldete Veräußerer einen späteren Rechtsnachfolger zur Anmeldung bringen, wenn die Zwischenbesitzer nicht angemeldet wurden. § 16.

Eine ohne gehörigen Nachweis des Überganges erfolgte Anmeldung konvalesziert übrigens durch die nachträgliche Führung des Nachweises (Förtsch Anm. 3), z. B. durch die nachträgliche Beibringung der erforderlichen Genehmigung, doch so, daß nunmehr erst die Anmeldung perfekt ist. Keineswegs tritt eine Rückwirkung ein. Anm. 7.

Durch Gesellschaftsvertrag kann die Vorschrift des Abs. 1 insofern nicht abgeändert werden, als ein geringeres Maß von Erkennbarkeit als Voraussetzung der Legitimation für Geltendmachung der Gesellschaftsrechte und des Austretens des veräußernden Gesellschafters gegenüber der Gesellschaft nicht statuiert werden kann. Aber ein Mehr kann gefordert werden. Es kann z. B. durch Statut bestimmt werden, daß die Abtretung gegenüber der Gesellschaft erst dann gilt, wenn die Anmeldung durch eingeschriebenen Brief erfolgt, oder wenn sie in ein von der Gesellschaft geführtes Register eingetragen ist, oder sogar, daß sie erst dann gilt, wenn sie den übrigen Gesellschaftern und dem Geschäftsführer angezeigt worden ist. Wenn der Gesellschaftsvertrag ein solches Mehr festsetzt, so tritt dieses an die Stelle der bloßen Anmeldung. Alle Rechtswirkungen, welche das Gesetz an die Anmeldung knüpft, knüpfen sich dann an jenes Plus. Anm. 8.

2. **Ohne Anmeldung gilt der Erwerber der Gesellschaft gegenüber nicht als Gesellschafter.** Das liegt in dem Worte „nur" in Abs. 1. Da nur der gehörig angemeldete Erwerber als Gesellschafter gegenüber der Gesellschaft gilt, so gilt derjenige, dessen Erwerb nicht oder nicht gehörig angemeldet ist, der Gesellschaft gegenüber nicht als Gesellschafter. Derjenige Cessionar, dessen Erwerb überhaupt nicht angemeldet wird, gilt der Gesellschaft gegenüber überhaupt nicht als Gesellschafter (vgl. oben Anm. 6). Vielmehr — das ist ebenfalls darin enthalten — gilt bis zur Anmeldung eines durch einen Übertragungsakt oder eine zusammenhängende Kette von Übertragungsakten legitimierten Erwerbers der Gesellschaft gegenüber trotz der Veräußerung der Veräußerer als Gesellschafter. Dieser ist zu Versammlungen zu laden, dieser hat das Recht, in den Versammlungen zu stimmen, ihm sind die Dividenden auszuzahlen u. s. w. Den nicht angemeldeten Erwerber als Gesellschafter anzuerkennen und zu behandeln ist die Gesellschaft nicht berechtigt und nicht verpflichtet. Nicht berechtigt, sie würde sonst die Rechte des Veräußerers verletzen, der sie z. B. in Fällen nachträglicher erfolgreicher Anfechtung des Abtretungsaktes für die Folgen solcher Handlungsweise verantwortlich machen könnte. Sie würde auch die Rechte des Erwerbers verletzen, der die Anmeldung vielleicht absichtlich unterließ, um ihr gegenüber nicht als Gesellschafter zu gelten. Auch hat der Veräußerer keinen Anspruch darauf, daß der nicht angemeldete Erwerber als Gesellschafter behandelt werde. Endlich hat auch der Erwerber keinen Anspruch darauf. Er kann die Gesellschaft nicht verantwortlich machen, wenn sie ihn als Gesellschafter nicht behandelt. Er muß, wie Abs. 2 sagt, „die vor der Anmeldung von der Gesellschaft gegenüber dem Veräußerer oder von dem letzteren gegenüber der Gesellschaft in Bezug auf das Gesellschaftsverhältnis vorgenommenen Rechtshandlungen gegen sich gelten lassen". Auch die Gesellschaft hat keinen Anspruch darauf, daß der Erwerber angemeldet werde. Anm. 9.

Die anderweit erlangte Kenntnis der Gesellschaftsorgane von der geschehenen Veräußerung ändert an alledem nichts (Förtsch Anm. 3). Anm. 10.

Zu bemerken ist auch an dieser Stelle (vgl. Anm. 65 zu § 15), daß die Anmeldung der Abtretung bei der Gesellschaft nicht etwa zur Perfektion des Rechtsüberganges gehört. Der Geschäftsanteil ist vielmehr schon durch die Abtretung übergegangen, sofern ihre sämtlichen Erfordernisse (Genehmigung u. s. w.) vorliegen. Deshalb ist es auch nicht unzulässig, eine Abtretung zu bewirken und gleichzeitig zu vereinbaren, daß die Anm. 11.

§ 16. Anzeige an die Gesellschaft nicht erfolgen soll. Mit Unrecht erachtet das RG. eine solche Abtretung für ungültig (RG. v. 4. 1. 1900 bei Holdheim 1900, 36).

Anm. 12. 3. **Die gehörige Anmeldung bewirkt aber, daß der Veräußerer auch der Gesellschaft gegenüber als Gesellschafter ausscheidet und der Erwerber auch der Gesellschaft gegenüber als Gesellschafter gilt.**

a) Die Gesellschaft ist berechtigt und verpflichtet, den angemeldeten Erwerber als Gesellschafter anzuerkennen und zu behandeln. Es handelt sich dabei auch nicht um eine bloße Vermutung, die durch Gegenbeweis widerlegbar wäre (so Merzbacher Anm. 2). Wie schon oben Anm. 9 dargetan gilt, wer eine ordnungsgemäße Urkunde vorlegt, aus welcher der Rechtsübergang folgt, der Gesellschaft gegenüber absolut als Gesellschafter. Der Nachweis, daß er es nicht mehr sei, indem er z. B. seinen Geschäftsanteil wieder weiter veräußert habe, ist nicht statthaft. Denn der betreffende Erwerber gilt ja wiederum erst von der gehörig erfolgten Anmeldung seines Erwerbes an der Gesellschaft gegenüber als Gesellschafter. Nur der Nachweis einer eingetragenen Universalsukzession ist statthaft, weil in diesem Falle der Abs. 1 unseres Paragraphen nicht Platz greift. In diesem Falle gilt vielmehr der Erwerber auch ohne Anmeldung als Gesellschafter (vgl. oben Anm. 2). Einreden aus der Ungültigkeit der Abtretung selbst sind selbstverständlich zulässig.

Anm. 13. b) In Bezug auf die rechtliche Stellung der Veräußerungskontrahenten zur Gesellschaft hat die Anmeldung folgende Wirkungen:

α) **Der angemeldete Erwerber ist allein berechtigt,** die aus der Mitgliedschaft fließenden Rechte gegen die Gesellschaft geltend zu machen. Der Veräußerer kann es nicht mehr, und ein etwaiger Cessionar des angemeldeten Erwerbers kann es auch nicht, ehe sein Erwerb bei der Gesellschaft angemeldet ist. Auch die entstandenen Ansprüche, z. B. längst verfallene, aber noch nicht abgehobene Dividenden kann von nun ab nur der angemeldete Erwerber geltend machen, soweit nicht etwa solche Ansprüche durch selbständige Übertragung oder sonstige Loslösung selbständig geworden sind.

Anm. 14. **Auf den Erwerber gehen aber auch über die Verpflichtungen gegenüber der Gesellschaft, welche an die Gesellschaftereigenschaft sich knüpfen.** Ausdrücklich ist das im Gesetze nicht gesagt. Es war dies aber die Absicht des Gesetzes (Motive 25). In § 16 Abs. 3 ist es dadurch zum Ausdruck gebracht, daß hier angeordnet ist, daß für die rückständigen Leistungen der Veräußerer neben dem Erwerber haftet. Für alle sonstige Leistungen, so ist hinzuzufügen, haftet der angemeldete Erwerber allein.

Anm. 15. Diese Rechtsfolge des Erwerbes und seiner Anmeldung ist eine ungeheuer schwere, und die Parteien sind sich ihrer selten bewußt. Nimmt man hinzu, daß sie auch beim Erwerbe eines Teiles eines Geschäftsanteils eintritt (Anm. 23 zu § 17), und auch beim Erwerb in der Zwangsvollstreckung (Anm. 13 im Exkurse zu § 15), so kann nicht genug hervorgehoben werden, daß sich die Parteien beim Erwerbe von Geschäftsanteilen die Tragweite eines solchen Rechtsgeschäftes wohl überlegen und namentlich die auf den Anteilen ruhenden Lasten und Pflichten prüfen müssen. Auch eine Garantie der Gesellschaft hilft hier nichts, da diese einem Erlasse rückständiger Einlagen gleichkäme (§ 19 Abs. 2, § 25).

Anm. 16. Die Rechtsfolge ist also die, daß alle diejenigen Verpflichtungen gegenüber der Gesellschaft auf den angemeldeten Erwerber übergehen, welche gegen den Veräußerer in seiner Eigenschaft als Gesellschafter zur Zeit der Anmeldung des Erwerbes bestanden, sei es, daß dieselben durch die Gründung entstanden sind, oder durch die spätere Betätigung der Gesellschaftereigenschaft, sei es, daß sie in der Person des angemeldeten Veräußerers oder in der Person eines seiner Rechtsvorgänger entstanden und auf den Veräußerer übergegangen waren. In erster Linie gehen solchergestalt auf den angemeldeten Erwerber über die Verpflichtungen zur Einzahlung, soweit sie nicht schon vor der Anmeldung des Gesellschafters erfüllt sind (vgl. §§ 19 ff.); sodann die Verpflichtungen, welche der Gesellschafter außer der Kapitalseinlage gemäß § 3 Abs. 2 übernommen hat, sowohl die rückständigen, als auch die später fällig werdenden; ferner die

Verpflichtung zu fälligen und später fällig werdenden Nachschüssen (§ 26); die Verpflichtung zur Ergänzung der von den anderen Gesellschaftern nicht einziehbaren Einlagen (§ 24, vgl. Erläuterungen zu § 24). Auch für die Sacheinlagen, soweit dieselben vor der Anmeldung des Gesellschaftsvertrags nicht voll geleistet sind, haftet der angemeldete Erwerber. Selbstverständlich ferner: wenn aus der Verzögerung oder mangelhaften Erfüllung einer Einlage (Geld- oder Sacheinlage) der Gesellschaft Ansprüche entstehen (auf Gewährleistung oder Schadensersatz), so gehen auch diese Verpflichtungen auf den angemeldeten Erwerber über. Ein Irrtum des Erwerbers über diese Schuldenhaftung ist unerheblich. Eine Anfechtung des Erwerbsgeschäfts kann hierauf nicht gestützt werden (RG. 51, 283). § 16.

Alle diese Verpflichtungen gehen in der Gestalt über, wie sie zur Zeit der Anmeldung des Erwerbes bestehen. War der angemeldete Veräußerer im Verzug, so setzt der angemeldete Erwerber den Verzug fort. Anm. 17.

Ob auch auf den angemeldeten Erwerber eines Teiles eines Geschäftsanteiles alle diese Verpflichtungen übergehen, darüber siehe Anm. 25 zu § 17; ob auch auf den Ersteher in der Zwangsvollstreckung, darüber siehe Anm. 13 im Exkurs zu § 15. Anm. 18.

Zu bemerken ist aber, daß es nur die Verpflichtungen gegenüber der Gesellschaft sind, welche in dieser Weise auf den angemeldeten Erwerber übergehen, nicht auch die Verpflichtungen der Gesellschafter zueinander, mögen dieselben auf den Gesetzen beruhen (z. B. die auf Grund der realisierten Haftung gemäß § 24 bestehenden Ausgleichungspflichten) oder auf dem Gesellschaftsvertrage. Auch dieser enthält häufig Verpflichtungen der Gesellschafter gegeneinander, z. B. die Verpflichtung des einen Gesellschafters, dem anderen Gesellschafter unter gewissen Bedingungen oder zu bestimmter Zeit seine Geschäftsanteile abzunehmen. Anm. 19.

Rechtlich enthält die Veräußerung und der Erwerb das Abkommen einer Schuldübernahme kraft Gesetzes, die infolge der Anmeldung auch ohne Zustimmung des Gläubigers (§ 415 BGB.) wirksam ist. Anm. 20.

β) **Der Veräußerer hört durch die Anmeldung des Erwerbes auf, der Gesellschaft gegenüber Berechtigter zu sein.** Auch wenn der Veräußerer die Cession nur zum Schein getätigt hatte oder den Geschäftsanteil durch Rückcession wieder erworben hat, so kann er doch die Rechte aus dem Geschäftsanteil gegen die Gesellschaft nicht geltend machen, solange der Erwerber angemeldet ist. Anm. 21.

Was die Verpflichtungen anlangt, so wird er im allgemeinen von denselben frei, soweit es sich um künftig fällig werdende Leistungen dreht. Für rückständige Leistungen bleibt er neben dem Erwerber verhaftet. Es folgt dies aus § 15 und der Veräußerlichkeit des Geschäftsanteils, der die Summe aller Rechte und Pflichten des Gesellschafters enthält (RG. v. 26. 5. 99 in JW. 444). Vorausgesetzt zur Befreiung ist stets eine Veräußerung des ganzen Geschäftsanteils. Die Veräußerung eines Teils genügt hierzu nicht (vgl. Anm. 25 zu § 17). Die Gesellschaft kann den Eintritt dieser Rechtsfolge nicht verhindern. Wie sie die Anmeldung nicht erzwingen kann, wenn der Eintritt des neuen Gesellschafters ihren Interessen nützlicher wäre, so kann sie auch die Anmeldung nicht verhindern, wenn sie ihren Interessen zuwider wäre. Es kann dadurch leicht ein zahlungsunfähiger Gesellschafter einem zahlungsfähigen substituiert werden. Will sie sich dagegen schützen, so muß sie die Veräußerung gemäß § 15 Abs. 5 erschweren. Anm. 22.

Im einzelnen: Anm. 23.

αα) Unser Absatz 3 bestimmt, daß der Veräußerer für die zur Zeit der Anmeldung rückständigen Leistungen neben dem Erwerber haftet. Selbstverständlich bezieht sich das auch auf die zwischen Veräußerung und Anmeldung fällig werdenden Leistungen. Rückständig ist eine Leistung, die fällig geworden und nicht bewirkt ist (vgl. Motive 25). Daß auch schon Verzug vorliegt, ist nicht notwendig. Für Ansprüche, die erst nach der Anmeldung fällig werden, haftet der Veräußerer nicht mehr. Handelt es sich um Einzahlungen auf das Kapital, so ist die Entscheidung über die Frage der Rückständigkeit

§ 16. nicht schwer. Rückständig ist hiernach jede Einzahlung, die fällig ist, wenn sie auch noch nicht eingefordert ist. Wenn also z. B. der Gesellschaftsvertrag sagt, daß die späteren Einzahlungen an bestimmten Tagen zu leisten sind, so ist, wenn die betreffende Einzahlung am 15. Jan. 1903 zu leisten ist, die betreffende Rate rückständig, wenn die Veräußerung am 16. Jan. 1903 erfolgt, auch wenn die Einforderung erst am 31. Jan. 1903 erfolgt. (Über das Verhältnis des § 16 Abs. 3 zu §§ 20 ff. siehe zu § 22). Schwerer ist die Entscheidung schon, wenn es sich um Gewährleistungsansprüche handelt. Hier wird es darauf ankommen, im einzelnen Falle nach allgemeinen Grundsätzen zu entscheiden, ob die Forderung schon zur Zeit der Anmeldung fällig war. Eine allgemeine Regel läßt sich hierfür nicht geben.

Anm. 24. Unter dem Veräußerer ist hier nur derjenige Veräußerer zu verstehen, dessen Gesellschaftereigenschaft bei der Gesellschaft angemeldet war, nicht solche Zwischenbesitzer, die nicht angemeldet waren. Solche Zwischenbesitzer können kein Recht gegen die Gesellschaft ausüben und treten zur Gesellschaft auch nicht in ein Verpflichtungsverhältnis. Spricht Absatz 3 auch vom Veräußerer schlechtweg, so ist doch sinngemäß nur derjenige Veräußerer gemeint, der überhaupt einmal der Gesellschaft gegenüber als Gesellschafter gegolten und ihr gehaftet hat. Es liegt hier ein residuum seiner Haftung als Gesellschafter vor. Die gegenteilige Ansicht von Förtsch Anm. 8 ist nicht zutreffend. Ausnahmsweise gilt der Erwerber auch ohne Anmeldung der Gesellschaft gegenüber als Gesellschafter (oben Anm. 2). Er hat dann auch ohne Anmeldung die Rechtsstellung als angemeldeter Erwerber.

Anm. 25. $\beta\beta$) Für später fällig werdende Leistungen haftet der Veräußerer nur in der Regel nicht mehr. Er bleibt aber haftbar, wenn es sich um Verpflichtungen zur Zahlung des Stammkapitals handelt. Wie die Gesellschaft auf diese Leistungen auf das Stammkapital nicht verzichten kann (§ 19), so kann sich auch der Gesellschafter durch die Veräußerung des Geschäftsanteils nicht befreien. Für die Einzahlungen auf das Stammkapital haftet der Veräußerer subsidiär weiter, und zwar für alle Einzahlungen, die 5 Jahre nach der Anmeldung der Veräußerung eingefordert werden. (§ 22 Abs. 2 und 3.)

Anm. 26. Für später fällige Nachschüsse haftet der Veräußerer dann, wenn es sich um beschränkte Nachschußpflicht handelt. Die Haftung ist unverzichtbar seitens der Gesellschaft, falls die Einziehung der Nachschüsse vor Vollzahlung der Einlage erfolgt. Die Bestimmung fließt hier ebenfalls aus dem Bestreben auf Erhaltung des Stammkapitals (über dieselbe vgl. Anm. 5 zu § 28).

Zusatz 1. Kann die Anmeldung des Erwerbes auch angefochten werden? Zunächst kann das Rechtsgeschäft selbst inter partes angefochten und daraufhin unter Nachweis der erfolgreich durchgeführten Anfechtung die Anmeldung zurückgezogen, rückgängig gemacht werden. Das kann nicht bezweifelt werden. Denn die Anmeldung ist zwar ein selbständiger Akt, der aber zur Voraussetzung hat einen ordnungsmäßigen Übergang. Braucht auch die Gesellschaft die materielle Wirksamkeit nicht zu prüfen, so kommt dies doch nur daher, daß sie bei formeller Ordnungsmäßigkeit als vorhanden gilt.

Anm. 27. Eine weitere Frage ist, ob die Anmeldung auch unmittelbar der Gesellschaft gegenüber angefochten werden kann. Auch dies ist der Fall, wenn die Gesellschaft die Täuschung gekannt hat oder kennen mußte (§ 123 Abs. 2 BGB.). Die Grundsätze, welche bei der Gründung gelten und nach denen erfolgte Beitrittserklärungen eines Gründers (oder eines Zeichners bei der Kapitalserhöhung) wegen Betruges nicht angefochten werden können (vgl. Anm. 23 zu § 2), greifen hier nicht Platz. Jene Grundsätze sollen das Fundament der Gesellschaft sichern, das aber dadurch nicht erschüttert wird, daß ein Wechsel in der Inhaberschaft eines Geschäftsanteiles rückgängig gemacht wird (vgl. RG. v. 7. 2. 97 in JW. 476).

Anm. 28. **Eine andere Frage ist, ob die mit der Anmeldung des Erwerbes verbundene gesetzliche Folge des Pflichtenüberganges wegen Irrtums angefochten werden kann,** weil man sich über die Existenz der Haftung oder das Maß derselben in einem tatsächlichen oder rechtlichen Irrtume befunden habe. Die Frage muß verneint werden. Es kann nur die Anmeldung selbst unter den obigen Voraussetzungen angefochten werden, aber nicht die Anmeldung bestehen bleiben und nur die Haftung abgelehnt werden. § 16.

Zusatz 2. Das Rechtsverhältnis unter den Veräußerungskontrahenten. Dasselbe ist bereits in Anm. 92 zu § 15 erwähnt. Anm. 29.

Zusatz 3. Für den Fall, daß ein Geschäftsanteil durch Erbschaft oder durch sonstige Universalsukzession übergeht, greift der vorliegende Paragraph nicht Platz. Hierüber und über den Fall des Vermächtnisses siehe Anm. 86—90 zu § 15. Anm. 30.

Für den Fall, daß mehrere Erben vorhanden sind, trifft § 18 eine Regelung. Für den Fall, daß die Erben unbekannt sind, kann ein Pfleger bestellt werden (§ 1913 BGB.).

Zusatz 4. Auf die Verpfändung bezieht sich der vorliegende Paragraph nicht. Der vorliegende Paragraph bezieht sich nur auf die Veräußerung. Eine analoge Anwendung auf die Verpfändung ist nicht zulässig. Wenn (vgl. Anm. 2 im Exk. zu § 15) die Form der Veräußerung auf die Verpfändung für anwendbar erklärt wurde, so beruht das auf der Vorschrift des § 1274 BGB. Hier aber fehlt eine solche Vorschrift, und aus der Natur der Sache ergibt sich derartiges nicht (vgl. Anm. 4 im Exk. zu § 15). Der Pfandgläubiger gilt ja überhaupt nicht als Gesellschafter. Er übt insbesondere die Verwaltungsrechte nicht aus. Er hat nur Einziehungsrechte hinsichtlich der vermögensrechtlichen Leistungen, und insofern steht er in direkter Beziehung zur Gesellschaft (vgl. Anm. 4 im Exk. zu § 15). Wenn Neukamp Anm. 1 den § 16 auch auf die Verpfändung bezieht, so kann dem nicht beigetreten werden. Liebmann Anm. 6 und Förtsch Anm. 1 sind der hier vertretenen Ansicht. Die Motive 25 sagen, daß der Verpfändung hinsichtlich der Anwendung des § 16 die Veräußerung nicht gleich zu erachten ist. Anm. 31.

Zusatz 5. Auf die Pfändung bezieht sich unser Paragraph natürlich auch nicht. Die Pfändung wird der Gesellschaft gegenüber wirksam durch Zustellung des Beschlusses (vgl. den Exk. zu § 15 Anm. 11). Die Wirkung ist, wie an der eben citierten Stelle hervorgehoben worden ist, nicht, daß der Gesellschafter seiner Mitverwaltungsrechte (Stimmrecht u. s. w.) der Gesellschaft gegenüber verlustig geht. Er, nicht der Pfändungsgläubiger, übt dieselben aus. Sie ruhen nicht etwa. Die vermögensrechtlichen Leistungen aber darf die Gesellschaft an den Gesellschafter nicht mehr bewirken. Führt die weitere Verwertung zur Veräußerung, so ist der Ersteher von dem Augenblicke der Erstehung an Gesellschafter, der Gesellschaft gegenüber gilt er erst von der Anmeldung an (vgl. oben Anm. 2). Ist ein Teil eines Geschäftsanteils gepfändet, so ist anzunehmen, daß die Gesellschaft die vermögensrechtlichen Leistungen pro rata des gepfändeten Teiles zurückhalten muß (vgl. Anm. 28 zu § 17). Anm. 32.

§ 17.

Die Veräußerung von Teilen eines Geschäftsanteils kann nur mit Genehmigung der Gesellschaft stattfinden.

Die Genehmigung bedarf der schriftlichen Form; sie muß die Person des Erwerbers und den Betrag bezeichnen, welcher von der Stammeinlage des ungeteilten Geschäftsanteils auf jeden der durch die Teilung entstehenden Geschäftsanteile entfällt.

Im Gesellschaftsvertrage kann bestimmt werden, daß für die Veräußerung von Teilen eines Geschäftsanteils an andere Gesellschafter, sowie für die Teilung von Geschäftsanteilen verstorbener Gesellschafter unter deren Erben eine Genehmigung der Gesellschaft nicht erforderlich ist.

Die Bestimmungen im § 5 Absatz 1 und 3 über den Betrag der Stammeinlagen finden bei der Teilung von Geschäftsanteilen entsprechende Anwendung.

Eine gleichzeitige Übertragung mehrerer Teile von Geschäftsanteilen eines Gesellschafters an denselben Erwerber ist unzulässig.

§ 17. Außer dem Falle der Veräußerung und Vererbung findet eine Teilung von Geschäftsanteilen nicht statt. Sie kann im Gesellschaftsvertrage auch für diese Fälle ausgeschlossen werden.

Einleitung. **Der vorliegende Paragraph trifft Bestimmungen über die Zulässigkeit und die Voraussetzungen der Teilung eines Geschäftsanteils.** Das Gesetz geht dabei von dem Prinzip aus, daß die Teilung von Geschäftsanteilen zwar (anders als bei Aktien) nicht absolut unzulässig sein, daß sie aber möglichst erschwert werden soll.

Dabei ist zu erörtern:

I. Was versteht das Gesetz unter der Teilung eines Geschäftsanteils?

II. Auf welchem Wege ist die Teilung überhaupt nur zulässig? Die Antwort ist: auf dem Wege der Veräußerung und Vererbung.

III. An welche Voraussetzungen ist die Veräußerung eines Teiles eines Geschäftsanteils geknüpft?

IV. Alsdann ist über die Wirkungen der Teilung eines Geschäftsanteils zu handeln.

Im Zusatze ist dann die Verpfändung und die Pfändung von Teilen eines Geschäftsanteils zu erörtern.

Anm. 1. I. **Was versteht das Gesetz unter der Teilung von Geschäftsanteilen?** Darunter versteht das Gesetz einen Rechtsakt, durch welchen aus einem Geschäftsanteil mehrere, aus einer Mitgliedschaft mehrere selbständige Mitgliedschaften gebildet werden. Äußerlich kommt die Teilung in der Teilung der Nennbeträge zum Ausdruck. A, der einen Geschäftsanteil von 1500 M. besitzt, tritt z. B. einen Teil seines Geschäftsanteils im Betrage von 1000 M. an B ab und behält selbst den Rest des Geschäftsanteils von 500 M. **Es ist dabei als besonders wichtig hervorzuheben, daß von jedem Geschäftsanteile nur in Nennbeträgen ausgedrückte Teile abgetreten werden können.** Ist z. B. ein Geschäftsanteil zum Teil bezahlt, zum Teil noch nicht bezahlt, so haben die Parteien oft den Wunsch, den bezahlten oder den nicht bezahlten Teil zu erwerben. Das ist nicht angängig. Es kann nur vom ganzen Geschäftsanteil ein in einer Ziffer ausgedrückter Teilbetrag abgetreten werden, und mit dieser Abtretung gehen die Rechte und Pflichten, die auf dem ganzen Geschäftsanteile haften, pro rata über (unten Anm. 21 ff.). Ebenso kann, wenn ein Geschäftsanteil zum Teil durch Sacheinlagen, zum Teil durch Bareinlage gedeckt ist, nicht etwa der letztere Teil abgetreten werden, was z. B. die Parteien dann wünschen, wenn sie aus der Art der Sacheinlage Regreßverbindlichkeiten befürchten und diese mit der Cession nicht übernehmen wollen. Allein eine solche Teilabtretung ist begrifflich unzulässig, es kann vielmehr nur vom ganzen Geschäftsanteil ein bestimmter Nennbetrag abgetreten werden (unten Anm. 23).

Anm. 2. Eine Teilung im Sinne des vorliegenden Paragraphen ist es nicht, wenn jemand einen anderen zum ideellen Miteigentümer seines Geschäftsanteiles macht. A, der alleinige Inhaber eines Geschäftsanteiles, veräußert z. B. das Miteigentum daran zur Hälfte an B. Dadurch wird der Geschäftsanteil nicht geteilt. Er bleibt ziffermäßig und rechtlich ein einheitlicher Geschäftsanteil. Es liegt freilich eine Abtretung im Sinne des § 15 und eine Veräußerung im Sinne des § 16, nicht aber eine Teilung im Sinne des § 17 vor. Daraus folgt: Jede Einräumung des Miteigentums muß, um gültig zu sein, der Form und den sonstigen Voraussetzungen des § 15 entsprechen. Sie muß, um der Gesellschaft gegenüber wirksam zu sein, gemäß § 16 angemeldet werden. Aber sie hat nicht die Wirkungen des § 17. Es entstehen nicht zwei selbständige Geschäftsanteile. Es werden beide Miteigentümer aus dem einheitlich gebliebenen Geschäftsanteil berechtigt. Ihre Stellung zur Gesellschaft im Falle der Anmeldung richtet sich nach § 18. Analoges gilt, wenn mehrere Miteigentümer zur gesamten Hand sich derart auseinandersetzen, daß jeder einen Miteigentumsanteil erhält. Findet die Aufteilung eines solchen im Miteigentum stehenden

Geschäftsanteils in Stücke statt, so liegt eine Teilung im Sinne des § 17 vor. Es bedarf der Genehmigung der Gesellschaft, falls der Gesellschaftsvertrag hiervon nicht befreit. § 17.

Eine Teilung im Sinne des vorliegenden Paragraphen liegt ferner nicht vor, wenn nicht ein Teil des Geschäftsanteils, sondern wenn die aus dem Geschäftsanteile fließenden vermögensrechtlichen Ansprüche (ganz oder zum Teil) veräußert werden. Hier bedarf es der Genehmigung der Gesellschaft nicht (vgl. unten Anm. 25). Anm. 3.

II. **Auf welchem Wege ist die Teilung überhaupt nur zulässig? Die Antwort ist: auf dem Wege der Veräußerung oder auf dem Wege der Vererbung** (Abs. 6). Nur dadurch, daß von einem Gesellschafter ein Teil seines Geschäftsanteils veräußert wird, oder daß ein Erblasser in seiner letztwilligen Verfügung einen Geschäftsanteil zum Teil dem einen, zum Teil dem anderen seiner Erben vermacht, kann eine Teilung eintreten. Es kann nicht etwa die Gesellschaft einem Gesellschafter als Äquivalent für seine Kapitaleinlage einen in mehrere Teile zerfallenden Geschäftsanteil gewähren. Denn das wären ja nichts weiter als mehrere Geschäftsanteile und mehr als ein Geschäftsanteil kann keinem Gesellschafter bei der Errichtung der Gesellschaft oder bei der Kapitalserhöhung gewährt werden (§ 5 Abs. 2, § 55 Abs. 4 des Gesetzes). Ebenso kann kein Gesellschafter seinen Geschäftsanteil durch einseitigen Akt, auch nicht mit Genehmigung der Gesellschaft, in seiner Hand teilen, gewissermaßen auf Vorrat, um alsdann die Veräußerung in kleinen Abschnitten leichter bewirken zu können. Eine derartige Teilung wäre bis zur Veräußerung der betreffenden Teile rechtlich bedeutungslos. Auch durch die Vererbung entsteht im allgemeinen keine Teilung. Vielmehr fallen die zum Nachlaß gehörigen Geschäftsanteile den mehreren Erben als Gesamteigentum zu. Doch kann der Erblasser die Teile im Testament festsetzen. Das ist dann ein Fall, wo durch Vererbung Teilung eintritt. Und ferner können sich die Erben derart auseinandersetzen, daß jedem ein realer Teil überlassen wird. Alles dies ist in Absatz 6 zum Ausdruck gebracht. „Außer dem Falle der Veräußerung und Vererbung findet eine Teilung von Geschäftsanteilen nicht statt." Anm. 4.

Übrigens ist die Teilbarkeit durch Veräußerung oder Vererbung vom Gesetze nur gestattet, nicht etwa zwingend angeordnet. Der Gesellschaftsvertrag kann sie ausschließen. Auch das ist in Abs. 6 bestimmt. Enthält der Gesellschaftsvertrag eine derartige Bestimmung, so ist die Teilung nicht gestattet, auch nicht mit Genehmigung der Gesellschaft. Nur eine Statutenänderung könnte hier etwas ändern. Die Erben, an welche ein solcher Geschäftsanteil übergeht, sind dann nicht in der Lage, ihn unter sich zu teilen. Sie sind auf die Rechtsstellung des § 18 der Gesellschaft gegenüber angewiesen, wenn sie es nicht vorziehen, den ganzen Anteil einem von ihnen zu überlassen. Das Gleiche gilt, wenn der Gesellschafter durch letztwillige Verfügung den Erben bestimmte Teile seines Geschäftsanteils vermacht hat. Diese letztwillige Bestimmung ist in solchem Falle, weil gegen den Gesellschaftsvertrag verstoßend, ungültig. Anm. 5.

III. **An welche Voraussetzungen ist die Veräußerung eines Teiles eines Geschäftsanteiles, soweit sie hiernach gestattet ist, geknüpft?** Anm. 6.

1. **Sie bedarf der gerichtlichen oder notariellen Form** (vgl. Anm. 36 zu § 15).
2. **Sie muß so erfolgen, daß auch die Teile einen Mindestnennbetrag von 500 M. haben** (Abs. 4). Ein Geschäftsanteil im Betrage von weniger als 1000 M. kann also nicht geteilt werden. Denn einer der beiden Teile müßte ja dann weniger als 500 M. betragen, und dies ist unzulässig. Der Gesellschaftsvertrag kann übrigens hier noch weitere erschwerende Bestimmungen treffen, z. B. daß ein Betrag von weniger als 1000 M. nicht abgezweigt werden kann. Anm. 7.
3. **Die gebildeten Teile müssen in Mark durch 100 teilbar sein** (Abs. 4). Es kann also z. B. nicht ein Teil von 550 M. gebildet werden. Anm. 8.
4. **Die Veräußerung muß in einer anderen Urkunde erfolgen, als in derjenigen, in welcher die Veräußerung eines anderen Teiles desselben Geschäftsanteiles an denselben Erwerber erfolgt.** Das ist es, was Abs. 5 anordnet. Mehr verlangt er nicht. Die gleichzeitige Übertragung Anm. 9.

§ 17. mehrerer Teile von Geschäftsanteilen eines Gesellschafters an denselben Erwerber ist zulässig. Man ist darüber einig, daß das Erfordernis der „Nichtgleichzeitigkeit" gewahrt ist, wenn mehrere Urkunden über die Veräußerung der mehreren Teile an denselben Erwerber aufgenommen werden. Es braucht nicht etwa ein Tag oder eine Stunde zwischen den verschiedenen Veräußerungen zu liegen, und es schadet auch nicht, wenn beide Veräußerungen auf demselben obligatorischen Vertrage beruhen. Deshalb ist ein obligatorischer Vertrag gültig, durch welchen sich ein Gesellschafter zur Abtretung mehrerer Teile eines Geschäftsanteiles an denselben Gegenkontrahenten verpflichtet. Auf diesen Vertrag bezieht sich Abs. 5 nicht. Nur die Veräußerung selbst, d. h. die Abtretung ist getroffen.

Anm. 10. Ferner steht nichts entgegen, daß in derselben Urkunde anderweite Veräußerungen beurkundet werden, z. B. die Veräußerung eines anderen Geschäftsanteiles an denselben Erwerber oder die Veräußerung eines Teiles eines anderen Geschäftsanteiles an denselben Erwerber oder die Veräußerung eines Teiles desselben Geschäftsanteiles an einen anderen Erwerber.

Anm. 11. Erfolgt gleichzeitige Übertragung mehrerer Anteile eines Geschäftsanteiles an denselben Erwerber trotz des Absatzes 5, so ist die Übertragung nichtig, auch wenn sie von der Gesellschaft genehmigt war. Birkenbihl Anm. 6 will nur jedem Gesellschafter ein Anfechtungsrecht geben.

Anm. 12. 5. **Die Übertragung bedarf von Gesetzeswegen der Genehmigung der Gesellschaft** (Abs. 1). Doch ist diese Bestimmung zum Teil dispositiv, zum Teil zwingend.

a) Dispositiv ist sie nach Abs. 3 insoweit, als es sich um Veräußerung von Teilen eines Geschäftsanteils an andere Gesellschafter oder um die Teilung von Geschäftsanteilen verstorbener Gesellschafter unter mehrere Erben handelt. Hier kann der Gesellschaftsvertrag von dem Erfordernis der Genehmigung der Gesellschaft absehen. Um so mehr gilt dies für mehrere Miteigentümer oder Eigentümer zu gesamter Hand. In der Überlassung bestimmter Teile des gemeinsamen Geschäftsanteils an einzelne Miteigentümer liegt weniger als eine Veräußerung an einen Gesellschafter (vgl. Anm. 2 zu § 16). In Ermangelung einer derartigen Dispensation durch den Gesellschaftsvertrag ist auch in diesem Falle die Genehmigung der Gesellschaft erforderlich. Unter den Erben sind auch die Vermächtnisnehmer zu verstehen.

Anm. 13. b) Zwingend ist sie auf Grund unseres Absatz 3 in allen übrigen Fällen, also insoweit es sich um Veräußerung an der Gesellschaft fernstehende Personen handelt. Insoweit ist die ohne die Genehmigung der Gesellschaft erfolgte Teilveräußerung nichtig. Eine Statutenbestimmung, welche auch in diesem Falle, also ganz allgemein, von dem Erfordernis der Genehmigung absähe, wäre nichtig und nicht eintragungsfähig und, wenn eingetragen, wirkungslos. Dem würde es gleichstehen, wenn der Gesellschaftsvertrag die Genehmigung ein für allemal erteilen würde. Eine solche generelle Genehmigungserklärung ist gleichbedeutend mit der Befreiung von der Genehmigung. Denn die Genehmigung ist vom Gesetzgeber gedacht als eine auf Grund der Prüfung des betreffenden Falles, insbesondere der Person des Erwerbers, erfolgende konkrete Genehmigungserklärung.

Anm. 14. c) Insoweit hiernach die Genehmigung der Gesellschaft erforderlich ist, ist für sie hier eine bestimmte Form und ein bestimmter Inhalt vorgeschrieben. Die Form besteht darin, daß die Gesellschaft, d. h. ihr gesetzlicher Vertreter, der Geschäftsführer, sie schriftlich erteilt.

Anm. 15. Der Gesellschaftsvertrag kann keine Abweichungen hiervon treffen, er kann nicht eine geringere Form für die Genehmigung vorschreiben, als sie hier im Gesetz angeordnet ist. Er darf nicht bestimmen, daß die Genehmigung von einem anderen Organe ausgesprochen wird als von den Geschäftsführern (so ist es z. B. nicht zutreffend, wenn das Formularbuch des Berliner Anwaltvereins in § 7 seines Statutenentwurfs sagt: „Im übrigen bedarf es zur Veräußerung von Teilen eines Geschäftsanteiles nur der Genehmigung des Aufsichtsrats").

Der Beschluß der Genehmigung selbst erfolgt durch die Gesellschafter, falls das Statut die Befugnis nicht auf andere Organe übertrug (§ 46 Nr. 4). — Vgl. hierüber Anm. 52 zu § 15 und Anm. 18 zu § 47. § 17. Anm. 16.

Außerdem ist hier ein bestimmter Inhalt vorgeschrieben. Derselbe ist in Abs. 2 deutlich vorgeschrieben. Die Genehmigung muß etwa so lauten: Herr Müller besitzt einen Geschäftsanteil der Schlafwagengesellschaft mit beschränkter Haftung zu Ulm im Betrage von 20000 M. Herr Schulze hat einen Teil von 5000 M. hiervon erworben. Dies wird hiermit genehmigt. Auf Herrn Schulze entfällt hiernach ein Teil von 5000 M., auf Herrn Müller ein solcher von 15000 M. Mangelt es an der deutlichen Bezeichnung der Genehmigung, so ist sie unwirksam. Daß sie aber stets die Person des Erwerbers und den Betrag des neugebildeten Geschäftsanteils ausdrücklich enthalten muß, kann nicht verlangt werden. Sie müssen nur deutlich erkennbar sein. Es genügt vollständig, wenn der Geschäftsführer auf der Abtretungsurkunde bemerkt: „Vorstehende Teilung des Geschäftsanteils der Gesellschaft X wird genehmigt." Anm. 17.

Die Genehmigung kann vor der Veräußerung oder nachher erteilt werden (OLG. Hamburg v. 11. 6. 01 in OLGR. 3, 66). Denn wenn auch nach § 184 BGB. die Genehmigung der technische Ausdruck für die nachträgliche Zustimmung ist, so war doch dieser technische Begriff noch nicht eingeführt, als unser Gesetz verfaßt wurde. Endlich kann sie auch gleichzeitig geschehen, nämlich in dem Abtretungsakte selbst, sei es, daß der Geschäftsführer selbst der Cedent ist oder zu dem Abtretungsakt zugezogen wird. In solchen Fällen genügt auch hinsichtlich der sonstigen nach § 17 Abs. 2 erforderlichen Punkte eine ausdrückliche oder stillschweigende Bezugnahme auf den übrigen Inhalt der Urkunde; d. h. es schadet nicht, wenn die Genehmigungserklärung die Person des Erwerbers u. s. w. nicht nennt, wenn nur eine ausdrückliche oder stillschweigende, aber jedenfalls deutliche Bezugnahme auf den übrigen Teil der Urkunde vorliegt, welcher jene Daten enthält. Daß durch die notarielle Form die Form der Schriftlichkeit gewahrt ist, ergibt sich aus § 126 Abs. 3 BGB. Anm. 18.

Die Genehmigung kann willkürlich erteilt oder verweigert werden (vgl. Anm. 54 zu § 15). Anm. 19.

Eine ohne die Genehmigung der Gesellschaft oder ohne formgerechte Genehmigung der Gesellschaft erfolgte Veräußerung ist unwirksam (vgl. hierüber Anm. 55 zu § 15). Sie ist auch dann unwirksam, wenn die Abtretung gehörig erfolgt und der Gesellschaft angezeigt ist (Anm. 5 zu § 16). Der obligatorische Vertrag ist, wenn er nur der Form des § 15 entspricht, wirksam unter der Bedingung der Genehmigung. Kann sie nicht beschafft werden, so liegt Unmöglichkeit der Leistung vor (vgl. hierüber Anm. 55 zu § 15). Der Vertrag ist ungültig (vgl. das bei Parisius-Crüger Anm. 1a zu § 17 zitierte Urteil des RG. v. 18. 4. 96). Ein Schadensersatz des Erwerbers ist hier ausgeschlossen, da er die Bestimmungen des Gesetzes so gut wie der Veräußerer kennen mußte (§ 307 BGB.).

6. **Die Abtretung kann im Gesellschaftsvertrage noch an andere Voraussetzungen geknüpft werden,** wie ja auch die Abtretung ganzer Geschäftsanteile im Gesellschaftsvertrage noch an andere Voraussetzungen geknüpft werden kann (§ 15 Abs. 5). In Bezug auf diese weiteren Voraussetzungen hat der Gesellschaftsvertrag freie Hand. Ordnet er insbesondere eine weitere Genehmigung an (z. B. die aller einzelnen Gesellschafter selbst), so bedarf es für diese Genehmigung nicht der Form des § 17 Abs. 2, außer wenn dies aus dem Gesellschaftsvertrage hervorgeht. Daß die Abtretung auch ganz ausgeschlossen werden kann, darüber siehe oben Anm. 5. Anm. 20.

III. **Die Wirkung der Teilveräußerung** ist, daß der Geschäftsanteil geteilt wird. Anm. 21.

a) In dem abgezweigten Teil des Geschäftsanteils entsteht ein neuer selbständiger Geschäftsanteil. Erwirbt der Veräußerer ihn etwa wieder, so fließt er nicht etwa mit dem zurückbehaltenen Teil in einen Geschäftsanteil wieder zusammen. Auch sukzessiver Erwerb aller Teile eines Geschäftsanteils bewirkt einen solchen Zusammenfluß nicht.

§ 17. b) Der Erwerber erwirbt die Rechte, welche aus der Mitgliedschaft fließen, im
Anm. 22. Verhältnis des von ihm erworbenen Teiles. Diese Rechte gehen im Verhältnis zu den Parteien und auch sonst in jeder dinglichen Richtung schon mit der Veräußerung selbst über. Es gilt hier alles, was bei der Totalveräußerung eines Geschäftsanteils gilt. (Vgl. daher Anm. 64 zu § 15.)

Anm. 23. c) Aber es greift auch § 16 Platz. Der Gesellschaft gegenüber entstehen Rechte und Pflichten des Erwerbers von der Anmeldung an. Auch wenn die Gesellschaft die Teilveräußerung genehmigt hat, ist dies der Fall (vgl. Anm. 5 zu § 16).

Anm. 24. Der Erwerber kann von der Anmeldung ab die aus dem Geschäftsanteile fließenden Rechte pro rata des erworbenen Teiles gegen die Gesellschaft geltend machen. Das gilt von den Verwaltungsrechten (Stimmrecht u. s. w.) und von den vermögensrechtlichen Ansprüchen. Das Nähere s. Anm. 12 ff. zu § 16. Sind an den Geschäftsanteil weitere Rechte geknüpft, z. B. das Recht, jederzeit die Bücher der Gesellschaft einzusehen, Auskunft zu fordern, so ist es Auslegungsfrage, ob diese Rechte auf jeden Teil des Geschäftsanteiles übergehen. Handelt es sich um Rechte, die nicht vervielfacht werden können, ohne die Gesellschaft stärker zu belasten, z. B. das Recht auf den Alleinbezug der Produktion der Gesellschaft, auf den Bezug neuer Geschäftsanteile, so muß, falls der Gesellschaftsvertrag nichts darüber sagt, angenommen werden, daß diese Rechte bei dem in der Hand des früheren Gesellschafters bleibenden Teile zurückbleiben. Gehen gleichzeitig alle Teile in andere Hände über, so muß ein solches unteilbares Recht als diesen mehreren Teileignern gemeinsam behandelt werden (arg. § 18).

Anm. 25. Wie aber steht es mit den Verpflichtungen, die an dem Geschäftsanteil haften? Auch diese gehen anteilmäßig über. Das Gesetz spricht dies zwar nicht ausdrücklich aus. Allein es denkt sich die Veräußerung eines Teiles eines Geschäftsanteiles als teilweises Ausscheiden eines Gesellschafters. Deshalb muß die Rechtslage hier derjenigen analog sein, die beim vollständigen Ausscheiden eines Gesellschafters eintritt. Die letztere ist, daß die Verpflichtungen zu den nach der Anmeldung fällig werdenden Leistungen auf den neuen Gesellschafter übergehen (Näh. Anm. 14—16 zu § 16). Analog muß hier angenommen werden, daß die Verpflichtungen zu den später fällig werdenden Leistungen pro rata auf den Erwerber übergehen. Für den Rest bleibt der Veräußerer weiter haftbar. Für die Rückstände haftet er solidarisch neben dem Teilerwerber (§ 16 Abs. 3). Ist z. B. ein Geschäftsanteil von 10000 M. in Höhe von 3000 M. noch nicht bezahlt und erwirbt jemand einen Teil dieses Geschäftsanteils in Höhe von 8000 M., so geht die Verpflichtung zur Zahlung jener 3000 M. zu $^{8}/_{10}$ auf den Cessionar über. Es kann diese Rechtsfolge nicht dadurch umgangen werden, daß nur der „bezahlte" Teil des Geschäftsanteils abgetreten wird. In dieser Weise läßt sich der Geschäftsanteil nicht zerlegen (oben Anm. 1). Die 3000 M. restieren vielmehr auf den ganzen Geschäftsanteil. Ebenso läßt sich auch der nicht bezahlte Geschäftsanteil nicht absondern, oder der durch Sacheinlagen gedeckte Teil des Geschäftsanteils; vielmehr immer nur vom ganzen Geschäftsanteil ein Nennbetrag. — Bei rein persönlichen Leistungen ist ein Verbleiben aller Verpflichtungen beim Veräußerer anzunehmen. (So zutreffend Liebmann Anm. 5; Birkenbihl Anm. 2). Bei unteilbaren Leistungen kann nicht (mit Liebmann-Birkenbihl) das Gleiche angenommen werden. Vielmehr ist hier Gesamtschuld anzunehmen (§ 431 BGB.).

Anm. 26. **Zusatz 1. Kann ein Teil eines Geschäftsanteils auch verpfändet werden?** Das muß bejaht werden. Der Geschäftsanteil bildet zwar ein Ganzes. Nur durch Veräußerung kann er geteilt werden, und die Verpfändung ist keine Veräußerung. Allein nach § 1274 Abs. 2 BGB. kann ein Recht insoweit verpfändet werden, als es übertragbar ist. Nur insoweit, aber insoweit doch jedenfalls. Soweit also die teilweise Veräußerung zulässig ist und unter den Voraussetzungen derselben ist auch die teilweise Verpfändung zulässig (vgl. Näheres wegen der Form der Verpfändung, der Genehmigung der Gesellschaft u. s. w. Anm. 2 u. 3 im Exk. zu § 15). Die Verpfändung eines Teiles des Geschäftsanteiles ändert an den gesellschaftlichen Verwaltungsrechten des Gesellschafters (Stimmrecht u. s. w.) nichts, wie ja auch die Verpfändung des ganzen Geschäftsanteiles daran nichts ändert (Anm. 4 im Exk. zu § 15). Aber sie hat zur Folge, daß die Rechte auf Einziehung der vermögensrechtlichen Leistungen pro rata von dem Pfandgläubiger geltend gemacht werden können (vgl. Anm. 4 im Exk. zu § 15). Kommt es zur Verwertung des Pfandes, so kann nur der Teil des Geschäftsanteils versteigert werden. Die Genehmigung zur Teilung ist mit der Genehmigung zur Teilverpfändung schon gegeben. Zu unterscheiden hiervon ist die Verpfändung des Geschäftsanteils bis zur Höhe einer bestimmten Summe (vgl. Anm. 8 Exk. zu § 15). — Der Geschäftsanteil kann mehrere Miteigentümer haben, und von diesen kann jeder seinen ideellen Miteigentumsanteil verpfänden (§ 1258 BGB.). § 17. Anm. 27.

Auf ganz anderem Gebiete liegt es, daß die vermögensrechtlichen Ansprüche, welche aus dem Geschäftsanteile fließen, die Ansprüche auf Gewinn, das Auseinandersetzungsguthaben u. s. w., selbständig verpfändet werden können, ganz oder zum Teil (Anm. 7 zu § 15). Darin liegt nicht die Verpfändung des Geschäftsanteils als solchen, auch nicht eines Teiles des Geschäftsanteils.

Zusatz 2. Kann ein Teil eines Geschäftsanteils gepfändet werden? Auch das muß bejaht werden. Auch die Zulässigkeit der Pfändung folgt den Regeln der Übertragbarkeit. Ein Recht ist insoweit pfändbar, als es übertragbar ist (§§ 851, 857 CPO.). Es kann hiernach ein Teil eines Geschäftsanteils gepfändet werden. Wie die Pfändung bewirkt wird, darüber s. Anm. 11 im Exkurs zu § 15. Sie hat zur Folge, daß der Gesellschafter diesen Teil nicht mehr zum Schaden des Pfändungsgläubigers veräußern kann und daß die Gesellschaft die vermögensrechtlichen Leistungen, die aus dem Geschäftsanteil fließen, zu dem gepfändeten Teil an den Gesellschafter nicht mehr bewirken kann. Anm. 28.

Im weiteren Verlauf der Pfändung kann der gepfändete Teil im Wege der Zwangsversteigerung veräußert werden (vgl. Anm. 2 im Exkurs zu § 15). Durch solche Veräußerung wird eine Teilung des Geschäftsanteils gemäß § 17 bewirkt. Anm. 29.

Die Pfändung kann jedoch nur insoweit erfolgen, als die Veräußerung erfolgen darf. (Vgl. Anm. 17 im Exkurse zu § 15.) Sie kann also nur erfolgen, wenn die Teilung des Geschäftsanteils nicht durch den Gesellschaftsvertrag überhaupt ausgeschlossen ist, und immer mit der Maßgabe, daß sie nur dann wirksam ist, wenn die erforderliche Genehmigung erteilt wird, und daß die Veräußerung an solche Personen erfolgt, an welche die Veräußerung zulässig ist. Es wird sich empfehlen, wenn auch nicht gerade erforderlich sein, daß diese Bedingungen der Wirksamkeit in den Pfändungsbeschluß aufgenommen werden (vgl. auch KG. v. 8. 5. 05 in OLGR. 10, 394). Ist die Teilveräußerung überhaupt ausgeschlossen oder ist die etwa erforderliche Genehmigung nicht erteilt, so sind die exekutorischen Rechtsakte unwirksam. Neukamp Anm. 6 will nicht die Nichtigkeit eintreten lassen, sondern nur die Widerspruchsklage gemäß § 772 CPO. geben, weil es sich hier bloß um ein Veräußerungsverbot zum Schutze bestimmter Personen handelt. Das trifft aber nicht zu. Die in § 17 unseres Gesetzes angeordnete Erschwerung der Veräußerung ist im öffentlichen Interesse angeordnet, nicht bloß zum Schutze bestimmter Personen. Anm. 30.

Nichts zu tun hiermit hat die Frage, inwieweit die Pfändung von vermögensrechtlichen Ansprüchen, welche aus der Mitgliedschaft fließen (Ansprüche auf Gewinn, Ausschüttungsguthaben u. s. w.) pfändbar sind. Hierin liegt nicht die Pfändung eines Teiles des Geschäftsanteils. Vgl. hierüber Anm. 16 im Exkurs zu § 15. Anm. 31.

§ 18.

Steht ein Geschäftsanteil mehreren Mitberechtigten ungeteilt zu, so können sie die Rechte aus demselben nur gemeinschaftlich ausüben.

Für die auf den Geschäftsanteil zu bewirkenden Leistungen haften sie der Gesellschaft solidarisch.

Rechtshandlungen, welche die Gesellschaft gegenüber dem Inhaber des Anteils vorzunehmen hat, sind, sofern nicht ein gemeinsamer Vertreter der Mit-

§ 18. berechtigten vorhanden ist, wirksam, wenn sie auch nur gegenüber einem Mitberechtigten vorgenommen werden. Gegenüber mehreren Erben eines Gesellschafters findet diese Bestimmung nur in Bezug auf Rechtshandlungen Anwendung, welche nach Ablauf eines Monats seit dem Anfalle der Erbschaft vorgenommen werden.

Einleitung. **Der vorliegende Paragraph behandelt das Verhältnis der Gesellschaft zu den mehreren Mitberechtigten eines ungeteilten Geschäftsanteils.**

Anm. 1. I. **Vorausgesetzt ist, daß mehrere Mitberechtigte eines Geschäftsanteils der Gesellschaft gegenüber vorhanden sind.**

1. **Mehrere Mitberechtigte müssen vorhanden sein.** Der Fall liegt nur vor, wenn an einem ungeteilten Geschäftsanteil mehrere Personen mitberechtigt sind, sei es als Miteigentümer oder als Eigentümer zur gesamten Hand. Der Fall, daß von mehreren Personen jedem ein Teil eines Geschäftsanteils gehört, gehört nicht hierher. Denn das sind ja in Wahrheit mehrere Geschäftsanteile (vgl. Anm. 21 zu § 17).

Anm. 2. 2. **Der Gesellschaft gegenüber** müssen mehrere Mitberechtigte vorhanden sein. Macht daher jemand eine andere Person zum Miteigentümer seines Anteils, ohne sie anzumelden, so liegt der Fall des vorliegenden Paragraphen nicht vor. Ebenso nicht, wenn mehrere Personen gemeinschaftlich einen Geschäftsanteil erwerben, den gemeinschaftlichen Erwerb aber nicht anmelden, sondern der Gesellschaft gegenüber nur einer als Erwerber erscheint. Umgekehrt liegt der Fall des vorliegenden Paragraphen vor, wenn mehrere Personen einen Geschäftsanteil erwerben, dies der Gesellschaft angemeldet wird, die mehreren Berechtigten aber den Geschäftsanteil veräußern oder unter sich realiter teilen, ohne daß dieser Akt der Gesellschaft angemeldet wird.

Anm. 3. **Möglichkeiten.** Bei der Entstehung unseres Gesetzes richteten sich die Möglichkeiten der ungeteilten Mitberechtigung nach Partikularrecht. Jetzt sind die Bestimmungen des BGB. maßgebend. Dieses stellt unter dem Titel „Gemeinschaft" die allgemeinen Regeln für jede Mitberechtigung auf (§§ 741 ff.). Daneben bestehen Sondervorschriften für eine Reihe von Gemeinschaften: für die Gesellschaft (§§ 705 ff.), für die eheliche Gütergemeinschaft (§§ 1438 ff., 1519 ff., 1549 ff.) und für die Erbgemeinschaft (§§ 2032 ff.). Bei diesen drei Sondergruppen ist der deutschrechtliche Gedanke der gesamten Hand durchgeführt. Bei der gewöhnlichen Gemeinschaft hält das BGB. an der römischrechtlichen Auffassung der festen Anteile der einzelnen Berechtigten fest. Soweit unser Gesetz Bestimmungen über den gemeinschaftlichen Geschäftsanteil aufstellt, gelten diese für jede Art der Gemeinschaft. Soweit solche nicht gegeben sind, bewendet es bei den Regeln des BGB. für die jeweils in Frage stehende Art der Gemeinschaft. Dabei fällt jede Gemeinschaft, die nicht zu den besonders geregelten Gruppen gehört, unter die Kategorie der gewöhnlichen Gemeinschaft.

Anm. 4. Eine Gesellschaft des bürgerlichen Rechts macht den Geschäftsanteil zu einem Bestandteile des Gesellschaftsvermögens (§ 718 BGB.). Dies gilt auch dann, wenn die Gesellschaft nur zum Zwecke eines gemeinschaftlichen Erwerbes des Geschäftsanteils begründet wurde. Gläubiger eines Gesellschafters können daher nicht in den Anteil ihres Schuldners vollstrecken, sondern nur die Auseinandersetzung der Gesellschaft herbeiführen. Darüber, daß schon bei der Gründung der gemeinsame Erwerb eines Geschäftsanteils zulässig ist vgl. Anm. 8 zu § 2.

Bei der ehelichen Gütergemeinschaft gehört der Geschäftsanteil zu dem Gesamtgut und untersteht den Vorschriften über dieses. Eine unentgeltliche Verfügung des Ehemannes ist ohne Mitwirkung der Ehefrau unwirksam. Die entgeltliche steht ihm allein zu.

Bei der Erbengemeinschaft ist die Verfügung jedes einzelnen Miterben über den Anteil an dem zum Nachlasse gehörenden Geschäftsanteil ausgeschlossen (§ 2033 Abs. 2 BGB.). Ebenso ist die Zwangsvollstreckung durch einen Gläubiger eines Erben unzulässig.

Die gewöhnliche Gemeinschaft entsteht z. B. durch das Vermächtnis eines Geschäftsanteils an mehrere Legatare. Ebenso wenn mehrere schadensersatzpflichtige Beauftragte den Schadensersatz für den auftragswidrig erworbenen Geschäftsanteil durch Übernahme desselben für eigene Rechnung leisten (vgl. Anm. 37 zu § 15). Endlich da, wo eine Gesellschaft beabsichtigt war, ein gültiger Gesellschaftsvertrag jedoch nicht vorliegt. In solchen und ähnlichen Fällen steht jedem Mitberechtigten sein ideeller Anteil an dem gemeinschaftlichen Geschäftsanteile zu. Er kann über denselben verfügen und ihn ohne Mitwirkung seiner Mitberechtigten verkaufen (§ 747 Satz 1 BGB.). Soweit nach dem Gesellschaftsvertrag die Veräußerung der Geschäftsanteile der Genehmigung bedarf, bedarf es auch die Veräußerung dieser Quoten. Ohne solche Vorschrift des Statuts ist der Gemeinschaftsanteil frei veräußerlich. Die Bestimmung des § 17 Abs. 1 über die Veräußerung eines Teiles eines Geschäftsanteils ist nicht anwendbar. § 18. Anm. 5.

Die Aufhebung jeder Gemeinschaft und deren Auseinandersetzung richtet sich nach den Vorschriften der §§ 752 ff., auch bei Gesellschaften (§ 731), bei der ehelichen Gütergemeinschaft (§ 1477 Abs. 1) und der Erbgemeinschaft (§ 2042 Abs. 2). Die Vorschrift der Naturalteilung (§ 752) tritt aber hinter der des § 17 Abs. 1 zurück. Die Gesellschaft kann die Zustimmung zur Zerlegung in mehrere Geschäftsanteile versagen. Dann ist die Teilung in Natur ausgeschlossen (§ 753 Abs. 1 Satz 1). Es erfolgt die Aufhebung der Gemeinschaft mangels anderweiter Einigung im Wege der Versteigerung nach den Vorschriften über den Pfandverkauf. Wird die Genehmigung der Gesellschaft zur Veräußerung an die dritten Ansteigerer versagt, so ist der Geschäftsanteil unter den Teilhabern zu versteigern. Denn diese Versagung macht die Veräußerung an Dritte unstatthaft (§ 753 Abs. 1 Satz 2). Anm. 6.

Auf Gesellschaften, die selbständige Partei- oder Rechtsfähigkeit haben, offene Handelsgesellschaften und Kommanditgesellschaften, Aktiengesellschaften und GmbH. ist § 18 nicht anwendbar. Hier steht der Geschäftsanteil der Gesellschaft als solcher, die selbständig Rechte und Pflichten haben kann, zu. Die Haftung für die Verpflichtungen des Gesellschafters richtet sich nach der für die in Frage kommende Gesellschaftsform geltende Regel. Die offenen Handelsgesellschafter haften als Gesamtschuldner persönlich, während die Kommanditisten nur bis zur Einlage, die Aktionäre und Gesellschafter einer GmbH. überhaupt nicht persönlich haften. Anm. 7.

II. Liegt der Gesellschaft gegenüber das Vorhandensein mehrerer Mitberechtigungen an einem ungeteilten Geschäftsanteil vor, **so gelten für das Verhältnis der Gesellschaft zu den mehreren Mitberechtigten, einerlei welches Verhältnis zwischen den mehreren Mitberechtigten besteht** (vgl. Anm. 3), **folgende drei Bestimmungen:** Anm. 8.

1) Sie können die Rechte gegenüber der Gesellschaft nur gemeinschaftlich ausüben (Abs. 1).
2) Sie haften der Gesellschaft für die an sie zu bewirkenden Leistungen solidarisch (Abs. 2).
3) Rechtshandlungen, welche die Gesellschaft gegenüber einem Gesellschafter vorzunehmen hat, kann sie wirksam gegen einen Mitberechtigten vornehmen (Abs. 3).

1. (Abs. 1.) **Die mehreren Berechtigten können ihre Rechte gegen die Gesellschaft nur gemeinschaftlich ausüben.** Bei der Gesellschaft bürgerlichen Rechts und bei der Erbengemeinschaft deckt sich diese Vorschrift mit den Bestimmungen des BGB. Jeder Gesellschafter und Miterbe muß schon kraft bürgerlichen Rechts entweder eine Vertretungsvollmacht der anderen Beteiligten nachweisen oder die Mitwirkung der anderen herbeiführen. Eine Willenserklärung über den gemeinschaftlichen Geschäftsanteil ist anderenfalls ohne Wirkung (§§ 714, 2033 Abs. 2 BGB.). Für die gewöhnliche Gemeinschaft wäre nach BGB. das Gegenteil anzunehmen (Planck Kommentar II Bem. zu §§ 744—746). Durch § 18 ist die Gemeinschaft in dieser Richtung der Gesellschaft gleichgestellt. Für die eheliche Gütergemeinschaft ist dagegen § 18 ohne Einfluß. Hier bleibt die Vertretungsbefugnis des Ehemannes maßgebend. Das Gesamtgut unterliegt der Verwaltung des Mannes (§ 1443 BGB.). Nach Auflösung der Gütergemeinschaft und während der Auseinandersetzung Anm. 9.

§ 18. tritt § 18 wieder in Wirksamkeit. Er deckt sich dann mit der Vorschrift des § 1472 Abs. 1 Satz 1 BGB. Nur solange weder der Ehemann noch die Gesellschaft von der Auflösung der Gemeinschaft Kenntnis haben, besteht seine Verwaltungsbefugnis weiter. Seine Rechtsakte gegenüber der Gesellschaft sind dann gültig (§§ 1472 Abs. 1, 1424 BGB.).

Anm. 10. Soweit nur eine gemeinschaftliche Ausübung der Rechte aus dem Geschäftsanteile zugelassen ist, bezieht sich dies insbesondere auch auf die gesellschaftlichen Mitverwaltungs- (Herrschafts-)rechte. Die Mitberechtigten können nur gemeinschaftlich stimmen, nur gemeinschaftlich einen Beschluß anfechten, nur gemeinschaftlich einen Antrag einbringen, nur gemeinschaftlich eine Gesellschafterversammlung berufen u. s. w. Die gemeinschaftliche Ausübung kann in der Weise erfolgen, daß alle Beteiligten eine übereinstimmende Erklärung abgeben oder daß sie einen gemeinsamen Bevollmächtigten aufstellen. Eine Beschränkung auf den letzteren Weg, wie sie § 225 Abs. 1 HGB. für das Aktienrecht vorschreibt, kennt unser Gesetz nicht. Einigen sich die mehreren Mitberechtigten nicht, so ist eine Ausübung ihres Rechtes nicht möglich. Ihre Gesamtheit gleicht einem Menschen, der zu keinem Entschlusse kommt und sich daher der Abstimmung enthält. In dieser Weise ist auch der Geschäftsanteil einer solchen Gesamtheit bei Abstimmungen u. s. w. zu behandeln.

Anm. 11. Die von einem Mitberechtigten allein, ohne Vollmacht der anderen abgegebene Erklärung ist wirkungslos. Sie kann aber durch nachträgliche Genehmigung wirksam werden. Diese Genehmigung macht die Erklärung von Anfang an wirksam (§ 184 Abs. 1 BGB.). Es ist daher z. B. die innerhalb einer bestimmten Frist nach Genehmigung der Bilanz zulässige Erklärung der Auflösung rechtzeitig, sobald sie auch nur von einem der mehreren Inhaber des Geschäftsanteils erfolgt, wenn auch die Einwilligung der anderen erst nach Ablauf der Frist eintrifft.

Sowohl Vollmacht als Einwilligung erfolgen formlos (§ 167 Abs. 2 BGB.), soweit nicht das Gesetz ein anderes ausdrücklich bestimmt, z. B. bei Abstimmungen (§ 47 Abs. 3).

Anm. 12. Auch die Gesellschaft ist daran gebunden. Sie hat z. B. die Ausübung des Stimmrechts nur zu dulden, wenn sie von allen Mitberechtigten gemeinsam oder durch einen gemeinschaftlichen Vertreter geschieht.

Anm. 13. Wie die Gesellschafter nach ihren internen Rechtsverhältnissen zur Ausübung der Rechte aus dem Geschäftsanteil befugt sind, ist der Gesellschaft gegenüber gleichgültig. Der Gesellschaft gegenüber müssen sie sich dahin einigen, daß alle gemeinsam oder ein Vertreter für sie die Rechte ausübt.

Anm. 14. An sich bezieht sich dies alles auch auf die vermögensrechtlichen Leistungen. Hier aber haben die Mitberechtigten es leichter in der Hand, durch Übertragung der Gewinnansprüche an einen von ihnen oder an eine dritte Person die Rechte geltend zu machen.

Anm. 15. Diesem Willen des Gesetzes, das nur eine gemeinsame Ausübung der Rechte kennt, entspricht die Eigenschaft des Rechtes des einzelnen, das als „nicht reaktionsfähig", als „gebunden" bezeichnet wird, Eigenschaften, die sich entsprechend auch bei anderer Rechtserscheinung zeigen, z. B. bei mehreren Servitutberechtigten. Hieraus ergeben sich die weiteren Folgen im einzelnen. Hier ist hervorzuheben: Jede Klage eines Mitgesellschafters allein ist unzulässig. Sie ist von Amtswegen abzuweisen, auch wenn die Gesellschaft keinen Einwand daraus ableitet. Dazu gehört auch die Klage auf Anfechtung eines Beschlusses der Gesellschafter. Klagen sämtliche Mitberechtigte, so bilden sie eine Streitgenossenschaft im Sinne des § 60 CPO. Die gemeinschaftliche Ausübung des Rechtes und die ihr zu Grunde liegende Gebundenheit der Einzelbefugnis führt dazu, daß kein Recht gegen die Gesellschaft durch einen Mitberechtigten ohne die anderen festgestellt werden kann.

Anm. 16. Überall handelt es sich dabei nur um die Ausübung der Rechte gegen die Gesellschaft. Bezüglich der Rechte der Gemeinschaftsgenossen untereinander bleibt es bei der Regel des BGB. Das Recht des Gemeinschaftsgenossen, seinen Anteil zu veräußern, steht ihm trotz § 18 zu (§ 747 BGB.; a. M. Merzbacher Anm. 1e zu § 18). Hier tritt lediglich der neue Berechtigte an Stelle des alten. Er muß den **§ 18.** Erwerb der Gesellschaft anzeigen (§ 16). Er hat dann mit den anderen Genossen die Rechte aus dem Geschäftsanteile auszuüben.

2. (Abs. 2.) **Für die auf den Geschäftsanteil zu bewirkenden Leistungen haften die mehreren Mitberechtigten solidarisch.** In welchem Verhältnisse die mehreren Mitberechtigten zu einander stehen, geht die Gesellschaft nichts an. Ihr gegenüber haften sie alle solidarisch, d. h. als Gesamtschuldner gemäß §§ 421 ff. BGB. Sache der Mitberechtigten ist es, die ihren internen Rechtsverhältnissen enspreсhenden Ausgleichungen zu bewirken, wenn auf Grund dieser Solidarhaft von einem Mitberechtigten mehr eingezogen werden sollte, als dies dem Maßstabe der internen Beteiligung entspricht. Anm. 17.

Auch hier liegt für die Gesellschaft des bürgerlichen Rechts keine Abweichung von dessen Regeln vor. Die Mitglieder dieser Gesellschaft haften für die Schulden derselben ebenfalls samtverbindlich (§ 427 BGB.). Anders bei der Gemeinschaft. Hier würde bei einer Übertragung des Geschäftsanteils zu Bruchteilen an mehrere durch Rechtsgeschäft oder Gesetz keine solche Verpflichtung bestehen. Hier ist die Bestimmung unseres Gesetzes von Bedeutung. Wenn ein Gesellschafter von seinem Geschäftsanteil von 60000 M., auf den 50 Proz. einbezahlt sind, zuerst eine Quote von einem Drittel dem A, später ein weiteres Drittel dem B und das letzte Drittel dem C verkauft, so haftet jeder derselben, obwohl nur zu einem Drittel berechtigt, doch auf die vollen 30000 M. restierender Einlage. Ebenso für alle sonstigen Ansprüche, wie Regreßforderung für entwertete Sacheinlagen, für Leistungen gemäß § 3 Abs. 2, für Nachschüsse u. s. w. Während bei der bürgerlichen Gesellschaft die Auseinandersetzung sich nach dem vertragsmäßigen Grundsatze richtet, besteht bei der Gemeinschaft ein Ersatzanspruch nur auf Grund der Bereicherung (§§ 812ff. BGB.). Es besteht weder ein Vertragsverhältnis, noch kann von einer Geschäftsführung die Rede sein. Denn niemand führt bei einer Zahlung die Geschäfte eines anderen, wenn er mit diesem samtverbindlich haftet. Wohl aber ist jeder der Mitberechtigten grundlos aus dem Vermögen des anderen bereichert, wenn dieser allein aus seinen Mitteln den Geschäftsanteil voll einbezahlte. Für die Erbgemeinschaft vgl. unten Anm. 22. Anm. 18.

Zu den zu bewirkenden Leistungen gehören alle Verpflichtungen, welche dem Gesellschafter als solchem obliegen: die Einzahlungen auf das Kapital, die etwa rückständigen Sacheinlagen, die Gewährleistung aus ungehöriger oder verspäteter Einlage, die Leistungen aus § 3 Abs. 2 des Gesetzes, aus § 24 des Gesetzes. Anm. 19.

In dieser Solidarhaft liegt ein erheblicher Anlaß für die mehreren Berechtigten, sich auseinanderzusetzen und die Gemeinschaft aufzuheben. Andererseits liegt darin auch für die Gesellschaft ein Anlaß, die Zustimmung zur Aufhebung der Gemeinschaft zu versagen, wenn sie, soweit es sich um Realteilung handelt (§ 17 Abs. 1), zu solcher Versagung berechtigt ist. Anm. 20.

Die Aufhebung der Gemeinschaft kann auf die verschiedenste Weise erfolgen: durch reale Teilung unter den Mitberechtigten, durch Überlassung des Geschäftsanteils an einen von ihnen, durch Veräußerung an einen Dritten. Ob darin im Einzelfall eine Abtretung nach § 15 und eine Veräußerung nach § 17 liegt, darüber ist zu diesen Paragraphen gehandelt worden (vgl. Anm. 12 und 38 zu § 15). Auf alle Fälle muß die Aufhebung der Gesellschaft gegenüber erfolgen, also gemäß § 16 angemeldet werden, wenn sie nach § 18 wirken soll. Anm. 21.

Was den Fall betrifft, in welchem die Mitberechtigung zufolge Vererbung eintritt, so tritt allerdings auch hier die Solidarhaft ein. Doch haften die Erben zunächst als Erben, also beschränkt oder doch mit dem Rechte, sich die beschränkte Haftung zu sichern. (Über die Streitfrage der Haftung der Erben vgl. u. a. Planck, Kommentar zum BGB. V Bemerkung zu § 1967.) Bei der Auslegung des analogen § 225 HGB. war man in der Reichstagskommission dieser Ansicht, und die Wissenschaft folgt dem bei der Auslegung des § 225 HGB. Hier muß dasselbe gelten. Die gegenteilige Meinung von Förtsch Anm. 22.

§ 18. Anm. 2, daß der Erbe im Falle des § 18 stets unbeschränkt hafte, kann zu entsetzlichen Härten führen. Der Erbe, der den Nachlaß nicht kennt, schlägt ihn nicht aus, weil er sich sagt, daß er ja schlimmsten Falles nur beschränkt haftet und nicht mehr hinzugeben braucht, als der Nachlaß ihm bietet. Stellt sich nun heraus, daß zu dem Nachlaß ein Geschäftsanteil einer GmbH. gehört, auf welchem Einzahlungsverpflichtungen oder Verpflichtungen gemäß § 3 Abs. 2 oder auf Schadensersatz wegen Mängel der Einlage oder aus § 24 des Gesetzes ruhen, so muß er, wenn man der entgegengesetzten Meinung folgt, alle diese Verpflichtungen aus seinem eigenen Vermögen erfüllen, auch wenn alles, was ihm der Nachlaß bietet, nur 1000 M. wert ist, und jene Verpflichtungen eine Schuldenlast von einer Million darstellen. Nichts deutet darauf hin, daß das Gesetz eine solche Härte wollte. Das müßte ja dazu führen, allen Erben zu raten, alle Erbschaften auszuschlagen, damit sie nicht unvermutet Anteile einer GmbH. im Nachlasse finden, an welche sich vermögensrechtliche Leistungen von erschreckender Tragweite knüpfen. Die hier vertretene Meinung führt zu durchaus annehmbaren Ergebnissen. Die Gesellschaft hat es in der Hand, festzustellen, ob die Erben mit ihrem Vermögen oder nur nach Kräften des Nachlasses haften (§ 1994 BGB.). Wenn die rückständigen oder später fällig werdenden Leistungen unter Hinweis auf die beschränkte Haftung nicht bewirkt werden, so stehen der Gesellschaft alle Rechte zu, welche ihr das Gesetz und der Vertrag einem rückständigen Gesellschafter gegenüber gewährt (z. B. Kaduzierung u. s. w.). Die Verpflichtungen aus § 3 Abs. 2 werden hiernach oft wohl unerfüllt bleiben. Aber das riskiert sie immer dann, wenn einer ihrer Gesellschafter unvermögend wird, und anders liegt der Fall doch nicht, wenn ein Gesellschafter stirbt und zu wenig hinterläßt, um die Verpflichtungen gegen die Gesellschaft zu erfüllen.

Anm. 23. Andererseits muß bemerkt werden, daß die Haftung der mehreren Erben auch dann eine samtverbindliche für die Verpflichtungen als Gesellschafter ist, wenn nach den Bestimmungen des BGB. die Gesamthaft noch nicht eingetreten war (§ 2060 BGB.). Es kann also auch vor der Teilung der Erbmasse kein Erbe die ihm zugestellte Klage auf das Ganze für unzulässig erklären. Er haftet, wenn auch unter der Beschränkung auf die Kräfte der Erbschaft. Ebenso steht der Gesellschaft nicht der Einwand entgegen, daß die Erben durch den Aufruf die Gesamthaft abgewendet haben (§ 2061 BGB.). Das Spezialgesetz geht vor.

Anm. 24. 3. (Abs. 3.) **Rechtshandlungen der Gesellschaft gegenüber dem Inhaber eines Anteiles sind wirksam, wenn sie auch nur gegenüber einem der Mitberechtigten vorgenommen werden.** Nach Abs. 3 gilt das nur, wenn die mehreren Mitberechtigten nicht einen gemeinsamen Vertreter bestellt haben. Ist dies der Fall, so können jedenfalls die Rechtshandlungen diesem gegenüber vorgenommen werden. Aber sie sind auch allen Mitberechtigten gegenüber zulässig. Sie können in diesem Falle nur nicht einem einzelnen Mitberechtigten gegenüber erfolgen. Daß sie aber im Falle der Bestellung eines gemeinsamen Vertreters diesem gegenüber vorgenommen werden müssen, ist nicht gesagt.

Anm. 25. Solche Rechtshandlungen sind z. B. Aufforderung zur Zahlung, Androhung der Kaduzierung, Einladungen zu Gesellschafterversammlungen, Mahnungen bei rückständigen Leistungen gemäß § 3 Abs. 2 u. s. w. Auch hier führt das Gesetz wieder für alle Arten der Mitberechtigung eine eigene Rechtsform ein, die der Reflexwirkung. Die nur einem, auch dem vollmachtlosen Mitberechtigten gegenüber abgegebene Erklärung wirkt auch für alle anderen, obwohl diesen gegenüber nicht erfolgt. Das ist ein Zwangsmittel zur Bestellung des gemeinschaftlichen Vertreters. Die Bestimmung ist von Bedeutung auch für die Gesellschaft des BGB. Denn ohne besondere Absprache vertritt kein Gesellschafter die anderen. Aus der Bestimmung des § 18 Abs. 3 Satz 1 folgt, daß die Klage gegen jeden Mitberechtigten zuzulassen ist. Sie hat Rechtskraft für alle. Wenn die Kaduzierung ausgesprochen ist, so kann die Feststellung über die Wirksamkeit jedem Mitberechtigten gegenüber herbeigeführt werden. Bei einer solchen Klage der Gesellschaft gegen alle Mitberechtigten folgt wieder, daß die besondere Streitgenossenschaft des § 60 CPO. vorliegt. Selbstverständlich muß die dem einen Mitberechtigten gegenüber erfolgende Willenserklärung wirksam sein. Ist das nicht der Fall, etwa weil dieser geschäftsunfähig ist, so tritt auch für die anderen keine Wirkung ein. § 18.

Läuft zu Gunsten der mehreren Miteigentümer eines Geschäftsanteils eine Verjährung, z. B. bei der Gewährleistung für den Mangel eingebrachter Sachen, so unterbricht die Zustellung einer Klage an einen derselben die Verjährung gegenüber allen, vorausgesetzt stets, daß kein Bevollmächtigter für alle vorhanden ist. Anm. 26. Anm. 27.

Im Falle der Erbschaft gilt die Vorschrift des Abs. 3 erst einen Monat nach dem Anfall der Erbschaft. In der Zwischenzeit muß die Erklärung allen Mitberechtigten gegenüber abgegeben werden, wenn sie allen gegenüber wirken soll. Aber natürlich ist auch hier die Erklärung einem gemeinsamen Vertreter gegenüber wirksam. Hier ist die Erklärung, die nicht allen Miterben gegenüber erfolgt, unwirksam. Die Unwirksamkeit der Erklärung auch nur bei einem Miterben nützt auch den andern.

Die Bestellung des Vertreters wirkt erst, wenn sie der Gesellschaft angezeigt ist. Vorher bleibt es bei der Bestimmung des § 18 Abs. 3 Satz 1, auch wenn die Gesellschaft auf anderem Wege von der Bevollmächtigung erfährt. Es ist nicht erfordert, daß die Vollmacht speziell für die Vertretung gegenüber der Gesellschaft ausgestellt ist. Eine Generalvollmacht zur Wahrung der Interessen aller Erben genügt. Ist sie einmal durch die Erben der Gesellschaft angezeigt, und hat der Vertreter eine schriftliche Vollmacht vorgelegt, so kann die Gesellschaft bis zur Kenntnis des Widerrufes wirksam gegenüber dem Vertreter handeln. Anm. 28.

Der Vertreter kann auch durch letztwillige Verfügung bestellt werden. So wenn der Erblasser, der seinen Geschäftsanteil seinen Geschwistern vermachte, bestimmt, daß jeweilen das älteste mit der Vertretung gegenüber der Gesellschaft betraut sein soll. Als gemeinschaftlicher Vertreter der Erben ist endlich auch der Testamentsvollstrecker anzusehen, sofern ihm nicht die Verwaltung des Nachlasses entzogen ist.

Die Bestellung eines Vertreters kann formlos erfolgen (vgl. oben Anm. 11).

§ 19.

Die Einzahlungen auf die Stammeinlagen sind nach Verhältnis der letzteren zu leisten.

Die Stammeinlagen können den Gesellschaftern außer dem Falle einer Herabsetzung des Stammkapitals weder erlassen noch gestundet werden. Eine Aufrechnung können die Gesellschafter nicht geltend machen; ebensowenig findet an dem Gegenstande einer nicht in Geld zu leistenden Einlage wegen Forderungen, welche sich nicht auf den Gegenstand beziehen, ein Zurückbehaltungsrecht statt.

Eine Leistung auf die Stammeinlage, welche nicht in Geld besteht oder welche durch Aufrechnung einer für die Überlassung von Vermögensgegenständen zu gewährenden Vergütung bewirkt wird, befreit den Gesellschafter von seiner Verpflichtung nur, soweit sie in Ausführung einer nach § 5 Absatz 4 getroffenen Bestimmung erfolgt.

Der vorliegende Paragraph enthält einige Vorschriften, welche die Beschaffung des Stammkapitals sichern sollen und zu diesem Zwecke über die Art, wie die Stammeinlageverpflichtungen erfüllt werden müssen, Anordnung treffen. Einleitung.

I. (Abs. 1.) **Die Zahlungen auf die Stammeinlagen sind nach Verhältnis der letzteren zu leisten.** Anm. 1.

1. Die Vorschrift bezieht sich nur auf Geldeinlagen. Das ist unzweifelhaft. Die erste Auflage (Anm. 1 zu § 19) nahm ferner an, sie beziehe sich nur

§ 19. auf diejenigen Geldeinlageverpflichtungen, welche nach Entstehung der Gesellschaft noch entstehen. Die bei der Anmeldung der Gesellschaft erfolgenden Einzahlungen könnten im Verhältnis zu den Stammeinlagen verschieden bemessen sein, wenn sie nur den in § 7 Abs. 2 vorgeschriebenen Mindestbetrag umfaßten. Man wird aber die Regel auch auf die Geldeinzahlung bei der Gründung ausdehnen. Sonst wäre ja durch die Einziehung ungleicher Teile vor der Eintragung das Verbot derselben auch für die spätere Zeit außer Kraft gesetzt.

Anm. 2. 2. Was bedeutet es, daß die Einzahlungen nach Verhältnis der Stammeinlagen zu leisten sind? Keine Schwierigkeit macht die Beantwortung dieser Frage in dem Falle, daß sämtliche Stammeinlagen Geldeinlagen sind und auf alle bei der Anmeldung der Gesellschaft gleichviel eingezahlt ist, so daß bei Entstehung der Gesellschaft auf jede Stammeinlage ein gleich hoher Betrag der Geldeinlage noch aussteht. Daß in diesem Falle die weiteren Einzahlungen nach Verhältnis der Stammeinlagen zu leisten sind, entspricht der Gerechtigkeit. Wie aber, wenn einzelne Stammanteile durch Sacheinlagen, andere durch Geldeinlagen gedeckt werden sollen? Auf diesen Fall paßt die Vorschrift gar nicht. Wenn z. B. ein Gesellschafter einen Anteil von 100000 M. übernimmt und ihn durch Einlegung eines Patentes in diesem Betrage deckt, der andere Gesellschafter eine Geldeinlage von 100000 M. zu machen hat, wovon er 25 Proz. bei der Gründung einzuzahlen hat, wie sollen da der Vorschrift unseres Paragraphen entsprechend die weiteren Einzahlungen „nach Verhältnis der Stammeinlagen" ausgeschrieben werden? Ferner: wenn der eine Gesellschafter eine Sacheinlage von 100000 M. und eine Geldeinlage von 20000 M. auf seinen Stammanteil von 120000 M. zu machen hat, und die Sacheinlage voll, die Geldeinlage zu 25 Proz. gemacht hat, der andere Gesellschafter 100000 M. in Geld einzulegen und davon 25 Proz. eingezahlt hat, sollen hier die beispielsweise auszuschreibenden weiteren 50000 M. wirklich nach dem Verhältnis der Stammeinlagen, diese Worte buchstäblich genommen, also im Verhältnis von 120000 M. zu 100000 M. ausgeschrieben werden, so daß derjenige Gesellschafter, der bereits mehr geleistet und im ganzen weniger bar einzuzahlen hat, bei dieser Ausschreibung mit dem Löwenanteil herangezogen wird? Das alles würde der Gerechtigkeit widersprechen, während die Vorschrift doch gerade ein Ausfluß der Gerechtigkeit sein soll. Deshalb muß der Vorschrift ein anderer Sinn beigelegt werden, sofern nur dieser andere ihrem Zwecke mehr entsprechende Sinn mit dem Wortlaut vereinbar ist.

Anm. 3. Der wahre Sinn der Vorschrift dürfte der sein, daß Einzahlungen auf Geldeinlagen nach Verhältnis der letzteren, soweit sie noch rückständig sind, zu leisten sind. Wer am meisten schuldet, soll am meisten herangezogen werden, wer am wenigsten schuldet, am wenigsten. Das Verhältnis der Stammeinlagen, d. h. der Geldeinlageschulden, soll entscheiden. Das ist mit dem Wortlaute des Paragraphen nicht unvereinbar und entspricht allein dem Sinne der Vorschrift und der Gerechtigkeit.

Anm. 4. 3. Einzahlungen, die dieser Vorschrift zuwider ausgeschrieben werden, brauchen nicht geleistet zu werden. Sie sind nicht einklagbar. Der Beschluß der Gesellschafter, der in Verletzung dieser Vorschrift erfolgte, ist anfechtbar (vgl. Anm. 10 zu § 45).

Anm. 5. 4. Streitig ist, ob die Vorschrift absolut oder nur dispositiv ist, ob der Gesellschaftsvertrag also einen anderen Maßstab für die Ausschreibung der Einzahlungen vorschreiben kann. Die erste Auflage hatte mit Liebmann Anm. 1 die zwingende Natur der Vorschrift verneint. Der Wortlaut des Gesetzes nötige nicht dazu, die absolute Natur der Vorschrift anzunehmen. Ihr Sinn und ihr Zweck ebenfalls nicht. Auch die Motive des Gesetzes (S. 26) ergäben nichts, was auf den zwingenden Charakter dieser Vorschrift hindeute. Sie erklärten, daß die Bestimmung „dem Gemeinschaftsverhältnisse entspricht, in welchem die Gesellschafter stehen". Man wird trotz dieser nicht unbeachtlichen Momente sich für die zwingende Natur der Vorschrift entscheiden. Der § 19 Abs. 1 zeigt schon durch seine Stellung, daß er mehr sein soll als eine dispositive Regelung der

Gemeinschaftsverhältnisse unter den Gesellschaftern. Er steht zusammen mit den Bestimmungen in Abs. 2 und 3, welche die Integrität des Stammkapitals sichern sollen. Er folgt auf die Bestimmungen des § 18, die zwingenden Rechts sind und geht den §§ 20—24 voran, die ebenfalls der Willkür der Gesellschafter entzogen sind. Es wäre seltsam, inmitten dieser Normen eine nur dispositive Bestimmung zu treffen. Der § 19 Abs. 1 dient auch nicht nur einer Regelung des Gemeinschaftsverhältnisses. Er bezweckt in erster Linie, bei der Einziehung des Stammkapitals eine Begünstigung eines Gesellschafters zu vermeiden. Er steht in Verbindung mit dem Verbote der Stundung in Abs. 2. So wenig die Gesellschaft, sei es der Geschäftsführer oder die Gesellschafter, wirksam einem Gesellschafter das Recht einräumen können, eine eingerufene Einlage ein Jahr später als die anderen zu bezahlen, so wenig kann zugestanden werden, daß der eine 50 Proz., der andere nur 25 Proz. bezahlen müsse. Ein Gesellschaftsvertrag, der eine Bestimmung über die Einrufung ungleicher Teile enthält, ist zurückzuweisen. Ist er eingetragen, so ist diese Stelle ungültig. § 19.

II. (Abs. 2.) **Hinsichtlich der Stammeinlagen sind ausgeschlossen: Erlaß, Stundung, Geltendmachung der Aufrechnung, Retention.** Anm. 6.

1. **Hinsichtlich der Stammeinlagen.** Das bezieht sich sowohl auf Geldeinlagen wie auf Sacheinlagen, wie der letzte Satz unseres Absatzes 2 ergibt. Doch nur auf die wirklichen Kapitaleinlagen, nicht auch auf Zinsen, Vertragsstrafen für verspätete oder ungehörige Einlagen, nicht auf Ansprüche auf Schadensersatz wegen verspäteter oder ungehöriger Bewirkung von Einlagen, nicht auf Ansprüche aus sonstigen Verpflichtungen gemäß § 3 Abs. 2, nicht auf Nachschüsse. Es handelt sich eben nur um Sicherung des wirklichen Einlagekapitals. Zutreffend ist aber auch die Entscheidung des RG. (v. 22. 3. 02 in JW. S. 259, 260). Danach besteht, soweit die Sacheinlage nicht geleistet ist, ein Erfüllungs- und eventuell ein Erstattungsanspruch. Vor dessen Befriedigung kann die Stammeinlage des Beklagten als voll eingezahlt nicht gelten. Deshalb ist gegen diesen Anspruch auch eine Aufrechnung gemäß § 19 Abs. 2 nicht zulässig. Hinsichtlich der Art des Erstattungsanspruchs kommt in Betracht, daß, wenn eine Sacheinlage nicht geleistet wird, der Nennbetrag des für die Einlage gewährten Geschäftsanteils der Mindestbetrag des zu ersetzenden Schadens ist (vgl. Anm. 9 zu § 9).

2. **Ausgeschlossen sind folgende auf Schmälerung der Einlagen hinzielende Rechtsgeschäfte:** Anm. 7.

a) **Der Erlaß** ist unwirksam (§ 134 BGB.). Die Gesellschaft kann trotz des Verzichtes die Einlage einklagen. Nicht anwendbar ist dagegen die Bestimmung des § 19 Abs. 2 auf den Nachlaßvergleich (vgl. § 9 Abs. 2). Das Verzichtsverbot erstreckt sich nicht hierauf. Wie die zur Deckung der Gläubiger angeordnete Ungültigkeit des Verzichts der Gesellschaft auf ihre Regreßansprüche gegen den Geschäftsführer aus falscher Versicherung bei der Anmeldung zurücktritt, wenn es sich um einen Vergleich zur Abwendung oder Beseitigung des Konkursverfahrens handelt, so muß auch hier, wo dasselbe Motiv zur Unwirksamkeit des Verzichtes führt, dieselbe Auslegung statthaben. Es ist hier kein freiwilliges Aufgeben einer Einlageforderung, sondern die bestmögliche Regelung eines die Gesellschaft treffenden Verlustes. Daß der Zwangsvergleich nicht durch § 19 Abs. 2 berührt wird, folgt aus der Rechtsnatur desselben. Er ist überhaupt kein Verzicht.

Vergleiche zwischen der Gesellschaft und dem Gesellschafter fallen ebenfalls nicht unter das Verzichtsverbot, auch wenn dabei ein teilweiser Nachlaß der Einlageforderung erfolgt. Vorausgesetzt, daß es sich um einen echten Vergleich handelt (§ 779 BGB.) und nicht nur ein Verzicht in Form eines Vergleichs vorliegt. Wenn z. B. der Gesellschafter behauptet, er habe bezahlt, die Gesellschaft die Gültigkeit dieser Zahlung, die für sie an ihren inzwischen zahlungsunfähig gewordenen Bankier erfolgt war, bestreitet, so ist ein Vergleich, wonach beide Parteien sich auf die Hälfte einigen, gültig. Die Gesellschaft trägt die Hälfte des Verlustes. Dasselbe gilt, wenn der Gesellschafter die Unwirksamkeit seiner Verpflichtung vorträgt, weil für ihn ein bindender Gesellschaftsvertrag nicht vorliege, etwa mangels ordnungsgemäßer Vertretung (Anm. 10ff. zu § 2) oder weil er geschäftsunfähig war (Anm. 22 zu § 2). Auch hier ist ein Vergleich möglich. Anm. 8.

§ 19. Denn wäre die Einrede des Gesellschafters begründet, so würde die ganze Einlage auf den Geschäftsanteil in Verlust geraten (vgl. Anm. 25 zu § 2). Es gilt dies also überall, wo wie bei einem Nachlaßvergleiche es sich um die Abwendung eines Verlustes handelt. Während bei der Regreßklage (§ 9 Abs. 2) ausdrücklich der Vergleich dem Verzichte aus besonderem Grunde gleichgestellt wurde, ist er in § 19 Abs. 2 nicht erwähnt.

Anm. 9. Der Vergleich ist auch dann gültig, wenn die Gegenleistung nicht von dem Gesellschafter, ondern einem dritten Interessenten erfolgt. Wenn es streitig ist, wer bei der Unbeibringlichkeit der Einlage des Gesellschafters den Ausfall zu tragen hat (§ 24), wenn aber die Gesellschaft beim Austragen des Prozesses, da ihr die Mittel zur Deckung der fälligen Schulden fehlen, in den Konkurs getrieben wird, so ist der Vergleich wirksam, wonach die Gesellschaft auf die ausstehende Einlage gegen den Gesellschafter verzichtet, dagegen von den verschiedenen möglicherweise haftenden Beteiligten einen Teil dieser Einlage erhält.

Anm. 10. Jeder Verzicht wird wirksam, sobald er in der Form der Herabsetzung des Stammkapitals erfolgt (§ 58), sobald also das Publikum Kenntnis davon und jeder Gläubiger mittels des Sperrjahres Zeit zur Fürsorge für seine Ansprüche erhält. Der Verzicht steht der Rückzahlung des einbezahlten Kapitals gleich. Diese Herabsetzung des Stammkapitals ist die Form, durch die allein der Verzicht rechtswirksam wird. Ein Widerspruchsrecht Dritter hiergegen gibt es nicht. Nur wenn vor Vollendung der Herabsetzung, also vor der Eintragung zum Handelsregister, der Konkurs über die Gesellschaft ausbricht, so ist der Konkursverwalter nicht gehindert, die Einlage einzuziehen. Über den Verzicht auf die Einlage im Falle der Liquidation vgl. Anm. 39 zu § 69.

Anm. 11. In der Zulassung des Verzichts in Form der Herabsetzung des Stammkapitals liegt ein prinzipieller Gedanke. Alle Vorschriften des Gesetzes, welche die Erhaltung des Stammkapitals bezwecken, treten zurück, sobald die hiernach unstatthafte Maßnahme in der Form der Herabsetzung des Stammkapitals erscheint. Es ist dies auch bei der Auszahlung von Vermögen der Gesellschaft, die das Stammkapital angreift (§ 30 Abs. 1), als zweifellos anerkannt (Anm. 1 ff. zu § 30 und § 58), obwohl § 30 selbst kein Wort davon sagt. So wird derselbe Gedanke auch im anderen Falle durchführbar sein. Mehr als beim vollen Verzicht angeordnet, kann auch im anderen Falle nicht gefordert werden.

Anm. 12. Über die Anwendung des Prinzips auf den Fall der Stundung vgl. Anm. 13. Auf den Fall der Sachleistung vgl. Anm. 23. Über die Rückgabe geleisteter Einlagen vgl. die Bestimmungen der §§ 30 und 31.

Anm. 13. b) **Stundung** bedeutet jede Zusage des Zuwartens mit der Einziehung der Einlage. Sie ist für die Gesellschaft unverbindlich. Einerlei ist dabei, ob diese Zusage vor oder nach der Einrufung der Einlagen erfolgt, einerlei, ob zu Gunsten aller oder einzelner Gesellschafter. Auch die Gesellschaft selbst, nicht nur die Gläubiger und die Konkursverwalter, sind an die Stundung nicht gebunden. Zulässig ist eine im Gesellschaftsvertrag erfolgte Befristung der Einlagen. Denn nur die zwischen der Gesellschaft und dem Gesellschafter nach dem Entstehen der Gesellschaft vereinbarte Stundung ist verboten. Einführung einer Befristung durch Änderung eines Gesellschaftsvertrages, wenn auch mit allen Stimmen, ist dagegen nicht möglich. Wohl aber muß aus der Regel über den Verzicht in Form der Herabsetzung des Stammkapitals (vgl. Anm. 11) gefolgert werden, daß, wenn dieser Beschluß dreimal bekannt gemacht und eine den Bestimmungen des § 58 entsprechende Aufforderung erging, nach Ablauf des Sperrjahres eine auch dritten Gläubigern gegenüber wirksame Eintragung zulässig ist. Was von dem vollen Verzichte gilt, muß um so mehr von dem geringeren, der Befristung, gelten. Das Recht, nur in bestimmter Frist die Einlage zu machen, ist ein dem einzelnen Gesellschafter eingeräumtes, nur mit seiner Zustimmung aufhebbares Individualrecht. Nicht unter das Verbot der Stundung fällt das dem Gesellschafter, der seine Zahlungen einstellt, gewährte Moratorium. So wenig wie der Nachlaßvergleich verstößt diese Fristung gegen § 19 (vgl. oben Anm. 7).

c) **Aufrechnung.** Das Gesetz gibt eine besondere Regelung der Aufrechnung. Es verbietet dem Gesellschafter gegen seine Einlageschuld mit einer ihm gegen die Gesellschaft zustehenden Forderung aufzurechnen. Damit ist wieder nur die Sicherung der Einzahlung des zugesagten Kapitals bezweckt. Es ist daher einerlei, welcher Art diese Gegenforderung ist. Auch solche aus gesellschaftlichen Ansprüchen sind ausgeschlossen. Es ist daher unstatthaft, daß ein Gesellschafter, der statutengemäß Rüben zu liefern hat, mit dem Kaufpreise seine Einlage tilge. § 19. Anm. 14.

Das Recht der Gesellschaft, gegen eine Forderung des Gesellschafters an die Gesellschaft ihren Anspruch auf die rückständigen Einzahlungen zur Aufrechnung zu stellen, bleibt natürlich unberührt. Das wäre ja eine Belastung der Gesellschaft, wenn sie gezwungen werden sollte, den Anspruch des Gesellschafters zu befriedigen, um hinsichtlich ihres eigenen Anspruchs an den Gesellschafter vielleicht leer auszugehen. Das Gesetz sagt daher auch nur, daß „die Gesellschafter eine Aufrechnung nicht geltend machen können". Es ist Sache der pflichtmäßigen Erwägung der Geschäftsführer, ob sie eine solche Kompensation vornehmen wollen. Sie werden es dann nicht tun, wenn die Gesellschaft bares Geld braucht, während der Gesellschafter als Gläubiger voraussichtlich zuwarten wird. Ist die Kompensation einmal ausgesprochen, so ist sie auch zu Gunsten des Gesellschafters unwiderruflich. Sie kann auch nicht vom Konkursverwalter widerrufen werden. Hatte die Gesellschaft bereits ihre Zahlungen eingestellt, so ist sie wie jedes Rechtsgeschäft, das unter Kenntnis der Zahlungseinstellung erfolgte, der Gesellschaft gegenüber anfechtbar. Anm. 15.

Die Zusage der Gesellschaft, mit einer Gegenforderung des Gesellschafters aufzurechnen (vertragsmäßige Aufrechnung), ist zulässig. So gut die Gesellschaft aufrechnen kann, so gut kann sie die Aufrechnung mit einer konkreten Forderung zubilligen (RG. v. 19. 11. 04 bei Holdheim 14, 142). Nur die einseitige Aufrechnung durch den Gesellschafter ist verboten. Erfordert ist nur, daß die zur Aufrechnung benutzte Forderung fällig und vollwertig ist, so daß kein anderer Effekt erzielt wird als bei der baren Zahlung (Düringer JLBl. 03, 100). Es wäre anderenfalls ein zweckloses Hin- und Herzählen des Geldes (RG. v. 9. 4. 04 bei Holdheim 19, 254; OLG. Köln in OLGR. 6, 191). Bei einer vor dem Vermögenszerfall befindlichen Gesellschaft ist auch die vertragsmäßige Aufrechnung unstatthaft. Denn hier wäre der Effekt ein anderer als bei der baren Zahlung (RG. v. 27. 4. 03 in RG. 54, 392). Die erste Auflage (Anm. 15 zu § 19, S. 147) war anderer Meinung. Allein das Argument aus § 19 Abs. 3 und dem Verbote der vertragsmäßigen Verrechnung mit der Vergütung für einen der Gesellschaft überlassenen Gegenstand ist nicht stichhaltig. Denn dieses ist eine Spezialbestimmung, die keiner Ausdehnung fähig ist (vgl. unten Anm. 19 ff.). Inwieweit der Gesellschaftsvertrag dem Gesellschafter das einseitige Recht der Aufrechnung geben kann vgl. oben Anm. 23 zu § 5. Es ist dabei stets eine bei der Gründung oder bei Erhöhung des Stammkapitals zu dieser Zeit bestehende Forderung vorausgesetzt. Anm. 16.

Hat der Gesellschafter für seine Forderung einen vollstreckbaren Titel gegen die Gesellschaft, so kann er, sobald die Einziehung der Einlagen durch die Gesellschaft beschlossen ist, diese Forderung der Gesellschaft an sich selbst pfänden lassen. Dann steht ihm, sobald sie ihm zum Einzuge überwiesen ist, das Recht der Aufrechnung zu. Eine Anfechtung ist ihm gegenüber nur möglich, wie bei jedem anderen Gläubiger, der eine Vollstreckungspfändung vornahm.

d) **Retention.** Anm. 17.

α) In dieser Beziehung bestimmt Abs. 2, daß an dem Gegenstande einer Sacheinlage wegen Forderungen, die sich nicht auf dieselbe beziehen, ein Zurückbehaltungsrecht nicht stattfindet. Die Motive 26 rechtfertigen die Vorschrift damit, daß sie mit der Vorschrift des Art. 184c HGB. übereinstimmt. Inzwischen ist aber diese letztere fortgefallen, weil sie nach § 273 BGB. überflüssig ist. Danach ist jedenfalls zweifellos, daß Sacheinlagen wegen inkonnexer Gegenforderungen nicht zurückbehalten werden dürfen. Insbesondere kann auch das kaufmännische Zurückbehaltungsrecht an ihnen nicht ausgeübt werden.

§ 19. Anm. 18. β) Wie steht es nun mit den anderen, im vorliegenden Paragraphen nicht behandelten Retentionsfragen? Kann eine Sacheinlage wegen konnexer Gegenforderungen retiniert werden? Auch diese Zurückhaltung ist zu verneinen. Nach § 273 BGB. kann durch die Natur des Schuldverhältnisses die Retention ausgeschlossen sein und die Natur des hier in Frage stehenden Schuldverhältnisses widerspricht der Retention. So wenig wie bei der Gegenforderung, einerlei woher sie rührt, die Aufrechnung, ebensowenig ist hier bei der Sacheinlage zu Gunsten irgend einer Gegenforderung, auch der für Verwendungen auf diese Sache, eine Zurückhaltung statthaft. Der Gesellschafter muß seine Leistung machen, ohne Zug um Zug die Erfüllung seiner Forderung beanspruchen zu können. Auch durch den Gesellschaftsvertrag kann ihm dieses Recht nicht zugestanden werden. Denn es wäre Zusage der Einlage unter Vorbehalt.

Anm. 19. III. (Abs. 3.) **Ausgeschlossen ist die Erfüllung einer Geldeinlageverpflichtung durch Hergabe von Sachen oder durch vereinbarte Aufrechnung mit Ansprüchen eines Gesellschafters aus Überlassung von Vermögensgegenständen.**

1. **Erfüllung einer Geldeinlage durch Hergabe von Sachen** ist ausgeschlossen. Das ist es, was das Gesetz in Abs. 3 ausdrücken will, wenn es sagt: eine Leistung auf die Stammeinlage, welche nicht in Geld besteht, befreit den Gesellschafter von seiner Verpflichtung nur, soweit sie in Ausführung einer nach § 5 Abs. 4 getroffenen Bestimmung erfolgt. Eine Sacheinlage muß im Gesellschaftsvertrage vereinbart sein, sonst hat der Gesellschafter Geld einzuzahlen. Leistet er trotzdem Sachen, obwohl die Deckung des Geschäftsanteils durch Sacheinlagen im Gesellschaftsvertrage nicht festgesetzt ist, so wird er von seiner Geldeinlageverpflichtung nicht frei. Er muß vielmehr trotzdem die Geldeinlageverpflichtung in Geld erfüllen und kann höchstens das ohne Rechtsgrund Geleistete als ungerechtfertigte Bereicherung zurückfordern. Er kann aber diesen Rückforderungsanspruch nicht dem Geldeinzahlungsanspruch der Gesellschaft aufrechnen und entgegensetzen (§ 19 Abs. 2). Das erschwert seine Rechtslage, wenn die Gesellschaft in mißlichen Verhältnissen oder gar im Konkurse ist, oder wenn ein Gläubiger der Gesellschaft den Geldeinzahlungsanspruch der Gesellschaft gepfändet hat (RG. 36, 108).

Anm. 20. 2. **Ebenso ist vertragsmäßige Aufrechnung des Anspruchs für die Überlassung der Gegenstände an die Gesellschaft ausgeschlossen.** Über diese vgl. Anm. 28 zu § 5. Sie ist der unmittelbaren Sachleistung gleichgestellt, weil sie nur eine Umgehung derselben bedeutet. Auf Forderungen des Gesellschafters an die Gesellschaft aus anderen Rechtsgeschäften bezieht sich daher diese Vorschrift nicht (oben Anm. 15 ff.). Das RG. hat neuerdings in einer (ungedruckten) Entscheidung vom 5. 10. 05 I 123/1905 i. S. Konkursmasse Fabrik chemischer Präparate gegen Kolbe, zugelassen, daß ein Gesellschafter, der eine bare Einlage zu machen hatte, mit dieser den Anspruch eines anderen Gesellschafters auf Geldzahlung aus seiner den Betrag seines Stammanteils übersteigenden Sacheinlage unter Genehmigung der Gesellschaft tilgte. Nur der Nachweis, daß die Gesellschaft schon in jenem Zeitpunkte überschuldet war, wird zugelassen.

Anm. 21. Auch hier ist zu betonen, daß es sich um die Sicherung des Stammkapitals handelt. Nur deshalb ist die Hingabe an Zahlungsstatt verboten. Es sind daher die Fälle nicht hierher zu zählen, in denen im Wege eines Nachlaßvergleichs die Gesellschaft gleich anderen Gläubigern Waren statt Geld nimmt oder sich eine Forderung, die sie pfändete, an Zahlungsstatt überweisen ließ.

Anm. 22. Dadurch, daß das Gesetz der nicht im Gesellschaftsvertrage vorgesehenen Sachleistung die befreiende Wirkung versagt, steht auch dem Gesellschafter jederzeit das Rückforderungsrecht von dem Standpunkte der Bereicherung (§ 812 BGB.) zu. Nicht nur dann, wenn die Gesellschaft sich auf die Unwirksamkeit der Leistung und die Fortdauer der Einlagepflicht beruft. Es kann also ein Gesellschafter ein Grundstück, das er als Zahlung gab, falls es im Preise stieg, mit Anbieten der Barzahlung zurückfordern. Hätte die Gesellschaft es veräußert, so hat er das Rückforderungsrecht auf den ganzen Kaufpreis. Die Gesellschaft kann nur aufrechnen, soweit die Einlagepflicht in Geld ging. Den Mehrerlös muß sie herausgeben.

Will die Gesellschaft wirksam statt der Geldeinlage eine Sacheinlage erwerben, so muß sie auch hier wie beim Verzicht unter entsprechender Anwendung des § 58 verfahren. Man wird, was für den völligen Verzicht gestattet ist, auch hier auf das Geringere, die Hingabe an Zahlungsstatt, anwenden. Es wäre zwecklos, eine Herabsetzung des Stammkapitals unter Verbindung mit einer Erhöhung desselben um den gleichen Betrag, bei der dann die Sacheinlage bedungen wird, zu verlangen. Da eine Erhöhung und eine Einlage nicht bedingt geschehen kann, so wäre nur eine Zusage der letzteren möglich, die für den Fall der Eintragung der Herabsetzung des Stammkapitals zu vollziehen ist. Das wäre eine ungünstigere Position für die Gesellschaft, als wenn eine Abänderung des Gesellschaftsvertrages dahin gestattet wird, daß statt des Geldes eine Sache gegeben werde. Auch diese darf erst nach entsprechender Bekanntmachung und nach einem Jahre eingetragen werden. Damit sind die Interessen der Gläubiger gewahrt. Ebenso aber auch die der Gesellschaft, die mit einem Beschlusse das gewollte Resultat erreicht. Es liegt in dieser Ausführung wieder lediglich die Ausdehnung des bezüglich des Verzichts in § 19 Abs. 2 niedergelegten Gedankens vor (oben Anm. 11). § 19. Anm. 23.

Die Leistung einer Einlage in barem Gelde statt in Sachen ist jederzeit gestattet. Das Gesetz verbietet nur die Hingabe an Zahlungsstatt. Diese ist die Ausnahme von der Regel der baren Leistung (Rehm ArchBR. 22, 132). Die Rückkehr zu der Regel bedarf keiner besonderen Ermächtigung. Dagegen erscheint der Ersatz der im Gesellschaftsvertrage vereinbarten Sachleistung durch eine andere Sacheinlage unstatthaft (Anm. 12 zu § 5). Nur jene kann die Einlagepflicht erfüllen. Anm. 24.

Zusatz 1. Nicht ausgeschlossen ist die Abtretung, Verpfändung und Pfändung der Ansprüche der Gesellschaft auf die Einlagen (RG. 36, 108). Gegenüber einem Erwerber der Einlageforderung gelten die Bestimmungen des § 19 Abs. 2—4 nicht. Es steht nichts im Wege, daß mit einer Forderung an ihn aufgerechnet werde, daß er verzichtet, stundet. Eine Hingabe an Zahlungsstatt wirkt hier befreiend. Denn es handelt sich nicht mehr um den Schutz des Stammkapitals. Nur darf die Cession nicht zum Schein erfolgen, um eine Umgehung der Vorschriften des § 19 zu ermöglichen. So wäre es unzulässig, daß der Cessionar die Forderung für eine Sache erwirbt, die er vorher von dem Gesellschafter unter der Abrede erhalten hatte, daß weder der Gesellschafter etwas von ihm für diese Sache, noch er etwas von dem Gesellschafter aus dem erworbenen Einlageanspruch erhalte, beide sich vielmehr aufheben sollen. Ebenso wäre es nichtig, wenn die Gesellschaft auf den Cessionspreis, der Cessionar dem Gesellschafter gegenüber auf die Einlageschuld verzichtet. Soweit aber keine solchen Scheingeschäfte, hinter denen sich einer der in § 19 verbotenen Akte birgt, vorliegen, ist die Cession und sind alle Abreden zwischen Gesellschaft und Erwerber, wie zwischen diesem und dem Gesellschafter wirksam. Insbesondere ist nicht verboten, daß die Gesellschaft von einem Dritten eine Sache erwirbt gegen Übertragung ihres Anspruchs auf die Einlage an einen Gesellschafter. Es kann unter Umständen, wenn die Zahlung von dem Gesellschafter selbst auf Schwierigkeiten stößt, wieder ein solches Abkommen im Interesse der Gesellschaft geboten sein. Anm. 25.

Der Cessionar erwirbt nur die Forderung auf die Einlagesumme. Das Recht, bei Nichtbeibringlichkeit die Rechtsvorgänger des Gesellschafters (§ 22) und die anderen Gesellschafter (§ 24) in Anspruch zu nehmen, geht nicht auf ihn über. Dies sind an die Forderung der Gesellschaft geknüpfte Rechte. Anm. 26.

Für die Verpfändung und Vollstreckungspfändung gilt dasselbe. Der Gläubiger der Gesellschaft, der die Forderung sich verpfänden oder zum Einzug überweisen ließ, kann die Privilegien der Gesellschaft nicht für sich begehren. Ihm gegenüber kann von einem Erhalten des Stammkapitals nicht die Rede sein. Er muß sich die Aufrechnung gefallen lassen. Er nimmt wirksam eine Hingabe an Zahlungsstatt an. Wird seine Pfändung wieder aufgehoben, ehe die Einlageschuld bei ihm getilgt ist, so sind seine Verfügungen für die Gesellschaft unwirksam. Seine Stundung braucht z. B. nicht beachtet zu werden. Anm. 27.

§ 19. **Zusatz 2. Ob und inwieweit gegen die Einlageverpflichtung die Einwendung gemacht werden**
Anm. 28. **kann, daß die Verpflichtung unter Bedingungen und unter Einschränkungen übernommen wurde, darüber siehe Anm. 31 ff. zu § 2.**

Anm. 29. Ob der Einwand des Scheines, der arglistigen Täuschung, der Drohung gegen die Einlageverpflichtung erhoben werden kann, ist ebenfalls an anderer Stelle erörtert worden. Soweit es sich um die Verpflichtung dessen handelt, der sie bei der Gründung oder Kapitalserhöhung übernommen hat, siehe Anm. 23 zu § 2. Soweit die Verpflichtung durch den späteren Erwerb eines Anteils entstanden ist, siehe Anm. 25—29 zu § 16.

§ 20.

Ein Gesellschafter, welcher den auf die Stammeinlage eingeforderten Betrag nicht zur rechten Zeit einzahlt, ist zur Entrichtung von Verzugszinsen von Rechts wegen verpflichtet.

Einleitung. **Der vorliegende Paragraph stellt die Verpflichtung zur Zahlung von Zögerungszinsen für den Fall unpünktlicher Erfüllung der Stammeinlageverpflichtung auf.** Der Paragraph bezieht sich lediglich auf Geldeinlagen. Nur bei diesen gibt es Zinsen. Wenn die Sacheinlage verzögert wird, so entstehen die allgemeinen Folgen des Verzugs. Ferner greift der Paragraph nicht Platz bei anderen Leistungen außerhalb der Kapitaleinlage, z. B. bei Nichtzahlung des Agios oder bei Nichterfüllung sonstiger Verpflichtungen gemäß § 3 Abs. 2. Hier gelten die allgemeinen Voraussetzungen und Folgen des Leistungsverzuges.

1. **Voraussetzung ist, daß ein Gesellschafter den auf die Stammeinlage eingeforderten Betrag nicht zur rechten Zeit einzahlt.**

Anm. 1. a) Der Betrag muß eingefordert sein. Wie die Einforderung zu erfolgen hat, sagt das Gesetz nicht. Der Gesellschaftsvertrag kann darüber Bestimmungen treffen. Er kann z. B. bestimmen, daß die Einforderung durch öffentliche Bekanntmachung zu erfolgen hat oder durch eingeschriebenen Brief oder durch Zustellung eines Schreibens mittelst Gerichtsvollziehers. Wenn öffentliche Bekanntmachung für genügend erklärt ist, so liegt die Einforderungin dem Augenblicke vor, wo die Publikation in der für die Bekanntmachungen der Gesellschaft im Gesellschaftsvertrage festgesetzen Zeitung erfolgt ist. Von diesem Augenblicke an sind in diesem Falle die „Verzugszinsen" nach dem vorliegenden Paragraphen zu zahlen.

Anm. 2. Wenn der Gesellschaftsvertrag eine Form für die Einforderung nicht festsetzt, so ist die besondere Einforderung von jedem einzelnen Gesellschafter erforderlich. Öffentliche Bekanntmachung genügt in diesem Falle nicht. Die Einforderung ist eine empfangsbedürftige Willenserklärung, die dem Zahlungspflichtigen zu erkennen gibt, daß die Gesellschaft ihr Recht auf Einzahlung geltend macht. Vom Gesetze ist eine Form nicht vorgeschrieben. Es genügt daher auch die mündliche Form durch eine hierzu legitimierte Person, selbstverständlich auch gewöhnlicher Brief, Postkarte, wenn nur die Erklärung dem Zahlungspflichtigen zugeht. — Die Einforderung ist auch dann nötig, wenn der Gesellschaftsvertrag bestimmte Zahlungstermine festsetzt. Der § 284 Abs. 2 BGB., den Liebmann Anm. 2 und Neukamp Anm. 2 hier anwenden, greift nicht Platz, weil ja unser Paragraph eine Einforderung als Voraussetzung der Zinspflicht hinstellt. Doch kann allerdings der Gesellschaftsvertrag auch in dieser Hinsicht strengere Vorschriften aufstellen, Daran allein jedoch, daß der Gesellschaftsvertrag bestimmte Zahlungstermine festsetzt, liegt eine solche strengere Vorschrift noch nicht.

Anm. 3. Darüber, zu welchen Zeiten die Einforderung erfolgen soll, bestimmen die Gesellschafter (§ 46 Nr. 2), wenn nicht etwa der Gesellschaftsvertrag die Zeiten der Einforderung festsetzt oder abweichende Bestimmungen darüber trifft, wer die Einforderung

anzuordnen hat. Ergibt sich aus dem Gesellschaftsvertrage nichts Gegenteiliges, so ist § 20.
die Einforderung nur gültig, wenn die Gesellschafter sie gemäß § 46 Nr. 2 beschlossen haben. Die Zahlung des eingeforderten Betrages kann sonst verweigert werden (vgl. die Erläuterungen zu § 46 Nr. 2).

b) Nichtzahlung zur rechten Zeit ist erforderlich. Ein besonderes Verschulden ist Anm. 4.
nicht nötig. Der Zahlungspflichtige kann sich nicht damit entschuldigen, daß ihm der Brief persönlich nicht zu Gesicht gekommen ist, daß sein Diener ihn vielleicht unterschlagen, seine Kinder ihn zerrissen haben. Mag auch sonst ein Verzug nicht vorliegen, wenn die Verzögerung durch Umstände verschuldet ist, die der Schuldige nicht zu vertreten hat (§ 285 BGB.), hier fallen die Entschuldigungen weg. Das ist durch die Worte „von Rechts wegen" ausgedrückt. Die Zinsen werden zwar „Verzugszinsen" genannt. Aber es wird, um klarzustellen, daß keine schuldhafte Verzögerung vorausgesetzt ist, sofort hinzugefügt, daß die Zinsen „von Rechts wegen" zu zahlen sind. In dem analogen § 218 HGB. ist, um das klar zu stellen, das Wort „Verzugszinsen", welches im alten HGB. gestanden hatte, fortgelassen. Es konnten deshalb die Worte „von Rechts wegen" dort fortgelassen werden (anders Liebmann Anm. 2, der den § 285 BGB. zur Anwendung bringt).

2. Die Folge ist die Verpflichtung zur Zahlung von Zinsen.

a) Die Höhe der Zinsen. Daß die Zinsen keine eigentlichen Verzugszinsen sind, ist oben Anm. 5.
Anm. 4 hervorgehoben worden. Dennoch ist diese Bezeichnung hier von Bedeutung. Denn aus ihr folgt, daß die Höhe der Zinsen dieselbe ist, wie die Höhe der wirklichen Verzugszinsen, also 4 Proz. gemäß § 288 BGB.

In Frage könnte noch kommen, ob nicht unter Umständen die §§ 352 und 353 Anm. 6.
HGB. Platz greifen und unter den Voraussetzungen dieser Paragraphen 5 Proz. Zinsen gefordert werden können. Doch ist das zu verneinen. Handelt es sich zunächst um die Verpflichtung des Gründers, so liegt weder ein Fall des § 352 Abs. 1, noch ein solcher des § 353 HGB. vor, auch wenn der Gründer Kaufmann ist. Denn dann liegt zwar in der Übernahme des Geschäftsanteils ein Handelsgeschäft (§§ 343, 344 HGB.). Allein auf seiten der Gesellschaft liegt ein solches nicht vor, weil die noch nicht gegründete Gesellschaft keine Handelsgesellschaft ist. Anders liegt der Fall auch dann nicht, wenn die Gesellschaftereigenschaft durch den Erwerb eines bestehenden Geschäftsanteiles entsteht. Denn das ist kein Geschäft, welches im Verhältnis der Gesellschaft zum Gesellschafter ein beiderseitiges Handelsgeschäft genannt werden kann, weil ja diese beiden Personen in diesem Falle gar nicht die Kontrahenten des Geschäftes sind. Auch wenn man den Akt der Anmeldung nach § 16 des Gesetzes als den rechtsbegründenden Akt für die Verpflichtung des Gesellschafters ansieht, so kann man doch hierin ein beiderseitiges Handelsgeschäft nicht sehen. Das ist vielmehr ein einfacher Akt des Gesellschafters oder seines Rechtsvorgängers. Es bleibt nur noch der Fall übrig, wo die Gesellschaft selbst einen Geschäftsanteil an einen Kaufmann veräußert und dadurch die Verpflichtung des Gesellschafters entsteht. In diesem Falle liegt allerdings ein zweiseitiges Handelsgeschäft vor, und die Verzugszinsen sind 5 Proz. gemäß §§ 352 Abs. 1 und 353 HGB. Allein hier schuldet der Erwerber den Betrag für den Geschäftsanteil als Käufer, nicht als Gesellschafter.

Keines Wortes bedarf es, daß der § 352 Abs. 2 HGB. zu einem abweichenden Er- Anm. 7.
gebnis nicht führen kann. Nach diesem Paragraphen sind 5 Proz. Zinsen immer dann zu entrichten, wenn „dieses Gesetzbuch" eine Zinspflicht aufstellt. „Dieses Gesetzbuch" im Sinne jenes Paragraphen ist aber das HGB., von welchem unser Gesetz nicht ein Teil ist.

b) Wer haftet für die Zinsen? Zunächst derjenige Gesellschafter, während dessen Anm. 8.
Gesellschaftereigenschaft gegenüber der Gesellschaft die Zinspflicht entsteht, bis zur Veräußerung und Anmeldung derselben. Außerdem haftet auch jeder Rechtsnachfolger für die Zinsen, die in der Person des Rechtsvorgängers entstanden sind, so lange bis die Hauptleistung berichtigt ist. Ein Teilerwerber haftet hierbei pro rata seines Anteils (Anm. 25 zu § 17).

§ 20. c) Stundung hebt die Zinspflicht auf. Die Stundung ist zwar unwirksam (§ 19
Anm. 9. Abs. 2). Aber da der Verzicht auf die Zinsen zulässig ist (vgl. § 25), so ist insoweit die Stundung von rechtlicher Bedeutung. Sie ist Verzicht auf die Zinsen bis zum Tage der Wiedereinforderung.

Anm. 10. d) Auch die entstandene Zinspflicht kann erlassen werden, da der § 25 den § 20 nicht erwähnt. Desgleichen können Vertragsstrafen und Entschädigungsansprüche wegen verspäteter Einzahlung erlassen werden. Auch kann der Gesellschaftsvertrag von vornherein bedingen, daß die unpünktliche Einzahlung Verzugszinsen nicht nach sich zieht, sei es, daß der Gesellschaftsvertrag eine andere Rechtsfolge daran knüpft oder nicht.

Anm. 11. e) Der Zinssatz kann auch erhöht werden durch den Gesellschaftsvertrag. Bei einer Erhöhung durch Abänderung des Gesellschaftsvertrages ist § 53 Abs. 3 anzuwenden.

Anm. 12. **Zusatz 1. Kann über die Zinsen hinaus noch ein weiterer Schaden liquidiert werden?** Die Frage ist zu bejahen. Der § 288 BGB. ist mindestens analog anzuwenden. Der Anspruch auf weiteren Schadensersatz setzt aber vertretbare Zögerung voraus.

Anm. 13. **Zusatz 2. Der Gesellschaftsvertrag kann auch Vertragsstrafen festsetzen.**

1. An der gesetzlichen Zulässigkeit ist nicht zu zweifeln. Der frühere Abs. 2 des vorliegenden Paragraphen hatte ausdrücklich gesagt, daß der Gesellschaftsvertrag im Falle verzögerter Einzahlung Vertragsstrafen ohne Rücksicht auf die sonst stattfindenden gesetzlichen Einschränkungen festsetzen kann. Damit war zweierlei gesagt: einmal, daß Vertragsstrafen festgesetzt werden können, zweitens, daß die sonst geltenden Einschränkungen hier nicht gelten. Dieser Abs. 2 ist fortgefallen durch Art. 11 Ziffer VIII EG. z. HGB. Es gelten infolgedessen jetzt die Bestimmungen des BGB. Nach diesem ist der Rechtszustand aber nicht derselbe. Aus der Anwendbarkeit der Vorschriften des BGB. ergibt sich zwar der erste Satz, wonach Vertragsstrafen festgesetzt werden können, nicht aber der zweite Satz, daß die sonst stattfindenden gesetzlichen Einschränkungen hier nicht gelten, sondern umgekehrt: sie gelten auch hier. Denn der § 343 BGB., der ein Ermäßigungsrecht gibt, ist zwingender Natur (vgl. Staub HGB. Anm. 28 zu § 348; Düringer-Hachenburg II Note VII 1 zu § 348). Der Gesellschaftsvertrag kann also Vertragsstrafen ohne die sonst geltenden Einschränkungen nicht festsetzen. Es ist daher nicht ganz richtig, wenn die Denkschrift zum HGB. S. 295 den § 20 Abs. 2 unseres Gesetzes angesichts der Bestimmungen des BGB. für „entbehrlich" erachtet hat, falls damit gemeint sein sollte, daß der Rechtszustand der gleiche sei.

Anm. 14. 2. Die Vertragsstrafe muß, wenn sie gültig sein soll, festgesetzt werden im ursprünglichen Gesellschaftsvertrage oder in demjenigen Kapitalserhöhungsbeschlusse, durch welchen der betreffende Anteil geschaffen wird. Durch einen späteren Statutenänderungsbeschluß können Vertragsstrafen gegen einen Gesellschafter nur mit seiner Zustimmung stipuliert werden. Dagegen ist es nicht zutreffend, wenn Parisius-Crüger Anm. 3 sagen, daß ein solcher späterer Änderungsbeschluß nur mit allseitiger Zustimmung festgesetzt werden kann, da § 53 Abs. 3 nur bestimmt, daß eine Vermehrung der den Gesellschaftern nach dem Gesellschaftsvertrage obliegenden Leistungen nur mit Zustimmung sämtlicher beteiligter Gesellschafter angeordnet werden könne. Es brauchen also nur die durch die Strafe eventuell belasteten Gesellschafter zuzustimmen (siehe zu § 53).

Anm. 15. 3. Ist eine Vertragsstrafe gültigerweise im Gesellschaftsvertrage stipuliert, so folgt dieselbe im allgemeinen den Regeln der §§ 339 ff. BGB. (vgl. darüber Näheres Staub HGB. zu § 348 und Düringer-Hachenburg II Noten I ff. zu § 348).

Im einzelnen ist aber folgendes hervorzuheben:

a) Die Vertragsstrafe kann auf alle Arten von Pflichtverletzungen gesetzt werden, mag es sich um Unterlassungen oder Handlungen, um ungehörige oder unpünktliche Leistungen handeln, mag es sich um die Pflicht zur baren Geldeinlage oder um die Verpflichtung zur Sacheinlage oder um Verpflichtungen gemäß § 3 Abs. 2 handeln.

Soweit es sich um Nichtleistung positiver Verpflichtungen handelt, ist Verzug die § 20. Voraussetzung der Verwirkung (vgl. § 339 BGB.). Der Vertrag kann aber auch hier Anm. 16. andere Voraussetzungen festsetzen. — Soweit es sich um die Voraussetzung des Verzugs handelt, so liegt derselbe vor, wenn die Leistung unterlassen wird auf Grund von Umständen, die der Gesellschafter zu vertreten hat. Zu vertreten hat der Gesellschafter Umstände, die zurückzuführen sind auf Vorsatz oder Fahrlässigkeit seiner selbst oder seiner Erfüllungsgehilfen (§§ 276, 278 BGB.). Bei Gattungsleistungen besteht eine Vertretungspflicht in noch weiterem Umfang (§ 279 BGB.). Die Sorgfalt, die der Gesellschafter in eigenen Angelegenheiten anzuwenden hat, kommt hierbei nicht in Betracht, da der § 708 BGB. für Mitglieder eines rechtsfähigen Vereins nicht gilt.

b) Der § 340 BGB. ist insoweit nicht anwendbar als seine Bestimmungen im Widerspruche Anm. 17. mit § 5 und § 19 unseres Gesetzes stehen. Es darf also daraus, daß eine Vertragsstrafe statt der Erfüllung verlangt werden soll, niemals folgen, daß an Stelle einer Barzahlung eine Sachleistung tritt. Wohl aber kann anstatt der nicht erfüllten Sacheinlage eine Geldzahlung treten. Nur muß diese stets mindestens der Höhe der übernommenen Stammeinlage gleichkommen (vgl. Anm. 24 zu § 19). Es wird aus den Umständen des Falles festzustellen sein, ob der Gesellschaftsvertrag die Vertragsstrafe statt der Erfüllung will und ob nicht vielmehr diese neben der Erfüllung für die Verzögerung der Leistung angeordnet ist. Es wird hier die Höhe der Strafe Rückschlüsse auf den Willen der Gesellschafter zulassen (Düringer-Hachenburg II Note III 2).

c) Dagegen findet der § 340 Abs. 2 BGB. Anwendung, wonach die verwirkte Strafe als Anm. 18. Mindestbetrag eines entstandenen Schadensersatzanspruchs betrachtet wird, der Anspruch auf weiteren Schadensersatz dagegen nicht ausgeschlossen ist. Die gegenteilige Annahme von Parisius-Crüger Anm. 3, wonach die Vertragsstrafe die Höhe des Schadens fixiert, und die Geltendmachung weiteren Schadens daher ausgeschlossen ist, ist irrig.

d) Auch das richterliche Ermäßigungsrecht des § 343 BGB. gilt hier (siehe oben Anm. 19. Anm. 13). Dasselbe fällt nur dann fort, wenn der Gesellschafter zur Zeit der Übernahme der Verpflichtung gegenüber der Gesellschaft Vollkaufmann ist (§§ 348, 351 HGB.) und im Betriebe seines Handelsgeschäfts die Strafe zusagt (Düringer-Hachenburg II Note VIII 2 zu § 348). Wie nun aber, wenn der erste Zeichner Vollkaufmann war, der spätere Erwerber und zeitige Gesellschafter nicht Vollkaufmann ist? Kann der jetzige Gesellschafter das Ermäßigungsrecht für sich geltend machen? Diese Frage ist zu bejahen. Das Ermäßigungsrecht ist aus Billigkeitsgründen gegeben, um den, der den Vertrag verletzt und in Strafe verfällt, vor unbilligen Härten zu schützen. Auch die zeitige Lage des Gesellschafters und sonstige gegenwärtigen Momente sind zu berücksichtigen. Daraus folgt, daß das richterliche Ermäßigungsrecht nicht deswegen versagt werden kann, weil derjenige, der sie stipuliert hat, sie nicht hätte geltend machen können, wenn er sie verwirkt hätte. Daß für die Ermäßigungsfrage die Zeit des Urteils maßgebend ist, nehmen auch Eck Vorträge 336; Crome II § 178 Anm. 29 an. Anders, wenn derjenige, der als Kaufmann einen Geschäftsanteil erworben hatte, die Strafe verwirkt und alsdann ein Nichtkaufmann den Geschäftsanteil erworben hat. In diesem Falle geht die Verpflichtung zur Entrichtung der Vertragsstrafe als eine bereits fällig gewordene Verpflichtung gemäß § 16 Abs. 3 auf ihn über, und demgemäß mit denjenigen Qualitäten, die ihr in der Hand des Veräußerers anhafteten.

e) Der Anspruch auf die Vertragsstrafe kann gleich dem auf Zinsen erlassen werden (oben Anm. 20. Anm. 10).

Zusatz 3. Zinsen und Vertragsstrafe nebeneinander können zwar statutarisch festgesetzt sein. Anm. 21. Wenn dies aber nicht der Fall ist, so sind neben der Konventionalstrafe Zinsen nicht zu fordern. Das hat das Reichsgericht (9, 44) für das preußische Landrecht und für das frühere Handelsrecht angenommen. Es muß auch nach neuem Recht gelten. Denn auch im vorliegenden Paragraphen sind die Zinsen als Schadensersatzforderung, als Mindestbetrag des dem Gläubiger erwachsenen Schadens gedacht. Es kann nun aber zwar neben der Vertragsstrafe eine weiterer Schaden liquidiert werden. Aber dann muß die Höhe desselben konkret

§ 20. nachgewiesen werden (§ 341 Abs. 2, § 340 Abs. 2 BGB.). Der Mindestbetrag des Schadens ist in diesem Falle die Vertragsstrafe, neben dieser können nicht außerdem Zögerungszinsen, die ja auch nur den Mindestbetrag des Schadens darstellen, liquidiert werden. — Der Anspruch auf Prozeßzinsen aber wird durch die Vertragsstrafe nicht absorbiert. Auch das hat das Reichsgericht (9, 44) früher ausgesprochen. Auch jetzt muß es gelten, da die Prozeßzinsen auch nach dem neuen Recht nicht als eine Art Schadensersatz gedacht sind (§ 291 BGB.).

Anm. 22. **Zusatz 4. Zinsen und Vertragsstrafe** bilden, wenn sie eingehen, Gewinn. Als solcher kann er auch verteilt werden. Es empfiehlt sich aber, da er nicht im regelmäßigen Geschäftsbetrieb erzielt ist, ihn einem Reservefonds zuzuführen.

Anm. 23. **Zusatz 5.** Die Vorschriften des § 19 finden auf Zinsen und Vertragsstrafen keine Anwendung. Daher hierfür auch eine Annahme an Erfüllungsstatt gültig erfolgt.

§ 21.

Im Falle verzögerter Einzahlung kann an den säumigen Gesellschafter eine erneute Aufforderung zur Zahlung binnen einer zu bestimmenden Nachfrist unter Androhung seines Ausschlusses mit dem Geschäftsanteil, auf welchen die Zahlung zu erfolgen hat, erlassen werden. Die Aufforderung erfolgt mittelst eingeschriebenen Briefes. Die Nachfrist muß mindestens einen Monat betragen.

Nach fruchtlosem Ablauf der Frist ist der säumige Gesellschafter seines Geschäftsanteils und der geleisteten Teilzahlungen zu Gunsten der Gesellschaft verlustig zu erklären. Die Erklärung erfolgt mittelst eingeschriebenen Briefes.

Wegen des Ausfalls, welchen die Gesellschaft an dem rückständigen Betrage oder den später auf den Geschäftsanteil eingeforderten Beträgen der Stammeinlage erleidet, bleibt ihr der ausgeschlossene Gesellschafter verhaftet.

Einleitung. **Der vorliegende Paragraph ordnet die Maßregeln an, welche die Gesellschaft gegen denjenigen Gesellschafter treffen kann, der die Einzahlung seiner Geldeinlage verzögert.** Nach Abs. 1 kann ein Präjudiz der Kaduzierung an ihn gerichtet werden, nach Abs. 2 ist nach abgelaufener Frist die Kaduzierung auszusprechen, nach Abs. 3 bleibt der Gesellschafter für den Ausfall verhaftet. Als wesentlichen Gegensatz zum Aktienrecht, dem der Gedanke entnommen ist, heben die Motive die Möglichkeit der Kaduzierung nur eines Geschäftsanteils unter Schonung der anderen hervor. Der Grund ist kein begrifflicher, sondern ein praktischer. Er liegt in der größeren Bedeutung der Einzelpersönlichkeit bei der GmbH., die eine mehr individualisierende Behandlung auch bei der Kaduzierung zur Folge hat.

Anm. 1. I. (Abs. 1.) **Das Recht der Verfallsandrohung.** Die Gesellschaft hat das Recht, den säumigen Gesellschafter zur Einzahlung aufzufordern unter Androhung der Kaduzierung.

1. **Voraussetzung ist die verzögerte Einzahlung der Einlagen.**

a) Mit einer Geldeinlage muß der Gesellschafter zögern. Schon der Wortlaut des Gesetzes, das von der Einzahlung spricht, ergibt, daß die folgenden Bestimmungen über die Haftung des Vorgängers und der anderen Gesellschafter, Geldleistungen voraussetzen und auf Leistungen individueller Sachen nicht passen. Das beweist auch das System des Gesetzes, das in § 7 seinen Ausdruck fand und das nur bei Geldleistungen eine Teilzahlung kennt. Hieraus folgt, daß § 21 auf Sachleistungen nicht anwendbar ist. Hier ist lediglich die Erfüllungsklage gegeben, soweit Leistungen auf Sacheinlagen rückständig sind. Dasselbe gilt, wenn sich eine Sachleistung in eine Geldleistung umsetzt, z. B. infolge von Entwehrung oder bei Garantie für den Wert einer Gesamtheit (vgl. Anm. 20 zu § 5) bei Nichtexistenz einer inferierten Forderung u. s. w. Kann der Fehlbetrag nicht von dem Inferenten beigebracht werden, so erleidet die Gesellschaft einen Verlust. Inwieweit für diese Ansprüche aus der Sacheinlage nicht nur der Inferent, sondern auch ein späterer Erwerber des Geschäftsanteils haftet vgl. Anm. 14 ff. zu § 16.

Unanwendbar ist die Bestimmung des § 21 auch auf das Agio, das neben der Stamm- § 21.
einlage zugesagt ist (Anm. 28 zu § 3), oder auf sonstige neben der Stammeinlage übernommenen Leistungen (§ 3 Abs. 2).

Auch wegen derjenigen Leistungen, die der Gesellschafter auf die Geldeinlagen Anm. 2.
eines anderen Gesellschafters schuldet, kann die Kaduzierung seines Geschäftsanteils nicht begründet und durchgeführt werden. Also auch nicht wegen der Rückgriffsforderung aus § 24. Veräußert ein Gesellschafter einen Teil seines Geschäftsanteils, so haftet er als Gesellschafter nur noch für einen dem in seinen Händen verbleibenden Teile des Geschäftsanteils entsprechenden Teil seiner Einlageverpflichtungen. Zwar kann es sein, daß er für Rückstände, die auf dem abgetretenen Teil ruhen, gemäß § 16 Abs. 3 weiter haftet. Aber auch das ist keine Haftung als Gesellschafter, sondern eine Haftung als früherer Gesellschafter. Wegen dieser Beträge kann ihm das Kaduzierungsverfahren hinsichtlich des in seinen Händen verbliebenen Teils seines Geschäftsanteils nicht angedroht werden. Besitzt ein Gesellschafter zwei selbständige Geschäftsanteile, so kann niemals die Zögerung mit der Einlage auf den einen eine Kündigung des anderen nach sich ziehen.

Wieviel jedoch der Gesellschafter auf die Kapitalseinlage an Rück- Anm. 3.
ständen schuldet, ist gleichgültig. Auch wenn auf die Kapitalseinlage oder auf den ausgeschriebenen Teil derselben nur noch ein geringer Teil rückständig ist, so erstreckt sich das Kaduzierungsrecht doch auf den ganzen Geschäftsanteil. Ebenso, wenn der Gesellschafter auf seinen Geschäftsanteil eine Sacheinlage und eine Geldeinlage zu machen hatte und nur noch auf die letztere ein Betrag rückständig ist.

b) Verzögerung, nicht Verzug ist Voraussetzung. Es ist dieselbe Voraussetzung, wie die Anm. 4.
des § 20. Es ist hier wie in § 20 nicht notwendig, daß der Gesellschafter sich im Verzuge befindet. Wenn z. B. nach dem Gesellschaftsvertrage eine besondere Aufforderung an die Gesellschafter nicht zu erlassen ist, oder wenn die Aufforderung zwar erforderlich und erlassen ist, aber ohne Verschulden des Gesellschafters nicht in seine Hände gelangt ist, so liegt zwar kein Verzug, wohl aber verzögerte Einzahlung im Sinne des § 20 und unseres Paragraphen vor. Zwar heißt es in unserem Paragraphen, daß eine „erneute" Aufforderung erlassen werden kann. Doch zwingt dies nicht zu der Annahme, daß die Verzögerung der Einzahlung stets nur dann vorliegt, wenn vorher schon eine Aufforderung erfolgt ist. Vielmehr ist der Ausdruck „erneut" vom Regelfall entnommen.

2. **Die Rechtsfolge ist das Recht der Gesellschaft, eine erneute Aufforderung mit Nachfrist und Verfallsandrohung an den Gesellschafter zu erlassen.**

a) **Das Recht der Gesellschaft.** Die Gesellschaft ist nicht etwa verpflichtet, die Nachfrist zu Anm. 5.
setzen und die Verfallsandrohung zu erlassen. Es ist nur ihr Recht, sie kann ebenso gut gegen den Gesellschafter auf Zahlung klagen und in sein Vermögen Zwangsvollstreckung vornehmen, auch seinen Geschäftsanteil pfänden und versteigern lassen. Sie hat aber dann nicht die Rechte aus § 21 Abs. 3, aus § 22 und aus § 24. Daß sie kein Recht hat, wegen der später fällig werdenden Beträge gegen denjenigen Gesellschafter zu klagen, dem sie im Exekutionswege den Geschäftsanteil entzogen hat, geht daraus hervor, daß sein Geschäftsanteil veräußert wird, und daher auch aufhört, für die später fällig werdenden Leistungen zu haften (§ 16 Abs. 3, Anm. 24 zu § 16).

b) **An den säumigen Gesellschafter** kann sie die Aufforderung erlassen. Sie muß im Gegensatze Anm. 6.
zum Aktienrecht (vgl. oben Einleitung) nicht etwa an alle säumigen Gesellschafter die erneute Aufforderung erlassen. Sie kann vielmehr gegen den einen Gesellschafter mit der Klage auf Zahlung vorgehen, gegen den anderen Gesellschafter mit der erneuten Aufforderung und Verfallsandrohung, beim dritten kann sie auch warten, bis er zu Kräften kommt.

Die Aufforderung ergeht an denjenigen Gesellschafter, der bei ihr als solcher Anm. 7.
angemeldet ist. Denn ihr gegenüber gilt nur dieser als Gesellschafter (§ 16). Nur dieser ist also ihr Schuldner hinsichtlich der Einlagen. Auch wenn dieser den Geschäftsanteil bereits veräußert hätte, so würden die erneute Aufforderung, die Verfallsandrohung oder die Verfallserklärung die Folge haben, daß der Gesellschafter ausgeschlossen ist.

§ 21. Dies müßte sein nicht angemeldeter Rechtsnachfolger gegen sich gelten lassen (§ 16 Abs. 2). Wird nach der Einforderung die Veräußerung bei der Gesellschaft angemeldet, so ergeht die Verfallsandrohung an den Erwerber. Geschieht dies nach der Verfallsandrohung, so ist die Kaduzierungserklärung dem Erwerber gegenüber zu erklären.

Anm. 8. c) **Eine Frist zur Einleitung des Kaduzierungsverfahrens** besteht nicht. Die Gesellschaft hat, solange die Zögerung dauert, stets jenes Recht (vgl. unten Anm. 20). Der Gesellschafter seinerseits hat das Recht, durch Zahlung des Rückstandes die Einleitung des Verfahrens abzuwenden (vgl. unten Anm. 21).

Anm. 9. d) **Eine erneute Aufforderung zur Zahlung** kann die Gesellschaft erlassen. Von einer „erneuten“ Aufforderung kann nicht immer gesprochen werden (oben Anm. 4) Liegt ohne Aufforderung Verzögerung vor, so paßt der Ausdruck „erneute Aufforderung“ nicht. Denn dann liegt jetzt die erste Aufforderung vor. Aber eine Aufforderung muß jedenfalls erfolgen, wenn die Vorbedingung der Kaduzierung vorhanden sein soll.

Anm. 10. *α*) Der Inhalt der erneuten Aufforderung.

αα) Der Gesellschafter muß zur Zahlung des rückständigen Beitrages aufgefordert werden. Kann nicht sofort mit aller Bestimmtheit ermittelt werden, wieviel der Gesellschafter schuldet, so steht nichts entgegen, einen Mindestbetrag zu fordern und für den Fall der Nichtzahlung die Kaduzierung anzudrohen. Ist zu viel gefordert, so ist das regelmäßig ebenfalls unschädlich. Der Gesellschafter muß dann jedenfalls soviel zahlen, als er nach seiner Meinung schuldig ist, es sei denn, daß die Aufforderung der Gesellschaft so gehalten ist, daß sie weniger nicht annehmen will. Es gilt hier dasselbe, wie bei der Mahnung.

Anm. 11. *ββ*) Eine Nachfrist muß gestellt werden, und zwar von mindestens einem Monate. Eine längere Nachfrist ist gestattet. Eine geringere ist wirkungslos. Die Bemessung nach Monaten ist nicht vorgeschrieben. Die Frist kann auch in Tagen oder Wochen ausgedrückt sein, wenn nur der Mindestzeitraum von einem Monat gewahrt ist. Ebenso kann an Stelle der Frist ein Termin bestimmt sein, immer vorausgesetzt, daß zwischen der Aufforderung und dem Termin mindestens ein Monat liegt.

Anm. 12. *γγ*) Der Ausschluß mit dem Geschäftsanteil muß angedroht werden. Der Ausschluß mit den geleisteten Teilzahlungen braucht nicht angedroht zu werden. Doch erfolgt dieser Ausschluß nach Abs. 2.

Anm. 13. *β*) Die Form der Aufforderung ist dahin bestimmt, daß sie mittelst eingeschriebenen Briefes erfolgen muß. Das ist die Mindestform. Mündliche Aufforderung, einfacher Brief, öffentliche Bekanntmachung genügen nicht. Der Gesellschaftsvertrag kann an dieser Mindestform nichts verringern. Aber es ist auch nur eine Mindestform. Zustellung durch den Gerichtsvollzieher gemäß § 132 BGB. genügt. Der Gesellschaftsvertrag kann diese höhere Form anordnen. (A. M. Birkenbihl Anm. 2.)

Anm. 14. *γ*) **Die Aufforderung ist regelmäßig nur wirksam, wenn sie dem Gesellschafter zugegangen ist.** Sie ist eine empfangsbedürftige Willenserklärung. (Über die Unterschrift siehe Anm. 20 zu § 35.) Es genügt nicht, daß sie abgegangen ist, wenn auch dem Abs. 1 unseres Paragraphen zu entnehmen ist, daß die Gesellschaft ihrer Beweislast genügt, wenn sie die Absendung eines eingeschriebenen Briefes des gesetzlich vorgeschriebenen Inhalts an die Adresse des Gesellschafters dartut. Der Gegenbeweis, daß der Brief nicht angekommen sei, ist dem Gesellschafter jedenfalls gestattet (Liebmann Anm. 2). Parisius-Crüger Anm. 3 meinen das Gegenteil, weil sonst keine Möglichkeit vorhanden wäre, gegen einen Gesellschafter, dessen Adresse der Gesellschaft unbekannt sei, mit der Verfallsandrohung vorzugehen. Doch ist dabei zu übersehen, daß im § 132 Abs. 2 BGB. für diesen Fall die öffentliche Zustellung vorgesehen ist.

Anm. 15. Ist die Aufforderung zwar nicht angelangt, aber durch Verschulden des Gesellschafters, so gilt sie als zugegangen, weil es ein allgemeiner Rechtsgrundsatz ist, daß empfangsbedürftige Willenserklärungen, welche innerhalb eines Vertragsverhältnisses abzugeben sind, als zugegangen gelten, wenn sie durch Schuld dessen, der sie zu empfangen hat, nicht an ihn gelangen (vgl. Habicht DJZ. 6, 265 ff.;

RG. 58, 406; 60, 334). Ist daher der Brief an diejenige Adresse des Gesellschafters abgegangen, welche dieser der Gesellschaft angegeben hat, so gilt er als zugegangen, auch wenn er, weil der Gesellschafter von dort unbekannt verzogen ist, als unbestellbar zurückgekommen ist. Das RG. hat in seiner Entscheidung v. 6. 5. 05 (JW. 05, 443; Holdheim 14, 239) die Frage, wie es sich verhält, wenn der Aufforderungsbrief dem Gesellschafter nicht zugeht, unerörtert lassend, für die Berechnung der Frist den Tag der Aufgabe zur Post für maßgebend erklärt. Die Gründe, welche im wesentlichen auf die Analogie der Einladung zur Gesellschafterversammlung hinweisen, sind nicht überzeugend. Denn wenn auch dort die Ansicht des RG. zu billigen ist (Anm. 5 zu § 51), so ist doch ein wesentlicher Unterschied zwischen einer Einladung zu einer Versammlung und einer Zahlungsaufforderung mit Kaduzierungsandrohung. Nur die letztere ist ein Rechtsgeschäft. Auf diese muß mangels ausdrücklicher abweichender Anordnung des Gesetzes die Regel des § 130 BGB. angewendet werden. Die Konsequenz der Ansicht des RG. wäre, daß die Gesellschaft den einmal abgesandten Brief nicht mehr zurücknehmen könnte. § 21.

II. (Abs. 2.) **Nach Ablauf der Frist ist die Kaduzierung auszusprechen.** Anm. 16.

1. Sie ist auszusprechen. Das bedeutet: die Geschäftsführer haben der Gesellschaft gegenüber die Verpflichtung, sie auszusprechen. Sie verletzen sonst ihre gesetzliche Pflicht und haften der Gesellschaft auf Schadensersatz. Denn die Kaduzierung ist ja Vorbedingung für den Regreß nach Abs. 3 und nach §§ 22 und 24. Dieser Regreß kann nicht geltend gemacht werden, wenn die Kaduzierung nicht erfolgt. Die Geschäftsführer können auch, wenn die Einzahlungspflicht und die Frage, ob die Kaduzierungsandrohung berechtigt ist, bestritten ist, den Gesellschafter im ordentlichen Rechtswege verklagen, daß er sich die Kaduzierung gefallen lasse. Dann sind sie aller Fährlichkeiten überhoben, welche eine zu Unrecht erfolgte Kaduzierung mit sich bringt (vgl. unten Anm. 28).

„Sie ist auszusprechen" bedeutet ferner, daß der Gesellschaftsvertrag etwas Gegenteiliges nicht aussprechen kann. Es ist zwingende Vorschrift, wie dies ja auch § 25 ergibt. Ein Verzicht auf die bereits eingetretenen Folgen der Androhung und des Fristablaufs ist ohne Wirkung. Die Kaduzierung kann trotz derselben ausgesprochen werden. Demgemäß kann sich der Geschäftsführer dem Gesellschafter gegenüber auch nicht verpflichten, die Kaduzierung nicht auszusprechen (OLG. Celle v. 3. 11. 02 in OLGR. 6, 191). Dagegen anscheinend RG. 51, 416, welches die Kaduzierung auch nach erfolgter Androhung dem freien Ermessen der Gesellschaftsorgane überläßt. Anm. 17.

Die Worte bedeuten aber nicht, daß der Gesellschafter einen Anspruch auf Kaduzierung hat. Trotz der angedrohten Verfallserklärung kann die Gesellschaft gleichwohl mit der Klage auf Zahlung gegen ihn vorgehen, und auch weiter fällig werdende Beträge von ihm einfordern. Er kann nicht einwenden, daß die Verfallserklärung ihm angedroht sei, und daß er daher nur noch subsidiär gemäß Abs. 3 hafte oder einen Anspruch auf den Eintritt solcher Haftung habe (RG. v. 7. 6. 02 in JW. S. 400, 401; RG. 51, 416). Anm. 18.

Bedenklich ist es auch, wenn Förtsch Anm. 2 sagt: „Den Gesellschaftsgläubigern wird das Recht zustehen, sich im Wege der Zwangsvollstreckung zur Durchführung des Verfahrens ermächtigen zu lassen." Es ist nicht ersichtlich, auf Grund welcher Gesetzesbestimmung das erfolgen könnte. Anm. 19.

2. Auch eine Frist für den Ausspruch der Kaduzierung ist nicht vorgeschrieben. Sie muß nicht etwa unmittelbar nach Ablauf der dem säumigen Gesellschafter gesetzten Nachfrist ausgesprochen werden. Anm. 20.

3. Bis zum Ausspruch der Kaduzierung hat der Gesellschafter das Recht, die rückständigen Beträge zu zahlen und dadurch den Ausspruch abzuwenden, auch dann, wenn die gestellte Frist inzwischen abgelaufen ist (RG. v. 21. 4. 03 bei Holdheim 12, 156, auch zitiert JW. 03 Beilage 9 S. 76; ebenso Liebmann Anm. 4 zu § 21). Sobald aber die Kaduzierung ausgesprochen ist, hat er das Recht nicht mehr, Zahlung anzubieten und die Wiederübertragung seines Geschäftsanteils zu verlangen. Die Gesellschaft hat nicht einmal das Recht, vom Gesellschafter Zahlung anzunehmen und ihm dafür das Anteils- Anm. 21.

§ 21. recht wieder zu gewähren. Die Gesellschaft kann, nachdem der Gesellschafter ausgeschlossen ist, nicht nach ihrem Belieben über den Geschäftsanteil verfügen, sondern nur zu Gunsten der Vorgänger gemäß § 22 und eventuell, wenn der Regreß gegen diese vergeblich ist, gemäß § 23 im Wege des Verkaufs. Sie begibt sich sonst ihrer Regreßrechte aus §§ 22 und 24 (vgl. Anm. 4 zu § 23).

Anm. 22. 4. Die Form der Verfallserklärung ist nach Abs. 2 der eingeschriebene Brief. Auch hier ist das die mindeste Form. (Über die Unterschrift siehe Anm. 29 zu § 35.) Mündliche Erklärungen, einfacher Brief, öffentliche Bekanntmachungen genügen nicht. Der Gesellschaftsvertrag kann diese Mindestform nicht verringern. Zustellung durch den Gerichtsvollzieher genügt. Der Gesellschaftsvertrag kann sie anordnen.

Anm. 23. Die Verfallserklärung muß aber nicht bloß abgesandt sein, sie muß auch dem Gesellschafter zugehen. Auch sie ist eine empfangsbedürftige Willenserklärung (Birkenbihl Anm. 3). Hierüber und darüber, daß sie als zugegangen gilt, wenn sie durch Schuld des Gesellschafters nicht zugeht, gilt das oben Anm. 14 und 15 Gesagte.

Anm. 24. 5. Die Wirkung ist die Kaduzierung. Der Gesellschafter wird seines Anteils (und der geleisteten Teilzahlungen) zu Gunsten der Gesellschaft für verlustig erklärt. Er ist als Gesellschafter ausgeschlossen, hört auf, Gesellschafter zu sein. Er verliert dadurch für die Zukunft alle Rechte auf Verwaltung und Vermögen der Gesellschaft. Es entstehen aber keine gesellschaftlichen Verpflichtungen mehr gegen den Ausgeschlossenen. Insbesondere hören seine Verpflichtungen aus § 3 Abs. 2 auf. Nur für solche Leistungen, die zur Zeit der Kaduzierung rückständig waren, haftet er weiter.

Anm. 25. Die Wirkung der Kaduzierung ist ein Vernichten der Rechte des ausgeschlossenen Gesellschafters. Die Ausschließung steht im Gegensatze zu der Überlassung des Geschäftsanteiles bei der Einforderung von Nachschüssen und selbstredend dem freiwilligen Erwerb seitens der Gesellschaft aus ihren Überschüssen. In diesen beiden Fällen ist es der Geschäftsanteil des Gesellschafters, den die Gesellschaft von diesem erwirbt. Er bildet ein Aktivum, den sie in ihre Bilanz aufnimmt. Die Rechte hieraus übt sie aus, soweit dies bei der Vereinigung von Gesellschaft und Gesellschafter möglich ist. Bei der Ausschließung des säumigen Gesellschafters verwirkt dieser sein Recht. Dieses hört also auf zu bestehen. Daher kann es als solches weder an die Gesellschaft fallen, noch von ihr weiter begeben werden. Der Geschäftsanteil steht in der Zeit vor dem Rückfall an den Vormann (§ 22) und der öffentlichen Versteigerung (§ 23) nicht der Gesellschaft in der Weise zu, daß sie als Rechtsnachfolgerin des ausgeschlossenen Gesellschafters erschiene und dessen Rechte ausübte. Es ist vielmehr bis zum Wiedereintritt eines Gesellschafters, sei es durch die Heranziehung des Vorgängers, sei es durch Neubegründung bei der öffentlichen Versteigerung, kein Berechtigter aus dem Geschäftsanteile vorhanden. Von der Einziehung des Geschäftsanteils (§ 34), mit dem die Ausschließung Rechtsähnlichkeit aufweist, unterscheidet sie sich wieder dadurch, daß bei jener der Geschäftsanteil für immer vernichtet ist. Bei der Ausschließung dagegen bleiben die Geschäftsanteile. Nur ist für den des ausgeschlossenen Gesellschafters ein anderes Rechtssubjekt zu finden.

Anm. 26. Dieser Eintritt eines anderen Rechtssubjektes ist verschieden und danach auch die Rechtswirkung der Kaduzierung, je nachdem ein Vormann des Kaduzierten, der Zahlung leistet, vorhanden ist oder nicht. Im ersteren Falle vernichtet die Ausschließung nur den Übergang des Geschäftsanteils auf den jetzt ausgeschlossenen Gesellschafter. Dieser erhält ohne sein Zutun den von ihm veräußerten Geschäftsanteil zurück (vgl. Anm. 15 zu § 23). Im letzteren ist der im Gründungsakte geschaffene Geschäftsanteil aufgehoben. Durch öffentliches Ausbieten und mit Zustimmung des Ausgeschlossenen auch auf anderem Wege wird ein neuer Geschäftsanteil geschaffen (vgl. Anm. 16 zu § 23). Die Folgen der Kaduzierung sind in § 22 und § 23 geregelt. Daher sind diese auch für die rechtliche Bedeutung derselben bestimmend. Dabei kommt es natürlich nicht auf den Wortlaut an. Man darf nicht sagen, daß, da dort der Vormann des Kaduzierten „den Geschäftsanteil des ausgeschlossenen Gesellschafters" erwerbe (§ 22 Abs. 4) und die Gesellschaft „den Geschäftsanteil" im Wege der öffentlichen Versteigerung „verkauft", deshalb notwendigerweise die Gesellschaft eben den Geschäftsanteil des Kaduzierten erwerbe und weitergebe. Man muß vielmehr auch hier auf den rechtlichen Inhalt dieser Bestimmung sehen. Der Erwerb des gemäß § 23 versteigerten Geschäftsanteils muß ihn frei von allen Lasten machen, mit Ausnahme der künftig fällig werdenden, während doch auf dem Geschäftsanteil des Ausgeschlossenen eine Reihe anderer Lasten ruhen, die bei einer Rechtsnachfolge auf den Erwerber übergingen (§ 16 Abs. 2 und Anm. 16 zu § 16). Der Vormann, der den von ihm veräußerten Geschäftsanteil wieder erhält, hat nur den Betrag der rückständigen Einlage zu entrichten, nicht aber Zinsen und Strafen (§ 22 Abs. 1 und Anm. 10 zu § 22). § 21.

Es muß endlich, wenn der Zweck des Gesetzes erreicht werden soll, die Kaduzierung jede dingliche Verfügung des Kaduzierten vernichten. Das Vertrags- und das Pfändungspfandrecht werden hinfällig. Sonst würde ja bei Berücksichtigung dieses Dritten nicht die Gesellschaft die Einlage erhalten, sondern der Pfandgläubiger den Erlös wegnehmen oder schmälern. Man ist einig über diesen Ausschluß der Pfandrechte als Folge der Kaduzierung. Aber dieses Resultat, das allerdings vom Gesetze verlangt wird, ist unmöglich, wenn man den Geschäftsanteil des Kaduzierten aus seiner Hand und durch ihn individualisiert auf seinen Vormann oder den Ansteigerer übergehen läßt. Es ist nur möglich von dem Gesichtspunkte aus, daß das Recht des Säumigen aufgehoben und durch das Recht eines anderen ersetzt wird. Anm. 27.

Aus dieser Auffassung von der Wirkung der Ausschließung ergibt sich, daß die Gesellschaft keine andere Disposition über den Geschäftsanteil des Kaduzierten treffen darf als in §§ 22 und 23 zugelassen. Sie kann insbesondere nicht (wie die erste Auflage, Anm. 26 S. 155, inkonsequent zuließ) den Geschäftsanteil auch ohne die Form des § 23 veräußern, wobei sie nur die Regreßrechte aus §§ 21 Abs. 3, 22 u. 24 verliere. Sie darf dies schon deshalb nicht, weil sie auf diese Regreßrechte gar nicht verzichten kann (§ 25) und eine Veräußerung, die den Verlust des Regresses zur Folge hätte, einen solchen Verzicht enthielte. Auch § 23 Satz 2 bestätigt dies. Ein anderer Verkauf als der der öffentlichen Versteigerung ist nur mit Zustimmung des ausgeschlossenen Gesellschafters zulässig. Auch das ist zwingendes Recht. Es kann davon nicht abgewichen werden, auch wenn es die Gesellschaft wollte. Anm. 28.

Ebensowenig ist (gegen die Annahme der ersten Auflage) eine Vollstreckung in den Geschäftsanteil durch einen Gläubiger der Gesellschaft möglich. Gerade weil dies wieder den Verlust der Regresse zur Folge haben müßte, ist die Vollstreckung praktisch unannehmbar. Rechtlich folgt es aber daraus, daß ein Geschäftsanteil gar nicht mehr vorhanden ist, sondern nur die Möglichkeit, einen solchen zu schaffen. Diese ergibt aber weder ein bilanzfähiges noch ein pfändbares Aktivum der Gesellschaft. Anm. 29.

Gewinnansprüche können, solange nicht ein neuer Gesellschafter eintrat, von niemand erhoben werden. Ist aber wieder ein Gesellschafter vorhanden, so stehen diesem alle Ansprüche auf Dividende von der Kaduzierung ab zu. Die Gesellschaft ist nicht berechtigt, diese für die Zwischenzeit zu beanspruchen. Anm. 30.

Sind Urkunden über den Geschäftsanteil ausgestellt, so verlieren sie ihre Bedeutung. Das Gesetz kennt zwar nicht wie das Aktienrecht die Vorschrift, daß eine Aktie oder ein neuer Interimsschein auszustellen ist, der außer der früheren Zahlung auch den eingeforderten Betrag enthält (§ 219 Abs. 4 HGB.), ein deutliches Zeichen für das Entstehen eines neuen Rechts. Aber auch die nur durch die Praxis eingeführten Scheine über Geschäftsanteile sind entsprechend zu behandeln. Wenn auch kein Neudruck zu verlangen ist, so muß auf denselben die Kaduzierung des Letztberechtigten und der Neuerwerb des Jetztberechtigten gemäß §§ 22 und 23 ersichtlich sein. Anm. 31.

6. Die Wirkung ungehöriger Kaduzierung. Sind Form und Fristen nicht gewahrt oder bestand keine Einzahlungspflicht, so ist das Kaduzierungsverfahren ungültig. Sowohl der Gesellschafter als auch die Gesellschaft können diese Ungültigkeit geltend machen (vgl. RG. 9, 42). Handelt es sich nur um einen Formfehler, so kann das Anm. 32.

§ 21. Verfahren von neuem beginnen. Dies ist nötig, wenn auch nur ein Teil desselben fehlerhaft war.

Anm. 33. Ist auf Grund des ungehörigen Kaduzierungsverfahrens der Geschäftsanteil gemäß § 23 veräußert, so ist auch die Veräußerung ungültig. Zwar nehmen die Kommentare (vgl. Birkenbihl Anm. 3; Merzbacher Anm. 9; Liebmann Anm. 2; Parisius-Crüger Anm. 5; Neukamp Anm. 8) an, daß der gutgläubige Erwerber geschützt sei. Doch trifft dies nicht zu. Sie beziehen sich auf die Entscheidung des RG. 27, 54. Allein diese für das Aktienrecht ergangene Entscheidung ist auch für dieses bekämpft worden (vgl. Staub HGB. Anm. 5 zu § 219). Jedenfalls aber ist sie nur für das Aktienrecht ergangen und auf spezifisch aktienrechtliche Gesichtspunkte gestützt. Das RG. stützt seine Ansicht darauf, daß nach den Vorschriften über den Schutz gutgläubigen Erwerbes der gutgläubige Erwerber der auf Grund des Kaduzierungsverfahrens ausgegebenen neuen Aktie in seinem Rechte geschützt werden müsse. Dem zu Unrecht ausgeschlossenen Aktionär könnte nur mit einer Klage auf Schadensersatz geholfen werden. Derartige Vorschriften über gutgläubigen Erwerb sind aber hier nicht in Rede. Die betreffenden Vorschriften (§§ 932 ff. BGB., § 222 HGB., Art. 74 WO.; 366 HGB.; 365 Abs. 1 HGB.) betreffen nur den gutgläubigen Erwerb von beweglichen Sachen, Inhaber- und indossabeln Namenspapieren, während bei denjenigen Rechten, welche nur durch Cession übertragbar sind, der gutgläubige Erwerber nicht geschützt ist (§§ 404, 413 BGB.; vgl. Anm. 70 zu § 15 unseres Gesetzes). Es ist zu beachten, daß sie auch nicht, wie oben Anm. 25 und 26 gezeigt, den Geschäftsanteil des Ausgeschlossenen verkauft, sondern ein neugebildeter vergeben wird. Der gutgläubige Erwerber eines Geschäftsanteils, den die Gesellschaft auf Grund eines ordnungswidrigen Kaduzierungsverfahrens veräußert hat, hat also ein Nichts erworben. Sein guter Glaube schützt ihn nicht. Auch wenn der Erwerber seinerseits den Geschäftsanteil wieder weiterveräußert hat, ist der neue Erwerber nicht geschützt. Die Gründe sind die gleichen. Dem gutgläubigen Erwerber haftet sein Rechtsvorgänger, demjenigen, der von der Gesellschaft den Geschäftsanteil erworben hat, diese gemäß §§ 437, 440 BGB. oder nach den Rechtsregeln des sonst zwischen den Kontrahenten vorliegenden Rechtsverhältnisses.

Anm. 34. Ein besonderes Rechtsmittel gegen das Kaduzierungsverfahren, gegen die Androhung und Verfallserklärung ist im Gesetze nicht gegeben. Aus allgemeinen Rechtsgrundsätzen aber folgt, daß der Gesellschafter eine Klage auf Anerkennung seiner fortdauernden Mitgliedschaft hat, und zwar sowohl gegen die Gesellschaft (RG. v. 18. 12. 01 im Recht 02, 78), als auch gegen den Erwerber. Der materielle Inhalt der Klage geht dahin, daß der Kläger Gesellschafter geblieben sei und seine Rechte ihm nicht entzogen sind. Ein Begehren auf Rückgabe ist nicht möglich, da er den Geschäftsanteil nicht hingegeben hat. Die von dem an seine Stelle tretenden Vormann oder Ansteigerer bezogene Dividende hat ihm dieser zu erstatten. Die Rückforderung der Leistungen desselben gehen nur an die Gesellschaft. Nur diese ist bereichert. Auch schon während des Schwebens des Kaduzierungsverfahrens wird man ihm Klage und einstweilige Verfügung zu seinem Schutze gewähren müssen, letztere zur Abwendung der Schwierigkeiten, welche ihm durch die Veräußerung erwachsen.

Anm. 35. III. (Abs. 3.) **Der ausgeschlossene Gesellschafter bleibt für den Ausfall an den Rückständen und an den später fällig werdenden Raten verhaftet.** Das was nachträglich an Einzahlung auf die Stammeinlage fällig wird, sollte eigentlich, da er ausgeschlossen ist, von ihm nicht mehr gefordert werden können. Er wird ja auch seiner sonstigen später fälligen Verpflichtungen ledig (vgl. Anm. 24). Umgekehrt sollte er für das was vor der Kaduzierung fällig war, eigentlich ohne weiteres haften, da er ja auch für andere rückständige Verpflichtungen gemäß § 16 Abs. 3 haftet (vgl. Anm. 24). Hinsichtlich der Einzahlungen auf die Stammeinlage aber treten diese Rechtsfolgen nicht in voller Reinheit ein. Zwar eine prinzipale Zahlungspflicht für die Einlageverpflichtungen findet nach der Kaduzierung nicht mehr statt. Der ausgeschlossene Gesellschafter kann nicht etwa nach der Kaduzierung einfach auf den Rückstand verklagt werden, oder auf das, was später fällig wird. Vielmehr haftet er nur wegen des Ausfalles an den rückständigen und später eingeforderten Beträgen. § 21.

a) Der Ausfall wegen des rückständigen Betrags. Der Ausfall setzt voraus, daß der Regreß gegen seine etwaigen Rechtsvorgänger gemäß § 22 fruchtlos gewesen ist, und auch der Verkauf der Stammeinlage gemäß § 23 zur vollen Deckung nicht geführt hat. Die Kosten der Versteigerung gehen ab und erhöhen den Ausfall. Unzutreffend ist es, wenn Förtsch Anm. 7 der Gesellschaft ohne weiteres die Ansprüche wegen des Rückstandes und der später fällig werdenden Beträge gegen den ausgeschlossenen Gesellschafter gibt. Das ist schon deshalb nicht richtig, weil sich die vorliegende Vorschrift an die analoge aktienrechtliche anschließt (Motive 27), die letztere aber niemals in dieser Weise ausgelegt worden ist (vgl. Staub HGB. Anm. 8 zu § 219). Nur dann, wenn die Deckung des Ausfalls an Rückständen durch einen nach § 23 erfolgenden Verkauf als aussichtslos betrachtet werden muß, entsteht die Ausfallshaftung ohne Verkauf. Vgl. Anm. 3 zu § 24. Wegen dieser Haftung siehe noch Anm. 11 zu § 23. Nicht erforderlich, um dieser Haftung Eingang zu schaffen, ist die Umlage unter die anderen Gesellschafter (§ 24). Diese tritt erst ein, wenn alle Zahlungspflichtigen vergebens in Anspruch genommen sind. Eine Repartition des Verlustes unter die Mitgesellschafter tilgt die Einlagepflicht und beseitigt den Ausfall. Sind die Voraussetzungen der Ausfallsklage gegeben, so entstehen aus der Inanspruchnahme des Kaduzierten keine Rechte gegen die Gesellschaft. Auch die nachträgliche zwangsweise Eintreibung des Ausfalls, wie groß er sein mag, hebt die Kaduzierung nicht wieder auf. Es ergibt sich dies schon daraus, daß diese Haftung ja auch dann statt hat, wenn an Stelle des Ausgeschlossenen durch Versteigerung ein neuer Gesellschafter trat, dessen Kaufpreis aber nicht die ganze Schuld deckte. Es muß dies also auch für den Fall gelten, daß der Geschäftsanteil nicht verkäuflich war und von dem Ausgeschlossenen, der zu Vermögen gelangte, der ganze Betrag als Ausfall herangeholt wird. Die Billigkeit verlangt freilich, ihm dafür seinen Geschäftsanteil wiederzugeben. Das kann geschehen, indem man an ihn gemäß § 23 den Geschäftsanteil verkauft, d. h. ihn als Dritten behandelt, der an Stelle des Kaduzierten eintritt. Ein Recht hierauf hat er nicht. Anm. 36.

b) Die Haftung für später eingeforderte Beträge setzt die Kaduzierung des an Stelle des zuerst Kaduzierten getretenen Gesellschafters voraus. Nur dann sind die weiteren Bedingungen des Ausfalls, die Versteigerung des Geschäftsanteils oder die Vergeblichkeit desselben möglich. In diesem Falle hat die Gesellschaft zwei subsidiär für den Ausfall haftende frühere Gesellschafter. Beide haften auf dasselbe. Zum Ausfall, für den der erst Kaduzierte einsteht, gehört nicht die vergebliche Ausklagung des Letztausgeschlossenen. Die Gesellschaft kann belangen, welchen von beiden sie will. Ein Regreßrecht besteht nicht, da jeder aus selbständigen Rechtsgründen haftet. Die Ausfallhaftung des Kaduzierten ist keine Bürgschaft für den an seine Stelle tretenden Gesellschafter. Sie ist ein Rest der eigenen Schuld als Gesellschafter. Anm. 37.

c) Der Ausfall bezieht sich nur auf die Stammeinlage. Von allen anderen Haftungen sind die Ausgeschlossenen frei, also namentlich von der Zahlungspflicht für Nachschüsse, seien sie schon eingerufen oder noch einzurufen. Es kann also unter Umständen, wenn die Einlage selbst klein, die beschränkte Nachschußpflicht, die keine Preisgabe kennt, sehr groß ist, die Kaduzierung des mit dem Einlagerest säumigen Gesellschafters zu einer Wohltat für ihn werden, da sie ihn von der Nachschußpflicht befreit. Was nach dem Gesetz unzulässig, wird bei Kollusion zwischen Geschäftsführer und Gesellschafter möglich. Man hat den § 21 dem damaligen Art. 184a (jetzt § 219) HGB. nachgebildet, ohne an die dem Rechte der GmbH. eigene Nachschußpflicht zu denken. Die Haftung des Ausgeschlossenen kann aber auf die Nachschüsse im Gesellschaftsvertrage erweitert werden. Anm. 38.

Da der Haftungsanspruch ein Anspruch aus dem Gesellschaftsverhältnisse ist, wenn auch nur ein Überbleibsel, so ist der Gerichtsstand des § 22 CPO. gegeben.

d) **Die hier vorgesehene Haftung darf nicht durch Vertrag erlassen werden.** Gleichwohl vereinbarte Erlaßverträge sind ungültig (§ 25). Wohl aber ist Stundung der Ausfall- Anm. 39.

§ 21. forderung zulässig. Denn § 19 greift hier nicht Platz. Aus dem gleichen Grunde ist Aufrechnung und Retention zulässig. Denn diese Rechtsakte stellen keine Befreiung dar und nur diese verbietet § 25. Eine Verschärfung der Haftung ist zulässig. Es kann insbesondere bedungen werden, daß der Kaduzierte für alle Zahlungen schlechthin, nicht nur für den Ausfall hafte. Ein Recht auf den Wiedererwerb seines Geschäftsanteils erhält er hierdurch nicht. Ebenso kann die Haftung für Nachschüsse fortdauern (vgl. oben Anm. 38). Zulässig ist als nicht unter § 25 fallend jeder Vergleich (vgl. Anm. 8 zu § 19). Ebenso auch der Nachlaß im außergerichtlichen Akkord. Der Zwangsvergleich umfaßt die Ausfallforderung kraft Gesetzes, auch wenn beim Abschlusse desselben das Kaduzierungsverfahren erst im Laufe war.

Anm. 40. IV. Ist der säumige Gesellschafter im Konkurse, so richtet sich das Kaduzierungsverfahren gegen den Konkursverwalter. Ihm sind die Aufforderung und sonstige Erklärungen zuzustellen. Ein Recht, gegen Zahlung der Konkursquote sich den Anteil zu erhalten, hat er nicht. Er muß die volle Einlage begleichen, wenn er dies will. Ist die Kaduzierung vollzogen, so kann der „Ausfall" angemeldet werden. Es muß die Beendigung des Verfahrens feststehen.

§ 22.

Wegen des von dem ausgeschlossenen Gesellschafter nicht bezahlten Betrages der Stammeinlage ist der Gesellschaft der letzte und jeder frühere, bei der Gesellschaft angemeldete Rechtsvorgänger des Ausgeschlossenen verhaftet.

Ein früherer Rechtsvorgänger haftet nur, soweit die Zahlung von dessen Rechtsnachfolger nicht zu erlangen ist; dies ist bis zum Beweise des Gegenteils anzunehmen, wenn der letztere die Zahlung nicht bis zum Ablauf eines Monats geleistet hat, nachdem an ihn die Zahlungsaufforderung und an den Rechtsvorgänger die Benachrichtigung von derselben erfolgt ist.

Die Haftpflicht des Rechtsvorgängers ist auf die innerhalb der Frist von fünf Jahren auf die Stammeinlage eingeforderten Einzahlungen beschränkt. Die Frist beginnt mit dem Tage, an welchem der Übergang des Geschäftsanteils auf den Rechtsnachfolger ordnungsmäßig angemeldet ist.

Der Rechtsvorgänger erwirbt gegen Zahlung des rückständigen Betrages den Geschäftsanteil des ausgeschlossenen Gesellschafters.

Einleitung. **Der vorliegende Paragraph regelt die Rechtsfolgen der Kaduzierungserklärung auf das Verhältnis der Gesellschaft zu den Rechtsvorgängern des ausgeschlossenen Gesellschafters.** Er geht von der Haftung des Rechtsvorgängers als dem für die Gesellschaft wichtigsten Momente aus (Abs. 1—3) und schließt daran den kraft Gesetzes sich vollziehenden Übergang des Geschäftsanteils auf den zahlenden Vormann. Der rechtliche Gedanke, der dem § 22 zu Grunde liegt, ist die Pflicht des Veräußerers eines Geschäftsanteils, bei Kaduzierung seines und seiner Nachfolger Nachfolger wieder an seine frühere Stellung als Gesellschafter zu treten und die Pflichten hieraus zu erfüllen. Beides vollzieht sich gleichzeitig. Mit der Zahlung der rückständigen Einlage empfängt er seine Beteiligung wieder. Jede Veräußerung eines Geschäftsanteils, der noch nicht voll bezahlt ist, läßt sich als auflösend bedingt auffassen. Die Bedingung ist die Kaduzierung des Erwerbers. Sie bedeutet hier Aufhebung der Gesellschaftsrechte desselben unter Rückfall an den Veräußerer. Daß der zahlende Vormann nicht den Geschäftsanteil des Kaduzierten erhält, ist oben (Anm. 25 u. 26 zu § 21) ausgeführt. Daß er aber seinen eigenen früheren Geschäftsanteil empfängt und nicht einen neugeschaffenen aus den Händen der Gesellschaft, erkennt man, sobald man den Fall einer Pfandbelastung, Nutznießung u. s. w. auch hier unterstellt. Die Kaduzierung tilgt Pfandrechte, die der Ausgeschlossene begründet, nicht aber solche, die von seinem Vormann herrühren und die der Erwerber mitübernahm. Sie bleiben auch bei dem Rückfalle des Geschäftsanteils an den Veräußerer wirksam. Das beweist, daß er seinen Geschäftsanteil zurückerhält. Allerdings „erwirbt" er diesen erst gegen Zahlung. Das bedeutet, daß zunächst infolge der Kaduzierung die Pflichten des Vorgängers wieder eintreten. Der Rückfall auch der Rechte ist von der Erfüllung jener abhängig. § 22.

Man spricht daher richtiger nicht von einem „Regresse" der Gesellschaft gegenüber dem Veräußerer eines Geschäftsanteils. Das Gesetz erklärt ihn für die Zahlung des Betrags der Stammeinlage „verhaftet". Es ist die im Momente der Veräußerung vorhandene gesellschaftliche Leistungspflicht, die wieder auflebt.

I. **Voraussetzung ist, daß ein Gesellschafter wegen nicht gezahlter Geldeinlagen seines Geschäftsanteils für verlustig erklärt worden ist.** Es muß also der Fall des § 21 eingetreten sein. Diese Kaduzierung muß mit Recht erfolgt sein. Jeder Rechtsvorgänger, auch der nur subsidiär haftbare, kann der Gesellschaft den Einwand der ungültigen Kaduzierung entgegenhalten. Auch bei Zusammenwirken der Gesellschaft und des Ausgeschlossenen, welche eine Heranholung des Veräußerers bezwecken, kann ohne Vorliegen der formellen und materiellen Voraussetzungen der Kaduzierung ein Wiedereintritt des Veräußerers nicht erfolgen. Er liegt nicht in der Willkür der Beteiligten. Der Kaduzierte kann nicht auf die Einhaltung der Vorschrift des § 21 verzichten. Stellt sich nachträglich die Unwirksamkeit des Kaduzierungsverfahrens heraus, so steht dem Vormann die Rückforderung des Bezahlten zu. Er hat ja auch die Rechte aus dem Geschäftsanteile nicht erhalten. Auch mit Zustimmung des Ausgeschlossenen kann er nicht gültig Gesellschafter werden. Der § 21 ist absoluten Rechtes. Diese Zustimmung wäre eine Übertragung des Geschäftsanteils des Ausgeschlossenen, der ihm selbst noch zusteht. Hierzu aber bedarf es der Wahrung der Form (§ 15). Ebenso steht auch der Gesellschaft das Recht zu, die Unwirksamkeit des Ausschließungsverfahrens geltend zu machen und den Ausgeschlossenen wieder als Gesellschafter anzuerkennen, stets unter der Verpflichtung der Rückzahlung des von dem Vormann Bezahlten. Über die Klage des zu Unrecht Ausgeschlossenen selbst vgl. Anm. 34 zu § 21. Seine Klage ist Feststellungsklage, auch wenn sie sich gegen den Rechtsvorgänger richtet. Die Rückforderung des letzteren geht stets gegen die Gesellschaft. Anm. 1.

II. **Die Folge ist die Haftung der Rechtsvorgänger, wie sie in den Absätzen 1—3 des vorliegenden Paragraphen geordnet ist.** Also der Wiedereintritt der Zahlungspflicht. Anm. 2.

1. **Wer ist verhaftet?** Jeder Rechtsvorgänger des Ausgeschlossenen, der vor der Kaduzierungserklärung der Gesellschaft gegenüber als Gesellschafter zu betrachten war. Das Gesetz drückt sich dahin aus, daß jeder „bei der Gesellschaft angemeldete" Rechtsvorgänger regreßpflichtig sei. Es geht dabei von der Voraussetzung aus, daß ausnahmslos nur derjenige Anteilserwerber der Gesellschaft gegenüber als Gesellschafter gelte, dessen Erwerb bei der Gesellschaft angemeldet worden ist (§ 16 Abs. 1). Doch ist, um der Gesellschaft gegenüber als Gesellschafter zu gelten, eine Anmeldung bei der Gesellschaft nur dann erforderlich, wenn es sich um Singularsukzession in die Rechte eines Gesellschafters handelt, also nicht in dem Falle der Universalsukzession (Erbschaft u. s. w.) und nicht in dem Falle der Veräußerung durch die Gesellschaft (vgl. Anm. 2 zu § 16). Wenn solche Anteilserwerber ihren Geschäftsanteil veräußern und der Rechtsnachfolger ausgeschlossen wird, so sind sie als Rechtsvorgänger im Sinne des vorliegenden Paragraphen, gerade so als wenn sie angemeldet worden wären, zu betrachten (gleicher Ansicht Neukamp Anm. 1).

Solche Zwischenbesitzer dagegen, welche durch eine Veräußerung im Sinne des § 16 Abs. 1 den Geschäftsanteil erworben hatten, welche also der Gesellschaft gegenüber nur durch die Anmeldung als Gesellschafter gegolten hätten, aber als Gesellschafter nicht angemeldet wurden, unterliegen, wenn ihr Rechtsnachfolger ausgeschlossen wird, der Haftung des vorliegenden Paragraphen nicht. (Daß sie auch nicht nach § 16 Abs. 3 haften, ist bereits in Anm. 6 u. 9 zu § 16 auseinandergesetzt.) Wer das Risiko tragen Anm. 3.

§ 22. will, daß infolge Unterlassens der Anmeldung die Gesellschaft durch Rechtshandlungen gegenüber dem Veräußerer sein Recht vereitele und umgekehrt, der hat hierin das Mittel, sich von der Wiederkehr der Haftung für die restierende Einlage freizumachen. Es wird dies namentlich dann geschehen, wenn der Erwerber nur zum Zwecke der alsbaldigen Weiterveräußerung und namentlich zum Zwecke der Sicherheit (vgl. Anm. 82 zu § 15) den Geschäftsanteil erhalten hatte.

Anm. 4. War das Rechtsgeschäft, durch welches der Erwerb vollzogen wird, ungültig, so kommt trotz Anmeldung dieser Erwerber nicht in Betracht. Er scheidet aus der Reihe der Vormänner aus. Ebenso aber auch, wenn Veräußerer und Erwerber freiwillig die Veräußerung wieder aufheben und der erstere den Geschäftsanteil später anderweit verkauft. Die Beteiligten wollen dabei keine neue Veräußerung, so daß der erste Erwerber nun Vorgänger seines Veräußerers würde, sondern Wiedervernichtung des eingetretenen Rechtseffektes. Eine Schädigung der Gesellschaft liegt nicht darin. Sie hat keinen Anspruch auf Eintritt weiterer Mitglieder.

Anm. 5. Mehrere frühere Gesellschafter, die gemeinsam einen Geschäftsanteil besaßen und veräußerten, haften als Gesamtschuldner (§ 18 Abs. 2). Auch hier liegt eine auf den Geschäftsanteil zu bewirkende Leistung vor. Sie erfüllen eine Verpflichtung als Gesellschafter.

Anm. 6. 2. **Die Art der Haftung.** Sie ist hinsichtlich des unmittelbaren Rechtsvorgängers des ausgeschlossenen Gesellschafters eine unmittelbare, hinsichtlich der früheren Rechtsvorgänger eine subsidiäre.

a) Daß die Regreßhaftung des unmittelbaren Rechtsvorgängers eine unmittelbare ist, ist im Gesetze nicht ausdrücklich hervorgehoben, ergibt sich aber aus dem Zusammenhang der gesetzlichen Vorschriften. Durch die Kaduzierung tritt ohne weiteres die Verpflichtung des unmittelbaren Rechtsvorgängers des Ausgeschlossenen ein, den von diesem nicht bezahlten fälligen Betrag der Einlage zu entrichten. Er wird durch die Zahlung wieder vollberechtigter Gesellschafter.

Anm. 7. b) Die früheren Rechtsvorgänger des ausgeschlossenen Gesellschafters haften nur subsidiär. Ihre Haftung ist nicht nur von dem rechtmäßigen Ausschluß ihres letzten Rechtsnachfolgers abhängig. Es muß auch von ihren übrigen Rechtsnachfolgern die Zahlung nicht zu erlangen sein. Durch seine Zahlungsunfähigkeit scheidet der insolvente Vormann aus. Der Geschäftsanteil wandert weiter zurück, bis er an einen zahlenden Vorgänger gelangt oder die Reihe erschöpft ist. Für die Klage gegen die früheren Vorgänger bildet die Insolvenz der späteren ein notwendiges Fundament. Erst diese macht auch den früheren Gesellschafter wieder einlagepflichtig.

Anm. 8. Der Beweis der Zahlungsunfähigkeit kann hierbei von der Gesellschaft auf jede beliebige Weise geführt werden. Klage und Zwangsvollstreckung sind dazu nicht nötig. Der Beweis gilt sogar dann schon als geführt, wenn die Gesellschaft den betreffenden Zwischengesellschafter zur Zahlung aufgefordert, den Rechtsvorgänger hiervon benachrichtigt und Zahlung gleichwohl innerhalb eines Monats nach der letzten dieser beiden Erklärungen nicht erhalten hat. Bei mehreren, die früher gemeinschaftlich einen Geschäftsanteil besaßen, ist jedem einzelnen die Nachricht und die Aufforderung zuzustellen. Die Vorschrift des § 18 Abs. 3 ist nicht anwendbar. Dort sind Rechtsforderungen gegenüber dem Inhaber des Geschäftsanteils gemeint. Besondere Formen für diese Aufforderung und für diese Benachrichtigung sind nicht vorgeschrieben. Es ist unrichtig, wenn Neukamp Anm. 2 die Form des § 21 analog anwendet und daher Einschreibsendung verlangt. Mündliche Aufforderungen werden daher genügen, wenn sie auch nicht zu empfehlen sind. Öffentliche Aufforderungen genügen nicht, denn die Aufforderung ist jedenfalls eine empfangsbedürftige Willenserklärung. Bei Personen mit unbekannter Adresse hilft auch hier die öffentliche Zustellung (§ 132 BGB.). Führt die Gesellschaft den Beweis der Zahlungsunfähigkeit anderweit, so braucht sie die Aufforderung und Benachrichtigung nicht zu erlassen, sondern kann sofort den Rechtsvorgänger in Anspruch nehmen. In jedem Falle ist diesem der Nachweis gestattet, daß der Nachmann zahlungsfähig ist. Nur muß er gegenüber der gesetzlichen Vermutung bestimmte Tatsachen behaupten und Beweise antreten. Die Berufung auf den Nachmann selbst ist statthaft. **§ 22.**

Die mehreren Rechtsvorgänger haften demnach nicht samtverbindlich. Die Gesellschaft kann nicht nach erfolgter Aufforderung und Benachrichtigung aller Rechtsvorgänger diese sämtlich verklagen. Sie kann ja auch nur einem den Geschäftsanteil gewähren. Miteinklagung späterer Gesellschaft steht im Widerspruch mit der Behauptung ihrer Insolvenz. Es ist also auch unrichtig, wenn von einem „Sprungregreß" geredet wird. Die Haftung ist stets nur eine der Reihe nach eintretende. Nur kann die Betreibung einzelner Zwischenglieder unterbleiben. Anm. 9.

c) Die Haftung für die zur Zeit der Anmeldung der Veräußerung rückständigen Beträge ist in § 16 Abs. 3 geregelt. Der Veräußerer haftet ohne Kaduzierung neben dem Erwerber. Mehrere Veräußerer haften also jeder auf das Ganze. An dieser Haftung wollte § 22 nichts ändern. Die Ansicht der ersten Auflage (Anm. 5 S. 159), daß durch die Kaduzierung diese Haftung in eine subsidiäre verwandelt wird, hat im Gesetze keinen Anhalt. Die Gesellschaft ist berechtigt, wenn es sich um solche rückständige Einlage handelt, ohne Nachweis der Insolvenz des Zwischenmannes den ersten Veräußerer haftbar zu machen. Die Folge der Kaduzierung ist nur, daß er den Geschäftsanteil wieder erhält. Anm. 10.

d) Ob ein Regreß der mehreren Vormänner untereinander besteht, richtet sich lediglich nach ihren civilrechtlichen Verhältnissen. Ergibt sich aus der Veräußerung, daß der Erwerber die Tilgung der Resteinlage statt des Veräußerers übernahm, so ist er dem haftbar gemachten Veräußerer schadensersatzpflichtig. Er hat ihm gegen Wiederabtretung des Geschäftsanteils die bezahlte Summe zu ersetzen. Zwischen dem Vorgänger des Vorgängers und dem, der von letzterem erwarb, besteht ein solches Rechtsverhältnis nicht. Der erstere kann nur im Vollstreckungswege die Forderung seines Erwerbers gegen dessen Nachmann pfänden und sich überweisen lassen. Anm. 11.

3. **Der Umfang der Haftung.** Sie erstreckt sich auf den „von dem ausgeschlossenen Gesellschafter nicht gezahlten Betrag der Stammeinlage", also lediglich auf die Beträge, welche auf die Stammeinlage geschuldet werden, nicht aber auf die Zinsen, nicht auf Vertragsstrafen wegen verzögerter Einzahlung, nicht auf Entschädigungsanspruch für Sacheinlagen, nicht auf das etwa geforderte Agio, nicht auf die sonstigen Verpflichtungen auf Grund des § 3 Abs. 2. Ist der letzte Inhaber insolvent, so gehen diese Posten, soweit nicht der Vormann gemäß § 16 Abs. 3 haftet, in Verlust. Ein Anspruch hierauf besteht für die Gesellschaft nach der Kaduzierung nicht. Der § 21 Abs. 3 kennt nur eine Ausfallhaftung für die Stammeinlage selbst. Der zahlende Vormann empfängt den Geschäftsanteil frei von diesen Nebenpflichten. Anm. 12.

Die zeitliche Beschränkung der Haftung. Sie ist beschränkt auf die innerhalb der Frist von fünf Jahren auf die Stammeinlagen eingeforderten Einzahlungen. Fälligkeit allein entscheidet nicht. War daher ein Betrag innerhalb der fünf Jahre nach dem Gesellschaftsvertrage fällig, wird er aber erst später eingefordert, so hört die Haftung auf. Gemeint ist die Einforderung bei dem Gesellschafter, nicht der Beschluß der Gesellschafterversammlung, daß einzufordern ist. Es kann also die Unterbrechung der Frist von fünf Jahren von der Ausführung dieses Beschlusses abhängen. Diese fünf Jahre beginnen mit dem Tage, an welchem der Übergang des Geschäftsanteils auf den Rechtsnachfolger ordnungsmäßig bei der Gesellschaft angemeldet worden ist. Ist ein Gesellschafter angemeldet gewesen, die von ihm bewirkte Veräußerung aber nicht, sondern erst eine spätere Veräußerung, so entscheidet der Tag der letzteren Anmeldung. Hierdurch und weil Zwischenbesitzer unter Umständen nicht haften (vgl. Anm. 6 u. 9 zu § 16), können ganz eigentümliche Konstellationen vorkommen. Neukamp Anm. 4 führt folgendes Beispiel an: Hat z. B. der ursprüngliche Gesellschafter A seinen Geschäftsanteil an B, dieser ihn an C, C an D und D an E weiterveräußert, und ist nur E als Erwerber bei der Gesellschaft angemeldet, so läuft die fünfjährige Frist des Abs. 3 für A erst von dem Tage ab, an welchem die Anmeldung des E stattgefunden hat, während B, C und Anm. 13.

§ 22. D überhaupt nicht haftbar sind, weil sie als Erwerber nicht angemeldet waren. Es hat hiernach jeder Gesellschafter, der seinen Anteil weiterveräußert, ein weiteres erhebliches Interesse daran, daß die Veräußerung angemeldet wird. In § 16 Anm. 4 ist bereits erwähnt, aus welchem anderen Grunde der Veräußerer ein solches Interesse hat.

Anm. 14. Für die innerhalb dieser Frist eingeforderten Beträge haftet der Gesellschafter in der ordentlichen Verjährungszeit von 30 Jahren. Es ist einerlei, wann die Gesellschaft zur Kaduzierung schreitet. Die Einforderung schließt die Wirkung der Befristung aus. Ein Recht der Vorgänger, daß die Gesellschaft gegen den letzten Erwerber vorgehe, besteht nicht. Die Leistung der Vorgänger ist Leistung des Gesellschafters. Es ist also § 19 Abs. 2—4 anwendbar. Es kann nicht nur nicht verzichtet werden, es ist auch weder Aufrechnung noch Annahme an Zahlungsstatt zulässig. Der Rechtsgrund des Anspruchs ist die Gesellschaftereigenschaft. Daher ist auch der Gerichtsstand des § 22 CPO. begründet.

Anm. 15. 4. **Die Folge der Zahlung durch einen haftbar gemachten Rechtsvorgänger** (Abs. 4). Der haftbar gemachte Rechtsvorgänger erwirbt durch die Zahlung den Geschäftsanteil an Stelle des Ausgeschlossenen. Er erhält nicht dessen Geschäftsanteil und ist nicht sein Rechtsnachfolger (Anm. 26 zu § 21). Ebensowenig aber einen unmittelbar von der Gesellschaft neu geschaffenen, bei dem er nur die Gesellschaft als Rechtsurheber hätte (vgl. oben Einleitung). Sein veräußerter Geschäftsanteil fällt infolge der Kaduzierung und seiner Zahlung an ihn zurück. Die Einzelfolgen bestätigen diese Auffassung.

Anm. 16. a) Der Geschäftsanteil geht auf den zahlenden Rechtsvorgänger über, auch wenn er dies nicht will. Es ist ausgeschlossen, daß dieser die Einlageschuld bezahle, aber auf den Erwerb des Geschäftsanteils verzichte. Das Gesetz will nicht nur für die Aufbringung der Kapitaleinlage sorgen. Dann hätte es genügt, den Veräußerer „wie einen Bürgen" (vgl. § 571 Abs. 2 BGB.) auch für die künftig fällig werdenden Kosten haftbar zu machen. Es will den früheren Gesellschafter zwingen, Gesellschafter zu bleiben, sobald sein Nachfolger die innerhalb der gesetzlichen Frist eingeforderten Beträge nicht bezahlt. Daher tritt der Übergang auch ein, wenn die Zahlung im Zwangswege beigetrieben wird. Sonst wäre ja die Weigerung der Zahlung das Mittel, sich die unbequeme Rechtsfolge vom Halse zu halten. Ebenso tritt diese Wirkung ein, wenn die Zahlung durch einen Dritten erfolgte, so wenn der Rechtsvorgänger seines insolventen Nachfolgers, der gemäß § 22 in Anspruch genommen ist, lieber für diesen bezahlt, als daß er in den Geschäftsanteil wieder einrückt. Er riskiert hier nur, daß er keinen Ersatzanspruch hat, weil die Geschäftsführung verneint wird.

Anm. 17. b) Nach der Kaduzierung hat der Rechtsvorgänger des Ausgeschlossenen ein Recht auf den Geschäftsanteil. Die Gesellschaft muß seine Zahlung annehmen. Andernfalls er den Rückfall seines Geschäftsanteils durch Hinterlegung herbeiführt. Für die früheren Vormänner ist dieses Recht an die Insolvenz der Nachmänner geknüpft. Doch muß auch hier der Ablauf der Monatsfrist nach vorheriger Aufforderung und Bekanntgabe genügen. Ein späterer Rechtsvorfahr kann den Übergang des Geschäftsanteils auf einen seiner Rechtsvorgänger nicht deshalb anfechten, weil er zahlungsfähig sei und die Frist nur infolge eines Versehens verstrichen sei. Der Anfall des Geschäftsanteils ist unwiderruflich. Dieses Recht des Vormanns auf den Geschäftsanteil kann durch seine Gläubiger gepfändet werden. Durch Zahlung des Einlagebetrages fällt der Geschäftsanteil an ihren Schuldner, belastet mit ihrem Pfändungspfandrecht.

Anm. 18. c) Der Geschäftsanteil geht nur auf den Vorgänger über, der die ganze Einlageschuld entrichtet. Wird nur ein Teil beigetrieben, der Rest aber von einem weiteren haftbar gemachten Rechtsvorgänger bezahlt, so erhält dieser den Geschäftsanteil. Ein Miteigentum hat im Gesetze keinen Raum, denn die beiden haften nicht gemeinschaftlich, sondern jeder für sich. Ein Rückforderungsrecht gegenüber der Gesellschaft besteht für die Teilzahlung des erst haftbaren Rechtsvorgängers nicht. Was er bezahlte, hat er geschuldet. Ebensowenig kann er es mit der Bereicherungsklage von dem den Geschäftsanteil erwerbenden Rechtsvorgänger fordern. Dieser ist nicht ohne Rechtsgrund aus dem Vermögen jenes bereichert. So wenig wie der kaduzierte Gesellschafter wegen der von

ihm gemachten Zahlungen einen solchen Anspruch hat, steht er dem Teilzahlung leistenden § 22.
Vorgänger gegen dessen den Rest begleichenden Vormann zu.

d) Der zahlende Rechtsvorgänger erhält den Geschäftsanteil mit allen statutarischen Rechten und Pflichten. Über Dividende der Zwischenzeit vgl. Anm. 30 zu § 21. Soweit sein jetzt kaduzierter Rechtsnachfolger einer Änderung der gesellschaftlichen Rechte zustimmte, muß er sie gelten lassen, z. B. die Einführung der Nachschußpflicht. Statutenänderungen, die nicht die Rechte des einzelnen berühren, gelten für ihn auch ohne Zustimmung seines Erwerbers. Frei wird dagegen der Geschäftsanteil von den zur Zeit der Kaduzierung fällig gewesenen gesellschaftlichen Leistungen (mit Ausnahme der erst durch die Zahlung erlöschenden Pflicht, die Stammeinlage zu bezahlen), also von Zinsen, Strafen, Schadensersatzansprüchen, Verpflichtungen gemäß § 3 Abs. 2 u. s. w. Für künftig entstehenden Pflichten haftet nur der Vorgänger, der wieder seinen Geschäftsanteil erhält. Anm. 19.

Lasten, welche der kaduzierte Gesellschafter oder einer der späteren Rechtsvorgänger des Wiedererwerbenden auf den Geschäftsanteil legten, werden hinfällig. Solche, die von dem letzteren begründet waren, bleiben bestehen (vgl. oben Einleitung). Es ist undenkbar, daß der mit einem nach der Veräußerung fortbestehenden Pfandrechte belastete Geschäftsanteil infolge der Kaduzierung des Erwerbers an den Veräußerer, der selbst das Pfand bestellte, frei von diesem zurückfiele.

e) Der Rechtsvorgänger, der den Geschäftsanteil durch seine Zahlung wieder erwirbt, bleibt der Nachfolger seiner Rechtsvorfahren. Wenn er selbst wegen einer späteren Rate kaduziert wird, so treten bezüglich seiner Vormänner wieder die Folgen des § 22 ein. Die gegenteilige Ansicht der ersten Auflage (Anm. 17 S. 161) steht nicht nur mit der Natur dieses Rechtserwerbs in Widerspruch, sondern vorab mit dem Zwecke des Gesetzes, für die Aufbringung des Stammkapitals tunlichst zu sorgen. Nur die Rechtsnachfolger des zahlenden früheren Gesellschafters sind frei. Sie stehen dem Kaduzierten gleich. Anm. 20.

f) Der Übergang des Geschäftsanteils vollzieht sich ohne weitere Mitwirkung der Gesellschaft als die Annahme der Zahlung. Es bedarf weder der im Statut vorgeschriebenen Genehmigung, noch einer Anmeldung bei der Gesellschaft. Ist ein Vorkaufsrecht im Statute festgesetzt, so findet es hier nicht statt, alles dies, weil nicht der Geschäftsanteil des Ausgeschlossenen auf den Vorgänger übertragen wird, sondern kraft Gesetzes als Folge der Kaduzierung und Zahlung an ihn zurückfällt. Anm. 21.

g) Waren die Voraussetzungen der Kaduzierung nicht gegeben, so tritt trotz der Zahlung kein Rechtserwerb durch den Rechtsvorgänger ein. Gegen die Gesellschaft hat er nur Anspruch auf Rückerstattung seiner Zahlung, nicht auf Gewährleistung. Denn sie ist nicht sein Veräußerer. Er empfängt den Geschäftsanteil nicht als ein bestehendes Recht von ihr. Anm. 22.

Zusatz. Die Vorschriften des vorliegenden Paragraphen sind zwingender Natur. Weder durch den Gesellschaftsvertrag, noch durch die Gesellschafterversammlung, noch durch einen Verwaltungsakt der Geschäftsführer können die Rechtsvorgänger von dieser Haftung befreit werden. Das ist nicht bloß für die Aktiengesellschaft in § 221 HGB. ausgesprochen, wie Parisius-Crüger Anm. 7 meinen, sondern auch in unserem Gesetze (§ 25). Über die Anwendung des § 19 Abs. 2—4 vgl. oben Anm. 14. Abtretung, Verpfändung und Pfändung die hier gegebenen Ansprüche sind zulässig, da diese Akte ja auch bei den Einlageforderungen der Gesellschafter zulässig sind (vgl. Anm. 25 zu § 19). Anm. 23.

§ 23.

Ist die Zahlung des rückständigen Betrages von Rechtsvorgängern nicht zu erlangen, so kann die Gesellschaft den Geschäftsanteil im Wege öffentlicher Versteigerung verkaufen lassen. Eine andere Art des Verkaufs ist nur mit Zustimmung des ausgeschlossenen Gesellschafters zulässig.

§ 23. **Der Verkauf des Geschäftsanteils als ultima ratio.** Will die Gesellschaft, nachdem eine Geldeinlagerate nicht gezahlt und der säumige Gesellschafter ausgeschlossen ist und nachdem von den etwaigen Rechtsvorgängern des ausgeschlossenen Gesellschafters Bezahlung nicht zu erlangen ist, den ausgeschlossenen Gesellschafter selbst gemäß § 21 Abs. 3 für den Ausfall in Anspruch nehmen oder gegen den gegenwärtigen Gesellschafter gemäß § 24 vorgehen, so bleibt ihr nichts übrig, als den Geschäftsanteil selbst gemäß § 23 zu verkaufen (wenigstens regelmäßig; Ausnahme s. Anm. 3 zu § 24). Auch hier muß nochmals betont werden (vgl. Einl. zu § 21), daß nicht die Gesellschaft den dem Kaduzierten gehörenden Geschäftsanteil veräußert, der auf sie übergegangen war. Sie vergibt das Recht aus dem frei gewordenen, zu ihrer Verfügung stehenden Geschäftsanteil an den Meistbietenden. Es ist auch hier keine Veräußerung, bei der die Gesellschaft Rechtsvorgängerin des Ansteigerers wäre. Sie verkauft „den Geschäftsanteil" des Kaduzierten in dem Sinne, daß der Ansteigerer die gleichen Rechte erhält, wie sie der Geschäftsanteil jenes enthielt und durch welche er charakterisiert wurde. War dieser also mit besonderen Vorzügen ausgestattet, besonderem Stimmrecht, Bezugsrecht bei neuen Geschäftsanteilen, Recht der Einsicht in den Geschäftsgang u. s. w., so stehen alle diese Rechte dem Ansteigerer zu. Insofern ist es der Geschäftsanteil, der verkauft oder versteigert wird. Andererseits ist der von der Gesellschaft veräußerte Geschäftsanteil nicht der des Ausgeschlossenen, da er nicht durch diesen als Inhaber charakterisiert ist. Der Ansteigerer wird nun Rechtsnachfolger des Kaduzierten. Der Geschäftsanteil, der ihm gehörte, nicht der ihm gehörende, wird versteigert. Das Recht der Mitgliedschaft, das der neue Erwerber erhält, ist mithin kein abgeleitetes, sondern ein von dem Rechte des Kaduzierten und all seiner Vormänner unabhängiges. Über Folgerungen hieraus vgl. unten Anm. 16.

Der „Verkauf" ist dem entsprechend aufzufassen. Die Gesellschaft verkauft nicht das bestehende Recht eines Dritten, so daß sie für dessen Rechtsbeständigkeit gemäß § 437 BGB. haftet. Sie überträgt ein bisher noch nicht bestehendes Recht gegen Entgelt. Ihre Haftung regelt sich nach den allgemeinen Grundsätzen der §§ 320 ff. BGB. Der Ansteigerer wäre nicht befugt, sein Geld wieder zu fordern, weil der Ausgeschlossene den Geschäftsanteil selbst nicht mit Recht besessen hatte, etwa weil das Testament, auf Grund dessen er als Erbe seines Rechtsvorgängers erschien, durch ein späteres wieder aufgehoben war.

Anm. 1. I. **Voraussetzung des Verkaufs** ist, daß der Geschäftsanteil kaduziert und daß, falls der ausgeschlossene Gesellschafter Rechtsvormänner hat, die Zahlung des rückständigen Betrages von denselben nicht zu erlangen ist. Erst wenn von keinem der Rechtsvorgänger der Betrag zu erlangen ist, ist der Verkauf zulässig. Dabei gelten auch hier die Vermutungen des § 22 Abs. 2. Ein Rechtsvorgänger gilt als zahlungsunfähig, wenn er nach § 22 Abs. 2 zur Zahlung aufgefordert und der Vormann desselben davon benachrichtigt worden ist. Gegen den letzten Rechtsvorgänger genügt sinngemäß die einfache Aufforderung. Zahlt er nicht, so wird auch über ihn hinweggegangen. Über die Folgen des Mangels dieser Voraussetzungen vgl. unten Anm. 19.

Anm. 2. II. **Was heißt das: die Gesellschaft „kann" den Geschäftsanteil verkaufen?**

Das heißt erstens: Sie hat das Recht zum Verkauf in der Weise auszuüben, wie es die Vorbedingung des Ausfallsregresses gegen den ausgeschlossenen Gesellschafter gemäß § 21 Abs. 3 und gegen die gegenwärtigen Gesellschafter gemäß § 24 ist. Ohne diese Vorbedingung kann sie (wenigstens regelmäßig)[1] die Haftung nach § 21 Abs. 3 und § 24 nicht in Anspruch nehmen. Das Recht, sich diese Vorbedingung zu schaffen, gibt der Gesellschaft eben der vorliegende Paragraph, indem er sagt: „Die Gesellschaft kann den Geschäftsanteil verkaufen lassen."

Anm. 3. „Sie kann verkaufen" bedeutet aber zweitens: weder der ausgeschlossene Gesellschafter, noch die Rechtsvorgänger desselben, noch die gegenwärtigen Gesellschafter

---

1) Ausnahmsweise kann die Gesellschaft den Regreß nach § 21 Abs. 3 und § 24 auch ohne Verkauf gemäß § 23 nehmen, nämlich wenn die Deckung des Ausfalls durch solchen Verkauf als aussichtslos erscheint. Darüber s. Anm. 6 zu § 24.

haben ein Recht darauf, daß die Gesellschaft dieses Recht ausübt oder daß dies sofort § 23.
oder in irgend einem bestimmten Zeitpunkt geschehe. Sie ist jederzeit dazu berechtigt und kann den ihr geeignet erscheinenden Zeitpunkt auswählen. Der ausgeschlossene Gesellschafter kann daher nicht einen Käufer zu günstigem Preise bringen und nunmehr beanspruchen, daß der Verkauf an diesen erfolge. Er ist nicht berechtigt, wenn die Gesellschaft später den Geschäftsanteil zu geringerem Preise verkauft und hierbei einen Ausfall erleidet, einzuwenden, daß die Gesellschaft diesen durch ihre Ablehnung selbst verschuldet habe. Die Rechtsvorgänger sind aber wenigstens in der Lage, solange nicht ein neuer Gesellschafter infolge der Versteigerung eintrat, durch Zahlung, die ja auch aus den Mitteln eines Dritten erfolgen kann, den Geschäftsanteil zu erwerben. Dem Kaduzierten selbst ist auch dieser Weg verschlossen. Auch § 254 BGB. (konkurrierendes Versehen) greift nicht Platz, weil es sich nicht um einen Schadensersatzanspruch handelt. Dieser besteht nur dann, wenn man seine eigentliche Verpflichtung verletzt. Er ist ein Surrogat der verletzten Rechtspflicht. Die hier in Rede stehenden Ansprüche der Gesellschaft haben diesen Charakter nicht. Nur Arglist könnte hier gemäß § 826 BGB. eine Verpflichtung der Gesellschaft (§ 31 BGB.) und der Geschäftsführer begründen. Auch die Rechtsvorgänger des Ausgeschlossenen können, obwohl sie durch den Verkauf befreit werden (vgl. unten Anm. 15), nicht beanspruchen, daß eine günstige Kaufgelegenheit benutzt werde. Die Gründe sind die gleichen. Und endlich haben die übrigen Gesellschafter ein solches Einzelrecht nicht, obwohl sie wegen der Haftung gemäß § 24 an einem günstigen Verkauf interessiert sind. Nur als Beschlußorgan können die Gesellschafter ihren Einfluß in dieser Hinsicht geltend machen (§ 46 Nr. 6).

Daß die Geschäftsführer **der Gesellschaft** gegenüber die Verpflichtung Anm. 4.
haben, über die Frage, ob der Verkauf nach § 23 zu bewirken sei oder nicht, nach pflichtgemäßem Ermessen zu entscheiden und bei Verletzung der ihnen obliegenden Sorgfalt ihr den entstandenen Schaden zu ersetzen, liegt auf anderem Gebiete.

Der Verkauf kann auch dann erfolgen, wenn die Veräußerung an die Zu- Anm. 5.
stimmung der Gesellschaft oder an andere Voraussetzungen nach § 15 Abs. 5 geknüpft ist. Es liegt ja keine Veräußerung des Geschäftsanteils des Ausgeschlossenen vor, sondern die Vergebung der Rechte desselben durch die Gesellschaft, die einen neuen Geschäftsanteil schafft.

III. Will sich hiernach die Gesellschaft die Vorbedingungen der Ausfall- Anm. 6.
haftung gegen den ausgeschlossenen Gesellschafter gemäß § 21 Abs. 3 und gegen die zeitigen Gesellschafter gemäß § 24 schaffen, **so hat sie das Recht zum Verkauf nach § 23 oder vielmehr, sie muß den Verkauf nach § 23 bewirken** (wenigstens regelmäßig; Ausnahme siehe Anm. 6 zu § 24).

Der Verkauf nach § 23 erfolgt:

1. Regelmäßig im Wege öffentlicher Versteigerung. Dieselbe erfolgt gemäß Anm. 7.
§ 383 Abs. 3 und § 156 BGB. Dazu gehört wesentlich zweierlei. Einmal muß der Verkauf so erfolgen, daß eine unbegrenzte Zahl von Bietern zugelassen ist. Jede Beschränkung darin ist unstatthaft. Dabei sind Ort und Zeit der Versteigerung unter allgemeiner Bezeichnung der Sache öffentlich bekannt zu machen. Denn das gehört zum Begriffe der öffentlichen Versteigerung (§ 383 Abs. 3 BGB.). Die öffentliche Bekanntmachung erfolgt in derjenigen Weise, welche für Versteigerungen solcher Art angemessen ist. Diejenigen Blätter, welche das Statut für Bekanntmachungen der Gesellschaft bestimmt, sind hier nicht maßgebend. Es handelt sich ja nicht um eine Bekanntmachung für die Gesellschafter, sondern für das Publikum. Bekanntmachung durch den Reichsanzeiger wird neben der durch ein geeignetes Lokalblatt zwar nicht unbedingt erforderlich, aber meist empfehlenswert sein. Zum anderen muß eine mit öffentlichem Vertrauen ausgestattete Person bei der Versteigerung mitwirken. Sie muß erfolgen durch einen für den Versteigerungsort bestellten Gerichtsvollzieher oder durch einen zur Versteigerung befugten anderen Beamten (Kursmakler, § 34 des Börsengesetzes; sonstigen Handelsmakler, der dazu öffentlich ermächtigt ist — Art. 13 des preußischen

§ 23. AG. z. BGB. —, Notar — Art. 31 des preußischen Gesetzes über die freiwillige Gerichtsbarkeit) oder durch einen öffentlich bestellten Versteigerer.

Anm. 8. Weitere Vorschriften lassen sich aus der Anordnung der öffentlichen Versteigerung nicht ableiten. Es sind insbesondere die Regeln des BGB. über den Verkauf einer verpfändeten Sache und des HGB. über den Selbsthilfeverkauf nicht anwendbar. Daher ist z. B. eine besondere Benachrichtigung des früheren Inhabers des Geschäftsanteils oder sonstiger Interessenten, wie der anderen Gesellschafter oder der Rechtsvorgänger des Ausgeschiedenen nicht erforderlich. Ebensowenig kann verlangt werden, daß der Steigerer bar bezahlen müsse u. s. w. Eine Abänderung des Rechtsinhaltes des Geschäftsanteils, die vor- oder nachher der Form der Statutenänderung bedarf, bei der Versteigerung ist zulässig. Der Ansteigerer erhält dann den Geschäftsanteil nur in dieser Modifizierung. Der ausgeschlossene Gesellschafter kann aber hieraus eine Einrede gegen die Haftung für den Ausfall ableiten, wenn er dartut, daß ohne diese Abänderung, z. B. ohne Aufhebung des mit dem Geschäftsanteil verbundenen Vorrechts, ein höherer Preis erzielt worden wäre.

Über den Ort der Versteigerung ist nichts gesagt. Der § 383 Abs. 1 BGB., der die Versteigerung am Leistungsorte anordnet, ist nicht analog anzuwenden. Als Leistungsort kommt ja, da für die Mitglieder eines rechtsfähigen Vereins im allgemeinen oder einer GmbH. im besonderen ein besonderer Leistungsort für die Erfüllung ihrer gesellschaftlichen Verpflichtungen gesetzlich nicht normiert ist, der jedesmalige Wohnort des Gesellschafters in Betracht (§ 269 BGB.). Das kann hier nicht gemeint sein. Es muß mithin angenommen werden, daß die Versteigerung überall erfolgen kann, wo sich ein angemessener Erfolg der Versteigerung erwarten läßt.

Anm. 9. Als Bieter kann auch der ausgeschlossene Gesellschafter und können dessen Rechtsvorgänger auftreten. Sie empfangen, falls sie Steigerer sind, nicht ihren früheren Geschäftsanteil zurück, sondern auch für sie ist er neu entstanden. Die von ihnen auf denselben gelegten Lasten sind und bleiben erloschen. Aus dem vertraglichen Verhältnisse des Kaduzierten zu seinem Pfandgläubiger kann seine Verpflichtung zur Wiederbestellung des Pfandrechts an dem wiederersteigerten Geschäftsanteile folgen. Ohne solchen Rechtsakt lebt es nicht wieder auf.

Anm. 10. Ein Pfändungspfandrecht, das vor der Wiederbestellung erwirkt wurde, geht ihm vor. Dagegen kann die Gesellschaft selbst nicht bieten, auch nicht wenn die Rate, welche die Kaduzierung herbeiführte, die letzte ist. Immer handelt es sich bei der Versteigerung um einen Geschäftsanteil, auf den die Stammeinlage noch nicht völlig einbezahlt ist (§ 33 Abs. 1). Der Erwerb desselben ist verboten. Das Gebot ist nichtig. Es kommt ihm daher auch nicht die Wirkung zu, das vorhergehende Angebot frei zu machen. Dem Auftreten der Geschäftsführer oder der einzelnen Gesellschafter als Steigerer für ihre Person steht dagegen nichts im Wege.

Den Zuschlag erteilt materiell die Gesellschaft. Sie ist es, die den Ansteigerer als neuen Gesellschafter an Stelle des Kaduzierten annimmt. Wer formell den Zuschlag ausspricht, bestimmt das für das Versteigerungsverfahren maßgebende partikulare Recht und dessen Dienstweisungen. Zulässig ist, daß die Gesellschaft sich die Genehmigung des durch den Versteigerungsbeamten erfolgten Zuschlags an den Meistbietenden vorbehält.

Anm. 11. Unerheblich ist die statutarisch vorgeschriebene Genehmigung der Gesellschaft zur Veräußerung. Eine solche im Sinne des § 15 liegt nicht vor. Aus demselben Grunde ist ein für den Fall der Veräußerung festgesetztes Vorkaufsrecht unanwendbar.

Anm. 12. 2. Mit Zustimmung des Gesellschafters kann auch ein Verkauf in anderer Weise erfolgen, insbesondere also ein freihändiger Verkauf. Nur der ausgeschlossene Gesellschafter braucht zuzustimmen. Nicht aber seine Rechtsvorgänger, nicht die übrigen Gesellschafter, obgleich beide dabei interessiert sind.

Anm. 13. Die Zustimmung kann formlos erfolgen, vorher oder nachher. Auch im Gesellschaftsvertrage kann bestimmt sein, daß der Verkauf kaduzierter Geschäftsanteile frei-

händig geschehen darf. Im abgeänderten Gesellschaftsvertrage hat dies nur Wirkung § 23.
gegen diejenigen Gesellschafter, welche der Abänderung zugestimmt haben. Doch kann auch diese Zustimmung formlos geschehen. Sie bedarf nicht notwendig der Formen des Statutenänderungsbeschlusses (vgl. zu § 53).

IV. **Die Rechtswirkungen des den gesetzlichen Vorbedingungen und Formen entsprechenden Verkaufs auf die Rechtslage der beteiligten Personen** sind folgende. Anm. 14.

1. Für den ausgeschlossenen Gesellschafter, d. h denjenigen, gegen den das Kaduzierungsverfahren sich gerichtet hat, ist die Wirkung die, daß der Ausfall gegen ihn nunmehr feststeht. Hinsichtlich des Ausfalls an Rückständen kann gegen ihn jetzt geklagt werden (§ 21 Abs. 3). Die Buchung des Erlöses aus der Versteigerung erfolgt auf das Stammeinlagekonto des Ausgeschlossenen. Der Ansteigerer selbst hat noch kein Einlagekonto. Erreicht der Erlös den vollen Betrag der geschuldeten Einlage, so wird durch diese Buchung „für Versteigerung des Geschäftsanteils" das Konto ausgeglichen. Andernfalls ergibt der Saldo, der als Aktivum weiter geführt wird, die Ausfallhaftung des Kaduzierten. Gerät der Erwerber wegen der weiter fällig werdenden Beträge in der Folge in Verzug, so kann (vgl. unten Anm. 16) der Geschäftsanteil in dessen Händen wiederum kaduziert werden. Der ausgeschlossene Gesellschafter haftet dann auch für diesen Ausfall (§ 21 Abs. 3; vgl. Anm. 35 zu § 21).

2. Für die Rechtsvorgänger des ausgeschlossenen Gesellschafters ist die Anm. 15.
Rechtsfolge die, daß sie von ihrer in § 22 vorgesehenen Haftung für die Rückstände, wegen deren die Kaduzierung erfolgte, frei werden (Neukamp Anm. 6). Für die später fällig werdenden Beträge haften sie deshalb nicht, weil sie nicht Vormänner des Käufers sind.

3. Für den Erwerber des Geschäftsanteils ist die Rechtsfolge die, daß er Gesell- Anm. 16.
schafter geworden ist. Alle mit dem betreffenden Geschäftsanteile verknüpften Rechte und Pflichten gehen auf ihn über. Diejenige Rate aber, wegen welcher der Verkauf erfolgt ist, gilt dabei dem Erwerber gegenüber als bezahlt. Für diese haftet er in keiner Weise, weder prinzipaliter, noch nach § 24 (vgl. Anm. 8 ff. zu § 24). Das ist hier im Gesetze nicht ausdrücklich gesagt. Die Motive erwähnen diese Tatsache gelegentlich bei der Besprechung der Natur des Geschäftsanteils als selbstverständlich. Sie folgt aus dem Wesen der Kaduzierung und der Versteigerung, aus der Aufnahme des Ansteigerers als neuen Gesellschafters und der subsidiären Haftung des Kaduzierten und der anderen Gesellschafter. Der Geschäftsanteil des Ansteigerers ist gleich dem nominellen Betrage. Seine Größe und der Anteil an der Gesellschaft, der sich darin ausdrückt, bleibt derselbe, einerlei wieviel der Ankäufer bezahlt.

Für später fällige Einlagebeträge haftet der Erwerber als Gesellschafter. Wenn er hierbei in Verzug gerät, so kann die Kaduzierung in seiner Hand wiederum erfolgen. Es kann dann gegen ihn auf Grund des § 21 Abs. 3 der Rückstand geltend gemacht werden. Für diesen Rückstand haftet auch der erst ausgeschlossene Gesellschafter.

4. Für die Gesellschaft ist die Wirkung zunächst, daß sie an Stelle des Kaduzierten Anm. 17.
einen neuen Gesellschafter hat. Sie ist aber nicht seine Rechtsvorgängerin (vgl. oben Einleitung). Sie kommt also bei einer Kaduzierung des Ansteigerers für später fällig werdende Raten nicht als solche in Betracht. Der Ansteigerer hat keinen Rechtsvorgänger im Sinne des § 22.

War der Geschäftsanteil des Kaduzierten infolge eines bei der Gründung diese Beteiligung treffenden Moments ungültig (Mangel im Willen Anm. 22 ff. zu § 3, unvollständige Angabe der gewollten Sacheinlage Anm. 44 zu § 5), so wirkt dies auch für den Ansteigerer. Denn die Basis seines Geschäftsanteiles bildet der Gründungsakt. Der Zuschlag bei der Versteigerung ist keine Neugründung und auch keine Bestätigung des mangelhaften Geschäftes. Die Gesellschaft hat hierfür Gewähr zu leisten. Sie verschafft das zugesagte Recht nicht. Wenn sie auch nicht den Geschäftsanteil des Kaduzierten selbst zu übertragen hat, so muß sie doch den diesem früher gehörenden Geschäftsanteil dem Ansteigerer gewähren.

§ 23. Die Gesellschaft erhält des weiteren aber den Erlös. Er gehört ihr vollständig, auch wenn er einen Mehrbetrag ergibt. Für die Nachschußforderung und die Aufgabe des Geschäftsanteils ist dies ausdrücklich bestimmt. Für die Kaduzierung ergibt sich dies wieder aus deren Wesen. Der Kaduzierte ist auch seiner geleisteten Teilzahlung verlustig erklärt. Wenn die anderen Gesellschafter das Risiko tragen, für den Verlust bei einem Minderergebnis aufzukommen (§ 24), so kommt ihnen auch der Überschuß zu Gute. Er bildet einen Gewinnposten. Zur Gewinnverteilung empfiehlt er sich freilich nicht.

Anm. 18. V. **Wie nun, wenn die Vorbedingungen des Verkaufs gemäß § 23 nicht vorhanden waren oder wenn die Formen des Verkaufs gemäß § 23 nicht beobachtet wurden?**

1. Die Kaduzierung war zu Unrecht erfolgt. Es fehlt an den materiellen und formellen Voraussetzungen. Dann ist der angeblich Kaduzierte nach wie vor Gesellschafter. Er kann sein Recht jederzeit geltend machen (vgl. Anm. 1 zu § 22). Der Erwerber hat gegen die Gesellschaft das Recht auf Gewährleistung, nicht nur auf Rückforderung des bezahlten Preises. Seine Stellung zu ihr ist eine andere als die der zahlenden Rechtsvormänner.

Anm. 19. 2. Die Kaduzierung war zwar zu Recht erfolgt, es waren aber solvente Vormänner vorhanden, bezüglich deren die Aufforderung und Anzeige zufolge § 22 unterblieben. In diesem Falle ist die Versteigerung wirksam. Sie setzt nur die Kaduzierung voraus. Der übergangene Vormann hat das Recht auf Schadensersatz, wenn ihm durch das Verfahren der Gesellschaft sein Recht auf Wiedererwerb des Geschäftsanteils vereitelt wurde (Anm. 17 zu § 22). Der Einwand des Selbstverschuldens, daß er auch ohne Aufforderung infolge eigener Kenntnis der Sachlage hätte Zahlung leisten können, ist zulässig.

Anm. 20. 3. Die Voraussetzungen der Versteigerung sind gegeben, diese selbst hat aber nicht ordnungsgemäß stattgefunden. Es ist z. B. die Bekanntgabe unterblieben oder es hat eine Person des öffentlichen Vertrauens nicht mitgewirkt. Dann liegt lediglich ein ohne Zustimmung des Kaduzierten erfolgter privater Verkauf vor. Dieser ist für alle Beteiligten wirkungslos. Eine Gültigkeit desselben zwischen Gesellschaft und Ansteigerer anzunehmen, wobei die Ausfallhaftung des Kaduzierten und der anderen Gesellschafter wegfiele (erste Aufl. Anm. 15 S. 164, vgl. Anm. 28 zu § 21), ist schon wegen der strikten Bestimmung des § 23 unmöglich. Der Verkauf kann eben nur gültig in der Form der öffentlichen Versteigerung erfolgen. Fehlt diese, so wird der Ansteigerer nicht Gesellschafter. Einen Gewährleistungsanspruch an die Gesellschaft hat er nicht. Er muß diese Formvorschrift ebensowohl kennen. Durch spätere Zustimmung des Kaduzierten kann dieser Mangel geheilt werden. Geschieht dies nicht, so kann die Gesellschaft zu einer neuen Versteigerung schreiten.

Anm. 21. VI. **Die Vorschrift des § 23 ist zwingend** (§ 25). Es gibt also keine Bestimmung des Gesellschaftsvertrages, welche sie abänderte oder ausschlösse. Aufhebung dieser Bestimmung wäre eine Aufhebung des ebenfalls unverzichtbaren Anspruchs aus § 24. Zulässig ist die nähere Regelung der Versteigerung, soweit solche dem Ermessen der Gesellschaft überlassen ist.

§ 24.

Soweit eine Stammeinlage weder von den Zahlungspflichtigen eingezogen, noch durch Verkauf des Geschäftsanteils gedeckt werden kann, haben die übrigen Gesellschafter den Fehlbetrag nach Verhältnis ihrer Geschäftsanteile aufzubringen. Beiträge, welche von einzelnen Gesellschaftern nicht zu erlangen sind, werden nach dem bezeichneten Verhältnis auf die übrigen verteilt.

Einleitung. **Der vorliegende Paragraph ordnet eine eigentümliche Kollektivhaftung der Gesellschafter für die Einzahlungen auf die Stammeinlage an.** Sie ist das letzte, der Gesellschaft zur Verfügung gestellte Mittel, um die Einzahlungen auf die Stammeinlage möglichst zu erzwingen. Diese

Kollektivhaftung ist etwas dem Aktienrecht völlig Fremdes. Die Gründer der GmbH. sind sich nur selten über die im Hintergrund stehende Kollektivhaftung der Gesellschafter für die Einlageverpflichtungen der anderen Gesellschafter klar. Sie erfahren von ihr erst, wenn sie für den Ausfall haftbar gemacht werden. Bei jeder Gründung einer GmbH., die ihr Stammkapital nicht sofort ganz einzieht, sind die Gründer zu warnen. Ein einziger Gesellschafter kann das ganze Gesellschaftskapital, nicht nur des von ihm gezeichneten Anteils, aufbringen müssen. Dies dann, wenn die anderen Gesellschafter entgegen der Versicherung der Geschäftsführer auf die bei der Eintragung erforderten 25 Proz. die Geldeinlage nicht machten oder die Geschäftsführer dieselbe zurückerstatteten (§ 31 Abs. 3). Es ist in § 24 das Prinzip zum Ausdruck gelangt, daß die Haftung eines Gesellschafters sich nicht auf seine Einlage beschränkt, sondern das gesamte Stammkapital umfaßt. Dessen Höhe ist die äußerste Grenze. Der Zweck dieser Bestimmung ist wieder die Sicherung des gezeichneten Stammkapitals. Die Kollektivhaftung aller bildet ein Gegengewicht gegen die erleichterte Gründung. Sie soll den Gläubigern der Gesellschaft Garantie dafür bieten, daß in der Tat die zugesagte Einlage in das Vermögen der Gesellschaft kommt und in demselben bleibt (§ 31 Abs. 3). Denn auch für das zu Unrecht zurückgewährte Kapital haften die Gesellschafter. § 24.

Die Haftung aus § 24 ist eine subsidiäre. Sie kann nur beansprucht werden, wenn alle anderen Hilfsmittel erschöpft sind. Aber sie **entsteht** alsbald mit der Gründung der Gesellschaft. Sie lastet auf jedem Geschäftsanteile und geht mit diesem auf den neuen Erwerber über. Da die Kollektivhaftung der Gesellschafter im Aktienrecht kein Vorbild hatte, ist sie auch in unserem Gesetze nicht klar durchgedacht gewesen. Man kann sich bei verschiedenen Stellen dem Gedanken nicht verschließen, daß hier die Verfasser nicht alle Konsequenzen übersahen. Bei der Auslegung ist der Zweck des Gesetzes, das Stammkapital zu sichern und dessen Einzahlung, falls sie nicht von dem Gesellschafter, dem sie obliegt, und seinen Rechtsvorgängern erhältlich ist, durch die anderen Gesellschafter zu erreichen, als Ausgangspunkt zu nehmen.

I. **Voraussetzung der Kollektivhaftung** ist, **daß eine Stammeinlage weder von den Zahlungspflichtigen eingezogen, noch durch den Verkauf des Geschäftsanteils gedeckt werden kann.** Anm. 1.

1. **Eine Stammeinlage** kann nicht eingezogen werden. Es handelt sich, wie der Zusammenhang der gesetzlichen Vorschriften und das Wort „Zahlungspflichtige" ergibt, lediglich um die Verpflichtung zur Leistung von **Einlageverpflichtungen**. Die Haftung tritt also auch hier nicht ein für Nebenverpflichtungen (Zinsen, Vertragsstrafe), nicht für Verpflichtungen aus Sacheinlagen, nicht für Verpflichtungen aus § 3 Abs. 2. Bei der Geldeinlage handelt es sich nur um den gerade eingeforderten Betrag. Unter dem Fehlbetrag, den die Gesellschafter zu decken haben, ist, wie Birkenbihl 142 richtig bemerkt, nur der Fehlbetrag der jedesmaligen Einforderung zu verstehen, nicht aber, obwohl das nach dem Wortlaute des § 24 zweifelhaft sein könnte, der Betrag, der an der ganzen Stammeinlage noch fehlt. Soll dann später eine weitere Einzahlung auf die Stammeinlage gemacht werden, so ist diese zunächst von demjenigen Gesellschafter zu verlangen, der zur Zeit dafür in erster Linie haftet, also, wenn der Geschäftsanteil wegen Aussichtslosigkeit des Verkaufs nicht verkauft ist, von dem ausgeschlossenen Gesellschafter. Denn dieser haftet nach § 21 Abs. 3 dafür. Sonst von demjenigen, der beim Verkauf nach § 23 den Geschäftsanteil erworben hat, oder von dessen Rechtsnachfolger gemäß § 16. Eventuell müssen die Rechtsvorgänger des Ausgeschlossenen nach § 22 angegangen werden u. s. w., wie das zu 2 auseinandergesetzt ist.

2. **Weder von dem Zahlungspflichtigen eingezogen, noch durch Verkauf des Geschäftsanteils muß der Einlagerückstand gedeckt werden können**, damit die Haftung des vorliegenden Paragraphen eintritt. Diese Voraussetzung liegt vor, wenn Anm. 2.

erstens der primär zahlungspflichtige Gesellschafter, d. h. derjenige, der Gesellschafter war zur Zeit, als die betreffenden Kapitalsraten eingefordert wurden, die Zahlung nicht bewirkt hat,

§ 24. zweitens gegen ihn die Kaduzierung gemäß § 21 erfolgt ist,

drittens der Anspruch gegen seine etwaigen Rechtsvorgänger gemäß § 22 vergeblich versucht worden ist, oder als aussichtslos zu betrachten ist,

viertens der Verkauf gemäß § 23 erfolgt und erfolglos gewesen oder die Deckung durch einen solchen Verkauf aussichtslos ist,

fünftens der Ausgeschlossene selbst gemäß § 21 Abs. 3 für den solchergestalt entstandenen Ausfall vergeblich in Anspruch genommen oder diese Inanspruchnahme als aussichtslos zu betrachten ist.

Das Vorliegen aller dieser Bedingungen muß im Streitfalle die Gesellschaft beweisen.

Anm. 3. Bei der ersten Voraussetzung ist nur darzutun, daß der primär haftende Gesellschafter trotz der in der Form des § 21 erfolgten Aufforderung nicht zahlte. Daß er nicht zahlen konnte, braucht nicht erwiesen zu werden. Seine Solvenz kommt erst bei Punkt fünf zur Geltung. Aber dann handelt es sich nicht um die Zahlungsfähigkeit zur Zeit der Einforderung, sondern der Ausfallhaftung. Der Beweis, den der Gesellschafter anbietet, daß bei einer Einklagung des primär Haftenden zur Zeit der Einforderung der Einlagebetrag beibringlich war, ist unerheblich.

Anm. 4. Die zweite Voraussetzung verlangt eine ordnungsgemäße Kaduzierung. Auch den übrigen Gesellschaftern ist es gestattet, das Fehlen wesentlicher Momente bei derselben zu rügen. Durch einen Verzicht des Kaduzierten wird hieran nichts geändert. Die Bestimmungen des § 22 sind auch zu Gunsten der anderen Gesellschafter zwingendes Recht.|

Anm. 5. Bei der dritten Voraussetzung tritt wieder die Vermutung des § 22 in Wirksamkeit. Einklagung oder Auspfändung der früheren Gesellschafter ist nicht zu verlangen. Ist der Geschäftsanteil mangels Abnehmer nicht versteigert, so können die Gesellschafter die vorherige Betreibung solcher Rechtsvorgänger, die sie für solvent halten, fordern. Ist die Versteigerung erfolgt, so kann aus der behaupteten Solvenz der Vorgänger höchstens ein Anspruch an den Geschäftsführer folgen (unten Anm. 28). Da aber infolge der Versteigerung die Rechtsvorgänger frei werden, so kann von diesen, selbst wenn sie solvent wären, die Einlage nicht mehr eingezogen werden. Nur der Nachweis, daß dies möglich ist, nicht, daß dies möglich wird, kann das Begehren der Kollektivhaftung entkräften.

Anm. 6. Die vierte Voraussetzung besteht darin, daß die Stammeinlage auch durch den Verkauf des Geschäftsanteils nicht gedeckt werden kann. Sie liegt vor, wenn die Versteigerung gemäß § 23 bewirkt und zu einer Deckung nicht geführt hat, sei es, daß der Erlös zu gering, sei es, daß ein Bieter sich nicht gemeldet hat, oder sei es, daß die Deckungsmöglichkeit auf dem Wege der Versteigerung als aussichtslos zu betrachten ist. Diese Auffassung geht aus dem Zusammenhang der gesetzlichen Vorschriften hervor. Der § 24 schließt sich eng an die §§ 21—23 an. Hieraus und aus dem Gebrauche der gleichen Worte in den §§ 21—23 und in § 24 folgt, daß im § 24 die hier vorgesehenen Rechtsmittel gemeint sind, die erschöpft sein müssen. (Die gegenteilige Ansicht von Förtsch Anm. 2 kann daher nicht gebilligt werden.) Die Auslegung, daß der Erschöpfung der Rechtsmittel ihre Aussichtslosigkeit gleichsteht, wird auch von den Motiven (S. 28) ausgesprochen. Es wäre zwecklos, wenn eine in Konkurs geratene Gesellschaft ihre ausstehende Einlage einzieht, die Kosten der Versteigerung zu riskieren. Mehrere Versuche, den Geschäftsanteil zu versteigern, braucht die Gesellschaft nicht zu machen. Wohl aber muß sie den Zuschlag erteilen, wenn ihr das Gebot auch zu nieder scheint. Andernfalls steht den Gesellschaftern die Einrede zu, daß es an einer rechtlichen Voraussetzung der Haftung fehle. Die Gesellschaft kann sich nicht damit begnügen, daß sie von der umzulegenden Summe das von ihr abgelehnte Gebot abzieht. Es ist dies schon deshalb erheblich, weil jeder der kollektiv haftenden Gesellschafter das Recht hat, auf den Geschäftsanteil zu bieten. Wenn er denselben billig erhält, so kann er bei künftiger Besserung der Gesellschaft sich wieder von seinem Verluste erholen. Machen die Gesellschafter hiervon keinen Gebrauch, so ist es ihre Sache. Die Gesellschaft aber darf, wenn ein Gebot eingelegt ist, dieses zwar dem Bieter, nicht aber den anderen Gesellschaftern gegenüber ablehnen. Andernfalls diese ihre Haftung bestreiten können. § 24.

Die fünfte Voraussetzung verlangt, daß der Versuch gemacht wurde, den Ausfall von dem Kaduzierten beizutreiben. Es genügt nicht, daß er nicht bezahlte. Die Insolvenz muß seitens der Gesellschaft erwiesen werden. Anm. 7.

II. **Wer haftet beim Vorhandensein dieser Voraussetzungen für den Fehlbetrag?** Das Gesetz begnügt sich mit der Bemerkung „die übrigen Gesellschafter". Wer aber sind diese? Anm. 8.

1. Jeder, der als Gesellschafter im Gesellschaftsvertrag erscheint oder als Erwerber eines Geschäftsanteiles bei der Gesellschaft angemeldet ist, oder den Geschäftsanteil in Fällen erwarb, in denen es einer Anmeldung nicht bedarf. Anm. 9.

a) Gesellschafter laut Gesellschaftsvertrag. Dabei ist einerlei, ob der Gesellschafter eine Geld- oder Sacheinlage macht. Einerlei auch, ob er für eigene oder für fremde Rechnung zeichnet (Anm. 43 zu § 2). Auch im letzteren Falle haftet nur der als Gesellschafter Auftretende, während eine Haftung des Mandanten nicht besteht.

b) Gesellschafter laut angemeldeten Erwerbsgeschäfts. Wird die vertragsmäßige Veräußerung nicht angemeldet, so haftet der bisherige Gesellschafter trotz der Veräußerung. Ob ihm ein Regreß gegen den nicht angemeldeten Erwerber zusteht, richtet sich nach den besonderen Rechtsverhältnissen zwischen beiden. War die Anmeldung nur aus Versehen unterblieben, so wird im Zweifel dem Regreß stattzugeben sein. Die Absicht der Parteien ist ja, daß der Erwerber in die Verpflichtungen des Veräußerers eintritt. Unterließ man die Anmeldung, um die Haftung zu vermeiden, so ist der Regreß zu versagen, wenn nicht aus den Umständen dargetan wird, daß unter den Parteien der Erwerber das Risiko der Haftung zu tragen habe. — Einerlei ist es, aus welchen Gründen der Erwerb erfolgte. Es haftet auch derjenige, der sich den Geschäftsanteil nur zur Sicherung übertragen ließ wie derjenige, der für fremde Rechnung kauft. Auch der Scheinerwerber, sofern er nur angemeldet ist, muß sich die Behandlung als Gesellschafter gefallen lassen (vgl. Anm. 80 zu § 15). Anm. 10.

c) In den Fällen, in denen ein Erwerb sich vollzieht, ohne daß eine Anmeldung erfordert ist, bedarf es auch zur Haftung aus § 24 derselben nicht. So beim Erbgange, so auch bei der Ansteigerung eines kaduzierten Geschäftsanteiles. Einerlei ist, ob der Erwerb ein freiwilliger ist oder ob es sich um den durch das Gesetz erzwungenen Rückfall eines veräußerten Geschäftsanteiles handelt (§ 22, insbesondere Anm. 15 und 16). Anm. 11.

2. Zu welcher Zeit muß diese Eigenschaft als Gesellschafter vorhanden sein? In der ersten Auflage (Anm. 4 S. 166) war die Ansicht vertreten, daß „die übrigen Gesellschafter" die bei dem Vorliegen aller Voraussetzungen der Kollektivhaftung (oben Anm. 3 ff.) Vorhandenen sind. Erst wenn all diese Momente zusammentreffen, seien die Bedingungen der Kollektivhaftung erfüllt. Daher naturgemäß von ihr nur diejenigen getroffen werden, die zu dieser Zeit Gesellschafter seien. Gegen diese Ansicht spricht zunächst, daß der Zeitpunkt, der für die Kollektivhaftung bestimmend sein soll, ein sehr schwankender ist. Er hängt von einer Reihe von Zufälligkeiten ab. Die Länge der Kaduzierungsfrist, die Zeit des Zuwartens mit dem Ausspruche der Ausschließung, dann wieder die Aufforderung an die Vormänner und die Festsetzung der Versteigerung bilden dehnbare Fristen. Wie aber soll der Zeitpunkt festgestellt werden, wenn es sich um die letzte Voraussetzung handelt, die Unbeibringlichkeit der Ausfallforderung bei dem Kaduzierten oder, falls auch dieser notorisch insolvent ist, wenn der Verkauf des Geschäftsanteils als aussichtslos unterbleibt? Es ist nicht anzunehmen, daß für einen so erheblichen Punkt wie die Feststellung der Haftung der Gesellschafter das Gesetz ein so schillerndes und schwerfaßbares Moment wählen sollte. Sodann öffnete diese Auslegung des Gesetzes sowohl der Willkür der Geschäftsführer als den Fluchtversuchen der Gesellschafter weiten Spielraum. Einem Gesetze, das zur Sicherung der Aufbringung des Stammkapitals die Haftung der sämtlichen Gesellschafter einführt, kann unmöglich eine Bestimmung entsprechen, welche eine Vereitelung dieser Haftung direkt begünstigt. Welcher Gesellschafter Anm. 12.

§ 24. behält seinen Geschäftsanteil einer schlecht stehenden Gesellschaft (denn nur bei solchen wird der Ausfall eintreten), wenn er die ihm drohende Gefahr der Kollektivhaftung so lange vorher bemerkt? Seine Veräußerung an einen insolventen Erwerber wird man nur schwer als Scheingeschäft angreifen. Es ist ihm bitterer Ernst mit der Veräußerung. Wenn jemand, der einen Geschäftsanteil von 5000 M. besitzt, infolge des Zusammenbruchs des Hauptgesellschafters 100000 M. bezahlen muß, so wird er gern bereit sein, den Geschäftsanteil auch herzuschenken, wenn er sich damit nur von jener Last befreite.

Endlich ist die hier bekämpfte Ansicht auch rechtlich nicht zutreffend. Gemäß § 16 Abs. 3 haftet jeder Gesellschafter für die bei der Veräußerung rückständigen Leistungen. Der Erwerber tritt als weiterer Verpflichteter neben ihn. Es ist hierzu erfordert, daß die Verpflichtung fällig war. Aber dies muß nicht gegenüber dem Gesellschafter selbst der Fall sein. Haftet er für einen anderen Gesellschafter, so kommt es nur auf die Fälligkeit diesem gegenüber an. Die Bedingungen der Kollektivhaftung machen für die „übrigen" Gesellschafter diese Haftung nicht zu einer erst künftigen, so wenig die Fälligkeit einer verbürgten Forderung für den Bürgen, dem die Vorausklage zusteht, erst mit der Durchführung dieser eintritt. Es entsteht die Verpflichtung zur Zahlung der Geldeinlage mit deren Einforderung für alle Gesellschafter, sowohl für den, der sie unmittelbar zusagt, als auch für den, der bei der Uneinbringlichkeit in zweiter Linie für sie aufkommt. Mit diesem Ergebnisse ist ein sicheres Datum für die Feststellung der haftenden Geschäftsanteile gewonnen. Es sind alle Versuche, sich während des Beitreibungsverfahrens von der Kollektivhaftung loszumachen, hiernach vergeblich.

Über den Begriff der Einforderung vgl. Anm. 1 zu § 20.

Anm. 13. 3. Die Mithaftung der Vorgänger eines kaduzierten Gesellschafters. Diese kann eintreten, wenn ein Rechtsvorgänger eines ausgeschlossenen Gesellschafters dessen Einlageschuld bezahlte und den Geschäftsanteil wieder erhielt (vgl. Anm. 15 u. 16 zu § 22), während bei einem anderen kaduzierten Geschäftsanteile Zahlung durch Rechtsvorgänger nicht zu erhalten war und bei der Versteigerung sich ein Ausfall ergab. Bei dem Geschäftsanteil, den sie selbst früher als Gesellschafter besaßen, werden die Rechtsvorgänger des Kaduzierten bei der Versteigerung von jeder Haftung frei. Sie sind nicht Gesellschafter. Anders in dem erstgedachten Falle. Durch die Kaduzierung treten ihre Pflichten als Gesellschafter wieder ein und durch die Zahlung fällt der Geschäftsanteil an sie zurück. Sie empfangen ihn zwar frei von allen Lasten, die nicht das Einlagekapital betreffen (Anm. 19 zu § 22). Soweit aber das Stammkapital in Frage steht, trägt jeder Geschäftsanteil dauernd diese Haftung. Der Gesellschafter haftet nicht nur für die bei seiner Übernahme zugesagte Summe, sondern mit den anderen Gesellschaftern für das ganze Kapital. Sein Verkauf des Geschäftsanteils wird gegenüber der Gesellschaft durch die Kaduzierung wieder wirkungslos, und zwar mit rückwirkender Kraft. Alle von dem Erwerber auf ihn gelegte Lasten fallen fort (Anm. 19 zu § 22). Der Gesellschaft gegenüber muß der rückerwerbende Rechtsvorgänger die Einlagepflicht, auch die subsidiäre und kollektive, wieder erfüllen. Nicht dagegen spricht, daß bei der Nichterfüllung der Kollektivhaftung das Gesetz keine Kaduzierung und kein Zurückgehen auf die Vormänner kennt (unten Anm. 21). Denn hier handelt es sich um eine ganz andere Frage. Es wird der gemäß § 22 haftende frühere Gesellschafter, der wieder eintreten mußte, zur Leistungspflicht mit den anderen Gesellschaftern herangezogen. Es ist hierbei einerlei, wann dieser Wiedererwerb stattfindet, ob schon vor der Kaduzierung des anderen später versteigerten Geschäftsanteils oder erst nach der Versteigerung desselben. Ja auch wenn die Umlage unter die übrigen Gesellschafter bereits erfolgt ist, äußert dieser Rückerwerb des verkauften Geschäftsanteils seine Wirkung. Die anderen Gesellschafter fordern von ihm nach Verhältnis den Beitrag zur Deckung. Anderenfalls könnte der Geschäftsführer durch Hinziehen der Kaduzierung eines Geschäftsanteils oder der Vorbesitzer selbst durch Verschleppen seines Prozesses die Befreiung des letzteren von der Kollektivhaftung erreichen. Das hier Ausgeführte entspricht wieder dem Zwecke des Gesetzes, für die Sicherung des Stammkapitals zu sorgen. Es muß auch in seinen Intentionen liegen, denjenigen, der schon vor der Einforderung des jetzt zu deckenden

Betrages der Einlage seinen Geschäftsanteil an eine insolvente Person veräußerte, wie an der Haftung für die eigene Einlagepflicht auch an der Kollektivhaftung festzuhalten, falls die Einforderung nur innerhalb der letzten fünf Jahre nach der Anmeldung der Veräußerung erfolgt war. Die praktische Bedeutung ergibt das folgende Beispiel. Von den drei Gründern einer Gesellschaft hat der eine seinen Geschäftsanteil in Höhe von 3000 M. veräußert. Von den beiden anderen kann der Inhaber eines Geschäftsanteils in Höhe von 20000 M. zwar seine 50 Proz. hierauf noch bezahlen. Damit aber ist er erschöpft. Der Dritte endlich wird kaduziert und sein Geschäftsanteil über 40000 M. versteigert, wobei sich auf die einzuzahlenden 50 Proz. ein Verlust von 12000 M. ergibt. Hier muß der Gesellschafter, der seinen Geschäftsanteil von 3000 M. veräußert, aber infolge Kaduzierung seines Nachfolgers wieder erworben hatte, diesen Verlust von 12000 M. tragen. Das Gesellschaftskapital ist dann gedeckt. § 24.

4. Die Haftung des Ansteigerers eines kaduzierten Geschäftsanteils. Die Erwerber kaduzierter Geschäftsanteile können zu dem bei der Versteigerung anderer Geschäftsanteile entstehenden Verluste nicht herangezogen werden. Sie erwerben den Geschäftsanteil nicht als Rechtsnachfolger des Kaduzierten. Sie fallen also nicht unter die Bestimmung des § 16 Abs. 3. Es findet für sie ein originärer Erwerb unmittelbar durch die Gesellschaft statt. Zur Zeit der Einforderung waren sie nicht Gesellschafter. Für jeden Ansteigerer des kaduzierten Geschäftsanteils gilt auch der eingeforderte Betrag als beglichen (vgl. Anm. 16 zu § 23). Es kann also dieser weder für den Verlust aus dem ersteigerten Anteile noch aus dem bei anderen festgestellten von ihnen verlangt werden. Anm. 14.

Handelt es sich um die Einrufung späterer Raten, so ist der Gesellschafter, der seinen Geschäftsanteil bei der Einziehung einer früheren Quote im Ausschließungsverfahren steigerte, wie jeder andere Gesellschafter zu behandeln.

5. Haftung der Gesellschaft selbst als Gesellschafter. Die Frage wird praktisch, wenn nach Vollzahlung eines Geschäftsanteils die Gesellschaft diesen erwirbt und sodann für einen anderen Geschäftsanteil die Zahlung der hierauf ausstehenden Einlage nicht zu erlangen ist. Die Gesellschaft ist hierbei mitzuzählen. Der auf sie selbst entfallende Anteil geht durch Konfusion unter. Sie hat kein Recht, den § 24 Satz 2 dahin auszulegen, daß auch in diesem Falle ein Beitrag von einem Gesellschafter nicht zu erlangen sei, daher die anderen Gesellschafter denselben aufzubringen hätten. Der die Gesellschaft selbst treffende Teil des umzulegenden Fehlbetrags bildet einen Verlust der Gesellschaft. Anm. 15.

III. **Die Haftung bei verschiedenen Emissionen.** In der ersten Auflage (Anm. 7 S. 167) war die Ansicht niedergelegt, daß es gleichgültig sei, aus welchem Geschäftsanteile der Fehlbetrag herrühre. Es sollten die infolge einer Erhöhung des Stammkapitals hinzutretenden Gesellschafter für den Rest aus den ursprünglichen Einlagen, aber ebenso die ursprünglichen Gesellschafter für die Einzahlungen auf die neuen Stammeinlagen haften. Eine besondere Begründung war hierfür nicht gegeben. Als Folgen dieser Ansicht ergab sich zu Gunsten der früheren Gesellschafter die Anwendung des § 53 Abs. 3. Danach erschien zu der Vermehrung der Leistungspflichten die Zustimmung der Beteiligten erforderlich für den Fall, daß die neuen Stammeinlagen nicht voll einbezahlt werden (Anm. 5 zu § 55 S. 327 erste Aufl.). Zu Gunsten der neu eintretenden Gesellschafter wurde § 55 Abs. 2 Satz 2 für anwendbar erklärt. Die neuen Mitglieder hätten außer der Zeichnung des erhöhten Stammkapitals auch die Haftung für die Reste der früheren Stammeinlagen in der Übernahmeurkunde zu erklären (Anm. 17 zu § 55 S. 329 erste Aufl.). Der Registerrichter sollte infolgedessen bei der Anmeldung einer Erhöhung des Stammkapitals prüfen, ob diesen Erfordernissen genügt sei, andernfalls er die Eintragung zu verweigern habe (Anm. 10 zu § 57 S. 338/339 erste Aufl.). Anm. 16.

Dieses System wird nicht aufrecht erhalten werden können. Schon die Konsequenzen, zu denen es führt, sprechen dagegen. Zweifellos enthielte die Erhöhung des Stammkapitals, wenn die früheren Gesellschafter für die neuübernommenen Stammeinlagen hafteten, eine Vermehrung der jenen nach dem Gesellschaftsvertrage obliegenden Leistungen.

§ 24. Es wäre also die Zustimmung aller Gesellschafter erforderlich. Die Einschränkung auf den Fall, daß der Betrag der neuen Einlagen nicht voll einbezahlt werden solle, ist nicht folgerichtig. Denn die Einziehung bildet keinen Teil des Gesellschaftsvertrages und des Erhöhungsbeschlusses. Sie ist ein Akt der Verwaltung. Die Geschäftsführer können rechtswirksam die Anmeldung der Erhöhung vornehmen, auch wenn nur 25 Proz. einbezahlt sind. Der Registerrichter darf die Anmeldung nicht zurückweisen, weil die Gesellschafter beschlossen hatten, es sollen 100 Proz. sofort eingerufen werden. Das Verlangen, daß der Geschäftsführer, falls nicht sämtliche Gesellschafter zustimmten, die Einzahlung des vollen Betrages versichern müsse, widerspricht dem § 57 Abs. 2, § 7 Abs. 2, § 8 Abs. 2. Es kann an diese Versicherung auch nicht die strafrechtliche Haftung des § 82 Ziff. 1 geknüpft werden. Jedenfalls genügt selbst eine solche Versicherung nicht, um die Anwendbarkeit des § 53 Abs. 3 auszuschließen. Denn wenn trotz dieser Angabe des Geschäftsführers die Einlagen nicht geleistet sind, so bestände die Haftung aller Gesellschafter. Es wäre die Zustimmung aller Gesellschafter erfordert, sofern nur rechtlich aus dem Beschlusse der Erhöhung des Stammkapitals eine Vermehrung der Leistungspflicht folgte, auch wenn diese nur bedingt und eventuell erschiene (vgl. Anm. 17 zu § 53). Diese rechtliche Möglichkeit der Haftung der früheren Gesellschafter wäre stets die logische Folge der Erhöhung des Stammkapitals, falls eine solche Haftung überhaupt anerkannt würde. Dann bedeutete dies in weiterer Konsequenz, daß eine Erhöhung des Stammkapitals stets nur mit Zustimmung aller Beteiligten möglich wäre. Das widerspricht aber dem Gesetze, das eine Mehrheit von drei Vierteln auch hier anordnet (vgl. Anm. 5 zu § 55). Das widerspräche auch einer gesunden Entwickelung einer Gesellschaft.

Dazu kommt aber weiter, daß, wenn das Gesetz eine solche Haftung für die neuen Geschäftsanteile gewollt hätte, es dies hätte sagen müssen. Allerdings macht es jeden Gesellschafter, der sich bei der Gründung einer GmbH. beteiligt, für das ganze Stammkapital mit verantwortlich. Einerlei ist, ob er sich dessen bewußt ist. Diese Haftung steht mit direkten Worten im Gesetz. Wenn dasselbe Gesetz aber in § 53 Abs. 3 ihm verspricht, daß ohne seine Zustimmung seine Leistungspflicht nicht erhöht werden könne, so müßte es auch aussprechen, daß die Zustimmung zur Erhöhung des Stammkapitals die Zustimmung zur Haftung für den erhöhten Betrag enthalte. Wenn der Registerrichter den Erhöhungsbeschluß eintrug, sei es, daß ihm die Geschäftsführer versicherten, daß alle Geschäftsanteile voll bezahlt seien, sei es, daß er § 53 Abs. 3 nicht für anwendbar hielt, sei es, daß er sich die Frage überhaupt nicht vorlegte, so ergäbe sich, daß die Dreiviertel-Mehrheit, welche für die Erhöhung war, haftet, die Opposition oder die fernbleibenden Mitglieder frei sind. Die zustimmenden Gesellschafter würden für ihren Beschluß gestraft. Denn völlig unmöglich wäre das Resultat, daß man den ganzen Erhöhungsbeschluß wegen Mangels der Zustimmung aller für ungültig erklärte und wieder löschte (vgl. Anm. 17 zu § 53). Es war zweifellos die Absicht des Gesetzes, in § 53 Abs. 3 eine ausdrückliche Zustimmung zu einem Beschlusse zu sichern, dessen Inhalt selbst die Leistungspflicht ausspricht (vgl. Anm. 17ff. zu § 53). Es ergibt sich dies auch aus § 55 Abs. 1 Satz 2, wo direkt gefordert wird, daß der Übernehmer des neuen Geschäftsanteiles bestimmte Pflichten neben seiner Einlage zusage. Daher kann in der einfachen Zeichnung der neuen Einlagen niemals eine Übernahme der Haftung für die Rückstände der früheren liegen. Daher kann aber umgekehrt in der Zustimmung zu dem Beschlusse der Erhöhung niemals eine Zustimmung zur Übernahme einer Verpflichtung, für die neu gezeichneten Einlagen einzustehen, liegen. Die Gegenüberstellung der Haftung der neuen Gesellschafter für die Einlagen der alten und die der alten für die Einlagen der neuen zeigt eine Inkongruenz. Bei jener wurde gemäß § 55 Abs. 2 Satz 2 eine Erweiterung des Inhalts der Übernahmeerklärung gefordert (erste Aufl. Anm. 4 S. 326 und Anm. 17 S. 329 zu § 55). Bei dieser sollte die Zustimmung aller Mitglieder zum „Generalversammlungsbeschlusse" (erste Aufl. Anm. 5 zu § 55 S. 327) genügen. Folgerichtig müßte man jedoch in Anwendung des § 53 Abs. 3 eine ausdrückliche Übernahme der Haftung auch für die neuen Stammeinlagen fordern. Dann aber stützte sich diese nicht auf das Gesetz und den § 24, sondern auf § 3 Abs. 2 und die Auferlegung anderer Verpflichtungen. Es steht nichts im Wege, falls sich die Gesellschafter dazu bereit finden, daß jede Gruppe die Kollektivhaftung für die andere eingeht. Fehlt es aber hieran, so kann auch keine Haftung angenommen werden. § 24.

Es ergibt sich hieraus, daß jeder Gesellschafter nur für das Stammkapital haftet, von dem er einen Teil übernahm. Das entspricht auch dem Grundgedanken des Gesetzes bei der Einführung der Kollektivhaftung (vgl. oben Einleitung). Die Gesamtheit haftet, aber nur die Gesamtheit derer, die gemeinsam sich verpflichten, ein Kapital aufzubringen. Es entspricht dies Ergebnis auch dem Grundsatze, daß Ausnahmebestimmungen von der Schärfe des § 24 nicht ausgedehnt werden dürfen. Es entspricht auch dem praktischen Bedürfnisse, das jede Erschwerung der Erhöhung des Stammkapitals als Hemmnis empfindet. Es entspricht dies der Stellung des § 24 im Gesetz, aus der hervorgeht, daß der Fall der Haftung für die bei der Gründung übernommenen Stammeinlagen geregelt werden sollte.

IV. Art und Geltendmachung der Haftung. Anm. 17.

1. Die Haftung ist keine gesamtschuldnerische. Denn die Gesellschafter haften ja nicht in der Weise, daß jeder die ganze Leistung zu bewirken verpflichtet ist (§ 421 BGB.). Vielmehr haftet zunächst jeder für so viel, als der Höhe seines Anteils im Verhältnis zur Höhe der übrigen Anteile entspricht. Nur für etwaige Ausfälle bei dieser Einziehungsart haften die übrigen subsidiär.

Die Haftung besteht der Gesellschaft, nicht den Gläubigern gegenüber. Die Gläubiger können nur indirekt, durch Pfändung und Überweisung die Rechte der Gesellschaft gegen die Zahlungspflichtigen geltend machen. Dieser Pfändung kann nicht entgegengehalten werden, daß es sich um einen höchst persönlichen Anspruch der Gesellschaft für die Zwecke derselben handelt. Im Konkurse der Gesellschaft macht der Konkursverwalter die Ansprüche geltend. Der Anspruch kann, wie sich hieraus ergibt, auch abgetreten und verpfändet werden (vgl. unten Anm. 29). Anm. 18.

Ob die Einziehung für die Befriedigung der Gläubiger erforderlich ist, ist für das Recht der Gesellschaft gleichgültig. Nur im Konkurse können die Zahlungspflichtigen den Einwand machen, daß die Einziehung für die Befriedigung der Gläubiger nicht erforderlich ist. Im Konkurse brauchen die Gesellschafter ihre Deckungsverbindlichkeit nicht weiter zu erfüllen, als der Zweck des Konkurses dies erfordert. (Vgl. zu § 63.) Sonst könnte es dahin kommen, daß die eingezogenen Fehlbeträge noch den säumigen Gesellschaftern zu gute kommen. Bei der Liquidation kann der gleiche Einwand erhoben werden. Doch ist zu berücksichtigen, daß bei der Einziehung durch den Liquidator keinesfalls das Prinzip der Gleichberechtigung verletzt werden darf. Es darf nicht von dem einen Gesellschafter der ganze Haftungsbeitrag eingezogen und die Einziehung vom anderen unterlassen werden, weil die Befriedigung der Gläubiger weitere Einziehungen nicht mehr erfordert. Anm. 19.

2. Zunächst haben die Gesellschafter den Fehlbetrag nach Verhältnis ihrer Geschäftsanteile aufzubringen. Anm. 20.

a) Nach Verhältnis ihrer Geschäftsanteile. Der Nennbetrag der Geschäftsanteile entscheidet dabei. Wieviel darauf eingezahlt ist, ist gleichgültig. Auch solche Geschäftsanteile, welche sich im Besitze der Gesellschaft befinden, werden bei dieser Berechnung mit berücksichtigt. Kaduzierte Geschäftsanteile dann, wenn sie auf den Rechtsvorgänger zurückfielen. Andernfalls sind sie auszuschalten, vorbehaltlich des Regresses der zahlenden Gesellschafter gegen die später erst zahlenden Rechtsvorgänger des Kaduzierten.

b) Sie haben den Fehlbetrag aufzubringen, d. h. sie sind verpflichtet und können zur Erfüllung dieser Verpflichtung nach allgemeinen Rechtsregeln angehalten werden. Wenn sie nicht zahlen, so können sie verklagt werden, und wenn sie verurteilt sind, so kann Zwangsvollstreckung gegen sie erfolgen. Die Gesellschaft braucht den kollektiv haftenden Mitgesellschafter nicht auszuschließen, seinen Anteil nicht zu kaduzieren, um die Anm. 21.

§ 24. Haftung aus § 24 geltend zu machen. Sie kann ihn, wenn die Voraussetzungen der Haftung feststehen, einfach verklagen und mit Zwangsvollstreckung überziehen, insbesondere auch in seinen Geschäftsanteil. Andererseits ist die Kaduzierung auch nicht die Rechtsfolge der Nichterfüllung der Haftungsverpflichtung. Wenn der nach § 24 kollektivhaftende Mitgesellschafter nicht zahlt, so kann die Gesellschaft nichts anderes tun, als ihn verklagen und exequieren.

Anm. 22. c) Gegen welchen Mitgesellschafter die Gesellschafter in dieser Weise vorgehen will, ist ihre Sache. Ihr Recht richtet sich gegen alle Mitgesellschafter. Sie kann gegen alle vorgehen oder gegen einzelne. Sie braucht nicht, wie Neukamp Anm. 1 meint, gegen alle vorzugehen. Sie kann nur, wenn sie nicht gegen alle vorgeht, und die Aussichtslosigkeit des Versuchs bei denjenigen, gegen die sie nicht vorgeht, nicht dartut, nicht die Eventualhaftung aus Satz 2 unseres Paragraphen der übrigen Gesellschafter in Anspruch nehmen. Ist sie gegen einen vorgegangen, und hat dieses Vorgehen nicht zur Deckung seines Beitrages geführt, so kann sie nunmehr gegen die anderen gemäß Satz 1 und Satz 2 unseres Paragraphen kumulativ vorgehen.

Anm. 23. 3. Eventuell, d. h. soweit die Fehlbeträge von einzelnen Gesellschaftern nicht zu erlangen sind, werden diese auf die übrigen Gesellschafter verteilt, ebenfalls nach der Höhe ihrer Geschäftsanteile.

a) Ein Fehlbetrag ist nicht zu erlangen, wenn entweder der gerichtliche Weg zu einer Befriedigung nicht geführt hat, oder die Aussichtslosigkeit gerichtlichen Vorgehens von der Gesellschaft dargetan werden kann.

Anm. 24. b) Darüber, was die Worte: „nach dem Verhältnis der Geschäftsanteile" bedeuten; wer die nach Satz 2 eventuell haftenden Gesellschafter sind; daß die Haftung im Wege der Klage und Zwangsvollstreckung geltend zu machen ist, dagegen die Kaduzierung des Geschäftsanteils weder Voraussetzung der Haftung, noch Folge der Nichterfüllung ist, siehe oben Anm. 20—22. Für die Haftung als Gesellschafter (vgl. oben Anm. 8 ff.) entscheidet auch hier die Zeit der Einforderung, denn auch diese Eventualhaftung für den insolventen Beitragspflichtigen entsteht mit der Gründung und wird fällig mit der Hauptforderung gegen den primär haftenden Gesellschafter.

Anm. 25. V. **Die sonstigen Modalitäten der Kollektivverpflichtung aus § 24** richten sich danach, daß es zwar eine Gesellschafterhaftung ist, aber nicht die Haftung für die eigene Einlageverpflichtung. Es treffen daher die Beschränkungen der letzteren Verpflichtung nicht zu. (Vgl. unten Anm. 29.)

Die Verjährung ist die 30jährige. Der Gerichtsstand ist der in § 22 CPO. gegebene.

Anm. 26. VI. **Die Wirkung der Zahlung.** Auch in dem Falle, wo die Gesellschaft den Geschäftsanteil nicht verkauft hat, weil es aussichtslos war, auf diesem Wege die Rückstände zu decken, geht der Geschäftsanteil, aus welchem der Fehlbetrag herrührt, nicht auf die zahlenden Gesellschafter über. Das Gesetz weiß nichts von einem solchen Erwerbe. Es würde dies auch dazu führen, daß die zahlenden Gesellschafter auch für die künftigen Leistungen ihres Mitgesellschafters haften. Das aber ist hier mit Recht (Motive 28) als zu weitgehend erachtet worden. Die zahlenden Mitgesellschafter haben auch kein Recht, gegen Einlösung ihrer Haftungsverbindlichkeit die Abtretung oder die anteilsweise Abtretung des Geschäftsanteils zu verlangen. Die Gesellschaft hat jederzeit, sobald sich ihr hierzu Aussicht bietet, das Recht, die Versteigerung zu wiederholen um wieder einen neuen Gesellschafter zu haben. Den Erlös hieraus hat sie den nach § 24 zahlenden Gesellschaftern zu vergüten, andernfalls sie auf deren Kosten grundlos bereichert wäre. Die Ursache dieser Zahlung ist, soweit der Erlös reicht, jetzt fortgefallen.

Anm. 27. VII. **Der Ausgleich unter den Gesellschaftern auf Grund der Zahlung.** Ein Gesellschafter, der den ihn treffenden Teil des Verlustes gedeckt hat, kann den Ersatz dieses Betrages von dem ausgeschlossenen Gesellschafter fordern. Ein Gesellschafter, der den einen anderen Mitgesellschafter treffenden Verlust gedeckt hat, kann gegen diesen Regreß nehmen. Die

Motive erwähnen nur den Rückgriff im letzten Falle. Er muß ebenso für den ersten angenommen werden. Aus § 812 BGB. und der ungerechtfertigten Bereicherung, wie es in der ersten Auflage (Anm. 18 S. 168) versucht war, läßt sich dieser Anspruch allerdings nicht begründen. Denn die Zahlung erfolgt nicht ohne Rechtsgrund, sondern weil die Zahlenden haften. Hierin aber liegt auch die Begründung des Regresses. Die „übrigen" Gesellschafter sind kraft Gesetzes Bürgen für den kaduzierten Gesellschafter und ebenso für einander. Auch wer kraft Gesetzes für einen anderen haftet und zahlt, hat gleich dem Bürgen aus Rechtsgeschäft den Ersatzanspruch. Ein analoges Beispiel bieten die Fälle, in denen nach dem BGB. jemand „wie ein Bürge" für einen anderen haftet (vgl. § 571 Abs. 2 Satz 1 BGB.). Einen Übergang der Ausfallforderung der Gesellschaft selbst an den Kaduzierten wird man dagegen nicht annehmen können. Diese erlischt durch die Zahlung. § 24.

Veräußert ein Gesellschafter, der seinen Anteil an dem Ausfalle nicht begleichen konnte, seinen Geschäftsanteil, so geht die Ersatzpflicht nicht auf den Erwerber über. Der § 16 bezieht sich nur auf Verpflichtungen gegenüber der Gesellschaft. Anm. 28.

VIII. **Der Regreßanspruch der „übrigen Gesellschafter" gegen die Geschäftsführer.** Wenn die Geschäftsführer bei der Einziehung der Stammeinlage nicht mit der im Verkehr erforderten Sorgfalt verfahren, so haften sie der Gesellschaft wie für jede Pflichtverletzung. Sie haften aber in diesem Falle auch den Gesellschaftern. Das ist zwar nicht für die Einziehung der Stammeinlage, wohl aber für die schuldhafte Rückerstattung derselben (§ 31 Abs. 6) angeordnet. Die Ausdehnung auf den Fall der schuldhaften Säumnis beim Einzuge ist unbedenklich. Wie dort die Gesellschafter, welche für die Handlung der Geschäftsführer büßen und zahlen, den Regreß gegen dieselben haben, so muß er hier in gleicher Weise den Gesellschaftern, die für die Unterlassungssünde der Geschäftsführer aufkommen, zustehen. Stellt sich nach der Deckung des Verlustes durch die übrigen Gesellschafter heraus, daß dieser durch Nachlässigkeit des Geschäftsführers eintrat, so kann freilich die Gesellschaft nichts mehr fordern. Denn sie ist bezahlt. Aber die Gesellschafter selbst sind in einem Falle des § 31 Abs. 6 an ihre Stelle getreten.

IX. **Die Vorschriften des vorliegenden Paragraphen sind zwingenden Rechts.** Das ergibt sich aus § 25. Es kann daher kein Gesellschafter, weder im Gesellschaftsvertrage, noch durch einen Akt der Geschäftsführer, noch durch einen Gesellschafterbeschluß, weder im voraus, noch nachträglich von der Mithaftung aus § 24 befreit werden. Auch kann das Beteiligungsverhältnis durch Vertrag nicht geändert werden. Nur im Wege der Herabsetzung des Stammkapitals kann auf diese Haftung der anderen Gesellschafter aus § 24 verzichtet werden. Der § 19 Abs. 2 ist auch hier anwendbar. Unmöglich aber ist ein Verzicht nur auf die Kollektivhaftung unter Aufrechterhaltung der Haftung des kaduzierten Gesellschafters. Denn bei dieser Herabsetzung des Stammkapitals muß dem Verzicht die Vernichtung des Geschäftsanteils, der der restierenden Einlage entspricht, folgen. Das bedeutet einen Verzicht auf die ganze Einlage. Dies alles gilt selbstredend unbeschadet der Gültigkeit einer persönlichen Abrede unter den Gesellschaftern, von denen der eine dem anderen gegenüber eine weitergehende Haftung übernimmt oder diesem völlige Befreiung zusagt. Anm. 29.

Verschärfungen des § 24 sind zulässig. So kann z. B. die solidarische Haftung für alle Einlagen durch den Gesellschaftsvertrag vereinbart werden.

Die Kompensation und Retention gegen Forderungen der Gesellschaft aus § 24 ist zulässig. Ebenso Stundung und Hingabe an Zahlungsstatt. Denn § 19 greift nicht Platz. Eine nach § 25 verbotene Befreiung liegt nicht in diesen Rechtsakten. Endlich sind zulässig Abtretung, Verpfändung und Pfändung dieses Gesellschaftsanspruchs.

§ 25.

§ 25.

Von den in den §§ 21 bis 24 bezeichneten Rechtsfolgen können die Gesellschafter nicht befreit werden.

Der vorliegende Paragraph ordnet an, daß die Gesellschafter von den in den §§ 21—24 bezeichneten Rechtsfolgen nicht befreit werden können.

Anm. 1. 1. Daraus folgt, daß jede Abmachung, welche auf eine solche Befreiung hinausläuft, nichtig ist (§ 134 BGB.). Ist sie im Gesellschaftsvertrage enthalten, so weist der Registerrichter das Eintragungsbegehren zurück. Der erfolgte Eintrag heilt die Nichtigkeit nicht. Ist eine spezielle Abrede zwischen Gesellschaft und Gesellschafter getroffen, so ist der Geschäftsführer nicht daran gebunden.

Anm. 2. 2. Verboten ist nur die Befreiung von den Rechtsfolgen der §§ 21—24, also nur der Verzicht. Jeder andere Vertrag ist gestattet. Die Bestimmungen des § 19 Abs. 2 und 3 sind nicht anwendbar. Nach seiner ganzen Stellung fallen unter § 19 nur die Leistungen des Hauptschuldners, dessen Leistungen genau nach dem Gesellschaftsvertrage erfolgen müssen, der eine nicht in diesem beschriebene Sacheinlage nicht auf dem Umwege einer Hingabe an Zahlungsstatt oder Aufrechnung einschmuggeln soll. Bei dem subsidiär Haftbaren greift dieser Grundsatz nicht durch, da die Gründe nicht vorliegen.

Anm. 3. 3. Über die Anwendung des Prinzips des § 25 auf die einzelnen Fälle vgl. Anm. 39 zu § 21, Anm. 23 zu § 22, Anm. 21 zu § 23 und Anm. 29 zu § 24.

Anm. 4. **Zusatz. Nicht behandelt ist hier die Frage, ob Verschärfungen** der in den §§ 21—24 bezeichneten Rechtsfolgen gültig sind. Das ist zu bejahen. Die GmbH. sollen nach der ganzen Tendenz des Gesetzes ihre Angelegenheiten mit möglichster Freiheit regeln, nur Mindestforderungen sind allenthalben aufgestellt worden.

Es kann daher z. B. die Frist des § 22 Abs. 2 verkürzt, die des § 22 Abs. 3 verlängert werden; es kann die Haftung aus § 24 als eine rein solidarische gestaltet werden (vgl. Anm. 29 zu § 24).

§ 26.

Im Gesellschaftsvertrage kann bestimmt werden, daß die Gesellschafter über den Betrag der Stammeinlagen hinaus die Einforderung von weiteren Einzahlungen (Nachschüssen) beschließen können.

Die Einzahlung der Nachschüsse hat nach Verhältnis der Geschäftsanteile zu erfolgen.

Die Nachschußpflicht kann im Gesellschaftsvertrage auf einen bestimmten, nach Verhältnis der Geschäftsanteile festzusetzenden Betrag beschränkt werden.

Einleitung. **Der vorliegende Paragraph ordnet die Zulässigkeit von Nachschüssen an** (Abs. 1), bestimmt die Art, wie die Einziehung der Nachschüsse zu erfolgen hat (Abs. 2), und gestattet endlich auch beschränkte Nachschüsse (Abs. 3). Weitere Vorschriften über die Nachschußpflicht sind in den §§ 27 und 28 enthalten. Im vorliegenden Paragraphen sind nur die allgemeinen Prinzipien zum Ausdruck gebracht. Ihnen reiht sich eine Reihe von anderen Grundsätzen an, welche im Zusatz erörtert werden sollen.

Anm. 1. I. (Abs. 1.) **Im Gesellschaftsvertrage kann bestimmt werden, daß die Gesellschafter die Einforderung von Einzahlungen über die Stammeinlage hinaus beschließen können.**

1. Darin ist das Wesen der Nachschüsse zum Ausdruck gebracht. Das Wesen der Nachschüsse besteht zunächst darin, daß sie Einlagen über die Stammeinlage hinaus sind.

a) Darin liegt der Gegensatz zu dem in den §§ 19—25 behandelten Stammkapital. Nachschußkapital und Stammkapital bilden beide das Gesellschaftsvermögen. Beide Konti haben ihren Platz auf der Passivseite der Bilanz und müssen in Aktivbeständen ihre Widerlage finden. Beide sind Leistungen aus dem Vermögen der Gesellschafter in das der Gesellschaft zu Zwecken der Gesellschaft. Ihr Gegensatz liegt in der Art der Einzahlung, der Art der Verfügung, der Art der Bewahrung. § 26.

Das Stammkapital bildet den eisernen Stock des Gesellschaftsvermögens. Es muß vorhanden sein. Auf seine Existenz gründet sich die Kreditgewährung. Schwinden des Stammkapitals muß aus der Bilanz ersichtlich sein. Ist mehr als die Hälfte verloren, so ist die Gesellschafterversammlung zu berufen. Nur im Wege der Herabsetzung des Stammkapitals kann die Unterbilanz des Stammkapitals beseitigt werden. Ein Erlaß der Einlagepflicht ist ebenso verboten wie die Rückzahlung (vgl. § 19 Abs. 2 und §§ 30 u. 31). Das Nachschußkapital dagegen ist der bewegliche Teil des Gesellschaftsvermögens. Es kann vorhanden sein, muß es aber nicht. Seine Existenz ist doppelt fakultativ. Nur wenn das Statut die Einforderung von Nachschüssen vorsieht und die Gesellschafter sie beschließen, ist es vorhanden. Schwinden des Nachschußkapitals zieht eine einfache Minderung seines Nominalbetrages in der Bilanz nach sich. Einziehung und Rückzahlung unterstehen dem freien Ermessen. Erlaß und Rückgewähren sind gestattet. Die Kautelen bei der Rückzahlung der Nachschüsse (§ 30 Abs. 2) entspringen Rücksichten auf das Stammkapital.

Der Zweck der Nachschüsse ist die Herbeiführung einer freieren Beweglichkeit des Gesellschaftskapitals als das Aktienrecht sie gewährt. Die Bewegung, welche die GmbH. hervorrief, nahm von diesem Punkte ihren Ausgang. Es soll einer Gesellschaft, die sich einem noch nicht fest umgrenzten Unternehmen widmet, die Möglichkeit gegeben sein, sich die weiter erforderlichen Mittel für den Bedürfnisfall zu verschaffen und andererseits sich von Überschüssen zu erleichtern, ohne den umständlichen Weg der Vermehrung oder Herabsetzung des Stammkapitals einschlagen zu müssen. Es soll die Verwendung von Kapitalien für künftige Zwecke, die ohne sichtbares Resultat bleiben, erreichbar sein, ohne ein ständiges Schmelzen des festen Stammkapitals.

Durch ihr Nachschußsystem steht die GmbH. in der Mitte zwischen der Aktiengesellschaft und der Gewerkschaft. Die Gewerkschaft hat überhaupt kein Stammkapital. Die Übernahme der Kuxen verpflichtet zu keiner festen Summe, sondern zur Zahlung der jeweils zur Erreichung eines Zweckes für das Unternehmen erforderten Geldmittel, soweit sie nicht aus den Einnahmen gedeckt werden, zur Leistung der Zubuße. Die Aktiengesellschaft kennt dagegen nur das feste, durch den Gesellschaftsvertrag festgestellte Grundkapital. Es kann nur durch Ausgabe neuer Aktien vermehrt werden. Das auf diesem Wege erlangte Kapital ist wieder Grundkapital. Die Gesellschaft mit beschränkter Haftung kennt beides. Sie hat ein festes Stammkapital, das durch die Einzahlungen der Gesellschafter gebildet wird. Sie kann aber auch Nachschußkapital haben, das durch Zubuße je nach Bedarf erbracht wird. Sie vereinigt beides, die feste Kreditbasis durch das Stammkapital und die freie Beweglichkeit von Einlagen, auf deren Zahlung und Bewahrung die Gläubiger kein Recht haben.

Auch die Nachschüsse der GmbH. bilden einen Teil der Einlage des Gesellschafters. Auch sie sind Leistungen desselben von Gesellschaftswegen. Bei aller Möglichkeit der freien Rückzahlung (vgl. § 30 Abs. 2), werden sie nie zu zwangsweise erhobenen Darlehen, welche den Gesellschaftern die Rolle von Gläubigern auf Grund der Nachschüsse gäben. Diese haben nie Anspruch auf deren Rückzahlung, auch wenn die Gesellschaft ihrer nicht mehr bedarf. Es gibt keine Anmeldung hierauf im Konkurse der Gesellschaft. Sie bilden mit der Stammeinlage zusammen die Einlage des Gesellschafters. Der Geschäftsanteil bleibt aber der gleiche. Nur bei der Berechnung der Summe, welche dem Gesellschafter sein Geschäftsanteil kostet, für die Bewertung im Verkehre sind die Nachschüsse von Einfluß. Aber die Kreditbasis bildet stets nur der festgelegte Teil der Einlage, die Stammeinlage und das Stammkapital. Nur auf diese beziehen sich die strengen unabänderlichen Normen der §§ 19—25 über die Einzahlung. Die Vorschriften über die Nachschüsse sind dispositiven Rechtes (vgl. unten Anm. 24).

§ 26. b) Sie sind **Einlagen** über das Stammkapital hinaus. Darin liegt der Gegensatz zu den
Anm. 2. Leistungen, die dem Gesellschafter gemäß § 3 Abs. 2 auferlegt sind, auch wenn sie in Geldzahlungen bestehen. Diese sind niemals **Gesellschaftseinlagen**, denen ein Kapitalpassivkonto entsprechen muß, weder feste noch bewegliche. Sie können ohne einen jeden Anspruch auf Rückersatz, à fonds perdu, erfolgen. Dann entsteht überhaupt kein Gegenposten. Oder es besteht ein solcher Anspruch. Dann erscheint **dieser** als Passivposten unter den Kreditoren. So wenn jeder Gesellschafter bis zu einer bestimmten Höhe Darlehen zu geben oder seinen Gewinn stehen zu lassen sich verpflichtet. In diesen Fällen ist dann jede, auch analoge Anwendung der §§ 26—28 ausgeschlossen.

Anm. 3. In der ersten Auflage (Anm. 1 S. 170) war der Schwerpunkt darauf gelegt, daß jene Verpflichtungen auf Grund des Gesellschaftsvertrages **unmittelbar** übernommen werden, während die Nachschußpflicht stets nur durch einen Beschluß der Gesellschafter selbst zur Entstehung gelangen könne. Das ist zweifellos richtig. Damit ist aber doch nur ein äußeres Moment hervorgehoben, das erst die Folge des **inneren** Wesensgegensatzes ist. Weil es sich bei der Nachschußpflicht um eine Einlage handelt, hat sie das Gesetz so gestaltet, daß nur die Gesellschafter ihre Einforderung beschließen sollen. Notwendig zum Wesen des Nachschusses gehört dies nicht. Notwendig ist hierzu nur der aus dem Gesellschaftsvertrage erkennbare Wille der Gesellschafter, neben der festen Stammeinlage eine den Bestimmungen der §§ 26 ff. unterstehende bewegliche Einlage zu bilden.

Anm. 4. Hiernach ist auch im Einzelfalle zu entscheiden, ob eine Nachschußpflicht oder eine besondere Leistung gemäß § 3 Abs. 2 in Frage steht. Das Wort „Nachschuß" allein kann hierbei nicht den Ausschlag geben. Aus der Zuweisung der Einforderung an ein anderes Organ als die Gesellschafterversammlung wird man, auch wenn man den Beschluß durch diese für absoluten Rechts hält (vgl. unten Anm. 9), keineswegs auf die Nichtigkeit der im Gesellschaftsvertrage enthaltenen Nachschußpflicht schließen dürfen. Es kann aus diesem Momente in Verbindung mit dem anderen Inhalte sich ergeben, daß es sich um eine der sonstigen Verpflichtungen aus § 3 Abs. 2 handelt. Z. B. wenn die Gesellschafter zusagen, etwaige Verluste innerhalb der ersten fünf Geschäftsjahre **auf Beschluß des Aufsichtsrates** durch Nachschüsse zu decken. Hier liegt die Verpflichtung zur Leistung à fonds perdu vor, wobei wieder Auslegungsfrage ist, ob die Verpflichtung von dem freien Ermessen des Aufsichtsrates derart abhängt, daß sie nur entsteht, wenn **dieser** will, oder ob hierdurch ein auch durch die Gläubiger und den Konkursverwalter ausübbares Recht gegeben ist. In einem solchen Falle wird bei erfolgter Zahlung kein Nachschußkonto entstehen können. Es gibt keine Rückzahlung gemäß § 30 Abs. 2. Es gibt auch keine Befreiung von der Zahlung durch Preisgabe des Geschäftsanteils u. s. w. Andererseits wird man in einem Falle, in welchem der Gesellschaftsvertrag die Gesellschafter verpflichtet, falls die Versammlung derselben es beschließe, „ihre Stammeinlage zu verdoppeln", trotz dieser Fassung eine echte Nachschußpflicht anzunehmen haben.

Anm. 5. 2. **Ein im Gesellschaftsvertrage zugelassener Gesellschafterbeschluß ist die Entstehungsbedingung der Nachschußpflicht.**

a) **Im Gesellschaftsvertrage** muß der Beschluß zugelassen sein. Damit ist nicht nur der ursprüngliche Gesellschaftsvertrag gemeint. Auch ein Statutenänderungsbeschluß genügt. Nur liegt darin eine Vermehrung der den Gesellschaftern nach dem Gesellschaftsvertrage obliegenden Leistungen. Deshalb kann ein solcher Statutenänderungsbeschluß nur gefaßt werden mit Zustimmung der beteiligten Gesellschafter (§ 53 Abs. 3). Sofern sämtliche Gesellschafter bei einem solchen Beschlusse beteiligt sind, so bedeutet dies zwar nicht die Vorschrift der Einstimmigkeit, wohl aber muß die **Zustimmung** aller mit der Nachschußpflicht Belasteten vorhanden sein.

Anm. 6. Über die Frage, welche Voraussetzungen erforderlich sind, wenn eine Nachschußpflicht statutarisch angeordnet ist, aber eine Umwandlung der beschränkten Nachschußpflicht in die unbeschränkte oder umgekehrt erfolgen soll, siehe unten Anm. 13.

b) **Ein Gesellschafterbeschluß ist erforderlich.** Vor der Fassung des Gesellschafterbeschlusses ist § 26. der Anspruch nicht existent. Er kann also auch von einem Gläubiger nicht gepfändet Anm. 7. werden. Im Konkurse kann der Konkursverwalter einen Anspruch auf Nachschüsse gegen die Gesellschafter nicht geltend machen, ehe die Gesellschafter die Einforderung beschlossen haben. Das ist die Auffassung aller Schriftsteller. Sie wird durch § 42 Nr. 3 bestätigt.

Einmal beschlossen, ist der Anspruch der Gesellschaft auf den Nachschuß existent. Die Anm. 8. Ansprüche figurieren nunmehr in der Regel in den Aktiven der Bilanz (vgl. § 42 Nr. 3). Die Gläubiger können diesen Anspruch pfänden. Im Konkurse kann ihn der Konkursverwalter einziehen. In der Bilanz ist das Nachschußkonto auf der Passivseite einzustellen.

Für die Art der Beschlußfassung sind die §§ 45, 47 ff. maßgebend. Es Anm. 9. genügt einfache Stimmenmehrheit. Aber auch hier greifen diese gesetzlichen Bestimmungen über die Beschlußfassung nur Platz, wenn der Gesellschaftsvertrag nicht anderes bestimmt. Die Beschlußfassung selbst kann einem anderen Organ nicht übertragen werden. Die erste Auflage nahm dies deshalb an (Anm. 6 S. 171), weil gerade in der Beschlußfassung durch die Gesellschafter das Charakteristikum der Nachschüsse liege. Wenn auch (vgl. oben Anm. 3) dies nicht aufrecht erhalten wurde, so entspricht es doch dem Willen des Gesetzes, die Beschlußfassung über die Nachschüsse als den Gesellschaftern selbst vorbehalten anzusehen. Die Nachschußpflicht ist in den Willen der Gesellschafter gestellt. Diesen haben, wie § 26 Abs. 1 deutlich sagt, sie selbst zum Ausdruck zu bringen. Eine Überlassung der Einforderung an Aufsichtsrat oder Geschäftsführer beseitigt dieses der besonderen Gestaltung der Nachschußpflicht der GmbH. eigene Moment. Sie führte zu der Ausübung des Nachschußanspruchs auch durch die Gläubiger und den Konkursverwalter. Ist in einem Gesellschaftsvertrag die Beschlußfassung einem anderen Organe als den Gesellschaftern übertragen, so bewirkt dies noch keine Nichtigkeit der Bestimmung über die Nachschüsse. Der Wille, der aus dem Gesellschaftsvertrag sich ergibt, (vgl. Anm. 47 zu § 2), entscheidet. Es ist möglich, daß sich hieraus trotz des Wortes „Nachschuß" ergibt, daß die Gesellschafter eine nach § 3 Abs. 2 zu beurteilende Leistungspflicht wollten (vgl. oben Anm. 4). Wollten sie eine echte Nachschußpflicht, so ist zu prüfen, ob die Überweisung der Beschlußfassung an Aufsichtsrat oder Geschäftsführer ein wesentliches Moment bildet, ohne das die Nachschußpflicht nicht übernommen werden wollte. Ist dies nicht der Fall, so bleibt die statutarische Bestimmung in Kraft. Es bleibt aber bei der dem Gesetze entsprechenden Einforderung durch die Gesellschafter.

Der Inhalt des Beschlusses kann die Nachschußpflicht allgemein oder be- Anm. 10. schränkt festsetzen (vgl. jedoch unten Anm. 12). Er kann auch Modalitäten über die Bestimmung der Einziehung enthalten. Es kann der Nachschuß nach den Bedürfnissen der Gesellschaft oder wenn ein bestimmtes Ereignis eintritt, eingefordert werden. Es kann auch über die Art der Einforderung (durch Brief, öffentliche Bekanntmachung) Bestimmung getroffen werden. Über die Folgen des Verzuges, insbesondere die Höhe von Zinsen, Konventionalstrafe u. s. w. ist es nur dann statthaft, wenn der Gesellschaftsvertrag dies zuläßt. Die Mehrheit, welche die Einforderung beschließt, kann nicht an die Verzögerung Strafen knüpfen. Darüber, ob auch Einziehung des Geschäftsanteils angeordnet werden kann, siehe Anm. 3 zu § 34. Auch über die Rückzahlungsmodalitäten können im Gesellschafterbeschlusse Anordnungen getroffen werden, sofern dieselben sich im Rahmen des Gesetzes (§ 30 Abs. 2) bewegen.

3. **Regelmäßig ist weiter erforderlich, daß das gesamte Stammkapital bereits eingezahlt ist.** Aus- Anm. 11. nahmsweise aber kann der Gesellschaftsvertrag die Einforderung schon vor vollständiger Einforderung der Stammeinlage zulassen (§ 28 Abs. 2). Siehe dort näheres.

II. (Abs. 2.) **Das zweite hier aufgestellte Prinzip ist, daß die Einzahlung der Nachschüsse nach** Anm. 12. **Verhältnis der Geschäftsanteile zu erfolgen hat.** Daß diese Vorschrift zwingender Natur ist, lehren die Motive (S. 28). Ihnen folgten bisher alle Ausleger. Auch die erste Auflage (Anm. 9 S. 171) schloß sich dem an. Eine andere Normierung der Nachschußpflicht könne durch den Gesellschaftsvertrag nicht festgestellt werden, noch weniger durch den

§ 26. Nachschußeinforderungsbeschluß. Es könne z. B. in dem Gesellschaftsvertrage nicht einem Geschäftsanteil oder einer Klasse von Geschäftsanteilen trotz höheren Nennbetrages eine gleiche oder geringere Nachschußpflicht auferlegt werden, als Geschäftsanteilen von geringerer Nennziffer. Noch weniger könne natürlich ein Geschäftsanteil oder eine Klasse von Geschäftsanteilen von der Nachschußpflicht im voraus durch den Gesellschaftsvertrag befreit werden, auch nicht durch den Nachschußeinforderungsbeschluß. Ein Umlegen nach Kopfteilen sei hiernach unzulässig, wenn die Anteile verschiedene Nennbeträge haben. Diese Ansicht der Motive und der ersten Auflage hat jedoch keine Stütze im Gesetze. Sie widerspricht sowohl dem Wesen der Nachschüsse als auch dem praktischen Bedürfnisse. Die Motive stützen sich darauf, daß die Nachschüsse einen Teil der Gesamteinlage bilden und das Verhältnis für diese nur ein einheitliches sein könne. Das trifft nicht zu. Denn die Nachschüsse bilden zwar eine Einlage, aber eine von der Stammeinlage völlig verschiedene. Es steht im freien Belieben der Gesellschaft, sie einzuführen. Die Ausgestaltung muß daher auch ihrer Verfügung unterstehen. Allgemein anerkannt ist, daß der Gesellschaft auch über die eingerufene Nachschußforderung jede Disposition, Verzicht, Aufrechnung u. s. w. gestattet ist, daß § 19 Abs. 2 und 3 unanwendbar sind. Um so mehr muß dies von Abs. 1 gelten, der gleichheitlichen Einrufung. Wenn dennoch der nachträgliche teilweise Verzicht gestattet ist, den der Geschäftsführer allein aussprechen kann, so folgt zwingend daraus, daß dies auch im Gesellschaftsvertrage selbst möglich sein muß. Es ist unverständlich, weshalb eine Gesellschafterversammlung mit einfacher Mehrheit beschließen darf, von einem oder einzelnen Gesellschaftern keinen Nachschuß oder nur einen geringeren zu fordern als von den andern, im *Gesellschaftsvertrage* dies aber verboten sein soll (vgl. Hachenburg bei Holdheim 13, 64). Das Verkehrsleben kennt in der Tat nicht seltene Fälle, in denen sei es eine verschiedene Verteilung, sei es die Befreiung einzelner Mitglieder von der Nachschußpflicht angezeigt ist. Diesem Bedürfnisse soll sich das Gesetz nicht entziehen. So, wenn ein Gesellschafter eine Erfindung (Patent u. s. w.) einlegt, die anderen Geldeinlagen machen. Man beschränkt diese auf das zunächst Notwendige, legt aber den Geldeinlegern bei steigendem Bedarf die Nachschußpflicht auf.

Anm. 13. III. (Abs. 2.) **Die Nachschußpflicht kann im Gesellschaftsvertrage beschränkt werden.**

1. *Die Beschränkung kann im ursprünglichen Gesellschaftsvertrage enthalten sein.* Es kann eine unbeschränkte Nachschußpflicht durch Abänderung des Gesellschaftsvertrages beschränkt werden. Für den ersten Augenblick und rein ziffernmäßig betrachtet, liegt darin eine Verminderung der den Gesellschaftern obliegenden Leistungen. Birkenbihl Anm. 6 meint nun aber, daß gleichwohl der § 53 Abs. 3 Anwendung zu finden habe und daher Einstimmigkeit vorliegen müsse, weil ja in solchem Falle die Gesellschafter ihr Abandonrecht nach § 27 verlieren und den ungünstigeren Eventualitäten des § 28 unterworfen seien. Indessen kann von einer Vermehrung der Leistungen nicht gesprochen werden. Die Leistungen werden verringert. An die Nichtleistung knüpfen sich nur Folgen anderer Art, die unter Umständen ungünstiger sein können. Das ist aber nicht entscheidend. Der § 53 greift nur Platz, wenn die Leistungen vermehrt werden sollen. Werden die Leistungen vermindert, so ist es für die Anwendbarkeit des § 53 Abs. 3 unerheblich, ob an die Nichterfüllung der geringeren Leistungen schwerere Folgen geknüpft werden. Aus dem gleichen Grunde ist es unzutreffend, wenn Birkenbihl Anm. 6 meint, der Übergang von der beschränkten zur unbeschränkten Nachschußpflicht bedürfe nicht der Einstimmigkeit des § 53 Abs. 3.

Anm. 14. 2. *Die Beschränkung erfolgt durch Festsetzung eines Maximums.* Das kann geschehen durch Festsetzung einer Quote oder eines Mehrfachen der Stammeinlage oder eines Betrages, welcher dieser selbst gleichkommt. *Ebenso aber kann die Beschränkung auch erfolgen durch Fixierung eines Höchstbetrages der gesamten Nachschüsse.* Die Motive 29 fügen hinzu, daß bei verschiedener Höhe der Stammeinlagen nur die ersten drei Arten der Beschränkung zulässig seien. Im Hinblick darauf erklären die Kommentatoren, daß bei verschiedener Höhe der Stammeinlagen die Beschränkung der Nachschußpflicht durch Fixierung eines Höchstbetrages der gesamten

Nachschußpflicht aller Gesellschafter nicht erfolgen dürfe (vgl. z. B. Merzbacher Anm. 7; Förtsch Anm. 5; Esser). Die Motive und die Ausleger begründen dies damit, daß andernfalls dem Erfordernis nicht genügt werde, daß die Leistung der Nachschüsse nach Verhältnis der Geschäftsanteile ausführbar zu bleiben hat. Daß dieses Erfordernis nicht im Gesetz enthalten ist, wurde oben (Anm. 11) gezeigt. Aber selbst wenn es bestände, so ist nicht zu ersehen, worin diese Ausführbarkeit ein Hindernis finden sollte. Beträgt der Geschäftsanteil A 1000 M., der Geschäftsanteil B 3000 M., und es sollen im ganzen 400 M. eingezahlt werden, so hat A $1/4$, also 100 M. und B $3/4$, also 300 M. nachzuschießen. **§ 26.**

3. Aus der Zulässigkeit der Beschränkung ergibt sich, daß das Gesetz drei Arten von Nachschußverpflichtungen kennt. Entweder ist die Nachschußpflicht eine unbegrenzte (§ 27 Abs. 1 Satz 1). In diesem Falle ist auch das Abandonrecht ohne Grenzen. Oder es ist die Nachschußpflicht auf einen bestimmten Betrag beschränkt (§ 26 Abs. 3, § 28 Abs. 1). Hier ist die Möglichkeit der Befreiung durch Preisgabe des Geschäftsanteils ausgeschlossen. Oder endlich es ist die Nachschußpflicht zwar unbegrenzt, das Abandonrecht ist aber durch den Gesellschaftsvertrag beschränkt. Es darf erst eintreten, wenn die eingeforderten Nachschüsse einen bestimmten Betrag überschreiten. Jede dieser drei Gruppen bietet ihre Vorteile für die Gesellschaft. Die erste, daß sie jede auch nur annähernde Berechnung des erforderlichen Kapitals unnötig macht, freilich mit dem Nachteile verbunden, daß der Gesellschafter sich durch Hingabe des Geschäftsanteils frei machen kann; die zweite, daß sie die Nachschüsse wie die Stammeinlagen sichert, wobei aber die beliebige Ausdehnbarkeit des Kapitals fehlt. Am praktischsten erscheint die dritte Gruppe. Sie gibt Sicherheit für die Beschaffung des Nachschußkapitals bis zu einer gewissen Höhe. Was darüber hinaus erfordert, kann beansprucht werden, findet aber seine Grenze in der Haftung des Geschäftsanteiles. Anm. 15.

Zusatz 1. Außer den im vorliegenden Paragraphen ausdrücklich aufgestellten Grundsätzen kommen noch folgende Gesichtspunkte in Betracht.

1. **Welches sind die Voraussetzungen der Haftung für die Nachschußpflicht?** Nur ein im Gesellschaftsvertrage zugelassener Gesellschafterbeschluß wird verlangt. Es ist nicht etwa außerdem erforderlich, daß die Gesellschaft des Zuschusses auch bedarf, wenn nicht etwa der Beschluß dieses Erfordernis aufstellt (siehe oben Anm. 9). Ob ein diesbezüglicher Einwand dem den Nachschuß erfordernden Liquidator oder Konkursverwalter entgegengesetzt werden kann, kann erst später an gehöriger Stelle erörtert werden (zu § 63 u. § 70). Anm. 16.

Selbstverständliche Voraussetzung ist die Gesellschaftereigenschaft des Nachschußpflichtigen. Für die beschlossenen Nachschüsse haften diejenigen Personen, welche zur Zeit der rechtsgültigen Beschlußfassung der Gesellschaft gegenüber Gesellschafter waren, also die ersten Gesellschafter oder diejenigen Rechtsnachfolger, welche in Gemäßheit des § 16 (Anm. 12 daselbst) der Gesellschaft gegenüber als Gesellschafter zu betrachten sind. Wer zu dieser Zeit der Gesellschaft gegenüber Gesellschafter war, haftet für den Nachschuß. Wer nach dieser Zeit aufhört, als Gesellschafter zu gelten, haftet gleichwohl noch für den beschlossenen Nachschuß, da dies dann eine rückständige Pflicht gemäß § 16 Abs. 3 ist. Neben ihm aber haftet in diesem Falle derjenige, der nunmehr der Gesellschaft gegenüber als Gesellschafter gilt. Für später beschlossene Nachschüsse haftet ein früherer Gesellschafter nicht, wenn die Veräußerung vor dem Nachschußbeschlusse angemeldet wurde. Anm. 17.

2. **Die Art der Haftung.** Sie ist eine unmittelbare. Sie setzt nicht voraus, daß der Geschäftsanteil des in Anspruch genommenen Gesellschafters vorher kaduziert wird. Sie ist ferner eine persönliche. Der Gesellschafter haftet mit seinem ganzen Vermögen. Er hat wenigstens regelmäßig (vgl. § 28 Abs. 1 Anm. 2) zwar nicht zu gewärtigen, daß sein Geschäftsanteil wegen Nichtzahlung des Nachschusses kaduziert wird. Aber er muß die Zwangsvollstreckung in sein ganzes Vermögen ergehen lassen, und demgemäß auch in den Geschäftsanteil. Jeder Gesellschafter haftet allein für den auf ihn entfallenden Anteil an dem beschlossenen Nachschußbetrage. Eine Kollektivhaftung gemäß Anm. 18.

§ 26. § 24 findet hier nicht statt. Kann daher von einem Gesellschafter der auf ihn entfallende Anteil des beschlossenen Nachschußbetrages nicht beigetrieben werden, so fällt dieser Betrag aus. Eine Verteilung auf die übrigen Gesellschafter findet nicht. — Die Haftung ist zwar eine gesellschaftliche, aber auf ihre Durchführung wird nicht der hohe Wert gelegt wie auf die Durchführung der Haftung für die Einlagen auf das Stammkapital. Denn nur dieses letztere ist den Gläubigern als Kreditbasis zugesagt. Die Nachschüsse sind freiwillige Erhöhungen der gesellschaftlichen Beiträge, die für die Gläubiger einen ihnen nicht zugesagten willkommenen Zusatz der Kreditbasis bilden. Darum findet die Bestimmung des § 19 Abs. 2 und 3 hier keine Anwendung. Die Nachschußbeträge können daher den Gesellschaftern gestundet und erlassen werden. Nur wenn der Erlaß der Nachschußforderung gegen § 30 Abs. 1 verstößt, d. h. wenn hierdurch das zur Erhaltung des Stammkapitals erforderliche Vermögen wieder vermindert wird, muß der Nachlaß unstatthaft sein. Dies ist dann der Fall, wenn bei Einrufung der Nachschüsse eine Unterbilanz vorliegt und der Verzicht auf die als Aktivum erscheinende Nachschußforderung diese Unterbilanz wieder herbeiführte. Das ist derselbe Gedanke, der auch zu dem gesetzlichen Verbote der Rückzahlung der Nachschüsse bei andernfalls vorhandener Unterbilanz führte (§ 30 Abs. 2, vgl. Anm. 11 zu § 31 und Anm. 18 zu § 34). Die Gesellschafter können ferner gegen die Nachschußpflicht der Gesellschaft eine Aufrechnung und ein Zurückbehaltungsrecht geltend machen. Sie können demgemäß auch eine Kompensation vereinbaren und eine Hingabe an Zahlungsstatt bewirken. Alles das ist von Gesetzeswegen zulässig. Inwieweit freilich die Geschäftsführer durch derartige Konzessionen an die Gesellschafter den Interessen der Gesellschaft dienen und ihre Pflicht gegen die Gesellschaft wahren, ist eine Frage, die auf anderem Gebiete liegt. Hier handelt es sich nur um die rechtliche Zulässigkeit dieser Befugnisse und Abreden. Auch die Rückzahlung der Nachschüsse ist von Gesetzeswegen nicht ausgeschlossen. Ihre Beschränkungen sind mit Rücksicht auf das Stammkapital eingeführt und auch bei der Rückzahlung desselben geregelt (§ 30). Die Verjährung des Anspruchs ist die dreißigjährige. Die Zuständigkeit richtet sich nach § 22 CPO.

Anm. 19. 3. **Die Einziehung der beschlossenen Nachschüsse** ist Sache der Geschäftsführer, unter Kontrolle der etwa bestellten Aufsichtsorgane (Aufsichtsrat, Beirat, Delegierte der Gesellschafter, Obmänner).

Anm. 20. 4. Eine Anfechtung des Beschlusses auf Einforderung der Nachschüsse als unnötig oder gegen die Interessen der Gesellschaft verstoßend, kennt das Gesetz nicht. Der Gesellschaftsvertrag kann dieses Recht der Gesellschafter einführen.

5. **Die Folge der Zahlung** ist:

Anm. 21. a) Für den Gesellschafter, daß er seine Nachschußpflicht erfüllt hat. Weder erhöht sich dadurch sein Geschäftsanteil, noch erwächst ihm dadurch ein sonstiges Recht neben seinem Geschäftsanteil. Ein Recht auf Rückzahlung des Nachschusses hat er nicht. Doch steht nichts entgegen, solche Rückzahlungsabreden zu treffen, sofern sie sich im Rahmen der gesetzlichen Vorschriften (§ 30 Abs. 2) bewegen (vgl. oben Anm. 17 und unten Anm. 22 und 23).

Anm. 22. b) Für die Gesellschaft ist die Folge die, daß sich ihr Vermögen um den eingezahlten Betrag vergrößert. Rechtlich konsequent wäre es, daß die Gesellschaft das Recht hätte, die Nachschußbeträge, die sie solchergestalt erhält, deren Einzahlung ja im letzten Ende auf einem freiwilligen Akte der Gesellschafter — dem Gesellschafterbeschlusse — beruht, nach ihrem Belieben wieder zurückzuzahlen. Das aber gestattet das Gesetz nicht. Es läßt zwar den Gesellschaftern die Freiheit, Nachschüsse zu beschließen, wenn es ihnen beliebt, oder nicht zu beschließen, wenn es ihnen nicht beliebt. Auch der Erlaß der eingeforderten Nachschüsse unterliegt zwar dem freien Belieben der Gesellschaftsorgane (vgl. oben Anm. 18). Aber einmal eingezahlt, werden die Nachschüsse für die Interessen der Gläubiger festgehalten. Sie können nicht zurückgezahlt werden, solange ein die Ziffer des Stammkapitals erreichendes reines Aktivvermögen nicht vorhanden ist und ferner solange das Stammkapital nicht voll eingezahlt ist. Erst wenn keines dieser Hindernisse vorliegt, kann die Rückzahlung der Nachschüsse oder ihre sonstige Verwendung erfolgen. Die Beschränkung der Rückzahlung des Nachschußkapitals dient also lediglich der Sicherung des Stammkapitals. Ist dieses intakt vorhanden, so ist auch die Wiederausfolgung der Nachschüsse frei. Als Hilfsmittel zur Erreichung des obigen Zweckes ist im Gesetze angeordnet, daß in Höhe der eingezahlten Nachschüsse ein Passivposten (Reservekonto) zu bilden ist, welcher solange nicht vermindert oder gestrichen werden kann, als eines jener beiden Hindernisse besteht. Beim Nichtbestehen oder Fortfall der beiden Hindernisse aber kann die Ausschüttung jenes Reservekontos und die Verwendung desselben zu beliebigen Zwecken erfolgen: zur Rückzahlung, zur Bildung anderer Reservefonds (Erneuerungskonto, Unterstützungskonto), zu Abschreibungen u. s. w. (Näheres hierüber zu § 30). Dagegen steht der Verwendung des Nachschußreservekontos zur Ausgleichung der vorhandenen Unterbilanz nichts entgegen (§ 30 Abs. 2), damit ist aber wiederum nur gesagt, daß die Gesellschaft zu dieser Ausgleichung berechtigt ist. Die Majorität hat darüber zu befinden. Wie sie hierüber beschließt, beschließt sie gesetzlich. Der einzelne Gesellschafter hat kein Recht, diese Verminderung etwa damit er dem Dividendenbezuge näher kommt (vgl. hierüber zu § 42 Nr. 4), zu verlangen. § 26.

6. **Die Rückzahlung der Nachschüsse** kann vom Gesellschafter regelmäßig nicht verlangt werden. Doch kann der Gesellschaftsvertrag bestimmen, daß der Nachschußeinforderungsbeschluß die Rückzahlungsmodalitäten anordne. Es kann auch ohne solche Bestimmungen des Gesellschaftsvertrages der Nachschußeinforderungsbeschluß Rückzahlungsmodalitäten bestimmen. Dieselben sind gültig, solange sie sich im Rahmen der gesetzlichen Vorschriften bewegen. Diese gesetzlichen Vorschriften sind oben Anm. 22 auseinandergesetzt. Ist der Rückzahlungsbeschluß gefaßt und die Voraussetzungen der Rückzahlungszulässigkeit nach § 30 Abs 2 vorhanden, so hat jeder Gesellschafter ein einklagbares Recht auf Rückzahlung. Anm. 23.

Die Anordnungen des Gesetzes sind insoweit **dispositiven Rechts** und können durch das Statut abgeändert werden, als sich nicht aus dem Gesetz ein anderes ergibt. Die Einführung der ganzen Nachschußpflicht ist den Gesellschaftern freigestellt. Soweit nicht besondere Momente dagegen sind, steht daher den Gesellschaftern die Regelung im einzelnen frei (vgl. über die Frage der Art der Einforderung oben Anm. 9 und 12). Schranken bestehen für die Einforderung von Nachschüssen vor Vollzahlung der Stammeinlage. Absolutes Recht ist auch die Befreiung von der unbeschränkten Haftung durch Preisgabe des Geschäftsanteils. Der Gesellschaftsvertrag kann sie nur beschränkt ausschließen. In allen anderen Punkten herrscht Freiheit. Gestattet ist also, auch bei beschränkter Nachschußpflicht das Abandonrecht einzuführen. Gestattet ist, diese Befreiung durch Hingabe auf einzelne Geschäftsanteile zu beschränken. Gestattet ist, die Einforderung der Nachschüsse auf bestimmte Fälle zu beschränken. Anm. 24.

Zusatz 2. Stempelfrage. Beschlüsse über Einforderungen von Nachschüssen sind in Preußen stempelpflichtig wie Beschlüsse über Kapitalserhöhung (RG. 54, 336) nach Maßgabe des Tarifstelle 25a zum preußischen Stempelgesetz v. 31. 7. 85. Anm. 25.

§ 27.

Ist die Nachschußpflicht nicht auf einen bestimmten Betrag beschränkt, so hat jeder Gesellschafter, falls er die Stammeinlage vollständig eingezahlt hat, das Recht, sich von der Zahlung des auf den Geschäftsanteil eingeforderten Nachschusses dadurch zu befreien, daß er innerhalb eines Monats nach der Aufforderung zur Einzahlung den Geschäftsanteil der Gesellschaft zur Befriedigung aus demselben zur Verfügung stellt. Ebenso kann die Gesellschaft, wenn der Gesellschafter binnen der angegebenen Frist weder von der bezeichneten Befugnis Gebrauch macht, noch die Einzahlung leistet, demselben mittelst eingeschriebenen Briefes erklären, daß sie den Geschäftsanteil als zur Verfügung gestellt betrachte.

§ 27. Die Gesellschaft hat den Geschäftsanteil innerhalb eines Monats nach der Erklärung des Gesellschafters oder der Gesellschaft im Wege öffentlicher Versteigerung verkaufen zu lassen. Eine andere Art des Verkaufs ist nur mit Zustimmung des Gesellschafters zulässig. Ein nach Deckung der Verkaufskosten und des rückständigen Nachschusses verbleibender Überschuß gebührt dem Gesellschafter.

Ist die Befriedigung der Gesellschaft durch den Verkauf nicht zu erlangen, so fällt der Geschäftsanteil der Gesellschaft zu. Dieselbe ist befugt, den Anteil für eigene Rechnung zu veräußern.

Im Gesellschaftsvertrage kann die Anwendung der vorstehenden Bestimmungen auf den Fall beschränkt werden, daß die auf den Geschäftsanteil eingeforderten Nachschüsse einen bestimmten Betrag überschreiten.

Einleitung. **Der vorliegende Paragraph handelt von den Fällen, in welchen bei unbeschränkter Nachschußpflicht der Gesellschafter von jeder Nachschußpflicht befreit werden kann.** Die Bestimmungen gelten entsprechend für die Fälle, in denen durch Statut die Befreiung auch für die beschränkte Nachschußpflicht eingeführt ist. Die Folge der Nichtzahlung des eingeforderten Nachschusses ist zunächst das Recht der Gesellschaft auf Klage und Zwangsvollstreckung in sein ganzes Vermögen. Diese Rechtsfolge soll aber nach dem vorliegenden Paragraphen bei der unbeschränkten Nachschußpflicht in zwei Fällen nicht eintreten: wenn der Gesellschafter den Geschäftsanteil der Gesellschaft zur Verfügung stellt (Abandon) und wenn die Gesellschaft ihn an sich zieht (Konfiskation).

Von diesen beiden Rechten handelt der vorliegende Paragraph.

Anm. 1. I. **Voraussetzung der beiden Befreiungsfälle des vorliegenden Paragraphen ist die unbeschränkte Nachschußpflicht.** Im Gesellschaftsvertrage muß die unbeschränkte Nachschußpflicht auferlegt sein. Bei beschränkter Nachschußpflicht tritt kraft Gesetzes keiner der beiden Befreiungsfälle ein, mag auch das Limitum der Haftung noch so hoch bemessen sein. Doch kann im Gesellschaftsvertrage (vgl. Abs. 4) noch als weitere Voraussetzung vorgesehen sein, daß die eingeforderten Nachschüsse einen bestimmten Betrag überschreiten. Es kann also z. B. im Gesellschaftsbetrage bestimmt werden, daß die beiden Befreiungsfälle des vorliegenden Paragraphen nur dann eintreten, wenn der Betrag der auf einen Geschäftsanteil eingeforderten (d. h. der sämtlichen bisher eingeforderten, gezahlten und noch nicht gezahlten, jedoch abzüglich der zurückgezahlten — vgl. § 30 Abs. 2 letzter Satz —) Nachschüsse 50000 M. übersteigt. Solange diese Summe nicht überschritten ist, greifen in diesem Falle die beiden Befreiungsfälle des vorliegenden Paragraphen nicht Platz. Ist in dem Gesellschaftsvertrage das Abandonrecht und das Konfiskationsrecht wegen der Nachschüsse in dieser Weise eingeschränkt, so greifen in diesem Falle von Gesetzeswegen wegen derjenigen Beträge, die den festgesetzten Betrag nicht überschreiten, die Vorschriften der §§ 21—23 Platz (vgl. hierüber näheres zu § 28).

Anm. 2. II. **Die beiden Fälle der Befreiung von der unbeschränkten Nachschußpflicht** sind im Abs. 1 unseres Paragraphen aufgezählt. Sie liegen vor, wenn der Gesellschafter den Geschäftsanteil zur Verfügung stellt und wenn die Gesellschaft ihn als zur Verfügung gestellt betrachtet.

1. **Der erste Fall ist, daß der Gesellschafter den Geschäftsanteil der Gesellschaft zur Verfügung stellt (Abandonrecht).** Das Gesetz will damit dem Gesellschafter ein Mittel geben, um der Nachschußpflicht ein Ziel zu setzen. Sie ist das Gegengewicht gegen die Unbeschränktheit der Nachschußpflicht. Gleich dem Bergrechte kennt die GmbH. die Befugnis, sich von der Nachschußpflicht dadurch frei zu machen, daß der Gesellschafter der Gesellschaft seinen Geschäftsanteil zur Verfügung stellt, und diese im Wege der bevorzugten Vollstreckung hieraus sich Befriedigung sucht. Das Wesen des Abandons besteht nicht in einem Ausscheiden des Gesellschafters aus der Gesellschaft wie bei der Kaduzierung, bei der die

gesellschaftlichen Rechte vernichtet werden (vgl. Anm. 25 zu § 21). Beim Abandon bleibt der Geschäftsanteil derselbe, der er war. Es ist der Geschäftsanteil des Abandonnierenden, der verkauft wird. Der Erwerber wird sein Rechtsnachfolger. Seine Erklärung ist nichts anderes, als daß er seine Haftung für den Nachschuß auf dieses Vollstreckungsobjekt beschränkt. Er ist und bleibt Schuldner, nur unter Befreiung seines sonstigen Vermögens. Die einzelnen Rechtsfolgen hieraus sind bei den folgenden Bemerkungen gezogen. § 27.

a) **Voraussetzung** ist: Anm. 3.

α) daß der Gesellschafter seine Stammeinlage voll eingezahlt hat. Wenn auch nur ein Pfennig dazu fehlt, so kann der Gesellschafter das Abandonrecht nicht ausüben. Da vor der Einforderung der ganzen Stammeinlage die Einforderung von Nachschüssen, die mit dem Rechte des Abandons verbunden ist, nicht stattfinden darf (§ 28 Abs. 2), so sind mit dem Verbote des Abandons in § 27 Abs. 1 die Fälle getroffen, in denen nach erfolgter Einforderung des Stammkapitals, aber vor geschehener Zahlung, die Nachschüsse eingerufen werden. Der Gesellschafter, der Stammeinlage und Nachschuß bezahlen soll, kann kaduziert und dadurch auch von der Nachschußpflicht befreit werden. Abandonnieren kann er nicht. Selbstverständlich kann die Gesellschaft statt zu kaduzieren, sowohl Einlage als auch Nachschuß einklagen. Erfolgt eine Zahlung ohne Angabe der Schuld, die getilgt werden soll, so ist, als den Intentionen des Schuldners und des Gesetzes entsprechend, die Tilgung der Stammeinlagepflicht als gewollt anzusehen. Das Fehlen von Zinsen oder Vertragsstrafen oder des Agios steht der Ausübung des Abandonrechts nicht entgegen. Ebenso nicht die Nichterfüllung sonstiger Gesellschaftsverbindlichkeiten, z. B. etwaiger Verbindlichkeiten zur Deckung des Fehlbetrages an Einlagen anderer Gesellschafter gemäß § 16 Abs. 3 und § 24 oder an eigenen Einlagen, aber an anderen, als den in Rede stehenden. Denn ein Gesellschafter kann natürlich, wenn er auf zwei Geschäftsanteile den Nachschuß schuldig ist, auf den einen den Nachschuß zahlen und den anderen abandonnieren.

Maßgebend ist der Zeitpunkt der Erklärung. In diesem muß ihre gesetzliche Voraussetzung gegeben sein. Die Abandonnierung ist nur wirksam, wenn spätestens gleichzeitig mit ihr die Zahlung der rückständigen Stammeinlage erfolgt. Nachholung derselben macht die Abandonerklärung nur wirksam, falls sie innerhalb der Frist erfolgt. Anm. 4.

Eine Verfügungsstellung vor Volleinzahlung des Stammkapitals ist der Gesellschaft gegenüber unwirksam. Die Haftung des Gesellschafters beschränkt sich nicht auf den Geschäftsanteil. Wird dieser, wenn auch in der irrigen Meinung, es liege ein vollbezahlter Geschäftsanteil vor, versteigert, so ist zwar die Versteigerung gültig. Aber die Haftung des Gesellschafters für die Stammeinlage dauert fort. Ob von einer Haftung für den Nachschuß die Rede sein kann, hängt davon ab, ob der Zuschlag auch erfolgen darf, wenn weniger als der Nachschußbetrag geboten ist (vgl. unten Anm. 25).

β) Daß er zur Zahlung des Nachschusses aufgefordert worden ist. Die Aufforderung bedarf keiner Form. Sie ist eine empfangsbedürftige Willenserklärung. Verhindert der Gesellschafter den Empfang in einer gegen Treue und Glauben verstoßenden Weise, so gilt sie als zugegangen (vgl. Anm. 14 und 15 zu § 21). Ist der Aufenthalt des zahlungspflichtigen Gesellschafters unbekannt, so kann öffentliche Zustellung nach § 132 Abs. 2 BGB. erfolgen. Mit einer Fristbestimmung braucht sie nicht versehen zu sein. Anm. 5.

b) **Die Art der Ausübung des Abandonrechts** besteht darin, daß der Gesellschafter innerhalb eines Monats nach der Aufforderung zur Einzahlung des Nachschusses den Geschäftsanteil der Gesellschaft zur Befriedigung aus demselben zur Verfügung stellt. Anm. 6.

α) Innerhalb eines Monats nach der Aufforderung. Ob die Aufforderung befristet war oder nicht, ist gleichgültig. Auch wenn sie nicht befristet war, die Aufforderung vielmehr sofortige Leistung verlangte, steht dem Gesellschafter zur Ausübung seines Abandonrechts die einmonatliche Frist zu. Wie aber, wenn die Frist zur Zahlung gestellt war, und zwar länger als einen Monat? Die Frist kann im Gesellschaftsvertrage und durch Vertrag der Gesellschaft verlängert werden. Nur die Verkürzung ist un-

§ 27. zulässig. Aufforderung an den Gesellschafter binnen einer länger als auf einen Monat berechneten Frist den Nachschuß zu bezahlen, muß auch als Verlängerung der Abandonfrist angenommen werden. Es würde gegen Treue und Glauben verstoßen, wollte die Gesellschaft, welche ihren Gesellschaftern ein Vierteljahr zur Zahlung der Nachschüsse Zeit gab, behaupten, daß innerhalb der letzten zwei Monate dieser Frist das Abandonrecht nicht mehr bestehe.

Wenn die Frist nicht innegehalten wird, so verliert der Gesellschafter das Recht. Aber die Gesellschaft kann noch nachträglich darauf eingehen. Sie kann ja auch auf den ganzen Nachschuß verzichten (vgl. Anm. 18 zu § 26). Also kann sie auch die Haftungsart verringern. Warum Förtsch Anm. 4 dies leugnet, ist nicht einzusehen. Als solch ein Verzicht ist es anzusehen, wenn die Gesellschaft trotz Versäumnis der Frist die Versteigerung des Geschäftsanteils herbeiführt.

Anm. 7. β) Er muß den Geschäftsanteil der Gesellschaft zur Befriedigung aus demselben zur Verfügung stellen. Eine Form für diese Erklärung ist nicht vorgeschrieben. Eingeschriebener Brief wird zweckmäßig sein. Die Erklärung ist eine empfangsbedürftige Willenserklärung. Sie ist als solche nach den allgemeinen Regeln des bürgerlichen Rechts anfechtbar. Ist die Versteigerung des zur Verfügung gestellten Geschäftsanteils jedoch erfolgt, so kann der Geschäftsanteil von den dritten Ansteigerer nicht zurückverlangt werden. Denn das mit diesem abgeschlossene Rechtsgeschäft ist der Anfechtung nicht unterworfen. Die Erklärung kann einem Geschäftsführer gegenüber erfolgen, auch wenn nur mehrere Geschäftsführer kollektiv berechtigt sind, die Gesellschaft zu vertreten (§ 35 Abs. 2). Die Erklärung ist nicht widerruflich, auch wenn sie vor Ablauf der einmonatlichen Frist abgegeben ist. Der Gesellschafter ist nur berechtigt, noch nachträglich vor dem erfolgten Verkauf des Anteils den Nachschuß zu zahlen und dadurch den Geschäftsanteil aus der Haftung zu befreien. Denn er ist immer noch Gesellschafter und bezahlt seine Schuld. Eine Rückübertragung des Geschäftsanteils auf ihn findet nicht statt. Es bedarf keines Aktes darüber. Er befreit seinen Geschäftsanteil aus der Haftung für die Nachschußschuld. Demgemäß braucht auch die Gesellschaft, nachdem der Gesellschafter einmal der Gesellschaft den Geschäftsanteil zur Verfügung gestellt hat, den weiteren Teil der einmonatlichen Frist nicht abzuwarten, sondern kann sofort zum Verkauf schreiten (Birkenbihl Anm. 3).

Anm. 8. γ) Berechtigt, die Erklärung abzugeben, ist jeder, der gegenüber der Gesellschaft als Gesellschafter gilt. War ein Geschäftsanteil nach Einforderung der Nachschüsse verkauft, aber noch nicht übertragen, so ist der Verkäufer, von dem der Nachschuß eingefordert wird, beim Verzuge des Käufers, der auch dem Verkäufer gegenüber die Zahlung des Nachschusses übernahm, zum Abandon auch dem Käufer gegenüber berechtigt. Der Käufer kann der Kaufpreisforderung nicht entgegenhalten, daß der Verkäufer die Erfüllung unmöglich gemacht habe, falls der Fall so geartet ist, daß dem Verkäufer die positive Auslage des Nachschusses nicht mehr zugemutet werden konnte (vgl. für den Verkauf eines Kuxes RG. v. 18. 2. 05 in JW. 05, 279 Nr. 26).

Anm. 9. 2. **Der zweite Befreiungsfall ist der, daß die Gesellschaft den Geschäftsanteil als zur Verfügung gestellt erklärt.** Es ist das eine Art Konfiskation. Von der Einziehung (Amortisation) ist sie dadurch verschieden, daß der Geschäftsanteil hier nicht untergeht.

a) **Voraussetzung** ist auch hier, daß es sich um einen voll eingezahlten Geschäftsanteil handelt (vgl. oben Anm. 3), und daß der Gesellschafter zur Einzahlung des Nachschusses aufgefordert worden ist (vgl. oben Anm. 5). Die besondere Voraussetzung aber ist, daß der Gesellschafter innerhalb der einmonatlichen Frist nach der Aufforderung zur Einzahlung des Nachschusses weder von dem Abandonrechte Gebrauch macht, noch den Nachschuß zahlt.

Anm. 10. b) **Die Ausübung des Rechts** kann durch die Gesellschaft erfolgen, wann sie will. Eine Zeitgrenze ist nicht festgesetzt. Solange der Nachschuß nicht gezahlt und der Geschäftsanteil nicht abandonniert ist, hat die Gesellschaft fortdauernd das Recht der Konfiskation. Es wird ausgeübt durch eingeschriebenen Brief. Die höhere Form durch den Gerichtsvollzieher ist natürlich zulässig. Bei unbekanntem Aufenthalte des Gesellschafters tritt öffentliche Zustellung nach § 132 Abs. 2 BGB. ein. § 27.

c) **Als Zweck** dieses Rechts der Gesellschaft geben die Motive an, ihr „die Möglichkeit zu verschaffen, auch ohne Zustimmung des säumigen Gesellschafters sich auf kürzestem Wege aus dem Geschäftsanteile desselben zu befriedigen". Der Vorteil besteht also darin, daß die Gesellschaft nicht erst ein Urteil zu erwirken braucht, der Nachteil aber darin, daß sie das Risiko des Verlustes auf sich nimmt. Sie wird daher nur dann zu diesem Schritte sich entschließen, wenn sie die Deckung des Nachschusses durch den Erlös aus dem Geschäftsanteil als zweifellos ansieht oder wenn dieser das einzige Zugriffsobjekt bildet. Anm. 11.

III. **Rechte und Pflichten der Gesellschaft und des Gesellschafters nach Abandonnierung oder Konfiskation des Geschäftsanteils.** Man muß hierbei unterscheiden: die Rechte und Pflichten bis zum Verkauf oder Verkaufsversuch, das Recht zu verkaufen und die Rechte und Pflichten seit dem Verkauf oder ergebnislosen Verkaufsversuch. Anm. 12.

1. **Rechte und Pflichten bis zum Verkauf oder Verkaufsversuch.** Diese Rechte und Pflichten ergeben sich daraus, daß der Geschäftsanteil zwar dem Gesellschafter noch gehört, aber zur Verfügung der Gesellschaft zwecks ihrer Befriedigung steht. Anm. 13.

a) Der Geschäftsanteil gehört dem Gesellschafter. Er ist also nach wie vor Gesellschafter, ihm stehen noch alle Rechte aus demselben zu, z. B. eine etwa jetzt fällige Dividende. Er haftet für alle ihm obliegenden Gesellschafterverbindlichkeiten, für etwaige Verpflichtungen gemäß § 16 Abs. 3 oder § 24, für etwaige Verpflichtungen aus § 3 Abs. 2. Er haftet auch für den rückständigen Nachschuß, aber für diesen beschränkt, da die Gesellschaft nur noch berechtigt ist, sich aus dem ihr zur Verfügung gestellten Geschäftsanteil wegen des rückständigen Nachschusses zu befriedigen. Dieser ist das alleinige Haftungsobjekt[1]). Infolge dieser Fortdauer seiner Haftung steht ihm immer noch das Recht zu, den Nachschuß zu bezahlen und dadurch den Geschäftsanteil aus dieser Haftung zu befreien (vgl. oben Anm. 7). Andererseits kann die Gesellschaft ihre Konfiskationserklärung nicht widerrufen (dies gegen Neukamp Anm. 5). Sie hat mit ihrer Erklärung zu erkennen gegeben, daß sie fortan den Geschäftsanteil als alleiniges Haftungsobjekt betrachten will und dabei bleibt es. Daß der Gesellschafter nach dem Abandon noch zahlen kann, beruht darauf, daß seine Rechtsstellung eine ganz andere ist. Er haftet ja noch immer, wenn auch nur mit dem Geschäftsanteil. Er erfüllt seine Haftungspflicht, die nur dem Haftungsobjekte nach begrenzt ist, wenn er zahlt. Also darf er zahlen und dadurch den Geschäftsanteil von der Haftung auslösen.

b) Der Geschäftsanteil steht zur Verfügung der Gesellschaft, damit sie sich aus diesem befriedige. Das ist mehr als nur eine Offerte der Übertragung. Der Gesellschafter begibt sich damit seiner Verfügungsmacht über den Geschäftsanteil. Daher kann er denselben nicht mehr wirksam veräußern oder belasten. Ebensowenig kann eine wirksame Vollstreckungspfändung erfolgen. Nur durch nachfolgende Zahlung des Nachschusses werden diese Verfügungen und Zugriffe wirksam. Die Versteigerung und den Anfall an die Gesellschaft hindern sie nicht. Anm. 14.

2. **Das Recht zu verkaufen:** Die Gesellschaft hat das Recht und die Pflicht, den abandonnierten oder konfiszierten Geschäftsanteil innerhalb Monatsfrist zu verkaufen. Anm. 15.

a) Sie hat das Recht zu verkaufen, aber auch die Pflicht. Die Pflicht kann vom Gesellschafter durch Klage erzwungen werden. Für Verzögerungen haftet die Gesellschaft auf Schadensersatz. Der verzögerte Verkauf bleibt aber gültig. Durch den Gesellschaftsvertrag und durch spätere Abrede kann die Verkaufsfrist verlängert werden.

---

1) Daß diese Rechtsfolge nicht bloß bei der Abandonerklärung, sondern auch bei der Konfiskation nach Abs. 1 Satz 2 eintritt, wird von Förtsch Anm. 6 mit Unrecht bestritten. Es folgt dies aus dem Worte „ebenso", mit welchem der Satz 2 eingeleitet wird, und aus der in den Motiven (S. 29) ausgesprochenen Absicht des Gesetzgebers.

§ 27. Dadurch, daß sie verpflichtet ist, den abandonnierten Geschäftsanteil zu verkaufen, ist der Gesellschafter in der Lage, die nach den Statuten erforderliche und von der Gesellschaft verweigerte Genehmigung zur Veräußerung indirekt zu erzwingen (Liebmann Anm. 7).

Anm. 16. b) Innerhalb eines Monats nach der Erklärung des Gesellschafters oder der Gesellschaft, also nach der Abandon- oder der Konfiskationserklärung. Die Frist beginnt mit dem Zeitpunkte, wo die Erklärung zugegangen ist.

Anm. 17. c) Die Art des Verkaufs ist die der öffentlichen und mit Zustimmung des Gesellschafters die der freiwilligen Versteigerung. Über öffentliche Versteigerung siehe Anm. 7 zu § 23. Die Zustimmung bedarf keiner Form. Sie kann auch im Gesellschaftsvertrage im voraus erteilt werden (§ 23). Eine Abänderung der Bestimmung des Gesetzes oder des Gesellschaftsvertrages über Art und Bedingungen des Verkaufes wirkt nur gegen diejenigen, welche ihr zugestimmt haben. Einstimmigkeit zur Gültigkeit überhaupt zu fordern (wie dies Birkenbihl Anm. 7 tut) geht zu weit. Man braucht nicht weiter zu gehen, als bei § 53 Abs. 3, wo auch nicht Einstimmigkeit, sondern nur Zustimmung der Beteiligten gefordert wird. Beteiligt ist aber jeder Gesellschafter nur bei seinem Geschäftsanteil, nicht jeder der Gesellschafter bei dem Verkauf irgend eines Geschäftsanteils.

Anm. 18. Als Bieter auftreten kann jeder, den der Gesellschaftsvertrag nicht ausschließt. Also auch der Gesellschafter selbst und die Gesellschaft. An letztere fällt zwar, falls der Nachschuß nicht erzielt wird, der Geschäftsanteil kraft Gesetzes. Sie kann aber ein Interesse daran haben, ihn nicht in fremde Hände kommen zu lassen.

Anm. 19. d) Der Verkauf erfolgt für Rechnung des Gesellschafters. Der Geschäftsanteil gehört ihm ja zur Zeit des Verkaufs (oben Anm. 13). Infolgedessen ist ihm nach Abs. 2 der nach Deckung der Verkaufsspesen und des rückständigen Nachschusses verbleibende Überschuß auszuzahlen. Selbstverständlich kann die Gesellschaft sonstige Forderungen an den Gesellschafter zur Aufrechnung stellen.

Anm. 20. Auch ein Pfandgläubiger des Gesellschafters muß sich gefallen lassen, daß die Gesellschaft ihre Nachschußforderung zunächst abzieht. So auch die Motive 29. Sie führen aus, daß es einer ausdrücklichen Bestimmung hierüber nicht bedürfe, „da der bezeichnete Grundsatz aus dem Zusammenhange der Bestimmungen des Entwurfes sich von selbst ergibt". Die abweichende Auffassung, welche für die Gewerkschaft des preußischen Rechts in der Rechtsprechung zur Anerkenntnis gelangte (RG. 3, 274), beruhe auf dessen Besonderheiten. Gegen diese Ansicht kämpft Neukamp Anm. 6 mit Unrecht. Neukamp will die Gesellschaft nur dann vorgehen lassen, wenn die Verpfändung nach Einforderung des Nachschusses erfolgt ist. Allein auch wenn die Einforderung später erfolgt, muß der Gesellschafter sie erfüllen. Er hört doch durch die Verpfändung nicht auf, Gesellschafter zu sein. Und wenn er sie erfüllen muß, so muß er sich auch gefallen lassen, daß diejenigen Verpflichtungen, welche derart am Geschäftsanteil haften, daß sie nur durch Verwertung des Geschäftsanteils durchgesetzt werden können, in dieser Weise gedeckt werden. Alles das wirkt auch gegenüber dem Pfandgläubiger, da diesem ja das Gesellschaftsrecht nur so verpfändet werden kann, wie es besteht, also mit den daran haftenden, bedingten und unbedingten, verbrieften und unverbrieften Lasten, wie sie sich aus dem Gesellschaftsvertrage ergeben. Ohne das Vorrecht der Gesellschaft auf den Erlös wäre der Gesellschafter in der Lage, durch Verpfändung des Geschäftsanteils die Nachschußpflicht illusorisch zu machen. Es muß daher dieses Vorrecht als im Gesetze enthalten angesehen werden. Der Pfandgläubiger muß ja auch damit rechnen, daß der ihm verpfändete Geschäftsanteil kaduziert werde (Anm. 27 zu § 22). Neukamps Ansicht steht auch vereinzelt da.

Anm. 21. Muß sich der Pfandgläubiger auch die Aufrechnung mit Forderungen der Gesellschaft gefallen lassen, die nicht aus dem Gesellschaftsverhältnisse entspringen? Das richtet sich nach §§ 1275, 405 BGB.

Schließlich ist hier zu bemerken, daß der Verkauf zwar für Rechnung des Gesellschafters, aber doch im Namen der Gesellschaft erfolgt. Dem Erwerber gegenüber haftet die Gesellschaft als Verkäuferin für irgendwelche Mängel (Birkenbihl Anm. 9). § 27. Anm. 22.

e) Die Wirkung des Verkaufs ist zunächst, daß der Gesellschafter aufhört, es zu sein. Infolgedessen verliert er alle Rechte an die Gesellschaft. Solche Rechte, welche zu selbständigen Forderungen bereits erwachsen sind, bleiben ihm natürlich (Anspruch auf fällig gewordene Dividende). Aber er wird auch der am Geschäftsanteil haftenden Verpflichtungen ledig. Nur die rückständigen bestehen weiter, wie dies aus § 16 Abs. 3 hervorgeht. Doch von der rückständigen Nachschußverpflichtung bleibt er befreit. Das ist ja gerade der hauptsächlichste Erfolg der Abandonerklärung und der Konfiskation. Anm. 23.

Der Erwerber wird Gesellschafter, auch ohne Anmeldung seines Erwerbes. Der § 16 greift bei diesem Erwerbe nicht Platz. Auf den Erwerber gehen alle Verpflichtungen über, welche an dem Geschäftsanteile haften, die rückständigen (§ 16 Abs. 3) und die noch nicht fälligen. Anm. 24.

3. **Ist die Befriedigung der Gesellschaft durch den Verkauf nicht zu erlangen, so fällt der Geschäftsanteil der Gesellschaft zu.** Anm. 25.

a) Der Fall liegt schon dann vor, wenn nicht volle Befriedigung für den rückständigen Nachschuß zu erlangen ist. Die Fassung unterscheidet sich von der ähnlichen Bestimmung des preußischen Berggesetzes § 131 Abs. 3, das eine „Unverkäuflichkeit" des Kuxes voraussetzt, also Zuschlag bei jedem Gebote fordert. Bei der GmbH. ist jedoch nur dann, wenn volle Befriedigung erlangt werden kann, der Verkauf zu bewirken. Sonst muß er unterbleiben und es liegt der Fall des Abs. 3 unseres Paragraphen vor. Ferner ist anzunehmen, daß ein einmaliger Verkaufsversuch genügt. Ist dieser erfolglos, so tritt die Rechtsfolge des Abs. 3 ohne weiteres ein (Birkenbihl Anm. 8). Das ist insofern nicht ohne Bedenken, als dann die Gesellschaft in den meisten Fällen keinen Bieter finden wird. Denn selten wird ein Geschäftsanteil abandonniert, der den vollen Nachschußbetrag noch wert ist. Statt des Geldes erhält sie den Geschäftsanteil. Sie muß ihn dann auf eigene Rechnung verwerten.

b) Der Geschäftsanteil fällt der Gesellschaft zu, sobald die Ergebnislosigkeit eines Verkaufs in diesem Sinne feststeht. Der Geschäftsanteil geht in das Eigentum der Gesellschaft über. Er bildet, im Gegensatze zu dem kaduzierten, ein Aktivum derselben. Eine Vollstreckung seitens eines Gläubigers der Gesellschaft in derselben ist möglich. Es liegt hier einer der Fälle des gesetzlich erlaubten Erwerbes eines eigenen Geschäftsanteils vor. Wenn die Versteigerung durch die Gesellschaft dem Vollstreckungsverkaufe, nur im abgekürzten Verfahren, entspricht, so korrespondiert der Anfall des Geschäftsanteils an die Gesellschaft der Überweisung der Forderung an Zahlungsstatt im Vollstreckungsverfahren (§ 835 CPO.). Der Anfall des Geschäftsanteils an die Gesellschaft erfolgt kraft Gesetzes. Eines besonderen Übertragungsaktes bedarf es nicht. Das Gesetz kennt auch nicht, wie das preußische Bergrecht, das eine Zuschreibung des abandonnierten Kuxes fordert, eine Überschreibung, also einen wenn auch nur einseitig den Übergang manifestierenden Akt. Der Übergang des Geschäftsanteils vollzieht sich vielmehr mit der Tatsache, daß die Versteigerung resultatlos verlief, mithin dem Schlusse derselben und der Zeichnung des Protokolls. Nach diesem Momente ist auch eine Zahlung durch den Gesellschafter nicht mehr möglich. Er muß jetzt seinen Geschäftsanteil wieder von der Gesellschaft kaufen. Anm. 26.

Pfandrechte, welche der abandonnierende Gesellschafter auf den Geschäftsanteil gelegt, müssen durch den Anfall an die Gesellschaft untergehen. Die erste Auflage (Anm. 22 S. 178) ließ sie weiter bestehen und gab nur der Gesellschaft ein Vorrecht auf den Erlös beim Weiterverkaufe. Allein dieser erfolgt freihändig als gewöhnliches Geschäft seitens der Gesellschaft. Ihm kann keine das Pfandrecht tilgende Wirkung beigemessen werden. Sie kann nur einem vollstreckungsähnlichen Akte innewohnen. Das ist hier der Anfall an Zahlungsstatt an die Gesellschaft. Anm. 27.

§ 27. Anm. 28. c) Da der Geschäftsanteil nunmehr der Gesellschaft gehört, so ist es selbstverständlich, daß sie ihn für eigene Rechnung veräußern kann und es ist dies zum Überfluß im Abs. 3 Satz 2 hervorgehoben. Die Art des Verkaufs steht in ihrem Belieben. Der Überschuß gehört ihr. Für die Übertragung gilt hier die Form des § 15, obwohl es sich um eine Übertragung durch die Gesellschaft handelt. Sie ist für diesen Fall Gesellschafter (vgl. Anm. 42 zu § 15).

Anm. 29. d) Die Wirkung des Anfallens des Geschäftsanteils an die Gesellschaft ist dieselbe wie die der Versteigerung. Der Gesellschafter hört auf, es zu sein. Infolgedessen verliert er alle Rechte an die Gesellschaft, bis auf die zur selbständigen Forderung angewachsenen (fällig gewordene Dividendenforderungen). Von den Verpflichtungen wird der Gesellschafter frei, nur nicht von den rückständigen (§ 16 Abs. 3), ausgenommen die rückständigen Nachschußverpflichtungen, da dieser Enderfolg ja der wesentliche Erfolg der Abandonnierung und der Konfiskation ist.

Anm. 30. Die Rechte aus dem Geschäftsanteil gehen an die Gesellschaft über, etwaige Dividenden fallen ihr zu und kommen dadurch allen Gesellschaftern zu gute. Die Verpflichtungen ruhen (vgl. Anm. 14 ff. zu § 33). Verkauft die Gesellschaft den Geschäftsanteil, so wird der Erwerber Gesellschafter, auch ohne Anmeldung (vgl. oben Anm. 28). Auf den Erwerber gehen die Rechte und Pflichten über, die an dem Geschäftsanteil haften. Insbesondere z. B. die Verpflichtung zur Zahlung weiterer Nachschüsse. Es kann der Erwerber auch nicht etwa einwenden, daß die Gesellschaft durch den beim Verkauf erzielten Überschuß mit solcher späteren Forderung ganz oder zum Teil gedeckt sei.

Anm. 31. **Zusatz 1. Wenn ein Gesellschafter mehrere Geschäftsanteile besitzt,** so kann er auf den einen den Nachschuß zahlen, und in Bezug auf den anderen das Abandonrecht ausüben. Ebenso kann die Gesellschaft den Gesellschafter wegen des einen Nachschusses verklagen, wegen des anderen das Konfiskationsrecht ausüben (vgl. oben Anm. 3).

Anm. 32. Wenn umgekehrt mehrere Personen einen Geschäftsanteil besitzen, so greift § 18 Platz. Die mehreren Berechtigten haften solidarisch für den Nachschuß. Sie können nur gemeinschaftlich den Geschäftsanteil zur Verfügung stellen. Die Wahrung der Frist durch einen, kommt den anderen nicht zu gute. Wird die Abandonerklärung nur des einen mit Erfolg angefochten, so verliert ja auch die der anderen ihre Wirkung, während die Konfiskationserklärung der Gesellschaft an jeden von ihnen oder aber an ihren gemeinsamen Vertreter erfolgen kann.

Anm. 33. Hat dagegen eine zulässige Teilung eines Geschäftsanteils stattgefunden, so sind dadurch auch die Nachschußansprüche der Gesellschaft geteilt (Anm. 25 zu § 17). Die Gesellschaft kann also jeden der Erwerber eines Teiles nur nach Verhältnis dieses Teiles wegen des Nachschusses in Anspruch nehmen.

Zusatz 2. Die Bestimmungen des § 27 über das Abandonrecht sind zwingendes Recht, sobald die Nachschußpflicht eine unbeschränkte ist. Unzulässig ist nicht nur der unbedingte Ausschluß der Befreiung von der Nachschußpflicht durch Preisgabe des Geschäftsanteils, sondern jede Erschwerung derselben. Ungültig ist also eine Kürzung der Erklärungsfrist, der Verzicht auf die besondere Aufforderung und der Beginn der Frist mit dem Einforderungsbeschlusse.

Anm. 34. **Zusatz 3.** Das Gesetz trifft keine Bestimmung für den Fall, daß sämtliche Gesellschafter von dem Rechte des Abandons Gebrauch machen. Die Frage ist hier wie für das Bergrecht aufgeworfen. Jedenfalls darf man nicht die Schnelligkeit der Entschließung und das hierdurch bedingte Eintreffen der Erklärungen entscheiden lassen, so daß der zuletzt Abandonierende Gesellschafter bleiben muß (so Baron Zschr. f. Bergrecht 20, 311 für die Gewerkschaft). Das Recht, seine Haftung auf den Geschäftsanteil zu beschränken, steht jedem Gesellschafter zu. Geben alle Gesellschafter ihre Geschäftsanteile auf, so muß die Gesellschaft, falls es ihr nicht gelingt, neue Mitglieder durch den Verkauf ihrer Geschäftsanteile zu erhalten, eben liquidiert werden. Die Frage, wer den Überschuß bekommt, wird kaum je praktisch werden. Denn Gesellschaften, welche noch einen solchen versprechen, werden wohl kaum je ohne einen Gesellschafter bleiben. Die Möglichkeit eines allgemeinen Abandons

ist ja auch nur dann denkbar, wenn nach der Einrufung der Nachschüsse die Gesellschaft § 27.
von einem Unglück betroffen wird, das sie in ihrer Existenz vernichtet. Anderenfalls hätten die Gesellschafter die Einforderung der Nachschüsse nicht beschlossen und würden sie die Geschäftsanteile nicht alle hinwerfen.

Zusatz 4. In den vorliegenden Paragraphen gehört eigentlich Abs. 1 Satz 2 des § 28. Anm. 35.
Hier müßte er lauten:

„In diesem Falle finden, soweit die eingeforderten Nachschüsse den bestimmten Betrag nicht überschreiten, die auf die Einzahlung der Stammeinlagen bezüglichen Vorschriften der §§ 21—23 Anwendung, es sei denn, daß der Gesellschaftsvertrag ein anderes festsetzt."

Die nähere Erläuterung siehe Anm. 10 zu § 28.

§ 28.

Ist die Nachschußpflicht auf einen bestimmten Betrag beschränkt, so finden, wenn im Gesellschaftsvertrage nicht ein anderes festgesetzt ist, im Falle verzögerter Einzahlung von Nachschüssen die auf die Einzahlung der Stammeinlagen bezüglichen Vorschriften der §§ 21 bis 23 entsprechende Anwendung. Das Gleiche gilt im Falle des § 27 Absatz 4 auch bei unbeschränkter Nachschußpflicht, soweit die Nachschüsse den im Gesellschaftsvertrage festgesetzten Betrag nicht überschreiten.

Im Gesellschaftsvertrage kann bestimmt werden, daß die Einforderung von Nachschüssen, auf deren Zahlung die Vorschriften der §§ 21 bis 23 Anwendung finden, schon vor vollständiger Einforderung der Stammeinlagen zulässig ist.

Der vorliegende Paragraph behandelt den Fall der beschränkten Nachschußpflicht. Aber im Abs. 1 Satz 2 behandelt er, etwas unsystematisch verfahrend, auch einen Fall der unbeschränkten Nachschußpflicht, der aber mit der beschränkten Nachschußpflicht eine gewisse Ähnlichkeit hat. Einleitung.

Es wird zunächst die beschränkte Nachschußpflicht behandelt, und in einem Zusatze jener besondere Fall der unbeschränkten Nachschußpflicht.

1. **Der Grundgedanke des vorliegenden Paragraphen ist der:** Während bei der unbeschränkten Nachschußpflicht die strenge Durchführung derselben zu großer Härte führen kann, indem die Majorität Nachschüsse in unbeschränktem Betrage beschließen und dadurch unbegrenzte vermögensrechtliche Belastungen der Gesellschafter herbeiführen könnte, ein Zustand, gegen welchen das Gesetz einen Schutz in dem Abandonrecht des § 27 gewähren muß, liegt bei der beschränkten Nachschußpflicht dieses Bedürfnis nicht vor. Hier kennt der Gesellschafter von vornherein die Grenzen seiner Verpflichtung. Hier kann ohne unbillige Härten auch beim Nachschuß die Haftung gemäß §§ 21—23 durchgeführt werden, wie bei der Haftung für die Stammeinlage. Indessen liegt andererseits kein Grund vor, den Gesellschaftern zu verwehren, im Gesellschaftsvertrage die strengere Haftung des § 28 zu beseitigen und statt deren eine andere Haftung, auch die nach § 27, anzuordnen. Auf diesen Grundgedanken baut sich das Gesetz auf. Anm. 1.

2. **Die gesetzliche Regel bei der beschränkten Nachschußpflicht** ist also, daß im Falle verzögerter Einzahlung von Nachschüssen die §§ 21—23 Anwendung finden. Anm. 2.

a) Es kann also der säumige Gesellschafter nach vorheriger fruchtloser Aufforderung seines Geschäftsanteils für verlustig erklärt werden (§ 21 Abs. 1 u. 2); wegen des solchergestalt unbezahlt gebliebenen Nachschusses können die Rechtsvorgänger des säumigen Gesellschafters unter den Voraussetzungen des § 22 haftbar gemacht werden (§ 22); und wenn die Angehung von Rechtsvorgängern ohne Erfolg geblieben ist, kann der Geschäftsanteil

§ 28. wegen des rückständigen Nachschußbetrages verkauft werden (§ 23). Wegen des solchergestalt entstandenen Ausfalls bleibt der ausgeschlossene Gesellschafter verhaftet (§ 21 Abs. 3).

Anm. 3. b) Dagegen bleibt der § 24 außer Anwendung. Es ist also eine Kollektivhaftung der Gesellschafter für die nichtbezahlten Nachschüsse nicht angeordnet. Ebensowenig ist § 25 hier heranzuziehen. Es kann also über die Rechtsfolgen der Ausschließung mit dem ausgeschlossenen Gesellschafter paktiert, es können ihm dieselben völlig erlassen werden. Es steht nichts im Wege, daß die Gesellschaft die Kaduzierung dieses unterläßt, daß sie trotz des Ausschlusses die Vorgänger des Kaduzierten nicht heranholt und trotz des Ausfalls den Ausgeschlossenen seiner Haftung hierfür entläßt. Dies alles, da es sich hier nicht um ein für den Gläubiger zu sicherndes Stammkapital handelt. Nur im Verhältnis von Gesellschaft und Gesellschafter sind hier Nachschüsse und Stammeinlagen gleichgestellt.

Anm. 4. 3. **Doch ist das nur die gesetzliche Regel. Das Statut kann „ein anderes" festsetzen.** Das Statut kann also diese strenge Haftung aufheben. Es kann die Möglichkeit der Kaduzierung oder den Rückgriff der Rechtsvorgänger oder das Recht des Verkaufs oder die Haftung des ausgeschlossenen Gesellschafters für den Ausfall, ja es kann alle diese Vorschriften beseitigen und statt dessen bestimmen, daß gegen den säumigen Gesellschafter nichts weiter stattfindet, als Klage und Zwangsvollstreckung. Es kann an die Stelle der Haftung aus § 28 die des § 27, also die Befreiungsmöglichkeit durch Abandonrecht und das Konfiskationsrecht der Gesellschaft oder eines der beiden Rechte anordnen. Es kann umgekehrt auch die Kollektivhaftung nach § 24, sogar die volle solidarische Haftung der Gesellschafter für die Nachschüsse anordnen. Kurz der Gesellschaftsvertrag hat in dieser Hinsicht die größte Freiheit. Es muß nur „ein anderes" sein in dem Sinne, daß die Haftung dadurch nicht beseitigt wird. Sonst wäre ja keine beschränkte Haftung, sondern überhaupt keine Haftung mehr vorhanden. Diese kann der Gesellschaftsvertrag ebenfalls anordnen. Aber seine Bestimmungen dürfen sich doch nicht widersprechen.

Anm. 5. 4. Für den Fall, daß die gesetzliche Regel des § 27 Platz greift, daß also die Kaduzierung und die Haftung der Gesellschafter in vollem Umfange der §§ 21—23 besteht, aber auch nur für diesen Fall, darf der Gesellschaftsvertrag anordnen, **daß die Einforderung von Nachschußzahlungen schon vor vollständiger Einforderung der Stammeinlagen zulässig ist.**

a) Also zwei Voraussetzungen müssen vorliegen.

Die eine: Der Gesellschaftsvertrag muß dies ausdrücklich bestimmen. Besteht zwar die Haftung für die Nachschüsse gemäß §§ 21—23, hat also der Gesellschaftsvertrag in dieser Beziehung nichts Gegenteiliges angeordnet, hat aber der Gesellschaftsvertrag die Einforderung von Nachschüssen vor vollständiger Einforderung der Stammeinlage nicht ausdrücklich zugelassen, so besteht diese ausnahmsweise Möglichkeit nicht.

Anm. 6. Die andere: Die §§ 21—23 müssen Anwendung finden. Es muß die Anwendung des Kaduzierungsverfahrens gesichert sein. Hat umgekehrt der Gesellschaftsvertrag die Einforderung von Nachschüssen vor vollständiger Einforderung der Stammeinlage zugelassen, hat er aber die §§ 21—23 beseitigt, so ist die Bestimmung des Gesellschaftsvertrages ungültig.

Anm. 7. b) Beim Vorliegen beider Voraussetzungen ist die Einforderung von Nachschüssen vor Einzahlung des Stammkapitals selbst möglich. Diese Maßregel ist wirtschaftlich gerechtfertigt für Fälle, „in welchen für eine Unternehmung in der ersten Zeit des Betriebes erhebliche Aufwendungen gemacht werden müssen, die nicht in unmittelbar ersichtlichen Gegenwerten, sondern nur in der mehr oder weniger entfernten Aussicht künftiger Erträgnisse ihre Ausgleichung finden. In derartigen Fällen kann es ein zweckmäßiges Auskunftsmittel sein, nach Einziehung eines Teiles des Stammkapitals zunächst zur Einforderung von Nachschüssen zu schreiten, um aus diesen, d. h. unter Abschreibung von dem Konto der eingezogenen Nachschüsse, die entstehenden Ausgaben zu bestreiten" (Worte der Motive 17).

c) Es ist unstatthaft, auch nur bei „Abschwächung“ der Kaduzierungsvorschriften die Einziehung der Nachschüsse vor Vollzahlung des Geschäftsanteils zu beschließen (Motive), z. B. bei dem Ausschluß der Haftung der Vormänner, weil auch alsdann „die Haftung der Vormänner für den später einzuziehenden Rest der Stammeinlage hinfällig würde“. Nicht gehindert aber ist die Gesellschaft, wenn sie auch statutarisch nicht die Haftungsregeln ändern darf, bei der Einziehung der Nachschüsse die Rechtsvorgänger aus der Haftung zu entlassen und trotz ihrer Solvierung sofort den kaduzierten Anteil zu versteigern. Auch in diesem Falle werden die Rechtsvorgänger des Kaduzierten von der Haftung für die Stammeinlage frei. Haftbar bleibt nur der Kaduzierte für den Ausfall. Haftbar wird der neue Erwerber für die noch ausstehende Stammeinlage. Dasselbe tritt übrigens ohne Paktieren zwischen der Gesellschaft und den Rechtsvorgängern ein. Wenn diese nach ordnungsgemäßer Aufforderung (§ 22) nicht bezahlen, so schreitet die Gesellschaft zur Versteigerung. Auch dann sind durch diese, die für die Nachschußforderung erfolgt, die Rechtsvorgänger frei von der Haftung für die Stammeinlage. Für den Ansteigerer und mit ihm beginnt eine neue Kette von Geschäftsanteileignern. § 28. Anm. 8.

d) Solche Nachschüsse, die vor Vollzahlung des Stammkapitals eingezogen sind, können dann aber vor dessen vollständiger Einzahlung nicht zurückgezahlt werden (§ 30 Abs. 2). Anm. 9.

Zusatz. Auch bei zunächst unbeschränkter Nachschußpflicht gelten die Vorschriften des § 28, in dem Falle also des § 27 Abs. 1 Satz 2, wenn das Abandonrecht und das Konfiskationsrecht des § 27 auf den Fall beschränkt sind, daß die Nachschüsse einen bestimmten Betrag überschreiten. In diesem Falle gilt innerhalb der Grenze der vorliegende Paragraph, und zwar sowohl Abs. 1 als Abs. 2. Es haften die Gesellschafter und Rechtsvorgänger gemäß §§ 21—23 für den rückständigen Nachschußbetrag, wenn der Gesellschaftsvertrag nicht ein anderes festsetzt (vgl. oben Anm. 2 und 3). In dem Falle, daß hiernach die §§ 21—23 Anwendung finden, durch Gesellschaftsvertrag nicht ausgeschlossen sind, kann der Gesellschaftsvertrag anordnen, daß die Einforderung von Nachschüssen vor vollständiger Einforderung der Stammeinlagen zulässig ist (vgl. oben Anm. 5 bis 7). Sobald die Nachschüsse das Maximum, für welche das Gesetz die Ausschließung des Abandons gestattet, überschreiten werden, ist der § 28 unanwendbar. Bestimmungen eines Gesellschaftsvertrages, die zur Umgehung des Gesetzes und zu Ausschließung des Abandonrechts auch bei unbeschränkter Nachschußpflicht eine nur scheinbare Grenze durch Setzung einer in Wirklichkeit nie zu erreichenden Ziffer, z. B. des Hunderttausendfachen, einführen, sind unwirksam. Solche Nachschußpflicht muß als eine unbeschränkte angesehen werden. Anm. 10

§ 29.

Die Gesellschafter haben Anspruch auf den nach der jährlichen Bilanz sich ergebenden Reingewinn, soweit nicht im Gesellschaftsvertrage ein anderes bestimmt ist.

Die Verteilung erfolgt nach Verhältnis der Geschäftsanteile. Im Gesellschaftsvertrage kann ein anderer Maßstab der Verteilung festgesetzt werden.

Der vorliegende Paragraph behandelt den Anspruch der Gesellschafter auf den Reingewinn. Zwei Vorschriften sind in dieser Hinsicht gegeben: Im Abs. 1 ist gesagt, daß die Gesellschafter den Anspruch auf den nach der jährlichen Bilanz sich ergebenden Reingewinn haben, im Abs. 2, daß die Verteilung nach Verhältnis der Geschäftsanteile erfolgt. Einleitung.

I. (Abs. 1.) **Die Gesellschafter haben Anspruch auf den nach der jährlichen Bilanz sich ergebenden Reingewinn, soweit nicht im Gesellschaftsvertrage ein anderes bestimmt ist.** Anm. 1.

1. Der Anspruch auf den Reingewinn ist zunächst ein bedingtes Recht, ein Recht auf Auszahlung der Dividende, wenn die gesetzlichen und statutarischen Bedingungen dieser Auszahlung eingetreten sind.

§ 29. a) Die gesetzlichen Bedingungen sind das Vorhandensein eines den zwingenden Anm. 2. Vorschriften des Gesetzes entsprechenden, bilanzmäßig nachgewiesenen Jahresgewinnes. Fehlt diese Voraussetzung, so besteht kein Anspruch auf den Reingewinn. Selbst wenn ein Gesellschafterbeschluß die Bilanz festgestellt, die Verteilung beschlossen hätte, oder wenn ein anderes, vom Gesellschaftsvertrage dazu bestimmtes Organ diese Festsetzung vorgenommen hätte, so würden doch die Gesellschafter einen Anspruch auf Auszahlung der Dividende nicht haben. Die Geschäftsführer könnten diese Auszahlung immer verweigern mit dem Hinweise darauf, daß in Wahrheit ein bilanzmäßiger Gewinn nicht vorhanden ist, daß also entweder Irrtum seitens der feststellenden Organe oder gar Willkür oder böser Wille vorliegt (ROHG. 18, 156 für das Aktienrecht; Motive 31; vgl. Anm. 5 zu § 42). Nur darf natürlich nicht wegen bloßer Schätzungsdifferenzen innerhalb der Grenzen billigen Ermessens die Auszahlung verweigert werden. Bloß deshalb, weil die Gesellschafterversammlung einen Gegenstand höher geschätzt hat, als die Geschäftsführer dies tun, darf die Auszahlung der Dividende nicht verweigert werden. Nur Willkür und böser Wille seitens des festsetzenden Organs geben den Geschäftsführern dieses Recht, wie auch der Gesellschafter bloß deshalb, weil seiner Meinung nach die Gesellschafterversammlung die Gegenstände zu niedrig geschätzt hat, keine Erhöhung der Dividende beanspruchen kann, sondern nur dann, wenn die geringere Bewertung auf Willkür oder bösem Willen beruht. Das letztere hat das RG. zutreffend für das Aktienrecht angenommen (RG. 40, 35). Näheres über den Fall, daß die Dividende unrichtig festgesetzt ist, siehe Anm. 1 und 25 zu § 32.

Anm. 3. b) Die statutarische Bedingung ist zunächst die in unserem Paragraphen Abs. 1 aufgestellte, daß der Jahresgewinn nicht nach dem Gesellschaftsvertrage für andere Zwecke bestimmt ist. Hieraus darf freilich nicht umgekehrt gefolgert werden, daß Zuweisungen an Dritte aus dem Reingewinn (Tantiemen an Geschäftsführer u. s. w.) nur im Statut erfolgen können. Dieses sind vielmehr Geschäftsunkosten, welche den zu verteilenden Reingewinn vermindern. Sodann aber, daß die nach den jeweiligen Statuten für die Gewinnverteilung erforderliche Entschließung des Gesellschafterorgans vorliegt. Diese Entschließung des Gesellschafterorgans besteht, wenn der Gesellschaftsvertrag nichts Abweichendes bestimmt, in einem Beschlusse der Gesellschafter auf Feststellung der Jahresbilanz und auf Verteilung des Jahresgewinnes gemäß § 46 Nr. 1. Der erstere Beschluß, der Bilanzgenehmigungsbeschluß, ist Bedingung des Dividendenauszahlungsanspruchs (näheres hierüber zu § 46). Der Beschluß, die Dividende zu verteilen, hat formelle Bedeutung. Er ist die Anerkennung einer Zahlungspflicht, die durch die Feststellung der Bilanz eintrat. Sie ist, so wenig wie bei anderen Forderungen das abstrakte Anerkenntnis, eine Voraussetzung des Anspruchs. Aber sie gibt demselben eine feste Grundlage. Zur Klage genügt hier der Hinweis auf den Verteilungsbeschluß (vgl. näheres hierüber Anm. 1 u. 2 zu § 32). Allein ein Gesellschafterbeschluß in der einen oder der anderen Richtung ist nur dann ein Erfordernis, wenn der Gesellschaftsvertrag nichts anderes bestimmt (§ 45 Abs. 2). Der Gesellschaftsvertrag kann abweichend hiervon auch anordnen, daß ein anderes Organ, der Aufsichtsrat, der Syndikus der Gesellschaft, der Delegierte der Gesellschafter, oder die Geschäftsführer die Bilanz feststellen oder den Dividendenverteilungsbeschluß fassen. Alsdann ist die betreffende Dividendenauszahlungsbedingung mit der Entschließung dieses anderen Organs vorhanden.

Anm. 4. Bis diese Bedingungen eingetreten sind, besteht das Dividendenrecht nur als bedingtes Recht. Es ist verknüpft mit dem Geschäftsanteil als eines der aus dem Geschäftsanteil fließenden Rechte. Es kann selbständig abgetreten werden. Der Gesellschaftsvertrag kann es verbieten (§ 399 BGB.). Aber wenn der Gesellschaftsvertrag es nicht untersagt, kann es selbständig, auch für die Zukunft, abgetreten werden, auch dann, wenn der Geschäftsanteil selbst nur mit Zustimmung der Gesellschaft oder mit sonstigen Beschränkungen abgetreten werden kann (Anm. 73 zu § 15). Diese Übertragbarkeit kann auch durch Urkunden, die auch Orderpapiere oder sogar Inhaberpapiere sein können, erleichtert werden (vgl. den Exkurs zu § 14).

Auf den Eintritt oder die Gestaltung jener Bedingungen der Dividendenauszahlung hat der Gesellschafter die aus seinem Geschäftsanteil fließenden gesellschaftlichen Herrschaftsrechte. Er kann durch sein Stimmrecht im Rahmen der Gesetze dahin wirken, daß jene Bedingungen eintreten oder sich in bestimmter Weise gestalten. Er hat ferner das Recht der Anfechtung, wenn die Dividende gesetz- oder statutenwidrig festgestellt wird, wenn die Bedingungen der Dividendenzahlung nicht eintreten, obgleich sie nach Gesetz oder Statut eintreten müßten, so z. B. wenn eine Bilanz aufgestellt wird mit willkürlichen Abschreibungen oder wenn der Gewinnverteilungsbeschluß den vorhandenen Gewinn anders zur Verteilung verwendet, z. B. zu Reservekonten oder zur Auszahlung zu anderen Zwecken, ohne daß der Gesellschaftsvertrag solche Verwendungen vorsieht (vgl. unten Anm. 9). Diese Rechte hat der Gesellschafter als solcher, nicht aber der Cessionar des Dividendenanspruchs oder der Inhaber des Dividendenscheins, wenn der Dividendenanspruch selbständig abgetreten ist. Bei Feststellung der Dividende hat nur der Gesellschafter, nicht der Dividendenscheininhaber mitzuwirken (RG. 15, 99). Den Bilanzgenehmigungs- oder Gewinnverteilungsbeschluß kann nur der Gesellschafter, nicht der Dividendenscheininhaber anfechten (RG. 14, 170; Bolze 2 Nr. 1118). § 29. Anm. 5.

Bis zum Eintritt jener Bedingungen der Dividendenauszahlung können dieselben im Rahmen der Gesetze durch Majoritätsbeschluß geändert werden. Zunächst kann das negative Erfordernis, daß der Jahresgewinn nicht zu anderen Zwecken bestimmt ist, beseitigt oder modifiziert werden. Es kann also, wenn bisher eine anderweite Verwendung des Reingewinns in den Statuten nicht vorgesehen ist, eine solche Verwendung durch Statutenänderungsbeschluß angeordnet werden. Man kann dies auch dahin ausdrücken, daß das Dividendenrecht bis zum Eintritt seiner Auszahlungsbedingungen kein Sonderrecht ist (für das Aktienrecht siehe RG. 22, 144; Behrend § 133 Nr. IV; Ring Nr. 3 zu § 213; anders Neukamp Anm. 2a, bb). Die Zustimmung aller Gesellschafter ist dazu nicht erforderlich, da keine Vermehrung der Leistungen vorliegt (§ 53 Abs. 3). Um so mehr ist es gestattet, sonstige Bedingungen der Dividendenauszahlung durch Statutenänderung zu verändern: z. B. durch Anordnung bestimmter Abschreibungen oder Reservekonten, oder durch die Bestimmung, daß die Generalversammlung nach ihrem Gutdünken über den Reingewinn zu bestimmen hat. Es kann bestimmt werden, daß der Gewinnanteil nicht mehr in Geld, sondern in anderen Gegenständen ausgefolgt werde. Alles dies kann im abgeänderten Gesellschaftsvertrage durch Majoritätsbeschluß angeordnet werden. Auch der letztgedachte Beschluß (Sachdividende statt Gelddividende) greift nicht in ein Sonderrecht ein, so wenig wie bei der Liquidation (vgl. Anm. 8 zu § 77). Nur darf natürlich bei Beschlüssen solcher Art nicht das Prinzip der Gleichberechtigung verletzt werden. Es darf z. B. nicht einer Gesellschafterklasse das Dividendenrecht geschmälert oder gar entzogen oder umgekehrt einer Gesellschafterklasse ein Dividendenvorzugsrecht eingeräumt werden (vgl. Anm. 51 zu § 5). Wohl aber ist eine Kapitalserhöhung durch Schaffung von neuen Vorzugsgeschäftsanteilen zulässig. Es ist hierzu die Mehrheit im Sinne des § 53 erfordert, nicht Einstimmigkeit (vgl. zu § 53). Anm. 6.

Wenn die Statuten nichts anderes bestimmen, so hat die Auszahlung der Dividende in Geld zu erfolgen. Ein Gesellschafterbeschluß, der eine bilanzmäßige Dividende in Gegenständen auskehren wollte, ist als statutenwidrig anfechtbar. Durch Annahme der Sachleistung ist er genehmigt. Keine Bedingung der Auszahlung der Dividende dagegen ist, daß der Reingewinn in flüssigen Mitteln vorhanden ist, oder bei Ablauf des Geschäftsjahres war. War der Gewinn bilanzmäßig vorhanden, so muß er verteilt werden, auch wenn die flüssigen Mittel dazu nicht ausreichen. Der Reingewinn kann sich durch vorteilhafte Tauschgeschäfte gebildet haben, oder es können z. B. Warenvorräte oder sichere Hypotheken, aber kein bares Geld vorhanden sein. In solchen Fällen kann die Gesellschaft Darlehen aufnehmen, um die Dividende auszuzahlen. Es muß dies geschehen, soweit nicht der Gesellschaftsvertrag anderweite Vorschriften enthält oder anderweite Beschlüsse zuläßt (für das Aktienrecht RG. 11, 162). Anm. 7.

§ 29. 2. Mit dem Eintritt der zu 1 gedachten gesetzlichen und statutarischen Be-
Anm. 8. dingungen entsteht der Dividendenanspruch als unbedingtes Recht. Er ist dann Forderungsrecht geworden, welches seinen Rechtsgrund in dem Gesellschaftsrechte des Mitgliedes hat, aber nunmehr dem Gesellschafter oder seinem Rechtsnachfolger im Dividendenbezugsrecht als unbedingtes Forderungsrecht zusteht. Aber seine Quelle ist stets noch die Mitgliedschaft (für das Aktienrecht ROHG. 18, 153; 18, 141; RG. 22, 113; 37, 62; Staub HGB. Anm. 10 zu § 213). Der Anspruch ist nicht nur mehr als ein Sonderrecht. Es ist etwas anderes als ein Sonderrecht geworden. Er ist jetzt unentziehbar, den Beschlüssen oder sonstigen Eingriffen der Gesellschaftsorgane unzugänglich (RG. 22, 113; 37, 62). Für das Aktienrecht hat man aus diesem Grunde die Frage, ob die Dividendenzahlung seitens der Gesellschaft wegen Verluste späterer Jahre (ROH. 18, 154), oder auch nur des laufenden Jahres (vgl. näheres Staub HGB. Anm. 9 zu § 213) verweigert werden kann, verneint. Nicht einmal dann, wenn der zur Dividendenauszahlung bestimmte Betrag bei einem Bankier hinterlegt und von diesem unterschlagen wurde, noch weniger natürlich wegen der bloßen Möglichkeit künftiger Verluste (RG. 40, 30) hat man den Anspruch auf Dividende versagt. Der Dividendenanspruch aus der Aktie kann sogar im nachträglichen Konkurse der Gesellschaft liquidiert werden (Staub HGB. Anm. 10 zu § 213). Die erste Auflage hatte diese Praxis des Aktienrechts auch auf die GmbH. angewendet (Anm. 8, 183). Allein hierbei ist die Tragweite des § 30 Abs. 1 nicht hinreichend gewürdigt. Er verbietet, anders als das Aktienrecht, jede Auszahlung an Gesellschafter, durch welche das zur Erhaltung des Stammkapitals erforderliche Vermögen angegriffen wird. Auch der festgestellte Dividendenanspruch darf nicht erfüllt werden, wenn seine Zahlung eine Unterbilanz zur Folge hat (vgl. das Nähere Anm. 1 u. 8 zu § 30).

Anm. 9. 3. Gegenstand des Anspruchs ist der aus der jährlichen Bilanz sich ergebende Reingewinn.

a) Dieser ist der Regel nach ungeschmälert zu verteilen. Doch kann, wie unser Abs. 1 ergibt, der Gesellschaftsvertrag ein anderes bestimmen. Der Gesellschaftsvertrag kann bestimmen, daß der Reingewinn zum Teil oder ganz nicht verteilt, sondern anderen Zwecken zugeführt werden soll ꝛc. ꝛc. Hierüber siehe oben Anm. 6. Auch eine Statutenänderung kann dies anordnen. Es ist nicht die Zustimmung aller Gesellschafter nach § 53 Abs. 3 dazu erforderlich, da es sich nicht um Vermehrung von Leistungen handelt (oben Anm. 6). So lange aber bis der Gesellschaftsvertrag ein anderes bestimmt hat, muß der jährliche Reingewinn ungeschmälert den Gesellschaftern zufließen. Würde er gleichwohl den Gesellschaftern vorenthalten werden, würde z. B. ohne eine solche statutarische Zulassung die Gesellschafterversammlung die Nichtverteilung eines Teiles des Reingewinnes, seine Verwendung zu einem Reservefonds oder zu anderen Zwecken beschließen, so wäre dieser Beschluß anfechtbar, im geeigneten Falle die Dividende sogar sofort zahlbar und einklagbar. (Über den Gewinnverteilungsbeschluß siehe näheres zu § 46 Nr. 1.)

Anm. 10. b) Aber andererseits ist auch nur der aus der jährlichen Bilanz sich ergebende Gewinn zu verteilen. Wie die jährliche Bilanz aufzustellen ist, bestimmt § 42. Dort wird das Nähere auseinandergesetzt werden. Hier ist vorweg darauf hinzuweisen, daß notwendigerweise das Stammkapital unter den Passiven figurieren muß (§ 42 Nr. 4), so daß ein Reingewinn erst vorhanden ist, wenn die Aktiven nicht bloß die Schulden decken, sondern wenn sie außerdem auch noch den Betrag des Stammkapitals decken. Wenn also in einem Jahre eine Unterbilanz vorhanden ist, so kann ein Reingewinn im nächsten Jahre nicht schon dann verteilt werden, wenn dieses Jahr für sich betrachtet einen Betriebsgewinn ergeben hat, sondern erst dann, wenn außerdem die Unterbilanz des Vorjahres gedeckt ist und alsdann ein Überschuß verbleibt. Dieser Grundsatz stimmt überein mit dem, was im Aktienrecht, und weicht ab von dem, was für die offene Handelsgesellschaft gilt. Es werden eben nicht die Ab- und Zugänge des betreffenden Jahres einander gegenübergestellt, sondern der gesamte Vermögensstand muß einen Überschuß über die Schulden und den Betrag des Stammkapitals ergeben, ehe ein Reingewinn im Sinne unseres § 29 vorhanden ist. Auf eine umfassendere Art der Verteilung der Erträgnisse der Gesellschaft haben die Gesellschafter keinen Anspruch, und können sie sich im Gesellschaftsvertrage keinen Anspruch schaffen. Die Worte des Abs. 1 „soweit nicht im Gesellschaftsvertrage ein anderes bestimmt ist" bedeuten daher nur, daß eine Schmälerung, nicht daß eine Erhöhung des Dividendenanspruchs über den sich aus der jährlichen Bilanz ergebenden Reingewinn hinaus zulässig ist. § 29.

Es werfen sich aber weiter die folgenden Fragen, wie im Aktienrecht, auf: Dürfen den Gesellschaftern feste Zinsen, dürfen ihnen Gewinne aus Geschäftsperioden, die kürzer sind als ein volles Jahr, dürfen ihnen Vorschüsse auf den jährlichen Reingewinn gewährt werden?

a) **Feste Zinsen.** Den Gesellschaftern können im Gesellschaftsvertrage feste Zinsen für ihre Geschäftsanteile nicht versprochen werden. Noch weniger können sie ihnen durch einen einfachen Gesellschafterbeschluß gewährt werden. Ein ausdrückliches Verbot der Zinsgewährung, wie § 215 Abs. 1 HGB. für das Aktienrecht, kennt unser Gesetz nicht. Ein solches folgt für die GmbH. aus § 30 Abs. 1 und § 29. Nach § 30 Abs. 1 darf das zur Erhaltung des Stammkapitals erforderliche Vermögen nicht verteilt werden. Würden den Gesellschaftern feste Zinsen gewährt werden, so müßten ihnen der Natur des Zinsversprechens gemäß dieselben gezahlt werden, auch wenn die Gesellschaft in der betreffenden Periode nichts verdient hätte. Das könnte dazu führen, das zur Erhaltung des Stammkapitals erforderliche Vermögen auszuzahlen. Die Motive 31 erklären daher, daß neben der Vorschrift des § 30 eine besondere Bestimmung, welche die Auszahlung fester Zinsen an die Gesellschafter untersagt, nicht nötig ist. Auch die Literatur steht einmütig auf dem Standpunkte. Es kommt auf dasselbe hinaus, wenn Neukamp Anm. 1 sagt, die Ausbedingung von Zinsen sei nicht unzulässig, jedoch dürften sie nur aus dem Gewinn gezahlt werden. Das sind dann eben keine festen Zinsen, sondern Gewinnanteile. Findet sich in einem Gesellschaftsvertrage eine Bestimmung, wonach den Gesellschaftern Zinsen zugesagt sind, so kann diese dahin aufgefaßt und aufrechterhalten werden, daß vor der Zuweisung an den Reservefonds, vor der Auszahlung von Tantiemen u. s. w. den Gesellschaftern ein dieser Zinshöhe entsprechender Betrag vom Gewinn zufließen muß. Es wird hierbei aber stets auf den Gesamtinhalt der Statuten zu sehen sein. Niemals aber darf ein Gesellschafter in Zeiten, in denen kein Reingewinn, sondern ein Verlust vorliegt, Zahlung von Zinsen fordern. Sind Zinsen bezahlt worden, so können diese zurückgefordert werden. In der Zinszahlung allein liegt aber nicht stets eine Auszahlung des zur Erhaltung des Stammkapitals erforderlichen Vermögens. Es können auch Reserven und Nachschüsse vorhanden sein. Hiervon hängt die Art der Haftung für die bezahlten Beträge ab (vgl. Anm. 3 ff. zu § 30). Anm. 11.

Demgemäß sind auch die im Aktienrecht gestatteten Bauzinsen hier nicht zulässig. Wenn gleichwohl solche Zinsen gezahlt werden, so müssen sie zurückgezahlt werden. Die Einführung von Bauzinsen ist auch dann nicht möglich, wenn die Gesellschaft sofort Nachschüsse erhoben hätte und aus diesen die Zinsen bestreiten wollte. Dem stünde § 30 Abs. 2 im Wege. Anm. 12.

Zulässig ist, daß ein Dritter einem Gesellschafter für eine Minimaldividende, die auch als Zins bezeichnet werden kann, einsteht. Nicht aber kann die Gesellschaft selbst, auch wenn sie einen Geschäftsanteil im Wege des entgeltlichen Rechtsgeschäfts selbst veräußerte, dem Erwerber einen Minimalertrag garantieren und sich zur Zahlung dieses unter dem Namen Zins oder anderer Bezeichnung verpflichten. (A. M. Rehm, Fälle zulässiger Übernahme von Dividendengarantien u. s. w. ZHR. 55, 460 ff.; vgl. dagegen auch die Bemerkung des RG. im Urteil v. 8. 11. 05 in JW. 06, 33 Nr. 42. „Ebensowenig wie die Aktiengesellschaft dem Aktionär direkt bindend versprechen könnte, für den Schaden einzustehen, der ihm etwa aus einer Beteiligung als Aktionär erwachsen würde, weil dadurch die volle und freie Inanspruchnahme des Aktienkapitals Anm. 13.

§ 29. seitens der Gläubiger in Frage gestellt wäre, ebensowenig kann ein solcher Anspruch indirekt darauf gegründet werden, daß die Gesellschaft gegen Vertragspflichten verstoßen habe" u. s. w. Derselbe Gedanke wie bei der Verlustgarantie trifft auch bei der Dividendengarantie zu.)

Anm. 14. β) **Dividenden aus kürzeren Geschäftsperioden als ein Jahr.** Die erste Auflage (Anm. 14 S. 185) vertrat die Ansicht, daß Dividenden aus halbjährlichen Bilanzen oder sonstigen kürzeren Perioden unzulässig sind. Auch bei Verlegung eines Geschäftsjahres und bei einer im Laufe des Geschäftsjahres eintretenden Auflösung der Gesellschaft seien sie unzulässig. Diese beiden Fälle könnten keine Ausnahme machen. Auch im Aktienrecht würden sie nicht anders behandelt (vgl. z. B. Staub HGB. Anm. 1 zu § 299). Es könne also zwar ein Geschäftsjahr kürzer sein als 12 Monate (§ 39 HGB.). Aber es dürfe für ein solches kürzeres Geschäftsjahr keine Dividende verteilt werden. Vielmehr müsse in solchem Falle die Bilanz aufgestellt, ein etwa vorhandener Gewinn vorgetragen und im nächsten Geschäftsjahr mitverteilt werden, soweit alsdann ein Gewinn überhaupt noch vorhanden ist. Das Gleiche gelte in den sehr häufigen Fällen, daß die Gesellschaft im Laufe des Kalenderjahres in das Handelsregister eingetragen wird und nach der Bestimmung des Statuts das Geschäftsjahr mit dem Kalenderjahr zusammenfallen soll. Die Gesellschafter hätten es sonst in der Hand, durch Bestimmung kürzerer Geschäftsjahre (z. B. von drei Monaten) in ganz kurzen Zwischenräumen Gewinne zu verteilen. Unser Gesetz bestimme allerdings nicht ausdrücklich, daß nur dasjenige unter die Gesellschafter verteilt werden darf, was sich nach der jährlichen Bilanz als Reingewinn ergibt, während es im § 215 HGB. für das Aktienrecht ausdrücklich gesagt ist. Doch auch hier, wie bei dem Zinsverbote, ergebe sich das Verbot einer Mehrverteilung aus den gesetzlichen Vorschriften. Der ganze Aufbau der GmbH., die Fundamente, auf denen das Gesetz diese Gesellschaft errichtet habe und gegen Ausbeutung durch die Gesellschafter zum Schaden der Gläubiger und des ganzen Verkehrs zu schützen suche, könnten federleicht unterwühlt werden, wenn es den Gesellschaftern möglich wäre, in beliebigen Perioden Gewinn zu verteilen. Ein wichtiges Argument spielt endlich bei dieser Begründung die Ansicht der ersten Auflage, daß aus § 30 Abs. 1 ein prinzipielles Verbot jeder Auszahlung an die Gesellschafter folge, dessen strikte Durchführung dazu führe, nichts an die Gesellschafter zu bezahlen, solange die Gesellschaft bestehe. Das Gesetz mache hiervon eine Ausnahme, indem es in § 29 gestatte, das, was die Jahresbilanz als Reingewinn ergebe, zu verteilen.

Diese eingehend wiedergegebene Ansicht der ersten Auflage läßt sich nicht aufrecht erhalten. Der zuletzt hervorgehobene Grund ist schon deshalb nicht stichhaltig, weil die Auslegung des § 30 und die Annahme eines grundsätzlichen Zahlungsverbotes nicht zutrifft (vgl. hierüber Anm. 11 zu § 30). Selbst wenn sie richtig wäre, beweist sie nichts für die hier in Frage stehende Dauer der Gewinnperiode. Denn alles kommt dann auf die Feststellung der auch nach der ersten Auflage zugelassenen Ausnahme an. Es dreht sich hier wie im Aktienrecht darum, was unter jährlicher Bilanz zu verstehen ist. Es wird sich nicht behaupten lassen, daß darunter nur Bilanzen zu verstehen sind, die ein volles Kalenderjahr umfassen. Geschäftsjahre, die kürzer sind als Kalenderjahre, müssen zugelassen werden. Das ergibt sich aus § 35 Abs. 2 HGB. Nur eine längere Dauer als zwölf Monate ist verboten. Man muß dann aber diese kurzen Geschäftsjahre als Gewinnverteilungsperiode ebenso wohl zulassen wie als Rechnungsepochen (vgl. OLG. Hamburg v. 3. 12. 88 in ZHR. 37, 551: „Der Reingewinn des ersten Geschäftsjahres darf von den Aktiengesellschaften auch dann als Dividende verteilt werden, wenn das Geschäftsjahr kürzer als ein Kalenderjahr ist. Der Ausdruck jährliche Bilanz in Art. 217 ist nicht zu pressen." Ebenso Lehmann-Ring I Nr. 3 zu § 215 und Nr. 2 zu § 260; Makower I Bem. III d zu § 215. A. M. Pinner Bem. IV zu § 260; Esser Aktiengesetz Anm. 7 zu § 260).

Es läßt sich weder aus dem Rechte der GmbH. noch dem der Aktiengesellschaft ein Prinzip ableiten, daß eine Gewinnverteilungsperiode stets nur ein volles Kalenderjahr

umfassen dürfe. Die Interessen der Gläubiger sind dadurch nicht berührt, wenn in § 29.
sogenannten Übergangsbilanzen einmalige kürzere Epochen eingeführt sind oder wenn der Gesellschaftsvertrag Semestral- oder Quartalbilanzen vorsieht. Die letzteren werden zwar schon deswegen nicht vorkommen, weil sie kaufmännisch unpraktisch sind. Es wird keine Gesellschaft sich jedes Vierteljahr oder gar allmonatlich die Arbeit einer Inventur und Bilanz aufbürden. Eher ist die Halbjahrsbilanz, namentlich in Bankgeschäften, üblich. Es würde aber rechtlich nichts im Wege stehen, kraft des Statuts für solche kürzere Bilanzepochen auch die Gewinnverteilung vorzunehmen. Mit dem Verbote der Auszahlung des zur Erhaltung des Stammkapitals erforderlichen Vermögens hat die Frage der Bilanz- und Gewinnverteilungsepoche nichts zu tun.

Wollte man die hier bekämpfte Ansicht annehmen, so müßte man dies auch in den Anm. 15.
Fällen tun, in denen eine GmbH. gegründet wird unter Übernahme eines bestehenden Handelsgeschäfts auf Grund der letzten Jahresbilanz und unter der Klausel, daß das Geschäft von diesem Tage als für Rechnung der Gesellschaft geführt gilt (vgl. Anm. 19 zu § 5). Man hätte hier tatsächlich, wenn auch nicht rechtlich, das Ergebnis eines vollen Kalenderjahres. Und doch müßte man folgerichtig auch hier den Gewinn auf das folgende Jahr übertragen. Dies Resultat widerspräche vollständig der Auffassung des Verkehrs. Es zeigt, daß die rechtliche Grundlage jener Ansicht unrichtig sein muß.

γ) **Vorschüsse auf die Dividende.** Man begegnet in manchen Gesellschaftsverträgen der Be- Anm. 16.
stimmung, wonach die Gesellschafter Vorschüsse auf die Dividende erheben dürfen. Sie wird namentlich dann eingeführt, wenn es sich um kleine Gesellschaften, die sich in ihren inneren Beziehungen der offenen Handelsgesellschaft nähern und in denen das ganze Vermögen der Beteiligten angelegt ist, handelt. Solche Vorschüsse dürfen nicht ausbezahlt werden. Das Gesetz kennt nur die Verteilung des Reingewinnes. So wenig wie Zinsen läßt es Vorschüsse zu. Die Auszahlung der Vorschüsse ist Zahlung einer Nichtschuld. Die Rückforderung ist gestattet. Es hängt aber von der Vermögenslage der Gesellschaft ab, ob § 31 und seine verschärfte Haftung anwendbar ist. Wird das zur Erhaltung des Stammkapitals erforderliche Vermögen angegriffen, so haften neben dem Gesellschafter, der den Vorschuß erhielt, die übrigen Gesellschafter. Ist aber neben dem Stammkapital ein Reserve- oder Nachschußfonds vorhanden, so beschränkt sich die Rückforderung auf den Empfänger (vgl. hierüber Anm. 3 zu § 30).

Von diesen Vorschüssen auf den Reingewinn sind Vorschüsse, welche die Gesellschafter Anm. 17.
als Gläubiger der Gesellschaft erhalten, wohl zu trennen. Solche finden bei garantierter Tantieme regelmäßig statt. Diese bildet einen Teil des Gehaltes. Nur wird er bei vorhandenem Gewinn auf den Anteil des Geschäftsführers daran verrechnet (Marcus bei Holdheim 13, 153.)

II. (Abs. 2.) **Die Verteilung der Dividenden erfolgt nach Verhältnis der Geschäftsanteile. Der** Anm. 18.
Gesellschaftsvertrag kann aber einen anderen Maßstab festsetzen.

1. Die gesetzliche Regel ist, daß das Verhältnis der Gesellschaftsanteile entscheidet. Also der Nennbetrag, nicht der Betrag der geleisteten Einzahlung. Auch ist es gleichgültig, ob Sacheinlagen oder Geldeinlagen auf die Geschäftsanteile gemacht wurden. Auch das ist gleichgültig, ob die Einzahlungen auf alle Geschäftsanteile gleichmäßig eingezahlt sind oder nicht. Eine dem § 214 Abs. 2 HGB. analoge Bestimmung fehlt hier.

2. Doch kann der Gesellschaftsvertrag einen anderen Maßstab festsetzen. Anm. 19.
Dem Gesellschaftsvertrag ist der freieste Spielraum gewährt. Die Verträge machen davon den umfassendsten Gebrauch. So kann die Verteilung nach Köpfen bestimmt sein, namentlich dann, wenn sich die GmbH. der offenen Handelsgesellschaft nähert. Es kann eine Grunddividende nach Geschäftsanteilen und der Rest nach Köpfen verteilt werden. So wird oft denjenigen, welche das Fundament der Gesellschaft schaffen, z. B. das Patent einbringen, ein größerer Anteil am Jahresgewinn stipuliert, als für die bloßen Geldeinleger. Es können auf diese Art verschiedene Gattungen von Geschäftsanteilen, Vorzugsanteile, geschaffen werden (vgl. Anm. 48 und 51 zu § 5). Inwieweit

§ 29. dies durch Statutenänderungsbeschluß möglich ist, darüber siehe zu § 53. Darüber, ob solche Vorzugsrechte auch wieder genommen werden können, vgl. Anm. 53 zu § 5.

Anm. 20. **Zusatz 1. Träger des Dividendenrechts** ist zunächst der Geschäftsanteil selbst. Der Gesellschafter als solcher ist dividendenberechtigt. Aber es kann das Dividendenrecht besonders und ohne den Geschäftsanteil abgetreten werden. Es können sogar zum Zwecke rechtlicher Übertragbarkeit Urkunden gebildet werden, Order- und sogar auch Inhaberpapiere. In allen Fällen besonderer Übertragung des Dividendenrechts ist der Inhaber des Dividendenrechts derjenige, der von der Gesellschaft die Dividenden verlangen kann. Sein Recht ist ein bedingtes, bis die Bedingungen der Auszahlung eingetreten sind, ein unbedingtes, sobald die Bedingungen eingetreten sind. In allen diesen Punkten unterscheidet es sich nicht von dem Dividendenrechte vor seiner Lostrennung von dem Geschäftsanteil. Aber darin besteht ein großer Unterschied, daß die gesellschaftliche Einwirkung auf die Gestaltung und Entstehung des Dividendenrechts nicht einem Dividendenschein-Inhaber zustehen, sondern dem Gesellschafter als solchem (vgl. hierüber oben Anm. 3—5 und ferner Anm. 13 im Exkurs zu § 14). Solange der Anspruch auf die Dividende nicht unbedingt wurde, teilt er auch in dritter Hand alle Schicksale des Geschäftsanteils. Dies auch bei Ausgabe von Dividendenscheinen. Jede Änderung des Gesellschaftsvertrages berührt auch den abgetretenen Anspruch. Die Kaduzierung des Geschäftsanteils vernichtet ihn. Bei der Abandonierung muß die Gesellschaft den Geschäftsanteil so nehmen wie er ist. Hier muß sie die Cession der künftigen Dividende anerkennen. Inwieweit die Gesellschaft gegen den abgetretenen Dividendenanspruch mit anderen Forderungen gegen die Gesellschafter aufrechnen kann, entscheidet sich nach § 406 BGB. Als Tag der Fälligkeit des Anspruchs auf den Gewinnanteil gilt dabei nicht schon der Ablauf des Geschäftsjahres, sondern die Feststellung der Bilanz und die Genehmigung der Gewinnverteilung. Erst wenn der Anspruch unbedingt wird, ist er fällig. Sind Dividendenscheine ausgegeben, so findet gegenüber dem dritten Inhaber keine Aufrechnung mit Gegenansprüchen gegen den Gesellschafter statt.

Über Dividendenscheine siehe Näheres im Exkurs zu § 14, desgleichen über Talons.

Anm. 21. **Zusatz 2. Verjährung des Dividendenanspruchs.** Dieselbe gestaltet sich verschieden, je nachdem ein Dividendenschein auf den Inhaber ausgegeben ist oder nicht. Ist kein solcher Dividendenschein ausgegeben, so verjährt der Anspruch in 30 Jahren. Die kurze Verjährungsfrist des § 197 BGB. ist darauf nicht anwendbar, weil es sich weder um Zinsen, noch um andere regelmäßig wiederkehrende Leistungen handelt (RG. 9, 35; 24, 305). Die Einführung kürzerer Fristen kann im Statut geschehen (RG. 9, 31). Der Verlust des Dividendenanspruchs infolge einer statutarischen Präklusivfrist ist im Zweifel nicht von einen Verschulden des Berechtigten abhängig (RG. Holdheim 3, 111.) — Ist aber ein Dividendenschein auf den Inhaber ausgegeben, so muß derselbe innerhalb 4 Jahren, gerechnet vom Schlusse des Fälligkeitsjahres, vorgelegt werden, widrigenfalls der Anspruch erlischt. Erfolgt die Vorlegung, so verjährt der Anspruch innerhalb 2 Jahren seit dem Ablauf der Vorlegungsfrist. Der Vorlegung steht die berechtigte Geltendmachung des Anspruchs gleich. In der Urkunde kann die Vorlegungsfrist anders bestimmt werden. Alles dies bestimmt § 801 BGB., der auf den Inhaberdividendenschein anzuwenden ist, auch wenn man denselben als ein echtes Inhaberpapier nicht betrachtet. Die letztere Bestimmung in der Urkunde ist natürlich nur gültig, wenn sie ordnungsmäßig, d. h. durch Statutenbestimmung beschlossen ist.

Anm. 22. **Zusatz 3. Dividendengarantie.** Darunter ist verstanden, daß ein Dritter eine Garantie für einen Mindestbetrag einer Dividende übernahm. Es kann dies einem einzelnen Gesellschafter gegenüber erfolgen (vgl. oben Anm. 13) oder der Gesellschaft gegenüber. Von dieser ist hier die Rede. Sie ist entweder Rentabilitätsgarantie. Dann verpflichtet sie den Zusagenden zur Ausgleichung auch etwaiger Bilanzverluste aus dem Betriebe. Oder sie ist eine Rentengarantie. Dann ist der Garant nur zur Leistung der Dividendensumme verpflichtet. Was die Parteien wollen, ist im Einzelfalle festzustellen (vgl. hierüber Hachenburg bei Holdheim 1, 102 ff.; Cohn das. 2, 191; Lehmann-Ring HGB. I Bem.

Nr. 2 zu § 215; Staub HGB. Anm. 3 zu § 215; PrOVG. in DJZ. 04, 1040). Ebenso ist es Frage des einzelnen Falles, ob ein unmittelbares Recht der einzelnen Gesellschafter auf Zahlung der Dividende entsteht oder ob nur die Gesellschaft selbst einen Anspruch hat. Im letzten Falle steht dieser frei, den einbezahlten Betrag nach Belieben auch für andere Zwecke zu verwenden. Bei einer Garantie, die nur die Dividendenzahlung sichern soll (Renten-, nicht Rentabilitätsgarantie), ist anzunehmen, daß ein unmittelbares Recht der Gesellschaft entsteht. Denn sonst käme bei Bilanzverlusten die Gesellschaft in die gefährliche Lage, trotz dieser Unterbilanz Dividenden auszuschütten. Das wäre gegen § 30 Abs. 1. § 29.

Zusatz 4. Auch Ansprüche anderer Art können den Gesellschaftern nach dem Gesellschaftsvertrage zustehen: so z. B. das Recht des freien Zutritts in den der Gesellschaft gehörigen Garten oder in das Theater oder das Recht der jederzeitigen Besichtigung der Fabrik, auf ein Freiexemplar der Zeitung, die von der Gesellschaft herausgegeben wird u. s. w. Solche Rechte können im Zweifel durch Statutenänderung wieder entzogen werden (anders für das Aktienrecht Lehmann in Arch. Bürg.R. 9, 389). Gemäß § 3 Abs. 2 können ferner Rechte verschiedener Art als Gegenleistung für die von den Gesellschaftern zu bewirkenden Leistungen statuiert werden z. B. für bestimmte Quantitäten von Zuckerrüben. Dem ähnlich ist das Recht, daß die Gesellschaft bestimmte Produkte den Gesellschaftern abnehme oder diesen ihre Produkte abgeben muß. Ebenso das Recht, daß die Gesellschaft für die Gesellschafter bei Dritten Ware einkaufe und den Gesellschaftern kreditiere u. s. w. Diese Rechte können durch Gesellschaftsvertragsänderung nicht weggenommen werden ohne Zustimmung der Belasteten (vgl. zu § 53). Anm. 23.

§ 30.

Das zur Erhaltung des Stammkapitals erforderliche Vermögen der Gesellschaft darf an die Gesellschafter nicht ausgezahlt werden.

Eingezahlte Nachschüsse können, soweit sie nicht zur Deckung eines Verlustes am Stammkapital erforderlich sind, an die Gesellschafter zurückgezahlt werden. Die Zurückzahlung darf nicht vor Ablauf von drei Monaten erfolgen, nachdem der Rückzahlungsbeschluß durch die im Gesellschaftsvertrage für die Bekanntmachungen der Gesellschaft bestimmten öffentlichen Blätter und in Ermangelung solcher durch die für die Bekanntmachungen aus dem Handelsregister bestimmten öffentlichen Blätter bekannt gemacht ist. Im Falle des § 28 Absatz 2 ist die Zurückzahlung von Nachschüssen vor der Volleinzahlung des Stammkapitals unzulässig. Zurückgezahlte Nachschüsse gelten als nicht eingezogen.

1. **Abs. 1 spricht ein wichtiges Prinzip aus:** An die Gesellschafter darf das zur Erhaltung des Stammkapitals erforderliche Vermögen nicht ausbezahlt werden. Der Grundgedanke, der dem Gesetze zu Grunde liegt, ist auch hier wieder der, daß das Stammkapital dem Gläubiger erhalten werden soll. Es bildet die Kreditbasis. Es ist daher der Disposition der Gesellschafter entzogen. Es fragt sich aber, wie weit das Gesetz mit seiner Bestimmung gehen will. Anm. 1.

a) Die Vorschriften unseres Gesetzes unterscheiden sich von denen des **Aktienrechts**, die demselben Zwecke dienen. Nicht nur, daß diesem jede Kollektivhaftung der Aktionäre fehlt. Es baut sein System auf anderer Grundlage auf. Es stellt den Satz an die Spitze, daß die Aktionäre ihre Einlagen nicht zurückfordern können, solange die Gesellschaft besteht. Sie haben nur Anspruch auf den Reingewinn, soweit dieser nicht nach Gesetz oder Gesellschaftsvertrag von der Verteilung ausgeschlossen ist (§ 213 HGB.). Es verbietet die Zusicherung von Zinsen von bestimmter

§ 30. Höhe (§ 215 HGB.). Die Folge einer den Vorschriften des Gesetzes zuwider empfangenen Zahlung ist in Höhe derselben eine Haftung für die Verbindlichkeiten der Gesellschaft (§ 217 Abs. 1 Satz 1 HGB.). Nur die in gutem Glauben empfangene Dividende braucht in keinem Falle zurückbezahlt zu werden (§ 217 Abs. 1 Satz 1). Den Ausgangspunkt bildet also hier das Verbot der Rückzahlung der Einlage auf das Grundkapital. Da aber auch der gesetzliche Reservefond nicht ausgeschüttet werden darf, ebenso auch der nur durch Statut eingeführte, solange dieses Statut besteht, so ist das Gegenstück zu diesem Verbote die Erlaubnis, den Reingewinn zu verteilen, soweit nicht das Gesetz oder der Gesellschaftsvertrag zwingen, ihn in Reserve zu stellen. Anderes Vermögen der Aktiengesellschaft kennt das Gesetz nicht. Es ist entweder Grundkapital oder Reserve oder Reingewinn. Das Gesetz über die GmbH. geht den umgekehrten Weg. Es spricht nicht davon, daß Stammeinlagen nicht zurückbezahlt werden dürfen. Es stellt vielmehr den Satz an die Spitze, daß das zur Erhaltung des Stammkapitals erforderliche Vermögen nicht an die Gesellschafter ausbezahlt werden darf. Neben dieser Vorschrift ist, wie die Motive sagen, „eine besondere Bestimmung darüber, daß die Stammeinlagen nicht zurückbezahlt werden dürfen, nicht erforderlich". Daß sich auch dieser Satz, das Verbot der Rückzahlung der Stammeinlage, aus dem Gesetze ergibt, ist zweifellos richtig, wenn er auch in § 30 Abs. 1 nicht ausgesprochen ist. Er folgt aus den §§ 19—25 und den §§ 34 und 58. Das Gesetz regelt streng die Einziehung der Stammeinlage. Jede Stundung, jeder Verzicht ist verboten und ungültig. Es muß also auch die Rückforderung und Rückzahlung unstatthaft sein. Das Gesetz ordnet in § 58 die Herabsetzung des Stammkapitals. Nur unter Wahrung bestimmter Formen darf sie und damit die Rückgewähr der Einlage erfolgen. In jeder anderen Weise ist sie daher unzulässig.

Anm. 2. b) Ist jede Rückzahlung der Stammeinlage eine Auszahlung des zur Erhaltung des Stammkapitals erforderlichen Vermögens und ist andererseits jede Auszahlung des zur Erhaltung des Stammkapitals erforderlichen Vermögens Rückgewähr der Stammeinlage? Beides ist zu verneinen. Der Gegensatz ergibt sich schon aus dem zu a (oben Anm. 1) Bemerkten. Bei der Aktiengesellschaft tritt er praktisch nicht hervor. Dort fehlt die an die Auszahlung des zur Erhaltung des Stammkapitals nötigen Vermögens geknüpfte strenge Folge der Haftung der anderen Gesellschafter. Durch diese Bestimmung wird die Erkenntnis des Unterschieds für die GmbH. von erheblicher Bedeutung. Das Gesetz kennt nur für die Ausschüttung des zur Erhaltung des Stammkapitals erforderlichen Vermögens die strenge Folge, diese aber einerlei, aus welcher rechtlichen Ursache und in welchem rechtlichen Kleide jene erfolgt. Es genügt hier die einfache Tatsache, daß an den Gesellschafter in dieser Eigenschaft Zuwendungen aus dem Gesellschaftsvermögen erfolgen, die eine Verminderung der Aktivseite unter den Betrag des Stammkapitals nach sich ziehen. Bei der Rückzahlung von Stammeinlagen ist die Ursache der Leistung ausschlaggebend. Sie ist verboten, einerlei, woher die Mittel dazu genommen werden, auch dann, wenn die Gesellschaft aus ihrem Reingewinn diese Zahlungen vornahm, sei es unter Wiederaufleben der alten Einlagepflicht, sei es unter Verzicht darauf. Eine solche Zahlung erzeugt aber nur die civilrechtliche Rückforderung wie bei jeder Zahlung einer Nichtschuld.

Anm. 3. Die Rückzahlung von Stammeinlagen ist nur ein Fall der Verteilung von Gesellschaftsvermögen an die Gesellschafter. So viele Gruppen von diesen das Gesetz kennt, so viele Arten solcher Verteilung sind denkbar. Diese Gruppen entsprechen den Kapitalkonten auf der Passivseite der Bilanz. Neben dem Stammkapitalkonto steht, falls ein solches durch Gesellschaftsvertrag oder Beschluß der Gesellschafter geschaffen wurde, das Reservekonto. Sofern Nachschüsse zulässig sind und eingefordert werden, entspricht diesen das Nachschußkonto. Das was dann vom Reinvermögen bleibt, ist das Gewinnkonto. Gesellschaftliche Verteilungen des Vermögens der Gesellschaft sind nur aus einem dieser Konti möglich. Es wird entweder der Gewinn ausgeschüttet (über die Voraussetzungen hierzu vgl. Anm. 2ff.

zu § 29). Oder es wird ein Reservefond aufgeteilt. Je nachdem er durch den Gesellschaftsvertrag oder einfachen Beschluß der Gesellschafter ins Leben gerufen war, muß auf demselben Wege seine Aufhebung herbeigeführt sein. Oder es werden Nachschüsse zurückbezahlt. Die Bedingungen hierzu bestimmt Abs. 2 unseres Paragraphen (vgl. unten Anm. 13). Oder endlich es wird eine Stammeinlage zurückgegeben. Dazu sind die Vorschriften des § 58 über Herabsetzung des Stammkapitals oder, falls die Zahlung aus Überschüssen erfolgt, die des § 34 über Amortisation zu beobachten. Jede Verteilung von Gesellschaftsvermögen ohne Vorliegen der für die einzelnen Kapitalkonten ausgeführten Bedingungen entbehrt des Rechtsgrundes. Ein Verstoß gegen § 30 Abs. 1 liegt aber darin noch nicht, sondern stets erst dann, wenn durch die Zahlung das zur Erhaltung des Stammkapitals erforderliche Vermögen der Gesellschaft angegriffen wird. Das kann mit der ohne Rechtsgrund erfolgenden Austeilung zusammenfallen, muß es aber nicht. Die strengen Folgen des § 31 treten aber nur dann ein, wenn das zur Erhaltung des Stammkapitals erforderliche Vermögen ausbezahlt wird. Das ist also nicht der Fall, wenn zwar kein bilanzmäßiger Gewinn vorlag, wohl aber Nachschüsse oder Reserven. Das Stammkapital bleibt intakt. Ebenso deckt bei Rückzahlung von Nachschüssen oder Austeilung von Reserven das Vorhandensein von Reserven im ersteren und von Nachschüssen im letzteren Falle das Stammkapital. Endlich kann auch eine Rückzahlung von Stammeinlagen, die ohne Wahrung der Vorschriften der §§ 58 und 34 erfolgt, von den Folgen des § 31 bewahrt bleiben, sobald Gewinn, Reserven oder Nachschüsse vorhanden sind. Es tritt dann nur das einfache Rückforderungsrecht ein, ohne Haftung der anderen Gesellschafter. Andererseits besteht diese strengere Folge, und es liegt eine Verletzung des § 30 vor, wenn trotz Wahrung der für Aufteilung des speziellen Kontos gegebenen Bestimmungen in Wahrheit die Auszahlung auf Kosten des zur Wahrung des Stammkapitals erforderlichen Vermögens erfolgt. So wird auch, wenn ein ordnungsgemäßer Beschluß vorliegt, das Stammkapital um 30 Proz. herabzusetzen und diesen Betrag den Gesellschaftern zurückzugeben, eine Auszahlung unstatthaft und von den Folgen des § 31 begleitet sein, wenn von dem Stammkapital bereits ein Betrag verloren war. Wenn auch die Rückzahlung der Nachschüsse beschlossen ist, so darf sie doch nicht erfolgen, solange das Stammkapital nicht intakt ist. Denn ihre Auszahlung könnte nur auf Kosten des zur Erhaltung des Stammkapitals erforderlichen Vermögens geschehen. Das ist der Grund des Abs. 2 Satz 1. Er ist eine Konsequenz aus Abs. 1. Solange ein Verlust an Stammkapital vorliegt, wäre eine Auszahlung von Nachschüssen ein Angriff auf das Stammvermögen (das nähere vgl. Anm. 9 ff. zu § 31).

Ebenso aber ist endlich eine Auszahlung des zur Erhaltung des Stammkapitals nötigen Vermögens möglich, ohne daß sich dies in die Form der Aufteilung eines der Kapitalkonti kleidete. Vorausgesetzt ist stets, daß es sich um eine Leistung aus dem Gesellschaftsvermögen an die Gesellschafter als solche handelt. So in dem Falle, daß ihm Zinsen bezahlt werden, ohne daß Reingewinn vorliegt. Sind aber Reservefonds oder Nachschüsse vorhanden, so bleibt das Stammkapital intakt. Es tritt nur die einfache Rückforderung ein. Fehlen diese, so ist das Stammkapital gemindert. Die strengere Ersatzpflicht greift Platz. Dem gleich steht der Fall, daß im Gesellschaftsvertrage einzelnen Geschäftsanteilen Vorrechte bestellt sind, der Gesellschaft aber das Recht oder auch die Pflicht obliegt, diese durch Zahlung eines bestimmten Kapitals abzulösen. Sobald hierdurch die zur Erhaltung des Stammkapitals erforderliche Aktivsumme gemindert wird, ist die Auszahlung der Abfindungssumme verboten. Die Gesellschafter haften hieraus (vgl. Anm. 53 zu § 5). Anm. 4.

In Gesellschaftsverträgen von Fabriken, welche die Bearbeitung von Rohprodukten betreiben, wird mitunter den Gesellschaftern das Recht auf unentgeltliche Bearbeitung eingeräumt. Ergibt sich am Ende des Jahres eine Unterbilanz, so wird erheblich, daß ein Teil des Gesellschaftsvermögens, nämlich der Aufwand für Arbeitslöhne und Materialien, welcher die Bearbeitung der Rohprodukte der Gesellschafter erforderte, an Anm. 5.

§ 30. die Gesellschafter zurückgeflossen ist. Er ist zurückzuerstatten. Nur wenn die Gesellschaft aus der Bearbeitung für dritte Personen oder aus dem ihr verbleibenden Abfallprodukte bei der Bearbeitung für ihre Gesellschafter Nutzen zieht, so daß ihr ein Reingewinn bleibt oder doch ein Verlust vermieden wird, ist eine solche unentgeltliche Bearbeitung für die letzteren durchführbar. Für die Gläubiger, in deren Interesse das Stammkapital zu erhalten ist, muß es einerlei sein, ob dessen Auszahlung an die Gesellschafter unmittelbar oder mittelbar durch die Verwendung von Vermögen der Gesellschaft auf Werte der Gesellschafter erfolgt. Es ist daher auch dann der § 30 verletzt, wenn die Auszahlung des zur Erhaltung des Stammkapitals erforderlichen Vermögens auf Grund einer im Gesellschaftsvertrage übernommenen Verpflichtung gesellschaftlicher Art erfolgt (vgl. über solche Anm. 56 zu § 5).

Anm. 6. Die besprochenen Fälle bilden nur Beispiele einer allgemeinen Regel. Durch Festsetzungen im Gesellschaftsvertrage kann niemals die Möglichkeit geschaffen werden, das Vermögen der Gesellschaft unter die Höhe des Stammkapitals herabzubringen. Solche Leistungen sind nur aus dem Gewinn, sei es auch aus dem als Reserve aufgespeicherten oder, falls die Gesellschafter es wollen, aus Nachschüssen möglich. Nicht hierher gehören Leistungen aus dem Gesellschaftsvermögen an Gesellschafter, die nur als Gegenleistungen für deren Verpflichtung gemäß § 3 Abs. 2 erscheinen. Hier ist schon deshalb von einer Minderung des Gesellschaftsvermögens keine Rede, weil, wie die Motive hervorheben, die Folge der Zahlung eine Minderung des Passivstandes ist. Überall aber, wo dies fehlt, wird in einer, wenn auch durch den Gesellschaftsvertrag bedungenen Leistung, solange nicht mehr als das Stammkapital vorhanden ist, eine Ausfolgung an die Gesellschafter unter das Verbot des § 30 Abs. 1 fallen. Andernfalls hätten es ja die Gesellschafter in der Hand, durch solche Zusagen im Gesellschaftsvertrag die Bemühungen des Gesetzes, die als Stammkapital gezeichnete Summe den Gesellschaftsgläubigern zu sichern, mit leichter Mühe zu vereiteln. Jedes Recht und jede Verpflichtung zur Ablösung eines Vorrechts genügte. Man brauchte nur jedem Gesellschafter irgend einen solchen Vorzug einzuräumen, dem einen eine Mehrdividende, dem anderen mehr Stimmen, dem dritten ein Recht auf neue Geschäftsanteile u. s. f. und nach einem halben Jahre diese aus dem Vermögen der Gesellschaft abzulösen. Das eingelegte Kapital flösse wieder in die Taschen der Gesellschafter. Das ist gegen die Tendenz des Gesetzes und auch gegen den Wortlaut des § 30 Abs. 1.

Anm. 7. c) Verboten und mit den Folgen der Haftung aus § 31 ausgestattet ist die Auszahlung des zur Erhaltung des Stammkapitals erforderlichen Vermögens. Auf welcher Grundlage dies möglich vgl. oben Anm. 1 ff. Die Ursache dieser Zahlung ist unerheblich, wenn sie nur an den Gesellschafter als solchen erfolgt und das Vermögen der Gesellschaft in einer Weise mindert, daß der nach Deckung der Passiven verbleibende Reinbetrag die Höhe des Stammkapitals nicht mehr erreicht, mit anderen Worten, wenn durch die Auszahlung sich eine Unterbilanz ergibt. Maßgebend ist hierfür das Moment der Auszahlung und der Vermögensstand zu dieser Zeit. Denn, wie oben (Anm. 3) nachgewiesen, nicht auf die Ursache der Zahlung, sondern auf deren Erfolg kommt es an. Jede Leistung von Vermögenswerten, welche die Unterbilanz zur Folge hat, ist unzulässig. Sie zieht die Restitutionspflicht nach sich.

Anm. 8. Daraus ergibt sich für die GmbH. im Gegensatz zum Aktienrecht, daß auch die festgesetzte Dividende durch spätere Verluste wieder hinfällig wird, sobald deren Auszahlung das Stammkapital angreift. Der § 30 Abs. 1 lautet so allgemein und sein Grundgedanke trägt so weit, daß er auch diesen Fall mitumfassen muß (vgl. Anm. 8 zu § 29). Nur wird hier der Schutz des gutgläubigen Empfängers (vgl. zu § 32) von besonderer Bedeutung sein. Wenn sich aber nach dem Beschlusse über die Gewinnverteilung starke Verluste des neuen Jahres herausstellen, so ist die Gesellschaft berechtigt, unter Hinweis darauf, daß sie das zur Erhaltung des Stammkapitals erforderliche Vermögen angreifen müßte und daß dessen Auszahlung verboten sei, die Auszahlung der Dividende oder deren

Weiterauszahlung zu verweigern. Das Gesetz zieht eben, wie es in § 30 Abs. 1 ausspricht, die Interessen der Gläubiger denen der Gesellschafter stets dann vor, wenn es sich um die Wahrung des Stammkapitals handelt. § 30.

Dasselbe gilt von der beschlossenen Auszahlung der Nachschüsse. Verluste nach dem Beschlusse hindern diese, sobald und soweit hierdurch eine Unterbilanz entstünde (vgl. unten Anm. 14). Anm. 9.

Die Beweislast, daß die Auszahlung auf Kosten des zur Erhaltung des Stammkapitals erforderlichen Vermögens erfolgt, trifft die Gesellschaft, da es sich hier um eine Klage- oder Einredebegründung handelt. Die Schwierigkeit ist in der Praxis deshalb nicht so erheblich, weil die Rückforderung in den meisten Fällen dann erfolgt, wenn sie zur Befriedigung der Gläubiger nötig ist (vgl. Anm. 4 zu § 31), mithin fast immer der Fall des Konkurses oder der fruchtlosen Exekution vorliegen wird.

Zur Auszahlung gehört nicht nur die Hingabe von Geld. Auch jede Sachleistung gehört hierher. Ebenso ein Verzicht auf einen Anspruch an den Gesellschafter. Es ist einerlei, ob ihm bares Geld ausbezahlt oder ein geschuldetes Darlehen erlassen wird. Auch der Nachlaß einer Nachschußschuld, sobald die Nachschüsse eingerufen sind, kann unter § 30 Abs. 1 (vgl. Anm. 8 zu § 26) fallen. Endlich ist auch jede indirekte Leistung durch die Verwendung von Gesellschaftskapital auf Wertobjekte des Gesellschafters (vgl. oben Anm. 5) hier einzubeziehen. Anm. 10.

d) Über die Rückforderungsklage vgl. Anm. 2ff. zu § 31.

e) Die erste Auflage ging von einer anderen Auslegung des § 30 Abs. 1 aus. Hiernach dürfe Gesellschaftsvermögen grundsätzlich nicht an Gesellschafter ausbezahlt werden. Denn jedes Vermögensstück könne zur Erhaltung des Stammkapitals erforderlich sein. Da aber dieser Grundsatz, wenn glatt und schrankenlos durchgeführt, hart und unberechtigt wäre, so mache das Gesetz von demselben eine Ausnahme, indem es die Verteilung von Reingewinn, die Rückzahlung von Nachschüssen und im Wege der Herabsetzung des Stammkapitals oder der Einziehung auch die Rückzahlung von Stammeinlagen gestatte. Aufgespeicherte Reserven könnten daher nur als Jahresgewinn, also am Ende eines Geschäftsjahres auf Grund der Jahresbilanz verteilt werden. Diese Auslegung des § 30 Abs. 1 ist im Vorstehenden verlassen worden. Sie entspricht weder dem Texte noch dem Sinne des Gesetzes. Es will nicht grundsätzlich jede Auszahlung von Gesellschaftsvermögen an den Gesellschafter verbieten. Es spricht nur von dem zur Erhaltung des Stammkapitals erforderlichen Vermögen und will damit eine Schranke seines Verbotes setzen, die nicht durch die Argumentation, daß jedes Stück hierzu nötig werden könne, wieder aufgehoben werden darf. Es geht aber andererseits weiter. Es umfaßt nicht nur die echten Verteilungsakte, Auszahlung von Stammeinlage, Nachschüssen, Reserve und Gewinn, sondern jede Leistung an die Gesellschafter als solche (oben Anm. 3). Die hier verlassene Ansicht führte auch zu Folgerungen, die nicht im Sinne des Gesetzes liegen. Es soll nicht an jede Auszahlung die Folge des § 31 geknüpft sein, sondern nur an solche, welche das Vermögen derart mindern, daß das Stammkapital nicht mehr gedeckt ist. Es ist zwischen den Verteilungsakten, die an bestimmte Voraussetzungen, verschieden bei den verschiedenen Bestandteilen, geknüpft sind und der Minderung des Stammvermögens zu unterscheiden. Anm. 11.

2. **Die Vorschrift des Abs. 2 beschäftigt sich insbesondere mit einer Art der Austeilung von Gesellschaftsvermögen an die Gesellschafter: nämlich mit der Rückzahlung von eingezahlten Nachschüssen.** Anm. 12.

a) Die Vorschrift bezieht sich nur auf die **Rückzahlung** eingezahlter Nachschüsse. Auf den Erlaß von noch nicht eingezahlten Nachschüssen kann diese Vorschrift nicht ausgedehnt werden (anders Förtsch Anm. 3 und Parisius-Crüger). Das ist vielmehr ein reiner Verwaltungsakt der Geschäftsführer, die dabei lediglich nach dem Gesichtspunkte zu verfahren haben, ob dies den Interessen der Gesellschaft entspricht (vgl. aber auch oben Anm. 10). Ebenso ist die Aufrechnung einer noch ausstehenden Nachschußpflicht mit einer Gegenforderung des Gesellschafters zulässig.

§ 30. b) Die Rückzahlung von eingezahlten Nachschüssen ist an eine Reihe von Anm. 13. Bedingungen geknüpft. Sie sind verschiedener Art und daher auch die Folgen der Verletzung verschieden. Zwei derselben sind materieller Art. Das ist die Bestimmung, wonach die Nachschüsse nicht zur Deckung eines Verlustes am Stammkapital erforderlich sein dürfen und wonach das Stammkapital voll einbezahlt sein muß. Sie dienen der Wahrung des Stammkapitals. Die anderen sind formell. Sie sind im Hinblick auf die Interessen Dritter, die mit der Gesellschaft kontrahieren oder Geschäftsanteile erwerben wollen, getroffen. Das ist die Vorschrift der Publikation und der Frist von drei Monaten. Selbstverständliche allgemeine Voraussetzung ist ein Beschluß der Gesellschafter oder ein diesem gleichstehendes Moment.

α) Es muß ein Gesellschafterbeschluß auf Rückzahlung vorliegen. Die erste Auflage nahm an, die Vorschrift des § 46 Nr. 3 werde durch § 30 Abs. 2 zwingendes Recht. Der § 45 Abs. 2 greife hier nicht Platz. Aber die Gründe, welche bei der Einforderung der Nachschüsse die Beschlußfassung durch die Gesellschafter als zwingendes Recht erscheinen ließen (vgl. Anm. 9 zu § 26), lassen sich hier nicht geltend machen. Es ist möglich, daß der Einforderungsbeschluß bereits festsetzt, unter welchen Bedingungen die Rückzahlung zu erfolgen hat. Auch das Statut kann schon eine Bestimmung darüber enthalten, ohne daß dadurch die Nachschußeigenschaft der Leistung der Gesellschafter in Frage kommt. Es muß also auch zulässig sein, die Bestimmung über die Rückzahlung einem anderen Organe, dem Aufsichtsrate oder den Geschäftsführern, zu übertragen. Erst wenn dieser Beschluß vorliegt, entsteht das Forderungsrecht des Gesellschafters und die Möglichkeit einer Beschlagnahme seitens seiner Gläubiger oder einer Aufrechnung gegen einen Anspruch der Gesellschaft. Bis dahin ist nur eine Erwartung vorhanden. Ist die Rückzahlung bereits im Gesellschaftsvertrage oder in dem Einforderungsbeschlusse unter gewissen Voraussetzungen vorgesehen, so entsteht bereits mit der Einzahlung der Rückforderungsanspruch als bedingtes Recht. Einen ausreichenden Schutz, daß der Gesellschafter auch seine Nachschüsse in der bedungenen Weise zurückerhält, gewähren diese Festsetzungen im Statut oder Einforderungsbeschluß nur dann, wenn die Einforderung nur unter gewissen Voraussetzungen zugelassen ist (vgl. Anm. 24 zu § 26). Anderenfalls kann die Gesellschaft durch Wiedereinrufung des zurückzuzahlenden Nachschusses das Recht auf Rückzahlung praktisch lahm legen.

Über die Folgen einer Rückzahlung von Nachschüssen ohne Beschluß des hierzu berufenen Organes oder ohne Vorliegen der durch Gesellschaftsvertrag oder Einforderungsbeschluß festgelegten Bedingungen vgl. unten Anm. 19.

Anm. 14. β) Die eingezahlten Nachschüsse dürfen nicht erforderlich sein zur Deckung eines Verlustes am Stammkapital. Die Rückzahlung darf also nicht erfolgen, wenn die Aktiva abzüglich der Schulden den Betrag des Stammkapitals nicht erreichen. Der Betrag sonstiger Reservekonten braucht dabei nicht erreicht zu werden, sofern es sich nicht etwa um unechte Reservekonten, um Korrektivposten handelt, die in Wahrheit eine Verminderung der Aktiva bedeuten (vgl. über diesen Begriff den Exkurs zu § 42). Diese Bestimmung des Abs. 2 Satz 1 folgt schon aus Abs. 1. Wenn Stammkapital und Nachschußkapital zusammen mehr betragen als das Reinaktivvermögen, so wäre eine Auszahlung der Nachschüsse eine Auszahlung des zur Erhaltung des Stammkapitals erforderlichen Vermögens. Bei einem Stammkapitale von 100000 M. und einem Nachschußkapitale von 50000 M. würde, wenn nur noch ein Vermögen von 100000 M. vorhanden ist, die Rückzahlung der 50000 M. Nachschüsse eine Unterbilanz von 50000 M. herbeiführen. Maßgebend ist auch hier die Zeit der Auszahlung, nicht des Beschlusses. Dieser kann wirksam gefaßt sein ohne Rücksicht auf den Vermögensstand. Aber die Ausführung ist abhängig von diesem. Sowohl Abs. 1 wie Abs. 2 sprechen auch nur von der Auszahlung. Dem Gesetze kommt es auch nur auf die Erhaltung des Stammkapitals an. Für diese ist es einerlei, wie dasselbe bei der Beschlußfassung aussah. Der Erfolg, die Unterbilanz, soll vermieden werden. Dabei ist die Auszahlung an die Gesellschafter als einheitlicher Akt zu betrachten. Wenn durch dieselbe nur teilweise das zur Erhaltung des Stammkapitals erforderliche Vermögen angegriffen wird, so kann nicht der Gesellschafter, der zufällig zuerst sein Geld erhob, dasselbe behalten und die Gesellschaft an die anderen verweisen. Die Ausschüttung der Nachschüsse als Ganzes führt die Unterbilanz herbei. **§ 30.**

Über die Folgen der Auszahlung trotz Angriffs auf das zur Erhaltung des Stammkapitals erforderliche Vermögen vgl. unten Anm. 18 u. 20.

Erwähnt werden soll auch, daß die hier besprochene Bestimmung des Abs. 2 Satz 1 die oben Anm. 3 vertretene Auslegung des Abs. 1 bestätigt. Bei völlig korrektem Beschlusse die Unzulässigkeit der Auszahlung, sobald das Stammkapital nicht mehr gedeckt ist.

γ) Das Stammkapital muß voll einbezahlt sein. Als Regel kann die Einforderung von Nachschüssen vor voller Einzahlung des Stammkapitals nicht erfolgen. Nur ausnahmsweise ist das der Fall (§ 28 Abs. 2; vgl. Anm. 5 und 6 zu § 28). Ist von diesem Ausnahmsrecht der Einforderung Gebrauch gemacht, so darf die Rückzahlung nicht erfolgen, ehe das Stammkapital voll eingezahlt ist. Diese Stelle ist ein von der Reichstagskommission eingefügter Zusatz. Eine Begründung hierfür ist dem Kommissionsberichte nicht zu entnehmen. Konsequent ist diese Ausnahme von der Rückzahlung der Nachschüsse nicht. Denn wenn die Gesellschaft im besonderen Falle Nachschüsse einziehen darf, ehe sie ihr Stammkapital voll einforderte, so hören jene durch diese besondere Sachlage nicht auf, Nachschüsse zu sein. Wenn vor der Volleinforderung der Stammeinlagen Nachschüsse eingeholt werden dürfen, so war es folgerichtig, wenn der Entwurf auch ihre Rückzahlung ohne Einforderung der Stammeinlage zuließ. Zweifelhaft ist auch, was in Abs. 2 Satz 3 unter Volleinzahlung gemeint ist. Dem Wortlaute nach müßten die Gesellschafter zuerst ihre Einlagen in bar machen, dann könnte der Beschluß auf Rückzahlung vollzogen werden. Sie erhielten das eben hingegebene Geld zurück. Man wird aber annehmen dürfen, daß auch der Satz 3 nicht mehr verlangt als § 28, nämlich die Einforderung der Stammeinlagen. Dann hat die Gesellschaft das Recht, mit diesen den Anspruch der Gesellschafter auf Rückzahlung der Nachschüsse aufzurechnen. Hierdurch ist die Möglichkeit gegeben, die restierende Stammeinlage mittelst der Nachschüsse zu decken. Das Gesetz kann unmöglich zu einem andern Resultate führen, das die reine Komödie wäre. Anm. 15.

Über die Folgen der Auszahlung von Nachschüssen vor Einforderung der restlichen Stammeinlage vgl. unten Anm. 18 u. 21.

δ) Der Rückzahlungsbeschluß muß in den Gesellschaftsblättern und in Ermangelung solcher in denjenigen Blättern publiziert sein, die für die Bekanntmachungen des Handelsregisters bestimmt sind (vgl. §§ 10 und 11 HGB.: der Reichsanzeiger und ein anderes vom Gericht bestimmtes Blatt). Anm. 16.

ε) Es müssen drei Monate seit dieser Publizierung (und zwar seit der ersten Publizierung) verflossen sein. An die Frist selbst ist keinerlei Rechtsfolge geknüpft. Es fehlt an einer dem § 59 entsprechenden Bestimmung über eine der Auszahlung vorhergehende Befriedigung der Gläubiger. Es soll, heißt es im Kommissionsberichte, den Gläubigern überlassen sein, „geeignete Maßregeln" zu ergreifen. Diese können in der Einklagung fälliger Beträge oder in der Erwirkung von Arresten für befristete Ansprüche bestehen. Als Arrestgrund kann aber die Tatsache der bevorstehenden Rückzahlung der Nachschüsse für sich allein nicht angesehen werden. Anm. 17.

Über die Folgen der Nichtbeobachtung der Vorschriften über die Bekanntmachung und Wartefrist vgl. unten Anm. 22.

c) Die Folgen des Nichtvorliegens der Voraussetzungen der Rückzahlung der Nachschüsse. Zufolge § 31 Abs. 1 müssen alle Zahlungen, „welche der Vorschrift des § 30 zuwider geleistet sind", der Gesellschaft erstattet werden Darunter fallen also auch alle Rückzahlungen von Nachschüssen. Denn das Zitat umfaßt auch den Abs. 2. Der Abs. 2 enthält auch die Vorschriften über Bekanntmachung und Befristung. Die Folge wäre daher, daß auch an deren Verletzung die strengeren Rechts- Anm. 18.

§ 30. folgen des § 31 geknüpft wären. Es bestände mithin die Haftung aller Gesellschafter auch dann, wenn die Nachschüsse versehentlich einen Tag vor Ablauf der Wartefrist ausbezahlt würden. Man käme dann zu dem Ergebnisse, daß, wenn eine völlig solvente Gesellschaft die Nachschüsse zurückgibt, die sie nicht mehr braucht, im Falle eines vier Jahre elf Monate später eintretenden Zusammenbruchs diese Nachschüsse unter Haftung aller Gesellschafter der Konkursmasse zurückzuerstatten sind, falls die Formvorschriften des § 30 Abs. 2 nicht korrekt gewahrt sind. Dieses Resultat wäre aber unannehmbar. Einen solchen Schutz der Gläubiger will das Gesetz nicht. Das Zitat des § 30 in § 31 Abs. 1 ist daher einengend auszulegen.

Anm. 19. Zunächst ist das Vorhandensein des Beschlusses über die Rückzahlung keine im § 30 Abs. 2 enthaltene besondere Voraussetzung, deren Verletzung mit der Folge der schweren Haftung aller Gesellschafter belastet werden kann. Der Beschluß schafft vielmehr erst den Rechtsgrund der Rückzahlung. Ohne ihn besteht eine Forderung nicht. Eine Auszahlung ohne Beschluß ist eine einfache Leistung einer Nichtschuld. Nur der Empfänger haftet, und zwar nach dem Grundsatze des Civilrechts (§§ 812 ff. BGB.). Er haftet daher der Gesellschaft auch, falls er im guten Glauben war, also auch, wenn er annahm, es liege ein Beschluß vor oder wenn er eines solchen nicht zu bedürfen glaubte. Die Rückforderung hat statt, ohne Rücksicht darauf, ob dies zur Befriedigung der Gläubiger nötig ist oder nicht. Der § 31 Abs. 2 ist hier nicht anwendbar. Der Erstattungsanspruch verjährt unter allen Umständen erst in 30 Jahren u. s. w. Nur wenn mit einer solchen ohne Rechtsgrund erfolgenden Rückzahlung von Nachschüssen der Angriff auf das Stammvermögen zusammenfällt, tritt die Mithaftung der anderen Gesellschafter ein. Es liegen dann zwei Schuldursachen vor. Daher auch in diesem Falle die Gesellschaft den Anspruch gegen den Empfänger 30 Jahre lang geltend machen kann, während die fünfjährige Verjährung den mithaftenden Gesellschaftern zu gute kommt.

Anm. 20. Ist zwar ein gültiger Beschluß gefaßt, die Auszahlung aber erfolgt, obwohl dadurch das zur Erhaltung des Stammkapitals erforderliche Vermögen angegriffen wird, so liegt ein Verstoß auch im Sinne des Abs. 1 vor. Es treten ohne Zweifel alle Folgen, wie sie § 31 regelt, ein.

Anm. 21. Der von der Reichstagskommission eingefügte Satz 3 Abs. 2 § 30 muß ebenso behandelt werden. Er verbietet die Zurückzahlung der Nachschüsse vor Einzahlung des Stammkapitals. Sie ist unzulässig. Die Folge ist auch hier die Haftung gemäß § 31. Eine Vorschrift des § 30 ist verletzt. Man dachte bei der Einreihung dieses Satzes 3 wohl kaum an den Riß, den man in das wohlgefügte System des Gegensatzes von Stammeinlage und Nachschuß machte. Bei der Einforderung der Nachschüsse, auch der ausnahmsweise vor der Einrufung des Stammeinlagerestes erfolgenden, gibt es keine Haftung der anderen Gesellschafter. Nur die Rechtsvorgänger haften aus Gründen, die mit der Wahrung des Stammkapitals zusammenhängen (vgl. Anm. 2 und 3 zu § 28). Werden aber solchergestalt eingeforderte Nachschüsse zurückgegeben, so müssen, auch wenn das zur Erhaltung des Stammkapitals erforderliche Vermögen durch die Auszahlung nicht berührt wurde, bei einer während der nächsten fünf Jahre eintretenden Insolvenz der Gesellschaft die sämtlichen Gesellschafter für die Rückerstattung der Nachschüsse eintreten. Diese werden, weil das Stammkapital noch nicht voll eingefordert war, gleich dem Stammkapital zu einer den Gläubigern zu erhaltenden Unterlage der Gesellschaft. Das Nachschußkapital ist, sofern das Stammkapital noch nicht völlig eingezogen ist, bezüglich der Rückzahlung dem Stammkapitale gleichgestellt.

Anm. 22. Die Formvorschriften, die Publikation und die Sperrfrist, können dagegen diese Folgen nicht haben. Das oben (Anm. 18) ausgeführte Resultat zeigt dies. Das Verbot der Auszahlung vor Ablauf der dreimonatlichen Frist ist allerdings durch die Worte „darf nicht" ausgesprochen. Es sind dieselben, die in Abs. 1 gebraucht sind. Man wird, obwohl nur eine befristete Schuld vor Ablauf der Frist bezahlt wurde, hieraus das Recht der Gesellschaft entgegen § 813 Abs. 2 BGB. ableiten, die Leistung wieder zurückzufordern, sofern nicht inzwischen die Frist abgelaufen ist. Den Gesellschafter, der einige § 30. Tage vor Ablauf der Frist das Geld erhielt, nach deren Umfließen zu zwingen, dasselbe zurückzugeben, um es sofort wieder zu erhalten, wäre ein unfruchtbarer Formalismus. Er hat ja dann eine fällige Gegenforderung, mit der er aufrechnen könnte. War die Publikation versäumt, so hat die Frist überhaupt nicht begonnen. Das Geld ist zurückzuzahlen. Denn der Gesellschafter als einzelner hat kein Recht, die Veröffentlichung zu erzwingen. Stets ist aber diese Rückforderung nur die civilrechtliche, ohne Mithaftung der anderen Gesellschafter.

3. **Der vierte und letzte Satz des Abs. 2** erklärt zurückgezahlte Nachschüsse als nicht eingezogen. Anm. 23. Richtiger wäre „nicht eingefordert". Denn der eingeforderte, aber noch nicht eingezogene Nachschuß ist der Gesellschaft geschuldet und bildet ein Aktivum derselben. Die Rückzahlung soll aber den Zustand vor der Einforderung herstellen. Diese Wirkung ist erheblich für die Nachschußpflicht, die auf einen bestimmten Betrag beschränkt ist und für die, bei der das Abandonrecht erst bei einer bestimmten Höhe eintritt. Es sollen bei dieser Berechnung die zurückgezahlten Nachschüsse als nicht eingezahlt gelten. Für den vorliegenden Paragraphen hat der Satz keine direkte Bedeutung. Er soll nicht etwa bedeuten, daß ein zurückbezahlter Nachschuß als nicht eingezogen gilt, also noch einmal eingezahlt werden muß. Denn der Rückzahlungsbeschluß hebt ja den Einforderungsbeschluß auf.

Erheblich ist der Satz 4 auch für die Bilanz. Um den Betrag der Rückzahlung vermindert sich das in die Passivseite einzustellende Nachschußkapital, ebenso wie bei einer Anm. 24. Abschreibung infolge Verbrauchs. Der Fall ist also der gleiche wie bei einer Herabsetzung des Stammkapitals. Diese erfolgt entweder zur Rückzahlung an die Gesellschafter oder zur Beseitigung einer Unterbilanz. Nur ist dort beides an dieselbe Form geknüpft, während beim Nachschußkapital die Abschreibung des Verlorenen durch die Geschäftsführer vorgenommen wird.

Zusatz. Was die eingezahlten Nachschüsse betrifft, so wird oft die Frage aufgeworfen, ob und Anm. 25. **inwieweit die Verwendung der Nachschüsse statthaft ist.** Die Frage ist sehr einfach zu beantworten, so einfach, daß sie in diesem Sinne gar nicht aufgestellt werden kann. Die eingezahlten Nachschüsse sind Bestandteile des Gesellschaftsvermögens, und diese können zu jedem wirtschaftlich erlaubten Zwecke verwendet werden: zur Bezahlung von Schulden, zu Neuanschaffungen u. s. w. Die Frage muß anders gestellt werden. Ein den eingezahlten Nachschüssen gleichkommender Betrag wird im Gesellschaftsvermögen festzuhalten gesucht, der Verteilung an die Gesellschafter durch Bildung eines Fonds in den Passiven der Gesellschaftsbilanz entzogen. Dieses Passivkonto kann, wie § 42 Nr. 4 ergibt, „verwendet", d. h. gestrichen werden. Dadurch wird die Bilanz in einer Weise verändert, daß die Höhe der Aktiva der Höhe der Passiva näher kommt und so eine Verteilung von Überschüssen an die Gesellschafter entweder sofort ermöglicht oder jedenfalls dieses Ziel näher gerückt wird. Es fragt sich nun: in welchem Falle ist diese Streichung oder, wie das Gesetz sagt, diese Verwendung des Nachschußpassivpostens gestattet? Die beiden Fälle sind in § 30 Abs. 2 erwähnt. Der eine ist bereits oben (Anm. 24) abgehandelt. Es ist der Fall, wo die Streichung erfolgt zum Zwecke der Rückzahlung der Nachschüsse. Das kann geschehen, wenn die Voraussetzungen des § 30 Abs. 2 vorliegen. Der zweite Fall ist ebenfalls in § 30 Abs. 2 behandelt, nämlich in dem Nebensatze: „soweit sie nicht zur Deckung eines Verlustes am Stammkapital erforderlich sind". Das bedeutet: das Nachschußreservekonto darf gestrichen werden, um eine Unterbilanz auszugleichen. Näheres hierüber Anm. 1 und 22 zu § 26 und die Erläuterungen zu § 42 Nr. 4. Andere Verwendungen oder Streichungen des Nachschußreservekontos sind gestattet, soweit die materiellen Voraussetzungen der Nachschußrückzahlung vorhanden sind (vgl. oben Anm. 13 bis 15). Der Betrag des gestrichenen Nachschußreservekontos kann dann statt zur Rückzahlung der Nachschüsse auch zu anderen, für die Gesellschaft weniger nachteiligen Zwecken verwendet werden: zur Bildung anderer Reservekonten, zu Unterstützungsfonds, zu Abschreibungen u. s. w. Einer Publikation oder des Abwartens einer Frist bedarf es hierzu nicht.

§ 31.

§ 31.

Zahlungen, welche den Vorschriften des § 30 zuwider geleistet sind, müssen der Gesellschaft erstattet werden.

War der Empfänger in gutem Glauben, so kann die Erstattung nur insoweit verlangt werden, als sie zur Befriedigung der Gesellschaftsgläubiger erforderlich ist.

Ist die Erstattung von dem Empfänger nicht zu erlangen, so haften für den zu erstattenden Betrag, soweit er zur Befriedigung der Gesellschaftsgläubiger erforderlich ist, die übrigen Gesellschafter nach Verhältnis ihrer Geschäftsanteile. Beiträge, welche von einzelnen Gesellschaftern nicht zu erlangen sind, werden nach dem bezeichneten Verhältnis auf die übrigen verteilt.

Zahlungen, welche auf Grund der vorstehenden Bestimmungen zu leisten sind, können den Verpflichteten nicht erlassen werden.

Die Ansprüche der Gesellschaft verjähren in fünf Jahren; die Verjährung beginnt mit dem Ablauf des Tages, an welchem die Zahlung, deren Erstattung beansprucht wird, geleistet ist. Fällt dem Verpflichteten eine bösliche Handlungsweise zur Last, so findet die Bestimmung keine Anwendung.

Für die in den Fällen des Absatz 3 geleistete Erstattung einer Zahlung sind den Gesellschaftern die Geschäftsführer, welchen in betreff der geleisteten Zahlung ein Verschulden zur Last fällt, solidarisch zum Ersatze verpflichtet.

Einleitung. **Der vorliegende Paragraph regelt die Folgen einer unzulässigen Verteilung von Gesellschaftsvermögen an die Gesellschafter,** indem er der Gesellschaft ein Rückforderungsrecht gegen den Empfänger (Abs. 1 und 2) unter subsidiärer Mithaft der übrigen Gesellschafter gibt (Abs. 3) und den Erlaß solcher Ansprüche verbietet (Abs. 4). In Abs. 5 wird die Verjährung solcher Ansprüche, in Abs. 6 der Rückgriff der in Anspruch Genommenen gegen die Geschäftsführer behandelt.

Anm. 1. I. **Überall vorausgesetzt ist eine dem § 30 zuwiderlaufende Zahlung.** Das will sagen: Es handelt sich um eine solche Verteilung von Gesellschaftsvermögen, die dem § 30 deshalb zuwiderläuft, entweder weil dadurch das zur Erhaltung des Stammkapitals erforderliche Vermögen angegriffen (Anm. 1 zu § 30) oder weil in dem besonderen Falle der Einziehung von Nachschüssen vor Einrufung der Stammeinlagen, das Nachschußkapital vor Einzahlung der Stammeinlagen ausgeschüttet wird. Der Fall der Auszahlung der Nachschüsse, obwohl diese zur Deckung des Verlustes an Stammkapital erfordert, fällt, wie nachgewiesen, unter die Auszahlung des zur Erhaltung des Stammkapitals erforderlichen Vermögens (vgl. Anm. 14 zu § 30). Über die einzelne Voraussetzung der Vorschriften des § 30 ist auf die Erläuterungen hierzu zu verweisen, insbesondere über die Frage, in welchem Falle das Rückforderungsrecht des § 31 begründet ist (Anm. 7 zu § 30).

Anm. 2. II. **Unter der zu I gedachten Voraussetzung besteht ein Rückforderungsrecht der Gesellschaft.**

1. **Wem steht das Rückforderungsrecht zu?** Der Gesellschaft. Auch im Falle des Abs. 2, wenn also der Empfänger in gutem Glauben war und die Rückforderung nur insoweit statthaft ist, als sie zur Befriedigung der Gesellschaftsgläubiger erforderlich ist, ist doch nur die Gesellschaft die Rückforderungsberechtigte. Die Gläubiger können sich jedoch den Betrag im Wege der Pfändung überweisen lassen. Im Konkurse ist der Konkursverwalter derjenige, der das Einziehungsrecht hat.

Anm. 3. 2. **Wer haftet auf Erstattung?**

a) **Zunächst der Empfänger** (Abs. 2). Darunter ist (anders Förtsch Anm. 2 und Neukamp Anm. 1) der wirkliche Empfänger zu verstehen. Man sollte meinen, daß das Gesetz sich deutlich ausgedrückt hat. Wenn es den Gesellschafter meint, spricht es immer vom Gesellschafter. Hier aber ist der Empfänger genannt, der nicht notwendig der Gesellschafter zu sein braucht. Denn der Gesellschafter kann ja den betreffenden Vermögensanspruch veräußert haben. Dann ist der Rechtsnachfolger der Empfänger. Fast scheint es sogar, als habe der Gesetzgeber den Ausdruck „Empfänger" absichtlich gewählt, um diejenige Ansicht, welche auch im Aktienrecht trotz des dort gebrauchten Ausdrucks Aktionär die herrschende ist (Staub HGB. Anm. 1 zu § 217), deutlich zum Ausdruck zu bringen. Der Empfänger ist also der wirkliche rechtmäßige Empfänger, also der Cessionar oder der Dividendenschein-Inhaber, der Exekutionsgläubiger, wenn ihm die Dividendenforderung überwiesen ist. Man könnte einwenden, daß auf diese Weise der Gesellschafter, der den Dividendenanspruch veräußert hat, besser gestellt wäre, als die übrigen Gesellschafter. Denn diese haften ja subsidiär für die Rückzahlung, der Gesellschafter aber, der den Anspruch veräußert hat, nicht. Allein dem ist zu entgegnen, daß, wenn dem Rechtsnachfolger des Gesellschafters der Betrag als rechtswidrig entzogen wird, der Gesellschafter seinem Rechtsnachfolger aus civilrechtlichen Gründen auf Ersatz haftet. Der Regreß bleibt ihm also nicht erspart. Steht ein Geschäftsanteil mehreren zu, so haftet jeder für den Betrag, den er empfing. Der § 18 Abs. 2 spricht nur von den auf den Geschäftsanteil zu bewirkenden Leistungen. Das sind solche Verpflichtungen, welche die Mitgesellschafter durch den gemeinsamen Erwerb übernehmen. Auf diejenigen, welche durch rechtswidrigen Empfang von Gesellschaftsvermögen durch den einen, auf den die anderen keinen Einfluß haben, erwachsen, ist die erwähnte Bestimmung nicht ausdehnbar. Die Mitgesellschafter haften lediglich subsidiär gleich allen übrigen. § 31.

Der Umfang der Haftung des Empfängers erstreckt sich auf alles, was der Empfänger rechtswidrig empfangen hat. Die Klage ist keine Bereicherungsklage, so daß er sich durch den Nachweis, daß er das Empfangene nicht mehr besitzt, befreien könnte. War er aber im guten Glauben, so kann die Erstattung nur insoweit verlangt werden, als sie zur Befriedigung der Gesellschaftsgläubiger erforderlich ist (Abs. 2). Es ist natürlich auch hier der gute Glaube des wirklichen Empfängers entscheidend (vgl. Anm. 3; anders auch hier die Förtschsche Auffassung). Der gute Glaube ist dann nicht vorhanden, wenn dem Empfänger bekannt war oder aus Fahrlässigkeit nicht bekannt war, daß die Zahlung rechtswidrig war. Das BGB. kennt eine einheitliche Voraussetzung des guten Glaubens nicht. Es schließt ihn zum Teile nur durch das Wissen, so beim Immobiliarrecht, zum Teil durch das grobfahrlässige Nichtwissen, so beim Mobiliarsachenrecht, zum Teil durch jedes fahrlässige Nichtwissen, so bei der Fortdauer erloschener Vollmacht, beim Erbschein u. s. w. aus. Es erscheint der hier vorliegenden Sachlage entsprechend, wenn die letzte Gruppe für maßgebend erachtet wird. Die besonderen Maßstäbe des Sachenrechts sind für das Gesellschaftsrecht nicht anwendbar. Der gute Glaube bezieht sich hier nicht auf die irrige Annahme, ein Recht auf den Bezug des Geldes zu haben, sondern auf die Unkenntnis von dem Stande des Gesellschaftsvermögens. Sein Gegenstück ist das Wissen oder Wissenmüssen, daß die Zahlung der Dividende, der Nachschüsse u. s. w. auf Kosten des zur Erhaltung des Stammkapitals nötigen Vermögens erfolgt. Bei einer Auszahlung von Nachschüssen, obwohl das Stammkapital noch nicht voll bezahlt ist (vgl. Anm. 21 zu § 30), muß der Empfänger hierüber in Unkenntnis sein. Diese dürfte als eine entschuldbare schwer nachzuweisen sein. Denn jeder Gesellschafter weiß doch, wie es mit der Einzahlung der Stammeinlage steht. Man sieht hier wieder, daß § 30 Abs. 2 Satz 3, der von der Reichstagskommission eingeschoben wurde, inkonsequent ist und nicht in den Rahmen des Ganzen paßt. Ist die Leistung aus dem Gesellschaftsvermögen an mehrere Miteigentümer eines Geschäftsanteils erfolgt, so schadet der böse Glaube des einen dem anderen nicht. Die Gesellschaft hat nur gegen den ersteren einen unbedingten Anspruch. Den Beweis des guten Glaubens hat der Empfänger zu führen. Denn Abs. 2 ist eine Ausnahme von Abs. 1. An sich ist die Folge der rechtswidrigen Zahlung die Haftung auf den vollen Betrag. Will ausnahmsweise der Empfänger seine Haftung einschränken, so Anm. 4.

§ 31. muß er den Grund der Einschränkung beweisen, also seinen guten Glauben (vgl. Staub HGB. Anm. 12 zu § 217, woselbst auch die gegnerischen Auffassungen zitiert sind). Weist er den guten Glauben nach, so ist es Sache der Gesellschaft, darzutun, wie viel erforderlich ist, um die Gesellschaftsgläubiger zu befriedigen. Dabei ist der Stand der Gesellschaft im Momente des Urteils maßgebend. Der Gesellschafter kann auch in der Berufungsinstanz nachweisen, daß seit dem erstinstanzlichen Urteile die Gesellschaft aus anderen Mitteln, wieder solvent gewordenen Ausständen, im Preise gestiegenen Terrains, ihre Schulden decken könnte. Der häufigste Fall wird der des Konkurses sein. Dann geht die Haftung bis zur Höhe des voraussichtlichen Ausfalles.

Anm. 5. Die Befriedigung der Gesellschaftsgläubiger umfaßt nicht etwa bloß die Befriedigung der Gläubiger, welche zur Zeit des Empfanges der rechtswidrigen Zahlung vorhanden sind, sondern auch die Befriedigung der später hinzukommenden Gläubiger. Es kann auch, nachdem ein Teil des rechtswidrig Empfangenen beigetrieben ist, um die Gesellschaftsgläubiger zu befriedigen, beim Auftauchen neuer Gläubiger der Rest des rechtswidrig Gezahlten eingefordert werden.

Anm. 6. Ist aus einem einheitlichen Rechtsgrunde, z. B. Ausschüttung der Dividende oder Rückzahlung von Nachschüssen u. s. w. Zahlung an mehrere Gesellschafter erfolgt, die Summe aller Zahlungen aber größer als der zur Befriedigung der Gläubiger nötige Betrag, so steht es nicht in der freien Wahl der Geschäftsführer oder Gesellschafter, gegen wen sie den Anspruch auf Rückersatz geltend machen. Die Rückforderung hat analog der Einforderung (§ 19 Abs. 1) nach Verhältnis der Geschäftsanteile oder, falls die empfangenen Beträge nicht gleichheitlich ausgefolgt waren, nach deren Verhältnis zu erfolgen. Jede Auszahlung widerspricht nur in diesem Verhältnisse dem Gesetze.

Anm. 7. b) **Subsidiär haften die übrigen Gesellschafter.**

α) Subsidiär, d. h. wenn die Erstattung von dem Empfänger nicht zu erlangen ist, sei es, daß die Erlangung durch Klage oder Zwangsvollstreckung vergeblich versucht worden ist, oder daß sie aussichtslos ist.

Anm. 8. β) Die übrigen Gesellschafter, d. h. diejenigen, die zur Zeit, wo die Auszahlung erfolgte, Gesellschafter sind, außer demjenigen, an welchen die rechtswidrige Zahlung erfolgt ist. Die Gründe sind hier dieselben wie bei der Haftung der Gesellschafter für den Ausfall der eingeforderten Stammeinlage (Anm. 12 zu § 24). Der Rückforderungsanspruch entsteht mit der rechtswidrigen Auszahlung. Für diese erwächst gleichzeitig die Haftung der anderen Gesellschafter so wie die Bürgschaft, auch als Ausfallbürgschaft, mit der Übernahme und der Entstehung der Hauptschuld, nicht erst mit deren Ausfall entsteht. Durch spätere Abtretung des Geschäftsanteils befreien sich die zeitigen Gesellschafter von der Verpflichtung nicht (§ 16 Abs. 3). Dagegen geht durch solche Abtretung die Verpflichtung außerdem auf den Erwerber über (§ 16 Abs. 3). Auf den guten Glauben dieser übrigen Gesellschafter kommt es nicht an. Sie haften für den Ausfall, den die Gesellschaft bei einem schlechtgläubigen Gesellschafter erleidet, unbedingt und ohne Rücksicht auf die Befriedigung der Gläubiger. Es kann daher kommen, daß alle Gesellschafter für den Betrag, den ein Gesellschafter, der als Geschäftsführer genau die Lage kannte, als Dividende sich selbst auszahlte, einstehen, während sie die eigene Dividende behalten.

Anm. 9. γ) Im Verhältnis ihrer Geschäftsanteile haften sie. Die Bestimmung ist ähnlich, wie in § 24 gegeben (vgl. daher Anm. 20 zu § 24). Ebenso ist jenem Paragraphen die weitere Verteilung von Beträgen, welche bei einzelnen Gesellschaftern nicht zu erlangen sind, nachgeahmt (vgl. darüber Anm. 23 ff. zu § 24). Den zahlenden anderen Gesellschaftern steht auch hier ein Regreß gegen den insolventen Empfänger zu. Praktischen Wert hat er selten. Die Rechtsnachfolger desselben, die seinen Geschäftsanteil nach der Auszahlung erworben haben, haften weder der Gesellschaft noch den andere Gesellschafterm. Es handelt sich nicht um eine auf dem Geschäftsanteil ruhende Verpflichtung.

Anm. 10. 3. **Verboten ist der Erlaß der in diesem Paragraphen gegebenen Gesellschaftsansprüche.** Nicht durch Gesellschaftsbeschluß, und noch weniger durch den Geschäftsführer kann der Erlaß erfolgen. Erfolgt er, so ist er unwirksam. Dagegen sind Hingaben an Zahlungsstatt, Kompensationen u. s. w. statthaft. Die Vorschrift ist hier nicht so streng, wie in § 19. Nur darf kein Scheinmanöver vorliegen. Wenn ein Gesellschafter eine Einzahlung in bar leistet, sie andern Tags zurückerhält und dann, als die Gesellschaft ihr Rückforderungsrecht geltend macht, sie durch Aufrechnung oder Hingabe von Sachen befriedigt, haftet er für die zugesagte bare Einlage gemäß § 19 Abs. 3. Seine Einlage war nur zum Schein erfolgt und der Rückforderungsanspruch nur ein simulierter. § 31.

4. **Die Verjährung der Ansprüche.** Die Verjährung dauert, wie Abs. 5 ergibt, 5 Jahre. Sie beginnt mit dem Ablauf des Tages, an welchem die rechtswidrige Zahlung erfolgt ist. Die fünfjährige Verjährung findet aber keine Anwendung, statt ihrer greift vielmehr die ordentliche Verjährung von 30 Jahren Platz, wenn dem Verpflichteten eine bösliche Handlungsweise zur Last fällt. Die bösliche Handlungsweise umfaßt außer dem dolus auch die luxuria, d. h. den frevelhaften Mutwillen, der zwar die Beschädigung nicht beabsichtigt, aber sich doch der mit dem Handeln verbundenen Gefahr bewußt ist (RG. 1, 22 und 38; 7, 125; Staub HGB. Anm. 13 zu § 202). Die Verjährung des subsidiären Anspruchs an die Gesellschafter richtet sich nach der Verjährung des Hauptanspruchs. Eine Unterbrechung der Verjährung bezüglich des letzteren bewirkt keine Unterbrechung bezüglich des subsidiär Haftenden. Hierzu ist mindestens Streitverkündung bei der Betreibung des Empfängers erfordert. Anm. 11.

Die sonstigen Bestimmungen über die Verjährung richten sich nach dem BGB., insbesondere über die Unterbrechung und Hemmung der Verjährung (siehe hierüber Staub HGB. Anm. 10 ff. zu § 159, Anm. 1 ff. zu § 160 und Staub WO. §§ 11 ff. zu Art. 77 und Exkurs zu Art. 79). Anm. 12.

Zusatz 1. **Hinzuzufügen ist, daß außerdem auch noch die Geschäftsführer für den Schaden haften,** der der Gesellschaft durch rechtswidrige Zahlung erwachsen ist (§ 43). Sie haften solidarisch neben den sonstigen Ersatzpflichtigen. Sie stehen unbedingt ein, wenn auch von dem Empfänger, der in gutem Glauben war, kein Ersatz begehrt werden kann. Ein Regreß gegen den Empfänger steht den Ersatz leistenden Geschäftsführern nur insoweit zu, als die Gesellschaft einen Anspruch hatte. Hierüber zu § 43. Anm. 13.

Zusatz 2. **In Abs. 6 unseres Paragraphen ist ferner ein Rückgriffsrecht der auf Grund des Abs. 3 in Anspruch genommenen übrigen Gesellschafter gegen die Geschäftsführer gegeben.** Dieses Regreßrecht besteht nur gegen diejenigen Geschäftsführer, welche die rechtswidrige Zahlung verschuldet haben. Voraussetzung ist, daß ein Gesellschafter auf Grund der Kollektivhaftung eine Zahlung geleistet hat. Der Einwand, daß die Anforderung seitens der Gesellschaft zu Unrecht erfolgt war, ist gestattet. War dem Geschäftsführer der Streit verkündet gewesen, so ist dieser Einwand ausgeschlossen. Die Verjährung dieser besonderen Regreßrechte der Gesellschafter gegen die Geschäftsführer ist die dreißigjährige. Die fünfjährige Verjährung des Abs. 5 ist hierfür nicht maßgebend, ebensowenig die des § 43 Abs. 4. Anm. 14.

§ 32.

Liegt die im § 31 Absatz 1 bezeichnete Voraussetzung nicht vor, so sind die Gesellschafter in keinem Falle verpflichtet, Beträge, welche sie in gutem Glauben als Gewinnanteile bezogen haben, zurückzuzahlen.

Der vorliegende Paragraph schafft ein Privilegium im Falle des gutgläubigen Empfanges unrichtig festgesetzter Dividenden. Der Vollständigkeit halber muß aber außer dem Fall der geschehenen Zahlung der Dividende auch noch die Frage erörtert werden, welche rechtlichen Verhältnisse vor dem Empfang einer beschlossenen, aber unrichtig berechneten Dividende bestehen. Einleitung.

I. **Welche rechtlichen Verhältnisse bestehen im Falle einer beschlossenen, aber unrichtig berechneten Dividende vor dem Empfang derselben?** Anm. 1.

Der Beschluß, eine Dividende zu verteilen, ist Anerkenntnis der bestehenden

§ 32. Dividendenschuld. Es wirkt als selbständiger Verpflichtigungsgrund (vgl. Anm. 3 zu § 29). Das Protokoll der Gesellschafterversammlung genügt dem Erfordernisse der Schriftlichkeit (§ 781 BGB.). Dieses Anerkenntnis kann widerrufen werden, sobald es in der irrigen Meinung von der Richtigkeit der Bilanz und des hieraus entspringenden Rechtes der Gesellschafter auf Dividende abgegeben wurde. Wenn die Gesellschaft nicht wußte, daß sich unter den Debitoren eine Reihe von unbeibringlichen befanden, so wird sie der Klage des Gesellschafters den auf § 812 Abs. 2 BGB. gestützten Einwand entgegenhalten. Nur muß die Gesellschaft nachweisen, daß eine unrichtige Bilanz vorlag. Wenn die Gesellschafter wissentlich eine unrichtige Bilanz genehmigten oder im Widerspruche zu dem Entwurfe der Geschäftsführer selbst aufmachten, so ist zu unterscheiden, ob diese Festsetzung gegen zwingende Vorschriften des Gesetzes verstoße oder nicht. Alle Vorschriften des § 42 unseres Gesetzes und des § 40 HGB. gehören hierher. Es ist unstatthaft, unbeibringliche Ausstände zum vollen Betrage einzustellen (§ 40 HGB.). Es ist unstatthaft, Anlagen zum dauernden Betriebe höher als zu ihrem Gestehungswerte anzunehmen (§ 42 Ziffer 1), auch wenn das Terrain, auf dem sie stehen, im Preise steigen sollte u. s. w. Eine unter Verletzung dieser Vorschriften errichtete Bilanz erzeugt keinen gültigen Dividendenanspruch, da er gegen das Gesetz verstößt. Eine Verpflichtung der Gesellschaft, Dividenden, die auf gesetzwidriger Bilanz beruhen, auszubezahlen, besteht nicht. Sie kann auch nicht anerkannt werden. Denn niemals kann eine wegen Verstoßes gegen eine absolute Bestimmung des Gesetzes nichtige Verbindlichkeit durch Anerkenntnis wirksam werden (vgl. Düringer-Hachenburg II 312 Note VI 5 zu § 350). Handelt es sich um eine dem subjektiven Ermessen unterstehende Bewertung, so darf selbstverständlich aus einer abweichenden Schätzung keine Nichtigkeit abgeleitet werden. Wohl aber ist eine solche auf bösem Willen oder unberechtigter Willkür basierende Annahme dem Angriffe der Gesellschaft wieder unterworfen (RG. 40, 50). Da, wo der Gesellschaftsvertrag für die Anfechtung gesetz- und statutenwidriger Beschlüsse eine Frist vorsieht, kommt deren Ablauf dann nicht in Betracht, wo es sich um die Verletzung zwingender, im Interesse des mit der Gesellschaft verkehrenden Publikums gegebenen Vorschriften handelt (vgl. die Ausführungen zu § 45).

Anm. 2. Handelt es sich aber um Vorschriften über die Bilanzen, welche dispositiver Art, also durch das Statut eingeführt und durch Statutenänderung wieder aufhebbar sind, so erscheint, falls die Gesellschafter in Kenntnis dieses Verstoßes den Dividendenverteilungsbeschluß fassen, das Anerkenntnis wirksam. Weder können die Geschäftsführer die Auszahlung verweigern noch kann ein späterer Majoritätsbeschluß der Gesellschafter dem nicht zustimmenden Gesellschafter seine Dividende wieder entziehen. Hierher gehören z. B. Bestimmungen über die Aufnahme der Waren und Fabrikate, falls diese entgegen dem Statute nicht zu dem Gestehungswerte, sondern zum Verkaufspreise eingestellt sind. Die Gesellschaft könnte ja durch Statutenänderung diese Art der Aufnahme einführen. Ebenso wenn der Gesellschaftsvertrag vorschriebe, daß auf das Patentkonto 20 Prozent abzuschreiben sind, die Bilanz aber nur 10 Prozent abschreibt und diese Abschreibung eine der Sachlage angemessene ist. Dieser dispositiven Bestimmung über die Aufnahme der einzelnen Werte stehen die statutarischen Vorschriften über die Gewinnverteilung gleich. Wenn nach dem Gesellschaftsvertrage überhaupt keine Dividenden verteilt werden, der Reingewinn vielmehr zur Amortisation von Geschäftsanteilen (vgl. Anm. 2 zu § 34) oder zu Wohltätigkeitszwecken verwendet werden soll, so kann der Geschäftsführer, wenn die Gesellschafter trotzdem die Verteilung beschließen, sich dem nicht widersetzen. Ebenso wenn die Gesellschafter sich über die vorgeschriebene Dotierung der Reserven hinwegsetzen. Sie können, wie sie die ganze Bestimmung aufheben können, auf deren Verwendung im Einzelfalle verzichten. Dann ist das Anerkenntnis der Dividendenschuld wirksam, sobald der Beschluß der Verteilung der Dividende in Kenntnis dieser Statutenverletzung gefaßt ist. Dem Gesellschafter, der diesem Beschlusse widersprach oder wenigstens nicht zustimmte, steht das Recht der Anfechtung desselben zu (vgl. Anm. 12 zu § 45). Solange diese Klage aber nicht durchgeführt ist, besteht der Beschluß und muß respektiert werden. Wird der

Klage stattgegeben, so entfällt die Grundlage für die Verteilung und der Anspruch auch § 32.
der anderen Gesellschafter ist zu verneinen. Ist die Anfechtung statutarisch an eine bestimmte Frist gebunden, so ist mit deren Ablauf der Beschluß endgültig rechtsverbindlich für alle. Damit ein wissentliches Anerkenntnis einer nach dem Statute nicht vorhandenen Dividendenschuld vorliege, muß die beschließende Mehrheit in Kenntnis der Sachlage handeln. Kenntnis eines einzelnen Gesellschafters genügt hierzu nicht. Umgekehrt wird in einem solchen Falle, wenn die beschließende Mehrheit sich in einem Irrtum über die Statutenwidrigkeit der Bilanz oder der Verteilung befand, der Gesellschafter, der die Dividende trotz seiner Kenntnis empfängt, als schlechtgläubiger zu betrachten sein. Die Gesellschaft weigert ihm nicht nur die Auszahlung. Sie fordert den bezogenen Betrag zurück. Der Stütze durch § 826 BGB. und der Annahme einer unerlaubten Handlung (so die erste Auflage Anm. 2 zu § 32) bedarf es hierzu nicht.

Ist die Feststellung der Bilanz oder der Beschluß über die Verteilung der Dividenden durch Statut anderen Organen als den Gesellschaftern übertragen, z. B. dem Aufsichtsrate (vgl. Anm. 13 zu § 46), so gilt von deren Festsetzungen das oben Ausgeführte entsprechend. Nur wird man diesen Organen nie das Recht zusprechen können, sich über die Bestimmungen der Statuten hinwegzusetzen. Ein Verteilungsbeschluß des Aufsichtsrates unter Nichtbeachtung der Vorschriften über die Reserven hat keine Gültigkeit und kann nicht als Anerkenntnis seitens der Gesellschaft aufgefaßt werden, das deren Widerruf ausschlösse.

II. **Wie nun, wenn die zu Unrecht festgestellte Dividende zur Auszahlung gelangt?** Diese Frage bildet den Inhalt des § 32. Anm. 3.

Die Auszahlung verändert die Rechtslage vollständig. Der Gesellschafter oder sonstige Dividendenberechtigte, der die Dividende ausgezahlt erhalten hat, muß möglichst vor der Rückforderung geschützt werden. Hier kommt es nicht darauf an, ob öffentlichrechtliche oder verzichtbare Vorschriften verletzt sind. Hier stellt das Gesetz ein anderes Kriterium auf. Der Dividendenempfänger ist vor Rückforderung geschützt unter der doppelten Voraussetzung:

1. wenn der Tatbestand des § 31 Abs. 1 nicht vorliegt,
2. wenn er beim Empfang in gutem Glauben war.

Zu 1. Erste Voraussetzung ist, daß der Tatbestand des § 31 Abs. 1 nicht vorliegt. Anm. 4. Der Tatbestand des § 31 Abs. 1 liegt vor, wenn der § 30 verletzt ist, wenn also das zur Erhaltung des Stammkapitals erforderliche Vermögen als Dividende verteilt wurde. Ist dies der Fall, so muß, im Gegensatze zum Aktienrechte, der Empfänger die Dividende, auch im Fall seines guten Glaubens, herauszahlen, sofern dies zur Befriedigung der Gläubiger nötig ist. War aber die Dividendenzahlung aus anderen Kapitalien, aus Reserve und Nachschüssen erfolgt, so daß das zur Erhaltung des Stammkapitals erforderliche Vermögen immer noch vorhanden ist, so behält der gutgläubige Empfänger seine Dividende, mag auch eine solche, da in Wahrheit kein Gewinn erzielt wurde, nicht in Rechten begründet sein. Das Rückforderungsrecht, das nach allgemeiner Regel gegeben wäre, ist durch die besondere Bestimmung des Gesetzes ausgeschlossen. Dabei ist es unerheblich, daß hierbei zwingende Vorschriften verletzt sind, z. B. wertlose Ausstände, als vollwertig aufgenommen wurden u. s. w.

Um so mehr greift § 32 ein, wenn die unrichtige Reingewinnfeststellung lediglich Anm. 5. auf statutarischen Vorschriften über die Bilanzaufstellung beruht, wenn also zwar bei Wahrung der absoluten Vorschriften über die Bilanzaufstellung sich ein Jahresgewinn ergeben würde, der ausgewiesene Jahresgewinn aber nur dadurch in die Erscheinung gelangte, daß statutarische Vorschriften über die Bilanzaufstellung (z. B. über Abschreibungen und die Bildung und Dotierung von Reserven) verletzt wurden. Dieses Plus ist zwar, wenn man lediglich auf die statutarischen Bestimmungen sieht, kein wahrer, kein echter Reingewinn. Aber da auch hier der § 30 nicht verletzt ist, so liegt ein Fall des § 31 Abs. 1 nicht vor. Es greift § 32 Platz. Der gutgläubige Empfänger ist vor Rückforderung geschützt. Der für das Aktienrecht maßgebende Gedanke, die Sicherheit des

§ 32. Aktienverkehrs, ist hier allerdings nicht zur Begründung verwertbar. Wohl aber entscheidet der Umstand, daß der Gesellschafter, der dem Geschäftsbetriebe fern stand und sich auf die Bilanz verließ, der Gesellschaft gegenüber, soweit also nicht die Interessen der Gläubiger vorwiegen, nicht ersatzpflichtig erscheint. Soweit das Stammkapital nicht verletzt ist, erleidet durch die Ausschüttung der in Wahrheit nicht verdienten Dividende die Gesellschaft einen Verlust, den sie tragen muß. Es unterliegt die Belassung dieser Bezüge bei dem Empfänger um so weniger ein Bedenken, als ja die Gesellschaft auch die Aufteilung der Reserve und die Rückzahlung der Nachschüsse beschließen könnte.

Anm. 6. Zu 2. Die zweite Voraussetzung des Ausschlusses der Rückforderung bezogener Dividenden ist der gute Glaube des Empfängers. Der Empfänger ist auch hier (vgl. Anm. 3 zu § 31) der wirkliche Dividendenempfänger, also nicht unter allen Umständen der Gesellschafter, sondern im Falle der Cession oder der sonstigen Übertragung des Dividendenrechts der dividendenberechtigte Rechtsnachfolger, obgleich hier von den Gesellschaftern die Rede ist, nicht, wie in § 31, von den Empfängern. Den Gesellschaftern müssen ihre Rechtsnachfolger gleichgestellt werden. Oder soll etwa, wenn nicht der Gesellschafter, sondern sein Rechtsnachfolger im Dividendenrecht die Dividende empfangen hat, ein Rückforderungsrecht nicht bestehen? Das wäre, wenn man sich an den Wortlaut des Gesetzes anklammerte, die unabweisliche Konsequenz.

Anm. 7. Der gute Glaube muß, wenn die Unrichtigkeit der Gewinnaufstellung bewiesen wird, von dem Dividendenempfänger bewiesen werden (vgl. Anm. 4 zu § 31). Er bezieht sich auf die entschuldbare Unkenntnis von der Unrichtigkeit des Beschlusses über die Feststellung der Bilanz und der Gewinnverteilung.

Über den Begriff des guten Glaubens s. Anm. 4 zu § 31

Anm. 8 **Zusatz. Was ist aber Rechtens, wenn der Empfänger einer unrichtig berechneten Dividende nicht in gutem Glauben war?** wenn also die obige Voraussetzung des § 32 vorliegt und der Empfänger in bösem Glauben war? (Über den Begriff des bösen Glaubens s. Anm. 4 zu § 31.) Hier ist die einfache Umkehrung des in § 32 ausgesprochenen Rechtsgrundsatzes nicht gestattet. Denn der § 32 sagt nur, daß die gutgläubig empfangene Dividende unter jener Voraussetzung in keinem Fall zurückzuzahlen ist. Er sagt aber nichts darüber, wie der schlechtgläubige Empfänger einer Dividende solcher Art zu behandeln ist. Eine solche Rückforderung kann ausgeschlossen sein, wenn es sich lediglich um die Verletzung statutarischer Bestimmungen handelt (oben Anm. 2). Wenn nach den statutarischen Vorschriften die Beschlüsse der Gesellschafter durch Nichtanfechtung innerhalb bestimmter Zeit gültig werden, so fällt damit schon das objektive Moment der Rechtswidrigkeit der Zahlung nachträglich fort. Das Gleiche ist der Fall, wenn der Beschluß von den Gesellschaftern gefaßt ist, wissend, daß die statutarischen Vorschriften verletzt sind. Die Gesellschafter können statutarische Vorschriften durch ihre Beschlüsse wissentlich verletzen. Sie können sich dann nicht beklagen, daß die Geschäftsführer solche Beschlüsse ausführen (vgl. oben Anm. 2). In diesen Fällen wollten die Gesellschafter auf die Beobachtung der statutarischen Bestimmung verzichten (vgl. oben Anm. 1 u. 2). Der Umstand allein, daß der Beschluß nur mit Majorität gefaßt wurde, begründet gegen den Gesellschafter, der die Statutenverletzung kennt, nicht den Vorwurf des bösen Glaubens. Auch wenn ein anderer Gesellschafter darüber hinaus noch erklärt hatte, er erhebe Widerspruch gegen den statutenwidrigen Beschluß, ändert das hieran nichts. Erst die durchgeführte Anfechtung schafft für die Rückforderungsklage Raum.

Anm. 9. Soweit hiernach Rückforderungsansprüche bestehen, verjähren sie in 30 Jahren. Wenn die Dividendenzahlung gegen § 30 verstößt, so besteht gegen den gutgläubigen Empfänger eine fünfjährige Verjährung, gegen den bösgläubigen eine solche von 30 Jahren. Liegt aber kein Verstoß gegen § 30, also kein Fall des § 31 Abs. 1 vor, sondern nur ein Verstoß gegen Bilanzvorschriften, und ist dadurch ein Rückforderungsrecht gegen den bösgläubigen Empfänger entstanden, so tritt, da eine kürzere Verjährungsfrist in diesem Falle nicht eingeführt ist, die ordentliche Verjährung von 30 Jahren ein (Anm. 10). Enthält die Auszahlung einer Dividende einen Verstoß sowohl gegen § 30 als gegen die Vorschrift über die Verteilung des Reingewinns, so ist gegen die bösgläubigen Empfänger die Haftung aus beiden Gesichtspunkten begründet.

§ 33.

§ 33.

Die Gesellschaft darf eigene Geschäftsanteile, auf welche die Stammeinlage noch nicht vollständig eingezahlt ist, nicht erwerben.

Sie soll auch eigene Geschäftsanteile, auf welche die Stammeinlage vollständig eingezahlt ist, nicht erwerben, sofern nicht der Erwerb aus dem über den Betrag des Stammkapitals hinaus vorhandenen Vermögen geschehen kann.

Der vorliegende Paragraph behandelt den Erwerb eigener Geschäftsanteile. Dem Aktienrecht entsprechend beschränkt er deren Erwerb durch die Gesellschaft. Der wesentliche Grundzug des Aktienrechtes, dem Versuche entgegenzutreten, durch die Übernahme der eigenen Aktien eine Entlastung des Aktionärs von der noch ausstehenden Einlage herbeizuführen oder dadurch eine Heimzahlung von Grundkapital oder Reserven der Wirkung nach zu erreichen, ist auch bei der GmbH. maßgebend. Die Ausführung dieses Gedankens ist aber bei beiden Gesellschaften verschieden. Beiden gemeinsam ist die Unterscheidung zwischen voll einbezahlten Aktien und Geschäftsanteilen und nicht voll einbezahlten. Bei letzteren ist der Erwerb unmöglich. Er ist bei Strafe der Nichtigkeit verboten. Aber im Aktienrechte bezieht sich das Verbot nur auf den regelmäßigen Geschäftsbetrieb (§ 226 Abs. 2 Satz 1 HGB.), bei der GmbH. besteht das Verbot ohne Ausnahme. Es umfaßt also auch die Fälle der schenkungsweisen Überlassung und des Erwerbs in der Zwangsvollstreckung. Bei den voll einbezahlten Aktien und den voll einbezahlten Geschäftsanteilen ist das Verbot nicht mit der Folge der Nichtigkeit bekleidet. Während aber das Aktienrecht auch hier den nicht im regelmäßigen Geschäftsverkehr stattfindenden Erwerb zuläßt und in diesem den nur für fremde Rechnung erfolgenden, kennt die GmbH. diese beiden Ausnahmen nicht. Das Gesetz beschränkt aber hier sein Verbot auf den Fall der Verwendung des Stammkapitals hierzu. Aus anderen Mitteln, Reserven, Nachschüssen, Gewinnbeträgen, ist der Erwerb des eigenen Geschäftsanteils erlaubt. Diese Unterschiede wurzeln in der verschiedenen Gestaltung der beiden Gesellschaftsarten. Einleitung.

I. (Abs. 1.) **Der Erwerb eigener nicht voll eingezahlter Geschäftsanteile ist unbedingt verboten.** Das Gesetz gebraucht den Ausdruck „darf nicht", um die Absolutheit des Verbotes und damit die Nichtigkeit der Überschreitung zum Ausdruck zu bringen. Nach dem Sprachgebrauch des BGB. und HGB. würde dazu der Ausdruck „kann nicht" gewählt worden sein (vgl. § 226 Abs. 1 HGB.; Planck BGB. I 25). Aber unser Gesetz ist vor dem BGB. entstanden und aus der Zeit seiner Entstehung auszulegen. Anm. 1.

Das Verbot bezieht sich auf jeden Erwerb in eigenen nicht voll gezahlten Geschäftsanteilen. Ob der Erwerb für eigene oder fremde Rechnung geschieht, ist gleichgültig. Das Verbot erstreckt sich auch auf den Erwerb durch Schenkung, auf den Erwerb durch Erbfolge und Vermächtnis und durch Annahme an Zahlungsstatt. Nicht aber gehören die Pfandbestellung hierher und nicht die Pfändung. Sie sind kein Erwerb. Wohl aber ist der Gesellschaft durch unseren Paragraphen verboten, bei der Zwangsversteigerung solcher Geschäftsanteile mitzubieten. Anm. 2.

Nicht voll einbezahlt ist jeder Geschäftsanteil, auf den noch ein Teil der Einlage geschuldet ist, bei dem also die Folge des Erwerbes durch die Gesellschaft wäre, daß diese selbst der Schuldner würde und die Einlagepflicht durch Rechtsvermischung unterginge. Das wäre eine Befreiung des Gesellschafters von der Stammeinlage. Es ist daher einerlei, wie groß der Rückstand ist. Einerlei ist es, ob es sich um Sach- oder Geldeinlagen handelt. Wenn z. B. die als Sacheinlage zugesagte Liegenschaft nach Eintragung der Gesellschaft zum Handelsregister dieser nicht aufgelassen werden kann, weil inzwischen zu Gunsten eines Dritten gegen das Eigentum des Inferenten ein Widerspruch eingetragen wurde, so ist die Stammeinlage nicht geleistet. Nicht voll bezahlt ist ein Geschäftsanteil, der, ohne daß es im Gesellschaftsvertrage bedungen war, durch eine Sachleistung oder Aufrechnung gedeckt wurde (§ 19 Abs. 3). Auch hier besteht die Haftung des Gesellschafters Anm. 3.

§ 33. auf die Geldleistung noch weiter. Wurde ein Geschäftsanteil vor Volleinzahlung der Einlage geteilt (§ 17), so besitzt jede Partei einen selbständigen Geschäftsanteil. Die Nichtvolleinzahlung des einen hindert nicht, daß der andere, sofern dieser gedeckt ist, als voll einbezahlt behandelt wird. Dies gilt auch für den Teil, der bei dem ursprünglichen Gesellschafter zurückbleibt. Daß er, falls die Stammeinlage schon zur Zeit der Veräußerung des abgetrennten Teils eingefordert war, neben dem Erwerber für den auf diesem Teile ruhenden Betrag der Einlage haftet (§ 16 Abs. 3) ist ohne Einfluß auf die Vollzahlung seines Restgeschäftsanteils.

Anm. 4. Dagegen ist ein Geschäftsanteil voll bezahlt, sobald nur die Einlage selbst gemacht ist. Daß andere Leistungen rückständig sind, Zinsen, Strafen, Agio oder sonstige Zusagen, gemäß § 3 Abs. 2, ist unerheblich. Ebenso gleichgültig ist es, daß auf dem Geschäftsanteile die Verpflichtung ruht, den Ausfall bei anderen Geschäftsanteilen zu decken. Die Umlagepflicht gemäß §§ 24 u. 31 Abs. 3 geht dann auf die Gesellschaft über und erlischt (vgl. Anm. 15 zu § 24). Für den Betrag, der den von ihr erworbenen Geschäftsanteil trifft, erleidet die Gesellschaft den Verlust an ihrem Stammkapital, ohne ihn auf die übrigen Gesellschafter weiter umlegen zu können. Als voll einbezahlt gelten auch die Geschäftsanteile, die beim Kaduzierungsverfahren von einem Dritten ersteigert wurden (§ 23, vgl. Anm. 16 hierzu), wenn auch der Erlös den restierenden Betrag nicht deckt. Schon vor der Aufbringung des Ausfalles durch die anderen Gesellschafter kann ein solcher Geschäftsanteil von der Gesellschaft erworben werden.

Das dem Verbot zuwider erfolgte Rechtsgeschäft ist nichtig (§ 134 BGB.; vgl. RG. 36, 37).

Anm. 5. Es gilt dies für den obligatorischen Vertrag, wie für das Erfüllungsgeschäft. Der veräußernde Gesellschafter kann nicht auf Abnahme klagen. Auslegungsfrage ist es, ob nicht der obligatorische Vertrag unter der Bedingung der Vollzahlung gewollt ist. Dann wird er mit diesem Momente wirksam. Das wird auch dann angenommen werden können, wenn die Vollzahlung zwar nicht als Bedingung gesetzt wurde, der Veräußerer aber sich verpflichtet, die bereits eingeforderte Stammeinlage selbst zu entrichten. Es kann dann freilich dahin kommen, daß der Gesellschafter, der seine Stammeinlage einzahlte, dieses Geld als Kaufpreis für seinen Geschäftsanteil wieder bekommt. Eine Nichtigkeit wird man nur dann annehmen können, wenn dieser Kauf nur ein Scheingeschäft ist und lediglich ein Verzicht auf die Einlage gewollt ist.

Anm. 6. Die Nichtigkeit wird nicht durch die Erfüllung geheilt. Der Veräußerer disponiert über den Geschäftsanteil gültig anderweit. Die Nichtigkeit aus § 33 Abs. 1 kann von beiden Teilen geltend gemacht werden. Gleichgültig ist es, ob sich der Erwerb als selbständiges Geschäft oder als Bestandteil eines anderen Geschäftes darstellt. Es richtet sich nach dem BGB. (§ 139), welchen Einfluß jene Nichtigkeit auf das ganze Geschäft hat.

Anm. 7. Die Rückforderung des Geleisteten erfolgt nach den Vorschriften über die ungerechtfertigte Bereicherung. Ist durch diese an die Gesellschafter das Vermögen der Gesellschaft unter den Betrag gebracht, der zur Erhaltung des Stammkapitals nötig ist, so ist trotzdem § 30 und § 31 Abs. 1 nicht anwendbar. Es liegt hier keine gesellschaftliche, sondern eine individualrechtliche Zahlung vor. Die Leistung erfolgt auf Grund eines, wenn auch nichtigen, besonderen Rechtsgeschäftes.

Anm. 8. II. (Abs. 2.) **Der Erwerb eigener voll eingezahlter Geschäftsanteile ist bedingt verboten.**

1. Soweit der Erwerb aus dem über den Betrag des Stammkapitals hinaus vorhandenen Vermögen erfolgt, ist er ohne weiteres gestattet. Wenn also die Aktiva abzüglich der Schulden größer sind, als der Betrag des Stammkapitals, so kann die Gesellschaft eigene Geschäftsanteile aus diesem Überschusse erwerben. Daß dabei die Reserven herangezogen werden, ist für die Frage der Gültigkeit gleichgültig. Wenn die Geschäftsführer hierbei Bestimmungen des Gesellschaftsvertrages und ihres Anstellungsvertrages verletzen, so hat das nur auf ihre Verantwortlichkeit Einfluß, nicht auf die Gültigkeit des Rechtsgeschäfts. Dabei ist aber nur an echte Reserven gedacht. Unechte Reserven, die eigentlich nur Korrektivposten sind (vgl. zu § 42), um den Betrag

zu markieren, um welchen einzelne Aktiva zu hoch bewertet sind, sind bei den Aktiven § 33.
in Abzug zu bringen. Nur wenn nach diesen Abzügen und nach weiterem Abzug der Schulden sich ein Überschuß über das Stammkapital ergibt, darf der Erwerb erfolgen. — Auch der Erwerb eines Teiles eines Geschäftsanteiles ist unter der hier in Rede stehenden Voraussetzung zulässig. Natürlich müssen § 17 Abs. 4 u. 5 beachtet werden, während § 17 Abs. 1 selbstverständlich außer Anwendung bleibt.

2. Wenn aber der Erwerb erfolgt, ohne daß so viel Reinvermögen vor- Anm. 9.
handen ist, als zur Deckung des Stammkapitals ausreicht, so soll der Erwerb eigener voll eingezahlter Geschäftsanteile nicht erfolgen. Doch ist, wie durch das Wort „soll" ausgedrückt ist, der gleichwohl erfolgte Erwerb nicht ungültig. Er macht nur die Geschäftsführer schadensersatzpflichtig, weil er eine Pflichtverletzung enthält.

Förtsch Anm. 4 meint allerdings, es liege in solchem Erwerbe ein Verstoß gegen Anm. 10.
§ 30, also eine ungültige Zahlung, die den Gesellschafter ohne weiteres zur Rückzahlung verpflichte, da ja der Gesellschafter eine Zahlung aus dem zur Erhaltung des Stammkapitals erforderlichen Vermögen erhalte. Zum Verständnis dieser Frage ist zu beachten, daß das System der GmbH. bezüglich der Erhaltung des Stammkapitals sich wesentlich von dem des Aktienrechts unterscheidet (oben Einleitung). Die Beschränkung des Verbots, eigene vollbezahlte Geschäftsanteile zu erwerben auf den Fall, daß das Stammkapital hierzu verwendet wird, steht in engem Zusammenhange mit der Vorschrift des § 30 Abs. 1. Beide ergänzen sich. Es wäre begreiflich gewesen, wenn unser Gesetz auch hier, wie in § 30 Abs. 1 (vgl. Anm. 1 hierzu), den Weg des Aktienrechts verlassen hätte und jeden Gesellschafter, der einen Teil des Stammkapitals als Kaufpreis für seinen Geschäftsanteil erhielt, zwingen würde, ihn wieder herzugeben. Es hat dies aber nicht getan. Eine Zahlung, wie sie § 30 im Sinne hat, liegt nicht vor. Es liegt ein Kaufvertrag vor, bei welchem der Gesellschafter und die Gesellschaft einander nicht als Gesellschaft und Gesellschafter gegenüberstehen. Was der Gesellschafter erhält, erhält er nicht als solcher, sondern als Verkäufer, wie ja auch die Gesellschaft insofern durch den Kaufpreis keine Einbuße am Vermögen erleidet, als sie in dem Geschäftsanteile, den sie auch wieder veräußern kann, den Gegenwert erhält. Jedenfalls würde, selbst wenn man wirklich berechtigt wäre, die Zahlung des Kaufpreises als Minderung des Stammkapitals anzusehen, der § 30 deshalb nicht Platz greifen, weil hier eine gesetzliche Ausnahme von § 30 vorläge. Das Gesetz will in § 33, wie sein Wortlaut und seine Motive ergeben, daß ein solches Rechtsgeschäft nicht ungültig sei. Es soll also erfüllt werden, wenn es abgeschlossen ist. Das Gesetz ist in der Lage, von seinen Verboten Ausnahmen zu machen.

Es liegt nicht nur ein gültiges Geschäft vor. Es kann unter Umständen der Fall Anm. 11.
so liegen, daß ein solcher Erwerb im Interesse der Gesellschaft und zu deren Wahrung erforderlich ist (vgl. für das Aktienrecht Staub HGB. Anm. 1 zu § 226). Wird aber das Interesse der Gesellschaft durch den Erwerb eines solchen Geschäftsanteils verletzt, erleidet sie dadurch Schaden, so haftet der Geschäftsführer für diesen Schaden, und zwar auch dann, wenn er nur das Beste der Gesellschaft im Auge hatte und anzunehmen berechtigt war. Denn er hat eine Pflichtverletzung begangen, und für diese haftet er ohne weiteres (vgl. zu § 43). Der veräußernde Gesellschafter kann allerdings ebenfalls haften, aber nicht, weil er das Verbot unseres Paragraphen verletzt — denn an ihn ist es nicht gerichtet — sondern nur, wenn er im gegebenen Falle dabei eine Handlung begangen hat, die auch ihm verboten ist, eine Handlung, die sich auch für ihn als rechtswidrig im Sinne des §§ 823, 826 BGB. darstellt. Das wäre z. B. der Fall, wenn auf seiten des Geschäftsführers eine absichtliche Benachteiligung der Gesellschaft und auf seiten des Dritten die Kriterien der bewußten Teilnahme vorliegen. Dann würden die §§ 826, 830 und 840 BGB. Anwendung finden.

Wesentlich für die Haftung des Geschäftsführers wird dabei sein, ob er wußte oder Anm. 12.
wissen mußte, daß der Erwerb nur aus Mitteln des Stammkapitals möglich ist. Seine Entschuldigung, er habe angenommen, daß es sich um Zahlung aus Reserven handle, ist nur dann zu hören, wenn diese Annahme nicht auf Fahrlässigkeit beruht. Daß er vor

§ 33. jedem Erwerbe Bilanz mache, um sich von der Höhe des Gesellschaftsvermögens zu überzeugen, wird man nicht fordern, wohl aber, daß er sich durch Prüfung der ihm zu Gebote stehenden Mittel einen Überblick verschaffe.

Anm. 13. Die Form des Erwerbes ist die in § 15 vorgeschriebene (vgl. Anm. 42 zu § 15).

Anm. 14. 3. **Welches Rechtsverhältnis entsteht nun durch den Erwerb eigener voll bezahlter Geschäftsanteile?** Das Eigenartige der Rechtslage besteht darin, daß hier der Berechtigte und der Verpflichtete eine Person sind, ohne daß durch diese Vereinigung das Recht untergeht. Der Geschäftsanteil bildet, im Gegensatz zu dem kaduzierten (Anm. 25 zu § 21), ein Aktivum der Gesellschaft, das sie in ihre Bilanz einstellt und das sie jederzeit weiter veräußert. Es fragt sich, wie sich der Zustand während dieser Zwischenzeit gestaltet.

Anm. 15. a) **Rechte** aus dem Geschäftsanteile. Hier ist zu unterscheiden zwischen vermögensrechtlichen Ansprüchen und Herrschaftsrechten. Die ersteren, insbesondere Ansprüche auf Dividende, auf Rückzahlung von Nachschüssen u. s. w., bleiben, soweit sie vor der Veräußerung schon selbständige Forderungen in der Hand des Veräußerers wurden, bei diesem, falls nicht das Gegenteil bedungen ist, zurück. Gehen sie auf die Gesellschaft über, so erlöschen sie durch Konfusion. Dasselbe gilt von den nach der Veräußerung zur Existenz gelangenden Einzelansprüchen. Sie entstehen auch hier. Die Dividende ist auch hier für den in den Händen der Gesellschaft befindlichen Geschäftsanteil auszuwerfen, der zurückzuzahlende Nachschuß zu berechnen. Es wäre unstatthaft, weil ein Geschäftsanteil der Gesellschaft gehört, ihn auszuschließen und den Gewinn nur unter die anderen Gesellschafter zu verteilen. Allerdings erlischt im Momente der Entstehung auch die Schuld. Insofern kommt der Gewinnanteil, der an die Gesellschaft fällt, den anderen Gesellschaftern zu gute. Aber erst im folgenden Geschäftsjahre. Denn er bildet einen Gewinn, den die Gesellschaft aus ihrem Geschäftsanteil in dieser Epoche macht. Der der Gesellschaft als Eigentümer eines Geschäftsanteils zufallende Anteil an den rückzuvergütenden Nachschüssen verbleibt ihr in gleicher Weise. Er hört auf, Nachschußkapital zu sein, und steht zur freien Verfügung der Gesellschafter, die ihn am besten zur Reservebildung verwenden. Ein Anspruch des einzelnen Gesellschafters, daß er seine Quote an diesem Nachschußbetrag erhalte, ist auch hier zu verneinen.

Anm. 16. Bei den Herrschaftsrechten kommt wesentlich das Stimmrecht in Betracht. Die erste Auflage (Anm. 8 S. 197) nahm ein Ruhen desselben an, wobei jedoch bei der Berechnung der Geschäftsanteile zur Feststellung satzungsgemäßer Mehrheit, z. B. drei Viertel des Kapitals, der Geschäftsanteil der Gesellschaft mitzählte. Es liegt aber kein Grund vor, nicht auch das Stimmrecht anzuerkennen. Es kann wie jedes andere ähnliche Recht durch den Geschäftsführer ausgeübt werden. Es käme sonst die Gesellschaft, die vielleicht die Mehrheit der Geschäftsanteile hat, in die Lage, von der Minderheit geleitet zu werden. Man würde durch ein Versagen des Stimmrechts in solchen Fällen die Gesellschaft zu der Übertragung an Fiduziare treiben.

Anm. 17. b) **Verpflichtungen** aus den Geschäftsanteilen kann die Gesellschaft nicht erfüllen. Sie erlöschen ebenfalls durch Konfusion. Das gilt auch von solchen, die beim Erwerbe rückständig waren, falls nicht ausdrücklich bedungen wird, daß der Veräußerer sie trotz des Übergangs auf die Gesellschaft zu erfüllen habe. Insoweit es sich um Verpflichtungen handelt, die auf alle Geschäftsanteile nach Verhältnis zu verteilen sind, zählt auch die Gesellschaft selbst mit. Auch diese Schuld erlischt durch Vermischung. Aber eine weitere Umlage auf die anderen Gesellschafter findet nicht statt (vgl. Anm. 5 zu § 24 und oben Anm. 15).

Anm. 18. c) Dem Gesagten entsprechen auch die Rechtsfolgen, die bei der Veräußerung des Geschäftsanteils durch die Gesellschaft eintreten. Auf den Erwerber gehen alle gesellschaftlichen Herrschaftsrechte über, ferner die von dem Erwerbe an fällig werdenden vermögensrechtlichen Rechte und Pflichten. Die während der Besitzzeit der Gesellschaft fällig gewordenen Ansprüche und Pflichten gehen auf ihn nicht über, weil sie durch Konfusion erloschen sind. Die vor der Besitzzeit der Gesellschaft fällig gewesenen Verpflichtungen waren infolge der sofort eingetretenen Konfusion untergegangen. Sie können also auch § 33. auf ihren Rechtsnachfolger nicht übergehen. Die vor der Besitzzeit fällig gewesenen Ansprüche waren auf die Gesellschaft nicht übergegangen und können deshalb auf ihren Rechtsnachfolger nicht übergehen. — Daß der Erwerber ohne besondere Anmeldung der Gesellschaft gegenüber als Gesellschafter gilt, und ebenso derjenige, der den Geschäftsanteil an die Gesellschaft veräußert hatte, der Gesellschaft gegenüber ohne weiteres aufhört Gesellschafter zu sein, ist in Anm. 2 zu § 16 hervorgehoben worden.

Zusatz 1. Die Vorschrift des vorliegenden Paragraphen bezieht sich nicht auf die Verpfändung oder Pfändung des Geschäftsanteils. Darin liegt kein Erwerb. In § 226 HGB. sind auch die Begriffe Erwerben und Zum-Pfandnehmen einander gegenübergestellt und beides ist verboten. In unser Gesetz ist ein Verbot der letzteren Maßregel nicht hinübergenommen worden. Man befürchtet eine Umgehung des Verbotes des Erwerbes durch die Pfandbestellung nicht, dies um so mehr, da ja auch der Erwerb im Vollstreckungswege dem regulären Erwerbe hier gleichsteht. Anm. 19.

Zusatz 2. Der Erwerb des eigenen Geschäftsanteils steht im Gegensatz zur Kaduzierung und zur Amortisation. Bei jener wird der säumige Gesellschafter ausgeschlossen. Sein Gesellschaftsrecht wird vernichtet (vgl. Anm. 25 zu § 21). Es besteht, bis zur Wiedergewinnung eines neuen Gesellschafters, nur die passive Seite des Geschäftsanteils ohne Rechtssubjekt. Der Geschäftsanteil gehört nicht der Gesellschaft. Er bildet keinen Teil ihrer Aktiven. Der neue Gesellschafter ist nicht ihr Rechtsnachfolger. Bei dem Erwerbe des Geschäftsanteils bleibt dieser nach Aktiv- und Passivseite bestehen. Er ist ein Aktivum der Gesellschaft. Veräußert sie ihn, so ist sie Rechtsvorgänger des Erwerbers. Bei der Amortisation wird nicht nur die Aktivseite, sondern der ganze Geschäftsanteil vernichtet. Die Veräußerung zum Zwecke der Amortisation überträgt nicht den Geschäftsanteil auf die Gesellschaft. Sie ist die Zustimmung zu seiner Vernichtung (vgl. Anm. 3 zu § 34).

§ 34.

Die Einziehung (Amortisation) von Geschäftsanteilen darf nur erfolgen, soweit sie im Gesellschaftsvertrage zugelassen ist.

Ohne die Zustimmung des Anteilsberechtigten findet die Einziehung nur statt, wenn die Voraussetzungen derselben vor dem Zeitpunkt, in welchem der Berechtigte den Geschäftsanteil erworben hat, im Gesellschaftsvertrage festgesetzt waren.

Die Bestimmung in § 30 Absatz 1 bleibt unberührt.

Der vorliegende Paragraph regelt die Einziehung oder Amortisation der Geschäftsanteile. Die wirtschaftlichen Zwecke dieser Maßregel sind: 1. die Rentabilität der Gesellschaft für die übrigen Gesellschafter zu erhöhen. Der Reingewinn wird unter weniger Geschäftsanteile verteilt. 2. Das Ausscheiden eines Gesellschafters aus der Gesellschaft ohne Übertragung des Anteils an fremde Personen wird ermöglicht. Einleitung.

I. **Begriff und Wesen der Einziehung oder Amortisation.** Die Einziehung oder Amortisation eines Geschäftsanteils ist seine Vernichtung durch Rechtsgeschäft. Die Amortisation erfolgt durch die Willenserklärung der Gesellschaft. Es sind hierbei die verschiedensten Möglichkeiten denkbar, von der statutarisch vorgesehenen Amortisation eines Geschäftsanteils nach Ablauf einer bestimmten Frist bis zur Vereinbarung der Gesellschaft mit einem Gesellschafter, von dem „Ankaufen" unter Agiozahlung zu Amortisationszwecken bis zur unentgeltlichen Überlassung. Der Umstand aber, daß eine Einziehung ebenso vorliegt, wenn auf Grund des Gesellschaftsvertrages es nur einer einseitigen Erklärung der Gesellschaft bedarf (Kündigung), wie bei „Kauf" oder sonstigen Erwerbsakten, beweist, daß das Wesen der Amortisation nicht, wie auch die erste Auflage annahm (Anm. 1 S. 199), darin bestehen kann, daß der Geschäftsanteil auf die Gesellschaft Anm. 1.

§ 34. übergehe, wobei im Gegensatze zu dem Erwerbe gemäß § 33 Rechte und Pflichten aus dem Geschäftsanteile untergehen. Aus der Tatsache, daß der Geschäftsanteil seine Existenz bewahrt, wenn er auf die Gesellschaft übertragen wird, folgt doch, daß bei der Amortisation der rechtliche Vorgang ein anderer sein muß. Die Amortisation infolge statutarisch zugelassener Kündigung zeigt, daß diese in einem einseitigen Rechtsakte der Gesellschaft besteht. Die Verschiedenheit des Vollzugs fließt nur aus der Verschiedenheit der Zustimmung des Gesellschafters. Der sogenannte Kauf des Geschäftsanteils zum Zwecke der Einziehung bedeutet nur die Erteilung der Zustimmung zur Vernichtung gegen Entgelt. Die Gesellschaft, die mit einem ihrer Gesellschafter eine solche Vereinbarung traf, ist nicht berechtigt, diesen Geschäftsanteil mit der Begründung bestehen zu lassen, daß sie ihn, wenn auch mit Zweckangabe, für sich erworben habe. Ein Übertragungsakt in diesem Sinne ist nicht gewollt. Der Veräußerer erklärt lediglich den Verzicht auf seine Rechte. Nur dessen Wirkungen sind möglich.

Die Folgerungen aus diesem Wesen der Amortisation werden unten im einzelnen gezogen werden.

Über den Gegensatz zum Erwerbe eigener Geschäftsanteile und zur Kaduzierung vgl. Zusatz 2 zu § 33 Anm. 20.

Anm. 2. II. **Die Arten der Amortisation.**

1. Die Amortisation aus dem zur Erhaltung des Stammkapitals erforderlichen Vermögen und aus den Überschüssen. Begrifflich ist es für das oben dargelegte Wesen der Amortisation unerheblich, ob dieselbe gegen Entgelt oder unentgeltlich erfolgt, und im ersteren Falle, woher das zur Auszahlung erforderliche Kapital genommen wird. Für die GmbH. ist diese Unterscheidung von wesentlicher Bedeutung. Der § 34 behandelt nur die Amortisation, durch welche das zur Erhaltung des Stammkapitals erforderliche Vermögen nicht ausbezahlt wird. Das ist die Bedeutung des Abs. 3, wonach die Bestimmung in § 30 Abs. 1 „unberührt bleibt". Auch die andere Art der Einziehung eines Geschäftsanteils ist im Gesetz anerkannt. Aber sie fällt unter § 58. Sie setzt eine Herabsetzung des Stammkapitals voraus. Denn dann wird der herabgesetzte Betrag des Vermögens der Gesellschaft frei. Er ist nicht mehr zur Erhaltung des Stammkapitals erforderlich. Auch § 34 ist wieder ein Anwendungsfall des § 30 und ein Beweis der Richtigkeit der für diesen (vgl. Anm. 2 und 3 zu § 30) gegebenen Auslegung. Mag die Amortisationserklärung rechtlich völlig in Ordnung und der Rechtsgrund für die Auszahlung der für den Verzicht auf das Gesellschaftsrecht zugesagten Gegenleistung gegeben sein. Die Auszahlung ist verboten, sobald sie das Stammvermögen angreift. Nur die gleichzeitige Herabsetzung des Stammkapitals kann hier die Einziehung ermöglichen.

Anm. 3. 2. Die Amortisation ohne Mitwirkung oder unter Mitwirkung des Gesellschafters. Eine Amortisation ohne Zustimmung des Gesellschafters ist nur möglich, wenn diese zugelassen ist, ehe das Amortisationsverfahren beginnt. Dies ist im Gesellschaftsvertrage vorzusehen. Der Geschäftsanteil entsteht dann mit diesem Todeskeime. Seine Fortexistenz ist von dem Willen der Gesellschaft abhängig. Die Vernichtung kann durch eine einfache Erklärung der Gesellschaft erfolgen. Sie kann von einer Reihe anderer Momente abhängig sein. So wenn bestimmt ist, daß die Gesellschaft alljährlich einen Geschäftsanteil, den sie durch das Los bestimmt, aus ihrem Reingewinn amortisiert. Oder wenn nach dem Tode eines Gesellschafters dessen Geschäftsanteil gegen Auszahlung der Einlage amortisiert werden kann, weil in diesem Geschäftsanteil im Hinblick auf die Person des Gesellschafters besondere Rechte eingeräumt waren (vgl. Anm. 3 zu § 15). Oder wenn an die durch Verschulden des Geschäftsführers, der Gesellschafter ist, veranlaßte Entlassung aus dem Dienste der Gesellschaft das Recht der Amortisation seines Geschäftsanteils geknüpft ist. Oder wenn bei der Gründung der Gesellschaft eine bestimmte Eigenschaft (Mitgliedschaft einer bestimmten Verbindung, bestimmte Religion oder Staatsangehörigkeit u. s. w.) Bedingung war, deren Aufhören die Befugnis, den Geschäftsanteil zu amortisieren, herbeiführt. Endlich generell kann auch an jede Verletzung einer gesellschaftlichen Pflicht der

Verlust des Gesellschaftsrechts im Wege der Amortisation angeknüpft werden. Über die für das Gebiet des Aktienrechts ergangene Entscheidung des RG. (49, 77), welches solche Einziehung als Ausschluß des Aktionärs verneint, vgl. Anm. 33 zu § 3. § 34.

Steht der Geschäftsanteil mehreren zu, so ist durch Auslegung festzustellen, ob die Voraussetzungen der Amortisation bei allen gegeben sein müssen oder ob deren Vorliegen bei einem der Mitgesellschafter genügt. Bei Amortisationen, welche den Ausschluß eines gegen seine Pflichten verstoßenden Gesellschafters bezwecken, wird man die Einziehung im Zweifel zulassen, wenn dieser Verstoß auch nur einem der Mitgesellschafter zur Last fällt. Die anderen leiden dann freilich durch das von ihnen nicht verschuldete Verhalten eines Genossen. Aber andernfalls müßte sich die Gesellschaft einen Gesellschafter gefallen lassen, der das Recht auf die Mitgliedschaft verwirkte. Anm. 4.

Die Bestimmung dieser Amortisation ohne Zustimmung des Gesellschafters muß im Gesellschaftsvertrage festgesetzt sein (Abs. 2). Wer einen solchen Geschäftsanteil erwirbt, muß ihn so nehmen wie er ist. Eine nachträgliche Abänderung bedarf seiner Zustimmung (vgl. unten Anm. 10). Anm. 5.

Fehlt eine solche Festsetzung der Voraussetzungen im Gesellschaftsvertrage, so kann die Amortisation nur mit Zustimmung, d. h. unter Mitwirkung des Gesellschafters im konkreten Falle erfolgen. In diesem Falle findet eine Vereinbarung der Gesellschaft mit dem Gesellschafter statt. Es werden die Voraussetzungen seiner Zustimmung festgesetzt. Sie können der verschiedensten Art sein. Es kann dem Gesellschafter seine Einlage oder ein Agio auf diese oder ein Minderbetrag bezahlt werden. Es kann die Gegenleistung in Sachen oder in einem Verzicht auf Rechte der Gesellschaft bestehen. Es kann ein Vergleich geschlossen werden, wonach die Gesellschaft gegen Überlassung des Geschäftsanteils zur Amortisation auf den Anspruch gegen einen Gründer auf Gewährleistung für eine Sacheinlage verzichtet u. s. w. Stets aber bezieht sich diese Vereinbarung nur auf die Zustimmung zur Amortisation. Sie ist nur wirksam gegen diese Gegenleistung. Die Einziehung selbst aber ist immer nur ein einseitiger gesellschaftsrechtlicher Akt, den nur die Gesellschaft vornimmt. — Die Zustimmung des Gesellschafters allein genügt nicht, wenn an dem Geschäftsanteile Rechte zu Gunsten Dritter bestellt sind. Es bedarf auch deren Mitwirkung. So bei der Verpfändung des Geschäftsanteils der des Pfandgläubigers, bei einer Abtretung künftigen Dividendenanspruchs der des Cessionars (§§ 1255, 1256 BGB.).

3. Die Amortisation gegen Entgelt oder ohne Entgelt. Dieser beiden Möglichkeiten ist an früherer Stelle (oben Anm. 5) schon gedacht. Der Entgelt kann in jeder Leistung der Gesellschaft an den Gesellschafter bestehen. Es kann dadurch das Rechtsgeschäft zwischen beiden nach der Verschiedenheit dieser Leistung sich in verschiedenartige rechtliche Form kleiden. Die häufigste wird Kauf und Tausch sein. Es muß aber immer wieder betont werden, daß die Gesellschaft dabei nicht den Geschäftsanteil erwirbt, sondern den Verzicht des Gesellschafters auf sein Gesellschaftsrecht. Die Amortisation ohne Entgelt kann sich als Schenkung desselben, d. h. als unentgeltliche Zustimmung zu der Vernichtung des Geschäftsanteils, darstellen. Sie kann aber auch als Verwirkung erscheinen, wenn im Gesellschaftsvertrage der Gesellschaft das Recht gegeben ist, in bestimmten Fällen, Vertragsbruch, Todesfall u. s. w., den Geschäftsanteil ohne Vergütung einzuziehen. Anm. 6.

Die entgeltliche Einziehung ist nur dann der Gesellschaft frei, wenn der Entgelt nicht das Stammkapital angreift, andernfalls bedarf es vorher der Herabsetzung des Stammkapitals (oben Anm. 2). Die unentgeltliche Einziehung kann nie die Auszahlung des zur Erhaltung des Stammkapitals erforderlichen Vermögens nach sich ziehen. Sie bedarf daher nie der Form der Herabsetzung des Stammkapitals. Die von der ersten Auflage (Anm. 18 S. 203) hiervon gemachte Ausnahme für den Fall, daß durch die Einziehung ein verteilbarer Überschuß der Aktiven über die Passiven hergestellt würde, beruhte auf der irrigen Annahme, daß durch die Einziehung sich die Stammkapitalsziffer verminderе (vgl. unten Anm. 19). Nur dann muß gemäß § 58 verfahren und das Stammkapital herabgesetzt werden, wenn gerade dieses der Zweck der Einziehung ist. Wenn

§ 34. ein Gesellschafter zur Beseitigung einer Unterbilanz der Gesellschaft seinen Geschäftsanteil zur Amortisation überläßt, so ist mit der einfachen Vernichtung desselben nichts getan. Die Unterbilanz besteht weiter. Erst wenn das Stammkapital herabgesetzt, diese Herabsetzung aber nicht durch gleichmäßige Minderung aller Geschäftsanteile, sondern die Einziehung des einen Geschäftsanteils erfolgt, ist das Ziel erreicht. Will aber ein Gesellschafter auf seinen Geschäftsanteil verzichten, um die Rente aus den andern zu erhöhen, so berührt dieser Akt die Gläubiger nicht. Die Einziehung wird durch die Gesellschaft ohne Rücksicht auf die zur Sicherung der Gläubiger in § 58 getroffenen Bestimmungen vollzogen.

Anm. 7. Über die Form bei unentgeltlicher Zustimmung vgl. unten Anm. 24.

4. Amortisation ohne Herabsetzung des Stammkapitals und mit solcher. Auch diese Arten sind schon vorher (vgl. z. B. Anm. 2 und 6) erwähnt. Nur die erstere ist in § 34 behandelt. Die letztere gehört zu § 58. Bei ihr treten zu den allgemeinen Voraussetzungen jeder Amortisation die besonderen dieses Paragraphen hinzu. Sie befreien die Gesellschaft von der Erhaltung des Vermögens, soweit die Herabsetzung ausgesprochen ist. Diese ist daher bei der Einziehung gegen Entgelt nötig, bei welcher die Gegenleistung aus dem Stammkapital fließt. Über Herabsetzung des Stammkapitals bei unentgeltlicher Amortisation vgl. oben Anm. 6.

Anm. 8. 5. Amortisation eigener Geschäftsanteile der Gesellschaft. Zweifellos kann die Gesellschaft Geschäftsanteile, die sie selbst erworben hat (§ 27 Abs. 3, § 33 Abs. 2), zur Einziehung verwenden. Diese unterscheidet sich nur dadurch von der Einziehung der Geschäftsanteile der Gesellschafter, daß eine besondere Zustimmung nicht erforderlich ist. Alle anderen Voraussetzungen sind zu wahren. Insbesondere darf auch hier das zur Erhaltung des Stammkapitals erforderliche Vermögen nicht durch die Amortisation vermindert werden. Andernfalls könnte die Gesellschaft durch vorherigen Ankauf eines Geschäftsanteils, der, wenn auch aus dem Stammkapital bezahlt, doch gültig ist (vgl. Anm. 11 zu § 33), das Verbot des § 34 Abs. 3 und § 30 Abs. 1 umgehen. Die Einziehungserklärung der Gesellschaft auch bezüglich eines ihr gehörenden Geschäftsanteils ist nichtig, wenn diese Vernichtung des Geschäftsanteils einen Verlust am Stammkapital bedeutet. Wenn bei einem Stammkapital von 100000 M., dem ebensoviel Vermögen gegenüber steht, sich in diesem Vermögen ein eigener Geschäftsanteil von 20000 M. befindet, so vermindert dessen Einziehung das zur Erhaltung des Stammkapitals erforderliche Vermögen um den Betrag von 20000 M. Nur in Verbindung mit der Herabsetzung des Stammkapitals läßt sich daher eine solche Einziehung durchführen.

Anm. 9. III. **Die Voraussetzungen einer jeden Amortisation** sind:

1. Die erste Voraussetzung ist: Die Amortisation muß im Gesellschaftsvertrage zugelassen sein (§ 34 Abs. 1). Die herrschende Ansicht nimmt an, daß der Gesellschaftsvertrag nur die allgemeine Klausel zu enthalten brauche, die Einziehung von Geschäftsanteilen sei zulässig. Allein wie für das Aktienrecht, so ist auch hier richtigerweise anzunehmen, daß die Bedingungen der Einziehung in dem Gesellschaftsvertrage in solcher Weise feststehen müssen, daß die Einziehung nicht mehr ein Akt des freien Beliebens der Verwaltungsorgane ist. Hier in unserem Gesetze deutet auch das Wort „soweit“ im ersten Absatz darauf hin. Es gilt dies zweifellos für alle die Fälle, in denen eine Mitwirkung des Gesellschafters, dessen Geschäftsanteil amortisiert wird, nicht stattfinden soll (vgl. oben Anm. 4). Hier müssen die Bedingungen, unter denen sein Geschäftsanteil vernichtet werden darf, genau im Gesellschaftsvertrage enthalten sein. Dasselbe gilt aber auch von dem Falle, daß der Gesellschafter mitwirkt und seine spezielle Zustimmung erforderlich ist. Wie der Gesellschaftsvertrag die Geschäftsanteile schuf und sie nur durch ihn oder die eine Abänderung desselben enthaltende Erhöhung des Stammkapitals entstehen konnten, so muß auch der Gesellschaftsvertrag die Vernichtung des bestimmt bezeichneten Geschäftsanteils unter den festzusetzenden Bedingungen, ob entgeltlich oder unentgeltlich, im ersten Falle gegen welches Entgelt u. s. w. bestimmen. Es kann nicht, wenn nur allgemein die Einziehung zugelassen ist, die Gesellschafterversamm-

lung mit einfacher Mehrheit oder gar das laut Statut an ihre Stelle tretende Organ Geschäftsanteile, die der Gesellschaft zu diesem Zwecke angeboten sind, vernichten. Einziehung von Geschäftsanteilen ist Änderung des Inhalts des Gesellschaftsvertrages. Sie muß für den konkreten Fall im Statute vorgesehen werden. Die beiden Arten der Einziehung, mit oder ohne Mitwirkung des Gesellschafters, unterscheiden sich dadurch und nur dadurch, daß bei der letzteren die Zustimmung bereits im Gesellschaftsvertrage mitenthalten ist, bei der ersteren durch Akt außerhalb desselben beschafft wird. Sonst sind sie gleich, also auch bezüglich des Inhaltes der Zulassung im Gesellschaftsvertrag. Dieser muß also lauten: Es wird die Amortisation des Geschäftsanteils des Gesellschafters N in Höhe von 10000 M. gegen Zahlung von x Mark aus dem Gewinnüberschusse des vorhergehenden Jahres zugelassen. Oder: Es wird beschlossen, den Geschäftsanteil des Gesellschafters N in Höhe von 10000 M., den dieser zu diesem Behufe unentgeltlich zur Verfügung stellt, einzuziehen. § 34.

Die Bestimmung über die Amortisation kann sowohl im ursprünglichen Gesellschaftsvertrage, als im abgeänderten Gesellschaftsvertrage enthalten sein. Regelmäßig unterfällt ein solcher Statutenänderungsbeschluß den gewöhnlichen Vorschriften über die Statutenänderung. Anm. 10.

Es fragt sich, inwieweit die Zustimmung der Gesellschafter hierzu besonders verlangt wird. Nach der ausdrücklichen Bestimmung des Gesetzes (Abs. 2), einer von der Reichstagskommission eingefügten Stelle, ist die Zustimmung des Anteilberechtigten stets dann erfordert, wenn die Amortisation ohne seine Mitwirkung vollzogen werden soll (vgl. über diesen Fall oben Anm. 3). Das ist selbstverständlich. In diesen Fällen ist ja die Zustimmung im einzelnen Fall in dem Gesellschaftsvertrage enthalten. Wenn bedungen werden soll, daß der Betrag des Jahresgewinns, der nach Verteilung von 10 Proz. Dividende bleibt, zur Amortisation derart zu verwenden ist, daß je 10000 M., die durch Auslosung bestimmt werden, eingezogen werden, so kann keinem Gesellschafter gegen seinen Willen dies zugemutet werden. Nicht nötig ist, daß er für diesen Beschluß stimmt. Es genügt, daß er seine Zustimmung, wenn auch erst nach der Beschlußfassung, gab. Dagegen kann sich ein späterer Erwerber eines Geschäftsanteils, dessen Veräußerer dem Beschluß nicht zustimmte, nicht auf diese Tatsache stützen. Denn er erwarb den Anteil bereits unter der Herrschaft des neuen Statuts. Das Gesetz spricht dies auch in Abs. 2 besonders aus. Der spätere Erwerber muß sich nur dann der ohne seine Mitwirkung erfolgenden Einziehung unterwerfen, wenn sie vor seinem Erwerb beschlossen ist. Also muß er, wenn dies der Fall ist, unter allen Umständen, ohne Rücksicht auf das Verhalten seines Vormanns, sich die Einziehung gefallen lassen.

Schwieriger liegt die Frage bezüglich der übrigen Gesellschafter, deren Geschäftsanteile bleiben. Durch die Entlassung eines Gesellschafters kann sich der Verpflichtungskreis aller anderen erhöhen. Dies gilt namentlich von der subsidiären Haftung für nicht voll einbezahlte Geschäftsanteile und für an Gesellschafter ausbezahlte Beträge des Stammkapitals (§ 24, § 31 Abs. 3). Es ist also die Zustimmung aller anderen Anteilberechtigten erforderlich, wenn solche Einlagerückstände vorhanden oder solche Rückzahlungen erfolgt sind. Dagegen geht das KG. (v. 12. 1. 03 in KGJ. 25 A, 258 u. RJA. 208) zu weit, wenn es das Erfordernis dieser Zustimmung aus der nur denkbaren Möglichkeit solcher Haftungen ableitet. Ist das Stammkapital voll einbezahlt, so darf die Eventualität, daß die Gesellschafter eine Erhöhung des Stammkapitals beschließen und hierbei ein Teil der Einlage rückständig bleiben kann, nicht zu dem Ergebnisse führen, daß die Beschlüsse über die Amortisation eines Geschäftsanteils an die Zustimmung aller Gesellschafter geknüpft seien. Wollte man mit Möglichkeiten operieren, so wäre jede Auszahlung von Gesellschaftsvermögen, auch aus Reserve und Nachschußkonto, an die Zustimmung aller Gesellschafter zu binden, weil hierdurch die Möglichkeit, daß künftig Gesellschaftsvermögen, das zur Erhaltung des Stammkapitals erforderlich ist, ausbezahlt wird, gegeben werde. Auch soweit die Verpflichtungen der anderen Gesellschafter durch die Zulassung der Einziehung erhöht werden, wird keine Einstimmigkeit des Beschlusses, sondern Anm. 11.

§ 34. nur deren Zustimmung verlangt. Sie kann auch nach dem Beschlusse erklärt werden (vgl. hierüber zu § 53).

Anm. 12. Ist die Amortisation im Gesellschaftsvertrage, dem ursprünglichen oder abgeänderten, nicht zugelassen, so ist die Einziehung wirkungslos. Auch mit Zustimmung des Anteilberechtigten und durch Mehrheitsbeschluß der Gesellschafter ist sie nicht möglich. Die für die Zustimmung des Gesellschafters bezahlte Summe kann zurückgefordert werden. Es ist daher, falls erst durch Statutenänderung die Amortisation zugelassen wird, die Eintragung dieses Beschlusses zum Handelsregister erfordert, ehe eine Ausführung desselben möglich ist.

Anm. 13. 2. Die zweite Voraussetzung ist: Es muß entweder der Gesellschafter in die Amortisation einwilligen oder es müssen die Bedingungen der Amortisation vor dem Erwerb des von der Einziehung betroffenen Geschäftsanteils statutarisch festgelegt sein (vgl. oben Anm. 4). Wer einen Geschäftsanteil erwirbt und auf diese Weise einer GmbH. beitritt, kann nur mit seinem Willen seine Mitgliedschaft verlieren, sofern er seine Einlageverpflichtungen erfüllt. Einen Ausschluß gibt es sonst nicht, außer wenn der Gesellschaftsvertrag die Bedingungen des Ausschlusses festgelegt hat, ehe er der Gesellschaft beitritt. Ist er einer Gesellschaft mit solchen Statuten beigetreten, so hat er sich diesen Bedingungen unterworfen. Es bedarf dann seiner besonderen Zustimmung nicht, wenn diese Bedingungen eintreten. Unter den Voraussetzungen der Amortisation, welche vor dem Erwerbe des Geschäftsanteils durch den Betroffenen statutarisch festgelegt sein müssen, sind, wie Förtsch Anm. 3 richtig bemerkt, diejenigen Bedingungen zu verstehen, welche den Abschluß eines besonderen Vertrages mit dem Anteilsberechtigten entbehrlich machen. Selbst dann, wenn man im allgemeinen eine generelle Gestattung der Amortisation für zulässig hält (vgl. oben Anm. 9), setzt doch die Amortisation eine spezielle Festlegung der Bedingungen derselben voraus, damit nicht die Gesellschafter hinsichtlich der Amortisation dem freien Belieben der Gesellschaftsorgane unterworfen werden (näheres oben Anm. 3).

Anm. 14. 3. Die Voraussetzung der Amortisation ohne Herabsetzung des Stammkapitals ist, daß gegen den § 30 Abs. 1 nicht verstoßen wird. Das schreibt unser Abs. 3 vor. Sie ist also nur zulässig, wenn das Reinvermögen der Gesellschaft (Aktiva abzüglich Schulden) durch die Zahlung des für die Einziehung zu gewährenden Äquivalents nicht unter die Ziffer des Stammkapitals herabsinkt, oder wenn sie ohne Entgelt erfolgt (vgl. Anm. 2 u. 6). Die Amortisation ist gegen Entgelt also nur zulässig, wenn nach Bezahlung des Entgelts für die Überlassung des Geschäftsanteils soviel Reinvermögen der Gesellschaft vorhanden bleibt, daß die zur Zeit der Einziehung bestehende Ziffer des Stammkapitals gedeckt ist. Nur aus einem etwaigen Überschusse dieser Art darf die Amortisation erfolgen. Dagegen können die Reserven zu den Kosten der Amortisation mit herangezogen werden. Ihre Schonung ist bei diesem Rechtsakte nicht vorgeschrieben, soweit es sich um echte Reserven handelt. (Über den Unterschied der echten von unechten Reserven siehe zu § 42). Der Weg des § 34 kann also eingeschlagen werden, wenn die Bilanzverhältnisse der Gesellschaft so beschaffen sind, daß vor der Einziehung ein Überschuß des Reinvermögens über das Stammkapital vorhanden ist, aus welchem die zum Erwerb der einzuziehenden Geschäftsanteile erforderlichen Mittel beschafft werden können. Dagegen kann nicht § 34 angewendet, sondern nur der Weg des § 58 eingeschlagen werden, wenn nicht schon vor der Einziehung, sondern erst nach der Einziehung und durch dieselbe, d. h. durch die Streichung des Nennbetrages der eingezogenen Geschäftsanteile von der Ziffer des Stammkapitals, ein Überschuß des Reinvermögens über das Stammkapital entsteht. — Ist die Amortisation unter Verletzung des § 30 Abs. 1 erfolgt, so tritt die Rechtsfolge des § 31 Abs. 1 ein. Der Betrag muß von dem bezahlten Gesellschafter zurückgezahlt werden. Aber daraus folgt weiter, daß das ganze Amortisationsgeschäft ungültig ist. Hat also die Gesellschaft zu einer Zeit, wo im übrigen die Voraussetzungen der Kündigung eines Geschäftsanteils vorliegen, diese Kündigung bewirkt, obgleich zu den Bedingungen der

Kündigung auch die Auszahlung eines bestimmten Betrages an den gekündigten Gesellschafter gehörte und obgleich ferner der hierzu erforderliche Betrag aus einem Überschusse des Reinvermögens über das Stammkapital nicht zu decken war, so ist die Kündigung rechtsungültig. Das Gleiche ist der Fall bei einem „Kaufe" des Geschäftsanteils zum Zwecke der Amortisation aus Mitteln, die keinen Überschuß der gedachten Art bilden. § 34.

Doch ist nicht gerade notwendig, daß „Gelder" in Höhe jenes Überschusses vorhanden sind. Es genügt, daß Vermögen in dieser Höhe vorhanden ist. Es können ja behufs Auszahlung des Gesellschafters Kredite aufgenommen werden, wie ja auch die Dividendenverteilung nicht voraussetzt, daß flüssige Gelder zu diesem Zwecke zu den Bilanzaktiven gehören (vgl. Anm. 7 zu § 29). Anm. 15.

4. Voraussetzung bei einer Amortisation gegen Entgelt unter Heranziehung des Stammkapitals oder ohne Entgelt zur Beseitigung einer Unterbilanz (vgl. oben Anm. 6 u. 7) ist die Herabsetzung des Stammkapitals unter Wahrung der im Interesse der Gläubiger gegebenen Sicherungsmaßregeln (vgl. das Nähere hierüber zu § 58). Anm. 16.

5. Müssen die Geschäftsanteile voll bezahlt sein? Diese Voraussetzung ist für die Amortisation ohne Herabsetzung des Stammkapitals zu bejahen. Sie ist zwar in unserem Paragraphen nicht hervorgehoben. Aber der § 19 Abs. 2 ergibt dies. Denn in der Amortisation eines nicht voll bezahlten Geschäftsanteils läge, da durch die Amortisation Rechte und Pflichten untergehen, der Erlaß der rückständigen Einlagen. Dies aber ist unstatthaft, außer im Wege der Herabsetzung des Grundkapitals. Die völlige Amortisation ist deshalb nicht zulässig, wenn der Geschäftsanteil nicht voll eingezahlt ist (vgl. auch Motive 33). Auch die Annahme, daß der Veräußerer des Anteils nach § 16 Abs. 3 für die rückständigen Einlagen weiter haftet (vgl. unten Anm. 18) oder eine etwaige Abrede, daß er für sie weiter haften soll, ändert daran nichts, da eine solche Haftung keine echte und rechte Einlageschuld mit ihren eigentümlichen Folgen und Beitreibungsmodalitäten (Kaduzierung des Anteils u. s. w.) darstellen würde. Auch der Hinweis auf § 33 Abs. 1 ist ein gewichtiges Argument. Es kann also die Amortisation des § 34 trotz vorhandener Überschüsse nicht gewählt werden, wenn es sich um nicht voll bezahlte Geschäftsanteile handelt. Auf dem Wege des § 58, wenn auf die rückständige Einlage unter Herabsetzung des Stammkapitals verzichtet wird, ist dann auch für den einbezahlten Betrag die Amortisation möglich. Für diese ist, falls kein Entgelt verlangt wird oder dieser nicht aus dem Stammkapital zu nehmen ist, eine Herabsetzung des Stammkapitals nicht erforderlich. Man kann also hier nicht sagen, daß bei Geschäftsanteilen mit rückständigen Einlagen eine Einziehung nur unter Herabsetzung des Stammkapitals möglich sei. Es muß vielmehr nur gleichzeitig der Verzicht auf diese Einlage mittels der Herabsetzung durchgeführt sein. Ehe diese rechtswirksam wird, ist auch die Amortisation nicht rechtswirksam. Über teilweise Amortisation vgl. unten Anm. 25. Anm. 17.

IV. **Die Wirkungen der Amortisation.** Hier müssen die Folgen für den Geschäftsanteil und für das Stammkapital unterschieden werden. Anm. 18.

1. Für den Geschäftsanteil hat die Amortisation die Wirkung, daß er vernichtet wird. Es bestehen weder Rechte noch Pflichten mehr. Soweit solche bereits verfallen waren, hören sie nicht auf, zu bestehen. Es tritt keine Rechtsvermischung ein, bei der alle Rechte und Pflichten sich in einer Person vereinigen. Daher hat der Gesellschafter den bei Wirksamwerden der Einziehung geschuldeten Anteil am Verluste der Gesellschaft bei der Einlage eines anderen Gesellschafters noch zu entrichten. Er hat den eingerufenen Nachschuß noch zu leisten. Er hat die Rüben für die begonnene Kampagne noch zu liefern. Umgekehrt steht ihm der Anspruch auf die Dividende des abgelaufenen Jahres, auch wenn sie noch nicht festgestellt ist, und ebenso der Anspruch auf die beschlossene Nachschußrückzahlung zu, auch wenn die dreimonatliche Frist des § 30 Abs. 2 noch nicht umflossen ist. Selbstverständlich kann ein Gegenteiliges bedungen sein. Der Verzicht der Gesellschaft auf eine bereits verfallene Verpflichtung des Anteilberechtigten macht die

§ 34. Einziehung stets zu einer entgeltlichen (vgl. oben Anm. 6). Für die Frage, ob hierdurch § 30 Abs. 1 verletzt wird, ist aber nicht maßgebend, welcher Art diese Verpflichtung ist, also ob Nachschußleistung oder Haftung für den Ausfall bei einem anderen Gesellschafter, sondern stets nur der Vermögensstand der Gesellschaft. War bei Einrufung der Nachschüsse bereits eine Unterbilanz vorhanden, so mindert der Nachlaß dieser Nachschußleistung das zur Erhaltung des Stammkapitals erforderliche Vermögen. Die Nachschußforderung bildet nach Einrufung einen echten Aktivposten. Umgekehrt kann, wenn die Gesellschaft schon große Reserven besitzt, der Verzicht auf die Haftung für den Ausfall gegen Einziehung des Geschäftsanteils unter § 34 fallen, sobald eben hierdurch das zur Erhaltung des Stammkapitals erforderliche Vermögen nicht angegriffen ist.

Anm. 19. 2. Auf das Stammkapital hat die Einziehung eines Geschäftsanteils, sofern diese nicht mit der Herabsetzung jenes verbunden ist, keinen Einfluß. Die erste Auflage (Anm. 3 S. 199) hatte die Ansicht vertreten, daß jede Amortisation eines Geschäftsanteils Herabsetzung des Stammkapitals bedeute. Unter den Passiven mindere sich der Betrag des Stammkapitals um den Betrag des eingezogenen Geschäftsanteils. Denn der Betrag des Stammkapitals sei gleich der Summe der Geschäftsanteile (§ 5 Abs. 3). Dieses Argument kann nicht durchgreifen. Das Gesetz verlangt nur, daß bei der Gründung die Summe der Stammeinlagen dem Stammkapitale gleichkomme. Von den Geschäftsanteilen ist nicht die Rede. Wenn sich auch diese nach der Einlage richten (§ 14), so ist doch nirgends verlangt, daß stets soviel Geschäftsanteile vorhanden sein müssen, daß deren Summe dem Stammkapitale entspricht (vgl. Anm. 10 zu § 5). Jedenfalls aber müßte dieser Grundsatz des Gesetzes, selbst wenn er bestände, vor dem wichtigeren Satze desselben zurücktreten, daß eine Herabsetzung des Stammkapitals nur unter Wahrung der Vorschriften des § 58 erfolgen darf und daß jede Auszahlung des zur Erhaltung des Stammkapitals erforderlichen Vermögens der Gesellschaft verboten ist (§ 30 Abs. 1). Beiden Sätzen aber würde es widersprechen, wollte man an die Einziehung eines Geschäftsanteils aus den das Stammkapital überschreitenden Vermögensbeträgen die Herabsetzung des Stammkapitals knüpfen. Man braucht sich nur die Sache praktisch vorzustellen, um dies zu erkennen. Wenn eine Gesellschaft 20 Geschäftsanteile zu je 10000 M. und ein Stammkapital von 200000 M. hat, so kann sie von ihrem Reinverdienste von 40000 M. die Hälfte zu Dividenden, die andere Hälfte zur Einziehung von 10 Proz. von jedem Geschäftsanteile verwenden. Würde dadurch das Stammkapital um 20000 M. herabgesetzt, so wäre das Verbot des § 30 Abs. 1, das Fundament der Wahrung des Stammkapitals, nur noch für 180000 M. gegeben. Wiederholt sich dieser Vorgang noch einige Jahre, auch in höherem Prozentsatze als zuerst angenommen, so würde sich bald jeder der 20 Geschäftsanteile auf 500 M. und das Stammkapital auf 20000 M. reduziert haben. Die übrigen 180000 M. desselben wären nicht mehr gedeckt. Die Gesellschaft disponiert frei darüber, sie verteilt sie, sie könnte sie während dieser Zwischenzeit selbst wieder zu Amortisationen benützen. Denn das Verbot des § 30 Abs. 1 berührt diese freigewordenen Teile nicht. Die Gläubiger, die aus dem Handelsregister ein Kapital von 200000 M. ersehen, bemerkten mit einemmal, daß nur 20000 M. noch da sind und daß die Gesellschafter ohne Verpflichtung zum Rückersatze die 180000 M. an sich zogen. Da die Bilanzen nicht publiziert werden, so war vorher von diesen internen Vorgängen nichts zu ersehen. Eine Verpflichtung zur Anmeldung der Amortisation zum Handelsregister besteht ebenfalls nicht (vgl. unten Anm. 28). Das Gesetz hätte also einen Weg geschaffen, die schwerwiegendste Bestimmung zu umgehen. Das ist undenkbar. Das Resultat beweist, daß die Folge der Einziehung eines Geschäftsanteils nicht die Herabsetzung des Stammkapitals sein kann, daß vielmehr, solange nicht ein vollendeter Herabsetzungsbeschluß (§ 58) vorliegt, das Stammkapital in seiner alten Höhe bleibt. Stammkapital ist ja der Betrag, den die Gesellschafter im Hinblick auf die Sicherheit der Gläubiger als unantastbar zu betrachten haben. Es wird nur durch die Einlagen gebildet. Daher, da für jede Einlage ein Geschäftsanteil gegeben wird, der Nominalbetrag aller Anteile bei der Gründung übereinstimmen muß mit dem Stammkapital. Aber daß diese Übereinstimmung stets vorliegen müsse, ist unrichtig. Der Nennwert der Geschäftsanteile bedeutet ja nur die Größe der Beteiligung. Bei den oben als Beispiel gesetzten 20 Anteilen zu je 10000 M. bei einem Kapital von 200000 M. ist jeder zu einem Zwanzigstel beteiligt. Dies bleibt, wenn auch jeder Anteil von 10000 auf 500 M. eingezogen wird. Umgekehrt aber, wenn von diesen Anteilen nur einzelne verschwinden, erhöht sich, wenn auch der Nominalbetrag bleibt, die Beteiligungsquote. Man beseitige von jenen 20 Anteilen deren zehn. Dann bleibt das Stammkapital von 200000 M. An diesem sind noch 10 Geschäftsanteile beteiligt, also jetzt jeder zu einem Zehntel. Nur wenn mit der Einziehung eine Herabsetzung des Stammkapitals verbunden wird und die Vorschriften des § 58 gewahrt sind, kann sich dieses, d. h. der für die Gläubiger zu reservierende Betrag, vermindern. Dann wird die Beteiligungsquote der restierenden Gesellschafter sich zwar ebenfalls erhöhen, aber sie wird sich auch nominell wieder in einem Geschäftsanteil ausdrücken, der der Beteiligungsziffer als Teil des Stammkapitals entspricht. Wenn also um obige 100000 M. das Stammkapital reduziert wird, so bleiben 10 Geschäftsanteile zu je 10000 M. Jeder ist also wieder ein Zehntel des Stammkapitals von 100000 M. Für die hier vertretene Ansicht im Aktienrecht vgl. Denkschr. z. HGB. 138; Makower Kommentar z. HGB. I Anm. Ic 2 zu § 297. § 34.

Der Betrag, um den die Summe des verbleibenden Geschäftsanteils geringer wird als das Stammkapital, **bildet keinen Reservefonds.** Denn dieser setzt einen Überschuß über das Stammkapital voraus. Nur soweit eine Herabsetzung des Stammkapitals unter Beobachtung der Vorschriften des § 58 gleichzeitig stattfindet, kann der frei werdende Betrag ein Reservekonto bilden. Die Ansicht, die mit jeder Einziehung eines Geschäftsanteils die Herabsetzung des Stammkapitals verbindet (oben Anm. 19), muß zur Ausfüllung der Lücke auf der Passivseite zu dem Reservekonto greifen. Da aber jede Reserve der Auflösung durch die Gesellschafter zugänglich ist, so nützt die Bildung dieser Reserve nichts. Die Gesellschafter könnten diesen Betrag des Stammkapitals jederzeit ausschütten. Anm. 20.

V. **In welchem Augenblick treten die Wirkungen der Amortisation ein? Dann, wenn die auf Vernichtung des Geschäftsanteils gerichtete Erklärung der Gesellschaft vollendet ist und alle Voraussetzungen zu derselben vorhanden sind.** Es ist unerheblich, in welcher Reihenfolge die Erklärung der Einziehung und der Eintritt der Voraussetzungen (vgl. über diese oben Anm. 9—14) sich abspielen, ob diese oder jene zuerst vorhanden sind. Es ist möglich, daß der Anteilberechtigte zuerst seinen Geschäftsanteil der Gesellschaft zur Einziehung überläßt, daß dann die Gesellschafter formlos schriftlich die Amortisation beschließen, und daß dann erst die Statutenänderung, welche die Amortisation zuläßt, erfolgt. In diesem Falle ist die Einziehung des Geschäftsanteils erst vollendet mit dem Eintrage der Statutenänderung zum Handelsregister. Ist die Amortisation im Gesellschaftsvertrage für bestimmte Fälle auch ohne Mitwirkung des Anteilberechtigten vorgesehen, so ist dessen Geschäftsanteil mit dem Momente vernichtet, in dem ihm die Einziehungserklärung der Gesellschaft zukam. Bestreitet er deren Berechtigung, so steht ihm und der Gesellschaft die Feststellungsklage zu. Einfluß auf den Tag der Vernichtung hat das Urteil nicht. Anm. 21.

Die Einziehung selbst ist eine einseitige Willenserklärung der Gesellschaft. Sie ist es auch in dem Falle, in welchem die Zustimmung des Anteilberechtigten erkauft oder sonstwie durch Vereinbarung erlangt wird. Der Fall liegt dem der Vernichtung einer eingetragenen Hypothek analog. Diese erfolgt auf einseitige Löschungserklärung des Eigentümers. Er bedarf hierzu der Zustimmung des Hypothekengläubigers. Diese Löschung der Hypothek ist kein Vertrag zwischen Eigentümer und Gläubiger, auch wenn die Zustimmung des letzteren nicht ohne Entgelt erfolgt (§ 1183 BGB.). Dem gegenüber steht der Übergang der Hypothek auf den Eigentümer als Eigentümerhypothek, wie bei der GmbH. der Erwerb des eigenen Geschäftsanteils sich von der Amortisierung unterscheidet. Die Einziehungserklärung ist eine empfangsbedürftige Willenserklärung. Anm. 22.

§ 34. Sie muß dem Gesellschafter gegenüber erklärt sein. Sie bedarf keiner Form. Sie kann sich mit der Vereinbarung über die Zustimmung verbinden. Sie wird dies meist dann, wenn der Gesellschafterbeschluß, diejenigen Geschäftsanteile, mit denen eine Verständigung gelingt, zu amortisieren, schon vorliegt. Dann ist die Einziehung mit der Zustimmung perfekt. In der Entgegennahme derselben liegt die Einziehungserklärung.

Ist die Verständigung mit dem Anteilberechtigten vorausgegangen, so bedarf es der Mitteilung von dem Einziehungsbeschlusse an denselben. Solange dies nicht geschah, kann dieser Beschluß von den Gesellschaftern wieder aufgehoben werden. Zur Fassung des Einziehungsbeschlusses, also der Amortisationserklärung, ist die Gesellschafterversammlung berufen (§ 46 Ziff. 3). In ihrem Auftrage teilt der Geschäftsführer diese Erklärung dem Gesellschafter, um dessen Anteil es sich handelt, mit. Ist dieser in der Versammlung anwesend, so bedarf es keiner Mitteilung. Sie ist unter Anwesenden erfolgt. Diese Befugnis zur Amortisierung kann einem anderen Organe, Aufsichtsrat oder Geschäftsführer, übertragen sein. Die Zulassung im Gesellschaftsvertrage kann aber stets nur durch die Gesellschafter selbst erfolgen. Sind dieselben für beides, also auch für den Einziehungsbeschluß zuständig, so kann die Zulassung und der Beschluß in demselben Akte erfolgen. Es ist nicht nötig, zwei Versammlungen abzuhalten. Nur die Wirksamkeit der Einziehung ist abhängig von der Eintragung der Statutenänderung zum Handelsregister.

Anm. 23. Die Vereinbarung zwischen Gesellschaft und Gesellschafter über dessen Zustimmung zur Amortisation seines Geschäftsanteils ist niemals ein Erwerb desselben im Sinne des § 15. Sie enthält nur die Einwilligung zur Vernichtung des Anteils, den Verzicht auf die Rechte an die Gesellschaft. Daher bedarf es, auch wenn die Beteiligten von Kauf reden, nicht der gerichtlichen oder notariellen Form. Es handelt sich nicht um eine Veräußerung, sondern nur um eine Entäußerung. Daher ist auch die Gesellschaft nicht berechtigt, den Geschäftsanteil, statt ihn zu vernichten, zu behalten. Daher gehören alle Erträgnisse des Geschäftsanteils, bis die Einziehung vollzogen ist, dem Gesellschafter, falls er sie nicht inhaltlich der Vereinbarung der Gesellschaft zuwendete.

Anm. 24. Bei unentgeltlicher Überlassung des Geschäftsanteils liegt in der Zustimmung zur Amortisation eine Schenkung. Zwar nicht in dem Sinne, daß der Geschäftsanteil als Aktivum übertragen wird. Wohl aber liegt auch dann eine Schenkung vor, wenn ohne Entgelt auf ein Recht verzichtet, der Beschenkte nur um ein Passivum erleichtert wird. Es ist für die Zusage des unentgeltlichen Verzichts ebenso die Form der Schenkung zu wahren, wie bei der Übertragung eines Rechtes. Nur wird hier wie bei jeder Schenkung die formlose Zusage gültig, sobald der Vollzug erfolgt ist (§ 518 Abs. 2 BGB.). Bei der Übertragung von Rechten und dem Verzicht auf sie fließen häufig Zusage und Vollzug zusammen. Es ist Sache des Einzelfalles, festzustellen, was gewollt war. Hiernach sind die Fälle zu entscheiden, in denen ein Gesellschafter bei vorhandener Unterbilanz oder aus sonstigen Gründen einen Geschäftsanteil unentgeltlich zur Amortisation stellt, später aber sich auf den Mangel der Form beruft und sich weigert, diese Zusage zu erfüllen. Liegt nicht nur ein Versprechen künftigen Verzichts, sondern dieser selbst vor, so ist der Gesellschafter gebunden, auch wenn alle Voraussetzungen der Einziehung erst beschafft werden müssen, Zulassung im Gesellschaftsvertrag, Beschluß der Herabsetzung des Stammkapitals und der Einziehung und Ablauf der Sperrjahrs u. s. w. Der Wille der Kontrahenten kann nur aus den Umständen des Falles geschöpft werden. Einen sofortigen Verzicht wird man z. B. annehmen, wenn der Gesellschafter eine von der Gesellschaft ausgestellte Urkunde über den Geschäftsanteil dieser ausfolgt und ihr schreibt, er überlasse ihr denselben zur Einziehung. Dagegen wäre in einer Besprechung im Aufsichtsrate, bei der ein Gesellschafter erklärt, wenn sich eine Mehrheit der Gesellschafter für ein der Versammlung zu unterbreitendes Projekt finde, einen Teil seines Geschäftsanteils amortisieren zu lassen, nur eine Zusage künftigen Verzichts zu erblicken. Zu beachten ist, daß bei unentgeltlicher Überlassung des Geschäftsanteils es sich meist um die Tilgung einer Unterbilanz handelt, und der Gesellschafterversammlung, welche die § 34. Herabsetzung des Stammkapitals zu beschließen hat, eine feste Zusage vorgelegt werden soll. Man wird daher, sobald die obige Erklärung der Gesellschafterversammlung gemacht ist, meist annehmen dürfen, daß es sich um den Verzicht selbst handelt, so daß es dann nur der Einziehung selbst bedarf, um den Geschäftsanteil zu vernichten.

VI. Teilweise Einziehung eines Geschäftsanteils ist zuzulassen. Vorausgesetzt Anm. 25. ist, daß dieser nicht unter 500 M. heruntergeht. Sonst wäre das Gebot des Gesetzes, das keine geringere Geschäftsanteile zuläßt, leicht zu umgehen. Ebenso muß der Geschäftsanteil stets durch 100 und, wenn der Gesellschaftsvertrag eine höhere Ziffer festsetzt, durch diese teilbar sein. Das Gesetz spricht zwar nur von der Einziehung von Geschäftsanteilen. Allein, da diese in der Vernichtung derselben besteht, so folgt daraus, daß auch eine nur teilweise Aufhebung möglich ist. Es kann ein Gesellschafter, dem man für eine Erfindung einen Geschäftsanteil von 25000 M. zubilligt, bei Nichteinschlagen derselben diesen Anteil auf 10000 M. reduzieren lassen. Das Stammkapital braucht hierbei nicht herabgesetzt zu werden. Ist der Geschäftsanteil nicht voll einbezahlt, so kann eine teilweise Einziehung nicht in der Weise erfolgen, daß der einbezahlte Betrag amortisiert und aus dem Überschusse zurückvergütet werde. Denn wenn auch hier kein Verzicht auf die ausstehende Einlage vorläge (oben Anm. 17), so würde doch die Vorschrift, daß mindestens 25 Proz. der ganzen Einlage vorhanden sein müssen, verletzt. Dagegen muß es zulässig sein, von einem Geschäftsanteile, der mit 50 Proz. einbezahlt ist, bis zu 25 Proz. durch Einziehung zu vernichten und aus den über das Stammkapital hinaus vorhandenen Beträgen zu bezahlen. Wenn z. B. der Geschäftsanteil 12000 M. beträgt und 6000 M. einbezahlt sind, so kann der Betrag von 3000 M. durch Einziehung in dieser Höhe zurückgegeben werden. Es ist dann ein Geschäftsanteil von 9000 M. vorhanden, von dem die vorgeschriebenen 25 Proz. durch den verbleibenden Betrag gedeckt sind. Unzulässig wäre aber, die Einzahlung auf 2250 M. = 25 Proz. aus 9000 M. zu verringern, da die 25 Proz. Mindesteinzahlung des ursprünglichen Geschäftsanteils zurückzubehalten sind.

VII. Ein Recht des Gesellschafters auf Amortisation in dem Sinne, daß der Anm. 26. Gesellschafter durch einseitigen Akt kündigen und hierdurch seinen Geschäftsanteil vernichten könne, kennt das Gesetz nicht. Es kennt nur ein Recht auf Auflösung der Gesellschaft (vgl. Anm. 21 zu § 3 und Anm. 24 zu § 60). Nur durch Verbindung mit diesem läßt sich indirekt ein Kündigungsrecht herbeiführen, wenn ihm nämlich das Recht auf Auflösung zugesprochen wird mit der Befugnis der Gesellschaft, diese Auflösung entweder durch den Erwerb dieses Geschäftsanteils oder dessen Einziehung abzuwenden.

Zulässig ist auch ein im Gesellschaftsvertrage festgesetzter Anspruch der Gesellschafter, daß diese aus dem Reingewinn die Geschäftsanteile amortisiere, entweder in bestimmter Reihenfolge oder nach dem Lose. Dies wird dann vorkommen, wenn es sich um ein Wohltätigkeits- und Geselligkeitsinstitut handelt, bei dem die Gesellschafter auf Dividenden verzichten, aber ihr Kapital aus den etwaigen Überschüssen zurückerhalten sollen, wo also das Interesse nicht auf die Fortdauer der gesellschaftlichen Beteiligung, sondern auf deren Aufhebung geht.

VIII. Über die Einziehung von Geschäftsanteilen, wenn der Gesellschafter seine Zulassung Anm. 27. zur Gesellschaft durch Betrug erlangte, vgl. Anm. 32 zu § 2.

Zusatz 1. Muß die Amortisation zum Handelsregister angemeldet werden, nachdem sie er- Anm. 28. erfolgt ist? Die erste Auflage bejaht dies infolge der Annahme, daß jede Amortisation eine Herabsetzung des Stammkapitals enthalte. Wird dies aber, wie oben (Anm. 19) dargetan, verneint, so entfällt auch jede Begründung für eine Anmeldepflicht. Wieviel Geschäftsanteile vorhanden sind, ist für den Gläubiger und dritten Kontrahenten ohne Interesse.

Zusatz 2. An Stelle der amortisierten Geschäftsanteile können den Gesellschaftern Genußscheine gegeben werden. Anm. 29. Über diese siehe Anm. 18 im Exkurse zu § 14. Die Zuteilung eines Genußscheines für den Verzicht auf das Gesellschaftsrecht ist nie ein Verstoß gegen § 30 Abs. 1. Denn das zur Erhaltung des Stammkapitals erforderliche Vermögen wird hierdurch nie berührt. Die Genußscheininhaber haben nur Anspruch auf Anteil am Reingewinn.

§ 34. Anders nur bei einer Verpflichtung der Gesellschaft, diese Genußrechte mit Kapital abzulösen. Hier darf die Auszahlung nur aus den Überschüssen erfolgen (vgl. Anm. 4 zu § 30).

Anm. 30. **Zusatz 3. Der Betrag der amortisierten Geschäftsanteile ist nicht etwa zu einem Reservefonds zu nehmen und den Passiven einzureihen** (vgl. oben Anm. 20).

Dritter Abschnitt.

Vertretung und Geschäftsführung.

§ 35.

Die Gesellschaft wird durch die Geschäftsführer gerichtlich und außergerichtlich vertreten.

Dieselben haben in der durch den Gesellschaftsvertrag bestimmten Form ihre Willenserklärungen kundzugeben und für die Gesellschaft zu zeichnen. Ist nichts darüber bestimmt, so muß die Erklärung und Zeichnung durch sämtliche Geschäftsführer erfolgen. Ist der Gesellschaft gegenüber eine Willenserklärung abzugeben, so genügt es, wenn dieselbe an einen der Geschäftsführer erfolgt.

Die Zeichnung geschieht in der Weise, daß die Zeichnenden zu der Firma der Gesellschaft ihre Namensunterschrift beifügen.

Einleitung. Der vorliegende Paragraph gibt einzelne allgemeine Vorschriften über die rechtliche Stellung der Geschäftsführer und über die Art, wie sie ihr Amt auszuüben haben.

Weitere Vorschriften allgemeiner Art über die Stellung der Geschäftsführer enthält § 6. Dort wurde nur eine summarische Erläuterung gegeben. Die Erörterung der dort vom Gesetze behandelten Punkte soll hier im Zusammenhange erfolgen.

Um die Übersicht herzustellen, wird die Erläuterung in der Weise erfolgen, daß zunächst diejenigen Materien erörtert werden, welche der § 35 enthält, sodann in einem Zusatze diejenigen Materien, welche der § 6 behandelt, und endlich in einem zweiten Zusatze weitere, eng damit zusammenhängende, im Gesetze nicht ausdrücklich behandelte Materien.

Anm. 1. **Der § 35 behandelt in Abs. 1 die rechtliche Stellung der Geschäftsführer überhaupt, in Abs. 2 die Art der Abgabe ihrer Willenserklärungen, in Abs. 3 die Form der Zeichnung.**

I. (Abs. 1.) **Der allgemeine Charakter der rechtlichen Stellung der Geschäftsführer ist in Abs. 1 dahin bestimmt, daß sie die Gesellschaft gerichtlich und außergerichtlich vertreten.**

Damit ist aber die rechtliche Stellung der Geschäftsführer nicht erschöpfend angegeben. Nur die eine Seite derselben, ihre Stellung als gesetzliche Vertreter der Gesellschaft, ist damit gekennzeichnet. Die Geschäftsführer sind aber ferner ihr wirksamstes geschäftsführendes Organ. Sie sind das erforderliche ständige Organ der Gesellschaft für Vertretung und Geschäftsführung[1]).

Anm. 2. 1. **Die Geschäftsführer vertreten die Gesellschaft gerichtlich und außergerichtlich.**

a) Sie haben dadurch die Stellung eines gesetzlichen Vertreters der Gesellschaft. Zwar ist das hier nicht, wie in § 26 Abs. 2 BGB. für den Vorstand

---

1) Der Ausdruck Geschäftsführer ist, wie bei dieser Gelegenheit hervorgehoben werden mag, nicht glücklich gewählt. Denn das eigentlich charakteristische oder wenigstens das mehr hervorstechende, nach außen mehr hervortretende Element ihrer rechtlichen Stellung ist ihre Eigenschaft als Vertretungsorgan. Mit dem Worte Geschäftsführung aber wird sonst das Verhältnis nach innen bezeichnet (vgl. auch die Überschrift des dritten Abschnitts: „Vertretung und Geschäftsführung"). Es ist nicht ersichtlich, warum man nicht die Bezeichnung Vorstand, wie bei der Aktiengesellschaft, oder, wenn man ein anderes Wort gebrauchen wollte, den Ausdruck Vorsteher gewählt hat. Doch das nur nebenbei.

eines rechtsfähigen Vereins, ausdrücklich hervorgehoben. Allein diese letztere Gesetzesvorschrift ist hier subsidiär anwendbar (Allgemeine Einleitung Anm. 3 u. 4). Daraus folgt, daß alle diejenigen Vorschriften, welche die Gesetze für den gesetzlichen Vertreter eines Vereins geben, auf die Geschäftsführer einer GmbH. angewendet werden müssen, soweit nicht Spezialvorschriften hier entgegenstehen. § 35.

Die Geschäftsführer sind gesetzliche Vertreter. Das bedeutet, daß sie das vom Gesetz geforderte ordentliche ständige Organ für die Vertretung der Gesellschaft sind. Sie sind nicht etwa ihr ausschließliches Vertretungsorgan und nicht etwa ihr absolut notwendiges Vertretungsorgan. Nicht ausschließlich: denn wenn auch nur ausnahmsweise, hat sowohl der Aufsichtsrat, wenn ein solcher bestellt ist, die gesetzliche Vertretungsbefugnis (§ 52 des Gesetzes, § 247 HGB.), als auch andere ad hoc bestellte Personen (§ 46 Nr. 8), als auch die Generalversammlung, nämlich bei der Bestellung der Geschäftsführer (vgl. unten Anm. 41). Selbstverständlich kann die GmbH. auch durch andere Bevollmächtigte vertreten werden, die nicht als gesetzliche Vertreter bezeichnet werden können (Prokuristen, Handlungsbevollmächtigte u. s. w.). Die Geschäftsführer sind aber auch nicht ein absolut notwendiges Vertretungsorgan. Das Gesetz verlangt dieses Organ zwar als Norm und Regel. Aber die Geschäftsführer können während des Bestehens der Gesellschaft fehlen, sei es, daß sie abberufen werden, ohne daß sofort Ersatz gefunden oder geschafft wird, oder daß ein Geschäftsführer plötzlich stirbt. Weder hört dadurch die Gesellschaft zu existieren auf, noch ist es richtig, wenn Planck (Anm. 2 zu § 26 BGB.) sagt, daß, solange der rechtsfähige Verein einen Vorstand nicht hat, Rechtsgeschäfte weder von dem Verein, noch dem Verein gegenüber vorgenommen werden können. Die Gesellschaft kann vielmehr ungestört weiter funktionieren, die Beamten und Bevollmächtigten der Gesellschaft besorgen ihre Geschäfte. Nur diejenigen Rechtshandlungen können nicht vorgenommen werden, welche zur ausschließlichen Machtbefugnis der Geschäftsführer von Gesetzeswegen gehören (z. B. die Anmeldung einer Kapitalserhöhung). Auch ist es deshalb nicht richtig formuliert, wenn Neukamp Anm. 2 sagt: Rechtsgeschäftliche Akte können namens der Gesellschaft nur durch die Geschäftsführer vorgenommen werden. Weder trifft dies zu, wenn die Gesellschaft Geschäftsführer hat, noch, wenn sie zeitweilig keine hat. In beiden Fällen können auch durch sonstige Vertreter Rechtshandlungen in ihrem Namen vorgenommen werden. Anm. 3.

b) Der Umfang der Vertretungsbefugnis erstreckt sich auf alle gerichtlichen und außergerichtlichen Angelegenheiten. Er ist durch Statut oder Vertrag unbeschränkt und unbeschränkbar. Er unterliegt lediglich denjenigen Beschränkungen, welche das Gesetz macht. Anm. 4.

Was insbesondere die gerichtlichen Angelegenheiten betrifft, so sind die Geschäftsführer gesetzliche Vertreter der Gesellschaft im Sinne des § 51 CPO. Zur Vollständigkeit der Klage gehört die Angabe der gesetzlichen Vertreter (§ 130 Ziff. 1 CPO.), nicht aller Geschäftsführer, wohl aber derer, die in dem Prozesse auftreten (vgl. Anm. 11 zu § 13). Demgemäß haben sie auch die Parteieide für die Gesellschaft zu leisten, und zwar diejenigen Geschäftsführer, die zur Zeit der Eidesleistung Geschäftsführer sind (RG. 2, 400 für das Aktienrecht). Folgeweise können sie auch nicht als Zeugen vernommen werden. Wie dies für das Aktienrecht RG. 2, 400; vgl. RG. 14, 20) angenommen wird, so muß es auch hier gelten. Die Meinung von Förtsch Anm. 3, daß diejenigen Geschäftsführer, welche die Vertretung im Prozesse nicht ausüben, als Zeugen vernommen werden können, kann nicht gebilligt werden. Denn auch ein solcher Geschäftsführer bleibt ein gesetzlicher Vertreter der Gesellschaft und kann zum Parteieide herangezogen werden (§§ 473, 474 CPO.). Zustellungen und Ladungen können an jeden Geschäftsführer erfolgen, auch wenn er allein zur Vertretung nicht berechtigt ist (§ 171 Abs. 3 CPO.; vgl. unseren Paragraphen Abs. 2 Satz 3). Offenbarungseide sind durch den Geschäftsführer zu leisten. Zuständig ist nicht der Wohnsitz des Geschäftsführers, sondern der Sitz der Gesellschaft. Hört der Geschäftsführer vor der Leistung des Eides auf, das Amt zu bekleiden, so erlischt seine Pflicht hierzu (OLG. Dresden

§ 35. v. 13. 5. 02 in OLGR. 6, 144 und SeuffA. 58, 75). Will ein Geschäftsführer die Gesellschaft verklagen, z. B. auf Gewährung von Gehalt, so kann er nicht an sich selbst zustellen (§ 181 BGB.). Zur Vertretung der Gesellschaft muß eventuell, wenn nämlich die Gesellschaft einen anderen Geschäftsführer nicht hat, entweder ein solcher vom Amtsgericht gemäß § 29 BGB. (vgl. unten Anm. 42) oder ein Prozeßpfleger nach § 57 CPO. bestellt werden (RG. 1, 404).

Anm. 5. Auch in öffentlichrechtlicher Hinsicht vertreten die Geschäftsführer die Gesellschaft, so gegenüber den Stempelbehörden, den Polizeibehörden, bei Wahlen zur Handelskammer, bei Steuerveranlagungen u. s. w. Wegen der Haftung in solchen Angelegenheiten siehe Anm. 8 zu § 13 und Anm. 10 ff. zu § 36.

Anm. 6. 2. **Die Geschäftsführer sind außerdem das ordentliche geschäftsführende Organ der Gesellschaft.** Sie sind ihre ständige geschäftsführende Behörde, welcher zunächst eine Reihe von Geschäftsführungspflichten schon von Gesetzeswegen unentziehbar zugewiesen sind (Sorge für die Buchführung § 41; Einreichung der Listen § 40; Beantragung des Konkurses § 64), und welcher außerdem die ganze Geschäftsführung obliegt, soweit sie nicht durch Gesetz oder Statuten anderen Organen zugewiesen ist. Aber hinsichtlich der Geschäftsführung kann im übrigen anderen Organen so viel Macht über die Geschäftsführer selbst zugewiesen sein, daß diese dadurch im großen und ganzen zu Exekutivbeamten des Aufsichtsrats herabgedrückt werden. Bis auf die erwähnten unentziehbaren Geschäftsführungsakte kann derjenige Aufsichtsrat, dessen Anweisungen die Geschäftsführer zu folgen haben, diesen die Geschäftsführung nicht bloß bruchstückweise, sondern auch ganz entziehen. Diese Geschäftsführungsentziehung in Bausch und Bogen nennt man **Suspension.** Zweierlei ist hierbei zu berücksichtigen: einmal, daß nur derjenige Aufsichtsrat sie aussprechen kann, dessen Anweisungen die Geschäftsführer zu befolgen haben. Ein Aufsichtsrat, dem diese übergeordnete Stellung nicht eingeräumt wurde, würde das Recht der Suspension nicht haben. Insbesondere würde es nicht genügen, wenn ihm das Recht eingeräumt würde, die Bestellung der Geschäftsführer zu widerrufen. Man könnte nicht etwa sagen, im Größeren liege das Geringere. Denn Suspension ist gegenüber dem Widerruf nicht ein Geringeres, sondern zugleich ein Anderes. Es ist wohl denkbar, daß die Statuten dem Aufsichtsrat die eine Maßregel anvertrauen wollen, aber nicht die andere. Was hier vom Aufsichtsrat gesagt ist, gilt von jeder anderen Stelle, welche den Geschäftsführern in der hier bezeichneten Weise nach dem Gesetze oder den Statuten übergeordnet ist, z. B. der Gesellschafterversammlung (§ 46 Nr. 5 u. 6). Und ferner ist zu erwägen, daß eine totale Suspension deswegen nicht erfolgen kann, weil es unentziehbare Geschäftsführungsakte gibt.

Anm. 7. Sind mehrere Geschäftsführer vorhanden, so sind für ihre Beschlußfassungen die Bestimmungen des BGB. §§ 28, 32, 34 hier ebensowenig subsidiär anwendbar, wie beim Vorstand im Aktienrecht, weil der Zusammenhang der aktienrechtlichen Vorschriften ein anderes ergibt, nämlich im Zweifel Kollektivgeschäftsführung (anders für das Aktienrecht Simon in ZHR. 49, 12; danach würde die Beschlußfassung nach dem Mehrheitsprinzip erfolgen; ebenso Ring Nr. 7 zu § 231 HGB.; Makower Anm. III zu § 231 HGB.; für die hier vetretene Ansicht aber Denkschrift zum HGB. 140). Es können auch durch Statut oder Gesellschafterbeschluß oder durch den Aufsichtsrat den einzelnen Geschäftsführern einzelne Zweige der Geschäftsführung überwiesen werden, z. B. dem technischen Leiter die Fabrikation, dem kaufmännischen der Verkauf und die Buchführung. In solchen Fällen haftet jeder Geschäftsführer der Gesellschaft nur in Betreff der ihm überwiesenen Tätigkeit (RG. 12, 76). Tritt dagegen eine Teilung dieser Art durch Vereinbarung unter den Geschäftsführern selbst ein, so ist dies der Gesellschaft gegenüber ohne Wirkung (RG. 12, 76). Die öffentlichrechtlichen Pflichten der Geschäftsführer (z. B. für übersichtliche Buchführung) werden auch durch statutarische oder sonstige Geschäftseinteilung nicht berührt (vgl. Staub HGB. Anm. 3 zu § 38; auch unten zu § 41).

Anm. 8. II. (Abs. 2.) **Der Abs. 2 enthält die Vorschriften über Allein- oder Kollektivvertretung der Geschäftsführer.** Sonderbarerweise bezeichnet dies Abs. 2 unseres Paragraphen als „die

Form" der Willenserklärung. Das ist jedoch keine Formvorschrift, sondern eine materielle Vorschrift. Von der Form der Willenserklärungen der Geschäftsführer handelt Abs. 3. § 35.

1. **Voranzustellen ist hier die Bestimmung des Abs. 2 Satz 3, wonach zur Empfangnahme von Willenserklärungen, die der Gesellschaft gegenüber abzugeben sind, stets Einzelvertretungsbefugnis gilt.** Also auch dann, wenn die Geschäftsführer nur Kollektivvertretungsbefugnis haben, sind doch Willenserklärungen, welche der Gesellschaft gegenüber abzugeben sind, der Gesellschaft gegenüber abgegeben, wenn sie an einen Geschäftsführer abgegeben sind. Diese gesetzliche Einzelvertretungsbefugnis kann auch durch den Gesellschaftsvertrag nicht ausgeschlossen werden (§ 28 Abs. 2, § 40 BGB.). Beispiele sind: Entgegennahme von Vertragsofferten, Kündigungen, Mängelanzeigen, Fristbestimmungen, Wahlanzeigen, Zahlungsaufforderung bei Wechselprotesten (RG. 53, 231). Bei zweifelhafter Ausdrucksweise („Ich kündige Ihnen dies Darlehn, die Hypothek u. s. w.") ist die Absicht, der Gesellschaft gegenüber die Erklärung abzugeben, maßgebend. (OLG. Königsberg in OLGR. 5, 141.)

Zugleich liegt hierin ein durchschlagendes Argument für die schon unter dem früheren Recht herrschend gewesene Ansicht, daß, wo es auf das Wissen einer Tatsache ankommt, die Kenntnis auch nur eines Kollektivvertreters genügt, um die Unredlichkeit der Gesellschaft zu begründen (vgl. Bolze 16 Nr. 231; Staub HGB. Anm. 9 zu § 48; Düringer-Hachenburg I, Note III zu § 48). Haben daher zwei kollektivberechtigte Geschäftsführer einen Rechtsakt für die Gesellschaft vorgenommen und fällt auch nur einem von ihnen betrügerisches Verhalten zur Last, so hat die Gesellschaft dies zu vertreten (RG. v. 12. 12. 98 in JW. 99, 46; vgl. auch RG. 56, 93). Vom Wissenmüssen gilt das Gleiche nicht.

2. **Im übrigen, d. h. also für Willenserklärungen der Gesellschaft selbst gilt als gesetzliche Regel die Kollektivbefugnis der Geschäftsführer, doch so, daß der Gesellschaftsvertrag hierüber anderes bestimmen kann.** Anm. 9.

a) **Gesetzliche Regel ist die Kollektivvertretungsbefugnis der Geschäftsführer** (Kollektiv- oder Gesamtvertretung). Über diese Kollektivvertretung gelten folgende Regeln:

α) Die Kollektivvertretung ist keine beschränkte Vertretung. Wie die Gesamtprokura eine volle Prokura ist, nur getragen von einer Mehrheit von Personen (vgl. Staub HGB. Anm. 9 zu § 48), so liegt hier eine Vertretungsbefugnis, nur getragen mehreren Geschäftsführern, vor.

Demgemäß bezieht sich denn auch die Kollektivvertretung auf Rechtsakte aller Art in dem vollen Umfange des § 35 Abs. 1 und § 37 Abs. 2. Sie kann nicht auf einzelne Akte oder Geschäftszweige oder Arten von Rechtshandlungen eingeschränkt werden. Eintragungen im Handelsregister, wonach mehrere Geschäftsführer zur Zeichnung der Firma gemeinschaftlich berechtigt sind, sind zwar nicht korrekt, aber nicht ungültig. Ihr Inhalt ist dahin auszulegen, daß sie sich auf die Vertretungsbefugnis überhaupt beziehen (RG. 24, 27; KGJ. 15, 98). Die Anordnung der Vertretungsbefugnis derart, daß jeder Geschäftsführer im allgemeinen allein Vertretungsbefugnis habe, für einzelne Arten von Geschäften aber (z. B. für Eingehung von Wechselverbindlichkeiten) die sämtlichen Geschäftsführer nur Kollektivvertretungsbefugnis haben sollen, ist nicht statthaft. Anm. 10.

β) Die Ausübung der Kollektivvertretung. Soll der Rechtsakt bindend sein, so müssen die sämtlichen Kollektivvertreter mitwirken. Fälle dringender Gefahr sind nicht ausgenommen. Brauchen sie auch nicht gerade stets den Rechtsakt in unmittelbarer Gemeinsamkeit vorzunehmen, so muß sich der Akt doch immerhin als ein von allen Kollektivberechtigten getätigter darstellen, die rechtserhebliche Erklärung muß von allen abgegeben sein (vgl. Staub HGB. Anm. 10 zu § 48). Von diesem Gesichtspunkte aus ist zu beurteilen, ob im einzelnen Falle bei nicht gleichzeitigem Handeln der Kollektivberechtigten dennoch ein verpflichtender oder sonst rechtsverbindlicher Akt (z. B. eine rechtserhebliche Kündigung) vorliegt. An sich ist vorherige oder nachträgliche Mitwirkung nicht immer unzulässig (ROHG. 16, 33; Bolze 8 Nr. 548). Auch Mitwirkung durch Anm. 11.

§ 35. konkludente Handlungen ist nicht ausgeschlossen (ROHG. 6, 392; 12, 34; 17, 402), wie z. B., wenn nur ein Kollektivvertreter verhandelt, der andere zuhört und nicht widerspricht. Solennes Mitwirken kann durch die Natur der einzelnen Akte geboten sein (Wechselunterschriften, Abstimmung bei Generalversammlungen). Über die nachträgliche Genehmigung einer Wechselunterschrift vgl. unten Anm. 18. Aber wo es auch nicht durch die Natur des betreffenden Aktes geboten ist, muß doch, damit überhaupt dem Begriff der Kollektivvertretungshandlung entsprochen wird, eine wirkliche Mitwirkung bei dem betreffenden Akte vorliegen, die Zustimmung darf nicht ein Internum der Kollektivvertreter bleiben (RG. 40, 19; RG. v. 31. 1. 98 in JW. S. 164, 165; KG. bei KGJ. 20 A, 75). Ein allgemeiner Auftrag eines Kollektivvertreters an den anderen genügt nicht, um das Erfordernis der Mitwirkung zu erfüllen (Bolze 4 Nr. 807; KGJ. 20 A, 76; Behrend § 128 Anm. 10). Auch bei „Abschlüssen von geringer Bedeutung" ist dies nicht anzunehmen (OLG. Karlsruhe v. 17. 1. 05 in BadRpr. 05, 39). Vgl. jedoch unten Anm. 14. Keineswegs genügt es schließlich, „daß ein Geschäftsführer unter solchen Umständen redend auftritt, daß der Dritte annehmen konnte, aus seinem Munde spreche der Gesamtvorstand der Gesellschaft". (So OLG. Hamburg in ZHR. 35, 246.) War vielmehr in solchem Falle der einzelne Geschäftsführer nicht allein vertretungsberechtigt, so hat er seine Machtbefugnisse überschritten und verpflichtete nicht die Gesellschaft, sondern sich selbst nach § 179 BGB. (vgl. unten Anm. 13 zu § 36).

Anm. 12. γ) Der Beweis der Mitwirkung ist von dem zu führen, der sich darauf stützt. Er wird nicht angetreten durch Anbietung des Beweises, daß die Erklärung mit Wissen und Willen des anderen Kollektivvertreters abgegeben wurde. Es muß vielmehr dargelegt werden, worin die Mitwirkung bestanden hat (ROHG. 17, 402; Bolze 8 Nr. 548). Im Grundbuchverkehr muß der Nachweis in urkundlicher Form geführt werden (KGJ. 20 A, S. 76) und auch sonst in manchen Fällen (vgl. § 2 Abs. 2 unseres Gesetzes, ferner Anm. 45 zu § 15).

Anm. 13. δ) Ein Kollektivgeschäftsführer, der ohne Mitwirkung des anderen handelt, ist Pseudovertreter und haftet persönlich[1]). Es greift hier § 179 BGB. Platz (KG. v. 8. 5. 03 in OLGR. 7, 152; vgl. RG. 6, 214; Bolze 18, 229. Näheres hierüber Staub HGB. Anm. 49 ff. im Exkurse zu § 58). Es ist hierbei jedoch das Folgende zu ε und ζ Gesagte zu beachten.

Anm. 14. ε) Die Kollektivgeschäftsführer können einzelne von ihnen zur Vornahme bestimmter Geschäfte oder bestimmter Arten von Geschäften ermächtigen. Dadurch kann die vorherige Auftragserteilung, wenn sie im Einzelfalle nicht als gehörige Mitwirkung im Sinne des in Anm. 11 Gesagten genügt, in dieser Weise von Bedeutung werden, nämlich als Erteilung einer Handlungsvollmacht. In diesem Sinne ist auch eine allgemeine Ermächtigung von rechtlicher Bedeutung. Festzuhalten aber ist, daß in solchem Falle der Kollektivgeschäftsführer nicht als solcher handelt, sondern als Handlungsbevollmächtigter. Die Vollmacht muß ihm von der Gesellschaft erteilt sein, also von den legitimierten Vertretern der Gesellschaft, unter Umständen muß er selbst dabei mitwirken. Es würde nicht genügen, daß der andere Kollektivgeschäftsführer ihm die Ermächtigung gegeben hatte, ihn zu vertreten (KGJ. 20 A, 76). Er kann auch nur als Handlungsbevollmächtigter handeln, was im Einzelfalle einen erheblichen Unterschied bedeuten kann (vgl. unten Anm. 17).

Anm. 15. Auf solcher Ermächtigung beruht z. B. die Gültigkeit der von einem Kollektivgeschäftsführer auf Grund allgemeiner Ermächtigung abgeschlossenen Börsengeschäfte.

---

1) Steht dieser Haftung nicht § 15 HGB. entgegen? Keineswegs. Der Mangel der Einzelvertretung ist zwar aus dem Handelsregister ersichtlich. Allein die Präsumtion gilt nur im Verkehr mit derjenigen Person, auf deren Rechtsverhältnisse sich die Eintragung bezieht. Das ist die Gesellschaft, nicht der Geschäftsführer. Jene, nicht dieser kann auf Grund des § 15 dem Dritten entgegenhalten, er habe den Mangel voller Vertretungsmacht aus dem Handelsregister ersehen müssen. Es liegt daher nicht der Ausnahmsfall des § 179 Abs. 3 BGB. vor.

Auch eine Postvollmacht können die Kollektivgeschäftsführer einem von ihnen erteilen. Ein weiteres Beispiel wäre die Ermächtigung eines Geschäftsführers zur Ausstellung von Quittungen (Denkschrift zum HGB. 91). § 35.

Die Zulässigkeit einer Vertretung der Gesellschaft durch einen der kollektivberechtigten Geschäftsführer auf dem Wege der Erteilung einer Handlungsvollmacht ist zwar in unserem Gesetze nicht besonders hervorgehoben worden. Allein sie ergibt sich aus der Analogie des § 125 Abs. 2 Satz 2 und des § 232 Abs. 1 Satz 2 HGB., die nicht, wie das von manchen Seiten geschieht, als positive Satzungen, zu betrachten sind, sondern lediglich als gesetzliche Bestätigungen von Grundsätzen, die sich aus allgemeinen Begriffen ergeben (zust. Makower HGB. 90; RG. 48, 58, wo ausdrücklich hervorgehoben ist, daß der § 232 Abs. 1 Satz 2 HGB. keine Neuerung enthält, sondern nur diejenigen Rechtsanschauungen wiederholt, welche schon unter der Herrschaft des alten HGB. Anerkennung gefunden hatten). Anm. 16.

Eine solche Ermächtigung kann auch durch konkludente Handlungen erfolgen (z. B. durch fortgesetzte Duldung, RG. 48, 58), und ist so widerruflich, wie die gewöhnliche Handlungsvollmacht. Denn sie ist nichts anderes, als eine Handlungsvollmacht (RG. 48, 58). Es greift auch auf sie § 174 BGB. Platz, wonach, wenn ein Bevollmächtigter ein einseitiges Rechtsgeschäft einem anderen gegenüber vornimmt, dasselbe unwirksam ist, wenn der Bevollmächtigte eine Vollmachtsurkunde nicht vorlegt und der andere das Rechtsgeschäft aus diesem Grunde unverzüglich zurückweist. Anm. 17.

ζ) Außerdem wird eine eigenmächtige Handlung eines Kollektivgeschäftsführers durch nachträgliche Zustimmung der anderen Kollektivvertreter wirksam. Die Genehmigung ist dem Dritten gegenüber auszusprechen. Zustimmung gegenüber dem Mitvertreter allein genügt nicht (vgl. RG. v. 11. 7. 05 in JW. 05, 527). Selbstverständlich ist die nachträgliche Zustimmung nur in dem Falle wirksam, wo nach der Natur des betreffenden Rechtsaktes solche Genehmigung ausreicht. Nicht immer ist dies der Fall. Handelt es sich z. B. um die Teilnahme der GmbH. an der Generalversammlung einer Aktiengesellschaft, so muß die Stimmenabgabe seitens der Kollektivvertreter gemeinsam geschehen. Würde nur der eine erscheinen, der andere nachträglich die Stimmabgabe genehmigen, so reichte das, weil dem Wesen der Abstimmung zuwider, nicht aus. Das Gleiche gilt bei Formalakten, wie Auflassungen, Wechseln, notwendig schriftlichen Verträgen. Ein von einem Kollektivgeschäftsführer unterschriebener Wechsel ist ungültig, eine von ihm getätigte Auflassung ist der Gesellschaft gegenüber ungültig, auch wenn der andere Kollektivgeschäftsführer diesen Akt hinterher genehmigt. Allein es ist zu berücksichtigen, daß auch bei solchen Formalakten der § 177 BGB. gilt: d. h. der von einem Pseudovertreter geschlossene Vertrag wird gültig, wenn der Machtgeber ihn nachträglich genehmigt. Wenn also eine von einem Kollektivvertreter getätigte Auflassung nachträglich nicht bloß von einem anderen Kollektivgeschäftsführer, sondern von einem Geschäftsführer genehmigt wird, der allein die Gesellschaft zu vertreten befugt ist, oder von so vielen Geschäftsführern, als die Gesellschaft zu vertreten befugt sind, z. B. von ihm selbst und dem vertretungsbefugten Kollektivgeschäftsführer, so wird dadurch die Auflassung gültig und das Gleiche gilt vom Wechsel (vgl. für die Auflassung KG. v. 4. 3. 01 RJA. 2, 85; für Wechsel RG. v. 8. 6. 01 in JW. 519; Staub WO. § 8c und § 10a zu Art. 95). Das Gleiche ist anzunehmen, wenn ein kollektivvertretungsberechtigter Geschäftsführer einer GmbH. eine GmbH. oder eine Aktiengesellschaft gründet (vgl. oben Anm. 8 zu § 2). Anm. 18.

η) Wie ist es bei stillschweigenden Erklärungen, also den Fällen, in denen aus dem Verhalten der Organe der Gesellschaft nach Ansicht des Gesetzes und des Verkehrs auf den rechtsgeschäftlichen Willen geschlossen wird, z. B. bei der nicht rechtzeitigen Anzeige, der Verspätung einer Vertragsannahme (§ 149 BGB.), bei der Nichtablehnung eines für ihren Gewerbebetrieb an die Gesellschaft gesandten Auftrages zur Geschäftsbesorgung (§ 362 Abs. 4 HGB.)? Hier müssen die Voraussetzungen ihrer Annahme durch stillschweigende Anm. 19.

§ 35. Erklärung bei sämtlichen zur Kollektivvertretung berufenen Geschäftsführern vorhanden sein. Auch wo das qualifizierte Schweigen als Erklärung betrachtet wird, müssen die besonderen Momente bei sämtlichen vorliegen.

Anm. 20. b) **Von der Kollektivvertretungsbefugnis kann der Gesellschaftsvertrag Ausnahmen machen.**

α) Der Gesellschaftsvertrag. Nicht andere Organe, z. B. nicht der Aufsichtsrat. Auch der Gesellschaftsvertrag kann nicht bestimmen, daß die Gesellschafterversammlung oder der Aufsichtsrat diese Ausnahmen machen dürfen (LG. Frankfurt im Recht 01, 473 Nr. 1994). Nach § 232 Abs. 2 HGB. kann zwar bei der Aktiengesellschaft der Gesellschaftsvertrag dem Aufsichtsrat diese Befugnis verleihen. Aber dies ist eine singuläre Bestimmung, die früher, als eine diesbezügliche positive Satzung fehlte, nicht als Rechtens galt (vgl. Staub Kommentar zum alten HGB. § 5 zu Art. 229; auch Birkenbihl Anm. 12).

Anm. 21. β) Welche Ausnahmen kann der Gesellschaftsvertrag machen?

αα) Die erste Ausnahme ist die Einzelvertretungsbefugnis der Geschäftsführer. Dieselbe kann für jeden einzelnen Geschäftsführer oder auch für mehrere angeordnet werden. Der solchergestalt zur Einzelvertretung befugte Geschäftsführer vertritt die Gesellschaft in Gemäßheit der §§ 35 Abs. 1 und 37 Abs. 2. — Wenn zum Handelsregister oft angemeldet wird, daß ein Geschäftsführer zur Zeichnung der Firma allein berechtigt ist, so ist diese Anmeldung zwar nicht korrekt, aber die Eintragung kann gleichwohl geschehen. Denn Anmeldung und Eintragung sind in diesem Falle dahin zu verstehen, daß der einzelne Geschäftsführer zur Vertretung der Gesellschaft überhaupt berechtigt ist (vgl. oben Anm. 10).

Anm. 22. ββ) **Die zweite Ausnahme ist die Befugnis zur Vertretung durch einen Geschäftsführer in Gemeinschaft mit einem Prokuristen.** Diese Ausnahme ist zwar in unserem Gesetze nicht ausdrücklich zugelassen. Allein die herrschende Ansicht hat sie bei der offenen Handelsgesellschaft und der Aktiengesellschaft schon früher zugelassen (vgl. besonders RG. 40, 17; ROHG. 8, 337; KGJ. 10, 39). Das neue HGB. steht auf dem Standpunkt der begrifflichen Zulässigkeit (§§ 125, 232 HGB.). Es ist auch für die GmbH. die Zulässigkeit einer statutarischen Anordnung anzuerkennen, wonach ein Geschäftsführer zusammen mit einem Prokuristen zur Vertretung der Gesellschaft berufen werden kann.

Anm. 23. Es entsteht nun aber die Frage, ob diese Vertretung auch in der Weise angeordnet werden kann, daß auch in dem Falle, wo nur ein Geschäftsführer vorhanden ist, dieser lediglich zusammen mit einem Prokuristen die Gesellschaft vertreten darf, oder daß, wenn mehrere Geschäftsführer vorhanden sind, jeder von ihnen nur mit einem Prokuristen die Gesellschaft vertreten darf. Dies erachtet die herrschende Meinung bei der Aktiengesellschaft nicht für zulässig (vgl. besonders KG. bei KGJ. 20 A, 30; auch zitiert bei RJA. 1, 50; Pinner Aktienrecht 140 und bei Holdheim 8, 257) und ebenso bei der GmbH. (vgl. Liebmann Anm. 10; KG v. 12. 1. 05 in CBlFG. 6, 136 und KGJ. 29 A, 95). Als Grund wird besonders geltend gemacht, daß der § 232 in dieser Hinsicht nur die frühere Praxis bestätigen, nur das gesetzlich fixieren sollte, was sich früher als Bedürfnis für die Praxis herausgestellt habe und von der Rechtsprechung gebilligt worden war. In der Tat scheint auch die Vertretung durch ein Vorstandsmitglied zusammen mit einem Prokuristen in der früheren Praxis des Aktienrechts nur dann als zulässig erachtet worden zu sein, wenn das Vorstandsmitglied außerdem auch noch allein oder mit anderen Vorstandsmitgliedern zusammen die Gesellschaft vertreten durfte (vgl. ROHG. 8, 337; 6, 134; RG 40, 17). Demgemäß kann das Statut bestimmen, daß ein Geschäftsführer allein die Gesellschaft vertreten kann, daß aber, wenn mehrere Geschäftsführer bestellt werden, dieselben entweder gemeinsam, oder mehrere von ihnen gemeinsam, oder einer allein und andere gemeinsam die Gesellschaft vertreten können, daß endlich, wenn mehrere Geschäftsführer, oder einer oder einzelne von ihnen die Gesellschaft allein oder gemeinsam die Gesellschaft vertreten, außer diesen Vertretungsarten auch noch eine Vertretung in der Weise erfolgen kann, daß ein Geschäftsführer zusammen mit einem Prokuristen die Gesellschaft vertritt. Dagegen ist es nicht zulässig, zu bestimmen, daß der einzige

Geschäftsführer allein mit einem Prokuristen die Gesellschaft vertritt, und ebenso ist unzulässig die Bestimmung, daß, wenn mehrere Geschäftsführer bestellt sind, jeder nur in Gemeinschaft mit einem Prokuristen vertreten kann. Die in der Praxis übliche Vertretungsklausel des Gesellschaftsvertrages ist die: § 35.

Die Gesellschaft wird a) wenn ein Geschäftsführer bestellt ist, durch diesen, b) wenn aber mehrere Geschäftsführer bestellt sind, entweder durch zwei oder mehrere gemeinsam oder durch einen Geschäftsführer und einen Prokuristen oder endlich c) durch zwei Prokuristen vertreten. Die letztere Anordnung in den Statuten enthält insofern eine Unebenheit, als sie in diesen Zusammenhang nicht gehört. Die Vertretung durch Prokuristen gehört nicht in diejenigen Bestimmungen, durch welche die gesetzliche Vertretung der Gesellschaft geordnet wird. Wie auch immer die gesetzliche Vertretung durch die Geschäftsführer geordnet sein mag, die Vertretung durch Prokuristen kann nebenher erfolgen. Das Statut kann ja auch darüber Bestimmung treffen, aber es gehört diese Anordnung nicht in diesen Zusammenhang. Anm. 24.

Im übrigen gilt über diese Abart der Kollektivvertretung (Geschäftsführer zusammen mit Prokuristen) dasselbe, wie für die Kollektivvertretung der Geschäftsführer überhaupt. Auch sie ist keine beschränkte Vertretung, sondern eine volle Vertretung, die nur auf mehreren Schultern ruht (vgl. oben Anm. 9). Der Umfang dieser Vertretungsbefugnis ist nicht der der Prokura, sondern der der Vertretungsbefugnis des Geschäftsführers (vgl. hierüber Staub HGB. Anm. 13 zu § 125; anders KGJ. 15, 98). Anm. 25.

Über die Ausübung der gemeinsamen Vertretungsbefugnis durch Geschäftsführer und Prokuristen gilt das oben Anm. 11, über den Beweis der Mitwirkung der Kollektivvertreter das oben Anm. 12, über die Folgen des unbefugten Alleinhandelns eines Kollektivvertreters das oben Anm. 20 Gesagte. Die Zulässigkeit der Ermächtigung eines Kollektivvertreters durch alle Kollektivvertreter gemeinsam gilt auch hier. Vgl. daher oben Anm. 14. Über die nachträgliche Zustimmung oben Anm. 18. Auch was oben Anm. 8 über die gesetzliche Einzelvertretungsbefugnis der Kollektivvertreter gesagt ist (daß Willenserklärungen gültig an einen von ihnen abgegeben, daß Zustellungen und Ladungen an einen von ihnen gültig bewirkt werden können, daß das Wissen des einen von ihnen der Gesellschaft so schadet, als sei es bei allen Kollektivvertretern vorhanden), gilt auch hier. Zwar spricht § 35 Abs. 2 Satz 3 nur davon, daß die der Gesellschaft gegenüber abgegebene Willenserklärung dann als abgegeben gilt, wenn sie einem der kollektivberechtigten G e s c h ä f t s f ü h r e r abgegeben ist. Aber darin liegt der Ausspruch eines Prinzips, welches dahin geht, daß, wenn mehrere Personen kollektivberechtigt sind, eine dritte Person zu vertreten, hierin gleichzeitig eine gesetzliche Ermächtigung für jeden einzelnen der Kollektivvertreter liegt, Erklärungen für den Machtgeber zu empfangen. Der Grund der Vorschrift liegt nicht darin, daß es sich um Geschäftsführer handelt, sondern daß es sich um Kollektivvertreter handelt (vgl. § 171 Abs. 3 CPO.; RG. 53, 231). Anm. 26.

Indessen wird der Prokurist dadurch doch nicht gesetzlicher Vertreter der Gesellschaft. Er bleibt gewillkürter Vertreter und kann daher als Zeuge vernommen werden (Bondi im SächsArch. 12, 12). Anm. 27.

γ) **Weitere Ausnahmen von der Kollektivvertretungsbefugnis der Geschäftsführer dürfen nicht gemacht werden.** Eine Ordnung der Vertretung dahin, daß der Geschäftsführer zusammen mit einem Handlungsbevollmächtigten oder mit einem Mitgliede des Aufsichtsrats vertreten darf, ist unzulässig. Anm. 28.

III. (Abs. 3). **Die Form der Zeichnung.** D a s G e s e t z b e s t i m m t, d a ß d i e Z e i c h n u n g i n d e r W e i s e g e s c h i e h t, d a ß d i e Z e i c h n e n d e n z u d e r F i r m a i h r e N a m e n s u n t e r s c h r i f t b e i f ü g e n.

1. **Die hier gegebene gesetzliche Vorschrift ist lediglich eine Ordnungsvorschrift.** Sie geht parallel mit der für die Prokura gegebenen Vorschrift des § 51 HGB. Daß sie eine Ordnungsvorschrift ist, konnte füglich nicht bezweifelt werden. Es ist dies gleichwohl bezweifelt worden, es ist behauptet worden, daß sie nach neuem Recht eine Gültigkeitsvorschrift ist. Dieser Zweifel ist aber durch die Entscheidung des RG. 50, 60 beseitigt worden. Anm. 29.

§ 35. Damit ist klargestellt, daß die Vorschrift keineswegs besagt, die Geschäftsführer könnten nur in dieser Form ihre schriftlichen Erklärungen abgeben. Vielmehr ist jede schriftliche Erklärung gültig, welche den Willen, für die Gesellschaft zu zeichnen, deutlich ergibt (siehe Anm. 33).

Anm. 30. Auch für gesetzliche Formalakte gelten in der hier in Rede stehenden Hinsicht strengere Erfordernisse nicht. Es ist nicht etwa vorgeschrieben, daß bei Rechtsgeschäften, welche kraft gesetzlicher Vorschrift schriftlich beurkundet werden müssen, die Unterschrift notwendigerweise in der hier vorgeschriebenen Form abgegeben werden muß, widrigenfalls die Vorschriften des § 126 BGB. nicht als erfüllt gelten. Vielmehr ist unsere Vorschrift auch hier bloße Ordnungsvorschrift (RG. 50, 60; RG. v. 8. 6. 01 in JW. 519). Das strengere Erfordernis bei den Formalakten besteht nur in der schriftlichen Beurkundung des Aktes. Es muß von ihrem Aussteller eine Urkunde errichtet werden, welche den ganzen Inhalt des Rechtsgeschäfts enthält, insbesondere also auch ergibt, daß es für die Gesellschaft vorgenommen worden ist. Aus den begleitenden Umständen kann dieses Moment bei vorgeschriebener Schriftform nicht ergänzt werden. Aber es ist nicht notwendig, daß gerade die Unterschrift dieses Moment ergeben muß, oder gar, daß sie dies dadurch ergeben muß, daß die Unterschrift die im vorliegenden Paragraphen vorgeschriebene Form hat. Vielmehr ist es gleichgültig, ob der Text (der sogar gedruckt sein kann), ergibt, daß für die Gesellschaft kontrahiert wird und die Geschäftsführer nur ihre Namen unterschreiben, oder ob die Geschäftsführer lediglich die Firma der Gesellschaft unter Weglassung ihres Namens unterschreiben, oder ob die Firma gestempelt und darunter die Geschäftsführer ihre persönlichen Namen unterschreiben. Auch in dem letzterwähnten Falle ergibt die Urkunde in ihrer Totalität, daß für die Gesellschaft kontrahiert wurde. Alles dies gilt auch für formalisierte Akte, so den Grundbuchverkehr (vgl. KGJ. 13, 171), für den Beitritt zu einer Genossenschaft (KG. v. 19. 9. 04 in KGJ. 10, 244).

Nur beim Wechsel ist ein weiteres strenges Erfordernis aufgestellt, zwar auch hier nicht insofern, als ob die Vorschrift unseres Paragraphen zur Gültigkeit der Wechselunterschrift notwendig erfüllt werden müsse, diese bleibt vielmehr auch beim Wechsel Ordnungsvorschrift (RG. 50, 60 v. 8. 6. 01 in JW. 519). Wohl aber insofern, als hier die Firma der Gesellschaft in der Unterschrift notwendig geschrieben sein muß und daher eine bloße Unterstempelung der Firma nicht genügt, auch dann nicht, wenn die Geschäftsführer ihre persönlichen Namen geschrieben beifügen. (Vgl. über diese wechselrechtliche Frage Staub WO. § 8d zu Art. 95; dagegen allerdings RG. 47, 167).

Anm. 31. 2. **Die hier gegebene Vorschrift bezieht sich zunächst nur auf das Verhältnis nach außen.** Aber analog gilt sie auch nach innen, also z. B. für Einladungen oder Zahlungsaufforderungen an die Gesellschafter. Aber auch in dieser Hinsicht hat sie lediglich instruktionelle Bedeutung. Wenn nur deutlich ersichtlich ist, daß die Erklärung von der Gesellschaft ausgeht, so gilt sie.

Anm. 32. 3. **Auch das Statut kann die Form vorschreiben, wie die Geschäftsführer zu zeichnen haben.** Und das geschieht sehr häufig, sei es in Abweichung von § 35, oder so, daß die vorliegende Vorschrift näher ausgeführt und präzisiert wird, z. B. so, daß bestimmt wird, es solle der Firma die Bezeichnung Geschäftsführer und die Unterschrift hinzugefügt werden. Auch solche statutarischen Vorschriften haben nach außen lediglich instruktionelle Bedeutung. Der Gesellschaftsvertrag kann nicht mit bindender Wirkung bestimmen, in welcher Form die Geschäftsführer zu zeichnen haben. Würde z. B. der Gesellschaftsvertrag anordnen, daß die Geschäftsführer nur in schriftlicher Form die Gesellschaft verpflichten können, so verstieße dies gegen den nicht ausdrücklich ausgesprochenen, aber dem Gesetze innewohnenden Grundsatz der Formfreiheit der Verträge und es wäre dies außerdem eine dem Dritten gegenüber unwirksame Beschränkung der Vertretungsbefugnis der Geschäftsführer. Man kann auch mit Neukamp (Anm. 2) sagen, niemand, also auch nicht eine juristische Person, kann sich derartige Beschränkungen bindend auferlegen. Unwirksam ist es ferner, wenn der Gesellschaftsvertrag auch nur anordnet, daß die schriftlichen Willenserklärungen der Geschäftsführer eine bestimmte Form haben müssen, um nach außen rechtsverbindlich zu sein (ROHG. 18, 341). Ja selbst eine Bestimmung, daß Willenserklärungen, welche nach dem Gesetze nur in schriftlicher Form gültig sind, in bestimmter Form gezeichnet werden müssen, würde gegen § 37 Abs. 2 verstoßen. § 35.

Aber auch nach innen, d. h. im Verkehr der Geschäftsführer mit den Gesellschaftern, wird man solchen statutarischen Vorschriften der Regel nach nur instruktionelle Bedeutung beilegen können. Freilich kann das Statut der Beobachtung solcher Vorschriften auch eine höhere Bedeutung beilegen. Aber daß dies der Fall ist, muß besonders erhellen. Für die Regel wird man annehmen müssen, daß auch diese Willenserklärungen gültig sind, wenn sie sich deutlich erkennbar als Willenserklärungen der Geschäftsführer im Namen der Gesellschaft darstellen. Insbesondere werden geringe Abweichungen von der vorgeschriebenen Form, wenn sie jene Erkennbarkeit nicht beeinträchtigen, als unerheblich zu betrachten sein (RG. 34, 113). Anm. 33.

Zusatz 1. Die Vorschriften des § 6 über die Geschäftsführer.

I. (§ 6 Abs. 1.) **Die Gesellschaft muß einen oder mehrere Geschäftsführer haben.**

1. **Der grundsätzliche Charakter der Vorschrift.** Die Gesellschaft „muß". Das bedeutet nicht etwa daß die Gesellschaft nicht bestehen könne, wenn sie keinen Geschäftsführer hat. Wenn der Geschäftsführer sein Amt niederlegt oder stirbt, und Ersatz nicht geschaffen ist, so besteht die Gesellschaft darum doch weiter (vgl. oben Anm. 3). Es entspricht aber der Ordnung, daß die Gesellschaft einen Geschäftsführer hat. Wenn sie keinen hat, so kann jeder Beteiligte ihr für dringende Fälle einen Geschäftsführer durch das Amtsgericht bestellen lassen (vgl. unten Anm. 43). Anm. 34.

2. **Einen oder mehrere Geschäftsführer** muß die Gesellschaft haben. Das Nähere kann das Statut enthalten. Es muß dies, im Gegensatz zum Aktienrecht, aber nicht. Enthält der Gesellschaftsvertrag hierüber nichts, so unterliegt auch die Zahl der Geschäftsführer jeweils der einfachen Beschlußfassung der Gesellschafter. Eine genaue Kontrolle darüber, wieviel Geschäftsführer die Gesellschaft hat, ist also nicht möglich, da diese Beschlüsse der Gesellschafter nicht angemeldet werden. Aus der Anmeldung der Geschäftsführer zum Handelsregister, auf welche die Motive Wert legen, allein läßt sich auch die vorgeschriebene Zahl nicht entnehmen. Sind mehrere Geschäftsführer vorhanden, so sind sie im Zweifel nur kollektiv zur Vertretung berechtigt (siehe oben Anm. 9ff.). Für die Geschäftsführung muß dasselbe gelten (vgl. oben Anm. 7). Anm. 35.

II. (§ 6 Abs. 2 u. 3.) **Die Qualifikation der Geschäftsführer.** Hierüber ist nur gesagt, daß sie Gesellschafter oder auch andere Personen sein können. Wenn ein Gesellschafter bei der Gründung zum Geschäftsführer bestellt ist, so ist damit noch nicht gemeint, daß der Gesellschafter solange Geschäftsführer bleiben müsse, als er Gesellschafter ist, und auch nicht, daß er das Amt des Geschäftsführers in seiner Eigenschaft als Gesellschafter gemäß § 3 Abs. 2 auszuüben übernommen hat. Es liegt vielmehr im Zweifel darin eine bei Gelegenheit der Gründung erfolgte Bestellung eines Geschäftsführers (vgl. Anm. 27 zu § 3 und unten Anm. 41). Doch kann auch bestimmt werden, daß ein Gesellschafter als solcher sich verpflichtet, das Amt eines Geschäftsführers auszuüben. Auch dann aber ist der Widerruf nach § 38 zulässig. Auch die Niederlegung? Darüber siehe zu § 38. Anm. 36.

Im § 6 Abs. 3 ist die Auslegungsregel gegeben, daß, wenn der Gesellschaftsvertrag sämtliche Geschäftsführer zur Geschäftsführung ernennt, damit nicht gemeint ist, daß die jeweiligen, sondern nur, daß die bei Festsetzung der Bestimmung der Gesellschaft angehörenden Personen die gewählten Geschäftsführer sind. Es kommt auch hier die Anschauung zum Durchbruch, daß die Bestellung der Geschäftsführer im Gesellschaftsvertrage nicht einen Bestandteil des Gesellschaftsvertrages, sondern eine bei Gelegenheit des Abschlusses des Gesellschaftsvertrages erfolgte Bestellung ist (siehe oben Anm. 36). Anm. 37.

Über weitere Qualifikationen der Geschäftsführer bestimmt das Gesetz nichts. Es bestehen daher von Gesetzeswegen keine anderen Qualifikations- Anm. 38.

§ 35. erfordernisse, als die sich aus allgemeinen Rechtsgrundsätzen ergebenden. Es müssen also die Geschäftsführer physische Personen und geschäftsfähig sein. Es schadet aber nichts, wenn die Person in der Geschäftsfähigkeit beschränkt ist (§ 165 BGB.), so daß ein gesetzliches Hindernis nicht besteht, auch einen Minderjährigen über 7 Jahre zum Geschäftsführer zu bestellen. Auch sonst brauchen die Geschäftsführer besondere Eigenschaften nicht zu haben. Auch Frauen können es sein. Ferner brauchen sie nicht Inländer zu sein oder im Inlande zu wohnen. Oft, z. B. zur Beaufsichtigung einer ausländischen Zweigniederlassung, wird gerade der Wohnsitz im Auslande erwünscht sein. Auch daß sie mit Aufsichtsratsmitgliedern oder untereinander verwandt oder durch Sozietät verbunden sind, ist kein gesetzliches Hindernis. Die in Reichs- und Landesgesetzen für Beamte enthaltenen Vorschriften, wonach dieselben zur Bekleidung solcher Stellen die Genehmigung ihrer vorgesetzten Behörde einholen müssen, machen sie nicht unfähig und beeinträchtigen ihre Wählbarkeit nicht. Die Verletzung solcher Vorschriften hat nur disziplinarrechtliche Folgen. Der Registerrichter hat kein Recht der Beanstandung (Behrend 838 Anm. 10; Ring Nr. 3 zu § 231 HGB.). Wohl aber kann nach allen diesen Richtungen das Statut Beschränkungen auferlegen (Behrend § 127 Anm. 22). Die Statuten können z. B. bestimmen, daß Personen, welche die bürgerlichen Ehrenrechte verloren haben oder in Konkurs geraten sind, nicht Geschäftsführer sein können, oder daß nur Gesellschafter Geschäftsführer sein können, oder daß die Geschäftsführer an einem bestimmten Orte wohnen oder daß sie Kaution hinterlegen müssen. Ob dies als Voraussetzung oder als Folge des Geschäftsführeramts angeordnet ist, ist dann Frage des Einzelfalls.

Anm. 39. Ist die Wahl auf eine geschäftsunfähige Person gefallen, so ist sie absolut ungültig. Ist sie aber auf eine nach den Statuten nicht bestellbare Person gefallen, so ist der Beschluß zwar nicht gültig. Ob die betreffende Person gleichwohl ihr Amt versehen kann, richtet sich nach allgemeinen Grundsätzen über die Rechtsfolgen eines ungültigen Beschlusses (vgl. hierüber zu § 45).

Anm. 40. Tritt nachträglich ein gesetzlicher Ungültigkeitsgrund ein, so hört das Mitglied von selbst auf, Geschäftsführer zu sein. Tritt nachträglich ein statutarischer Unfähigkeitsgrund ein, verfällt z. B. ein Geschäftsführer in Konkurs, während die Statuten Gemeinschuldner von der Bestellung als Geschäftsführer ausschließen, so hört die Geschäftsführerqualität dadurch nicht von selbst auf. Vielmehr muß die Bestellung widerrufen werden (zust. Ring Nr. 3 zu § 231 HGB.; anders Behrend § 127 Anm. 22; Holdheim in seiner Wochenschrift 1, 187).

Anm. 41. III. (§ 6 Abs. 2.) **In welcher Weise erfolgt die Bestellung zum Geschäftsführer?** Hierüber bestimmt § 6 Abs. 2: Die Bestellung erfolgt entweder in dem Gesellschaftsvertrage oder nach Maßgabe der Bestimmungen des dritten Abschnittes.

a) **Im Gesellschaftsvertrage.** Wenn die Gesellschaft gegründet wird, so kann im Gesellschaftsvertrage selbst über die Person der ersten Geschäftsführer Bestimmung getroffen werden. Aber auch eine solche Bestimmung gilt im Zweifel nicht als Bestandteil des Gesellschaftsvertrages, sondern nur als eine bei Gelegenheit des Abschlusses des Gesellschaftsvertrages erfolgte Bestellung von Geschäftsführern. Daher ist die Kündigung auch solchen Geschäftsführern gegenüber zulässig. Zur Bestellung anderer Geschäftsführer an Stelle derselben ist nicht etwa ein Statutenänderungsbeschluß erforderlich (RG. 44, 95; KG. v. 25. 3. 01 in OLGR. 3, 65). Doch kann der Gesellschaftsvertrag hierüber andere Bestimmungen treffen (KG. ebenda). Immer aber bleibt der Widerruf gemäß § 38 der Gesellschaft vorbehalten. Die Bestellung ist in diesem Falle durch die Gesellschafter namens der Gesellschaft erfolgt. Ebensowenig können aus der Tatsache allein, daß die Bestellung im Gesellschaftsvertrage erfolgt, Schlüsse für die Dauer des Anstellungsverhältnisses gezogen werden, etwa daß der Geschäftsführer für die Dauer der Gesellschaft oder seines Gesellschaftsverhältnisses oder gar auf Lebenszeit ernannt sei. Über die Verpflichtung eines Gesellschafters zur Übernahme des Geschäftsführeramts im Gesellschaftsvertrage vgl. Anm. 27 zu § 3.

b) **Ist die Bestellung nicht im Gesellschaftsvertrage erfolgt,** so erfolgt sie nach den Vorschriften des dritten Abschnittes, also nach § 46 Nr. 4. Die Bestellung erfolgt in solchem Falle durch Bestimmung der Gesellschafter. Die Gesellschafter beschließen in der Versammlung, im Einverständnis aller Gesellschafter auch schriftlich ohne Versammlung. In dieser Weise muß auch bei der Gründung der Gesellschaft die Bestellung erfolgen, Die so erfolgte Bestellung ist sowohl bei der Gründung, als sonst dem Registerrichter nachzuweisen (§ 8 Nr. 2, § 39 Abs. 2). Indessen kann der Gesellschaftsvertrag eine andere Bestellung der Geschäftsführer anordnen (§ 45 Abs. 2). Es kann z. B. durch Gesellschaftsvertrag bestimmt werden, daß der Aufsichtsrat oder ein sonstiges Organ, z. B. ein Präsident der Gesellschaft oder ein von der Gesellschafterversammlung erwählter Delegierter der Gesellschafter die Geschäftsführer ernennt oder eine Behörde (z. B. eine Staatsbehörde) oder der jeweilige Bischof oder zwar die Gesellschafter, aber durch mündliche Abstimmung. Auch bei der Gründung erfolgt die Bestellung der Geschäftsführer in der durch Gesetz oder Statut vorgesehenen Weise, und auch die Dienstverträge mit dem Geschäftsführer werden von diesen Organen abgeschlossen. In allen Fällen muß bei der Anmeldung nach § 39 Abs. 2 irgendwie urkundlich die Bestellung dargetan werden, bei mündlicher Abstimmung z. B. durch eine Versicherung der Geschäftsführer, daß eine solche erfolgt ist, bei Bestellung durch eine Behörde durch Beifügung des Ernennungsaktes u. s. w. Auch die Geschäftsführer können durch Statut ermächtigt sein, andere Geschäftsführer zu ernennen (Kooptationsbefugnis). Ist dies schon im Aktienrecht zulässig (Staub HGB. Anm. 17 zu § 231), so jedenfalls hier. Bei Ernennungen durch einen Dritten ist nur zu beachten, daß die Ernennung eines von den Beschlüssen der Gesellschaft unabhängig, durch einen Dritten zu bestellenden und abzuberufenden Geschäftsführers unzulässig ist (RG. 3, 129 für das Aktienrecht, aber auch hier anwendbar). § 35. Anm. 42.

Endlich aber gilt auch hier die im § 29 BGB. vorgesehene **Zwangsbestellung eines Vorstandes oder vielmehr Geschäftsführers durch das Amtsgericht** auf Antrag eines Beteiligten in dringenden Fällen (KG. v. 2. 12. 01 in KGJ. 23 A, 105 und in RJA. 3, 25; Simon in ZHR. 49, 13; vgl. Allgem. Einl. Anm. 3 u. 4). Als Beteiligte gelten sowohl Gesellschafter als Gläubiger. Die Bestellung erfolgt „bis zur Hebung des Mangels". Mit der Bestellung eines ordnungsgemäßen Geschäftsführers erlischt die Befugnis des außerordentlichen. Einer Abberufung desselben bedarf es nicht. Das Erlöschen wird aber zu Gunsten des vom Amtsgerichte bestellten Geschäftsführers erst wirksam, wenn er hiervon Kenntnis erlangt (vgl. § 674 BGB.). Ein Fall des Mangels eines Geschäftsführers liegt nicht nur dann vor, wenn die Gesellschaft ohne einen solchen ist, sondern auch, wenn sie zwar deren mehrere hat, infolge des Prinzips der Kollektivvertretung durch das Wegfallen eines derselben nicht mehr die hinreichende Zahl zu genügender Vertretung vorhanden ist. Anm. 43.

Zusatz 2. Sonstige Materien, welche mit der Rechtsstellung der Geschäftsführer in engem Zusammenhang stehen. Anm. 44.

I. **Die Bezeichnung „Geschäftsführer"** ist wesentlich. Zwar widerspricht dies der herrschenden Meinung. Doch wird nur die Ansicht für zutreffend zu erachten sein, daß das Gesetz die Bezeichnung Vorstand bei der Aktiengesellschaft und Geschäftsführer bei der GmbH. für wesentlich hält, damit kein Zweifel obwaltet, wer das ordentliche Vertretungsorgan der Gesellschaft ist, und daß das erwählte Organ dieses ist. Sonstige Titel mag das Statut ihm außerdem beilegen (Direktor, Generaldirektor, Präsident). Aber die Bezeichnung Geschäftsführer ist jedenfalls wesentlich.

II. **Daß der Geschäftsführer als solcher nicht Kaufmann ist,** ist selbstverständlich und wird nur der Vollständigkeit wegen betont. Er betreibt ja die Handelsgeschäfte nicht in eigenem Namen (vgl. Staub HGB. Anm. 8 zu § 1). Anm. 45.

III. **Die Dienstverhältnisse der Geschäftsführer.** Anm. 46.

A. **Die dienstlichen Verpflichtungen des Geschäftsführers können auf dem Gesellschaftsvertrage beruhen.** Was im Aktienrecht nicht möglich ist, daß der Vorstand auf Grund des Gesell-

§ 35. schaftsvertrages verpflichtet ist, sein Amt auszuüben, ist hier auf Grund des § 3 Abs. 2 unseres Gesetzes möglich. Im Aktienrecht können dem Gesellschafter nur Geld und Sachen als Einlagen und daneben noch die Verpflichtung zu periodischen Naturalleistungen auferlegt werden (§§ 211 u. 212 HGB.). Nach unserem Gesetze können die Gesellschafter auch sonstige Verpflichtungen, mithin auch die Verpflichtung der Leistung von Diensten, und insbesondere auch die Verpflichtung zur Ausübung des Geschäftsführeramtes übernehmen (vgl. Anm. 27 zu § 3 und oben Anm. 38). Freilich wird dies im Zweifel nicht anzunehmen sein. Im Zweifel selbst ist eine im Gesellschaftsvertrage erfolgte Bestellung und Übernahme des Amtes als Geschäftsführer nichts weiter, als die bei Gelegenheit des Gesellschaftsvertrages erfolgte Bestellung und Übernahme, nicht aber die Bestellung und Übernahme als gesellschaftliche Verpflichtung (vgl. oben Anm. 41). Ist aber letzteres gemeint, so liegt eben kein Dienstvertrag, sondern eine gesellschaftliche Verpflichtung vor. Welche Folgen die Verletzung solcher Pflichten hat, darüber siehe Anm. 33 ff. zu § 3.

Anm. 47. B. **Das Verhältnis kann auch auf einem Auftrage beruhen,** wenn nämlich die Bestellung nicht ein Bestandteil des Gesellschaftsvertrages ist und die Bestellung ohne Entgelt erfolgt.

Anm. 48. C. **Aber die Regel ist, daß der Geschäftsführer kraft Dienstvertrages sein Amt ausübt.** Selbst dann ist dies die Regel, wenn die Anstellung im Gesellschaftsvertrage erfolgt. Sie gilt dann im Zweifel als eine bei Gelegenheit des Gesellschaftsvertrages erfolgte, nicht als gesellschaftliche Verpflichtung (vgl. oben Anm. 41 und 46).

Für dieses Verhältnis gelten folgende Grundsätze.

Anm. 49. 1. Die Natur dieses Dienstverhältnisses ist nicht die des Dienstvertrages zwischen Handlungsgehilfen und Prinzipal. Die Geschäftsführer sind nicht Handlungsgehilfen. Sie sind gegenüber den Handlungsgehilfen der Gesellschaft selbst die Prinzipale. Die Vorschriften über die Handlungsgehilfen finden auch nicht analoge Anwendung (vgl. für das Aktienrecht Staub HGB. Anm. 20 zu § 231).

Anm. 50. 2. **Vielmehr kommen die Vorschriften des BGB. über den Dienstvertrag zur Anwendung,** und zwar über denjenigen Dienstvertrag, der eine Geschäftsbesorgung zum Gegenstande hat (§ 675 BGB.).

a) **Die Vergütung.** Auslagen kann der Geschäftsführer jedenfalls erstattet verlangen (§§ 668, 669, 675 BGB.), jedoch nur in angemessenem Umfange. Seine Besoldung kann verschiedenen Inhalt haben: Gehalt, freie Wohnung und Beköstigung (RG. 22, 35), freie Wohnung nebst Garten (Bolze 11 Nr. 345). Auch Pensionsansprüche sind nicht unzulässig (vgl. Bolze 14 Nr. 256, Fall des Pensionsanspruchs als remuneratorische Schenkung). Ebenso Provisionen von allen Geschäften, welche die Gesellschaft abschließt oder eine Vergütung von dem Umsatz bestimmter Erzeugnisse, insbesondere solcher, die nach den von dem Geschäftsführer gemachten Erfindungen hergestellt werden. Besonders üblich ist ein Anteil am Reingewinn (Tantieme). Für diese Tantieme gilt nicht die beschränkende Vorschrift des § 237 HGB. Es ist also nicht notwendig, daß die Tantieme bezahlt wird von demjenigen Reingewinn, der übrig bleibt nach Vornahme sämtlicher Abschreibungen und Rücklagen. Ist über die Berechnung der Tantieme nichts vereinbart, so ist sie nach den gesetzlichen und statutarischen Abschreibungen und Rücklagen (RG. 11, 163) zu berechnen. Für den Fall, daß der Geschäftsführer im Laufe des Geschäftsjahres ausscheidet, hat er Anspruch auf einen Teil des Jahresgewinnes, nicht etwa auf einen Gewinnanteil des betreffenden Jahresabschnittes (Näheres Staub HGB. Anm. 10 ff. zu § 237). Ist eine Unterbilanz aus dem Vorjahre zu decken, so erhält der Geschäftsführer im Zweifel keine Tantieme, wenn nicht das Gegenteil aus dem Anstellungsvertrage sich ergibt. Denn es sind ja auch zunächst die statutarischen Rücklagen zu machen. Der Geschäftsführer erhält nur Tantieme, wenn die Gesellschafter Dividende erhalten. Zwingend ist diese Auslegung aber nicht. Das Gegenteil kann gewollt sein. Ist dem Geschäftsführer eine höhere Gewinnbeteiligung im Anstellungsvertrage versprochen als das Statut vorsieht, so bleibt diese Zusage ihm gegenüber gültig. Es bedarf keiner Statutenänderung, wenn der Gewinn zur Verfügung der Gesellschafterversammlung steht. So gut diese durch Mehrheit auf die Dividende bei der Frage der Verteilung verzichten kann, so gut kann sie es durch den Anstellungsvertrag. Anders wenn ein statutarisches Recht der Gesellschafter verletzt wäre. Dann geht diesem Anspruch des Geschäftsführer der der nichtzustimmenden Gesellschafter vor. Fließt der Reingewinn auf andere Weise als durch Dividende an den Gesellschafter, z. B. durch Rückkauf der Geschäftsanteile, so ist die Tantieme so festzustellen, daß der bei einer Verteilung vorhandene Stand des Vermögens der Gesellschaft berechnet wird (RG. in JW. 04, 419). Ist über die Vergütung überhaupt nichts vereinbart, so ist die übliche Vergütung als vereinbart anzusehen (§ 612 BGB.). Auf alle Fälle hat es die Gesellschaftsversammlung in der Hand, auch nachträglich eine angemessene Entschädigung zu bewilligen (ROHG. 22, 281). § 35.

b) Hinsichtlich der Pflichten der Geschäftsführer ist zweierlei hervorzuheben: Anm. 51.

α) Ein Konkurrenzverbot ist hier nicht ausdrücklich vorgesehen. Ein Konkurrenzverbot wird daher nur dann und insoweit anzunehmen sein, als die Konkurrenz gegen die Pflichten der Geschäftsführer sonst verstößt, wenn also dadurch die Interessen der Gesellschaft geschädigt werden. Die Folgen des Konkurrenzverbotes sind nicht die des § 236 HGB., sondern Schadensersatz und eventuell sofortige Entlassung (siehe unten Anm. 62). Über die Konkurrenzklausel, welche nach Auflösung des Verhältnisses in Kraft treten soll, siehe Staub HGB. Anm. 26ff. zu § 22 und Anm. 12 zu § 236.

β) Heimliche Provision darf der Geschäftsführer nicht nehmen. Er kann sonst unter Umständen die Entlassung verwirken (vgl. unten Anm. 62). Auf alle Fälle gebührt die heimliche Provision der Gesellschaft (§§ 675, 667 BGB.; vgl. Staub HGB. Anm. 33 zu § 59; Düringer-Hachenburg HGB. II 49). Anm. 52.

c) **Für Krankheits- und sonstige Behinderungsfälle** greift nicht § 63 HGB. Platz, da derselbe nur für Handlungsgehilfen gilt, sondern § 616 BGB. und die Grundsätze von der Unmöglichkeit der Erfüllung. Anm. 53.

α) § 323 BGB.: Entsteht die Behinderung durch einen Umstand, den keiner von beiden Teilen zu vertreten hat, so verliert der Geschäftsführer den Anspruch auf die Gegenleistung. Nur gewährt ihm § 616 BGB. die Vergünstigung, daß er für eine verhältnismäßig nicht erhebliche Zeit, während welcher er durch einen in seiner Person liegenden, von ihm nicht verschuldeten Umstand behindert ist, seinen Anspruch auf die Vergütung nicht verliert. Entsteht die Unmöglichkeit der Dienstleistung durch einen Umstand, den der andere Teil (z. B. ein anderer vertretungsberechtigter Geschäftsführer) zu vertreten hat, so behält er den Anspruch auf die Gegenleistung. Das Gleiche gilt, wenn die Gesellschaft seine Dienste nicht annehmen will und während dieses Annahmeverzuges die Unmöglichkeit der Dienstleistung entsteht (§ 324 BGB.). Die Entscheidung des ROHG. (19, 63) hatte zwar angenommen, daß im Falle der Krankheit des Vorstandsmitgliedes einer Aktiengesellschaft die Vergütung fortzuzahlen ist, weil hier die Gewährung der Leistungen durch das bloße Fortfunktionieren des erkrankten Vorstandes auch ohne tätige Geschäftsführung anzunehmen sei. Allein diese Entscheidung war lediglich die Reaktion gegen die Bestimmungen des preußischen Landrechts, welche hier völlig im Stich ließen. Sie bezogen sich nur auf niedere Arbeiter, bei denen der Tageslohn Maßstab für die Vergütung bildete. Bei der Neuregelung des Dienstvertrages durch die Vorschriften des BGB., die sich nunmehr auch auf Dienstverträge mit Dienstleistungen höherer Art beziehen, ist jene Entscheidung als veraltet zu bezeichnen.

β) Entsteht die Unmöglichkeit der Dienstleistung aus einem Grunde, den der Geschäftsführer zu vertreten hat, so kann die Gesellschaft Schadensersatz wegen Nichterfüllung verlangen oder vom Vertrage zurücktreten (§ 325 BGB.). Anm. 54.

γ) Alles das gilt vorbehaltlich des Rechts der Gesellschaft wegen der Unmöglichkeit der Dienstleistungen aus wichtigem Grunde sofort zu kündigen (§ 626 BGB.), und, wenn ein vertragswidriges Verhalten des Geschäftsführers der Grund der Unmöglichkeit ist, auch noch Schadensersatz zu verlangen. Hierüber weiter unten Anm. 64. Anm. 55.

§ 35. δ) Urlaub kann sich der Geschäftsführer in den üblichen Grenzen selbst erteilen. Doch muß
Anm. 56. er für seine Vertretung Sorge tragen und, wenn ein Aufsichtsrat bestellt ist, dem Vorsitzenden des Aufsichtsrats Anzeige machen.

Anm. 57. c) Für die Kündigung gilt § 622 BGB. Das Dienstverhältnis der mit festen Bezügen zur Leistung von Diensten höherer Art Angestellten, deren Erwerbstätigkeit durch das Dienstverhältnis vollständig oder hauptsächlich in Anspruch genommen wird, insbesondere der Privatbeamten, kann nur für den Schluß eines Kalendervierteljahrs und nur unter Einhaltung einer Kündigungsfrist von 6 Wochen gekündigt werden, auch wenn die Vergütung nach kürzeren Zeitabschnitten bemessen ist, aber natürlich auch, wenn sie nach längeren Zeitabschnitten bemessen ist. Bezieht der Geschäftsführer feste Bezüge und Tantieme (oder Provision), so gilt das Gleiche. Der Begriff der festen Bezüge wird dadurch nicht aufgehoben. Die Anschauung Rehms in der DJZ. 7, 46: „Zu festen Bezügen gehört nicht weniger, aber auch nicht mehr; wo mehr möglich ist, liegt Schwankung vor, schwankende Vergütungen sind aber nicht feste Vergütungen", kann nicht geteilt werden. Schwankend ist in solchem Falle nur ein Teil der Vergütung, der andere stellt einen festen Bezug dar.

Anm. 58. Bezieht der Geschäftsführer nur Tantieme oder nur Provision, so kommt § 627 BGB. in Betracht und dem Geschäftsführer kann jederzeit gekündigt werden. Denn es liegt dann nicht ein dauerndes Verhältnis mit festen Bezügen vor. Es liegt zwar ein dauerndes Verhältnis vor. Denn ein auf unbestimmte Zeit geschlossenes Verhältnis ist ein dauerndes (Staub HGB. Anm. 12 zu § 66). Aber er ist ohne feste Bezüge. Daher „hat der zur Dienstleistung Verpflichtete, ohne in einem dauernden Verhältnis mit festen Bezügen zu stehen, Dienste höherer Art zu leisten, die auf Grund besonderen Vertrauens übertragen zu werden pflegen".

Anm. 59. Natürlich kann der Vertrag eine andere Kündigungsfrist oder auch eine bestimmte Dauer vereinbaren (§ 620 BGB.) oder beides kombinieren. Denn die betreffenden Vorschriften sind nur dispositiv. Auch kann der Vertrag kürzere Kündigungsfristen festsetzen. Gesetzliche Minimalkündigungsfristen gibt es hier nicht. Aber ein auf Lebenszeit oder auf länger als fünf Jahre eingegangener Vertrag ist nur für die Gesellschaft bindend, während der Geschäftsführer nach dem Ablauf von fünf Jahren mit sechsmonatlicher Frist kündigen kann (§ 624 BGB.). Diese Vorschrift des BGB. ist zwingender Natur. Unter die Vorschrift fällt auch eine Anstellung „für die Dauer der Gesellschaft". Man kann dies nicht als einen Dienstvertrag von unbestimmter Zeit, bei dem jeder Teil aufs Kalenderquartal kündigen könnte, ansehen. Der Geschäftsführer ist für Lebenszeit, sofern nur die Gesellschaft besteht, gebunden. Deshalb wird ihm nach fünf Jahren die Kündigung zustehen. Der Gesellschaft nicht, solange sie existiert. Über die Anwendbarkeit des § 624 BGB. auf die Fälle der Übernahme des Geschäftsführeramtes auf Grund der gesellschaftlichen Pflicht vgl. Anm. 26 zu § 3.

Anm. 60. Ist nach Ablauf der Dienstzeit das Verhältnis fortgesetzt, ohne daß seitens der Gesellschaft unverzüglich widersprochen ist, so gilt das Verhältnis nunmehr auf unbestimmte Zeit (§ 625 BGB.), nicht etwa auf die frühere Vertragszeit oder unter den bisherigen Kündigungsbedingungen, aber sonst unter den alten Bedingungen.

Anm. 61. d) Für die sofortige Kündigung[1]) gelten ebenfalls die Bestimmungen des BGB. über den Dienstvertrag.

1) Es ist hier darauf hinzuweisen, daß die Bestimmung des § 38 des Gesetzes eine ganz andere Bedeutung hat, als die hier in Betracht kommenden Vorschriften des BGB. über die sofortige Kündigung. Im § 38 ist lediglich ausgesprochen, daß die Gesellschaft das jederzeitige Recht hat, die Vertretungsbefugnis des Geschäftsführers zu widerrufen (auch Abs. 2 des § 38 ändert an diesem jederzeitigen Widerrufsrechte der Gesellschaft gegenüber dem Geschäftsführer nichts (vgl. Anm. 5 zu § 38). Die Ausübung dieses Widerrufsrechtes kann im gegebenen Falle mit seinem Vertrage in Widerspruch stehen, dann stehen ihm seine sonstigen Vertragsrechte zu, wies dies § 38 Abs. 1 hervorhebt. Es kann aber auch in Gemäßheit seines Vertrages oder des Gesetzes gleichzeitig ein wichtiger Grund zur sofortigen Kündigung des Dienstverhältnisses in Gemäßheit der hier in Betracht kommenden Vorschrift des BGB. vorliegen; alsdann stehen ihm Vertragsrechte aus dem vorzeitigen Widerruf nicht zu.

α) Es ist zu unterscheiden, ob ein dauerndes Dienstverhältnis mit festen Bezügen vorliegt oder nicht. Liegt ein dauerndes Dienstverhältnis mit festen Bezügen vor, so greifen die Vorschriften der §§ 626 und 628 Abs. 2 BGB. Platz. Dieselben lauten: § 35.

§ 626 BGB.: Das Dienstverhältnis kann von jedem Teile ohne Einhaltung einer Kündigungsfrist gekündigt werden, wenn ein wichtiger Grund vorliegt.

§ 628 Abs. 2 BGB.: Wird die Kündigung durch vertragswidriges Verhalten des anderen Teiles veranlaßt, so ist dieser zum Ersatze des durch die Aufhebung des Dienstverhältnisses entstehenden Schadens verpflichtet.

Liegt ein dauerndes Dienstverhältnis mit festen Bezügen nicht vor, so greift § 627 BGB. Platz.

Für den Fall, daß ein dauerndes Verhältnis mit festen Bezügen vorliegt, kann also das Verhältnis aus wichtigen Gründen ohne Einhaltung einer Kündigungsfrist gekündigt werden. Für den Fall, daß ein dauerndes Verhältnis mit festen Bezügen nicht vorliegt, greift § 627 BGB., also das Recht jederzeitiger Kündigung Platz (oben Anm. 59).

β) Welches wichtige Gründe sind, sagt das Gesetz nicht, gibt auch keine Anhaltspunkte. Hier ist alles dem richterlichen Ermessen überlassen. Die Natur des Verhältnisses ist der einzige Anhaltspunkt. Anm. 62.

Daß gerade strengere Grundsätze Platz greifen, als bei den Handlungsgehilfen, wie das ROHG. 13, 182 für die Vorstandsmitglieder einer Aktiengesellschaft gesagt hat, kann nicht unbedingt gebilligt werden. In gewisser Hinsicht greifen auch mildere Grundsätze Platz. So wird z. B. das Fortbleiben vom Geschäft nicht so streng zu nehmen sein wie beim Handlungsgehilfen. Andererseits greifen allerdings auch strengere Grundsätze Platz, insbesondere in Bezug auf Vertrauensfragen (Bolze 18 Nr. 407). In der Praxis des Aktienrechts wurde ausgesprochen, daß Indiskretion einen Grund zur Entlassung abgeben kann (ROHG. 21, 376); ferner unberechtigte Eigenmacht, Verheimlichung und falsche Buchführung in Bezug auf einen einer Firma gewährten Erlaß (Bolze 2 Nr. 1125); Annahme einer Gratifikation aus Anlaß einer Bestellung seitens der Gesellschaft, unbefugte Bereicherung auf Kosten der letzteren, Bestechlichkeit (ROHG. 13, 182); Vertrauensmißbrauch (ROHG. 21, 376); dauernde Krankheit (ROHG. 19, 61); unerlaubte Konkurrenz, Börsen- und Differenzspiel (RG. 53, 266) und das Vorschützen des Differenz- und Börsentermins einwandes (RG. 55, 266). Der Eintritt der Liquidation ist nicht ohne weiteres sofortiger Kündigungsgrund. Der Geschäftsführer hat vielmehr die Funktionen des Liquidators, sein Dienstverhältnis geht zunächst weiter (RG. 24, 70). Vgl. jedoch unten Anm. 68.

Als Grund zur sofortigen Kündigung für den Geschäftsführer ist es zu erachten, wenn die Gesellschafterversammlung oder der Aufsichtsrat von ihm ungesetzliche Handlungen verlangt. Grund zur sofortigen Kündigung ist es ferner für ihn, wenn mehr von ihm verlangt wird, als wozu er nach dem Dienstvertrag verpflichtet ist (z. B. einem für eine Berliner Gesellschaft engagierten Geschäftsführer wird zugemutet, dauernd nach Köln überzusiedeln), wenn ihm die Vertretungsbefugnis entzogen wird (vgl. Anm. 4 zu § 38), auch wenn die Einzelvertretung ohne schwerwiegenden Grund in eine Kollektivvertretung verwandelt wird. Endlich ist auch die von der Gesellschaft ohne hinreichenden Grund ausgesprochene Entlassung als Kündigungsgrund für den Geschäftsführer anzusehen. Sie enthält ein vertragswidriges Verhalten. Es kann dem Geschäftsführer in der Regel nicht zugemutet werden, wenn die Gesellschaft nach einigen Wochen einsieht, daß sie grundlos handelte, das Amt wieder aufzunehmen. Jedenfalls dann nicht, wenn er schon vorher seinerseits die sofortige Kündigung aussprach. Anm. 63.

γ) Über die Erklärung der sofortigen Kündigung und über die Folgen derselben gelten die allgemeinen Grundsätze des bürgerlichen und des Handelsrechts, welche hier darzustellen zu weit führen würde. Es muß hier auf das anderweit Ausgeführte verwiesen werden. (Vgl. Staub HGB. Erläuterungen zu § 70; Düringer-Hachenburg HGB. I Noten II—VI zu § 70). Anm. 64.

§ 35. e) Endlich aber ist darauf hinzuweisen, daß auch hier die allgemeinen Anm. 65. civilrechtlichen Aufhebungs- und Anfechtungsgründe für den Dienstvertrag gelten (Irrtum, Zwang, Betrug, Rücktritt wegen Verzugs u. s. w.). Vgl. Staub HGB. Anm. 19 und 20 zu § 70; Düringer-Hachenburg I Note I zu § 70.

Anm. 66. f) Wegen der Pfändbarkeit des Gehaltes gilt hier das Gleiche, wie bei den Handlungsgehilfen (vgl. daher Staub HGB. Anm. 34 zu § 59; Lotmar, Der Arbeitsvertrag 401 ff.). Kurz sei hierüber gesagt: Die Vergütung darf nicht gepfändet werden, soweit der Gesamtbetrag derselben die Summe von 1500 M. pro Jahr nicht übersteigt. In dem gleichen Umfange darf auch keine Abtretung, keine gesetzliche Kompensation, auch keine andere Verfügung (Anweisung, Verpfändung, vertragsmäßige Kompensation) erfolgen, wohl aber gesetzliche Retention in den Grenzen der letzteren. Näheres über alles dieses Staub HGB. Anm. 34 zu § 59; Lotmar a. a. O.; über die gesetzliche Retention vgl. noch Pappenheim in der DIZ. 7, 86.

Anm. 67. g) Der Konkurs der Gesellschaft gibt beiden Teilen ein Kündigungsrecht, bei welchem in keinem Falle eine längere als die gesetzliche Kündigung einzuhalten ist (§ 22 KO.). Kündigt der Verwalter, so hat der Geschäftsführer für die Rückstände aus dem letzten Jahre bis zur Konkurseröffnung einen bevorrechtigten Anspruch (§ 61 KO.), für die Zeit vom Beginn des Konkurses bis zu dem Zeitpunkte, zu welchem die Kündigung gilt, einen Masseanspruch (§ 59 KO.), und für die Zeit, von welcher ab die Kündigung in Wirksamkeit tritt, bis zu dem Zeitpunkte, wo der Vertrag lief, Anspruch auf Schadensersatz als gewöhnliche Konkursforderung (§ 22 Abs. 2 KO.). Kündigt kein Teil, so ist der Anspruch des Dienstverpflichteten Masseanspruch (§ 59 KO.). Nach Jaeger (Anm. 6 zu § 23 KO.) würde, da es sich um ein Geschäftsbesorgungsverhältnis handelt, der Vertrag durch den Konkurs ohne weiteres sein Ende erreichen. Allein das ist nicht zu billigen. Zu Ende geht nur die Ermächtigung, Geschäfte zu besorgen. Das Dienstverhältnis als solches besteht zunächst fort. Es kann z. B. nunmehr der Verwalter dem Geschäftsführer neue Geschäftsbesorgungsaufträge erteilen.

Anm. 68. h) Der Tod des Geschäftsführers löst das Verhältnis auf (§§ 675, 673 BGB.), die Auflösung der Gesellschaft nicht. Doch kann dies für den Geschäftsführer ein wichtiger Grund zur sofortigen Kündigung sein. Für die Gesellschaft gilt dies nicht (vgl. oben Anm. 62). Diese hat vielmehr, wenn sie aus diesem Anlaß den Geschäftsführer abberuft und das Verhältnis löst, denselben zu entschädigen.

Anm. 69. i) Bei der Beendigung des Dienstverhältnisses kann der Geschäftsführer ein schriftliches Zeugnis verlangen (§ 630 BGB.).

Anm. 70. k) Nach der Beendigung des Dienstverhältnisses hat der Geschäftsführer Rechnung zu legen (ROHG. 24 365; §§ 259, 666, 675 BGB.).

Anm. 71. l) Über Konkurrenzverbote nach Beendigung des Dienstverhältnisses siehe oben Anm. 51.

Anm. 72. m) Für die Verjährung der Ansprüche des Geschäftsführers ist der § 196 Nr. 8 BGB. maßgebend. Die Verjährung läuft hiernach zwei Jahre, beginnend am 31. Dezember desjenigen Jahres, in welchem die Leistung verlangt werden kann.

§ 36.

Die Gesellschaft wird durch die in ihrem Namen von den Geschäftsführern vorgenommenen Rechtsgeschäfte berechtigt und verpflichtet; es ist gleichgültig, ob das Geschäft ausdrücklich im Namen der Gesellschaft vorgenommen worden ist, oder ob die Umstände ergeben, daß es nach dem Willen der Beteiligten für die Gesellschaft vorgenommen werden sollte.

Einleitung. **Der vorliegende Paragraph behandelt die Wirkungen der von den Geschäftsführern innerhalb ihrer Vertretungsmacht abgegebenen Willenserklärungen.** Die Vorschrift ist eigentlich überflüssig. Die entsprechende Vorschrift des früheren Aktienrechts (Art. 230) ist deshalb im neuen HGB.

auch weggelassen worden. Denn die gleiche Materie ist jetzt im § 164 BGB. geregelt. **§ 36.**
Dieser gilt ja auch auf dem Gebiete unseres Gesetzes (vgl. Allgemeine Einleitung Anm. 3ff.).

Die Rechtswirkungen der auf Grund der Vertretungsmacht von den Geschäftsführern abgeschlossenen Geschäfte werden nach folgenden Gesichtspunkten abgehandelt: Anm. 1.

I. Es wird bestimmt, daß lediglich die Gesellschaft die Rechte und Pflichten erwirbt.

II. Dem ausdrücklichen Kontrahieren im Namen der Gesellschaft wird die Konkludenz der Umstände gleichgestellt.

Zu I. **Die innerhalb der Vertretungsmacht von den Geschäftsführern abgegebenen Willenserklärungen wirken für und gegen die Gesellschaft.** Anm. 2.

1. Vorausgesetzt ist ein Handeln innerhalb der Vertretungsmacht. Sind die Geschäftsführer nur kollektivvertretungsberechtigt, so müssen sie kollektiv handeln.
2. Im Namen der Gesellschaft muß die Erklärung abgegeben sein. Handeln für Rechnung der Gesellschaft genügt nicht (vgl. RG. 35, 41). Fehlt es am Handeln im Namen der Gesellschaft, so ist nur der Geschäftsführer berechtigt (ROHG. 23, 57) und verpflichtet (RG. 2, 166). Der Geschäftsführer muß seinen Willen, im fremden Namen zu handeln, erkennbar machen. Das ist im § 164 Abs. 2 BGB. noch besonders hervorgehoben. Als dem Handelsverkehr eigentümlich aber ist der Sprachgebrauch hervorzuheben, daß man „für Rechnung" eines anderen zu handeln erklärt, um damit auszudrücken, man handle im Namen eines anderen. Oft identifizieren sich im praktischen Rechtsverkehr auch die Vorstände von Gesellschaften bei ihren geschäftlichen Verhandlungen mit der Gesellschaft. Redewendungen wie „ich verspreche Ihnen", „ich garantiere Ihnen", „ich zahle die Pacht", „ich rate Ihnen", schließen ein Handeln im Namen der Gesellschaft nicht aus (ROHG. 17, 98; 18, 296). Anm. 3.

   Daß im Namen der Gesellschaft abgeschlossen wurde, muß der beweisen, der Rechte daraus herleitet (vgl. hierüber Staub HGB. Anm. 4 im Exkurse zu § 58). Anm. 4.
3. Die Wirkungen der Willenserklärung treffen die Gesellschaft. Sie wird berechtigt und verpflichtet und kann daher einerseits die Mängel der Willenserklärung aus der Person der handelnden Geschäftsführer für sich geltend machen. Sie muß aber andererseits Betrug, Zwang, Irrtum, verübt von den Geschäftsführern, mit einem Worte, jede Verschuldung bei Eingehung oder Ausführung von Rechtsgeschäften, welche ihre gesetzlichen Vertreter trifft, als ihre eigene gegen sich gelten lassen und diejenigen Konsequenzen über sich ergehen lassen, welche die Gesetze an solche Verschuldung knüpfen (vgl. §§ 166, 278 BGB., auch RG. 8, 236; ferner Staub HGB. Anm. 26—34 im Exkurse zu § 58). Anm. 5.

   Die Wirkungen treffen nur die Gesellschaft, also weder die Geschäftsführer, noch die Gesellschafter. Soweit Delikte vorliegen, haftet aber der Geschäftsführer auch selbst (vgl. unten Anm. 11).

Zu II. **Dem ausdrücklichen Kontrahieren für die Gesellschaft wird das konkludente Kontrahieren gleichgestellt.** Zu den konkludenten Umständen gehören auch frühere Erklärungen des einen Kontrahenten (ROHG. 2, 56). Sie können vorhanden sein trotz der Ausdrucksweise, als schließe der Vertreter das Geschäft für sich selbst (ich kaufe, ich garantiere u. s. w.; vgl. oben Anm. 3). Sie können vorhanden sein, auch wenn eine Urkunde vorliegt, welche der Geschäftsführer in eigenem Namen gezeichnet hat (ROHG. 12, 134). Für Formalakte gilt das natürlich nicht. Hier muß aus der Urkunde hervorgehen, daß für die Gesellschaft kontrahiert würde (vgl. Anm. 30 zu § 35). Anm. 6.

Zusatz 1. Im § 164 Abs. 3 BGB. ist noch hinzugefügt, daß das Entsprechende auch für Willenserklärungen gilt, welche der Gesellschaft gegenüber abgegeben sind (Mängelanzeigen, Kündigungen, Offerten, Annahmeerklärungen u. s. w.). In dieser Hinsicht ist aber darauf aufmerksam zu machen, daß zur Entgegennahme von Willenserklärungen auch einer von mehreren Geschäftsführern, die sonst nur gemeinsam zu vertreten befugt sind, genügt (§ 35 Abs. 2 Satz 3; vgl. Anm. 8 zu § 35). Anm. 7.

§ 36. Anm. 8. **Zusatz 2. Haftung der Gesellschaft für Delikte der Geschäftsführer.** Schon für das frühere Recht ist angenommen worden, daß alle juristischen Personen, also auch die GmbH., für außerkontraktlichen Schaden, welchen ihre gesetzlichen Vertreter stiften, haften. Jetzt folgt dies unmittelbar aus § 31 BGB., der hier anwendbar ist (vgl. Allgem. Einl. Anm. 3; Simon in ZHR. 49, 13). Dabei ist zu bemerken, daß § 831 Abs. 2 BGB. hier nicht zur Anwendung kommt. Die Gesellschaft wird also nicht gehört mit dem Einwande, daß sie in der Auswahl der Geschäftsführer sorgsam verfahren sei. Bei Kollektivvertretung genügt das unerlaubte Verhalten eines Geschäftsführers, um die Haftung der Gesellschaft zu begründen (RG. v. 11. 2. 04 in JW. 04, 167).

Anm. 9. Natürlich haftet die Gesellschaft auch für Besitzstörungen, die der Geschäftsführer in Ausübung seiner Funktionen begeht (RG. 15, 182).

Anm. 10. Aber strafrechtlich verantwortlich ist die Gesellschaft nicht (vgl. Anm. 5 zu § 13). Auch zu Geldstrafen kann sie nicht verurteilt werden (ROHG. 8, 204; 13, 290; 21, 360; RGSt. 5, 182). Vielmehr sind für die strafrechtlichen Folgen die Geschäftsführer selbst nach Maßgabe der Strafgesetze verantwortlich. Diese sind strafbar unter der Voraussetzung, daß in ihrer Person und in ihrem Tun der gesamte Tatbestand der vom Gesetze mit Strafe bedrohten Handlung erfüllt ist (RGSt. 34, 378). Insbesondere haften sie für die Stempelkontraventionen im Betriebe der Gesellschaftsgeschäfte (RG. v. 12. 1. 86 in JW. 108). Ebenso hat von den Geschäftsführern ein jeder ohne Rücksicht auf die etwa unter ihnen getroffene Geschäftsverteilung der Behörde gegenüber die Verpflichtung, für die gesetzlich vorgeschriebene rechtzeitige Anmeldung des Gewerbebetriebes zu sorgen, und macht sich durch Verabsäumung dieser Pflicht strafbar (KG. in KGJ. 7, 213). Die gleiche Verantwortlichkeit trifft die Geschäftsführer für die Übertretung polizeilicher Vorschriften im Gewerbebetriebe der Gesellschaft (RGSt. 29, 28). Über die gesellschaftsrechtliche Strafe der Auflösung bei Gefährdung des Gemeinwohls vgl. § 63.

Anm. 11. **Übrigens haftet auch der Geschäftsführer selbst aus seinen Delikten civilrechtlich,** auch wenn er sie für die Gesellschaft begangen hat, und zwar solidarisch neben der Gesellschaft (Bolze 10 Nr. 151 RG. 30, 44; vgl. Staub HGB. Anm. 33 im Exkurse zu § 58).

Anm. 12. Aber Voraussetzung der civilrechtlichen Haftung für außerkontraktlichen Schaden sowohl für die Gesellschaft, als für die Geschäftsführer ist, daß der Tatbestand einer außerkontraktlichen Haftung nach den Vorschriften der §§ 823 ff. BGB. vorliegt. Insbesondere ist grundsätzlich, d. h. wenn der Normalfall des § 823 BGB. vorliegen soll, eine schuldhafte Rechtsverletzung erforderlich, also entweder nach Abs. 1 dieses Paragraphen ein direkter schuldhafter Eingriff in das Recht des Dritten oder nach Abs. 2 dieses Paragraphen eine schuldhafte Verletzung eines zum Schutze des Geschädigten erlassenen Verbotes. Es genügt keineswegs immer das bloße Vorliegen einer fahrlässigen Handlungsweise, um jedem Dritten gegenüber schadensersatzpflichtig zu erscheinen, z. B. nicht für schuldhafte Verletzung der mit der Gesellschaft geschlossenen Verträge (vgl. RG. 30 S. 47, 50). Der Satz, daß man allgemein für fahrlässig verursachten Vermögensschaden hafte, ist dem BGB. fremd (RG. 51, 93). Vgl. näheres zu § 43.

Anm. 13. **Zusatz 3. Wer sich fälschlich als vertretungsberechtigter Geschäftsführer ausgibt** und namens der Gesellschaft kontrahiert, obwohl er keine oder keine alleinige Vertretungsmacht hat, ist Pseudovertreter und haftet dem Dritten nach § 179 BGB. Über diese Haftung siehe näheres Staub HGB. Anm. 39 ff. im Exkurs zu § 58; Düringer-Hachenburg HGB. I Vorbm. II Ziff. 7 u. 8 zu § 48 ff. Hier ist nur noch zu erwähnen, daß, wenn auch die mangelnde Vertretung aus dem Handelsregister hervorgeht, nicht etwa auf Grund § 179 Abs. 3 BGB. die Haftung vom Vertreter abgelehnt werden kann, weil der Dritte den Mangel der Vertretungsbefugnis hätte kennen müssen. Diese Berufung auf § 15 HGB. wäre irrig, weil dieser Paragraph nur von solchen Eintragungen handelt, die sich auf die Rechtsverhältnisse des Kontrahenten beziehen. Um eine solche Eintragung handelt es sich hier nicht, hier bezieht sich die Eintragung vielmehr auf die Verhältnisse der Gesellschaft, nicht des Geschäftsführers.

Zusatz 5. Rechtsgeschäfte des Geschäftsführers mit sich selbst, d. h. namens der Gesellschaft einerseits, mit seiner Person andererseits. Diese sind gemäß § 181 BGB. begrifflich nicht ausgeschlossen (RG. v. 4. 11. 03 in RG. 56, 104 ff.), aber als Regel nicht gestattet. Unwirksam ist daher z. B. eine Absprache des Geschäftsführers mit einer Bank, wonach diese die Gesellschaft an Stelle des Geschäftsführers als Schuldner annimmt. Denn auch hierin liegt ein Kontrahieren des Geschäftsführers mit der Gesellschaft (RG. v. 2. 6. 02 in RG. 51, 425). Doch sind zwei Ausnahmen vorgesehen. Einmal wenn sich ausdrücklich oder aus der Natur der Sache die Zulässigkeit ergibt, zum anderen, wenn es sich um Erfüllung einer Verpflichtung handelt. Wann die erstere Alternative vorliegt, kann zweifelhaft erscheinen. Dernburg I 497 sagt: „Vielleicht läßt sich sagen: es muß ihm als gestattet gelten, was nicht gegen Treu und Glauben verstößt". Die von Dernburg hier zaghaft vorgeschlagene Formulierung trifft den Kern der Sache. Verboten sein sollte nur ein Mißbrauch jener Doppeleigenschaft, ihr Gebrauch zu Zwecken, die gegen Treu und guten Glauben verstoßen. Vereinbart sich der Gebrauch jener Doppelstellung mit Treu und Glauben, warum sollte er da nicht gestattet sein, da begriffliche Bedenken nicht vorliegen? Ein die Grenzen des § 181 BGB. überschreitendes Geschäft ist aber nicht als verboten und daher nichtig aufzufassen. Es ist ebenso zu beurteilen wie jede Vollmachtsüberschreitung und daher von der Genehmigung des Vertretenen abhängig (RG. a. a. O. 108). Gibt der Geschäftsführer der Gesellschaft ein Darlehen gegen Bestellung einer Hypothek, wobei er, da Kollektivvertretung vorgeschrieben ist, mitwirkt oder, wenn er alleiniger Geschäftsführer ist, allein handelt, so kann die Hypothek wirksam werden, sobald die Gesellschaft durch einen ordnungsgemäß bestellten Geschäftsführer die Genehmigung ausspricht. Ein Beschluß der Gesellschafter genügt hierzu nicht, da diese zu solchen Rechtsakten, Bestellung von Rechten, nicht befugt sind (vgl. § 46). Eine vor dieser Genehmigung, wenn auch nach der Bestellung der Hypothek zu Gunsten des Geschäftsführers eingetragene Zwangshypothek geht dann aber jener vor (§ 184 Abs. 2 BGB.). Zulässig ist zweifellos, daß bei Rechtsgeschäften mit dem Geschäftsführer die Stellvertreter desselben mit ihm kontrahieren können. Sie sind, wie sich auch aus § 114 ergibt, für den Fall der tatsächlichen oder rechtlichen Verhinderung der Geschäftsführer nicht dessen Vertreter, sondern die der Gesellschaft. Sie sind dies kraft eigenen Rechts (KG. v. 12. 12. 04 in OLGR. 11, 395). In gleicher Weise muß das Kontrahieren der Geschäftsführer mit den Prokuristen der Gesellschaft zulässig sein. Wenn auch der Prokurist nicht gesetzlicher Vertreter der Gesellschaft ist (RG. in CBlFG. 5, 216), so ist er doch zu ihrer Vertretung nicht als Unterbevollmächtigter des Geschäftsführers, sondern durch die Gesellschaft selbst berufen. § 36. Anm. 14.

Schwierig kann die Sache werden, wenn der Geschäftsführer die Gesellschaft verklagen will. Eine Zustellung an sich selbst ist nicht statthaft (§ 185 CPO.; RG. 7, 405). Dagegen ist es zulässig, daß die Zustellung an sonstige Beamte, zu deren Händen die Ersatzzustellung erfolgen kann, erfolgt. Hat die Gesellschaft keinen anderen Geschäftsführer, der sie vertritt, so muß unter den Voraussetzungen des § 57 CPO. ein Prozeßpfleger bestellt werden, oder auch in den geeigneten Fällen die Bestellung eines anderen Geschäftsführers nach § 29 BGB. Ist der Kläger der einzige Geschäftsführer, so würde die Gesellschaft, da er von ihrer Vertretung ausgeschlossen ist, im Prozesse nicht vertreten sein. Ein von dem Geschäftsführer erwirktes Urteil unterläge der Nichtigkeitsklage. Anm. 15.

Innerhalb des Kollegiums der Geschäftsführer darf der Geschäftsführer, wenn es sich um Angelegenheiten handelt, bei denen er interessiert ist (um seine Entlastung, um Rechtsgeschäfte, die gegen ihn vorgenommen werden sollen, um Rechtsstreite gegen ihn) nicht mitstimmen (§§ 28 Abs. 1, 34 BGB.). Anm. 16.

§ 37.

Die Geschäftsführer sind der Gesellschaft gegenüber verpflichtet, die Beschränkungen einzuhalten, welche für den Umfang ihrer Befugnis, die Gesell-

§ 37. schaft zu vertreten, durch den Gesellschaftsvertrag oder, soweit dieser nicht ein anderes bestimmt, durch die Beschlüsse der Gesellschafter festgesetzt sind.

Gegen dritte Personen hat eine Beschränkung der Befugnis der Geschäftsführer, die Gesellschaft zu vertreten, keine rechtliche Wirkung. Dies gilt insbesondere für den Fall, daß die Vertretung sich nur auf gewisse Geschäfte oder Arten von Geschäften erstrecken oder nur unter gewissen Umständen oder für eine gewisse Zeit oder an einzelnen Orten stattfinden soll, oder daß die Zustimmung der Gesellschafter oder eines Organs der Gesellschaft für einzelne Geschäfte erfordert ist.

Einleitung. **Der vorliegende Paragraph handelt von dem Umfange der Geschäftsführungs- und der Vertretungsbefugnis der Geschäftsführer, insbesondere von der Frage, inwieweit Beschränkungen der einen und der anderen Befugnis gelten.** Die Geschäftsführungsbefugnis und die Beschränkungen derselben werden in Abs. 1, die Vertretungsbefugnis und ihre Beschränkungen in Abs. 2 behandelt. Beide Materien sind grundverschieden voneinander.

Anm. 1. 1. (Abs. 1.) **Die Geschäftsführungsbefugnis und ihre Beschränkungen.**

a) I n d e m i n n e r e n V e r h ä l t n i s z u r G e s e l l s c h a f t s i n d d i e G e s c h ä f t s f ü h r e r g e s c h ä f t s f ü h r e n d e s O r g a n d e r G e s e l l s c h a f t. Das oberste geschäftsführende Organ ist die Gesellschafterversammlung. Außerdem kann auch ein Aufsichtsrat als geschäftsführendes Organ bestellt werden. Auch andere Organe sind begrifflich möglich, z. B. Ausschuß, Syndikus u. s. w. Von Gesetzeswegen sind die Geschäftsführer als die ständige geschäftsführende Behörde eingesetzt (vgl. Anm. 6 zu § 35). Daß insbesondere die Gesellschafter in ihrer Zusammenfassung als beschließende Behörde als Organ der Gesellschaft zu bezeichnen sind, muß trotz der auf das Gegenteil hindeutenden Ausdrucksweise in Abs. 2 Satz 2 unseres Paragraphen („oder eines Organs der Gesellschaft") angenommen werden (vgl. Neukamp Anm. 4).

Anm. 2. b) In welcher Weise die Geschäftsführung ausgeübt wird, ist im Gesetze nicht gesagt. I n s b e s o n d e r e f e h l t h i e r f ü r d e n j e n i g e n F a l l e i n e V o r s c h r i f t, d a ß m e h r e r e M i t g l i e d e r K o l l e k t i v v e r t r e t u n g s b e f u g n i s h a b e n. Als Grundsatz muß hier gelten, daß die Geschäftsführungsbefugnis mit der Vertretungsbefugnis Hand in Hand geht. Wer das Recht hat, die Gesellschaft allein zu vertreten, hat auch alleinige Geschäftsführungsbefugnis. Kollektivvertretungsbefugte Geschäftsführer sind auch zur Geschäftsführung nur kollektiv befugt (vgl. Anm. 7 zu § 35).

Anm. 3. c) A u ß e r d e m a b e r b e s t i m m t d a s G e s e t z, d a ß d i e G e s c h ä f t s f ü h r e r g e w i s s e B e s c h r ä n k u n g e n z u b e o b a c h t e n h a b e n. Sie haben, wie unser Paragraph sagt, die Beschränkungen einzuhalten, welche für den Umfang ihrer Befugnis, die Gesellschaft zu vertreten, durch den Gesellschaftsvertrag oder, soweit dieser nicht ein anderes bestimmt, durch die Beschlüsse der Gesellschafter festgesetzt sind. Hiernach kann also zunächst der G e s e l l s c h a f t s v e r t r a g Beschränkungen festsetzen, teils direkt, teils indirekt, indem er die Geschäftsführer den Anweisungen eines anderen Organs unterordnet. Als direkte Beschränkung gilt z. B. auch die Statutenbestimmung über den Gegenstand des Unternehmens. Dies ist die vornehmste Beschränkung dieser Art. Sie ist nicht etwa eine Beschränkung der Vertretungsbefugnis (vgl. unten Anm. 6). Dadurch beantwortet sich die Frage, ob die Geschäftsführer Grundstücke kaufen oder verkaufen, Darlehen aufnehmen, Bürgschaften leisten, Schenkungen vornehmen, im Prozesse Vergleiche schließen, Schiedsverträge eingehen können. Zu allen solchen Handlungen sind die Geschäftsführer auch nach innen für befugt zu erachten, soweit nicht eine statutarische Beschränkung oder der statutarisch festgesetzte Gegenstand des Unternehmens das ausschließt. Das andere Organ, an dessen Anweisung sie gebunden sein können, ist meist der Aufsichtsrat. Durch Statut können sie an die Weisungen desselben derart gebunden sein, daß sie dadurch zu bloßen Exekutivbeamten herabgedrückt werden (vgl. Anm. 6 zu

§ 35). Sodann aber sind die Geschäftsführer den Beschlüssen der Gesellschafter unterworfen, also auch dann, wenn dies der Gesellschaftsvertrag nicht besonders anordnet, dagegen dann nicht, wenn der Gesellschaftsvertrag ein anderes bestimmt. Die Geschäftsführer können also durch den Gesellschaftsvertrag von der Befolgung der Beschlüsse der Gesellschafter befreit werden. Das enthält eine Abweichung von § 235 HGB. Eine erhebliche Beschränkung liegt darin, daß sie, so oft das Interesse der Gesellschaft dies erfordert, nach § 49 die Gesellschafter als Beschlußorgan zu befragen haben, ehe sie selbst handeln (hierüber Anm. 6 zu § 49). — Sodann ist zu erwähnen, daß die Geschäftsführer auch diejenigen Beschränkungen innehalten müssen, die ihnen im Dienstvertrage auferlegt werden. § 37.

d) Hält der Geschäftsführer die ihm hiernach auferlegten Beschränkungen nicht ein, macht er Geschäfte, die ihm das Statut untersagt, holt er die Genehmigung der Gesellschaftsversammlung oder des Aufsichtsrats nicht ein, wo er dies soll, oder handelt er entgegen den ihm von diesen Organen innerhalb ihrer Zuständigkeit gegebenen Anweisungen, so liegt hierin eine Pflichtverletzung, für deren Folgen er einsteht. Entsteht durch eine solche Handlungsweise der Gesellschaft ein Schaden, so haftet er für denselben. Er wird dadurch nicht entschuldigt, daß er glaubte oder glauben durfte, er handele zum Vorteil der Gesellschaft. Anm. 4.

Wie nun aber, wenn die anderen Organe von dem Geschäftsführer etwas Ungesetzliches oder Statutenwidriges verlangen? Enthält die Ungesetzlichkeit eine Verletzung zwingender Vorschriften des Gesetzes, so ist das Gebot absolut ungültig. Es darf bei eigener Verantwortung von den Geschäftsführern nicht befolgt werden. Ein Beispiel hierfür bietet § 43 Abs. 3. Liegt aber nur die Verletzung einer dispositiven Vorschrift vor, also einer gesetzlichen Bestimmung, von welcher auch Abweichungen zulässig sind, oder einer bloßen statutarischen Vorschrift, so sind die Geschäftsführer jedenfalls gedeckt, wenn sie den Anweisungen des ihnen übergeordneten Organs folgen. Denn in solchen Fällen sind nicht sie die Hüter der Befolgung der Vorschrift, sondern das ihnen übergeordnete Organ. Demgemäß haben sie auch die Verpflichtung, in solchen Fällen die ihnen gemachten Anweisungen zu befolgen. Hiernach beantwortet sich auch die Frage, wie sich der Geschäftsführer zu verhalten hat, wenn der Aufsichtsrat von ihm etwas verlangt, was der Gesellschaft zum offenbaren Nachteil gereicht. Dies darf er nicht befolgen. In diesem Falle muß er vielmehr gemäß § 49 Abs. 2 die Gesellschafterversammlung einberufen. Wenn es aber die Gesellschafterversammlung von ihm verlangt, so darf er gehorchen. Es sei hierbei jedoch bemerkt, daß er auch dem Aufsichtsrat oder dem sonstigen Organe gegenüber, dem er zum Gehorsam verpflichtet ist, entschuldigt ist, wenn es sich um bloße Zweifel bei seinen Erwägungen handelt. Nicht entschuldigt ist er nur dann, wenn zweifellose Benachteiligung vorliegt. Aber auch in denjenigen Punkten, wo er zu gehorchen verpflichtet ist, wird er nicht frei von der eigenen Pflicht zur sorgsamen Prüfung und Erwägung. Unterläßt er diese und versäumt er infolgedessen, gegenüber dem ihm bestellten anderen Organ Bedenken gegen die befohlene Maßregel geltend zu machen, so ist er aus diesem Gesichtspunkte verantwortlich. Anm. 5.

2. (Abs. 2.) **Die Vertretungsbefugnis und ihre Beschränkungen.** Die Vertretungsbefugnis des Geschäftsführers ist unbeschränkt und unbeschränkbar. Beschränkungen haben Dritten gegenüber keine rechtliche Wirkung. Anm. 6.

a) Die Geschäftsführer sind hiernach zu allen Rechtshandlungen befugt. Die erste Auflage (S. 225 Anm. 6) anerkannte Ausnahmen, welche die Gesetze stillschweigend oder ausdrücklich machten. So daß z. B. der Geschäftsführer nicht neue Geschäftsanteile ausgeben könne ohne Kapitalserhöhungsbeschluß (§ 55), Geschäftsanteile nicht einziehen ohne statutarische Ermächtigung (§ 34), daß er den Aufsichtsrat oder ein anderes in Gemäßheit der Statuten bestelltes Gesellschaftsorgan nicht abberufen dürfe. Das sind aber keine Ausnahmen von der Vertretungsbefugnis. Das sind Handlungen, die auf gesellschaftsrechtlichem Gebiete liegen. Innerhalb der Gesellschaft stehen den Geschäftsführern nur die Rechte zu, die ihnen durch Gesetz oder Statut zugewiesen sind.

§ 37. Auf individualrechtlichem Gebiete oder, wie das Gesetz es ausdrückt, Dritten gegenüber ist ihre Vertretungsmacht unbeschränkt und unbeschränkbar. Es wird daher bei der Prüfung der Frage, ob eine Beschränkung die ihr widersprechende Handlung des Geschäftsführers unwirksam macht, stets zu prüfen sein, ob es sich um einen Akt gesellschafts- oder individualrechtlicher Art handelt. Im letzten Falle liegt lediglich eine Beschränkung der Geschäftsführerbefugnis, nicht der Vertretungsmacht vor. So ist z. B. die Genehmigung der Teilung eines Geschäftsanteils (§ 17 Abs. 1) ein gesellschaftrechtlicher Akt, den der Geschäftsführer als solcher nicht vornehmen kann. Dagegen ist z. B. die Vorschrift des § 46 Nr. 7 (wonach die Gesellschafter über die Bestellung von Prokuristen und Generalhandlungsbevollmächtigten zu beschließen haben), lediglich eine Beschränkung der Geschäftsführungsbefugnis. Förtsch Anm. 5 leugnet dies mit Unrecht. Aber in den Motiven des Gesetzes ist das ausdrücklich ausgesprochen. Der ganze Charakter der Vorschrift bezieht sich nur auf die Befugnis des Geschäftsführers. Die Bestellung des Prokuristen ist ein Akt gegenüber einem Dritten. Es macht für den Umfang der Vertretungsbefugnis der Geschäftsführer Dritten gegenüber keinen Unterschied, ob die Handlung zum Betriebe des betreffenden Handelsgewerbes oder irgend eines Handelsgewerbes oder eines gewerblichen Unternehmens überhaupt gehört. Soweit das Aktionsgebiet der Gesellschaft reicht, soweit reicht auch die Vertretungsbefugnis der Geschäftsführer. Das Aktionsgebiet der Gesellschaft aber ergreift das gesamte Gebiet des privaten Vermögensrechts [1]). Das Aktionsgebiet wird auch nicht etwa durch den statutarischen Gegenstand des Unternehmens begrenzt. Der letztere ist vielmehr lediglich eine Schranke der Geschäftsführungsbefugnis im Sinne des Abs. 1 des vorliegenden Paragraphen (vgl. oben Anm. 3). Es kann also der Geschäftsführer einer Bankgesellschaft ein Grundstück zur baulichen Verwertung, der Geschäftsführer einer Baugesellschaft ein Fabrikgrundstück kaufen; derartige Geschäfte verbinden die Gesellschaft. Auch aus der Wichtigkeit und Tragweite eines Geschäftes ist eine Beschränkung des Vertretungsrechts der Geschäftsführer nicht zu entnehmen. So ist z. B. der Geschäftsführer nach außen durchaus berechtigt, einen ganzen Geschäftszweig, ja sogar das ganze Geschäft zu veräußern oder eine Obligationsanleihe aufzunehmen, deren Betrag die Ziffer des Stammkapitals um das Doppelte übersteigt. Nach innen ist er allerdings (wenn die Statuten nichts anderes bestimmen) nach § 49 Abs. 2 verpflichtet, bei Geschäften von solcher Wichtigkeit und Tragweite die Gesellschafterversammlung zu berufen. Doch berührt das seine Vertretungsbefugnis nach außen nicht.

Anm. 7. b) Dergleichen dem Geschäftsführer ausdrücklich auferlegte Beschränkungen der Vertretungsbefugnis, sie mögen von der Gesellschafterversammlung beschlossen oder schon im Statut vorgesehen oder gar — unzulässigerweise — eingetragen sein, sind dem Dritten gegenüber wirkungslos. Einzelne Arten nach außen wirkungsloser Beschränkungen hebt der Abs. 2 hervor. Unzulässig ist danach z. B. eine Vertretungsbeschränkung derart, daß der Geschäftsführer nicht befugt sein soll zur Eingehung von Wechselverbindlichkeiten oder von Rechtsgeschäften, deren Gegenstand den Betrag von 1000 M. übersteigt. Denn das wäre eine Beschränkung auf gewisse Arten von Geschäften. Weitere Beispiele von unzulässigen Beschränkungen sind: die Vorschrift, daß alle die Gesellschaft verpflichtenden Urkunden von einem Mitgliede des Aufsichtsrates gezeichnet sein müssen, oder daß der Geschäftsführer Vollmachten nur schriftlich erteilen dürfe (ROHG. 12, 34), oder daß er Bevollmächtigte und Beamte nicht oder nur in gewissem Umfange bestellen dürfe

---

1) Landesgesetzliche Vorschriften, welche zur Gültigkeit gewisser Rechtshandlungen der GmbH. die Genehmigung des Staates verlangen, sind jedoch, soweit sie nach dem BGB. überhaupt noch bestehen, auch hier nicht unverbindlich. Denn unser Paragraph will in das Staatsrecht nicht eingreifen, und überdies sind jene Vorschriften nicht Beschränkungen der Vertretungsbefugnis der Geschäftsführer innerhalb der Aktionsfähigkeit der Gesellschaft, sondern Beschränkungen der Willens- und Handlungsfähigkeit der Gesellschaft. Dadurch begrenzen sie mittelbar allerdings auch die Vertretungsbefugnis.

(RG. 22, 70), oder die Vorschrift, daß er nur eine Zweigniederlassung zu vertreten habe. § 37.
Für eine Zweigniederlassung kann ein besonderer Geschäftsführer mit dieser beschränkten Wirkung nach außen nicht bestellt und nicht eingetragen werden. Eine solche Bestellung würde die volle Vertretungsbefugnis für alle Geschäfte der Gesellschaft involvieren und nur nach Abs. 1 Bedeutung nach innen haben (KGJ. 12, 34; 20 A, 73, wo hinzugefügt ist, daß allerdings der Grundbuchrichter aus einer solchen Bestellung mit Recht Legitimationsbedenken herleiten kann; OLG. Hamburg in OLGR. 1, 188 und in RJA. 1, 67).

c) Statutarische Beschränkungen der Vertretungsbefugnis sind aus diesem Grunde in das Handelsregister nicht einzutragen. Soweit sie die Geschäftsführungsbefugnis betreffen, interessieren sie das Publikum nicht. Soweit die Vertretungsbefugnis damit beschränkt sein soll oder wenigstens ein solcher Anschein erweckt werden könnte, sind sie unwirksam und schon deshalb von der Eintragung auszuschließen (KG. in KGJ. 3, 13). Sehr häufig wird dagegen gefehlt durch Eintragung der Amtsdauer der Geschäftsführer, besonders bei stellvertretenden Geschäftsführern, hinsichtlich deren doch das Gleiche gilt (§ 44). Eine solche Eintragung der Amtsdauer ist ohne rechtliche Bedeutung. Auch nach Ablauf dieser eingetragenen Zeit ist der Geschäftsführer Dritten gegenüber gesetzlicher Vertreter der Gesellschaft. Anm. 8.

d) Beschränkungen der Vertretungsbefugnis haben keine Wirkungen. Die Gesellschaft ist also an die den Rahmen der Beschränkungen überschreitenden Rechtshandlungen gebunden und erwirbt folgeweise auch die Rechte aus denselben (vgl. jedoch unten Anm. 12). Der Gesellschaft aber ist der Geschäftsführer verantwortlich nach § 43. Anm. 9.

e) Dritten gegenüber haben die Beschränkungen der Vertretungsbefugnis keine Wirkungen. Damit sind alle Akte gemeint, in denen die Gesellschaft als Rechtsperson mit anderen Rechtspersonen selbständige Geschäfte auf dem Gebiete des Individualrechts schließt. Daher sind Organe, Beamte der Gesellschaft und Gesellschafter selbst dann keine Dritten, wenn es sich um Akte des inneren gesellschaftlichen Lebens handelt. Das kann z. B. wichtig werden, wenn es sich um die Frage handelt, ob der Gesellschafter bemängeln kann, daß die durch den Geschäftsführer erfolgte Einforderung der Einlage nicht auf gültigem Beschlusse der Gesellschafter beruht. Hier hat also der Gesellschafter, da er kein Dritter ist, das Bemängelungsrecht (vgl. RG. 24, 59). Geht aber der Gesellschafter mit der Gesellschaft ein selbständiges Rechtsgeschäft ein, so ist er als Dritter zu betrachten (RG. 4, 72; 22, 76; Bolze 10 Nr. 297). Die Beamten, die mit dem Geschäftsführer kontrahieren, sind bis zu ihrer Anstellung Dritte (ROHG. 6, 132; RG. 22, 72). Bestimmt aber das Statut, daß die Geschäftsführer die Reisetätigkeit ihrer Angestellten nur nach Anordnung des Aufsichtsrats regeln dürfen, so liegt hier ein Stück innerer Verwaltung vor. Der Angestellte kann mit Recht die ohne den Aufsichtsrat erfolgte Zuteilung seines Reisegebiets ablehnen. Die Bestellung eines Geschäftsführers oder die Erhöhung seines Gehaltes u. s. w. ist gesellschaftsrechtlicher Art. Es kann kein Geschäftsführer einen anderen bestellen oder dessen Bezüge ändern. Das liegt den Gesellschaftern oder dem Aufsichtsrate ob. Denn sie sind eben ein Teil des Vertretungsorgans (ROHG. 19, 335; Bolze 5 Nr. 761; Behrend § 125 Anm. 3). Gewährt der Geschäftsführer ein Darlehen, so ist dies der Annahme durch den anderen zur Einzelvertretung berechtigten Geschäftsführer, oder falls kein solcher vorhanden ist, der späteren Genehmigung (vgl. Anm. 14 zu § 36) fähig. Hier ist ein Akt individualrechtlicher Art gegeben. Anm. 10.

Auch der Grundbuchrichter kann den Nachweis der etwaigen statutarisch erforderlichen Genehmigung des Aufsichtsrates oder der Gesellschafterversammlung zu einem Grundstücksverkauf nicht verlangen, weil Dritten gegenüber der Grundstücksverkauf auch ohne diese Genehmigung gilt, und die Gesellschaft gar nicht anders kann, als die Auflassung bewirken, zu welcher sich ihr Geschäftsführer verpflichtet hat. Anm. 11.

f) Auch wenn der Dritte die Beschränkung gekannt hat, ist sie ihm gegenüber wirkungslos. Er konnte eben davon ausgehen, daß die Beschränkung ihm gegenüber nicht gilt. Eine scheinbare Ausnahme aber macht der Fall der Kollusion. Anm. 12.

§ 37. Im Falle der Kollusion ist die Gesellschaft an das sie benachteiligende Geschäft nicht gebunden. Dieselbe liegt aber nicht schon dann vor, wenn der Dritte weiß, daß die erforderliche Genehmigung nicht eingeholt war oder die betreffende sonstige Beschränkung überschritten ist, sondern nur im Falle eines bewußten Zusammenwirkens mit dem Geschäftsführer zu absichtlicher Schädigung der Gesellschaft (ROHG. 6, 135; 9, 432; 15, 22; 19, 335; RG. 9, 148; 22, 75; Bolze 10 Nr. 297). Die durch die Kollusion bewirkte Ungültigkeit des Geschäftes beruht jetzt auf § 826 BGB. (vgl. näheres Staub HGB. Anm. 13 zu § 126). Die Ausnahme ist nur eine scheinbare. Denn im Falle der Kollusion gilt das Gleiche auch dann, wenn der Geschäftsführer sich innerhalb seiner Vertretungsmacht hält.

Anm. 13. g) Zulässig ist es natürlich, daß der Geschäftsführer unter dem Vorbehalte der Genehmigung anderer Gesellschaftsorgane kontrahiert. Solche Vorbehalte sind gültig. Derartige Rechtsgeschäfte sind bedingt durch die Erteilung der Genehmigung. Am häufigsten sind Vorbehalte der Genehmigung des Aufsichtsrates. Die Genehmigung bewirkt, daß das Geschäft nicht nur unter den Parteien als von Anfang an gültig anzusehen ist. Der § 186 Abs. 2 BGB. bezieht sich nur auf Fälle, in denen ohne Vertretungsrecht gehandelt wurde. Der Gegenkontrahent ist so lange, bis der Aufsichtsrat sich äußert, an seine Zusage gebunden. Bleibt die Erklärung aus, so kann er der Gesellschaft eine Frist setzen, die Zustimmung beizubringen, anderenfalls er zurücktrete (vgl. Hachenburg Vorträge 2. Aufl. 305).

§ 38.

Die Bestellung der Geschäftsführer ist zu jeder Zeit widerruflich, unbeschadet der Entschädigungsansprüche aus bestehenden Verträgen.

Im Gesellschaftsvertrage kann die Zulässigkeit des Widerrufs auf den Fall beschränkt werden, daß wichtige Gründe denselben notwendig machen. Als solche Gründe sind insbesondere grobe Pflichtverletzungen oder Unfähigkeit zur ordnungsmäßigen Geschäftsführung anzusehen.

Einleitung. **Der vorliegende Paragraph behandelt die Widerruflichkeit der Bestellung der Geschäftsführer.** Dabei wird als Regel die völlige freie Widerruflichkeit aufgestellt (Abs. 1), aber dem Gesellschaftsvertrage auch die Anordnung einer beschränkten Widerruflichkeit vorbehalten (Abs. 2). Nach diesen beiden Richtungen soll die Materie behandelt, in einem Zusatze soll der Frage nähergetreten werden, ob der Geschäftsführer auch seinerseits sein Amt niederlegen kann.

Anm. 1. I. (Abs. 1.) **Die gesetzliche Regel ist die völlig freie Widerruflichkeit der Bestellung des Geschäftsführers.** Sieht man zunächst von dem Falle ab, daß das Statut gemäß Abs. 2 der Widerruflichkeit Schranken setzt, so ist die Stellung des Geschäftsführers frei widerruflich. Auf die Quelle seiner Bestellung kommt es nicht an. Auch wenn er in dem Gesellschaftsvertrage bestellt ist oder durch den Gesellschaftsvertrag, wenn also seine Bestellung ein wesentlicher Bestandteil des Gesellschaftsvertrages ist, und er in seiner Eigenschaft als Gesellschafter dieses Amt übernommen und als Teil seiner Gesellschafterverpflichtung gemäß § 3 Abs. 2 es auszuüben hat, ist seine Stellung widerruflich. In keinem dieser Fälle gehört zur Ausübung des Widerrufs ein Statutenänderungsbeschluß (RG. 44, 95; RG. v. 17. 4. 01 in JW. 410; KG. v. 25. 2. 01 in OLGR. 3, 65). Das Statut braucht im Falle des Widerrufs oder für den Zweck des zu bewirkenden Widerrufs nicht geändert zu werden, weil es vermöge der gesetzlichen Vorschrift unseres Paragraphen von vornherein die Widerrufsmöglichkeit als notwendigen gesetzlichen Bestandteil in sich birgt. Ein Verzicht auf die Widerruflichkeit würde daran nichts ändern, er mag erklärt sein, wie immer. Er wäre einfach ungültig. Denn der Wille des Gesetzes ist, daß die Bestellung des Geschäftsführers widerruflich ist. Der völlige Ausschluß des Widerrufsrechts ist in keiner Weise möglich. Deshalb sind auch Bestimmungen in den Anstellungsverträgen, die auf einen solchen Widerrufsverzicht hinauslaufen, ungültig. Das Gleiche gilt von derartigen Bestimmungen des Gesellschaftsvertrages. Deshalb ist auch hier, wie bei der Aktiengesellschaft, die Ernennung eines von dem Beschlusse der Gesellschafter völlig unabhängigen, durch einen Dritten zu bestellenden und abzuberufenden Geschäftsführers (vgl. Staub HGB. Anm. 14 zu § 231) ungültig. In derselben Weise ist auch die Umwandlung einer Einzelvertretung in eine Kollektivvertretung jederzeit zulässig. Es kann dies wirksam durch keine Festsetzungen, auch nicht im Statut, beseitigt werden. Inwieweit diese Umwandlung dem Geschäftsführer ein Recht auf Aufhebung seines Dienstvertrages gibt, vgl. Anm. 63 zu § 35. § 38.

Die Ausübung des Widerrufs beruht auf reiner Willkür. Der Geschäftsführer kann nicht etwa auf Fortbestehen seines Amtes klagen. Davon zu trennen ist das dem Geschäftsführer zugesprochene Recht des Widerspruchs gegen den Eintrag seiner Abrufung und das Beschwerderecht, wenn er behauptet, daß ein gültiger Beschluß nicht vorliegt (KG. v. 18. 12. 95 in CBlFG. 2, 882 Nr. 577). Anm. 2.

Von wem der Widerruf ausgeübt wird, ergibt § 46 Nr. 5: die Gesellschafter bestimmen darüber, wenn nicht das Statut etwas anderes anordnet (§ 45). Die Übertragung des Widerrufsrechts liegt übrigens implicite in der an ein Gesellschaftsorgan erfolgten Übertragung des Rechts, die Geschäftsführer zu bestellen (vgl. Staub HGB. Anm. 15 zu § 231), doch so, daß daneben auch die Gesellschafterversammlung dazu befugt ist. Es sei denn, daß das Statut, was zulässig ist, in deutlicher Weise das Widerrufsrecht überhaupt einem anderen Organ als der Gesellschafterversammlung überträgt (vgl. Anm. 1 zu § 45). Dem einzelnen Gesellschafter steht kein Recht des Widerrufs zu. Er steht zu dem Geschäftsführer in keinem Rechtsverhältnisse (OLG. Jena v. 5. 5. 02 in ThürBl. 49, 247). Wohl aber dann, wenn im Gesellschaftsvertrage ihm dies Recht als Organ der Gesellschaft zugesprochen ist. Man denke an den Fall, daß nur zwei Gesellschafter vorhanden sind und jedem derselben das Recht der Kontrolle und die Absetzung des Geschäftsführers zuerkannt ist. Einem Geschäftsführer steht gegenüber dem anderen das Widerrufsrecht nicht zu. Es kann aber auch ihm übertragen sein. Auch wo dies nicht der Fall ist, kann er bei Vorhandensein der prozessualen Voraussetzungen eine einstweilige Verfügung für die Gesellschaft erwirken, wonach dem anderen Geschäftsführer die Vertretung der Gesellschaft untersagt wird. Anm. 3.

Die Folge der Ausübung des Widerrufs ist zunächst nur, daß der Geschäftsführer der Vertretungsbefugnis verlustig geht. Begrifflich hat dies nicht etwa auch die Aufhebung des etwa bestehenden Dienstvertrages zur Folge. Aber regelmäßig wird der Ausspruch des Widerrufs dahin zu verstehen sein, daß zugleich der Dienstvertrag damit gelöst sein soll, so daß, wenn ein Vorbehalt dabei nicht gemacht wird, der Geschäftsführer sich als überhaupt entlassen zu betrachten hat. In jedem Falle, der Geschäftsführer mag bloß seines Amtes enthoben oder es mag außerdem der Dienstvertrag ohne Frist gekündigt sein, bleibt es ihm überlassen, die aus dem Gesetze und Vertrage sich ergebenden Konsequenzen zu ziehen. Das Gesetz drückt sich dahin aus: „unbeschadet der Entschädigungsansprüche aus bestehenden Verträgen". Damit ist nicht etwa gemeint, daß immer bloß Schadensersatzansprüche geltend gemacht werden können. Dies ist allerdings dann der Fall, wenn die Gesellschaft das Verhältnis zum Geschäftsführer überhaupt lösen will, wenn sie eine Vertretungsbefugnis widerruft und ihn überhaupt entläßt. Damit hat das Verhältnis sein Ende erreicht. Ob nach dem Vertrage ein rechtlicher Grund vorlag, ist gleichgültig. Unser Paragraph gibt der Gesellschaft das Recht, die Vertretungsbefugnis zu entziehen und damit auch das Verhältnis überhaupt zu lösen, unbeschadet der Entschädigungsansprüche aus bestehenden Verträgen. Die Gesellschaft kann allerdings auch anders verfahren. Sie kann die Vertretungsbefugnis entziehen und das Dienstverhältnis im übrigen fortsetzen wollen. Dann bleibt es dem Geschäftsführer überlassen, ob er sich das gefallen oder nicht vielmehr daraufhin seiner- Anm. 4.

§ 38. seits das Dienstverhältnis lösen und seine Entschädigungsansprüche gemäß § 628 Abs. 2 BGB. geltend machen will (vgl. auch Anm. 64 zu § 35).

Anm. 5. II. (Abs. 2.) **Im Gesellschaftsvertrage kann eine beschränkte Widerruflichkeit statuiert werden, nämlich ein Widerruf nur aus wichtigen Gründen.**

1. Welches ist die Rechtsfolge, wenn das Statut den Widerruf nur aus wichtigen Gründen gestattet? Damit ist nichts weiter geschaffen, als eine Gesellschaftsregel. Das bedeutet, dem Geschäftsführer gegenüber ist auch in diesem Falle die Stellung frei widerruflich. Nur unter den Gesellschaftern soll es als Gesellschaftsregel gelten, daß der Widerruf nur aus wichtigen Gründen erfolgen kann. Erfolgt er trotz einer solchen statutarischen Beschränkung ohne wichtigen Grund, so ist damit der Gesellschaftsvertrag verletzt. Der Widerruf gilt dem Geschäftsführer gegenüber. Aber das Organ, welches den Widerruf ohne wichtigen Grund ausgesprochen hat, hat den Gesellschaftsvertrag verletzt. Ein solcher Beschluß kann wegen Verletzung des Gesellschaftsvertrages angefochten werden. Der Geschäftsführer selbst kann also auch angesichts einer solchen Statutenbestimmung nicht auf Fortbestehen seines Amtes klagen. Allerdings hat das RG. (44, 95) anscheinend das Gegenteil ausgesprochen. Doch lag der Fall dort so, daß der Geschäftsführer ein Gesellschafter war, und jener Ausspruch des RG. geht im letzten Ende dahin, daß nach der Absicht unseres Paragraphen der Geschäftsführer gegen eine willkürliche Geltendmachung des Widerrufsrechts sichergestellt sein soll, selbst wenn seine „Mitgesellschafter" ihn durch Mehrheitsbeschluß, aber ohne triftigen Grund, an der Ausübung seiner Amtsbefugnisse hindern sollten. Das Ausschlaggebende ist, daß der Geschäftsführer in jenem Falle zugleich Gesellschafter war. Als Gesellschafter steht ihm allerdings die Anfechtung des Beschlusses zu. Deshalb war in jener Konstellation die Entscheidung richtig.

Anm. 6. Demgemäß hat der Registerrichter bei Anmeldung des Widerrufs der Bestellung auch im Falle eines in Gemäßheit des Abs. 2 abgefaßten Statuts nicht zu prüfen, ob der Widerruf aus wichtigen Gründen erfolgt ist. Denn er ist nicht der Hüter der Wahrung der Gesellschaftsrechte. Wenn der Beschluß nur den zwingenden Gesetzesvorschriften entspricht, hat er ihn zu respektieren. Ob statutarische Rechte verletzt sind, darüber mögen die Gesellschafter selbst wachen. Die Gesellschafter können einen solchen Beschluß anfechten und eventuell im Wege der einstweiligen Verfügung die Ausführung eines solchen Beschlusses verhindern. In dieser Weise verfährt auch der Berliner Registerrichter. Die Motive (34) stehen allerdings auf dem Standpunkte, daß, wenn über die Rechtmäßigkeit des Widerrufs Streit entsteht, die Eintragung nicht ohne weiteres erfolgen könne. In Verfolg dieser Ansicht hätte der Registerrichter die Wichtigkeit der Gründe zu prüfen, eventuell die Beteiligten auf den Prozeßweg gemäß § 127 FG. zu verweisen. Allein diese Ansicht der Motive würde den Abs. 2 unseres Paragraphen zu einem völlig unpraktikablen Rechtsinstitut machen. Glücklicherweise hat sie im Gesetz keinen Ausdruck gefunden. Denn wenn die Eintragung davon abhängen sollte, ob der Widerruf aus wichtigen Gründen erfolgt ist, so müßte der Beschluß nicht bloß den Widerruf zu enthalten haben, sondern auch die wichtigen Gründe angeben. Eine solche Angabe eignet sich aber absolut nicht als Gegenstand einer Beschlußfassung. Eine Beschlußfassung enthält einen Tenor, nicht aber Gründe. Zur Angabe von Gründen kann kein abstimmender Gesellschafter gezwungen werden. Und wie soll verfahren werden, wenn ein Gesellschafter den einen, ein anderer einen anderen Grund angibt? Es kann kommen, daß man sich über keinen Grund einigen kann. Und wer soll die Beweismittel angeben, wenn bei der Abstimmung zwar Gründe angegeben werden, aber keine Beweismittel? Soviel Fragen, soviel ungelöste Rätsel. Es ist ganz und gar nicht angängig, anzunehmen, daß die Eintragung von der Wichtigkeit der Gründe abhängt. Vielmehr hat der Registerrichter den Beschluß einzutragen, sobald der Widerruf erfolgt ist. Der Beschluß braucht die Wichtigkeit der Gründe nicht aufzunehmen. Sache dessen, der den Beschluß anficht, ist es, in der Klage auszuführen, daß wichtige Gründe nicht vorgelegen haben. Vielleicht kann man hier auch die Beweislast verschieben und sie der Gesellschaft auferlegen. Sache des Anfechtenden ist es, in geeigneten Fällen, durch einstweilige Verfügung die Eintragung des Beschlusses zu verhindern. Daß nur der Gesellschafter, nicht auch der Geschäftsführer die Anfechtungsklage erheben kann, ist oben Anm. 5 bereits dargelegt. Der Geschäftsführer kann nur seine Ansprüche aus dem Dienstvertrag geltend machen (oben Anm. 4). § 38.

2. Nur im Gesellschaftsvertrage kann diese Gesellschaftsregel gesetzt werden, wie jede Gesellschaftsregel. Hat der Anstellungsvertrag oder gar eine den Statuten nicht einverleibte Vereinbarung der Gesellschafter eine Anordnung solcher Art getroffen, so liegt in der Verletzung derselben jedenfalls nicht eine Verletzung des Gesellschaftsvertrages. Es mögen daraus den Beteiligten Schadensersatzansprüche erwachsen. Aber eine Anfechtung des erfolgten Widerrufsbeschlusses kann darauf nicht gestützt werden. Der Gesellschaftsvertrag kann der ursprüngliche oder der abgeänderte sein. Es besteht kein Grund zu der Annahme, daß eine Abänderung des Gesellschaftsvertrages, durch welche diese Bestimmung eingeführt oder abgeschafft werden soll, anderer Erfordernisse bedarf, als sonstige Änderungen des Gesellschaftsvertrages; auch dann nicht, wenn der Geschäftsführer Gesellschafter ist. Nur wenn ihm das Recht, als Geschäftsführer tätig zu sein, besonders im Gesellschaftsvertrage bestellt ist, bedarf die Aufhebung der Widerrufsbeschränkung seiner Zustimmung. Anm. 7.

3. Welches wichtige Gründe sind, darüber entscheidet nach dem in Anm. 6 Gesagten der Prozeßrichter im Anfechtungsprozeß des Gesellschafters gegen die Gesellschaft. Die Gründe müssen solche sein, welche die Entlassung als im Interesse der Gesellschaft notwendig erscheinen lassen (OLG. Hamburg in OLGR. 8, 260). Die in Abs. 2 unseres Paragraphen hervorgehobenen Gründe sind es jedenfalls. Sie ausschließen darf das Statut nicht. Es wäre sonst in diesem Punkte ungültig. Wohl aber kann es weitere wichtige Gründe aufzählen. Denn dadurch nähert sich ja das Statut der freien Widerruflichkeit, also der gesetzlichen Regel. Über die Erhebung des Differenzeinwandes vgl. RG. 55, 266; Schuldenlast RG. v. 11. 4. 05 in JW. 05, 365 Nr. 1. Anm. 8.

4. Eine Bestimmung im Gesellschaftsvertrag, welche jeden Widerruf der Bestellung ausschließt, kann als Beschränkung des Widerrufs im Sinne des Abs. 2 aufrecht erhalten werden (OLG. Hamburg in OLGR. 8, 259). Anm. 9.

Zusatz. Kann auch der Geschäftsführer sein Amt niederlegen? Hier muß wiederum unterschieden werden, ob der Geschäftsführer kraft seiner Eigenschaft als Gesellschafter das Amt ausübt, ob es also zu den von ihm nach § 3 Abs. 2 überommenen Gesellschafterverpflichtungen gehört, das Amt auszuüben. Ist dies der Fall, so müssen die Vorschriften über die Gesellschaft analog angewendet werden. Nach § 712 Abs. 2 und § 671 Abs. 2 und 3 BGB. kann jeder geschäftsführende Gesellschafter jederzeit die Geschäftsführung niederlegen, wenn er einen wichtigen Grund dazu hat. Wenn er dies nicht in der Art tut, daß die anderen Sozien Ersatz schaffen können, so muß er den aus der unzeitigen Kündigung der Gesellschaft erwachsenden Schaden ersetzen. Aber auch hiervon wird er befreit, wenn er zur unzeitigen Kündigung einen wichtigen Grund hatte (vgl. Staub HGB. Anm. 7 zu § 117). Damit ist allerdings zunächst die Frage erledigt, ob der Geschäftsführer die Geschäftsführung niederlegen kann, nicht auch die Frage, ob er die Vertretung niederlegen kann. Doch geht dies hier zweifelsohne Hand in Hand. Die Gesellschaft kann nicht an ihrer Spitze eine Person haben, die nicht verpflichtet ist, die Geschäfte zu führen, wohl aber berechtigt ist, sie zu vertreten (vgl. auch § 168 BGB.). Anm. 10.

Regelmäßig aber liegt der Fall nicht so, daß der Geschäftsführer das Amt kraft seiner Gesellschaftereigenschaft ausübt (vgl. Anm. 46 zu § 35). Weit häufiger liegt ein Auftrags- oder ein Dienstverhältnis vor. Am häufigsten das letztere. Liegt Auftrag vor, d. h. wenn der Gesellschafter unentgeltlich sein Amt ausübt, so kann er das Amt jederzeit niederlegen (§ 671 BGB.). Er muß nur, wenn er dies ohne wichtigen Grund zur Unzeit tut, die Gesellschaft entschädigen. Im Falle des Dienstvertrages, d. h. wenn der Geschäftsführer besoldet wird, kann er regelmäßig nur aus wichtigen Gründen das Amt niederlegen oder, wie das BGB. sagt, ohne Einhaltung einer Kündigungsfrist kündigen (§ 626 BGB.), ohne Anm. 11.

§ 38. wichtigen Grund nur unter der Voraussetzung, daß er nicht in einem dauernden Verhältnisse mit festen Bezügen steht (§ 617 BGB.). Die freie Kündbarkeit ist ihm also versagt, wenn er in dauerndem Verhältnis mit festen Bezügen steht. Wenn dagegen das Verhältnis nicht diese beiden Eigenschaften hat (wenn es also nicht dauernd oder nicht mit festen Bezügen dotiert ist), so kann er jederzeit kündigen. Erklärt er die Niederlegung des Amtes mit Recht, so ist der Dienstvertrag zu Ende. Aber auch dort, wo der Geschäftsführer zur Kündigung ohne Einhaltung einer Kündigungsfrist berechtigt ist, darf er nicht zur Unzeit kündigen, sonst macht er sich schadensersatzpflichtig (§§ 675, 671 Abs. 2 BGB.).

§ 39.

Jede Änderung in den Personen der Geschäftsführer, sowie die Beendigung der Vertretungsbefugnis eines Geschäftsführers ist zur Eintragung in das Handelsregister anzumelden.

Der Anmeldung ist eine Abschrift der Urkunden über die Bestellung der Geschäftsführer oder über die Beendigung der Vertretungsbefugnis beizufügen. Diese Bestimmung findet auf die Anmeldung zum Handelsregister einer Zweigniederlassung keine Anwendung.

Die Geschäftsführer haben ihre Unterschrift zur Aufbewahrung bei dem Gerichte zu zeichnen.

Einleitung. **Der vorliegende Paragraph ordnet die Anmeldung der Änderung im Personalbestande und in der Vertretungsbefugnis des Vorstandes an.**

Anm. 1. 1. **Was ist anzumelden?** Jede Änderung im Personalbestande und in der Vertretungsbefugnis. Die Anmeldung des ersten Geschäftsführers liegt in der Anmeldung des Gesellschaftsvertrages (vgl. Anm. 3 zu § 7). Wechselt später der Personalbestand der Geschäftsführer, scheidet ein Geschäftsführer aus, sei es durch Niederlegung oder durch Abberufung oder durch Zeitablauf oder durch Tod, oder tritt ein neuer Geschäftsführer hinzu, in all diesen Fällen muß die Anmeldung erfolgen. Nicht dagegen ist die Anmeldung zu bewirken, wenn ein Geschäftsführer wieder bestellt wird, ehe er noch gelöscht wird. — Wechselt ferner die Art der Vertretungsbefugnis, so ist auch dies anzumelden z. B. wenn die bisherigen allein vertretungsbefugten Geschäftsführer kollektiv vertretungsbefugt werden oder umgekehrt. Zwar spricht unser § 39 Abs. 1 nur davon, daß „die Beendigung" der Vertretungsbefugnis anzumelden sei. Doch sollte dasselbe angeordnet werden, wie in § 234 HGB., wo praktischer von einer „Änderung der Vertretungsbefugnis" gesprochen ist. Wollte man dies nicht gelten lassen, so hätte § 39 Abs. 1 in diesem Teile überhaupt keinen Sinn. Denn der Wegfall der Vertretungsbefugnis des Geschäftsführers bedeutet den Wegfall des Amts. Das würde dann zusammenfallen mit der Änderung in der Person des Geschäftsführers. Stellt das Gesetz neben die Änderung in den Personen die Beendigung der Vertretungsbefugnis, so kann damit nur gemeint sein, daß die Person des Geschäftsführers nicht wechselt, sondern nur die Art seiner Vertretung sich ändert. Zu bemerken ist, daß die Änderung in der Art der Vertretungsbefugnis (z. B. die früher kollektiv berechtigten Geschäftsführer sollen jetzt allein Vertretungsbefugnis haben oder umgekehrt) in zweifacher Art vorkommen kann, einmal so, daß schon der bisherige Gesellschaftsvertrag diese Abweichung gestattet, oder so, daß die Abänderung eine Änderung des bisherigen Gesellschaftsvertrages in sich schließt. Im ersteren Falle ist nur eine Anmeldung nach § 39 erforderlich. Im letzteren Falle muß jedenfalls die Abänderung des Gesellschaftsvertrages gehörig beschlossen und angemeldet werden. Außerdem aber braucht dann die Abweichung von der bisherigen Vertretungsbefugnis nicht nach § 39 angemeldet zu werden, da die Eintragung und Veröffentlichung schon nach § 54 erfolgt und eine doppelte Eintragung und Publizierung zwecklos ist. Nicht einzutragen ist, wenn die Geschäftsführer einzelne von ihnen zur

Vornahme bestimmter Geschäfte oder Geschäftsarten ermächtigen. Denn das ist eine § 39.
Handlungsvollmacht, und Handlungsvollmachten werden nicht eingetragen (vgl. Anm. 14 zu § 35). — Nicht anmeldungs- und eintragungsfähig ist endlich ein dem Geschäftsführer beigelegter Titel (Präsident, Generaldirektor). — KG. v. 6 6. 1900 in KGJ. 20 A, 269. —

2. **Wer meldet an?** Die Geschäftsführer (§ 78 des Gesetzes), und zwar so viel Geschäftsführer, als zur Vertretung der Gesellschaft befugt sind. Der neu bestellte Geschäftsführer kann sich auch selbst anmelden, sowohl dann, wenn kein anderer Geschäftsführer vorhanden ist, als auch dann, wenn andere vorhanden sind, der neu bestellte aber allein zur Vertretung befugt ist. Das ausscheidende Mitglied hat nicht mitzuwirken, da es ja zu dieser Zeit die Vertretungsbefugnis nicht mehr besitzt (KGJ. 16, 26). Ist infolge der eingetretenen Veränderungen das Geschäftsführerorgan nicht mehr so zusammengesetzt, daß es zur Vertretung der Gesellschaft legitimiert ist, so muß erst die Ergänzung des Organs erfolgen, ehe die Anmeldung bewirkt werden kann. Wenn z. B. der einzige Geschäftsführer abberufen wird, so hat der alsbald bestellte Geschäftsführer seine eigene Bestellung anzumelden und dann oder frühestens gleichzeitig den Abgerufenen abzumelden. Anm. 2.

3. **Für die Form der Anmeldung** ist § 12 HGB. maßgebend. Hinzugefügt ist hier in Abs. 2, daß die Urkunde, durch welche die Änderung bewirkt wird, in Abschrift (nicht in beglaubigter Abschrift) beigefügt werden muß. Natürlich ist das nur dahin zu verstehen, daß die Urkunde nur dann beizufügen ist, wenn eine solche vorhanden ist. Beim Tode muß die Sterbeurkunde beigefügt werden, bei mündlicher Niederlegung des Amts aber braucht nichts beigefügt zu werden. Hier genügt die Erklärung, daß sie erfolgt ist. Der Registerrichter kann ja Ermittelungen anstellen, wenn ihm diese Erklärung nicht genügt (§ 12 FG.). Aber zur Anmeldung reicht sie aus. Anm. 3.

Über die Zeichnung der Unterschrift, welche in Abs. 3 angeordnet ist, vgl. § 12 HGB. Ihre persönliche Unterschrift, nicht die Unterschrift der Firma, haben die Geschäftsführer zur Aufbewahrung zu zeichnen. In der Praxis wird auch die Firma gezeichnet. Anm. 4.

4. **Bei welchem Gericht ist die Anmeldung zu bewirken?** Bei dem Gericht am Sitze der Gesellschaft und bei dem Gericht der Zweigniederlassung (§ 13 HGB., vgl. Anm. 7 zu § 12 des Gesetzes). Zu letzterer aber ist die zu 3 erwähnte Beilage nicht mit einzureichen. Anm. 5.

Über die Frage, ob für die Zweigniederlassung ein besonderer Geschäftsführer eingetragen werden kann, siehe Anm. 7 zu § 37.

5. **Über den Zwang zur Anmeldung** siehe § 14 HGB. (vgl. Anm. 37 zu § 7 des Gesetzes). Der Zwang richtet sich gegen die Geschäftsführer, nicht gegen die Gesellschafter und nicht gegen die Mitglieder des Aufsichtsrats, wenn ein solcher bestellt ist. Anm. 6.

6. Der Registerrichter ist berechtigt und verpflichtet, die ihm einzureichenden Urkunden zu prüfen, ob sie die nachgesuchte Eintragung rechtfertigen (KG. v. 8. 12. 02 bei Holdheim 12, 108 und RJA. 3, 190). Er kann auch bei Zweifeln Ermittelungen anstellen (§ 12 FG.). Nur Beglaubigung der Urkunde kann er nicht fordern (vgl. oben Anm. 3). Über eine Verletzung des Gesellschaftsvertrages hat er eben nicht zu wachen. Die Gesellschafter können sich darüber hinwegsetzen und auf diese Bestimmungen verzichten. Über das Beschwerderecht der Geschäftsführer bei Mangel eines Beschlusses der Gesellschaft vgl. Anm. 2 zu § 38. Anm. 7.

Zusatz 1. Die Eintragung ist bekannt zu machen. Das ist in § 10 HGB. vorgeschrieben, der hier anwendbar ist (vgl. Anm. 34 zu § 7). Anm. 8.

Zusatz 2. Über die Wirkungen der erfolgten oder nichterfolgten Eintragung der Geschäftsführer oder ihrer veränderten Vertretungsbefugnis gegenüber Dritten ist in unserem Gesetze jetzt nichts gesagt. Früher hatte hierüber § 40 disponiert. Die Vorschrift ist gestrichen, weil § 15 HGB. hier zur Anwendung gelangt. Diese allgemeine Vorschrift machte eine Sondervorschrift überflüssig. Anm. 9.

Es ist daher auf die Erläuterungen zu § 15 HGB. zu verweisen. Hervorgehoben wird jedoch: Anm. 10.

a) Die Eintragung ist nicht Bedingung der Rechtsgültigkeit der Bestellung des neuen Geschäftsführers. **Auch der nicht eingetragene, aber rite bestellte Geschäfts-**

§ 39. **führer ist Geschäftsführer der Gesellschaft und als solcher legitimiert, auch nach außen.** Nur die Wirkung der Offenkundigkeit nach § 15 HGB. datiert von der Eintragung und Publikation (RG. 9, 91). Das Entsprechende gilt hinsichtlich des Aufhörens der Vertretungsbefugnis des abberufenen oder niederlegenden Geschäftsführers. Derselbe ist nicht mehr legitimiert. Aber der Mangel der Legitimation wird erst offenkundig mit der Eintragung und Publikation. Bis dahin besteht der Schein der Legitimation, auf welchen sich der Dritte berufen kann (vgl. unten Anm. 12).

Anm. 11. b) Die Vorschriften über die Wirkung der erfolgten und nichterfolgten Eintragung und Publikation beziehen sich nur auf das Verhältnis zu dritten Personen, welche mit der Gesellschaft in Rechtsbeziehungen treten, nicht auf das Verhältnis der Gesellschaft zum Geschäftsführer und **zu den Gesellschaftern.** Die Rechtshandlungen des Geschäftsführers gegenüber den Gesellschaftern hängen nicht davon ab, daß die Gesellschafter die Bestellung des Geschäftsführers kannten oder nicht kannten oder kennen konnten oder nicht kennen konnten. Den Gesellschaftern gegenüber entscheidet lediglich die Bestellung. Doch sind Gesellschafter, wenn sie mit der Gesellschaft selbständige Rechtsgeschäfte abschließen, Dritte (vgl. über alles dies Staub HGB. Anm. 7 zu § 234). Dagegen kann sich der Geschäftsführer auf die Eintragung nicht berufen, wenn er nur kollektiv berechtigt ist und sich dem Dritten gegenüber als allein vertretungsberechtigt geriert hat. Er kann in diesem Falle nicht auf Grund des § 179 Abs. 3 BGB. sagen, daß der Dritte den Mangel seiner Vertretungsbefugnis hätte kennen müssen (vgl. Anm. 13 zu § 36).

Anm. 12. c) Ist der Geschäftsführer eingetragen, so kann dem Dritten, der sich mit ihm einläßt, auch nicht entgegengehalten werden, daß seine Bestellung nicht rechtsgültig oder erloschen ist (vgl. ROHG. 20, 208).

Anm. 13. d) Die Eintragung und Publikation des Geschäftsführers ersetzt auch die Vorlegung einer Vollmacht bei einseitigen Rechtsgeschäften. Das Erfordernis des § 174 BGB. wird durch die Eintragung ersetzt (vgl. Staub HGB. Anm. 7 zu § 48).

Anm. 14. e) Für den Geschäftsverkehr mit der Zweigniederlassung gilt die Eintragung oder Nichteintragung der Zweigniederlassung (§ 15 Abs. 3; Anm. 9 zu § 12 unseres Gesetzes).

§ 40.

Alljährlich im Monat Januar haben die Geschäftsführer eine von ihnen unterschriebene Liste der Gesellschafter, aus welcher Name, Vorname, Stand und Wohnort der letzteren sowie ihre Stammeinlagen zu entnehmen sind, zum Handelsregister einzureichen. Sind seit Einreichung der letzten Liste Veränderungen hinsichtlich der Person der Gesellschafter und des Umfangs ihrer Beteiligung nicht eingetreten, so genügt die Einreichung einer entsprechenden Erklärung.

Einleitung. **Der vorliegende Paragraph gibt eine rechtspolizeiliche Vorschrift, welche darauf abzielt, wenigstens einigermaßen die Namen der Gesellschafter und ihre Anteilsberechtigung aus den Registerakten ersichtlich zu machen.** Irgendwelche erhebliche Bedeutung hat die Vorschrift nicht, da die Liste nicht fortdauernd auf dem Laufenden zu erhalten, sondern nur alljährlich einmal einzureichen ist, während doch im Laufe des Jahres sehr erhebliche Veränderungen erfolgen können.

Anm. 1. 1. **Was ist einzureichen?** Eine von den Geschäftsführern unterschriebene Liste der Gesellschafter, aus welcher Name, Vorname, Stand und Wohnort derselben, sowie ihre Stammeinlagen zu entnehmen sind. Die Liste muß also

a) von den Geschäftsführern unterschrieben sein, d. h. von so viel Geschäftsführern, als zur Vertretung der Gesellschaft erforderlich sind, keineswegs von sämtlichen Geschäftsführern (vgl. die Ausdrucksweise in § 78 des Gesetzes; auch unten Anm. 8).

b) Sie muß die Adresse der Gesellschafter enthalten, also den jeweiligen Namen, jeweiligen Vornamen, jeweiligen Stand, jeweiligen Wohnort, nicht auch die Bezeichnung der Wohnung innerhalb des Wohnortes, obwohl das sehr empfehlenswert ist. Soweit die Gesellschafter juristische Personen sind, ist der Name derselben und ihr Sitz anzugeben. **§ 40.** Anm. 2.

c) Ferner die Angabe der Stammeinlagen, richtiger der Geschäftsanteile, der einzelnen Gesellschafter. — *Hat ein Gesellschafter mehrere Geschäftsanteile*, so sind diese besonders anzugeben. Denn nicht die Höhe der Gesamtbeteiligung, sondern „die Stammeinlagen" sind anzugeben. — Auch wenn *der Gesellschaft* Geschäftsanteile zugefallen (§ 27 Abs. 3) oder von ihr erworben (§ 33) sind, muß dies in der Gesellschafterliste berücksichtigt werden. Mit welchem Rechte Förtsch dies leugnet, ist nicht ersichtlich. Die Liste wäre falsch, wenn diese Anteilsveränderungen unberücksichtigt blieben. In Fällen der Einziehung aus Mitteln der Überschüsse ist diese Tatsache zu erwähnen. Anderenfalls würde eine Person als Gesellschafter figurieren, obwohl der Geschäftsanteil vernichtet ist. Bei Kaduzierung eines Anteils, ehe ein neuer Gesellschafter gefunden ist (vgl. Anm. 26 zu § 21), ist aus demselben Grunde dieser Vorfall zu erwähnen. Es müssen für sämtliche Geschäftsanteile Gesellschafter vorhanden sein oder, wo solche fehlen, dies erklärt werden. Anm. 3.

Selbstverständlich sind überall nur diejenigen Anteilsverhältnisse zu berücksichtigen, die *der Gesellschaft gegenüber nach* § 16 und den dort gemachten Ausführungen als solche gelten. Anm. 4.

2. **Wann ist die Liste einzureichen?** Alljährlich im Monat Januar, also bis spätestens zum 31. Januar. Die erste Liste ist gemäß § 8 bei der Gründung einzureichen, die nächste im darauffolgenden Januar. Ist die Gründung im Januar angemeldet, so braucht die nächste Liste erst im Januar nächsten Jahres eingereicht zu werden. Anm. 5.

Unterbleiben kann die Einreichung in einem Falle, „wenn seit der Einreichung der letzten Liste Veränderungen hinsichtlich der Person der Gesellschafter und des Umfangs ihrer Beteiligung nicht eingetreten sind". Es fragt sich: wann ist eine solche Veränderung eingetreten? Eine „Veränderung hinsichtlich der Person" ist eingetreten, wenn diejenigen Angaben, die nach der Vorschrift unseres Paragraphen aus der Liste hervorgehen sollen, sich verändert haben, wenn also der Name sich verändert hat (durch Verheiratung oder Namensänderung) oder der Stand oder der Wohnort. Diese von Birkenbihl vertretene Ansicht ist aus doppeltem Grunde zutreffend. Einmal weist der Wortlaut des Gesetzes darauf hin. Es spricht nicht von Veränderungen in den „Personen", sondern in der „Person". Und dann spricht zwingend für diese Auffassung der ganze Zweck der Vorschrift. Sie soll doch, so gering ihre Bedeutung auch ist, jedenfalls das erzielen, daß alljährlich eine Liste eingereicht wird, aus welcher man genau Namen, Stand und Wohnort der Gesellschafter ersieht. Dieser Zweck würde eben nicht erreicht werden, wenn derartige Veränderungen nicht berücksichtigt würden, sondern wenn als Veränderung in der Person nur betrachtet würde der Wechsel in den Personen der Gesellschafter. — Als Veränderung hinsichtlich des Umfangs der Beteiligung ist anzusehen, wenn ein Gesellschafter einen Geschäftsanteil hinzuerwirbt oder ganz oder teilweise abtritt. Anm. 6.

Ist nach keiner dieser Richtungen eine Veränderung eingetreten, so braucht eine neue Liste nicht eingereicht zu werden. Dann genügt vielmehr die Einreichung einer entsprechenden Erklärung. Ist aber eine einzige Veränderung nach jener Richtung eingetreten, so muß eine neue Liste eingereicht werden. Es genügt dann nicht etwa bloß die Angabe der eingetretenen Veränderung. Maßgebend ist für die Frage und den Stand der Veränderungen der Tag der Einreichung der Liste. Veränderungen, die vor dieser Zeit eingetreten waren, kommen nicht in Betracht, wenn sie wieder anderen Veränderungen weichen mußten. Anm. 7.

3. **Wer hat die Pflicht einzureichen?** Die Geschäftsführer, d. h. so viel Geschäftsführer, wie zur Vertretung der Gesellschaft erforderlich sind, nicht etwa sämtliche Geschäftsführer. Eine andere Auslegung ist mit der Ausdrucksweise des Gesetzes (vgl. den § 78) nicht Anm. 8.

§ 40. vereinbar. Die Motive (S. 34) sind zwar der Ansicht, daß die Einreichung durch sämtliche Geschäftsführer erfolgen müsse. Allein im Gesetze hat dies keinen Ausdruck gefunden und der Sprachgebrauch des Gesetzes spricht dagegen. Die Ansicht des Verfassers der Motive aber kann demgegenüber keine ausschlaggebende Bedeutung beanspruchen, da ja nicht ersichtlich ist, ob die übrigen gesetzgebenden Faktoren diese Ansicht geteilt haben. Zustimmend KG. v. 9. 3. 05 in CBlFG. 6, 37 Nr. 57; OLGR. 11, 396; RJA. 6, 239. Die Bestimmungen des Gesellschaftsvertrages über die Vertretung der Gesellschaft finden auch bei der Einreichung der Liste Anwendung.

Anm. 9. 4. **Wie erfolgt die Einreichung?** Durch einfache schriftliche Erklärung, ohne Beglaubigung. Auch Übersendung durch die Post ist gestattet.

Anm. 10. 5. **Wo erfolgt die Einreichung?** Beim Hauptregister und (§ 13 HGB.) beim Zweigregister.

6. **Der Zwang der Einreichung** richtet sich nach § 14 HGB. (vgl. Anm. 37 zu § 7). Wenn der Geschäftsführer die unwahre Erklärung einreicht, daß Veränderungen nicht eingetreten sind, so liegt hierin keine strafbare Handlung. Der Registerrichter, der dies erfährt, kann den Geschäftsführer auch in diesem Falle nur durch Androhung von Ordnungsstrafen zur Einreichung einer richtigen Liste anhalten.

Anm. 11. 7. **Eine Eintragung in das Handelsregister erfolgt nicht,** ebensowenig eine Publikation. Der Registerrichter hat lediglich die Einreichung der Liste zu kontrollieren, eventuell gemäß § 14 HGB. zu erzwingen und die eingereichte Liste zu den Akten zu nehmen.

Anm. 12. 8. **Die Einsicht ist jedem gestattet.** Beim Vorhandensein eines berechtigten Interesses kann auch eine Abschrift, auch eine beglaubigte Abschrift, gefordert werden (§ 9 HGB.).

Anm. 13. 9. Die eingereichte Liste genießt keinen öffentlichen Glauben gemäß § 15 HGB. Wenn z. B. ein Gesellschafter gemäß § 50 Abs. 3 die Gesellschafter zu einer Versammlung einladen will, so genügt es keineswegs, wenn er sich darauf beschränkt, die in dieser Liste verzeichneten Gesellschafter einzuladen. (Wie er sich hilft, darüber siehe zu § 50.)

§ 41.

Die Geschäftsführer sind verpflichtet, für die ordnungsmäßige Buchführung der Gesellschaft zu sorgen.

Sie müssen in den ersten drei Monaten des Geschäftsjahres die Bilanz für das verflossene Geschäftsjahr nebst einer Gewinn- und Verlustrechnung aufstellen.

Durch den Gesellschaftsvertrag kann die bezeichnete Frist bis auf sechs Monate, bei Gesellschaften, deren Unternehmen den Betrieb von Geschäften in überseeischen Gebieten zum Gegenstande hat, bis auf neun Monate erstreckt werden.

Für Gesellschaften, bei welchen der Gegenstand des Unternehmens im Betriebe von Bankgeschäften besteht, ist die Bilanz innerhalb der vorbezeichneten Fristen in den im § 30 Absatz 2 bestimmten öffentlichen Blättern durch die Geschäftsführer bekannt zu machen. Die Bekanntmachung ist zum Handelsregister einzureichen.

Einleitung. **Der vorliegende Paragraph behandelt die Verpflichtung der Geschäftsführer in Bezug auf die Buchführung** (Abs. 1) **und insbesondere in Bezug auf die Aufstellung der Bilanz** (Abs. 2 und 3) **und ihre Publikation** (Abs. 4).

Anm. 1. I. **Die Pflicht der Geschäftsführer in Bezug auf die Führung der Bücher** (Abs. 1).

1. Die Sorge für die Buchführung, nicht die Buchführung selbst ist ihnen zur Pflicht gemacht. Sie brauchen also nicht eigenhändig die Bücher zu führen, sondern nur dafür zu sorgen, daß sie ordnungsmäßig geführt werden.

2. Diese Pflicht ist eine öffentlichrechtliche. Ihre Außerachtlassung zieht Strafe **§ 41.**
nach sich, wenn die Gesellschaft zahlungsunfähig wird (§ 83). Statuten, Dienstverträge Anm. 2.
oder Gesellschafterbeschlüsse vermögen an dieser Pflicht insoweit nichts zu ändern, als die strafrechtliche Verantwortlichkeit in Frage ist. Diese verbleibt immer bei allen Geschäftsführern (RGSt. 13, 235 für das Aktienrecht). Auch auf die stellvertretenden Geschäftsführer bezieht sich das (§ 44). Auch eine im gegebenen Falle vielleicht zulässige Suspension vom Amt kann an dieser gesetzlichen Pflicht nichts ändern. Daraus folgt umgekehrt, daß der im übrigen suspendierte Geschäftsführer zu allen jenen Tätigkeiten zugelassen werden muß, welche erforderlich sind, um seine gesetzliche Pflicht wegen der Buchführung zu erfüllen. Doch wird eine Geschäftsverteilung, eine Suspension, eine Stellung als nur stellvertretender Geschäftsführer auf die hier in Rede stehende Verantwortlichkeit nicht immer ohne Einfluß sein. Einem Geschäftsführer steht unter solchen Umständen der Entschuldigungsbeweis offen, daß er aus gerechter Ursache nicht in der Lage war, der gesetzlichen Verpflichtung zu genügen. Ist z. B. ein von der Buchführung befreiter Geschäftsführer über die ordnungsmäßige Buchführung getäuscht worden, so kann dies unter Umständen Straffreiheit zur Folge haben. Denn überall ist hier eine schuldhafte Verletzung der Pflichten vorausgesetzt (RGSt. 29, 308). Verhinderung, Krankheit ist dann ein Entschuldigungsgrund, wenn man für Vertretung nicht sorgen konnte (Rechtsprechung des RGSt. 7, 730).

Der Aufsichtsrat, wenn ein solcher besteht, hat zwar die Überwachungspflicht. Anm. 3.
aber nicht die strafrechtliche Verantwortlichkeit für die ordnungsmäßige Buchführung.

3. Für ordnungsmäßige Buchführung haben die Geschäftsführer Sorge zu tragen. Anm. 4.

a) Daß die GmbH. Bücher zu führen hat, ist hier vorausgesetzt. Es folgt dies aus § 13 Abs. 3 unseres Gesetzes, wonach sie stets eine Handelsgesellschaft ist, und aus § 6 Abs. 2 HGB., wonach auf Handelsgesellschaften die Vorschriften über die Kaufleute Anwendung finden.

b) Für die Frage, was zur ordnungsmäßigen Buchführung gehört, sind die Anm. 5.
§§ 38 ff. HGB. maßgebend in Verbindung mit §§ 41 und 42 unseres Gesetzes. Dabei ist zu betonen, daß auch die Inventur- und Bilanzziehung zur ordnungsmäßigen Buchführung gehört, und daß gerade in letzterer Hinsicht die §§ 41 und 42 unseres Gesetzes Sondervorschriften enthalten.

Die einzelnen in Frage kommenden Vorschriften des HGB. sind: Anm. 6.

α) § 38 HGB. Derselbe lautet:

> Jeder Kaufmann ist verpflichtet, Bücher zu führen und in diesen seine Handelsgeschäfte und die Lage seines Vermögens nach den Grundsätzen ordnungsmäßiger Buchführung ersichtlich zu machen.
>
> Er ist verpflichtet, eine Abschrift (Kopie oder Abdruck) der abgesendeten Handelsbriefe zurückzubehalten und diese Abschriften sowie die empfangenen Handelsbriefe geordnet aufzubewahren.

Hierzu ist folgendes zu erwähnen. Anm. 7.

Die Pflicht zur Buchführung beginnt mit dem Entstehen der Kaufmannseigenschaft, also mit der Entstehung, d. h. mit der Eintragung der Gesellschaft.

Über Zahl und Art der Geschäftsbücher ist auch hier nichts vorgeschrieben. Allein Anm. 8.
da auch den GmbH. eine Gewinn- und Verlustrechnung zur Pflicht gemacht ist (vgl § 41 Abs. 2), so liegt auch hier, wie bei den Aktiengesellschaften, darin das Gebot der doppelten Buchführung (vgl. Staub HGB. Anm. 6 zu § 38).

Ein Briefkopierbuch ist jetzt nicht mehr vorgeschrieben, sondern nur die Aufbewahrung Anm. 9.
der ein- und ausgehenden Briefe.

Zusätzlich ist auch hier zu erwähnen, daß ein Bankdepotbuch zu führen ist von Anm. 10.
solchen Gesellschaften, welche in ihrem Betriebe Wertpapiere zur Verwahrung oder zum Pfande nehmen (näheres Staub HGB. Anm. 8 zu § 38). Handlungsbücher, die in Gebrauch sind, sind der Pfändung nicht unterworfen (§ 811 Nr. 11 CPO.). Sie gehören

§ 41. zwar zur Konkursmasse (§ 1 Abs. 3 KO.). Diese kann sie aber nur mit dem Geschäfte im ganzen und nur insoweit veräußern, als sie zur Fortführung des Geschäftsbetriebes unentbehrlich sind (§ 117 Abs. 2 KO.).

Näheres zur Erläuterung des § 38 HGB. siehe in Staub HGB. und Düringer-Hachenburg HGB. I Noten zu § 38.

Anm. 11. β) § 39 HGB. Derselbe lautet:

Jeder Kaufmann hat bei dem Beginne seines Handelsgewerbes seine Grundstücke, seine Forderungen und Schulden, den Betrag seines baren Geldes und seine sonstigen Vermögensgegenstände genau zu verzeichnen, dabei den Wert der einzelnen Vermögensgegenstände anzugeben und einen das Verhältnis des Vermögens und der Schulden darstellenden Abschluß zu machen.

Er hat demnächst für den Schluß eines jeden Geschäftsjahrs ein solches Inventar und eine solche Bilanz aufzustellen; die Dauer des Geschäftsjahrs darf zwölf Monate nicht überschreiten. Die Aufstellung des Inventars und der Bilanz ist innerhalb der einem ordnungsmäßigen Geschäftsgang entsprechenden Zeit zu bewirken.

Hat der Kaufmann ein Warenlager, bei dem nach der Beschaffenheit des Geschäfts die Aufnahme des Inventars nicht füglich in jedem Jahre geschehen kann, so genügt es, wenn sie alle zwei Jahre erfolgt. Die Verpflichtung zur jährlichen Aufstellung der Bilanz wird hierdurch nicht berührt.

Anm. 12. Dazu ist zu erwähnen:

Inventur und Bilanz sind zunächst zu ziehen bei Eröffnung des Handelsgewerbes, hier also nach Eintragung der Gesellschaft. In diesem Augenblicke beginnt die Lebenstätigkeit der Gesellschaft, nicht früher, so daß eine vorherige Bilanz, welche etwa von den Gesellschaftern aufgestellt wurde, oder welche der Gründung zu Grunde gelegen hat, die Geschäftsführer von der selbständigen Aufstellung der Eröffnungsbilanz, in welcher die Werte nach den Ergebnissen ihrer eigenen Prüfung geschätzt sind, welche überhaupt ihren eigenen Befund widergibt, nicht entbindet (RGSt. 29, 223). Streitig ist, ob eine Rückbeziehung der Eröffnungsbilanz auf einen früheren Zeitpunkt nicht gestattet ist, insbesondere auch dann nicht, wenn das inferierte Geschäft so übernommen wird, daß es als von einem früheren Zeitpunkte für Rechnung der Gesellschaft geführt gilt. Staub (HGB. Anm. 6 zu § 239) bestreitet dies unter Hinweis auf die ausdrückliche Bestimmung des Gesetzes. Die gegenteilige Meinung vertritt im Anschluß an die kaufmännische Auffassung Simon, Bilanz der Aktiengesellschaften 105. Die letztere Auffassung dürfte dem Bedürfnisse des Verkehrs entsprechen. Die Eröffnungsbilanz unterliegt nicht der Genehmigung durch die Gesellschafter nach § 46 Nr. 1 (RGSt. 29, 223).

Anm. 13. Nicht zu übersehen ist, daß auch eine Eröffnungsinventur aufzustellen ist, nicht bloß eine Eröffnungsbilanz.

Anm. 14. Doch müssen nicht etwa Inventur und Bilanz am Tage der Eröffnung fertig sein, sondern sie müssen bei Beginn der Gesellschaft begonnen und ohne Zeitverlust fertiggestellt werden (RGSt. 28, 430).

Anm. 15. Weiter muß die Gesellschaft Inventur und Bilanz für den Schluß eines jeden Geschäftsjahres aufstellen. In welcher Zeit, darüber siehe Abs. 3 unseres Paragraphen (unten Anm. 24ff.). Wenn eine Gesellschaft ihr bisheriges Geschäftsjahr verlegt, so darf hierdurch keinesfalls eine Verlängerung der 12-monatlichen Dauer eines Kalenderjahres eintreten (§ 39 Abs. 2 HGB.). Vielmehr kann die Verlegung nur durch Einschiebung eines kürzeren Geschäftsjahres erfolgen. Für dieses kürzere Geschäftsjahr muß eine besondere Bilanz gezogen werden. Darüber, ob ein Gewinn für dieses abgekürzte Geschäftsjahr verteilt werden darf vgl. Anm. 14 zu § 29 unseres Gesetzes.

Anm. 16. Die in § 39 Abs. 3 HGB. gemachte Ausnahme von der Pflicht jährlicher Inventarisierung gilt auch für GmbH., soweit nur die Aufstellung einer Bilanz und einer Gewinn- und Verlustrechnung ohne Inventur möglich ist.

Über den materiellen Inhalt der jährlichen Bilanz siehe § 42 unseres Gesetzes. Die Vorschriften des § 42 gelten auch für die Eröffnungsbilanz. § 41. Anm. 17.

γ) § 40 HGB. Derselbe lautet: Anm. 18.

Die Bilanz ist in Reichswährung aufzustellen.

Bei der Aufstellung des Inventars und der Bilanz sind sämtliche Vermögensgegenstände und Schulden nach dem Werte anzusetzen, der ihnen in dem Zeitpunkte beizulegen ist, für welchen die Aufstellung stattfindet.

Zweifelhafte Forderungen sind nach ihrem wahrscheinlichen Werte anzusetzen, uneinbringliche Forderungen abzuschreiben.

Hierzu ist zu erwähnen:

Daß die Bilanz in Reichswährung aufzustellen ist, gilt auch hier. Über die Bilanzansätze stellt unser Gesetz Sondervorschriften auf (§ 42). Dort ist auch der § 40 HGB. näher erörtert.

δ) § 41 HGB. Derselbe lautet: Anm. 19.

Das Inventar und die Bilanz sind von dem Kaufmanne zu unterzeichnen. Sind mehrere persönlich haftende Gesellschafter vorhanden, so haben sie alle zu unterzeichnen.

Das Inventar und die Bilanz können in ein dazu bestimmtes Buch eingeschrieben oder jedesmal besonders aufgestellt werden. Im letzteren Falle sind sie zu sammeln und in zusammenhängender Reihenfolge geordnet aufzubewahren.

Hierzu ist zu bemerken:

Die Pflicht zur Unterzeichnung der Bilanz liegt hier den Geschäftsführern ob, und zwar sämtlichen (vgl. oben Anm. 2 und Staub HGB. Anm. 1 zu § 41; insbesondere RGSt. 7, 87; 8, 424).

ε) § 43 HGB. Derselbe lautet: Anm. 20.

Bei der Führung der Handelsbücher und bei den sonst erforderlichen Aufzeichnungen hat sich der Kaufmann einer lebenden Sprache und der Schriftzeichen einer solchen zu bedienen.

Die Bücher sollen gebunden und Blatt für Blatt oder Seite für Seite mit fortlaufenden Zahlen versehen sein.

An Stellen, die der Regel nach zu beschreiben sind, dürfen keine leeren Zwischenräume gelassen werden. Der ursprüngliche Inhalt einer Eintragung darf nicht mittelst Durchstreichens oder auf andere Weise unleserlich gemacht, es darf nicht radiert, auch dürfen solche Veränderungen nicht vorgenommen werden, deren Beschaffenheit es ungewiß läßt, ob sie bei der ursprünglichen Eintragung oder erst später gemacht worden sind.

Näheres hierüber in Staub HGB. Düringer-Hachenburg HGB. 1 zu § 43.

ζ) § 44 HGB. Derselbe lautet: Anm. 21.

Die Kaufleute sind verpflichtet, ihre Handelsbücher bis zum Ablaufe von zehn Jahren, von dem Tage der darin vorgenommenen letzten Eintragung an gerechnet, aufzubewahren.

Dasselbe gilt in Ansehung der empfangenen Handelsbriefe und der Abschriften der abgesendeten Handelsbriefe, sowie in Ansehung der Inventare und Bilanzen.

η) § 45 HGB. Derselbe lautet: Anm. 22.

Im Laufe eines Rechtsstreits kann das Gericht auf Antrag oder von Amtswegen die Vorlegung der Handelsbücher einer Partei anordnen.

Die Vorschriften der Civilprozeßordnung über die Verpflichtung des Prozeßgegners zur Vorlegung von Urkunden bleiben berührt.

ϑ) § 46 HGB. Derselbe lautet: Anm. 23.

Werden in einem Rechtsstreite Handelsbücher vorgelegt, so ist von ihrem Inhalte, soweit er den Streitpunkt betrifft, unter Zuziehung der Parteien Einsicht zu nehmen

§ 41. und geeignetenfalls ein Auszug zu fertigen. Der übrige Inhalt der Bücher ist dem Gericht insoweit offen zu legen, als es zur Prüfung ihrer ordnungsmäßigen Führung notwendig ist.

Die §§ 44, 45, 46 sind hier anwendbar.

Anm. 24. II. **Insbesondere die Pflicht zur Aufstellung der Bilanz** (Abs. 2 und 3). In Abs. 2 und 3 ist bestimmt: **Die Geschäftsführer haben die Pflicht, in den ersten drei Monaten des Geschäftsjahres die Bilanz für das verflossene Geschäftsjahr nebst einer Gewinn- und Verlustrechnung aufzustellen, ausnahmsweise kann diese Frist auf sechs Monate, ganz ausnahmsweise auf neun Monate verlängert werden.**

Anm. 25. 1. **Wer hat die Verpflichtung** zur Aufstellung der Bilanz? Die Geschäftsführer, und zwar sämtliche Geschäftsführer. Hierüber und über etwaige Entschuldigungsgründe siehe oben Anm. 2. Der Geschäftsführer, auch wenn er Gesellschafter ist, hat kein klagbares Recht gegen die Gesellschafter auf Anerkennung der von ihm aufgestellten Bilanz. Er hat nur eine Klage auf Entlastung gegen die Gesellschaft (vgl. RG. in JW. 02, 32 Nr. 30; Fleischmann DJZ. 02, 77).

Anm. 26. 2. **Um die Aufstellung** der Bilanz und der Gewinn- und Verlustrechnung handelt es sich hier. Das Gesetz bestimmt, daß die Aufstellung der Bilanz regelmäßig in den ersten drei Monaten zu erfolgen hat. Die Vorschrift hat eine ganz andere Bedeutung als die des § 260 Abs. 2 HGB. Dort ist für die Aktiengesellschaft den Vorstandsmitgliedern zur Pflicht gemacht, die Jahresberichte dem Aufsichtsrat und der Generalversammlung innerhalb der dort bestimmten Frist **vorzulegen.** Wann sie aufzustellen sind, darüber bestimmt § 260 Abs. 2 HGB. nichts. Die Pflicht der Aufstellung ist hiervon ganz verschieden. Für die Aufstellung der Bilanz gelten im Aktienrecht die allgemeinen Vorschriften, woraus folgt, daß die Aufstellung so zeitig erfolgen muß, wie dies nach Lage der Sache möglich ist. Wäre die aktienrechtliche Bilanz nach Lage der Sache innerhalb der ersten zwei Monate nach Ablauf des Geschäftsjahres möglich, die Aufstellung aber unterblieben, und würde im dritten Monate der Konkurs ausbrechen, so wären die Vorstandsmitglieder strafbar, obgleich die in § 260 Abs. 2 HGB. vorgesehene Vorlegungsfrist noch nicht abgelaufen war (vgl. hierüber Staub HGB. Anm. 13 zu § 260). Ganz anders hier. Die Vorschrift unseres Paragraphen bezieht sich nach den Motiven 34 lediglich auf die *Aufstellung* der Bilanz durch die Geschäftsführer, dagegen nicht auf die Feststellung der Bilanz durch die Gesellschafter. „Es genügt, wenn im Interesse der Gesellschaftsgläubiger dafür gesorgt ist, daß die *Anfertigung* der Vermögensübersicht, deren Ergebnis unter Umständen die Geschäftsführer zur sofortigen Stellung des Antrages auf Konkurseröffnung verpflichten kann, nicht ungebührlich verzögert werde." Die Feststellung der Bilanz durch die Gesellschafter dagegen „ist eine innere Angelegenheit, welche bei der GmbH. sich zunächst nach dem Gesellschaftsvertrage zu richten hat". Mit dieser Gesetzesabsicht stimmt auch der Wortlaut des Gesetzes überein, und es ist daher eine andere Auslegung nicht statthaft als die, daß die *Aufstellung* der Bilanz durch die Geschäftsführer innerhalb der ersten drei Monate nach Ablauf des Geschäftsjahres zu erfolgen hat. Es kann die gegenteilige Ansicht (Förtsch Anm. 2 und Liebmann Anm. 10) nicht aus Abs. 4 unseres Paragraphen gefolgert werden. Auch diese Publikation bezieht sich nur auf die von den Geschäftsführern *aufgestellte*, nicht auf die von den Gesellschaftern *festgestellte* Bilanz (vgl. unten Anm. 39). Die Aufstellung der Bilanz braucht daher nicht früher zu erfolgen als innerhalb der hier gesetzten Frist, auch dann nicht, wenn sie nach Lage der Sache früher erfolgen konnte. Andererseits ist vom Gesetze nicht vorgeschrieben, daß innerhalb dieser Zeit die Vorlegung der Bilanz an die Gesellschafter oder an den etwa bestehenden Aufsichtsrat zu erfolgen hat. Diese Vorlegung ist eben eine innere Angelegenheit. Zum Schutze der öffentlichen Interessen ist hier aber nur die *Aufstellung* der Bilanz innerhalb der ersten drei Monate des Geschäftsjahres vorgeschrieben, damit die Geschäftsführer innerhalb dieser Zeit die Lage des Vermögens erkennen und eventuell Konkurs eröffnen können, wenn eine Unterbilanz oder eine Über-

schuldung vorhanden ist. Die Vorlegung an die Gesellschafterversammlung (§ 46 Nr. 1) § 41.
und an den Aufsichtsrat (§ 52 des Gesetzes und § 246 HGB.) muß natürlich außerdem auch erfolgen. Aber es ist hier von Gesetzeswegen nicht vorgeschrieben, innerhalb welcher Frist dies zu geschehen hat.

3. **Die Bilanz und die Gewinn- und Verlustrechnung** sind innerhalb dieser Frist aufzustellen. Anm. 27.
Über den sachlichen Inhalt der Bilanz findet sich das Nähere in § 42. Die Vorschrift, daß außerdem eine Gewinn- und Verlustrechnung aufzustellen ist, hat zur Folge, daß die GmbH. sich der doppelten Buchführung bedienen müssen (vgl. oben Anm. 8). Die Gewinn- und Verlustrechnung ist etwas von der Bilanz Verschiedenes. Während die Bilanz bei der GmbH., ebenso wie bei der Aktiengesellschaft, die sämtlichen beim Jahresabschlusse vorhandenen Aktiva und die sämtlichen Passiva (Schulden, Stammkapital und sonstige Reservekonten) aufstellt, werden bei der Gewinn- und Verlustrechnung die Ergebnisse des abgelaufenen Geschäftsjahres zusammengestellt. Alles, was in dem betreffenden Jahre an Aktiven hinzugekommen, und alles, was in dem betreffenden Jahre an Passiven (Schulden und Reservekontodotierungen) hinzugekommen ist. Aber als erster Posten in der Gewinn- und Verlustrechnung figuriert der aus dem Vorjahre herübergenommene Gewinnsaldo oder Verlustsaldo. Daher kommt es, daß das Fazit der Gewinn- und Verlustrechnung das gleiche ist, wie das Fazit der Bilanz. Denn wenn die Ergebnisse eines Geschäftsjahres und die bisherigen Gesamtergebnisse bis zum Beginn dieses betreffenden Geschäftsjahres zusammengerechnet werden (Gewinn- und Verlustrechnung), so muß sich naturgemäß dasselbe Fazit ergeben, als wenn, was bei der Bilanz geschieht, die vorhandenen Bestände und die vorhandenen Passiva einander gegenüber gestellt werden (s. hierüber auch Staub HGB. Anm. 17 zu § 260).

Nicht vorgeschrieben ist die Aufstellung eines Geschäftsberichtes, der in § 260 Abs. 2 Anm. 28.
bei der Aktiengesellschaft vorgeschrieben ist. Es bleibt den Statuten, dem Gesellschafterbeschlusse, dem Dienstvertrage überlassen, die Erstattung eines Geschäftsberichtes den Geschäftsführern vorzuschreiben.

Ob die aufgestellte Jahresrechnung vor der Versammlung den Ge- Anm. 29.
sellschaftern und dem Aufsichtsrat vorzulegen ist, darüber siehe Anm. 10 zu § 46. Und wieder eine andere Frage ist es, ob die aufgestellte und von der Gesellschafterversammlung genehmigte Bilanz einem einzelnen Gesellschafter nachträglich vorzulegen ist, wenn dieser es verlangte. Das letztere ist zu verneinen. Denn die Gesellschafter nehmen ihre Geschäftsführungsbefugnisse in der Gesellschafterversammlung wahr (§§ 45, 47), und weder § 810 noch § 716 BGB. findet hier eine Anwendung (Parisius-Crüger Anm. 4 zu § 41). Ob bei notarieller Beurkundung der Beschlüsse der Gesellschafter jeder derselben das Recht auf Einsicht dieser Urkunde hat, richtet sich nach Landesrecht (für Preußen z. B. vgl. PrFG. Art 61).

4. **Innerhalb welcher Frist** hat die Aufstellung der Bilanz und der Gewinnberechnung zu Anm. 30.
erfolgen?

a) Von Gesetzeswegen in den ersten drei Monaten nach Ablauf des Geschäftsjahres.

b) Durch Gesellschaftsvertrag kann jedoch die Frist bis auf sechs Monate, bei Gesellschaften, deren Unternehmen den Betrieb von Geschäften in überseeischen Gebieten zum Gegenstande hat, bis auf neun Monate erstreckt werden.

α) Durch den Gesellschaftsvertrag. Ein einfacher Gesellschafterbeschluß ist in dieser Anm. 31.
Hinsicht nicht genügend, noch weniger eine Bestimmung im Dienstvertrage. Sollten die Geschäftsführer, gestützt auf eine solche anderweite Anordnung, die Bilanz innerhalb drei Monaten nicht aufstellen und es würde inzwischen der Konkurs ausbrechen, so wäre die Bilanz nicht rechtzeitig aufgestellt und die Geschäftsführer wären strafbar. Doch kann natürlich die Anordnung sowohl im ursprünglichen, als im abgeänderten Gesellschaftsvertrage getroffen sein.

β) Bis auf sechs Monate, in einem Falle bis auf neun Monate kann die Frist erstreckt Anm. 32.
werden. Dieser letztere Fall liegt vor, wenn das Gebiet, in welchem die Geschäfte gemacht

§ 41. werden, nur im Wege längerer Seereise erreicht werden kann. England, Korsika, Sizilien sind z. B. nicht überseeische Gebiete. Gedacht ist besonders an deutsche Kolonialgesellschaften.

Anm. 33. 5. **Die Folge der nicht rechtzeitigen Aufstellung der Bilanz und Gewinn- und Verlustrechnung** ist die in § 240 KO. vorgesehene (vgl. § 83 unseres Gesetzes). Die Strafvorschrift tritt aber nur ein, wenn die gesetzlichen Pflichten verletzt sind, nicht auch wenn eine Anordnung verletzt ist, kraft deren die Geschäftsführer auch einen Geschäftsbericht zu erstatten oder die Jahresrechnung innerhalb der bestimmten Frist nicht bloß aufzustellen, sondern auch den anderen Gesellschaftsorganen vorzulegen haben.

Außerdem liegt in der Verletzung der gesetzlichen und sonstigen Pflichten in Bezug auf Berichterstattung über die Ergebnisse des Geschäftes eine Pflichtverletzung, welche zur Schadloshaltung und in geeigneten Fällen zur Entlassung führen kann.

Dagegen findet ein Zwang durch den Registerrichter hier nicht statt.

Anm. 34. III. **Die Pflicht zur Veröffentlichung der Bilanz** (Abs. 4).

1. **Im allgemeinen ist die Publikation der Bilanz nicht vorgeschrieben.** Auch nicht die Einreichung zum Handelsregister. Diese mangelnde Publizität ist gerade einer der Hauptunterschiede unserer Gesellschaftsform von der Form der Aktiengesellschaft. Es ist nicht einmal vorgeschrieben, daß die Gesellschafter ein Recht auf Einsicht der von der Gesellschafterversammlung genehmigten Bilanz haben. Ein solches ist deshalb zu verneinen (oben Anm. 20).

Anm. 35. 2. **Aber ausnahmsweise ist bei Bankgeschäften die Publikation vorgeschrieben.** Es ist vorgeschrieben, daß bei Gesellschaften, bei welchen der Gegenstand des Unternehmens im Betriebe von Bankgeschäften besteht, die Bilanz innerhalb der vorbezeichneten Fristen in den in § 30 Abs. 2 bestimmten öffentlichen Blättern durch die Geschäftsführer bekannt zu machen und die Bekanntmachung zum Handelsregister einzureichen ist.

Anm. 36. a) Bei welchen Gesellschaften ist die Publikation vorgeschrieben? Bei Gesellschaften, bei denen der Gegenstand des Unternehmens im Betriebe von Bankgeschäften besteht. Enthalten die Statuten den Betrieb von Bankgeschäften als Gegenstand des Unternehmens, so muß die Publikation erfolgen, auch wenn tatsächlich Bankgeschäfte nicht betrieben werden. Dabei ist nur dann anzunehmen, daß der Betrieb von Bankgeschäften der Gegenstand des Unternehmens ist, wenn die Statuten dies direkt oder indirekt ergeben, während eine ganz allgemein gehaltene Bezeichnung des Gegenstandes des Unternehmens (Handelsgeschäfte aller Art) nicht ausreicht, um diese Annahme und daher die Publikationspflicht zu begründen. Erfolgt umgekehrt ein gewerbsmäßiger Betrieb von Bankgeschäften, so muß die Publikation erfolgen, auch wenn die Statuten diesen Gegenstand nicht oder nicht besonders erwähnen. Betreibt eine Gesellschaft Bankgeschäfte und andere Geschäfte, so muß die Publikation erfolgen, falls nur ein wirklicher gewerbsmäßiger Betrieb von Bankgeschäften und nicht etwa bloß der gelegentliche Abschluß eines Bankgeschäfts erfolgt.

Anm. 37. Über den Begriff des Bankgeschäfts siehe RG. v. 24. 6. 01 in RJA. 2, 175 und RGJ. 22 A, 286; Staub HGB. Anm. 63—66 zu § 1; Düringer-Hachenburg HGB. I Note IX zu § 1.

Anm. 38. Die dem Bankiergewerbe charakteristischen Geschäfte sind diejenigen Geschäfte, welche die Bedürfnisse des Verkehrs nach Anschaffung und Veräußerung von Geld und Wertpapieren befriedigen. Der Anschaffung und Veräußerung von Wertpapieren dient die kommissionsweise Ausführung von Aufträgen zur Anschaffung und Veräußerung von Wertpapieren. Aber auch die Anschaffung und Veräußerung für eigene Rechnung, besonders im Anschluß an die Emissionstätigkeit. Der Anschaffung und Veräußerung von Geld dient das Geldwechselgeschäft, das Diskontierungsgeschäft, das Darlehen in seinen mannigfachen Formen (Lombardgeschäft, Blankokredit, Akzeptkredit, Kontokurrentkredit u. s. w.); die Übernahme von Anleihen, Aktien und sonstigen Gesellschaftsanteilen;

das Depositengeschäft; auch das Einziehen von Wechseln, Schecks und Verpflichtungsscheinen. Andere mit dem Bankgeschäft häufig verbundene Geschäfte, Depot von Wertpapieren, Gründungen von industriellen Unternehmungen u. s. w. sind dem Bankgeschäft nicht wesentlich. § 41.

b) Die Bilanz ist zu veröffentlichen, nicht auch die Gewinn- und Verlustrechnung. Und zwar ist zu veröffentlichen diejenige Bilanz, welche die Geschäftsführer aufgestellt haben. Ob dieselbe durch die Gesellschafter bereits genehmigt ist, ist gleichgültig. Auch wenn die Gesellschafter die Feststellung der Bilanz verzögern oder gar verweigern, haben die Geschäftsführer innerhalb der im Abs. 3 bezeichneten Frist die von ihnen aufgestellte Bilanz zu publizieren. Das Moment der Genehmigung durch die Gesellschafter ist hierfür gleichgültig. Die Genehmigung ist, wie die Motive (vgl. oben Anm. 26) sagen, eine interne Angelegenheit. Die Öffentlichkeit ist nur interessiert an derjenigen Bilanz, welche die Geschäftsführer in Gemäßheit ihrer öffentlichrechtlichen Pflicht und unter Beobachtung der gesetzlichen und statutarischen Vorschriften aufgestellt haben. Anm. 39.

c) Innerhalb der im Abs. 3 bezeichneten Frist muß nicht bloß die Aufstellung, sondern auch die Publikation erfolgt sein. Anm. 40.

d) Die Publikation der Bilanz hat zu erfolgen in öffentlichen Blättern, und zwar in denjenigen, welche § 30 Abs. 2 bezeichnet (vgl. hierüber Anm. 10 zu § 30). Anm. 41.

Die unverkürzte Wiedergabe ist nicht gerade erforderlich; aber die Wiedergabe muß so erfolgen, daß sie den Zweck der Bilanz, der erforderlichen Übersicht über die Vermögenslage, erfüllt (Staub HGB. Anm. 1 zu § 265). Sie muß in deutscher Sprache erfolgen (KG. v. 24. 6. 01 in RJA. 2, 175). Anm. 42.

e) Die Publikation erfolgt durch die Geschäftsführer. Jedem von ihnen liegt die Sorge dafür ob, daß die Publikation geschieht. Gegen jeden von ihnen richtet sich der Zwang (vgl. unten Anm. 45). Anm. 43.

f) Außerdem ist die Bekanntmachung zum Handelsregister einzureichen. Es ist nicht etwa einzureichen die Bilanz, sondern ein Belagsblatt über die Publikation der Bilanz. Durch wen die Einreichung erfolgen muß, sagt das Gesetz zwar nicht. Offenbar sind die Geschäftsführer gemeint. Doch brauchen nicht alle Geschäftsführer die Einreichung zu bewirken. Es liegt nur allen Geschäftsführern die Sorge dafür ob. Die Pflicht ist erfüllt, wenn so viele Geschäftsführer, als zur Vertretung der Gesellschaft erforderlich sind, die Einreichung bewirken.

Die Einreichung bedarf keiner Form, auch keiner Beglaubigung. Einfache Eingabeform, Absendung durch die Post genügt. Sie hat auch zum Zweigregister zu erfolgen. Anm. 44.

Die Einreichung kann nach § 14 HGB. durch Ordnungsstrafen erzwungen werden. Dieser Zwang richtet sich zwar zunächst nur auf die Einreichung der Belagsblätter. Aber er ist auszudehnen auf die Bewirkung der Publikation selbst. Anm. 45.

g) Die eingereichte Bilanz hat der Registerrichter nur entgegenzunehmen. Es steht ihm nicht das Recht zu, die Unrichtigkeit der Bilanz zu rügen (KGJ. 12, 25; OLG. Hamburg bei Holdheim 7, 193). Insbesondere kann er nicht die Aufstellung einer anderen Bilanz verlangen, weil die Publikation die Angaben über die Höhe der Abschreibungen nicht enthält (OLG. Hamburg v. 11. 10. 01 in OLGR. 3, 278 und bei RJA. 2, 235; auch KG. v. 17. 3. 02 bei Holdheim 11, 148), wohl aber dann, wenn sie nichts weiter als die Endsummen der Aktiva und der Passiva enthält (OLG. Hamburg ebenda; KG. im preußischen Justizministerialblatt 1900, 630), oder wenn sie das Stammkapital von den Schulden nicht trennen würde (KG. v. 2. 4. 02 in KGJ. 24 A, 202). Andererseits kann der Registerrichter wieder nicht darauf dringen, daß alle bedeutsamen Vermögensobjekte in der Bilanz spezialisiert werden. Auch hat er nicht zu prüfen, ob die angegebenen Werte richtig sind (KG. v. 17. 3. 02 bei Holdheim 11, 148). Er kann demnach nur prüfen, ob eine „Bilanz" veröffentlicht ist und ob die Mängel, die er rügt, diese Eigenschaft aufheben. Anm. 46.

§ 42.

§ 42.

Für die Aufstellung der Bilanz kommen die Vorschriften des § 40 des Handelsgesetzbuchs mit folgenden Maßgaben zur Anwendung:

1. Anlagen und sonstige Vermögensgegenstände, welche nicht zur Weiterveräußerung, sondern dauernd zum Betriebe des Unternehmens bestimmt sind, dürfen höchstens zu dem Anschaffungs- oder Herstellungspreise angesetzt werden; sie können ohne Rücksicht auf einen geringeren Wert zu diesem Preise angesetzt werden, sofern ein der Abnutzung gleichkommender Betrag in Abzug oder ein derselben entsprechender Erneuerungsfonds in Ansatz gebracht wird;
2. die Kosten der Organisation und Verwaltung dürfen nicht als Aktiva in die Bilanz eingesetzt werden;
3. das Recht der Gesellschaft zur Einziehung von Nachschüssen der Gesellschafter ist als Aktivum in die Bilanz nur insoweit einzustellen, als die Einziehung bereits beschlossen ist und den Gesellschaftern ein Recht, durch Verweisung auf den Geschäftsanteil sich von der Zahlung der Nachschüsse zu befreien, nicht zusteht; den in die Aktiva der Bilanz aufgenommenen Nachschußansprüchen muß ein gleicher Kapitalbetrag in den Passiven gegenübergestellt werden;
4. der Betrag des im Gesellschaftsvertrage bestimmten Stammkapitals ist unter die Passiva aufzunehmen. Das Gleiche gilt von dem Betrage eines jeden Reserve- und Erneuerungsfonds, sowie von dem Gesamtbetrage der eingezahlten Nachschüsse, soweit nicht die Verwendung eine Abschreibung der betreffenden Passivposten begründet;
5. der aus der Vergleichung sämtlicher Aktiva und Passiva sich ergebende Gewinn oder Verlust muß am Schlusse der Bilanz besonders angegeben werden.

Der vorliegende Paragraph gibt die materiellen Vorschriften über die Aufstellung der Bilanz.

Anm. 1. I. **Allgemeines über die Bilanzvorschriften.**

Hier ist über zweierlei abzuhandeln. Einmal über die rechtliche Bedeutung der Bilanzvorschriften, welche Frage sich im Grunde genommen deckt mit der Frage, welche Folgen die Verletzung der Bilanzvorschriften hat. Zweitens über die Bedeutung der Bilanzposten, besonders der Begriffe Aktiva und Passiva.

Anm. 2. 1. **Die rechtliche Bedeutung der Bilanzvorschriften,** oder die Frage, welche Folgen es hat, wenn die Bilanzvorschriften verletzt werden. Die rechtliche Bedeutung der Bilanzvorschriften ist zunächst hier dieselbe, wie die rechtliche Bedeutung der Bilanzvorschriften beim Einzelkaufmann (vgl. Staub HGB. Einl. zu § 38). Eine durch Nichtbeachtung derselben verursachte Übersichtslosigkeit hat bei hinzutretendem Vermögenszerfall die strafrechtliche Verantwortlichkeit der Geschäftsführer zur Folge (vgl. § 83 unseres Gesetzes), wobei mit Neukamp in ZHR. 48, 453 nicht „absolute Bilanzwahrheit", sondern nur Innehaltung der Maximalbewertungsvorschriften zu fordern ist. Durch Bilanzansätze unter dem Wert ist das öffentliche Interesse nicht verletzt. Es kommt für die GmbH. hinzu, daß die falsche Aufstellung von Bilanzen auch unter die Strafvorschrift des § 82 Nr. 3 fällt. Das ist die öffentlichrechtliche Bedeutung der Bilanzvorschriften.

Die Bilanzvorschriften haben aber auch **privatrechtliche** Bedeutung. Als solche sind sie nach der einen Richtung zwingender, nach der anderen Richtung dispositiver Natur. § 42. Anm. 3.

a) **Es kommen zunächst die Aktiva in Betracht.** Die für die Bewertung der Aktiva gegebenen Vorschriften sind Maximalvorschriften nnd Minimalvorschriften. Als erstere sind sie zwingender, als letztere dispositiver Natur. Anm. 4.

Sie sind zunächst **Maximalvorschriften.** Das Gesetz will nicht, daß die Aktiva höher bewertet werden, als im § 40 HGB. und in Nr. 1 des vorliegenden Paragraphen vorgeschrieben ist. Es gibt diese Maximalvorschriften zum Wohle aller Interessenten, sowohl der Gesellschafter selbst, als der Gläubiger, hauptsächlich im Interesse der letzteren. Als Maximalvorschriften haben sie zwingenden Charakter. Statutarische Bestimmungen, welche diese Maximalansätze überschreiten, sind unzulässig und ungültig. Eine Statutenbestimmung über die Höhe der Abschreibungen kann nie in dem Sinne getroffen werden, daß auch bei höherer Abnutzung nur der statutarische Satz anzuwenden sei. Allgemein lautende Vorschriften über die Höhe der Abschreibungen sind daher als Minimalsätze aufzufassen. Noch weniger wäre ein einfacher Gesellschafterbeschluß gültig, der höhere Wertansätze enthielte, als sie gesetzlich zugelassen sind. Ein solcher Gesellschafterbeschluß wäre ungültig und bliebe es, auch wenn eine Anfechtungsklage innerhalb der im Statut etwa vorgesehenen Frist nicht erhoben würde. Die Geschäftsführer brauchen ihn nicht auszuführen, die solchergestalt beschlossene Dividende brauchen sie nicht zu verteilen, die Einlösung der Dividendenscheine können sie verweigern (vgl. Anm. 2 zu § 29 und Anm. 1 zu § 32). Insbesondere tritt die gesteigerte Haftung des § 43 Abs. 3 ein, wenn sie auf Grund eines solchen Gesellschafterbeschlusses dem Gesetze zuwider Dividenden auszahlen, ohne daß sie durch einen solchen Beschluß geschützt sind. Ob der Gesellschafter solche Dividenden zurückzahlen muß, darüber siehe Anm. 3 ff. zu § 32. Nur ist natürlich nicht jede objektiv zu hohe Bewertung darunter zu verstehen. Die Grenze ist erst dort überschritten, wo nur Willkür oder böser Wille die Quelle zu hoher Bewertung sein können. Sie ist nicht überschritten, solange sich die Bewertung in den Grenzen zulässigen Ermessens bewegt (vgl. RG. 40, 35). Anm. 5.

Die Bilanzvorschriften betreffend die Aktiva sind aber auch Minimalvorschriften. Anm. 6.

α) **Das Gesetz will, daß mindestens die von ihm vorgesehenen Werte angesetzt werden.** Allein in dieser Beziehung hat es an der Beachtung seiner Vorschriften kein öffentliches Interesse, da es im Gegenteil nur zum Vorteil der Gläubiger gereicht, wenn Objekte unter ihrem Werte angesetzt werden, indem dies zur Konservierung des Gesellschaftsvermögens führt (vgl. RG. 40, 36; RG. v. 30. 4. 91 im SächsArch. 1, 500; Neukamp in ZHR. 48, 464 ff., der mit Rücksicht hierauf das Bestehen eines „Dogmas von der Bilanzwahrheit" mit Recht bekämpft). Anm. 7.

β) **Bestimmen daher die Statuten geringere Bewertungen,** so liegt darin ein vertraglicher Verzicht auf die gesetzliche Minimalbewertung, der von den Gesellschaftern gültig erklärt werden und den Gläubigern nur willkommen sein kann. Solche Statutenbestimmungen liegen z. B. in den häufig vorkommenden Vorschriften prozentualer Abschreibungen ohne Rücksicht auf wirkliche Wertminderungen. Sie sind ebenso zulässig, wie Statutenbestimmungen über die Bildung von freiwilligen Reservefonds (vgl. unten Anm. 58). Solche Statutenbestimmungen können nur durch Statutenänderungen wieder beseitigt werden (RG. 22, 114; 40, 35). Wird im Einzelfalle seitens der Generalversammlung dagegen gefehlt, indem die Aktiven höher bewertet werden, so ist der Beschluß anfechtbar. Er wird aber durch unterlassene Anfechtung gültig, wenn die Statuten eine befristete Anfechtbarkeit vorsehen. Ob der Gesellschafter die solchen Vorschriften zuwider beschlossene und gezahlte Dividende zurückzahlen muß, darüber siehe Anm. 2 zu § 32. Anm. 8.

γ) **Bestimmen aber die Statuten solche Minderbewertungen nicht,** so hat jeder Gesellschafter ein Recht auf Bewertung in gesetzlicher Höhe. Ein Gesellschafterbeschluß, Anm. 9.

§ 42. der die Bewertung geringer, als sie nach den Grundsätzen der Statuten zulässig ist, ansetzen würde, wäre gesetzwidrig und unterläge der Anfechtung. Erfolgt die nach den Statuten befristete Anfechtung nicht rechtzeitig, so wird der Beschluß gültig. Und die Nichtanfechtung zu geringer Wertansätze ist im Gesellschaftsleben üblich. Auch ohne statutarische Fürsorge schlagen die Verwaltungen der Gesellschaften Abschreibungen vor, welche in ihrer Höhe die Wertsminderung übersteigen. Sie wollen die Gesellschaft konsolidieren, indem sie Gesellschaftsvermögen von der Verteilung ausschließen. Die Gesellschafter genehmigen die so vorgeschlagene Bilanz, weil sie die Fürsorge der Verwaltung teilen oder sich um die Gesellschaft nicht kümmern. Anfechtungen nach dieser Richtung kommen selten vor. Solche Minderbewertungen bilden im Gegenteil den Stolz der Gesellschaften. Nichts heben die Leiter der Gesellschaften in ihren Geschäftsberichten lieber hervor, als daß ihre gesamten Utensilien, Maschinen u. s. w. mit einer Mark zu Buche stehen. Wenn trotz dieser Bewertung von in Wahrheit wertvollen Objekten die Gesamtziffer der Aktiva eine erhebliche, der Überschuß der Aktiva über die Passiva bedeutend ist, so ist dies ein Zeichen eines guten Vermögensstandes.

Anm. 10. Rechtlich aber ist die Anfechtung solcher Minderbewertungen zulässig. Doch ist dabei zu berücksichtigen, daß die Ansetzung von Werten stets Sache des Ermessens ist. Es kann daher von dem Gesellschafter eine Bewertung nicht einfach unter Berufung auf Gutachten von Sachverständigen als zu niedrig angefochten werden. Solange eine Bewertung, wenn man auch über ihre objektive Richtigkeit streiten kann, das Maß vernünftiger Erwägungen nicht verläßt, ist das Gesetz nicht verletzt. Aber der Nachweis ist dem Gesellschafter gestattet, daß die Ansetzung des Werts auf Willkür oder bösem Willen beruht (RG. 40, 35). Gegen eine solche Anfechtung kann nicht eingewendet werden, daß die Einstellung der Werte zwar offenbar zu niedrig, daß sie aber zur Stärkung der Gesellschaft geschehen sei. Dem Dividendenanspruch des Gesellschafters gegenüber würde dieser Einwand nicht durchgreifen. Denn zur Stärkung der Gesellschaft gereicht jede Abschreibung, und von diesem Standpunkte aus gäbe es überhaupt keine unzulässigen Abschreibungen (vgl. hierüber auch noch Staub HGB. Anm. 6 zu § 261).

Anm. 11. δ) Soweit die Statuten Minderbewertungen nicht bestimmen, sind die Organe der Gesellschaft bei Aufstellung und Feststellung der Bilanz auch insofern frei, als sie an die Bewertung früherer Jahre, insbesondere an frühere Abschreibungen nicht gebunden sind. Einen Grundsatz der Bilanzkontinuität gibt es nicht. Jede Bilanz ist ein Stück für sich. Es sind stets die Verhältnisse zu derjenigen Zeit, für welche die Bilanz aufgestellt wird, maßgebend. Das geht aus § 40 HGB. und unserem § 42 klar hervor. Das ist auch bei der Aktiengesellschaft herrschende Ansicht. Nur bei Betriebsanlagen wird dort angenommen, daß eine Rückgängigmachung einmal erfolgter Abschreibungen unzulässig ist. Allein eine solche Rückgängigmachung ist nach richtiger Ansicht schon nach dem Aktiengesetze gestattet. Zwar ist nicht zu leugnen, daß es nicht üblich ist, solche Rückgängigmachung zu bewirken. Aber zu weit geht es, wenn Simon (Bilanzen der Aktiengesellschaften 2. Aufl. S. 412) ein Gewohnheitsrecht nach dieser Richtung annimmt und es für eine schwindelhafte Bilanz erklärt, wenn solche Herabsetzung von Werten erfolgte. Ein solches Gewohnheitsrecht ist schon für Aktiengesellschaften als bestehend nicht anzuerkennen. Auch der Vorwurf der „Schwindelhaftigkeit" einer solchen Bilanz ist nicht begründet. Allerdings darf (Neukamp in ZHR. 48, 500) die zeitige Generalversammlung von den Ansätzen der vorhergehenden Jahre nicht grundlos und willkürlich abweichen. Neukamp will die spätere Generalversammlung an den Beschluß der früheren binden, weil der Beschluß der Ausspruch einer maßgebenden Spruchbehörde, gewissermaßen eine vertragsmäßige Festsetzung sei. Diese Begründung ist nicht zutreffend. Keine spätere Gesellschafterversammlung ist an den Beschluß der früheren gebunden. Jede spätere kann die Beschlüsse der früheren aufheben. Wenn das Recht der grundlosen und willkürlichen Abweichung von den Wertansätzen der früheren Bilanz der späteren Gesellschafterversammlung versagt wird, so geschieht dies in dem Sinne, daß ein innerer

Grund vorhanden sein muß, von der früheren Schätzung abzuweichen. Es darf nicht bloße Willkür dabei herrschen. Ein genügender Grund aber liegt in der abweichenden Schätzung des Wertes des Gegenstandes vor. Wenn aber vollends die frühere Generalversammlung sich nicht bloß darauf beschränkt hat, die Aktiva „abzuschätzen" und nach dem Schätzungswerte in die Bilanz einzustellen, wenn sie vielmehr zwecks Bildung einer Reserve dieselben absichtlich unter ihrem Werte in die Bilanz einstellt und auf diese Weise versteckte Reserven schafft, so kann die nächste Generalversammlung diese versteckten Reserven beseitigen durch anderweite Bewertung der absichtlich zu niedrig geschätzten Aktiva. (So überall zutreffend Neukamp in ZHR. 48, 502.) Wenn z. B., so sagt er in ZHR. 48, 498, indem er die hier vertretene Ansicht verficht, „die Maxhütte in Bayern, die bekanntlich wertvolle und große Fabrikgebäude mit einer Mark in die Bilanz eingestellt hat, die durch derartige Bilanzierung aufgespeicherte Reserve in einem ungünstigen Geschäftsjahre in der Weise ausschüttet, daß sie die Fabrikgebäude wieder mit dem jeweiligen wahren Werte in die Bilanz einstellt, so ist auch vom Standpunkte der peinlichsten Redlichkeit nichts dagegen einzuwenden". Das gleiche gilt bei einer offenbar irrigen Schätznug der früheren Gesellschafterversammlung (RG. 28, 55; RG. v. 15. 12. 92 in JW. 93, 98). § 42.

b) **Die Bilanzvorschriften über die Passiva** sind umgekehrt zwingender Natur als Minimalvorschriften (mindestens das Aktienkapital und die Schulden müssen unter den Passiven figurieren) und dispositiver Natur als Maximalvorschriften. Es hat zwar jeder Gesellschafter das Recht darauf, daß nicht mehr Passiven eingestellt werden, als dies vom Gesetze vorgeschrieben ist, weil eine höhere Einstellung sein Dividendenrecht schmälert. Aber durch Gesellschaftsvertrag können über den gesetzlichen Betrag hinaus Passivposten, Reservekonten angeordnet werden. Wenn ein einfacher Gesellschafterbeschluß dies auch gültig nicht anordnen kann, und, wenn er dies gleichwohl tut, anfechtbar ist, so bleibt es doch den Gesellschaftern überlassen, ihn anzufechten oder die Anfechtung zu unterlassen. Näheres siehe unten Anm. 58 und 62. Anm. 12.

2. **Die Bedeutung der Bilanzposten, insbesondere der Begriff Aktiva und Passiva.** Anm. 13.

Vorweg ist zu betonen, daß die Bilanz eine einheitliche sein muß, d. h. sie muß das gesamte Gesellschaftsvermögen einschließlich der Zweiggeschäfte umfassen. Spezialbilanzen über einzelne Geschäftszweige oder Zweiggeschäfte sind zwar zulässig. Außerdem aber muß die richtige Geschäftsbilanz das Gesamtergebnis der gesellschaftlichen Tätigkeit enthalten.

a) **Unter den Aktiven** darf alles figurieren, was als Vermögenswert zu betrachten ist, nicht bloß greifbare Objekte, sondern auch Rechte, insbesondere Forderungen, Patente, Verlagsrechte, Lizenzrechte und ähnliche. Ideelle Werte, die sich nicht in einem gegen jeden durchzusetzenden Rechte ausdrücken, sind nur dann als Bilanzobjekte möglich, wenn die Gesellschaft sie von Dritten erworben hat. So ein erworbenes Fabrikationsgeheimnis, auch die mit dem Geschäfte erworbene Firma (RG. v. 9. 7. 01 in JW. 653), die Kundschaft eines Geschäfts, wenn sie mit dem Geschäfte erworben ist. Die selbsterworbene Kundschaft, die eigene Firma, eigene Fabrik- und Erfindungsgeheimnisse können dagegen nicht plötzlich als Aktiva eingestellt werden. Simon (Bilanzen 166) sagt richtig: Soweit ein, wenn auch materielles oder juristisch an sich nicht recht greifbares Gut Gegenstand des rechtlichen Verkehrs sein kann, soweit kann es in der Bilanz als Aktivum auftreten, sofern es durch Aufwendungen erworben ist. Anm. 14.

b) **Passiva.** Dieser Begriff bedeutet das nicht, was das Wort vermuten läßt. Bei der doppelten Buchführung, die ja bei GmbH. notwendig ist (Anm. 8 zu § 41), bedeuten die Passiven nicht die Schulden, sondern die Geschäftserfordernisse oder Geschäftsbedürfnisse. Unter den Passiven wird registriert, wieviel die Gesellschaft, sei es infolge gesetzlicher oder statutarischer Vorschrift oder aus wohlerwogener freier Selbstbestimmung der Gesellschafterversammlung an Werten besitzen muß, damit sie zum Wohle der Interessenten gedeihe. Besitzt sie mehr, als ihr zum Gedeihen erforderlich ist, so ist der Überschuß entbehrlich und verteilbar. Besitzt sie weniger, so hat sie eine Unterbilanz. Die Einstellung der Passiven in die Bilanz bezweckt die Bindung des Aktivvermögens für Anm. 15.

§ 42. gewisse rechtlich vorgeschriebene oder rechtlich zulässige, dem Gedeihen der Gesellschaft dienende Zwecke. Dieser Erfolg wird erreicht durch die Vorschrift, daß nur der Überschuß der Aktiva über die Passiva verteilt werden darf (§ 29). Die Passivseite der Bilanz ist das Mittel, um jenen Zweck der Bindung des Aktivvermögens zu erreichen.

Anm. 16. Zu den Passiven gehören in erster Reihe die Schulden der Gesellschaft, weil es im Interesse der Gesellschaft in erster Reihe erforderlich ist, daß ein dem Betrage der Schulden gleichkommender Teil des Gesellschaftsvermögens von der Verteilung ausgeschlossen, aufgesammelt und reserviert wird.

Anm. 17. Es befindet sich aber ferner darunter die Stammkapitalsziffer (§ 42 Nr. 4). Diese stellt zwar keine Schuld der Gesellschaft dar. Der Gesellschafter ist nicht Gläubiger der Gesellschaft. Aber das Gedeihen der Gesellschaft macht es absolut erforderlich, daß ein der Stammkapitalsziffer gleichkommender Wertsbetrag von der Verteilung ausgeschlossen, reserviert bleibt oder aufgesammelt wird, damit er den Gesellschaftszwecken, denen er gewidmet ist, fortgesetzt dienen kann (vgl. § 30).

Anm. 18. Unter den Passiven befinden sich ferner alle sogenannten Reservefonds, richtiger Reservekonten (§ 42 Nr. 4). Diese bedeuten nämlich nichts anderes, als daß ein bestimmter Wertsbetrag von der Verteilung ausgeschlossen, reserviert oder aufgesammelt werden soll.

Anm. 19. Die Bilanz der GmbH. ist, wie die der Aktiengesellschaft, keine Vermögensbilanz. Denn sie zeigt nicht den Überschuß der Aktiva über die Schulden an. Sie ist vielmehr eine Verteilungsbilanz. Sie läßt ersehen, wieviel die Gesellschaft an Werten, Aktiven, besitzt und wie hoch der Betrag der für die Gesellschaft erforderlichen und daher zu reservierenden oder aufzusammelnden Werte ist. Das letztere ist die Passiva, die man richtiger Reservanden oder Reservekonten oder Geschäftserfordernisse nennen würde, um den Gedanken, als ob es sich auch hier um Schulden der Gesellschaft handelt, fern zu halten. Auch eine Gesellschaft, die keinen Pfennig Schulden hat, kann erhebliche Passivkonten und eine Unterbilanz aufweisen (näheres hierüber Staub HGB. Anm. 13 und 14 zu § 261).

Anm. 20. II. **Der Inhalt der Bilanzvorschriften.**

A. **Im allgemeinen gelten die allgemeinen Vorschriften des § 40 HGB., soweit sie nicht durch die Vorschriften des vorliegenden Paragraphen geändert werden.**

Der § 40 HGB. (dessen Wortlaut in Anm. 19 zu § 41 mitgeteilt ist) **stellt das Prinzip auf, daß alle Vermögensgegenstände und Schulden nach dem Werte anzusehen sind, der ihnen in dem Zeitpunkte beizulegen ist, für welchen die Aufstellung der Bilanz stattfindet.**

Anm. 21. 1. Ist die Vorschrift für unsere Gesellschaftsform zu billigen? Eine solche, rein gesetzgeberische Frage wird auffallen. Allein sie ist wohl gerechtfertigt. Denn jene Frage ist auf das Entschiedenste zu verneinen. Es ist ein arger Mißgriff des Gesetzgebers, daß er den § 40 HGB. hier für anwendbar erklärt hat, anstatt wie im Aktienrecht (§ 261 Nr. 1 und 2) vorzuschreiben, daß der Anschaffungspreis die andere Höchstgrenze der Bewertung ist. Gerade bei einer Gesellschaftsform, wie der unsrigen, die nicht im Lichte der Öffentlichkeit arbeitet, deren Bilanzen nicht publiziert werden, und deren einzige Kreditbasis doch das Gesellschaftsvermögen ist, muß Fürsorge dafür getroffen werden, daß nicht Gewinne verteilt werden, die noch nicht realisiert sind. Wird der gegenwärtige Schätzungswert der Vermögensgegenstände in die Bilanz eingestellt, so besteht die Gefahr, daß der Überschuß dieses Schätzungswertes über den Anschaffungspreis zur Verteilung unter die Gesellschafter gelangt, während die später versuchte Realisierung der betreffenden Objekte zu diesem Preise nicht gelingt. Sobald einmal das Recht unserer Gesellschaft reformiert wird, wird dies die erste Stelle sein, wo die Reform einzusetzen haben wird. Die Motive erklären, daß die Erstattungspflicht, welche nach § 31 bei Beeinträchtigung des Stammkapitals durch Auszahlung fiktiver Gewinne eintritt, von selbst einen wirksamen Beweggrund zu vorsichtiger Bewertung der Aktiven bilden wird. Allein diese Erstattungspflicht greift doch nur Platz, wenn Gewinne verteilt sind auf Grund einer den gesetzlichen Vorschriften widersprechenden

Bilanz. Wird aber der wahre zeitige Wert der Vermögensgegenstände in die Bilanz eingestellt und hiernach der Gewinn verteilt, so ist er ordnungsmäßig verteilt, und doch kann sich bei der Realisierung der Vermögensgegenstände ergeben, daß sie einen dem angesetzten Werte entsprechenden Betrag nicht gebracht haben. Dann ist unter dem Schutze gesetzlicher Vorschriften ein fiktiver Gewinn verteilt, ohne daß eine Erstattungspflicht Platz greift. Vielfach enthalten daher die Gesellschaftsverträge Bestimmungen, welche die Vorschrift des § 261 HGB. für Waren u. s. w. auf unsere Gesellschaft anwendbar machen. § 42.

2. Die rechtliche Bedeutung der Vorschrift ist diejenige, welche den Vorschriften des Gesetzes über die Führung der Bücher überhaupt zukommt. Dazu tritt noch die Strafvorschrift des § 82 Nr. 3 und die Ersatzvorschrift des § 31 Abs. 6. Allein bei der Anwendung aller dieser Vorschriften ist zu beachten, daß das Recht nur daran ein Interesse hat, daß die Werte nicht zu hoch angesetzt werden. Es ist lediglich bestrebt, eine Überschätzung des Vermögens zu verhüten, da lediglich eine solche, nicht auch eine Unterschätzung, den Gläubigern gefährlich werden kann (RG. v. 30. 4. 91 im SächsArch. 1, 500). Gegen ein angebliches Dogma von der absoluten Bilanzwahrheit wendet sich Neukamp in ZHR. 48, 450 ff. mit Recht. Wenn daher die Bilanz geringere Werte enthält, als den wahren Wert, etwa den hinter dem wahren Werte zurückbleibenden Anschaffungspreis, so ist damit gegen keine zwingende Vorschrift verstoßen. Es ist zwar das Dividendenrecht des Aktionärs nach § 29 verletzt. Aber diese Verletzung braucht ja nicht gerügt zu werden (vgl. oben Anm. 9 und 10). Insbesondere sind aber alle Statutenbestimmungen gültig, welche im Anschlusse an § 261 HGB. den Anschaffungspreis als die andere Höchstgrenze der Bewertung vorschreiben. Anm. 22.

3. Den Wertbegriff anlangend, den das Gesetz im Auge hat, so ist der objektive Wert gemeint, den die Vermögensstücke für das Geschäft haben, nicht der gemeine Wert, wie er sich bei einer augenblicklichen Zwangsversilberung stellen würde (RG. 43, 127; Bolze 20 Nr. 574). Anm. 23.

4. Im einzelnen ist zu bemerken: Anm. 24.

a) Als Aktiva können gebucht werden alle Gegenstände, welche Gegenstand des Rechtsverkehrs sind, nicht bloß Sachen, sondern auch Rechte, aber nicht bloß diese, sondern auch rein wirtschaftliche Güter. (Das Nähere siehe oben Anm. 14.)

b) Wertpapiere und Waren werden zum Marktpreise einzustellen sein, sofern ein solcher vorhanden ist. Anm. 25.

c) Forderungen sind nach ihrem gegenwärtigen Werte einzustellen, ausländische unter Berücksichtigung des Kursstandes der auswärtigen Währung, betagte unter Berechnung des Zwischenzinses, alle aber unter Berücksichtigung der Solvenz des Schuldners und der sonstigen Chancen der Realisierung, verjährte Forderungen nach den Chancen der Erhebung des Einwandes. Die Buchung von Forderungen kann in allen Fällen, wo die Forderung nicht für vollwertig erachtet wird, entweder so erfolgen, daß der wahre Wert der Forderung in das Aktivum, oder auch so, daß der volle Nennbetrag in das Aktivum und die Differenz zwischen Nennbetrag und wahrem Werte in das Passivum gestellt wird. Dieser Passivposten wird Delkrederekonto genannt und ist in diesem Falle ein unechtes Reservekonto (vgl. unten Anm. 50). Sollte freilich das Delkrederekonto die für Abschreibungen erforderlichen Beträge übersteigen, so läge insoweit ein wirkliches Reservekonto, ein echter Reservefonds vor (vgl. unten Anm. 53). Anm. 26

d) Auch für Schulden ist der wahre Wert einzustellen, der sich mit dem Nennbetrage nicht zu decken braucht. Man denke an Schulden mit Regreßrecht, an Gefälligkeitsverbindlichkeiten, an bestrittene Verpflichtungen u. s. w. Näheres bei Staub HGB. Anm. 7 zu § 40; Düringer-Hachenburg HGB. I Note IV zu § 40, insbesondere auch über das Disagiokonto bei der Ausgabe von Obligationen. Nicht in die Bilanz gehören die Schulden, die nur aus dem Reingewinn und bei dessen Vorliegen zu begleichen sind, so die Ansprüche der Genußscheininhaber und der Tantiemeberechtigten. Anm. 27.

§ 42. e) Forderungen und Schulden müssen getrennt in der Bilanz erscheinen.
Anm. 28. Es genügt nicht, daß der Saldo, der sich nach Abzug der Schulden ergibt, aufgeführt wird, wie dies manchmal mißbräuchlich geschieht.

Anm. 29. f) Gegenstände, die in die Gesellschaft inferiert wurden, sind zu ihrem Werte einzustellen. Hat die Gesellschaft z. B. für Warenvorräte einen Geschäftsanteil von 100000 M. bei ihrer Gründung gewährt, so können sie in der ersten Jahresbilanz gleichwohl zum Preise von 150000 M. in der Bilanz erscheinen, wenn ihr wahrer Wert so hoch geschätzt wird. Diese Möglichkeit ist mißlich, aber gesetzlich möglich (vgl. oben Anm. 21 und 22). Beteiligt sich die Gesellschaft selbst bei der Gründung einer anderen Gesellschaft, so darf sie die so erhaltenen Geschäftsanteile der neugegründeten Gesellschaft zu demjenigen Werte in ihre Bilanz einstellen, welcher den neuen Anteilen beigelegt wird. Auch das ist mißlich, da hierin noch kein realisierter Gewinn liegt. Aber auch dies ist gesetzlich (vgl. oben Anm. 21). Im Aktienrecht ist beides anders (vgl. Staub HGB. Anm. 19 und 29 zu § 261). Eine Ausnahme findet nur dann statt, wenn die so erworbenen Vermögensgegenstände dauernd zum Geschäftsbetriebe bestimmt sind und nicht zur Weiterveräußerung, so z. B. wenn ein Grundstück zum Betriebe des Geschäfts durch Illation erworben wird, oder wenn die Geschäftsanteile, welche die Gesellschaft dadurch erwirbt, daß sie Vermögensgegenstände inferiert, nicht zur Weiterveräußerung, sondern dauernd zum Geschäftsbetriebe bestimmt sind. Alsdann darf höchstens der Anschaffungspreis eingestellt werden. Dies gilt auch dann, wenn bei dem Einbringen die Bewertung der Liegenschaft eine höhere war als die von der Gesellschaft dafür gewährte Verrechnung auf die Einlage. (Siehe unten Anm. 33 und vgl. auch Anm. 39 zu § 5.)

Anm. 30. B. **Die Sondervorschriften unseres § 42.**

Nr. 1. Anlagen und sonstige Vermögensgegenstände, welche nicht zur Weiterveräußerung, sondern dauernd zum Betriebe des Unternehmens bestimmt sind, dürfen höchstens zum Anschaffungs- oder Herstellungspreise angesetzt werden; sie können ohne Rücksicht auf einen geringeren Wert zu diesem Preise angesetzt werden, sofern ein der Abnutzung gleichkommender Betrag in Abzug oder ein derselben entsprechender Erneuerungsfonds in Ansatz gebracht wird.

1. **Die Vorschrift enthält nach doppelter Richtung eine Abweichung von der allgemeinen Vorschrift des § 40 HGB.** Einmal ordnet sie an, daß Anlagen und Betriebsgegenstände höchstens zum Anschaffungs- oder Herstellungspreise angesetzt werden dürfen, während sonstige Gegenstände ohne Rücksicht auf einen geringeren Anschaffungspreis zu dem zeitigen Schätzungswerte in die Bilanz eingestellt werden dürfen (oben Anm. 22). Doch ist damit zunächst nur eine zweite Maximalgrenze geschaffen. Die andere Maximalgrenze der Bilanzeinstellung ist immer noch der wahre Wert. Doch schreibt unsere Vorschrift weiter vor, daß diese zweite Maximalgrenze nicht innegehalten zu werden braucht, sofern der Anschaffungspreis eingestellt und der Wert der Abnutzung bei der Buchung berücksichtigt wird, sei es durch Abschreibung, sei es durch Bildung eines Reservekontos. Sonstige Wertverminderungen durch Konjunkturen u. s. w. brauchen also nicht beachtet zu werden. Doch ist es nur gestattet, von der Befugnis des Satz 2 Gebrauch zu machen. Das eigene wohlverstandene Interesse der Gesellschaften wird sie bestimmen, von dieser Freiheit dann keinen Gebrauch zu machen, wenn sich ein zu großes Mißverhältnis zwischen wahrem Wert und Bilanzansatz herausstellen würde und so die Verteilung von unentbehrlichem Gesellschaftsvermögen als Dividende erfolgen würde. Macht die Gesellschaft von dem Satz 2 keinen Gebrauch, so kommt lediglich Satz 1 zur Anwendung und zwar in dem Sinne, daß höchstens der Anschaffungspreis eingestellt werden darf, doch so, daß der § 40 HGB. als zweite Maximalbewertungsvorschrift daneben gilt.

Anm. 31. 2. **Im einzelnen ist über die Vorschrift folgendes zu bemerken:**

a) Unter Anlagen sind alle körperlichen Gegenstände zu verstehen, welche dauernd zum Geschäftsbetriebe der Gesellschaft bestimmt sind und sich im Zusammenhang mit dem charakteristischen Zwecke der Gesellschaft befinden. Zu sonstigen Vermögensgegenständen, welche nicht zur Weiterveräußerung, sondern dauernd zum Betriebe des Unternehmens bestimmt sind, können Mobilien mannigfachster Art wie Geräte und Utensilien gehören. § 42.

Wie aber steht es mit Wertpapieren? Auch diese gehören dazu, wenn sie nicht zum Zwecke der Weiterveräußerung, sondern dauernd zum Betriebe des Geschäfts bestimmt sind, z. B. Wertpapiere, welche als Kaution für die Erfüllung von Konzessionsbedingungen dauernd bei Behörden deponiert sind, oder die Geschäftsanteile, welche die Gesellschaft erwirbt, um dauernd bei einem anderen Unternehmen beteiligt zu sein, z. B. wenn die Gesellschaft sämtliche Aktien einer Aktiengesellschaft erwirbt, um auf diese Weise dauernd tatsächliche Inhaberin des Betriebes der betreffenden Aktiengesellschaft zu werden. Indessen findet auf solche Papiere nur der erste Satz Anwendung. Sie dürfen also höchstens zum Anschaffungspreise in die Bilanz eingestellt werden. Dagegen findet die Erleichterung des zweiten Satzes, wonach sie zum Anschaffungspreise eingestellt werden können, ohne Rücksicht auf einen geringeren Wert, nicht Anwendung, weil sie ihrer Natur nach auf sie nicht Anwendung finden kann. Denn die Bedingung der Anwendbarkeit ist, daß ein der Abnutzung gleichkommender Betrag abgeschrieben oder in Reserve gestellt wird. Das ist hier aber nicht möglich. Also findet diese Bestimmung keine Anwendung (anders für das Aktienrecht Simon, Bilanzen S. 330; Ring Nr. 11 zu § 261; Makower 596; Pinner 209). Es müssen daher derartige Wertpapiere höchstens zum Anschaffungspreise und höchstens zum jeweiligen wahren Werte (Marktpreis) eingestellt werden. Anm. 32.

b) Höchstens zum Anschaffungs- oder Herstellungspreise sind sie einzustellen. Was unter dem Anschaffungspreise zu verstehen ist, ist klar. Es ist alles, was dazu aufgewendet wurde, um den Gegenstand in das freie Eigentum der Gesellschaft zu bringen, also nicht bloß der nackte Kaufpreis, sondern auch die Provision, der Stempel u. s. w., die dabei verausgabt wurden. Ebenso auch die Beträge, die zur Ablösung von Lasten auf deren Anwesen, Dienstbarkeiten, Nutzungsrechte Dritter u. s. w., verwendet wurden. Andererseits kommen Rabatte, Skonti in Abzug. Bei in die Gesellschaft inferierten Betriebsgegenständen muß der voll angesetzte Preis als Anschaffungspreis angenommen werden, da auch das Stammkapital in solcher Weise in die Bilanz eingestellt wird. Wird seitens eines Gesellschafters ein Agio in der Weise, daß er einen Gegenstand zur Deckung seiner Einlage und des Agios in die Gesellschaft einbringt, gewährt, so bildet der Betrag der Stammeinlage und des Agios den Anschaffungspreis. Ob die Geschäftsanteile den Parikurs haben oder nicht, ist gleichgültig. Aber andererseits kann der Umstand, daß die Geschäftsanteile der Gesellschaft einen Marktpreis unter pari haben, ein Anlaß sein zur Prüfung, ob die inferierten Gegenstände den bei der Gründung festgesetzten Wert haben. Über Gegenstände, welche die Gesellschaft selbst inferiert, siehe unten Anm. 36. Anm. 33.

Unter dem Herstellungpreis ist nicht bloß, wie vielfach angenommen wird (Simon 346; Ring Nr. 2d zu § 261 HGB.; Pinner 208), der Betrag der Materialien und Löhne zu verstehen, sondern auch, wie Esser in ZHR. 34, 327 richtig ausführt, derjenige Teil der allgemeinen Verwaltungskosten, der mittelbar verwendet wurde zu den mit der Herstellung in Verbindung stehenden Aufwendungen und Leistungen. Dahin gehören die Ausgaben für die zur Aufsicht der Arbeiter bestimmten Personen, Meister, Techniker und Betriebsinspektoren; Versicherungsbeiträge, Unterhaltung der für die Herstellung der Waren erforderlichen Anlagen, Maschinen und Geräte bezw. Anteil an der Abnutzung (Amortisation). Zustimmend Cosack 648 und Holdheim in seiner Wochenschrift 2, 161. Auch die Denkschrift zum HGB. hält die Berücksichtigung der Generalunkosten nicht für prinzipiell unzulässig, sondern überläßt sie dem verständigen Ermessen im Einzelfalle. Oft wird eine Schätzung des Herstellungspreises eintreten müssen, wenn eine ziffermäßige Berechnung nicht möglich ist. Anm. 34.

Im einzelnen ist zu bemerken: Anm. 35.

a) Beim Kauf in der Subhastation ist der ganze dafür eingesetzte Verlust der Erwerbspreis. Wenn also z. B. eine Gesellschaft ein Grundstück, auf welchem hinter 20000 M. eine Hypothek von 30000 M. für sie haftet, um Stempel zu sparen,

§ 42. zum Nominalpreise von 20000 M. ersteht, so ist nicht der Preis von 20000 M., sondern der Betrag von 50000 M. als Erwerbspreis in die Bilanz einzustellen. Denn dann gehört dieser Ausfall zu den Opfern, welche die Gesellschaft bringen mußte, um das Grundstück für 20000 M. zu erwerben (Simon 348; Ring Nr. 2e zu § 261; Makower Anm. Vb zu § 261 HGB.; a. M. Esser Anm. 3 dazu; Pinner Anm. V 1c daselbst). Allerdings muß ein wirkliches Opfer vorliegen. Ein solches liegt nicht vor, soweit noch der Wert der persönlichen Forderung reicht. Aber auch, soweit diese wertlos ist, liegt in demjenigen Umfange kein Opfer vor, in welchem die Hypothek dinglich wertlos war. Der dingliche Wert reicht bis zur Grenze des wahren Wertes des Grundstücks. Eine darüber hinausgehende dingliche Berechtigung ist insoweit wertlos und ihr Verlust kein Opfer.

Anm. 36. β) Bei eigenen Patenten können auch die Kosten der Experimente hinzugerechnet werden.

γ) Über Betriebsgegenstände, welche die Gesellschaft inferiert erhalten hat, siehe oben Anm. 33. Legt die Gesellschaft selbst (bei Gründung einer anderen Gesellschaft) Gegenstände ein, so darf sie, wenn die Stammanteile der zu gründenden Gesellschaft dauernde Betriebsgegenstände bei ihr werden sollen, die erworbenen Geschäftsanteile höchstens zu demjenigen Preise in ihre eigene Bilanz einstellen, welchen die inferierten Werte sie selbst gekostet haben. Denn das ist der von ihr aufgewendete Anschaffungspreis jener Geschäftsanteile. Man kann dagegen nicht einwenden, daß ja die Werte veräußert sind. Die Inferierung ist ja allerdings eine Veräußerung. Aber sie ist keine Umsetzung in Geld. Es sind andere Werte dafür angeschafft worden, und jeder Betriebsgegenstand muß zu seinem Anschaffungspreise eingestellt werden, bis er in Geld umgesetzt ist. Auf solche Geschäftsanteile findet der zweite Satz unseres Paragraphen, die dort vorgesehene Erleichterung, wonach die Betriebsgegenstände zum Anschaffungspreise eingestellt werden können, ohne Rücksicht auf den wahren Wert, keine Anwendung (siehe oben Anm. 32).

Anm. 37. c) Dieser Anschaffungspreis kann bei Betriebsgegenständen in der Bilanz auch dann beibehalten werden, wenn der Wert sich verringert, sofern nur der Abnutzungsbetrag abgeschrieben oder in Reserve gestellt wird.

Anm. 38. α) Es ist schon oben Anm. 30 gesagt, daß dies nur eine Konzession für die Gesellschaften ist, eine Freiheit, von welcher sie vorsichtig Gebrauch machen werden.

Anm. 39. β) Es ist ferner oben Anm. 32 gesagt, daß diese Erleichterung sich nur auf solche Betriebsgegenstände bezieht, auf welche sie ihrer Natur nach paßt, also nicht auf Wertpapiere, Geschäftsanteile u. s. w., weil bei solchen, zum Betrieb dauernd bestimmten Gegenständen die Bedingung, daß ein der Abnutzung gleichkommender Betrag abgeschrieben wird, gar nicht erfüllt werden kann.

γ) Es ist endlich oben Anm. 30 betont, daß, soweit die Gesellschaft von dieser Freiheit keinen Gebrauch macht oder keinen Gebrauch machen darf, der § 40 HGB. neben unserem § 42 Nr. 1 Platz greift, und zwar in dem Sinne, daß bei Betriebsgegenständen in diesen Fällen zwei Maximalgrenzen der Bewertung vorhanden sind: die eine ist der Anschaffungspreis, die andere der wahre Wert.

δ) Für die Höhe der Abschreibungen gibt es keine festen Grundsätze. Maßgebend ist die kaufmännische Übung und das vernünftige Ermessen der Organe der Gesellschaft. Die weit verbreitete Sitte, in guten Jahren Abschreibungen auch höher zu bemessen, als es mit Rücksicht auf die Abnutzung erforderlich wäre, ist als berechtigt anzuerkennen (vgl. Denkschrift z. HGB. 46; OLG. Hamburg v. 24. 10. 04 in OLGR. 10, 240). Nur einem böslichen oder willkürlichen Verfahren, das auf Herabdrückung der Dividende abzielt, kann widersprochen werden (RG. 40, 35 v. 12. 7. 97).

Anm. 40. Nr. 2. **Die Kosten der Organisation und Verwaltung dürfen nicht als Aktivum in die Bilanz eingestellt werden.** Von den Verwaltungskosten versteht es sich von selbst, daß sie kein Aktivum sind. Dasselbe ist begrifflich von den Organisationskosten der Fall. Zu den Organisationskosten sind besonders zu zählen die bei der Gründung aufgewendeten Maklerprovisionen, die Notariats- und Gerichtskosten, die Stempel, Drucksachen u. s. w.

Dasselbe gilt bei der bereits bestehenden Gesellschaft für die bei der Einrichtung eines neuen Geschäftszweiges entstehenden Vorbereitungskosten. § 42.

Soweit aber durch die aufgewendeten Kosten der Organisation und der Verwaltung greifbare Vermögensobjekte geschaffen sind, welche für den Geschäftsbetrieb von Wert sind, sind diese nach § 40 HGB. oder § 42 Nr. 1 unseres Gesetzes als Aktivum in die Bilanz einzustellen. Über die Verwaltungskosten als Teil der Gestehungskosten der Erzeugnisse der Gesellschaft vgl. oben Anm. 34. Die Organisationskosten kommen bei der Bewertung der neuen Einrichtungen in Betracht, z. B. bei der Herstellung eines neuen Fabrikgebäudes, von Maschinen, Materialien, Utensilien. Bei der Übersiedelung in ein neues Fabrikgebäude können aber die Kosten der Loslösung der Maschinen, ihr Transport und ihre Wiederaufstellung als Teil des Herstellungspreises in Ansatz kommen. Solche Gegenstände können nach § 42 Nr. 1 zum vollen Herstellungspreis eingestellt werden. Anm. 41.

Nr. 3. Vorschriften über die bilanzmäßige Behandlung der Nachschußansprüche. Anm. 42.

1. Die Nachschußansprüche, d. h. die Ansprüche der Gesellschaft auf Zahlung von Nachschüssen gehören unter gewissen Bedingungen in die Aktivseite der Bilanz, und zwar unter zwei Bedingungen:

a) Die Einziehung der Nachschüsse muß bereits beschlossen sein. Vorher liegt kein Anspruch der Gesellschaft vor (§ 26 und Anm. 1 dazu). Anm. 43.

b) Den Gesellschaftern darf ein Recht, durch Verweisung auf den Geschäftsanteil sich von der Zahlung der Nachschüsse zu befreien, nicht zustehen. Nur wenn die Gesellschafter unbedingt zur Zahlung des Nachschusses verpflichtet sind, kann der Anspruch der Gesellschaft als wirkliches Wertobjekt betrachtet werden. Die Fälle, in denen die Gesellschafter das Abandonrecht nicht haben, liegen vor, wenn dieses Recht bei beschränkter Nachschußpflicht im Vertrage nicht ausdrücklich vorbehalten ist (§ 28 Abs. 1) oder bei unbeschränkter Nachschußpflicht im Vertrage ausgeschlossen (§ 27 Abs. 4) oder die Frist zur Abandonnierung versäumt ist (§ 27 Abs. 1).

Zu welchem Betrage die Nachschußansprüche in die Bilanz einzustellen sind, richtet sich nach der Bonität der Schuldner.

2. Ein dem Aktivposten entsprechender Betrag muß aber unter die Passiva eingestellt werden. Das schreibt unsere Ziffer vor, und das hat seinen guten Grund. Denn die Nachschußansprüche entstehen nicht durch den Betrieb des Gesellschaftsgeschäfts. Sie dürfen also nicht zur Gewinnverteilung benutzt werden und, um dies zu verhinden, muß ein dem Aktivposten entsprechender Betrag den Passiven einverleibt werden (vgl. oben Anm. 15). Anm. 44.

Dieser Passivposten bildet ein gesetzliches Reservekonto (vgl. unten Anm. 55). Dasselbe kann nur insoweit gestrichen werden, als der betreffende Aktivposten gestrichen wird. Das ist einmal der Fall, wenn der Betrag eingeht, dann fällt der betreffende Aktivposten insoweit weg. Der eingezahlte Betrag vermehrt die sonstigen Aktiven der Gesellschaft, der betreffende Passivposten wird insoweit gestrichen. Doch tritt an seine Stelle ein den eingezahlten Nachschüssen entsprechender Passivposten (vgl. unten Anm. 64). Ebenso fällt der betreffende Passivposten weg, soweit auf die Nachschußansprüche verzichtet wird, weil insoweit auch der betreffende Aktivposten wegfällt. Anm. 45.

Im übrigen ist dieser Passivposten, dieses gesetzliche Reservekonto, stabiler, als der Passivposten in Höhe der eingezahlten Nachschüsse (Nr. 4). Seine Verwendung zu anderen Zwecken, insbesondere zu denjenigen Zwecken, zu welchen der den eingezahlten Nachschüssen gegenüberzustellende Passivposten verwendet werden kann (vgl. unten Anm. 64), ist nicht zulässig. Anm. 46.

Nr. 4. Der Betrag des Stammkapitals, eines jeden Reserve- und Erneuerungsfonds und des eingezahlten Nachschußkapitals ist unter die Passiva aufzunehmen. Anm. 47.

1. **Das Stammkapital.** Dieses muß möglichst in seinem vollen Bestande erhalten werden. Deshalb muß die Ziffer des Stammkapitals unter den sogenannten Passiven figurieren. Dadurch wird bewirkt, daß ein dieser Ziffer gleichkommender Betrag des Gesellschafts-

§ 42. vermögens von der Verteilung ausgeschlossen, reserviert und daß nicht eher Gewinn verteilt wird, als bis die verminderten Aktiva mindestens wiederum diese Wertsziffer erreicht haben (vgl. oben Anm. 15). Nicht erforderlich ist, daß die Bilanz das Verhältnis von Stamm- und Vorzugsanteilen ersichtlich macht.

Anm. 48. Ist die Einzahlung noch nicht voll erfolgt, so ist gleichwohl der statutarische Stammkapitalsbetrag voll unter die Passiva zu stellen. Das schreibt unsere Nr. 4 ausdrücklich vor. Aber andererseits muß die Bilanz ersichtlich machen, wieviel auf das Stammkapital noch nicht eingezahlt ist (RGSt. 26, 114). Der Betrag der noch rückständigen Einzahlungen ist als Forderung der Gesellschaft unter den Aktiven zu buchen, und zwar so, daß ersichtlich ist, daß es sich um Ansprüche auf rückständige Einzahlungen handelt, nicht etwa vermischt unter den anderen ausstehenden Forderungen. Wenn die Gesellschaft im Vergleichswege gegen Zahlung einer bestimmten Summe auf die noch rückständigen Einzahlungen verzichtet, so ist jedenfalls der bezahlte Betrag von den rückständigen Einlagen abzusetzen. Über Vergleiche über die rückständige Stammeinlage vgl. Anm 8 zu § 19.

Anm. 49. Über die Aufnahme des Stammkapitals bei Amortisation von Geschäftsanteilen aus Gewinnüberschüssen vgl. Anm. 19 zu § 34.

2. **Ein jeder Reserve- und Erneuerungsfonds ist unter den Passiven zu buchen.** Hierüber ist näher zu handeln. Zunächst ist zu bemerken, daß der Erneuerungsfonds normalerweise nichts weiter ist, als ein unechter Reservefonds, ausnahmsweise ein echter Reservefonds, jedenfalls aber ein Fonds, der keine eigenen Besonderheiten an sich trägt, sondern dem höheren Begriff der Reservefonds einzureihen ist (vgl. unten Anm. 50). Hier ist daher lediglich von den Reservekonten die Rede.

Anm. 50. a) **Aus der Reihe der Reservekonten auszuscheiden sind zunächst die sogenannten unechten Reservekonten.** Das sind diejenigen Passivposten, welche eigentlich als Abschreibungen, als Gegenposten gegen zu hohe Bewertung der Aktiva zu betrachten sind. Dahin gehört normalerweise der Erneuerungsfonds, von welchem unser § 42 in Nr. 1 und in Nr. 4 handelt. Korrekter und logischer ist es, den Betrag, um welchen ein Gegenstand sich abnutzt, von seinem Wertsbetrage abzuschreiben und das betreffende Aktivum um den Betrag der Abnutzung verringert in die Bilanz einzustellen. Doch ergibt sich das gleiche ziffermäßige Ergebnis, wenn man das Aktivum unverkürzt stehen läßt und für den Abnutzungsbetrag einen Gegenposten unter den Passiven einverleibt. Das ist der Erneuerungsfonds. Aber dieser ist kein echter Reservefonds, sondern nur ein Korrektivposten gegen eine zu hohe Bewertung eines Aktivums. Ein anderer unechter Reservefonds ist der sogenannte Delkrederefonds. Er ist ein Gegenposten gegen voll angesetzte, in Wirklichkeit zweifelhafte Forderungen (vgl. oben Anm. 26). Es ist nicht korrekt, wenn eintretende Verluste „aus dem Delkrederefonds" gedeckt werden. Das deutet auf eine echte Reserve. Der Verlust war vielmehr durch Schaffung des Delkrederekontos schon abgeschrieben. Die Eigenart des Delkrederekontos beruht nur darin, daß nicht der Wert jeder einzelnen Forderung geschätzt wird, sondern die des gesamten Betrages des ganzen Debitorenkontos.

Anm. 51. Diese uneigentlichen Reservekonten beruhen auf gesetzlicher Vorschrift, nämlich auf derjenigen, welche von der richtigen Bewertung der Aktiva handelt.

Anm. 52. Das Statut kann also hier keine Abweichungen anordnen. Es kann nicht bestimmen, daß die Bildung solcher Konten unterbleiben kann, außer wenn sie durch richtige Bewertung der betreffenden Aktiva überflüssig werden.

Anm. 53. Dabei ist aber zu bemerken, daß der Erneuerungsfonds und der Delkrederefonds oft um Beträge erhöht werden, die über das Bedürfnis der Korrektur einer zu hohen Bewertung der Aktiva hinausgehen. Bei Grundstücken werden oft Beträge dem Erneuerungsfonds zugeführt, ohne daß sie abgenutzt oder in dem Maße abgenutzt sind. Auf Forderungen werden Beträge dem Delkrederekonto zugeführt, obgleich die Chancen der Einziehung weit günstiger oder gar sicher sind. Insoweit derartige unnötige Dotierungen der gedachten Fonds erfolgen, sind die Konten echte Reservekonten und

tragen nur den Schein unechter Reservekonten. Über die Wiederaufhebung solcher § 42.
geheimer Reserven vgl. oben Anm. 11.

b) **Zu unterscheiden von den unechten Reservekonten sind die echten Reservekonten.** (Der Ausdruck Reservekonten ist zutreffender, als Reservefonds, da es sich um Buchungen handelt, nicht um die Aussonderung von Vermögensobjekten.) Diese echten Reservekonten deuten in Wahrheit an, wieviel von den vorhandenen Werten von der Verteilung unter die Aktiva auszuschließen und im Vermögensbestande der Gesellschaft zu reservieren ist. Das unechte Reservekonto kann im Gegensatz dazu nicht einen von der Verteilung auszuschließenden vorhandenen Wert andeuten. Denn soweit der Betrag des unechten Reservekontos reicht, ist ja der betreffende Wertbetrag nicht vorhanden und insoweit ist der in den Aktiven stehende Wertbetrag ein Scheinwert, der erst durch das unechte Reservekonto auf seinen wahren Wertsbetrag zurückgeführt wird. Nicht zum Wesen des Reservefonds gehört es, daß seine Zurückbehaltung auf längere Zeit gewollt ist. Eine echte Reserve liegt auch dann vor, wenn sie für Geräte, die zu beschaffen sind, erfolgt, oder wenn ein großer Teil des Gewinnes zurückgestellt wird (RG. v. 20. 3. 05 in JW. 05 345 Nr. 11). Die Bildung von Rücklagen aus dem Gewinn ist nie eine Kapitalerhöhung. Eine solche ist nur durch Schaffung neuer Geschäftsanteile möglich (OLG. Colmar v. 26. 10. 04 in OLGR. 10, 241). Doch kann eine Gewinnanlage erfolgen, um bei Erhöhung des Stammkapitals aus dieser die Einlagen auf die neuen Geschäftsanteile durch Aufrechnung zu begleichen. Nur muß dies der Erhöhungsbeschluß zulassen und bekunden. Anm. 54.

c) Die Quelle der Bildung dieser echten Reservekonten ist entweder das Gesetz oder das Statut. Aber auch ein einfacher Gesellschafterbeschluß kann sie schaffen (vgl. unten Anm. 59 und 60). Ist die Quelle das Gesetz, so kann man sie gesetzliche Reservekonten nennen, sonst freiwillige Reservekonten. Anm. 55.

α) Auf Gesetz beruhen drei echte Reservekonten: das Konto Schulden, das Stammkapitalkonto und das Konto Nachschüsse nach § 42 Nr. 3 und 4.

Die beiden letzten Reservekonten sind ausdrücklich angeordnet. Die Bildung der ersten Reservekontos, des Betrages der Schulden, ist so selbstverständlich und naturgemäß, daß das Gesetz hierüber keinen besonderen Ausspruch zu tun brauchte. Das Statut kann auch in diesen Hinsichten nichts ändern. Es kann von der Bildung dieser drei Reservekonten nicht absehen, da sie auf zwingenden Rechten beruhen. Anm. 56.

Indessen bezeichnet man das Konto Schulden und das Stammkapitalkonto gemeiniglich nicht als Reservekonten, obwohl sie es begrifflich sind. Dagegen besteht kein Bedenken, die beiden Konten Nachschüsse nach § 42 Nr. 3 und 4 als gesetzliche Reservekonten zu bezeichnen. Der im § 262 HGB. für die Aktiengesellschaften geforderte gesetzliche Reservefonds, der durch Abführung von 5 Proz. des jährlichen Reingewinns, des Emissionsagios und der Zuzahlungen bei der Bildung von Vorzugsaktien zu bilden und zu dotieren ist, ist als gesetzliches Erfordernis durch unser Gesetz nicht vorgeschrieben. Seiner Anordnung durch Statut steht natürlich nichts entgegen. Das führt uns zu den freiwilligen Reservekonten überhaupt. Anm. 57.

β) **Durch Gesellschaftsvertrag können weitere Reservekonten gebildet werden. Sie sind freiwillige Reservekonten.** Anm. 58.

aa) Der Gesellschaftsvertrag kann es. Es kann den Gesellschaftern nicht verwehrt werden, durch statutarische Vereinbarung einen beliebigen Teil des Gesellschaftsvermögens von der Verteilung auszuschließen. Auf seiten der Gesellschafter liegt darin ein Verzicht auf Verteilung von Gesellschaftsgewinn. Den Gesellschaftsgläubigern kann dies nur willkommen sein, da die Kreditbasis, der Vermögensstand der Gesellschaft, dadurch verstärkt wird. Die Statuten können daher beliebige Reservekonten anordnen. Zunächst einen Reservefonds, wie ihn der § 262 für das Aktienrecht vorschreibt (siehe oben Anm. 57), sodann Spezialreserven für bestimmte Zwecke, Extrareserven für außerordentliche Verluste, Arbeiterunterstützungsreserven, Dividendenergänzungsfonds, Delkrederefonds und Erneuerungsfonds über das wahre Bedürfnis hinaus. (Derartige Dotierungen von

§ 42. unechten Reservekonten über das Wertbedürfnis hinaus nennt man versteckte oder geheime Reserven. Der unbefangene Betrachter hält sie für bloße Korrektivposten, in Wahrheit sind sie mehr als das, sind sie wirkliche Reserven; vgl. oben Anm. 53.)

Anm. 59. ββ) Durch Gesellschaftsvertrag kann die eben beschriebene Bildung und Dotierung von freiwilligen Reservefonds auch anderen Organen, z. B. der Gesellschafterversammlung, den Geschäftsführern, dem Aufsichtsrat überlassen werden. Eine solche statutarische Anordnung liegt schon in der Bestimmung, daß die Gesellschafterversammlung Gewinn nach Gutdünken verteilen, nach ihrem Gutdünken Reservekonten bilden und dotieren kann.

Anm. 60. γγ) Aber wenn solche Delegation an andere Organe nicht erfolgt ist, so ist diese Bildung und Dotierung von freiwilligen Reservekonten durch sie versagt. Zwar kann nach § 46 Nr. 1 die Gesellschafterversammlung über die Verteilung des Gewinnes Beschluß fassen und die Bilanz feststellen. Aber wenn ihr dabei nicht von den Statuten freigestellt ist, nach Gutdünken zu verfahren, so kann sie nur nach den gesetzlichen Vorschriften verfahren. Sonst verfährt sie ungesetzlich und ihr Beschluß braucht von den Gesellschaftern nicht anerkannt zu werden. Ihr ist daher z. B. verwehrt, aus Gründen der Wohlfahrt Reservefonds zu bilden (vgl. für das Aktienrecht RG. 40, 33. „Was statuten- und gesetzwidrig ist, wird dadurch nicht zulässig, daß es nützlich und sittlich oder sozial geboten ist".)

Anm. 61. Die Gesellschafterversammlung kann daher auch einen sogenannten **Gewinnvortrag** nicht ohne weiteres beschließen. Denn das wäre eine unzulässige Schmälerung des Dividendenanspruchs, da nach § 29 jeder Gesellschafter einen Anspruch auf den jährlichen Reingewinn hat. Ein Gewinnvortrag aber ist nichts weiter als eine Rücklage. Es mag sein, daß diese Rücklage unter den Passiven der nächsten Bilanz nicht gebucht wird, immerhin ist es ein zur Verteilung geeigneter und gleichwohl von der Verteilung ausgeschlossener, im Gesellschaftsvermögen zurückbleibender Wertbetrag. Der Umstand allein, daß die Gesellschaft bares Geld zur Entfaltung ihrer geschäftlichen Tätigkeit bedarf und es daher verständigen Erwägungen entspricht, wenn ein Teil des Reingewinnes zurückbehalten wird, um damit geschäftlich operieren zu können, rechtfertigt den Beschluß auf Bildung des Gewinnvortrages nicht. Für solche Fälle mag, da das Gesetz keine Fürsorge trifft, der Gesellschaftsvertrag Fürsorge treffen durch Anordnung von freiwilligen Reservekonten oder durch Ausstattung der Gesellschafterversammlung mit diesbezüglicher Bewegungsfreiheit. Mangels statutarischer Fürsorge aber kann die Gesellschafterversammlung aus eigener Machtvollkommenheit einen Teil des Reingewinnes nicht mit der Begründung der Verteilung entziehen, daß dies den Zwecken der Gesellschaft förderlich wäre. Ein solcher Beschluß wäre ungültig, weil über die Gültigkeit der Beschlüsse Gesetz und Statut, nicht die Frage der Zweckmäßigkeit entscheidet (vgl. zu § 45). Die für das Aktienrecht ergangene entgegenstehende Entscheidung des RG. v. 21. 1. 98 (SächsArch. 8, 251 und Holdheim 7, 143) kann vom Standpunkte des geltenden Rechts nicht gebilligt werden, sondern geht von Grundsätzen aus, die an sich billigenswert wären, aber nur de lege ferenda. Doch wird man hier, wie im Aktienrecht, den Gesellschaftsorganen überlassen müssen, Bruchteile von Prozenten unter $1/_2$ von der Verteilung auszuschließen und auf neue Rechnung vorzutragen (vgl. Staub HGB. Anm. 27 zu § 262).

Anm. 62. Allerdings ist ein Gesellschafterbeschluß, der ein freiwilliges Reservekonto ohne statutarische Ermächtigung anordnet, nur anfechtbar. Die Gesellschafter können sich ihm fügen.

Anm. 63. δδ) All dies gilt nur, wenn nicht der Gewinn zur Verfügung der Gesellschafter steht und diese zu beschließen haben, was mit demselben geschehen soll. Sie können dann Reserven in beliebiger Höhe und zu beliebigen Zwecken schaffen. Einen Schutz hiergegen gewährt das Gesetz dem Gesellschafter nicht. Ihn könnte nur das Statut, z. B. durch Vorschrift einer qualifizierten Mehrheit, schaffen (vgl. OLG. Colmar v. 26. 10. 04 in OLGR. 10, 241).

γ) Die Umwandlung und Ausschüttung von freiwilligen Reservekonten. Ein auf statutarischer Anordnung beruhendes Reservekonto kann nur durch Statutenänderungsbeschluß umgewandelt oder ausgeschüttet werden, ein auf Gesellschafterbeschluß angeordnetes durch ebensolchen Beschluß. (Vgl. über die Auszahlung solcher Konten an die Gesellschafter Anm. 3 zu § 30. Über die Verwendung der zurückzuzahlenden Nachschüsse zur Begleichung von Einlagen bei der Erhöhung des Stammkapitals mittels Aufrechnung vgl. Anm. 15 zu § 30 und Anm. 2 zu § 56.) § 42.

3. **Der Betrag der eingezahlten Nachschüsse.** Auch dieser Passivposten ist ein gesetzlicher Reservefonds (siehe oben Anm. 57). Inwieweit das vorliegende Reservekonto gestrichen und ausgeschüttet werden kann, siehe Anm. 25 zu § 30 und Anm. 2 zu § 56. Anm. 64.

Nr. 5. **Der Gewinn und der Verlust müssen besonders angegeben sein.** Am Schlusse der Bilanz, getrennt von allen anderen Bilanzposten, muß die Angabe erfolgen. Dagegen ist es nicht notwendig, daß der Gewinn oder der Verlust als solcher bezeichnet werden muß. Wer überhaupt eine Bilanz versteht, der weiß, daß die letzte Ziffer der Aktivseite als Ausgleichsziffer den Verlust, die letzte Ziffer der Passivseite als Ausgleichsziffer den Gewinn darstellt. Das klingt allerdings sonderbar. Der Verlust soll die letzte Ziffer der Aktiva, der Gewinn die letzte Ziffer der Passiva sein! Indessen das beruht auf den Regeln der doppelten Buchführung. An sich ergeben die Aktiva und die Passiva, wenn sie nicht zufällig gleichlauten, ungleiche Summen. Entweder überwiegen die Aktiva oder die Passiva. Die doppelte Buchführung schafft aber die Ungleichheit fort, indem sie die Überschußsumme an die Posten der kleineren Seite als letzten, fingierten Posten anreiht. Dann sind beide Seiten gleich groß. Anm. 65.

Die Verteilung des Gewinnes gehört begrifflich nicht in die Bilanz. Nach § 46 Nr. 1 sind die Feststellung der Bilanz und die Gewinnverteilung verschiedene Begriffe. Doch steht nichts entgegen, daß die Gesellschaften die Gewinnverteilung vor dem Strich skizzieren. Anm. 66.

Die hier in Rede stehende Gewinnziffer ist übrigens dieselbe, welche sich als Ergebnis der Gewinn- und Verlustrechnung ergibt, da auch die letztere nicht nur die Ergebnisse des betreffenden Jahres registriert, sondern als ersten Posten noch den Gewinn- und Verlustvortrag aus der letzten Bilanz enthält (vgl. Anm. 27 zu § 41). Anm. 67.

§ 43.

Die Geschäftsführer haben in den Angelegenheiten der Gesellschaft die Sorgfalt eines ordentlichen Geschäftsmannes anzuwenden.

Geschäftsführer, welche ihre Obliegenheiten verletzen, haften der Gesellschaft solidarisch für den entstandenen Schaden.

Insbesondere sind sie zum Ersatze verpflichtet, wenn den Bestimmungen des § 30 zuwider Zahlungen aus dem zur Erhaltung des Stammkapitals erforderlichen Vermögen der Gesellschaft gemacht oder den Bestimmungen des § 33 zuwider eigene Geschäftsanteile der Gesellschaft erworben worden sind. Auf den Ersatzanspruch finden die Bestimmungen im § 9 Absatz 2 entsprechende Anwendung. Soweit der Ersatz zur Befriedigung der Gläubiger der Gesellschaft erforderlich ist, wird die Verpflichtung der Geschäftsführer dadurch nicht aufgehoben, daß dieselben in Befolgung eines Beschlusses der Gesellschafter gehandelt haben.

Die Ansprüche auf Grund der vorstehenden Bestimmungen verjähren in fünf Jahren.

Der vorliegende Paragraph bestimmt das Maß der Sorgfalt bei Ausübung der Pflichten der Geschäftsführer in Bezug auf die Geschäftsführung (Abs. 1), Abs. 2—4 bestimmen die Folgen der Pflichtverletzungen. Einleitung.

I. (Abs. 1.) **Das Maß der anzuwendenden Sorgfalt** ist bezeichnet als die Sorgfalt eines ordentlichen Geschäftsmannes, ein Begriff, der besonders in den aktienrechtlichen Vor- Anm. 1.

§ 43. schriften des HGB. wiederholt vorkommt. Es ist darunter eine solche Sorgfalt zu verstehen, wie sie ein ordentlicher Geschäftsmann, welcher geschäftliche Unternehmungen der betreffenden Art für eigene Rechnung leitet, aufzuwenden pflegt. Handelt es sich um kaufmännische Unternehmungen, so muß die Sorgfalt eines ordentlichen Kaufmanns prästiert werden. Der Ausdruck Geschäftsmann ist gewählt, weil die Unternehmungen auch anderer Art sein können als rein kaufmännische.

Anm. 2. Dieses Maß kann durch den Gesellschaftsvertrag verschärft, aber nicht gemildert werden. Zwar kann nach § 276 Abs. 2 BGB. im allgemeinen die Haftung wegen Versehens durch Vertrag aufgehoben werden. Allein die vorliegende Vorschrift hat zwingenden Charakter. Sie hat im allgemeinen Interesse das Gedeihen der GmbH. im Auge (Motive 361; Neukamp Anm. 3; Birkenbihl Anm. 1; vgl. für das Aktienrecht Staub HGB. Anm. 1 zu § 241; Ring Nr. 2 zu § 241).

Anm. 3. Unzulässige Handlungen, sei es, daß sie den Gesetzen oder den Statuten oder einer zu befolgenden Anweisung der Gesellschafterversammlung oder des Aufsichtsrats oder dem Dienstvertrage widersprechen, verpflichten ohne weiteres zum Schadensersatz. Denn sie sind vorsätzliche Pflichtverletzungen. Hier entschuldigt nicht der Nachweis, daß die schädlichen Folgen nicht vorauszusehen waren, nicht einmal die Darlegung, daß man das Beste der Gesellschaft gewollt habe und annehmen konnte, daß es erreicht werden würde. Es genügt vielmehr, daß den Geschäftsführern zum Bewußtsein gekommen ist oder hätte kommen müssen, daß ihre Handlungsweise dem Gesetz, dem Statut oder der sonstigen Anordnung widerspricht (vgl. Derburg II 135; Staub HGB. Anm. 1 zu § 241 und Anm. 14 im Exkurse zu § 122; vgl. für den Fall, daß die Gesellschaft das Stammkapital durch eine Anleihe beschafft und so mit Schulden, statt Vermögen beginnt, RG. bei Holdheim 10, 121).

Anm. 4. Die Beweislast anlangend, so ist dem in Anspruch genommenen Geschäftsführer nachzuweisen, daß durch sein Verhalten ein Schaden entstanden ist. Daß er im vorliegenden Falle seine Pflicht erfüllt habe, und zwar mit der Sorgfalt eines ordentlichen Geschäftsmannes, hat dann der Geschäftsführer darzutun. Er hat, wie sich das aus dem Wesen des Mandats und der mandatsartigen Verhältnisse ergibt, Rechenschaft abzulegen, sich zu verantworten. Er hat sein Verhalten derartig nachzuweisen, daß sich daraus die Erfüllung seiner Pflichten ergibt (vgl. Dernburg, Preußisches Privatrecht II § 70 Nr. 2; derselbe, Bürgerliches Recht II 151; Staub HGB. Anm. 2 zu § 241; RG. 13, 46; 20, 269; vgl. §§ 666 und 675 BGB.). Ob Rechtsirrtum entschuldigt, kann allgemein weder bejaht, noch verneint werden. Bei bestrittenen Rechtssätzen, Zweifelhaftigkeit der Gesetzesworte, besonders aber bei Einholung von Rechtsgutachten kann Rechtsirrtum sehr wohl entschuldigen, besonders dann, wenn der Geschäftsführer sich in einer Lage befand, welche ihm in irgend einer Weise zu handeln gebot (RG. 39, 98). Dies gilt namentlich bei der Einführung neuen Rechts und der Ungewißheit seiner Auslegung in der Übergangszeit.

Anm. 5. Der Schadensersatzanspruch der Gesellschaft wird im allgemeinen beseitigt durch Berufung auf einen Beschluß der Gesellschafter. Beruht die Handlung auf einem solchen, so wäre es gegen Treu und Glauben von seiten der Gesellschaft, wenn sie ihre Organe für die Ausführung ihres Beschlusses verantwortlich machen würde. Sie kann sich weder auf die Schädlichkeit, noch auf die angebliche Ungültigkeit ihrer Beschlüsse gegenüber ihren eigenen Organen berufen. Dies folgt schon aus Abs. 3 Satz 2 und wird von der herrschenden Ansicht für das Aktienrecht und ebenso ganz allgemein für unser Gesetz angenommen. Der Umstand, daß der Beschluß später angefochten und im Prozeßwege für ungültig erklärt worden ist, ändert hieran nichts (vgl. Anm. 35 zu § 45). Doch wirkt die Berufung auf Beschlüsse der Generalversammlung nicht ausnahmslos befreiend und entschuldigend. Aus allgemeinen Grundsätzen folgt, daß der Geschäftsführer sich auf den ungültigen Beschluß dann nicht berufen kann, wenn die Ungültigkeit durch ihn selbst wissentlich verursacht ist. Seinem auf den Beschluß der Gesellschafter gestützten Einwande setzt dann die Gesellschaft den Einwand der Arglist, des

Verstoßes gegen Treu und Glauben entgegen (so für das Aktienrecht zutreffend Behrend Handelsrecht § 126 Anm. 21). Schwieriger ist die Frage, ob der Geschäftsführer sich auf einen Beschluß berufen kann, dessen Ungültigkeit er zwar nicht herbeigeführt hat, dessen Ungültigkeit er aber kannte oder kennen mußte. Hier kommt es darauf an, ob es sich um eine unverzichtbare Ungültigkeit handelt. Einen solchen Beschluß darf der Geschäftsführer nicht ausführen. Handelt es sich aber um eine Ungültigkeit, auf deren Geltendmachung die Gesellschafter verzichten können, z. B. um bloße Verletzung des Gesellschaftsvertrages, so darf er den Beschluß ausführen, auch wenn er die Ungültigkeit kannte. Denn er selbst hat kein Recht, Beschlüsse der Gesellschafter anzufechten (vgl. Anm. 26 u. 27 zu § 45). Über die Verpflichtung zur Berufung der Gesellschaftsversammlung vgl. Anm. 6 zu § 49. § 43.

Die Schadensersatzpflicht wird ferner regelmäßig dadurch beseitigt, daß das Handeln auf einer Weisung sonstiger Organe beruht, denen der Geschäftsführer zum Gehorsam verpflichtet ist. (Vgl. für das Aktienrecht RG. v. 30. 1. 1900 in JW. 186.) Doch sind hier hinsichtlich solcher Weisungen, die gegen das zwingende Recht verstoßen, die obigen Vorbehalte zu machen (Anm. 5). In Konfliktsfällen bleibt dem Geschäftsführer nichts übrig, als die Entscheidung der Gesellschafter anzurufen, schlimmstenfalls Niederlegung seines Amtes (vgl. auch Anm. 5 zu § 37). Anm. 6.

Der Schadensersatzanspruch der Gesellschaft wird endlich beseitigt durch Vergleich, Entlastung u. s. w. Ausnahmsweise jedoch nicht. Siehe unten Anm. 15 u. 16). Ein Vergleich, abgeschlossen durch den Konkursverwalter der in Konkurs befindlichen GmbH. mit den regreßpflichtigen Geschäftsführern bindet auch die Gesellschafter. Auch der Regreßanspruch gehört zum Vermögen der Gesellschaft und bildet einen Teil der Konkursmasse. Ein nebenhergehender besonderer Anspruch der Gesellschaft besteht nicht (OLG. Dresden v. 10. 11. 05 in OLGR. 11, 385 für das Aktienrecht). Anm. 7.

II. (Abs. 2–5.) **Die Folge der Pflichtverletzung ist ein Schadensanspruch der Gesellschaft.** Anm. 8.

1. **Lediglich der Gesellschaft** haftet der Geschäftsführer. Auch in den im Abs. 3 unseres Paragraphen hervorgehobenen Fällen besteht kein Anspruch der Gläubiger. Die Gläubiger können die Regreßansprüche der Gesellschaft nur im Wege der Pfändung oder im Wege der Konkurseröffnung ihren Zwecken dienstbar machen. (Inwieweit der Geschäftsführer den Gläubigern und Gesellschaftern direkt haftet, darüber siehe unten Anm. 22 ff.) Im Konkurse der Gesellschaft steht die Geltendmachung des Regreßanspruchs lediglich dem Konkursverwalter zu. Die Gläubiger können auf die Geltendmachung nur denjenigen Einfluß ausüben, der ihnen kraft der konkursrechtlichen Bestimmungen zusteht. Die Gesellschafter können gegen den Abschluß des Vergleichs durch den Konkursverwalter keinen Widerspruch erheben, auf seine Gestaltung keinen Einfluß ausüben und selbstverständlich auch nach Abschluß des Vergleichs und Beendigung des Konkurses den Anspruch nicht von neuem erheben (vgl. Sievers DJZ. 8, 87).

2. **Dabei haften die Geschäftsführer als Gesamtschuldner.** Allerdings nicht etwa in der Weise, daß alle Geschäftsführer für das Versehen eines haften, sondern derart, daß diejenigen, aus deren schuldhaftem Verhalten ein Schaden entstanden ist, solidarisch haften. Anm. 9.

Das ist besonders wichtig bei zulässigen Geschäftsverteilungen. Ein Geschäftsführer z. B., der die Reisetätigkeit oder die Leitung eines Zweiggeschäfts übernommen hat, kann nicht für jeden Fehler haften, der am Sitze der Gesellschaft in seiner Abwesenheit sich ereignet. Auch seine Überwachungspflicht ist in einem solchen Falle eine begrenzte. Anm. 10.

Im einzelnen richtet sich die Solidarhaft nach §§ 421—426 BGB.

3. **Einzelne Fälle der Haftung werden in Abs. 3 besonders behandelt.** Anm. 11.

a) Welches sind die Fälle? Es sind zwei:

α) Wenn den Bestimmungen des § 30 zuwider Zahlungen aus dem zur Erhaltung des Stammkapitals erforderlichen Vermögen der Gesellschaft gemacht sind. Das Nähere hierüber ist ausführlich zu §§ 30, 31 auseinandergesetzt (vgl. insbesondere Anm. 3 ff. zu § 31). In diesen Fällen haften auch die Gesellschafter, welche die rechtswidrigen Zahlungen empfangen, nach Maßgabe des § 31.) Die Haftung der Geschäftsführer und dieser Gesellschafter ist gegenüber der Gesellschaft eine solidarische.

§ 43. Außerdem haften der Gesellschaft auch noch die übrigen Gesellschafter subsidiär nach § 31 Abs. 3. Die in dieser Weise in Anspruch genommenen Gesellschafter haben aber ein Rückgriffsrecht gegen die Geschäftsführer, welchen ein Verschulden zur Last fällt (vgl. Anm. 14 zu § 31). Weisen die Gesellschafter nach, daß sie bei der Auszahlung des Stammkapitals die ihnen obliegende Sorgfalt nicht verletzten, so beschränkt sich der Anspruch der Gesellschaft auf den Empfänger des Kapitals. Der § 43 Abs. 3 führt keine von der Voraussetzung des Verschuldens befreite Haftung der Geschäftsführer neben der der Gesellschafter ein. Er ist nur ein besonderer Anwendungsfall des Abs. 2.

Anm. 12. β) Wenn den Bestimmungen des § 33 zuwider eigene Geschäftsanteile der Gesellschaft erworben worden sind. Auch diese Bestimmungen sind ausführlich zu § 33 dargelegt (vgl. insbesondere Anm. 11 zu § 33). Damit ist insbesondere auch der Erwerb voll einbezahlter Geschäftsanteile getroffen. Ob eine Nachlässigkeit der Geschäftsführer vorliegt oder ob sie annehmen durften, es bleibe für diese Anschaffung hinreichend freies Kapital nach Deckung des Stammkapitals, kann nur in jedem einzelnen Falle an der Hand der gesamten Umstände festgestellt werden. Der Schadensersatz wird hier in der Wiederabnahme dieser Geschäftsanteile gegen Rückerstattung des dafür aufgewandten Betrags bestehen.

Anm. 13. γ) Weitere Fälle sind nicht besonders verschärft, selbst wenn sie sich als noch schwerere Verfehlungen, als erheblichere Schädigungen des Gesellschaftsvermögens und damit als größere Gefährdungen der Gläubiger darstellen. So z. B. ist auch nicht in der in Abs. 3 geschehenen Weise der Fall der Unterschlagung von Gesellschaftsvermögen privilegiert (vgl. auch unten Anm. 23).

Anm. 14. b) In den Fällen des Abs. 3 Satz 1 findet die Besonderheit statt, daß, soweit der Ersatz zur Befriedigung der Gläubiger erforderlich ist, Vergleiche und Verzichte regelmäßig unwirksam sind und die Berufung auf den Beschluß der Gesellschafter unzulässig ist. Die Bestimmungen des Abs. 3 Satz 2 und 3 gelten wiederum der Erhaltung des Stammkapitals (vgl. Anm. 1 ff. zu § 30).

Anm. 15. α) Vergleiche und Verzichte sind dann unwirksam. Ohne diese Voraussetzung kann die Gesellschaft auf die ihr zustehenden Regreßansprüche verzichten. Verwehrt ist es ihr insoweit, als der Ersatz zur Befriedigung der Gläubiger erforderlich ist. Dies ist durch Bezugnahme auf § 9 Abs. 2 zum Ausdruck gebracht. Die Vorschrift ist näher erläutert in Anm. 13 ff. zu § 9. Dort ist auch die Ausnahmevorschrift näher dargelegt, nach welcher auch auf einen zur Befriedigung der Gläubiger erforderlichen Ersatz unter Umständen verzichtet werden kann, nämlich für den Fall, daß der Vergleich abgeschlossen wird zur Abwendung des Konkurses des Regreßschuldners.

Anm. 16. β) Die Regreßpflicht wird nicht aufgehoben durch Berufung auf einen Beschluß der Gesellschafter. Im allgemeinen ist eine solche Berufung zulässig. Sie wirkt entlastend und befreiend, wiewohl es nicht zutrifft, wenn Förtsch Anm. 7 meint, unser Abs. 3 Satz 2 rechtfertige den Schluß, daß in allen übrigen Fällen die Geschäftsführer durch einen Gesellschafterbeschluß gedeckt sind (vgl. dagegen oben Anm. 5). Es ist hierbei unerheblich, ob die Geschäftsführer an die Zulässigkeit des Beschlusses glaubten oder seine Unstatthaftigkeit kannten. Nur der Nachweis, daß sie selbst ihrer Pflicht mit der vorgeschriebenen Sorgfalt genügten, befreit sie.

Anm. 17. c) Sonstige Besonderheiten bestehen auch in diesen Fällen nicht, weder in den Voraussetzungen noch in den Wirkungen. Das ist deutlich zum Ausdruck gebracht durch das Wort „insbesondere", mit welchem der Abs. 3 beginnt. Damit ist gesagt, daß in Abs. 3 einige besondere Fälle der in Abs. 1 und 2 behaupteten allgemeinen Schadensersatzpflicht aufgezählt werden. Soweit für diese besonderen Fälle nicht besondere Voraussetzungen und Wirkungen angeordnet sind, sind es eben nur besondere Fälle der allgemeinen Schadensersatzpflicht, welche in Abs. 1 und 2 angeordnet sind, und tragen die Merkmale dieser und haben ihre Wirkungen. Daraus geht zweierlei hervor:

Anm. 18. α) Auch in den in Abs. 3 besonders hervorgehobenen Fällen ist ein schuldhaftes Verhalten vorausgesetzt. Von Neukamp Anm. 6, Liebmann Anm. 7 und

Parisius-Crüger Anm. 4 wird dies ohne Grund geleugnet (vgl. auch Staub HGB. Anm. 8 zu § 241). Nur besteht hier freilich, da es sich um die Verletzung besonderer gesetzlicher Vorschriften handelt, wie oben Anm. 3 darlegt, die Schuld auch schon darin, daß der Geschäftsführer, der sich des Widerspruchs seiner Handlungsweise mit der gesetzlichen Vorschrift bewußt ist oder bewußt sein muß, nicht entschuldigt wird durch die Darlegung, daß er die schädigenden Folgen seiner Handlungsweise nicht voraussehen konnte, selbst nicht durch den Nachweis, daß er das Beste der Gesellschaft gewollt und als Erfolg seines Handelns anzunehmen berechtigt war. § 43.

β) Die Wirkung ist auch hier Ersatz des damit entstandenen Schadens. Es muß hiernach einerseits der volle Schaden ersetzt werden, auch insoweit er die Beträge übersteigen sollte, um welche das Grundkapital verkürzt ist. Andererseits tritt die Ersatzpflicht nur ein, wenn und soweit durch jene Manipulationen ein Schaden entstanden ist. Für das Aktienrecht nimmt Ring (Anm. 5 zu § 241) eine formale Ersatzpflicht an. Es müsse der Gesellschaft zurückgegeben werden, was durch die betreffende Manipulation aus ihrem Vermögen gekommen sei. Doch läßt er wenigstens den Nachweis zu, daß nichts zu ersetzen sei, wenn kein Schade der Gesellschaft erwachsen sei. Makower HGB. Anm. IIIb zu § 241 und Hagen bei Gruchot 42, 346 versagen auch diesen Gegenbeweis (gegen diese Auffassungen vgl. für das Aktienrecht Staub HGB. Anm. 9 zu § 241 und für unser Gesetz oben Anm. 17). — Über die Frage, ob der Schaden voraussehbar sein muß, siehe unten Anm. 27. Über den Schadensersatz beim unzulässigen Erwerbe eigener Anteile vgl. oben Anm. 12. Anm. 19.

4. (Abs. 4.) **Die Verjährung der Regreßansprüche.** Anm. 20.

a) Die Vorschrift bezieht sich auf alle Ansprüche aus § 43, sowohl auf die Ansprüche aus der allgemeinen Vorschrift der Abs. 1 und 2, als auf die besonderen Fälle des Abs. 3, ferner nicht bloß auf die gesetzlichen Verpflichtungen aus unserem Paragraphen, sondern auch, was Neukamp Anm. 7 mit Unrecht leugnet, auf Verletzung von Verpflichtungen, die dem Geschäftsführer in einem Anstellungsvertrage besonders auferlegt sind; auch auf bösliche Schädigungen (anders als in § 31 Abs. 5), z. B. wenn der Geschäftsführer Geld unterschlagen, seine Mitgeschäftsführer betrogen und dadurch die Gesellschaft geschädigt hat. Indessen spielt in Fällen der dolosen Schädigung doch folgende prinzipielle Frage hinein. Besteht, wenn eine Vertragsverletzung zugleich den Tatbestand einer unerlaubten Handlung enthält, zugleich ein Anspruch aus der unerlaubten Handlung? Das kann von Wichtigkeit werden, außer bei der Verjährung, die uns hier beschäftigt, auch hinsichtlich der Schärfe der Verantwortlichkeit und der Beweislast. Wird die Frage bejaht, so besteht neben der fünfjährigen Verjährung vom Tage der Entstehung des Anspruchs noch die dreijährige Verjährung nach § 852 BGB. vom Tage der Kenntnis des Schadens und des Täters und darüber hinaus die 30jährige Verjährung nach den Grundsätzen der ungerechtfertigten Bereicherung. Dernburg II 138 erklärt: Enthält die Verletzung einer Vertragspflicht zugleich, vom Vertrage abgesehen, den Tatbestand eines Deliktes nach §§ 823 ff., so entsteht neben dem Vertragsanspruche ein Anspruch wegen unerlaubter Handlung. Cosack I § 163 II[1] meint aber: Diese Erklärung muß daran scheitern, daß die obligatorische Verpflichtung des Schuldners dessen Haftung in eigentümlicher Weise charakterisiert und zugleich begrenzt und daß man deshalb dem Schuldner zu nahe tritt, wenn man behauptet, seine Handlung wäre ein Delikt, wenn er Schuldner wäre, also ist sie auch Delikt, nun da er nicht Schuldner ist. Der Einwand ist ganz richtig. Er führt aber nicht zur völligen Ablehnung, sondern nur zu einer Modifizierung der Dernburgschen Formulierung. Man formuliert zutreffend, wenn man sagt: Enthält die Verletzung einer Vertragspflicht zugleich, vom Vertrag abgesehen, den Tatbestand einer rechtswidrigen Rechtsverletzung, ohne daß dieselbe in dem Vertragsverhältnisse ihre Rechtfertigung findet, so besteht ein selbständiger Anspruch aus unerlaubter Handlung. Wenn dagegen die Rechtswidrigkeit lediglich darin besteht, daß die Verpflichtungen aus dem Vertrage verletzt sind, so liegt lediglich ein Vertragsanspruch vor. Wenn also z. B. der Geschäftsführer Geld unterschlagen hat,

§ 43. welches ihm in seiner Eigenschaft als Geschäftsführer ausgehändigt wurde, so liegt ein Vertragsanspruch und ein Deliktsanspruch vor. Denn auch abgesehen von dem Geschäftsführerverhältnis darf er anvertrautes Geld sich nicht aneignen, und sein Vertragsverhältnis rechtfertigt die gleichwohl geschehene Aneignung nicht. Hat er als Geschäftsführer seine Mitgeschäftsführer betrogen und dadurch die Gesellschaft geschädigt, so liegt zugleich ein Vertragsanspruch und ein Deliktsanspruch vor. Denn auch ein Fremder darf die Geschäftsführer einer GmbH. nicht betrügen und dadurch die Gesellschaft schädigen, und sein Verhältnis als Geschäftsführer rechtfertigt seine Handlungsweise nicht. Wenn aber z. B. ein Geschäftsführer durch fortgesetzte Untätigkeit und Nichtausübung seiner Kontrolle Schaden verursacht, so liegt lediglich ein Vertragsanspruch vor. Nur seine Eigenschaft als Geschäftsführer legt ihm diese Pflicht auf. Ein Fremder kann eine solche Pflicht nicht verletzen, weil sie ihm nicht obliegt. Es liegt also lediglich eine Vertragsverletzung vor, auch im Falle der Arglist, z. B. wenn er absichtlich jede Kontrolle unterließ und dadurch die Mißwirtschaft verursachte (vgl. über die hier behandelte Frage auch Crome DJZ. 9, 14 und Fischer, Die Verletzung des Gläubigerrechts als unerlaubte Handlung).

Anm. 21. b) Beginn der Verjährung nach unserem Paragraphen. Die Verjährung entsteht mit der Entstehung des Anspruchs (der pflichtwidrigen Handlung und dem Schaden). Auf die Kenntnis der Gesellschaft kommt es nicht an (vgl. Staub HGB. Anm. 18 zu § 241 und die dort Zitierten). Die Unterbrechung und Hemmung der Verjährung richtet sich nach dem BGB. Desgleichen weiter die Frage nach der Möglichkeit der Abänderung der Verjährung. Hierüber bestimmt § 225 BGB. Ein Ausschluß oder eine Erschwerung der Verjährung durch Rechtsgeschäft ist nicht statthaft, wohl aber eine Erleichterung derselben, besonders eine Abkürzung der Verjährungsfrist. Erleichterungen oder Abkürzungen der Verjährung können hier aber insoweit nicht zugelassen werden, als der Ersatz zur Befriedigung der Gläubiger erforderlich ist. Insoweit handelt es sich um eine Vorschrift zwingenden Rechts.

Anm. 22. **Zusatz 1. Haftung der Geschäftsführer Dritten gegenüber.** Nach § 43 haften die Geschäftsführer für den der Gesellschaft entstandenen Schaden nur der Gesellschaft. In einem bestimmten Falle (§ 81 Abs. 3) haften sie auch den Gläubigern direkt (vgl. Anm. 18 zu § 81).

Anm. 23. 1. **Den Gläubigern haften die Geschäftsführer wegen Verletzung der ihnen als Geschäftsführer obliegenden Verpflichtungen nicht** (außer im Falle des § 81 Abs. 3). So haften sie z. B. den Gläubigern nicht, wenn sie eine Unterschlagung schuldhaft passieren lassen oder gar selbst verüben, obgleich dadurch das Gesellschaftsvermögen offensichtlich verringert und die Forderung dadurch in ihrem Werte beeinträchtigt wird (Bolze 16 Nr. 490; Behrend § 126 Anm. 29). Auch auf Grund des § 823 BGB. kann man etwas anderes nicht annehmen (vgl. unten Anm. 24 u. 25).

Anm. 24. 2. **Auch den Gesellschaftern und Dritten haften die Geschäftsführer für Verletzung derjenigen Pflichten, welche ihnen als Geschäftsführer gegenüber obliegen, nicht.** Mit ihnen stehen sie in keiner direkten Rechtsbeziehung (für das Aktienrecht ROHG. 19, 179; RG. 22, 133; 39, 249).

Anm. 25. Anders liegt die Sache nur dann, wenn die ungehörige Geschäftsführung zugleich eine Pflichtverletzung dem Gesellschafter oder dem Dritten gegenüber enthält. Das kann in mehrfacher Hinsicht der Fall sein, immer aber nur vom Gesichtspunkte außerkontraktlicher Haftung, so daß hier lediglich die Grundsätze des bürgerlichen Rechts über außerkontraktlichen Schadensersatz Platz greifen (vgl. für das Aktienrecht RG. 22, 133; 28, 71; 39, 249; OLG. Dresden in ZHR. 43, 327). Es muß durch eine gegen die Kläger begangene Rechtsverletzung der Schaden verursacht sein. Es genügt nicht, daß eine Pflichtverletzung gegenüber der Gesellschaft vorliegt und durch diese die Gesellschaft, dadurch aber mit derselben der Kläger geschädigt ist, wie z. B., wenn durch leichtsinniges Kreditieren die Gesellschaft verkracht und dadurch der Kläger um sein Geld kommt oder ein Gesellschafter seine Geschäftsanteile wertlos werden sieht. Denn in diesen Fällen liegt nicht eine Verletzung solcher Pflichten vor, welche dem belangten Gesellschaftsorgan vermöge besonderer Beziehungen zum geschädigten Kläger diesem gegenüber obliegen. Hauptsächlich wird es sich hier um die Anwendung des § 823 BGB. handeln. Damit auf Grund dieses Paragraphen das Gesellschaftsorgan dem Gesellschafter oder Dritten haftet, muß entweder ein direkter schuldhafter rechtswidriger Eingriff in dessen Rechte oder eine schuldhafte Verletzung einer Vorschrift vorliegen, welche zum Schutze des Beschädigten erlassen ist. Ersteres ist z. B. der Fall bei einer bewußt falschen Auskunft auf eine an die Gesellschaft gerichtete Frage, letzteres z. B. bei Veröffentlichung falscher Bilanzen. Denn die hiergegen gerichtete Strafvorschrift (§ 82 Nr. 3) bezweckt nicht bloß den Schutz der Gesellschaft, sondern auch der Gesellschafter, ja sogar des ganzen Publikums. Die publizierte Bilanz soll jeden informieren, der mit der Gesellschaft in Rechtsbeziehungen treten will. Zum Schutze aller, für die sie bestimmt ist, ist angeordnet, daß sie nicht bewußt falsch sein darf. Ebenso ist die Vorlage einer falschen wissentlich verschlechterten Bilanz, wodurch die Gesellschafter zum Verkauf ihrer Geschäftsanteile veranlaßt werden, eine unerlaubte Handlung im Sinne des § 823 BGB. — Soweit ein Gesellschafter als solcher als Beschädigter auftritt, muß es eine Vorschrift sein, welche zum direkten Schutz der Gesellschafter erlassen ist. Es genügt nicht, daß die Vorschrift zum Schutze der Gesellschaft und insofern indirekt auch zum Schutze der Gesellschafterinteressen dienen will. Dasselbe gilt von der Verletzung der Interessen Dritter. Die Erkenntnisse des RG., die sich mit dieser Frage befassen (v. 26. 9. 93 ElsLothZ. 19, 390; v. 5. 4. 95 RG. 35, 332; v. 20. 12. 95 DJZ. 1, 57), sind auf Grund der früheren Partikularrechte, namentlich des weiter als das BGB. gehenden Art. 1483 Code civil ergangen und für die Rechtsprechung unter der Herrschaft des BGB. nicht verwertbar. Nach dessen Grundsätzen muß betont werden, daß in der nur fahrlässigen Herausgabe einer unrichtigen Bilanz weder ein direkter rechtswidriger Eingriff in ein fremdes Recht vorliegt, noch eine schuldhafte Verletzung einer Vorschrift, welche zum direkten Schutze des Geschädigten erlassen ist. Denn soweit eine Verpflichtung zu gewissenhafter Berichterstattung in den Gesellschafterversammlungen besteht, ist die Vorschrift nicht zum Schutze außenstehender Personen erlassen. § 43.

Auch dann, wenn der Geschäftsführer mit dritten Personen in direkte Rechtsbeziehungen tritt, aber für die Gesellschaft, z. B. wenn er mit dem Dritten für die Gesellschaft kontrahiert, ihm vielleicht im Namen der Gesellschaft eine Ware empfiehlt, macht er durch sein fahrlässiges Verhalten zwar die Gesellschaft, nicht aber auch sich selbst dem Dritten regreßpflichtig. Denn nicht jede Fahrlässigkeit ist eine unerlaubte Handlung im Sinne des § 823 BGB. (RG. 51, 93). Die Grenze ist, wie RG. 30, 47 mit Recht hervorhebt, im Einzelfalle schwer zu ziehen. Aber wie soll sie anders gezogen werden, als dahin, daß entweder eine direkte rechtswidrige Verletzung eines fremden Rechts oder die Verletzung einer Vorschrift vorliegen muß, welche zum Schutze des Dritten erlassen ist? Das bestimmt ja auch der § 823 BGB. deutlich, und damit stimmt wohl auch RG. 51, 93 überein. So würde der Geschäftsführer z. B. dem Dritten haften, wenn er in seiner Eigenschaft als Geschäftsführer das der Gesellschaft anvertraute Gut des Dritten fahrlässig beschädigte. Das wäre eine direkte rechtswidrige Verletzung des fremden Eigentumsrechts. In RG. 30, 47 wurde z. B. ein Prokurist wegen unerlaubter Handlung verantwortlich gemacht, weil er mit Wertpapieren, die dem Geschäfte anvertraut waren, derartig fahrlässig umging, daß sie in Verlust gerieten. Das würde zum Tatbestande eines Deliktes nach § 823 BGB. nicht genügen. Liegt ein solcher dem § 823 BGB. zu unterstellender Tatbestand nicht vor, dann haftet er dem Dritten nur bei vorsätzlichem, wider die guten Sitten verstoßendem Handeln, wenn er z. B., und sei es auch in Ausübung seiner Tätigkeit als Geschäftsführer, den Dritten betrügt. Das wäre ein selbständiger Verstoß gegen § 826 BGB. Anm. 26.

Voraussehbar braucht der Schaden nach dem bürgerlichen Recht nicht zu sein (vgl. Denkschrift zum BGB. 44; Dernburg II 66). Dennoch haftet man auch dem, dem man nach dem Vorstehenden haftet, nicht ohne Ziel und Grenze für alle, noch so entfernte Anm. 27.

§ 43. Folgen, sondern nur für die nächsten Folgen seines unerlaubten Tuns (vgl. Dernburg II 66).

Anm. 28. 3. Schließlich ist noch zu gedenken der Fälle, in denen ein Mitglied eines Gesellschaftsorgans durch eine andere Handlung, die sich nicht als ein Akt der Geschäftsführung darstellt, einen Gesellschafter oder einen Dritten schädigt, z. B. durch dolose Anpreisung von Geschäftsanteilen im eigenen Namen.

Anm. 29. Zusatz 2. **Die Ausgleichung der mehreren solidarisch haftenden Geschäftsführer** richtet sich nach § 426 BGB. Sie haften untereinander zu gleichen Teilen, soweit sie nicht etwa untereinander etwas anderes vereinbart haben. Sollte den einen Geschäftsführer auch ein größeres Verschulden treffen als den anderen, so würde doch der Ausgleichungsmaßstab kein anderer sein. Das Gleiche gilt, wenn außer dem Geschäftsführer noch ein anderes Organ, etwa die Mitglieder des Aufsichtsrats, solidarisch haftet (vgl. hierüber auch zu § 52).

§ 44.

Die für die Geschäftsführer gegebenen Vorschriften gelten auch für Stellvertreter von Geschäftsführern.

Anm. 1. 1. Die Vorschrift ist selbstverständlich. Denn **der stellvertretende Geschäftsführer ist eben Geschäftsführer.** Die Bezeichnung „stellvertretende" bedeutet nur, daß der betreffende Geschäftsführer in seinem Verhältnisse nach innen die Anweisung hat, erst dann in Aktion zu treten, wenn eine Stellvertretung notwendig wird.

Anm. 2. 2. Stellvertretende Geschäftsführer können übrigens nicht bloß im Falle des § 248 HGB., § 52 unseres Gesetzes bestellt werden. Ihre Eintragung erfolgt unter der Bezeichnung „stellvertretende Geschäftsführer" (KG. v. 11. 7. 02 bei Holdheim 11, 249 und bei KGJ. 24 A, 194). Das letztere weicht zwar insofern von den sonstigen Grundsätzen des Gesetzes ab, als Beschränkungen der Aktionsbefugnis, die nur nach innen gelten, für den Verkehr nach außen unbeachtlich und deshalb sonst nicht eintragungsfähig sind. Doch ist hier eben eine offensichtliche Ausnahme gemacht.

Anm. 3. 3. Daß die für Geschäftsführer geltenden Vorschriften auch für die stellvertretenden Geschäftsführer gelten, bedeutet z. B., daß auch die letzteren unter Beifügung ihrer Legitimation zum Handelsregister anzumelden sind und ihre Unterschrift zu zeichnen haben, daß auch sie im Zweifel nur Kollektivbefugnis haben. Bei Anmeldungen zum Handelsregister, welche durch alle Geschäftsführer zu bewirken sind, haben sie mitzuwirken. Auch die Verantwortung für die Buchführung tragen sie mit. Treten sie an die Stelle eines kollektivberechtigten Geschäftsführers, so müssen mit ihnen soviel Geschäftsführer zusammenwirken, als nach dem Statut erforderlich ist, außer selbstverständlich demjenigen Geschäftsführer, der vertreten werden soll. Auch ihre Haftung ist die gleiche, wie die der ordentlichen Geschäftsführer, nur daß natürlich der Umstand, daß sie nur stellvertretungsweise in Aktion treten sollen, auf die Frage, ob sie ihre Sorgfaltspflicht verletzt haben, von großem Einfluß sein wird (Anm. 10 zu § 43).

Anm. 4. 4. Insbesondere findet auch der § 37 Abs. 2 auf sie Anwendung, und daraus wird, obwohl sie (vgl. oben Anm. 2) als „stellvertretende" Geschäftsführer eingetragen werden, mit Recht die Schlußfolgerung gezogen, daß **ihre Legitimation Dritten gegenüber nicht davon abhängig ist, daß der Vertretungsfall wirklich vorlag.** Nur der Gesellschaft gegenüber sind sie verpflichtet, nicht vor Eintritt desselben in Aktion zu treten. Es liegt eben eine Einschränkung dahin vor, daß sie nur „unter gewissen Umständen" vertretungsberechtigt sind, und eine soche Beschränkung ist nach außen wirkungslos, auch wenn sie eingetragen ist. Auch Anmeldungen zum Handelsregister sind gültig, wenn sie von ihnen erfolgt sind. Das Gericht hat nicht zu prüfen, ob ein Fall der Behinderung eines ordentlichen Geschäftsführers vorliegt. Es ist ferner hervorzuheben, daß die dem Geschäftsführer gegenüber unentziehbaren Geschäftsführungsbefugnisse (Anm. 6 zu § 35) auch dem stellvertretenden Geschäftsführer gegenüber unentziehbar sind.

5. **Da sie gesetzliche Vertreter der Gesellschaft sind, so können sie auch als Zeugen nicht vernommen werden** in Prozessen der Gesellschaft oder gegen die Gesellschaft (vgl. Anm. 4 zu § 35). § 44. Anm. 5.

6. Darüber, daß auch das Aufsichtsratsmitglied zum stellvertretenden Geschäftsführer bestellt werden kann, s. Anm. 46 u. 47 zu § 52. Anm. 6.

§ 45.

Die Rechte, welche den Gesellschaftern in den Angelegenheiten der Gesellschaft, insbesondere in Bezug auf die Führung der Geschäfte zustehen, sowie die Ausübung derselben bestimmen sich, soweit nicht gesetzliche Vorschriften entgegenstehen, nach dem Gesellschaftsvertrage.

In Ermangelung besonderer Bestimmungen des Gesellschaftsvertrages finden die Vorschriften der §§ 46 bis 51 Anwendung.

Der vorliegende Paragraph enthält eine allgemeine Bestimmung darüber, wie die Gesellschafter ihre Rechte in den Angelegenheiten der Gesellschaft, insbesondere in Bezug auf die Führung der Geschäfte auszuüben haben. Einleitung.

I. **Die rechtliche Bedeutung des vorliegenden Paragraphen.** Gemeint sind lediglich die Rechte der Gesellschafter in Bezug auf die Führung der Geschäfte. Es ist trotz der Wortfassung des Gesetzes nicht ersichtlich, welche sonstigen Rechte „in den Angelegenheiten der Gesellschaft" gemeint sein sollen. Es handelt sich lediglich um die Frage: welche Vorschriften sind für die Art und Weise maßgebend, in welcher die Gesellschafter auf die Führung der Geschäfte, auf die Verwaltung der Gesellschaft einwirken können. Anm. 1.

Die Art, wie das Gesetz hierüber Bestimmung trifft, ist eigentümlich und auf den ersten Blick widerspruchsvoll. Denn im ersten Absatz ist gesagt: Hierüber bestimmt der Gesellschaftsvertrag, *soweit nicht gesetzliche Vorschriften entgegenstehen*. Im zweiten Absatz ist gesagt: Hierüber bestimmen die gesetzlichen Bestimmungen in §§ 46—51, *soweit nicht der Gesellschaftsvertrag entgegensteht*. Der wahre Sinn der beiden Absätze ist folgender: In erster Linie bestimmt über die Art, wie die Gesellschafter ihre Rechte in Bezug auf die Führung der Geschäfte auszuüben haben, der Gesellschaftsvertrag. Dieser darf aber nicht gegen zwingende Gesetzesvorschriften verstoßen, z. B. solche über die Erhöhung und Herabsetzung des Stammkapitals (vgl. Anm. 1 zu § 46). Soweit zwingende Vorschriften nicht vorliegen, ist in erster Linie der Gesellschaftsvertrag maßgebend. Die nur dispositiven gesetzlichen Vorschriften kommen erst dann zur Anwendung, wenn der Gesellschaftsvertrag nichts Entgegenstehendes bestimmt. Anm. 2.

II. **Der vorliegende Paragraph bestimmt also hauptsächlich, welche Gesetzesvorschriften für das Maß der gesellschaftlichen Herrschaftsrechte (Mitverwaltungsrechte) der Gesellschafter maßgebend sind, und bestimmt ferner, daß diese Regeln dispositiver Natur sind, durch den Gesellschaftsvertrag also abgeändert werden können.** Anm. 3.

A. **Es wird bestimmt, welche Gesetzesvorschriften für das Maß der gesellschaftlichen Herrschaftsrechte der Gesellschafter maßgebend sind.** Das sind die §§ 46—51. **Der Kern dieser Vorschrift ist der, daß die gesellschaftlichen Herrschaftsrechte sich konzentrieren in den Beschlüssen der Gesellschafter. Die Gesellschafter als beschließende Behörde bilden ein Organ der Gesellschaft.** Anm. 4.

Im einzelnen ist hierüber folgendes zu sagen.

1. **Man muß von den Gesellschaftern als Beschlußorgan sprechen.** Man kann nicht von einer Generalversammlung oder von einer Gesellschafterversammlung als dem Beschlußorgan sprechen, da die Gesellschafter auch ohne Versammlung beschließen können (§ 48 Abs. 2). „Die Gesellschafter" sind aber hier als Kollegium zu verstehen. Anm. 5.

2. *Die Gesellschafter sind stets nur* **beschließendes** *Organ.* Sie vertreten die Gesellschaft niemals Dritten gegenüber. Vertretungsorgan sind die *Geschäftsführer*. Wenn der Gesellschaftsvertrag dies abändert und die Gesellschafter zum Abschlusse von Rechtsgeschäften mit Dritten berechtigt, z. B. bestimmt, daß die Gesellschaft durch die Anm. 6.

§ 45. Gesellschafter bei allen Akten vor Notar, dem Grundbuche, dem Gerichte u. s. w. vertreten wird, oder generell erklärte, daß die Gesellschafter befugt seien, für die Gesellschaft rechtswirksam zu handeln, so machte er sie hierdurch zu Geschäftsführern, die als solche zum Handelsregister anzumelden sind. Der Registerrichter kann einen solchen Gesellschaftsvertrag zurückweisen. Ist er eingetragen, so kann er die Anmeldung der Gesellschafter, welche die Gesellschaft vertreten, als Geschäftsführer erzwingen.

Als Organ der Gesellschaft sind die Gesellschafter zunächst berufen, die inneren Verhältnisse derselben zu ordnen. Ihre Beschlüsse sind hauptsächlich Dispositionen, die für die Gesellschafter bindend sind. Hier liegen Rechtsakte vor, welche dem Gesellschaftsrecht eigen und ohne Parallele im Rechte der Einzelpersonen sind. Der Beschluß der Dividendenverteilung, der Nachschußzurückzahlung, der Einforderung von Einlagerückständen u. s. w. sind solche gesellschaftliche Rechtsgeschäfte. Hierher gehören aber auch die Fälle, in denen scheinbar die Gesellschafter ausnahmsweise Dritten gegenüber die Gesellschaft vertreten. So namentlich bei der Anstellung der Geschäftsführer. Auch diese ist, wie die Wahl eines Aufsichtsrates, nur ein Akt gesellschaftlicher Betätigung. Die Bestellung des Geschäftsführers ist mehr, ist ein anderes als ein Abschluß eines Dienstvertrages. Sie ist die Schaffung eines körperschaftlichen Organs, dessen die Gesellschaft bedarf und das hierdurch erst in ein Dienstverhältnis zur Gesellschaft tritt.

An der Geschäftsführung Dritten gegenüber können sich die Gesellschafter nur mittelbar beteiligen. Sie fassen Beschlüsse, welche auf die nach außen hervortretende Tätigkeit der Geschäftsführer einwirken, veranlassend oder hemmend, vorbehaltend oder genehmigend. Wenn man sich dessen bewußt bleibt, daß hier keine Geschäftsführung im Sinne einer Vertretung statthat, sondern nur eine intern bleibende Leitung, so mag man auch diese Tätigkeit als Geschäftsführung bezeichnen. Diese Beschlüsse sind für die anderen Organe der Gesellschaft von Bedeutung, weil sie hierdurch der Verantwortung gegenüber der Gesellschaft enthoben werden (vgl. hierüber Anm. 16 zu § 43).

Anm. 7. 3. Jeder Beschluß der Gesellschafter, einerlei welcher von den beiden oben (Anm. 6) beschriebenen Richtungen er angehören mag, ist **ein gesellschaftliches Rechtsgeschäft.** Er ist eine Willenserklärung der Gesellschafter als Organ der Gesellschaft. Dieser entsteht durch eine Reihe von Willenserklärungen von Einzelpersonen, abgegeben in ihrer Eigenschaft als Mitglieder einer Gesellschaft, durch die Abstimmungen. Zur Wirksamkeit der Beschlüsse ist hier erforderlich einmal, daß jede Einzelwillenserklärung als solche nach den Bestimmungen des Gesetzes gültig ist, zum anderen, daß der Beschluß gemäß den Bestimmungen des Gesetzes und des Gesellschaftsvertrages sowohl nach Form wie nach Inhalt gefaßt, also nach den Bestimmungen des Gesellschaftsrechts wirksam ist.

Anm. 8. a) Mängel in der Einzelerklärung. Wenn die Abstimmung des einzelnen Gesellschafters an einem Mangel leidet, der der individualrechtlichen Erklärung ihre Wirkung entzieht, so verliert sie auch im Gebiete des Gesellschaftsrechts ihre Gültigkeit. Ein Geisteskranker ist hier wie dort geschäftsunfähig. Der Minderjährige stimmt nur durch seinen gesetzlichen Vertreter oder mit dessen Genehmigung. Wirkungslos ist die Abstimmung des vollmachtslosen Vertreters, auch wenn die anderen Gesellschafter ihn zuließen. Doch heilt die Genehmigung des Vertretenen auch hier den Mangel.

Beruht die Abstimmung auf einem wesentlichen Irrtum, glaubte der Gesellschafter über einen anderen Gegenstand zu stimmen als ihm vorgelegt war oder war er durch Betrug oder Drohung zu dieser Stimmabgabe veranlaßt worden, so ist er berechtigt, auch diese Willenserklärung anzufechten. Anfechtungsgegner ist hier die Gesellschaft, nicht die anderen Gesellschafter. Denn nicht diesen gegenüber war die Erklärung erfolgt.

War die Erklärung des Gesellschafters nichtig oder unwirksam, oder wurde sie mit Erfolg angefochten, so fällt die Stimme dieses Gesellschafters fort. Ob dies auf den Beschluß von Einfluß ist, hängt davon ab, ob auch ohne diese Stimme die erforderliche Anzahl von Stimmen vorliegt. Je kleiner die Zahl der Gesellschafter, desto größer ist der Einfluß, den die Unwirksamkeit einer Abstimmungserklärung hat. Sobald man sich vergegenwärtigt, daß auch eine GmbH. aus zwei Gesellschaftern bestehen kann, wird die Bedeutung der Einzelerklärung (oder Abstimmung) verständlich. § 45.

b) Mängel in der Gesamterklärung. Ein Beschluß ist nur gültig, wenn er nach Form und Inhalt dem Gesetze und dem Gesellschaftsvertrage entspricht. Er muß also von der vorgeschriebenen Anzahl von Gesellschaftern mit den vorgeschriebenen Stimmen, in einer Versammlung der Gesellschafter oder auf schriftlichem Wege, nach ordnungsgemäßer Einladung und Ankündigung gefaßt werden u. s. w. Zu der Form des Beschlusses gehört auch seine Beurkundung in den vorgeschriebenen Fällen (§§ 53 ff.). Sein Inhalt muß ein erlaubter sein. Die Gesellschafter können nichts beschließen, was vom Gesetze oder vom Gesellschaftsvertrage ihnen entzogen ist. Sie können also weder vereinbaren, daß in einem Jahre, in dem nichts verdient wurde, jeder Gesellschafter Zinsen erhalten soll. Das verstieße gegen § 30 (vgl. Anm. 11 zu § 29). Noch dürfen sie bestimmen, daß entgegen der Vorschrift des Gesellschaftsvertrages, der dem Reservefonds 10 Proz. des Reingewinnes zuweist, dieser ganz verteilt werde. Anm. 9.

Verstößt der Beschluß gegen eine Vorschrift von Gesetz oder Gesellschaftsvertrag, so ist er unwirksam. Aber diese Unwirksamkeit ist eine ververschiedene. Handelt es sich um eine zwingende, keiner Abänderung durch die Festsetzungen der Beteiligten fähige Vorschrift des Gesetzes, so ist jeder hiergegen verstoßende Beschluß der Gesellschafter **nichtig**. Der § 134 BGB. findet auch auf diese Willenserklärung Anwendung. Solche Beschlüsse dürfen auch von den Geschäftsführern nicht als gültig behandelt werden. Jeder Dritte kann ihre Wirksamkeit bestreiten. Der Registerrichter muß, soweit der Beschluß eine Änderung des Gesellschaftsvertrags darstellt, die Eintragung ablehnen. Es können hier Bestimmungen sowohl bezüglich des Inhalts als der Form der Beschlüsse in Betracht kommen. In dieses erstere Gebiet gehören namentlich alle Zuwiderhandlungen gegen die zur Erhaltung des Stammkapitals gegebenen Vorschriften (§§ 19—28, 30 und 31). Ein Beschluß der Gesellschafter, einem aus ihrer Mitte die eingeforderte restierende Stammeinlage zu erlassen, hindert einen Gläubiger der Gesellschaft nicht, diesen Anspruch sich zum Einzuge überweisen zu lassen und einzuklagen. Die Kreierung eines Aufsichtsrates mit nur 110 gegen 100 Stimmen darf der Registerrichter nicht eintragen. Die erforderliche Mehrheit fehlt. Der Beschluß ist nicht ordnungsgemäß entstanden u. s. w. Es gibt in diesen und ähnlichen Fällen weder einen Verzicht noch eine Bestätigung. Handelt es sich um einen Mangel, der den Beschluß nicht schlechthin und für immer unmöglich macht, sondern, wie bei Verstößen gegen die Formvorschriften, behoben werden kann, so muß das ganze Beschlußverfahren wiederholt werden. Auch wenn nachträglich soviel Stimmen sich für die Änderung der Statuten erklären, als zur Dreiviertelmehrheit erfordert sind, so berechtigt dies doch nicht zum Eintrage in das Handelsregister. Es bedarf eines erneuten Beschlusses (§ 141 Abs. 1 BGB.). Solche nichtige Beschlüsse werden endlich auch nicht durch die Eintragung zum Handelsregister geheilt. Auch wenn der Richter den Mangel der Mehrheit übersieht, ist und bleibt dieser Beschluß nichtig. Daraus folgt weiter, daß, wenn eine Abstimmungserklärung ungültig ist (vgl. oben Anm. 6) und hierdurch die gesetzlich zwingend verlangte Mehrheit fehlt, der Beschluß selbst ungültig ist. Er kann in diesem Falle gemäß § 144 Abs. 2 FGG. von Amtswegen gelöscht werden. Jeder Gesellschafter kann den Beschluß ohne Nichtigkeitsklage als nichtig behandeln. Ergibt sich z. B., daß der Beschluß über die Erhöhung des Stammkapitals unter Mitwirkung eines geisteskranken Gesellschafters gefaßt wurde oder ficht einer derselben seine Abstimmung bei dem Beschlusse wegen Betrugs an, so weigert, wenn nunmehr die gesetzliche Mehrheit fehlt, auch jeder Zeichner der neuen Geschäftsanteile die Leistung der Einlage. Die Anfechtung der Abstimmung ist, wie zu betonen ist, dabei scharf zu trennen von der Anfechtung der Übernahme des Geschäftsanteils. Diese ist ausgeschlossen (vgl. Anm. 23 zu § 2). Zu bemerken ist endlich, daß, wenn ein nichtiger Beschluß in vorgeschriebener Weise wiederholt wird, es nur einer nochmaligen Anmeldung, aber keiner nochmaligen Eintragung zum Handelsregister bedarf. Noch weniger kann dann der eingetragene Be- Anm. 10.

§ 45. schluß, wenn eine solche Bestätigung vorliegt, von Amtswegen auf Grund der §§ 142, 144 FGG. gelöscht werden. Beschluß des KG. v. 28. 11. 04 CBlFG. 6, 86 und KGJ. 28 A, 229 (vgl. auch Anm. 21 zu § 2 und Anm. 8 zu § 7).

Anm. 11. Liegt aber nur ein Verstoß gegen eine dispositive Vorschrift des Gesetzes oder gegen eine lediglich auf dem Gesellschaftsvertrag beruhende vor, so ist dieser Beschluß nicht nichtig. Er ist nur **anfechtbar**. Er untersteht der Anfechtungsklage. Die erste Auflage (Anm. 12 S. 265) sah in dieser nur eine Feststellungsklage, „die nicht erst die Rechtsungültigkeit des Beschlusses bewirkt". Es wurde unter Wahrung dieses „theoretischen Bedenkens" der Übung der Praxis entsprechend für diese Feststellungsklage der Ausdruck Anfechtungsklage gebraucht. Dann aber wurden aus der Natur als Feststellungsklage die Folgerungen gezogen (Anm. 17, 23 u. 24). Diese Ansicht ist nicht haltbar. Schon daß die Praxis einen besonderen Namen für diese Klage schafft, sollte bedenklich machen. Vor allem aber würde dadurch der ganze auch von der ersten Auflage betonte Unterschied zwischen verzichtbaren und unverzichtbaren Vorschriften wieder aufgehoben. Die „an sich bestehende Ungültigkeit" ist eben die Nichtigkeit. Nur für diese kennt unser Rechtssystem die negative Feststellungsklage. Wo diese Nichtigkeit nicht durch das Gesetz eingeführt ist, verlangt es eine Reaktion der Personen, deren Rechte oder Interessen verletzt sind. Schweigen diese, so liegt auch für das Recht kein Anlaß vor, diesen Verstoß zu beachten. Es wird auch keinem Dritten gestattet sein, sich dessen zu bedienen, um seine Rechtslage zu verbessern. Es kann in solchen Fällen der Registerrichter keine Eintragung ablehnen. Der Geschäftsführer kann nicht die Ausführung weigern. Diese Beschlüsse müssen also gültig sein, solange nicht durch die Berechtigten ihre Aufhebung erzwungen wurde. Diese Anfechtung der Beschlüsse der Gesellschaft ist allerdings nicht identisch mit der Anfechtung der Willenserklärung der Einzelperson (§§ 119 ff., § 142 BGB.). Es handelt sich dort zwar auch um eine Reaktion gegen eine Willenserklärung, deren Entstehung mit Mängeln behaftet ist. Sie unterscheidet sich aber von der Anfechtung des Beschlusses, daß diese ein Akt des Gesellschaftsrechts ist, der gültige Einzelerklärungen voraussetzt. Es hätte hier das Gesetz ebenfalls eine Anfechtung durch die einfache Anfechtungserklärung einführen können. Das ist nicht geschehen. Es bedarf daher einer Verfolgung der Rechte der durch den Beschluß verletzten Gesellschafter im Wege der Klage.

Der Ausgangspunkt für diese ist der auch für das frühere Aktienrecht, solange nicht durch die Novelle vom 18. Juli 1884 die Anfechtungsklage in den Art. 190a und 222 des alten HGB. gesetzlich geregelt war, bestimmende Grundsatz, daß die Gesellschaft ihren Gesellschaftern gegenüber verpflichtet ist, die auch nicht zwingenden gesetzlichen und statutarischen Vorschriften zur Geltung zu bringen und zu befolgen. Der Gesellschaftswille muß sich entsprechend dem Gesetze und Statute betätigen (ROHG. 23, 273; 25, 310; RG. 3, 126). Dieses Recht verfolgt jeder Gesellschafter im Wege der Klage. Er greift den Beschluß an, weil er in Verletzung dieses seines Rechts gefaßt wurde. Er verlangt, daß er für unwirksam erklärt werde. Eine solche Anfechtungsklage ist in unserem Gesetze nicht ausdrücklich ausgesprochen. Sie wurde aber schon in den Motiven (S. 27) als den allgemeinen Rechtsgrundsätzen entsprechend bezeichnet. Sie wird auch in der Praxis unbeanstandet zugelassen (vgl. die Kommentare von Neukamp, Förtsch, Liebmann und die Urteile des RG. 49, 145 und des OLG. Hamburg in OLGR. 3, 66). Sie hat ihre Stütze sowohl in dem erwähnten Zustande des Aktienrechts von 1884 als in der Auffassung des BGB. von der Anfechtung der Beschlüsse der Vereine (vgl. Prot. z. BGB. I 536 ff. An dieser Stelle ist allerdings die Feststellungsklage als Hilfsmittel bezeichnet. Das ist wieder in die Kommentare übergegangen.)

Anm. 12. c) **Von der Anfechtungsklage**, die im vorstehenden begründet wurde, ist eingehend zu handeln. Es muß dabei stets betont werden, daß es bei dieser Klage sich nur um die Geltendmachung des Rechts des Gesellschafters auf Beobachtung der gesetzlichen und statutarischen Vorschriften dreht und eine Beseitigung der Verstöße hiergegen erstrebt wird. Die Gesellschaft hat eine ihr gegenüber den Gesellschaftern obliegende Pflicht verletzt (oben Anm. 11). Auf dieser Verletzung baut die Klage auf. § 45.

α) **Wem steht die Anfechtungsklage zu?** Jedem Gesellschafter, dessen Recht auf Beobachtung der gesetzlichen und statutarischen Bestimmungen verletzt ist, also jedem Gesellschafter, der den Beschlüssen nicht zugestimmt oder in anderer Weise seinen Verzicht auf die Beobachtung der verletzten Vorschriften ausgedrückt hat. Über die Anfechtungsklage bei gemeinschaftlichem Geschäftsanteil vgl. Anm. 10 und 16 zu § 18. Nicht erforderlich ist, daß direkt dem anfechtenden Gesellschafter gegenüber die Verletzung des Gesetzes oder Statutes erfolgt. Er kann die Anfechtung auch darauf stützen, daß einem anderen Gesellschafter ohne Grund die Stimmabgabe verweigert wurde. Sein Anspruch geht auf Beobachtung der Vorschriften des Gesetzes und Statutes gegenüber allen Gesellschaftern. Nicht erforderlich ist, daß der Gesellschafter in der Versammlung anwesend war. Nicht erforderlich ist, daß er in dieser besonderen Protest einlegte und zu Protokoll gab. Die Bestimmungen des Aktienrechts in dieser Richtung sind nur für dieses aus praktischen Erwägungen gegeben. Dagegen schließt jede Zustimmung zu dem Beschlusse das Anfechtungsrecht aus. Ein Gesellschafter, der nur mit einem Geschäftsanteil zustimmte, mit einem anderen nicht, kann nicht anfechten (vgl. RG. 33, 91 für das Aktienrecht). Ebenso nicht der Gesellschafter, der zwar in der Versammlung mit nein stimmte, in einer späteren Erklärung aber diesen Widerspruch zurückzog. Endlich auch der nicht, der sich an einer Ausführung des von ihm nicht gebilligten Beschlusses beteiligt. Wenn z. B. die Gesellschaft, obwohl keine Überschüsse vorhanden sind, beschließt, eigene Geschäftsanteile zu erwerben und der in der Versammlung opponierende Gesellschafter einen ihm selbst gehörenden Geschäftsanteil ihr verkauft, so kann er dem Erwerb anderer Geschäftsanteile nicht mehr widersprechen und den Beschluß anfechten. Anm. 13.

Vorausgesetzt ist stets, daß der Anfechtungskläger zur Zeit der Anfechtung Gesellschafter ist. Wurde sein Geschäftsanteil kaduziert, so ihm das Anfechtungsrecht entzogen. Ebenso wenn er ihn der Gesellschaft im Nachschußverfahren zur Verfügung stellte (§ 27) oder die Amortisation (§ 34) vollendet ist. Aus der Einleitung des Kaduzierungsverfahrens, der Nachschußeinforderung, der Amortisation kann eine Einwendung der Gesellschaft nicht abgeleitet werden. Solange dem Gesellschafter die Erhaltung seines Geschäftsanteils möglich ist, so lange ist er legitimiert. Veräußerung des Geschäftsanteils entzieht das Klagerecht nur, wenn sie der Gesellschaft angemeldet ist (§ 16). Dem Erwerber eines Geschäftsanteils, der erst nach dem beanstandeten Beschlusse Gesellschafter wurde, steht das Recht der Anfechtung nicht zu. Ihm gegenüber liegt keine Verletzung eines gesellschaftlichen Rechtes vor. Die Anfechtungsbefugnis bildet keinen Teil der Rechte, die ihm in dem Geschäftsanteile übertragen werden. Doch kann der Veräußerer das Anfechtungsrecht mit dem Geschäftsanteil abtreten. Dieser Geltendmachung kann dann nicht entgegen gehalten werden, daß Kläger zur Zeit des Beschlusses nicht Gesellschafter war. Ist die Anfechtungsklage rechtshängig, so besteht der Prozeß zwischen dem Kläger und der Gesellschaft weiter, auch wenn der Geschäftsanteil veräußert wurde. Hat der Veräußerer dabei die Rechte aus der Anfechtung nicht abgetreten, so kann die Gesellschaft ihm jetzt materiell den Einwand des mangelnden Interesses entgegenhalten. Anm. 14.

Unzulässig ist eine Anfechtungsklage durch die Geschäftsführer oder ein sonstiges Organ der Gesellschaft. Die Bestimmung des § 271 HGB. ist singulärer Natur. Die Einsetzung des Vorstandes als Wächter über die Beschlüsse der Gesellschaft fließt weder aus dem Begriffe und Wesen seiner Aufgabe noch dem der Anfechtung (vgl. RG. 49, 149). Statutarisch kann dem Vorstande oder einem anderen Organe ein solches Anfechtungsrecht zugesprochen werden. Anm. 15.

β) Gegen wen ist die Klage zu richten? Stets nur gegen die Gesellschaft, nie gegen die anderen Gesellschafter. Die einzelnen Mitglieder stehen zueinander in keiner Rechtsbeziehung. Es gibt also auch keinen Anspruch auf Schadensersatz gegen dieselben, wenn ein Beschluß mit Erfolg angefochten würde. Ebensowenig eine Verpflichtung des ein- Anm. 16.

§ 45. zelnen, daß er in gewissem Sinne stimmen solle. Über das Klagebegehren, soweit es sich auf positive Abänderung des Beschlusses richtet, vgl. unten Anm. 29. Die Klage wird der Gesellschaft zugestellt wie jede andere Klage. Die Gesellschaft wird auch in diesem Prozesse durch die Geschäftsführer vertreten. Die Bestimmung des § 272 HGB., die im Anfechtungsprozesse die Vertretung auch durch den Aufsichtsrat vorschreibt, ist singuläre Bestimmung des Aktienrechts. Auch wenn die GmbH. einen Aufsichtsrat hat, vertritt dieser die Gesellschaft nicht. Ist der Geschäftsführer als Gesellschafter selbst Kläger, so bedarf die Gesellschaft für diesen Fall eines besonderen Vertreters (vgl. Anm. 15 zu § 36). Der Aufsichtsrat ist auch dann nicht zur Vertretung berufen. Statutarische Anordnung einer solchen Vertretung ist zulässig.

Anm. 17. Tritt die Gesellschaft in Liquidation, so bleibt sie in gleicher Weise passiv legitimiert. Dasselbe gilt, wenn sie rechtskräftig zufolge §§ 75 ff. für nichtig erklärt ist. Denn diese Nichtigkeitserklärung vernichtet sie nicht, sondern versetzt sie nur in den Zustand der Liquidation (vgl. Anm. 8 zu § 77; RG. 59, 325). Ist aber durch den Auflösungsbeschluß wie das Nichtigkeitsurteil eine Wiederaufhebung des angefochtenen Beschlusses zwecklos, so entsteht hieraus ein materiellrechtlicher Einwand. Wenn z. B. ein Auflösungsbeschluß selbst mit Erfolg angefochten wird, so wäre bei inzwischen eingetretener Nichtigkeitserklärung die Beseitigung des Beschlusses über die Liquidation sinnlos. Denn die Gesellschaft ist mehr als aufgelöst.

Anm. 18. Ist die Gesellschaft in eine andere Gesellschaft übergegangen, so gibt es keine Möglichkeit, gegen diese letztere die Beschlüsse der ersteren anzufechten. Auch wenn sich die Liquidation dadurch vollzieht, daß die Gesellschaft ihr Gesamtvermögen mit Aktiven und Passiven in eine Aktiengesellschaft gegen Aktien derselben einbringt, so ist die Aktiengesellschaft nicht Universalnachfolgerin in dem Sinne, daß Beschlüsse der GmbH. über frühere Bilanzen derselben, Dividendenausschüttung, Verzichte auf Nachschüsse, Genehmigung und Übertragung von Geschäftsanteilen ihr gegenüber anfechtbar sind. Ist die Gesellschaft nach beendeter Liquidation, also im obigen Falle nach Ablauf des Sperrjahres und Ausfolgung des Vermögens in Gestalt der Aktien an die Gesellschafter im Handelsregister gelöscht, so ist trotz der Löschung der Firma eine Fortexistenz noch möglich (vgl. Anm. 18 zu § 74). Es kann insbesondere auf Antrag jeden Gesellschafters ein Liquidator durch das Gericht gemäß § 29 BGB. ernannt werden (vgl. Anm. 12 zu § 66).

Anm. 19. Ist die Gesellschaft in Konkurs, so schließt dies die Anfechtungsklage nicht aus. Sie ist aber nicht gegen den Konkursverwalter zu richten. Denn dieser ist nicht berechtigt, die Gesellschaft in einem Rechtsstreite über ihre inneren Angelegenheiten zu vertreten. Sie bedarf hier eventuell eines besonders zu bestellenden Vertreters. Der Konkursverwalter kann nur, soweit er am Ausgange des Rechtsstreits interessiert ist, als Intervenient eintreten. Wenn z. B. die Gesellschafter die Einforderung von Nachschüssen beschlossen haben, so bilden die ausstehenden Nachschußposten ein Aktivum der Konkursmasse. Will nun ein Gesellschafter diesen Beschluß anfechten, weil das Statut die Einforderung nur unter bestimmten Voraussetzungen gestatte oder weil der Beschluß in einer Versammlung gefaßt war, bei der die Einladefrist nicht gewahrt wurde, so ist der Konkursverwalter allerdings dabei interessiert, weil von dem Ausgange dieses Prozesses der Bestand eines Aktivums abhängt. Legitimiert zur Führung desselben für die Gesellschaft ist er aber nicht. Hierzu ist der Liquidator, eventuell der Spezialvertreter zu berufen. Der Konkursverwalter kann als Intervernient auf seiten der Gesellschaft treten. Hätten aber die Gesellschafter beschlossen, daß bei der Liquidation jeder Gesellschafter nach Festsetzung der Liquidatoren Sachen statt Geld zu nehmen habe, so ist dieser Beschluß und sein Fortbestand für den Konkursverwalter gleichgültig. Er wird nur wirksam, wenn die Gläubiger befriedigt sind und ein Massebestand für die Gesellschafter bleibt.

Anm. 20. γ) Die Erhebung der Anfechtungsklage durch einen Gesellschafter schließt die Klage durch einen anderen Gesellschafter nicht aus. Das ist auch für das Aktienrecht bestimmt (§ 272 Abs. 2 Satz 3 HGB.). Eine ausdrückliche Vorschrift über

die Verbindung mehrerer Anfechtungsprozesse kennt die GmbH. nicht. Das Gericht wird § 45.
aber, sobald sie gleichzeitig anhängig sind, von dem Rechte der Verbindung Gebrauch machen. In dem schwebenden Prozesse kann jeder Gesellschafter als Intervenient sowohl auf seiten des Klägers als der beklagten Gesellschaft treten (OLG. Hamburg in OLGR. 3, 262). Diese Intervention ist eine solche im Sinne des § 69 CPO. Bei der Kumulierung mehrerer Klagen ist die Streitgenossenschaft eine solche im Sinne des § 62 CPO., die sog. notwendige Streitgenossenschaft. Es fließt dies aus der Rechtskraftwirkung des Urteils (vgl. unten Anm. 32).

δ) Worauf kann die Klage gestützt werden? Auf Gesetzes- und Statutenverletzung. Anm. 21.
Doch kann der Gesellschafter seine Klage nicht lediglich damit durchführen, daß Statut oder Gesetz verletzt sind. Es kann ihm sehr wohl eingewendet werden, ja er muß diesem Einwande zum Zwecke der Anfechtung seinerseits begegnen, daß er kein Interesse an der Anfechtung habe, sei es, daß die Verhältnisse der Gesellschaft dadurch überhaupt nicht berührt werden, infolgedessen auch seine Verhältnisse nicht, oder daß doch wenigstens seine eigenen Verhältnisse dadurch sich nicht verändert haben. So z. B. kann er, wenn den Vorzugsgesellschaftsanteilen mit Unrecht ihre Vorrechte genommen werden, er selbst aber nur einen nicht bevorzugten Geschäftsanteil hat, den betreffenden Beschluß nicht anfechten. Niemals können bloße Zweckmäßigkeitsfragen, bloße Schädigungen der Gesellschaft den Grund zur Klage abgeben, wenn nicht Gesetz oder Statut verletzt sind. Treffen aber die beiden Voraussetzungen zusammen, sind Gesetz oder Statut verletzt und hat der anfechtende Gesellschafter ein Interesse an der Beseitigung des Beschlusses, so kann dem anfechtenden Gesellschafter nicht eingewendet werden, die Ausführung des Beschlusses sei aus sittlichen oder sozialen Gründen geboten.

Unter Verletzung des Gesetzes insbesondere ist die Verletzung jeder Rechts- Anm. 22.
norm zu verstehen, mag es sich um materielle oder um formelle Rechtsnormen handeln. Zunächst Verletzung unseres Gesetzes selbst. So wenn z. B. derjenige mitgestimmt hat, der durch den Beschluß entlastet werden soll. Hierher gehören ebenso auch die Strafbestimmungen unseres Gesetzes (falsche Darstellung, § 81 Nr. 3). Es brauchen aber nicht gerade die Vorschriften unseres Gesetzes zu sein, die verletzt sind. Auch auf die Verletzung der Vorschriften des HGB., z. B. über die Bilanzen, oder des BGB., z. B. über Willenserklärung, Irrtum u. s. w. kann die Anfechtung gestützt werden. Endlich auch auf die Verletzung von Handelsgewohnheitsrecht. Denn unter Gesetz ist jede Rechtsnorm zu verstehen (Art. 2 EG. z. BGB.; vgl. § 550 CPO.). Bei der Statutenverletzung ist zu bemerken, daß auch hier die Berücksichtigung der Verkehrssitte für die Auslegung Platz greift. Ein Verstoß hiergegen ist eine Verletzung der Statuten (§ 157 BGB.; § 346 HGB.). — Endlich braucht die Gesetzes- oder Statutenverletzung nicht gerade gegen denjenigen Gesellschafter gerichtet zu sein, der sie anficht. Jeder Gesellschafter kann jede Gesetzes- oder Statutenverletzung zum Gegenstande der Anfechtung machen. Es kann z. B. der erschienene Gesellschafter klagen, weil einem anderen unzulässigerweise der Eintritt verweigert sei. Wer an der Versammlung teilgenommen hat, kann gleichwohl ordnungswidrige Berufung rügen. Das Verlangen der Gesetzesverletzung bedeutet übrigens nicht, daß nur eine Nachprüfung der Rechtsfrage, wie bei der Revision im Civilprozesse statthaft sei, so daß wegen tatsächlicher Erwägungen die Anfechtung ausgeschlossen wäre. Das Gesetz kann vielmehr verletzt werden durch jedes Geschehnis, welches mit den Gesetzen im Widerspruche steht. Ob ein solches vorliegt, hat der Anfechtungsrichter zu prüfen, in tatsächlicher und in rechtlicher Hinsicht.

Die im Aktienrecht ventilierte Frage, ob der Beschluß auf der ge- Anm. 23.
rügten Verletzung **beruhen** müsse, taucht auch hier auf. Sie muß genau so wie dort beantwortet werden (vgl. Staub HGB. Anm. 3 zu § 271). Es genügt, daß bei der Vorbereitung der Gesellschafterversammlung, bei der Verhandlung oder bei der Beschlußfassung eine Verletzung von Gesetz oder Statut erfolgt sei. Der Beweis, daß der Beschluß auf ihr beruht, braucht nicht geführt zu werden. Doch ist der Gegenbeweis

§ 45. zulässig, daß die Verletzung auf das Ergebnis einflußlos gewesen ist. So z. B., wenn die erforderliche Majorität auch dann vorhanden gewesen wäre, wenn derjenige, dessen Mitstimmen gerügt wurde, nicht mitgestimmt hätte. Dieser Beweis ist jedoch dahin zu führen, daß die Verletzung sicher ohne Einfluß war. Solche Verletzung jedoch, deren möglicher Einfluß auf das Endergebnis sich nicht übersehen läßt, begründet die Anfechtung, so z. B. ungerechtfertigter Ausschluß eines Gesellschafters von der Gesellschafterversammlung oder von der Diskussion.

Der Beweis der Verletzung kann durch jedes Beweismittel geführt werden, auch wenn dadurch die Interna einer geheimen Abstimmung an das Tageslicht gezogen werden (Staub HGB. Anm. 4 zu § 271).

Anm. 24. ε) Die Anfechtung ist an keine Frist gebunden. Das ist ein Übelstand. Es kann dadurch kommen, daß noch nach Jahren die Rechtsgültigkeit eines Beschlusses im Wege der Klage angefochten wird. Ein Mittel hiergegen ist das Recht der Gesellschaft auf Anstellung der Feststellungsklage gegen diejenigen Gesellschafter, welche die Rechtsgültigkeit bestritten haben. Auch ist der Geschäftsführer berechtigt, Beschlüsse der Gesellschaft, wenn sie nicht gegen zwingende Vorschriften verstoßen, auszuführen. Handelt es sich um Beschlüsse, welche Dritten gegenüber in Wirksamkeit treten, so ist damit praktisch der Anfechtungsklage der Boden entzogen. Erhebt der mit Erfolg anfechtende Gesellschafter den Schadensersatzanspruch, so kann ihm entgegen gehalten werden, daß ihn ein konkurrierendes Verschulden trifft, wenn er den Beschluß unangefochten ließ. Auch wird man einen Gesellschafter, der, von der Gesellschaft aufgefordert, seinen Widerspruch im Wege der Klage zu verfolgen, dies unterläßt, so behandeln, als habe er dem Beschlusse schließlich zugestimmt oder wenigstens ihn nicht anfechten wollen. Schon deshalb wird bei der Ausführung des Beschlusses ein Anspruch auf Schadensersatz für ihn nicht begründet sein. Ja man wird auch aus den konkreten Umständen in dem einfachen fortgesetzten Schweigen des Gesellschafters, der Kenntnis von dem Anfechtungsgrunde hat, ein Aufgeben des Anfechtungsrechtes sehen. Es wurde dies für das Aktienrecht auch vor der Novelle vom Juli 1884 vielfach angenommen (Motive zur Aktiennovelle 157). Die Präklusionsfrist des § 271 Abs. 2 ist die gesetzliche Regelung dieses Sichverschweigens. Nur kann bei der GmbH. für den Gesellschafter, der keine Kenntnis von dem Anfechtungsgrunde hatte, eine Ausschließung nicht konstruiert werden. Diese kann immer nur auf dem Verzichtwillen aufbauen. Wenn auch die Verkehrsauffassung einen solchen in dem konkreten Verhalten eines Gesellschafters und insbesondere seinem Stillschweigen nach anfänglichem Widerspruche sehen kann, so wird sie dies nie annehmen, wenn das Schweigen auf einer Unkenntnis der Sachlage beruhte.

Anm. 25. Zulässig ist es jedenfalls, in dem Gesellschaftsvertrag die Anfechtungsklage zu befristen. Da es sich um Verstöße gegen verzichtbare Bestimmungen von Gesetz und Statut handelt, so ist auch ein Verzicht von Anfang an und daher auch eine Begrenzung des Widerspruchs statutarisch zulässig. Solche Fristen binden auch diejenigen, welche Geschäftsanteile erworben haben ohne Kenntnis dieser Statutenvorschriften. Sie erhalten nur die Rechte, welche der Gesellschaftsvertrag dem Gesellschafter gibt. Ob eine solche Bestimmung des Gesellschaftsvertrags auch die Gesellschafter trifft, welche von dem Beschlusse keine Kenntnis haben, ist Frage der Auslegung. Im Zweifel ist sie zu bejahen. Der Zweck der Anordnung ist, dafür zu sorgen, daß die Gesellschaft Gewißheit über die Rechtsgültigkeit ihrer Beschlüsse hat.

Anm. 26. ζ) Zuständig ist dasjenige Gericht, welches nach dem Werte des Streitgegenstandes in Gemäßheit der Prozeßvorschriften als zuständig zu betrachten ist. Unter Umständen also auch das Amtsgericht. Ist das Landgericht zuständig, so gehört der Prozeß vor die Kammer für Handelssachen (§ 101 Nr. 3a GVG.). Das Rechtsmittel der Revision ist nur zulässig, wenn die Revisionssumme mehr als 2500 M. beträgt.

Anm. 27. η) Als Wert des Streitgegenstandes ist lediglich das Interesse des Klägers anzusehen. Das wird schon im Aktienrecht angenommen (Staub HGB. Anm. 15 zu § 272) und ist auch für die GmbH. zutreffend (vgl. RG. v. 19. 4. 03 bei Gruchot 47, 1148).

Rechtsfolgen der beantragten Entscheidung für andere, am Rechtsstreit selbst nicht beteiligte Personen sind nicht zu berücksichtigen. Auch wenn die Gesellschaft gegen das Mitglied klagt, gilt nichts anderes. In der Rechtsmittelinstanz ist das Interesse des Rechtsmittelklägers maßgebend, nur daß der Streitwert den Wert des Gegenstandes nicht überschreiten darf (RG. 47, 421 und RG. bei Gruchot 47, 1150). § 45.

ϑ) Das **Klagebegehren** geht nicht auf Feststellung, sondern auf die Ungültigkeitserklärung des Beschlusses. Er ist nicht kraft Gesetzes nichtig (vgl. oben Anm. 11 und 12). Er verstößt gegen eine der Gesellschaft und ihrem obersten Organe, den Gesellschaftern als Kollegium, obliegende Pflicht, sich nur unter Beobachtung der Vorschriften des Gesetzes und des Statutes zu betätigen. Hieraus fließt der Anspruch des nicht zustimmenden Gesellschafters auf Wiederbeseitigung des in unzulässiger Weise gefaßten Beschlusses. Eine Wiederaufhebung kann nur wieder von den Gesellschaftern als Gesamtheit durchgeführt werden. Geschieht dies nicht, so hat das Gericht als Folge des nachgewiesenen Verstoßes dem Beschlusse die Wirksamkeit zu entziehen, ihn für ungültig zu erklären. Anm. 28.

Ist der Beschluß noch nicht in Vollzug gesetzt, so genügt dieses Begehren der Ungültigkeitserklärung. Er ist damit beseitigt. Die Geschäftsführer dürfen ihn nicht vollziehen. Anderenfalls machen sie sich persönlich haftbar. Ist der Beschluß schon vollzogen, so ist er, soweit seine Wirkungen lediglich die inneren Beziehungen der Gesellschaft betreffen, wieder rückgängig zu machen. Denn diesen Folgen ist durch die Aufhebung des Beschlusses der Boden entzogen. Wenn z. B. die Gesellschafter mit einfacher Mehrheit beschlossen haben, den Jahresgewinn zur Bildung eines Reserve- und eines Unterstützungsfonds zu verwenden, so müssen nach durchgeführter Anfechtung beide Konti aufgelöst und die Dividenden ausgeschüttet werden. Wurde, obwohl der Gesellschaftsvertrag dies nicht zuläßt, die Amortisation eines Geschäftsanteils, der zu diesem Zwecke zur Verfügung gestellt war, aus dem Reingewinn beschlossen, so ist durch die Aufhebung des Einziehungsbeschlusses die Amortisation unwirksam. Der Inhaber des Geschäftsanteils ist nach wie vor Gesellschafter. Den ausbezahlten Betrag hat er zurückzugeben. Das letztere Moment gehört dann allerdings nicht mehr in das Klagebegehren des Anfechtungsprozesses. Es ist aber die Folge davon, daß der Geschäftsanteil noch zu Recht besteht. In dem besonderen Falle, in welchem Dividende ausbezahlt wurde, obwohl ein Anspruch der Gesellschafter nicht bestand, kommt den gutgläubigen Empfängern auch in dem Falle der Anfechtung des Beschlusses, auf dem die Verteilung beruht, die Bestimmung des § 32 zu gute (vgl. Anm. 6 zu § 32). Es ist dabei einerlei, ob die Anfechtung sich auf die Feststellung der Bilanz oder den Beschluß der Verteilung bezieht. Von den Gesellschaftern aber, welche sich der Unzulässigkeit der Dividendenverteilung bewußt waren, z. B. in der Versammlung trotz des Widerspruchs anderer Gesellschafter statt den statutarischen Abschreibungen und Reserven die Ausschüttung beschlossen, ist der empfangene Gewinn zurückzugeben. Anm. 29.

Das Begehren des Klägers braucht sich auf die Ungültigkeitserklärung und die Beseitigung der Folgen derselben nicht zu beschränken. Handelt es sich um eine Maßregel, die kraft Gesetzes oder Statuts zu treffen ist, bei der nur die Art derselben gegen Gesetz oder Statut verstieß, so kann die Verpflichtung der Gesellschaft, den Beschluß korrekt zu fassen, ebenfalls ausgesprochen werden (ROHG. 23, 275). Dies gilt namentlich für die Bilanz. Wenn gegen die Bestimmung des Statuts, das die Aufnahme der Waren nur zu den Gestehungskosten gestattet (vgl. Anm. 21 zu § 42), die Gesellschafter eine Bilanz feststellen, in der die Waren zum Verkaufspreise figurieren, so kann unter Aufhebung des Beschlusses das Gericht aussprechen, daß eine andere Bilanz unter Einstellung der Waren in die richtige Bewertung zu errichten sei (ROHG. a. a. O.). Ist der Reingewinn zu Unrecht zurückbehalten, so wird die Verteilung neben der Aufhebung des Beschlusses begehrt werden.

Soweit aber die Folgen des Beschlusses Dritten gegenüber durch selbständigen Rechtsakt eintreten, der als Vollzug des Beschlusses erscheint, vermag die Aufhebung dieses jene Wirkungen nicht zu beseitigen. Dies auch dann, wenn der Dritte den Wider- Anm. 30.

§ 45. spruch oder den Mangel der Zustimmung einzelner Gesellschafter zu dem statutenwidrigen Beschlusse kannte. Wenn die Gesellschafter den Erwerb eines Anwesens beschließen, so kann dieser Beschluß wieder umgestoßen werden, weil ein Gesellschafter nicht ordnungsgemäß geladen war. Der inzwischen vollzogene Kauf wird dadurch nicht berührt. Ein doloses Zusammenwirken eines Geschäftsführers und eines Dritten, welche die Unzulässigkeit des Beschlusses kennen und zur Vereitelung des Anfechtungsrechts der Gesellschafter zum Schaden der Gesellschaft diesen Beschluß ins Werk setzen, macht beide Teile nach den Bestimmungen des § 826 BGB. schadensersatzpflichtig. Als Dritter gilt aber nicht der Erwerber eines Geschäftsanteils. Wird der statutarisch vorgeschriebene Beschluß der Genehmigung (vgl. Anm. 52 zu § 15) aufgehoben, so wird dadurch die durch den Geschäftsführer erfolgte Erklärung der Zustimmung wieder hinfällig. Es ist die Zulassung in der Mitgliedschaft, welche die Gesellschaft sich vorbehielt. Hier ist ein gültiger Beschluß notwendige Voraussetzung.

Anm. 31. ι) Zur Sicherung des Anspruchs des Gesellschafters auf Beseitigung eines Beschlusses kann eine einstweilige Verfügung beantragt werden. Es ist hierzu glaubhaft zu machen, daß die Verletzung des Gesetzes oder der Statuten vorliege und daß ohne die Verfügung das Recht des anfechtenden Gesellschafters vereitelt oder wesentlich erschwert würde (§ 935 CPO.). Dies gilt also insbesondere in den Fällen, in denen der Beschluß auf ein Kontrahieren mit Dritten geht. Doch werden auch Fälle wie der einer angefochtenen Dividendenverteilung hierher zu rechnen sein. Für einen durch eine unbegründete Verfügung der Gesellschaft erwachsenen Schaden haftet der anfechtende Gesellschafter. Für den aus der Anfechtungsklage entstehenden Schaden hat er nicht aufzukommen. Die Bestimmung des § 273 Abs. 2 HGB. ist singulärer Natur.

Anm. 32. ϰ) **Die Wirkung des Urteils**, durch welches dem Anfechtungsantrage stattgegeben wird, tritt für alle Gesellschafter ein. Die erste Auflage gelangte von dem (oben Anm. 11 aufgegebenen) Standpunkte der Feststellungsklage zu den entgegengesetzten Ergebnissen (Anm. 23 S. 268). Allein hier muß beachtet werden, daß ein Beschluß als Gesamtwillenserklärung der Gesellschaft nur entweder bestehen oder nicht bestehen kann. Es kann nicht für den einen Gesellschafter die angefochtene Änderung des Gesellschaftsvertrags unwirksam werden, für den anderen bestehen bleiben. Es kann nicht die Amortisation eines Geschäftsanteils aus dem Reingewinn teils zulässig, teils verboten sein. Es kann nicht die Ausschüttung des Reingewinns untersagt und die Bildung der Reservekontos nur für die Kläger angeordnet werden. Die von dem Kläger mit Erfolg beanstandete Bilanz kann nur einheitlich anderweit aufgestellt werden. Diese Wirkung des Urteils ist im Aktienrechte (§ 273 Abs. 1 HGB.) im Gesetze ausgesprochen. Sie ist aber keine durch ausdrückliche positive Bestimmung des Gesetzes eingeführte Bestimmung. Sie folgt aus dem Wesen der Anfechtung. Sie erstreckt sich daher auch auf die Fälle, in denen es dem Anfechtenden nur um die Wirkung zu seinen Gunsten zu tun ist, wie bei dem Verlangen nach Auskehrung der Dividende. Auch hier kann der Beschluß nur entweder sein oder nicht sein. Die anderen Gesellschafter, auch die dem angefochtenen Beschlusse zustimmten, müssen jetzt von diesem wieder befreit sein. Man kann doch nicht den Beschluß nur für sie und auf ihre Kosten aufrecht erhalten. Diese Wirkung muß also auch für diejenigen Gesellschafter eintreten, welche auf ihr anfänglich geltend gemachtes Widerspruchsrecht verzichteten, sich mit der Gesellschaft verglichen oder mit ihrer Klage abgewiesen wurden (vgl. D. z. HGB. 152; Staub HGB. I Anm. 1 zu § 273). Ist auf Grund einer Klage rechtskräftig die Anfechtung ausgesprochen, so werden damit auch die anderen noch schwebenden Prozesse sachlich erledigt. Die Kosten fallen der beklagten Gesellschaft zur Last, da der Anspruch zur Zeit der Klage begründet war.

Anm. 33. a) **Außer der Klage auf Ungültigkeit ist aber auch die Einrede der Ungültigkeit zulässig.** Wird ein Gesellschafter auf Grund eines Beschlusses verklagt (z. B. auf Bezahlung von rückständigen Einlagen oder von rückständigen Nachschüssen), so ist er berechtigt, die Ungültigkeit des Beschlusses einwandsweise geltend zu machen.

b) **Ein Vergleich** der Gesellschaft mit dem Anfechtungskläger ist zulässig. Er kann entweder in dem teilweisen Nachgeben der Gesellschaft unter teilweiser Abänderung des Beschlusses oder in einer Aufgabe der Anfechtung gegen ein anderweites Äquivalent bestehen. Es kann dieser Vergleich auch in der Form erscheinen, daß der Gesellschafter sein Anfechtungsrecht verkauft. Gegen die guten Sitten verstößt dies nicht (a. M. Baur Z. 12, 54). **§ 45.** Anm. 34.

c) **Welches ist nun aber das Verhältnis des Geschäftsführers gegenüber einem gesetz- oder statutenwidrigen Beschlusse?** Hier müssen wieder unterschieden werden verzichtbare und unverzichtbare Ungültigkeiten (oben Anm. 10). Bei unverzichtbaren Ordnungswidrigkeiten, also bei Beschlüssen, welche Maßregeln anordnen, die das Gesetz in zwingender Weise verbietet, sei es, daß sie gegen das Wesen unserer Gesellschaft verstoßen oder sonst dem absoluten Recht zuwiderlaufen (z. B. wenn der Beschluß den Gesellschaftern neue Leistungen auferlegt, denen sie nicht zugestimmt haben, oder wenn er Aktiva über ihren Wert in die Bilanz einstellen oder die Auszahlung von Dividenden aus dem zur Erhaltung des Stammkapitales erforderten Vermögens anordnen würde), darf der Beschluß nicht ausgeführt werden (vgl. Staub HGB. Anm. 7 und 8 zu § 274). Er macht sich sonst selbst verantwortlich (§ 43). Anm. 35.

Anders dagegen, wenn die Ordnungswidrigkeit verzichtbar ist. Verzichtbar sind alle Ordnungswidrigkeiten, die lediglich gegen den Gesellschaftsvertrag oder gegen die dispositiven Gesetzesvorschriften verstoßen. Auch Verstöße gegen zwingende Vorschriften können hierher gehören, insofern als im Einzelfalle auf die Folgen der Verletzung verzichtet ist (vgl. hierüber RG. 51, 98). Hier darf der Geschäftsführer den Beschluß auch dann ausführen, wenn er die Ordnungswidrigkeit kennt. Denn er kann immer davon ausgehen, daß die Gesellschafter als Beschlußorgan es in der Hand haben, auch gegen den Vertrag und gegen sonstige verzichtbare Vorschriften zu verfügen, und daß es Sache der Gesellschafter ist, die Rechtsungültigkeit der Beschlüsse geltend zu machen und die Ausführung durch Richterspruch zu verhindern. Nicht der Geschäftsführer ist der Wächter der Rechte der einzelnen Gesellschafter, sondern die Gesellschafter selbst sind es. Der Geschäftsführer hat die Interessen der Gesellschaft, nicht der Gesellschafter zu hüten. Auch wenn er sieht, daß solche Beschlüsse angefochten werden oder angefochten werden sollen, kann er sie ausführen. Der Geschäftsführer ist nicht dazu da, um die Rechte des einzelnen Gesellschafters zu schützen. Dieser soll sich selbst schützen. Er mag die Ausführung durch einstweilige Verfügung inhibieren. Nur wenn der Geschäftsführer durch dolos schnelle Ausführung das offenbar begründete Anfechtungsrecht des Gesellschafters vereiteln würde, würde er sich diesem gegenüber aus § 826 BGB. verantwortlich machen. Sonst aber kann er auch einer beabsichtigten oder geschehenen Einzelanfechtung gegenüber davon ausgehen, daß das oberste Willensorgan den Beschluß gefaßt und gewollt hat. Diesem Beschlusse darf er nachkommen, ohne sich selbst in Gefahr zu bringen. Anm. 36.

d) **Auch die Feststellungsklage eines Gesellschafters gegen die Gesellschaft, daß der Beschluß gültig ist,** erscheint zulässig, so z. B. wenn ein Antrag mit einfacher Mehrheit angenommen wurde, der Vorsitzende der Versammlung ihn aber für abgelehnt erklärt, weil er darin eine Statutenänderung sehe. Hier ist der zustimmende Gesellschafter berechtigt, die Gültigkeit des Beschlusses bestätigen zu lassen. Anm. 37.

5. **Der Zuständigkeit der Gesellschafter als Beschlußorgans** unterliegen zunächst diejenigen Gegenstände, welche das Gesetz diesen ausdrücklich zuweist. Es wird verwiesen auf die §§ 46 und 53. Die Zuständigkeit kann durch die Statuten auch erweitert werden. Die Statuten können anordnen, daß über diesen oder jenen Gegenstand nur die Gesellschafter zu bestimmen haben. Anm. 38.

Aber außerdem muß angenommen werden, daß die Gesellschafter über alles bindend beschließen können, was ihrer Zuständigkeit nicht durch Statut entzogen ist. Wie dies im Aktienrecht angenommen wird (vgl. Staub HGB. Anm. 7 zu § 250), so muß es auch hier gelten. Die Erwägungen sind die gleichen. Die Gesellschafter sind die Herren der Gesellschaft. Sie können wohl ihre Zuständigkeit beschränken. Sie müssen sich auch gefallen lassen, wenn das Gesetz ihre Zuständigkeit beschränkt. Aber soweit weder das Anm. 39.

§ 45. Gesetz ihre Zuständigkeit beschränkt hat, noch sie selbst dies getan haben, muß als ihr naturgemäßer Wille angenommen werden, daß sie die Schicksale ihrer Gesellschaft selbst bestimmen wollen. Eine Beschränkung durch das Statut liegt aber nicht schon dann vor, wenn das Statut bestimmt, daß ein anderes Gesellschaftsorgan die betreffende Funktion habe (vgl. hierüber unten Anm. 43). Das bedeutet nur, daß, soweit die Gesellschafter als Beschlußorgan ihre abweichende Entscheidung nicht treffen, jenes Organ die betreffende Funktion habe. Daneben verbleibt den Gesellschaftern als Beschlußorgan das Recht, auf die betreffenden Funktionen des anderen Organs bestimmend einzuwirken (vgl. Motive S. 18: „es ist davon auszugehen, daß die Mitglieder als solche die oberste Instanz in den Gesellschaftsangelegenheiten bilden"). Die Richtigkeit dieser Auffassung geht auch aus § 46 Nr. 6 hervor, nach welchem die Gesellschafter die Maßregeln zur Prüfung und Überwachung der Geschäftsführung zu bestimmen haben.

Anm. 40. Ganz selbstverständlich ist ferner, **daß der Beschluß der Gesellschafter nicht sogenannte Sonderrechte entziehen kann.** Das bestimmt § 53 BGB., aber in überflüssiger Weise. Denn Sonderrechte sind ja diejenigen Rechte, welche durch Majoritätsbeschluß nicht entzogen werden können. Diese Definition ist freilich streitig (vgl. Staub HGB. Anm. 8 zu § 250). Doch wird ein anderer Sinn der Sonderrechte nicht zu finden sein. Unter Sonderrecht ist ein gesellschaftliches Recht zu verstehen, welches durch Majoritätsbeschluß der Gesellschafter oder durch ein anderes Gesellschaftsorgan den Gesellschaftern, weder einem allein, noch allen Gesellschaftern insgesamt entzogen werden kann. Ein gesellschaftliches Recht muß es sein. Daß ein Recht, welches einem Gesellschafter, wie einem Dritten, zusteht, z. B. der Anspruch aus einem der Gesellschaft gegebenen Darlehen, ihm durch Majoritätsbeschluß nicht entzogeu werden kann, ist ja selbstverständlich. Daß auch gesellschaftliche Rechte nicht einem Gesellschafter allein durch Majoritätsbeschluß entzogen werden können, ist ebenfalls selbstverständlich. Es können z. B. unmöglich die Gesellschafter willkürlich beschließen, der Gesellschafter A habe fortan kein Stimmrecht. Auch dazu bedarf es nicht der Aufstellung des Begriffes Sonderrecht. Ein Sonderrecht liegt also erst dann vor, wenn die Majorität auch unter Wahrung des Prinzips der Gleichberechtigung den Gesellschaftern das betreffende Recht nicht entziehen kann, also auch nicht allen gemeinsam. Die Sonderrechte spielen aber bei unserer Gesellschaftsform eine geringere Rolle, weil gerade die gesellschaftlichen Herrschaftsrechte, die im Aktienrecht den Hauptstock der Sonderrechte bilden, vermöge § 45 Abs. 2 durch den Gesellschaftsvertrag entziehbar sind. Es können aber z. B. durch Statut auch gesellschaftliche Herrschaftsrechte als unentziehbar konstituiert sein. Es kann z. B. durch Statut bestimmt sein, daß das Einberufungsrecht aus § 50 nur mit allseitiger Zustimmung genommen werden kann. Dann ist das Recht durch Mehrheitsbeschluß nicht wieder entziehbar. Zu beachten ist aber, daß die Aufhebung der Sonderrechte keiner qualifizierte Mehrheiten oder gar der Einstimmigkeit bedarf. Es ist nur die Zustimmung der Berechtigten erfordert (vgl. zu § 53).

Anm. 41. 6. **Die Beschlüsse der Gesellschafter bedürfen regelmäßig nicht der gerichtlichen oder notariellen Beurkundung.** Ausnahmsweise ist dies bei allen jenen Beschlüssen vorgeschrieben, welche unter dem Namen Statutenänderungsbeschlüsse zusammengefaßt werden (Änderungen des Gesellschaftsvertrages einschließlich der Kapitalserhöhung und der Kapitalsherabsetzung). — Vgl. über Beurkundung von Gesellschafterversammlungen den Zusatz zu § 48. —

Anm. 42. 7. **Die Beschlüsse der Gesellschafter werden auch nicht zum Handelsregister eingereicht.** Eine dem § 259 Abs. 5 HGB. analoge Vorschrift ist hier nicht gegeben.

Anm. 43. B. **Die gesetzlichen Vorschriften über die Gesellschafter als Beschlußorgan sind jedoch nur dispositiver Natur: sie können durch Gesellschaftsvertrag beseitigt werden.** Das ist der Hauptinhalt unseres Paragraphen (vgl. oben Anm. 2).

1. Es können hiernach alle Funktionen der Gesellschafter als Beschlußorgan einem anderen Organe übertragen werden. Z. B. dem Aufsichtsrat oder auch einem sogenannten delegierten Gesellschafter, also einer einzelnen Person. Es können auch einzelne Funktionen der Gesellschafter als des Beschlußorgans

einem anderen Organ übertragen werden, z. B. die Beschlußfassung über die Bestellung der Prokuristen und Handlungsbevollmächtigten, über die Jahresbilanz u. s. w. § 45.

Dabei ist jedoch nicht außer acht zu lassen, daß eine Bestimmung, wonach ein anderes Gesellschaftsorgan für eine bestimmte Funktion für zuständig erklärt wird, nicht ohne weiteres dahin auszulegen ist, als wären dadurch die Gesellschafter als Beschlußorgan insoweit unzuständig. Vielmehr ist zunächst davon auszugehen, daß die Gesellschafter als Beschlußorgan das oberste Willensorgan der Gesellschaft sind (vgl. oben Anm. 6 u. 39), so daß dieses Organ die Funktionen des anderen für zuständig erklärten Organs kontrollieren, korrigieren, auch ersetzen darf. Es kann freilich den Gesellschaftern diese Funktion als oberste Behörde auch genommen werden. Aber dies muß besonders zum Ausdruck gebracht sein. Es sollte hier nur betont werden, daß, wenn ein anderes Organ für eine bestimmte Funktion für zuständig erklärt wird, dadurch allein die Zuständigkeit des in den Gesellschaftern bestehenden Beschlußorgans als einer obersten kontrollierenden, korrigierenden und die Funktion des anderen Organs auch zu ersetzen berechtigten Behörde nicht aufgehoben ist. Anm. 44.

Ob, wenn etwa das Beschlußorgan der Gesellschafter beseitigt ist, eine Anfechtung der Anordnungen des substituierten Organs möglich ist, kann nur im Einzelfalle durch Auslegung der betreffenden Statutenbestimmungen ermittelt werden. In Zweifelsfällen ist dies anzunehmen. Die Anfechtung richtet sich auch hier gegen die Gesellschaft. Anm. 45.

2. Es können übrigens auch die Gesellschafter als Beschlußorgan beibehalten, ihnen auch alle Funktionen belassen und nur die gesetzliche Vorschrift über die Art, wie dieses Beschlußorgan zu funktionieren hat, abgeändert werden. Unzulässig ist dies nur, soweit begrifflich eine solche Ausübung unmöglich ist z. B. die Übertragung der Decharge des Geschäftsführers an den Geschäftsführer (vgl. Anm. 30 zu § 46). Anm. 46.

3. **Im einzelnen wird über alle diese Möglichkeiten der Abänderung der gesetzlichen Vorschriften über die Gesellschafter als Beschlußorgan zu den folgenden §§ 46—51 noch näher gehandelt werden.** Es wird bei den einzelnen Paragraphen zu erörtern sein, ob sie wirklich durchweg dispositiver Natur und ob und inwieweit sie durch den Gesellschaftsvertrag abänderlich sind. Anm. 47.

Zusatz 1. Die gesetzlichen Rechte, welche den einzelnen Gesellschaftern in Bezug auf die Führung der Geschäfte zustehen, sind in den §§ 46—51 erschöpfend aufgezählt. Weitere Rechte stehen ihnen von Gesetzes wegen nicht zu. Es steht ihnen z. B. nicht zu das in § 257 HGB. dem Aktionär gegebene Recht, gegen Hinterlegung seines Anteilscheines die besondere Mitteilung der Berufung der Generalversammlung zu fordern und die abschriftliche Mitteilung der Gegenstände der Beratung und der gefaßten Beschlüsse zu verlangen. Das letztere Recht wird ihm insofern jedoch gegeben werden müssen, als die Landesrechte ein solches Recht bei gerichtlichen oder notariellen Verhandlungen gewähren. In Preußen ist ihm die Einsicht und auch eine Abschrift des notariellen Generalversammlungsprotokolles vom Notar zu erteilen, da die Urkunde zwar nicht auf seinen Antrag aufgenommen worden ist, er aber doch als Gesellschafter ein rechtliches Interesse hat (Art. 61 des preuß. Gesetzes über die freiwillige Gerichtsbarkeit). — Es steht den Gesellschaftern ferner nicht das Minoritätsrecht des § 266 HGB. zu, Revisoren zur Untersuchung von Vorgängen bei der Gründung oder der Geschäftsführung zu ernennen. Nur durch die Mehrheit kann das beschlossen werden. — Ferner besteht hier nicht das Minoritätsrecht des § 268 HGB., die Erhebung von Ersatzansprüchen und die Ernennung von Prozeßbevollmächtigten durch das Gericht zur Geltendmachung ihrer Ansprüche zu verlangen. Anm. 48.

Doch können solche Rechte durch den Gesellschaftsvertrag einer Minorität von Gesellschaftern gegeben sein.

§ 45. Aber außerdem ist zu erwähnen, daß die §§ 46—51 nicht formell dahin auszulegen
Anm. 49. sind, daß buchstäblich nur diejenigen Rechte gegeben sind, die dort erwähnt sind. **Die besondere Lage des Falles kann dazu führen, den einzelnen Gesellschaftern weitere Rechte zu geben, wenn dieselben erforderlich sind, um die im Gesetz oder Statut gegebenen Rechte, insbesondere das Recht der Stimmabgabe, zu ermöglichen.** So hat das RG. in seinem Urteil vom 27. 10. 97 (JW. 98, 15) dahin erkannt, daß ohne zwingende Gründe nicht solche Auskünfte, Aufklärungen, Vorlegungen von Nachweisen abgelehnt werden dürfen, die nach der konkreten Sachlage für einen verständigen, unbefangenen, redlichen Geschäftsmann erforderlich sind, um sich das für die Ausübung seines Stimmrechts erforderliche Urteil zu bilden. Das RG. bezeichnet es in diesem Urteil als Mißbrauch, wenn bei solcher Sachlage die Mehrheit sich ohne zwingende Gründe ablehnend verhält, und erachtet einen Gesellschafterbeschluß, der nach solcher Ablehnung ergangen ist, als gegen das Gesetz verstoßend und deshalb anfechtbar. In seinem Urteil vom 30. 10. 01 (im SächsArch. 11, 720) hat es diesen Grundsatz aufrecht erhalten und dabei betont, daß es mißverstanden worden sei, wenn man sein Urteil dahin aufgefaßt habe, als sei damit nur der Schutz gegen ein solches Verhalten gegeben, das keinen anderen Zweck haben könnte, als den Gesellschafter zu schädigen. Davon sei keine Rede, daß die Mehrheit schikanös handeln müsse, um jene Anfechtung zu begründen. In einem Urteile v. 28. 10. 01 (RG. 49, 149) hat es sogar ausgesprochen, daß unter besonderen Umständen und auf Grund einer besonderen Sachlage im Einzelfalle dem einzelnen Gesellschafter sogar das Recht auf Einsicht und Prüfung der Bücher und Belege, auch außerhalb der Versammlung und selbst gegen die Bestimmung des Gesellschaftsvertrages nicht versagt werden kann.

Anm. 50. Die in diesen Urteilen niedergelegten Anschauungen können nur gebilligt werden. Sie sind ein Ausfluß des das Gesellschaftsverhältnis in erhöhtem Maße beherrschenden Grundsatzes von Treu und Glauben. Ihre Fortbildung in der Rechtsprechung ist sehr erwünscht.

Anm. 51. **Zusatz 2.** Statutarische Bestimmungen, wonach Angelegenheiten der Geschäftsführung der Gesellschafterversammlung übertragen sind (Entscheidung darüber, ob eine Vertragsstrafe eines Mitgliedes verfallen und einzuziehen ist), bewirkt nicht, daß dadurch diese Entscheidung bindend oder nur mit besonderer Klage anzufechten wäre. Das von diesem Beschlusse in seinen Rechten betroffene Mitglied ist in seiner Verteidigung ebenso unbeschränkt wie es bei einem Beschlusse der Geschäftsführer wäre (vgl. [unabgedrucktes] Urteil des RG. v. 14. 10. 03 i. S. Stops und Schnock gegen Vereinigte Ziegelwerke I 192, 03).

§ 46.

Der Bestimmung der Gesellschafter unterliegen:

1. die Feststellung der Jahresbilanz und die Verteilung des aus derselben sich ergebenden Reingewinns;
2. die Einforderung von Einzahlungen auf die Stammeinlagen;
3. die Rückzahlung von Nachschüssen;
4. die Teilung sowie die Einziehung von Geschäftsanteilen;
5. die Bestellung und die Abberufung von Geschäftsführern sowie die Entlastung derselben;
6. die Maßregeln zur Prüfung und Überwachung der Geschäftsführung;
7. die Bestellung von Prokuristen und von Handlungsbevollmächtigten zum gesamten Geschäftsbetriebe;
8. die Geltendmachung von Ersatzansprüchen, welche der Gesellschaft aus der Gründung oder Geschäftsführung gegen Geschäftsführer oder Gesellschafter zustehen, sowie die Vertretung der Gesellschaft in Prozessen, welche sie gegen die Geschäftsführer zu führen hat.

Der vorliegende Paragraph bestimmt, welche Angelegenheiten der Bestimmung der Gesellschafter unterliegen. § 46.

I. **Allgemeines über diese Vorschrift.** Anm. 1.

1. **Die der Bestimmung der Gesellschafter unterliegenden Angelegenheiten sind hier keineswegs erschöpfend aufgezählt.** Denn einmal unterstehen nach ausdrücklichen Gesetzesvorschriften noch andere Angelegenheiten der Bestimmung der Gesellschafter, z. B. § 52 des Gesetzes, § 243 Abs. 1 und 4 HGB. (Wahl und Abberufung von Aufsichtsratsmitgliedern), § 52 des Gesetzes, § 245 Abs. 3 HGB. (Festsetzung und Vergütung für den ersten Aufsichtsrat), zum Teil sogar ausschließlich und ohne die Möglichkeit, die Zuständigkeit der Gesellschafter als Beschlußorgans in diesen Punkten durch den Gesellschaftsvertrag zu beseitigen, so die Einforderung von Nachschüssen (§ 26), die Abänderung des Gesellschaftsvertrages einschließlich der Erhöhung und Herabsetzung des Stammkapitals (§§ 53 ff.), die Auflösung der Gesellschaft (§ 60 Abs. 1 Nr. 2), der Beschluß, durch welchen in Fällen der Auflösung der Gesellschaft die Liquidation anderen Personen als den Geschäftsführern übertragen wird (§ 66 Abs. 1), sowie derjenige Beschluß, durch welchen die nicht vom Gerichte ernannten Liquidatoren vor Ablauf des Zeitraums, für welchen sie bestellt sind, abberufen werden (§ 66 Abs. 3). Sodann aber ist davon auszugehen, daß die Gesellschafter als Beschlußorgan das oberste Willensorgan der Gesellschaft sind, welches überall da kontrollierend, anordnend, verbietend, ersetzend eingreifen kann, wo dieses Recht den Gesellschaftern nicht genommen ist. Dabei besagt die Überweisung einer Angelegenheit an ein anderes Organ noch nicht die Beseitigung der Gesellschaftergesamtheit als Oberbehörde in dem gedachten Sinne (vgl. hierüber Anm. 43 und 44 zu § 45).
2. **Die hier erwähnten Zuständigkeiten können durch den Gesellschaftsvertrag aufgehoben werden.** Siehe hierüber näheres zu den einzelnen Ziffern. Anm. 2.

II. **Die einzelnen der Bestimmung der Gesellschafter unterliegenden Angelegenheiten.**

Nr. 1. Die Feststellung der Jahresbilanz und die Verteilung des aus derselben sich ergebenden Reingewinns.

1. Die hier vorgesehene Feststellung der Jahresbilanz hat lediglich innere Bedeutung, d. h. nur für das Verhältnis der Gesellschafter zur Gesellschaft. Die öffentlichrechtliche Pflicht der Bilanzaufstellung liegt gemäß § 41 des Gesetzes den Geschäftsführern ob. Diese haben der dort vorgesehenen Pflicht zu genügen, die Bilanz innerhalb der dort vorgesehenen Frist aufzustellen und bei Bankgeschäften auch zu veröffentlichen. Es ist für die Erfüllung dieser Pflicht gleichgültig, ob die von den Geschäftsführern aufgestellte Bilanz von den Gesellschaftern genehmigt wird oder nicht (vgl. hierüber Anm. 26 zu § 41). Anm. 3.
2. Nach innen aber hat die Feststellung der Bilanz durch die Gesellschafter die Bedeutung, daß sie erst durch sie als richtig und als Grundlage weiterer Maßregeln, insbesondere des in § 29 den Gesellschaftern gegebenen Anspruchs auf den Reingewinn zu erachten ist (Anm. 2 ff. zu § 29). Der Gesellschafter kann seinen Anspruch auf den Reingewinn nicht auf die lediglich von den Geschäftsführern aufgestellte Bilanz stützen, ohne daß dieselbe der Beschlußfassung der Gesellschafter unterlegen hat. Noch weniger auf eine von ihm selbst aufgestellte Bilanz mit der Behauptung, daß dieselbe dem Gesetze gemäß gezogen sei. Vielmehr ist anzunehmen, daß — soweit nicht etwa statutarische Vorschriften die vorliegende Gesetzesbestimmung geändert haben — der Gesellschafterbeschluß die Grundlage und Vorbedingung für die Entstehung des in § 29 gegebenen Dividendenanspruchs ist. Verstößt der Feststellungsbeschluß gegen Gesetz oder Statut, so mag der Gesellschafter den Beschluß anfechten, wie sonst Gesellschafterbeschlüsse angefochten werden (Anm. 12 ff. zu § 45). Den Geschäftsführern als solchen steht ein solches Anfechtungsrecht nicht zu (RG. 49, 145). Auf die Fassung eines solchen Beschlusses hinzuwirken, ist, wenn dies verzögert wird, Sache jedes Gesellschafters. Der § 50 gibt ihm eine Handhabe dazu. Reicht diese nicht aus, so bleibt schließlich nichts übrig als die Anm. 4.

§ 46. Auflösungsklage nach § 61 des Gesetzes. — Inwieweit Gesetz- oder Statutenwidrigkeit die Auszahlung der Dividende gemäß dem Feststellungsbeschlusse hindert oder die geschehene Auszahlung zur Rückzahlung verpflichtet, darüber siehe Anm. 29 u. 35 zu § 45 und Anm. 1 ff. zu § 32.

Anm. 5. Der Bilanzfeststellungsbeschluß ist aber nicht bloß — wenigstens von Gesetzeswegen — die notwendige, sondern auch die einzige Grundlage des Dividendenanspruchs. Zwar sagt unser § 46 Nr. 1, daß die Gesellschafter auch über die Verteilung des aus der Jahresbilanz sich ergebenden Gewinns zu bestimmen haben. Aber damit sollte nicht gesagt werden, daß ein Dividendenanspruch nur insoweit bestehe, als die Gesellschafter die Gewinnverteilung besonders beschließen. Es soll damit nur im allgemeinen gesagt werden, daß für einen etwa erforderlichen Beschluß die Gesellschafter das zuständige Organ seien. Aber trotz dieser Bestimmung ist gemäß § 29 des Gesetzes mit dem die Bilanz feststellenden Beschlusse die Forderung des Gesellschafters auf die ihm hiernach zufallende Dividende als ein klagbarer Anspruch begründet. Regelmäßig kann also der Gesellschafter seinen Dividendenanspruch einfach auf den Bilanzfeststellungsbeschluß stützen und den etwaigen Dividendenverteilungsbeschluß, wie er auch lauten mag, ignorieren. Er braucht den letzteren nicht erst anzufechten, wenn dieser die Dividende anders verteilt, als sich dies aus der Bilanz ergibt. Er bringt vielmehr seinen Dividendenanspruch durch einfache Klage auf Zahlung auf Grund des Bilanzfeststellungsbeschlusses zur Geltung. Der Einwand des abweichenden Dividendenverteilungsbeschlusses ist ihm gegenüber belanglos, weil ja der Beschluß über ein ihm zustehendes Forderungsrecht verfügt haben würde, was die Zuständigkeit der Gesellschafterversammlung übersteigt (Anm. 40 zu § 45). Noch weniger kann eine neue Gesellschafterversammlung gültig beschließen, daß die aus einem früheren Beschlusse sich ergebende Dividende nicht verteilt werde. Auch solcher Beschluß braucht nicht angefochten zu werden. Er kann einfach ignoriert werden (RG. 37, 63 für das Aktienrecht). Doch ist der Beschluß der Gesellschaft, die aus der Bilanz sich ergebende Dividende zu verteilen, mehr als „bloße Formsache", wie die erste Auflage (S. 272 Anm. 5) es nannte. Er enthält ein Anerkenntnis der Dividendenforderung der Gesellschafter mit allen Wirkungen eines solchen und bildet daher ein eigenes Klagefundament. Der Widerruf richtet sich nach den Grundsätzen des Civilrechts (vgl. Anm. 4 zu § 29 und Anm. 1 u. 2 zu § 32).

Anm. 6. Ausnahmsweise aber wohnt auch dem Dividendenverteilungsbeschlusse die Bedeutung einer Rechte erzeugenden Erklärung bei: wenn nämlich nach dem Gesellschaftsvertrage nicht der ganze Reingewinn zur Verteilung bestimmt ist, vielmehr dem Gesellschafterbeschlusse die Disposition über den ganzen oder einen Teil des Reingewinns vorbehalten ist. Eine solche Bestimmung ist nach § 29 gültig. Ja es kann sogar das Statut bestimmen, daß die Gesellschafter nach Gutdünken über die Bildung von Reservekonten oder gar über die Verteilung des Reingewinns überhaupt entscheiden. Eine Bestimmung der letzteren Art ist aber darin noch nicht zu finden, daß das Statut bestimmt, die Gesellschafterversammlung setze die Dividenden fest. Damit ist nur gesagt, daß die Gesellschafterversammlung unter Beobachtung von Gesetz und Statut die Dividende zu bestimmen hat (vgl. Staub HGB. Anm. 3 zu § 260).

Ist der Gewinn oder ein Teil desselben zur Verfügung der Gesellschafter gestellt, so entsteht der Dividendenanspruch erst mit dem Verteilungsbeschlusse. Er ist ein gesellschaftsrechtlicher Akt, der Einzelansprüche der Gesellschafter erzeugt. Er ist kein individualrechtliches Rechtsgeschäft, daß erst eines Zugehens an die Berechtigten (§ 130 Abs. 1 BGB.) bedürfte. Er ist wirksam mit dem Momente der Beschlußfassung. Voraussetzung des Beschlusses ist das Vorliegen einer richtigen Bilanz. Über den Widerruf vgl. Anm. 1 zu § 32.

Anm. 7. 3. Im übrigen gelten über den Bilanzfeststellungsbeschluß die §§ 47—51. Zu erwähnen ist nur, daß auch die Geschäftsführer mitstimmen dürfen, wenn sie Gesellschafter sind (RG. 49, 146; vgl. unten Anm. 23). Es ist ferner zu erwähnen, daß die

Gesellschafter die Versammlung auch vertagen können, um Ermittelungen anzustellen. § 46.
Ein Vertagungsrecht der Minderheit aber nach Art des § 264 HGB. findet hier von Gesetzeswegen nicht statt. Es durch den Gesellschaftsvertrag einzuführen, besteht kein Hindernis. Eine Einreichung der festgestellten Jahresbilanz zum Handelsregister ist nicht vorgeschrieben. Nur bei Bankgeschäften findet die Einreichung der Publikation statt (vgl. Anm. 24 ff. zu § 41).

4. **Durch das in Anm. 5 u. 6 Gesagte ist zugleich der in Nr. 1 unseres Paragraphen erwähnte Beschluß auf Verteilung des jährlichen Reingewinns behandelt.** Derselbe hat, wie dort ausgeführt ist, im allgemeinen nur die Bedeutung eines Anerkenntnisses, ausnahmsweise jedoch auch materielle Bedeutung, die Begründung des Anspruchs. Anm. 8.

5. **Einer weiteren Betrachtung aber muß die Frage der Vorbereitung der Bilanzfeststellung unterzogen werden.** Das Gesetz bestimmt in § 46 Nr. 1 nichts weiter, als daß die Bilanzfeststellung der Beschlußfassung der Gesellschafter unterliegt. Wie die Vorbereitung der Bilanzfeststellung zu erfolgen hat, darüber fehlen gesetzliche Bestimmungen. Die Bestimmungen des Aktienrechts sind hier nicht herüber genommen. Es ist weder, wie in § 260 Abs. 2 HGB. für das Aktienrecht, angeordnet, daß die Geschäftsführer die Jahresrechnung und einen Geschäftsbericht dem Aufsichtsrat und der Generalversammlung vorzulegen haben. Noch, wie in § 263 Abs. 1 HGB. bestimmt, sind diese Vorlagen 2 Wochen vor der Gesellschafterversammlung in den Geschäftsräumen der Gesellschaft auszulegen. Noch können die Gesellschafter in den letzten 2 Wochen vor der Gesellschafterversammlung Abschriften der Jahresrechnungen (§ 263 Abs. 2 HGB.) verlangen. Anm. 9.

Allein aus der Natur der Sache, aus den Gesellschaftsverhältnissen und aus der selbstverständlichen Erwägung, daß, wer seine Stimme abgeben soll, in die Lage versetzt werden muß, die Unterlagen seiner Abstimmung zu prüfen, ergibt sich folgendes: Anm. 10.

a) Der Gesellschafterversammlung sind die Jahresrechnungen vorzulegen. Ihr sind auf Verlangen der Mehrheit auch die Bücher und Skripturen vorzulegen und jede Auskunft zu erteilen, welche die Mehrheit für erforderlich hält. Das geht auch schon aus § 46 Nr. 6 hervor. Aber auch das Verlangen eines einzelnen Gesellschafters um Auskunft und Nachweisung kann ohne zwingende Gründe von der Mehrheit dann nicht abgelehnt werden, wenn Auskünfte verlangt werden, welche nach der Sachlage für einen verständigen Mann erforderlich sind, um sich über seine Stimmabgabe schlüssig zu machen. Unter Umständen kann sich ein solches Verlangen sogar auf Vorlegung der Bücher erstrecken (vgl. über alles dieses Anm. 48 und 49 zu § 45).

b) Dem Aufsichtsrat, wenn ein solcher bestellt ist, müssen die Jahresrechnungen und Nachweise rechtzeitig vor der Gesellschafterversammlung übergeben werden, damit er sich auf seine Berichterstattung vorbereiten kann (§§ 52 des Gesetzes und 246 HGB.). Anm. 11.

6. **Durch den Gesellschaftsvertrag kann die Vorschrift der Nr. 1 abgeändert werden.** Es kann z. B. bestimmt werden, daß die Gesellschafter nicht durch Beschluß über die Feststellung der Jahresbilanz bestimmen, sondern daß die Geschäftsführer den einzelnen Gesellschaftern die Jahresrechnung zuzusenden haben, und daß derjenige, der sich innerhalb bestimmter Zeit nicht erklärt, als zustimmend gilt. Es kann auch bestimmt werden, daß die Bilanz nur dann als genehmigt gilt, wenn alle Gesellschafter sie genehmigen. In solchem Falle kann keine Dividende verteilt werden, bis alle Gesellschafter zustimmen. Tritt dadurch ein unhaltbarer Zustand ein, so kann nur die Auflösungsklage des § 61 helfen (vgl. oben Anm. 4). Anm. 12.

Es kann aber auch bestimmt werden, daß die Bilanzfeststellung oder die Gewinnverteilung einem anderen Organ übertragen wird, z. B. dem Aufsichtsrat oder einem Delegierten der Gesellschaft oder gar den Geschäftsführern. Ob solche Delegationen dahin auszulegen sind, daß gegen eine Bilanzfeststellung, welche nicht den Gesetzen oder den Statuten entspricht, die Anfechtung zulässig ist, kann nur von Fall zu Fall entschieden werden. Im Zweifel wird dies anzunehmen sein. Die Anfechtung erfolgt dann in Anm. 13.

§ 46. derjenigen Weise und mit derjenigen Wirkung, wie die Anfechtung eines Gesellschafterbeschlusses (vgl. Anm. 41 ff. zu § 45).

Anm. 14. 7. **Über die Entlastung der Geschäftsführer** s. unten Anm. 23.

Nr. 2. Die Einforderung von Einzahlungen auf die Stammeinlage.

Anm. 15. 1. **Wenn der Gesellschaftsvertrag nichts anderes bestimmt, so setzt die Einforderung von Einzahlungen auf die Stammeinlage einen Beschluß der Gesellschafter voraus.** Die Einzahlungen auf die Einlage werden nicht ohne weiteres fällig. Die Gesellschafter als Beschlußorgan haben vielmehr, wenn im Gesellschaftsvertrage nichts anderes gesagt ist, souverän darüber zu bestimmen, wann die Einforderung der rückständigen Einlagen erfolgen soll. Dabei haben auch diejenigen Gesellschafter, um deren Einlagerückstände es sich handelt, das Recht der Stimmabgabe, da keiner der Fälle des § 47 Abs. 4 vorliegt. Beschließt die Gesellschafterversammlung die Einforderung nicht, obgleich die Verhältnisse der Gesellschafter dies erfordern, so kann dadurch das Bestehen der Gesellschaft in Frage gestellt werden. Gleichwohl hat der einzelne Gesellschafter außer seiner Stimmabgabe kein Machtmittel, um die Einforderung der Einzahlung zu erzwingen. Es bleibt ihm eventuell nichts weiter als die Auflösungsklage gemäß § 61 übrig. Das Vorliegen eines Einforderungsbeschlusses gehört also zur Begründung der Klage auf Einzahlung. Einredeweise kann der Gesellschafter die Ungültigkeit des Beschlusses darlegen. Der Einwand, daß das Geld für die Zwecke der Gesellschaft nicht erforderlich sei, ist unstatthaft. Im Konkurse fällt die Voraussetzung des Gesellschafterbeschlusses weg. (Über die Einziehung von Einlagen im Konkurse siehe näheres zu § 63). Wenn aber ein Gläubiger außerhalb des Konkurses sich den Anspruch auf Einzahlung im Wege der Pfändung überweisen läßt, so muß er zur Begründung der Klage ebenfalls das Vorliegen eines Gesellschafterbeschlusses nachweisen. Förtsch Anm. 4 leugnet dies mit Unrecht. Der Gläubiger macht ja aber nur das Recht der Gesellschaft gegen die Gesellschafter geltend, und dieses ist eben abhängig von einem Gesellschafterbeschlusse.

Anm. 16. 2. **Der Gesellschaftsvertrag kann diese Voraussetzung abschaffen oder modifizieren.** Er kann die Bestimmung über die Zeit der Einzahlungen dem Aufsichtsrat, einem Delegierten der Gesellschafter, den Geschäftsführern übertragen, sei es, daß diese Organe zunächst das Bestimmungsrecht und die Gesellschafter das Recht der Aufsicht haben, oder auch so, daß den Gesellschaftern jedes Bestimmungs- und Kontrollrecht hierüber genommen ist. Der erstere Zustand ist der präsumtive (vgl. Anm. 41 zu § 45). Der Gesellschaftsvertrag kann das Erfordernis des Beschlusses der Gesellschafter auch in der Weise ausschließen, daß er selbst, der Gesellschaftsvertrag, die Bedingungen der Einzahlungspflicht erschöpfend festsetzt. Er kann z. B. bestimmen, in welchen bestimmten Zeitpunkten die weiteren Einzahlungen fällig sind. Dann sind sie eben fällig, ohne daß die Gesellschafter die Einzahlung beschließen. Er kann auch bestimmte Tatsachen festsetzen, bei deren Eintritt die Einzahlungspflicht ohne weiteres fällig wird. Häufig enthält der Gesellschaftsvertrag die Bestimmung, daß die weiteren Einzahlungen nach Bedarf oder wenn die Geschäftslage dies erfordert, zu erfolgen haben. Eine solche Statutenbestimmung eliminiert das Bestimmungsrecht der Gesellschafter nicht. Sie ist eine Direktive an die Gesellschafter, die Einzahlungen nur dann zu beschließen, wenn die Geschäftslage es erfordert. Als Voraussetzungen, die im Einzelfalle nachgewiesen werden müssen oder deren Nichtvorliegen der eingeklagte Gesellschafter beweisen kann, sind solche Bestimmungen in der Regel nicht aufzufassen. Man würde sonst der Gesellschaft das Recht entziehen, selbst zu entscheiden, ob ihre Geschäftslage das Kapital braucht. Nur wenn das Statut deutlich erkennen läßt, daß mit einer solchen Vorschrift eine der Nachprüfung unterliegende Voraussetzung geschaffen werden sollte, ist eine Anfechtung des Beschlusses im Wege der Klage und der Einrede zuzulassen. Doch hat der Gesellschafter dann die Beweislast. Ihre entgegengesetzte Verteilung würde dazu führen, daß

jedem einzelnen Gesellschafter trotz des Beschlusses auf Einforderung besonders dargetan § 46.
und im Prozesse bewiesen werden müßte, daß und aus welchen Gründen die Geschäftslage die Einforderung der Einzahlung erfordert. Das widerspricht allen Begriffen des Gesellschaftsrechtes.

Nr. 3. Die Rückzahlung von Nachschüssen.

Auch die Bestimmung hierüber unterliegt dem Beschlusse der Gesellschafter. Welche Anm. 17.
weiteren Voraussetzungen vorliegen müssen, darüber s. Anm. 13 ff. zu § 30. Im Gegensatz zur ersten Auflage muß auch für diesen Punkt eine Abänderung dieser Voraussetzung durch den Gesellschaftsvertrag für zulässig erklärt werden (vgl. Anm. 13 zu § 30).

Nr. 4. Die Teilung sowie die Einziehung von Geschäftsanteilen.

1. **Die Teilung von Geschäftsanteilen.** Zur Teilung von Geschäftsanteilen ist regelmäßig Anm. 18.
die Genehmigung der Gesellschaft erforderlich (§ 17). Die erste Auflage nahm an, daß der Geschäftsführer sie mit Wirkung nach außen erteile. Doch dürfe er sie zufolge des § 46 Nr. 4 nur erteilen, wenn die Gesellschafter dies beschlossen haben. Habe er ohne solchen Beschluß die Genehmigung erteilt, so sei sie nach § 37 Abs. 2 gleichwohl nach außen wirksam. Aber der Geschäftsführer habe seine Pflicht verletzt und sich gemäß § 43 verantwortlich gemacht. Gegen diese Auffassung spricht zunächst der Wortlaut des Gesetzes. „Der Bestimmung unterliegen" bedeutet nicht, daß eine Genehmigung einzuholen sei. Man will damit die Beschlüsse und Tätigkeit der Gesellschafter unmittelbar mit der Wirkung des Rechtsaktes ausstatten. Sie handeln als Organ der Gesellschaft, wie auch in den anderen Fällen des § 47 (vgl. auch Ziff. 7 und Anm. 33). Es steht auch kein Rechtsgeschäft mit Dritten, bei dem die Gesellschaft durch den Geschäftsführer vertreten wird, in Frage, sondern ein gesellschaftsrechtlicher Akt. Der einzelne Gesellschafter erwirkt von den andern Gesellschaftern die Aufteilung des durch das Statut festgestellten Geschäftsanteils. Er kann sich nicht darauf berufen, daß der Geschäftsführer zustimmte. Nur die Gesellschafter haben die Macht, den Geschäftsanteil zu zerlegen (vgl. Förtsch Anm. 6 zu § 46).

Durch Gesellschaftsvertrag kann dem Geschäftsführer oder einem anderen Organe diese Anm. 19.
Befugnis übertragen werden (§ 45 Abs. 1). Dagegen kann von der Genehmigung der Gesellschaft, außer in den in § 17 Abs. 3 vorgesehenen Fällen, auch durch Gesellschaftsvertrag nicht abgesehen werden. Eine derartige Bestimmung des Gesellschaftsvertrages wäre ungültig und nicht eintragungsfähig, und wenn eingetragen, nicht wirksam. Eine auf sie gestützte konsenslose Teilung wäre unwirksam (vgl. Anm. 13 u. 15 zu § 17).

Über die Erteilung der Genehmigung zur Veräußerung eines ganzen Geschäftsanteils zufolge statutarischer Vorschrift vgl. Anm. 52 zu § 15. Es ist der in § 46 Nr. 4 enthaltene Gedanke durch den Gesellschaftsvertrag auch auf die Veräußerung eines ganzen Geschäftsanteils ausgedehnt.

2. **Die Einziehung von Geschäftsanteilen.** Die Voraussetzungen derselben sind in § 34 enthalten Anm. 20.
(vgl. Anm. 1 ff. zu § 34). Wenn aus dem Gesellschaftsvertrage nichts anderes hervorgeht, so ist zur Einziehung ein Gesellschafterbeschluß erforderlich. Auch hier kann dieser statutarisch einem anderen Organe übertragen sein.

Nr. 5. Die Bestellung und die Abberufung von Geschäftsführern, sowie die Entlastung derselben.

1. **Die Bestellung der Geschäftsführer ausschließlich der Regelung der Besoldung, Zeitdauer u. s. w.** Anm. 21.
Von Gesetzeswegen steht diese Bestellung der Gesellschafterversammlung zu. Es ist also ein Geschäftsführer nicht berechtigt, einen anderen Geschäftsführer anzustellen. Wenn er dies dennoch tut, so ist die Bestellung auch nicht nach § 37 Abs. 2 gültig. Denn es handelt sich hier um einen Beschluß der Ausgestaltung der Organisation der Gesellschaft (vgl. Anm. 6 zu § 37). Bestellen die Gesellschafter durch Beschluß einen Geschäfts-

§ 46. führer, so vertreten sie als Kollegium insoweit die Gesellschaft, besonders dann, wenn ein anderes Organ, welches den Bestellungsbeschluß ausführen könnte, nicht vorhanden ist. Insbesondere gilt dies im Stadium der Gründung.

Die Bestellung der Geschäftsführer kann aber nach dem Gesellschaftsvertrage auch anderen Organen obliegen (vgl. Anm. 14 zu § 35). Ebenso kann, wenn die Bestellung den Gesellschaftern verbleibt, das Statut ihnen Schranken bezüglich der Personen, aus den sie zu wählen haben, bezüglich der Bedingungen, der Anstellung u. s. w. setzen. Diese Bestimmungen sind verzichtbar.

Anm. 22. 2. **Die Abberufung der Geschäftsführer.** Auch diese liegt von Gesetzes wegen den Gesellschaftern ob. Doch kann sie durch Gesellschaftsvertrag auch anderen Organen übertragen werden, z. B. dem Aufsichtsrate (vgl. Anm. 12 zu § 52) oder einem Obmanne der Gesellschafter (vgl. Anm. 30 zu § 45). Über die Abberufung siehe näheres Anm. 1 ff. zu § 38.

Anm. 23. 3. **Die Entlastung der Geschäftsführer.**

a) Diese schließt sich normalerweise an die Bilanzfeststellung an. Sie ist aber begrifflich von dieser verschieden. *Bilanzfeststellung und Entlastung sind verschiedene Dinge* (RG. 49, 146). Die Bilanz, d. h. das rechnungsmäßige Ergebnis der Geschäftsführung, kann genehmigt werden, ohne daß damit auch die Geschäftsführung gutgeheißen wird. Deshalb dürfen bei der Bilanzgenehmigung auch die Mitglieder der Verwaltung mitstimmen (RG. 49, 146). Umgekehrt kann den Geschäftsführern Entlastung erteilt und die Bilanz möglicherweise doch nicht genehmigt werden, weil vielleicht die Bilanzansätze nicht gebilligt werden.

Anm. 24. b) *Der Entlastungsbeschluß ist gültig, wenn er dem Gesetze gemäß zustande gekommen ist.* Ob es sachgemäß war, Entlastung zu erteilen, ist dabei gleichgültig. Es kann der die Entlastung aussprechende Beschluß nicht deshalb angefochten werden, weil die Verwaltung Fehler begangen habe. Begangene Fehler können fehlerlos verziehen werden. Es kann umgekehrt der die Entlastung verweigernde Beschluß nicht deshalb angefochten werden, weil die Gesellschaftsorgane keine Fehler begangen haben. Die Gesellschaftsorgane selbst, denen die Entlastung verweigert ist, müssen in solchem Falle auf Entlastung klagen (vgl. unten Anm. 25). Dagegen ist die Entlastung fehlerhaft beschlossen und deshalb ungesetzlich und anfechtbar, wenn in der betreffenden Gesellschafterversammlung nicht ordnungsmäßig Rechnung gelegt wurde, obgleich dies auch nur von einem Gesellschafter verlangt wurde (RG. 34, 57 für das Aktienrecht; vgl. oben Anm. 10).

Anm. 25. c) *Der Anspruch der Gesellschaftsorgane auf Entlastung.* Die Gesellschaftsorgane haben einen civilrechtlichen Anspruch auf Entlastung. Derselbe setzt voraus, daß sie durch Vorlegung der Bilanz und Gewinn- und Verlustrechnung, der sonstigen vom Aufsichtsrat oder der Gesellschafterversammlung geforderten Erklärungen und Nachweise in gehöriger Weise die Ergebnisse ihrer Geschäftsführung zur Prüfung unterbreitet haben. Verweigern die Gesellschafter als Beschlußorgan (oder das sonstige hierzu bestimmte Organ) die Entlastung, so steht den Gesellschaftsorganen ein Klagerecht gegen die Gesellschaft zu, nicht etwa ein Recht der Anfechtung des Gesellschafterbeschlusses (RG. 49, 145). Die Entlastung haben auch die Geschäftsführer zu beanspruchen, welche zur Zeit der Bilanzerrichtung nicht mehr im Amte sind. Einen Anspruch, bei der Errichtung der Bilanz mitzuwirken, haben sie aber deshalb nicht. Wird ihnen die Entlastung verweigert, so ist ihnen, soweit dies zur Begründung ihres Anspruchs auf Entlastung erforderlich erscheint, die Einsicht der Bücher und Schriften der Gesellschaft zu gestatten. Wie der Anspruch auf Decharge, so fließt auch dieses Nebenrecht noch aus dem bereits beendeten Dienstverhältnisse.

Entlastung hat die Bedeutung des negativen Anerkenntnisses, daß gegen die Geschäftsführer Ansprüche aus der Verwaltung nicht bestehen. Die Klage auf Decharge ist daher nur negative Feststellungsklage. Sie kann sich nur darauf stützen, daß Ansprüche gegen den Geschäftsführer nicht bestehen. Sofern solche Versehen vorgefallen sind, für welche der Geschäftsführer haftet, besteht ein Anspruch auf Entlastung nicht. Hieraus folgt,

daß mit der Klage auf Decharge nicht eine Willenserklärung der Gesellschaft verlangt § 46.
wird, auf welche § 894 CPO. anwendbar wäre. Geschäftsführer, welche im Prozesse die Gesellschaft vertreten oder die besonders für den Prozeß bestellten Vertreter derselben haben gar kein Recht, eine solche Erklärung abzugeben. Wohl aber vertreten sie die Gesellschaft in einem Rechtsstreit, in welchem das Nichtbestehen eines Anspruchs gegen den nicht entlasteten Geschäftsführer ausgetragen wird. Eine Streitverkündung an die Gesellschafter ist nicht zulässig. Ebensowenig ein Auftreten derselben als Nebenintervenienten. Die Beweislast trifft die Gesellschaft. Sie muß dartun, welche Ansprüche sie gegen den Kläger zu haben behauptet und diese beweisen. Dem Geschäftsführer kann der Beweis, daß die von der Gesellschaft angegebenen Verfehlungen nicht vorliegen, nicht aufgebürdet werden.

d) Die Bedeutung der erteilten Entlastung. Hierüber enthält das Gesetz keine Anm. 26.
Bestimmung. Es entscheiden daher allgemeine Rechtsgrundsätze über die Natur der hier in Rede stehenden Rechnungslegung.

α) Decharge ist das Anerkenntnis, daß Ansprüche aus der Geschäftsführung für das ab- Anm. 27.
gelaufene Geschäftsjahr nicht bestehen (§ 397 BGB.). Es enthält sowohl eine Feststellung als einen Erlaß. Das letztere aber nicht unbedingt. Das RG. (12, 77; 13, 51; Holdheim 13, S. 131 u. 286; JW. 04, 43), geht von der Ansicht aus, daß sich die Entlastung nur auf diejenigen Punkte bezieht, welche in der Bilanz und in der Gewinn- und Verlustrechnung Erwähnung gefunden haben oder aus ihr erkennbar sind. Die erste Auflage (Anm. 27, S. 276) bezeichnete mit Simon (S. 20), Makower Anm. IV b zu § 260 HGB., Ring Nr. 5 zu § 260 HGB., Pinner Aktienrecht 201, die Meinung des RG. als unzutreffend. Denn die hier zu legende Rechnung sei ihrer Natur nach anders geartet, als im Normalfall. Die Bilanz und die Gewinn- und Verlustrechnung stellten nur eine summarische Darstellung der Geschäftsergebnisse dar. Als Korrelat dieser Kürze bestehe die Pflicht der Geschäftsführer, dem Aufsichtsrate jede weitere Aufklärung und jeden Nachweis zu geben, den dieser verlangt (§ 52 des Gesetzes, § 246 HGB.), ferner die Pflicht, die von den Gesellschaftern als Beschlußorgan verlangten Auskünfte und Nachweise zu erbringen (vgl. oben Anm. 10). Daraus müsse gefolgert werden, daß sich die Entlastung auf alle Punkte erstreckt, welche bei ordnungsmäßiger Prüfung der Bilanz und ihrer Unterlagen hätten wahrgenommen werden können, und daß nur diejenigen Punkte durch die Entlastung nicht gedeckt sind, die sich weder aus den Jahresrechnungen, noch aus den Büchern und Schriften der Gesellschaft erkennen lassen. Allein diese Momente reichen nicht aus, die Ansicht des RG. zu entkräften. Sie unterstellen eine Kontrollpflicht der Gesellschafter, von der das Gesetz nichts weiß. Sie tun dem Wesen der Decharge Gewalt an, die nur einen Verzicht auf die bekannten Ansprüche enthält. Ein Anerkenntnis, daß die Geschäftsführer der Gesellschaft nichts schulden, kann wie das positive Anerkenntnis widerrufen werden, sobald die Unrichtigkeit dieser Feststellung erwiesen wird. Der Beweis, daß das Anerkenntnis wissentlich abgegeben würde, liegt dem Schuldner ob. Die §§ 812 Abs. 2, 814 BGB. sind auch auf das Anerkenntnis des Nichtbestehens einer Schuld anwendbar.

β) Die erteilte Entlastung bezieht sich an sich auch auf die Folgen von do- Anm. 28.
losen Pflichtverletzungen. Vgl. jedoch die folgende Anm. 29.

γ) Überall aber sind ordnungsmäßige Vorlagen Voraussetzung der Ent- Anm. 29.
lastung, wenn sie in der angegebenen Weise wirken soll. Auf irreführende Vorlagen kann sich der Geschäftsführer nicht berufen (RG. 18, 63; vgl. auch Bolze 17 Nr. 538). Unvollständigkeit der Vorlagen ist zwar an sich unschädlich, falls sie nicht als eine irreführende Unvollständigkeit erscheint. Diese verhindert die Wirkungen der Entlastung (Staub HGB. Anm. 12 zu § 260; vgl. aber oben Anm. 27).

Die Übertragung der Entlastung an andere Organe ist zulässig. Nur kann natürlich Anm. 30.
nicht dem einzigen Geschäftsführer seine Entlastung übertragen werden (vgl. Anm. 34 zu § 45). Statthaft wäre aber bei mehreren Geschäftsführern, jedem die Entlastung der anderen zu überlassen.

§ 46. **Nr. 6. Die Maßregeln zur Prüfung und Überwachung der Geschäftsführung.**

Anm. 31. Von Gesetzeswegen und soweit der Gesellschaftsvertrag den Gesellschaftern das Recht nicht genommen hat, steht ihnen als Beschlußorgan das Recht zu, die Geschäftsführung im umfassendsten Maße zu prüfen und zu überwachen. Sie können dies tun, indem sie die Berichterstattung an die Gesellschafterversammlung anordnen, oder indem sie Delegierte, Sachverständige u. s. w. beauftragen, im Namen der Gesellschafter Revisionen vorzunehmen.

Die Bestimmung Ziff. 6 beweist, daß auch bei unserer Gesellschaft die Gesellschafter als Beschlußorgan die oberste, den anderen Organen übergeordnete Behörde ist. Nur der Gesellschaftsvertrag kann in diese Stellung abändernd eingreifen. Man wird eine abändernde Bestimmung nur dann als vorhanden annehmen können, wenn das Statut mit Klarheit dazu zwingt. Denn es handelt sich um das wichtigste Recht der Gesellschafterversammlung.

Anm. 32. Der einzelne Gesellschafter hat hiernach nicht das Recht, die Geschäftsführung zu prüfen oder zu überwachen. Doch wird man ihm unter Umständen auch nach dieser Richtung gewisse Rechte geben, die ihm nicht versagt werden können, wenn er sein Abstimmungsrecht verständigerweise ausüben soll (vgl. hierüber oben Anm. 10). Es kann aber auch im Gesellschaftsvertrag jedem Gesellschafter für sich das Recht gegeben sein, die Bücher und Schriften der Gesellschaft einzusehen, Maßnahmen der Geschäftsführer zu verbieten u. s. w. Es wird dies dann vorkommen, wenn die Gesellschaft sich ihrer inneren Beschaffenheit nach der offenen Handelsgesellschaft nähert und der Geschäftsführer mehr dem Handelsbevollmächtigten der Gesellschafter ähnelt.

Andererseits kann aber auch der Gesellschaftsvertrag dies Überwachungsrecht der Gesellschafter beseitigen. Er kann dem Geschäftsführer in seiner Verwaltung eine völlig unabhängige Stellung geben. Dies besonders dann, wenn der Geschäftsführer der Hauptgesellschafter ist. Selbstverständlich kann die Überwachung auch anderen Organen übertragen werden.

Nr. 7. Die Bestellung von Prokuristen und von Handelsbevollmächtigten zum gesamten Geschäftsbetriebe.

Anm. 33. 1. **Die Bestellung von Prokuristen.**

a) Die erste Auflage (Anm. 32, S. 277) vertrat die Ansicht, daß die vorliegende Vorschrift nur Wirkung nach innen habe. Nach außen sei der Geschäftsführer auch in dieser Hinsicht gesetzlicher Vertreter der Gesellschaft mit schrankenloser Befugnis. Habe der Geschäftsführer auf die im § 48 HGB. bezeichnete Art jemanden Prokura erteilt, so sei derselbe Prokurist mit allen Rechtswirkungen nach außen (§ 37 Abs. 2). Ob die Prokuraerteilung aus inneren Gründen zu Unrecht geschehen, d. h. dem Gesellschaftsvertrage oder einer Anordnung der inneren Organe zuwider erfolgt sei, habe der Geschäftsführer nach innen zu verantworten (vgl. unten Anm. 43). Die Ansicht ist nicht aufrecht zu erhalten. Dagegen sprechen schon die Motive (S. 76). Man wollte nicht, wie dies vorgeschlagen war, die Bestellung der Prokuristen der Geschäftsführung überlassen, noch aber auch eine solche ganz ausschließen. Bei der erheblichen Tragweite der Maßregel entzog man sie als Regel dem Geschäftsführer und überließ sie den Gesellschaftern selbst. Ihre Sache ist es, im Statute von dieser Maßregel wieder abzusehen. Diese Gedanken sind auch im Gesetze zum Ausdrucke gekommen. Man kann die Worte „der Bestimmung der Gesellschafter unterliegen", nicht dahin verstehen, daß die Geschäftsführer nur nach innen verpflichtet sind, die Zustimmung der Gesellschafter einzuholen. Das hätte man anders ausgedrückt. Auch die Einreihung zwischen „Maßregeln zur Überwachung" und „Geltendmachung von Ersatzansprüchen" zeigt, daß es sich hier nicht plötzlich um eine Ausnahme von dem System des § 47 handeln kann, wonach die aufgezählten Fälle einen Beschluß der Gesellschafter zum Eintritte der Rechtsfolgen, die hier benannt sind, voraussetzen. Der Registerrichter darf mithin eine Bestellung zum Prokuristen nur eintragen, wenn sie durch die Gesellschaft erfolgte. Nur die Anmeldung liegt dem Geschäftsführer ob (vgl. Birkenbihl 10 zu § 47). **§ 46.**

b) Die Vorschrift ist rein dispositiv. Sie gilt nur, wenn der Gesellschaftsvertrag nichts anderes bestimmt. Der Gesellschaftsvertrag kann die Prokuraerteilung dem Aufsichtsrat oder einem anderen Organe (Anm. 30ff. zu § 45), auch dem Geschäftsführer übertragen. Er kann die Prokuraerteilung ganz untersagen. Das Statut kann auch anordnen, daß nur 2 Kollektivprokuristen bestellt werden dürfen. Eine derartige Statutenbestimmung ist gültig und eintragungsfähig. Im Widerspruch mit ihr erfolgende Prokurabestellung ist zurückzuweisen. Anm. 34.

c) Sonstiges über die Prokura. Anm. 35.

α) Der Umfang der in der Prokura enthaltenen Vollmacht. Der im § 49 HGB. vorgesehene Umfang der Prokura ist hier begrifflich nicht der gleiche, wie sonst. Der Zusammenhang der Gesetze ergibt, daß er hier ein weiterer ist. Denn nach § 49 HGB. ermächtigt die Prokura im allgemeinen nur zu solchen Rechtsgeschäften, die der Betrieb eines Handelsgewerbes mit sich bringt. Die GmbH. ist aber eine Handelsgesellschaft auch dann, wenn sie kein Handelsgewerbe betreibt (§ 13 Abs. 3). Als Wille des Gesetzgebers muß hieraus gefolgert werden, daß hier die Prokura ermächtigt zu allen Geschäften und Rechtshandlungen, welche das von ihr betriebene Gewerbe, es mag ein Handelsgewerbe sein oder nicht, mit sich bringt, ausgenommen stets zur Veräußerung und Belastung von Grundstücken. Ebenso ermächtigt die Prokura zu allen die Erledigung ihrer Vermögensangelegenheiten mit sich bringenden Geschäften, wenn sie überhaupt kein Gewerbe betreibt, z. B. wenn eine Loge, eine Studentenverbindung, ein Sportverein, eine Wohltätigkeitsgesellschaft für ihre Zwecke ein Grundstück erwirbt und auf dieser Basis eine GmbH. gründet.

Bei der GmbH. ist es aber, wie bei der Aktiengesellschaft, fraglich, ob der Prokurist auch die Gesellschaft gegenüber den Gesellschaftern vertritt. Soweit dies zum Betriebe des Gewerbes oder ihrer sonstigen Vermögensangelegenheiten gehört, ist er hierzu berechtigt. Anders bei internen Akten, welche dem Geschäftsführer als solchem obliegen, also insbesondere die für die Gesellschafter bestimmten Publikationen. Der Prokurist kann daher z. B. nicht die Gesellschafterversammlung einberufen (§ 49), außer wenn das Statut dies besonders zuläßt. Anm. 36.

β) Die Unbeschränkbarkeit der Prokura gilt auch hier als Prinzip (vgl. § 50 HGB.). Und auch hier gilt, was im § 50 HGB. über die Zulässigkeit von Ausnahmen gesagt ist, insbesondere auch über die Prokura für eine Zweigniederlassung (vgl. OLG. Hamburg in DJZ. 01, 488). Anm. 37.

Die Kenntnis des Dritten von einer gleichwohl statuierten Beschränkung macht dieselbe auch hier nicht wirksam, wohl aber Kollusion, die aber nicht in bloßer Kenntnis der Beschränkung liegt (RG. 22, 75; vgl. Anm. 12 zu § 37). Anm. 38.

γ) Die Eintragung der Prokura in das Handelsregister. Sie ist nicht wesentlich für ihre Erteilung und ihre Existenz. Aber sie ist nach § 53 HGB. zu bewirken und die Anmeldung eventuell nach § 14 HGB. durch Ordnungsstrafen zu erzwingen (unten Anm. 40). Ist die Prokura erteilt, so ist dieselbe zur Eintragung in das Handelsregister anzumelden. In der ersten Auflage wurde die Konsequenz aus der Ansicht, daß stets der Geschäftsführer die Prokura erteile (oben Anm. 33), gezogen und dem Registerrichter jedes Prüfungsrecht versagt. Nicht bloß, daß der Registerrichter bei der Anmeldung nicht zu prüfen habe, ob der Geschäftsführer bei der Erteilung innerhalb der statutarischen Beschränkungen gehandelt hat. Er müsse die Prokura sogar dann eintragen, wenn er in dieser Beziehung das Gegenteil wisse. Allein die Bestimmungen des Aktienrechts, auf die sich die erste Auflage hierbei stützte und deren Literatur und Rechtsprechung herangezogen war (Behrend § 126 Anm. 2; Pinner Aktienrecht 152; LG. Breslau bei Holdheim 3, 325; Ring Nr. 3 zu § 238; anders für das Aktienrecht KG. v. 10. 4. 01 in RJA. 2, 74 und in KGJ. 22 A, 113), ist hier nicht anwendbar. Der § 238 HGB. schreibt vor, daß der Vorstand mangels anderer Bestimmung durch Statut oder Beschluß Anm. 39.

§ 46. der Generalversammlung Prokuristen nur mit Zustimmung des Aufsichtsrats bestellen dürfe. Das ist eine nur nach innen wirkende Vorschrift, deren Beobachtung Sache des Vorstandes ist. In § 47 unseres Gesetzes aber unterliegt die Bestellung der Prokuristen der Bestimmung der Gesellschafter (vgl. oben Anm. 33). Der Registerrichter hat daher zu prüfen, ob die Prokura von dem nach dem Statute oder Gesetze zuständigen Organe erteilt ist.

Anm. 40. δ) Die Anmeldung der Prokura ist stets zu bewirken von den Geschäftsführern, und zwar in derjenigen Zusammensetzung, in welcher sie auch sonst die Gesellschaft vertreten. Die Geschäftsführer können nach § 14 HGB. durch Ordnungsstrafen zur Anmeldung angehalten werden.

Anm. 41. ε) Das Erlöschen der Prokura ist in gleicher Weise anzumelden, und zwar wiederum von den Geschäftsführern. Die Gesellschafter und der Aufsichtsrat können nur durch die ihnen zustehenden Machtmittel auf den Geschäftsführer einwirken, daß er die Löschung veranlasse. Sie selbst können die Anmeldung nicht bewirken.

Anm. 42. ζ) Die Grundsätze über die Wirkung der erfolgten und nicht erfolgten Registrierung des Erlöschens der Prokura gelten hier unverändert so, wie sich dies aus allgemeinen Rechtsgrundsätzen ergibt (vgl. Anm. 9—14 zu § 39; Staub HGB. Anm. 5 ff. zu § 53 und Düringer-Hachenburg I Noten zu § 53).

Anm. 43. η) Die Rechtswirkungen der auf Grund der Prokura abgeschlossenen Rechtsgeschäfte treffen die Gesellschaft, nicht etwa die Geschäftsführer. Denn ein Prokurist ist Vertreter der Gesellschaft, nicht des Geschäftsführers.

Anm. 44. ϑ) Der Widerruf der Prokura ist hier ebenfalls stets gestattet. Es fragt sich, wer die Prokura widerrufen kann. Nach innen wird man annehmen müssen, daß diejenigen Organe, welche zur Erteilung der Prokura berufen sind, auch vom Geschäftsführer verlangen können, daß er die Prokura widerruft. Außerdem aber muß man den Geschäftsführer stets für befugt erachten, die Prokura zu widerrufen. Mit Wirkung nach außen sicherlich. Aber auch nach innen ist er auch dann selbständig zum Widerruf befugt, wenn andere Organe zur Erteilung der Prokura zuständig erscheinen, es sei denn, daß ihm der Widerruf ausdrücklich untersagt wäre. Denn das für die Prokurabestellung aufgestellte Erfordernis hat seinen besonderen legislativen Grund. Es leidet keine analoge Ausdehnung auf den Prokurawiderruf (Behrend § 126 Anm. 2).

Anm. 45. 2. **Bestellung von Generalhandlungsbevollmächtigten.** Auch für diese Vorschrift gilt dasselbe wie für die Prokura. Der Generalhandlungsbevollmächtigte wird nicht vom Geschäftsführer, sondern von den Gesellschaftern bestellt (vgl. oben Anm. 33).

Anm. 46. Zur Bestellung sonstiger Bevollmächtigter ist der Geschäftsführer befugt. Er bedarf auch keiner Genehmigung, also auch bei Anstellung von Agenten, welche „Vertreter" der Gesellschaft sind und je nach dem Umfange ihrer Vollmacht Handlungsbevollmächtigte sein können (RG. in DJZ. 02, 452). Doch kann der Gesellschaftsvertrag dies bestimmen.

Anm. 47. Übrigens kann jeder Bevollmächtigte auch seinerseits, soweit dies den Rahmen seiner Vollmacht nicht überschreitet, Bevollmächtigte bestellen mit der Wirkung, daß diese die Gesellschaft vertreten.

Anm. 48. Der Widerruf der Vollmacht steht jedenfalls dem Geschäftsführer zu, auch dann, wenn das Widerrufsrecht des Geschäftsführers nach innen beschränkt sein sollte.

Anm. 49. Auch **Beamte** (Handlungsgehilfen oder sonstige Gehilfen) kann natürlich die GmbH. haben. Für ihr Dienstverhältnis gelten die sonst gültigen Grundsätze.

Nr. 8. Die Geltendmachung von Ersatzansprüchen, welche der Gesellschaft aus der Gründung oder Geschäftsführung gegen die Geschäftsführer oder Gesellschafter zustehen, sowie die Vertretung der Gesellschaft in Prozessen, welche sie gegen die Geschäftsführer zu führen hat.

Anm. 50. 1. Zufolge dieser Vorschrift hat die Mehrheit der Gesellschafter darüber zu bestimmen, ob aus der Gründung oder der Geschäftsführung gegen die Geschäftsführer oder Gesellschafter Ansprüche geltend gemacht werden sollen. Daraus folgt auch hier (vgl. oben Anm. 33), daß ein solcher Beschluß zur Begründung der Klage gehört. Liegt ein solcher Beschluß der Gesellschafter vor, so gehört seine Ausführung zur Aufgabe der Geschäftsführer. Es muß gegen die erste Auflage angenommen werden, daß zur Begründung der Klage die Beibringung eines solchen Beschlusses doch gehört. Die früher im Aktienrecht herrschende Streitfrage über die Voraussetzung der Regreßklage (vgl. RG. 18, 61) ist nun dort durch die neue Fassung des § 268 HGB. im entgegengesetzten Sinne entschieden, aber es ist auch hier zu beachten, daß das Gesetz den Gesellschaftern die **Bestimmung** überträgt und daß deren Stellung eine andere ist als die der Aktionäre. § 46.

2. **Die Gesellschafter können zugleich Vertreter bestellen, welche gegen die Geschäftsführer die Prozesse zu führen haben**, dies auch dann, wenn ein Geschäftsführer noch vorhanden ist, gegen welchen sich die Klage nicht richtet. Ebenso, wenn zwar mehrere Geschäftsführer vorhanden sind, von denen nur einer regreßpflichtig ist, aber Kollektivhandlung vorgeschrieben und durch das Ausscheiden des einen regreßpflichtigen Gesellschafters eine genügende Zahl Vertreter nicht zurückbleibt (KG. v. 8. 5. 03 in OLGR. 7, 152). Der von den Gesellschaftern gewählte Vertreter ist gesetzlicher Vertreter der Gesellschaft. Die Gesellschafter sind bei dieser Bestellung ein Kollegium, welches die Gesellschaft vertritt (vgl. Anm. 5 zu § 45). Sie dürfen infolgedessen auch mit den zu wählenden Prozeßvertretern die Bedingungen vereinbaren, unter welchen sie die Prozesse zu führen haben, dürfen auch Beschlüsse fassen darüber, in welcher Weise sie sich die Information zur Führung der Prozesse zu beschaffen haben, und in welcher Weise sie dafür bezahlt werden. Haben die Gesellschafter einen Prozeßvertreter nicht erwählt, so hilft, wenn es sich um einen Prozeß des Geschäftsführers gegen die Gesellschaft handelt, § 57 CPO., und wenn **sie** klagen soll, § 29 BGB. (vgl. Anm. 43 zu § 35). Einen Vertreter zur Wahrung ihrer Rechte in einem gegen sie angestrengten Prozesse kann die Gesellschaft gemäß § 46 Ziffer 8 nicht bestellen. Wohl aber steht nichts im Wege, daß sie neben dem sie verklagenden Geschäftsführer einen anderen erwähle oder jenen absetze und einen anderen bestelle. Anm. 51.

3. **Dagegen hat die Minderheit** kein Recht, gegen den Willen der Mehrheit Prozesse im Namen der Gesellschaft anzustellen (vgl. Anm. 48 zu § 45). Anm. 52.

4. Zu den Prozessen, an welche hier gedacht ist, gehören nicht Ansprüche gegen die Gesellschafter aus § 31, nicht Ansprüche gegen die Mitglieder des Aufsichtsrats oder gegen ähnliche Gesellschaftsorgane. Indessen bleibt es selbstverständlich den Gesellschaftern überlassen, auch über die Anstellung solcher Prozesse Beschlüsse zu fassen, deren Ausführung Pflicht der Geschäftsführer ist. Das ergibt sich aus der Natur des Gesellschafterbeschlußorgans als oberster Gesellschaftsinstanz und aus § 46 Nr. 6 (vgl. Anm. 39 zu § 45). Anm. 53.

5. **Ist übrigens ein Aufsichtsrat bestellt, so ist auch dieser zur Prozeßführung gegen die Geschäftsführer ohne weiteres bestellt** (§ 52 des Gesetzes, § 247 HGB.). Anm. 54.

6. **Der Gesellschaftsvertrag** kann den Gesellschaftern das hier erwähnte Bestimmungsrecht nehmen (§ 45) und auf ein anderes Organ übertragen. Dabei ist wieder möglich, daß die Gesellschafter als Beschlußorgan über die Ausübung zu wachen haben, oder auch, daß denselben keinerlei Recht in dieser Hinsicht zusteht (Anm. 41 zu § 45). Anm. 55.

§ 47.

Die von den Gesellschaftern in den Angelegenheiten der Gesellschaft zu treffenden Bestimmungen erfolgen durch Beschlußfassung nach der Mehrheit der abgegebenen Stimmen.

Jede hundert Mark eines Geschäftsanteils gewähren eine Stimme.

Vollmachten bedürfen zu ihrer Gültigkeit der schriftlichen Form.

§ 47. Ein Gesellschafter, welcher durch die Beschlußfassung entlastet oder von einer Verbindlichkeit befreit werden soll, hat hierbei kein Stimmrecht und darf ein solches auch nicht für andere ausüben. Dasselbe gilt von einer Beschlußfassung, welche die Vornahme eines Rechtsgeschäfts oder die Einleitung oder Erledigung eines Rechtsstreites gegenüber einem Gesellschafter betrifft.

Der vorliegende Paragraph gibt die Vorschriften über die Abstimmung.

Anm. 1. I. (Abs. 1.) **Die Mehrheit der abgegebenen Stimmen entscheidet.**

1. **Die gesetzliche Vorschrift als solche.** Ihr Inhalt geht dahin, daß die Mehrheit der abgegebenen Stimmen entscheidet, d. h. eine Stimme mehr als die Hälfte der Gesamtzahl der abgegebenen Stimmen ist erforderlich. Es ist dasselbe gemeint, wie im § 251 HGB. mit der einfachen Stimmenmehrheit. Die Stimmen derjenigen Personen, die sich der Abstimmung enthalten, sei es freiwillig oder auf Grund gesetzlicher Vorschrift, werden nicht mitgezählt, da nur die abgegebenen Stimmen zählen. Die unbeschriebenen Stimmzettel werden ebenfalls nicht mitgezählt. Wer seinen Zettel nicht beschreibt, stimmt nicht. Das verkennt Förtsch Anm. 4, der die gegenteilige Auffassung hat. Bei Stimmengleichheit ist der Antrag abgelehnt. Über die Abstimmung als Willenserklärung vgl. Anm. 7 ff. zu §§ 4, 5.

Wird ein Beschluß wieder aufgehoben, so genügt auch hierzu einfache Stimmenmehrheit, auch wenn er mit größerer Majorität oder einstimmig gefaßt wurde. Nur soweit er Individualrechte begründete, bedarf die Aufhebung dieses Beschlusses der Zustimmung der Berechtigten. Soweit das Gesetz oder das Statut qualifizierte Mehrheiten verlangen, bedarf die Abänderung dieser Beschlüsse derselben Mehrheit. Auch eine noch nicht eingetragene Änderung der Statuten kann nur mit einer Mehrheit von drei Vierteln der abgegebenen Stimmen wieder aufgehoben werden.

Anm. 2. Eine Vorschrift, daß eine bestimmte Anzahl von Gesellschaftern erscheinen oder ein bestimmter Betrag des Stammkapitals in der Versammlung vertreten sein, oder daß ein bestimmter Betrag des vertretenen Stammkapitals zustimmen müsse, ist von Gesetzes wegen nicht gegeben. Es kann daher auch ein einziger Gesellschafter die Beschlüsse fassen (für das Aktienrecht RG. 34, 116), auch wenn dieser Gesellschafter einen noch so kleinen Geschäftsanteil hat. Ja es kann sogar ein Gesellschafter die sämtlichen Geschäftsanteile besitzen und als solcher die Beschlüsse fassen (vgl. zu § 60).

Anm. 3. 2. **Ausnahmen von der Vorschrift unseres Paragraphen macht das Gesetz insofern,** als es in den §§ 53 u. 60 Nr. 2 eine größere als die einfache Mehrheit der abgegebenen Stimmen verlangt.

Anm. 4. 3. **Weitere Ausnahmen kann der Gesellschaftsvertrag machen.** Denn § 47 Abs. 1 ist vermöge des § 45 dispositiver Natur. Der Gesellschaftsvertrag kann also bestimmen, daß eine andere als die einfache Mehrheit entscheidet, sei es überhaupt, sei es für bestimmte Beschlüsse, auch daß bei allen Beschlüssen, oder bei gewissen Beschlüssen Stimmeneinhelligkeit erforderlich ist; daß die unbeschriebenen Zettel gezählt werden sollen; daß bei Stimmengleichheit der Vorsitzende des Aufsichtsrates oder der Delegierte der Gesellschafter oder (RG. 49, 146) der Syndikus der Gesellschaft, oder daß das Los entscheidet; oder daß die Beschlüsse überhaupt oder Beschlüsse gewisser Art nur gültig sind, wenn in der Versammlung eine bestimmte Höhe des Stammkapitals vertreten ist, oder wenn wenigstens eine bestimmte Mehrheit des bei der Beschlußfassung vertretenen Stammkapitals zustimmt 2c. 2c. Enthält das Statut eine Bestimmung der letzteren Art (also daß eine bestimmte Mehrheit des bei der Beschlußfassung vertretenen Stammkapitals zustimmen muß, eine Bestimmung, welche im Aktienrecht das Gesetz häufiger, unser Gesetz seltener enthält, vgl. Anm. 3), so sind zunächst diejenigen Geschäftsanteile nicht mitzuzählen, deren Besitzer sich freiwillig oder infolge gesetzlicher oder statutarischer Vorschrift der Abstimmung enthalten. Gesellschafter, die nur mit einem Teil des Nennwertes ihrer Geschäftsanteile stimmen dürfen, weil das Statut Höchstbeschränkungen nach dieser

Richtung enthält (vgl. unten Anm. 7), sind nur mit demjenigen Nennbetrage mitzuzählen, mit welchem sie sich bei der Abstimmung beteiligen (vgl. HGB. Anm. 4 zu § 251). Es kann jedoch das Statut nach allen diesen Richtungen Abweichendes vorschreiben. — Auch anderen Personen (z. B. Unterbeteiligten oder Genußscheininhabern) kann ein Stimmrecht gewährt werden, soweit nicht als zwingend vorgeschrieben anzusehen ist, daß ein Beschluß der Gesellschafter vorliegen muß (letzteres z. B. in §§ 26, 46 Nr. 3, 53 Abs. 1, 60 Nr. 2, 66 Abs. 1 u. 3). § 47.

II. (Abs. 2). **Jede 100 Mark eines Geschäftsanteils gewähren eine Stimme.** Die Vorschrift ist klar. Bei zutreffender Auffassung des Begriffs Geschäftsanteil bereitet die Vorschrift keine Schwierigkeit. Das Wort „Geschäftsanteil" bedeutet (vgl. Anm. 6 und 7 zu § 14; RG. v. 26. 5. 99 in JW. 99, 444) den Inbegriff aller derjenigen Rechte, welche dem Gesellschafter zustehen. Jeder Geschäftsanteil enthält einen Nennbetrag, der dem Geldwerte dessen entspricht, was der Gesellschafter auf seine Stammeinlage zu leisten hat. Von diesem Nennbetrage gewähren immer 100 Mark eine Stimme. Neukamps Meinung (Anm. 4), daß es statt Geschäftsanteil „Stammeinlage" heißen müßte, ist verfehlt. Es hätte freilich auch Stammeinlage heißen können. Denn der Nennbetrag der Stammeinlage und der Nennbetrag des Geschäftsanteils decken sich ja (§ 14). Aber der Ausdruck wäre minder präzis und überdies hätte dann hinzugefügt werden müssen, daß je 100 Mark der „übernommenen" Stammeinlage eine Stimme gewähren. Auch ist es nicht richtig, wenn Neukamp Anm. 4 sagt, daß es praktisch „meist" auf dasselbe hinausläuft, ob 100 Mark einer übernommenen Stammeinlage oder 100 Mark der Einlage gesagt wird. Er weist darauf hin, daß ja § 19 zwingend vorschreibe, daß die Einzahlungen auf die Stammeinlage stets nach Verhältnis der letzteren zu leisten seien. Aber er muß selbst zugeben, daß, wenn Sacheinlagen geleistet sind, ein großer Unterschied zwischen den übernommenen Stammeinlagen und den Sacheinlagen überhaupt besteht. Und er übersieht ferner, daß, wenn § 19 auch zwingend vorschreibt, daß die Einzahlungen auf die Stammeinlage stets nach Verhältnis der letzteren zu leisten sind, dies naturgemäß doch nur bedeuten kann, daß sie nach Verhältnis des Nennwertes der Stammeinlagen einzufordern sind. Geleistet werden sie nicht immer so, wie sie zu leisten sind. Dann ergibt sich wiederum ein großer Unterschied zwischen den übernommenen und den eingezahlten Stammeinlagen. Anm. 5.

Je 100 Mark eines Geschäftsanteils gewähren also eine Stimme. Ob die Stammeinlage voll eingezahlt ist oder nicht, ist dabei gleichgültig. Es kommt nur darauf an, daß der Geschäftsanteil noch gilt. Auch daß die Kaduzierung schon angedroht ist, hindert nicht die Stimmberechtigung. Über die Rechtslage insbesondere Stimmrecht der Gesellschaft nach Kaduzierung eines Geschäftsanteils und vor dem Eintritt eines anderen Gesellschafters an Stelle des Kaduzierten vgl. Anm. 25 zu § 21, über die Rechtslage bei der Abandonnierung eines Geschäftsanteils im Nachschußverfahren vgl. Anm. 13 zu § 27, bei dem Erwerbe eigener Geschäftsanteile Anm. 15 zu § 33, bei deren Amortisation Anm. 18 zu § 34. Anm. 6.

Mit seinen Stimmen kann der Gesellschafter nur einheitlich stimmen. Denn die Person stimmt, nicht der Geschäftsanteil. Es kann daher ein Gesellschafter, dem 5 Stimmen — und sei es auch auf Grund mehrerer Geschäftsanteile — zustehen, nicht mit 3 Stimmen dafür, mit 2 Stimmen dagegen stimmen (vgl. für das Aktienrecht RG. 33, 94). Die gegenteilige Ansicht wäre begriffswidrig. Deshalb ist auch eine gegenteilige Bestimmung im Gesellschaftsvertrage ungültig. Dagegen ist es zulässig, daß ein Gesellschafter, dem 5 Stimmen zustehen, nur 3 abgibt. Und ebenso ist zulässig, daß ein und dieselbe Person für sich dafür, als Vertreter eines anderen dagegen stimmt. Stimmt ein Gesellschafter, dem 5 Stimmen zustehen, mit 3 für einen Antrag, mit 2 dagegen, so gilt seine Stimmabgabe überhaupt nicht, weil sie in sich widersprechend ist. Sie läßt den wahren Willen des Gesellschafters nicht erkennen. Stimmt derselbe Gesellschafter mit einem Teil seiner Stimmen, während er sich im übrigen der Abstimmung enthält, so gilt seine Abstimmung so wie erfolgt. Hat er mit einem Teile seiner Stimmen für den Antrag gestimmt, im übrigen sich der Abstimmung

§ 47. enthalten, so steht ihm dann kein Recht zu, den Beschluß anzufechten. Denn er hat ja dafür gestimmt (vgl. RG. 33, 92 und Anm. 13 zu § 45).

Anm. 7. Die Bestimmung des Absatzes 2 ist kraft § 45 nur dispositiver Natur. Der Gesellschaftsvertrag kann hier ändernd eingreifen, sofern die Änderung nur nicht begriffswidrig ist. Häufig gewähren statt je 100 je 1000 Mark oder noch höhere Summen eines Geschäftsanteils eine Stimme. Der Gesellschaftsvertrag kann auch die Stimmbeteiligung ganz anders festsetzen, als nach Verhältnis der Geschäftsanteile. Er kann z. B. einem bestimmten Geschäftsanteil von 10000 Mark 10 Stimmen, einem anderen Geschäftsanteil von 20000 Mark 5 Stimmen gewähren. Es kann auch die Kapitalbeteiligung als Grundlage des Stimmrechts ganz verlassen und z. B. Stimmenabgabe nach Köpfen trotz Verschiedenheit der Geschäftsanteile festgesetzt oder es kann bestimmt werden, daß der Gesellschafter A 50 Stimmen, der Gesellschafter B 100 Stimmen haben soll u. s. w. Es kann auch ein Gesellschafter ganz von der Stimmenabgabe (OLG. Hamburg in OLGR. 3, 66), ja sogar auch von der Teilnahme an der Gesellschafterversammlung ausgeschlossen werden. Letzteres wollen Parisius-Crüger (Anm. 1) und Liebmann (Anm. 3 zu § 48) nicht zulassen. Doch ist ein Grund dafür nicht ersichtlich. Es widerspricht durchaus nicht dem Gesellschaftsprinzip. War es doch auch im früheren Aktienrecht vor 1884 und im Genossenschaftsgesetz, wie es bis zum 1. Oktober 1889 gegolten hat, möglich (vgl. Neukamp 1a; Förtsch Anm. 3; OLG. Hamburg v. 11. 6. 01 in OLGR. 3, 66). Eine Entziehung des Stimmrechts liegt auch darin, wenn nur Geschäftsanteilen von bestimmter Höhe eine Stimme gegeben oder die gesetzliche Vorschrift, wonach je 100 Mark eine Stimme haben, bedeutend erhöht ist, während Geschäftsanteile unter diesem Betrage bestehen. Man kann aus solchen Minimalsätzen für die Stimme weder schließen, daß eine Teilung von Geschäftsanteilen unter diese Sätze unstatthaft ist, noch kann man die kleineren Teile zusammenzählen. Nur das Statut kann für solche Fälle eine gemeinschaftliche Stimme schaffen. Es kann auch das Stimmrecht von einer gewissen Dauer der Mitgliedschaft, vom Glaubensbekenntnis, von der Zugehörigkeit zu irgend einer anderen Vereinigung, von dem Besitze eines Grundstücks u. s. w. abhängig gemacht werden. Der Gesellschaftsvertrag kann auch die Stimmberechtigung nach oben beschränken. Wer mehr als 10000 Mark Geschäftsanteile besitzt, hat für den überschießenden Betrag kein Stimmrecht. Der Gesellschaftsvertrag kann endlich die Stimmabgabe und die Teilnahme an der Gesellschafterversammlung von gewissen formellen Voraussetzungen abhängig machen. Er kann z. B. Vorzeigung der Anteilscheine oder vorherige Deponierung derselben oder vorherige schriftliche Anmeldung der Teilnahme verlangen. Der Gesellschaftsvertrag kann aber nicht anordnen, daß jemand, der mehrere Stimmen hat, und sei es auch auf Grund mehrerer Geschäftsanteile, zum Teil für, zum Teil gegen einen Antrag stimmen kann. Denn das wäre begriffswidrig (vgl. Anm 6).

Ist das Stimmrecht nach Köpfen verteilt oder steht einem Geschäftsanteil sonst ein Stimmrecht zu, das sich nicht nach der Kapitalbeteiligung richtet, so entstehen Schwierigkeiten bei der Teilung eines solchen Geschäftsanteils. Es steht dann im ersten Falle die eine Stimme nur den mehreren neugebildeten Geschäftsanteilen gemeinsam zu. Der Gesellschaftsvertrag kann bestimmen, durch wen sie für den Fall der Teilung auszuüben ist. Er kann sie an den Teil knüpfen, der bei dem ursprünglichen Gesellschafter zurückbleibt. Er kann das Stimmrecht ruhen lassen, solange nicht ein gemeinsam Bevollmächtigter bestellt wird. Hat ein Geschäftsanteil mehr Stimmen als ein anderer, so bleibt im Falle seiner Teilung die Gesamtstimmenzahl den sämtlichen neuen Teilen. Sie ist nach Verhältnis zu repartieren. Ergäbe dies Bruchteile, so verbleibt die unteilbare Stimme zur gemeinsamen Ausübung.

Anm. 8. Können Veränderungen des Stimmrechts auch durch spätere Abänderung des Gesellschaftsvertrages per maiora vorgenommen werden? Neukamp Anm. 2b verneint dies, weil das einmal gewährte Stimmrecht ein Sonderrecht sei. So allgemein läßt sich das aber nicht sagen. Wenn z. B. im ursprünglichen Gesellschaftsvertrage gesagt ist, daß jede 1000 Mark eines Geschäftsanteils eine

Stimme gewähren, oder wenn nichts gesagt ist, und damit die gesetzliche Bestimmung gilt, daß jede 100 Mark eines Geschäftsanteils je 1 Stimme gewähren, so ist nicht einzusehen, warum diese Bestimmung als unentziehbar gewollt angesehen werden müßte. Darin liegt nichts weiter, als die gleichmäßige Behandlung aller Gesellschafter in Bezug auf ein gesellschaftliches Herrschaftsrecht. Durch einen alle gleichmäßig behandelnden abändernden Beschluß kann diese Bestimmung sehr wohl geändert werden. Wenn aber einem Gesellschafter ein besonders hohes Stimmrecht gewährt ist, so ist dies Vorzugsrecht als per maiora nicht entziehbar gewollt, als Sonderrecht anzusehen. Es kann dann nur mit seiner Zustimmung geändert werden. Ebenso kann, wenn einem Geschäftsanteilsinhaber ein besonders niedriges Stimmrecht gewährt ist, dasselbe nicht per maiora erhöht werden, sondern nur unter Zustimmung aller anderen, durch diese Erhöhung benachteiligten Gesellschafter. Es ist eben hier wie immer Auslegungssache, ob ein gesellschaftliches Herrschaftsrecht als unentziehbar gewollt und als Sonderrecht anzusehen ist. § 47.

III. (Abs. 3.) **Vollmachten bedürfen von Gesetzeswegen der schriftlichen Form.** Bevollmächtigte sind also von Gesetzeswegen zugelassen. Es kann der Gesellschafter selbst oder durch einen Bevollmächtigten sein Stimmrecht ausüben. Er kann auch für e i n e n Geschäftsanteil persönlich erscheinen und für einen anderen ihm gehörigen Geschäftsanteil sich einen Bevollmächtigten bestellen[1]). Denn er ist so viele Male Mitglied, als er Geschäftsanteile hat, nur daß die sämtlichen für einen Gesellschafter — und sei es auch auf Grund mehrerer Geschäftsanteile — abzugebenden Stimmen einheitlich, d. h. in einem und demselben Sinne abgegeben werden müssen, weil das Gegenteil begriffswidrig wäre (siehe oben Anm. 6). Die schriftliche Vollmacht ist ausreichend. Für ihre Form ist § 126 BGB. maßgebend. Wenn die Echtheit der schriftlichen Vollmacht angezweifelt und der Bevollmächtigte deshalb nicht zugelassen wird, so geschieht dies auf die Gefahr der Gesellschaft. Die Nichtzulassung eines solchen Bevollmächtigten bewirkt die Ungültigkeit des Beschlusses, wenn die Vollmacht in Wahrheit echt war (RG. 40, 85). Telegraphische Vollmacht genügt nicht. Denn der § 127 BGB. greift nicht Platz, weil es sich um eine gesetzlich vorgeschriebene Form handelt. Auch wenn der Gesellschaftsvertrag die gesetzliche Vorschrift der schriftlichen Vollmacht wiederholt, so wird hieran nichts geändert. Mündliche Vollmacht genügt ebenfalls nicht. — Daß die Vollmacht in der Verwahrung der Gesellschaft bleiben müsse, ist hier (anders nach § 252 Abs. 2 HGB. für das Aktienrecht) nicht vorgeschrieben. Andererseits ist auch nicht vorgeschrieben, daß sie in der Versammlung oder sonst den abstimmenden Gesellschaftern vorgelegt werden oder dem Protokoll beigefügt oder im Protokolle wiedergegeben werden müsse. Sie braucht eben nur erteilt zu sein. Doch hat der Registerrichter, soweit es sich um einzutragende Beschlüsse handelt, auf Grund des § 12 FG. das Recht, den Nachweis den Vollmacht zu verlangen. Anm. 9.

Eine Spezialvollmacht ist nicht erforderlich (OLG. Hamburg v. 11. 6. 01 in OLGR. 3, 66). Eine allgemeine Handlungsvollmacht oder die Prokura berechtigt zur Vertretung, falls der Geschäftsanteil einem Kaufmann gehört und er sich im Betriebe seines Handelsgewerbes beteiligt. Das ist bei offenen Handelsgesellschaften klar, wenn der Geschäftsanteil auf die Firma lautet. Beim Einzelkaufmann muß dies im konkreten Falle dargetan sein. Anm. 10.

Das Erfordernis der Vollmacht bezieht sich nur auf den Fall der freiwilligen Vertretung. Gesetzliche Vertreter von juristischen Personen, Geschäftsunfähigen u. s. w. bedürfen keiner Vollmacht. Sie müssen und können ihre Legitimation auf andere Weise dartun (vgl. Anm. 7 zu § 2). Anm. 11.

Die Vollmacht berechtigt den Bevollmächtigten zur Abgabe der Stimme als Willenserklärung des Vertretenen. Die Regeln des BGB. über die Vertretnng sind anwendbar. Wirksam ist die Vertretung durch einen Minderjährigen und in der Geschäftsfähigkeit

1) Aber einen Beistand (Rechtsbeistand) kann er sich ohne Zustimmung der Versammlung nicht mitbringen.

§ 47. Beschränkten (§ 165 BGB.), während dieser für sich selbst als Gesellschafter nicht stimmen kann (vgl. Anm. 8 zu § 45). Eine durch einen Pseudovertreter abgegebene Stimme ist unwirksam.

Anm. 12. Durch nachträgliche Genehmigung wird der Mangel der Vollmacht ersetzt. Das Gegenteil anzunehmen liegt kein Anlaß vor (vgl. Anm. 8 zu § 2). Doch muß naturgemäß auch die Genehmigung schriftlich sein (vgl. Anm. 8 zu § 2). War der Vertreter im Besitze einer schriftlichen Vollmacht, so stimmt er mit verbindlicher Kraft für den Vertretenen, auch wenn dieser ihm die Vollmacht entzogen hatte. Vorausgesetzt ist, daß der Gesellschaft dieser Widerruf nicht bekannt war oder sein mußte (§ 173 BGB.). Hierzu genügt die Kenntnis oder das Kennenmüssen der Geschäftsführer. Die anderen Gesellschafter können sich nicht darauf berufen, daß ihnen bei der Abstimmung der Widerruf unbekannt war.

Anm. 13. Kollektivvertreter üben ihr Stimmrecht durch Zusammenwirken aus. Sie müssen beide erscheinen oder aber sie geben beide einem von ihnen oder einem Dritten Vollmacht.

Anm. 14. Das Erfordernis der schriftlichen Vollmacht bezieht sich nur auf den, der ein fremdes Recht im fremden Namen ausübt, nicht auf den, der in eigenem Namen ein fremdes Recht ausübt. Hier liegt kein Vertretungsverhältnis vor. Hier genügt die zum Zwecke der Rechtsausübung erfolgte Übertragung des Geschäftsanteils, die sogenannte Legitimationsübertragung (vgl. Anm. 76 zu § 15). Es liegt eine andere Rechtsgestaltung vor, als bei einer Bevollmächtigung. Die vorliegende Vorschrift besagt nicht etwa, daß ein Gesellschafter, der seine Rechte nicht selbst ausübt, dies durch einen Bevollmächtigten tun müsse, sondern nur, daß er dies durch einen Bevollmächtigten tun *könne* und daß in diesem Falle eine schriftliche Vollmacht erforderlich sei.

Anm. 15. **Durch den Gesellschaftsvertrag kann die Vorschrift abgeändert werden.** Das geht aus § 45 Abs. 2 hervor. Es kann also von dem Erfordernis der schriftlichen Vollmacht abgesehen und die mündliche Vollmacht als genügend angesehen werden. Es kann die telegraphische Vollmacht als genügend erklärt werden. Es kann ein für allemal angeordnet werden, daß jeder Gesellschafter als bevollmächtigt angesehen wird, einen anderen Gesellschafter zu vertreten. Es kann bestimmt werden, daß Rechtsanwälte einer Vollmacht nicht bedürfen. Es kann auch bestimmt werden, daß jeder Gesellschafter mehrere Bevollmächtigte stellen darf[1]), nur daß den mehreren Bevollmächtigten keine heterogenen Stimmrechte gewährt werden können. Vielmehr müssen stets alle Vertreter eines Gesellschafters in einheitlichem Sinne stimmen (oben Anm. 9). Es kann aber auch die Vorschrift verschärft werden. Es kann bestimmt werden, daß die Vollmacht beglaubigt sein muß; daß Vertretung nur durch Gesellschafter zulässig sei; daß Vertretung durch Frauen nicht zulässig sei; ja sogar, daß Vertretung überhaupt nicht zulässig sei und jeder Gesellschafter seine Rechte persönlich wahrnehmen müsse. Es kann auch umgekehrt bestimmt werden, daß die Gesellschafter ihre Rechte nur durch Bevollmächtigte oder durch bestimmte Bevollmächtigte wahrnehmen können. Solche Verschärfungen der Vollmacht können auch durch spätere Änderung des Gesellschaftsvertrags eingeführt werden (vgl. oben Anm. 8). Eine Unzulässigkeit für den Fall, „daß hierdurch ein Teil der Gesellschafter gegenüber den anderen benachteiligt" wird (KG. v. 12. 1. 03 in KGJ. 25 A, 258; Recht 03, 395), läßt sich aus dem Gesetze nicht begründen. Denn schließlich wird sich bei den meisten Änderungen der Statuten ein Gesellschafter finden, den sie im Verhältnis zu den anderen Gesellschaftern benachteiligen.

---

1) Es kann auch bestimmt werden, daß jeder Gesellschafter mehrere Bevollmächtigte stellen könne und jeder Bevollmächtigte eine Stimme habe. So bestimmt z. B. ein Statut einer Gesellschaft, welche von drei Kreisen gebildet wird, daß der eine Kreis 16, der andere 11, der dritte 5 „Abgeordnete" wählt und daß jeder Abgeordnete eine Stimme hat. Darin liegt lediglich die Zulassung mehrerer Bevollmächtigter zur Stimmenabgabe und die Gewährung von mehreren Stimmen an einen Gesellschafter. Ersteres ist zulässig nach § 47 Abs. 2, § 45 Abs. 2; letzteres nach § 47 Abs. 1, § 45 Abs. 2.

Alles dies bezieht sich natürlich nicht auf gesetzliche Vertreter. Diese sind durch Vorlegung ihrer Legitimation genügend ausgewiesen. Aber es kann bestimmt werden, daß sie sich in der Gesellschafterversammlung noch besonders vertreten lassen müssen u. s. w. § 47. Anm. 16.

IV. (Abs. 4.) **Die Hindernisse der Stimmenabgabe.** Anm. 17.

1. **Die Gesetzesvorschrift enthält folgende Stimmenthaltungsanordnungen:**

Es darf nicht mitstimmen:

a) wer durch die Beschlußfassung entlastet werden soll oder wer von einer Verpflichtung befreit werden soll. Das bezieht sich hauptsächlich auf die Mitglieder der Verwaltung hinsichtlich des Entlastungsbeschlusses, dagegen nicht auch hinsichtlich des Bilanzgenehmigungsbeschlusses, da dieser Beschluß nur die zahlenmäßigen Ergebnisse der Geschäftsführung, nicht die Geschäftsführung genehmigt (RG. 49, 146; auch Anm. 24 zu § 46). Daran reiht sich die Vorschrift, daß ein Gesellschafter dann nicht mitstimmen soll, wenn der Beschluß die Einleitung oder die Beendigung eines Rechtsstreits „ihm gegenüber" betrifft. Selbstverständlich können die betreffenden Gesellschafter auch nicht über einen Vertagungsantrag in dieser Hinsicht mitstimmen.

Wohl aber kann der Gesellschafter A mitstimmen, wenn es sich um die Entlastung, Anm. 18. einen Vergleich oder einen Prozeß mit dem Gesellschafter B handelt, der mit ihm als Gesamtschuldner haftet. Denn rechtlich wird A dadurch nicht entlastet, und wirtschaftlich wird er eher belastet, wenn der mit ihm solidarisch haftende B zu haften oder voll zu haften aufhört. Es genügt also nicht, daß ein Gesellschafter an dem Ausgange des Rechtsstreites oder der Entlastung des Gesellschafters interessiert ist.

b) ein Gesellschafter bei Beschlußfassungen, welche die Vornahme eines Rechtsgeschäfts ihm gegenüber betreffen. Anm. 19. Die Beschlußfassung muß, um die Pflicht zur Stimmenthaltung zur Folge zu haben, die Vornahme eines Rechtsgeschäfts mit dem Gesellschafter (unser Gesetz sagt „gegenüber" dem Gesellschafter, das Aktiengesetz § 252 sagt „mit" dem Gesellschafter) betreffen, und zwar, wie hinzugefügt werden muß, die Vornahme eines Rechtsgeschäfts mit dem Gesellschafter als Drittem. Soweit unmittelbar aus der Beschlußfassung dem Gesellschafter Rechte erwachsen, sind es Mitgliedschaftsrechte, die hier nicht getroffen sind, so z. B. bei Beschlüssen über Gewinnverteilung, Rückzahlung von Nachschüssen, auf Zuteilung von neuen Geschäftsanteilen u. s. w. Es bezieht sich das ferner nicht auf reine Verwaltungsbeschlüsse, insbesondere bei allen Ermächtigungen des Geschäftsführers zu bestimmten Geschäften, auch wenn diese im Gesellschaftsvertrage ausbedungen sind. Ebenso bei der Wahl des Vorsitzenden der Gesellschafterversammlung oder der Festsetzung der Tantieme für die Aufsichtsratsmitglieder. Es ist nur ein Rechtsgeschäft gemeint, welches mit dem Gesellschafter nicht als Gesellschafter, und nicht als Gesellschaftsorgan, sondern als Drittem geschlossen werden soll. Hierbei ist nun aber wiederum zu bedenken, daß die Gesellschafter als Beschlußorgan regelmäßig solche Rechtsgeschäfte nicht selbst abschließen, sondern die anderen Gesellschaftsorgane, häufig die Geschäftsführer, ausnahmsweise auch der Aufsichtsrat. Wenn in solchen Fällen die Gesellschafterversammlung darüber Beschluß faßt, ob das in Rede stehende Geschäft mit dem Gesellschafter als Drittem vorgenommen werden soll, darf der Gesellschafter nicht mitstimmen. Das ist gemeint und auch klar zum Ausdruck gebracht. Der Fall muß aber so liegen, daß die Ausführung des Beschlusses nur noch in dem Abschluß des Geschäftsführers liegt, so daß also der Gesellschafter, wenn er mitgestimmt hätte, durch seine Stimme die Gesellschaft gezwungen hätte, in bestimmter Weise mit ihm zu kontrahieren. Wenn es dagegen trotz des Gesellschafterbeschlusses noch in dem Ermessen der Gesellschaftsorgane liegt, das Rechtsgeschäft zu schließen oder nicht, so liegt der Fall des Abs. 4 nicht vor (Rehm DJZ. 04, 1029).

Eine praktisch sehr wichtige Frage ist, ob Personen, deren Aufsichtsratswahl oder Anm. 20. deren Geschäftsführerwahl in Frage steht, bei dem Wahlbeschlusse mitwirken können. Die Praxis des Aktienrechts läßt ganz allgemein solche Personen zu. Oft könnten sonst solche Wahlen gar nicht zu stande kommen, meist wäre es, wenn man gerade diese

§ 47. Personen vom Mitstimmen ausschließen würde, eine große Ungerechtigkeit, da dann gerade diejenigen Personen, die durch die Größe ihrer Beteiligung und durch ihr Interesse an der Gesellschaft das größte Anrecht haben, die Gesellschaft mitzuverwalten, bei der Wahl wegfallen und nicht interessierte Personen in die Verwaltung hineingewählt werden würden. Gegen die Zulassung zur Abstimmung Ring (Nr. 8 zu § 252); Liebmann Anm. 7 und KG. v. 8. 12. 02 in KGJ. 25 A, 254 und RJA. 3, 191. Die Folge dieser sich an den Wortlaut des Gesetzes haltende Meinung wäre, daß derjenigen, der das größte Interesse am Geschäfte und die stärkste Kapitalbeteiligung hat, sich nicht selbst zum Geschäftsführer machen könnte. Man darf aber nicht den Wortlaut entscheiden lassen. Der Wortlaut der Bestimmung geht ja überhaupt weiter, als nach der allgemeinen Meinung die Tragweite der Vorschrift geht. Denn nach ihrem Wortlaut würde sie sich auch auf die Fälle beziehen, wo durch die Beschlußfassung Mitgliedsrechte entstehen und Verwaltungsgeschäfte mit Gesellschaftsorganen vorgenommen werden, und doch wird ganz allgemein der Vorschrift diese weitergehende Bedeutung versagt. Und auch hier handelt es sich um ein Verwaltungsgeschäft, um ein Rechtsgeschäft, welches zwar nicht mit einem Verwaltungsorgan als solchem vorgenommen wird, aber doch um ein Verwaltungsgeschäft, durch welches ein Gesellschaftsorgan geschaffen werden soll. Nicht die Vornahme eines Rechtsgeschäfts gegenüber einem Dritten im gewöhnlichen Sinne liegt vor, sondern eine Organisationsmaßregel, eine Verwaltungshandlung, durch welche ein Gesellschaftsorgan geschaffen wird, und hierbei kann der Gesellschafter seine Gesellschaftsrechte ausüben, auch wenn er selbst bei dieser Organisationsmaßregel eine persönliche Rolle spielt (vgl. auch gegen das KG. Bondi in DJZ. 269; Keyßner ZHR. 54, 293). Für das Aktienrecht hat das RG. (v. 22. 2. 05 in JW. 05, 297) bei der Wahl des Aufsichtsrates die Abgabe der Stimme für sich selbst gestattet. Die hier niedergelegten Gründe passen auch auf die Wahl der Geschäftsführer durch die GmbH.

Anm. 21. Aus dem gleichen Grunde sind die Geschäftsführer und Aufsichtsratsmitglieder zur Abstimmung zuzulassen, wenn es sich um ihre Abberufung handelt. Andernfalls könnte ja der, welcher das Hauptkapital besitzt und sich selbst zum Geschäftsführer machte, jeden Tag von der kleinen Minderheit abgesetzt werden. Aber auch hier sind andere Schriftsteller anderer Auffassung (vgl. z. B. Parisius-Crüger Anm. 4). Das Gleiche gilt von Vereinbarungen über die Besoldung der Geschäftsführer.

Anm. 22. Andererseits kann ein Rechtsgeschäft mit dem Gesellschafter als Dritten auch dann vorliegen, wenn es sich um Paktierung über Mitgliedschaften handelt. Wenn z. B. darüber Beschluß gefaßt werden soll, ob das Bezugsrecht auf die neu auszugebenden Geschäftsanteile einem Bankhause gewährt werden soll, so darf das Bankhaus nicht mitstimmen, wenn es selbst Gesellschafter ist. Desgleichen, wenn darüber Beschluß gefaßt werden soll, ob einem Gesellschafter seine Geschäftsanteile zu einem bestimmten Preise zum Zwecke der Vernichtung abgekauft werden sollen. In solchem Falle ist der Gesellschafter von der Abstimmung ausgeschlossen.

Anm. 23. Ob Identität des Gesellschafters mit derjenigen Person, welche als Gegenkontrahent auftreten soll, vorliegt, ergibt der Einzelfall unter Zugrundelegung allgemeiner Rechtsgrundsätze. Danach ist von der Abstimmung ausgeschlossen der Mitinhaber einer offenen Handelsgesellschaft, wenn mit dieser kontrahiert werden soll, der Kommanditist, wenn mit der Kommanditgesellschaft kontrahiert werden soll, dagegen nicht der Aktionär, wenn mit seiner Gesellschaft kontrahiert werden soll, nicht der Gesellschafter einer GmbH., mit welcher kontrahiert werden soll; nicht ein Vereinsmitglied, wenn mit einem rechtsfähigen Verein kontrahiert werden soll; wohl aber das Mitglied eines nicht rechtsfähigen Vereins, wenn mit diesem kontrahiert werden soll, nicht der Bürger einer Stadt, wenn mit der Stadtgemeinde kontrahiert werden soll; auch kann der gesetzliche Vertreter einer juristischen Person für seine Person mitstimmen, wenn mit der juristischen Person kontrahiert werden soll; dagegen ist von der Abstimmung ausgeschlossen der Komplementar, wenn mit einer Kommanditgesellschaft auf Aktien kontrahiert werden soll, nicht der Kommanditist einer solchen, ersterer, obwohl die AKG. juristische Person ist. Denn immerhin überkommt er alle Schulden sofort und unmittelbar; und deshalb greift die ratio des Gesetzes auf ihn Platz. — Ist die Person, mit welcher kontrahiert werden soll, nur Kommissionär eines Gesellschafters, soll das Geschäft für Rechnung und im Auftrage dieses Gesellschafters geschlossen werden, so ist auch dieser vom Mitstimmen ausgeschlossen. Im Sinne der vorliegenden Vorschriften soll das Rechtsgeschäft mit ihm vorgenommen werden. Dasselbe gilt im umgekehrten Falle, wenn der Gesellschafter den Geschäftsanteil nur für Rechnung des Dritten, mit dem kontrahiert werden soll, erwarb und besitzt. Dagegen ist weder ein pekuniäres Interesse an dem Rechtsgeschäfte ein Hindernis der Abstimmung noch nahe verwandtschaftliche Beziehungen. Wer für die Zustimmung der Gesellschaft zur Abtretung eines Teiles eines Geschäftsanteils Garantie leistete, stimmt bei dieser Genehmigung mit. Wer als Aufsichtsrat für Fehler des Geschäftsführers haftet, stimmt bei der Beschlußfassung über Klage gegen denselben. Ohne Bedenken beteiligt sich der Vater an der Abstimmung über die Decharge seines Sohnes. Nicht unzulässig ist auch, daß der dritte Kontrahent die ihm anvertrauten Stimme eines Gesellschafters abgibt, denn nur der Gesellschafter, der mit der Gesellschaft ein Rechtsgeschäft schließt, soll nicht stimmen. Umgekehrt wird der Gesellschafter nicht auszuschließen sein, wenn er nur für einen Dritten abschließt. § 47.

2. **Ist auch die Vorschrift des Abs. 4 dispositiv?** Diese Frage ist zu bejahen. Der § 45 macht hier keine Ausnahme. Man könnte vielleicht durch §§ 34 und 40 BGB. stutzig werden, nach welchen die gleiche Vorschrift für rechtsfähige Vereine aller Art gegeben ist und zwar als zwingende Vorschrift. Doch ist dem gegenüber darauf hinzuweisen, daß auch das im § 37 BGB. gewährte Minderheitsrecht auf Einberufung einer Mitgliedsversammlung gemäß § 40 BGB. als zwingende Vorschrift gegeben ist, während der korrespondierende § 50 unseres Gesetzes dispositiven Charakter hat. Man kann auch nicht sagen, daß die Vorschrift des § 37 BGB. aus öffentlich rechtlichen Erwägungen folgt. Man kann höchstens diese Vorschrift als sehr empfehlenswert bezeichnen. Man kann wohl auch bei der gleichen Vorschrift des § 252 HGB. den zwingenden Charakter ohne weiteres annehmen. Aber man kann dies nicht bei unserem Gesetze, wo der § 45 ausdrücklich bestimmt, daß die folgenden Paragraphen erst in zweiter Linie in Frage kommen, wenn der Gesellschaftsvertrag nichts anderes bestimmt. Man kann auch nicht behaupten, der vertragliche Ausschluß dieser Bestimmungen widerspreche den guten Sitten. Das geht zu weit. Auch die Teilnahme an den Aufsichtsratsabstimmungen ist dadurch nicht ausgeschlossen, daß ein Aufsichtsratsmitglied bei der betreffenden Abstimmung beteiligt ist. In der Literatur sind die Meinungen geteilt. Wie hier Parisius-Crüger Anm. 4, und für den besonderen Fall der Wahl als Geschäftsführer Weinhagen bei Holdheim 13, 13. Dagegen die meisten Schriftsteller, Liebmann Anm. 7; Förtsch Anm. 3; Neukamp Anm. 2c. Sollte die oben bekämpfte Ansicht des KG. über die Unzulässigkeit der Stimmabgabe bei der eigenen Wahl zum Geschäftsführer Boden finden, so wird die Aufnahme der Zulässigkeit dieses Mitstimmrechts im Statut das Gegengewicht bilden. Dann wird die Streitfrage praktisch. Anm. 24.

3. **Die Vorschrift des § 47 Abs. 4 enthält nur eine Abstimmungsvorschrift.** Das Recht der sonstigen Teilnahme an der Versammlung und ihren Beschlüssen ist dem an der Abstimmung behinderten Gesellschafter nicht versagt. Der solchergestalt an der Abstimmung behinderte Gesellschafter ist hiernach wohl berechtigt, an der Versammlung teilzunehmen, in ihr zu erscheinen und durch Teilnahme an der Diskussion seinen Einfluß auf die Gestaltung der Abstimmung auszuüben. Er kann auch dem Beschluß widersprechen und ihn anfechten, nicht bloß deshalb, weil er zu Unrecht von der Abstimmung ausgeschlossen sei, sondern auch, wenn er seinen Ausschluß von der Abstimmung als berechtigt anerkennt und sich wohl gar freiwillig von der Abstimmung ferngehalten hat, den Beschluß aber aus sonstigen Gründen nicht für gesetz- oder statutenmäßig erachtet. Anm. 25.

4. Ein Beschluß, bei dem ein Gesellschafter unzulässigerweise mitstimmte, ist deshalb nicht nichtig. Auf die Folgen der Verletzung der Vorschrift des § 47 Abs. 4 kann verzichtet Anm. 26.

§ 48. werden. Das wird auch im Aktienrecht angenommen (vgl. Staub HGB. I Anm. 6 und 13 zu 252; Lehmann-Ring HGB. Nr. 11 zu § 252). Der Beschluß kann aber aus diesem Grunde angefochten werden. Einen Erfolg kann diese Anfechtung nur haben, wenn die Stimmabgabe auf den Beschluß von Einfluß war.

§ 48.

Die Beschlüsse der Gesellschafter werden in Versammlungen gefaßt.

Der Abhaltung einer Versammlung bedarf es nicht, wenn sämtliche Gesellschafter schriftlich mit der zu treffenden Bestimmung oder mit der schriftlichen Abgabe der Stimmen sich einverstanden erklären.

Der vorliegende Paragraph bestimmt, in welcher Form die Beschlüsse der Gesellschafter gefaßt werden.

Anm. 1. I. (Abs. 1.) **Regelmäßig werden die Beschlüsse der Gesellschafter in Versammlungen gefaßt.**

1. Es steht nichts entgegen, die Versammlungen auch hier, wie dies im Aktienrecht vom Gesetz geschieht, Generalversammlungen zu nennen. Man nennt sie aber gewöhnlich Gesellschafterversammlungen.

Anm. 2. 2. Die Versammlung ist auch dann gültig, wenn nur ein Gesellschafter erscheint (Anm. 2 zu § 47).

Anm. 3. 3. Über den Ort der Versammlungen sagt das Gesetz nichts. Die Statuten der Aktiengesellschaften enthalten darüber gewöhnlich besondere Bestimmungen, die der GmbH. nicht. Bei dem engeren Anschluß der Gesellschafter unter sich wird es hier als selbstverständlich vorausgesetzt, daß die Versammlungen am statutarischen Sitze der Gesellschaft stattfinden. Das ist auch, wenn die Statuten nichts anderes besagen, von Gesetzeswegen anzunehmen (vgl. RG. 44, 8; OLG. Karlsruhe in DJZ. 4, 468). Doch kann der Gesellschaftsvertrag hier Abweichendes bestimmen, auch dahin, daß den Geschäftsführern oder dem Aufsichtsrat die jedesmalige Bestimmung des Versammlungsortes anheimgegeben wird. — Was das Versammlungslokal anlangt, so muß ein solches gewählt werden, das sich zu Beratungszwecken eignet. Sollte z. B. der Geschäftsführer eine öffentliche Gaststube eines Wirtshauses wählen und den Gesellschaftern zumuten, daß dort vor allen Leuten verhandelt wird, oder sollte der Geschäftsführer eine große Versammlung in das nur wenige Menschen fassende Kontor der Gesellschaft laden, oder sollte endlich der Geschäftsführer die mit ihm verfeindeten anderen Gesellschafter in seine Privatwohnung laden, so brauchten sich die Gesellschafter auf alles das nicht einzulassen. Die Gesellschafter können verlangen, daß an geeigneter Stelle verhandelt werde.

Anm. 4. 4. Darüber, wer den Vorsitz in der Generalversammlung führt, bestimmt das Gesetz gleichfalls nichts. Häufig werden die Versammlungen ohne eigentlichen Vorsitz verlaufen können. Wenn z. B. zwei Gesellschafter oder ein Gesellschafter nur erscheint, so wird sich die Verhandlung in der Weise abspielen, daß die Erklärungen zu Protokoll gegeben werden. Eine eigentliche Leitung der Verhandlung wird sich in solchem Falle erübrigen. Aber wenn mehrere erscheinen, so ist eine Leitung notwendig. In solchem Falle muß, wenn die Statuten über den Vorsitz nichts bestimmen, die Versammlung durch Mehrheitsbeschluß einen Vorsitzenden wählen, wie dies auch im Aktienrecht angenommen wird (Staub HGB. Anm. 10 zu § 256). Ebenso, wenn der statutarisch bestimmte Vorsitzende sich weigert oder nicht erscheint. Es kann der statutarische Vorsitzende nicht etwa sein Recht einem anderen übertragen. Dadurch, daß sich der gestellte Antrag gegen den Vorsitzenden richtet, wird dieser nicht verhindert, den Vorsitz zu führen.

Anm. 5. Oft haben die Gesellschafter den Wunsch, das der ganz unparteiische Notar oder der Syndikus der Gesellschaft die Versammlung leitet. Von Gesetzeswegen steht dem kein Bedenken entgegen. So ist z. B. auch von Gesetzeswegen dem beurkundenden Richter die Leitung der Verhandlung im § 196 Abs. 2 HGB. übertragen.

6. Nach welchen Grundsätzen ist die Versammlung zu leiten? § 48.

a) Zunächst ist zu betonen, daß der Vorsitzende nur die Verhandlung zu leiten und dahin zu wirken hat, daß ordnungsmäßig beraten und beschlossen werde. Dagegen steht ihm nicht die Befugnis zu, die Verhandlungen eigenmächtig zu vertagen oder zu schließen. Will er die Verhandlungen nicht mehr leiten, so mag er den Vorsitz niederlegen. Die Versammlung wählt dann einen anderen Vorsitzenden. Er darf auch nicht die Verhandlung oder die Abstimmung über einen Antrag ablehnen, weil er ihn für unbegründet hält. Vielmehr muß er die Beschlußfassung zulassen, den gefaßten Beschluß verkünden und den Beteiligten die Anfechtung des Beschlusses überlassen. Anm. 6.

b) Zur Verhandlung ist erforderlich, daß in der Versammlung Anträge gestellt werden. Die Ankündigung der Tagesordnung ist nicht Antragstellung, sondern Ankündigung derselben. Doch kann der Vorsitzende davon ausgehen, daß ein angekündigter Antrag auch als in der Versammlung gestellt gilt, vorausgesetzt, daß der Antragsteller in der Versammlung erscheint. Anm. 7.

Innerhalb der Tagesordnung können Anträge gestellt werden, welche den Inhalt der Tagesordnung modifizieren (Amendements). Lautet z. B. der Antrag auf Erhöhung des Stammkapitals um 50000 M., so kann innerhalb der Versammlung der Antrag gestellt werden, das Stammkapital um 100000 M. zu erhöhen. Anm. 8.

In Verlegenheiten kommen die Vorsitzenden gewöhnlich, wenn die Zulassung von Gesellschaftern zur Abstimmung streitig wird. In solchen Fällen ist wie folgt zu verfahren: Der Vorsitzende entscheidet über die Zulassung zur Abstimmung. Der hierüber von ihm gegebene Entscheid (vgl. folgende Anm. 10) ist vorläufig für die Versammlung maßgebend. Hierauf wird in der Sache selbst abgestimmt. Der Vorsitzende verkündet alsdann, was hiernach von der Versammlung beschlossen ist. Gegen diesen Beschluß richtet sich alsdann die Anfechtungsklage. Dieselbe ist, wenn die Zulassung versagt ist, von dem Gesellschafter, dem sie versagt ist, wenn sie genehmigt ist, von den anderen Gesellschaftern anzustellen. Das Recht der Anfechtung auf Grund der Nichtzulassung eines Gesellschafters steht auch einem anderen Gesellschafter zu, der nicht zustimmte. Anm. 9.

c) Die Entscheidungen des Vorsitzenden bei der Leitung der Versammlung sind als definitive zu erachten. Die Zulassung einer Appellation an die Versammlung würde dazu führen, daß die Mehrheit nach Willkür schalten könnte. Die Übertragung des Vorsitzes an eine bestimmte Person soll doch gerade dazu führen, daß die Minderheit gegen die Willkür der Mehrheit durch einen objektiven Vertrauensmann geschützt werde. Läßt sich der Vorsitzende Übergriffe zu Schulden kommen, so ist gegen den unter solchem Vorsitz gefaßten Beschluß die Anfechtungsklage zulässig (vgl. Staub HGB. Anm. 28 zu § 256). Siehe Anm. 11. Anm. 10.

d) Der Vorsitzende hat die Verhandlung nicht nach Willkür, nicht nach Gutdünken, sondern so zu leiten, wie es im Sinne dieses Amtes liegt, d. h. unparteiisch und sachgemäß. Er hat dabei im allgemeinen die Grundsätze parlamentarischer Verhandlungen zu beobachten. Bei groben Verstößen gegen dieselben ist gegen Beschlüsse, die unter solcher Leitung gefaßt sind, die Anfechtungsklage gegeben. So z. B. wenn einem Gesellschafter ohne Grund das Wort entzogen wird. Anm. 11.

6. Die Form der Ausübung des Stimmrechts, ob durch Stimmzettel oder durch Zuruf oder durch Aufstehen oder durch Sitzenbleiben, ist dem Gesellschaftsvertrage überlassen. Meist treffen die Gesellschaftsverträge aber hierüber keine Bestimmung. Dann ist alles Sache des Vorsitzenden. In der Praxis erachtet man eine Abstimmung durch Zuruf gewöhnlich nur dann für zulässig, wenn sich kein Widerspruch gegen eine solche Abstimmungsart ergibt. Das ist aber nicht richtig. Will der Vorsitzende diese Abstimmungsart wählen, so kann er dies, wenn das Statut nicht entgegensteht, stets tun. Er zählt dann die bejahenden und verneinenden Zurufe und stellt so das Ergebnis der Abstimmung fest. Er ist auch berechtigt zu erklären, wenn niemand dem gestellten Antrage widerspreche, so werde er allseitige Zustimmung annehmen. Er kann durch Aufstehen oder Sitzenbleiben abstimmen lassen, durch Eintreten zu verschiedenen Türen u. s. w. Anm. 12.

§ 48. 7. Die Verhandlung kann durch Majoritätsbeschluß auch vertagt werden.
Anm. 13. Das bedeutet: Die Generalversammlung kann beschließen, daß über den betreffenden Gegenstand heute nicht beraten und beschlossen werden soll. Es kann aber nicht etwa durch Verkündung in dieser Sitzung, wie im Civilprozesse, eine neue Versammlung angesetzt und von einer neuen Einladung abgesehen werden. Zwar sagen die Motive 39 das Gegenteil. Sie meinen, daß die betreffende Vorschrift des § 51 Abs. 4 sich „selbstverständlich" nicht auf Beschlüsse über die Einberufung einer neuen Generalversammlung beziehe. Doch ist dies keineswegs selbstverständlich. Im Gesetze hat es keinen Ausdruck gefunden. Nur in einer Universalversammlung, d. h. in einer Versammlung, an welcher alle Gesellschafter teilnehmen, kann mit Einverständnis aller die Einberufung einer Generalversammlung beschlossen und diese sofort angesetzt werden, ohne daß es einer besonderen Einladung bedürfte.

Anm. 14. II. (Abs. 2.) **Schon von Gesetzeswegen bedarf es der Abhaltung einer Versammlung zur Fassung von Beschlüssen in zwei Fällen nicht.**

1. Wenn sämtliche Gesellschafter sich mit der zutreffenden Bestimmung schriftlich einverstanden erklären. Es kann dabei nicht angenommen werden, daß die Vorschrift des § 126 BGB. genau beachtet werden muß. Der gewöhnliche Fall wird freilich der sein, daß ein Zirkular von allen Gesellschaftern unterschrieben wird. Es wird aber auch genügen, wenn der Geschäftsführer schriftlich anfragt und die Gesellschafter kurz antworten, daß sie mit der ihnen vorgeschlagenen Bestimmung einverstanden seien. Telegraphische Einverständniserklärung wird ebenfalls genügen. — Das Wort „sämtliche Gesellschafter" führt dazu, die Bestimmung des § 47 Abs. 4 außer Anwendung zu setzen. Auch wer nach dieser Vorschrift von der Abstimmung ausgeschlossen ist, muß sich, wenn von der Abstimmung in der Versammlung abgesehen werden soll, mit der zutreffenden Bestimmung einverstanden erklären. Es kann nicht über seinen Kopf hinweg von der normalen Art der Beschlußfassung abgesehen werden. Denn wenn er auch bei der Abstimmung nicht mitwirken kann, so könnte er doch in der Versammlung durch sonstige Teilnahme (an der Diskussion) seinen Einfluß auf die Gestaltung der Abstimmung auszuüben versuchen. Dieses Recht und diese Möglichkeit darf ihm nur mit seiner Zustimmung genommen werden.

Anm. 15. 2. Wenn sämtliche Gesellschafter damit einverstanden sind, daß schriftlich abgestimmt wird. In diesem Falle genügt es, wenn der Beschluß in der Sache selbst schriftlich durch Mehrheitsabstimmung gefaßt wird. Über das Erfordernis der Schriftlichkeit gilt das zu 1 Gesagte. Darüber, daß zu den sämtlichen Gesellschaftern auch diejenigen gehören, welche nach § 47 Abs. 4 von der Abstimmung ausgeschlossen sind, siehe Anm. 14. Hier muß das um so mehr gelten, da es sich hier um ein direktes Einverständnis mit der formalen Gestaltung der Abstimmung, nicht um die Abstimmung selbst handelt.

Anm. 16. 3. Der Abs. 2 gilt aber nicht bei Änderungen des Gesellschaftsvertrages. Hier muß gemäß § 53 gerichtliche oder notarielle Beurkundung der Versammlungsbeschlüsse erfolgen (Anm. 10 ff. zu § 53).

Anm. 17. III. **Der Gesellschaftsvertrag** kann die Vorschriften unseres Paragraphen abändern. Er kann bestimmen, daß die Ausnahmen des Abs. 2 nicht Platz greifen sollen, oder daß noch weitere Ausnahmen stattfinden, ja sogar, daß Gesellschafterversammlungen überhaupt nicht stattzufinden brauchen oder stattfinden sollen oder stattfinden dürfen (stets die Fälle der Statutenänderung, § 53, ausgenommen, vgl. Anm. 16), oder daß telephonische Verständigung zulässig ist oder sonstige mündliche Einverständniserklärung genügt. Er kann ferner anordnen, daß der Geschäftsführer oder der Vorsitzende des Aufsichtsrats nach seinem Ermessen berechtigt ist, das schriftliche Votum in der Weise einzuholen, daß dem Adressaten angedroht wird, wenn er in bestimmter Frist nicht antworte, so werde angenommen werden, daß er sich der Abstimmung enthalte, oder daß er zustimme, oder daß er den Antrag ablehne 2c. 2c.

Zusatz. Eine Beurkundung der Gesellschafterversammlung und ihrer Beschlüsse schreibt unser
Anm. 18. **Gesetz als Regel nicht vor.** Sie wird ausnahmsweise für Statutenänderungen verlangt (§ 53). Im allgemeinen ist keinerlei Beurkundung vorgeschrieben, nicht einmal eine einfache

Protokollierung. Doch geschieht dieselbe wohl allgemein. Der Gesellschaftsvertrag kann aber Protokollierung vorschreiben, auch solche durch einen Notar. Oft werden Notare auch zugezogen, wo das weder nach Gesetz noch nach Statut notwendig ist, um eine zuverlässige Protokollierung herbeizuführen. Geschieht dies, so liegt nicht ein Fall der §§ 169 ff. FG. vor, sondern die Beurkundung eines Rechtsvorganges, die nach Landesrecht zu beurteilen ist, in Preußen nach Art. 56 ff. des preußischen Gesetzes über die freiwillige Gerichtsbarkeit, wobei besonders hervorzuheben ist, daß es dem Ermessen des Notars überlassen ist, inwieweit er das Protokoll vorlesen und unterschreiben lassen will. Die Vorschriften der §§ 258 und 259 HGB. finden dabei keine Anwendung. Ihre Anwendung ist aber empfehlenswert. Es ist daher zu wünschen, wenn auch nicht erforderlich, daß ein Gesellschafterverzeichnis angefertigt wird, daß die Belege über die Berufung dem Protokoll einverleibt oder als Anlagen zum Protokoll genommen werden. Die Kosten der notariellen Beurkundung, auch wenn sie nicht durch den Gesellschaftsvertrag vorgeschrieben ist, trägt stets die Gesellschaft (OLG. Cöln v. 24. 12. 03 im Recht 04, 579 Nr. 2558). § 48.

§ 49.

Die Versammlung der Gesellschafter wird durch die Geschäftsführer berufen.

Sie ist außer den ausdrücklich bestimmten Fällen zu berufen, wenn es im Interesse der Gesellschaft erforderlich erscheint.

Insbesondere muß die Versammlung unverzüglich berufen werden, wenn aus der Jahresbilanz oder aus einer im Laufe des Geschäftsjahres aufgestellten Bilanz sich ergibt, daß die Hälfte des Stammkapitals verloren ist.

Der vorliegende Paragraph bestimmt, durch wen die Gesellschafterversammlung berufen wird (Abs. 1) **und in welchen Fällen sie berufen wird** (Abs. 2 und 3).

I. (Abs. 1.) **Die Versammlung der Gesellschafter wird durch die Geschäftsführer berufen.** Anm. 1.

1. Von der Versammlung der Gesellschafter ist hier die Rede. Aber natürlich bezieht sich die Vorschrift auf die Beschlußfassung der Gesellschafter überhaupt. Gemeint ist, daß die Beschlußfassung der Gesellschafter durch die Geschäftsführer herbeizuführen ist. Denn nach § 48 Abs. 2 bedarf es nicht immer der Abhaltung einer Versammlung, um die Beschlußfassung der Gesellschafter herbeizuführen und nach dem Gesellschaftsvertrage kann noch in anderen Fällen von dem Erfordernisse einer Versammlung als Voraussetzung eines Gesellschafterbeschlusses abgesehen werden.

2. Durch die Geschäftsführer, d. h. durch so viele Geschäftsführer, als zur Geschäftsführung ausreichen, wird die Beschlußfassung der Gesellschafter herbeigeführt. Damit ist nichts weiter gesagt, als daß die Geschäftsführer das normale Organ sind, um die Beschlußfassung herbeizuführen. Außer den Geschäftsführern hat auch der etwa bestellte Aufsichtsrat das Recht und die Pflicht zur Berufung der Gesellschafterversammlung und zur Herbeiführung des Beschlusses der Gesellschafter (§ 52 des Gesetzes, § 246 Abs. 2 HGB.). Selbstverständlich können die Gesellschafter, auch ohne durch die Geschäftsführer oder den Aufsichtsrat zusammenberufen zu sein, Beschlüsse fassen. Die Gültigkeit der Beschlüsse ist nicht etwa davon abhängig, daß der Geschäftsführer sie berufen hat (vgl. §§ 50, 51 Abs. 3). Anm. 2.

3. Durch den Gesellschaftsvertrag können diese Bestimmungen geändert werden. Es kann bestimmt sein, daß bei kollektiver Vertretungsbefugnis der Geschäftsführer doch jeder einzelne derselben die Versammlung berufen darf. Es kann umgekehrt bei statutarischer Einzelvertretung nur mehreren gemeinsam die Einberufung oder doch die Herbeiführung anderer Abstimmung zustehen. Es kann den Geschäftsführern oder einzelnen von ihnen dieses Recht genommen werden. Die meisten Schriftsteller sprechen sich dahin aus, daß den Geschäftsführern das Recht der Einberufung der Generalversammlung nicht gänzlich entzogen werden könnte (vgl. z. B. Liebmann Anm. 1; Anm. 3.

§ 49. dagegen Förtsch Anm. 1). Doch ist nicht einzusehen, warum die Gesellschaft in dieser Weise in ihrer Privatautonomie beschränkt sein sollte. Es ist nicht ersichtlich, warum die Geschäftsführer absolut das Recht und die Pflicht haben müßten, die Beschlüsse der Gesellschafter herbeizuführen. Zunächst ist dies dann nicht anzunehmen, wenn das Recht anderen Organen, z. B. dem Prokuristen oder einem delegierten Gesellschafter oder einem erwählten Beirat oder dem Aufsichtsrat allein übertragen wurde. Aber auch, wenn dafür nicht gesorgt wurde, so ist es eben Sache der Gesellschafter, von selbst zur Beschlußfassung zusammenzutreten. Daß die Geschäftsführer (so Neukamp Anm. 1) den Gesellschaftern nach § 43 verantwortlich sind, spricht nicht gegen den hier vertretenen Standpunkt. Daraus folgt nur, daß sie insoweit von ihrer Verantwortlichkeit befreit sind. Und wenn Birkenbihl Anm. 1 meint, der § 45 besage nur, daß für die Rechte der Gesellschafter, nicht auch für die Rechte der Geschäftsführer die Gesellschafterversammlung das oberste Organ sei, so kann nicht zugegeben werden, daß es sich hier um ein Recht der Geschäftsführer um ihrer selbst willen handelt. Es handelt sich lediglich um das Rechtsverhältnis der Gesellschafter. Nur deren Interessen sind dabei im Spiele, nicht die Interessen der Geschäftsführer.

Anm. 4. II. (Abs. 2.) **In welchen Fällen ist die Gesellschafterversammlung zu berufen?** Nach Abs. 1 ist die Gesellschafterversammlung außer in den ausdrücklich bestimmten Fällen immer dann zu berufen, wenn es im Interesse der Gesellschaft erforderlich erscheint, nach Abs. 3 insbesondere dann, wenn die Hälfte des Stammkapitals verloren gegangen ist.

Anm. 5. 1. Also zunächst in den ausdrücklich bestimmten Fällen. Gemeint ist, in den vom Gesetz ausdrücklich bestimmten Fällen. Doch enthält das Gesetz keine solchen Fälle, außer unserem Abs. 3. Gemeint sind daher wohl diejenigen Fälle, in denen die Gesellschafter zu beschließen haben (§§ 46, 53, 60 Abs. 1 Nr. 2, 26, 66 Abs. 3; vgl. Anm. 1 zu § 46). In diesen Fällen ist es Sache der Geschäftsführer, die Beschlußfassung herbeizuführen.

Anm. 6. 2. Außerdem immer dann, wenn es im Interesse der Gesellschaft erforderlich erscheint. Damit ist nicht etwa gesagt, daß in allen wichtigen Fragen die Gesellschafterversammlung zu befragen sei. Oft wird im Gegenteil das Gesellschaftsinteresse es gebieten, gerade in wichtigen Fragen die Gesellschafterversammlung nicht zu fragen, weil z. B. die Diskussion der geplanten Verwaltungsmaßregel nachteilig wirken kann. Auch nicht die Bedeutung hat es, daß die Gesellschafterversammlung immer dann zu befragen sei, wenn es zweifelhaft ist, ob die Gesellschafterversammlung das Rechtsgeschäft genehmigen werde. Denn solche Zweifel bestehen im geschäftlichen Leben sehr oft. Auf Schritt und Tritt stehen sich Verlustgefahr und Gewinnaussicht gegenüber. Man würde die Bedeutung des Geschäftsführers verkennen, wollte man ihn für verpflichtet halten, in jedem bedenklichen Falle die Generalversammlung der Gesellschafter zu befragen. Aber eine Pflichtwidrigkeit ist es jedenfalls, das Rechtsgeschäft auf eigene Faust vorzunehmen, wenn man weiß oder sich bewußt ist, die Gesellschafterversammlung werde es nicht genehmigen (RG. 35, 87). Weiter geht freilich jetzt das RG. In der Entscheidung v. 3. 5. 02 (im Sächs.Arch. 12, 726 und bei Holdheim 11, 236 und 12, 197) spricht es für die gleichlautende aktienrechtliche Vorschrift des § 253 Abs. 2 HGB. aus, daß infolge dieser Vorschrift die Gesellschaftsorgane verpflichtet seien, sich vor Einlassung auf wichtige, kostspielige und riskante, und deshalb das Interesse der Gesellschaft in besonderem Maße berührende Unternehmungen der Einwilligung der Generalversammlung zu versichern, ohne solche aber auf ihre Gefahr handeln, so daß sie also auch dadurch nicht entschuldigt sind, daß sie das Beste der Gesellschaft gewollt und anzunehmen befugt waren. Diese Ansicht wird in ihrer Allgemeinheit mit Recht beanstandet. Der hier aufgestellte Grundsatz ist ganz exorbitant und geeignet, das ganze Gesellschaftsleben lahmzulegen. Wenn der Geschäftsführer keine wichtigen, kostspieligen und riskanten (es ist überdies nicht klar, ob alle Erfordernisse zusammentreffen müssen) Geschäfte vornehmen darf, ohne die Gesellschafterversammlung zu befragen, wenn er, falls er sie ohne diese Anfrage vornimmt, weil er nach vernünftiger Erwägung der Sachlage einen guten Er-

folg erhoffen konnte, für den etwaigen Mißerfolg mit seinem Vermögen einzustehen hat, § 49.
dann ist nicht ersichtlich, wie sich ein gedeihliches Gesellschaftsleben entwickeln soll. Nicht einmal dadurch erachtet das RG. in jener Entscheidung den Geschäftsführer als frei von der Verantwortlichkeit, daß er den Nachweis erbringen kann, daß sämtliche Gesellschafter zugestimmt haben würden. Das RG. wird nicht umhin können, von dieser Entscheidung wieder abzugehen. Es wägt doch sonst sorgfältig und mit feinem Verständnisse für die Bedürfnisse des Verkehrs alles Für und Wider ab. Im vorliegenden Falle mag es sehr schwer sein, die Formulierung zu finden. Wann soll es das Interesse der Gesellschaft gebieten, die Gesellschafter zu befragen? Daß die Angelegenheit wichtig, kostspielig und riskant ist, reicht dazu nicht aus. Auch solche Unternehmungen erheischen tausendfach schnelles und diskretes Handeln und es würde den Interessen der Gesellschaft in solchen Fällen oft widersprechen, wollte man erst handeln, nachdem man die Gesellschafter befragt hat. Daß es zweifelhaft ist, ob die Gesellschafter es genehmigen werden, reicht ebenfalls nicht aus, um die Anfragepflicht zu begründen. Ob im Einzelfalle das Interesse der Gesellschaft besser gewahrt wird, wenn die Generalversammlung befragt wird oder wenn sie nicht befragt wird, läßt sich auch im voraus nicht sagen. Oft erweist sich das, was ein Mann beschließt, besser, als was viele beraten. Will man der Vorschrift überhaupt einen Sinn beilegen, so wird man sagen müssen: Die Geschäftsführer sollen wohl den regelmäßigen Gang der Geschäfte leiten, sie mögen auch wichtige, kostspielige und riskante Geschäfte machen, wenn sie überzeugt sind, daß sie von denen, deren Interesse sie zu schützen haben, gebilligt werden würden. Aber wenn sie ein Geschäft machen, welches aus dem Rahmen der gewöhnlichen Geschäftstätigkeit heraustritt, wenn sie ein ungewöhnliches Geschäft vornehmen — der Begriff ist dem Gesetze nicht unbekannt, vgl. § 116 HGB. —, und wenn sie ferner begründete Zweifel haben oder nach Lage der Sache daran haben müssen, ob dieses Geschäft, seiner besonderen Eigenart wegen, von der Gesellschafterversammlung gebilligt werden würde, unter dieser doppelten Voraussetzung ist anzunehmen, daß nach dem Willen des Gesetzes das Interesse der Gesellschaft es erfordert, daß die Gesellschafter befragt werden, ehe die Geschäftsführer handeln. Dann sind die Grenzen überschritten, innerhalb deren die Gesellschafter dem von ihnen erwählten Geschäftsführer die Führung ihrer Interessen anvertraut haben. Dann ist der Zeitpunkt, wo der Schutz ihrer Interessen und der Interessen der Gesellschaft den Gesellschaftern selbst vorbehalten ist, gekommen. Das Gleiche gilt dann, wenn es sich um Transaktionen handelt, welche für den ganzen Bestand der Gesellschaft, ihre Fundamente von Bedeutung sind. So, wenn es sich um Aufnahme einer einen erheblichen Teil des Stammkapitals in ihrem Nennbetrage erreichenden Obligationsanleihe, um den Verkauf von Betriebsgegenständen in erheblichem Umfange, um die Veräußerung des Geschäfts oder gar des ganzen Vermögens, um die Gründung einer sogenannten Betriebsgemeinschaft handelt. Auch in solchen Fällen ist anzunehmen, daß die Gesellschafter selbst, die eigentlichen Herren des Gesellschaftsvermögens, die obersten Verwalter desselben, die entscheidende Stimme abgeben wollen, und sich ihres Bestimmungsrechts nicht begeben haben zu Gunsten der Geschäftsführungsbefugnis der Geschäftsführer. In solchen fundamentalen Fragen müssen die Geschäftsführer die Generalversammlung befragen, auch wenn sie selbst gegen das Geschäft keine Bedenken haben (vgl. hierüber Adolf Endemann bei Holdheim 12, 197; Rehm daselbst 13, 239 ff.; Gutachten zum 27. Juristentage Verhandlungen I 27 [Lehmann] und 180 [Staub]; Sitzungsprotokolle v. 10. 4. 04 daselbst IV 167; Simon DJZ. 04, 784; Lehmann daselbst 962).

Außerdem ist die Gesellschafterversammlung immer zu berufen, wenn das Interesse Anm. 7.
der Gesellschaft eine Maßregel erfordert, welche nur von der Gesellschafterversammlung beschlossen werden kann (z. B. eine Kapitalserhöhung oder eine Kapitalsherabsetzung oder eine sonstige Statutenänderung). Vgl. oben Anm. 5. Ebenso wenn ein anderes Organ eine schadendrohende Handlung vornehmen will oder deren Vornahme verlangt, so daß die Weigerung des einen Geschäftsführers die Gesellschaft nicht vor den Nachteilen schützt.

§ 49. Unterlassung der Berufung, wenn die Pflicht sie gebietet, macht den Geschäftsführer
Anm. 8. nach § 43 verantwortlich. Auf das Selbsthilferecht der Gesellschafter nach § 50 kann der Geschäftsführer sich zur Befreiung von seiner Verantwortlichkeit nicht berufen. Andererseits sind die Gesellschafter auf diese Selbsthilfe angewiesen, wenn sie eine Beschlußfassung herbeiführen wollen, da sie keine Macht haben, den Geschäftsführer zur Einberufung zu zwingen.

Anm. 9. 3. Besonders aber muß die Versammlung unverzüglich berufen werden, wenn aus einer Bilanz sich ergibt, daß die Hälfte des Stammkapitals verloren ist.

Anm. 10. a) Bei Aufstellung einer Jahresbilanz oder einer im Laufe des Geschäftsjahres aufgestellten Bilanz muß sich der Verlust ergeben haben. Aus welchem Anlaß die Zwischenbilanz aufgestellt ist, ist gleichgültig. Eine gesetzliche Verpflichtung zu Zwischenbilanzen, etwa Semestralbilanzen, besteht nicht. Sie können statutarisch angeordnet, auch von der Generalversammlung oder dem Aufsichtsrat kraft seiner Befugnisse gefordert oder aus eigener Initiative der Geschäftsführer aufgestellt sein.

Anm. 11. b) Ein bilanzmäßiger Verlust muß vorhanden sein. Ein Geschäftsverlust im Laufe des Jahres ist gleichgültig, wenn der Schlußsaldo der Bilanz keinen Verlust in der hier gemeinten Höhe ergeben hat. Für die Aufstellung der Bilanz sind § 42 und die statutarischen Bilanzvorschriften maßgebend. Wenn nach Maßgabe dieser Vorschriften ein Bilanzverlust in Höhe der Hälfte des Stammkapitals vorhanden ist, muß der Gesellschafterversammlung die Anzeige gemacht werden. Die Bilanz ist nicht etwa von den Gesichtspunkten aus zu machen, welche bei der Frage der Überschuldung nach § 64 maßgebend sind.

Anm. 12. c) Der Bilanzverlust muß ziffernmäßig so viel betragen, als die Hälfte der Ziffer des Stammkapitals beträgt, d. h. des übernommenen, nicht etwa des eingezahlten Grundkapitals. Alsdann ist der Verlust so erheblich, daß die Gesellschafter davon verständigt werden müssen, um zu beraten, was nun geschehen soll.

Anm. 13. d) Die Geschäftsführer haben diese Verpflichtung, d. h. die Geschäftsführer in derjenigen Zusammensetzung, in welcher sie zur Geschäftsführung befugt sind. Doch muß jedes Mitglied auf die Erfüllung dieser Verpflichtung hinwirken. Nötigenfalls ist dem etwa bestellten Aufsichtsrat davon Anzeige zu machen.

Anm. 14. e) Die Geschäftsführer sind nach § 43 haftbar, wenn sie der Pflicht nicht genügen. Sie haften dafür mit der Sorgfalt eines ordentlichen Geschäftsmannes. Ist also die Bilanz zwar objektiv unzutreffend, aber mit der Sorgfalt ordentlicher Geschäftsleute aufgestellt, so sind die Geschäftsführer entschuldigt. Schwieriger ist die Frage nach der Bestimmung des Schadens, für den die Geschäftsführer haften. Jedenfalls geht es nicht an, die Geschäftsführer für alle späteren Verluste ohne weiteres verantwortlich zu erklären. Die Gesellschaft muß den ursächlichen Zusammenhang zwischen denselben und ihrer Unterlassung beweisen. Es kann dabei aber mit Wahrscheinlichkeiten gerechnet werden. Insbesondere ist der Beweis zulässig, daß die Gesellschafter durch Liquidation oder freiwillige Zuschüsse oder Änderung der Verwaltung u. s. w. den Verlust ganz oder teilweise abgewendet hätten.

Anm. 15. f) Die Gesellschafterversammlung muß unverzüglich berufen und ihr Anzeige gemacht werden. Aus § 51 Abs. 2 folgt die fernere Verpflichtung, bei der Berufung den Zweck der Versammlung bekannt zu machen. Der Zweck ist eben die Anzeige von dem Verluste der Hälfte des Stammkapitals. Dieser Zweck muß auch dann in der Einladung der Gesellschafter angegeben werden, wenn sich der Verlust aus der der betreffenden Gesellschafterversammlung vorzulegenden ordentlichen Jahresbilanz ergibt. Es kann dies nicht etwa deshalb unterbleiben, weil ja in der Generalversammlung die Bilanz vorgelegt und aus dieser der Verlust sich ergeben wird. Die Tendenz der Vorschrift geht vielmehr dahin, daß die Gesellschafter in der Generalversammlung eine besondere ausdrückliche Anzeige davon erhalten müssen, daß die Hälfte des Stammkapitals verloren gegangen ist. Deshalb muß auch die Einladung zur Generalversammlung jene Anzeige als einen der Verhandlungspunkte ausdrücklich enthalten, damit die Gesellschafterversammlung auf diesen Punkt hingewiesen werden und sich auf die Beratung über diesen Punkt von so weittragender Bedeutung vorbereiten können. Eine Verhüllung oder Verschleierung dieses Zweckes, wenn auch in wohlmeinender Hinsicht, ist unstatthaft. Andererseits wird mit der bloßen Anzeige des Verlustes wenig geholfen sein, da die Generalversammlung ohne vorherige Ankündigung sachliche Beschlüsse nicht fassen kann. Es wird sich daher empfehlen, daß die Geschäftsführer gleichzeitig ihre Vorschläge zur Abhilfe unter den Zwecken der Gesellschafterversammlung ankündigen. § 49.

g) Die Gesellschafterversammlung nimmt die Anzeige entgegen und erörtert die einschlägigen Gesichtspunkte. Sachliche Beschlüsse kann sie aber, wie eben ausgeführt ist, nur dann fassen, wenn die Tagesordnung dementsprechend publiziert ist, außer im Falle des § 51 Abs. 3. Sonst muß für eine neue Gesellschafterversammlung Sorge getragen werden. Ihre Maßnahmen können sehr verschiedenartig sein: Liquidation der Gesellschaft; Absetzung des Geschäftsführers; Aufnahme von Anleihen; Erhöhung des Stammkapitals; Herabsetzung desselben. Sie kann auch von Maßnahmen absehen und die Sache weiter so fortgehen lassen. In der Kaufmannswelt ist oft die Meinung verbreitet, als müsse der Konkurs angemeldet werden, wenn die Hälfte des Grundkapitals verloren sei. Das ist irrig. Der Konkurs muß angemeldet werden, wenn Überschuldung (oder Zahlungsunfähigkeit) vorliegt (§ 64). Anm. 16.

4. Eine sehr wichtige Frage ist, inwieweit die Vorschriften der Abs. 2 und 3 durch den Gesellschaftsvertrag abgeändert werden können. Hinsichtlich des Abs. 2 ist diese Frage bereits oben Anm. 3 miterörtert. Dort ist ja bereits ausgeführt, daß den Geschäftsführern das Recht und die Pflicht der Berufung überhaupt genommen werden kann. In dem Abs. 2 ist ja aber von dem Recht und der Pflicht der Geschäftsführer zur Berufung der Gesellschafterversammlung die Rede. Insbesondere kann es auch keinem Zweifel unterliegen, daß der Gesellschaftsvertrag bestimmen kann, daß die Geschäftsführer auch dann die Gesellschafterversammlung nicht zu berufen brauchen, wenn das Gesellschaftsinteresse dies erfordert. Enthält der Gesellschaftsvertrag eine solche Bestimmung, so mag dies nicht zweckmäßig sein. Aber es ist eben Sache der Gesellschafter, was sie für zweckmäßig erachten. Anm. 17.

Sehr fraglich ist es allerdings, ob auch die Bestimmung des Abs. 3 durch den Gesellschaftsvertrag beseitigt werden kann. Esser konstatiert, daß alle Kommentatoren über die Verneinung einig seien, nachdem auch er sich zu dieser Ansicht bekehrt hat. Trotzdem ist die Ansicht nicht zutreffend. Es ist nicht anzuerkennen, daß die Bestimmung des Abs. 3 öffentlichen Rechtens ist. Der § 45 bestimmt ganz allgemein und mit Rücksicht auf alle Bestimmungen der §§ 46—51, daß sie dispositiven Charakter haben. Für die Interessen der Gesellschaftsgläubiger sorgt § 64. Unser § 49 Abs. 3 hat lediglich interne Bedeutung. Es erfolgt keine öffentliche Anzeige, keine Anzeige an die Gläubiger oder an eine Behörde. Nur die Gesellschafter sollen Anzeige erhalten. Diesen bleibt es überlassen, ob sie auf die Anzeige hin etwas veranlassen wollen oder nicht (vgl. oben Anm. 17). Im Grunde genommen sind auch die Gläubiger bei dem bilanzmäßigen Verluste der Hälfte des Stammkapitals nicht erheblich interessiert. Denn es ist dann immer noch außer dem zur Deckung der Schulden erforderlichen Vermögen die Hälfte des Stammkapitals vorhanden, also mehr als überreiche Deckung für die Gläubiger. Eine Gefahr für sie liegt nicht vor, sondern nur ein mißlicher Vermögensstand für die Gesellschafter, welche sich dem Dividendenbezuge weit entrückt sehen. Wenn auch der korrespondierende § 240 Abs. 1 HGB. seiner Tendenz nach zwingender Natur ist, so kann doch das Gleiche hinsichtlich unseres Abs. 3 nicht angenommen werden, nachdem § 45 die dispositive Natur aller in den §§ 46—51 enthaltenen Bestimmungen ausdrücklich angeordnet hat. Anm. 18.

5. Kann der Geschäftsführer, statt eine Versammlung zu berufen, den Gesellschaftern die Anzeige von dem Verluste des Kapitals über die Hälfte auch schriftlich machen? Man wäre geneigt, dies zu verneinen, weil ja Anm. 19.

§ 49. dadurch der Zweck der Bestimmung, eine Beratung und Beschlußfassung der Gesellschafter über die angebracht erscheinenden Maßregeln, nicht erreicht würde. Allein dies gilt doch noch weit mehr bei allen anderen Gegenständen einer Versammlung. Wenn dort, wo es sich um Abstimmung über Anträge handelt, die Diskussion entbehrlich ist, so kann dies um so mehr geschehen, wo es sich nur um Kenntnisnahme der Gesellschafter dreht. Wo das Statut schriftliche Abstimmung gestattet, muß schriftliche Mitteilung genügen. Wo dies nicht der Fall ist, muß jedenfalls diese Art dann genügen, wenn die sämtlichen Gesellschafter damit einverstanden sind. Doch wird man ihre schriftliche Zustimmung vorsichtigerweise fordern. Es ist dann ihre Sache, wenn sie eine Besprechung oder Beschlußfassung wünschen, mit ihren Anträgen hervorzutreten und die Versammlung zu verlangen.

§ 50.

Gesellschafter, deren Geschäftsanteile zusammen mindestens dem zehnten Teile des Stammkapitals entsprechen, sind berechtigt, unter Angabe des Zwecks und der Gründe die Berufung der Versammlung zu verlangen.

In gleicher Weise haben die Gesellschafter das Recht zu verlangen, daß Gegenstände zur Beschlußfassung der Versammlung angekündigt werden.

Wird dem Verlangen nicht entsprochen oder sind Personen, an welche dasselbe zu richten wäre, nicht vorhanden, so können die im Absatz 1 bezeichneten Gesellschafter unter Mitteilung des Sachverhältnisses die Berufung oder Ankündigung selbst bewirken. Die Versammlung beschließt, ob die entstandenen Kosten von der Gesellschaft zu tragen sind.

Einleitung. **Der vorliegende Paragraph gibt den Gesellschaftern ein sogenanntes Minderheitsrecht,** nämlich ein der Minderheit zustehendes Selbsthilferecht, um gegen den Willen der leitenden Personen eine Beschlußfassung herbeizuführen. Die Vorschrift ist ähnlich, wenn auch nicht gleich der des § 254 HGB. Sie kann zwar durch den Gesellschaftsvertrag beseitigt werden (vgl. unten Anm. 17). Doch wäre eine derartige Bestimmung des Gesellschaftsvertrages höchst unpraktisch.

Anm. 1. **Der Inhalt der Vorschriften ist folgender:**

1. Das Verlangen der Gesellschafter auf Einberufung einer Gesellschafterversammlung (Abs. 1).
2. Das Verlangen der Gesellschafter auf Ankündigung von Gegenständen zur Beschlußfassung (Abs. 2).
3. Das Selbsthilferecht der Gesellschafter (Abs. 3).
4. Die Kosten der Einberufung (Abs. 3 Satz 2).

Anm. 2. 1. (Abs. 1.) **Das Verlangen der Gesellschafter auf Einberufung einer Gesellschafterversammlung.**

a) Wem steht dieses Recht zu? Gesellschaftern, deren Geschäftsanteile zusammen mindestens den zehnten Teil des Stammkapitals betragen. Unzweifelhaft ist, daß auch ein Gesellschafter, der Geschäftsanteile in dieser Höhe besitzt, das Recht hat. Selbstverständlich kann nur derjenige Gesellschafter das Recht geltend machen, der der Gesellschaft gegenüber als Gesellschafter gilt (vgl. § 16). Ob die Geschäftsanteile eingezahlt sind oder nicht, ist gleichgültig. Ein kaduzierter Geschäftsanteil zählt zwar bei der Berechnung der Totalziffer mit. Auf Grund desselben kann aber kein Antrag gestellt werden, solange er nicht durch Zahlung seitens eines Rechtsvorgängers des Kaduzierten oder durch Versteigerung seitens der Gesellschaft wieder auf einen Gesellschafter überging (vgl. Anm. 26 zu § 21). Ebenso ist der Gesellschafter, der bei der Einziehung der Nachschüsse seinen Geschäftsanteil der Gesellschaft zur Verfügung stellte, nicht berechtigt, bei der Antragstellung noch mitzuzählen, auch wenn die Gesellschaft den Geschäftsanteil noch nicht verwertet hat (vgl. Anm. 13 zu § 27). Ist ein Geschäftsanteil aus den Überschüssen amortisiert, so kann selbstverständlich auch dieser nicht zu einem Antrage berechtigen oder bei einem solchen mitzählen. Vorausgesetzt ist aber, daß die Amortisation vollendet ist (vgl. hierüber Anm. 21 zu § 34). Liegt nur ein Vorvertrag zwischen dem Gesellschafter und der Gesellschaft vor, ohne daß die Amortisationserklärung der letzteren ausgesprochen ist, so besteht der Geschäftsanteil noch und kann zum Antrage benützt werden. Ist die Amortisation vollendet, so fragt es sich, wie der zehnte Teil des Stammkapitals zu berechnen ist. Denn dieses mindert sich bei der Amortisation aus den Überschüssen nicht, während ein Geschäftsanteil verschwindet (Anm. 19 zu § 34). Es muß hiernach genügen, wenn der Antragsteller über ein Zehntel der verbleibenden Geschäftsanteile verfügt. Denn nicht auf das Stammkapital, d. h. den „für die Gläubiger stets zu reservierenden Vermögensbetrag" (§ 30 Abs. 1), kommt es an, sondern auf die Quote der Beteiligung. Wenn also von den 20 Geschäftsanteilen zu je 5000 M. die Hälfte allmählich aus dem Gewinn amortisiert ist, so ist zum wirksamen Antrage ein Geschäftsanteil von 5000 M. berechtigt. Denn die Summe aller Geschäftsanteile beträgt jetzt nur noch 50000 M. Veräußert der Antragsteller nach dem Antrage seinen Geschäftsanteil, so wird dadurch der Antrag nicht unwirksam. Nur kann jetzt der neue Gesellschafter den Antrag zurückziehen. Der frühere hat keinen Einfluß mehr. Anders wenn der Antragsteller nach seinem Antrage kaduziert wird, wenn er seinen Geschäftsanteil der Gesellschaft im Nachschußverfahren zur Verfügung stellt oder der Geschäftsanteil amortisiert ist. Dann hört der Antragsteller auf, Gesellschafter zu sein, ohne daß ein Rechtsnachfolger an seine Stelle tritt. § 50.

b) Das Verlangen muß Zweck und Gründe enthalten. „Zweck und Gründe" sind zusammenzunehmen. Sie bedeuten nicht, daß der Antragsteller den Gegenstand, den er der Gesellschafterversammlung vorgelegt sehen will, angibt und außerdem die Motive, die ihn hierzu bestimmen, so daß er, z. B. wenn er eine Abstimmung der Gesellschafter über einen Prozeß gegen die Geschäftsführer, über die Statutenänderung, auf Einsetzung eines Aufsichtsrats u. s. w. beantragt, er die Ursachen, die ihn hierzu bewegen oder welche die Gesellschafter für seinen Antrag bestimmen sollen, darzulegen hätte. „Zweck und Grund" bedeutet die Materie, mit der sich die Gesellschafter befassen sollen. Anm. 3.

Daß es schriftlich sein müsse, ist hier nicht gesagt (anders § 254 HGB.). Man kann daher dieses Erfordernis nicht ohne weiteres aufstellen. Anm. 4.

Das Verlangen kann auch durch einen Bevollmächtigten gestellt werden. Der Bevollmächtigte muß die Vollmacht vorlegen. Sonst kann das Verlangen zurückgewiesen werden (§ 174 BGB.). Anm. 5.

c) An wen ist das Verlangen zu richten? Wie im Aktienrecht (vgl. Staub HGB. Anm. 11 zu § 254), braucht auch hier der Gesellschafter seinen Antrag nur an die Gesellschaft zu richten. Innerhalb der Gesellschaft muß dafür Vorsorge getroffen werden, daß Anträge auf Einberufung an die zuständige Stelle gerichtet werden. Insbesondere haben die Geschäftsführer, wenn außer ihnen oder an ihrer Stelle andere Organe das Einberufungsrecht haben, die Verpflichtung, das Gesuch an die zuständige Stelle zur Erledigung abzugeben. Wenn freilich keine Geschäftsführer vorhanden sind, wohl aber andere Personen, welche zur Einberufung zuständig sind, so muß natürlich der Antrag diesen zukommen. Anm. 6.

d) Welches ist die Verpflichtung der Gesellschaftsorgane, wenn das Verlangen an sie ordnungsmäßig gestellt ist? Ihre Verpflichtung besteht in der Einberufung. Bezweckt die Beschlußfassung die Vornahme einer rechtswidrigen Handlung, so ist der Geschäftsführer befugt, die Aufnahme des Antrags auf die Tagesordnung abzulehnen (vgl. hierüber für das Aktienrecht und die Prüfung des Richters KG. in DJZ. 04, 1024). Dann ist auch die im Wege der Selbsthilfe berufene Versammlung unrechtmäßig. Die Einberufung muß, da eine bestimmte gesetzliche Frist nicht vorgeschrieben ist, in einer den Umständen nach angemessenen Frist erfolgen. Eine schriftliche Abstimmung über den Antrag des Gesellschafters zu veranstalten, statt die Gesellschafterversammlung zu berufen, sind die Geschäftsführer ohne Zustimmung des Antragstellers auch dann Anm. 7.

§ 50. nicht befugt, wenn der Gesellschaftsvertrag diesen Weg gestattet. Das Verlangen geht auf die Einberufung der Versammlung. Dem ist zu entsprechen.

Anm. 8. Aber diese Verpflichtung der Geschäftsführer kann im Wege Rechtens nicht erzwungen werden, weder durch Klage beim Prozeßgericht noch durch Ordnungsstrafen seitens des Registergerichts. Die Nichterfüllung der Verpflichtung hat zur einzigen Folge, daß den Gesellschaftern das Selbsthilferecht nach Abs. 3 zusteht.

Anm. 9. 2. (Abs. 2.) **Das Verlangen der Gesellschafter auf Ankündigung von Gegenständen zur Beschlußfassung.** Dies Verlangen hat dieselben Voraussetzungen, wie das in Abs. 1 behandelte Recht auf Einberufung einer Generalversammlung, nur daß hier das Verlangen schleuniger erledigt werden muß, da hier die Fristen des § 51 von den Gesellschaftern innezuhalten sind. Unter der „Ankündigung" ist hier die Mitteilung der Tagesordnung an die Gesellschafter, nicht die Anzeige an die Gesellschaftsorgane zu verstehen.

Anm. 10. 3. (Abs. 3.) **Das Selbsthilferecht der Gesellschafter besteht in der Selbstberufung und Selbstankündigung.** Es ist hier nicht, wie im § 254 HGB., ein Recht gegeben, sich an den Registerrichter zu wenden, und sich von diesem zur Einberufung oder Ankündigung ermächtigen zu lassen. Unser Gesetz geht viel radikaler vor. Es gewährt dem Gesellschafter, dessen Verlangen von den Gesellschaftsorganen nicht erfüllt wird, das Selbsthilferecht.

a) Die Voraussetzungen dieses Selbsthilferechts sind die in den Absätzen 1 und 2 enthaltenen. Die Gesellschafter haben also das Recht der Selbstberufung und Selbstankündigung, wenn sie den 10. Teil des Stammkapitals in Geschäftsanteilen besitzen (vgl. oben Anm. 2), die Einberufung der Gesellschafterversammlung oder die Ankündigung von Gegenständen der Tagesordnung verlangt haben, und ihrem gehörig ausgesprochenen Verlangen nicht in angemessener Frist entsprochen worden ist. Außerdem haben sie dieses Recht, wenn keine Person vorhanden ist, an welche sich diese Gesellschafter mit ihrem Antrage wenden können, wenn z. B. kein Geschäftsführer vorhanden und ein anderes Organ zur Einberufung nach den Statuten nicht ermächtigt ist. Es braucht also in solchem Falle nicht erst nach § 29 BGB. ein Geschäftsführer bestellt und an diesen das Verlangen gerichtet zu werden.

Anm. 11. Gleichgültig ist, ob die Gesellschaftsorgane dem Verlangen deshalb nicht entsprochen haben, weil sie den Zweck und die Gründe, die ihnen von dem Antragsteller mitgeteilt wurden, nicht billigen. Das Recht der Selbsthilfe ist hiervon nicht abhängig. Die auf Grund des Selbsthilferechts berufene Versammlung ist vielmehr ordnungsgemäß zusammenberufen, wenn die formellen Voraussetzungen desselben vorhanden sind. Erachten die Gesellschaftsorgane Zweck und Gründe nicht für sachgemäß, so mögen sie sich in der Versammlung dagegen wenden und die Versammlung mag die vom Einberufer zur Sache gestellten Anträge ablehnen. Ist die Versammlung einmal einberufen, so wird sie nicht dadurch unzulässig, daß nachträglich die Organe der Gesellschaft die vorher abgelehnte Versammlung berufen. Sie können die Fassung der Beschlüsse in der mittels Selbstberufung zu stande gekommenen Versammlung nicht mehr hindern. Ebenso ist es ohne Einfluß, wenn die Einberufer nach der Einrufung ihre Geschäftsanteile oder Teile derselben verlieren. Die Gesellschafter fassen, da sie wirksam geladen sind, wirksame Beschlüsse, dagegen steht es den Einberufern zu, die Versammlung wieder abzubestellen. Sie üben durch deren Einladung nur ihr Recht aus. Ein Verzicht darauf ist wieder zulässig. Unstatthaft aber ist, daß ein Teil der Einberufer den Widerruf vornehme, auch wenn durch ihren Wegfall die verbleibenden nicht mehr den zehnten Teil der Geschäftsanteile darstellen. Nach der Veräußerung der Geschäftsanteile geht die Möglichkeit, die Einladung zurückzuziehen, auf die neuen Erwerber über.

Anm. 12. b) Der Inhalt des Selbsthilferechts ist das Recht, die Versammlung selbst zu berufen und die Ankündigung selbst zu bewirken. Dabei können aber nur diejenigen Gegenstände angekündigt werden, deren Ankündigung der Gesellschafter von der Gesellschaft gemäß Abs. 1 und 2 verlangt hatte. Eine abweichende Fassung der Anträge ist zulässig. Nur der Inhalt muß identisch sein. Unstatthaft ist aber inhaltlich neue Gegenstände mit auf die Tagesordnung zu setzen, mit der Motivierung, daß der Geschäftsführer ja doch die Gesellschafterversammlung auch für diese ablehnen würde. § 50.

Zur Ausübung dieses Rechtes werden die Gesellschafter oft der Mitgliederliste bedürfen. Es muß angenommen werden, daß ihnen diese in solchen Fällen zugänglich gemacht werden muß, und daß sie, wenn dies verweigert wird, sich durch Klage und einstweilige Verfügung die Einsicht erzwingen können (vgl. Anm. 49 u. 50 zu § 45).

Die Einberufung und Ankündigung hat zu erfolgen „unter Mitteilung des Sachverhältnisses" (Abs. 3), d. h. unter der Darlegung, daß und wiefern die Voraussetzungen derselben vorliegen. Dagegen ist ein Beweis dieses Sachverhältnisses nicht verlangt. Es braucht die Einladung der Gesellschafter nicht etwa die Gründe der Einberufung nochmals darzulegen. Sie braucht nur die Mitteilung zu enthalten, daß das Verlangen unter Angabe des Zwecks und der Gründe vergeblich gestellt worden ist, obwohl dem Antragsteller der erforderliche Stammanteilsbesitz zusteht. Die ganze Mitteilung muß so gehalten sein, daß sie die Voraussetzungen des Selbsthilferechts als vorhanden erkennen lassen muß, also z. B. auch, daß dem Verlangen innerhalb angemessener Frist nicht entsprochen worden ist. Der Zweck der Versammlung soll in der Einladung natürlich angegeben werden. Dies wegen § 51 Abs. 2. Der Zweck kann aber auch in einer besonderen Ankündigung 3 Tage vor der Versammlung mitgeteilt werden (§ 51 Abs. 4). Die Einberufung muß natürlich auch allen Voraussetzungen des § 51 entsprechen. Ebenso muß sie allen sonstigen Vorschriften über die Versammlung entsprechen (statutarischer Ort der Versammlung, geeigneter Raum u. s. w.). Anm. 13.

Der Antragsteller hat dagegen keine Pflicht, auch der Gesellschaft, den Geschäftsführern oder sonstigen Organen von der Gesellschafterversammlung Nachricht zu geben. Anm. 14.

c) Die in dieser Versammlung gefaßten Beschlüsse sind Beschlüsse der Gesellschafter. Wenn die Voraussetzungen des Selbhilferechts nicht vorlagen, wenn z. B. der Einberufer den 10. Teil des Stammkapitals nicht besaß oder nicht angemessene Zeit gewartet hatte, ehe dem Verlangen entsprochen wurde u. s. w., so kann die Anfechtung erfolgen. Absolut nichtig sind sie darum nicht (vgl. Anm. 10 u. 11 zu § 45 und Anm. 6 zu § 51). Anm. 15.

4. (Abs. 3 Satz 2.) **Die Kosten der Einberufung.** Die Versammlung hat zu beschließen, ob die entstandenen Kosten von der Gesellschaft getragen werden sollen. Daraus folgt, daß, wenn die Versammlung dies nicht beschließt, die Gesellschaft die Kosten nicht trägt. Sie bleiben dem Antragsteller zur Last. Der Antragsteller kann verlangen, daß über den Kostenpunkt Beschluß gefaßt wird. Besonderer Ankündigung dieses Antrages bedarf es nicht. Er selbst hat das Stimmrecht, da keiner der Gründe des § 47 Abs. 4 vorliegt. Beschließt die Gesellschaft, daß die Gesellschaft die Kosten tragen soll, so kann er sie ohne weiteres von der Gesellschaft ersetzt verlangen. Bei einer nachträglichen Weigerung steht ihm ein Klagerecht hierauf zu. Der einmal gefaßte Beschluß kann nicht zurückgenommen werden, da er die Übernahme einer Verpflichtung gegenüber dem Antragsteller enthält. Lehnt die Versammlung die Kostenübernahme ab, so muß er sich damit bescheiden, auch dann, wenn seine Anträge durchgegangen sind. Er hat nicht etwa ein Anfechtungs- oder Klagerecht aus dem Grund, weil seine Einberufung zweckmäßig oder gar notwendig war. Es ist immerhin nur ein ihm zustehendes Recht, welches er ausgeübt hat. Es gibt keinen Rechtsgrundsatz, wonach die Gesellschaft demjenigen, der sein Recht sachgemäß ausübt, die Kosten der Rechtsausübung zu ersetzen hat. Sonst müßte sie ja auch jedem Gesellschafter die Kosten der Reise zur Generalversammlung ersetzen. Die Kosten, welche durch die in Abs. 1 u. 2 vorgesehenen Anträge und deren Befolgung durch die Gesellschaft entstehen, hat diese stets selbst zu tragen. Anm. 16.

5. **Alle Bestimmungen des § 50 können durch den Gesellschaftsvertrag abgeändert werden.** Es ist zwar nicht wünschenswert, daß das Recht des § 50 durch den Gesellschaftsvertrag beseitigt oder auch nur herabgemindert werde. Aber angesichts des § 45 kann an der Zulässigkeit nicht gezweifelt werden. Es kann daher durch den Gesellschaftsvertrag das Recht der Gesellschafter aus § 50 gänzlich aufgehoben werden. Es kann umgekehrt Anm. 17.

§ 50. jedem Gesellschafter das jederzeitige Recht der selbständigen Einberufung ohne die Voraussetzungen der Abs. 1 u. 2 gegeben werden. Das Recht kann ferner an einen höheren oder geringeren Besitz von Geschäftsanteilen geknüpft werden. Es kann das Erfordernis der Schriftlichkeit oder gar der Beglaubigung des Antrages eingeführt werden. Es kann das Erfordernis des Zwecks und der Gründe beseitigt werden. Es kann eine bestimmte Frist, innerhalb deren die Geschäftsführer dem Verlangen zu entsprechen haben, eingeführt werden rc.

Anm. 18. **Zusatz. Gewährt unser Gesetz auch andere Minderheitsrechte?** Hierüber s. Anm. 48 zum § 45.

§ 51.

Die Berufung der Versammlung erfolgt durch Einladung der Gesellschafter mittelst eingeschriebener Briefe. Sie ist mit einer Frist von mindestens einer Woche zu bewirken.

Der Zweck der Versammlung soll jederzeit bei der Berufung angekündigt werden.

Ist die Versammlung nicht ordnungsmäßig berufen, so können Beschlüsse nur gefaßt werden, wenn sämtliche Gesellschafter anwesend sind.

Das Gleiche gilt in Bezug auf Beschlüsse über Gegenstände, welche nicht wenigstens drei Tage vor der Versammlung in der für die Berufung vorgeschriebenen Weise angekündigt worden sind.

Einleitung. **Der vorliegende Paragraph bestimmt, in welcher Weise und in welcher Frist die Berufung der Gesellschafterversammlung und die Ankündigung der Gegenstände der Beschlußfassung zu erfolgen hat.**

Anm. 1. 1. **In welcher Weise** hat die Berufung der Versammlung und die Ankündigung der Gegenstände der Beschlußfassung zu erfolgen?

a) *Für beide Rechtsakte gemeinsam ist vorgeschrieben die Form des eingeschriebenen Briefes.* Über die Unterschrift siehe Anm. 30 zu 35. Ob schon durch die Absendung des eingeschriebenen Briefes die Berufung bezw. die Ankündigung als erfolgt gilt, darüber s. unten Anm. 4 *Die Absendung muß jedenfalls erfolgen an diejenige Adresse, welche der Gesellschaft von dem Gesellschafter angezeigt worden ist.* Sollte der Gesellschaft auch eine andere Adresse bekannt sein, so muß die ihr angegebene Adresse dennoch gewählt werden. Denn es kann immer sein, daß der Gesellschafter die Absendung an seine der Gesellschaft angegebene Adresse aus irgend welchem Grunde wünscht und die Absendung an die richtige Adresse seinen Wünschen nicht entspricht. Wenn die Sache anders liegt, so trifft ihn das Verschulden.

Anm. 2. b) *Die Berufung der Versammlung insbesondere muß die Zeit und den Ort der Versammlung enthalten.* Das ist zwar nicht ausdrücklich vorgeschrieben. Es folgt aber aus dem Zwecke der Berufung. Daß sie auch den Gegenstand der Beschlußfassung enthalten müsse, ist nicht zwingend verlangt. Der Zweck der Versammlung „soll" nur nach Abs. 2 bei der Berufung angekündigt werden. Damit ist zum Ausdruck gebracht, daß es sich nur um eine instruktionelle Vorschrift handelt. Der Zweck der Versammlung ist rechtzeitig angekündigt, wenn er gemäß Abs. 4 spätestens 3 Tage vor der Versammlung angekündigt wird. Regelmäßig wird nun allerdings bei der Berufung gleichzeitig auch der Zweck mitgeteilt. Vom Abs. 4 wird im allgemeinen nur dann Gebrauch gemacht, wenn es sich um Ergänzung der Tagesordnung durch weitere Punkte handelt. Die Zeit der Versammlung muß in die übliche Geschäfts- und Arbeitszeit fallen. Also nicht zur Nachtzeit oder früh um 6 Uhr. Andererseits darf der Gesellschafter aber keine persönliche Rücksichtnahme fordern und sich beschweren, daß ihm die gewählte Stunde unbequem ist (vgl. Bauer 11, 85). § 51.

c) Die Ankündigung des Gegenstandes der Beschlußfassung insbesondere muß, wenn auch in Kürze, doch derart klar und präzise das bezeichnen, worüber verhandelt und Beschluß gefaßt werden soll, daß jeder Gesellschafter sich darauf vorbereiten kann. Den Gegenstand der Beratung und Beschlußfassung, nicht aber die auf diesen Gegenstand bezüglichen Anträge muß die Tagesordnung enthalten, nicht die spezielle Ausführung des Gegenstandes, dessen nähere Modalitäten und Konsequenzen (vgl. Staub HGB. Anm. 8 zu § 256). Innerhalb der Tagesordnung können natürlich auch zusätzliche und abändernde Anträge gestellt werden (vgl. Anm. 8 zu § 48). Beispiel von gültigen Tagesordnungen: Wahl von Aufsichtsratsmitgliedern; Erhöhung des Stammkapitals um 100000 M.; Veräußerung eines Gesellschaftsgrundstücks; Erhebung von Ansprüchen aus der Gründung. Ungenügend erschien „Beschlußfassung über Wahl eines Direktors" ohne Angabe der Umstände, welche diese Neuwahl nötig machen (RG. in JW. 01, 660 Nr. 28). Anm. 3.

2. **Mit welcher Frist** hat die Berufung der Versammlung und die Ankündigung der Tagesordnung zu erfolgen? Die Berufung mit einer Frist von mindestens einer Woche (Abs. 1), die Ankündigung der Tagesordnung mit einer Frist von mindestens 3 Tagen (Abs. 4). Anm. 4.

a) Wann beginnt die Frist? Ein Teil der Schriftsteller (Liebmann Anm. 2; Förtsch Anm. 2; Neukamp Anm. 2) nimmt an, daß die Frist mit dem Empfange der Einladung beginne. Sie gehen davon aus, die Einladung sei eine empfangsbedürftige Willenserklärung. Sie kommen auf diese Weise zu dem Schlusse, daß zwischen Empfang und Versammlung die Frist einer vollen Woche bezw. von 3 Tagen frei bleiben müsse. Ein anderer Teil (Simon bei Holdheim 1, 226; Parisius-Crüger Anm. 2), vertritt die Meinung, daß die Absendung des eingeschriebenen Briefes den Beginn der Frist bedeutet. Dieser letzteren Meinung ist der Vorzug zu geben. Ihr hat sich jetzt auch das RG. (RG. 60, 144 v. 11. 2. 05) angeschlossen. Das Gesetz schreibt vor, daß die Einladung mittels eingeschriebenen Briefes erfolgt. Die Berufung ist „zu bewirken" mit einer Frist von mindestens einer Woche, und sie muß daher als „bewirkt" angesehen werden, wenn der eingeschriebene Brief rechtzeitig abgesendet worden ist. Als Bescheinigung für die erfolgte Bewirkung der Berufung soll eben der Postschein dienen. Deshalb ist der eingeschriebene Brief vorgeschrieben. Die Versammlung muß doch Gewißheit haben, daß sie nicht vergebens tagt, daß sie ordnungsmäßig zusammenberufen ist und gültige Beschlüsse faßt. Hätte der Empfang der entscheidende Akt sein sollen, so hätte das Gesetz angeordnet, daß ein Postschein mit Rückschein ausgestellt werden müsse. Der Fall, daß mit der Aufgabe zur Post die Zustellung als erfolgt gilt, findet sein Analogon in § 175 CPO. Die Vorschrift hat ihren guten Grund. Wäre der Empfang des Briefes entscheidend, so würde es sich überhaupt nicht mehr um eine einheitliche Frist handeln. Die Einladungsbriefe können zu den verschiedensten Zeiten ankommen, bei Gesellschaftern, die entfernt voneinander wohnen, kann es sich um Differenzen von Tagen handeln, und wenn Gesellschafter im Auslande wohnen, so kann die Frist sich unter Umständen noch mehr verschieben. Das wollte eben der Gesetzgeber nicht. Eine einheitliche Frist sollte maßgebend sein. Sie beginnt mit der Absendung. Alle Briefe können gleichzeitig abgesendet werden und dieser einheitliche Fristbeginn kann durch den Postschein festgestellt werden. Die Frist von einer Woche wird, soweit es sich um Personen handelt, die im deutschen Reiche wohnen, im allgemeinen ausreichen, um ihnen noch vom Empfang ab eine genügende Zeit zur Vorbereitung zu lassen. Wenn Gesellschafter im Auslande wohnen, so ist das allerdings für sie eine Erschwerung. Aber diese müssen sie in Kauf nehmen, da es sich um besondere Erschwerungen handelt, die in ihrer Person liegen. Es wäre ungerecht, unter dieser Erschwerung alle Gesellschafter und die ganze Gesellschaft leiden zu lassen. Ihnen bleibt es auch überlassen, die Folgen dieser Erschwerung

§ 51. für sich durch Bestellung von Zustellungs- oder sonstigen Bevollmächtigten am Sitze der Gesellschaft zu mildern.

Anm. 5. b) Die Frist läuft ab an demjenigen Tage der nächsten Woche, welcher in derselben Weise benannt wird, wie der Tag der Absendung des eingeschriebenen Briefes. Diese ganze Woche muß zwischen Absendung und Versammlungstag frei bleiben. Bei der dreitägigen Frist für die Ankündigung der Tagesordnung gilt ähnliches: es müssen 3 Tage frei bleiben, den Tag der Absendung und der Versammlung nicht mit eingerechnet (§§ 187 u. 188 BGB.).

Anm. 6. 3. **Welches ist nun die Rechtsfolge, wenn die Berufung der Versammlung oder die Ankündigung der Tagesordnung nicht in der hier vorgeschriebenen Weise oder in der hier vorgeschriebenen Frist erfolgt ist.**

a) Wenn die Berufung nicht in der hier vorgeschriebenen Art oder Frist erfolgt ist, so ist die Versammlung ungültig zusammenberufen. Ihre Beschlüsse sind daher ungültig. Das geht aus Abs. 3 hervor. (Der in Abs. 3 vorgesehene Ausnahmefall soll unter Anm. 10 erörtert werden.) Allein es sind doch nur Vorschriften verletzt, auf welche verzichtet werden kann. Die darin gefaßten Beschlüsse sind daher für die Gesellschaft und die Geschäftsführer zunächst maßgebend. Es bleibt nur den Gesellschaftern überlassen, sie anzufechten (vgl. hierüber Anm. 10 ff. zu § 45). Doch setzt das immerhin eine Berufung zur Generalversammlung voraus. Wenn dagegen einige Gesellschafter zufällig zusammentreten und hinter dem Rücken der andern Beschlüsse fassen, so ist das überhaupt keine Gesellschafterversammlung. Was da beschlossen wird, ist völlig unbeachtlich. Es muß also mindestens eine Berufung vorliegen, welche allen Gesellschaftern Gelegenheit geben konnte, teilzunehmen. Sonst sind die Beschlüsse völlig unbeachtlich.

Anm. 7. b) Wenn die Ankündigung der Tagesordnung nicht gehörig oder nicht rechtzeitig erfolgt, so kann über diesen betreffenden Punkt nicht verhandelt werden. Zusätzliche und abändernde Anträge innerhalb der Tagesordnung brauchen natürlich nicht besonders angekündigt zu werden (vgl. oben Anm. 3). Dagegen bedarf der Antrag auf Anberaumung einer neuen Gesellschafterversammlung insofern der Ankündigung, als nicht etwa die Gesellschafterversammlung eine neue Versammlung beschließen und sofort ohne besondere Einladung ansetzen kann (vgl. Anm. 13 zu § 48).

Anm. 8. Ist die gehörige oder rechtzeitige Ankündigung nicht erfolgt, so kann über den betreffenden Gegenstand der Tagesordnung ein Beschluß nicht gefaßt werden. Wenn es dennoch geschieht, so ist der Beschluß ungültig und kann angefochten werden. Insofern aber eine Ankündigung überhaupt nur erfolgt ist, ist der Beschluß zunächst für die Gesellschafter bindend, da es sich zwar um eine Gesetzwidrigkeit handelt, aber um eine solche, hinsichtlich deren auf die Folgen der Verletzung verzichtet werden kann. Er ist nur anfechtbar. Über solche Punkte dagegen, die überhaupt nicht angekündigt sind, kann ein Beschluß überhaupt nicht gefaßt werden. Ein gleichwohl gefaßter Beschluß ist ein Nichts und völlig unbeachtlich (vgl. Staub HGB. Anm. 5 zu § 256).

Anm. 9. c) **Ausnahmsweise können auch in einer nicht ordnungsmäßig berufenen Gesellschafterversammlung und über einen nicht ordnungsmäßig angekündigten Gegenstand der Tagesordnung gültige Beschlüsse gefaßt werden, wenn nämlich sämtliche Gesellschafter anwesend sind.**

Das ist der Fall der sogenannten Universalversammlung.

Anm. 10. Voraussetzung ist, daß sämtliche Gesellschafter anwesend sind, d. h. daß sie zum Zwecke der Beschlußfassung anwesend sind. Besitzt ein Gesellschafter sämtliche Geschäftsanteile, so kann er stets ohne Einberufung und ohne Ankündigung Beschlüsse fassen. Es wird eine Versammlung vorausgesetzt, die vielleicht nicht gehörig oder vielleicht gar nicht berufen ist — beides ist unschädlich —, die aber eine Versammlung der Gesellschafter ist. Das heißt: der Fall muß so liegen, daß die Gesellschafter zusammengetreten sind zum Zwecke der Beschlußfassung. Es ist nicht einmal erforderlich, daß sie sich verabredet haben, zu diesem Zwecke irgendwo zusammenzutreffen. Es genügt, daß sie sich zufällig zusammen treffen. Aber Voraussetzung ist, daß alle damit einverstanden sind, daß in dieser nicht ordnungsmäßig oder überhaupt nicht zusammenberufenen Versammlung oder über diesen nicht ordnungsmäßig oder überhaupt nicht angekündigten Punkt der Tagesordnung Beschluß gefaßt wird. Förtsch Anm. 4 fordert ebenfalls das Einverständnis. Neukamp Anm. 3 sieht mit Unrecht davon ab. Das Einverständnis ist ja das Surrogat für den Mangel der gesetzlichen Erfordernisse der Berufung und Ankündigung. Doch wird Anwesenheit und nicht erfolgter Widerspruch gegen Verhandlung und Beschlußfassung als Einverständnis gelten, wenn nicht etwa ausnahmsweise die Sache so liegt, daß von einer Überrumpelung gesprochen werden kann, wenn z. B. die beiden einzigen Gesellschafter sich plötzlich in einem Wirtshause zusammen treffen und der eine dem anderen ganz unvermutet eine gesellschaftliche Frage vorlegt und im Anschluß hieran seine abweichende Meinung als Majoritätsbeschluß verkündet. Der Gesellschafter muß sich dessen bewußt sein, daß über eine gesellschaftliche Frage verhandelt und Beschluß gefaßt werden soll. Wenn er **dann** nicht widerspricht, so gilt er als zustimmend. Daß er sich der Stimme enthält, genügt als Protest nicht. Die Stimmenthaltung kann andere Gründe haben. Wenn er an der Abstimmung teilnimmt, und dagegen stimmt, so liegt darin ebenfalls kein Widerspruch gegen die Verhandlung und Beschlußfassung. Er stimmt dann sachlich gegen den Antrag, aber er beteiligt sich widerspruchslos an der Beschlußfassung. Wie aber, wenn er an der Abstimmung teilnimmt und doch protestiert? In diesem Falle gilt der Beschluß nicht. Dieses sein Verhalten kann seine Erklärung darin finden, daß er der Vorsorge wegen, für den Fall, daß sein Protest sich nicht als begründet erweist, sich an der Abstimmung beteiligt, um einen ihm unbequemen Beschluß zu verhüten, daß er aber auf alle Fälle gegen die Rechtsgültigkeit des gefaßten Beschlusses wegen nicht gehöriger Berufung oder Ankündigung Widerspruch erhebt. Im Civilprozesse ist ein derartiges Verhalten nicht selten, z. B. Protest gegen die Klageänderung und alsdann Verhandeln auf die abgeänderte Klage, Protest gegen das schiedsgerichtliche Verfahren und alsdann Verhandeln in demselben. — Da sämtliche Gesellschafter anwesend sein müssen, so müssen auch diejenigen anwesend sein, welche von der Abstimmung gemäß § 47 Abs. 4 ausgeschlossen sind. Denn auch diese haben ein Recht, an der Versammlung teilzunehmen und dort durch Teilnahme an der Diskussion auf die Gestaltung der Abstimmung einzuwirken (vgl. Anm. 25 zu § 47). — **Persönliche Anwesenheit ist natürlich nicht erforderlich.** Anwesenheit von gehörig Bevollmächtigten genügt. § 51.

In gleicher Weise ist es den Gesellschaftern gestattet, ohne Versammlung **auf schriftlichem Wege** einen Beschluß zu fassen. Vorausgesetzt ist auch hier, daß alle sich an diesem Wege beteiligen und mit demselben einverstanden sind.

4. **Die Vorschriften des vorliegenden Paragraphen können durch Gesellschaftsvertrag abgeändert werden.** Aus § 45 Abs. 2 ergibt sich ihre dispositive Natur. Der Gesellschaftsvertrag kann also die hier vorgeschriebene Frist verlängern oder verkürzen. Er kann andere Arten der Berufung, z. B. Anzeige in öffentlichen Blättern, Zustellung durch Gerichtsvollzieher, einfachen Brief statt Einschreibsendung anordnen u. s. w. Er kann bestimmen, daß die Ankündigung der Tagesordnung stets bei der Berufung erfolgen müsse, oder daß sie überhaupt nicht zu erfolgen brauche ꝛc. ꝛc. Anm. 11.

§ 52.

Ist nach dem Gesellschaftsvertrage ein Aufsichtsrat zu bestellen, so finden auf denselben, soweit nicht im Gesellschaftsvertrage ein anderes bestimmt ist, die für den Aufsichtsrat einer Aktiengesellschaft nach § 243 Absatz 1, 2, 4, §§ 244 bis 248 und § 249 Absatz 1, 2 des Handelsgesetzbuchs geltenden Vorschriften entsprechende Anwendung.

Schadensersatzansprüche gegen die Mitglieder des Aufsichtsrats wegen Verletzung ihrer Obliegenheiten verjähren in fünf Jahren.

§ 52. **Der vorliegende Paragraph erklärt für den Fall, daß nach dem Gesellschaftsvertrage ein Aufsichtsrat zu bestellen ist, welche Vorschriften für denselben zur Anwendung kommen.**

Anm. 1. I. **Allgemeines.** Nach unserem Gesetze ist die Bestellung eines Aufsichtsrats nicht notwendig. Der Gesellschaftsvertrag kann jedoch bestimmen, daß ein Aufsichtsrat zu bestellen sei. In diesem Falle finden die in unserem Paragraphen aufgezählten Vorschriften Anwendung, jedoch nur insoweit, als im Gesellschaftsvertrage nicht ein anderes bestimmt ist. Der Gesellschaftsvertrag kann also bestimmen, daß die Vorschriften keine Anwendung finden, einzelne oder alle. Insoweit dies der Gesellschaftsvertrag anordnet, gilt in Ansehung des Aufsichtsrats das, was aus allgemeinen Rechtsgrundsätzen folgt oder was an die Stelle der beseitigten Gesetzesvorschriften durch den Gesellschaftsvertrag angeordnet ist. Nur die Vorschrift des Abs. 2 unseres Paragraphen kann durch Gesellschaftsvertrag nicht abgeändert werden. Vgl. hierüber noch unten Anm. 49.

Anm. 2. Dabei ist überall auf den Namen Aufsichtsrat nicht das entscheidende Gewicht zu legen. Bestimmt der Gesellschaftsvertrag die Bestellung eines Organs (Beirat, Verwaltungsrat), welches die Funktionen eines Aufsichtsrats im wesentlichen hat, so finden die Vorschriften des § 52 auf ihn Anwendung, soweit nicht der Gesellschaftsvertrag das Gegenteil anordnet. **Nun geht aber aus § 82 hervor, daß das Gesetz auch die Einsetzung eines ähnlichen Organs,** neben dem Aufsichtsrat oder anstatt desselben, gestattet. Es entsteht daher die Frage, **wann liegt ein Aufsichtsrat und wann ein ähnliches Organ vor?** Es mag sein, daß die Frage von erheblicher Bedeutung nicht ist. Immerhin muß sie beantwortet werden. Zu dieser Beantwortung ist zunächst erforderlich, daß das Wesen des Aufsichtsrats dargelegt wird. Bei dem dispositiven Charakter der Bestimmungen unseres Gesetzes über den Aufsichtsrat ist es nicht leicht, zu sagen, was das Wesen des Aufsichtsrats ausmacht. Indessen ergibt sich schon aus dem Worte „Aufsichtsrat" zweierlei. Es muß ein Organ sein, welchem die Aufsicht, die Kontrolle über die Geschäftsführung der an der Spitze stehenden Leitung zusteht. Daß ihm die Aufsicht zustehen muß, geht unmittelbar aus dem Worte hervor. Ein Organ, welchem lediglich andere Funktionen als die Aufsicht zustünden, wäre zweifelsohne kein Aufsichtsrat. Aber es muß auch ein Organ sein, welchem die Aufsicht über die Geschäftsführung des Vorstandes, hier der Geschäftsführer, zusteht. Auch das kann als zweifelsohne bezeichnet werden. Endlich aber muß es ein Kollegium sein. Das liegt in dem Worte „Rat", es müssen mehrere Personen sein, die miteinander beraten. Indessen brauchen es nicht gerade drei zu sein. Denn der Satz Tres faciunt collegium ist als Rechtssatz oder als wesentliches Kriterium einer kollegial organisierten Instanz nicht zu betrachten. Das beweist am besten die Organisation unserer Gesellschaft, die ja schon bei der Gründung aus zwei Personen bestehen kann. Danach sind drei Kriterien wesentlich:

Anm. 3. a) Es muß ein Organ der Gesellschaft sein, ein Glied im Organismus der Gesellschaft, ohne welches die Organisation nicht vollständig ist, welches daher der Geschäftsführer nicht kraft seiner Vertretungsbefugnis zu beseitigen befugt ist und für dessen vollständiges Vorhandensein die übrigen Organe zu sorgen haben.

b) Demselben muß die Aufsicht über die geschäftsführende Tätigkeit der Gesellschaftsleiter obliegen.

c) Es müssen mindestens 2 Personen sein.

Wann liegt nun aber ein ähnliches Organ vor? Damit ein ähnliches Organ vorliege, muß es sich zunächst um ein Organ handeln. Das Erfordernis zu a ist also auch diesem wesentlich. Es muß also ein Glied im Organismus der Gesellschaft sein, dessen Fehlen zwar die Gesellschaft nicht nichtig, aber ihre statutarisch angeordnete Organisation unvollständig macht, das nicht wie ein Beamter der Gesellschaft, und sei es ein Prokurist, von ihrem Geschäftsführer abgesetzt werden kann. Ein ähnliches Organ liegt aber vor, wenn seine übrige Gestaltung (also in Bezug auf die Erfordernisse zu b und c) der des Aufsichtsrats nicht gleich, sondern ähnlich ist. Ist diesem Organ nicht die Aufsicht, sondern ein Teil der Geschäftsführung, oder zwar die Aufsicht, aber nicht über die Geschäftsführung des Geschäftsführers übertragen (z. B. bloß die Revision über die Kassenbeamten zu dem Zwecke, um dem Vorstande, den Geschäftsführern die Arbeit in dieser Weise zu erleichtern und der Gesellschafterversammlung Bericht zu erstatten), so liegt ein ähnliches Organ vor (z. B. ein technischer Ausschuß, „der die leitenden Gesichtspunkte aufzustellen hat, nach welchen der Geschäftsführer die technischen Entwürfe auszuarbeiten hat und die Versuche anzustellen hat"). Ebenso, wenn das Organ kein Kollegium ist, sondern eine Einzelperson. Derartige ähnliche Organe belegt man in den Gesellschaftsverträgen mit den verschiedensten Bezeichnungen. Bald werden sie Delegierte der Gesellschafter, bald Obmänner, bald Vorsitzender der Gesellschafter, bald Beirat oder Verwaltungsrat oder Ausschuß genannt. § 52.

Doch muß auch hier betont werden, daß es auf die Bezeichnung nicht ankommt. Ein als Beirat bezeichnetes Organ ist Aufsichtsrat, wenn die Erfordernisse zu a—c zutreffen. Umgekehrt ist ein als Aufsichtsrat bezeichnetes Organ kein Aufsichtsrat, wenn von den obigen Erfordernissen zu b und c eines fehlt. Fehlt das Erfordernis zu a, ist es also kein Organ der Gesellschaft, so liegt auch kein ähnliches Organ vor, sondern einfach ein Beamter der Gesellschaft, der zu ihrem Organismus nicht gehört. Das Wesen des Aufsichtsrats aber ist ein mit der Kontrolle der Geschäftsführung beauftragtes Organ der Gesellschaft. Anm. 4.

Endlich ist zu erwähnen, daß sich der vorliegende Paragraph nur mit der civilrechtlichen Stellung des Aufsichtsrats befaßt. Die strafrechtliche Seite ist anderweit behandelt. Unser Gesetz gibt nur einen Straf-Paragraphen gegen den Aufsichtsrat (§ 82). Anm. 5.

II. **Die einzelnen für den Aufsichtsrat geltenden gesetzlichen Bestimmungen und ihre Abänderungsfähigkeit durch den Gesellschaftsvertrag.** Anm. 6.

A. § 243 Abs. 1, 2 u. 4 HGB.

Diese Gesetzesvorschriften lauten:

Der Aufsichtsrat besteht, sofern nicht der Gesellschaftsvertrag eine höhere Zahl festsetzt, aus drei von der Generalversammlung zu wählenden Mitgliedern.

Die Wahl des ersten Aufsichtsrats gilt für die Zeit bis zur Beendigung der ersten Generalversammlung, welche nach dem Ablauf eines Jahres seit der Eintragung der Gesellschaft in das Handelsregister zur Beschlußfassung über die Jahresbilanz abgehalten wird.

Die Bestellung zum Mitgliede des Aufsichtsrats kann auch vor dem Ablaufe des Zeitraums, für den das Mitglied gewählt ist, durch die Generalversammlung widerrufen werden. Sofern nicht der Gesellschaftsvertrag ein anderes bestimmt, bedarf der Beschluß einer Mehrheit, die mindestens drei Vierteile des bei der Beschlußfassung vertretenen Grundkapitals umfaßt.

1. (Abs. 1.) **Ernennungsart und Zahl der Mitglieder des Aufsichtsrats.** Anm. 7.

a) **Ernennungsart.** Das Aktienrecht kennt nur eine solche: das ist die Wahl in der Generalversammlung. Für unsere Gesellschaft ist zweifellos auch eine Wahl im Wege einer schriftlichen Abstimmung ohne Versammlung zulässig (vgl. Anm. 15 zu § 48). Es herrscht darüber Einigkeit, daß sich dies auf alle Aufsichtsratsmitglieder, nicht bloß auf die Minimalzahl von drei Mitgliedern bezieht. Kooptation und Delegation gibt es nach dem Gesetze nicht, auch nicht eine Kooptation unter Vorbehalt der Genehmigung durch die Generalversammlung. Die Wahl erfordert einen gehörigen Gesellschafterbeschluß. Stillschweigende Zustimmung gibt es nicht. Ist der Gesellschafterbeschluß nicht gültig, so kann er angefochten werden. Einstweilen aber können die Aufsichtsratsmitglieder ihr Amt verwalten. Denn die Gesellschaft kann dem von ihrer Generalversammlung gewählten Organ nicht entgegenhalten, daß ihr eigener Beschluß ungültig war. Ist die Wahl erfolgt für den Fall der Eintragung einer Statutenänderung, so tritt der Wahlbeschluß

§ 52. erst mit der Eintragung in Kraft. Vorher können die Aufsichtsratsmitglieder nicht fungieren (RG. 24, 54 ff.; vgl. unten Anm. 8 zu § 54). Bis zur Annahme der Wahl kann die Gesellschaft ihr Anerbieten des Amtes zurückziehen. Dies bedarf ebenfalls eines gültigen Beschlusses. Durch die Annahme der Wahl tritt der Gewählte in ein Vertragsverhältnis zur Gesellschaft, nicht auch zu den Gesellschaftern (vgl. unten Anm. 51). Ein Aufsichtsratsmitglied, das sein Amt durch Kündigung gegenüber der Gesellschaft niederlegt (vgl. unten Anm. 13) kann dasselbe nicht durch Zurücknahme der Kündigung, auch nicht unter Zustimmung der anderen Mitglieder des Aufsichtsrats, wiedererlangen. Er bedarf eine Wiederwahl durch die Gesellschafter (KG. v. 21. 11. 04 in OLGR. 11, 398).

Anm. 8. Eine Pflicht zur Annahme der Wahl besteht nicht, auch nicht für die Gesellschafter.

Anm. 9. Aber in allen diesen Punkten kann der Gesellschaftsvertrag anderes anordnen. Er kann bestimmen, daß nicht die Gesellschafter, sondern die Geschäftsführer oder ein bestimmter Gesellschafter oder irgend ein Dritter den Aufsichtsrat wählt. Er kann bestimmen, daß der gewählte Aufsichtsrat andere Mitglieder kooptieren kann, daß ein bestimmter Gesellschafter oder eine sonstige Person stets Aufsichtsratsmitglied ist, auch daß seine Erben im Fall seines Todes einen Ersatzmann stellen können; daß die Gesellschafter eine Pflicht zur Annahme der Wahl haben (§ 3 Abs. 2 des Gesetzes) u. s. w.

Anm. 10. b) **Zahl der Mitglieder.** Das Gesetz bestimmt die Dreizahl als Mindestzahl. Aber unter diese kann das Statut herabgehen, ohne daß dadurch gegen das Wesen des Aufsichtsrats verstoßen wäre. Das Statut kann also anordnen, daß der Aufsichtsrat aus zwei Mitgliedern bestehen, auch sogar, daß nur eine einzige Person das kontrollierende Organ sein soll. Nur ist es dann kein Aufsichtsrat, sondern ein ähnliches Organ (oben Anm. 2). Daß der Gesellschaftsvertrag eine höhere Zahl als 3 anordnen kann, gilt schon nach dem Aktienrecht, geschweige hier (Staub HGB. Anm. 3 zu § 243).

Anm. 11. c) **Über die Qualifikation der Mitglieder** sagt der § 243 HGB. nichts. Daraus folgt, daß schon von Gesetzeswegen keine besonderen Qualifikationserfordernisse gelten. Gesellschafter brauchen sie schon von Gesetzes wegen, schon im Aktienrecht, nicht zu sein, geschweige hier. Es gelten daher dieselben Erfordernisse wie bei den Geschäftsführern (vgl. deshalb Anm. 38 zu § 35, inbesondere darüber ob Minderjährige, Frauen, Ausländer Aufsichtsratsmitglieder sein dürfen; und welche Folgen es hat, wenn nicht qualifizierte Personen gewählt sind oder die Gewählten nachträglich ihre Qualifikation verlieren). Wiederholt sei hier, daß das Statut bestimmte Qualifikationserfordernisse aufstellen kann. Es kann z. B. auch bestimmen, daß der Gewählte Besitzer des Geschäftsanteiles A sein muß oder umgekehrt, daß der jeweilige Besitzer des Geschäftsanteiles A stets Aufsichtsratsmitglied ist (vgl. wegen der Amtsdauer unten Anm. 12 ff.).

Anm. 12. 2. **Amtsdauer.** In dieser Beziehung ist zu unterscheiden der erste und jeder folgende Aufsichtsrat.

a) Der erste Aufsichtsrat soll nur auf kurze Zeit gewählt werden, aber andererseits auch nicht auf zu kurze Zeit. Daher die Bestimmung des Gesetzes über den ersten Aufsichtsrat. Eine im Widerspruch hiermit stehende Wahl ist ungültig und kann angefochten werden. Wird sie aber nicht angefochten, so fungiert der Aufsichtsrat zu Recht. Die Wahl ist nicht absolut nichtig, denn die Vorschrift ist hier nicht zwingenden Rechts. Der Gesellschaftsvertrag kann infolgedessen auch bestimmen, daß der erste Aufsichtsrat auf noch kürzere oder auf noch längere Zeit gewählt wird.

Anm. 13. b) Für jeden folgenden Aufsichtsrat ist eine Amtsdauer nicht vorgeschrieben. Der § 243 Abs. 3 HGB., der eine Höchstdauer bestimmt, gilt hier nicht. Die Gesellschafterversammlung oder das sonstige zur Ernennung befugte Organ muß also die Zeit bestimmen, oder der Gesellschaftsvertrag ein- für allemal. Sonst ist gemäß § 620 Abs. 2 BGB. aus der Beschaffenheit und dem Zwecke der Dienste zu entnehmen, daß jeder Teil jederzeit das Verhältnis lösen kann. Für die Gesellschaft folgt dies schon aus § 243 Abs. 4, HGB. für den Dienstverpflichteten schon aus der Analogie des § 627 BGB., der besonders bei dem Aufsichtsrat handelsrechtlichen Anschauungen entspricht. Wird eine Amtsdauer bestimmt, so kann sie auch mehr als fünf Jahre betragen. Es kann ein Gesellschafter auch auf solange zum Aufsichtsratsmitgliede bestellt werden, als er überhaupt Gesellschafter ist, auch auf Lebenszeit. Bei einer Bestellung auf Lebenszeit oder auf mehr als fünf Jahre steht ihm aber nach Ablauf von fünf Jahren ein sechsmonatliches Kündigungsrecht zu. Dies bestimmt § 624 BGB., und diese Vorschrift ist zwingenden Rechts. § 52.

c) Jedem Aufsichtsrat gegenüber steht den Gesellschaftern als Beschlußorgan das Widerrufsrecht zu. Das folgt aus unserem Abs. 4 Es mag der erste Aufsichtsrat oder ein späterer sein, er mag auf bestimmte Zeit gewählt sein oder nicht, er mag durch die Gesellschafterversammlung gewählt sein oder durch ein anderes hierzu nach dem Statute zuständiges Organ, immer besteht das Abberufungsrecht. Es kann hier nicht nur durch die Versammlung der Gesellschafter, sondern durch die Gesellschafter als Beschlußorgan überhaupt (§ 48 Abs. 2 unseres Gesetzes), ausgeübt werden, Das Abstimmungserfordernis von $^3/_4$ des Stammkapitals greift hier Platz. Der Gesellschaftsvertrag kann aber alles dies ändern. Er kann der Gesellschafterversammlung das jederzeitige Widerrufsrecht nehmen und auf ein anderes Organ übertragen. Er kann es der Gesellschaft überhaupt nehmen und statt dessen eine beiderseits zu beobachtende Kündigung oder eine für beide Teile gültige Amtsdauer festsetzen. Er kann auch — und das gilt ja schon im Aktienrecht, um so mehr also auch hier — das Abstimmungserfordernis verringern. Anm. 14.

Kann das Aufsichtsratsmitglied, wenn es auf eine bestimmte Dauer gewählt ist, sein Amt vor der Zeit niederlegen? Wenn, was regelmäßig ja der Fall sein wird, ein Dienstvertrag vorliegt, kann die Niederlegung nur aus wichtigen Gründen geschehen (§ 626 BGB.), ohne wichtigen Grund nur unter den Voraussetzungen des § 627 BGB., wenn also nicht ein dauerndes Verhältnis mit festen Bezügen vorliegt (hierüber näheres Anm. 11 zu § 38). Der Gesellschaftsvertrag kann dem Aufsichtsrate das Recht des jederzeitigen Rücktrittes von seinem Amte geben. Ein Aufsichtsratsmitglied, das sein Amt wirksam niedergelegt hat, kann nur durch die Gesellschafterversammlung wieder als Mitglied des Aufsichtsrats bestellt werden. Eine Erklärung der anderen Mitglieder desselben oder der Geschäftsführer genügt nicht (RG. v. 21. 11. 04 in KGJ. 29 A, 98). Anm. 15.

3. **Abkommen** zwischen einzelnen Mitgliedern der Gesellschaft, wonach diese unter sich die Besetzung des Aufsichtsrats regeln und sich verpflichten, in diesem Sinne zu stimmen, sind als gegen die guten Sitten verstoßend nichtig. Die Klage des einen Gesellschafters gegen den anderen auf Niederlegung seines Amtes auf Grund eines solchen Vertrages ist unzulässig (RG. in JW. 04, 226 Nr. 18). Ebensowenig gibt es eine Klage auf Schadensersatz wegen Unterlassung der zugesagten Wahl zum Aufsichtsrate. Anm. 16.

B. § 244 HGB. Anm. 17.

Derselbe lautet:

> Jede Änderung in den Personen der Mitglieder des Aufsichtsrats ist von dem Vorstand unverzüglich in den Gesellschaftsblättern bekannt zu machen. Der Vorstand hat die Bekanntmachung zum Handelsregister einzureichen.

1. Die vorliegende Gesetzesvorschrift paßt nicht ganz in den Rahmen unseres Gesetzes. Zunächst setzt sie voraus, daß jede Gesellschaft Gesellschaftsblätter hat. Das ist aber nicht der Fall. Der Gesellschaftsvertrag braucht nicht notwendig zu bestimmen, welche Blätter die Publikation der Gesellschaft zu besorgen haben. Der § 30 Abs. 2 trifft demgemäß für die dort angeordnete Publikation auch Vorsorge für den Fall, daß das Statut Gesellschaftsblätter nicht bestimmt hat. Es soll in diesem Falle die Bekanntmachung in den für die Bekanntmachungen aus dem Handelsregister bestimmten öffentlichen Blättern erfolgen. Dies muß analog auch hier gelten. Anm. 18.
2. Von Gesetzeswegen ist also jede Änderung in den Personen der Mitglieder des Aufsichtsrats unverzüglich in den Gesellschaftsblättern bekannt zu machen. Ordnet der Gesellschaftsvertrag Gesellschaftsblätter nicht an, so erfolgt die Publikation in den amtlichen Anm. 19.

§ 52. Handelsregisterblättern (vgl. Anm. 18). Soweit eine Wiederwahl vorliegt, fällt die Publikationspflicht fort, denn insoweit liegt keine Veränderung in der Person der Mitglieder des Aufsichtsrats vor. Das Belagsblatt ist von dem Geschäftsführer zum Handelsregister einzureichen, wozu er nach § 14 HGB. angehalten werden kann.

Anm. 20. 3. Die Vorschrift kann durch Gesellschaftsvertrag abgeändert werden. Es kann bestimmt werden, daß die Publikation unterbleibt, oder daß sie in gewissen Blättern erfolgt, oder daß sie nur jedes Jahr oder in anderen Perioden erfolgt, oder daß die Einreichung zum Handelsregister unterbleibt.

Anm. 21.

C. § 245 HGB.

Derselbe lautet:

Erhalten die Mitglieder des Aufsichtsrats für ihre Tätigkeit eine Vergütung, die in einem Anteil am Jahresgewinne besteht, so ist der Anteil von dem Reingewinne zu berechnen, welcher nach Vornahme sämtlicher Abschreibungen und Rücklagen sowie nach Abzug eines für die Aktionäre bestimmten Betrags von mindestens vier vom Hundert des eingezahlten Grundkapitals verbleibt.

Ist die den Mitgliedern des Aufsichtsrats zukommende Vergütung im Gesellschaftsvertrage festgesetzt, so kann eine Abänderung des Gesellschaftsvertrags, durch welche die Vergütung herabgesetzt wird, von der Generalversammlung mit einfacher Stimmenmehrheit beschlossen werden.

Den Mitgliedern des ersten Aufsichtsrats kann eine Vergütung für ihre Tätigkeit nur durch einen Beschluß der Generalversammlung bewilligt werden. Der Beschluß kann nicht früher als in derjenigen Generalversammlung gefaßt werden, mit deren Beendigung die Zeit, für welche der erste Aufsichtsrat gewählt ist, abläuft.

Der vorliegende Paragraph enthält mehrere Einzelvorschriften über die Vergütung des Aufsichtsrats. Es soll hier aber, wenn auch in aller Kürze, die ganze Lehre von der Vergütung des Aufsichtsrats im Zusammenhange dargestellt werden.

Anm. 22. 1. **Die Vergütung des ersten Aufsichtsrats.** Mag dieselbe in einem Anteil am Jahresgewinn oder in einer bestimmten Summe bestehen, stets kann dieselbe nur durch einen Beschluß der Gesellschafter bewilligt werden, und früher nicht, als in derjenigen Generalversammlung, mit welcher die Amtsperiode des ersten Aufsichtsrats abläuft. Doch ist, wie der ganze Paragraph, auch diese Vorschrift dispositiv. Sie kann durch Gesellschaftsvertrag abgeändert werden. Dieser dispositive Charakter beeinflußt auch die Folge von Verletzungen dieser Vorschrift. Während im Aktienrecht, wo die Vorschrift öffentlichrechtlichen Charakter hat, ein Generalversammlungsbeschluß, der vor Ablauf der ersten Amtseine Vergütung für den ersten Aufsichtsrat bestimmen würde, absolut ungültig wäre, verletzt er hier nur eine Dispositivvorschrift. Er ist also anfechtbar. Er muß aber zunächst von den Geschäftsführern befolgt werden. Die erfolgreiche Anfechtung seitens eines Gesellschafters bewirkt, daß die zu Unrecht bezahlte Vergütung zurückgewährt werden muß (vgl. Anm. 29 zu § 45). Der Aufsichtsrat ist kein dritter Kontrahent, mit dem der Geschäftsführer erst eine Vereinbarung auf Grund des angefochtenen Beschlusses getroffen hätte.

Anm. 23. 2. **Vergütung jedes folgenden Aufsichtsrates.**

a) **Bare Auslagen** sind den Aufsichtsratsmitgliedern zu erstatten, soweit sie dieselben nach den Umständen für erforderlich halten durften (§§ 670, 675 BGB.), also auch dann, wenn sie in Wirklichkeit nicht erforderlich waren. Auch ist nicht zweifelhaft, daß ein Aufsichtsratsmitglied, welches der Gesellschaft **besondere, über den Rahmen der Aufsichtsratstätigkeit hinausgehende Dienste** leistet, besondere Vergütung beanspruchen kann (ein Rechtsanwalt führt Prozesse, ein Baumeister führt Bauten auf).

Anm. 24. b) **Auf eine Vergütung seiner Tätigkeit über die Erstattung der baren Auslagen hinaus hat das Aufsichtsratsmitglied nur dann Anspruch, wenn dies vereinbart ist.** Die erste Auflage (Anm. 23, S. 307) nahm (im Einklang mit Staub HGB. Anm. 3 zu § 45 HGB.) an, daß, wenn weder die Statuten, noch ein Gesellschafterbeschluß die Vergütung festsetzen, die Aufsichtsratsmitglieder keine Vergütung erhalten sollen. Diese Ansicht ist bereits für das Aktienrecht von den anderen Kommentaren bekämpft worden. Sie läßt sich auch für die GmbH. nicht aufrecht erhalten. Es ist Tatfrage, ob die Mitglieder des Aufsichtsrats ohne ausdrückliche Absprache ein Recht auf eine Vergütung haben. Nicht zutreffend erscheint auch die Unterscheidung der ersten Auflage (a. a. O.), daß die Vergütung entweder durch besonderen Vertrag vereinbart oder durch Gesellschafterbeschluß bewilligt oder durch das Statut festgesetzt werden könne. Zwischen Aufsichtsrat und Gesellschaft besteht ein Vertragsverhältnis. Es kommt durch die Vereinbarung zwischen beiden Teilen zu stande. Falls nicht der Gesellschaftsvertrag ein anderes bestimmt (vgl. oben Anm. 9), sind die Gesellschafter als Kollegium die Kontrahenten auf der einen Seite. Neben dem von ihnen mit dem Aufsichtsrat geschlossenen Vertrag gibt es keinen besonderen Vertrag über Vergütung, am allerwenigsten durch die Geschäftsführer. Es kann die Vergütung ausdrücklich vereinbart werden. Die Gesellschafter beschließen, daß der von ihnen gewählte Aufsichtsrat eine Vergütung, sei es in Form eines festen Gehaltes oder eines Gewinnanteils, beziehen soll. Unterbleibt dies, so ist erheblich, ob im Gesellschaftsvertrage eine solche Vergütung vorgesehen ist. Aus dieser Tatsache *allein* folgt kein Anspruch des Aufsichtsrates. Denn aus dem Gesellschaftsvertrage können nur Rechte und Pflichten der Gesellschafter erwachsen. Aber es entspricht der Anschauung des Verkehrs, daß, wenn eine Gesellschaft einen Aufsichtsrat wählt, dieser die im Statute vorgesehene Vergütung erhält. Es ist Sache der Gesellschafter bei der Wahl zu erklären, daß der Aufsichtsrat keine oder nur eine geringere Vergütung erhalten soll, als das Statut normiert. Es kann im Einzelfalle auch aus den begleitenden Umständen erhellen, daß der Aufsichtsrat, trotz der statutarischen Regelung der Tantieme, ohne Anspruch auf eine solche bestellt werden sollte. Stets ist zu betonen, daß die Vergütungen des Aufsichtsrats, auch wenn die Statuten Bestimmungen darüber treffen, nur auf dem Vertrage zwischen der Gesellschaft und dem Aufsichtsrat beruhen. Aus demselben Grunde ergibt sich, daß auch, wenn der Gesellschaftsvertrag nichts über die Gegenleistung sagt, doch stets dann die Vergütung geschuldet wird, „wenn die Dienstleistung den Umständen nach nur gegen eine Vergütung zu erwarten ist" (§ 612 Abs. 1 BGB.). Wenn drei Gesellschafter, die bisher Geschäftsführer waren, jüngeren Kräften Platz machen und sich in den durch Statutenänderung ihretwegen eingeführten Aufsichtsrat zurückziehen, so wird niemand von ihnen verlangen, daß sie ihre Dienste in dieser Form unentgeltlich der Gesellschaft widmen. Auch ihr Anspruch beruht auf dem Vertrag und seiner Auslegung nach der Verkehrssitte. § 52.

Ist die Vergütung des Aufsichtsrats im Gesellschaftsvertrage geregelt, so hat dies doppelte Bedeutung. Es bildet einmal den stillschweigenden Inhalt des Anstellungsvertrags (oben Anm. 24). Es ist aber auch eine Vorschrift für die Gesellschafter, wonach sie sich verpflichten, nicht über die hier festgesetzte Grenze hinauszugehen. Die Gewährung einer höheren Tantieme als im Gesellschaftsvertrage vorgesehen, verletzt diesen. Der Beschluß der Gesellschafter ist anfechtbar. Bei der Ungültigkeitserklärung ist die zuviel gewährte Tantieme zurückzugeben (vgl. oben Anm. 22). Eine Abänderung des Gesellschaftsvertrags über die Vergütung des Aufsichtsrats bedarf, sofern sie dieselbe herabsetzt, nur der einfachen Stimmenmehrheit (§ 245 Abs. 2 HGB.). Eine Erhöhung ist nur mit der besonderen Mehrheit von drei Vierteln zulässig. Diese für das Aktienrecht vom Reichstage eingeführte Bestimmung, die sich gegen die übermäßige Tantieme der Aufsichtsräte richtet, hat für unser Gesetz nur geringe Bedeutung. Sie kann durch den Gesellschaftsvertrag aufgehoben werden. Anm. 25.

Aus dem über die Quelle der Vergütung Ausgeführten (oben Anm. 24) erhellt, daß eine Abänderung des Gesellschaftsvertrags, welche die Vergütung des Aufsichtsrats mindert, in bestehende Verhältnisse nicht eingreifen kann. Solange die Amtsperiode läuft, so lange bezieht der Aufsichtsrat die bei seiner Wahl stillschweigend durch Bezugnahme auf den Gesellschaftsvertrag zugesagte Gegenleistung.

c) **Hat die Vergütung des Aufsichtsrats ein Vorrecht im Konkurse?** Dies ist zu verneinen. Der § 61 Nr. 1 der KO. bezieht sich auf Personen, welche dem Organismus des Ge- Anm. 26.

§ 52. schäftsbetriebes als Untergebene angehören („verdungen"), nicht auf die freie Stellung der Aufsichtsratsmitglieder (vgl. jedoch Jäger in DJZ. 7, 362).

Anm. 27. d) **Die Art der Vergütung** ist regelmäßig entweder eine feste Vergütung oder ein Anteil am Reingewinn (Tantieme). Über die Höhe der festen Vergütung sind Vorschriften nicht gegeben. Dieselbe ist gesetzlichen Schranken nicht unterworfen. Es kann auch eine feste Vergütung vereinbart werden mit der Maßgabe, daß sie auf die Tantieme in Anrechnung kommt oder auch neben der Tantieme, oder auch so, daß die Tantieme in bestimmter Höhe garantiert wird. Auch Umsatzprovisionen, Präsenzgelder u. s. w. können vereinbart werden.

Anm. 28. Für die Tantiemenberechnung ist nun im Abs. 1 eine besondere Vorschrift gegeben. Auch sie hat im Aktienrecht wegen ihres absoluten Charakters eine erheblichere Bedeutung. Hier ist sie dispositiv. Der Inhalt der Tantiemenberechnungsvorschrift ist der: Der Tantiemeberechnung ist der Reingewinn nach Vornahme sämtlicher Abschreibungen und Rücklagen und nach Abzug von mindestens 4 Proz. des eingezahlten Grundkapitals zu Grunde zu legen. Hierunter ist zu verstehen der sich aus der Jahresbilanz ergebende Reingewinn, nicht etwa der Betriebsgewinn des betreffenden Jahres. Davon sind sämtliche Abschreibungen, sämtliche Rücklagen und 4 Proz. des eingezahlten Stammkapitals in Abzug zu bringen. Sämtliche Abschreibungen, also auch die außerordentlichen, d. h. die gemacht werden, obgleich sie durch eine tatsächliche Wertverminderung nicht bedingt werden. Sämtliche Rücklagen, also auch diejenigen, die durch die Sachlage nicht geboten sind, also auch die Dotierungen der sog. freiwilligen Reservekonten (Anm. 58 zu § 42). 4 Proz. vom eingezahlten Stammkapital, vom eingezahlten, was wohl zu beachten ist, aber vom ganzen eingezahlten Stammkapital, was ebenfalls zu beachten ist, letzteres aber auch dann, wenn nach Lage der Sache nur für die Vorzugsgesellschafter eine Dividendenzahlung erfolgen kann, gleichwohl sind die 4 Proz. vom ganzen eingezahlten Stammkapital abzuziehen (vgl. über alles dieses Staub HGB. Anm. 6 ff. zu § 245).

Anm. 29. Anderen Beschränkungen ist die Tantiemenberechnung nicht ausgesetzt. Insbesondere ist also der Prozentsatz des zu gewährenden Anteils am Reingewinn seiner Höhe nach unbeschränkt.

Anm. 30. Auch hier ist zu betonen, daß die ganze Vorschrift hier nicht zwingender Natur ist. Der Gesellschaftsvertrag kann also eine dem § 245 Abs. 1 widersprechende Tantiemenberechnung anordnen. Wenn er dies nicht tut, enthält ein Gesellschafterbeschluß, der entgegen dem § 245 HGB. die Tantieme festsetzt, keinen Verstoß gegen ein absolutes Gesetz, sondern gegen eine Dispositivvorschrift. Ein solcher Beschluß kann also zwar angefochten werden. Zunächst ist er aber für die Geschäftsführer maßgebend (vgl. Anm. 10 ff. u. 29 u. 35 zu § 45).

Anm. 31. e) Unter sich teilen sich die Aufsichtsratsmitglieder gleichmäßig in die Tantieme (§ 420 BGB.). Doch kann anderes vereinbart werden.

Anm. 32. Stirbt ein Aufsichtsratsmitglied während der Dauer der Amtsperiode, so erhält es einen verhältnismäßigen Anteil an der Tantieme des betreffenden Jahres. Das Gleiche gilt, wenn im Laufe des Geschäftsjahres das Amt aufhört (näheres hierüber Staub HGB. Anm. 16 zu § 245).

Anm. 33. f) Die Tantieme wird fällig mit rechtsgültiger Fassung des Dividendenverteilungsbeschlusses oder vielmehr des Bilanzgenehmigungsbeschlusses (RG. 11, 163).

Anm. 34.

D. § 246 HGB.

Derselbe lautet:

Der Aufsichtsrat hat die Geschäftsführung der Gesellschaft in allen Zweigen der Verwaltung zu überwachen und sich zu dem Zwecke von dem Gange der Angelegenheiten der Gesellschaft zu unterrichten. Er kann jederzeit über diese Angelegenheiten Berichterstattung von dem Vorstande verlangen und selbst oder durch einzelne von ihm

zu bestimmende Mitglieder die Bücher und Schriften der Gesellschaft einsehen sowie § 52.
den Bestand der Gesellschaftskasse und die Bestände an Wertpapieren und Waren untersuchen. Er hat die Jahresrechnungen, die Bilanzen und die Vorschläge zur Gewinnverteilung zu prüfen und darüber der Generalversammlung Bericht zu erstatten.

Er hat eine Generalversammlung zu berufen, wenn dies im Interesse der Gesellschaft erforderlich ist.

Weitere Obliegenheiten des Aufsichtsrats werden durch den Gesellschaftsvertrag bestimmt.

Die Mitglieder des Aufsichtsrats können die Ausübung ihrer Obliegenheiten nicht anderen übertragen.

1. **Der vorliegende Paragraph regelt die Rechte und Pflichten des Aufsichtsrats.** Der Auf- Anm. 35.
sichtsrat ist geschäftsführendes und ausnahmsweise auch Vertretungsorgan. Seine Geschäftsführungstätigkeit besteht zunächst in derjenigen kontrollierenden Tätigkeit, die ihm im vorliegenden Paragraphen zugewiesen ist. Und nach Abs. 3 des vorliegenden Paragraphen ist es dem Gesellschaftsvertrage überlassen, ihm weitere Obliegenheiten, also weitere Verwaltungsgeschäfte, zu übertragen. Ausnahmsweise aber ist der Aufsichtsrat auch Vertretungsorgan, nämlich bei Klagen der Gesellschaft gegen die Geschäftsführer, sowie bei Rechtsgeschäften mit denselben (§ 247). Eine Ausdehnung dieser Vertretungsstellung auf andere Fälle ist nicht statthaft. So z. B. kann nicht angenommen werden, der Aufsichtsrat sei immer dann ein gesetzlicher Vertreter der Gesellschaft und verpflichte die Gesellschaft unmittelbar, wenn seine Geschäftsführung Handeln nach außen mit sich bringt, z. B. bei Engagierung von technischen Hilfskräften für seine kontrollierende Tätigkeit. Doch ist die herrschende Ansicht dieser Auffassung (vgl. die Zitate bei Staub HGB. Einleitung zu § 246). Auch statutarisch kann nicht dem Aufsichtsrat für andere Fälle Vertretungsmacht eingeräumt werden. Am allerwenigsten ist es statthaft, ihn zum ständigen Vertreter der Gesellschaft zu machen. Tritt der Aufsichtsrat nach außen handelnd auf, in der Absicht, namens der Gesellschaft zu handeln, so verpflichtet er, soweit ihm die Vertretungsmacht mangelt, sich selbst als vollmachtloser Vertreter gemäß § 179 BGB.

Der vorliegende Paragraph beschäftigt sich nicht mit den Ausnahmefällen, in denen Anm. 36.
der Aufsichtsrat Vertretungsorgan der Gesellschaft ist, sondern befaßt sich nur mit dem Aufsichtsrat als Kontroll- und Geschäftsführungsorgan der Gesellschaft.

2. (Abs. 1.) **Gesetzlicher Umfang der Kontrolltätigkeit.** Die hiernach dem Aufsichtsrate zu- Anm. 37.
stehenden Befugnisse können durch den Gesellschaftsvertrag erweitert werden. Es kann z. B., während nach dem Gesetze das Recht auf Einsicht der Bücher und auf Auskunft nur dem Aufsichtsrate als Gesamtheit, nicht dem einzelnen Mitgliede zusteht (OLG. Hamburg v. 21. 2. 02 in OLGR. 4, 469), jedem einzelnen Mitgliede, nicht bloß dem Aufsichtsrate als geschlossenem Organ, das Recht der Kontrolle gewährt werden. Sie können aber auch eingeschränkt werden. Es kann z. B. die Aufsichtsführung an bestimmte Vorschriften gebunden sein. Statt jederzeit, kann Berichterstattung jeden Monat vorgeschrieben werden u. s. w. Aber es kann nicht dem Aufsichtsrate die Kontrolltätigkeit überhaupt oder im wesentlichen genommen sein. Sonst ist das Institut kein Aufsichtsrat mehr. Es ist zwar zulässig, ein solches Organ bei unserer Gesellschaftsform zu etablieren, aber es ist dann kein Aufsichtsrat (vgl. oben Anm. 2).

3. (Abs. 2.) Er hat die Pflicht, eine Gesellschafterversammlung einzuberufen, so oft dies im Anm. 38.
Interesse der Gesellschaft erforderlich ist. (Über die Bedeutung und den Umfang dieser Pflicht siehe Anm. 6 zu § 49.) Diese Pflicht involviert natürlich auch das Recht dazu. Das Statut kann hier aber dem Aufsichtsrate dieses Recht und diese Pflicht nehmen.

4. (Abs. 3.) Weitere Obliegenheiten des Aufsichtsrats kann der Gesellschaftsvertrag bestimmen. Anm. 39.
Davon machen die Statuten der Aktiengesellschaften den umfassendsten Gebrauch. Manche übertragen dem Aufsichtsrat sogar die ganze Geschäftsführung. Der Geschäftsführer kann auf diese Weise, was seine innere Stellung betrifft, im großen und ganzen, wenn

§ 52. auch nicht ganz und gar, zum Exekutivorgan des Aufsichtsrats herabgedrückt werden (vgl. Anm. 6 zu § 35). Nach außen bleiben auch in solchen extremen Fällen der Unterordnung des Geschäftsführers unter den Aufsichtsrat die Geschäftsführer die Vertreter der Gesellschaft. Ihre Handlungen bleiben nach außen gültig. Der Aufsichtsrat wird auch in solchem Falle nicht Vertreter der Gesellschaft. Auch bei der GmbH. ist oft der Schwerpunkt der ganzen Verwaltung in den Aufsichtsrat gelegt.

Anm. 40. 5. (Abs. 4.) **Die Mitglieder des Aufsichtsrats können die Ausübung ihrer Obliegenheiten nicht auf andere Personen übertragen.** Nicht untersagt sollte damit sein, innerhalb des Aufsichtsrats zu einzelnen Tätigkeiten Mitglieder aus ihrer Mitte zu delegieren, insbesondere zu einem Kreise von Tätigkeiten Kommissionen zu delegieren. Immer ist dabei festzuhalten, daß von Gesetzeswegen der Gesellschaft gegenüber der Aufsichtsrat ein geschlossenes Organ bildet. Nicht untersagt sollte ferner sein, daß der Aufsichtsrat für die Ausübung seiner Funktion sich sachverständiger Hilfe bedient.

Anm. 41. Endlich ist auch hier wieder darauf hinzuweisen, daß auch diese Vorschrift dispositiver Natur ist. Es kann also sehr wohl der Gesellschaftsvertrag bestimmen, daß die Mitglieder des Aufsichtsrats sich durch andere Personen vertreten lassen können, oder daß einzelne von ihnen einen bestimmten, einzelne einen anderen Zweig zu überwachen haben und nichts anderes.

Anm. 42. 6. **Über die Art, wie der Aufsichtsrat seine Funktion zu erfüllen hat, sagt das Gesetz nichts.** Es geschieht dies gewöhnlich in Sitzungen, über welche ein Protokoll geführt wird. Aber notwendig ist dies nicht. Es ist nicht einmal von Gesetzeswegen nötig, daß der Aufsichtsrat einen Vorsitzenden wählt. Wenn er ihn aber wählt, so wird man annehmen können, daß der Vorsitzende zwar nicht legitimiert ist, im Namen des Aufsichtsrats bindende Erklärungen abzugeben, wohl aber die gefaßten Beschlüsse den Beteiligten mitzuteilen, und umgekehrt Mitteilungen für das Aufsichtsratskollegium entgegenzunehmen. Ist über die Frage, wieviel Mitglieder zur Beschlußfähigkeit gehören, und über die Abstimmung nichts bestimmt, so gilt als Grundsatz, daß alle Mitglieder eingeladen sein müssen, und daß mindestens drei mitstimmen müssen und absolute Mehrheit entscheidet. Daß hierbei derjenige, mit welchem ein Rechtsgeschäft abgeschlossen werden soll, nicht mitstimmen darf, ist hier nicht gesagt und deshalb nicht verboten. Die Abstimmungshindernisse des § 47 Abs. 4 gelten hier nicht.

Anm. 43. 7. **Daß neben dem Aufsichtsrate noch ein anderes Organ fungieren kann,** ist bei der GmbH. zweifellos (vgl. hierüber oben Anm. 2)

Anm. 44.

E. § 247 HGB.

Derselbe lautet:

Der Aufsichtsrat ist befugt, die Gesellschaft bei der Vornahme von Rechtsgeschäften mit den Vorstandsmitgliedern zu vertreten und gegen die letzteren die von der Generalversammlung beschlossenen Rechtsstreitigkeiten zu führen.

Handelt es sich um die Verantwortlichkeit der Mitglieder des Aufsichtsrats, so kann dieser ohne und selbst gegen den Beschluß der Generalversammlung gegen die Mitglieder des Vorstandes klagen.

Anm. 45. **Der vorliegende Paragraph gibt dem Aufsichtsrate ein Vertretungsrecht und ein Klagerecht** (näheres Staub HGB. § 247). Doch ist zu beachten, daß ihm dasselbe auch durch Statut genommen werden kann. Dagegen kann dem Aufsichtsrate ein weiteres Vertretungsrecht nicht gegeben werden (vgl. oben Anm. 35). Der § 247 Abs. 1 HGB. steht scheinbar in gewissem Widerspruch zum § 46 Nr. 8 unseres Gesetzes, da nach dieser letzteren Vorschrift die Gesellschafter darüber zu bestimmen haben, wer die Gesellschaft im Prozesse gegen die Geschäftsführer zu vertreten hat. Doch sind die Vorschriften leicht zu vereinigen. Der anscheinende Widerspruch fällt durch die Erwägung weg, daß die Gesellschafter als Beschlußorgan jedenfalls das oberste Organ der Gesellschaft sind (vgl. Anm. 39 zu § 45). Bestimmt dieses Organ daher Vertreter, so fällt das Vertretungsrecht des Aufsichtsrats weg.

F. § 248 HGB.

Derselbe lautet:

Die Mitglieder des Aufsichtsrats können nicht zugleich Mitglieder des Vorstandes oder dauernd Stellvertreter von Vorstandsmitgliedern sein, auch nicht als Beamte die Geschäfte der Gesellschaft führen.

Nur für einen im voraus begrenzten Zeitraum kann der Aufsichtsrat einzelne seiner Mitglieder zu Stellvertretern von behinderten Mitgliedern des Vorstandes bestellen; während dieses Zeitraums und bis zur Entlastung des Vertreters darf der letztere eine Tätigkeit als Mitglied des Aufsichtsrats nicht ausüben. Auf die in solcher Weise bestellten Vertreter finden die Vorschriften des § 236 keine Anwendung.

Scheiden aus dem Vorstande Mitglieder aus, so können sie nicht vor der Entlastung in den Aufsichtsrat gewählt werden.

Der vorliegende Paragraph bestimmt, daß ein Aufsichtsratsmitglied weder Geschäftsführer, noch dauernd Stellvertreter eines solchen, noch Beamter der Gesellschaft sein kann. Nur zeitweise kann ein Aufsichtsratsmitglied auch Geschäftsführer sein. Das setzt voraus, daß die Delegation im voraus zeitlich begrenzt ist, und daß es sich um einen Behinderungsfall handelt. Als solcher ist aber der Fall des Ausscheidens nicht anzusehen (anders aber die herrschende Ansicht, insbesondere auch KG. v. 7. 5. 1900 in KGJ. 20 A, 164, auch zitiert in RJA. 1, 55). Alles nähere siehe bei Staub HGB. zu § 248. Anm. 47.

Doch ist zu betonen, das auch diese Vorschrift dispositiv ist. Bei unserer Gesellschaftsform kann also ein Aufsichtsratsmitglied zugleich dauernder stellvertretender Geschäftsführer sein (KG. v. 12. 2. 1900 in KGJ. 26 A, 49, auch zitiert bei RJA. 1, 5). Derselbe muß dann als stellvertretender Geschäftsführer zum Handelsregister angemeldet werden (§§ 39, 44 des Gesetzes; KG. a. a. O.). Aber es steht auch nichts entgegen, daß Aufsichtsratsmitglieder zugleich ordentliche Geschäftsführer sind. Nur darf dadurch der Aufsichtsrat sein Wesen nicht einbüßen. Es können also nicht sämtliche Geschäftsführer zugleich Aufsichtsratsmitglieder sein. Denn das Kontrollorgan muß naturgemäß wenigstens teilweise aus anderen Personen zusammengesetzt sein, als das zu kontrollierende Organ. Wenn gleichwohl sämtliche Geschäftsführer zugleich Aufsichtsratsmitglieder sind, so ist das nicht unzulässig. Es liegt nur kein Aufsichtsrat im Sinne des Gesetzes vor (vgl. oben Anm. 2). Anm. 48.

G. § 249 Abs. 1 u. 2 HGB. Anm. 49.

Derselbe lautet:

Die Mitglieder des Aufsichtsrats haben bei der Erfüllung ihrer Obliegenheiten die Sorgfalt eines ordentlichen Geschäftsmanns anzuwenden.

Mitglieder, die ihre Obliegenheiten verletzen, haften der Gesellschaft mit den Vorstandsmitgliedern als Gesamtschuldner für den daraus entstehenden Schaden.

Dazu tritt noch der Abs. 2 unseres § 52. Anm. 50.

Nach diesen Gesetzesvorschriften stellt sich die Haftung der Aufsichtsratsmitglieder im allgemeinen so, wie die der Geschäftsführer nach § 43 des Gesetzes. Es ist daher auf alles das Bezug zu nehmen, was hinsichtlich der Geschäftsführer zu § 43 von uns ausgeführt ist. Es gelten hier die dortigen Erläuterungen über das Maß der aufzuwendenden Sorgfalt, über die Folgen, wenn der Aufsichtsrat unzulässige (von der Gesellschafterversammlung oder vom Statut verbotene) Handlungen vornimmt, über die Beweislast bei den Regreßklagen, über die Frage, ob der Regreßanspruch beseitigt wird durch einen Gesellschafterbeschluß, über die Folgen der Pflichtverletzung (lediglich der Gesellschaft haften sie, nicht auch den Gläubigern; als Gesamtschuldner haften sie). Endlich gilt auch über die Verjährung der Ansprüche das Gleiche, wie zu § 43 des Gesetzes, da sich Abs. 2 unseres § 52 mit § 43 Abs. 4 deckt. Vgl. über diese Verjährung auch noch oben Anm. 1.

Nur das eine ist hier zu erwähnen: die Vorschrift des Abs. 3 des § 43 hat hier kein Analogon, d. h. die dort vorgesehenen privilegierten Fälle der Haftung Anm. 51.

§ 52. sind hier nicht privilegiert. Das will sagen: auch wenn durch ihr pflichtwidriges Verhalten eine Verletzung des § 30 oder des § 33 sich ereignet, greifen für die Folgen der Pflichtverletzung lediglich die allgemeinen Vorschriften Platz: es gilt hier nicht die Besonderheit, daß, soweit der Ersatz zur Befriedigung der Gläubiger erforderlich ist, Vergleiche und Verzichte regelmäßig unwirksam sind und ebenso die Berufung auf einen Beschluß der Gesellschafter.

Anm. 52. Ferner ist auch hier Bezug zu nehmen auf die Ausführungen in Anm. 23ff. zu § 43, unter welchen Umständen eine Haftung Dritten gegenüber stattfindet. Was dort für die Geschäftsführer ausgeführt ist, gilt auch für die Aufsichtsratsmitglieder. Und endlich gilt hinsichtlich des Ausgleichsregresses der solidarisch haftenden Aufsichtsratsmitglieder und der solidarisch haftenden Geschäftsführer untereinander das in Anm. 29 zu § 43 Ausgeführte. Insbesondere ist nach dem Prinzip der gleichen Anteile auch dann auszugleichen, wenn der Geschäftsführer eine Pflichtverletzung begangen und das Aufsichtsratsmitglied sie pflichtwidrig hat geschehen lassen. Es kann nicht etwa ein geringerer Ausgleichungsmaßstab deshalb zu Grunde gelegt werden, weil die Schuld des Aufsichtsratsmitglieds, die in einem fahrlässigen Unterlassen besteht, eine geringere ist, als die auf Vorsatz und positiver Tätigkeit beruhende Pflichtverletzung des Geschäftsführers. Für die Entlastung der Mitglieder des Aufsichtsrats gilt das über die Entlastung der Geschäftsführer Ausgeführte (vgl. Anm. 23ff. zu § 46). Unzulässig ist, daß die Aufsichtsratsmitglieder bei ihrer Entlastung mitstimmen (§ 47 Abs. 4). Unstatthaft ist, nacheinander über die Entlastung jedes einzelnen Mitgliedes abzustimmen, damit die anderen Mitglieder des Aufsichtsrats jeweils mitstimmen zu können. Es ist über den Aufsichtsrat im ganzen abzustimmen. (RG. v. 6. 6. 03 in RG. 55, 57. Dagegen Pinner DJZ. 1903, 476).

Anm. 53. **Zusatz: Das Gesetz gestattet auch die Einsetzung eines ähnlichen Organs neben dem Aufsichtsrat oder anstatt des Aufsichtsrats** (§ 83). Hierüber s. oben Anm. 2.

Vierter Abschnitt.

Abänderungen des Gesellschaftsvertrages.

§ 53.

Eine Abänderung des Gesellschaftsvertrages kann nur durch Beschluß der Gesellschafter erfolgen.

Der Beschluß muß gerichtlich oder notariell beurkundet werden, derselbe bedarf einer Mehrheit von drei Vierteilen der abgegebenen Stimmen. Der Gesellschaftsvertrag kann noch andere Erfordernisse aufstellen.

Eine Vermehrung der den Gesellschaftern nach dem Gesellschaftsvertrage obliegenden Leistungen kann nur mit Zustimmung sämtlicher beteiligter Gesellschafter beschlossen werden.

Der vorliegende Paragraph beschäftigt sich mit den Voraussetzungen der Abänderung des Gesellschaftsvertrages.

Anm. 1. I. **Was versteht man unter einer Abänderung des Gesellschaftsvertrages?** Darunter ist die Abänderung der Gesellschaftsregel zu verstehen, der Summe von Bestimmungen, die für das Rechtsverhältnis der Gesellschafter zur Gesellschaft gelten. Das äußere Kennzeichen dieser ist die Aufnahme in den bei Gründung der Gesellschaft errichteten Akt oder in eine spätere diesen ergänzende Urkunde und die Eintragung zum Handelsregister. Dabei ist aber zu betonen, daß freilich nicht alles was im Gesellschaftsvertrage im formellen Sinn, d. h. in der bei Errichtung der Gesellschaft aufgenommenen Urkunde steht, zu der Gesellschaftssatzung gehört. Daher die Abberufung der im Gesellschaftsvertrage ernannten Geschäftsführer keine Abänderung der Satzung ist (vgl. RG. bei Holdheim 10, 193 und Anm. 41 zu § 35). Abmachungen der Gesellschafter, die aber nicht in die Gesellschaftsurkunde kamen und nicht zum Handelsregister angemeldet sind, unterstehen nie den besonderen Bestimmungen des Gesetzes über die Änderung des Gesellschaftsvertrages. Auch soweit es sich um Beschlüsse dreht, welche sich auf Teile der Gesellschaftssatzung beziehen, liegt nicht stets eine Änderung des Gesellschaftsvertrages im Sinne des § 53 Abs. 1 vor. Beschlüsse, die sich im Rahmen der Verwaltung halten, sind ebenfalls nicht Satzungsänderungen, so z. B. die Verpachtung des früher selbst geführten Betriebes (Bauers Z. 12, 274). Keine Abänderung des Gesellschaftsvertrages ist es ferner, wenn die Gesellschafter untereinander mit der Absicht, daß es unter ihnen, aber nicht im Verhältnis der Gesellschafter zur Gesellschaft, Geltung haben soll etwas vereinbaren, z. B. daß sie den Reingewinn in bestimmter Weise teilen, daß sie die ihnen als Gesellschafter gemäß § 3 Abs. 2 obliegenden Verpflichtungen gemeinsam erfüllen wollen, daß jedem von ihnen das Vorkaufsrecht an ihren Geschäftsanteilen zustehen soll u. s. w. Solche Bestimmungen können Bestandteile des Gesellschaftsvertrags werden. Vorausgesetzt ist aber, daß sie sich auch als Beziehungen von Gesellschaft zu Gesellschafter denken lassen, wie z. B. die Verteilung des Reingewinns. Dann müssen sie dem Gesellschaftsvertrage einverleibt werden. Sie bedürfen zu ihrer Gültigkeit der gerichtlichen oder notariellen Abfassung und der Eintragung (§ 54 Abs. 3). (Vgl. über solche Vereinbarungen der Gesellschafter untereinander Anm. 42 zu § 3.) Als Änderung des Gesellschaftsvertrages ist es weiter nicht anzusehen, wenn ein Beschluß gefaßt wird, welcher eine konkrete Maßregel trifft, die mit dem Gesellschaftsvertrage in Widerspruch steht. Das ist keine Satzungsänderung, sondern eine Satzungsverletzung. Satzungsänderung ist die Aufstellung einer von der bisherigen abweichenden Gesellschaftsregel, nicht ein Beschluß, der eine konkrete Abweichung von der Satzung enthält, ohne diese zu ändern. Satzungsänderungen sind dagegen auch Hinzufügungen zum Gesellschaftsvertrage. Denn an der Stelle dessen, was jetzt hinzugefügt wird, galt bisher das, was aus dem Gesetze oder aus der Natur der Sache folgt. Der Gesellschaftsvertrag ist geändert, wenn an dessen Stelle eine bestimmt formulierte Gesellschaftsregel tritt, auch wenn sie anscheinend von dem nicht abweicht, was aus der Natur der Sache sich von selbst ergab, um so mehr, wenn sie davon abweicht. Satzungsänderungen sind auch Änderungen des Gesellschaftsvertrages hinsichtlich der Zeitdauer der Gesellschaft, hinsichtlich des Gegenstandes des Unternehmens, hinsichtlich der Firma (vgl. Anm. 2 ff. zu § 4; Anm. 3 u. 8 zu § 3). — Zu bemerken ist endlich, daß auch die Kapitalserhöhung (§ 55) und die Kapitalsherabsetzung (§ 58) vom Gesetze, und mit Recht, als Satzungsänderung angesehen werden. Sie ändern ebenfalls einen wesentlichen Bestandteil des Gesellschaftsvertrages (vgl. Anm. 12 zu § 3). Die allgemeinen Vorschriften über die Abänderungen des Gesellschaftsvertrages gelten daher auch für die Kapitalserhöhungs- und für die Kapitalsherabsetzungsbeschlüsse. § 53.

II. **Was der materielle Inhalt einer Statutenänderung sein kann**, darüber sei hier folgendes bemerkt. Anm. 2.

Zunächst s. über die Frage, ob die statutarische Feststellung gewisser Gründungsvorgänge durch Statutenänderung aus dem Statut entfernt werden kann, Anm. 61 zu § 5.

Zu erwähnen ist ferner, daß die Statutenänderung nicht die wesentlichen Merkmale einer GmbH. beseitigen darf (für das Aktienrecht RG. 6, 120; 17, 17). Es darf z. B. kein Statutenänderungsbeschluß anordnen, daß die Gesellschaft kein Stammkapital zu haben brauche oder daß die Stammanteile nicht nach Nennbeträgen, sondern nach Bruchteilen beziffert werden. Auch im übrigen dürfen die Statutenänderungen nicht Zustände oder Maßregeln anordnen, welche durch zwingende Vorschriften verboten sind. Denn das darf kein Gesellschafterbeschluß (vgl. hierüber Anm. 10 zu § 45). So z. B. darf kein solcher Beschluß anordnen, daß § 31 nicht Platz greift. Solche Beschlüsse sind nichtig. Auf die Existenz der Gesellschaft haben sie keinen Einfluß. Anm. 3.

§ 53. Auch in Sonderrechte der Gesellschafter darf kein Gesellschafter-
Anm. 4. beschluß, also auch kein Statutenänderungsbeschluß eingreifen. Er kann nicht den Gesellschaftern gesellschaftliche Rechte nehmen, die als unentziehbar gewollt sind. Noch weniger darf er in Einzelrechte der Gesellschafter, die ihnen der Gesellschaft gegenüber als Dritten zustehen, eingreifen (vgl. über alles dieses Anm. 40 zu § 45). Daraus folgt aber nicht, wie gemeiniglich gelehrt und auch in der Praxis angenommen (vgl. z. B. KG. v. 7. 12. 03 im Recht 04, 506 Nr. 2189) wird, daß Statutenänderungsbeschlüsse, welche in Sonderrechte eingreifen, durch Mehrheitsbeschluß überhaupt nicht gefaßt werden dürfen. Zu einer so weitgehenden Annahme liegt keine Veranlassung vor. Vielmehr wird man den Sonderrechten durchaus gerecht, wenn man annimmt, daß Beschlüsse, welche in ihre Rechte eingreifen, der Zustimmung der Berechtigten bedürfen. Im übrigen aber genügt ein Mehrheitsbeschluß. Wenn also z. B. in einer Gesellschaft mit 100 Gesellschaftern, von denen 10 ein bevorzugtes Dividendenrecht haben, dasselbe durch Statutenänderung abgeschafft werden soll, so genügt ein Mehrheitsbeschluß unter Zustimmung der 10 Vorzugsgesellschafter. Warum die übrigen 90 sämtlich zustimmen müßten, ist nicht ersichtlich. Über die Erfordernisse der Zustimmungserklärung siehe unten Anm. 23. Ist ein Beschluß unter Verletzung von Sonderrechten eines Gesellschafters gefaßt, so ist nur das Mitglied, dessen Recht verletzt ist, zur Anfechtung legitimiert (vgl. RG. v. 14. 11. 03 in JW. 04, 44 Nr. 14).

Anm. 5. Besonders ist hierbei noch zu erwähnen, daß ein Statutenänderungsbeschluß diejenigen Punkte des Gesellschaftsvertrages durch Stimmenmehrheit nicht abändern kann, die als unabänderlich gewollt sind. Solche Statutenbestimmungen erzeugen eben Sonderrechte. Im allgemeinen wird man von der Abänderlichkeit der Statuten ausgehen müssen und nur dann die Unabänderlichkeit annehmen, wenn diese ausnahmsweise als gewollt zu betrachten ist. Freilich begibt man sich hier auf das bei derartigen Gesellschaftsverträgen außerordentlich schwankende und mißliche Gebiet der Auslegung. Doch ist dies unvermeidlich. Es folgt daraus nichts weiter, als daß meist die Regel Platz greift. Nur dann wird ausnahmsweise die Unabänderlichkeit angenommen werden, wenn die Statuten in ihrem Zusammenhange die Unabänderlichkeit erkennbar ergeben. Das wird aber z. B. nicht schon dann gelten, wenn das Statut für gewisse Dinge, z. B. Wahl des Vorstandes, Auflösung der Gesellschaft, eine bestimmte Majorität vorgeschrieben hat. Man wird dann als Regel annehmen müssen, daß das Erfordernis dieser Majorität durch einfachen Statutenänderungsbeschluß geändert werden kann (vgl. Lehmann ArchBürgR. 9, 361). Eher wird die Unabänderlichkeit durch Mehrheitsbeschluß dann angenommen werden können, wenn nach dem Gesellschaftsvertrage zur Abänderung eines bestimmten Punktes die Zustimmung aller Gesellschafter erfordert ist. Wenn also z. B. im Gesellschaftsvertrage bestimmt ist, daß zur Kapitalserhöhung die Zustimmung aller Gesellschafter gehört, so wird man in der Regel annehmen müssen, daß auch zur Abänderung dieses Punktes des Gesellschaftsvertrages die Zustimmung aller Gesellschafter gehört.

Anm. 6. Wie steht es nun mit der Abänderung des Rechtsverhältnisses verschiedener Gattungen zum Nachteil einer Gattung? Nach § 275 HGB. ist diese Frage im Aktienwesen dahin geregelt, daß eine solche Änderung erfolgen kann, aber nur durch einen Mehrheitsbeschluß der gesamten Aktionäre und einen in gesonderter Abstimmung gefaßten zustimmende Mehrheitsbeschluß der benachteiligten Aktionäre. Für unser Gesetz fehlt eine solche Regelung. Die Ergänzung muß aus dem Zusammenhange des Gesetzes entnommen werden. Sie muß in dem Sinne erfolgen, daß ein Mehrheitsbeschluß jenes Verhältnis nicht ändern kann (Motive 39). Die Mehrheit kann nur Beschlüsse fassen, welche die Gesamtheit berühren. In seinen wirtschaftlichen Konsequenzen kann der Beschluß vielleicht auf verschiedene Gattungen von Geschäftsanteilen verschieden wirken. Das ist nicht zu beanstanden. Aber ein Beschluß, welcher bezweckt und den Erfolg hat, daß eine Gattung von Geschäftsanteilen weniger Rechte haben soll, als eine andere, verstößt gegen Sonderrechte. Er ist aus diesem

Grunde ohne Zustimmung jedes benachteiligten Gesellschafters unzulässig. Es können § 53. hiernach auch nicht aus einer Gattung von gleichberechtigten Geschäftsanteilen zwei mit verschiedener Berechtigung ausgestattete gemacht werden. Es dürfen nicht einer Gattung von Geschäftsanteilen noch mehr Rechte genommen werden als schon geschehen. Es dürfen nicht einer Gattung von Geschäftsanteilen mehr Rechte gegeben werden, als sie schon besitzt. Alles das verletzt das Prinzip der Gleichberechtigung. Ein solcher Beschluß kann zwar durch die Mehrheit gefaßt werden. Aber außer der Zustimmung der Mehrheit müssen stets noch diejenigen Gesellschafter zustimmen, deren Rechte an ihrem Anteil verändert werden sollen (vgl. z. B. Anm. 5 zu § 72 und oben Anm. 5). Durch Mehrheit dagegen ist es zulässig, eine neue Gattung von Vorzugsanteilen zu schaffen, welche den bisherigen Gattungen vorangehen. Darin liegt eine gleichzeitige Benachteiligung aller bisherigen Geschäftsanteile. Unzutreffend ist die Ansicht des KG. (Beschl. v. 21. 1. 03 in KGJ. 25 A 262), wonach die tatsächlichen Verhältnisse der Gesellschaft und der Gesellschafter bei der Frage, ob ein Beschluß die Gesellschafter gleichmäßig trifft, maßgebend seien. Der Beschluß, den das KG. beanstandete, war die neu eingeführte Vorschrift, daß nur Gesellschafter zu der Vertretung von Gesellschaftern befugt seien. Er könnte, wenn bei geringer Anzahl der Gesellschafter und bestehender Feindschaft ein Teil der Möglichkeit der Abstimmung beraubt würde, wegen Verletzung des Gesetzes und zwar des § 826 BGB. angefochten werden. Aber dies nur dann, wenn ein vorsätzliches gegen die guten Sitten verstoßendes Verhalten den Gesellschafter vorliegt und ein doloser Mißbrauch der Mehrheitsmacht erwiesen ist. Anderenfalls könnte die Minderheit jeden Beschluß der Mehrheit durch die Behauptung einer tatsächlichen Ungleichheit verhindern.

III. **Dies vorausgeschickt, wenden wir uns zu den in unserem Paragraphen behandelten Voraussetzungen der Abänderung des Gesellschaftsvertrages.** Anm. 7.

1. (Abs. 1.) **Ein Beschluß der Gesellschafter ist erforderlich.** Auf keine andere Weise kann eine Abänderung des Gesellschaftsvertrages erfolgen, als durch einen Beschluß der Gesellschafter. Weder die Geschäftsführer, noch der Aufsichtsrat, noch irgend ein anderes Organ können eine Abänderung des Gesellschaftsvertrages herbeiführen. Es kann durch Gesellschaftsvertrag diese Befugnis nicht irgend einem anderen Organe übertragen werden, nicht einmal in dem Sinne, daß außer dem Beschlusse der Gesellschafter noch der Beschluß oder die Zustimmung eines anderen Gesellschaftsorgans zur Statutenänderung erforderlich sei (hierüber unten Anm. 14). Auch dürfen Nichtgesellschafter bei diesem Beschlusse nicht mitstimmen (vgl. Anm. 4 zu § 47). Auch sogenannte redaktionelle Änderungen können nicht anders als durch Gesellschafterbeschluß herbeigeführt werden. Der § 274 Abs. 1 Satz 2 HGB., wonach bei Aktiengesellschaften Satzungsänderungen, die nur die Fassung betreffen, dem Aufsichtsrate übertragen werden können, findet hier keine analoge Anwendung. Unser Gesetz unterscheidet eben nicht zwischen sachlichen und redaktionellen Änderungen. Was scheinbar eine Fassungsänderung ist, kann sich schließlich als materielle Änderung von größter Tragweite ergeben. Denn jedes Wort ist mehrdeutig, und wer an die Stelle des einen Wortes ein anderes setzt, kann dadurch, ohne es zu wissen und zu wollen, die erheblichsten sachlichen Änderungen bewirkt haben (vgl. für das frühere Aktienrecht KG. in KGJ. 5, 31). So auch hier die herrschende Ansicht: Liebmann Anm. 1; Parisius-Crüger Anm. 1; Neukamp Anm. 1b.

Der Beschluß folgt den allgemeinen Regeln der §§ 47—51, nur mit Anm. 8. den in Abs. 2 und 3 unseres Paragraphen vorgesehenen Abweichungen. Es gilt also z. B. auch hier die Vorschrift, daß je 100 M. eines Geschäftsanteils eine Stimme gewähren (§ 47 Abs. 2), daß Vollmachten zu ihrer Gültigkeit der schriftlichen Form bedürfen (§ 47 Abs. 3), daß die Versammlung durch die Geschäftsführer zu berufen ist (§ 49), aber auch durch den Aufsichtsrat berufen werden kann (§ 52 des Gesetzes, § 246 Abs. 2 HGB.), daß die Berufung unter Umständen auch den Gesellschaftern zusteht (§ 50), daß die Berufung durch eingeschriebenen Brief erfolgt und daß es einer Berufung und Ankündigung der Tagesordnung nicht bedarf, wenn alle Gesellschafter anwesend sind (§ 51), und endlich, daß alle diese Vorschriften im Gesellschaftsvertrage auch anders geordnet

§ 53. sein können, und daß, soweit dies der Fall ist, auch auf den vorliegenden Beschluß die abweichenden Vorschriften des Gesellschaftsvertrages Anwendung finden. Ebenso richtet sich die Nichtigkeit und Anfechtbarkeit einer Statutänderung nach den allgemeinen Regeln über die Beschlüsse der Gesellschaft (vgl. Anm. 7—32 zu § 45).

Anm. 9. Insbesondere ist auch hier hervorzuheben, daß nichts entgegensteht, daß auch ein einziger Gesellschafter einen Beschluß auf Abänderung des Gesellschaftsvertrages (also auch auf Kapitalserhöhung und Kapitalsherabsetzung) faßt, wenn nur die Einladung ordnungsmäßig erfolgt. Besitzt eine Person sämtliche Geschäftsanteile, so kann sogar naturgemäß nur ein Gesellschafter erscheinen und beschließen. In diesem Falle kann auch die Einladung fehlen (§ 51 Abs. 3).

Anm. 10. 2. (Abs. 2.) **Die Formvorschrift und die Abstimmungsvorschrift** für den Satzungsänderungsbeschluß.

a) **Die Formvorschrift:** Der Beschluß muß gerichtlich oder notariell beurkundet werden. Es muß, wie wir weiter annehmen, ein Versammlungsbeschluß sein. Die Vorschrift des § 48 Abs. 2, daß unter Umständen auch schriftliche Abstimmung erfolgen kann, erscheint hier (gegen Liebmann Anm. 2) nicht für anwendbar. Auch § 33 BGB. setzt, wie sein Wortlaut ergibt, bei Satzungsänderungen eine Versammlung voraus. Die Einladung zur Versammlung soll angeben, daß eine Änderung des Gesellschaftsvertrages bezweckt ist (§ 51 Abs. 2). Nicht vorgeschrieben ist Mitteilung des wesentlichen Inhaltes derselben. Die Bestimmung des § 274 Abs. 2 HGB. ist hier nicht herübergenommen.

Anm. 11. Die Beurkundung folgt nicht den Regeln der §§ 167 ff. des Gesetzes über die freiwillige Gerichtsbarkeit, da es sich nicht um Beurkundung eines Rechtsgeschäfts handelt, sondern denjenigen landesgesetzlichen Vorschriften, welche von der Aufnahme sonstiger Urkunden handeln, in Preußen z. B. den Art. 53 ff. des preußischen Gesetzes über die freiwillige Gerichtsbarkeit, wobei besonders hervorzuheben ist, daß es dem Ermessen der Urkundsperson überlassen bleibt, inwieweit sie das Protokoll vorlesen und unterschreiben lassen will. Der § 259 HGB., wonach ein Teilnehmerverzeichnis, sowie die Belege über die ordnungsmäßige Berufung dem Protokolle einverleibt sein müssen, ist nicht anwendbar, aber nachahmenswert (vgl. Anm. 18 zu § 48). Die ordnungsmäßige Berufung hat der Registerrichter überhaupt nicht zu prüfen (vgl. Anm. 13 ff. zu § 54). Die Teilnehmer aber müssen aus dem Protokoll hervorgehen, sonst liegt keine ordnungsmäßige Beurkundung vor. Das Protokoll muß so beschaffen sein, daß der Registerrichter aus der Urkunde die Überzeugung gewinnt, daß es sich um eine wirkliche Versammlung der Gesellschafter der betreffenden Gesellschaft gehandelt hat, und daß wirkliche Anteilinhaber an dem Beschlusse mitgewirkt haben, wenn er auch die Berufung und die Teilnehmerschaft im einzelnen nicht nachzuprüfen hat (vgl. Anm. 13 ff. zu § 54). Eine wichtige Unterstützung für seine Überzeugung ist ja die Aufnahme des Protokolls durch eine öffentliche Urkundsperson. Aber das Protokoll muß auch inhaltlich so beschaffen sein, daß der Registerrichter die Überzeugung von der Ordnungsmäßigkeit der Voraussetzungen gewinnen kann.

Anm. 12. Auch der Gesellschaftsvertrag kann Formerfordernisse aufstellen, natürlich nur höhere, wie unser Abs. 2 ausdrücklich vorschreibt. Er kann insbesondere Bestimmung treffen darüber, ob das Protokoll vorzulesen und zu unterschreiben ist, und von wem.

Anm. 13. Ist die Beurkundung durch Gericht oder Notar nicht oder nicht gehörig erfolgt, so ist der Beschluß ungültig und muß von der Eintragung zurückgewiesen werden. Über den Fall, daß er trotz Formwidrigkeit eingetragen ist, siehe Anm. 11 zu § 54.

Anm. 14. b) **Das Abstimmungserfordernis:** eine Mehrheit von $^3/_4$ der abgegebenen Stimmen muß vorliegen. Was man unter den abgegebenen Stimmen versteht, darüber siehe Anm. 1 zu § 47. Die Mehrheit von $^3/_4$ muß mindestens erreicht sein. Der Gesellschaftsvertrag kann hiervon nicht absehen. Er kann nur strengere Erfordernisse aufstellen, z. B. Stimmeneinhelligkeit, oder ein bestimmtes Mindestkapital der abgegebenen Stimmen, oder ein bestimmtes Mindestkapital der Stimmen, welche erschienen sind, oder eine zweite Gesellschafterversammlung, wenn in der ersten ein bestimmtes Stammkapital nicht erreicht ist rc. rc. Dagegen ist es nicht zulässig, statutarisch andere Erfordernisse aufzustellen, als solche, welche sich als Modalitäten der Beschlußfassung darstellen. So z. B. kann der Gesellschaftsvertrag nicht anordnen, daß für eine Statutenänderung irgend welcher Art (z. B. auch nicht für eine Kapitalserhöhung oder Kapitalsherabsetzung) der Gesellschafterbeschluß nicht genüge, sondern daß dazu außerdem ein Aufsichtsratsbeschluß erforderlich sei. Soweit die Genehmigung gewisser Personen nicht vielmehr aus anderen Gründen erforderlich ist (beim Eingreifen in Sonderrechte — oben Anm. 4 — und im Falle des § 53 Abs. 3), kann die Abänderung des Gesellschaftsvertrages nur durch Beschluß der Gesellschafter erfolgen. Damit ist nicht bloß gesagt, daß der Beschluß erforderlich ist, sondern auch, daß er regelmäßig ausreichend ist und daß die Souveränität der Generalversammlung in Bezug auf die Statutenänderung nicht durch den Gesellschaftsvertrag aufgehoben werden kann. Dies ist deutlich zum Ausdruck gebracht durch die Worte des Abs. 1, daß die Abänderung des Gesellschaftsvertrages *nur durch Beschluß der Gesellschafter erfolgen kann*. Damit ist eben mehr gesagt, als daß *auch* die Gesellschafter zustimmen müssen. Der Beschluß der Gesellschafter soll das statutenändernde Rechtsfaktum sein. Für diesen Beschluß ist in Abs. 2 die Aufstellung noch anderer Erfordernisse als die $^3/_4$-Mehrheit freigegeben. Die §§ 274 und 275 HGB. werden gleichfalls in diesem Sinne aufgefaßt. § 53.

Daß dieses Abstimmungserfordernis erreicht ist, muß in dem Protokolle beurkundet sein. Insoweit hat der Registerrichter das Recht und die Pflicht der Nachprüfung. Er kann sich nicht damit begnügen, daß die Urkundsperson konstatiere, *der Beschluß sei gefaßt worden.* Zur Beurkundung des Beschlusses gehört vielmehr die Beurkundung der Abstimmungsergebnisse, damit der Registerrichter feststellen kann, ob hiernach der Beschluß als gefaßt zu betrachten ist. Nicht erforderlich ist die Beurkundung, *welche* Gesellschafter zugestimmt haben. Es genügt die Konstatierung der für den Beschluß abgegebenen Stimmen. Über den Fall, daß über die Zulassung von Gesellschaftern zur Abstimmung gestritten wird, siehe Anm. 9 zu § 48. Anm. 15.

3. (Abs. 3.) **Ein weiteres Erfordernis ist aufgestellt in dem Falle, wo die den Gesellschaftern nach dem Vertrage obliegenden Leistungen (soll heißen Leistungspflichten) vermehrt werden sollen.** Anm. 16.

a) *Selbstverständlich ist, daß die Vorschrift auch dann Anwendung findet, wenn nicht bestehende Leistungspflichten vermehrt, sondern neue begründet werden sollen.* Eigentümlicherweise hebt § 276 HGB. die Begründung von Leistungspflichten, unser Paragraph dagegen die Vermehrung hervor. Wie dort, gilt aber die Vorschrift sowohl für die Vermehrung, als für die Begründung (vgl. Staub HGB. Anm. 7 zu § 212). Ebenso gilt die Vorschrift natürlich nicht bloß in den Fällen, wo die *nach dem Gesellschaftsvertrage* den Gesellschaftern obliegenden Leistungspflichten, sondern *auch dann, wenn die gesetzlich den Gesellschaftern obliegenden Leistungspflichten erhöht werden sollen.* Auch dann liegen sie nach Lage des Gesellschaftsvertrages, auf Grund des so wie geschehen geschlossenen Gesellschaftsvertrages dem Gesellschafter ob. Das Erfordernis der Zustimmung kann der Gesellschaftsvertrag nicht im voraus beseitigen. Auch Abs. 3 enthält zwingendes Recht. Davon zu trennen ist der Fall, daß der Gesellschaftsvertrag für einen konkreten Fall nur einen Mehrheitsbeschluß verlangt, z. B. die Erhöhung der Rübenlieferungspflicht bis zu einem bestimmten Betrage dem Gesellschafterbeschlusse unterwirft. Hier hat der Gesellschafter diese Leistung, wenn auch bedingt durch den Beschluß der Gesellschafter, übernommen.

b) *Wann liegt der Fall vor, daß die den Gesellschaftern obliegenden Leistungspflichten erhöht werden sollen?* Immer dann, wenn eine bestehende Leistungspflicht erhöht oder eine neue begründet werden soll. *Der Fall liegt nicht* Anm. 17.

§ 53. schon dann vor, wenn die Rechte des Gesellschafters sich vermindern. Denn das begründet keine Leistungspflicht. Der Eingriff in die Rechte des Gesellschafters durch Statutenänderungsbeschluß kann aus anderen Gründen unstatthaft sein (vgl. oben Anm. 4 und 5). Aber Abs. 3 greift aus solchen Gründen nicht Platz. Zur Vermehrung der dem Gesellschafter obliegenden Leistung genügt und ist erfordert eine Vermehrung der Leistungspflicht. Es muß ein Recht der Gesellschaft auf diese Leistung entstehen. Unerheblich ist, ob dieser Anspruch ein bedingter oder unbedingter ist, ob die Geltendmachung sicher anzunehmen oder nur eventuell zu befürchten ist. Zu beachten ist aber stets, daß es sich um einen Beschluß handeln muß, der eine Vermehrung der Leistungen enthält. Es genügt nicht, daß er indirekt auf dieselben einwirken kann. Daß die Änderung des Zweckes der Gesellschaft oder die Errichtung von Filialen oder die Vermehrung der Geschäftsführer zur Folge haben kann, daß die Gesellschaft Nachschüsse oder ausstehendes Stammkapital einruft, ist unerheblich (vgl. auch unten Anm. 22).

Diese Vermehrung der Leistungspflicht soll bei einer Reihe von Einzelfällen betrachtet werden:

Anm. 18. α) Bei den Verpflichtungen zur Leistung der Stammeinlage. Nach § 20 des Gesetzes hat der Gesellschafter von seiner verzögerten Einlage 4 Proz. Verzugszinsen zu zahlen. Der Abs. 3 greift Platz, wenn dieser Zinssatz erhöht werden soll. Dadurch wird die Leistungspflicht, wenn auch nur eventuell, für den Fall des Verzuges erhöht. Vertragsstrafen sind nach § 20 an die Verzögerung der Einlagezahlung nicht geknüpft. Es ist aber zulässig, sie zu bestimmen. Bei Abänderung des Gesellschaftsvertrages bedarf es der Beobachtung des § 53 Abs. 3, weil hierin eine, wenn auch nur eventuelle, Erhöhung der Leistungsverpflichtung des Gesellschafters liegt (vgl. Anm. 14 zu § 20). Jeder Gesellschafter hat nach § 24 die Verpflichtung, im Verhältnis seines Geschäftsanteils für den Ausfall zu haften, den die Gesellschaft bei den Einlagerückständen der anderen Gesellschafter erleidet. Soll dieser Haftungsmaßstab erhöht werden, soll z. B. solidarische Haftbarkeit eingeführt werden, so kann dies nur mit Zustimmung jedes belasteten Gesellschafters geschehen. Über die Erhöhung der Leistungspflicht durch Erhöhung des Stammkapitals vgl. Anm. 17 zu § 24.

Anm. 19. β) Bei der Nachschußpflicht. Einführung oder Erhöhung der Nachschußpflicht fällt stets unter Abs. 3. Ebenso die Änderung der beschränkten in eine unbeschränkte Verpflichtung. Aber auch umgekehrt die Umwandlung der unbeschränkten in eine beschränkte. Denn bei dieser letzteren wird das Abandonrecht aufgegeben. Die Haftung ist eine schärfere. Endlich erscheint auch bei der beschränkten Nachschußpflicht für die Änderung des Gesellschaftsvertrages dahin, daß die Einziehung vor der Vollzahlung des Stammkapitals zulässig sei, die Zustimmung der sämtlichen Gesellschafter erforderlich. Denn hier treten die erschwerenden Folgen des § 28 Abs. 1 ein (vgl. Anm. 1 zu § 28).

Anm. 20. γ) Bei den „anderen Verpflichtungen" gemäß § 3 Abs. 2. Jede Einführung oder Erhöhung der Leistungen wie jede Aufhebung oder Herabsetzung der Gegenleistung fällt unter Abs. 3. So bedarf schon die Einführung der Verpflichtung zur Zahlung von Geld oder Lieferung von Waren, insbesondere der Rübenproduktion der Zustimmung der Gesellschafter. Wenn bereits nach dem Gesellschaftsvertrage jeder Gesellschafter ein Höchstquantum von Rüben jährlich abzuliefern hat, nach dem Änderungsbeschlusse aber die Ablieferung eines Mindestquantums unter Vertragsstrafen verlangt wird, auch wenn der Gesellschafter soviel nicht erntet, so liegt darin eine Vermehrung der Leistungspflicht (RG. 47, 182). Sie ist es tatsächlich nicht bei denjenigen Gesellschaftern, deren Acker das Mindestquantum tatsächlich liefert. Aber die möglichen Folgen wären doch eine Erhöhung der Leistungspflichten. Dazu kommt noch die Vertragsstrafe, die zwar den nicht trifft, der der veränderten Vertragsbestimmung nachkommt, aber möglicherweise jeden treffen kann. — Ebenso, wenn der Preis der Rüben ermäßigt werden soll. Denn es liegt eine Erschwerung der Leistungspflichten vor, wenn fortab gegen ein geringeres Äquivalent geleistet werden soll (KG. v. 7. 12. 03 im Recht 04, 506, Nr. 2189). Dies gilt auch, wenn der Preis vorher fest bestimmt, fortan aber der Marktpreis gewährt werden soll. Oder wenn vorher der Marktpreis maßgebend war, fortan aber der Gesellschafterversammlung die Preisbestimmung überlassen wird. Hierin liegt der Keim von Erschwerungen. Es ist eine Erhöhung der Leistungspflichten, wenn sich der Gesellschafter mit dem Marktpreise begnügen muß, ob wohl derselbe möglicherweise sich niedriger als der bisher bestimmte Preis gestalten kann. § 53.

Wenn der Gesellschaftsvertrag die gesellschaftliche Pflicht zu einer Tätigkeit für die Gesellschaft insbesondere zur zur Übernahme des Geschäftsführeramts für die Gesellschafter einführt, ebenso auch dann, wenn das dafür statutarisch festgestellte Äquivalent gekürzt oder gar abgeschafft werden soll, so ist Abs. 3 anwendbar. Endlich ist auch die Einführung oder Erschwerung einer Unterlassungspflicht unter den Schutz des Abs. 3 zu stellen. Ein Gesellschafter, der der Festsetzung eines Konkurrenzverbotes nicht zustimmt, wird hierdurch nicht berührt. Ebensowenig durch die nachträgliche Bestimmung einer Vertragsstrafe für den Fall der Übertretung dieses Verbotes. Eine Statutenänderung, wonach im Falle des Konkurses eines Gesellschafters die ihm zufolge § 3 Abs. 2 obliegenden Leistungen sich auf die anderen Gesellschafter ohne weiteres verteilen oder durch Beschluß der Gesellschafter verteilt werden, bedarf der Zustimmung aller Gesellschafter. Anm. 21.

δ) Dagegen greift Abs. 3 nicht Platz, wenn der Reingewinn anders verteilt werden soll. Das ist keine Vermehrung der Leistungspflichten, sondern eine Verkürzung von Rechten. Wenn hierbei die allgemeinen Grundsätze (der Gleichberechtigung und der Unzulässigkeit des Eingriffs in Sonderrechte) nicht verletzt werden, so ist der Beschluß zulässig ohne die Zustimmung jedes einzelnen Gesellschafters. Oft werden hier freilich Sonderrechte in Frage kommen. Das Gleiche gilt von der Frage, ob der Verteilungsmaßstab bei der Liquidation nach § 72 geändert werden darf. Abs. 3 greift nicht Platz bei Änderung der Stimmverteilung. Ein solcher Beschluß kann unter Umständen einen Eingriff in Sonderrechte darstellen und deshalb der Zustimmung einzelner Gesellschafter bedürfen (vgl. oben Anm. 4). Aber gegen Abs. 3 verstößt er nicht. Eine Vermehrung der Leistungspflichten liegt nicht vor. Das Gleiche gilt von der Änderung der Dauer des Unternehmens. Das Gleiche von der Möglichkeit der Auflösung. Wenn z. B. das einem Gesellschafter zustehende Kündigungsrecht genommen werden soll, so fällt das nicht unter Abs. 3. Der Beschluß verstößt aber gegen ein Sonderrecht. Er ist deshalb ohne seine Zustimmung ungültig. Dagegen ist der Beschluß dann gültig, wenn das Prinzip der Gleichberechtigung gewahrt bleibt und ein Sonderrecht nicht verletzt ist, wenn also z. B. die statutarische Dauer des Gesellschaftsvertrages abgekürzt oder verlängert werden soll (vgl. RG. v. 14. 11. 03 in JW. 04, S. 44, Nr. 15). Ein solcher Beschluß hat natürlich wirtschaftlichen Einfluß auf alle Rechte der Gesellschafter. Auch wirkt er auf die einzelnen Geschäftsanteile verschieden. Anteile mit Leistungspflichten werden dadurch schlimmer getroffen, als Anteile ohne Leistungspflichten, weil die Leistungspflichten verlängert werden. Trotz alledem ist es ein alle gemeinsam treffender, das Prinzip der Gleichberechtigung nicht berührender, in Sonderrechte nicht eingreifender Beschluß und deshalb durch Mehrheitsbeschluß möglich. (A. M. für den Fall, daß neben der Kapitaleinlage noch andere Verpflichtungen bestehen OLG. Dresden in OLGR. 8, 260). Abs. 3 greift nicht Platz, wenn die Veräußerlichkeit und Vererblichkeit der Geschäftsanteile nach § 15 nachträglich beschränkt werden soll. Liebmann Anm. 4 nimmt dies zwar an, aber mit Unrecht, da eine Leistungspflicht damit weder begründet, noch erhöht wird, sondern eine Veränderung der Rechte. Neukamp Anm. 8 zu § 15, auf welchen Liebmann sich stützt, nimmt das Zustimmungserfordernis aus einem anderen Grunde an, weil er nämlich die einmal bestehende Veräußerlichkeit als ein Sonderrecht ansieht. Dem ist zuzustimmen (vgl. Anm. 2 zu § 15). Anm. 22.

c) Wenn der Fall des Abs. 3 vorliegt, dann ist ein Beschluß nur mit Zustimmung der sämtlichen beteiligten Gesellschafter gültig. Anm. 23.

§ 53. *a)* Sämtliche beteiligte Gesellschafter müssen zustimmen. Nicht notwendig ist immer Einstimmigkeit erforderlich, wie gewöhnlich fälschlich formuliert wird. Denn nicht immer sind alle Gesellschafter beteiligt, d. h. durch den Beschluß belastet. Diejenigen, welche von dem Beschlusse Vorteil haben, brauchen überhaupt nicht zuzustimmen. Ihnen gegenüber wirkt der Beschluß als Mehrheitsbeschluß. Und diejenigen, welche weder Vorteil noch Nachteil von dem Beschluß haben, brauchen ebenfalls nicht zuzustimmen. Nur diejenigen, welche durch den Beschluß belastet werden, deren Leistungspflicht erhöht oder begründet werden soll, müssen zustimmen. Wenn z. B. die Gesellschaft zwei Arten von Gesellschaftern hat, Zuckerrüben liefernde und nicht Zuckerrüben liefernde, so sind nur die ersteren belastet, wenn es sich um Erhöhung der Leistungen handelt. Der Beschluß muß in diesem Falle von einer Versammlung gefaßt werden, welche als Versammlung aller Gesellschafter einberufen ist. Dem gefaßten Mehrheitsbeschlusse der erschienenen Gesellschafter müssen alle diejenigen Gesellschafter zustimmen, deren Leistungspflichten erhöht werden.

Anm. 24. *β)* Zustimmen müssen sie. Sie müssen nicht etwa in der Versammlung mitstimmen. Sie können auch formlos zustimmen, vor oder nach der Gesellschafterversammlung (§ 182 BGB.). Aber der Registerrichter wird zweifellos eine öffentlich beglaubigte Zustimmungserklärung verlangen können. Andererseits muß die Zustimmung schon darin gefunden werden, daß der Gesellschafter in der Gesellschafterversammlung für den Beschluß gestimmt hat (RG. v. 22. 9. 93 in JW. 489). Sind alle Gesellschafter beteiligt, so brauchen an dieser nicht alle an der Abstimmung teil zu nehmen. Es genügt Beschlußfassung durch die Erschienenen. Die Zustimmung der Nichtanwesenden kann nachgeholt werden.

Anm. 25. *γ)* Stimmt ein Gesellschafter nicht zu, so gilt diesem gegenüber der Mehrheitsbeschluß nicht, soweit dadurch seine Pflichten verändert werden. Er ist diesem gegenüber nicht etwa bloß anfechtbar, sondern einfach unwirksam (vgl. RG. 48, 107). Aber die übrigen müssen ihn gegen sich anerkennen. Wenn sein Inhalt so beschaffen ist, daß er auch ohne den dissentierenden Gesellschafter durchgeführt werden kann ohne die Rechte der nicht konsentierenden Gesellschafter zu beeinträchtigen, so gilt der Beschluß unter den zustimmenden. Eine Wirkung für die zustimmenden Gesellschafter tritt aber nicht nur dann nicht ein, wenn nach dem Inhalt des Beschlusses diese rechtlich nur für alle Beteiligten bestehen kann, sondern auch dann, wenn er von seiten der Beitretenden nur für den Fall der Beteiligung Aller gewollt ist. Bei Einführung einer Nachschußpflicht wird das letztere anzunehmen sein, wenn auch rechtlich der Übernahme derselben durch einzelne Gesellschafter nichts im Wege steht (Anm. 11 zu § 26). Dagegen wird man eine Erhöhung wiederkehrender besonderer Leistungen oder die Übernahme der Konkurrenzklausel auch für die einzelnen zustimmenden Gesellschafter für wirksam halten dürfen, falls nicht der gegenteilige Wille aus der Erklärung der Zustimmung erhellt.

Anm. 26. **Zusatz 1. Es ist schon hier darauf aufmerksam zu machen, daß jeder Satzungsänderungsbeschluß außer der gerichtlichen oder notariellen Beurkundung zu seiner Gültigkeit auch noch der Eintragung in das Handelsregister bedarf** (§ 54 Abs. 3). Näheres zu § 54.

Anm. 27. **Zusatz 2. Auch die Frage, welche Rechtsfolgen es hat, wenn der Satzungsänderungsbeschluß der gesetzlichen Form entbehrt und gleichwohl eingetragen worden ist,** soll in Anm. 11 zu § 54 erörtert werden.

Anm. 28. **Zusatz 3. Von selbst versteht es sich, daß ein Satzungsänderungsbeschluß nur in derjenigen Weise aufgehoben** werden kann, wie er zu fassen war, d. h. durch gerichtlich oder notariell beurkundeten Beschluß, mit einer Mehrheit, welche $^3/_4$ der abgegebenen Stimmen erreicht. War der Beschluß bereits in das Handelsregister eingetragen, so liegt in dem aufhebenden Beschlusse nichts weiter als eine neue Satzungsänderung. Aber das Gleiche gilt, wenn der Beschluß noch nicht eingetragen ist. Sonst könnte die beschlossene Änderung durch eine dem Willen des Gesetzes nicht entsprechende Minderheit hintertrieben werden. Nur wenn dies geschehen ist, ist der Geschäftsführer berechtigt, die Anmeldung des Beschlusses zum Handelsregister zu unterlassen. Bedurfte aber der Abänderungsbeschluß der Einstimmigkeit, so ist dies nicht für seine Beseitigung zu verlangen. § 53.

Soll der Statutenänderungsbeschluß, der die Leistungspflichten der Gesellschafter verringert, vor der Eintragung wieder aufgehoben werden, so bedarf es zu dieser Aufhebung nicht der Zustimmung der beteiligten Gesellschafter. Es handelt sich in Wahrheit nicht um eine Vermehrung der Leistungspflichten im Sinne unseres Abs. 3. Ihre Leistungspflicht war ja noch nicht verringert, da der Beschluß mangels Eintragung der Gültigkeit entbehrte. Sie wird also durch den aufhebenden Beschluß in Wahrheit auch nicht erhöht. Anm. 29.

Zusatz 4. Hat der formlos erfolgte Beschluß der Gesellschafter keinerlei Wirkung? Jedenfalls ist er dann wirkungslos, wenn die Gesellschafter nur Wirkungen für die Gesellschaft wollen. So ist dies bei Beschlüssen über die Form der Berufung der Versammlung, über Protokollierung der Beschlüsse u. s. w. stets der Fall. Anders, wenn sie den Beschluß in der Weise fassen, daß er nach ihren Intentionen als eine persönlich wirkende Vereinbarung aufrecht erhalten werden kann. So z. B., nachdem die statutarischen 50 Proz. Nachschüsse einbezahlt sind, der Beschluß, daß jeder Gesellschafter weitere 25 Proz. Nachschüsse leistet. Auch wenn dieser formlos gefaßt ist, kann hierin die gegenseitige, unter Umständen auch zu Gunsten der Gesellschaft gegebene Zusage gesehen werden, diese Beträge an die Gesellschaft zahlen (vgl. Anm. 42 zu § 3 und über die Wirkung der Eintragung formloser und formwidriger Beschlüsse Anm. 11 zu § 54). Anm. 30.

§ 54.

Die Abänderung des Gesellschaftsvertrages ist zur Eintragung in das Handelsregister anzumelden.

Bei der Eintragung genügt, sofern nicht die Abänderung die im § 10 Absatz 1 und 2 bezeichneten Angaben betrifft, die Bezugnahme auf die bei dem Gerichte eingereichten Urkunden über die Abänderung. Die öffentliche Bekanntmachung findet in Betreff aller Bestimmungen statt, auf welche sich die im § 10 Absatz 3 und im § 12 vorgeschriebenen Veröffentlichungen beziehen.

Die Abänderung hat keine rechtliche Wirkung, bevor sie in das Handelsregister des Sitzes der Gesellschaft eingetragen ist.

Der vorliegende Paragraph ordnet die Anmeldung der Statutenänderungsbeschlüsse (Abs. 1), **deren Eintragung und Publikation** (Abs. 2) **und die Wirkung der Eintragung** (Abs. 3) **an.** Anm. 1.

1. (Abs. 1.) **Die Anmeldung der Statutenänderung.** Sie erfolgt durch die Geschäftsführer (§ 78). Nicht notwendig ist, daß sie durch sämtliche geschieht. Es müssen so viele sein, als zur Vertretung der Gesellschaft legitimiert sind. Nur für die Kapitalserhöhung und für die Kapitalsherabsetzung ist in § 78 Abweichendes vorgeschrieben. Stellvertretung in der Anmeldung ist unbeschränkt zulässig (§ 12 Abs. 2 HGB.). Gemeint ist jede Statutenänderung, auch die von Fassungsänderungen. Die Anmeldung muß in beglaubigter Form erfolgen (vgl. zu § 78). Die Anmeldung erfolgt zum Hauptregister und zu den Zweigregistern (§ 12). Ein Zwang zur Eintragung in das Hauptregister durch das Registergericht findet aber nicht statt (§ 79). Die Geschäftsführer sind der Gesellschaft gegenüber kraft ihrer Stellung zur Anmeldung zum Hauptregister verpflichtet. Unterlassene Anmeldung ist Pflichtverletzung und zeitigt deren Konsequenzen (Klage gemäß §§ 44 u. 46 Nr. 8, unter Umständen auch Abberufung und Entlassung). Dagegen findet ein Zwang zur Eintragung in das Zweigregister statt, nachdem einmal die Eintragung in das Hauptregister erfolgt ist (§ 14 HGB.). Eine Eintragung ohne Anmeldung ist unstatthaft. So in dem Falle, daß die notarielle Urkunde vom Notar ohne Auftrag der Geschäftsführer dem Registerrichter übersendet und von diesem eingetragen wird. Nachträgliche Anmeldung heilt. Auch hier aber kann eine Löschung durch den Register-

§ 54. richter nicht gegen den Willen der Gesellschaft und der Geschäftsführer erfolgen (vgl. Anm. 9 u. 10 zu § 7).

Anm. 2. Über den Umfang des Prüfungsrechts des Registerrichters gegenüber der Anmeldung einer Satzungsänderung siehe unten Anm. 13ff.

2. (Abs. 2.) **Die Eintragung und die Publikation.** Die Eintragung erfolgt in das Hauptregister und in das Zweigregister. Nur sind die Wirkungen verschieden. Nur die erstere ist zur Gültigkeit erforderlich. Das hebt Abs. 3 hervor. Das Gesetz unterscheidet zwei Arten von Eintragungen, eine inhaltliche und eine formelle. Die erstere kann in allen Fällen erfolgen. Sie muß es nur dann, wenn die Abänderung die in § 10 Abs. 1 u. 2 bezeichneten Angaben betrifft. In diesem Falle ist der abgeänderte Inhalt in dem Handelsregister selbst zu vermerken. In allen anderen Fällen genügt die Bemerkung, daß in dem vorher bezeichneten Beschlusse der Gesellschafterversammlung eine Abänderung des Gesellschaftsvertrags erfolgte. Die erste Gruppe umfaßt die Punkte, die von allgemeinem Interesse sind, Firma, Sitz, Gegenstand des Unternehmens, Höhe des Stammkapitals, Bestimmungen über die Zeitdauer der Gesellschaft und Vertretungsbefugnis der Geschäftsführer und Liquidatoren. Diese Festsetzungen berühren nicht nur die Gesellschafter, sondern auch Dritte, die mit der Gesellschaft in Beziehungen treten. Alle anderen Punkte sind ohne Bedeutung für Dritte. Sie regeln wesentlich die internen Verhältnisse. So z. B. Bestimmungen über Zulassung der Amortisation und Einführung von Nachschüssen. Ist bei einem Falle der ersten Art nur auf die eingereichte Urkunde Bezug genommen, so ist die Eintragung unwirksam. Wird sie später verbessert, so tritt die Wirkung erst von diesem Moment ein. Dagegen ist nicht (wie Cohn, Das Handels- und Genossenschaftsregister 2. Aufl. S. 235 meint), eine Eintragung des Beschlusses seinem ganzen Inhalte nach erforderlich. Verlangt ist nur, daß die Eintragung den Inhalt der betreffenden Änderung deutlich bezeichnet. So genügt bei der Sitzverlegung: „der Sitz der Gesellschaft ist nicht mehr Berlin, sondern Breslau". So bei der Firmenänderung: „die Firma ist geändert in Berliner Bank". Zu den im § 10 Abs. 1 bezeichneten Punkten gehört auch der Tag der Feststellung des Gesellschaftsvertrages. Daher muß auch der Tag der Änderung des Gesellschaftsvertrages eingetragen werden [1]). — Die Eintragung kann auch erfolgen, wenn die Abänderung erst von einem künftigen Zeitpunkt wirken soll (KGJ. 19, 1).

Anm. 3. **Die Publikation** der eingetragenen Statutenänderung umfaßt alle Bestimmungen, auf welche sich die in § 10 Abs. 3 und in § 12 vorgeschriebene Veröffentlichung bezieht. Also:

a) Nach § 10 Abs. 3 ist zunächst zu veröffentlichen der Inhalt der Eintragung des Gesellschaftsvertrages. Es ist also nach Abs. 2 des § 54 zu veröffentlichen jede Statutenänderung, welche sich auf diejenigen Punkte bezieht, die bei der Eintragung des Gesellschaftsvertrages den Inhalt der Eintragung bilden, mithin eine Statutenänderung, welche sich auf die Firma, den Sitz, den Gegenstand des Unternehmens, die Höhe des Stammkapitals (Kapitalserhöhung und Kapitalsherabsetzung) bezieht. Ferner ist, da der Tag des Beschlusses des Gesellschaftsvertrages einzutragen war, auch der Tag der Änderung des Gesellschaftsvertrages jedesmal zu veröffentlichen, worauf auch immer die Änderung sich bezieht. Denn der Tag des Abschlusses des Gesellschaftsvertrages ändert sich, wenn der Gesellschaftsvertrag geändert wird. Der Gesellschaftsvertrag in seiner nunmehrigen Gestalt ist dann nicht mehr festgestellt an demjenigen Tage, an welchem der ursprüngliche Gesellschaftsvertrag festgestellt wurde, sondern an diesem Tage und dem Tage des Statutenänderungsbeschlusses. Deshalb ist stets, einerlei welches der Inhalt ist, zu publizieren. „Der Gesellschaftsvertrag ist durch den Beschluß der Gesellschafterversammlung vom .... abgeändert worden."

Anm. 4. b) Nach § 10 Abs. 3 sind ferner zu veröffentlichen die nach § 5 Abs. 4 getroffenen Festsetzungen (Einlagen und Übernahmen). Änderungen in dem Sinne, daß nach der einmal

1) Zu den in § 10 Abs. 1 bezeichneten Punkten gehören auch die Personen der Geschäftsführer. Diese aber müssen stets, wenn sie sich ändern, eingetragen werden (§ 39).

erfolgten Eintragung die Sacheinlage wieder beseitigt würde, können ja nicht vorkommen (Anm. 61 zu § 5). Gemeint ist, daß, wenn später derartige Transaktionen gemacht werden, auch diese zu veröffentlichen sind. § 54.

c) Nach § 10 Abs. 3 sind ferner zu veröffentlichen etwaige Bestimmungen des Gesellschaftsvertrages über die Form, in welcher öffentliche Bekanntmachungen der Gesellschaft erlassen werden. Werden also durch eine Statutenänderung derartige Formen geändert oder neu eingeführt, so ist auch dies zu veröffentlichen. Anm. 5.

d) Nach § 12 haben die Veröffentlichungen regelmäßig auch vom Zweigregistergericht zu erfolgen, jedoch mit einigen Modifikationen, die im § 12 behandelt und zu § 12 erläutert sind. Anm. 6.

3. (Abs. 3.) **Von der Eintragung im Handelsregister am Sitze der Gesellschaft hängt die Gültigkeit des Statutenänderungsbeschlusses ab.** Vor derselben hat er keine rechtlichen Wirkungen, und zwar nach außen und nach innen (RG. 24, 58). Die Gesellschaft lebt bis zur Eintragung nach der bisherigen Gesellschaftsregel, von der Eintragung ab nach der geänderten. Beschlüsse, deren Inhalt, gegen zwingende Vorschriften des Gesetzes verstößt, werden durch die Eintragung nicht gültig. Sie können vom Registerrichter wieder gelöscht werden. Anders bei Verstößen gegen dispositive Vorschriften (vgl. unten Anm. 17 bis 19; Anm. 10ff. zu § 45; Anm. 12ff. zu § 57 und Anm. 45 zu § 58). Über die Heilung der Mängel der Form vgl. unten Anm. 11. Anm. 7.

Die Gesellschafter können nun allerdings zugleich mit der Statutenänderung ausführende Beschlüsse fassen, welche die Eintragung der Änderung des Gesellschaftsvertrages zur Voraussetzung haben und mit dieser Eintragung Gültigkeit erlangen, wie z. B. die Wahl zweier Geschäftsführer, während nach dem bisherigen Statut die Gesellschaft nur durch einen Geschäftsführer vertreten wird. Das RG. 24, 58 ließ die Gültigkeit dieses Verfahrens dahingestellt. In der Registerpraxis der Aktiengesellschaften ist die Zulässigkeit angenommen worden. So bei Ausgabe von Prioritätsaktien, die durch dieselbe Generalversammlung für zulässig erklärt und für den Fall der Eintragung dieses Beschlusses geschaffen werden. So kann auch die Einziehung von Geschäftsanteilen mittelst Ankaufs für zulässig erklärt (§ 34) und gleichzeitig für den Fall der Eintragung dieses Beschlusses bestimmt werden, welche Geschäftsanteile auf diese Weise erworben werden sollen. Die Zulässigkeit derartiger bedingter Beschlüsse ist anzunehmen, wie es auch zulässig ist, daß die anderen Organe der Gesellschaft analog bedingte Beschlüsse fassen oder daß auch sonst Akte getätigt werden, welche die Änderung des Gesellschaftsvertrages zur Gültigkeit voraussetzen. Nach dem ursprünglichen Gesellschaftsvertrage ist z. B. die Teilung von Geschäftsanteilen nicht gestattet. Gleichwohl ist die Abtretung eines Teiles unter der Voraussetzung der Eintragung eines bezüglichen Statutenänderungsbeschlusses zulässig. Aber immer ist daran festzuhalten, daß die ausführenden Beschlüsse erst mit der Gültigkeit des Hauptbeschlusses gültig werden. Es existiert also insbesondere ein in dieser Weise eventuell geschaffenes Gesellschaftsorgan bis zur Eintragung des Statutenänderungsbeschlusses nicht. Faßt es dennoch Beschlüsse, so sind sie ungültig. Sie können auch nicht konvaleszieren durch Eintragung des Statutenänderungsbeschlusses (RG. 24, 58). Ein anderes Beispiel wäre, wenn die Generalversammlung in Abänderung der Statuten beschlösse, daß fortab nicht mehr zwei, sondern nur ein Geschäftsführer die Gesellschaft vertreten soll, und in Verbindung hiermit den fortab allein vertretungsberechtigten Geschäftsführer ernennen würde. Dessen alleinige Vertretungsbefugnis beginnt in solchem Falle erst mit der Eintragung des Hauptbeschlusses. Rechtsakte, die er in der Zwischenzeit allein vornimmt, sind für die Gesellschaft nicht verbindlich. Sie müssen, um verbindlich zu sein, von neuem vorgenommen werden, nachdem die Statutenänderung eingetragen ist. Anm. 8.

Zusatz 1. Ist der Gegenstand des Unternehmens konzessionspflichtig, und die Eintragung der Gesellschaft von der Beibringung der Konzessionsurkunde abhängig, so ist auch die Eintragung der Abänderung des Gegenstandes des Unternehmens von der Beibringung der Genehmigung abhängig (KGJ. 11, 28). Es ist aber nicht etwa jede Statutenänderung in solchen Fällen von der Anm. 9.

§ 54. Behörde zu genehmigen, sondern nur eine Änderung derjenigen Punkte, auf Grund deren die Konzession erteilt worden ist. Wenn freilich nicht zu erkennen ist, auf Grund welcher Punkte die Konzession erteilt worden ist, wenn der ursprüngliche Gesellschaftsvertrag der Behörde in Bausch und Bogen eingereicht und von ihr genehmigt wurde, ohne daß die Genehmigungsfrage sich auf bestimmte Punkte richtete, so ist auch jede Änderung genehmigungspflichtig.

Anm. 10. **Zusatz 2. Die Eintragung des Statutenänderungsbeschlusses hat noch eine andere Bedeutung.** Sie bewirkt zunächst allerdings die Rechtsgültigkeit des Beschlusses, und zwar ohne hinzukommende Publikation. Die Eintragung mit hinzukommender Publikation bewirkt aber auch, daß jeder Dritte den Inhalt des Beschlusses so gegen sich gelten lassen muß, als sei er ihm bekannt (§ 15 Abs. 2 HGB.). Den nicht eingetragenen Statutenänderungsbeschluß aber braucht der Dritte nicht gegen sich gelten zu lassen, auch wenn er ihm bekannt ist, denn er ist ja nicht gültig. Der § 15 Abs. 1 HGB. setzt eine zwar einzutragende, aber auch ohne Eintragung materiell gültige Tatsache voraus.

Anm. 11. **Zusatz 3. Wie aber nun, wenn die Eintragung erfolgt ist, der Statutenänderungsbeschluß aber formell ungültig war?** Man wird hier den Grundsatz analog anwenden müssen, der für die Gründung aufgestellt wurde (Anm. 50 zu § 2). Wie bei der Gründung heilt auch hier die Eintragung den Mangel der Form. Das RG. müßte auch hier zu der gegenteiligen Ansicht gelangen, da, wenn die Eintragung die Mängel der Form des Gründungsaktes nicht heilte, dies auch für Abänderungen gelten müßte. Dieselben Gründe wie bei der Errichtung des Gesellschaftsvertrages sind auch hier gegen die Ansicht des RG. durchgreifend. Bei Beschlüssen spricht dafür auch noch der § 144 FG., nach welchem der Registerrichter von Amtswegen Beschlüsse löschen kann, welche durch ihren I n h a l t, nicht also auch solche, welche durch ihren Formmangel gegen zwingende Vorschriften verstoßen. Bei Beschlüssen muß nur, da es sich auch um Majoritätsbeschlüsse handeln kann, das Erfordernis hinzukommen, daß die Eintragung mit dem Willen aller Beteiligten erfolgt oder wenigstens nachträglich von allen Beteiligten genehmigt worden ist (vgl. RG. 26, 68). Denn die Form soll doch den Willen aller Beteiligten beurkunden. Wo ein Majoritätsbeschluß vorliegt, da soll durch die Form der Beschlußfassung der Wille der Minorität gewissermaßen ersetzt oder mindestens ein Gegengewicht gebildet werden. Fehlen also die Formalitäten der Beschlußfassung, so muß wenigstens die tatsächliche Zustimmung der Minorität nachgewiesen werden. Es muß die Eintragung dem tatsächlichen Willen aller Beteiligten entsprechen, mag dies vor der Eintragung oder nach der Eintragung zum Ausdruck gekommen sein (vgl. KG. v. 9. 7. 1900 in RJA. 1, 116).

Anm. 12. W e n n a b e r d e r B e s c h l u ß g e g e n v e r z i c h t b a r e V o r s c h r i f t e n v e r s t ö ß t, so hat, wie unten dargetan werden soll, der Registerrichter nicht darauf zu achten. Gegen Beschlüsse solcher Art steht jedem Gesellschafter ein Anfechtungsrecht zu (vgl. Anm. 11 ff. zu § 45). Jedem Gesellschafter bleibt es überlassen, die Eintragung durch einstweilige Verfügung zu hindern. Der Registerrichter darf unter besonderen Umständen (vgl. unten Anm. 15) die Eintragung auch ohne einstweilige Verfügung aussetzen. Muß aber, wenn dies nicht geschehen und die Eintragung erfolgt ist, die Eintragung rückgängig gemacht werden, falls ein Gesellschafter mit seiner Anfechtungsklage obsiegt? Die erste Auflage (Anm. 12 S. 322) verneinte es. Sei die Eintragung einmal erfolgt, so sei der Gesellschaftsvertrag in der neuen Fassung die Grundlage der Gesellschaft geworden. Was solchergestalt als Gesellschaftsregel eingetragen wurde, habe vielleicht neueintretenden Gesellschaftern oder Dritten, die mit der Gesellschaft kontrahiert haben, als Beweggrund gegolten. Diese Ansicht stützt sich auf die in der ersten Auflage zu Grunde liegende Auffassung von der Anfechtung der Beschlüsse und den Folgen der Anfechtungsklage, die aufgegeben werden mußte (vgl. Anm. 11 zu § 45). Allerdings hätte man einem Urteil, das nicht einmal präjudiziell für alle Gesellschafter wirkte, nicht so weittragende Bedeutung beilegen können, daß man daraufhin die Gesellschaftsregel, obwohl die anderen Gesellschafter sie gelten lassen wollen, wieder beseitigt. Wenn aber die Anfechtungsklage den Beschluß wieder beseitigt, so muß er auch aus dem Handelsregister wieder verschwinden (vgl. auch Liebmann bei Holdheim 13, 8 und die zutreffende

Bemerkung, daß unser Gesetz keine relativen Unwirksamkeiten kenne). Verstößt der Beschluß gegen zwingende Vorschrift, so ist er nichtig und nicht eintragungsfähig (vgl. unten Anm. 17 und Anm. 35 zu § 45). § 54.

Zusatz 4. Eine besonders wichtige Frage ist die Stellung des Registerrichters zu den Statutenänderungsbeschlüssen. Anm. 13.

1. **Welches ist der Umfang seines Prüfungsrechts bei der Anmeldung?** Es ist nicht anzunehmen, daß der Registerrichter alle gesetzlichen und statutarischen Voraussetzungen der Gültigkeit zu prüfen hat. Es gilt hier, was das KG. (KGJ. 12, 37) für das Recht der Genossenschaft ausgesprochen hat: „Es ist zuzugeben, daß die Nichtbeachtung der diesbezüglichen, das Gesetz in zulässiger Weise ergänzenden Bestimmungen des Statuts die Gültigkeit der trotzdem gefaßten Beschlüsse in Frage stellt. Allein dem Registergerichte ist in dem Gesetze nicht die Befugnis zugebilligt, Beschlüsse der Generalversammlung, auch wenn sie zur Eintragung angemeldet werden, wegen Gesetz- oder Statutenwidrigkeit schlechthin von Amtswegen zu beanstanden. Vielmehr sind es grundsätzlich die Gesellschafter selbst, welche über die Innehaltung von Gesetz und Statut zu wachen haben. Zu diesem Behufe ist ihnen ein Anfechtungsrecht gegeben.“ Freilich legt das KG. in dieser Entscheidung auch noch darauf Wert, daß nach dem Genossenschaftsgesetz der Beschluß, wenn er in bestimmter Frist nicht angefochten wird, zu voller Rechtswirksamkeit erwächst, und daß der Registerrichter in diese Anfechtungsbefugnis in unzulässiger Weise eingreifen würde. Allein wenn auch die Anfechtungsmöglichkeit nach unserem Gesetze nicht befristet ist, so ist doch auch hier das Recht der Anfechtung ein Dispositionsrecht der Gesellschafter. Ihnen bleibt es überlassen, die Beschlüsse wegen solcher Gesetzwidrigkeiten, auf deren Folgen sie verzichten können, und wegen Statutenwidrigkeiten anzufechten. Und ihnen bleibt es auch überlassen, den Beschluß unangefochten zu lassen und seiner Ausführung trotz Gesetz- oder Statutenwidrigkeit Hindernisse nicht in den Weg zu legen. Es ist ihr Recht, hier einzugreifen und es ist lediglich *ihr* Recht. Es kommt hierzu die Erwägung, daß der Registerrichter, wenn er das Recht und die Pflicht hätte, alle Voraussetzungen der Gültigkeit zu prüfen, oft vor eine unmögliche Aufgabe gestellt würde. Wenn z. B. die Einberufung nach dem Gesetze durch eingeschriebenen Brief erfolgt, kann er nicht prüfen, ob die Briefe, deren Absendung durch Postscheine ausgewiesen wird, den betreffenden Inhalt gehabt haben. Noch weniger ist ihm eine solche Prüfung möglich, wenn, was nach den Statuten zulässig ist, die Einladung durch einfachen Brief oder gar mündlich erfolgt.

Hiernach beschränkt sich die Aufgabe des Registerrichters darauf, zu prüfen, ob der Beschluß gegen solche Vorschriften verstößt, hinsichtlich deren auf die Rechtsfolgen der Verletzung nicht verzichtet werden kann (oben Anm. 12). Im übrigen muß es ihm genügen, daß die Beurkundung des Beschlusses gehörig erfolgt ist, und daß ihr Inhalt ihm die Überzeugung beibringt, daß es sich wirklich um einen Beschluß der Gesellschafter der betreffenden Gesellschaft handelt (vgl. Anm. 11 zu § 53). Diese Prüfung wird dann strenger sein müssen, wenn in der Versammlung ein einziger Gesellschafter auftritt mit der Erklärung, er besitze alle Geschäftsanteile, oder er sei geladen und beschließe. Anm. 14.

Wie nun, wenn ein Anfechtungsprozeß schwebt oder angekündigt ist? In diesem Falle darf er die Eintragung so lange aussetzen, bis die erfolgte Anfechtung durchgeführt ist (§ 127 FG.). Doch muß die Aussetzung durch die Umstände des Falles gerechtfertigt sein. Die Tatsache allein, daß eine Anfechtung des Beschlusses erfolgt ist, rechtfertigt die Aussetzung nicht. Vielmehr bedarf es der Prüfung, ob die Anfechtung in rechtlicher und tatsächlicher Hinsicht dergestalt begründet erscheint, daß mit der demnächstigen Nichtigkeitserklärung des Beschlusses gerechnet werden muß. Auch wenn sich aber hiernach berechtigte Zweifel an der Gültigkeit des Beschlusses ergeben, ist ferner zu erwägen, ob die Eintragung des Beschlusses von so schwerwiegenden Folgen sein würde, daß die Aussetzung zur Vermeidung der Verletzung schwerwiegender wesentlicher Interessen geboten erscheint (KGJ. 21 A, 243). Anm. 15.

§ 54. Anm. 16. Von der Aussetzungsbefugnis kann übrigens überhaupt nur in Fällen Gebrauch gemacht werden, in denen nicht eine sofortige Entscheidung durch die Verhältnisse nötig wird. Einer solchen alsbaldigen Erledigung bedarf es z. B. dann, wenn es sich um den Ersatz des einzigen Geschäftsführers einer GmbH. durch eine andere Person handelt, um die Frage, ob der alte Geschäftsführer zu löschen und der neue einzutragen sei. Dazu muß der Registerrichter Stellung nehmen (KGJ. 21 A, 244). — Durch einstweilige Verfügung kann gemäß § 16 Abs. 2 HGB. die Eintragung eines angefochtenen Beschlusses verhindert werden (Denkschrift zum HGB. 152).

Anm. 17. 2. **Trägt der Registerrichter einen ungültigen Beschluß ein,** so ist und bleibt, wenn nicht zwingende Vorschriften verletzt sind, der Beschluß gültig (KGJ. 14, 23). Dabei ist zu beachten, daß es zwingende Vorschriften gibt, die so beschaffen sind, daß die Parteien sie zwar nicht anders regeln können, es aber in der Hand haben, auf die Folgen der Verletzung zu verzichten (vgl. die ähnlichen Erwägungen in RG. 51, 98). Es ist also der Beschluß gültig, wenn er einen solchen zuverlässigen Verzicht auf die Folgen einer Verletzung enthält. Wenn aber verzichtbare Vorschriften verletzt sind, so ist der Beschluß natürlich gültig (vgl. oben Anm. 12). Ebenso wenn formwidrige Beschlüsse mit dem Willen der Beteiligten eingetragen werden (vgl. oben Anm. 11).

Anm. 18. Ein Beschwerderecht gegen die erfolgte Eintragung steht weder den Gesellschaftern noch den Geschäftsführern zu, wenn es sich um solche Vorschriften handelt, hinsichtlich deren auf die Folgen der Verletzung verzichtet werden kann. Wie der Registerrichter das Recht und die Pflicht zu prüfen nicht hat, so hat er auch nicht das Recht und die Pflicht, Streitigkeiten unter den Interessenten zum Austrag zu bringen. Darum gibt es auch kein Beschwerderecht hierüber. Anders wenn zwingende Vorschriften in dem oben Anm. 17 angegebenen Sinne verletzt sind. Hier hat jeder, dessen Rechte durch die Eintragung beeinträchtigt sind, das Beschwerderecht gemäß § 20 des FGG.

Anm. 19. Außerdem kann der Beschluß von Amts wegen gelöscht werden, wenn durch seinen Inhalt zwingende Vorschriften des Gesetzes verletzt sind und seine Beseitigung im öffentlichen Interesse erforderlich erscheint. Durch den Inhalt des Beschlusses müssen zwingende Vorschriften verletzt sein. Verletzungen von zwingenden Formvorschriften genügen also nicht (über eingetragene Beschlüsse, welche die Form verletzen, s. oben Anm. 11). Daß die Beseitigung im öffentlichen Interesse erforderlich erscheint, ist ein selbständiges Erfordernis und soll dazu dienen, die Registergerichte zu einem möglichst mäßigen, nur in den dringendsten Fällen erfolgenden Gebrauch dieser Maßregel zu veranlassen. Oft wird es gerade umgekehrt im öffentlichen Interesse liegen, die Eintragung nicht zu beseitigen, sondern ein quieta non movere zu beobachten, um nicht heillose Verwirrungen und Schäden zu verursachen. Die Löschung kann vom Amtsgericht oder vom Landgericht verfügt werden (§§ 144, 143 FG.). Das Gericht hat den Beteiligten von der beabsichtigten Löschung Nachricht zu geben und ihnen eine Frist von mindestens 3 Monaten zur Geltendmachung eines Widerspruches zu bestimmen. Innerhalb dieser Frist kann die Gesellschaft den Beschluß selbst aufheben oder so abändern, daß nunmehr seine Beseitigung im öffentlichen Interesse nicht mehr erforderlich erscheint. Über den Widerspruch entscheidet das Gericht. Gegen die Entscheidung findet sofortige Beschwerde statt. Die Löschung darf erst nach Rechtskraft der Entscheidung erfolgen oder wenn kein Widerspruch erhoben ist. Das Vorgehen des Gerichtes ist an eine zeitliche Schranke nicht gebunden. Das Damoklesschwert dieser Löschung schwebt daher über allen eingetragenen Beschlüssen einer GmbH. Wird der Beschluß nachträglich ordnungsgemäß gefaßt und die Ungültigkeit behoben, so bedarf es einer Löschung und nochmaligen Eintragung nicht. Es wäre dies zweckloser Formalismus (KG. v. 28. 11. 04 in CBlFG. 6, 86; Anm. 21 zu § 2 u. Anm. 10 zu § 45). Vorausgesetzt, daß ein Beschluß des eingetragenen Inhalts überhaupt möglich ist. Anderenfalls ist der nichtige Beschluß zu löschen und der richtig gefaßte einzutragen. Auch im ersteren Falle hat der Beschluß nicht von dem Tage der Eintragung, sondern erst dem der Einreichung der gesetzmäßigen Fassung Gültigkeit. Es ist Auslegungsfrage, ob die Gesellschaft und die Gesellschafter verpflichtet sind, einander zu gewähren, was sie haben würden, wenn der Beschluß von Anfang an gültig wäre. Eine Vermutung wie beim Vertrag (§ 141 Abs. 2 HGB.) wird sich hier nicht aufstellen lassen. Ist der Beschluß selbst aber inhaltlich gültig, so kann eine Löschung nicht erfolgen. Der § 144 FG. beschränkt die Möglichkeit der Löschung auf die Fälle der Verletzung zwingender Vorschriften durch seinen Inhalt (vgl. Anm. 21 zu § 2). Beschlüsse, die nicht angemeldet waren, sondern ohne Anmeldung und ohne den Willen der Gesellschafter eingetragen waren (vgl. Anm. 9 zu § 7 und oben Anm. 1) sind zu löschen, falls nicht innerhalb der zu setzenden Frist die Geschäftsführer erklären, daß der Beschluß als angemeldet gelten solle und die Anmeldung damit wiederholt wird. Eine Löschung aber wegen Mängel in der Anmeldung, etwa weil nicht von allen Geschäftsführern, wo dies verlangt ist, erfolgt (§ 78 vgl. Anm. 1 hierzu) oder weil die Anmeldungserklärung nicht beglaubigt war, ist unstatthaft. Über die erfolgte Eintragung von Beschlüssen über Erhöhung und Herabsetzung des Stammkapitals trotz Mängel derselben oder der Anmeldung vgl. Anm. 10 zu § 7 und Anm. 45 zu § 48. § 54.

§ 55.

Wird eine Erhöhung des Stammkapitals beschlossen, so bedarf es zur Übernahme jeder auf das erhöhte Kapital zu leistenden Stammeinlage einer gerichtlich oder notariell aufgenommenen oder beglaubigten Erklärung des Übernehmers.

Zur Übernahme einer Stammeinlage können von der Gesellschaft die bisherigen Gesellschafter oder andere Personen, welche durch die Übernahme ihren Beitritt zu der Gesellschaft erklären, zugelassen werden. Im letzteren Falle sind außer dem Betrage der Stammeinlage auch sonstige Leistungen, zu welchen der Beitretende nach dem Gesellschaftsvertrage verpflichtet sein soll, in der im Absatz 1 bezeichneten Urkunde ersichtlich zu machen.

Wird von einem der Gesellschaft bereits angehörenden Gesellschafter eine Stammeinlage auf das erhöhte Kapital übernommen, so erwirbt derselbe einen weiteren Geschäftsanteil.

Die Bestimmungen im § 5 Absatz 1 und 3 über den Betrag der Stammeinlagen sowie die Bestimmung im § 5 Absatz 2 über die Unzulässigkeit der Übernahme mehrerer Stammeinlagen finden auch hinsichtlich der auf das erhöhte Kapital zu leistenden Stammeinlagen Anwendung.

Der vorliegende Paragraph behandelt nur die Erfordernisse der Erklärung, durch welche die Stammeinlage bei einer Kapitalserhöhung übernommen wird. Auch diese Erfordernisse sind hier nicht vollständig aufgezählt. Vielmehr enthält der § 56 für den Fall der qualifizierten Kapitalserhöhung (Sacheinlage) ein weiteres Erfordernis. Einleitung.

Dagegen enthält der vorliegende Paragraph nichts über die Erfordernisse des Kapitalserhöhungsbeschlusses selbst. Dies, sowie einige Bemerkungen über das Wesen der Kapitalserhöhung müssen vorausgeschickt werden.

I. **Wesen und Erfordernisse der Stammkapitalserhöhung.**

1. **Das Wesen der Kapitalserhöhung** besteht in der Schaffung neuer Mitgliedschaften, neuer Geschäftsanteile. Es liegt kein Verkauf von neuen Geschäftsanteilen seitens der Gesellschaft vor (vgl. RG. 32, 248 für das Aktienrecht). Vielmehr werden neue Mitgliedschaften geschaffen, indem mit denjenigen Personen, welche diese neuen Mitgliedschaften erwerben, Gesellschaftsverträge eigener Art geschlossen werden, Gesellschaftsverträge, kraft deren sie entweder der Gesellschaft als neue Mitglieder beitreten oder kraft deren sie zu ihrer bis- Anm. 1.

§ 55. herigen Mitgliedschaft eine neue, zu ihrem bisherigen Anteilsrechte ein weiteres Anteilsrecht erwerben.

Anm. 2. Eine Kapitalserhöhung durch bloße Erhöhung des Nennbetrages der Geschäftsanteile kennt das Gesetz nicht. Sie ist unzulässig. Das ergibt deutlich die ganze Struktur der Kapitalserhöhung. Die sämtlichen Vorschriften über dieselbe lassen deutlich erkennen, daß die Kapitalserhöhung gedacht ist als Übernahme neuer selbständiger Geschäftsanteile (vgl. insbesondere § 55 Abs. 3 und Motive 40). Ein Bedürfnis zu einer Erhöhung durch bloße Erhöhung der Geschäftsanteile könnte sich z. B. dann ergeben, wenn der zeitige Wert der Geschäftsanteile ihren Nennbetrag weit übersteigt und neue Geschäftsanteile ausgegeben werden sollen, z. B. zur Beschaffung neuer flüssiger Betriebsmittel. Nehmen wir z. B. an, eine Gesellschaft mit 100000 M. Stammkapital besitze ein Geschäftsvermögen von 500000 M. Dann sind die Geschäftsanteile zusammen 500000 M. wert. Wenn nun ein neuer Geschäftsanteil von 10000 M. gegen Zahlung einer baren Stammeinlage von 10000 M. ausgegeben würde, so würde dieser neue Gesellschafter dadurch einen nicht gerechtfertigten Vorteil erlangen. Er würde einen Anteil erhalten, der um ein Bedeutendes mehr wert wäre, als seine Einlage beträgt. Die Ausgleichung kann in solchen Fällen nicht durch Erhöhung der Nennziffer der bisherigen Geschäftsanteile erfolgen. Es bieten sich verschiedene Wege. Zunächst kann sie durch Ausgabe des neuen Geschäftsanteiles über pari geschehen. Diese ist ja zulässig (vgl. Anm. 28 zu § 3). Der neue Gesellschafter zahlt, da jeder bisherige Geschäftsanteil das Fünffache des Nennbetrages wert ist, auch für seinen Geschäftsanteil im Nennbetrag von 10000 M. als Gegenwert einen Betrag von 50000 M., und zwar 10000 M. als Einlage auf das Stammkapital (denn die Stammeinlage und der Stammanteil müssen ja im Nennbetrage übereinstimmen, § 14 des Gesetzes) und außerdem als Nebenleistung gemäß § 3 Abs. 2 ein Agio von 40000 M. (über die Gestalt des Kapitalserhöhungsbeschlusses und der Übernahmeerklärung in diesem Falle siehe Anm. 6 zu § 56). Oder aber es werden die bisherigen Geschäftsanteile mit Vorzugsrechten ausgestattet, namentlich bezüglich der Dividenden. Oder weiter es wird in dem Kapitalserhöhungsbeschlusse bestimmt, daß der neu aufzunehmende Gesellschafter einen Zuschlag an die bisherigen Gesellschafter pro rata ihrer Geschäftsanteile zu leisten hat. Auch in diesem Falle muß der Kapitalserhöhungsbeschluß dem § 3 Abs. 2 entsprechen und die Übernahmeerklärung dem § 55 Abs. 2 Satz 2 (vgl. Anm. 6 zu § 56). Es kann endlich auch unter den Gesellschaftern, den bisherigen und dem neuen, vereinbart werden, daß der letztere nach Zuteilung der Geschäftsanteile an sie eine bestimmte Summe zu zahlen hat. — Auch in der Weise kann die Kapitalserhöhung durch bloße Erhöhung des Nennbetrages der Geschäftsanteile nicht erfolgen, daß auf die Geschäftsanteile weitere Einlagen gemacht und um den Betrag derselben der Nennbetrag der bisherigen Geschäftsanteile erhöht wird. Dem steht gerade § 55 Abs. 3 entgegen. Es kann also eine Kapitalserhöhung nicht in der Weise erfolgen, daß z. B. auf jeden Geschäftsanteil weitere 200 M. eingezahlt werden, und der Nennbetrag jedes Geschäftsanteils um 200 M. sich erhöht. Wohl aber sind Fälle möglich, in denen die Gesellschafter ohne Erhöhung ihrer Geschäftsanteile freiwillig Zuschüsse machen. Sie erhöhen das Vermögen der Gesellschaft, aber nicht das Stammkapital und nicht die Geschäftsanteile. Mitunter wird mit solchen freiwilligen Zuzahlungen ein Genußrecht verbunden und ein Genußschein ausgestellt. Es entstehen auch hierdurch keine Mitgliedschaftsrechte (vgl. Anm. 18 zu § 14).

Anm. 3. **Jede Kapitalserhöhung enthält eine Statutenänderung.** Das kann nicht zweifelhaft sein. Die Höhe des Stammkapitals ist ja ein wesentlicher Bestandteil des Gesellschaftsvertrages (§ 3 Ziffer 3). Aber als Eigentümlichkeit dieses Statutenänderungsbeschlusses ist hervorzuheben, daß er bedingt ist. Die Statuten werden dadurch allein, daß die Generalversammlung die Kapitalserhöhung beschließt, nicht geändert. Die Generalversammlung kann naturgemäß nur beschließen, daß die Stammkapitalsziffer, wenn möglich, erhöht, also verändert werden soll. Ob die Erhöhung wirklich stattfindet, hängt von anderen Tatsachen ab, deren Eintritt die Gesellschaft nicht gebieten kann, nämlich von der Frage,

ob die betreffenden Geschäftsanteile übernommen werden und bei Bareinlagen die Viertels- § 55.
deckung oder Volldeckung (je nachdem dies erforderlich ist) eingezahlt wird. Daß diese Bedingung eingetreten ist, wird ebenfalls zum Register angemeldet (§ 57). Es wird der Kapitalserhöhungsbeschluß und die Übernahme der Geschäftsanteile zusammen angemeldet. Alsdann ist erst die von der Generalversammlung beschlossene Erhöhung der Stammkapitalsziffer eintragungsfähig.

2. **Die Erfordernisse des Kapitalserhöhungsbeschlusses.** Anm. 4.

a) Vorweg ist negativ zu bemerken, daß es im Gegensatze zum Aktienrecht (§ 278 HGB.) kein Erfordernis ist, daß das bisherige Grundkapital eingezahlt ist. Es kann daher das Stammkapital erhöht werden, auch wenn das bisherige noch nicht voll einbezahlt ist. Über die nicht mehr aufrecht zu erhaltende Ansicht der ersten Auflage (Anm. 4 S. 326), daß die neuen Gesellschafter die Haftung für die Rückstände der ursprünglichen Stammeinlagen übernehmen und diese Übernahmeerklärung gemäß § 55 Abs. 2 Satz 2 zu beurkunden sei, vgl. Anm. 16 zu § 24. Für die ursprünglichen Einlagen haften nur die Gesellschafter dieser Emission, die neuen Mitglieder nur bei ausdrücklicher freiwilliger Übernahme der Haftung.

b) Zunächst müssen die Erfordernisse des Statutenänderungsbeschlusses vorhanden sein. Anm. 5. Denn der Kapitalserhöhungsbeschluß ist ein Statutenänderungsbeschluß (vgl. oben Anm. 3). Es muß also ein in gerichtlicher oder notarieller Form beurkundeter, den allgemeinen Erfordernissen eines Generalversammlungsbeschlusses entsprechender Beschluß, gefaßt mit $^3/_4$ der abgegebenen Stimmen, vorliegen. Es müssen ferner die etwa weiter vom Gesellschaftsvertrage aufgestellten Erfordernisse für Statutenänderungen überhaupt oder für Kapitalserhöhungen insbesondere erfüllt sein (§ 53 Abs. 2). Der Beschluß kann nur gefaßt werden von der eingetragenen Gesellschaft. Es geht nicht an, obwohl dies häufig geschieht, daß schon die Gründer im Gesellschaftsvertrage eine Erhöhung des Grundkapitals beschließen. Sie bezwecken damit, daß die eingetragene Gesellschaft, ohne einen besonderen Kapitalserhöhungsbeschluß zu fassen, neue Gesellschafter wirbt und das Kapital durch bloße Übernahme des Zusatzkapitals gemäß § 55 erhöht wird. Die Kapitalserhöhung ist aber eine Statutenänderung. Die Gründer können aber nicht ein Statut und gleichzeitig seine Änderung vereinbaren. Erst die Gesellschafter der bestehenden Gesellschaft können beraten und beschließen, ob der bestehende Gesellschaftsvertrag geändert werden soll. Überdies kann der Erhöhungsbeschluß nach § 57 Abs. 1 nicht eingetragen werden, ehe das erhöhte Kapital durch Übernahme von Stammanteilen gedeckt ist. — Die Bestimmung des § 53 Abs. 3, wonach bei Vermehrung der Leistungsverpflichtungen die Zustimmung der Beteiligten erforderlich ist, kann hier nicht zur Anwendung kommen. Denn durch Schaffung neuer Mitgliedschaften erwachsen den bisherigen Gesellschaftern keine neuen oder weiteren Leistungsverpflichtungen (vgl. Anm. 16 zu § 24 und oben Anm. 4). Die Zustimmung der Beteiligten kann unter Umständen aber aus dem Grunde erforderlich werden, weil ein Eingriff in Sonderrechte vorliegt (vgl. Anm. 4—6 zu § 53). Dies wird beim Vorhandensein verschiedener Gattungen von Geschäftsanteilen (Vorzugsanteile und nicht bevorzugte Anteile) häufig der Fall sein. So kann zwar, wenn Geschäftsanteile mit einheitlicher Berechtigung vorliegen, durch die Mehrheit ein Beschluß auf Schaffung von Vorzugsgeschäftsanteilen durch Kapitalserhöhung getroffen werden (vgl. Anm. 45 zu § 5). Nicht aber kann, wenn ein oder mehrere Gesellschafter Vorzugsgeschäftsanteile haben, durch die Mehrheit beschlossen werden, daß neue Anteile geschaffen werden, die vor jenen Vorzüge genießen sollen. Der in § 278 Abs. 2 HGB. vorgesehene Ausweg des gesonderten Mehrheitsbeschlusses jeder Gattung von Gesellschaftsanteilen ist hier nicht eröffnet. Mithin bleibt nichts übrig, als neben dem Mehrheitsbeschlusse die Zustimmung aller derjenigen Gesellschafter einzuholen, deren Sonderrechte berührt werden sollen (vgl. Anm. 6 zu § 53). Als solche werden in unserem Beispiele nur die Inhaber der Vorzugsgeschäftsanteile anzusehen sein. Denn nur von diesen kann gesagt werden, daß sie

§ 55. ein durch Mehrheitsbeschluß unentziehbares Recht auf vorzugsweise Berücksichtigung bei Verteilung der Gewinne haben.

Anm. 6. c) Was den Inhalt des Kapitalserhöhungsbeschlusses betrifft, so muß derselbe den Betrag, um welchen das Kapital erhöht werden soll, ersichtlich machen. Dabei bleibt es aber der Generalversammlung überlassen, ob sie bestimmen will, das Kapital dürfe nur erhöht werden, wenn der ganze betreffende Betrag übernommen ist, oder zu jedem Betrage innerhalb der Erhöhungsziffer, welche durch die Übernahme innerhalb eines bestimmten Zeitraums erreicht wird. Es ist Auslegungssache, was gemeint ist, ob insbesondere die beschlossene Kapitalserhöhung als gescheitert gelten soll, wenn die ganze Erhöhungsziffer nicht zu einem bestimmten Zeitpunkte erreicht ist. Meistens lautet der Beschluß dahin: das Kapital wird erhöht um den Betrag „von bis 50000 M." (oder ähnlich). Das bedeutet: das Kapital wird erhöht um jeden Betrag, der erzielt wird bis zum Betrage von 50000 M. (vgl. auch Anm. 8). Nur muß der Wille der Versammlung, daß auch bei geringerer Zeichnung als die Höchstziffer angibt, die Erhöhung gelten soll, sich deutlich ergeben. Ist sie nicht ausgedrückt und aus dem Beschlusse zu entnehmen, so kann nur eine Übernahme der ganzen Summe die Erhöhung wirksam und eintragbar machen (KG. v. 14. 9. 04 in CBlFG. 6, 83 und OLGR. 10, 243). Die Deckung der beschlossenen Erhöhung durch die Übernahme ist keine Bedingung der Wirksamkeit (vgl. unten Anm. 24). Bedingungen darf der Beschluß nicht enthalten. Jede Beifügung einer Bedingung macht den Beschluß ungültig (vgl. Anm. 34 zu § 2), einerlei ob die Bedingung auflösend oder aufschiebend ist. Eine aufschiebende Befristung in dem Sinne, daß der Beschluß erst nach dem Termine durchgeführt werden soll, ist zulässig. Wird trotz desselben die Erhöhung früher als erfolgt zum Handelsregister angemeldet und eingetragen, so bewendet es hierbei. Eine auflösende Befristung macht den Beschluß ungültig. Er führte dazu, den neuen Gesellschaftern das Recht zu geben, bei Fortbestand der Gesellschaft ihre Einlagen zurückzufordern. Ist der Sinn der, daß bei Eintritt des Termins die Gesellschaft das Recht haben soll, die neuen Mitglieder mittelst Einziehung der Geschäftsanteile (§ 34 und Anm. 3 hierzu) wieder auszuschließen, so ist diese Abmachung gültig.

Über Bedingung, Befristung und Vorbehalt bei der Übernahmeerklärung vgl. unten Anm. 28.

Anm. 7. Die Ziffer, um welche das Kapital erhöht werden soll, muß ferner so beschaffen sein, daß sie mindestens 500 M. beträgt und durch 100 teilbar ist. Denn auch die Stammeinlagen müssen nach unserem Abs. 4 so beschaffen sein, und die Durchführung einer Kapitalserhöhung hat mindestens die Übernahme einer Stammeinlage zur Voraussetzung. Dagegen braucht nicht etwa der zu erhöhende Betrag mindestens 20000 M. zu betragen.

Anm. 8. d) Ein weiteres Erfordernis ergibt sich daraus, daß nur die Gesellschafterversammlung die Kapitalserhöhung beschließen kann. Die Versammlung kann die Beschlußfassung nicht anderen Organen übertragen, wie ja jede Statutenänderung allein von der Gesellschafterversammlung beschlossen werden kann (Anm. 7 zu § 53). Über die Frage, ob die Verhältnisse der Gesellschaft eine Kapitalserhöhung erheischen, soll allein das oberste Willensorgan der Gesellschaft entscheiden. Dieses allein bestimmt, in welcher Weise die Satzungsänderung eintreten soll. Daraus folgt, daß es unrichtig wäre, wenn der Kapitalserhöhungsbeschluß etwa dahin lauten würde, daß das Kapital bis zu einer bestimmten Ziffer erhöht werden soll, daß aber die Bestimmung der Raten, in welchen, und der Zeitpunkte, zu welchen dies im einzelnen geschehen soll, dem Aufsichtsrat oder den Geschäftsführern völlig überlassen werde. Solche Delegation muß für ungültig gehalten werden, wie sie auch im Aktienrecht für unzulässig gehalten wird (vgl. Staub HGB. Anm. 6 zu § 278; KGJ. 14, 26; KG. v. 18. 6. 1900 bei Holdheim 9, 210 und v. 14. 9. 04 in CBlFG. 6, 83 und OLGR. 10, 243). Es kann dem Aufsichtsrat und den Geschäftsführern nur überlassen werden, zu bestimmen, wann die auf die übernommenen Stammeinlagen zu leistenden weiteren Einzahlungen zu leisten sind. Die Zeiten und Raten, in welchen die beschlossene Kapitalserhöhung durchgeführt werden soll, kann aber anderen Organen nicht überlassen werden. Doch soll damit nicht gesagt sein, daß die Generalversammlung diese Daten auf das genaueste enthalten muß. Es wird z. B. genügen, wenn es heißt: das Kapital soll bis um 50000 M. erhöht werden, die Erhöhung muß in Abschnitten von mindestens 10000 M. und spätestens bis zum . . . . durchgeführt sein; sonst wird sie ganz (oder hinsichtlich des alsdann noch nicht durchgeführten Teils) hinfällig. § 55.

e) Weitere Erfordernisse stellt das Gesetz in Fällen der qualifizierten Kapitalserhöhung (bei Sacheinlagen) auf. Siehe hierüber die Ausführungen zu § 56. — Und ebenso ergibt sich ein weiteres Erfordernis für den Fall, daß der Gesellschafter durch die Kapitalserhöhung neue, im bisherigen Gesellschaftsvertrage nicht enthaltene Verpflichtungen übernimmt (siehe hierüber Anm. 6 zu § 56). Anm. 9.

f) Einen noch weiteren Inhalt kann der Beschluß nach den Statuten haben müssen oder auch ohne statutarische Vorschrift haben. Der Kapitalserhöhungsbeschluß kann z. B. bestimmen: Anm. 10.

α) Die Art, wie die neuen Gesellschafter geworben werden sollen, oder wem die neuen Geschäftsanteile zugeteilt werden sollen. Die Geschäftsanteile können auch schon vor dem Beschlusse untergebracht sein. Es kann z. B. schon durch den Gesellschaftsvertrag von den Gesellschaftern oder einem Gesellschafter die Verpflichtung übernommen worden sein, die Geschäftsanteile der Kapitalserhöhung zu übernehmen. Es kann die Verpflichtung sonst schon vorher übernommen sein durch förmliche Übernahme gemäß Abs. 1 unseres Paragraphen (vgl. unten Anm. 20) oder auch durch formlose Verpflichtungserklärung (über letztere s. unten Anm. 28), und es kann nunmehr der Beschluß bestimmen, daß die Geschäftsanteile diesen Personen zugeteilt werden sollen.

β) Der Beschluß kann die Höhe der einzelnen Geschäftsanteile bestimmen. Notwendig ist dies nicht. Es genügt, wenn er den gesamten zu erhöhenden Betrag bestimmt. Die Höhe der einzelnen Geschäftsanteile können dann in den gesetzlich zulässigen Grenzen die Geschäftsführer bestimmen. — Der Beschluß kann auch den Ausgabekurs bestimmen. Doch ist dies, wenn die Ausgabe zum Nennbetrage erfolgt, nicht notwendig. Es versteht sich der Nennbetrag als Ausgabekurs von selbst, wenn ein anderer Ausgabekurs nicht bezeichnet ist. Es ist aber nicht notwendig, daß die Stammanteile zum Nennbetrage ausgegeben werden. Vielmehr kann auch ein Agio gefordert werden (vgl. oben Anm. 2). In diesem Falle muß der Kapitalserhöhungsbeschluß den Ausgabekurs, also das Agio, nennen. Denn es liegt dann eine Verpflichtung vor, welche der Gesellschafter außer der Kapitalseinlage übernimmt. Es greift dann § 3 Abs. 2 Platz (vgl. Anm. 6 zu § 56). Daß auch die Übernahmeerklärung in diesem Falle einen weiteren Inhalt hat, darüber s. unten Anm. 17 und Anm. 6 zu § 56. Anm. 11.

γ) Der Beschluß kann bestimmen, von wann ab die neuen Geschäftsanteile an der Jahresdividende teilnehmen sollen. Sie nehmen sonst am Gewinne des laufenden Geschäftsjahres vollen Anteil. Der Beschluß kann auch Vorrechte für die neuen Gesellschafter bestimmen (vgl. Anm. 6 zu § 53 und 25 zu § 5. Anm. 12.

δ) Der Beschluß kann bestimmen, ob bei der Anmeldung der Kapitalserhöhung die volle Deckung oder nur die Vierteldeckung oder welcher Betrag sonst eingezahlt werden soll. Die erste Auflage (Anm. 13 S. 329) vertrat die Ansicht, daß wenn nicht volle Deckung gefordert wird, die Zustimmung sämtlicher bisherigen Gesellschafter zur Gültigkeit des Kapitalserhöhungsbeschlusses erforderlich sei. Das war die Folge der Annahme einer Haftung der früheren Gesellschafter für die neuen Einlagen. Mit der Aufgabe dieser Meinung fällt auch die hier gezogene Folgerung (vgl. oben Anm. 5). Über alle diese Punkte kann der Beschluß Bestimmung treffen. Er muß es nicht. Tut er es nicht, so ist es Sache der Gesellschaftsorgane, über diese Punkte die erforderlichen Bestimmungen und Vereinbarungen zu treffen. Anm. 13.

II. **Die Übernahme der durch die Kapitalserhöhung zu schaffenden Geschäftsanteile.** Anm. 14.

1. Wer kann dieselben übernehmen? Sowohl bisherige Gesellschafter, als Fremde

§ 55. (s. Abs. 2). Die Gesellschafter haben kein gesetzliches Bezugsrecht, wie die Aktionäre nach § 282 HGB. Wenn ein Gesellschafter einen der neuen Geschäftsanteile übernimmt, so entsteht dadurch eine selbständige Mitgliedschaft, ein selbständiger Geschäftsanteil. Es erhöht sich nicht der Geschäftsanteil des Übernehmenden (vgl. Abs. 3).

Anm. 15. 2. Welche Erfordernisse hat die Übernahmeerklärung?

α) In formeller Hinsicht. Die Übernahmeerklärung muß gerichtlich oder notariell aufgenommen oder beglaubigt sein. Die gerichtliche oder notarielle Aufnahme und Beglaubigung folgt den Vorschriften der §§ 167 ff. FG., wogegen § 11 Abs. 2 FG. (Erklärung zum Protokoll des Gerichtsschreibers) hier nicht Platz greift (irrig Merzbacher Anm. 3 zu § 55). Es genügt die Übernahmeerklärung in dem Protokoll über den Beschluß der Kapitalserhöhung. Denn dieses ist eine notarielle Urkunde. Es ist dieses der Weg, die beiden Erklärungen, die Erhöhung des Stammkapitals durch die Gesellschaft samt der Annahme der neuen Gesellschafter und die Übernahme der neuen Geschäftsanteile durch diese in einem Akte vorzunehmen. Übernahme durch Bevollmächtigte ist als zulässig anzusehen. Dabei muß die Vollmacht beglaubigt sein. Die Bestimmung des § 2 Abs. 2, obwohl nicht wiederholt, ist hier anzuwenden. Der Grund ist derselbe (a. M. Marcus bei Holdheim 14, 160 u. LG. Berlin in DJZ. 10, 871). Daß die Form des § 55 Abs. 1 auch bei Handelsgeschäften beobachtet werden muß, hebt Neukamp Anm. 2b besonders hervor. Das ist nach neuem Recht überflüssig. Das Prinzip der Formfreiheit gilt nicht bloß im Handelsrecht, sondern jetzt auch im bürgerlichen Recht. Dagegen gelten auch die Ausnahmen des bürgerlichen Rechts im Handelsrecht.

Anm. 16. Die in unserem Paragraphen vorgeschriebene Form ist aber nur erforderlich für die zur Entstehung der Mitgliedschaft erforderliche Erklärung, nicht für die Erklärung, durch welche sich jemand verpflichtet, Mitglied zu werden, einen Geschäftsanteil zu übernehmen (vgl. hierüber ausführlich unten Anm. 31).

Anm. 17. Der Formmangel in der Übernahmeerklärung wird geheilt, wenn der Übernehmer erfüllt. Eine Übernahmeerklärung ohne Beobachtung der vorgeschriebenen Form ist nichtig (§ 125 Satz 1 BGB.). Allein nach dem Prinzip des BGB. wird die Form durch die freiwillige Leistung ersetzt. Die §§ 313 Satz 2, 518 Abs. 2, 766 Satz 2 BGB. sind keine Ausnahmen, sondern Ausflüsse einer Regel (vgl. über diese Frage Hachenburg, Vorträge 96 ff.). Anderenfalls käme man zu dem Resultate, daß auch nach Eintragung des Erhöhungsbeschlusses der Übernehmer seine Einlage zurückfordern kann (so OLG. Braunschweig v. 16. 5. 02 in OLGR. 5, 283). Das wäre direkt gegen die Tendenz des Gesetzes, das die Grundlage der Gesellschaft bildende Stammkapital ihr zu erhalten. Keine heilende Wirkung bezüglich der formlosen Übernahme kommt dagegen der Eintragung des Beschlusses als solcher zu. Denn die Übernahmeerklärung wird ja nicht eingetragen. Soweit nicht erfüllt ist, steht auch nach der Eintragung dem Übernehmer der Einwand aus der mangelnden Form zu. Soweit er aber erfüllt, kann er auch vor der Eintragung das Geleistete nicht zurückfordern.

Anm. 18. β) Die Übernahmeerklärung ist kein einseitiges Rechtsgeschäft, sondern ein Teil eines Vertrages (vgl. Bett, Konkurs der Aktiengesellschaft u. s. w. 47). Die Bestimmungen des BGB. über denselben sind anzuwenden, z. B. § 108, § 179 BGB., vgl. Anm. 22 zu § 57. Inhaltlich muß die Erklärung erkennen lassen, auf welche Kapitalserhöhung sich die Erklärung bezieht und welcher Betrag übernommen wird (Abs. 2). Sie muß ferner gemäß Abs. 4 auf einen Betrag von mindestens 500 M. lauten und auf einen Betrag, der in Mark durch 100 teilbar ist. Ist es ein Nichtgesellschafter, der die Übernahmeerklärung abgibt, so muß die Übernahmeerklärung auch sonstige Leistungen enthalten, zu welchen der Beitretende nach dem Gesellschaftsvertrage verpflichtet werden soll. Wenn also der Beitretende nach dem Gesellschaftsvertrage Leistungen gemäß § 3 Abs. 2 des Gesetzes übernimmt, z. B. Rübenlieferung, Karenzklausel u. s. w., so muß dies in der Übernahmeerklärung enthalten sein. Über die Ansicht der ersten Auflage (Anm. 17 S. 329) von der Notwendigkeit der Erweiterung der Übernahmeerklärung, falls die früheren Stammeinlagen noch nicht voll gedeckt seien und die Haftung der neuen Mitglieder hierfür gemäß § 24 vgl. Anm. 16 zu § 24. § 55.

Über die Folgen des Fehlens oder der Unvollständigkeit des Verlangens einer solchen gewollten besonderen Verpflichtung in dem Erhöhungsbeschlusse vgl. Anm. 16 zu § 57. Ist sie in diesem enthalten und nur in der Übernahmeerklärung übergangen oder nur unvollständig wiedergegeben, so entsteht die Verbindlichkeit, sobald der neue Gesellschafter sein Mitgliedsrecht ausübt (vgl. auch Anm. 4 zu § 56).

Ein weiterer Inhalt der Übernahmeerklärung ist vorgeschrieben bei qualifizierter Kapitalserhöhung (Sacheinlage). Hierüber s. § 56. — Und ebenso ist ein erweiterter Inhalt geboten, wenn der Gesellschafter außer der Kapitalseinlage noch andere Gesellschafterverpflichtungen übernimmt, insbesondere auch die Zahlung eines Agios (vgl. Anm. 6 zu § 56). Anm. 19.

γ) Ferner ist zu beachten, daß auch bei der Kapitalserhöhung immer nur ein Stammanteil übernommen werden kann. Soll das Kapital um 100000 M. erhöht werden, so können zwar 10 Personen je einen Anteil von 10000 M. erwerben, aber nicht von zwei Personen die eine 7 Anteile, die andere 3 Anteile zu 10000 M. Bei dieser Höhe der Beteiligungen von zwei Personen kann die eine Person nur einen Anteil von 70000 M., die andere einen solchen von 30000 M. übernehmen (vgl. Abs. 4 unseres Paragraphen). Anm. 20.

δ) Weitere Erfordernisse sind weder formell noch inhaltlich aufgestellt. **Die Übernahmeerklärung kann vor oder nach der Kapitalserhöhung abgegeben werden** (Förtsch Anm. 2). Es ist daher zulässig, daß die Geschäftsführer mit Rücksicht auf eine in Aussicht genommene Stammkapitalserhöhung perfekte und formell richtige Übernahmeerklärungen sich geben lassen und alsdann erst die Kapitalserhöhung durch die Generalversammlung beschließen lassen. Es ist auch zulässig, daß die Geschäftsführer diesen Übernehmern gegenüber sich — unter dem Vorbehalt, daß die Generalversammlung die Kapitalserhöhung beschließt — namens der Gesellschaft verpflichten, ihnen die Geschäftsanteile der Kapitalserhöhung zuzuteilen (vgl. unten Anm. 33). Ja es kann auch schon im Gesellschaftsvertrage eine solche Verpflichtung der Gesellschaft enthalten sein. Anm. 21.

Die Übernahmeerklärung braucht auch nicht, wie der Zeichnungsschein in § 281 Nr. 1 HGB., den Tag der Generalversammlung zu enthalten. Auch diese Vorschrift erleichtert die Abgabe von Übernahmeerklärungen vor der Generalversammlung. Anm. 22.

Endlich braucht die Übernahmeerklärung nicht den Betrag zu enthalten, für welchen die Ausgabe des Geschäftsanteiles stattfindet (es kann ja auch hier Ausgabe über pari erfolgen; siehe oben Anm. 2); auch nicht den Betrag der festgesetzten Einzahlungen, auch nicht, wie in § 281 Nr. 4 HGB. verlangt, denjenigen Zeitpunkt, in welchem die Übernahmeerklärung unverbindlich wird, sofern nicht bis dahin die erfolgte Erhöhung des Grundkapitals in das Handelsregister eingetragen ist. Jedoch ist der Übernehmer nicht ewig gebunden. Die Zeit der Gebundenheit richtet sich nach allgemeinen Grundsätzen. Der Übernehmer muß so lange warten, als nach ordnungsmäßigem Geschäftsgange und nach Lage der Sache die Eintragung erfolgen kann. Anm. 23.

3. Das Verhältnis zwischen der Übernahme der neu zu schaffenden Geschäftsanteile und dem Erhöhungsbeschlusse ist nicht dahin zu verstehen, daß die Gültigkeit dieses von jener abhängig wäre. Der Erhöhungsbeschluß ist nicht bedingt erfolgt. Nur die tatsächliche Zuführung des frischen Kapitals hängt davon ab, ob sich neue Gesellschafter oder doch neue Einlagen finden. Nur die Anmeldung darf erst erfolgen, wenn das erhöhte Stammkapital durch Übernahme der erforderlichen Stammeinlagen gedeckt ist. Über die Folgen der Eintragung ohne völlige Deckung oder bei Ungültigkeit der Übernahmeerklärung vgl. Anm. 12 zu § 57. Anm. 24.

Sind mehr Zeichnungen auf das neue Stammkapital erfolgt, als zu dessen Deckung erforderlich sind, so gilt auch hier die Regel, daß die Summe der Stammeinlagen gleich der Summe des Stammkapitals sein muß. Der Registerrichter wird eine Anmeldung, die mehr Stammeinlage aufweist als Stammkapital, ablehnen. Ist die Eintragung

§ 55. dennoch erfolgt, so berührt dieser Umstand die Gültigkeit des Eintrags nicht (vgl. Anm. 12 zu § 57). Es hat eine verhältnismäßige Reduktion der Geschäftsanteile unter Beobachtung der Vorschrift, daß keiner unter 500 M. betragen darf und jeder durch 100 teilbar sein muß, einzutreten. Läßt sich feststellen, in welcher zeitlichen Reihenfolge die Übernahme erfolgte, so hat der letzte auszuscheiden. Der Vorgang ist rechtlich ähnlich der Amortisation eines Geschäftsanteils aus den Überschüssen. Wenn das Kapital um 100 000 M. erhöht werden sollte, aber sechs Übernahmen von je 20 000 M. erfolgten, so ist das Stammkapital um 20 000 M. überschritten. Dieser Betrag kann unter gleichmäßiger Repartition auf alle Geschäftsanteile oder unter Vernichtung nur des letzten wieder zurückgegeben werden.

Anm. 25. Zusatz 1. Auf die bei der Kapitalserhöhung übernommene Stammeinlage sind die §§ 19—25 selbstverständlich anwendbar.

Anm. 26. Zusatz 2. **Mehrere civilrechtliche Fragen betreffend die Übernahme von Stammeinlagen bei der Kapitalserhöhung** sind hier zusätzlich zu erörtern.

1. **Durch welchen Akt wird der Übernehmer der Stammeinlage Mitglied?** Zur Entstehung der Mitgliedschaft ist folgendes erforderlich: a) Der Kapitalserhöhungsbeschluß muß gefaßt werden, b) die Übernahme der Stammeinlage muß erfolgen, c) die Kapitalserhöhung muß angemeldet und d) die Kapitalserhöhung muß eingetragen werden. Jeder dieser vier Akte ist erforderlich. Der erste wird durch die Gesellschafterversammlung, der zweite durch den neuen Gesellschafter, der dritte durch den Geschäftsführer der Gesellschaft, der vierte durch den Registerrichter getätigt. Das sind diejenigen Akte, durch welche die Mitgliedschaft entsteht. Verschieden davon sind diejenigen Akte, durch welche sich die Kontrahenten zum Beitritte und zur Aufnahme in die Gesellschaft verpflichten. Diese Verpflichtungen können formlos übernommen werden. Es kann sich jemand formlos verpflichten, einer GmbH. durch Übernahme einer Stammeinlage beizutreten. Es kann sich die Gesellschaft formlos verpflichten, einen Dritten als Mitglied in die Gesellschaft aufzunehmen, ihm einen Geschäftsanteil zu gewähren, wenn eine Kapitalserhöhung beschlossen wird (siehe hierüber unten Anm. 31 und Anm. 34). Man kann deshalb nicht immer sagen, daß die Übernahme der Stammeinlage ihrem Wesen nach die Offerte des beitretenden Gesellschafters ist. Sie kann vielmehr die Ausführung, die Erfüllung einer Verpflichtung sein, die der Übernehmer vorher gültig eingegangen ist. Man kann ferner nicht sagen, daß die Anmeldung zum Handelsregister die Akzeptation der Offerte ist. Sie kann vielmehr die Ausführung, die Erfüllung einer Verpflichtung sein, die die Gesellschaft vorher gültig eingegangen ist. Bei dieser Auffassung entfällt auch jede Schwierigkeit, die darin liegt, daß der Beitretende erst durch die Eintragung der Kapitalserhöhung Gesellschafter wird. Nach der hier abgelehnten Ansicht war erst die Anmeldung zum Handelsregister die Akzeptation der in der Übernahme der Stammeinlage angeblich liegenden Offerte. Dann fehlte es aber den Verfechtern dieser Ansicht an einem Mittel, den Gesellschafter zu zwingen, den Betrag seiner Stammeinlage oder mindestens die absolut notwendige Viertelsdeckung vor der Anmeldung zu zahlen. Nach der hier vertretenen Ansicht besteht die Schwierigkeit nicht. Aus einer den Gesellschafter bindenden Verpflichtung, der Gesellschaft beizutreten, folgt von selbst, daß er alles das tun muß, was zur Entstehung der Mitgliedschaft seinerseits gehört, also insbesondere die Leistung der erforderlichen Einzahlung vor der Anmeldung. Diese Verpflichtung kann formlos übernommen werden (vgl. unten Anm. 31 über die entgegengesetzte Ansicht des Reichsgerichts). Wird diese Verpflichtung ausdrücklich dahin ausgedehnt, daß er die erforderlichen Einzahlungen bis zur Anmeldung leistet, dann tut man ein übriges.

Anm. 27. 2. **Welche Rechtsfolgen hat es, wenn die Voraussetzungen des Eintrags nicht vorliegen und die Eintragung gleichwohl erfolgt ist,** obwohl also der Kapitalserhöhungsbeschluß oder die Stammeinlage-Übernahmeerklärung der erforderlichen Form ermangelte? Darüber kann erst zu § 57 gehandelt werden (vgl. Anm. 13 ff. zu § 57).

3. **Ist es zulässig, daß jemand im eigenen Namen, oder für fremde Rechnung einen Geschäftsanteil bei der Kapitalserhöhung übernimmt?** Die Frage ist, wie bei der Gründung selbst, zu bejahen (vgl. hierüber näheres Anm. 43 zu § 2). Der Übernehmer ist in solchem Falle verpflichtet, den Geschäftsanteil an seinen Kommittenten abzutreten. Der Kommittent ist verpflichtet, ihm den Geschäftsanteil abzunehmen, auch wenn die Abrede, auf Grund deren jenes Auftreten in fremdem Namen erfolgt ist, formlos getroffen ist. § 15 Abs. 3 greift in diesem Falle nicht Platz (vgl. Anm. 16 zu § 15). Über die Rechte der Gläubiger dessen, für dessen Rechnung eine Übernahme erfolgt, vgl. Anm. 44 zu § 2. § 55. Anm. 28.

4. **Die Übernahmeerklärung muß eine nach den Vorschriften des bürgerlichen Rechts gültige Willenserklärung sein.** Es kann auf das über die Beitrittserklärung bei der Gründung der Gesellschaft Ausgeführte verwiesen werden (vgl. Anm. 22 ff. zu § 2). Unstatthaft ist auch hier die Beifügung einer Bedingung, einer Befristung oder eines Vorbehaltes (vgl. Anm. 37 zu § 2; über die Folgen der Mängel der Übernahme nach der Eintragung vgl. Anm. 20 zu § 57). Anm. 29.

5. **Auch eine Übernahmeerklärung ist nach erfolgter Eintragung der Kapitalserhöhung wegen Irrtums, Betruges oder Zwanges nicht anfechtbar** (vgl. hierüber Anm. 23 zu § 2). Insbesondere kann weder die Übernahme von Geschäftsanteilen bei der Kapitalserhöhung wegen eines von den gesetzlichen Vertretern der Gesellschaft verübten Betruges angefochten noch Schadensersatz von der G e s e l l s c h a f t verlangt werden (RG. v. 22. 5. 02 in OLGR. 4, 469). Anm. 30.

Es bleibt dem Betrogenen nur die Schadensersatzklage gegen die physischen Personen, die den Betrug verübt haben (vgl. Anm. 23 zu § 2). Über die Anfechtung durch die Gesellschaft, welche durch Betrug oder Irrtum zur Annahme des neuen Mitgliedes bestimmt wurde, vgl. Anm. 32 zu § 2. Über die Zulässigkeit der Anfechtung seitens des beitretenden Gesellschafters vor der Eintragung vgl. Anm. 23 zu § 2.

6. **Bedarf ein Rechtsgeschäft, durch welches sich jemand verpflichtet, einen Geschäftsanteil zu übernehmen, der in § 55 Abs. 1 vorgeschriebenen Form?** Das Reichsgericht (RG. 50, 47; ebenso Urteil v. 17. 10. 02 in JW. 611 und DJZ. 8, 31) hat dies bejaht. Es ist auch bei Berücksichtigung der in erster Auflage schon geltend gemachten Gegengründe bei seiner Auffassung geblieben (Urteil v. 15. 4. 03 in JW. 03 S. 248, 249 und bei Holdheim 12, 183; 13, 257). Der Gegensatz der Ansichten ist der gleiche wie bei der in Anm. 48 zu § 2 behandelten Frage, ob ein Rechtsgeschäft, durch welches die Verpflichtung zur Gründung oder Mitbegründung einer GmbH. eingegangen wird, der gerichtlichen oder notariellen Form bedarf. Das RG. beruft sich auf Planck Anm. 5 zu § 125 BGB. Nun ist es zwar richtig, daß Planck an dieser Stelle sagt, ein Vorvertrag, durch welchen sich die Parteien verpflichten, einen gesetzlich an eine Form gebundenen Vertrag abzuschließen, sei nichtig, wenn er der vorgeschriebenen Form ermangelt. Aber Planck fügt sofort hinzu: „Dies gilt aber nur, wenn es sich wirklich nur um einen Vorvertrag handelt; anders liegt das Verhältnis, wenn es sich um zwei selbständige Verträge verschiedener Art handelt." Daß es sich nun bei der Gründung um zwei Verträge verschiedener Art handelt, ist in Anm. 48 zu § 2 dargelegt. Auch bei der Kapitalserhöhung muß dasjenige Rechtsgeschäft, durch welches sich jemand verpflichtet, Mitglied einer GmbH. zu werden, unterschieden werden von demjenigen Rechtsakte, durch welchen man Mitglied wird. Die Entstehung der Mitgliedschaft erfordert vier formelle Akte, von denen einer die formelle Übernahmeerklärung des Beitretenden ist (vgl. oben Anm. 26). Die Tätigung der formellen Beitrittserklärung kann aber sehr wohl die Erfüllung einer anderweit gültig übernommenen obligatorischen Verpflichtung sein. Auch im Aktienrecht ist wohl zu unterscheiden zwischen der Verpflichtung, eine Aktie zu zeichnen, und der Zeichnung der Aktie. Nur für die letztere ist der schriftliche Zeichnungsschein erforderlich, nicht für Rechtsgeschäfte, durch welche sich jemand verpflichtet, Aktien zu zeichnen. Diese letztere Verpflichtung kann formlos übernommen werden. Man erfüllt sie durch die schriftliche Zeichnung. So kann man sich formlos verpflichten, einen Wechsel zu zeichnen. Diese Verpflichtung wird erfüllt durch die Wechselzeichnung. So sagt man formlos die Be- Anm. 31.

§ 55. stellung einer Hypothek zu. Man bestellt dann die Hypothek durch die dingliche Einigung und die Eintragsbewilligung. Daß vor der Aktienzeichnung ein Vertrag denkbar ist, durch welchen man sich verpflichtet, Aktien zu zeichnen, ergibt der § 284 Nr. 2 HGB., welcher vorschreibt, daß im Falle der qualifizierten Kapitalserhöhung (Sacheinlage) solche Verträge bei der Anmeldung beizufügen sind. Es können dies aber nur Verträge sein, durch welche sich der Sacheinleger verpflichtet, für seine Sacheinlage Aktien zu übernehmen. Denn die umgekehrte Verpflichtung der Gesellschaft, dem Sacheinleger die betreffenden Aktien zu gewähren, kann vor der Generalversammlung gar nicht übernommen werden (§ 283 Abs. 2 und § 279 Abs. 2 HGB.). Spricht also das Gesetz in § 284 Nr. 2 HGB. von Verträgen, welche den in § 279 bezeichneten Festsetzungen zu Grunde liegen, so können dies nur Verträge sein, durch welche sich jemand verpflichtet, einen Gegenstand einzulegen und dafür Aktien einer erst zu beschließenden Kapitalserhöhung zu übernehmen. Die Zeichnungsscheine selbst sind davon verschieden. Diese sind nach § 284 Nr. 1 außerdem beizufügen. Sie können auch erst dann ausgestellt werden, nachdem der Kapitalserhöhungsbeschluß gefaßt ist (§ 282 Nr. 1 HGB.). Denn sie sollen ja den Tag der Generalversammlung schon enthalten. Ist aber im Aktienrecht nur die Zeichnung der Aktien an eine Form gebunden, nicht die Verpflichtung, die Aktie zu zeichnen, so ist auch hier nur die Übernahme des Geschäftsanteils an die Form gebunden, nicht die Verpflichtung, den Geschäftsanteil zu übernehmen. In seiner jüngsten Entscheidung rechtfertigt das RG. seinen Standpunkt durch die Ausführung, daß der bestehende Rechtszustand verschlechtert werde, wenn aus der Eingehung eines formlosen Vorvertrages ein Klagerecht erwachse, durch dessen Verwirklichung die Abgabe einer formgerechten Willenserklärung erzwungen werden könne, während das Gesetz dem rechtsgeschäftlich erklärten Willen nur dann Beachtung schenken wolle, wenn er freiwillig in der vom Gesetz ausdrücklich vorgeschriebenen Form sich bekundet habe. Darin liegt wieder dieselbe Verwechselung des obligatorischen und des Erfüllungsgeschäfts, die oben Anm. 48 zu § 2 schon widerlegt ist. Dieselbe Argumentation ließe sich bei jeder formlosen Verpflichtung zur Abgabe einer formellen Willenserklärung anwenden. Nur wenn für den Verpflichtungsvertrag eine Form verlangt ist, dann kann kein Vorvertrag ohne Form sie auf dem vom RG. beschriebenen indirekten Wege erzwingen. Niemand kann sich formlos zum Abschlusse eines Verkaufs einer Immobilie verpflichten. Wo aber nur das Erfüllungsgeschäft formalisiert ist, bleibt das Verpflichtungsgeschäft formfrei, falls es nicht, wie in § 15 unseres Gesetzes, ebenfalls unter die Form gebracht wird. Übrigens hat das RG. in einer anderen Entscheidung (46, 58) die Feststellung eines Berufungsgerichts, daß sich die Übernahmeerklärung in einem bestimmten Falle als Bestätigung eines geschlossenen Vertrages darstelle, als bedenkenfrei hingestellt. Es ist also hiernach denkbar, daß ein solcher Vertrag schon vor der Übernahmeerklärung gültig geschlossen und durch die Übernahmeerklärung nur bestätigt wird. Die bekämpfte Ansicht des RG. wird endlich auch den Verkehrsbedürfnissen nicht gerecht. Das beweisen die zahlreichen im Rechtsverkehr vorkommenden schriftlichen Abkommen, durch welche sich jemand verpflichtet, der Gesellschaft Vermögensgegenstände zuzuführen gegen Gewährung von zu kreierenden Geschäftsanteilen. Solche Abkommen müssen, wenn sie zum Ziele führen sollen, alle Einzelheiten über die Eigenschaften der zu kreierenden Geschäftsanteile enthalten. Nach der Rechtsprechung des RG. sind solche Abkommen nicht bindend. Sie können hiernach zunächst nur unverbindlich geschlossen, dann muß der besprochene Kapitalserhöhungsbeschluß gefaßt und dann abgewartet werden, ob es dem Gegenkontrahenten beliebt, sein unverbindliches Wort zu halten. Durch die Ansicht des RG. wird das Publikum genötigt, sofort jede derartige Abrede notariell verbriefen zu lassen oder sich dem Risiko auszusetzen, daß der neue Kontrahent wieder abspringt. Wenn sich ein Garantiekonsortium bildet, das alle nicht anderweit gezeichneten Geschäftsanteile übernimmt, so müßte auch dieses seine Verpflichtung notariell aussprechen. Es entstünde eine Fessel des Verkehrs, die zum Nachteile der Gesellschaft ausschlägt und auch sehr dem Geiste des Gesetzes zuwider ist (vgl. KG. v. 26. 7. 02 in DJZ. 8, 33).

Die Verpflichtung, einen Geschäftsanteil zu übernehmen, kann nur dann nicht formlos übernommen werden, wenn die Form aus anderen Gründen erforderlich ist, z. B. wenn als Äquivalent eine Grundstücksübereignungsverpflichtung übernommen worden ist (§ 313 BGB.). Aber auch in diesem Falle wird durch die Auflassung die Verpflichtung zur Übernahme des Geschäftsanteils bindend. Sie kann aber auch schon im Gesellschaftsvertrage übernommen werden. Es ist sehr wohl zulässig, daß die Gesellschafter oder ein Gesellschafter sich verpflichten, Geschäftsanteile einer oder jeder Kapitalserhöhung zu übernehmen. § 55. Anm. 32.

Hat sich nun ein Gesellschafter verpflichtet, Geschäftsanteile einer Kapitalserhöhung zu übernehmen, ist er hierzu verurteilt, wie erfolgt dann die Vollstreckung? Nicht in der Weise, wie sie im Falle des Reichsgerichtserkenntnisses vom 21. 12. 01 (RG. 50, 49) von der Gesellschaft versucht worden ist, daß dem Gesellschafter Geschäftsanteile, welche die Gesellschaft in ihrem Besitze hatte, angeboten wurden. Mit Recht sagt das RG., es sei ein großer Unterschied zwischen solchen Geschäftsanteilen und Anteilen einer neuen Kapitalserhöhung. Die Übernahme ist eine Willenserklärung. Die Gesellschaft wird zu der Abgabe verurteilt. Sie gilt als abgegeben mit der Rechtskraft des Urteils (§ 894 CPO.). Dem Registerrichter dient das rechtskräftige Urteil statt der Übernahmeerklärung. Anm. 33.

7. **Ist umgekehrt eine Zusicherung von Geschäftsanteilen einer künftigen Kapitalserhöhung seitens der Gesellschaft zulässig?** Auch diese Frage ist zu bejahen. Eine analog dem § 283 Abs. 2 HGB. für Aktiengesellschaften gegebene Ungültigkeitsvorschrift besteht hier nicht. Es kann also im Gesellschaftsvertrage oder auch außerhalb desselben, formell oder ohne Form, einem Gesellschafter zugesichert werden, daß ihm die Anteile einer künftigen Kapitalserhöhung zugeteilt werden. Die Bestellung der sog. Gründerbezugsrechte ist hier statthaft (vgl. Anm. 55 zu § 5). Selbstverständlich ist die Verpflichtung immer nur bedingt, nämlich für den Fall, daß der Kapitalserhöhungsbeschluß gefaßt wird. Wird er aber gefaßt, so ist die Verpflichtung unbedingt geworden. Sie kann nunmehr vollstreckt werden. Dies geschieht in der Weise, daß der Gegenkontrahent seine Übernahmeerklärung abgibt, sie der Gesellschaft zustellt und auf Anmeldung klagt. Wird unter Mißachtung dieses Bezugsrechts die Kapitalserhöhung auf andere Weise ausgeführt, so erwächst dem Bezugsberechtigten ein Anspruch auf Schadensersatz gegen die Gesellschaft. Weiteres über solche Bezugsrechte siehe bei Staub HGB. Anm. 5 zu § 283. Anm. 34.

Zusatz 3. Stempelfragen.

I. Der Kapitalserhöhungsbeschluß unterliegt in Preußen der Tarifstelle 25. Danach sind Verträge und Beschlüsse über Kapitalserhöhung zu versteuern: Anm. 35.

1. wenn das Kapital nach der Erhöhung nicht mehr als 100000 M. beträgt, mit $^1/_{50}$ Proz. des Betrages, um den das Kapital erhöht wird;
2. wenn das Stammkapital nach der Erhöhung mehr als 100000 M., aber nicht mehr als 300000 M. beträgt, $^1/_{10}$ Proz. des Betrages, um welchen das Stammkapital erhöht wird;
3. wenn das Stammkapital nach der Erhöhung mehr als 300000 M., aber nicht mehr als 500000 M. beträgt, $^1/_2$ Proz. des Betrages, um welchen das Stammkapital erhöht wird;
4. wenn das Stammkapital nach der Erhöhung mehr als 500000 M. beträgt, 1 Proz. des Betrages, um welchen das Stammkapital erhöht wird.

Dabei ist maßgebend der Betrag, um welchen das Stammkapital erhöht werden soll, bei Maximalbeträgen der Maximalbetrag, also z. B. wenn gesagt wird, das Stammkapital soll um einen Betrag von bis 600000 M. erhöht werden. Es ist nicht etwa maßgebend der tatsächlich übernommene und demgemäß zur Eintragung gelangende Betrag, wenn etwa weniger übernommen und die Kapitalserhöhung nach der Fassung des Beschlusses gleichwohl gültig ist (vgl. oben Anm. 5). Doch kommt der Stempel nur von der jedesmaligen Einzahlung zur Verwendung, soweit es sich um Geldeinzahlungen

§ 55. handelt; soweit es sich um Sacheinlagen handelt, ist der ganze Stempelbetrag sofort zu verwenden (Heinitz 2. Aufl. 370).

Anm. 36. II. Es ist ferner stempelpflichtig das Einbringen von nicht in Geld bestehendem Vermögen in eine GmbH. bei Gelegenheit der Kapitalserhöhung, und zwar:

1. Insoweit zu dem eingebrachten Vermögen unbewegliche im Inlande belegene Sachen oder diesen gleichgeartete Rechte gehören, mit 1 Proz. des Entgelts einschließlich der auf der Einlage ruhenden, auf die Gesellschaft übergehenden Passiva und des Wertes aller sonstigen ausbedungenen Leistungen und vorbehaltenen Nutzungen (vgl. hierüber Anm. 62 zu § 5). Dabei ist aber zu erwähnen, daß, wenn nicht ein Grundstück, sondern nur das dem Einleger zustehende Recht auf Auflassung eingebracht wird, nicht dieser Einbringungsstempel von 1 Proz., sondern nur der Stempel für Einbringung von Forderungen im Betrage von $^{1}/_{50}$ Proz. zum Ansatz kommt, Tarif 32 Abs. 5 ist hier nicht anwendbar (Finanzministerial-Reskript vom 20. März 1898 bei Loeck, Stempelsteuergesetz, Berlin 1900, 104; RG. 54, 318).
2. Insoweit zu dem eingebrachten Vermögen unbewegliche, außerhalb Preußens belegene Sachen oder diesem gleichgeartete Rechte gehören, 1,50 M.
3. Insoweit das eingebrachte Vermögen aus beweglichen Vermögensgegenständen besteht, $^{1}/_{8}$ Proz. des Anteils.
4. Insoweit das eingebrachte Vermögen aus Forderungsrechten besteht, $^{1}/_{50}$ Proz. des Werts der Forderungen.

Auf den Einbringungsstempel kommt aber der zu I gedachte Stempel zur Anrechnung.

Anm. 37. III. **Ist auch die Erklärung der Übernahme einer Stammeinlage stempelpflichtig?** Das RG. (46, 256) hat angenommen, daß in der Übernahmeerklärung unter Umständen (nicht etwa immer) eine nach Tarifstelle 58 des preußischen Stempelgesetzes vom 31. Juli 1895 zu versteuernde Schuldverschreibung liegt, nämlich dann, wenn sie einseitig erfolgt ist und sich als Bestätigung eines geschlossenen Vertrages darstellt. Wenn es also nicht eine einseitige Erklärung ist, sondern wenn sie abgegeben wird in Form eines Vertrages der Gesellschaft mit dem Beitretenden über die beiderseitigen Rechte und Pflichten aus der zu schaffenden Mitgliedschaft, so ist die Urkunde hiernach nicht stempelpflichtig. Und ebenso ist sie nicht stempelpflichtig, wenn sie eine bloße Offerte ist. Folgt man der Grundanschauung des RG. (oben Anm. 31), so würde die einseitige Übernahmeerklärung begrifflich eine Offerte sein müssen, weil ja hiernach ein Vertrag über die Übernahme der Stammeinlage außerhalb und vor der formellen Übernahmeerklärung nicht gültig wäre. Alsdann könnte der Fall, daß die Übernahme mehr als eine Offerte, daß sie die Bestätigung eines geschlossenen Vertrags ist, überhaupt nicht vorkommen. Nach der hier vertretenen Ansicht, wonach die Übernahmeerklärung der formelle Beitrittsakt ist, während die Verpflichtung, diesen formalen Beitrittsakt zu tätigen, auch formlos und insbesondere auch vorher übernommen werden kann, könnte man schon eher davon reden, daß sie die Bestätignng eines geschlossenen Vertrages ist. Doch wäre diese Charakterisierung auch von dem für richtig erkannten Standpunkte aus deshalb unzutreffend, weil sich auch hiernach die Übernahme nicht als Bestätigung sondern als Erfüllung des geschlossenen Vertrages darstellt. Es ist aber die Stempelpflichtigkeit aus anderen Gründen zu verneinen. Die Pos. 58 betrifft solche Schuldverschreibungen, welche ein besonderes stempelpflichtiges Geschäft und nicht vielmehr einen Bestandteil eines einheitlichen, nach dem Tarif steuerpflichtigen oder stempelfreien Geschäfts bilden (Heinitz 2. Aufl. 551). Eine solche Schuldverschreibung liegt hier nicht vor, da die Erklärung der Übernahme des Geschäftsanteils nur einen Bestandteil des gesamten auf Kapitalserhöhung gerichteten Vertrages darstellt (oben Anm. 26), nach Pos. 25 aber dieser ebengenannte Vertrag der Stempelsteuer unterliegt.

Anm. 38. Soweit die Übernahmeerklärung sich auf eine Sacheinlage bezieht, kann die Stempelpflicht der Pos. 58 schon deshalb nicht in Frage kommen, weil dieselbe sich nur auf Geldschulden bezieht (Heinitz 553).

IV. Die zur Kapitalserhöhung gehörenden Rechtsakte sind nur einmal zu versteuern. Es ist nicht außer dem Beschlusse auch noch die Übernahmeerklärung zu versteuern (Anm. 37). Es ist nicht außerdem der etwa urkundlich abgeschlossene obligatorische Vertrag zu versteuern, durch welchen der Übernehmer sich zur Übernahme verpflichtet hat. Nach der reichsgerichtlichen Rechtsprechung (oben Anm. 31) ist das letztere schon deshalb anzunehmen, weil hiernach ein solcher Vertrag ungültig ist. Nach der hier vertretenen Auffassung ist jener Vertrag gültig und die Kapitalserhöhung die Erfüllung desselben. Allein die stempelrechtliche Vorschrift der Pos. 25 ist nach ihrem Wortlaute und ihrer ganzen Tendenz im Sinne einer einmaligen und einheitlichen Versteuerung aller auf die Kapitalserhöhung abzielenden Rechtsakte auszulegen (anders RG. 46, 258). § 55.

§ 56.

Soll auf das erhöhte Stammkapital eine Einlage gemacht werden, welche nicht in Geld zu leisten ist, oder soll eine Vergütung für Vermögensgegenstände, welche die Gesellschaft übernimmt, auf eine Einlage angerechnet werden, so muß die Person desjenigen, welcher die Einlage zu leisten oder die Vermögensgegenstände zu überlassen hat, sowie der Gegenstand der Einlage oder Überlassung und der Geldwert, für welchen die Einlage angenommen wird, oder die für den überlassenen Gegenstand zu gewährende Vergütung in dem Beschlusse auf Erhöhung des Stammkapitals festgesetzt und in der im § 55 Absatz 1 bezeichneten Erklärung angegeben werden.

Die Bestimmung im § 19 Absatz 3 findet entsprechende Anwendung.

Besondere Vorschriften für die qualifizierte Kapitalserhöhung d. h. für die Kapitalserhöhung mit Sacheinlagen. Das Gesetz spricht zwar auch von „Überlassungen", aber es spricht auch hier wie in § 5 (vgl. Anm. 28 zu § 5) nur von solchen Überlassungen, bei denen die Vergütungen ganz oder zum Teil auf Stammeinlagen angerechnet werden und bei denen das Äquivalent für die Überlassung wenigstens teilweise in neuen Geschäftsanteilen gewährt wird. Einleitung.

1. **Es ist also lediglich der Fall der echten Sacheinlage getroffen.** Dagegen ist hier so wenig wie bei der Gründung (vgl. Anm. 29 zu § 5) und so wenig wie bei der Erhöhung des Grundkapitals einer Aktiengesellschaft (§ 219 HGB.) der Fall der reinen Übernahme, also der Fall, daß aus Mitteln der Kapitalserhöhung ein Gegenstand erworben werden soll, ohne daß der Überlasser wenigstens teilweise Geschäftsanteile enthält, durch diese Vorschrift getroffen. Dieser Fall erheischt keine besondere Behandlung. Der Gegenstand, der erworben werden soll, wird aus den Mitteln, welche durch die Kapitalserhöhung der Gesellschaft zufließen, erworben. Die Vereinbarung der Modalitäten ist Sache der Verwaltungsorgane. Da der § 56 in seiner Wortfassung und seinem Inhalte genau mit § 5 Abs. 4 übereinstimmt, so ist dies wieder ein strikter Beweis dafür, daß auch bei der Gründung einer GmbH. reine Übernahmeverträge in dem oben beschriebenen Sinne lediglich Sache der Geschäftsführung sind (vgl. Anm. 29 zu § 5). Dagegen ist es für die Anwendung des § 56 wie bei der Gründung für die des § 5 Abs. 4 unerheblich, ob eine reine oder eine gemischte Sacheinlage vorliegt. Die reine Sacheinlage ist der Fall, wo jemand einen Gegenstand der Gesellschaft überläßt und dafür lediglich Geschäftsanteile erhält. Die gemischte Sacheinlage ist der Fall, wo jemand einen Gegenstand der Gesellschaft überläßt und dafür zum Teil Geschäftsanteile, zum Teil andere Gegenwerte erhält. Insoweit als für den Gegenstand ein Geschäftsanteil gewährt wird, sind die Vorschriften des § 56 zu beobachten. Dagegen ist eine Angabe der Gegenleistung nicht zur Gültigkeit erforderlich, soweit andere Gegenwerte gegeben werden. Es kann die Höhe derselben späteren Festsetzungen vorbehalten sein. So wenn eine Sachgesamt- Anm. 1.

§ 56. heit, insbesondere ein Handelsgeschäft auf Grund einer auf den Tag der Illation aufzumachenden Bilanz inferiert wird mit dem Gedinge, daß der sich hiernach ergebende Mehrbetrag über die gezeichnete Einlage in bar zu vergüten ist (vgl. Anm. 20 zu § 5).

Anm. 2. 2. **Was Gegenstand der Sacheinlage werden kann,** darüber siehe Anm. 11 bis 25 zu § 5. Über die Benutzung einer Forderung des künftigen Gesellschafters gegen die Gesellschaft zur Begleichung der Einlage vgl. Anm. 16 u. 23 zu § 5. Diese Verrechnung kann hier von größerer Bedeutung werden als bei der Gründung. Die Fälle, in denen der Übernehmer der Geschäftsanteile Gläubiger der Gesellschaft sein kann, sind hier weit zahlreicher als bei der Gründung. Es kann insbesondere die Gesellschaft aus dem Gewinnüberschusse den Gesellschaftern, statt den Gewinn auszubezahlen, neue Geschäftsanteile schaffen. Es werden dann die Ansprüche der Gesellschafter an die Gesellschaft auf Auszahlung der Dividende mit der Einlage verrechnet. Ebenso kann das Nachschußkapital in Stammkapital umgewandelt werden. Die zur Rückzahlung fälligen Nachschüsse erzeugen eine Forderung der Gesellschafter an die Gesellschaft, die wieder als Einlage dienen kann (vgl. Anm. 22 zu § 30). Ebenso kann die Gesellschaft einen Reservefonds auflösen und hieraus zur Einlage fähige Forderungen der Gesellschafter bilden (vgl. Anm. 62 zu § 42). Als Sacheinlage kommen auch Geschäftsanteile einer anderen Gesellschaft in Betracht. Häufig wählt man bei geplanten Fusionen diesen Weg, um formell beiden Gesellschaften die selbständige Existenz zu belassen. Die Gesellschafter der einen Gesellschaft übernehmen die neuen Geschäftsanteile der anderen und bringen auf ihre übernommene Einlage die Geschäftsanteile der ersteren ein. Je nach dem inneren Wert dieser inferierten Geschäftsanteile werden diese über, unter oder zu pari übertragen. Eine Kapitalserhöhung kann endlich auch in der Weise ins Werk gesetzt werden, daß den Gesellschaftern freigestellt wird, ihre bisherigen Geschäftsanteile zu einem bestimmten Prozentsatz in Zahlung zu geben. Es ist das im Aktienrecht für zulässig erachtet worden (Staub HGB. Anm. 1 zu § 279). Es ist nicht ersichtlich, warum es hier weniger der Fall sein soll (vgl. Anm. 47 zu § 5). Im übrigen ist bezüglich aller Fragen der Sacheinlage und deren Folgen auf die Ausführungen zu § 5 zu verweisen. Die Sacheinlage bei der Erhöhung des Stammkapitals ist dieselbe rechtliche Erscheinung wie bei der Gründung der Gesellschaft (Anm. 11ff. zu § 5). Ebenso gilt hier dasselbe wie bei der Gründung von der Vergütung für Gegenstände, welche die Gesellschaft übernimmt und die auf die Einlage aufgerechnet werden (vgl. Anm. 28 bis 31 zu § 5).

Anm. 3. 3. **Die in Abs. 1 unseres Paragraphen vorgesehenen Punkte müssen in dem Generalversammlungsbeschlusse festgesetzt werden.** Die Folgen der Zuwiderhandlung sind auch hier die Unwirksamkeit dieser Absprache der Sacheinlage (vgl. hierüber Anm. 42ff. zu § 5). Das Gesetz behandelt die Kapitalserhöhung grundsätzlich gleich der Gründung. Es läßt insbesondere auch die Aufrechnung nur dann zu, wenn sie im Erhöhungsbeschlusse gestattet ist (vgl. [ungedrucktes] Urteil des RG. v. 24. 2. 06. Rep. I 369/05). Der Gesellschafter kann auch bei der Erhöhung des Stammkapitals seine ohne Erwähnung der Sacheinlage übernommene Einlage nicht anders als in Geld leisten. Sachen kann er nur in Ausführung eines Sacheinlagen gestattenden Kapitalserhöhungsbeschlusses einbringen. Der Umstand, daß die Angelegenheit der Sacheinlagen in der Gesellschafterversammlung zum Vortrag gebracht wurde, ändert daran nichts. Die Motive der Abstimmenden sind nicht zu ermitteln. Anders freilich, wenn der Beschluß zwar ersehen läßt, daß es sich um einen Sacheinlagebeschluß handelt, aber derselbe den Vorschriften des § 53 nicht entspricht und die dort bezeichneten Punkte nicht enthält. Dann geht aus dem Beschlusse hervor, daß es kein Gelderhöhungsbeschluß ist. Aber als Sacheinlagebeschluß kann er ebenfalls nicht gelten, weil er den gesetzlichen Erfordernissen nicht entspricht. Er ist vollständig ungültig. Über den Mangel der Erwähnung der Einlage in der Übernahmeerklärung vgl. Anm. 16 zu § 57. Im übrigen sei auf die Ausführungen in Anm. 32 bis 44 zu § 5 verwiesen.

Anm. 4. 4. **Die in Abs. 1 unseres Paragraphen vorgesehenen Punkte müssen außerdem in der Erklärung enthalten sein, durch welche der künftige Gesellschafter den Geschäftsanteil übernimmt.** Über die Erfordernisse der Angaben nach Inhalt und Bestimmtheit vgl. Anm. 32 bis 44 zu § 5.

Wenn, was häufig vorkommt, die Übernahme der neu zu schaffenden Geschäftsanteile in § 56.
demselben Protokoll erfolgt, wie der Beschluß selbst, so brauchen natürlich die in Abs. 1 enthaltenen Punkte nicht zweimal aufgeführt zu werden. Vielmehr genügt für die Übernahmeerklärung die Bezugnahme auf die in dem Beschluß erfolgte Aufzählung der Punkte. — Enthält die Übernahmeerklärung diese Punkte nicht in einer der hier dargelegten Arten, so ist die Kapitalserhöhung von der Eintragung zurückzuweisen. Wird sie dennoch eingetragen, so gilt sie, und es gilt auch die Übernahmeerklärung in Gemäßheit des Beschlusses. Denn für die Übernahmeerklärung ist die Vorschrift nur gegeben, damit der Registerrichter sieht, der Sacheinleger sei sich seiner Verpflichtung bewußt. Aber zur civilrechtlichen Gültigkeit der Verpflichtung genügt, wenn die Eintragung erst einmal erfolgt ist, jede Erklärung, welche nach allgemeinen civilrechtlichen Grundsätzen für eine Erklärung dieser Art ausreicht (vgl. Anm. 16 und 21 ff. zu § 57).

5. **Nach der Vorschrift des Abs. 2 unseres Paragraphen ist die Hergabe von Sachen statt baren Geldes zur Deckung der Einlageverpflichtung nur statthaft in Ausführung eines Kapitalserhöhungsbeschlusses, der dies in der in § 56 vorgeschriebenen Weise gestattet.** Erwähnt daher der Kapitalserhöhungsbeschluß die Zulässigkeit von Sacheinlagen nicht, so ist nur die Deckung der Einlagen durch bares Geld gestattet (vgl. oben Anm. 3 und Anm. 43 zu § 5). Erwähnt er sie, läßt er also erkennen, daß die Kapitalserhöhung durch Sacheinlagen gedeckt werden sollte, entspricht aber der Beschluß nicht den Erfordernissen des § 56 Abs. 1, so ist er ungültig (vgl. oben Anm. 3, Anm. 44 zu § 5 u. Anm. 41 zu § 19). Anm. 5.

Zusatz 1. Besonderheiten der Kapitalserhöhung für den Fall, wo der Gesellschafter durch die Kapitalserhöhung neue, im bisherigen Gesellschaftsvertrage nicht begründete Verpflichtungen gegenüber der Gesellschaft übernimmt. Der Kapitalserhöhungsbeschluß muß in solchem Falle die betreffenden Verpflichtungen enthalten. Dies ergibt sich aus § 3 Abs. 2 des Gesetzes. Muß der ursprüngliche Gesellschaftsvertrag, wenn bei der Gründung solche Verpflichtungen übernommen werden, sie aufnehmen, so muß auch der abgeänderte Gesellschaftsvertrag, wenn bei der Kapitalserhöhung solche Verpflichtungen übernommen werden, sie enthalten. Dahin gehört auch der Fall, daß ein Agio gezahlt werden muß (vgl. Anm. 26 zu § 3; ferner Anm. 2 zu § 55). Für die Übernahmeerklärung des sich bei der Kapitalserhöhung beteiligenden Gesellschafters ist zwar nicht in § 56 ein erweiterter Inhalt vorgeschrieben. Dieser bezieht sich auf diesen Fall überhaupt nicht. Wohl aber § 55 Abs. 2 Satz 2. Wenn hier gesagt ist, daß die Übernahmeerklärung außer dem Betrage der Stammeinlage auch sonstige Leistungen enthalten muß, zu welchen der Beitretende nach dem Gesellschaftsvertrage verpflichtet sein soll, so kann dies ganz zwanglos auch auf diejenigen Leistungen bezogen werden, welche der Gesellschafter nach dem bei dieser Gelegenheit abgeänderten Gesellschaftsvertrage übernehmen soll. Welche Folgen es aber hat, wenn die Übernahmeerklärung diesen erweiterten Inhalt nicht hat, darüber siehe Anm. 16 und 30 zu § 57. Anm. 6.

Zusatz 2. Wegen der Stempelung der hier in Frage kommenden Beschlüsse, Übernahmeerklärungen und Verträge siehe Anm. 35 ff. zu § 55. Anm. 7.

§ 57.

Die beschlossene Erhöhung des Stammkapitals ist zur Eintragung in das Handelsregister anzumelden, nachdem das erhöhte Kapital durch Übernahme von Stammeinlagen gedeckt ist.

Die Bestimmung im § 7 Absatz 2 über die vor der Anmeldung des Gesellschaftsvertrages zu leistende Einzahlung, sowie die Bestimmung im § 8 Absatz 2 über die in der Anmeldung abzugebende Versicherung finden entsprechende Anwendung.

§ 57. Der Anmeldung sind beizufügen:

1. die im § 55 Absatz 1 bezeichneten Erklärungen oder eine beglaubigte Abschrift derselben;
2. eine von den Anmeldenden unterschriebene Liste der Personen, welche die neuen Stammeinlagen übernommen haben; aus der Liste muß der Betrag der von jedem übernommenen Einlage ersichtlich sein.

In Bezug auf die Verantwortlichkeit der Anmeldenden für die Richtigkeit ihrer Angaben finden die Bestimmungen im § 9 entsprechende Anwendung.

Ein- leitung. **Der vorliegende Paragraph ordnet die Anmeldung der Kapitalserhöhung zur Eintragung in das Handelsregister (Abs. 1—3) und die Verantwortlichkeit für unrichtige Angaben bei der Anmeldung der Kapitalserhöhung (Abs. 4) an.** In Zusätzen sollen noch einige weitere Punkte erörtert werden.

Anm. 1. 1. (Abs. 1—3.) **Die Anmeldung der Kapitalserhöhung zur Eintragung in das Handelsregister.**

a) Wer hat anzumelden? Die sämtlichen Geschäftsführer (§ 78 und Anm. 1 daselbst).

Anm. 2. b) Der Gegenstand und Inhalt der Anmeldung. Es ist anzumelden die beschlossene Kapitalserhöhung nach ihrer Durchführung. Es kann nicht, wie im Aktienrecht (§ 285 HGB.), zuerst der Kapitalserhöhungsbeschluß und alsdann seine Durchführung angemeldet werden. Wird vielmehr die Kapitalserhöhung durch Übernahme von Stammeinlagen und Bewirkung der vor der Anmeldung erforderlichen Leistungen auf die Stammeinlagen nicht gedeckt, so unterbleibt auch die Eintragung des Beschlusses, daß das Kapital erhöht werden soll. Ist das Kapital nicht vollständig gedeckt, so ist die Anmeldung zurückzuweisen, falls nicht lediglich ein Maximalbetrag beschlossen war, so daß der erreichte Betrag ebenfalls als beschlossen anzusehen ist (vgl. Anm. 6 zu § 55; OLG. Hamburg v. 18. 1. 05 in CBlFG. 6, 138; KG. v. 14. 9. 04 in OLGR. 10, 243). Über die Folgen der Eintragung ohne gültige Übernahmeerklärungen vgl. unten Anm. 20 ff.

Anm. 3. Die Versicherung bei der Anmeldung ist die gleiche wie bei der Anmeldung der Errichtung der Gesellschaft. Das Gesetz hat dies im vorliegenden Abs. 2 durch Bezugnahme auf § 7 Abs. 2 und § 8 Abs. 2 zum Ausdruck gebracht. Es kann daher auf die Erläuterungen zu dieser Vorschrift in Anm. 14 ff. zu § 7 und in Anm. 11 ff. zu § 8 verwiesen werden. Über die Abgabe der Anmeldung durch Stellvertreter vgl. Anm. 7 zu § 7 und KG. v. 28. 11. 04 in CBlFG. 6, 86 und KGJ. 28 A, 229.

Anm. 4. c) Die Anlagen der Anmeldung.

α) Die erste selbstverständliche Anlage ist die Beifügung einer Ausfertigung oder einer beglaubigten Abschrift des Kapitalserhöhungsbeschlusses (§ 54).

Anm. 5. β) Ferner die Übernahmeerklärungen, wie sie in § 55 Abs. 1 und § 56 vorgeschrieben sind, oder eine beglaubigte Abschrift derselben.

Anm. 6. γ) Eine Liste der neuen Gesellschafter. Dieselbe muß den Namen der neuen Gesellschafter und den Betrag der von jedem übernommenen Einlage ersichtlich machen. Ob Sacheinlagen oder Geldeinlagen übernommen werden, braucht aus der Liste nicht ersichtlich zu sein. Außer den Namen der Personen muß auch noch der Vorname, Stand und Wohnort verzeichnet sein. Zwar ist das hier nicht vorgeschrieben. Aber als Wille des Gesetzes muß es angesehen werden, daß hier die gleiche Liste wie in § 8 Nr. 3 vorgeschrieben werden sollte. Die Liste muß von den Anmeldenden, also von den Geschäftsführern, unterschrieben sein. Einer Beglaubigung ihrer Unterschrift bedarf es nicht.

Anm. 7. d) Die Anmeldung muß beglaubigt sein. Vgl. Anm. 1 zu § 54.

e) Zu welchem Register erfolgt die Anmeldung? Zunächst zum Register des Sitzes der Gesellschaft. Die Eintragung in dieses Register ist wesentlich für die Gültigkeit der Kapitalserhöhung. Vor dieser Eintragung gilt sie nicht (vgl. § 54 Abs. 3). Zur Eintragung in dieses Register aber besteht kein Zwang durch den Registerrichter (§ 79). Die Gesellschafter müssen sich in anderer Weise helfen, wenn die Geschäftsführer die Anmeldung verzögern oder verweigern (vgl. Anm. 1 zu § 54). Die Anmeldung muß aber außerdem, nachdem die Eintragung in das Hauptregister

erfolgt ist, zum Zweigregister erfolgen (§ 59 des Gesetzes; § 13 HGB.). Hierzu aber § 57.
findet ein Zwang statt (vgl. § 79 des Gesetzes; § 14 HGB.). Andererseits ist die Anmeldung hier wieder vereinfacht (hierüber zu § 59).

2. **Die Verantwortlichkeit der Anmeldenden für die Richtigkeit ihrer Angaben.** Hier ist in Abs. 2 Anm. 8.
unseres Paragraphen der § 9 des Gesetzes für entsprechend anwendbar erklärt. Es ist daher auf die Erläuterungen zu § 9 zu verweisen. Zu bemerken ist, daß die Verjährung hier fünf Jahre seit der Eintragung des Kapitalserhöhungsbeschlusses läuft.

Dazu tritt noch die strafrechtliche Verantwortlichkeit des § 82 Nr. 1. Anm. 9.

3. **Eingetragen wird der Beschluß über die Erhöhung des Stammkapitals.** Das ist der Sinn der Worte „die beschlossene Erhöhung" (OLG. Hamburg in CBlFG. 6, 138). Nicht einzutragen ist, daß das neue Stammkapital gedeckt ist. In dem Falle, daß nur ein Maximalbetrag beschlossen, dieser durch die Deckung nicht erreicht wurde, wird nur der als gedeckt nachgewiesene Betrag eingetragen. Denn nur dieser ist der endgültig beschlossene. Es soll ja nur der Teil als gewollt gelten, für den sich Übernehmer fanden. Auch wenn Sacheinlagen erfolgen, ist ein Eintrag derselben nicht erforderlich. Es genügt die Bezugnahme auf die Urkunde (vgl. § 54 Abs. 2 und § 10 Abs. 2). Nur zu publizieren ist diese Art der Einlage.

Zusatz 1. Der Umfang der richterlichen Prüfungstätigkeit. Sie ist im allgemeinen schon in Anm. 10.
Anm. 13 ff. zu § 54 bei den Statutenänderungsbeschlüssen erörtert. Dort ist hervorgehoben, daß der Registerrichter nicht diejenigen Formalitäten des Beschlusses nachzuprüfen braucht, hinsichtlich deren auf die Rechtsfolgen der Verletzung verzichtet werden kann, z. B. die gehörige Einberufung der Gesellschafterversammlung, wenn nur das Protokoll den Eindruck macht, daß alles regelrecht hergegangen ist. Dagegen unterliegt seiner Prüfung, ob die nicht verzichtbaren Vorschriften des Beschlusses und der Anmeldung beobachtet sind: ob also die Viertelsdeckung erfolgt ist, ob die betreffenden Versicherungen abgegeben sind, ob die Übernahmeerklärungen in gehöriger und beglaubigter Form vorliegen; ob sie civilrechtlich gültig sind. Wo er Zweifel hat, kann er Ermittelungen anstellen (§ 12 FG.).

Über die Konsequenzen, welche die erste Auflage (Anm. 10 und 11 S. 338 und 339) aus Anm. 11.
der nicht aufrecht erhaltenen Ansicht, daß bei der Erhöhung des Stammkapitals entweder die neue Stammeinlage voll bezahlt werden oder die früheren Gesellschafter alle zustimmen müßten, für die Prüfungspflicht des Richters gezogen hatte, vgl. Anm. 16 zu § 24. Mit der Annahme der Meinung, daß die alten Gesellschafter für das neue Kapital nicht gemäß § 24 haften, entfällt jede solche Prüfungspflicht.

Zusatz 2. Wie aber, wenn die Eintragung erfolgt, obwohl der Registerrichter die Pflicht Anm. 12.
und das Recht gehabt hätte, die Eintragung zu versagen? Oder, mit anderen Worten, in welchen Fällen ist die eingetragene Erhöhung wieder zu beseitigen? Hier muß davon ausgegangen werden, daß der Geist des Gesetzes eine Erhaltung der Erhöhung, die einmal eingetragen und dem Publikum bekannt geworden ist, verlangt. Denn hierdurch ist die Erhaltung des Stammkapitals, dem das hauptsächlichste Bestreben des Gesetzes gilt, bedingt. Dies ist auch die Tendenz des § 144 Abs. 2 FG. Es muß dabei unterschieden werden zwischen den materiellen Mängeln, die also den Beschluß und die Übernahme der neuen Anteile betreffen, und den formellen Mängeln der Anmeldung und Eintragung.

1. Der Beschluß über die Erhöhung des Stammkapitals ist nicht in Ordnung. Anm. 13.

a) Er entbehrt der vorgeschriebenen Form, z. B. er ist nur in Privatschrift abgefaßt. Nach der im Gegensatze zu der Ansicht des RG. vertretenen Auffassung ist dieser Mangel durch den Eintrag geheilt (vgl. Anm. 50 zu § 2 und Anm. 11 zu § 54). Verlangt ist nur, daß die Eintragung dem Willen aller Beteiligten entsprach. Aus der Tatsache, daß der Beschluß nicht einstimmig gefaßt war, ist noch nicht zu folgern, daß die Eintragung gegen den Willen der überstimmten Mitglieder erfolgte. Es muß der Auffassung des Verkehrs- und Rechtslebens gemäß angenommen werden, daß das überstimmte Mitglied sich der Mehrheit unterordnet und mit der Eintragung einverstanden ist. Man beachte auch hier, daß die Form auch dann nicht gewahrt ist, wenn eine Beurkundung vor dem Notar zwar erfolgte, die Urkunde aber aus einem formellen

§ 57. Grunde nichtig ist (vgl. Anm. 50 zu § 2). Bei der Erhöhung des Stammkapitals wäre die Folge der Annahme der Nichtigkeit mangels der Form der absolute Ausschluß jeder Rechtswirkung. Eine dem § 77 analoge Heilung gibt es hier nicht. Die Einlage könnte trotz der Eintragung zurückgefordert werden, ein für den Verkehr mit der GmbH. völlig unbrauchbares Resultat (vgl. unten Zusatz 3 Anm. 24). Der Registerrichter darf also wegen eines Formmangels nicht zur Löschung des Beschlusses schreiten. Daraufhin weist auch der Wortlaut von § 144 Abs. 2 FG., der nur bei einer Verletzung zwingender Vorschriften durch den Inhalt des Beschlusses die Löschung zuläßt.

Anm. 14. b) Der Beschluß ist **inhaltlich** nicht in Ordnung. Es ist z. B. keine Mehrheit von drei Vierteln vorhanden. Er enthält die Bestimmung, daß Geschäftsanteile unter 500 M. geschaffen werden sollen u. s. w. In solchen und allen anderen Fällen, in denen es sich um zwingende Vorschriften handelt, ist der Beschluß nichtig. Er wird durch die Eintragung nicht geheilt. Der Registerrichter kann ihn zufolge § 144 FG. wieder beseitigen. Er wird es nur dann tun, wenn die Löschung im öffentlichen Interesse liegt. Zu beachten ist, daß auch hier stets die Androhung der Löschung unter Setzung einer Frist von mindestens drei Monaten zu erfolgen hat. Zweck derselben ist, der Gesellschaft Gelegenheit zur Beseitigung des Mangels zu geben. Insofern kann das Einschreiten des Registerrichters einen wohltuenden Zwang auf die Organe der Gesellschaft bedeuten. Die Heilung des Mangels kann nur durch erneute Vornahme des Beschlusses erfolgen. Eine Heilung des Beschlusses, die einstimmig erfolgen müßte (vgl. § 76), kennt das Gesetz hier nicht. Es genügt die mit der erforderlichen Mehrheit erfolgende Wiederholung. Ist diese vollzogen, so bedarf es keiner Löschung und Wiedereintragung. Der frühere Eintrag bleibt (vgl. Anm. 19 zu § 54). Damit ist selbstredend noch nicht die Gültigkeit der auf Grund des ungültigen Beschlusses erfolgten Übernahme hergestellt (vgl. unten Anm. 22). Solange diese fehlt, darf sich der Registerrichter nicht mit dem Nachweise der Wiederholung des Beschlusses allein begnügen. Die Sachlage ist für ihn die gleiche wie wenn jetzt erst die Anmeldung erfolgte. Nur das formelle Vorgehen, Löschung und Wiedereintragen kann er ersparen, vorausgesetzt daß die materiellen Voraussetzungen vorliegen.

Anm. 15. Handelt es sich dagegen um verzichtbare Vorschriften, die verletzt sind (vgl. hierüber Anm. 11 zu § 45 und Anm. 12 zu § 54), so kann aus deren Übertretung der Registerrichter kein Recht zur Streichung des Eintrags ableiten. Er muß die Geltendmachung des hieraus fließenden Anfechtungsrechts den Gesellschaftern überlassen. So z. B. in den Fällen der nicht ordnungsgemäßen Berufung der Versammlung, der Versagung eines Stimmrechts u. s. f. Wird aber als Ergebnis der Anfechtungsklage der Beschluß für aufgehoben erklärt, so liegt der Fall dem des Verstoßes gegen eine zwingende Bestimmung gleich.

Anm. 16. Handelt es sich um die Aufnahme von Bestimmungen, die zwar nicht für die Gültigkeit des Beschlusses wesentlich sind, die aber, um gültig zu sein, einen Teil des Beschlusses bilden müssen, so ist zu unterscheiden, ob sie überhaupt nicht in den Beschluß aufgenommen wurden oder zwar in demselben erscheinen, aber inhaltlich ungültig sind. Dies ist der Fall bei der Erhöhung durch Sacheinlagen (vgl. Anm. 3 zu § 56). Ebenso auch bei der Übernahme weiterer Pflichten der Gesellschafter neben der Kapitaleinlage (vgl. § 3 Abs. 2 und § 55 Abs. 2 Satz 2). Sind diese Modalitäten überhaupt nicht erwähnt, so berühren sie den Beschluß, der nur die Erhöhung ausspricht, nicht. Sie sind ohne Wirkung für die Gesellschaft. Erscheinen sie aber in dem Beschlusse, ist der Wille der Gesellschafter ersichtlich, daß die Erhöhung nur zum Zwecke des Erwerbes der Sacheinlage gegen Gewährung der neuen Geschäftsanteile erfolgen soll, ist erkennbar, daß die Erhöhung des Stammkapitals nur in der Weise gewollt ist, daß die neuen Gesellschafter sich zu Rübenlieferungen verpflichten oder die Konkurrenzklausel übernehmen u. s. w., so bewirkt die Unvollständigkeit oder aus sonstigen Gründen sich ergebende Ungültigkeit dieses Teiles des Beschlusses die Ungültigkeit des Ganzen. Dies gilt also insbesondere, wenn die Angaben über Person, Gegenstand und Wert bei der

Sacheinlage nicht oder nicht ordnungsgemäß gemacht sind (Anm. 42 zu § 5, Anm. 3 zu § 56). Die Gesellschafter wollen keine Erhöhung des Stammkapitals unter Einzahlung baren Geldes. Daher ist der Registerrichter berechtigt, in solchen Fällen die Streichung gemäß § 144 FG. wegen Ungültigkeit des ganzen Beschlusses anzudrohen. § 57.

Bedarf der Erhöhungsbeschluß infolge der **Konzessionspflicht** des Unternehmens der Beibringung der Konzession (vgl. Anm. 9 zu § 54), so macht der Mangel derselben den Beschluß unwirksam. Er ist zwar inhaltlich in Ordnung. Seine Gültigkeit hängt aber von der Zustimmung eines Dritten ab wie die des Rechtsgeschäfts der Minderjährigen (vgl. Anm. 10 zu § 75, Anm. 8 zu § 3). Wird die Genehmigung innerhalb der bei der Androhung der Löschung gesetzten Frist nicht beigebracht, so wird der Eintrag wieder beseitigt. Anm. 17.

Dagegen hat das Erfordernis der Zustimmung aller oder einzelner der bisherigen Gesellschafter nicht die Folge, daß sein Mangel den Beschluß unwirksam machte und zur Löschung berechtigte. Das Fehlen dieser Zustimmung schließt an sich nur den Eintritt der den Gesellschaftern nachteiligen Folgen für die nicht zustimmenden aus (vgl. Anm. 25 zu § 53 und Anm. 18 zu § 55). So also insbesondere wenn den neuen Geschäftsanteilen Vorrechte eingeräumt sind. Eine Ungültigkeit des Beschlusses wäre aus dem Grunde der mangelnden Zustimmung aller betroffenen Gesellschafter möglich, wenn erhellt, daß derselbe nur bei erfolgter Zustimmung aller gewollt ist (vgl. Anm. 25 zu § 53). Anm. 18.

2. Die Zulassung der neuen Mitglieder (§ 55 Abs. 2 Satz 4. Sie ist zwar ein notwendiger Teil des Erhöhungsvorgangs, nicht des Erhöhungsbeschlusses. Sie kann diesem vorangehen und ihm nachfolgen. Ebenso ist ihre zeitliche Verbindung mit der Übernahmeerklärung gleichgültig. Sie kann formlos erfolgen. Auch stillschweigend. Aber sie muß als eine Erklärung der Gesellschafter vorhanden sein (vgl. Anm. 8 zu § 55). Fehlt diese, so fehlt ein wesentliches Glied in der Kette des Erhöhungsgeschäfts. Es mangelt eine Voraussetzung des Eintrags. Der Registerrichter hat ihn zurückzuweisen. Es genügt also nicht, daß die Gesellschafter die Erhöhung des Stammkapitals um 100000 M. beschließen, daß dann die Geschäftsführer die Übernahmeerklärung bewirken und diese beide Urkunden vorlegen. Es muß auch die Zustimmung der Gesellschafter zum Eintritt der neuen Mitglieder vorliegen. Diese ist aber gegeben, wenn aus dem Beschlusse selbst erhellt, daß der Wille der Gesellschafter dahin geht, jeden Dritten, der ein Geschäftsanteil übernimmt und das Kapital zeichnet, anzunehmen. In dem Auftrag an die Geschäftsführer, neue Mitglieder zu werben, wird diese Zustimmung liegen. Anders wenn es sich um die gleichzeitige Übernahme bestimmter weiter gehender Pflichten handelt. Hier haben die Gesellschafter im Zweifel sich die Zulassung vorbehalten. Anm. 19.

Ist aber die Eintragung ohne die vorherige Zulassung der neu eintretenden Gesellschafter erfolgt, so kann hieraus der Registerrichter nicht das Recht zur Wiederbeseitigung des eingetragenen Beschlusses ableiten. Der Inhalt des Beschlusses ist nicht nichtig. Es handelt sich nur um einen Mangel der Deckung des erhöhten Kapitals (vgl. hierüber unten Anm. 20 ff.).

3. Eine **Übernahmeerklärung** ist nicht gültig, oder es fehlt an einer solchen. Anm. 20.

a) Einfluß auf den Erhöhungsbeschluß. Auch hier hat der Registerrichter die Eintragung abzulehnen. Der Erhöhungsbeschluß soll nur eingetragen werden, wenn der volle Betrag des erhöhten Kapitals gedeckt ist. Allein ein Mangel dieser Voraussetzung berührt die Rechtswirksamkeit des Erhöhungsbeschlusses, welche dieser durch die Eintragung erlangte, nicht. Sein Inhalt ist gültig. Eine Löschung von Amtswegen muß hiernach versagt werden (§ 144 Abs. 2 FG., vgl. oben Anm. 12 und Anm. 21 zu § 2). Es fehlt allerdings eine Voraussetzung seines Eintrages. Allein dieser Mangel gibt bei den Beschlüssen der Gesellschaft, die zum Handelsregister einzutragen sind, nur das Recht der Zurückweisung der Anmeldung, nicht das der Wiederbeseitigung. Es ist mithin unstatthaft, daß der Registerrichter, weil versehentlich die Erhöhung des Stammkapitals um 100000 M., obwohl nur 90000 M. gedeckt waren oder weil nur die Über-

§ 57. nahme durch einen Minderjährigen oder bedingt erfolgt war (vgl. Anm. 29 zu § 55, Anm. 21 ff. zu § 2), die Löschung des Erhöhungsbeschlusses androhe oder die Herabsetzung desselben auf den gültig gezeichneten Betrag. Es gilt dasselbe, was bei der Gründung der Gesellschaft bezüglich der Gültigkeit einer Beitrittserklärung ausgeführt wurde (vgl. Anm. 21 u. 24 zu § 2). Die Folge ist, daß die Gesellschaft auf ihrer Passivseite das volle Kapital, wie es der Erhöhungsbeschluß festsetzt, zu führen hat. Nur im Wege des Herabsetzungsverfahrens kann sie den ungültig oder überhaupt nicht gezeichneten Betrag wieder beseitigen. Solange dies nicht geschah, muß diese Höhe des Stammkapitals berücksichtigt werden. Es dürfen keine Auszahlungen an die Gesellschafter erfolgen, also namentlich kein Gewinn ausgeschüttet werden (vgl. Anm. 25 zu § 2). Zulässig ist auch hier die Ergänzung der fehlenden Übernahme durch spätere gültige Zeichnungen (vgl. Anm. 27 zu § 2). Eine Haftung der übrigen Gesellschafter für den ausfallenden Betrag besteht auch hier nicht (vgl. Anm. 26 zu § 2). Davon, daß in dieser Einsetzung der vollen Erhöhung in der Bilanz eine Täuschung der Gläubiger liege, wie Parisius-Crüger Anm. 1 zu § 57 meinen, kann nicht gesprochen werden. Wenn ein Gläubiger die Bilanz sieht, und das ist nicht die Regel, so muß ja aus derselben durch die Ungleichheit der Aktivseite und Passivseite das Fehlen der Deckung erhellen. Für den Dritten, der auf dieser Basis mit der Gesellschaft kontrahiert, kommt es aber nur darauf an, zu wissen, wie der Vermögensstand der Gesellschaft ist. Woher die Unterbilanz rührt, ist dabei von untergeordneter Bedeutung. Eher wäre es eine Täuschung der Gläubiger, wenn die Erhöhung eingetragen und publiziert wäre, dann aber die Gesellschaft einfach den nicht gültig gezeichneten Betrag der Erhöhung von dem Stammkapital abstriche. Davon merkte niemand etwas. Es erfolgten Auszahlungen an die Gesellschafter ohne Deckung dieses Verlustes. Das gerade verbietet aber das Gesetz in § 30 Abs. 1.

Anm. 21. b) Einfluß der Eintragung auf die ungültige Übernahme.

α) Handelt es sich um einen Mangel der Form, so kann dieser durch Erfüllung geheilt werden (vgl. Anm. 18 zu § 55). Vorausgesetzt ist hierzu ein rechtswirksamer Erhöhungsbeschluß. Also ist der Eintrag hier insofern von Bedeutung, als die auf Grund formloser Übernahme erfolgte Leistung nach dem Eintrag sofern dieser den Beschluß gültig macht (vgl. oben Anm. 13) nicht zurückgefordert werden kann. War nur teilweise erfüllt, so ist nur teilweise geheilt. So wenn nur die 25 Proz. Einzahlung geleistet waren. Hatten die Übernehmer schon vor der Eintragung die Rückgabe wegen Formmangels gefordert, so kann die Eintragung nicht die Rückforderung ausschließen.

Anm. 22. *β*) Ist die Willenserklärung wegen eines ihr anhaftenden Mangels ungültig, so ist die Eintragung ohne Einfluß. So insbesondere bei der Vertretung ohne Vollmacht, bei Minderjährigen oder Geschäftsunfähigen (vgl. Anm. 22 zu § 2). Eine Heilung tritt im ersten Falle durch Genehmigung des Vertretenen ein (§ 180 BGB.). Sie kann auch stillschweigend, z. B. durch Teilnahme an Gesellschafterversammlungen, erfolgen. Ebenso bei dem Beitritte eines Minderjährigen. Anders bei der Nichtigkeit des Beitritts infolge von Geschäftsunfähigkeit des Erklärenden wegen Geisteskrankheit oder sinnloser Trunkenheit (§ 104 BGB.). Die Übernahme bedarf hier einer Wiederholung in vorschriftsmäßiger Form. Die Anfechtung wegen Irrtums, Betrugs und Zwanges ist bis zur Eintragung gestattet, nach der Eintragung ausgeschlossen (vgl. Anm. 23 zu § 2, Anm. 30 zu § 55). War der Erhöhungsbeschluß inhaltlich ungültig, z. B. wegen Schaffung von Geschäftsanteilen unter 500 M., so ist auch eine gültige Übernahme nicht erfolgt. Es bedarf in diesem Falle nach der Neufassung des Beschlusses einer Wiederholung der Übernahme. Wird diese verweigert, so steht der Gesellschaft nur dann ein Anspruch auf Abgabe derselben zu, wenn ein wirksames Versprechen der Übernahme vorliegt (vgl. Anm. 31 zu § 55). Es ist Tatfrage, ob dieses in der mangels gültigen Beschlusses ungültigen Übernahme gesehen werden kann (vgl. auch oben Anm. 14).

Über die Anfechtung einer Übernahme seitens der Gesellschaft wegen eines von dem Übernehmer verübten Betruges u. s. w. vgl. Anm. 32 zu § 2.

γ) Ist die Übernahme unter Vorbehalt, Bedingung oder Befristung erfolgt, so wird sie nach der Eintragung wirksam, wenn der Übernehmer sich der Gesellschaft gegenüber wie ein Gesellschafter benimmt. Er verzichtet dann auf den Vorbehalt u. s. w. Über die unvollständige Übernahmeerklärung bei einer Sacheinlage vgl. Anm. 4 zu § 56. § 57.

4. Die Anmeldung ist fehlerhaft. Darunter fallen sowohl formelle als materielle Mängel der Anmeldung. Also z. B. daß sie nicht in beglaubigter Urkunde eingereicht ist, daß die Versicherung der Einzahlung der 25 Proz. fehlt, daß nicht alle Geschäftsführer unterzeichneten, daß die vorgeschriebenen Beilagen nicht vorliegen u. s. f. Aus einem solchen Mangel kann der Registerrichter kein Recht der Löschung ableiten. Er soll vor der Eintragung prüfen, ob die Anmeldung sich korrekt abspielt. Die Vorschriften über die Anmeldung bezwecken eine Prüfung über die Grundlagen des Beschlusses und eine Sicherheit des Publikums. Aber die Fehler der Anmeldung sind niemals von der Bedeutung, daß eine gültige Erhöhung des Stammkapitals wieder beseitigt werden könnte. Das widerspricht dem Streben des Gesetzes auf Erhaltung des Stammkapitals aufs schärfste. Die Voraussetzungen des Eintrags, bei deren Fehlen der Registerrichter den Eintrag wieder löschen kann, sind nur als materiellrechtliche zu verstehen. Das Handelsregister muß unrichtig sein. Es muß etwas bekunden, was in Wahrheit nicht vorliegt. Ist das Bekundete aber richtig, hätte es nur nicht eingetragen werden sollen, weil die Kontrollvorschriften nicht beachtet sind, so darf es nach vollzogenem Eintrage nicht wieder beseitigt werden. Diesen Gedanken entspricht es, wenn das RG. (54, 393 JW. 03, 248 Nr. 33) es für unerheblich erklärt, ob die Versicherung über die erfolgte Einzahlung richtig ist oder nicht. Die Leistung der Einlage kann ja bei gültiger Übernahme im Wege der Klage erzwungen werden (KG. v. 26. 7. 02 in DJZ. 8, 33). Nach demselben Prinzip müssen aber auch die anderen Fragen dieser Art entschieden werden. Der Registerrichter kann also eine Eintragung auch nicht deshalb beseitigen, weil bei der Anmeldung ein Geschäftsführer oder weil alle die vorgeschriebene Versicherung über die erfolgte Leistung auf die Stammeinlage unterließen. Das RG. hat in der zitierten Entscheidung diese Frage dahin gestellt gelassen. Sie muß aber ebenfalls in der die Erhaltung des Gesellschaftskapitals schützenden Weise beantwortet werden. Wenn es unerheblich ist, ob die vorgeschriebene Viertelsdeckung vorliegt, so muß es umso mehr gleichgültig sein, ob sie, wenn erfolgt, nicht von dem Anmeldenden erklärt ist. Daher ist der Beschluß des KG. v. 28. 11. 04 (CBlFG. 6, 86 und JKG. 28 A, 229), worin das KG. die Stellvertretung bei der Anmeldung des erhöhten Kapitals für unstatthaft erklärt (vgl. oben Anm. 4), jedenfalls insofern unhaltbar, als er dem Registerrichter oder dem vorgesetzten Landgericht (§§ 142, 143 FG.) das Recht der Löschung aus diesem Grunde geben will. Es beruht dies auf einer unzulässigen Anwendung des § 142 FG. Noch weniger kann von einer nach der Eintragung erfolgenden Löschung die Rede sein, wenn nur die Vorlage der in § 57 Abs. 3 vorgeschriebenen Urkunde unterblieben war. Der Registerrichter kann sie nachträglich durch Androhung von Ordnungsstrafen erzwingen. Eine Löschung kann er nicht androhen. Auch bezüglich der in Abs. 3 Ziff. 2 erwähnten Liste der Gesellschafter (oben Anm. 6) ist die Vorschrift zwingend. („Der Anmeldung sind beizufügen".) Aber niemand wird ernstlich den Gedanken hegen, daß mangels dieser Liste der Eintrag wieder gelöscht werden kann. Dies aber auch deshalb, weil wieder hier der Inhalt der Eintragung in keiner Weise berührt wird. Anm. 23.

Zusatz 3. Eine Nichtigkeitsklage, den Bestimmungen der §§ 75—77 entsprechend und mit den Rechtsfolgen zu Gunsten der Gläubiger auf Einzahlung zu deren Befriedigung, kennt das Gesetz bei der Erhöhung des Stammkapitals nicht. Wenn also bei einem Mangel des Beschlusses das Registergericht von Amtswegen löscht oder wenn auf Klage eines Gesellschafters die Nichtigkeit festgestellt oder dem Anfechtungsbegehren (vgl. Anm. 12 zu § 45) entsprochen wird, so tritt vollständige Aufhebung des geschaffenen Zustandes ein. Die einbezahlten Beträge sind zurückzubezahlen. Auch wenn infolge der publizierten Erhöhung die Gesellschaft einen größeren Kredit genoß, ist § 77 Abs. 3 nicht anwendbar. Während also bei einer Annahme der Nichtigkeit der Gründung infolge des Fehlens der notariellen Urkunde das Anm. 24.

§ 57. RG. die Konsequenzen dieser Ansicht dadurch mildern konnte, daß für die Gläubiger durch § 77 Abs. 3 gesorgt war, so versagt dieses Moment hier vollständig. Der Gesellschafter nimmt seine Einlage wieder, die vorhandene Sacheinlage sogar im Stück. Noch außenstehende Leistungen weigert er. Hierin liegt ein besonders schwerwiegendes Argument gegen die Ansicht des RG. bezüglich des Mangels der Form. Nur wenn es sich um materielle Mängel handelt, lassen sich diese Folgen nicht abwenden. So z. B., wenn in dem Beschlusse nicht der Betrag des neuen Kapitals angegeben ist.

Anm. 25. **Zusatz 4. Die Wirkung der Eintragung** ist, daß der Beschluß in Wirksamkeit getreten ist (§ 54 Abs. 3). Das Stammkapital der Gesellschaft ist nunmehr erhöht. Die Übernehmer der neuen Stammanteile sind Mitglieder der Gesellschaft geworden (vgl. Anm. 7 zu § 54).

Inwieweit diese Wirkung trotz Mangel der Eintragung und ihrer Grundlagen eintritt, darüber siehe Anm. 12 ff.

Eine fernere Wirkung der Eintragung ist die, daß, wenn die Publikation hinzukommt, ein Dritter die Erhöhung des Stammkapitals gegen sich gelten lassen muß (siehe Anm. 10 zu § 54).

Anm. 26. **Zusatz 5. Auch die Publikation** durch das Gericht muß erfolgen. Und zwar muß nach § 54 Abs. 2 und § 10 Abs. 3 publiziert werden, an welchem Tage die Kapitalserhöhung beschlossen wurde. Denn es ist nach § 54 Abs. 2, § 10 Abs. 3 und Abs. 1 der Tag des Abschlusses des Gesellschaftsvertrages zu publizieren. Das erhöhte Stammkapital aber beruht auf dem ursprünglichen und dem durch den Kapitalserhöhungsbeschluß abgeänderten Gesellschaftsvertrage. Ferner ist nach § 54 Abs. 2 und § 10 Abs. 3 und Abs. 1 die veränderte Ziffer des Stammkapitals bekannt zu geben. Endlich müssen, wenn Sacheinlagen gemacht werden, erweiterte Veröffentlichungen erfolgen (§ 54 Abs. 2 und § 10 Abs. 3), aus denen die Sacheinlage, der Gegenstand, die Person des Einlegers und der hierfür angenommene Wert ersichtlich sind (vgl. Anm. 17 ff. zu § 10).

Vgl. über alles dieses auch Anm. 3 ff. zu § 54.

§ 58.

Eine Herabsetzung des Stammkapitals kann nur unter Beobachtung der nachstehenden Bestimmungen erfolgen:

1. der Beschluß auf Herabsetzung des Stammkapitals muß von den Geschäftsführern zu drei verschiedenen Malen durch die im § 30 Absatz 2 bezeichneten Blätter bekannt gemacht werden; in diesen Bekanntmachungen sind zugleich die Gläubiger der Gesellschaft aufzufordern, sich bei derselben zu melden; die aus den Handelsbüchern der Gesellschaft ersichtlichen oder in anderer Weise bekannten Gläubiger sind durch besondere Mitteilung zur Anmeldung aufzufordern;
2. die Gläubiger, welche sich bei der Gesellschaft melden und der Herabsetzung nicht zustimmen, sind wegen der erhobenen Ansprüche zu befriedigen oder sicherzustellen;
3. die Anmeldung des Herabsetzungsbeschlusses zur Eintragung in das Handelsregister erfolgt nicht vor Ablauf eines Jahres seit dem Tage, an welchem die Aufforderung der Gläubiger in den öffentlichen Blättern zum dritten Male stattgefunden hat;
4. mit der Anmeldung sind die Bekanntmachungen des Beschlusses einzureichen; zugleich haben die Geschäftsführer die Versicherung abzugeben, daß die Gläubiger, welche sich bei der Gesellschaft gemeldet und der Herabsetzung nicht zugestimmt haben, befriedigt oder sichergestellt sind.

Die Bestimmung im § 5 Absatz 1 über den Mindestbetrag des Stamm- § 58.
kapitals bleibt unberührt. Erfolgt die Herabsetzung zum Zweck der Zurückzahlung von Stammeinlagen oder zum Zweck des Erlasses der auf diese geschuldeten Einzahlungen, so darf der verbleibende Betrag der Stammeinlagen nicht unter den in § 5 Absatz 1 und 3 bezeichneten Betrag herabgehen.

Der vorliegende Paragraph handelt von der Kapitalsherabsetzung.

I. **Gegenstand des vorliegenden Paragraphen ist die Kapitalsherabsetzung zum Unterschiede von der in § 34 behandelten Einziehung.** Diese letztere ist keine Herabsetzung des Stammkapitals. Bezüglich des Gegensatzes beider ist auf die Ausführungen zu § 34 zu verweisen (vgl. insbesondere Anm. 2 u. 7 zu § 34). Das Wesentlichste ist stets, daß bei der Amortisation aus Gewinnüberschüssen einfach nur der Geschäftsanteil vernichtet wird. Soll auch das Stammkapital herabgesetzt werden, so ist stets der in § 58 vorgezeichnete Weg zu betreten. Einziehung von Geschäftsanteilen ohne denselben aus den Überschüssen berührt das Stammkapital nicht. Anm. 1.

II. **Die wirtschaftliche Bedeutung der Kapitalsherabsetzung.** Die Stammkapitalsziffer ist ein ständiger Passivposten in der Bilanz. Da nur der Überschuß der Aktiva über die Passiva den Gesellschaftern ausbezahlt werden darf (§ 30 Abs. 1), so ist dieser Passivposten das arithmetische Hilfsmittel, um die Verteilung von Gesellschaftsvermögen unter die Gesellschafter so lange zu verhindern, als bis die Gesellschaft so viel Werte aufgespart hat, daß dieselben außer dem Betrage aller übrigen Passivposten auch den Betrag der Stammkapitalsziffer erreichen. Insofern ist die Ziffer des Stammkapitals ein ständiger Passivposten. Aber absolute Ständigkeit ist weder erforderlich noch wünschenswert. Es kann Fälle geben, welche es wirtschaftlich gerechtfertigt erscheinen lassen, die Stammkapitalsziffer zu verringern. Das Gesetz trägt diesem Falle Rechnung. Aber nur soweit dies ohne Benachteiligung der Interessen der Gläubiger geschehen kann. Deshalb sind eine Reihe von Schutzvorschriften gegeben. Denn die Kreditbasis der Gesellschaft, die Stammkapitalsziffer, wird verringert. Ist mehr Vermögen vorhanden als nach der Herabsetzung des Stammkapitals zu dessen Erhaltung nötig ist (§ 30 Abs. 1), so wird durch die Herabsetzung ein Bilanzüberschuß hergestellt. Der so gewonnene Überschuß wird verwendet zu den Zwecken, denen die Kapitalsherabsetzung dienen soll: zur Rückzahlung an die Gesellschafter, sei es an alle, sei es an einzelne, deren Geschäftsanteile eingezogen werden, zum Erlaß von rückständigen Einlagen, zur Bildung von Reservekonten, durch deren Bestehen der Verteilung von Gesellschaftsvermögen unter die Gesellschafter der Weg nicht so leicht versperrt wird, wie durch das Bestehen einer gleich hohen Stammkapitalsziffer, da ja Reservekonten durch Gesellschafterbeschluß wieder aufgelöst werden können. Ergibt sich durch die Herabsetzung auch kein Überschuß, war vielmehr vorher eine Unterbilanz vorhanden, so ermöglicht die Herabsetzung des Stammkapitals bei künftigen Überschüssen eine Verteilung. Ohne dieselbe wäre der Gewinn zur Auffüllung und Wiederergänzung des verlorenen Kapitals zurückzubehalten. Die Herabsetzung ermöglicht daher hier die Austeilung künftigen Vermögens der Gesellschaft. In beiden Fällen dient die Herabsetzung der Beseitigung der Anwendung des § 30 Abs. 1 und seiner Folgen. Deshalb sollen die Gläubiger gegen die Gefahren, welche durch diese Vermehrung der Verteilungsmöglichkeiten entstehen, geschützt werden. Sie sollen entweder einer solchen Kapitalsherabsetzung zustimmen oder befriedigt oder sichergestellt werden, ehe die Kapitalsherabsetzung wirksam wird. Anm. 2.

Die Kapitalsherabsetzung kann entweder eine nur nominelle oder auch eine materielle sein. Wirtschaftlich gerechtfertigt ist die erstere z. B., wenn die Gesellschaft ihre Aktiva bei der Gründung zu teuer erworben hat oder wenn ein Teil der Aktiva durch rückläufige Konjunktur einen erheblichen Teil seines Wertes verliert. Da die Aktivziffern der Bilanz höchstens den wahren Wert der Aktiva wiedergeben dürfen, so müssen in solchen Fällen erhebliche Abschreibungen erfolgen. Die Folge ist ein Anm. 3.

§ 58. Verlust an Stammkapital. Da nun nur der Überschuß der Aktiva über die Passiva verteilungsfähig ist (§ 29), so vermindern sich dadurch in gleichem Maße die Chancen des Dividendenbezuges für die Gesellschafter. Bei einer Gesellschaft, die im übrigen gute Geschäfte macht und sogenannten Bruttogewinn erzielt, ist ein solcher Zustand für die Dauer eine Ungerechtigkeit. Diese kann dadurch beseitigt werden, daß auch die Passivziffer gemindert wird. Am besten ist es ja, wenn dies durch Streichung sonstiger Reservekonten geschieht. Stehen aber solche nicht zur Verfügung, so bleibt nichts übrig, als die Ziffer des Stammkapitals zu verringern. Das ist ein Fall solcher Kapitalsherabsetzung. Ihm gleich stehen die Fälle, in denen aus anderen Ursachen schwere Verluste, die das Kapital angriffen, erfolgten. Namentlich wenn neues Geld zur Beteiligung gewonnen werden soll, wird vorher eine Herabsetzung des Stammkapitals verlangt. In all diesen Fällen erfolgt lediglich eine nominelle Herabsetzung des Grundkapitals, eine Herabsetzung zum Zwecke der Tilgung einer Unterbilanz.

Anm. 4. Ein wichtiger Anlaß zur materiellen Kapitalsherabsetzung ist die Überflüssigkeit eines Teils des vorhandenen Betriebskapitals. Wenn z. B. das von der Gesellschaft betriebene Geschäft mit einem Betriebskapital von 500000 M. sehr gut gewinnbringend geführt werden kann, während das eingezahlte und noch vorhandene Stammkapital 750000 M. beträgt, so ist der Wunsch der Gesellschafter auf Rückzahlung des für den Betrieb überflüssigen Teiles des Gesellschaftsvermögens wirtschaftlich wohl berechtigt. Der Erfüllung dieses berechtigten Wunsches dient die Kapitalsherabsetzung. Die Ziffer des Stammkapitals wird in solchem Falle auf 500000 M. herabgesetzt. Der hierdurch entstehende Überschuß der Aktiva über die Passiva von 250000 M. wird unter die Gesellschafter verteilt. Die Überflüssigkeit kann auch dadurch eintreten, daß die Gesellschaft aus ihren Überschüssen, die sie ansammelt, hinreichendes Kapital hat. Sie kann sich in diesem Falle mit der Einziehung einzelner Geschäftsanteile oder einer ratierlichen Reduktion aller, Einverständnis der Beteiligten oder statutarische Verpflichtung derselben hierzu vorausgesetzt (vgl. Anm. 3, 9, 13, 25 zu § 34), begnügen. Sie kann aber gleichzeitig das ganze Stammkapital herabsetzen.

Anm. 5. Als weiterer Fall der Herabsetzung des Stammkapitals ist zu erwähnen, daß ein Gesellschafter verpflichtet ist, unter gewissen Umständen aus der Gesellschaft auszuscheiden (vgl. Anm. 3 u. 13 zu § 34, Anm. 32 zu § 2 und Anm. 33 zu § 3). Es kann auch hier, falls Überschüsse vorhanden sind, also ein Mehrbetrag über das Stammkapital, die Einziehung unter Erhaltung der Stammkapitalziffer erfolgen. Fehlt es hieran, so muß das Stammkapital herabgesetzt werden. Nur hierdurch wird der zurückzuzahlende Einlagebetrag oder sonstige Anteil am Gesellschaftsvermögen frei.

Anm. 6. III. **Die rechtliche Bedeutung der Kapitalsherabsetzung** (vgl. auch Leist, die Sanierung von Aktiengesellschaften 1905, 67). Jede Kapitalsherabsetzung hat die Wirkung, daß die Ziffer des Stammkapitals verringert und hierdurch das Zahlenverhältnis der Aktiva zu den Passiven verschoben wird. Sie ist also ein arithmetisches Hilfsmittel, um die Bilanz anders zu gestalten, und da an die verschiedenen Gestaltungen der Bilanz sich weitere Konsequenzen anschließen, so ist sie das arithmetische Hilfsmittel, um diese weiteren Konsequenzen zu ermöglichen. Welche Konsequenzen dies sind, ist oben zu II auseinandergesetzt.

Anm. 7. Welche Wirkung hat die Herabsetzung des Stammkapitals auf die Geschäftsanteile? Wie bei der Einziehung der Geschäftsanteile ausgeführt worden, daß diese auf die Höhe des Stammkapitals ohne Einfluß ist (vgl. Anm. 19 zu § 34 und oben Anm. 1), so wird umgekehrt hier die Herabsetzung des Stammkapitals allein den Nominalbetrag der Geschäftsanteile nicht berühren. Dieser bedeutet, daß der Gesellschafter oder sein Rechtsvorgänger bei der Gründung der Gesellschaft den im Geschäftsanteil ausgedrückten Betrag an die Gesellschaft auf deren damaliges Stammkapital einlegte und dafür im Verhältnis seiner Einlage zu dem ganzen Stammkapitale beteiligt ist. Diese prozentuale Beteiligung bleibt dieselbe auch bei Herabsetzung des Stammkapitals. Betrug dieses ursprünglich 40000 M., so hat ein Geschäftsanteil von 4000 M. einen Anteil von einem Zehntel. Wird das Stammkapital auf 20 000 M. herabgesetzt, so bleibt der Geschäftsanteil von 4000 M. immer zu einem Zehntel beteiligt. Einen Satz, daß die Summe der Geschäftsanteile gleich der Summe des Stammkapitals sein muß, stellt das Gesetz überhaupt nicht auf. Es verlangt nur, daß der Gesamtbetrag der Stammeinlage mit dem Stammkapital übereinstimme. Die Regel gilt, wie schon früher ausgeführt, nur für die Gründung der Gesellschaft und die Erhöhung des Stammkapitals (vgl. Anm. 10 zu § 5, Anm. 19 zu § 34). Schwierigkeiten entstehen, sobald die Gesellschaft nach der Reduktion des Stammkapitals neues Kapital aufnimmt und neue Anteile ausgibt. Sie lösen sich sofort, wenn man die prozentuale Beteiligung stets ins Auge faßt. Die Beteiligung der neuen Gesellschafter ist die ihrer Leistung auf das neue Stammkapital entsprechende, während die der früheren Gesellschafter dem früheren Stammkapitale entspricht. Wird nach der Reduktion von 40 000 M. auf 20 000 M. das Stammkapital wieder um 20 000 M. erhöht, etwa durch Schaffung von zehn Geschäftsanteilen von je 2000 M., so sind diese bei einem Gesamtkapitale von 40 000 M. mithin zu je einem Zwanzigstel beteiligt. Der frühere Gesellschafter, der einen Geschäftsanteil von 4000 M. besaß, bleibt an dem reduzierten Stammkapitale von jetzt 20 000 M. zu einem Zehntel, also bei dem jetzt wieder auf 40 000 M. erhöhten zu einem Zwanzigstel interessiert. Seine 4000 M. nominal bedeuten jetzt nur noch ein Gewinn- und Liquidationsanrecht in dieser Höhe. Wenn die Gesellschaft Urkunden über die Geschäftsanteile ausgab, so kann sie auf denselben das abgeänderte Stammkapital vermerken. Wo keine Scheine vorhanden sind, trägt sie der Sachlage in ihren inneren Rechtsvorgängen, den Versammlungen, der Dividendenverteilung u. s. w. Rechnung. Auch das Stimmrecht reduziert sich im Verhältnis zu dem herabgesetzten Kapital gegenüber den neugeschaffenen Geschäftsanteilen. Bei dem obigen Beispiele stehen den neuen Geschäftsanteilen, die einem Stammkapital von 20 000 M. entsprechen, zusammen 200 Stimmen, den alten, denen nur noch ein Stammkapital von 20 000 M. gegenübersteht, auch nur 200 Stimmen zu. Wer früher als Gesellschafter mit 4000 M. einen Anspruch auf 40 Stimmen hatte, hat nur noch deren zwanzig. Ein Geschäftsanteil von nominal 500 M. behält auch bei einer Reduktion des Stammkapitals auf ein Zehntel, also von 300 000 M. auf 30 000 M., sein Stimmrecht. Der Fall liegt ebenso, als ob der Gesellschaftsvertrag auf je 50 M. eine Stimme geben würde. Es müssen nur dann eben, weil die Stimmen im Verhältnis zur Beteiligung gegeben sind, auch bei allen anderen Geschäftsanteilen in derselben Weise die Stimmen berechnet werden. Ein neuer Gesellschafter von 2000 M. Geschäftsanteil muß dann 40 Stimmen haben. § 58.

Die Sachlage ändert sich, wenn die Herabsetzung des Stammkapitals nicht zur Beseitigung einer Unterbilanz, sondern **zur Rückzahlung von Stammkapital oder zum Erlasse rückständiger Stammeinlagen** erfolgt. Dies drückt sich auch dadurch aus, daß das Gesetz für diesen, *aber auch nur für diesen Fall*, die Bestimmung des § 5 Abs. 1 und 3 über die Höhe die Stammeinlagen für anwendbar erklärt. Es darf nicht mehr zurückbezahlt oder erlassen werden als den Betrag von 500 M. übersteigt. Hat das Statut einen höheren Mindestbetrag, so muß mit der Herabsetzung diese Stelle geändert werden. Das Gesetz ist also offenbar hier davon ausgegangen, daß die Herabsetzung des Stammkapitals unter Rückzahlung oder Erlaß der Einlage auch die Geschäftsanteile reduziert. Denn Geschäftsanteile und Einlagen sind identisch in ihrer Größe (vgl. Anm. 1 ff. zu § 14). Wird die *Einlage* herabgesetzt, so muß dies auch den Geschäftsanteil und seine Ziffer berühren. Denn der Gesellschafter, der 10 000 M. von 300 000 M. einlegte und hierfür einen Geschäftsanteil von 10 000 M. erhielt, wird, wenn das Stammkapital auf die Hälfte reduziert und diese Hälfte durch Erlaß der Einlagepflicht den Gesellschaftern zurückgegeben wird, nicht mehr behaupten können, daß er 10 000 M. *einlegte*. Auf die verbleibenden 150 000 M. hat er 5000 M. geleistet. Er bleibt hierfür beteiligt. Der Rückzahlung an die Gesellschafter steht es gleich, wenn die frei werdenden Beträge der Gesellschaft als Reserve bleiben. Auch hier ist die *Einlage* reduziert. Anm. 8.

Daß endlich, wenn die Herabsetzung des Stammkapitals auf dem Wege der Ein- Anm. 9.

§ 58. ziehung einzelner Geschäftsanteile erfolgt, diese Geschäftsanteile aufhören oder sich um den eingezogenen Betrag mindern, folgt hier aus dem Wesen der Amortisation. Sie vernichtet das Mitgliedsrecht.

Anm. 10. Die oben ausgeführte Unterscheidung in der Behandlung der Geschäftsanteile, je nachdem sie mit einer Rückzahlung von Stammeinlagen verbunden ist oder nicht, hat praktische Bedeutung. Das zeigt sich bei der Liquidation. Ist im Gesellschaftsvertrage bestimmt, daß das nach Deckung der Stammeinlagen verbleibende Liquidationsergebnis zu anderen Teilen als nach Verhältnis der Geschäftsanteile (§ 72), also z. B. an einen Gesellschafter allein oder an eine dritte Person fällt, so sind im Falle einer Reduktion des Stammkapitals zur Beseitigung einer Unterbilanz die Gesellschafter berechtigt, den Nominalbetrag ihrer Geschäftsanteile geltend zu machen. Sie verlangen, ehe für den bevorrechtigten Gesellschafter oder den Dritten ein Liquidationsgewinn vorliegt, volle Rückzahlung ihrer Einlagen, auch wenn das Stammkapital kleiner geworden war. Haben sie es aber bereits teilweise wieder erhalten, so sind auch ihre Geschäftsanteile reduziert. Sie haben nur noch Anspruch auf den verbleibenden Betrag.

Anm. 11. Da bei der Herabsetzung zur **Beseitigung der Unterbilanz** die Geschäftsanteile unberührt bleiben, so ist ein Beschluß derart, daß diese Herabsetzung nicht alle Geschäftsanteile gleichmäßig treffen solle, unmöglich. Die Einlage, welche gemacht war, ist für alle Geschäftsanteile gleichmäßig verloren. Nur diese Tatsache drückt sich in der Herabsetzung des Stammkapitals aus. Soll die Herabsetzung in diesem Falle auf Kosten nur einzelner Geschäftsanteile gehen, so bleibt nur der Weg der Einziehung derselben. Daß dies auch zur Beseitigung von Unterbilanzen möglich vgl. Anm. 6 zu § 34.

Anm. 12. IV. **Die einzelnen Phasen der Kapitalsherabsetzung.**

1. **Der Kapitalsherabsetzungsbeschluß: seine formellen und seine inhaltlichen Erfordernisse.**

a) Seine formellen Erfordernisse. Es sind diejenigen eines Satzungsänderungsbeschlusses überhaupt. Denn die Kapitalsherabsetzung ist eine Abänderung des Gesellschaftsvertrages wie die Kapitalserhöhung. Der Zusammenhang der Gesetzesvorschriften läßt darüber keinen Zweifel. Es müssen daher die Formalitäten des Statutenänderungsbeschlusses gewahrt sein. Der Beschluß muß die allgemeinen gesetzlichen und statutarischen Erfordernisse eines gehörigen Gesellschafterversammlungsbeschlusses aufweisen und ebenso die besonderen gesetzlichen und statutarischen Erfordernisse einer Statutenänderung und die etwaigen besonderen statutarischen Erfordernisse der Kapitalsherabsetzung. Insbesondere müssen die Erfordernisse des § 53 vorliegen. Es muß ein Beschluß der Gesellschafterversammlung vorliegen, der gerichtlich oder notariell beurkundet ist, und mit mindestens $^3/_4$ der abgegebenen Stimmen gefaßt ist (§ 53 Abs. 1 und 2). Auch § 53 Abs. 3 kann Platz greifen. Es kann also außer dem Gesellschafterbeschluß die Zustimmung der Beteiligten erforderlich werden. Ein solcher Fall kann z. B. eintreten, wenn mit den Geschäftsanteilen oder mit einer Klasse von Geschäftsanteilen anteilmäßige Verpflichtungen verbunden sind und einzelne dieser Geschäftsanteile im Wege der Kapitalsherabsetzung eingezogen oder durch teilweise Zurückerstattung des Einlagekapitals in ihrem Betrage reduziert werden sollen. Dadurch erhöht sich die Leistungspflicht der von der Kapitalsherabsetzung nicht betroffenen Gesellschafter. Deshalb bedarf es in diesem Falle außer dem Kapitalsherabsetzungsbeschlusse noch der Zustimmung aller Gesellschafter, deren Leistungspflicht sich in dieser Weise erhöht. Ebenso bedarf es der Zustimmung der Beteiligten, allerdings aus anderen Gründen, wenn der Beschluß nicht sämtliche Gesellschafter gleichmäßig trifft. Ein solcher Beschluß ist an sich nicht unzulässig, doch bedarf er der Zustimmung der betroffenen Gesellschafter. So wenn von der Kapitalsherabsetzung nicht alle Geschäftsanteile oder nicht alle gleichmäßig getroffen werden sollen, sondern nur einzelne oder einzelne in schärferem Maße, als andere, z. B. wenn beschlossen wird, nur die Geschäftsanteile einer bestimmten Klasse zum Zwecke der Rückzahlung des zu großen Stammkapitals zu reduzieren. Dies kann eintreten, wenn eine Neuemission zu viel Kapital brachte und die alten Gesellschafter sich dagegen sträuben, von ihren Geschäftsanteilen Kapital zurückzunehmen. Die Geschäftsanteile dieser Klasse müssen dem Mehrheitsbeschlusse sämtlich zustimmen. Es müssen in diesem Falle alle § 58. Gesellschafter zustimmen, die ersteren, von der Kapitalsherabsetzung betroffenen deshalb, weil die Herabsetzung nicht alle trifft, das Prinzip der Gleichberechtigung also verletzt wird, was nur mit Zustimmung der Betroffenen geschehen kann. Die von der Kapitalsherabsetzung nicht betroffenen Gesellschafter aber müssen deshalb zustimmen, weil durch die Rückzahlung oder den Erlaß dem einen Teil der Gesellschafter Vorteile gewährt werden, welche dem anderen Teile versagt werden. Auch das kann nur mit Zustimmung der zurückgesetzten Gesellschafter geschehen (vgl. Anm. 4 zu § 53). Über die Form der Zustimmung siehe Anm. 24 zu § 53. Bei der nur nominellen Reduktion des Stammkapitals bei Unterbilanzen ist eine ungleiche Behandlung nicht möglich (vgl. oben Anm. 11) außer mittels der Einziehung eines Geschäftsanteils. Als solche bedarf sie stets der Zustimmung des hiervon Betroffenen, falls nicht das Statut sie bereits für ihn verpflichtend anordnet.

b) Zu den inhaltlichen Erfordernissen des Kapitalsherabsetzungsbeschlusses Anm. 13. gehört es zunächst, daß er angeben muß, um welchen Betrag das Stammkapital herabgesetzt wird. Das ist zwar im Gesetze nicht ausdrücklich gesagt, versteht sich aber von selbst. Soll die Herabsetzung des Stammkapitals durch Einziehung von einzelnen Geschäftsanteilen, zu der die Zustimmung ihrer Eigentümer erst einzuholen ist, erfolgen, so läßt sich oft im Beschlusse selbst die Herabsetzungsziffer noch nicht feststellen. Die Praxis des Aktienrechtes läßt für solche Fälle die Bestimmung eines Höchstbetrages durch die Generalversammlung zu, wobei Vorstand oder Aufsichtsrat ermächtigt werden, den wirklichen Betrag, der sich nach Durchführung der Maßnahmen ergibt, festzustellen (KG. bei Holdheim 6, 129; Staub HGB. Anm. 17 zu § 288; Leist, Sanierung von AG. 73). Man wird wie bei der Erhöhung des Stammkapitals auch bei der Herabsetzung dasselbe System für unsere Gesellschaft zulassen dürfen. Dabei ist zu erwähnen, daß der Betrag des Stammkapitals unter 20000 M. nicht sinken darf (§ 58 Abs. 2). Erfolgt die Herabsetzung durch Reduktion des Nennbetrages der einzelnen Stammanteile, und ist der Zweck der Kapitalsherabsetzung die Rückzahlung oder der Erlaß von Einlagen, so darf ferner der Nennbetrag der Geschäftsanteile nicht unter 500 M. sinken (§ 58 Abs. 2) und muß in Mark durch 100 teilbar bleiben (§ 58 Abs. 2). Im Sinne dieser Vorschrift muß der Zweck der Bildung von Reservekonten dieselbe Wirkung haben, wie der Zweck der Rückzahlung von Stammeinlagen (siehe oben Anm. 8 a. E. und unten Anm. 19). Erfolgt die Kapitalsherabsetzung dagegen zu dem Zwecke, um eine Unterbilanz zu beseitigen, so bleiben die Geschäftsanteile in ihrem Nominalbetrage. Das gesamte Stammkapital aber muß auch in diesem Falle 20000 M. bleiben. Wenn die intendierte Kapitalsherabsetzung die Ziffer des Stammkapitals unter 20000 M. reduzieren würde, so ist sie eben nicht ausführbar und daher nicht zulässig. Das Stammkapital soll eben mindestens diese Höhe haben und ist durch spätere Überschüsse oder sonstige Zuwendungen an die Gesellschaft auf diese Höhe zu bringen. Gesellschaften mit kleinerem Kapitale als 20000 M. sollen nicht bestehen.

In der ersten Auflage (S. 344 Anm. 7) war gegen die Bemerkung der Motive zu § 58 polemisiert, mit der die verschiedene Behandlung beider Rückzahlungsarten begründet wurde, daß nämlich die Geschäftsanteile nicht wie die Aktien einen Nennbetrag hätten und eine bloß nominelle Herabsetzung nicht erfolge. Die Meinung des Verfassers der Motive ist allerdings etwas undeutlich ausgedrückt. Es soll aber offenbar damit gesagt sein, daß, wenn nicht die Einlage zurückerstattet und diese Tatsache, deren historische Reminiszenz (vgl. Anm. 11 zu § 14) der Geschäftsanteil ist, aus der Welt geschafft wird, der Geschäftsanteil seine ursprüngliche Bezeichnung behält.

Ferner muß der Beschluß genau erkennen lassen, in welcher Weise Anm. 14. die Herabsetzung erfolgen muß. Das Gesetz schreibt zwar auch dies nicht ausdrücklich vor. Aber es ergibt sich dies aus allgemeinen Rechtsgrundsätzen. Es gehört dies zu den Erfordernissen einer bestimmten Willenserklärung (vgl. RG. 26, 132 für das alte Aktienrecht).

§ 58. **Die Kapitalsherabsetzung kann nämlich in verschiedener Weise erfolgen.**

Anm. 15. α) Durch Herabsetzung des Stammkapitals ohne Einziehung bestimmter Geschäftsanteile. Es bedarf hierzu der Zustimmung der betroffenen Gesellschafter nicht, außer dem Falle, daß die Herabsetzung unter Rückerstattung der Einlage erfolgt und diese nur bestimmten Gesellschaftern zu teil wird (vgl. oben Anm. 12). Eine solche Herabsetzung kommt der Amortisation gleich. Nur werden bei der Herabsetzung unter Aufhebung der Einlage die Geschäftsanteile reduziert. Aber auch in diese Falle kann man nicht, wie in der ersten Auflage (Anm. 9 S. 344), davon sprechen, daß die Kapitalsherabsetzung auf dem Wege der Herabsetzung der Geschäftsanteile erfolge. Auch hier ist die Reduktion dieser nur eine Folge jener, und zwar eine indirekte. Sie schließt sich erst an die Rückgängigmachung der Einlage an. Bei der Herabsetzung des Stammkapitals ohne Rückfluß der Einlage bleiben die Geschäftsanteile in ihren Nominalbeträgen (vgl. oben Anm. 7). Der Vorwurf, welche die erste Auflage (S. 345) dem Verfasser der Motive machte, kann daher nicht aufrecht erhalten werden. Bestimmend für die erste Auflage war auch hier der Grundsatz, daß die Summe des Stammkapitals identisch bleiben müsse mit der Summe aller Geschäftsanteile, ein Satz, der in dieser Fassung nicht zu billigen war (vgl. Anm. 10 zu § 5; Anm. 19 zu § 34 und oben Anm. 1 und 7). Wenn die Motive sagen, daß eine Herabsetzung des Stammkapitals nicht eine Minderung des Geschäftsanteils bedinge, so ist dies als richtig anzuerkennen, wie auch die Einziehung eines Geschäftsanteils nicht die Herabsetzung des Stammkapitals im Gefolge hat (vgl. Anm. 19 zu § 34). Man kann höchstens mit Förtsch (Anm. 8 zu § 58) von einem „Schönheitsfehler" reden, wenn die Summe der Geschäftsanteile und das Stammkapital nicht mehr stimmen. Man muß dann aus der ursprünglichen Sachlage selbst die Beteiligungsziffer, die jetzt nicht mehr aus dem Nominalbetrage der Geschäftsanteile erhellt, entnehmen.

Anm. 16. β) Die sogenannte Zusammenlegung, wie sie in § 290 HGB. für das Aktienrecht gesetzlich gestattet ist, kann für die GmbH. nicht als zulässig betrachtet werden (Motive 41). Die erste Auflage (Anm. 10 S. 345) vertrat die gegenteilige Ansicht. Maßgebend war hier wieder derselbe Gedanke, der oben verlassen werden mußte, daß die Herabsetzung des Stammkapitals auch Herabsetzung der Geschäftsanteile sei (vgl. oben Anm. 7 und 15). Das war aber für die GmbH. nicht zutreffend. Das Gesetz geht hier von der Aufhebung des Stammkapitals und der Beseitigung der Vorschrift des § 30 Abs. 1 aus. Der Grund, der im Aktienrechte schon vor dem neuen HGB. zu der Zusammenlegung führte, daß Aktien unter 1000 M. unzulässig sind, fällt hier in der Tat fort.

Anm. 17. γ) Endlich ist die Kapitalsherabsetzung auch im Wege der Einziehung zulässig. In Anm. 7 zu § 34 und oben Anm. 1 ist dargelegt, daß die Einziehung an sich nicht auch Kapitalsherabsetzung ist. Es ist aber gleicherweise früher schon (oben Anm. 1 und Anm. 7 zu § 34) betont worden, daß auch die Kapitalsherabsetzung des § 58 durch Einziehung erfolgen und umgekehrt die Einziehung mit Kapitalsherabsetzung verbunden werden kann. Nicht jede Einziehung von Geschäftsanteilen ist eine Herabsetzung des Stammkapitals und nicht jede Herabsetzung des Stammkapitals ist Einziehung von Geschäftsanteilen. Die Amortisation kann im Wege des § 34 nur durch Vernichtung des Geschäftsanteils erfolgen. Dann müssen Überschüsse über das Stammkapital vorhanden sein. Dann bleibt auch dessen Ziffer intakt. Die Vorschriften des § 58 sind nicht zu beachten. Es kann aber auch trotz der vorhandenen Überschüsse mit der Einziehung des Geschäftsanteils die Herabsetzung des Stammkapitals verbunden werden. Dann sind die Bestimmungen des § 58 zu beobachten. Endlich wenn eine Einziehung erfolgen soll, ohne daß Überschüsse gegeben sind, so muß die Herabsetzung des Stammkapitals erfolgen. Denn nur hierdurch wird das herauszubezahlende Kapital frei. Anders wieder, wenn es sich um eine Einziehung ohne Entgelt handelt (vgl. Anm. 6 zu § 34).

Anm. 18. c) Muß der Zweck der Kapitalsherabsetzung in dem Beschlusse angegeben werden? (Was unter dem Zwecke der Kapitalsherabsetzung zu verstehen ist, darüber

siehe Anm. 19.) Das Aktienrecht hat dieses Verlangen in § 288 Abs. 2 HGB. aufgestellt. § 58.
Unser Gesetz hat diese Vorschrift nicht übernommen. Sie darf auch daher nicht für bestimmte Fälle, wie es die erste Auflage (Anm. 12 S. 346) tat, in dasselbe eingeführt werden. Das Argument, daß nur bei der Herabsetzung des Stammkapitals behufs Beseitigung einer Unterbilanz die Geschäftsanteile unter 500 M. sinken dürfen, daß der Registerrichter das Vorhandensein dieses Zweckes prüfen und aus dem Beschlusse erkennen müsse, versagt, sobald man annimmt, daß bei dieser Herabsetzung des Stammkapitals die Geschäftsanteile sich nicht ändern (vgl. oben Anm. 7 und 15). Bei der Herabsetzung des Stammkapitals zur Freimachung von Gesellschaftsvermögen zur Rückzahlung an die Gesellschafter, zur Bildung von Reserven u. s. w., erscheint es ebenfalls nicht zutreffend, daß diese Verwendung im Herabsetzungsbeschlusse erscheinen müsse. Dieser hat nur zu erklären, daß das Stammkapital jetzt weniger als bisher betragen soll. Die weitere Folge hat die Gesellschaft im Wege der Verwaltung zu ziehen. War Unterbilanz vorhanden, so verschwindet diese. Ergibt sich ein Überschuß, so steht er zur Verfügung der Gesellschafter, falls sie nicht bei dem Herabsetzungsbeschlusse über ihn disponierten. Die Schranke des § 30 Abs. 1 ist gefallen. Die Auszahlung oder Bildung von Reserven kann geschehen. Hieraus folgt, daß die Gesellschafter die in dem Herabsetzungsbeschlusse getroffene Bestimmung wieder ändern können. Sie können freilich, wenn eine Unterbilanz da war, keine Verteilung beschließen. Aber sie können, wenn die Bildung einer Reserve beschlossen war, diese auflösen und verteilen. Ist diese durch den Beschluß zu einem Teile des Statuts geworden, so bedarf es hierzu der Statutenänderung. Ist die Rückzahlung beschlossen, so bedarf die Abänderung der Zustimmung aller zum Empfange der Rückzahlung Berechtigten. Nicht aber ist hier ein Beschluß mit der Mehrheit von drei Vierteln verlangt (vgl. Anm. 23 zu § 53).

Der Zweck der Kapitalsherabsetzung kann ein verschiedener sein: Anm. 19.

a) Es soll das Gesellschaftsvermögen frei gemacht werden, so daß die Gesellschafter um den Betrag der Herabsetzung über dasselbe verfügen können. Ohne diese Herabsetzung sind sie durch § 30 Abs. 1 daran gehindert. Diese Freimachung des Vermögens kann aber wieder verschiedenen Zwecke dienen.

α) Die Gesellschaft besitzt zu viel Betriebskapital und will dies ihren Gesellschaftern zurückgeben. Es kann dies mit Zustimmung der Betroffenen oder bei statutarischer Anordnung auch ohne diese durch Einziehung bestimmter Geschäftsanteile erfolgen (vgl. Anm. 3 zu § 34). Es kann eine gleichmäßige Rückzahlung an alle Gesellschafter erfolgen. Über die Wirkungen auf die Geschäftsanteile vgl. oben Anm. 8.

β) Die Gesellschaft zwingt einzelne Gesellschafter auszuscheiden. Sie müssen sich die Einziehung der Geschäftsanteile dann gefallen lassen, wenn sie die Mitgliedschaft verwirkten (vgl. Anm. 32 zu § 2, 33 zu § 3, 3 zu § 34). Die Freiwerdung des Kapitals erfolgt nicht, weil es entbehrlich ist, sondern weil ein Gesellschafter ausgeschlossen werden soll. Sind Überschüsse vorhanden, so bedarf es auch bei dieser Einziehung keiner Herabsetzung des Stammkapitals.

Auch Sacheinlagen oder sonstige Werte können in dieser Weise zur Verteilung gegelangen. Es wird durch die Streichung eines Teiles der Passiva ein Überwiegen der Aktiva über die Passiva bewirkt und dieser Überschuß zur Verteilung von Werten benutzt. Dies ist eben im Wege der Kapitalsherabsetzung zulässig.

γ) Diese Kapitalsherabsetzung kann auch erfolgen, um aus dem in dem Passivposten freiwerdenden Betrage einen Reservefonds zu bilden. Allerdings figurieren ja auch die Reservekonten unter den Passiven (vgl. Anm. 49 zu § 42). Es ändert sich daher nicht die Gesamtziffer der Passivkonten, sondern anscheinend nur deren Bezeichnung. Allein mit dieser Veränderung der Bezeichnung ist eine erhebliche Wesensänderung verknüpft. Es ist von sehr erheblichen Folgen begleitet, wenn ein Betrag, der bisher dem Passivkonto Stammkapital angehört hat, fortan einem Passivkonto Reservefonds zugehört. Denn die Ziffer des Stammkapitals ist nur unter bestimmten schweren Voraussetzungen veränderlich. Über die Veränderlichkeit eines Reservekontos

§ 58. entscheiden dagegen die Gesellschaftsorgane (vgl. Anm. 63 zu § 42). Von Gesetzeswegen steht nichts entgegen, daß ein heute gebildetes Reservekonto morgen gestrichen und der so erzielte Bilanzüberschuß als Jahresgewinn verteilt wird. So leichter Hand kann indessen die Passivziffer Stammkapital nicht beseitigt werden. Für die in Abs. 2 unseres Paragraphen behandelte Frage (das Gesetz macht dort einen Unterschied zwischen Herabsetzung zum Zwecke der Rückzahlung bezw. Erlaß von Stammeinlagen und Herabsetzung zu sonstigen Zwecken) muß die Herabsetzung des Stammkapitals zum Zwecke der Bildung eines Reservekontos als Herabsetzung zum Zwecke der Rückzahlung betrachtet werden, weil ja die Rückzahlung nunmehr in der Hand der Gesellschaftsorgange liegt. Der Bildung einer Reserve steht die Verwendung zu außerordentlichen Abschreibungen gleich. Auch diese sind Reserven. Sie können ja auch aus der Bilanz wieder beseitigt (vgl. Anm. 63 zu § 42) und der hierdurch gewonnene Betrag zur Verteilung gebracht werden.

Anm. 20. b) Es sollen den Gesellschaftern rückständige Stammeinlagen erlassen werden. Auch hier muß erst das Stammkapital herabgesetzt sein. Denn der Verzicht auf die ausstehende Stammeinlage ist Aufgabe von Gesellschaftsvermögen. Allein auch wenn das Gesellschaftsvermögen Überschuß aufwiese, ist der Erlaß nach der Bestimmung des § 19 Abs. 2 unstatthaft. Es muß kraft Gesetzes stets zuerst die Herabsetzung vorhanden sein, ehe ein Verzicht wirksam werden kann. Der Erlaß ist nur „im Falle einer Herabsetzung des Stammkapitals" möglich (§ 19 Abs. 2). Es muß also diese erst die Schranke beseitigen. Dann kann das Rechtsgeschäft des Erlasses stattfinden. Ein Beschluß, das Stammkapital zum Zwecke des Erlasses herabzusetzen, ist noch nicht der Erlaß selbst. Die Gesellschaft kann auch nach dem Beschlusse diesen abändern. Doch kann der Verzicht schon vor dem Herabsetzungsbeschlusse erfolgen. Er ist nur bedingt durch diesen. Bleibt er aus, so ist auch der Erlaß ohne Wirkung.

Über den Begriff des Erlasses vgl. Anm. 7 zu § 19.

Anm. 21. c) Es soll eine vorhandene Unterbilanz ausgeglichen werden. Unterbilanz liegt vor, sobald die Aktiva nicht mehr die Passiva, einschließlich des Stammkapitalkontos, decken, wenn also ein Teil des einbezahlten Kapitals nicht mehr vorhanden ist. Der Zweck der Herabsetzung ist hier nicht das Freiwerden von vorhandenem Vermögen, zu dem im weiteren Sinne auch die Ermöglichung des Erlasses zählt. Denn dieses Vermögen, um dessen Betrag das Kapital herabgesetzt werden soll, ist nicht mehr da. Es handelt sich hier nur um die Übereinstimmung des vorhandenen Vermögens mit dem Stammkapital. Daher weitere Rechtsakte nach der Herabsetzung hier nicht stattfinden. Der Ausgleich vollzieht sich durch die Minderung eines Passivpostens von selbst.

Über die besonderen Folgen dieser Herabsetzungsart bezüglich der Höhe der Geschäftsanteile vgl. oben Anm. 7.

Anm. 22. 2. **Nach Fassung des Kapitalsherabsetzungsbeschlusses erfolgt die Bekanntmachung desselben und die Aufforderung an die Gläubiger, sich zu melden.**

a) Bekanntmachung des Beschlusses.

α) Wer hat sie zu bewirken? Die Geschäftsführer, nicht notwendig sämtliche, sondern so viele, als zur Vertretung der Gesellschaft befugt sind.

Anm. 23. β) In welcher Weise ist sie zu bewirken? Durch die in § 30 Abs. 2 bezeichneten Blätter (vgl. hierüber Anm. 16 zu § 30). Der Beschluß muß seinem Inhalte nach publiziert werden. Wörtliche Einrückung ist nicht verlangt. Eine Mitteilung seines wesentlichen Inhalts genügt. Da der Beschluß den Zweck der Herabsetzung nicht zu enthalten braucht (vgl. oben Anm. 18), so ist eine Veröffentlichung hinreichend, die nur die Tatsache bekannt gibt, daß das Stammkapital um den festgesetzten Betrag herabgesetzt wird. Der Zweck, den die Gesellschafter hierbei verfolgen, ist hier auch für die Gläubiger ohne Interesse.

γ) Wie oft? Zu drei verschiedenen Malen. Natürlich in Zwischenräumen. Jedoch sind bestimmte Zwischenräume nicht vorgeschrieben, so daß es genügt, wenn die Publikation nur in verschiedenen Nummern derselben Zeitung erfolgt. Als verschiedene Nummern gelten auch die Morgen- und die Abendnummern.

b) Die Aufforderung an die Gläubiger, sich zu melden. Inhaltlich wird nicht mehr verlangt als was das Gesetz fordert. „Die Gläubiger werden aufgefordert sich zu melden." Eine Androhung der Folgen des Sichnichtmeldens oder Mitteilung der Rechte für den Fall der Meldung ist nicht geboten. Formell muß die Aufforderung in doppelter Weise erfolgen. Einmal zugleich mit und in der Bekanntmachung des Beschlusses. Zum anderen ist an die aus den Handelsbüchern ersichtlichen oder sonst bekannten Gläubiger eine besondere Aufforderung zu richten. Zu den bekannten Gläubigern gehören auch die Inhaber der von den GmbH. ausgegebenen Schuldverschreibungen auf den Inhaber oder an Order, wenn ein gemeinsamer Vertreter bestellt ist, der für die Gläubiger verbindliche Erklärungen abgeben kann (Leist, Sanierung der AG. 78). Über die Pflicht der Gesellschaft, die Versammlung der Gläubiger zu berufen, vgl. § 3 des Gesetzes vom 4. 12. 99. Für die besondere Bekanntmachung ist keine Form vorgeschrieben. Ein einfacher Brief, auch eine mündliche Aufforderung, genügt. Gemeint sind dieselben Gläubiger wie bei der öffentlichen Aufforderung, d. h. die zur Zeit dieser vorhandenen. Es kann nicht verlangt werden, daß die Geschäftsführer jedem während des Sperrjahres neu hinzukommenden Gläubiger nochmals die Aufforderung sich zu melden, zustellen. Das hieße jedes neuere Rechtsgeschäft mit dieser Begleiterscheinung ausstatten. Nachdem der Beschluß bekannt gemacht ist, muß jeder, der sich mit der Gesellschaft einläßt, wissen, daß sie ihr Kapital herabsetzt. — Eine bestimmte Reihenfolge beider Aufforderungen ist nicht vorgeschrieben. Es kann die spezielle der allgemeinen vorausgehen. Doch muß in diesem Falle der bis zur Bekanntmachung neu hinzutretende Gläubiger ebenfalls besonders aufgefordert werden. Denjenigen Gläubigern, die schon vor dem Beschlusse ihre Zustimmung zur Herabsetzung gaben, braucht eine Aufforderung nicht mehr zuzugehen. § 58. Anm. 24.

3. **Alsdann erfolgt die Befriedigung oder Sicherstellung derjenigen Gläubiger, welche sich bei der Gesellschaft melden und der Herabsetzung nicht zustimmen.** Anm. 25.

a) Welches sind nun die Rechte der Gläubiger hierauf? Die Gläubiger haben ein Widerspruchsrecht. Gegen ihren Widerspruch darf die beschlossene Herabsetzung des Stammkapitals nicht angemeldet und nicht eingetragen werden (über den Verstoß hiergegen vgl. unten Anm. 50). Eine ausdrückliche Zustimmung ist nicht erfordert. Aber auch kein ausdrücklicher Widerspruch. Er liegt in der Tatsache, daß sie sich melden. Darin liegt das Verlangen, vor der Eintragung gedeckt zu sein, anderenfalls sie sich widersetzen. Melden sie sich nicht, so liegt darin ihre Zustimmung. Noch weniger haben sie auf Grund des gefaßten Kapitalsherabsetzungsbeschlusses einen Anspruch darauf, wegen der drohenden Kapitalsherabsetzung befriedigt oder sichergestellt zu werden. Wenn ihre Forderung fällig ist, haben sie schon an sich ein Recht auf Befriedigung. Allein wenn ihre Forderung nicht fällig ist, so gewinnen sie durch den Kapitalsherabsetzungsbeschluß weder ein Recht auf Befriedigung, noch ein Recht auf Sicherstellung. Aber wenn sie nicht befriedigt oder sichergestellt werden, so können sie der Kapitalsherabsetzung widersprechen. Die Herabsetzung kann dann nicht eingetragen werden und nicht in Wirksamkeit treten. Mittelbar steht ihnen daher auch der Anspruch auf Sicherheit zu. Nur ist er nicht auf direktem Wege erzwingbar. Trifft die Gesellschaft Anstalten, trotz des Widerspruchs eines Gläubigers die Kapitalsherabsetzung zur Eintragung zu bringen, ohne ihn befriedigt oder sichergestellt zu haben, so hat der Gläubiger das Recht, die Kapitalsherabsetzung zu verhindern. Er kann unter Mitteilung der Sachlage an den Registerrichter gegen die Eintragung protestieren. Er kann aber auch durch Klage und einstweilige Verfügung die Eintragung verhindern. Das Widerspruchsrecht der Gläubiger enthält einen Anspruch, daß nicht ohne ihren Willen die Herabsetzung des Stammkapitals erfolge. Er muß daher auch im Wege der Klage verfolgt werden können.

b) Welche Gläubiger sind zu befriedigen oder sicherzustellen? Nach der ersten Auflage (Anm. 19 S. 348) alle diejenigen, welche bis zur Wirksamkeit der Kapitalsherabsetzung, also bis zur Eintragung, Forderungen erworben haben. Gründe waren hierfür nicht angegeben. Richtiger wird man das Widerspruchsrecht nur denen geben, Anm. 26.

§ 58. die zur Zeit der Bekanntmachung des Beschlusses der Herabsetzung Gläubiger sind. Nur deren Interessen sind gefährdet. Diese nur kontrahierten auf Basis des eingetragenen Stammkapitals. Die Gläubiger, die sich nach der Publikation des Beschlusses mit der Gesellschaft einlassen, kennen diese Absicht und müssen mit ihr rechnen. Die zum Widerspruche befugten Gläubiger müssen sich aber auch melden. Die Meldung ist zulässig bis zur Eintragung. Sie ist nicht durch Ablauf des Sperrjahres ausgeschlossen. Nur darf der Geschäftsführer bei seiner Anmeldung die Gläubiger, die sich bis dahin nicht meldeten, außer Betracht lassen. Die Forderungen brauchen nicht fällig zu sein. Es genügt, daß sie begründet vor der Eintragung sind. Ist dies der Fall, so kann die Forderung bedingt, befristet oder von einer auflösenden Bedingung abhängig sein. Im übrigen verändert sich der Charakter der Forderung durch die drohende oder eingetragene Kapitalsherabsetzung nicht. Weder werden Holschulden zu Bringschulden, noch werden längere Verträge dadurch einem vorzeitigen Ende zugeführt, noch werden befristete Forderungen fällig (ROHG. 24, 245; RG. 5, 7; 9, 14), noch liegt an sich ein Arrestgrund vor. Höchstens aus Verletzung der Schutzvorschriften könnte er gefolgert werden (ROHG. 23, 150). Nur auf Grund des § 321 BGB. wird ein Recht auf Zurückbehaltung angenommen werden können, wenn die Kapitalsherabsetzung eine wesentliche Verschlechterung der Verhältnisse der Gesellschaft bedeutet. Das wird aber wohl selten der Fall sein.

In welcher Weise Sicherheit zu leisten ist, darüber bestimmen die §§ 232 ff. BGB. Dabei ist hervorzuheben, daß mit Wertpapieren, auch wenn es sich um Schuldverschreibungen des Deutschen Reiches oder der Bundesstaaten handelt, nur mit $^3/_4$ des Kurswertes Sicherheit bestellt werden kann (§ 234 Abs. 3, § 236 BGB.).

Wenn die Forderung bestritten wird, so ist der Betrag nicht etwa notwendig zu hinterlegen. Vielmehr haben die Gesellschaftsorgane nach Pflicht und Gewissen und mit der Sorgfalt ordentlicher Geschäftsleute den Rechtsbestand der Forderung zu prüfen und hiernach zu verfahren. Das Beste wird sein, wenn sie in solchen Fällen nach Darlegung des Sachverhältnisses Gutachten von geeigneter Seite einholen. Wenn sie, gestützt auf gewissenhafte Prüfung, dem Registerrichter erklären, daß sie eine Forderung, obwohl sie angemeldet war, weder befriedigt noch sichergestellt haben, weil sie dieselbe nicht für begründet halten, so wird der Eintragung nichts im Wege stehen. Dem Gläubiger bleibt es dann überlassen, seinerseits entweder die Eintragung im Prozeßwege zu verhindern oder nach der Eintragung Sicherstellung durch Klage zu erzwingen.

Wie steht es hinsichtlich derjenigen Gläubiger, welche bereits eine Sicherheit besitzen? Der Umstand allein, daß ein Gläubiger eine Sicherheit bereits besitzt (z. B. ein Hypothekengläubiger), befreit von der Pflicht zur Sicherstellung dann nicht, wenn die bestehende Sicherheit nicht genügt. War die Sicherheit an sich nicht angemessen, so muß die Sicherheit jedenfalls so verstärkt werden, daß die Forderung nunmehr vollständig sichergestellt ist. Die Gesellschaft kann dann nicht einwenden, daß die Herabsetzung des Stammkapitals die Sicherheit nicht vermindert hat. Sie muß vielmehr eine Zusatzsicherheit insoweit anbieten, daß volle dingliche Sicherheit vorhanden ist. Sie kann auch nicht einwenden, daß die Ziffer, um welche das Stammkapital vermindert ist, einem Reservekonto zugeführt ist. (Den Grund siehe in den Ausführungen oben Anm. 19 a. E.) Anders bei rein dinglichen Verpflichtungen wie Grundschulden. Hier kann eine verstärkte Sicherheit nicht gefordert werden.

Anm. 27. c) Meldet sich ein Gläubiger nicht, so fehlt es am Widerspruche. Die Eintragung ist von seiner Befriedigung oder Sicherstellung nicht abhängig. Seines Anspruches geht er dadurch natürlich nicht verlustig. Er kann ihn nach Fälligkeit geltend machen. Aber ein Recht auf Sicherstellung auf Grund der Kapitalsherabsetzung hat er nicht.

Ebenso ist die Rechtslage derjenigen Gläubiger, welche sich zwar melden, aber der Herabsetzung zustimmen. Darin liegt ein Verzicht auf den Widerspruch und die Sicherstellung wegen der Kapitalsherabsetzung. Sie können ihre Ansprüche geltend machen, wenn sie fällig sind. Nur ein Recht auf Sicherstellung wegen der Kapitalsherabsetzung haben sie nicht. **§ 58.**

d) Einerlei ist es, zu welchem Zwecke die Herabsetzung des Stammkapitals erfolgt. Auch wenn es sich lediglich um Beseitigung einer Unterbilanz handelt, besteht das Widerspruchsrecht der Gläubiger. Sie haben ein Interesse an der Erhaltung der Kapitalziffer, da diese die Ausschüttung des künftigen Gewinnes so lange hindert, bis der Verlust wieder ausgeglichen ist. Anm. 28.

4. **Ferner ist ein Jahr abzuwarten: das sogenannte Sperrjahr.** Seit der dritten öffentlichen Aufforderung an die Gläubiger, sich zu melden, muß ein Jahr vergehen. Das Jahr beginnt mit dem Tage der Ausgabe des Blattes. Dabei ist nicht das auf der Zeitung angegebene Datum, sondern der wirkliche Tag des Erscheinens maßgebend. Also bei den Morgenblättern, die bereits am Abend des vorhergehenden Tages erscheinen, dieser Tag. Der Ablauf des Sperrjahres präkludiert das Widerspruchsrecht der Gläubiger noch nicht (vgl. oben Anm. 26). Er gibt nur der Gesellschaft das Recht der Anmeldung. Erst dann kann die Anmeldung des Herabsetzungsbeschlusses zur Eintragung in das Handelsregister erfolgen. Anm. 29.

5. **Nach Ablauf des Jahres kann der Kapitalsherabsetzungsbeschluß zur Eintragung in das Handelsregister angemeldet werden.** Hierin liegt ein Gegensatz zum Aktienrecht, das eine sofortige Eintragung des Beschlusses gestattet und neben diesem die Gläubigeraufforderung vorschreibt. Nur die Ausfolgung frei werdenden Kapitals an die Gesellschafter und die Unwirksamkeit des Verzichts auf Kapitaleinlage ist dort vor Ablauf des Sperrjahres ausgeschlossen (§ 289 HGB.). Anm. 30.

a) *Wer hat die Anmeldung zu bewirken?* Die sämtlichen Geschäftsführer (§ 78 des Gesetzes). Über die Zulässigkeit der Vertretung vgl. Anm. 15 zu § 55 und Anm. 7 zu § 7. Anm. 31.

b) *Wo ist die Anmeldung zu bewirken?* Zunächst zum Register des Gesellschaftssitzes. Die Eintragung in dieses Register ist wesentlich für die Gültigkeit der Kapitalsherabsetzung. Vor dieser Eintragung gilt sie nicht (§ 54 Abs. 3). *Zur Eintragung in dieses Register aber besteht kein Zwang durch den Registerrichter* (§ 79). Die Gesellschafter müssen sich in anderer Weise helfen, wenn die Geschäftsführer die Anmeldung verzögern oder verweigern (vgl. Anm. 1 zu § 54). Die Anmeldung muß aber außerdem noch, nachdem die Eintragung in das Hauptregister erfolgt ist, zum Zweigregister erfolgen (§ 59 des Gesetzes, § 13 HGB.). Hier aber findet ein Zwang statt (§ 79 des Gesetzes, § 14 HGB.). Andererseits ist die Anmeldung hier vereinfacht (§ 59 des Gesetzes).

c) *Die Anmeldung muß beglaubigt sein* (vgl. Anm. 1 zu § 54). Anm. 32.

d) *Der Gegenstand und der Inhalt der Anmeldung.* Es wird angemeldet der Kapitalsherabsetzungsbeschluß. Mit der Eintragung des Beschlusses ist die Kapitalsherabsetzung dann als bewirkt, als erfolgt oder durchgeführt zu betrachten, wenn die Herabsetzung durch Reduzierung des Stammkapitals ohne Einziehung bestimmter Geschäftsanteile erfolgt. Bei der Herabsetzung durch Einziehung von Geschäftsanteilen müssen die besondere Voraussetzung dieser, der Einziehungsbeschluß der Gesellschaft und die Zustimmung des Gesellschafters oder die diese ersetzende statutarische Bestimmung vorliegen (vgl. Anm. 22 und 23 zu § 34). In diesem Falle erfolgt die Eintragung des Beschlusses nicht eher, als bis die Einziehung vollendet ist. Denn erst dann ist die Herabsetzung des Stammkapitals, die angemeldet wird und einzutragen ist, vorhanden. Wenn dies auch im Gesetze nicht ausdrücklich gesagt ist, so geht doch die in den Motiven hervorgehobene, aus der ganzen Gesetzesvorschrift hervorgehende Tendenz desselben dahin, hier, wie bei der Kapitalserhöhung, nur eine solche Eintragung zu bewirken, welche erkennen läßt, wie sich die Höhe des Stammkapitals nunmehr stellt. Dieser Zweck wird nur erreicht, wenn die Kapitalsherabsetzung nicht eher zur Eintragung gelangt, als bis sie durchgeführt ist. Anm. 33.

§ 58. In der Anmeldung haben die Geschäftsführer die Versicherung ab-
Anm. 34. zugeben, daß die Gläubiger, welche sich bei der Gesellschaft gemeldet und der Herabsetzung nicht zugestimmt haben, befriedigt oder sichergestellt sind (über streitige Forderungen siehe oben Anm. 26). Die Prüfung dieser Voraussetzung, ob Widerspruch vorliegt und dieser beseitigt ist, überläßt das Gesetz den Geschäftsführern. Diese haben sich zu vergewissern, daß alle Gesellschaftsgläubiger, die sich meldeten, zugestimmt haben oder abgefunden sind. Der Kerngedanke der Versicherung ist, daß ein die Eintragung hindernder Widerspruch nicht vorliegt. Erfolgt die Kapitalsherabsetzung durch Einziehung von Geschäftsanteilen, so müssen die Geschäftsführer in der Anmeldung weiter angeben, daß die Geschäftsanteile wirksam eingezogen sind (vgl. oben Anm. 33).

Anm. 35. e) Die Beilagen der Anmeldung. Beizufügen ist die gerichtliche oder notarielle Ausfertigung des Kapitalsherabsetzungsbeschlusses und die Bekanntmachungen desselben mit der Aufforderung der Gläubiger (vgl. oben Anm. 21—23). Nicht beizubringen sind Belege über die spezielle Aufforderung an die bekannten Gläubiger. Ebenso über deren Zustimmung oder Sicherung und Befriedigung im Falle des Widerspruchs.

Anm. 36. f) Verantwortlichkeit der Gesellschaftsorgane. Eine besondere civilrechtliche Verantwortlichkeit der Gesellschaftsorgane ist hier nicht statuiert. Es greift hier § 43 Platz, außerdem die strafrechtliche Verantwortlichkeit des § 82 Nr. 2.

Anm. 37. 6. **An die Anmeldung schließt sich die Prüfung durch den Registerrichter an.** Der Umfang der Prüfungstätigkeit des Registerrichters ist hier zunächst der gleiche, wie bei den Statutenänderungen überhaupt. Es ist hierüber schon in Anm. 13 zu § 54 hervorgehoben, daß der Registerrichter nicht diejenigen Formalitäten des Beschlusses nachzuprüfen braucht, hinsichtlich deren auf die Folgen der Verletzung verzichtet werden kann, z. B. die gehörige Einberufung der Gesellschafterversammlung, wenn nur das Protokoll den überzeugenden Eindruck macht, daß alles regelrecht hergegangen ist. Dagegen unterliegt es seiner Prüfung, ob die zwingenden, nicht verzichtbaren Vorschriften beobachtet sind, also ob die notarielle Form gehörig gewahrt ist. Auch hat er die Bekanntmachung und die öffentliche Aufforderung an die Gläubiger auf ihre Rechtsgültigkeit hin zu prüfen. Es ist sein Recht, zu prüfen und eventuell Ermittelungen darüber anzustellen (§ 12 FG.), ob die bekannten Gläubiger besonders aufgefordert wurden, und diejenigen Gläubiger, welche sich gemeldet haben, zugestimmt haben oder befriedigt oder sichergestellt sind, ob das Sperrjahr verflossen ist u. s. w. Wenn durch den Beschluß die Verpflichtungen der Gesellschafter vermehrt worden sind, oder wenn in Sonderrechte eingegriffen, das Prinzip der gleichen Behandlung nicht gewahrt ist, so wird er auch die Zustimmung der Beteiligten nach § 53 Abs. 3 (vgl. Anm. 17 und 22 zu § 53) verlangen müssen.

Anm. 38. 7. **Alsdann erfolgt die Eintragung.**

a) Der Inhalt der Eintragung geht dahin, daß durch Beschluß vom 9. April 1902 das Stammkapital herabgesetzt worden ist. Im übrigen kann auf die Urkunden Bezug genommen werden (vgl. § 54 Abs. 2, § 10 Abs. 1).

Anm. 39. b) Die Wirkung der Eintragung ist, daß der Beschluß in Wirksamkeit getreten ist. Das Stammkapital ist herabgesetzt. Was ferner die Zwecke der Kapitalsherabsetzung betrifft (oben Anm. 19), so frägt es sich, ob auch diese im Augenblicke der Eintragung des Beschlusses und unmittelbar hierdurch erreicht werden. Hierüber gilt folgendes. War der Zweck der Kapitalsherabsetzung die Ausgleichung einer Unterbilanz, so ist diese mit der Eintragung ausgeglichen. Es genügt hierzu, daß sich die Passivseite entsprechend vermindert. In den anderen Fällen ist zu dem Freiwerden des Kapitals noch die Verfügung der Gesellschaft erfordert. War diese, was in den meisten Fällen geschehen wird, schon bei der Beschlußfassung selbst getroffen, so treten auch deren Wirkungen mit dem Eintrage ein (vgl. oben Anm. 19 ff.). War der Zweck der Herabsetzung die Wirksamkeit eines Erlasses von rückständigen Einlagen, so ist auch dieser Erfolg hiermit in Wirksamkeit getreten. Die Einlagen sind erlassen und können nicht mehr gefordert werden. (Darüber, daß der Beschluß, zu diesem Zwecke das Kapital herabzusetzen, noch nicht der Erlaß selbst ist, vgl. oben Anm. 20.) War der Zweck der Herabsetzung die Rückzahlung von Stammeinlagen, so ist damit die Forderung der Gesellschafter auf Rückzahlung existent und fällig geworden. Sie sind dadurch echte und wahre Gläubiger der Gesellschaft geworden und konkurrieren mit den übrigen Gläubigern für den Fall, daß nunmehr die Gesellschaft in Konkurs gerät. Doch treten sie zurück hinter diejenigen Gläubiger, welche vor der Eintragung der Kapitalsherabsetzung ein Forderungsrecht erworben, sich gemeldet, der Kapitalsherabsetzung nicht zugestimmt und gleichwohl keine Befriedigung oder Sicherstellung erhalten hatten. Denn diese hatten einen Anspruch darauf, daß die Eintragung nicht erfolgte. Ihnen gegenüber ist sie rechtswidrig erfolgt. Die Geltendmachung des Rückzahlungsanspruchs ist daher bedingt durch deren Befriedigung (vgl. die ähnlichen Ausführungen bei Staub HGB. Anm. 7 zu § 291 und die dort Zitierten, dazu noch zustimmend Jaeger KO. Anm. 12 zu § 208; Justin Goldstein, Der Konkurs der Aktiengesellschaft, Würzburger Dissertation 1901, § 5, 2b). Soll eine Reserve gebildet werden, so entsteht diese mit dem Eintrage. Die Geschäftsführer haben die entsprechende Vormerkung in den Büchern der Gesellschaft vorzunehmen. § 58.

8. **Alsdann erfolgt die Publikation der Eintragung durch das Registergericht.** Anm. 40.

a) Was ist zu publizieren? Nach § 54 Abs. 2 und § 10 Abs. 3 muß publiziert werden: an welchem Tage die Kapitalsherabsetzung beschlossen wurde (vgl. Anm. 26 zu § 57). Ferner muß nach § 54 Abs. 2 und § 10 Abs. 1 und 3 die veränderte Ziffer des Stammkapitals publiziert werden. Es ist also z. B. zu publizieren: Durch Beschluß vom 9. April 1902 ist das Stammkapital auf den Betrag von 450 000 M. herabgesetzt worden.

b) Die Wirkung der Veröffentlichung ist, daß die Kapitalsherabsetzung nunmehr jedem Dritten entgegengesetzt werden kann (§ 15 HGB.). Sie kann vor der Eintragung und Veröffentlichung auch demjenigen Dritten nicht entgegengehalten werden, der den Beschluß kennt. Denn vor der Eintragung gilt die Kapitalsherabsetzung als nicht erfolgt. Kommt dann die Publikation hinzu, so tritt § 15 HGB. in Wirksamkeit. Anm. 41.

Zusatz 1. **Die Kombinierung der Kapitalsherabsetzung mit der Kapitalserhöhung kann hier im Gegensatz zum Aktienrecht nicht erfolgen,** wenigstens nicht in der Weise, daß beide Transaktionen gleichzeitig vor sich gehen. In der Praxis erweist sich eine solche Kombination oft als notwendig. Die Zuführung neuer Betriebsmittel durch Kapitalserhöhung genügt häufig nicht, um die Gesellschaft rentabler zu machen. Es muß noch außerdem die Bilanz durch Streichung von Teilen des Stammkapitals verbessert werden, damit die Gesellschafter, besonders die neu hinzutretenden, dem Dividendenbezuge näherkommen. Hier ist das nicht möglich, weil die Kapitalsherabsetzung immer erst nach Ablauf des Sperrjahres eingetragen und dadurch wirksam werden kann. Es kann in diesem Falle nur eine für das Sperrjahr geltende Änderung des Gesellschaftsvertrages erfolgen, die den neuen Gesellschaftern eine solche Dividende und ein solches Stimmrecht gibt, als sei die Herabsetzung schon vollzogen (vgl. oben Anm. 7). Anm. 42.

Zusatz 2. **Das Einfordern von Zuzahlung in Verbindung mit dem Androhen der Herabsetzung des Stammkapitals.** Für das Aktienrecht ist es streitig, ob eine solche Einforderung zulässig ist, verbunden mit einem Beschlusse, daß die Aktien, auf welche die Aufzahlung nicht erfolgt, zusammengelegt oder im Nennwerte herabgesetzt werden. Staub HGB. Anm. 8 zu § 290 erklärt dies für unstatthaft. Er sieht darin eine Verletzung des Rechts des Aktionärs, daß er nicht mehr zu bezahlen brauche, als den Betrag der Aktie. Dasselbe Argument brauchte die erste Auflage (Anm. 35 S. 351) für die GmbH. Ein solches Verfahren verstoße gegen das Prinzip der Gleichberechtigung und gegen den Grundsatz, daß gesellschaftliche Verpflichtungen über die Kapitalseinlage hinaus nur dann geschuldet werden, wenn sie im Gesellschaftsvertrage übernommen sind (§ 3 Abs. 2). Für das Aktienrecht ist durch das Urteil des RG. 52, 287 v. 15. 10. 02 die Frage in einem anderen Sinne entschieden. Es hat es nicht schlechthin für unzulässig erklärt, Zuzahlung zu fordern zur Vermeidung der Zusammenlegung oder Herabsetzung des Nennbetrages der Aktien. Nur in der Androhung der Schmälerung der Anteilrechte auf dem Wege der stärkeren Zusammenlegung der Aktien der nicht zuzahlenden Aktionäre als der Anteilrechte, die sich hierzu ver- Anm. 43.

§ 58. stehen, sieht das RG. die Ausübung eines unstatthaften Zwanges (vgl. hierüber die Ausführungen von Leist, Die Sanierung von Aktiengesellschaften 45). Wird diese Ungleichheit vermieden, so ist die Aufzahlung, verbunden mit einer Herabsetzung der nicht zuzahlenden Aktien um den der Aufzahlung entsprechenden Betrag, zulässig. Eine Übertragung dieses durchaus zu billigenden Grundsatzes des RG. auf das Recht der GmbH. ist nicht ohne weiteres möglich. Denn die GmbH. kennt keine Herabsetzung des Stammkapitals durch Zusammlegung (vgl. oben Anm. 16). Ebensowenig, außer im Falle der Einziehung, die Herabsetzung von Stammkapital, die nur einzelne Geschäftsanteile treffen soll (vgl. oben Anm. 12 und 15). Die Einziehung aber bedarf stets der Zustimmung des von ihr betroffenen Gesellschafters (vgl. Anm. 4 und 13 zu § 34). Daraus folgt, daß aus diesem, aber nur aus diesem Grunde ein dem Aktienrechte analoges Verfahren hier nicht durchführbar ist. Wohl aber ist es statthaft, zu beschließen, daß, wenn nicht alle Gesellschafter freiwillig aufzahlen, eine Herabsetzung des ganzen Stammkapitals erfolge. Dadurch wird die Gleichberechtigung in keiner Weise verletzt. Es bleibt auch im Falle der Herabsetzung der Nominalbetrag der Geschäftsanteile unberührt (vgl. oben Anm. 7). Aber bei einer ihr folgenden Erhöhung des Stammkapitals bedeuten die alten Geschäftsanteile eine geringere Beteiligungsquote.

Anm. 44. In gleicher Weise ist die Frage zu behandeln, ob durch Zuzahlung einzelne Geschäftsanteile in Vorzugsanteile umgewandelt werden können. Auch hier hat das RG. a. a. O. dieselbe Entscheidung gegeben (vgl. Leist, Sanierung 61 ff.). Sie muß auch für die GmbH. als zulässig anerkannt werden (vgl. Anm. 49 zu § 5). Nur darf auch hier durch Schaffung der Vorrechtsanteile nicht das Prinzip der Gleichberechtigung verletzt sein. Die Vorrechte müssen der Zuzahlung entsprechen und dürfen nicht den ursprünglichen Gesellschafter um mehr als dieser Betrag konform ist, in seinen Anteilrechten zurückdrängen.

Anm. 45. Zusatz 3. **Wie, wenn die Kapitalsherabsetzung eingetragen worden ist, ohne daß die gesetzlichen Voraussetzungen vorhanden waren?** Es sind hier wieder, wie bei der Eintragung der Erhöhung, die verschiedenen Arten der Verstöße zu unterscheiden.

1. Der Beschluß der Herabsetzung selbst hat Mängel.

a) Er ist inhaltlich unrichtig oder in unrichtiger Weise gefaßt. Handelt es sich um zwingende Vorschriften, so ist und bleibt der Beschluß nichtig. Er kann auf Grund des § 144 FG. wieder gelöscht werden. Wird er ordnungsgemäß wiederholt, so bedarf es auch hier einer nochmaligen Eintragung nicht (vgl. Anm. 19 zu § 54, Anm. 23 zu § 57), falls der Inhalt zulässig ist. Aber die Herabsetzung wirkt auch hier erst nach nochmaligem Ablauf des Sperrjahres. Hierher gehören z. B. Beschlüsse, die mit einer Mehrheit von weniger als drei Vierteln gefaßt sind. Solche Beschlüsse aber, die inhaltlich unstatthaft, z. B. durch welche das Stammkapital unter 20 000 M. herunterginge und die deshalb nichtig sind, bedürfen, wenn sie richtig nochmals gefaßt sind, neuer Eintragung.

Liegen Verstöße gegen verzichtbare Vorschriften vor, z. B. über die Einladefrist, Gewährung des Stimmrechts u. s. w., so bildet dies, wie es kein Grund zur Ablehnung des Eintrags gab, auch keinen Grund zur Löschung. Hat ein Gesellschafter den Beschluß wirksam angefochten, so kann die Löschung angedroht werden (vgl. Anm. 15 zu § 7).

Anm. 46. b) Ist er formell unkorrekt, z. B. nur in privater Urkunde mit beglaubigter Unterschrift erklärt oder ist die Urkunde wegen einem sonstigen Verstoße ungültig, z. B. der amtierende Stellvertreter des Notars war nicht mehr zur Aufnahme des Aktes befugt, so heilt auch hier der Eintrag den Mangel, falls nur dieser dem Willen der Gesellschafter entspricht (vgl. Anm. 13 zu § 57).

Anm. 47. c) Fehlt es an der Zustimmung der Gesellschafter, deren Leistungen sich infolge der Herabsetzung des Stammkapitals erhöhen (vgl. oben Anm. 12), so macht der Mangel derselben den Eintrag und die Herabsetzung des Stammkapitals nicht ungültig. Er hat nur keine Wirkung gegen diejenigen, die nicht zustimmten. Die erhöhte Leistung kann von ihnen abgelehnt werden (vgl. Anm. 18 zu § 57). Anders nur, wenn diese Zustimmung nach dem Inhalt des Beschlusses als Bedingung desselben erscheint (vgl. Anm. 25 zu § 53). Mangel der Zustimmung schließt die Wirksamkeit des Beschlusses aus. Er ist, sobald dieses feststeht, wieder zu löschen.

2. Mängel der Bekanntmachung und des Sperrjahres. Die Vorschriften des Gesetzes sind Sicherungsmaßregeln zu Gunsten der Gläubiger. Zu den Voraussetzungen des Eintrages in dem Sinne des Vorhandenseins des materiellen Willensaktes, der zu beurkunden ist, gehören sie nicht. Sie sind Teile der Anmeldung. Diese ist aufschiebend befristet. Der Registerrichter hat die Einhaltung der Frist zu prüfen. Ist hierbei ein Versehen unterlaufen, so berührt dasselbe die Wirksamkeit des Eintrags nicht. Der Registerrichter hat kein Recht, wieder zu löschen. Der § 142 FG. ist nicht anwendbar. § 58. Anm. 48.

3. Mängel der Anmeldung vermögen ebensowenig, diese Folgen nach sich zu ziehen. Der Eintrag bleibt also sowohl in dem Falle, daß die Versicherung über die Sicherung und Befriedigung der Gläubiger unterblieb als auch, daß sie falsch war (vgl. Anm. 23 zu § 57). Anm. 49.

Zusatz 6. Rechte der Gläubiger nach der Eintragung. Die Gläubiger haben, sofern sie sich vor dem Eintrage melden und der Herabsetzung nicht zustimmen, das Recht, daß nicht ohne ihre vorherige Befriedigung und Sicherstellung der Eintrag erfolge. Ist hiergegen verstoßen, so steht ihnen das Recht des Widerspruchs auch nach der Eintragung zu. Sie verfolgen es im Wege der Klage. Das Ziel ist die Beseitigung des Eintrages. Wird dieser stattgegeben, so ist der Beschluß durch Randbemerkung im Handelsregister wieder zu löschen. Es steht der Gesellschaft frei, auch nach der Rechtskraft, aber vor Vollzug der Löschung, diese durch Sicherheitsleistung oder Zahlung abzuwenden. Der Eintrag bleibt dann bestehen und der Beschluß wirkt von der Eintragung ab. Ein Recht auf Sicherheit oder Zahlung erwirbt der Gläubiger auch durch die gegen seinen Widerspruch erfolgte Eintragung nicht. Anm. 50.

§ 59.

Auf die Anmeldungen zu dem Handelsregister eines Gerichts, in dessen Bezirke die Gesellschaft eine Zweigniederlassung besitzt, finden die Bestimmungen im § 57 Absatz 2, Absatz 3 Nr. 1 und im § 58 Absatz 1 Nr. 4 keine Anwendung.

Der vorliegende Paragraph gibt für die Anmeldung der Kapitalserhöhung und der Kapitalsherabsetzung zum Zweigregister ausreichende Bestimmungen.

1. Die Anmeldung dieser Transaktionen ist, wie die der Statutenänderungen überhaupt, zunächst zum Register der Hauptniederlassung zu bewirken. Diese Anmeldung ist zwar nicht vom Registerrichter erzwingbar, andererseits ist aber von ihr die Gültigkeit der Transaktion abhängig. Ist aber die Eintragung beim Hauptregister erfolgt, so muß auch die Anmeldung zum Zweigregister erfolgen (§ 79 des Gesetzes, § 13 HGB.). Diese Anmeldung kann erzwungen werden (§ 14 HGB.). Sie ist aber andererseits für die Gültigkeitsfrage unerheblich. Anm. 1.

2. **Was nun die Form der Anmeldung zum Register der Zweigniederlassung betrifft,** so fallen weg: Anm. 2.

a) Bei der Kapitalserhöhung:

α) § 57 Abs. 2, d. h. die dort vorgesehene Versicherung ist nicht abzugeben.

β) § 57 Abs. 3 Nr. 1, d. h. die Übernahmeerklärungen sind nicht zu überreichen.

b) Bei der Kapitalsherabsetzung fällt weg § 58 Abs. 1 Nr. 4, d. h. die Bekanntmachungen sind nicht einzureichen und die dort vorgesehene Versicherung ist nicht abzugeben. Anm. 3.

Im übrigen aber gelten für die Anmeldung zum Zweigregister die gleichen Vorschriften, wie für die Anmeldung zum Hauptregister.

3. Für die Eintragung in das Zweigregister gelten besondere Vorschriften nicht. Es wird daher Bezug genommen auf das in Anm. 9 zu § 57 und in Anm. 37 zu § 58 Gesagte. Anm. 4.

§ 59. 4. **Für die Veröffentlichung der Eintragung durch das Registergericht** ist gemäß § 54 Abs. 2 der
Anm. 5. § 12 Abs. 2 zu beachten. Derselbe ist dahin entsprechend anzuwenden, daß die nach den §§ 5 Abs. 4, 56 erfolgten Festsetzungen nur dann mit zu publizieren sind, wenn die Eintragung in das Zweigregister innerhalb der ersten 2 Jahre nach der Eintragung des betreffenden Kapitalserhöhungsbeschlusses in das Register des Sitzes der Gesellschaft erfolgt.

Anm. 6. In die Prüfung der Gesetzmäßigkeit des Erhöhungsbeschlusses hat das Registergericht der Zweigniederlassung nicht selbständig einzutreten. Es kann die Eintragung auch aus einem Grunde nicht ablehnen, der, wenn er richtig wäre, das Registergericht der Hauptniederlassung zur Ablehnung des Eintrags bestimmt hätte (KG. v. 26. 10. 05 in OLGR. 11, 388).

Fünfter Abschnitt.

Auflösung und Nichtigkeit der Gesellschaft.

§ 60.

Die Gesellschaft mit beschränkter Haftung wird aufgelöst:

1. durch Ablauf der im Gesellschaftsvertrage bestimmten Zeit;
2. durch Beschluß der Gesellschafter; derselbe bedarf, sofern im Gesellschaftsvertrage nicht ein anderes bestimmt ist, einer Mehrheit von drei Vierteilen der abgegebenen Stimmen;
3. durch gerichtliches Urteil oder durch Entscheidung des Verwaltungsgerichts oder der Verwaltungsbehörde in den Fällen der §§ 61 und 62;
4. durch die Eröffnung des Konkursverfahrens; wird das Verfahren nach Abschluß eines Zwangsvergleichs aufgehoben oder auf Antrag des Gemeinschuldners eingestellt, so können die Gesellschafter die Fortsetzung der Gesellschaft beschließen.

Im Gesellschaftsvertrage können weitere Auflösungsgründe festgesetzt werden.

Anm. 1. I. **Allgemeines über den Begriff und die Folgen der Auflösung.**

1. Begriff der Auflösung. Hier muß der Satz an die Spitze gestellt werden, daß die Auflösung das nicht ist, was die Bezeichnung besagt. Der Ausdruck „Auflösung" geht zu weit. Denn er bedeutete ein Aufhören der Rechtspersönlichkeit der Gesellschaft. In Wahrheit hört die Gesellschaft nicht zu bestehen auf, sondern sie hört nur auf, ihre bisherigen Existenzzwecke zu verfolgen. Wollte man andererseits sagen, daß sie aufhöre, ein Handelsgewerbe oder ein Gewerbe zu betreiben, so würde man diejenigen Gesellschaften nicht treffen, welche kein Gewerbe betreiben. Das Betreiben eines Gewerbes gehört ja nicht zum Wesen einer GmbH. (vgl. Anm. 4 zu § 1). Der Begriff der Auflösung besteht also darin, daß die Gesellschaft ihre bisherigen Existenzzwecke zu verfolgen aufhört und statt deren nur den einen Zweck verfolgt, zu liquidieren, d. h. das Vermögen zu versilbern, die Schulden zu bezahlen, den Überschuß zu verteilen und so allmählich ihr Vermögenssubstrat und damit sich selbst zu vernichten. Die GmbH. gibt durch die Auflösung selbst ihre Existenz nicht auf, sondern verändert nur ihre Art. Aus der irgend welche Lebenszwecke verfolgenden GmbH. wird eine Liquidationsgesellschaft mit beschränkter Haftung. Diese Liquidationsgesellschaft mit beschränkter Haftung besteht so lange, bis die Liquidation beendet, bis jedes vermögensrechtliche Substrat beseitigt ist. Man sollte daher eher von einer in der Auflösung begriffenen, als von einer aufgelösten Gesellschaft sprechen (vgl.

§ 49 Abs. 2 BGB.; RG. 3, 55; 15, 102; Jaeger Anm. 2 zu § 208; Gierke, Die Genossenschaftstheorie und die deutsche Rechtsprechung 885). § 60.

2. Die Folgen der Auflösung entsprechen dem eben entwickelten Begriffe derselben. Die Gesellschaft hört nicht sofort zu existieren auf. Daher dauert ihre Organisation fort. Nur daß ihre gesetzlichen Vertreter, jetzt Liquidatoren genannt, nicht mehr die unbeschränkte Vertretungsbefugnis, sondern nur die durch den veränderten und zusammengeschrumpften Zweck gebotenen Befugnisse haben (§ 70; über den Fall des Konkurses § 63). Da die Gesellschaft zu existieren nicht aufhört, so gelangen auch die mit ihr geschlossenen Verträge durch die Liquidation nicht schlechthin zur Auflösung (für die Aktiengesellschaft RG. 5, 7; 24, 70), auch ihre Dienstverträge nicht (RG. 24, 70). Die nicht fälligen Leistungen werden nicht eo ipso fällig, abgesehen von besonderen Gründen (RG. 9, 15). Bei gegenseitigen Verträgen kann möglicherweise § 321 BGB. in Frage kommen. Der Eintritt in die Liquidation bewirkt auch keine Firmenänderung. Der Zusatz „in Liquidation" bedeutet keine solche (RG. 15, 105; RG. 29, 68; vgl. Staub HGB. Anm. 1 zu § 153). Die bestehenden Handlungsvollmachten erlöschen nicht ohne weiteres (OLG. Dresden in Buschs Archiv 45, 361), sondern nur, soweit sie Vollmachten zum Betriebe des Handelsgewerbes sind oder sonst zu Handlungen ermächtigen, die nicht im Bereich der Liquidation liegen (Behrend § 139). Wohl aber erlöschen die bestehenden Prokuren. Zwar ist hier nicht, wie im § 298 Abs. 4 HGB., für die Aktiengesellschaften gesagt, daß hier die Bestellung von Prokuristen im Liquidationsstadium nicht stattfindet. Doch ist hier das Gleiche anzunehmen, da doch die Prokura nur ermächtigen soll zum Betriebe derjenigen Geschäfte, welche die Verfolgung des Lebenszweckes der Gesellschaft erfordert (vgl. Anm. 14 zu § 68). — Die Gesellschaft bleibt ferner auch während des Liquidationsstadiums Kaufmann, denn bei der GmbH. ist die Kaufmannsqualität nicht von dem Betriebe eines Handelsgewerbes abhängig (§ 6 HGB.). Weitere Wirkungen der Auflösung siehe zu § 69. Anm. 2.

Die Folgen der einmal eingetretenen Auflösung können nicht wieder durch Fortsetzung der alten Gesellschaft, etwa durch Wiederaufnahme des Betriebes aufgehoben werden, auch nicht, wie Neukamp 3 b zu § 65 will, durch einstimmigen Beschluß aller Gesellschafter. Wenigstens ist dies die Regel. Eine Ausnahme ist nur im § 60 Nr. 4 enthalten. Im übrigen können aber die Gesellschafter, nachdem die Auflösung einmal eingetreten ist, nicht wieder die Fortsetzung der Gesellschaft beschließen. Zwar hört die Gesellschaft durch den Akt der Auflösung nicht zu existieren auf. Sie verwandelt nur ihre Art (vgl. oben Anm. 1). Aber in dem Auflösungsakte liegt der öffentliche Ausspruch, daß die Gesellschaft nicht länger im Verkehrsleben als Erwerbsgesellschaft oder sonstige Zwecke verfolgende Gesellschaft auftreten könne oder wenigstens wolle. Der Wiedereintritt in das Verkehrsleben aber kann hier, wie bei der Aktiengesellschaft, nur geschehen unter Beobachtung derjenigen Vorschriften, welche für die Entstehung der GmbH. gegeben sind, d. h. der Gründungsvorschriften. Nur die Beobachtung dieser Vorschriften birgt die vom Gesetze zum Schutze des Publikums geforderte Gewähr in sich, daß die Gesellschaft, welche nach ihrem eigenen Ausspruche die Lebensbedingungen einer GmbH. nicht mehr hatte, diese doch hat oder wiedergewonnen hat. Zu diesem Ergebnisse gelangt man auch von dem Gesichtspunkte, daß die Gesellschafterversammlung der liquidierenden GmbH. nicht Beschlüsse fassen kann, welche außerhalb des Rahmens der Liquidationstätigkeit liegen (§ 69). Denn was überschritte mehr diesen Rahmen, als ein Beschluß, nicht mehr zu liquidieren, sondern wieder eine Erwerbsgesellschaft zu werden? Und endlich beweist die im § 60 Nr. 4 aufgestellte Ausnahme, daß der Regel nach eine einfache Fortsetzung der aufgelösten Gesellschaft nicht beschlossen werden kann. Ein übereilter Auflösungsbeschluß kann hiernach im allgemeinen nicht rückgängig gemacht werden. Um den Betrieb auf den annähernd gleichen Grundlagen fortzusetzen, ist folgender Weg gangbar. Die alte Gesellschaft beteiligt sich bei der Gründung einer neuen Gesellschaft und inferiert dabei ihr gesamtes Vermögen Anm. 3.

§ 60. gegen Gewährung von Geschäftsanteilen der neuen Gesellschaft, welche letzteren unter die Gesellschafter der alten Gesellschaft zur Verteilung gelangen.

Anm. 4. II. **Den Inhalt der vorstehenden Paragraphen bilden die Gründe der Auflösung.** Dabei zählt Abs. 1 bestimmte Auflösungsgründe auf, während Abs. 2 die Möglichkeit weiterer Auflösungsgründe ausspricht.

Anm. 5. 1. (Abs. 1.) **Die 4 benannten Auflösungsgründe.**

Ziffer 1. Ablauf der im Gesellschaftsvertrage bestimmten Zeit. Eine stillschweigende Fortsetzung der Gesellschaft gibt es hier nicht. Nach Ablauf der statutarischen Gesellschaftsdauer tritt die Auflösung von selbst ein. Wollen die Gesellschafter die Gesellschaft über die statutenmäßig vorgesehene Zeit hinaus fortsetzen, so müssen sie dies durch Statutenänderungsbeschluß bestimmen, solange die Gesellschaft noch nicht aufgelöst ist (vgl. über diese Statutenänderung Anm. 22 zu § 53). Nach eingetretener Auflösung ist eine Fortsetzungsvereinbarung nicht mehr zulässig, sondern nur noch Neugründung (vgl. Anm. 3).

Anm. 6. Andererseits können die Gesellschafter auch Verkürzung der statutenmäßigen Dauer beschließen. Doch liegt darin nicht nur eine Statutenänderung, sondern ein auf Auflösung abzielender Beschluß, weshalb nach beiden Richtungen die gesetzlichen und statutarischen Erfordernisse des Beschlusses vorhanden sein müssen.

Anm. 7. **Ziffer 2. Beschluß der Gesellschafter.** Durch irgend ein anderes Organ darf die Auflösung nicht beschlossen werden. Auch statutarisch kann dies nicht bestimmt werden. Eine solche Delegation ist unzulässig. Doch kann den anderen Gesellschaftsorganen die Verpflichtung auferlegt werden, beim Eintritt bestimmter Vorbedingungen die Auflösung der Gesellschaft zu beantragen. Eine allgemeine Verpflichtung gegenüber den Gläubigern haben die Gesellschaftsorgane aber nicht (vgl. RG. 36, 27).

Anm. 8. Was nun die Erfordernisse des Gesellschafterbeschlusses betrifft, so gilt hierüber folgendes:

Gesetzlich erfordert ist hierfür eine Mehrheit von drei Vierteln der abgegebenen Stimmen. (Über die Berechnung siehe Anm. 1 zu § 47.) Dieses Erfordernis kann der Gesellschaftsvertrag verschärfen oder mildern. Es gilt nur, wenn der Gesellschaftsvertrag nicht „ein anderes" bestimmt. Eine Verschärfung bis zur Einstimmigkeit liegt in der Vorschrift, daß die Gesellschaft als unauflöslich bezeichnet wird. Es kann aber umgekehrt auch die einfache Stimmenmehrheit eingeführt werden. Wenn auch weniger Stimmen, als die einfache Mehrheit derselben, die Auflösung herbeiführen können, so ist dies kein Beschluß der Auflösung, sondern eine an eine gewisse Anzahl von Stimmen geknüpfte Kündigung (vgl. unten Anm. 24).

Anm. 9. Im übrigen ist für diesen Beschluß nichts besonderes bestimmt. Es ist auch nicht die im § 53 für Statutenänderungen vorgeschriebene gerichtliche oder notarielle Form erfordert. Der Auflösungsbeschluß kann also auch formlos gefaßt werden, auch in der durch § 48 Abs. 2 vorgesehenen Formlosigkeit. Doch wird der Registerrichter bei einem Beschlusse von solcher Tragweite die Eintragung nur bewirken, wenn er sich die Überzeugung verschafft hat, daß der Beschluß auch wirklich gefaßt ist (vgl. Anm. 6 zu § 65). Er hat zu diesem Zwecke das Recht der Ermittelung des Sachverhalts (§ 12 FG.). Und am besten wird es doch sein, daß bei diesem wichtigen Beschlusse die öffentliche Beurkundung erfolgt. Wenn aber die drei einzigen Gesellschafter vor dem Registerrichter erscheinen und ihm einen in privater Urkunde gefaßten Auflösungsbeschluß übergeben, so muß ihm dies genügen.

Anm. 10. Auch die Eintragung des Beschlusses in das Handelsregister ist nicht, wie bei Statutenänderungsbeschlüssen, zur Gültigkeit des Beschlusses erforderlich. Sie ist es nur dann, wenn der Auflösungsbeschluß die im Gesellschaftsvertrag festgesetzte Lebensdauer verkürzt (vgl. unten Anm. 11). Die Anmeldung und Eintragung ist allerdings vorgeschrieben (§ 65). Aber sie ist kein Gültigkeitserfordernis. Über die Folgen der Eintragung vgl. Anm. 8 zu § 65. Weist der Registerrichter den Eintragungsantrag ab, weil kein gültiger Beschluß vorliege, so ist, falls der Beschluß doch gültig war, die Auflösung trotz seiner Ablehnung eingetreten. § 60.

Schwerere Erfordernisse müssen erfüllt werden, wenn der Beschluß auf Auflösung gleichzeitig einen Statutenänderungsbeschluß enthält, wenn also z. B. die im Gesellschaftsvertrage festgesetzte Dauer der Gesellschaft durch den Auflösungsbeschluß abgekürzt wird (oben Anm. 6). In diesem Falle müssen alle gesetzlichen und statutarischen Erfordernisse einer Statutenänderung erfüllt werden. Der Auflösungsbeschluß ist erst dann wirksam, wenn der Beschluß eingetragen ist. Unter Umständen muß auch die Zustimmung einzelner Gesellschafter beigebracht werden, so wenn Sonderrechte, z. B. das für einen bestimmten Gesellschafter statuierte Recht auf den Bestand der Gesellschaft bis zu einer bestimmten Zeit, dadurch verletzt werden (vgl. Anm. 4 zu § 53). Anm. 11.

Der Beschluß kann auch betagt und bedingt gefaßt werden. Es kann z. B. am 1. November beschlossen werden, daß die Gesellschaft am 31. Dezember aufgelöst werde, oder es kann beschlossen werden, daß die Gesellschaft aufgelöst werde, wenn der Verkauf des Geschäfts zum Preise von 200000 M. erfolgt. In solchem Falle ist dem Registerrichter, wenn er die Auflösung eintragen soll, zu seiner Überzeugung darzulegen, daß die Bedingung eingetreten ist. Anm. 12.

Ziffer 3. **Gerichtliches Urteil oder Entscheidung des Verwaltungsgerichts** oder der Verwaltungsbehörde in den Fällen der §§ 61 und 62. Hierüber näheres zu diesen beiden Paragraphen. Anm. 13.

Ziffer 4. **Eröffnung des Konkursverfahrens.** Hierüber näheres zu § 63. Anm. 14.

2. (Abs. 2.) **Weitere Auflösungsgründe.** Unser Paragraph erwähnt in seinem Abs. 2 nur die Möglichkeit anderer, durch Gesellschaftsvertrag festzusetzender Auflösungsgründe. Doch ist damit die Zulässigkeit anderer gesetzlicher Auflösungsgründe nicht ausgeschlossen. Es sind daher zunächst die anderweiten gesetzlichen und alsdann die anderweiten durch Gesellschaftsvertrag festzusetzenden Auflösungsgründe zu behandeln. Anm. 15.

a) Andere gesetzliche Auflösungsgründe. Anm. 16.

α) Entziehung der obrigkeitlichen Genehmigung, wenn dieselbe zur Existenz der Gesellschaft erforderlich ist. In dieser Beziehung kommt die in § 60 Nr. 3 und § 62 enthaltene Auflösung in Betracht.

Dagegen ist die Entziehung der Konzession zum Gewerbebetriebe kein Auflösungsgrund. Die Gesellschaft kann ja ihren Gegenstand ändern und ein anderes Unternehmen betreiben. Auch wenn sie ohne jede Lebenstätigkeit fortlebt, ist sie dadurch allein noch nicht aufgelöst. Doch mag es vielleicht den Grund zur Auflösungsklage nach § 61 abgeben. (Vgl. unten Anm. 23.) Anm. 17.

β) Mehr als Auflösungsgrund ist die Amortisation sämtlicher Geschäftsanteile. Darin liegt nicht die Auflösung, sondern der Untergang der Gesellschaft. Sie hat ja dann keine Personen mehr, die ihre Mitglieder bilden. Es fehlt das Personensubstrat. Besteht alsdann noch Vermögen, so ist es herrenloses Gut. Es tritt dann keine Liquidation der Gesellschaft, sondern die Verwaltung herrenlosen Gutes durch die hierzu berechtigten Personen ein (§ 45 BGB.). Dagegen besteht die Gesellschaft fort, wenn alle Geschäftsanteile bis auf einen amortisiert sind (vgl. Anm. 20). Über die Folgen der Abandonnierung aller Geschäftsanteile vgl. Anm. 34 zu § 27. Anm. 18.

γ) Im Band 7, 70 hat das RG. gesagt, daß durch die Verlegung des Sitzes in das Ausland eine Aktiengesellschaft ihre im Inlande anerkannte Rechtspersönlichkeit verliere und dieser Beschluß daher die Wirkung der Auflösung habe. Das Erkenntnis würde an sich auch auf die GmbH. zutreffen, wenn es als richtig anzuerkennen wäre. Allein ein solcher Beschluß hat nicht, wie das RG. formuliert hat, die Auflösung als Wirkung, sondern als Voraussetzung. Denn zum Wesen der GmbH. gehört, daß sie einen Sitz im Inlande hat (vgl. Anm. 5 zu § 3). Will sie den Sitz im Inlande aufgeben, so will sie damit ihre Eigenschaft als inländische Gesellschaft aufgeben. Das ist ein Auflösungsbeschluß und dieser muß den gesetzlichen Erfordernissen entsprechen. Anm. 19.

§ 60. δ) **Kein Auflösungsgrund ist die Vereinigung aller Geschäftsanteile in**
Anm. 20. **einer Hand.** (Für die Aktiengesellschaft RG. v. 25. 2. 97 in JW. 191; Renaud, Aktiengesellschaften 822; Gareis, Das deutsche Handelsrecht 6. Aufl. 372; Petersen-Pechmann 599; Pinner 281; Rudorff 225; Dernburg, Bürgerliches Recht I 258; vgl. auch den Fall im RG. 22, 116; auch RG. 23, 202). Für die GmbH. ist das Gleiche anzunehmen (vgl. Dernburg I 268 Anm. 19; LG. I Berlin im Recht 1900, 286; RG. v. 20. 3. 1900 in GoldArch. 47, 169, zitiert bei Kaufmann, Handelsrechtliche Rechtsprechung 1900—1901, 1, 144; OLG. Colmar v. 24. 4. 03 im Recht 268; RG. v. 20. 6. 04 in SeuffA. 60, 410 Nr. 216; ebenso die Kommentare zum Gesetze außer Neukamp Anm. 9). Die nähere Begründung siehe bei Staub HGB. Anm. 12 zu § 292.

Anm. 21. Befinden sich sämtliche Geschäftsanteile in einer Hand, so wird häufig der Wunsch vorliegen, die wirtschaftliche Vereinigung zu einer rechtlichen zu machen. So namentlich, wenn eine Aktiengesellschaft oder eine GmbH. alle Geschäftsanteile erworben hat. Doch sind auch Fälle denkbar, in denen eine physische Person, etwa der Vorbesitzer eines Geschäfts, der es wieder entgründen will, einen solchen Übergang des Vermögens der Gesellschaft auf seine Person herbeiführen will. Die Übertragung des gesamten Gesellschaftsvermögens auf diesen einen Gesellschafter kann nur im Wege der ordnungsmäßigen Liquidation geschehen. Es gibt keine dem Erbgange ähnliche Universalnachfolge. Es bedarf der Übertragung der einzelnen Rechte, also bei Mobilien der Übergabe, bei Grundstücken der Auflassung und des Eintrags zum Grundbuche (vgl. KG. v. 23. 6. 02 in OLGR. 5, 380 und KGJ. 25 A, 129). Im Sinne des preußischen Stempelgesetzes gilt dies nicht als eine Übertragung von Vermögen von einer Person an die andere (KG. in KGJ. 20 B, 41; PrOVG. v. 22. 6. 98 in der DJZ. 4, 91; vgl. Staub HGB. Anm. 12 zu § 292, das Gleiche gilt von der Umsatzsteuer, PrOVG. a. a. O.). Dabei sind aber alle Vorschriften des Gesetzes über die Liquidation zu beobachten. Es ist der Gläubigeraufruf zu erlassen und das Sperrjahr zu beobachten. Eine Haftung des alleinigen Gesellschafters für Schulden der Gesellschaft tritt nicht ohne weiteres ein. Begnügt er sich damit, daß er nach Ablauf des Sperrjahres die Aktiva der Gesellschaft erhält, so haftet er persönlich überhaupt nicht. Anders wenn er das Geschäft der Gesellschaft als Ganzes übernimmt. Unser Gesetz entbehrt zwar einer dem § 203 HGB. entsprechenden Bestimmung (vgl. unten Anm. 25). Allein die Übertragung des Vermögens „als Ganzes" fällt auch hier unter § 419 BGB. Der Übernehmer hat bis zur Höhe der Passiva für die Schulden aufzukommen. Führt er das Geschäft unter der alten Firma fort, so wird seine Haftung eine unbeschränkte (§ 25 HGB.), falls nicht bei der Überschreibung der Firma eine Beschränkung zum Handelsregister angemeldet ist. Die Vorteile, die der alleinige Gesellschafter bei dieser Übernahme des Vermögens im Ganzen hat, bestehen einmal in der bereits oben erwähnten Stempelbefreiung. Sodann in dem Übergange aller laufenden Geschäfte, deren Fortführung oft von großer Bedeutung ist. Freilich darf hieraus nicht geschlossen werden, daß alle Gegenkontrahenten verpflichtet sind, den Übernehmer als Gläubiger oder Schuldner anzunehmen. Wo dies durch die Abrede oder die Art der Leistung ausgeschlossen ist, bleibt es bei dieser Folge.

Soll die Übertragung vor Ablauf des Sperrjahres erfolgen, so kann dies dadurch bewirkt werden, daß die Gesellschaft, vertreten durch ihren Liquidator, ihr Vermögen als Ganzes an den Gesellschafter verkauft. Der Kaufpreis ist erst nach Ablauf des Sperrjahres zahlbar. Er wird nach diesem Zeitpunkte auf den Gesellschafter, der alle Geschäftsanteile besitzt, übertragen. Die Forderung erlischt dann durch Vermischung. Vorausgesetzt daß dieser Kaufwille nicht nur simuliert ist, wird ein solches Verfahren nicht zu beanstanden sein. Die Gläubiger der Gesellschaft haben während des Sperrjahres in der Forderung an den Erwerber ein Zugriffsobjekt. Von einer Aufrechnung gegen diese mit der Gegenforderung des Gesellschafters ist keine Rede. Denn ihm steht eine Forderung in Geld nicht zu. Er hat nur Anspruch auf das Vermögen der Gesellschaft. Ebenso ist noch während des Sperrjahres eine Veräußerung oder Pfändung einzelner der in den Händen des Gesellschafters befindlichen Geschäftsanteile möglich. Er muß dann seinen Kaufpreis an die Gesellschaft bezahlen, die ihn unter die bei der Ausschüttung vorhandenen Beteiligten ausfolgt. Wollte der Gesellschafter, der das Vermögen erhalten hat, einwenden, daß das Kaufgeschäft nur simuliert, in Wahrheit eine sofortige Ausantwortung des Liquidationsvermögens an ihn als Gesellschafter gewollt sei, so bliebe er doch als Übernehmer des Vermögens gemäß § 419 BGB. haftbar. Ebenso entstände dann die Haftung der Liquidatoren (§ 73 Abs. 3). § 60.

ε) Ein Austrittsrecht hat der einzelne Gesellschafter kraft Gesetzes nicht. Ebensowenig besteht gegen ihn ein Ausschließungsrecht der Gesellschaft. Er kann nur unter ganz bestimmten Voraussetzungen (wegen Nichtzahlung der Einlage) gegen seinen Willen ausgeschlossen werden (Kaduzierung). Es kann die Einziehung des Geschäftsanteils erfolgen, aber nur mit seiner Zustimmung oder unter den im voraus festgesetzten Bedingungen des Gesellschaftsvertrages (Anm. 9 zu § 34). Er selbst hat wohl auch ein Recht auf Auflösung der Gesellschaft (§ 61). Aber ein Recht auf Austritt unter Fortbestehen der Gesellschaft gibt es für den einzelnen Gesellschafter nicht (Dernburg, Bürgerliches Recht I 268). Auch der Abandon ist kein Austreten (vgl. Anm. 2 zu § 27). Ein Recht, daß sein Anteil eingezogen werde, kann ihm nicht eingeräumt werden (vgl. Anm. 26 zu § 34). Anm. 22.

ζ) Bloße Einstellung des Gewerbebetriebes ist kein Auflösungsgrund. Der Registerrichter ist nicht berechtigt, wenn er erfahren hat, daß die Gesellschaft ihren Gewerbebetrieb eingestellt hat, sie zur Anmeldung der Liquidation aufzufordern (LG. I Berlin v. 30. 12. 01 im Recht 02, 231). Vgl. oben Anm. 17. Anm. 23.

2. **Durch Gesellschaftsvertrag können noch weitere Auflösungsgründe festgesetzt werden.** Es kann z. B. festgesetzt werden, daß die Gesellschaft sich auflöst, sobald das Patent, auf Grund dessen die Gesellschaft errichtet ist, abläuft, oder sobald sich eine Unterbilanz von einer bestimmten Höhe ergeben hat, oder wenn ein Gesellschafter stirbt oder wenn alle Gründer sterben u. s. w. Es kann aber auch bestimmt werden, daß ein Gesellschafter oder eine bestimmte Gesellschafteranzahl das Recht der Kündigung habe. Eine Kündigung ist in solchem Falle an die Gesellschaft zu richten (vgl. über diese statutarische Kündigung Anm. 20 zu § 3). Die Folge der Kündigung ist die Auflösung. Über die Rechtmäßigkeit der Kündigung ist, wenn sie bestritten wird, in einem Prozesse zwischen der Gesellschaft und dem kündigenden Gesellschafter zu entscheiden. Auch der abgeänderte Gesellschaftsvertrag kann solche Auflösungsgründe festsetzen oder ändern. Sollte ein solcher Statutenänderungsbeschluß in Sonderrechte eingreifen (z. B. wenn das einem Gesellschafter zustehende Kündigungsrecht geändert werden soll), so muß außerdem die Zustimmung des betreffenden Gesellschafters vorliegen (Anm. 4 zu § 53). Dagegen können die gesetzlichen Auflösungsgründe durch Vertrag nicht beseitigt werden. Sie haben zwingenden Charakter (vgl. jedoch auch oben Anm. 5 u. 8). Anm. 24.

Zusatz. Unser Gesetz enthält keine Sonderbestimmungen über die Fälle der Veräußerung des gesamten Gesellschaftsvermögens. Hier sind die allgemeinen Bestimmungen anwendbar, während nach §§ 303 ff. für die Aktiengesellschaft Sonderbestimmungen gegeben sind: Anm. 25.

1. **Eine Verwertung des Gesellschaftsvermögens durch Veräußerung des Vermögens im Ganzen** ist bei der Aktiengesellschaft nach § 303 HGB. nur auf Grund des Beschlusses der Generalversammlung zulässig, der überdies einer bestimmten Mehrheit bedarf. Die gesetzliche Vertretungsbefugnis des Vorstandes der Aktiengesellschaft ist hierdurch eingeschränkt. In unserem Gesetze besteht diese Einschränkung nicht. Hier kann der Geschäftsführer mit Wirkung nach außen auch das gesamte Gesellschaftsvermögen veräußern. Ob er zufolge seines Verhältnisses zur Gesellschaft die Versammlung der Gesellschafter fragen muß, ist eine andere Frage (hierüber Anm. 6 zu § 49). Nach außen ist das Geschäft jedenfalls gültig. Eine solche Veräußerung hat hier auch nicht die Auflösung der Gesellschaft zur Folge, wie dies im § 303 Abs. 2 HGB. für die Aktiengesellschaften vorgeschrieben ist. Vielmehr besteht die Gesellschaft fort und es bleibt den Gesellschaftern überlassen, ob sie die Gesellschaft auf anderer Grundlage fortsetzen oder nunmehr auflösen wollen. Meist wird aller-

§ 60. dings in solchem Falle die Liquidation beschlossen und den Liquidatoren die Veräußerung aufgetragen werden. Ob die Liquidatoren dagegen ohne Generalversammlungsbeschluß zu solcher Veräußerung ermächtigt sind oder ob dazu ein einstimmiger Beschluß der Gesellschafter erforderlich ist, darüber siehe Anm. 6 und 8 zu § 70. Soll das ganze Geschäft der GmbH. unter ihrer Firma veräußert werden, so bedarf es gleichzeitig für diese der Annahme einer neuen Firma und aus diesem Grunde einer Statutenänderung.

Anm. 26. Nichts anderes gilt auch in dem Falle, daß das Vermögen der Gesellschaft als Ganzes an das Reich, einen Bundesstaat, oder einen inländischen Kommunalverband veräußert wird, während im § 304 HGB. bei der Aktiengesellschaft für diesen Fall Sonderbestimmungen getroffen sind.

Anm. 27. 2. **Ebenso gilt nichts anderes in dem Falle, wo das Vermögen einer GmbH. an eine andere GmbH. gegen Gewährung von Geschäftsanteilen der übernehmenden Gesellschaft übertragen wird** (Fusion). Auch diese Transaktion kann der Geschäftsführer bewirken. Seine Vertretungsbefugnis ist auch in dieser Hinsicht nicht eingeschränkt. Es gelten hier keine Sondervorschriften wie im § 305 HGB. Meist wird in diesem Falle allerdings die Auflösung beschlossen und den Liquidatoren die Übertragung des Vermögens an eine andere Gesellschaft aufgetragen werden. Ob die Geschäftsführer dazu nach innen die Genehmigung der Gesellschafter einholen müssen, darüber siehe Anm. 6 zu § 49. Ob die Liquidatoren dazu nach außen und nach innen ermächtigt sind, ob dazu ein Gesellschafterversammlungsbeschluß oder gar ein einstimmiger Gesellschafterbeschluß gehört, darüber siehe Anm. 6 u. 8 zu § 70.

Anm. 28. Eine Fusion mit sofortiger Verschmelzung, wie sie im § 306 HGB. für die Aktiengesellschaft vorgesehen ist, ist hier überhaupt nicht gestattet. Hier muß vielmehr die bestehende oder die aufgelöste Gesellschaft ihr Vermögen auf die andere Gesellschaft übertragen und es besteht die übertragende Gesellschaft fort, bis sie aufgelöst und ihr Vermögen unter Beobachtung der gesetzlichen Vorschriften verteilt ist.

§ 61.

Die Gesellschaft kann durch gerichtliches Urteil aufgelöst werden, wenn die Erreichung des Gesellschaftszweckes unmöglich wird, oder wenn andere, in den Verhältnissen der Gesellschaft liegende, wichtige Gründe für die Auflösung vorhanden sind.

Die Auflösungsklage ist gegen die Gesellschaft zu richten. Sie kann nur von Gesellschaftern erhoben werden, deren Geschäftsanteile zusammen mindestens dem zehnten Teile des Stammkapitals entsprechen.

Für die Klage ist das Landgericht ausschließlich zuständig, in dessen Bezirk die Gesellschaft ihren Sitz hat.

Einleitung. **Der vorliegende Paragraph gibt den Gesellschaftern ein Recht, auf Auflösung der Gesellschaft zu klagen.** Dem Aktienrecht ist ein solches Recht unbekannt. Durch dieses Klagerecht kommt die Auffassung des Gesetzes zum Durchbruch, daß das Verhältnis der Gesellschafter zur Gesellschaft hier ein engeres ist, als bei der Aktiengesellschaft. Sonst wäre es einem Gesellschafter nicht möglich, gegen den Willen der Gesamtheit oder der Majorität den Bestand der Gesellschaft unter Anrufung des Gerichts zu sprengen.

Anm. 1. 1. **Wer hat das Recht?** Jeder Gesellschafter, sofern er nur Geschäftsanteile besitzt, die dem zehnten Teil des Stammkapitals entsprechen.

a) Jeder Gesellschafter. Wer nicht mehr Gesellschafter ist, hat das Recht nicht mehr, sobald die Veräußerung der Gesellschaft angezeigt ist (§ 16). Die Androhung der Kaduzierung nimmt das Klagerecht nicht, wohl aber diese selbst. Ebenso die Preisgabe des Geschäftsanteils im Nachschußverfahren (§ 27). Verliert der Kläger die Eigenschaft als

Gesellschafter während des Prozesses, so ist die Klage abzuweisen. Eintritt seines Rechtsnachfolgers ist nur mit Zustimmung der Gesellschaft möglich. Andererseits genügt es, wenn die bei Zustellung der Klage noch nicht vorhandene Eigenschaft bis zum Schluß der mündlichen Verhandlung vorliegt (vgl. Anm. 2 zu § 50). § 61.

b) Die Geschäftsanteile der Kläger müssen zusammen 10 Proz. des Stammkapitals entsprechen. Ob dieselben voll eingezahlt sind oder nicht, ist gleichgültig. Ist das Stammkapital zur Beseitigung einer Unterbilanz herabgesetzt, wobei die Nominalbeträge der Geschäftsanteile sich nicht ändern (vgl. Anm. 7 zu § 58), so ist stets entscheidend, welchen Teil des Stammkapitals der Geschäftsanteil repräsentiert. Hat eine Erhöhung des Stammkapitals stattgefunden, so ist das Gesamtkapital maßgebend. Sind Geschäftsanteile eingezogen, wobei das Stammkapital sich nicht verminderte (vgl. Anm. 19 zu § 34), so ist wieder festzustellen, welcher Geschäftsanteil jetzt dem zehnten Teil dieses Stammkapitals entspricht. War z. B. ein Stammkapital von 100000 M. auf 50000 M. reduziert und dann wieder auf 100000 M. erhöht worden, so repräsentiert ein früherer Geschäftsanteil von 10000 M. nicht mehr den zehnten Teil des jetzigen Stammkapitals, sondern nur noch den zwanzigsten. Der Gesellschafter hatte zwar 10000 M. Einlage auf die ersten 100000 M. bezahlt, aber auf die neuen 50000 M. nichts. Andererseits wenn bei einem Stammkapital von 100000 M. Geschäftsanteile von 50000 M. amortisiert sind, so entspricht jetzt ein Geschäftsanteil von 5000 M. dem zehnten Teile des Stammkapitals. Denn den 50000 M. verbleibenden Geschäftsanteilen steht zusammen das ganze Stammkapital zu. Besitzt ein Gesellschafter allein so viele Geschäftsanteile nicht, so mag er sich mit anderen Gesellschaftern verbinden. Sie können dann gemeinsam die Klage erheben.

c) Jeder Gesellschafter ist berechtigt, sich der angestellten Klage als Nebenintervenient anzuschließen, wobei er dem Kläger oder der Beklagten beitreten kann (§ 66 CPO.). Er ist Intervenient im Sinne des § 67 CPO. Denn das die Auflösung aussprechende Urteil wirkt für alle Gesellschafter. Die mehreren Gesellschafter, die zusammen klagen, sind Streitgenossen im Sinne des § 62 CPO. — Die Gläubiger der Gesellschaft haben kein Recht auf Anstellung der Auflösungsklage. Auch nicht die Gläubiger eines Gesellschafters. Ein dem § 135 HGB. analoges Recht gibt es hier nicht.

2. **Gegen wen ist die Klage zu richten?** Gegen die Gesellschaft. Diese wird hierbei durch die Anm. 2. Geschäftsführer vertreten. Sind die Geschäftsführer in ihrer Eigenschaft als Gesellschafter selbst die Kläger, so muß anders geholfen werden (vgl. Anm. 4 zu § 35). Ebenso, wenn die Gesellschaft keinen Geschäftsführer hat. (Hierüber auch noch Anm. 43 zu § 35.)

3. **In welcher Weise wird das Recht ausgeübt?** Durch Klage beim ordentlichen Gericht. Der Anm. 3. Gesellschaftsvertrag kann sie einem Schiedsgerichte zuweisen.

Zur Vorbereitung der Klage und ihrer Folgen können auch einstweilige Verfügungen angeordnet werden. Es steht nichts entgegen, daß durch richterliche Verfügung der Geschäftsführer seines Amtes enthoben und ein anderer Geschäftsführer eingesetzt wird oder daß ein Sequester über das Gesellschaftsvermögen eingesetzt und dem Geschäftsführer die Vertretungsbefugnis einstweilen entzogen wird. Denn wenn einmal dem einzelnen Gesellschafter ein gegen den Bestand der Gesellschaft gerichtetes Klagerecht gegeben wird, so ist damit auch die Befugnis des Prozeßrichters ausgesprochen, alle zur Sicherung und wirksamen Durchführung dieses Rechts erforderlichen Maßregeln im Wege der einstweiligen Verfügung anzuordnen (§§ 938, 940 CPO.). Eine solche einstweilige Verfügung bindet gemäß § 16 HGB. auch den Registerrichter. Sie muß von diesem eingetragen werden, wenn der Kläger sie ihm mit dem Antrage auf Eintragung einreicht.

4. **Worauf kann die Klage gestützt werden?** Anm. 4.

a) Darauf, daß die Erreichung des Gesellschaftszweckes unmöglich wird. Das liegt z. B. vor, wenn das Patent, auf Grund dessen die Gesellschaft begründet wurde, für nichtig erklärt oder durch ein anderes überholt ist oder sich als wertlos erwiesen hat. Oder wenn ein Syndikat oder Kartell in Form einer GmbH. gegründet ist und das Werk eines der Gesellschafter durch Zwangsversteigerung oder freiwilligen

§ 61. Verkauf in andere Hände kommt. Auch mangelnde Rentabilität kann ein solcher Grund sein. Natürlich nicht immer, sondern nur, wenn eine Aussicht auf Rentabilität in absehbarer Zeit nicht vorhanden ist. Kinderkrankheiten und Krisen genügen nicht, sondern nur dauernde organische Zustände. Absolute Unmöglichkeit aber kann andererseits auch nicht verlangt werden. Schwierigkeiten, deren Überwindung auf exzeptionelle Hindernisse stößt, müssen genügen. Dabei ist freilich auch die Möglichkeit einer Kapitalserhöhung und eventuell auch die der Einziehung von Nachschüssen in Betracht zu ziehen. Doch ist stets zu erwägen, daß neue Opfer vernünftigerweise nur gefordert werden können, wenn Aussicht auf Besserung vorhanden ist. Bis zum Urteile kann die Gesellschaft durch Änderung des Zweckes der Klage den Grund entziehen.

Anm. 5. b) Andere Gründe, wenn sie wichtig sind und in den Verhältnissen der Gesellschaft liegen. Wichtig sind sie dann, wenn dem Gesellschafter nicht zugemutet werden kann, die Gesellschaft fortzusetzen, weil eine gedeihliche Fortentwickelung der Gesellschaft nicht anzunehmen ist. Wenn z. B. die beiden einzigen Gesellschafter gleich viel Stimmen haben, und über einen besonders wichtigen Punkt sich nicht einigen können, oder wenn sie fortgesetzt verschieden stimmen, oder wenn der Geschäftsführer fortgesetzt Willkürlichkeiten begeht oder schädigende Maßregeln trifft, seine Abberufung aber nicht möglich ist, weil er oder seine Ehefrau die Majorität besitzt.

Anm. 6. Die Gründe müssen aber in den Verhältnissen der Gesellschaft liegen. Das Gedeihen und die Fortentwickelung der Gesellschaft müssen gefährdet sein (RG. v. 22. 4. 03 in JW. 03, 249). Damit sind persönliche Gründe nicht absolut ausgeschlossen, insofern sie nur auf die Verhältnisse der Gesellschaft zurückwirken (RG. a. a. O.), wie z. B. wenn derjenige Gesellschafter, der allein imstande ist, die Geschäfte zu führen, weil er allein das Fabrikationsgeheimnis ausreichend kennt, fortgesetzt krank ist. Ebenso wenn ein Gesellschafter den Gesellschaftsvertrag fortgesetzt verletzt und das Gedeihen der Gesellschaft hierdurch schädigt (RG. a. a. O.). Aber nicht in Betracht kommen solche Gründe, welche es nur einem Gesellschafter wünschenswert erscheinen lassen, der Gesellschaft ferner nicht anzugehören, während die Verhältnisse der Gesellschaft geordnete sind und gedeihen. An einem Beispiele soll dies klargemacht werden:

Anm. 7. In einer in Berlin domizilierenden Gesellschaft trat ein Wechsel der Gesellschafter ein, ein in Köln wohnender Gesellschafter brachte die Mehrzahl der Geschäftsanteile an sich und durch seinen Anteilsbesitz wurde der Sitz der Gesellschaft nach Köln verlegt. Dem anderen Gesellschafter wurde dadurch der Zusammenhang mit den Verhältnissen der Gesellschaft erschwert. Gleichwohl lag darin allein kein Grund zur Auflösung nach § 61, weil die Sitzverlegung auf das Gedeihen der Gesellschaft einen nachteiligen Einfluß nicht ausübte.

Darauf, daß der Gesellschafter durch Betrug zum Beitritt bewogen worden ist, kann die Klage nicht gestützt werden (vgl. Anm. 23 zu § 2). Wohl aber kann die Auflösungsklage angestellt werden, wenn ein erheblicher Teil der anderen Beteiligungen unwirksam ist (vgl. Anm. 21 zu § 2). Über den Fall, daß ein Gesellschafter die anderen Gesellschafter durch Betrug zur Annahme seines Beitrittes bestimmte, vgl. Anm. 32 zu § 2.

Anm. 8. 5. **Zuständig ist das Landgericht,** in dessen Bezirk die Gesellschaft ihren Sitz hat, und zwar ausschließlich. Ein anderes Gericht kann nicht vereinbart werden, wohl aber ein Schiedsgericht. Nach § 101 Nr. 3a GVG. ist die Kammer für Handelssachen zuständig.

Das Landgericht ist auch dann zuständig, wenn etwa der Wert des Streitgegenstandes unter 300 M. angenommen werden sollte.

Zu bemerken ist, daß, da das Landgericht ausschließlich zuständig ist, **auch stets die Revision ohne Rücksicht auf den Wert des Streitgegenstandes zulässig ist** (§ 547 Nr. 2 CPO.). Dieses letztere wird häufig übersehen.

Anm. 9. 6. **Für den Wert des Streitgegenstandes** gilt dasselbe, was bei der Anfechtungsklage gesagt ist (vgl. Anm. 27 zu § 45 und RG. v. 29. 4. 03 bei Gruchot 47, 1148).

Anm. 10. 7. **Das Urteil wirkt konstitutiv,** nicht deklarativ. Daher wirkt es Rechtskraft auch für alle Gesellschafter, sobald es die Auflösung ausspricht. Anhängige Klagen anderer Gesellschafter

werden hierdurch erledigt. Die Abweisung der Klage hindert die Erhebung derselben § 61.
Klage durch andere Gesellschafter nicht. Ausgeschlossen ist aber eine neue Klage durch denjenigen, der die Geschäftsanteile des abgewiesenen Gesellschafters erwarb. Für diesen Teil des Gesellschaftsvermögens ist die Sache erledigt. Die Auflösung der Gesellschaft tritt mit der Rechtskraft ein. Alsdann ist sie von den Geschäftsführern zur Eintragung in das Handelsregister anzumelden (§§ 65, 77, 78). Es tritt dann die Liquidation ein. Die vorläufige Vollstreckbarkeit hat hier gar keine Wirkung. Der § 16 HGB. kann hier zu keinem anderen Ergebnisse führen. Die vorläufige Auflösung einer GmbH. kann als Rechtsbegriff nicht anerkannt werden.

8. **Durch Vertrag** kann das Klagerecht nicht beseitigt werden. Die Vorschrift ist zwingendes Recht. Nicht unstatthaft ist es aber, zu bestimmen, daß einzelne aufgeführte Momente nicht Grund zur Auflösungsklage bilden, z. B. der Wegfall des zum Geschäftsführer ernannten Erfinders, das Schwinden des Kapitals durch Verluste u. s. w. Daß die Zuständigkeit eines anderen Gerichtes nicht vereinbart werden kann (§ 40 Abs. 2 CPO.), siehe oben Anm. 8. Anm. 11.

Kann der Gesellschaftsvertrag die Klagebedingungen erleichtern? Das ist insofern zu bejahen, als nach § 60 Abs. 2 der Gesellschaftsvertrag Auflösungsgründe festsetzen, Kündigungsrechte verleihen kann. Nur ist festzuhalten, daß in solchen Fällen nicht der § 61 Platz greift, was z. B. für die Zuständigkeitsfrage von Einfluß ist (oben Anm. 8). Anm. 12.

§ 62.

Wenn eine Gesellschaft das Gemeinwohl dadurch gefährdet, daß die Gesellschafter gesetzwidrige Beschlüsse fassen oder gesetzwidrige Handlungen der Geschäftsführer wissentlich geschehen lassen, so kann sie aufgelöst werden, ohne daß deshalb ein Anspruch auf Entschädigung stattfindet.

Das Verfahren und die Zuständigkeit der Behörden richtet sich nach den für streitige Verwaltungssachen landesgesetzlich geltenden Vorschriften. Wo ein Verwaltungsstreitverfahren nicht besteht, kann die Auflösung nur durch gerichtliches Erkenntnis auf Betreiben der höheren Verwaltungsbehörde erfolgen. Ausschließlich zuständig ist in diesem Falle das Landgericht, in dessen Bezirk die Gesellschaft ihren Sitz hat.

Der vorliegende Paragraph gibt den Staatsbehörden ein Recht auf Auflösung der GmbH. Die Vorschrift ist jetzt wegen § 43 BGB. überflüssig, da ja die GmbH. ein Verein ist, und daher subsidiär die Vorschriften des BGB. über die Vereine Anwendung finden (Allgemeine Einleitung Anm. 3 und 5; vgl. Staub HGB. Anm. 10 zu § 292). Einleitung.

1. **Voraussetzung** ist, daß die Gesellschaft das Gemeinwohl gefährdet entweder durch gesetzwidrige Beschlüsse der Gesellschafter oder durch wissentliches Geschehenlassen von gesetzwidrigen Handlungen der Geschäftsführer. Anm. 1.

a) Die Gesellschafter müssen also diejenigen sein, denen die Schuld beizumessen ist. Sie müssen entweder selbst gesetzwidrige Beschlüsse fassen oder wissentlich geschehen lassen, daß die Geschäftsführer gesetzwidrige Handlungen vornehmen. Gesetzwidrige Beschlüsse müssen es sein oder gesetzwidrige Maßnahmen müssen es sein. Bloße Statutenwidrigkeiten genügen nicht. Welches Gesetz verletzt ist, ist allerdings gleichgültig. Es kann unser Gesetz sein, es kann aber auch — und das wird wohl meist der Fall sein — ein Strafgesetz sein. Es kann sich um öffentliches wie um privates Recht handeln. Als Beispiel wäre denkbar, daß die Geschäftsführer fortgesetzt Betrügereien in großem Maßstabe begehen, ohne daß die Gesellschafter, obwohl sie davon wissen, dagegen einschreiten, oder daß die Gesellschafter den Beschluß fassen, einer feindlichen Macht im Kriege Gewehre zu liefern.

§ 62. b) Das Gemeinwohl muß gefährdet sein. Es braucht nicht schon verletzt zu sein, aber
Anm. 2. es muß mindestens gefährdet sein. Der Fall wird vorliegen, wenn die Fortsetzung einer Gesetzwidrigkeit zu befürchten ist und dadurch die Interessen einer unübersehbaren Anzahl von Personen gefährdet sind. Etwas anderes kann man unter Verletzung des Gemeinwohls kaum verstehen. Das Interesse des Staates braucht nicht unmittelbar in Frage zu kommen. Eine Gefahr für die Allgemeinheit, also für eine unübersehbare Zahl von Personen, ist eine Gefahr für das Gemeinwohl. Man denke z. B. an den Betrieb des Mädchenhandels unter dem Deckmantel einer Wirtschaft.

Anm. 3. c) **Über das Verfahren** sind im Abs. 2 Normativvorschriften gegeben. Das Nähere ergibt das Landesrecht. Für Bayern ist ein eigenes Gesetz ergangen zur Ausführung dieses Paragraphen (Gesetz vom 22. März 1892, Gesetz- und Verordnungsblatt S. 119). Für Preußen vgl. §§ 7 und 83 des Landesverwaltungsgesetzes vom 30. Juli 1883.

Anm. 4. 2. **Die Folge des rechtskräftigen Urteils** ist die Auflösung der Gesellschaft. Diese muß von den Geschäftsführern angemeldet werden (§§ 65, 79). Es erfolgt dann die Liquidation. Eine vorläufige Vollstreckbarkeit wird es auch in diesem Falle nicht geben (vgl. Anm. 9 zu § 61).

Anm. 5. **Zusatz. § 43 Abs. 2 BGB. greift hier nicht Platz** (vgl. Staub HGB. Anm. 10 zu § 292 HGB.). Nach diesem § 43 Abs. 2 BGB. kann einem rechtsfähigen Verein, dessen Zweck nach der Satzung nicht auf einen wirtschaftlichen Geschäftsbetrieb gerichtet ist, die Rechtsfähigkeit entzogen werden, wenn er einen solchen Zweck verfolgt. Obwohl die Vorschriften über die Vereine auf unsere Gesellschaft subsidiäre Anwendung finden, so muß doch die Anwendbarkeit dieser Vorschrift verneint werden, weil sie sich ganz spezifisch auf den Unterschied zwischen den wirtschaftlichen und nichtwirtschaftlichen Vereinen des BGB. bezieht, während die GmbH. ihrer Natur nach und vermöge der ausdrücklichen Vorschrift des § 1 unseres Gesetzes wirtschaftliche oder nichtwirtschaftliche Zwecke verfolgen und deshalb auch einen Zweck dem anderen substituieren können. Das ist hier eine zulässige Änderung des Gegenstandes des Unternehmens.

§ 63.

Über das Vermögen der Gesellschaft findet das Konkursverfahren außer dem Falle der Zahlungsunfähigkeit auch in dem Falle der Überschuldung statt.

Die auf das Konkursverfahren über das Vermögen einer Aktiengesellschaft bezüglichen Vorschriften im § 207 Absatz 2, § 208 der Konkursordnung finden auf die Gesellschaft mit beschränkter Haftung entsprechende Anwendung.

§ 207 Abs. 2 KO. lautet:

Nach Auflösung einer Aktiengesellschaft ist die Eröffnung des Verfahrens so lange zulässig, als die Verteilung des Vermögens nicht vollzogen ist.

§ 208 KO. lautet:

Zu dem Antrage auf Eröffnung des Verfahrens ist außer den Konkursgläubigern jedes Mitglied des Vorstandes und jeder Liquidator berechtigt.

Wird der Antrag nicht von allen Mitgliedern des Vorstandes oder allen Liquidatoren gestellt, so ist derselbe zuzulassen, wenn die Zahlungsunfähigkeit oder Überschuldung glaubhaft gemacht wird. Das Gericht hat die übrigen Mitglieder oder Liquidatoren nach Maßgabe des § 105 Abs. 2, 3 zu hören.

Der vorliegende Paragraph gibt einige Vorschriften über den Konkurs der GmbH. Doch soll hier die ganze Lehre vom Konkurse der GmbH. im Zusammenhange erörtert werden.

Anm. 1. I. **In welchem Stadium kann die Gesellschaft in Konkurs geraten?** Nicht bloß die bestehende Gesellschaft, sondern auch die aufgelöste und liquidierende Gesellschaft kann in Konkurs geraten. Wenn die Liquidationsbeendigung und das Erlöschen der Firma eingetragen

ist, sich aber wieder neues Vermögen vorfindet, kann der Konkurs noch eröffnet **§ 63.**
werden (vgl. für die Aktiengesellschaft Jaeger KO. Anm. 2 zu § 208). Der Konkurs ist auch möglich, wenn die Gesellschaft infolge Fehlens eines wesentlichen Bestandteils des Gesellschaftsvertrages nichtig ist, sowohl vor als nach der Nichtigkeitserklärung (RG. v. 20. 6. 04 in SeuffArch. 60, 410 Nr. 216).

II. **Die Voraussetzungen der Zulässigkeit des Konkurses** sind alternativ zweierlei: Zahlungsunfähigkeit oder Überschuldung. Es weicht dies von den Vorschriften, welche sonst gelten, ab. Der Einzelkaufmann, die offene Handelsgesellschaft, die Kommanditgesellschaft, sind nur dann konkursreif, wenn sie in den Zustand der Zahlungsunfähigkeit geraten sind. Die Überschuldung reicht dazu nicht aus. Nur bei Aktiengesellschaften und Aktienkommanditgesellschaften gilt das Gleiche, wie bei unserer Gesellschaftsform (§§ 207 und 209 KO.). Anm. 2.

1. Die Zahlungsunfähigkeit. Dieser Begriff ist civil- und strafrechtlich viel ventiliert und durch die Rechtsprechung hinlänglich klargestellt. Die Zahlungsunfähigkeit ist das Fehlen bereiter Mittel zur Tilgung fälliger Schulden, doch so, daß sich dasselbe nach außen fühlbar gemacht hat (RG. in Strafsachen 3, 195; 3, 295; 4, 61). Zahlungsunfähigkeit ist insbesondere anzunehmen, wenn Zahlungseinstellung vorliegt (§ 102 KO.). Das ist der Zustand, in welchem der Schuldner aufhört, seine fälligen Verbindlichkeiten in der Allgemeinheit zu erfüllen (RG. 6, 95; RGSt. 14, 222) oder, wie das RG. dies an anderer Stelle präzisiert hat, wenn der Gemeinschuldner entweder seine Zahlungen ausdrücklich einstellt, oder seinen Zahlungen verlangenden Gläubigern zu einem wesentlichen Teile ihrer Ansprüche aus dem zur äußeren Erscheinung gelangenden Grunde der Insolvenz Befriedigung werden zu lassen aufhört, wobei der Umstand, daß einzelne Zahlungen geleistet werden, unerheblich ist, selbst wenn dieselben noch in großer Zahl und fortlaufend geleistet werden (RG. 50, 41). Zu unterscheiden von der Zahlungseinstellung ist die Zahlungsstockung, welche dieselben äußeren Kriterien hat, sich aber von der Zahlungseinstellung dadurch unterscheidet, daß der Schuldner erwarten kann, innerhalb eines Zeitraums, der nach Auffassung des Verkehrslebens den Mangel an bereiten Mitteln als einen nur vorübergehenden erscheinen läßt, seinen Gläubigern gerecht werden zu können (RG. 50, 41). Welcher Art die Schulden sind, ist unerheblich. Prinzipiell können daher auch Dividendenansprüche der Gesellschafter selbst, wenn diese ordnungsgemäß festgesetzt sind (vgl. Anm. 2 ff. zu § 29), eine Zahlungsunfähigkeit der Gesellschaft herbeiführen. Ausgeschlossen ist dies dann, wenn die Dividende auf einer unrichtigen Bilanz beruht. Ebenso aber auch, wenn die Zahlung der Dividende eine Verminderung des zur Erhaltung des Stammkapitals erforderlichen Vermögens bedeutete (vgl. Anm. 8 zu § 29). Da die Ausschüttung in diesem Falle verboten ist, so kann eine Zahlung nicht verlangt werden, also auch keine Zahlungsunfähigkeit eintreten. Wenn aber bilanzmäßig der Reingewinn noch vorhanden ist, die Gesellschaft nur ihr Vermögen derart festgelegt hat, daß sie keine Mittel zur Zahlung der Dividenden auch nicht mittelst Aufnahme von Darlehen findet, so ist sie konkursmäßig. Sie kann durch schlechte Verwaltung, welche die flüssigen Mittel nicht zu erhalten vermag, durch eine Krisis, die ihr den sonst sicheren Kredit abschneidet, aber ebenso auch durch einen unvernünftigen Beschluß der Gesellschafter, welche die Verteilung des Gewinnes beschließen, obwohl sie wissen, daß die Mittel hierzu nicht flüssig zu machen sind, in Konkurs geraten. Die mittelbare Ursache ihres Zusammenbruches ist der von ihr erzielte Gewinn des Vorjahres. Nur durch den nachherigen Verzicht der einzelnen Gesellschafter auf die Zahlung der Dividende ist die Zahlungsunfähigkeit wieder abzuwenden. Anm. 3.

2. Die Überschuldung. Sie ist vorhanden, wenn das Vermögen nicht mehr die Schulden deckt. Bei Feststellung der Überschuldung ist von den für die GmbH. geltenden Sondervorschriften für die Aufstellung der Bilanz abzusehen. Die normale Bilanz der GmbH. hat mit dem Begriff der Überschuldung nichts zu tun. Die normale Bilanz unserer Gesellschaft wird nicht aufgestellt, um festzustellen, wieviel Vermögen und wieviel Schulden die Gesellschaft hat, sondern wieviel Werte die Gesellschaft hat, und wieviel an Werten Anm. 4.

§ 63. sie zu ihrem Gedeihen braucht. Es ist aber durchaus nicht bloß der Betrag in Höhe der Schulden, der zum Gedeihen der Gesellschaft und zum Schutze der Gläubiger notwendig ist. Diesem Zwecke dient vielmehr auch ein weiterer der Stammkapitalsziffer gleichkommender Wertsbetrag und noch weitere Posten, die mit dem Namen Reservekonten bezeichnet werden (vgl. Anm. 15ff. zu § 42). Was die Aktiva betrifft, so erfolgt bei der normalen Geschäftsbilanz ihre Bewertung schon von Gesetzeswegen nicht immer von dem Standpunkte, daß der wahre Wert und nur dieser zum Ansatz kommt (§ 42 Nr. 1), und noch mehr gilt dies von der tatsächlichen Übung, welche in zutreffender Würdigung der Sachlage die Aktiva oft weit unter dem Werte einstellt, damit ein geringerer verteilungsfähiger Überschuß der Aktiva über die Passiva sich ergibt.

Anm. 5. Für die Feststellung der Überschuldung sind ganz andere Gesichtspunkte maßgebend. Gleichviel, ob die Aktiva sich zur Verteilung unter die Gesellschafter als Überschuß eignen oder nicht, soll hier nichts weiter festgestellt werden, als die Frage: wieviel Vermögen besitzt die Gesellschaft? Und wieviel betragen ihre Schulden, ihre wirklichen Passiva? Zum Vermögen gehören dabei alle Aktiva, bei nicht eingezahlten Stammeinlagen selbstverständlich auch die Ansprüche der Gesellschaft auf die rückständigen Einzahlungen. Zu bewerten sind die Aktiva nach ihrem wahren Werte. Der Buchwert als solcher ist nicht maßgebend. Dort finden sich oft Abschreibungen weit unter dem wahren Werte. Oft sind wertvolle Gegenstände auf 1 M. abgeschrieben. Zweifelhaft ist, ob die Bewertungsvorschrift des § 42 Nr. 1 zur Anwendung kommt, sowohl soweit sie eine Erschwerung, als auch soweit sie eine Erleichterung enthält. Die erste Auflage (Anm. 5, S. 363) hatte es verneint. Man wird aber die Bejahung für richtiger halten dürfen. Denn andernfalls könnte jede verminderte Konjunktur, ein Rückgang der Immobilienwerte u. s. w. die Gesellschaft zum Konkurse zwingen. Man darf die Frage, ob die Bilanz der Gesellschaft eine Überschuldung ergibt, nicht mit der Frage verwechseln, wie im Falle der Überschuldung der Konkursverwalter die Bilanz aufzumachen hat. Als Passivum kommt lediglich das in Betracht, was allein so genannt werden sollte: die Schulden. Was sonst in der Bilanz auf der Passivseite steht, sind keine Schulden, sondern sind Beträge, welche der lebenden Gesellschaft aus irgend einem Grunde erhalten werden müssen. Die sämtlichen übrigen Passivposten, der Posten Stammkapital und die Reservekonten, bleiben also bei der Feststellung der Überschuldung außer Ansatz. Natürlich aber fallen nur die echten Reservekonten fort. Der Erneuerungsfonds, der Delkrederefonds und sonstige Fonds, soweit sie nur Korrektivposten, d. h. Gegenposten gegen zu hohe Bewertung der Aktiven (vgl. Anm. 50 zu § 42) sind, fallen selbstverständlich bei der Feststellung der Überschuldung nicht fort. Festgestellte Dividendenansprüche sind wirkliche Schulden. Ebenso ist die Prämienreserve als wirkliche Schuld zu betrachten (§ 61 Abs. 2 des Reichsgesetzes über die Privatversicherungen vom 12. Mai 1901). Andererseits kann die Gesellschaft Verbindlichkeiten haben, die sie mit Recht nicht unter ihre Passiven bei der Prüfung ihrer Konkursmäßigkeit aufnimmt, so Giroverbindlichkeiten, wenn der Akzeptant, so Bürgschaften, wenn der Hauptschuldner solvent ist. Darlehen, welche Gesellschafter der Gesellschaft geben, rückzahlbar, wenn die Lage der Gesellschaft es gestattet, können bei der Bilanz als Passiva außer acht bleiben. Leistungen eines Gesellschafters, der seine Einlagepflicht bestreitet, gegen einen Verzicht der Gesellschaft auf ihre Einlageforderung (vgl. Anm. 9 zu § 19) mit der Bedingung, daß im Falle der Ungültigkeit der Abrede die Zahlung zurückzuerstatten ist, bilden kein Passivum. In solchen Fällen kann eine Gesellschaft vorsichtigerweise Reserven bilden, für den Fall solche Ansprüche erhoben werden. Nötig ist es aber nicht.

Die Überschuldung wird beseitigt, sobald sich die Aktiven derart vermehren oder die Passiven derart mindern, daß die Aktiven die Passiven übersteigen. Dies kann durch freiwillige Zuwendungen der Gesellschafter geschehen. Die Verpflichtung zur Konkursanmeldung entfällt, sobald die Überschuldung wieder aufgehoben ist (vgl. Anm. 3 zu § 64).

Anm. 6. III. **Wer ist berechtigt, den Konkurs anzumelden?**

1. Die Konkursgläubiger. Dazu können auch die Gesellschafter gehören, und zwar nicht bloß hinsichtlich ihrer Forderungen, die sie unabhängig von ihrer Mitgliedschaft er-

worben haben (Kauf, Darlehen u. s. w.), sondern auch hinsichtlich solcher Forderungen, die **§ 63.**
aus der Mitgliedschaft entspringen, z. B. wegen fälliger Dividendenforderungen (Anm. 8 zu § 29 und oben Anm. 3), Rückzahlungsansprüche bei Herabsetzung des Grundkapitals (Anm. 19 zu § 58), und endlich wegen rückständiger Ansprüche aus § 3 Abs. 5 (siehe unten Anm. 15).

2. *Jeder Geschäftsführer und jeder Liquidator.* An sich müßten bei den Konkurs- **Anm. 7.**
anträgen soviel Vertreter der Gesellschaft mitwirken, als zur Vertretung der Gesellschaft berechtigt sind. Denn der Konkursantrag ist ein Vertretungsakt. Aber nach § 208 KO. ist jedes Mitglied des Vorstandes und jeder Liquidator dazu berechtigt, hier also jeder Geschäftsführer und jeder Liquidator. Für den Fall, daß nicht alle Geschäftsführer oder nicht alle Liquidatoren den Antrag stellen, sind nach § 208 Abs. 2 KO. die anderen zu hören. In diesem Falle ist die Zahlungsunfähigkeit glaubhaft zu machen. Das gilt also auch dann, wenn so viele, als zur Vertretung berechtigt sind, den Konkursantrag stellen.

Die *Gesellschafterversammlung*, auch *nicht alle Gesellschafter gemeinsam*, der *Aufsichtsrat*, der *Prokurist*, haben nicht das Recht, den Konkursantrag zu stellen. Ebenso auch nicht der *Generalbevollmächtigte* der Gesellschaft.

IV. **Dabei ist zu bemerken, daß nach §§ 64, 69, 84 die Geschäftsführer und Liquidatoren auch** **Anm. 8.**
die Verpflichtung haben, den Konkurs zu beantragen, wenn die gedachten Voraussetzungen vorliegen (siehe darüber zu § 64).

V. **Die Rechtsfolgen des Konkurses, insbesondere die Organe und ihre Funktionen, sowie die** **Anm. 9.**
Rechtsverhältnisse der Gesellschafter.

1. *Die Gesellschaft gelangt durch den Konkurs in den Zustand der Auflösung* (§ 60 Nr. 4). Während aber sonst die Auflösung die Liquidation zur Folge hat, ist dies hier nicht der Fall (§ 66). Eine Liquidation *kann* ja nicht erfolgen. Denn die Liquidation besteht in der Versilberung des vorhandenen Vermögens, Befriedigung der Gläubiger sowie Teilung des Überschusses unter die Gesellschafter. Die Versilberung des vorhandenen Vermögens und die Befriedigung der Gläubiger erfolgt aber hier durch den Konkursverwalter. Für eine Liquidationstätigkeit ist also hier kein Raum.

2. *Die Organe der Gesellschaft.* Der Konkursverwalter wird kein Organ der Gesell- **Anm. 10.**
schaft. Auf diesen sind alle diejenigen Funktionen des Geschäftsführers übergegangen, welche sich aus der Aufgabe des Konkursverwalters, das zur Zeit der Konkurseröffnung der Gesellschaft gehörige Vermögen zu verwalten und darüber zu verfügen, ergeben (§ 6 KO.). Er übt aber diese Rechte aus und erfüllt diese Pflichten nicht als Glied der Gesellschaftsorganismus, sondern im Interesse der Gläubiger der Gesellschaft. Neben ihm bestehen die Organe der Gesellschaft fort (Bett, Konkurs der Aktiengesellschaft 32). Nur treten ihre Funktionen insoweit zurück, als die Funktionen des Konkursverwalters reichen. Sie haben keine solchen Funktionen, welche darauf abzielen, das zur Zeit der Konkurseröffnung vorhandene Vermögen zu verwalten und darüber zu verfügen. Aber alle übrigen Funktionen sind ihnen geblieben. Zu den Organen der Gesellschaft gehört zunächst der Geschäftsführer. Die Gesellschaft erhält keinen Liquidator, da sie ja nicht in Liquidation tritt (oben Anm. 9). Ist sie im Zustande der Liquidation in Konkurs geraten, so behält sie den Liquidator. Hat sie keinen Geschäftsführer oder Liquidator, so kann ein solcher nach § 29 BGB. durch das Amtsgericht bestellt werden (Anm. 43 zu § 35, Anm. 12 zu § 66). Auch der Konkursverwalter kann dies beantragen. Die anderen Organe, die Gesellschafter als Beschlußorgan, der Aufsichtsrat, wenn ein solcher nach dem Gesellschaftsvertrage besteht, und die sonstigen, im Gesellschaftsvertrage etwa vorgesehenen Organe (Beirat, Delegierter der Gesellschaft, Obmann u. s. w.) bleiben in ihrer Stellung.

Im einzelnen ist hierbei zu erwähnen:

a) *Der Konkursverwalter* hat alles zu tun, und zwar ohne Mitwirkung der Gesell- **Anm. 11.**
schaftsorgane, was zur Verfügung über das zur Zeit der Konkurseröffnung vorhandene Vermögen gehört. *Er hat insbesondere auch die rückständigen Einzahlungen auf die Stammeinlagen geltend zu machen und zur Konkursmasse ein-*

§ 63. zuziehen. Er braucht hierbei nicht die Gesellschafter zu befragen. Der § 46 Nr. 2 fällt weg. Ob die Einzahlungen zur Zeit der Konkurseröffnung fällig sind oder nicht, ist gleichgültig. Es kommt nur darauf an, daß der Anspruch zur Zeit der Konkurseröffnung bestand. Ist er zu dieser Zeit nicht fällig, so wartet er eben die Fälligkeit ab und zieht ihn dann ein. Daß der Konkursverwalter die rückständigen Einzahlungen einzuziehen berechtigt ist, darüber siehe ROHG. 19, 227; 20, 270; Jaeger KO. Anm. 18 zu § 208. Er hat dabei das Prinzip der Gleichberechtigung in derselben Weise zu beachten, als dies auch bei lebender Gesellschaft vorgeschrieben ist (§ 19 des Gesetzes). Er kann sich über diese Bestimmung des Gesetzes nicht hinwegsetzen. Sie ist eine Modalität der Einzahlungspflicht, die ihr als Charakteristikum anhaftet, wie ja auch der pfändende Gläubiger hieran gebunden ist. Er darf nicht mehr an Einzahlungen einziehen, als zur Befriedigung der Gläubiger erforderlich ist. Ein hierauf gestützter Einwand ist zulässig. Er ist aber von dem in Anspruch genommenen Gesellschafter darzulegen und zu beweisen (RG. v. 25. 3. 99 in JW. S. 305, 306; RG. 45, 155). Ebenso kann er rückständige Nachschüsse einziehen (RG. v. 25. 3. 99 in JW. 305). Dagegen kann er nicht Nachschüsse einziehen, deren Einziehung von den Gesellschaftern noch nicht beschlossen war. Denn hier ist der Gesellschafterbeschluß die Existenzbedingung des Anspruchs. Der Konkursverwalter kann aber nicht die Bedingungen neuer Ansprüche schaffen, sondern nur bestehende Ansprüche einziehen und sich hierbei über die sonstigen Bedingungen der Geltendmachung hinwegsetzen (vgl. hierüber Anm. 1 und 4 zu § 26). Nur die Gesellschafterversammlung kann auch während des Konkurses die Einziehung von Nachschüssen beschließen (siehe unten Anm. 13. Über die Anfechtung eines Einforderungsbeschlusses im Konkurse vgl. Anm. 19 zu § 45). Der Konkursverwalter zieht alle Forderungen der Gesellschaft ein. Er vergleicht sich auch über dieselben wirksam. Sein Vergleich bindet die Gesellschafter, selbst wenn der eingeforderte Betrag höher ist, als die Deckung der Passiva verlangt. Vorsichtigerweise wird er in solchen Fällen die Genehmigung durch die Gesellschafter selbst herbeiführen. Auf seinen Vergleich mit den Geschäftsführern, die zufolge § 9 Abs. 1 aus Verletzung der Gründungsvorschriften in Anspruch genommen sind, ist § 9 Abs. 2 nicht anwendbar. Über die Geltendmachung der Regreßansprüche gegen die Geschäftsführer vgl. Anm. 8 zu § 43.

Anm. 12. b) Den übrigen Organen stehen alle diejenigen Funktionen zu, welche dem Gemeinschuldner im Konkurse obliegen. Die Geschäftsführer bezw. die Liquidatoren haben Anträge gemäß §§ 135, 165, 180, 182, 202 KO. zu stellen, sie haben gemäß § 173 KO. den Zwangsvergleich zu schließen, sie haben die Auskunfts- und Offenbarungseidespflicht nach §§ 100 und 125 KO. Die Entbindung eines Rechtsanwalts von der Amtsverschwiegenheit ist Sache des Geschäftsführers, nicht des Konkursverwalters (Bett a. a. O. 33). Die Gesellschafterversammlung und der etwa bestellte Aufsichtsrat haben diese Tätigkeit des Geschäftsführers zu überwachen.

Anm. 13. c) Die übrigen Organe haben ferner alle diejenigen Funktionen, welche mit dem Konkurse nichts zu tun haben, also alle internen gesellschaftlichen Angelegenheiten zu besorgen. Es steht nichts entgegen, daß die Gesellschafter auch innerhalb des Konkurses wechseln. Es kann ein Gesellschafter seinen Anteil oder einen Teil desselben zedieren. Die hierzu erforderliche Genehmigung erteilen die Gesellschafter. Die Konkursmasse kann hierbei keinen Schaden leiden. Denn soweit mit solcher Abtretung rückständige Pflichten verbunden sind, bleibt für dieselben ja derjenige Gesellschafter verhaftet, der es zur Zeit der Konkurseröffnung war (§ 16 Abs. 3). Es steht auch nichts entgegen, daß die Gesellschafter Nachschüsse einfordern. Die hieraus entstehenden Ansprüche gehören der Gesellschaft, nicht zur Konkursmasse. Doch kann, wenn die Gesellschaft zu neuem Vermögen gelangt, ein neuer Konkurs über sie verhängt werden (Jaeger KO. Anm. 59 zu § 1). Solche Nachschüsse werden vielleicht notwendig sein, um einen Akkord abschließen zu können. Auch kann nur die Gesellschafterversammlung eine Kapitalserhöhung beschließen. Die in dieser Weise der Gesellschaft zufließenden Gelder (Nachschüsse, Einlagen u. s. w.) fließen nicht in die Konkursmasse. Liebmann Anm. 8 meint im Gegensatze

hierzu, daß die eingehenden Nachschüsse selbstverständlich in die Konkursmasse fallen. § 63.
Allein dem steht § 1 KO. entgegen, nach welchem zur Konkursmasse nur dasjenige Vermögen fällt, welches dem Gemeinschuldner zur Zeit der Konkurseröffnung gehört hat. Solche Nachschüsse aber haben der Gesellschaft zur Zeit der Konkurseröffnung noch nicht gehört, auch nicht die Ansprüche auf sie. Vielmehr ist der Gesellschafterbeschluß erst die Existenzbedingung des Anspruchs (Anm. 1 zu § 26).

Auch sonst kann die Gesellschafterversammlung sich betätigen: sie kann z. B. die Statuten ändern. So, wenn das Geschäft mit Firma veräußert werden soll, den die Firma enthaltenden Bestandteil derselben. Das geht nur auf dem Wege einer Statutenänderung. Nur die Gesellschaft selbst kann diese bewirken, nicht der Verwalter. Will daher der Verwalter das Geschäft mit Firma veräußern, so müssen der Verwalter, die Gesellschafterversammlung und der Geschäftsführer zusammenwirken. Jener veräußert das Geschäft. Die Gesellschafterversammlung ändert das Statut durch Firmenänderung. Der Geschäftsführer gibt auf Grund dieser Statutenänderung dem Erwerber die Genehmigung zur Führung der Firma (vgl. Anm. 17 u. 19 zu § 4 und Jaeger Anm. 9 zu § 208). Anm. 14.

3. Das Verhältnis der Gesellschafter zur Gesellschaft und zum Konkurse ergibt sich daraus, daß die Gesellschafter alle diejenigen Vermögensrechte, welche sich als wirkliche Forderungen darstellen, mögen sie auch aus der Mitgliedschaft entsprungen sein, zur Konkursmasse als Gläubiger anmelden können, so insbesondere fällige Dividendenforderungen, Rückzahlungsansprüche auf Grund einer Kapitalsherabsetzung, sofern diese Ansprüche zur Zeit der Konkurseröffnung bereits existent waren (Anm. 8 zu § 29; a. M. für die Aktiengesellschaft Sievers in DJZ. 8, 88), und unter der gleichen Voraussetzung Ansprüche auf Rückzahlung von Nachschüssen (Anm. 12 ff. zu § 30). Auch Ansprüche aus § 3 Abs. 2, wenn sie rückständig sind, gehören dazu. Soweit sie rückständig, aber von einer Gegenleistung der Konkursmasse abhängig sind, muß der § 17 KO. analog für anwendbar erachtet werden (vgl. Anm. 7 zu § 17). Dagegen können sie selbstverständlich nicht ihre Einlagen zur Konkursmasse anmelden. Eine Verteilung von Gesellschaftsvermögen kann vielmehr erst erfolgen, nachdem alle Gläubiger befriedigt sind. Alsdann hört der Konkurs auf und es beginnt die Liquidation. Dann kann erst die Verteilung erfolgen (§ 73). Auch auf etwaige Reservefonds haben sie keine Ansprüche. Auch diese gehören zum Gesellschaftervermögen und bilden nach § 1 KO. einen Bestandteil der Konkursmasse (vgl. Sievers a. a. O.). Ansprüche, die den Gesellschaftern gegen die Gesellschaft versagt sind, sind auch gegenüber der Konkursmasse ausgeschlossen. So insbesondere Ansprüche wegen betrügerischer Verleitung der Organe der Gesellschaft zur Übernahme einer Stammeinlage (vgl. Anm. 23 zu § 2 und Anm. 27 zu § 55). Ihre gesellschaftlichen Rechte üben die Gesellschafter der Gesellschaft, d. h. dem Geschäftsführer oder Liquidator gegenüber aus, so das Recht auf Einberufung einer Generalversammlung, auf Erteilung einer Genehmigung zur Abtretung eines Geschäftsanteils, endlich auch auf Anerkennung ihrer Mitgliedschaft (für letzteres siehe RG. v. 30. 5. 96 in JW. 373). Anm. 15.

VI. **Die Konkurseröffnung ist in das Handelsregister einzutragen,** und zwar auf Grund der allgemeinen Vorschrift, welche im § 32 HGB. enthalten ist. Die Eintragung hat aber im allgemeinen nicht die Wirkungen, welche sich sonst an die Eintragung in das Handelsregister nach § 15 HGB. knüpfen. Der gute Glaube wird hier im allgemeinen nicht geschützt. Auch dies ist im § 32 HGB. vorgeschrieben. (Vgl. § 7 KO.; näheres bei Staub HGB. zu § 32; Jaeger KO. Anm. 18 ff., besonders Anm. 29 zu § 7 KO.; endlich auch Staub HGB. Anm. 73 zu § 366 und oben Anm. 29 zu § 4.) Die Eintragung erfolgt von Amtswegen (§ 112 KO.). Auch eine Veröffentlichung durch das Registergericht ist nicht erforderlich. Ebenso ist auch die Aufhebung des Konkurses einzutragen. Anm. 16.

VII. **Die Konkursbeendigung.** Anm. 1

1. Sie kann erfolgen durch Zwangsvergleich. Daß dieser zulässig ist, ergibt sich aus § 60 Nr. 4. Durch Einstellung des Verfahrens auf Antrag des Gemeinschuldners

§ 63. (§ 202 KO.), durch Ausschüttung der Masse (§ 163 KO.) und durch Beschluß des Gerichts wegen Geringfügigkeit der Masse (§ 204).

Anm. 18. 2. Die Folge der Konkursbeendigung ist, daß die Liquidation in ihr volles Recht tritt. Mag die Gesellschaft zur Zeit der Konkurseröffnung im Liquidationszustande gewesen sein oder nicht, sie befindet sich jetzt nach Beendigung des Konkurses jedenfalls in Liquidation. An ihrer Spitze stehen nunmehr Liquidatoren, deren Aufgabe es ist, die Liquidation und sich als Liquidatoren anzumelden, das Vermögen zu versilbern, die Gläubiger zu befriedigen und das Vermögen zu verteilen. Eine Ausnahme macht nur der Fall, daß das Verfahren beendet ist durch Ausschüttung der Masse. Nach § 32 HGB. wird dies letztere in das Handelsregister eingetragen. Damit ist auch die Firma erloschen. Findet sich nachträglich Vermögen vor, so wird es nach § 166 Abs. 2 KO. zur Verteilung gebracht. Unter Umständen kann auch noch nachträglich die Wiedereröffnung einer Liquidation, die Bestellung eines Liquidators erforderlich und von einem Interessenten beantragt werden. Es findet sich z. B. zwar kein eigentliches Vermögensstück vor, aber doch ein formelles Recht, z. B. eine Vormerkung für die in Konkurs geratene und durch Ausschüttung der Masse erloschene Gesellschaft, etwa eine Vormerkung zu Gunsten der Gesellschaft, kraft deren ein Grundstück ohne ihre Zustimmung nicht aufgelassen werden kann. In einem solchen Falle bleibt dem Eigentümer des Grundstücks nichts übrig, als nach § 29 BGB. die Bestellung eines Liquidators zu beantragen, um sich mit diesem wegen der Vormerkung auseinanderzusetzen.

Anm. 19. 3. Eine Rückbildung der hiernach in Liquidation befindlichen Gesellschaft kann regelmäßig nicht erfolgen, sondern nur im Wege der Neugründung (vgl. Anm. 3 zu § 60).

Anm. 20. **Ausnahmsweise aber ist eine Fortsetzung der Gesellschaft zulässig, wenn der Konkurs durch Zwangsvergleich oder durch Einstellung des Verfahrens auf Antrag des Gemeinschuldners beendet ist** (§ 60 Nr. 4).

Über diesen Fortsetzungsbeschluß gilt folgendes:

Anm. 21. a) Voraussetzung ist, daß der Konkurs beendet ist durch Zwangsvergleich oder auf Antrag des Gemeinschuldners mit Zustimmung der Gläubiger. Wird der Konkurs durch Ausschüttung der Masse (§ 163 KO.), oder wegen Mangels an Masse (§ 204 KO.) eingestellt, so liegt die Voraussetzung nicht vor. Selbstverständliche weitere Voraussetzung ist, daß der Konkurs nicht erst im Stadium der Liquidation eingetreten ist. Denn der Fortsetzungsbeschluß kann nur die Folgen des Konkurses beseitigen. Hier aber wäre die Liquidation nicht die Folge des Konkurses. Sie war schon vorher eingetreten.

Anm. 22. b) Die Fortsetzung erfolgt durch Beschluß. Besondere Erfordernisse für diesen Beschluß sind nicht gegeben. Er folgt daher den allgemeinen Regeln, insbesondere denen des § 48. Es ist weder eine Formvorschrift, noch eine besondere Abstimmungsvorschrift gegeben. Der Beschluß kann also ohne gerichtliche oder notarielle Beurkundung gültig gefaßt werden, also auch in den Formen des § 48 Abs. 2. Der Beschluß bedarf nur der einfachen Mehrheit der abgegebenen Stimmen und muß ein Beschluß der Gesellschafter sein. Andere Personen dürfen nicht mitstimmen (vgl. Anm. 4 zu § 47). Weder ist Dreiviertelmehrheit wie bei Statutenänderungen erforderlich, noch gar Einstimmigkeit, wie Neukamp will. Das Gesetz enthält davon keine Andeutung. Jeder Gesellschafter muß sich eben gefallen lassen, daß die Mehrheit die Fortsetzung der Gesellschaft in den hier vorgesehenen Fällen beschließt. Er hat kein Recht, insbesondere kein Sonderrecht darauf, daß die einmal in Konkurs geratene Gesellschaft durch Liquidation und Ausschüttung endet. Ausgeschlossen ist das durch § 60 Nr. 4. Die Fortsetzung der Gesellschaft soll dadurch erleichtert werden, daß ein einfacher Beschluß sie ermöglicht. Sowohl die Schwierigkeiten, die mit einer Neugründung, als diejenigen, die mit dem Widerstande eines einzelnen Gesellschafters verknüpft sind, sollen dadurch beseitigt werden. Selbst dann, wenn dadurch die Leistungspflichten der Gesellschafter gemäß § 3 Abs. 2 zeitlich ausgedehnt werden, ist Zustimmung der einzelnen Gesellschafter nicht erforderlich. Eine statutarische Vermehrung ihrer Leistungspflichten liegt nicht vor. Haben ihre Pflichten vielleicht während der Dauer der Liquidation geruht, so haben sie doch auf die Fortdauer dieses Ruhens keinen Anspruch. Sie sind vielmehr kraft des Gesellschaftsvertrages verpflichtet, mit ihren Leistungen fortzufahren, sobald die Fortsetzung der Gesellschaft beschlossen wird. Der § 53 Abs. 3 greift daher nicht Platz. In ein Sonderrecht kann der Fortsetzungsbeschluß allenfalls dann eingreifen und deshalb kann die Zustimmung eines einzelnen Gesellschafters dann erforderlich werden, wenn ein Gesellschafter z. B. ein statutarisches Recht auf Aufhören der Gesellschaft in einem bestimmten Zeitpunkte hat. Soll dann über diesen Zeitpunkt hinaus die Fortsetzung beschlossen werden, so ist seine Zustimmung erforderlich. Auch können die Erfordernisse der Statutenänderung erforderlich werden, wenn in der Fortsetzung eine Statutenänderung liegt, z. B. wenn zwar die statutarische Dauer der Gesellschaft noch nicht abgelaufen ist, der Fortsetzungsbeschluß aber dahin lautet, daß die Gesellschaft über diese Dauer hinaus fortgesetzt werden soll. § 63.

c) Der Beschluß ist einzutragen (§ 65). Die Eintragung hat aber hier keine rechtserzeugende Kraft. Der Beschluß gilt vielmehr von seiner Fassung ab, außer wenn (vgl. Anm. 22 am Ende) der Fortsetzungsbeschluß eine Statutenänderung enthält. Alsdann gilt er erst von der Eintragung ab. Anm. 23.

d) Die Fortsetzung hat zur Folge, daß die Gesellschaft wieder eine lebende, werbende Gesellschaft wird. Ihre Organe sind wieder die Geschäftsführer, nicht mehr die Liquidatoren. Was vorher geschehen ist, bleibt gültig und wirksam, insbesondere was der Konkursverwalter im Namen der Gesellschaft getan hat (vgl. über Vergleiche desselben oben Anm. 11). Anm. 24.

§ 64.

Die Geschäftsführer haben die Eröffnung des Konkursverfahrens zu beantragen, sobald die Zahlungsunfähigkeit der Gesellschaft eintritt oder aus der Jahresbilanz oder aus einer im Laufe des Geschäftsjahres aufgestellten Bilanz Überschuldung sich ergibt.

Die Geschäftsführer sind der Gesellschaft zum Ersatze aller nach diesem Zeitpunkt geleisteten Zahlungen verpflichtet. Auf den Ersatzanspruch finden die Bestimmungen in § 43 Absatz 3 und 4 entsprechende Anwendung.

Der vorliegende Paragraph legt den Geschäftsführern die Pflicht auf, den Konkurs der Gesellschaft beim Vorliegen seiner Voraussetzungen zu beantragen (Abs. 1), und normiert ferner die Folgen der Verletzung dieser Verpflichtung. Der § 63 des Gesetzes in Verbindung mit § 208 Abs. 1 KO. handelt von der Berechtigung zur Stellung des Konkursantrages. Einleitung.

1. (Abs. 1.) **Die Pflicht zur Stellung des Konkursantrages.** Anm. 1.

a) Wer hat die Pflicht? Die Geschäftsführer. Nach § 71 liegt die gleiche Pflicht auch den Liquidatoren ob. Auch diese haben, wenn während der Liquidation Zahlungsunfähigkeit oder Überschuldung eintritt, den Konkurs zu beantragen. Den Gesellschaftern, auch wenn ein Gesellschafter alle Gesellschaftsanteile besitzt, oder dem Aufsichtsrat oder ähnlichen Organen (Anm. 2 zu § 52) liegt eine gleiche Pflicht nicht ob. Der Aufsichtsrat hat jedoch nach § 52 des Gesetzes und § 249 HGB. darüber zu wachen, daß die Geschäftsführer den Konkursantrag stellen, wenn die Voraussetzungen desselben vorliegen, widrigenfalls der Aufsichtsrat auf Ersatz des durch die Unterlassung der Gesellschaft erwachsenen Schadens haftet.

Von den Geschäftsführern und Liquidatoren hat jeder die Verpflichtung. Jeder von ihnen hat zur Vermeidung der gesetzlichen Folgen die Verpflichtung zur Stellung des Konkursantrages. Er hat ja auch die Berechtigung dazu, auch wenn er im übrigen Anm. 2.

§ 64. nicht alleinige Vertretungsbefugnis hat (§ 63 des Gesetzes und § 208 Abs. 1 KO.). Er kann daher nicht vorschützen, daß sein selbständiges Vorgehen beim Widerstande der anderen gesetzlichen Vertreter keinen Zweck gehabt hätte.

Anm. 3. b) Unter welcher Voraussetzung entsteht die Pflicht? Unter der alternativen Voraussetzung, daß entweder die Zahlungsunfähigkeit der Gesellschaft eintritt, oder daß sich aus einer Bilanz Überschuldung ergibt.

α) Wann das Erfordernis der Zahlungsunfähigkeit vorliegt, darüber siehe Anm. 3 zu § 63.

Hierbei ist jedoch nochmals folgendes zu bemerken:

Zwar soll der Konkurs beantragt werden, wenn die Voraussetzungen desselben gegeben sind. Wenn aber diese Vorschrift nicht gegen die Absicht des Gesetzes destruktiv wirken soll, so muß sie dahin ausgelegt werden, daß nicht sofort im Momente, wo sich die Geschäftsführer von der Zahlungsunfähigkeit überzeugen, Konkurs beantragt werden muß. Eine mäßige Spanne Zeit kann vorübergehen, wenn dieselbe dazu benutzt wird, um durch Geldbeschaffung oder Stundung den Zustand zu beseitigen, sofern die schwebenden Verhandlungen nicht aussichtslos sind. Solange die naheliegende Möglichkeit der Beschaffung neuer Mittel oder Stundung besteht, braucht der Konkurs nicht beantragt zu werden. Denn solange der Schuldner erwarten kann, innerhalb eines Zeitraums, der nach Auffassung des Verkehrslebens den Mangel an bereiten Mitteln als einen nur vorübergehenden erscheinen läßt, seinen Gläubigern gerecht werden zu können, liegt keine Zahlungseinstellung, sondern nur Zahlungsstockung vor (RG. 50, 42).

Anm. 4. β) Wann das Erfordernis der Überschuldung vorliegt, darüber siehe eingehend Anm. 4 zu § 63. Von den Kommentatoren wird zu diesem Punkte gelehrt, daß die Berechtigung zur Stellung des Konkursantrages nach § 63 schon dann vorliegt, wenn Überschuldung vorliegt, die betreffende Verpflichtung aber erst dann, wenn sich die Überschuldung aus einer aufgestellten Bilanz ergibt. Doch wird darin ein sachlicher oder wenigstens ein der Hervorhebung werter Unterschied nicht zu finden sein. Es ist nicht abzusehen, wie anders als durch eine aufgestellte Bilanz, aus einer Gegenüberstellung der Aktiva und Passiva, sich das Vorhandensein einer Überschuldung ergeben soll. Wer die Bilanz aufstellt, ob der Geschäftsführer selbst, oder ein Prokurist, oder ein Buchhalter, oder ein Bücherrevisor, oder ein stiller Gesellschafter, oder ein Gläubiger, dem Einsicht gewährt wurde, oder eine von der Gesellschafterversammlung bestellte Revisionskommission, oder ein Aufsichtsratsmitglied, ist natürlich gleichgültig. Ergibt eine von irgendwelcher Seite erfolgte Gegenüberstellung der Aktiven und Passiven, die natürlich nicht willkürliche Ziffern enthalten darf, die Überschuldung, so besteht die Verpflichtung zur Konkurseröffnung. Es könnte höchstens noch der Fall gedacht werden, daß sich der Geschäftsführer eine solche Gegenüberstellung im Kopfe macht, nicht aber niederschreibt. Aber ein solcher Fall ist doch wohl kaum praktisch und überdies würde man auch in diesem Falle annehmen müssen, daß die Verpflichtung zum Konkursantrage Platz greift. Auch in diesem Falle ist die Bilanz aufgestellt.

Anm. 5. Gewarnt muß ferner vor der Auffassung werden, als müsse die Bilanz unmittelbar die Überschuldung ergeben. Der vorliegende Paragraph ist nicht formalistisch dahin aufzufassen, daß die Überschuldung unmittelbar aus den Ziffern der Bilanz in die Augen springen muß. Die Bilanz ergibt vielmehr die Überschuldung auch dann, wenn die in ihr enthaltene Zahlengruppierung in Verbindung mit sonstigen für die Gesellschaftsorgane erkennbaren Momenten die Überschuldung ergibt (vgl. Staub HGB. Anm. 12 zu § 240). Dies gilt überall da, wo eine anderweite Bewertung pflichtgemäß geboten ist. Wenn sich z. B. ein Patent als wertlos herausstellt, oder wenn ein vollzogener Bau als unbrauchbar wieder eingerissen werden muß. Nicht aber kann verlangt werden, daß bei Gegenständen, die dauernd dem Betriebe des Geschäfts gewidmet sind, eine von der Bestimmung des § 46 Ziff. 1 abweichende Bewertung erfolge (vgl. Anm. 5 zu § 63; Bett, Konkurs der Aktiengesellschaft 20).

2. (Abs. 2.) **Die Folgen der Verletzung der Verpflichtung zur Konkursanmeldung.** § 64.

a) Zunächst muß vorausgeschickt werden, daß die Folgen der Pflichtver- Anm. 6. letzung nur dann eintreten, wenn die Pflicht schuldhaft verletzt ist. Nach Abs. 1 hat es zwar den Anschein, als sei subjektives Verschulden nicht vorausgesetzt. Doch wäre diese Annahme irrig. Es liegt kein Grund vor zu der Annahme, daß der Geschäftsführer subjektiv hier anders behandelt werden soll, als bei jeder sonstigen Pflichtverletzung. Es kann das um so weniger angenommen werden, als die Folge hier noch härter ist, als sonst. Sie geht über die einfache Schadensersatzpflicht hinaus (vgl. unten Anm. 7). Eine schuldhafte Pflichtverletzung liegt aber nicht immer vor, auch wenn Zahlungsunfähigkeit oder Überschuldung vorhanden war. Es kann die Zahlungsunfähigkeit vorhanden, für den Geschäftsführer aber nicht erkennbar sein. Es kann die Überschuldung sich aus einer Bilanz ergeben, ohne daß dies für den Geschäftsführer wahrnehmbar ist, wenn er z. B. zu der fraglichen Zeit auf einer Geschäftsreise in einem fernen Erdteil war oder wenn er von seinen Mitgeschäftsführern über das Vorhandensein von Mitteln oder über die wahre Gestaltung der Bilanz, etwa durch Vorlegung einer anderen, gefärbten oder gefälschten Bilanz, getäuscht wurde. In allen solchen Fällen liegen zwar die objektiven Voraussetzungen des Abs. 1, nicht aber subjektive Verschuldung vor. Deshalb greift Abs. 2 nicht Platz. Liegt der Konkursgrund vor, so ist der Geschäftsführer nicht berechtigt, wegen Sanierungsversuchen von dem Antrag auf Konkurseröffnung abzusehen. Versteht man darunter Anstrengungen, auf Kredit der Gesellschaft hin Mittel zur Befriedigung der Gläubiger zu beschaffen, so kann freilich erst nach Erschöpfung dieser Versuche von Zahlungsunfähigkeit gesprochen werden (vgl. oben Anm. 3). Ist dies nicht der Fall, der Konkursgrund z. B. durch Überschuldung gegeben, ist der Kredit bereits erschöpft, so besteht eine solche Frist zu Sanierungsversuchen nicht (RGSt. 37, 26).

b) Die Folge der Pflichtverletzung ist, daß der Geschäftsführer alle nach Anm. 7. diesem Zeitpunkte (d. h. nachdem durch sein Verschulden der Konkursantrag unterblieben) geleisteten Zahlungen ersetzen muß. Das Gesetz geht hier scheinbar weiter als im Aktienrechte (§ 240 Abs. 2 HGB.). Allein inhaltlich decken sich beide Gesetze. Auch im Aktienrecht haftet der Vorstand den Gläubigern, wenn er, nachdem die Zahlungsunfähigkeit der Gesellschaft eingetreten war oder ihre Überschuldung feststand, Zahlungen leistet (§ 241 Abs. 2 Ziff. 6). Er ist zum Ersatz jeden Schadens verpflichtet. Dieser besteht aber in den Beträgen, welche der Vorstand an die einzelnen Gläubiger bezahlte, soweit diese zur Befriedigung erforderlich sind. Derselbe Gedanke findet sich im Erbrechte. Der Erbe haftet dem Gläubiger des Nachlasses für den Schaden, der ihm dadurch entsteht, daß der Erbe nicht unverzüglich bei Kenntnis von der Überschuldung des Nachlasses den Konkurs anmeldet (§ 1980 BGB.). Der Schaden besteht hier wieder in den Beträgen, die durch die Zahlung der Konkursmasse entzogen sind. Nicht mehr wollte unser Gesetz im § 64 Abs. 2 sagen. Während ohne diese Bestimmung der Geschäftsführer nur der Gesellschaft haftet, diese aber durch eine Zahlung an ihre Gläubiger nicht benachteiligt ist, wird hier die Haftung gegenüber der Gläubigergesamtheit eingeführt. Ihr ist Ersatz dafür zu leisten, daß in der Konkursmasse die nach Eintritt der Konkursmäßigkeit bezahlten Beträge fehlen. Hieraus folgt zunächst, daß der Geschäftsführer die Quote an der Ersatzleistung kürzen darf, die der von ihm unstatthafterweise befriedigte Gläubiger erhielt. Die Mehrleistung wäre kein Ersatz für die Gesellschaft, sondern ein Gewinn. Er darf ferner die Beträge kürzen, die erst durch seine Zahlung in die Gesellschaft kamen, auch wenn es der Gesellschaft vorteilhafter wäre, statt der in der Masse befindlichen, beim Spediteur und Frachtführer eingelösten Waren das Geld zu haben. Er hat also, wenn die Ware minderwertig ist, die Differenz zu begleichen. Nicht aber haftet er dafür, daß bei ihrer Verwertung ein Verlust entsteht. Endlich kann der Ersatz nur verlangt werden, wenn er vom Empfänger nicht zu erreichen ist. Solange die Anfechtung möglich ist, haftet der Geschäftsführer nicht. Die gegenteilige Meinung der ersten Auflage (S. 369 Anm. 7), daß sich die Gesellschaft nicht auf diesen umständlichen Weg verweisen zu lassen brauche, führte zu der Unbilligkeit, daß dann der

§ 64. Gläubiger aus den Mitteln des Geschäftsführers voll bezahlt bliebe. Denn einen Regreß gegen diesen hat der Geschäftsführer nicht. Er soll aber doch nur der Gesellschaft den Schaden ersetzen, den seine Zahlung ihr verursachte. Kann die Gesellschaft ihn selbst abwenden, so ist es billig, daß sie es tue (§ 254 BGB.). Die Haftung des Geschäftsführers wird aber wieder wirksam, sobald der Anfechtungsbeklagte zwar verurteilt, aber insolvent ist.

Anm. 8. c) Jeder Geschäftsführer, den ein Verschulden trifft, haftet auf diesen Ersatz. Ihre Haftung ist solidarisch. Zwar sind nur Abs. 3 und 4 des § 43 für anwendbar erklärt, aber die entsprechende Anwendbarkeit von § 43 Abs. 2 ist selbverständlich.

Anm. 9. d) Aus der Anwendbarkeit des § 43 Abs. 3 folgt, daß Verzichtleistungen und Vergleiche der Gesellschaft über diese Ersatzansprüche von beschränkter Wirksamkeit sind, soweit der Ersatz zur Befriedigung der Gläubiger erforderlich ist, und daß insoweit auch eine Berufung auf einen Beschluß der Gesellschafter nicht statthaft ist. Auf Vergleiche des Konkursverwalters mit dem Geschäftsführer bezieht sich dies nicht. Diese Vergleiche oder Verzichte sind unbeschränkt zulässig.

Näheres Anm. 14ff. zu § 43.

Anm. 10. e) Aus der Anwendbarkeit des § 43 Abs. 4 folgt die Verjährung der Ansprüche in fünf Jahren. Näheres Anm. 20ff. zu § 43.

Anm. 11. **Zusatz 1. Eine weitere Folge der Verletzung der im Abs. 1 angeordneten Pflicht ist die Pflicht zum Ersatze allen weiteren Schadens, der der Gesellschaft etwa dadurch erwachsen ist, daß** der Konkursantrag unterblieben ist. Also insbesondere wenn durch die Fortführung des Geschäfts weitere Verluste entstanden sind, die andernfalls vermieden worden wären. Wenn eine Gesellschaft mit Verlust arbeitet, so ist dieser von der Zeit, da die Verpflichtung zur Konkursanmeldung bestand, zu ersetzen (vgl. auch Anm. 14 zu § 49).

Anm. 12. **Zusatz 2. Eine noch weitere Folge ist die Strafbarkeit nach § 84.** Siehe hierüber zu § 84.

§ 65.

Die Auflösung der Gesellschaft ist außer dem Falle des Konkursverfahrens zur Eintragung in das Handelsregister anzumelden. Das Gleiche gilt von einer Fortsetzung der Gesellschaft in den im § 60 Absatz 1 Nr. 4 bezeichneten Fällen.

Die Auflösung ist von den Liquidatoren zu drei verschiedenen Malen durch die im § 30 Absatz 2 bezeichneten öffentlichen Blätter bekannt zu machen. Durch die Bekanntmachung sind zugleich die Gläubiger der Gesellschaft aufzufordern, sich bei derselben zu melden.

Einleitung. Der vorliegende Paragraph behandelt zwei verschiedene Materien. **Im Abs. 1 ist die Anmeldung der Auflösung der Gesellschaft und die Anmeldung der Fortsetzung der Gesellschaft vorgeschrieben,** im Abs. 2 ist den Liquidatoren die Pflicht auferlegt, **die Auflösung bekannt zu machen.**

Anm. 1. 1. (Abs. 1.) **Anzumelden ist zunächst die Auflösung der Gesellschaft.**

a) Wer hat diese Verpflichtung? Derjenige gesetzliche Vertreter, der zur Zeit legitimiert ist, die Gesellschaft zu vertreten, also der Geschäftsführer, wenn die Auflösung zugleich eine Statutenänderung enthält, so daß sie erst mit der Eintragung wirksam wird, sonst die Liquidatoren. Sollte keine gesetzliche Vertretung bestehen (es ist z. B. die Auflösung beschlossen, ein Geschäftsführer besteht nicht und die zum Liquidator erwählte Person lehnt die Annahme der Wahl ab), so kann jeder Beteiligte nach § 29 BGB. einen Vertreter ad hoc bestellen lassen, der die Anmeldung der Auflösung zu besorgen hat.

Anm.* 2. Dabei ist überall nur die Mitwirkung so vieler Vertreter erforderlich, als zur Vertretung der Gesellschaft überhaupt nötig sind. Es ist nicht vorgeschrieben, daß sämtliche Geschäftsführer oder sämtliche Liquidatoren anmeldungspflichtig sind. § 65.

Zugleich ist übrigens auch die Person der Liquidatoren anzumelden (§ 67). Doch wäre es irrig, anzunehmen, daß immer nur die Auflösung und die Liquidatoren zu gleicher Zeit oder keines von beiden eingetragen werden könnte. Wenn z. B. das Amt des Geschäftsführers mit der Anmeldung der Auflösung enden soll, der gewählte Liquidator aber das Amt nicht annimmt, so steht nichts entgegen, zunächst die Auflösung anzumelden und einzutragen, damit wenigstens insoweit die Rechtsfolgen des § 15 HGB. eintreten. Anm. 3.

b) Jede Art der Auflösung ist anzumelden, nur die durch Konkurseröffnung erfolgte nicht. Über diese siehe Anm. 16 zu § 63. Anm. 4.

c) Die Anmeldung erfolgt bei allen Gerichten, bei welchen die Gesellschaft eingetragen ist (§ 13 HGB.). Anm. 5.

d) Form und Beilagen der Anmeldung. Die Form ist die im § 12 HGB. vorgeschriebene (persönlich oder in beglaubigter Form). Beigefügt werden muß diejenige Urkunde, aus welcher die Auflösung sich ergibt, also das rechtskräftige Urteil, die Kündigung des kündigungsberechtigten Gesellschafters, der Auflösungsbeschluß u. s. w. Davon kann unmöglich abgesehen werden. Parisius-Crüger Anm. 1 meinen, daß diese Beilagen nicht erforderlich seien. Allein der Registerrichter würde seines Amtes nicht walten, wenn er die schwerwiegende Tatsache der Auflösung eintragen und publizieren würde, ohne sich von ihrer Wahrheit überzeugt zu haben. Ja man muß noch weiter gehen. Kann auch nicht die Beibringung einer notariellen oder gerichtlichen Beurkundung oder Beglaubigung des Beschlusses oder der sonstigen Beilagen gefordert werden, so ist doch der Registerrichter berechtigt, Ermittelungen darüber anzustellen, ob die angemeldete Auflösung wirklich eingetreten ist (§ 12 FG.) und den Nachweis zu fordern (vgl. Anm. 10 zu § 60). Anm. 6.

e) Der Zwang zur Anmeldung besteht nach § 14 HGB. Doch besteht er dann nicht, wenn die Auflösung eine Statutenänderung in sich birgt (vgl. Anm. 11 zu § 60). In diesem Falle unterbleibt der Zwang (§ 79). Anm. 7.

f) Die Wirkung der Eintragung ist in der Regel nicht, daß sie erst die Rechtsgültigkeit der Auflösung bewirkt. Vielmehr tritt im allgemeinen die Auflösung durch die Tatsachen ein, an die sie durch das Gesetz geknüpft ist, rechtskräftiges Urteil, Kündigung, Ablauf der Zeit, Beschluß der Gesellschafter. Nur wenn der Auflösungsbeschluß eine Statutenänderung enthält, bewirkt erst die Eintragung die Rechtsgültigkeit des Beschlusses (vgl. Anm. 11 zu § 60). Anm. 8.

Immer aber hat die Eintragung die Rechtsfolgen des § 15 HGB. In Verbindung mit der durch das Registergericht bewirkten Publikation bewirkt sie, daß sie jedem Dritten entgegengehalten werden kann. Solange sie nicht erfolgt, kann umgekehrt jeder Dritte, der sie nicht kennt, die Gesellschaft so behandeln, als sei sie nicht aufgelöst. Dies gilt insbesondere für Abschlüsse mit den Geschäftsführern.

g) Zu bemerken ist, daß das Registergericht die Eintragung auch noch zu publizieren hat (§ 10 HGB.). Daß die Liquidatoren außerdem noch die Publikation zu bewirken haben, darüber siehe Anm. 11 ff. Anm. 9.

2. (Abs. 1.) **Außerdem ist anzumelden die Fortsetzung der Gesellschaft in den im § 60 Abs. 1 Nr. 4 bezeichneten Fällen.** Über diese ist in Anm. 20 ff. zu § 63 ausführlich gehandelt worden. Auch diese Eintragung ist vom Registergericht zu publizieren (§ 10 HGB.). Über die Pflicht zur Anmeldung, die Form, den Zwang u. s. w. gilt das oben Anm. 6 und 7 Gesagte. Anm. 10.

3. (Abs. 2.) **Die Pflicht der Liquidatoren zur Bekanntmachung der Auflösung und zur öffentlichen Aufforderung an die Gläubiger, sich zu melden.** Anm. 11.

a) Die Liquidatoren haben diese Verpflichtung sofort zu erfüllen, sobald dies nach dem ordnungsmäßigen Geschäftsgange tunlich ist. Die Eintragung des Auflösungsbeschlusses ist regelmäßig nicht Voraussetzung dieser Verpflichtung der Liquidatoren. Denn sie gehört regelmäßig nicht zur Gültigkeit des Auflösungsbeschlusses (Anm. 11 zu § 60). Der Eintragung der Liquidatoren bedarf es überhaupt nicht, weder zur Gültigkeit der Auflösung noch der Publikation (Anm. 11 zu § 67).

§ 65. b) Die Aufforderung ist dreimal in den im § 30 Abs. 2 bezeichneten Blättern
Anm. 12. zu publizieren. Welches diese Blätter sind, darüber siehe Anm. 16 zu § 30. In welchen Zwischenräumen die Publikation zu erfolgen hat, ist nicht gesagt. Sie kann also auch an drei hintereinanderfolgenden Tagen erfolgen. Auch die Publikation in der Morgen- und in der Abendnummer einer Zeitung ist eine zweimalige Publikation.

Anm. 13. c) Neben der Publikation der Auflösung ist nur die öffentliche Aufforderung an die Gläubiger erforderlich, nicht auch eine private Aufforderung an die bekannten Gläubiger, während diese bei der Herabsetzung des Stammkapitals gefordert wird (§ 58 Nr. 1). Diese besondere Bekanntmachung ist deshalb nicht nötig, weil den bekannten Gläubigern, auch ohne daß sie sich melden, ihre Forderungen zu bezahlen oder zu hinterlegen sind (§ 73 Abs. 2, anders bei der Herabsetzung § 58 Nr. 2).

Anm. 14. d) Ein Ordnungsstrafrecht zur Erzwingung dieser Verpflichtung besteht nicht. Auch § 14 HGB. enthält ein solches nicht. Die Folge der unterlassenen Publikation ist, daß die Verteilung nicht erfolgen kann. Die Folge der verspäteten Publikation, daß sie erst später erfolgen kann (§ 73 Abs. 1). Für die Verspätung oder Unterlassung haften die Liquidatoren jedenfalls der Gesellschaft nach §§ 42, 69, desgleichen der Aufsichtsrat, der die Liquidatoren nicht zur Erfüllung ihrer Verpflichtungen anhielt (§ 52 des Gesetzes, § 249 HGB.). Aber den Gesellschaftern kann ein direkter Anspruch auf Schadensersatz (z. B. wegen entgangener Zinsen) gegen die Liquidatoren nicht zugestanden werden. Denn die Liquidatoren stehen zu den einzelnen Gesellschaftern nicht in einem Rechtsverhältnis. Die Gesellschafter mögen durch ihre Tätigkeit als Beschlußorgan darauf halten, daß der Liquidator seine Pflicht erfüllt, und in dieser Weise ihre Interessen wahren.

§ 66.

In den Fällen der Auflösung außer dem Falle des Konkursverfahrens erfolgt die Liquidation durch die Geschäftsführer, wenn nicht dieselbe durch den Gesellschaftsvertrag oder durch Beschluß der Gesellschafter anderen Personen übertragen wird.

Auf Antrag von Gesellschaftern, deren Geschäftsanteile zusammen mindestens dem zehnten Teile des Stammkapitals entsprechen, kann aus wichtigen Gründen die Bestellung von Liquidatoren durch das Gericht (§ 7 Absatz 1) erfolgen.

Die Abberufung von Liquidatoren kann durch das Gericht unter derselben Voraussetzung wie die Bestellung stattfinden. Liquidatoren, welche nicht vom Gericht ernannt sind, können auch durch Beschluß der Gesellschafter vor Ablauf des Zeitraums, für welchen sie bestellt sind, abberufen werden.

Der vorliegende Paragraph gibt Vorschriften darüber, wer als Liquidator zu fungieren hat, und gibt nähere Bestimmungen über die Berufung und Abberufung der Liquidatoren.

Anm. 1. 1. (Abs. 1.) **In erster Linie hat als Liquidator der Geschäftsführer zu fungieren.** Dieser ist vom Gesetz berufen. Enthält der Gesellschaftsvertrag keine Bestimmung über die Person der Liquidatoren, bestimmt auch die Generalversammlung hierüber nichts, so wird der Geschäftsführer ohne weiteres zum Liquidator. Er bleibt Vertreter der Gesellschaft, nur mit eingeschränkten Vertretungsbefugnissen. Im Zweifel ist anzunehmen, daß er sein Gehalt als Geschäftsführer auch als Liquidator bezieht.

Anm. 2. 2. **Aber der Gesellschaftsvertrag kann hierüber anderes bestimmen.** Wie Abs. 1 ergibt, erfolgt die Liquidation durch die Geschäftsführer dann nicht, wenn der Gesellschaftsvertrag die Liquidation anderen Personen überträgt. Diese Bedingung liegt aber nur dann vor, wenn die Liquidation bestimmten anderen Personen übertragen wird, wenn also der Gesellschaftsvertrag andere Personen benennt. Dagegen wäre es ungültig und unbeachtlich, und würde die gesetzliche Vorschrift, daß der Geschäftsführer zum Liquidator wird, nicht ausschließen, wenn der Gesellschaftsvertrag die Person des Liquidators nicht bestimmt bezeichnen würde, wenigstens nicht so bestimmt, daß ein Zweifel nicht übrig bleibt, z. B. den jeweiligen Bischof von Breslau oder den jeweiligen Syndikus einer bestimmten Bank oder den jeweiligen Vorsitzenden des Vorstandes einer bestimmten Anwaltskammer. Unzulässig wäre es daher, wenn z. B. das Ernennungsrecht einer anderen Person oder einem Kollegium, etwa dem Aufsichtsrat, übertragen würde. Auch das kann der Gesellschaftsvertrag nicht bestimmen, daß die Liquidatoren sich andere Personen kooptieren dürfen. § 66.

3. **Die gesetzliche Vorschrift, daß der Geschäftsführer Liquidator wird, greift ferner dann nicht Platz, wenn der Beschluß der Gesellschafter die Liquidation anderen Personen überträgt.** Die Gesellschafter als Beschlußorgan haben es in der Hand, zugleich mit der Auflösung eine andere Person als den Geschäftsführer zum Liquidator zu bestellen. Ob dieser letztere durch den Dienstvertrag auf Jahre hinaus angestellt ist, ist gleichgültig. Ebenso ob ein wichtiger Grund vorliegt, den Geschäftsführer nicht als Liquidator zu belassen. Aber auch der Gesellschafterbeschluß hat nur dann eine die gesetzliche Berufung des Geschäftsführers zum Liquidator beseitigende Kraft, wenn er die Liquidation einer anderen Person überträgt, also eine Person entweder dem Namen nach oder sonst so bestimmt bezeichnet, daß ein Zweifel nicht übrig bleibt (vgl. Anm. 2). Dagegen wäre es unzulässig und unbeachtlich, wenn der Gesellschafterbeschluß einer anderen Person oder einem Kollegium, etwa dem Aufsichtsrat, die Wahl des Liquidators übertragen würde. Anm. 3.

Der Beschluß hat im übrigen keine andere Voraussetzung, als die allgemeinen Voraussetzungen von Gesellschafterbeschlüssen (§§ 45 ff.). Es kann aber im Gesellschaftsvertrage eine qualifizierte Mehrheit vorgeschrieben werden, unter Umständen gerade in der Absicht, die Ernennung anderer Liquidatoren statt der Geschäftsführer zu erschweren. Nur muß es ein Beschluß der Gesellschafter sein, so daß andere Personen nicht mitstimmen dürfen (Anm. 4 zu § 47). Gerichtliche oder notarielle Beurkundung ist von Gesetzeswegen nicht erforderlich.

4. **Zu bemerken ist, daß auch die Bestimmung des Gesellschaftsvertrages über die Person des Liquidators dann weicht und nicht in Kraft tritt, wenn der Gesellschafterbeschluß eine andere Person als Liquidator bezeichnet.** Zwar wird dies von Neukamp Anm. 2 und Förtsch Anm. 2 bestritten. Aber hier, sowie im Aktienrecht (Staub HGB. Anm. 1 zu § 295), muß diese Ansicht für zutreffend erachtet werden, weil ja die Gesellschafter nach Abs. 3 das jederzeitige Abberufungsrecht haben. Warum sollten sie also den durch den Gesellschaftsvertrag bestellten Liquidator nicht sofort abberufen oder — was dasselbe bedeutet — nicht sofort bestimmen können, daß er seine Funktionen überhaupt nicht anzutreten habe? Anm. 4.

5. (Abs. 2.) **Unter Umständen erfolgt auch richterliche Ernennung von Liquidatoren.** Anm. 5.

a) *Der Antrag muß an das Gericht des Sitzortes gerichtet werden.* Dies ist durch Zitierung des § 7 Abs. 1 zum Ausdruck gebracht. *Antragsteller* sind Gesellschafter, deren Geschäftsanteile zusammen mindestens dem 10. Teil des Stammkapitals entsprechen (vgl. hierüber Anm. 1 zu § 61). Dem Aufsichtsrat ist hier das Recht zu diesem Antrag nicht gegeben (anders im § 295 HGB.). Aber auch das Statut kann dieses Antragsrecht dem Aufsichtsrat nicht geben, weil dieses Recht nicht erweitert werden kann. Denn es handelt sich nicht um dispositives Recht. Aus dem gleichen Grunde kann der Gesellschaftsvertrag das Antragsrecht auch nicht an einen größeren oder geringeren Besitz von Geschäftsanteilen knüpfen. *Die Machtbefugnis des Richters,* welche ihm im vorliegenden Paragraphen gegeben ist, *sein Ernennungsrecht richtet sich gegen jede Art von Liquidatoren,* sie mögen durch das Gesetz berufen sein (d. h. weder Gesellschaftsvertrag noch Gesellschafterbeschluß haben eine andere Person als Geschäftsführer ernannt) oder durch Gesellschafterbeschluß oder durch den Gesellschaftsvertrag ernannt sein. *Zuständig ist das Amtsgericht.* Das *Verfahren richtet sich nach* §§ 145, 146, 148 FG. Der Antrag wird an das Ge-

§ 66. nicht gestellt, schriftlich oder zu Protokoll des Gerichtsschreibers (§ 11 FG.). Als Gegner ist jedenfalls die Gesellschaft zu hören, wenn sie gesetzliche Vertreter hat. Wenn sie keine hat, so ist eben die Anhörung der Gesellschaft nicht tunlich und kann infolgedessen unterbleiben. Als Gegner sind aber auch die anderen Gesellschafter zu hören, gegen deren Widerspruch der Antrag gestellt wird. Anders im Aktienrecht (KG. in CBlFG. 5, 92). Aber hier entspricht diese Auffassung dem engeren Anschlusse der Gesellschafter an die Gesellschaft und aneinander. Soweit es tunlich ist, sind sie also zu hören. Gegen die Entscheidung des Amtsgerichts gibt es sofortige Beschwerde und weitere Beschwerde. Die letztere geht an das OLG., in Preußen an das KG. (vgl. § 28 FG. und Art. 7 des preußischen Gesetzes über die freiwillige Gerichtsbarkeit), welches in Konfliktsfällen die Entscheidung dem RG. zu überlassen hat (§ 28 FG.).

Anm. 6. b) Über den Inhalt des Antrages ist materiell nur vorgeschrieben, daß die Gründe wichtig sein müssen. Wichtig sind die Gründe dann, wenn eine Liquidation durch diejenigen Personen, welche vom Gesellschaftsvertrage oder von der Gesellschafterversammlung oder durch das Gesetz (Geschäftsführer) zu Liquidatoren bestellt sind, für die Gesellschaft nachteilig wäre. Dies muß glaubhaft gemacht werden. Das Amtsgericht kann darüber Ermittelungen anstellen (§ 12 FG.).

Anm. 7. c) Das Gericht kann dem Antrage stattgeben. Das bedeutet: es liegt in seinem Ermessen. Aber wenn die Sachlage dazu angetan ist, so muß es dem Antrage entsprechen. Seine Entscheidung unterliegt sonst der Beschwerde. So ist das Wort „kann" im Gesetze aufzufassen (vgl. Planck BGB. I 25).

Anm. 8. Gibt das Gericht dem Antrage statt, so kann es gleichzeitig darüber Bestimmung treffen, ob der Ernannte Kollektivvertretungsbefugnis oder Einzelbefugnis haben soll (§ 68 Abs. 1). Trifft es darüber keine Bestimmung, so besteht Kollektivbefugnis (§ 68 Abs. 1 Satz 2).

Anm. 9. In jedem Falle, das Gericht mag dem Antrage stattgeben oder ihn verwerfen, findet dagegen sofortige Beschwerde statt (§ 146 Abs. 2, § 148 FG.). — Vgl. über die Beschwerde oben Anm. 5.

Anm. 10. d) Die Kosten der Liquidation sind auch bei richterlicher Ernennung durch die Gesellschaft zu tragen. Die ernannten Liquidatoren können ein angemessenes Honorar für sich beanspruchen und der Liquidationsmasse entnehmen. Die Liquidatoren stehen auch im Falle richterlicher Ernennung in einem Dienstverhältnisse zur Gesellschaft. Der Vertrag ist zu stande gekommen durch die Entscheidung des Richters einerseits, die Annahme des Amtes durch den Liquidator andererseits. Die erstere ergänzt die Anstellungserklärung der Gesellschaft, ähnlich wie ein richterliches Erkenntnis gemäß § 894 CPO.

Anm. 11. e) Auch das Amt des richterlich ernannten Liquidators beginnt mit der Ernennung, nicht erst mit der Eintragung. Über die Eintragung siehe § 67 Abs. 3.

Anm. 12. 6. **Hinzuzufügen ist, daß in dringenden Fällen auf Antrag jedes Beteiligten das Amtsgericht einen Liquidator bestellen kann,** wenn ein solcher nicht vorhanden ist. Er amtiert bis zur Behebung dieses Mangels. Gläubiger, Schuldner, einzelne Gesellschafter können von diesem Rechte Gebrauch machen. Das Recht beruht auf §§ 29, 48 BGB., welche auch hier gelten (KG. v. 2. 12. 01 in KGJ. 23 A, 105 und in RJA. 3, 25 und KG. v. 8. 5. 03 in OLGR. 7, 152; vgl. Allgemeine Einleitung Anm. 2 u. 3). Das Amt des so ernannten Liquidators beginnt ebenfalls mit der Ernennung. Für seine Eintragung gilt § 67 Abs. 3 analog. Sie muß von Amtswegen erfolgen.

Anm. 13. 7. (Abs. 3.) **Die Abberufung von Liquidatoren.** Sie erfolgt durch den Gesellschafterbeschluß oder durch den Richter, nicht auch durch den Aufsichtsrat.

a) Durch den Beschluß der Gesellschafter kann jeder Liquidator abberufen werden, nur nicht der vom Richter bestellte. Wohl aber kann der vom Gesetz berufene, also der Geschäftsführer, der ohne weiteres Liquidator geworden ist, und der durch Statut bezeichnete durch den Gesellschafterbeschluß abberufen werden. Ein Recht, die Liquidation durchzuführen, hat der bestellte Liquidator nicht. Ein solches kann ihm auch durch Ge-

§ 66.

sellschaftsvertrag nicht gegeben werden. Der bestellte oder im Gesellschaftsvertrage bezeichnete Liquidator kann in keiner Weise im Wege Rechtens durchsetzen, daß er Liquidator bleibe. Die Ansprüche aus bestehenden Dienstverträgen sind ihm von selbst vorbehalten. Das Gesetz brauchte dies nicht besonders auszusprechen. Das Gleiche gilt von gesellschaftlichen Ansprüchen, wenn einem Gesellschafter im Gesellschaftsvertrage in seiner Eigenschaft als Gesellschafter zugestanden ist, daß er die Liquidation durchführen solle. Die Gesellschafter als Beschlußorgan haben allerdings gleichwohl das Recht, ihn abzuberufen. Aber wenn sie ohne Grund davon Gebrauch machen, so hat die Gesellschaft jenen Gesellschafter zu entschädigen. Die Gesellschafter können also ganz nach freiem Belieben das Abberufungsrecht ausüben, auch eine Beschränkung gemäß § 38 Abs. 2 (aus wichtigen Gründen) kann durch Gesellschaftsvertrag hier nicht festgesetzt werden. Der Beschluß auf Abberufung folgt allgemeinen Regeln, eine besondere Form ist von Gesetzeswegen nicht erforderlich (§§ 45 ff.). Doch dürfen nur Gesellschafter mitstimmen (Anm. 4 zu § 47). Ob der abzuberufende Liquidator, wenn er Gesellschafter ist, mitstimmen kann, darüber siehe Anm. 21 zu § 47.

Der Gesellschafterbeschluß hat aber nicht die Macht, den vom Richter bestellten Liquidator abzusetzen. Auch nicht, wenn der Beschluß einstimmig gefaßt wird? Bei der strikten Vorschrift des Gesetzes ist auch das zu verneinen (vgl. Staub HGB. Anm. 10 zu § 295). Anm. 14.

b) Auch der Richter hat ein Abberufungsrecht. Unter denselben Voraussetzungen wie das Ernennungsrecht, übt das Gericht auch ein Abberufungsrecht aus. Das Nähere über die Modalitäten eines solchen Antrages und der Entscheidung darüber u. s. w. siehe oben Anm. 5 ff. Anm. 15.

Das richterliche Abberufungsrecht richtet sich gegen jeden Liquidator, gleichviel worauf seine Berufung beruht, dieselbe mag auf Statut, auf Gesellschafterbeschluß oder auf richterlicher Ernennung beruhen.

c) Der Aufsichtsrat hat kein Abberufungsrecht. Auch eine Delegation des Abberufungsrechts an den Aufsichtsrat durch Gesellschafterbeschluß oder durch Statut ist nicht zulässig (unten Anm. 17). Anm. 16.

8. **Die Bestimmungen des vorliegenden Paragraphen sind zwingender Natur.** Der Gesellschaftsvertrag kann das Recht weder erweitern noch beschränken. So kann der Gesellschaftsvertrag nicht bestimmen, daß das Ernennungsrecht oder das Abberufungsrecht auch dem Aufsichtsrat zustehen soll oder sonstigen anderen Personen. Es kann auch nicht bestimmt werden, daß auch eine geringere oder eine größere Minderheit das Recht der Antragstellung aus Abs. 2 haben soll. Es kann auch nicht bestimmt werden, daß etwa eine Minderheit das Recht der Abberufung aus Abs. 3 haben soll (vgl. oben Anm. 5). Anm. 17.

Zusatz 1. Über das Nähere über die persönlichen Verhältnisse des Liquidators zur Gesellschaft siehe die Ausführungen zu § 35. Über die Zahl der Liquidatoren, über ihre Fähigkeiten, über ihre Dienstverhältnisse u. s. w. gilt das Gleiche, wie das, was dort hinsichtlich der Geschäftsführer ausgeführt ist. Anm. 18.

Hinzuzufügen ist:

Wenn der Geschäftsführer Liquidator wird, so ändert sich dadurch allein sein Dienstvertrag nicht (RG. 24, 70). Darüber, ob der Liquidator sein Amt auch niederlegen kann, siehe Anm. 10 u. 11 zu § 38.

Zusatz 2. Im Falle des Konkurses tritt keine Liquidation ein. Dies geht aus unserem Abs. 1 und aus § 60 hervor. Der Konkursverwalter übernimmt die Aufgabe, das Vermögen zu versilbern und die Gläubiger zu befriedigen, soweit die Masse reicht. Die Gesellschaft ist Gemeinschuldner, ihre Organe bestehen fort, insbesondere auch der Geschäftsführer. Hat sie keinen, so ist ein solcher zu bestellen, eventuell durch das Amtsgericht gemäß § 29 BGB. Näheres vgl. Anm. 10 zu § 63. Anm. 19.

Wird aber der Konkurs beendet, so tritt die Gesellschaft dadurch in Liquidation. In gewissen Fällen kann dann die Gesellschaft wieder fortgesetzt werden (vgl. hierüber Anm. 20 ff. zu § 63). Anm. 20.

§ 67.

§ 67.

Die ersten Liquidatoren sind durch die Geschäftsführer, jede Änderung in den Personen der Liquidatoren sowie eine Beendigung ihrer Vertretungsbefugnis ist durch die Liquidatoren zur Eintragung in das Handelsregister anzumelden.

Der Anmeldung ist eine Abschrift der Urkunden über die Bestellung der Liquidatoren oder über die Änderung in den Personen derselben beizufügen. Diese Vorschrift findet auf die Anmeldung zum Handelsregister einer Zweigniederlassung keine Anwendung.

Die Eintragung der gerichtlichen Ernennung oder Abberufung von Liquidatoren geschieht von Amtswegen.

Die Liquidatoren haben ihre Unterschrift zur Aufbewahrung bei dem Gerichte zu zeichnen.

Anm. 1. **Der vorliegende Paragraph ordnet die Anmeldung der Liquidation an.**

1. **Was ist anzumelden?** Die Personen der Liquidatoren. Und zwar ist jeder Liquidator anzumelden, außer den gerichtlich bestellten. Der letztere ist zwar ebenfalls in das Handelsregister einzutragen, aber die Eintragung erfolgt von Amtswegen, also ohne besondere Anmeldung (Abs. 3). Alle anderen Liquidatoren aber sind zur Eintragung in das Handelsregister anzumelden, also nicht bloß diejenigen, welche von der Gesellschafterversammlung bestellt werden, sondern auch diejenigen, die durch den Gesellschaftsvertrag bestellt sind, und endlich auch die Geschäftsführer, wenn diese ohne weiteres Liquidatoren werden (Anm. 1 zu § 66). Die Anmeldung hat ausnahmslos zu erfolgen, also auch dann, wenn sämtliche Geschäftsanteile in einer Hand sind und das Vermögen der Gesellschaft dem einzigen Gesellschafter schon ausgefolgt ist (OLG. Karlsruhe in CBlFG. 4, 271 und Recht 03, 531, Nr. 2744).

Anm. 2. F e r n e r i s t a n z u m e l d e n j e d e Ä n d e r u n g i n d e r P e r s o n d e r L i q u i d a t o r e n u n d d i e B e e n d i g u n g d e r V e r t r e t u n g s b e f u g n i s.

Anm. 3. Z u b e m e r k e n i s t e n d l i c h, d a ß n i c h t b l o ß d i e P e r s o n d e s L i q u i d a t o r s a n z u m e l d e n i s t, s o n d e r n d a ß h i e r b e i a u c h d i e Z e i c h n u n g d e r U n t e r s c h r i f t e r f o l g e n m u ß (Abs. 4) — vgl. unten Anm. 9 — u n d d a ß a u c h d i e A r t d e r V e r t r e t u n g s b e f u g n i s a n z u m e l d e n i s t, w e n n s i e n i c h t d e r a r t g e o r d n e t i s t, d a ß a l l e L i q u i d a t o r e n k o l l e k t i v d i e G e s e l l s c h a f t v e r t r e t e n (vgl. § 68 Abs. 2).

Anm. 4. 2. **Wer hat die Verpflichtung zur Anmeldung?** Die ersten Liquidatoren, sagt das Gesetz, sind durch „die Geschäftsführer" anzumelden. Diese Ausdrucksweise ist aber nicht genau. Würde die Vorschrift wörtlich genommen werden, so müßte, auch wenn sofort andere Personen als die bisherigen Geschäftsführer zu Liquidatoren bestellt sind, wenn also das Amt des Geschäftsführers mit dem Eintritt der Auflösung endet, gleichwohl die Anmeldung durch ihn erfolgen. Das ist rechtlich eine Anomalie, weil sonst die Anmeldungen immer durch die jeweiligen gesetzlichen Vertreter erfolgen. Tatsächlich wäre die Vorschrift oft nicht ausführbar. Die Geschäftsführer werden, nachdem ihre Beziehungen zur Gesellschaft gelöst sind, oft nicht geneigt sein, für die Gesellschaft freiwillig noch eine Anmeldung zu bewirken. Dazu gezwungen werden können sie nicht, eben weil die Beziehungen gelöst sind. Gedacht hat das Gesetz wohl daran, daß die Geschäftsführer durch die Liquidation Liquidatoren werden (§ 66). In diesem Normalfalle findet ein Personenwechsel nicht statt. Wo er aber eintritt, da hat dies zur Folge, daß die Anmeldung der ersten Liquidatoren durch die nunmehrigen gesetzlichen Vertreter erfolgt. Die Auflösung selbst wird ja ebenfalls durch diese angemeldet (Anm. 1 zu § 65). Das Gesetz wollte in solchem Falle sicherlich nicht zwei gesonderte Anmeldungen, die der Liquidation und die der Liquidatoren. Die Verpflichtung wird erfüllt, wenn so viele Geschäftsführer oder

Liquidatoren, als zur Vertretung der Gesellschaft erforderlich sind, die Anmeldung bewirken. Daß der bestellte Liquidator sich selbst anmeldet, dem steht nichts entgegen, auch dann nicht, wenn neben ihm noch andere Liquidatoren fungieren, falls er selbst nur alleinige Vertretungsbefugnis hat. Bei einer vollständigen Änderung in der Person der Liquidatoren sind diejenigen Liquidatoren anmeldungspflichtig, welche durch die Änderung Liquidatoren werden (KGJ. 14, 27). Wenn also z. B. von zwei kollektivberechtigten Liquidatoren der eine durch den Tod ausscheidet und an seiner Stelle ein anderer bestellt wird, so haben nunmehr diese beiden, der bisherige und der neu bestellte, die Anmeldung gemeinschaftlich zu bewirken. Wenn durch Gesellschafterbeschluß der einzige Liquidator abberufen und ein anderer gewählt wird, so meldet der letztere sich selbst an. Wenn aber von zwei Liquidatoren, welche einzeln zur Vertretung legitimiert sind, der eine durch einen anderen ersetzt wird, so kann der übrig gebliebene und der neue Ersatzmann, d. h. jeder von ihnen, die Anmeldung bewirken. § 67.

3. **Wie erfolgt die Anmeldung?** Nach § 12 HGB. persönlich bei Gericht oder durch notariell oder gerichtlich beglaubigte Erklärung. Beizufügen ist eine Abschrift der Urkunde über die Bestellung der Liquidatoren oder über die Änderung in den Personen. Eine beglaubigte Abschrift ist also nicht erfordert (anders nach § 296 HGB. für die Aktiengesellschaften). Der Registerrichter darf aber Ermittelungen anstellen über die Richtigkeit der Urkunden (§ 12 FG.). Oft wird übrigens weniger, oft auch mehr als eine Abschrift der Urkunde erfordert werden müssen. Weniger dann, wenn eine Urkunde überhaupt nicht vorliegt, wenn also der Gesellschaftsvertrag die Bestellung enthält, oder wenn der Geschäftsführer ohne weiteres Liquidator wird, oder wenn eine Änderung eintritt, ohne daß eine Urkunde vorliegt, z. B. wenn der Liquidator verschwunden ist oder mündlich sein Amt niedergelegt hat. In solchen Fällen wird die Anmeldung genügen und dem Registerrichter bleibt es überlassen, die ihm geeignet erscheinenden Ermittelungen gemäß § 12 FG. anzustellen. Mehr als eine einfache Abschrift wird man aber in Todesfällen verlangen können. Stirbt der Liquidator, so muß eine Sterbeurkunde beigebracht werden oder eine beglaubigte Abschrift derselben. Doch kann dem Registerrichter auch die Versicherung des Anmeldenden genügen. Anm. 5.

4. **Zu welchem Gericht erfolgt die Anmeldung?** Zum Gerichte des Hauptsitzes und zum Gerichte der Zweigniederlassung. Zu diesem letzteren sind aber die Abschriften der Urkunden nicht einzureichen (§ 67 Abs. 2). Hier genügt es, daß die Eintragung am Hauptsitze erfolgt ist. In dem Falle, wo keine Anmeldung, sondern eine Eintragung von Amtswegen erfolgt, also bei den gerichtlich bestellten Liquidatoren, muß der Registerrichter das Gericht am Zweigsitze um Eintragung ersuchen. Anm. 6.

5. **Der Zwang zur Anmeldung** richtet sich nach § 14 HGB. Er erfolgt durch Ordnungsstrafen. Anm. 7.

6. **Ohne Anmeldung eingetragen werden die gerichtlich bestellten Liquidatoren.** (Abs. 3.) Auch beim Zweigregister (siehe Anm. 6). Anm. 8.

7. **Außer der Anmeldung erfolgt auch noch die Zeichnung der Unterschriften.** Die Liquidatoren haben auch noch ihre Unterschrift und zwar ihre persönliche, nicht die Firma, zur Aufbewahrung bei dem Gerichte zu zeichnen. Diese Zeichnung liegt allen Liquidatoren ob. Wenn also nur einzelne Liquidatoren vermöge ihrer Vertretungsbefugnis die Anmeldung bewirken, so muß doch dieser Anmeldung die Zeichnung der Unterschriften aller Liquidatoren beigefügt werden. Auch diejenigen Liquidatoren sind davon nicht ausgenommen, deren Unterschrift sich schon bei den Registerakten befindet, also wenn die Geschäftsführer ohne weiteres Liquidatoren werden. Auch die richterlich bestellten müssen die Zeichnung einreichen und sind nach § 14 HGB. dazu anzuhalten. Die Zeichnung muß auch dem Gericht der Zweigniederlassung eingereicht werden (§ 13 HGB.). Anm. 9.

8. **Nach der Anmeldung muß die Person der Liquidatoren** in das Handelsregister eingetragen werden, auch die Geschäftsführer, wenn sie ohne weiteres Liquidatoren werden. Die Eintragung dieser muß also noch einmal erfolgen. Ferner aber muß die Person der Anm. 10.

§ 67. Liquidatoren auch veröffentlicht werden (§ 10 HGB.). Das Gleiche gilt, wenn irgend eine Veränderung in der Person der Liquidatoren zum Handelsregister angemeldet ist.

Anm. 11. **Zusatz. Bedeutung der Eintragung.** Das Amt des Liquidators datiert von der Bestellung, nicht erst von der Eintragung (RG. bei Holdheim 13, 186). Das gilt auch von dem richterlich bestellten. In dem Falle, wo der Geschäftsführer ohne weiteres Liquidator wird, datiert sein Amt in der veränderten Gestalt von dem Moment, wo die Auflösung erfolgt. Die Eintragung in Verbindung mit der Veröffentlichung bewirkt aber, daß die eingetragene Tatsache jedem entgegen gehalten werden kann (§ 15 HGB.). War z. B. ein Liquidator eingetragen, so kann seine Abberufung einem Dritten nur entgegengehalten werden, wenn dieser die Abberufung kannte.

§ 68.

Die Liquidatoren haben in der bei ihrer Bestellung bestimmten Form ihre Willenserklärungen kundzugeben und für die Gesellschaft zu zeichnen. Ist nichts darüber bestimmt, so muß die Erklärung und Zeichnung durch sämtliche Liquidatoren erfolgen.

Die Bestimmung ist mit der Bestellung der Liquidatoren zur Eintragung in das Handelsregister anzumelden.

Die Zeichnungen geschehen in der Weise, daß die Liquidatoren der bisherigen, nunmehr als Liquidationsfirma zu bezeichnenden Firma ihre Namensunterschrift beifügen.

Einleitung. **Der vorliegende Paragraph handelt von der Art, wie die Liquidatoren ihre Willenserklärungen kund zu geben haben** (Abs. 1 und 3) und ordnet an, daß gewisse Bestimmungen darüber in das Handelsregister einzutragen sind (Abs. 2).

Anm. 1. 1. (Abs. 1.) **Wann haben die Liquidatoren Einzelvertretungsbefugnis und wann Kollektivvertretungsbefugnis?** Das ist es, was das Gesetz unter der Form der Willenserklärung versteht. Der Ausdruck „Form" ist hier ebensowenig glücklich gewählt, wie im § 35 (vgl. Anm. 8 zu § 35).

Anm. 2. Von Gesetzeswegen haben die Liquidatoren Kollektivvertretungsbefugnis. Das ist im Abs. 1 ausgedrückt. Etwas anderes soll nach Abs. 1 nur gelten, wenn es bei ihrer Bestellung bestimmt ist. Allein es muß hinzugefügt werden, daß etwas anderes auch dann gilt, wenn der Gesellschaftsvertrag etwas anderes bestimmt. Wenn also der Gesellschaftsvertrag bestimmt, daß die Liquidatoren Einzelvertretungsbefugnis haben, oder daß, wenn mehr als zwei Liquidatoren bestellt sind, immer zwei von ihnen die Gesellschaft gemeinschaftlich vertreten, so gilt das in dem Augenblicke, wo die Liquidatoren, sei es durch Gesellschafterbeschluß oder durch den Richter bestellt werden. Es gilt jedoch nur für den Fall, daß der Gesellschaftsvertrag auch für die Liquidatoren eine solche vom Gesetz abweichende Bestimmung trifft. Sollte der Gesellschaftsvertrag nur für die Geschäftsführer eine solche Bestimmung treffen, so gilt dies nicht ohne weiteres für die Liquidatoren, vielmehr greift in diesem Falle Abs. 1 unseres Paragraphen Platz.

Anm. 3. Außer im Gesellschaftsvertrage kann auch bei der Bestellung etwas von der Kollektivvertretungsbefugnis Abweichendes bestimmt werden. Bei der Bestellung, d. h. durch den richterlichen Befehl oder durch den Gesellschafterbeschluß. Denn diese beiden Akte sind es, durch welche eine „Bestellung" von Liquidatoren erfolgt. Liquidatoren sind ja entweder die durch Gesetz oder durch Statut ohne weiteres dazu berufenen oder die durch Gesellschafterbeschluß oder durch den Richter bestellten Personen. Bei dieser Bestellung kann auch über die Frage der Einzelvertretung statt der Gesamtvertretung der Liquidatoren Bestimmung getroffen werden. Daß diese Bestimmung abweichend vom Gesetze, d. h. anders als kollektivistisch, getroffen werden kann, sagt Abs. 1. Aber sie kann auch abweichend vom Gesellschaftsvertrage getroffen werden. Denn da sowohl der Richter, als die Gesellschafter als Beschlußorgan das Recht haben, einen durch Gesetz oder Statut bestellten Liquidator gänzlich abzuberufen, so haben sie auch das Recht, dem von ihnen bestellten Liquidator eine vom Gesetze oder vom Gesellschaftsvertrage abweichende Vertretungsbefugnis zu verleihen. § 68.

Über den Gesetzestext hinaus muß endlich angenommen werden, daß durch richterliche Verfügung oder durch Gesellschafterbeschluß nicht bloß bei der Bestellung eine von der Kollektivvertretung abweichende Bestimmung getroffen werden kann, sondern daß durch diese Akte auch die Vertretungsbefugnis des irgendwie berufenen oder bestellten Liquidators abgeändert werden kann, während die Person bestehen bleibt. Das folgt daraus, daß diese Maßregel gegenüber dem Akte der Bestellung mit einer vom Gesetze abweichenden Vertretungsbefugnis und gegenüber dem Akte der Abberufung ein minus ist. Nur kann die Gesellschafterversammlung nicht die Vertretungsbefugnis des vom Richter bestellten Liquidators ändern (§ 66 Abs. 3). Wohl aber kann umgekehrt der Richter ändern, was der Gesellschafterbeschluß oder der Gesellschaftsvertrag über die Vertretungsbefugnis des Liquidators bestimmt hat. Letzteres leugnet Liebmann Anm. 3 mit Unrecht. Denn wie der Richter die Personen abberufen kann, die der Gesellschaftsvertrag zu Liquidatoren beruft, so kann er auch die geringere Maßregel anordnen und ihre Vertretungsbefugnis ändern. Anm. 4.

2. (Abs. 3.) **Wie erfolgt die Zeichnung?** Durch Zeichnung der bisherigen Firma, die nunmehr als Liquidationsfirma zu bezeichnen ist, unter Beifügung der persönlichen Namensunterschrift. Anm. 5.

a) Die Vorschrift ist nur instruktioneller Natur. Sie ist keine Bedingung für die Rechtsgültigkeit der Akte. Die Gesellschaft wird auch dann verpflichtet, wenn die Liquidatoren in anderer Weise kundgeben, daß sie für die Gesellschaft auftreten. Sie ist eben eine Ordnungsvorschrift, wie die ähnlichen Vorschriften des HGB. (§§ 51, 57, 233) und unseres Gesetzes (§ 35 Abs. 3) — vgl. RG. 50, 60. — Auch für Formalakte gelten keine strengeren Vorschriften. So können z. B. auch Mietsverträge, wenn nur aus ihrem Inhalte hervorgeht, daß sie für die Gesellschaft geschlossen werden, mit den persönlichen Namen der Liquidatoren unterschrieben werden, um der Vorschrift des § 126 BGB. zu genügen. Bei Wechselerklärungen gilt insofern anderes, als hier die Firma unterschrieben werden muß. (Vgl. Staub WO. § 8d zu Art. 95, wo auch eine Abweichung von der reichsgerichtlichen Judikatur behandelt ist.) Die Vorschrift des vorliegenden Paragraphen aber ist auch bei Wechselerklärungen eine bloße Ordnungsvorschrift. Ist also die Firma unterschrieben, so ist die Wechselerklärung gültig, auch wenn der Liquidationszusatz oder der Name des Liquidators, oder beides nicht beigefügt ist (vgl. über alles dies auch Anm. 30 zu § 35).

b) Wird die Vorschrift beobachtet, so ist dies nicht ohne civilrechtliche Bedeutung. Denn der Zusatz in Liquidation zeigt dem Dritten an, daß die Gesellschaft in Liquidation getreten ist. Der Dritte darf daher die Gesellschaft nicht mehr als bestehend erachten, auch wenn die Auflösung noch nicht eingetragen ist. Anm. 6.

c) Die Liquidationsfirma ist keine veränderte Firma, sondern nur die bisherige Firma mit einem den Liquidationszustand bezeichnenden Zusatze. Eine neue gleichlautende Firma darf daher nicht eingetragen werden, bis die Liquidationsfirma gelöscht ist (KGJ. 10, 17; RG. 29, 68). Anm. 7.

d) Kann die Firma auch noch im Liquidationsstadium geändert werden? Darüber siehe Anm. 38 und 39 zu § 69. Anm. 8.

3. (Abs. 2.) **Unter Umständen, aber nicht immer, ist die Art, wie die Liquidatoren die Gesellschaft zu vertreten haben, ob kollektiv oder einzeln, zur Eintragung in das Handelsregister anzumelden.** In dieser Beziehung schreibt unser Paragraph im Abs. 2 vor, daß die von der gesetzlichen Regel (der Kollektivvertretung) abweichende, bei der Bestellung des Liquidators erfolgende Bestimmung zur Eintragung in das Handelsregister anzumelden ist. Hat also der Richter oder der Gesellschafterbeschluß eine von der Kollektivvertretung Anm. 9.

§ 68. abweichende Bestimmung bei der Bestellung getroffen, so ist das zur Eintragung in das Handelsregister anzumelden. Bleibt es bei der Kollektivvertretung, so unterbleibt die Anmeldung.

Anm. 10. Es ist aber hinzuzufügen, daß außerdem dann immer eine Eintragung in das Handelsregister anzumelden ist, wenn die Vertretungsbefugnis sich gegen denjenigen Zustand ändert, wie er in das Handelsregister eingetragen ist. Soll z. B. nach dem Gesellschaftsvertrage jeder Liquidator Einzelvertretungsbefugnis haben und bestimmt der Richter Einzelvertretung, so ist dies zum Handelsregister anzumelden. Hatte der Gesellschafterbeschluß bei der Bestellung Einzelvertretung angeordnet und bestimmt ein späterer Gesellschafterbeschluß, daß die bestellten Liquidatoren Kollektivvertretungsbefugnis haben sollen, so ist letzteres anzumelden, wenn ersteres bereits eingetragen war u. s. w.

Anm. 11. **Zusatz 1. Für Erklärungen gegenüber der Gesellschaft gilt der Satz, daß sie der Gesellschaft gegenüber als abgegeben gelten, wenn sie auch nur einem Liquidator gegenüber abgegeben sind, selbst wenn dieser nur Kollektivvertretungsbefugnis hat.** Es gilt also der Grundsatz des § 35 Abs. 2 Satz 3 auch hier. Zwar wird dies von Förtsch Anm. 1 bestritten, jedoch mit Unrecht. Unser Paragraph steht dieser Annahme nicht entgegen. Er behandelt die Erklärungen, welche namens *der Gesellschaft* abgegeben werden. Für Erklärungen *gegenüber* der Gesellschaft gilt nach § 69 die Bestimmung des § 35 Abs. 2 Satz 3. Zu dem gleichen Ziele führt die Bezugnahme auf § 28 Abs. 2, § 48 Abs. 2 BGB., die ja hier subsidiär gelten (ebenso Neukamp Anm. 1; Liebmann Anm. 1).

Anm. 12. Daraus folgt auch, daß, wo es auf das Wissen einer Tatsache ankommt, das Wissen eines Liquidators stets genügt, auch wenn die Liquidatoren nur kollektiv zur Vertretung berechtigt sind (vgl. Anm. 8 zu § 35).

Anm. 13. **Zusatz 2. Näheres über die Kollektivvertretung der Liquidatoren siehe zu § 35 (Anm. 9 ff.).** Es gilt hier das, was dort über das Wesen der Kollektivvertretung ausgeführt ist. Sie ist keine beschränkte Vertretung, sondern eine volle Vertretung, nur getragen von mehreren Personen. Sie gilt für Rechtsakte aller Art, nicht bloß für schriftliche Erklärungen, wie ja Abs. 1 unseres Paragraphen deutlich ergibt. Über die Ausübung der Kollektivvertretung (alle Vertreter müssen mitwirken), über den Beweis der Mitwirkung, darüber, daß, wenn ein Kollektivvertreter allein handelt, er Pseudovertreter ist, und als solcher haftet, darüber, daß einem einzelnen der Kollektivberechtigten zur Vornahme bestimmter Geschäfte oder bestimmter Arten von Geschäften besondere Vollmacht erteilt werden kann, darüber, daß eine eigenmächtige Handlung eines kollektivberechtigten Liquidators auch durch nachträgliche Genehmigung seitens der sämtlichen Vertretungsberechtigten geheilt werden kann u. s. w., vgl. Anm. 9 ff. zu § 35.

Anm. 14. **Zusatz 3.** Die auch bei unserer Gesellschaftsform zuzulassende **Vertretung durch einen Geschäftsführer und einen Prokuristen** (Anm. 22 zu § 35) ist auf das Liquidationsstadium nicht zu übertragen, weil in diesem Stadium Prokuristen nicht bestellt werden können. Zwar fehlt hier die Vorschrift des § 298 Abs. 4 HGB., wonach bei Aktiengesellschaften im Liquidationsstadium die Bestellung von Prokuristen nicht stattfindet. Dort war weiter daraus gefolgert, daß die bestehenden Prokuren durch den Eintritt der Liquidation erlöschen (ROHG. 13, 225). Das Gleiche muß aber auch hier gelten, wie es auch für die offene Handelsgesellschaft gilt, obgleich auch da das ausdrückliche Verbot der Prokurenbestellung für das Liquidationsstadium nicht gegeben ist (vgl. Staub HGB. Anm. 28 zu § 149). Vgl. auch Anm. 2 zu § 60.

§ 69.

Bis zur Beendigung der Liquidation kommen ungeachtet der Auflösung der Gesellschaft in Bezug auf die Rechtsverhältnisse derselben und der Gesellschafter die Vorschriften des zweiten und dritten Abschnitts zur Anwendung, soweit sich aus den Bestimmungen des gegenwärtigen Abschnitts und aus dem Wesen der Liquidation nicht ein anderes ergibt. § 69.

Der Gerichtsstand, welchen die Gesellschaft zur Zeit ihrer Auflösung hatte, bleibt bis zur vollzogenen Verteilung des Vermögens bestehen.

Der vorliegende Paragraph enthält die allgemeine Vorschrift über die Anwendbarkeit der für die lebende Gesellschaft geltenden Bestimmungen auf die liquidierende. In diesem Zusammenhange soll bei sämtlichen in Frage kommenden Vorschriften untersucht werden, ob und inwieweit sie auf die liquidierende Gesellschaft Anwendung finden. Dabei wird vorweg bemerkt, daß die Vorschriften des ersten Abschnittes nicht in Frage kommen, weil sie Gründungsvorschriften sind. **Hinsichtlich der Vorschriften des zweiten und dritten Abschnittes ist die Anwendbarkeit im allgemeinen in unserem § 69 vorgeschrieben.** Im einzelnen wird sie unten näher erörtert werden. Hinsichtlich der Vorschriften des vierten Abschnittes endlich wird die Anwendbarkeit entgegen der herrschenden Ansicht angenommen. Das Nähere hierüber wird unten Anm. 38 und 39 dargelegt. Einleitung.

I. **Die Vorschriften des zweiten Abschnittes.** Diese finden nach § 69 Anwendung, soweit sich nicht aus den Bestimmungen des gegenwärtigen Abschnittes oder aus dem Wesen der Liquidation ein anderes ergibt. Im einzelnen ist hier zu bemerken: Anm. 1.

1. § 13. Dieser Paragraph findet in allen seinen Absätzen Anwendung. Abs. 1: Die Gesellschaft hat auch im Liquidationsstadium selbständig ihre Rechte und Pflichten, sie kann klagen und verklagt werden, Eigentum erwerben u. s. w. (vgl. Anm. 2 zu § 60). Abs. 2: Für die Verbindlichkeiten der Gesellschaft haftet auch in diesem Stadium den Gläubigern nur das Gesellschaftsvermögen. Abs. 3: Die Gesellschaft gilt auch im Liquidationsstadium als Handelsgesellschaft; ihre Rechtsgeschäfte sind auch in diesem Stadium Handelsgeschäfte. Es frägt sich nun aber weiter: befindet sie sich in diesem Stadium niemals mehr im Betriebe eines Handelsgewerbes? Auch dann nicht, wenn die lebende Handelsgesellschaft ein Handelsgewerbe betrieben hat? In dieser Beziehung ist anzunehmen, daß, wenn die lebende Gesellschaft ein Gewerbe betrieben hat, die Liquidationstätigkeit den letzten Ausläufer dieses Betriebes darstellt und demzufolge noch zum Gewerbebetrieb gehört (vgl. Staub HGB. Anm. 24 zu § 1).
2. § 14 (der Geschäftsanteil jedes Gesellschafters richtet sich nach dem Betrage der übernommenen Stammeinlage). Die Anwendbarkeit ist selbstverständlich. Anm. 2.
3. § 15. Die Vorschriften über die Veräußerlichkeit und Vererblichkeit der Geschäftsanteile treten durch die Liquidation nicht außer Anwendung (Förtsch Anm. 2). Die Geschäftsanteile können also auch in diesem Stadium ihren Besitzer wechseln. Anm. 3.
4. § 16. Der Gesellschaft gegenüber gilt im Falle der Veräußerung eines Geschäftsanteils nur derjenige als Erwerber, dessen Erwerb der Gesellschaft gehörig angezeigt ist, und für die bis zu diesem Zeitpunkte rückständigen Verpflichtungen des veräußernden Gesellschafters bleibt derselbe neben dem Erwerber verhaftet. Auch dieser Paragraph ist ohne weiteres anwendbar. Anm. 4.
5. § 17. Die Vorschriften über die Teilung von Geschäftsanteilen sind anwendbar. Anm. 5.
6. § 18. Die Bestimmung über das Rechtsverhältnis im Falle, daß ein Geschäftsanteil mehreren Mitberechtigten zusteht, findet Anwendung. Anm. 6.
7. §§ 19—25. Die Vorschriften über die Einzahlung der Stammeinlagen und über die Maßregeln zur Erzwingung dieser Einzahlungen finden Anwendung. Hier, wie im Aktienrecht, ist anzunehmen, daß der Liquidator rückständige Einlagen einfordern kann, jedoch mit der Maßgabe, daß er nicht mehr einziehen kann, als für die Zwecke der Liquidation, also zum Zwecke der Beendigung der laufenden Geschäfte, zur Befriedigung der Gläubiger und zur gesetz- und statutenmäßigen Verteilung des Überschusses erforderlich ist. Mehr darf er nicht einrufen. Seine Aufgabe ist es nicht, darüber hinaus noch Vermögen einzuziehen, welches alsdann doch wieder zur Verteilung unter die einzahlenden Gesellschafter gelangt. Es kann ihm daher ein diesbezüglicher Einwand gemacht werden

§ 69. (RG. v. 25. 3. 99 JW. S. 305, 306; RG. 45, 155 a. E.). Soweit hierin eine Art Kompensation liegt (es wird ja die Haftung des Rückstandes deshalb verweigert, weil das Gezahlte für die ebengedachten Liquidationszwecke überflüssig ist und deshalb an den zahlenden Gesellschafter wieder zurückgezahlt werden müßte), ist dieselbe hier gestattet. Insoweit wäre § 19 Abs. 2 insoweit hier nicht anwendbar, weil mit dem Wesen der Liquidation unverträglich. Doch wird es dieser Konstruktion nicht bedürfen. Der Einwand des beklagten Gesellschafters ist ein Bestreiten seiner Einzahlungspflicht infolge der Liquidation. Stets aber hat der Gesellschafter die Beweislast, daß die Einziehung die Grenzen des Liquidationsbedürfnisses überschreitet (RG. v. 25. 3. 99 JW. 305). Sollte ein Gesellschafterbeschluß die Einziehung von Einlagerückständen angeordnet haben, so ändert dies an der Rechtslage nichts. Ein Beschluß, der die Einlage über das Liquidationsbedürfnis hinaus verlangte, würde mit dem Wesen der Liquidation in Widerspruch stehen. Die diesbezügliche Vorschrift des § 46 Nr. 2 ist auf das Liquidationsstadium nicht anwendbar, soweit sie mit dem Wesen der Liquidation im Widerspruch steht, wie dies unser Paragraph ausdrücklich vorschreibt. Ein solcher Beschluß wäre insoweit ungültig. Diese Ungültigkeit könnte auch einwandsweise von den belangten Gesellschaftern geltend gemacht werden. Anwendbar sind die Bestimmungen über die Unzulässigkeit des Verzichts und die Annahme an Zahlungsstatt und die Aufrechnung. Ein Verzicht ist auch im Liquidationsstadium nur möglich unter Herabsetzung des Stammkapitals (vgl. unten Anm. 38 und 39). Anwendbar sind die Vorschriften über die Kaduzierung und die Haftung der Rechtsvorgänger des Ausgeschlossenen wie der anderen Gesellschafter. Auch diesen steht der Einwand zu, daß von ihnen nicht mehr, als zur Deckung der Schulden nötig ist, verlangt werden kann. Wenn der Liquidator einem Gesellschafter vergleichsweise die Leistung erläßt, so erwächst den anderen Gesellschaftern hieraus eine Einrede. Sie brauchen nicht mehr zu zahlen als ohne Vergleich zu zahlen gewesen wäre (Bett, Konkurs der Aktiengesellschaft 50).

Anm. 7. Ist umgekehrt zur Einforderung von Einlagen ein Gesellschafterbeschluß erforderlich? Darüber siehe unten Anm. 30. Desgleichen über die Frage, was unter Einforderung über das Liquidationsbedürfnis hinaus zu verstehen ist, siehe unten Anm. 30.

Anm. 7a. Die §§ 26—28 über die Nachschußpflicht finden Anwendung, jedoch ebenfalls nur mit der Maßgabe, daß der belangte Gesellschafter den Einwand erheben kann, der Nachschuß sei für die Zwecke der Liquidation nicht erforderlich (vgl. Anm. 6 und die dort zitierte Judikatur, auch Neukamp Anm. 2a B).

Anm. 8. 8. § 29. Der hier gegebene Anspruch auf den jährlichen Reingewinn fällt weg. Die Liquidationsgesellschaft verteilt keine periodischen Gewinne ohne Rücksicht darauf, ob die Gläubiger schon befriedigt sind. Sie verteilt vielmehr lediglich dasjenige, was schließlich übrig bleibt nach Tilgung oder Sicherstellung der Forderungen und nicht vor Ablauf des Sperrjahres (§ 73). Das ist die Sonderbestimmung, welche an die Stelle des § 29 für das Liquidationsstadium tritt. Zwar haben die Liquidatoren bei Beginn der Liquidation und demnächst in jedem Jahre eine Bilanz aufzustellen (§ 71 Abs. 2) und es können sich dabei Überschüsse der Aktiva über die Passiva ergeben. Aber diese Überschüsse sind nicht verteilbar, wenn nicht die Voraussetzungen des § 73 vorliegen. Insbesondere gilt dies auch von demjenigen Bilanzüberschuß, der sich bei der Eröffnungsbilanz ergibt. Allerdings sagen die Motive (S. 43), daß durch den § 73 die Verteilbarkeit des aus der Eröffnungsbilanz sich ergebenden Gewinnes nicht ausgeschlossen werde, weil dieser ja noch von der lebenden Gesellschaft erzielt sei. Das ist jedoch nicht zutreffend und wird von Neukamp mit Unrecht gebilligt. Von dem Augenblicke an, wo die Gesellschaft in Liquidation tritt, darf nichts verteilt werden, ehe nicht die Gläubiger befriedigt oder sichergestellt sind. Es mag sein, daß jener Gewinn noch bei lebender Gesellschaft erzielt ist. Aber *der Anspruch der Gesellschafter* auf diesen Gewinn ist doch nicht bei lebender Gesellschaft entstanden. Ein Anspruch der Gesellschafter auf Verteilung dieses Gewinnes war daher vor der Auflösung nicht entstanden. Nach Eintritt der Liquidation ist jener unverteilte Gewinn nichts weiter, als ein Bestandteil des

Gesellschaftsvermögens, welches in erster Linie der Befriedigung der Gesellschaftsgläubiger dient und zur Verteilung an die Gesellschafter erst geeignet ist nach Befriedigung dieser, wie dies § 73 deutlich vorschreibt (vgl. auch Staub HGB. Anm. 1 zu § 299). Das Ausgeführte gilt auch, wie ebenfalls im Gegensatz zu den Motiven angenommen werden muß, für den Fall, daß in dem Augenblicke, wo die Auflösung in Kraft trat, das Geschäftsjahr zwar abgelaufen, der Gewinn aber noch nicht bilanzmäßig festgestellt war. Denn auch in diesem Falle ist der Anspruch der Gesellschafter auf den Gewinn noch nicht existent geworden. Er entsteht ja erst mit der Feststellung der Bilanz durch die Gesellschafter (vgl. Anm. 4 u. 8 zu § 29). Die Gesellschafter hatten wohl ein Recht auf die Bilanzaufstellung. Wurde aber, ehe diese erfolgte, die Auflösung beschlossen, so wurde sie eben beschlossen, ehe die Gesellschafter einen obligatorischen Anspruch auf die Dividende erlangt hatten. Der an sich vorhandene Gewinn ist nunmehr wiederum nichts weiter, als ein Bestandteil des Gesellschaftsvermögens, das in allen seinen Bestandteilen nach eingetretener Auflösung zunächst zur Befriedigung der Gläubiger zu verwenden ist. Erst nach Befriedigung der Gläubiger darf in diesem Stadium das Gesellschaftsvermögen unter die Gesellschafter verteilt werden. Es wird ja dadurch auch kein materielles Unrecht geschaffen, da ja der wirklich vorhandene Gewinn den Gesellschaftern schließlich doch in den Liquidationsraten zu gute kommt. Anders liegt die Sache nur dann, wenn zu gleicher Zeit die Bilanz für das zur Zeit abgelaufen gewesene volle Geschäftsjahr festgestellt und die Auflösung beschlossen wird. In diesem Falle werden die Gesellschafter Gläubiger in Höhe der Dividende und die Gesellschaft tritt mit diesen Gläubigeransprüchen in das Liquidationsstadium. In dieser Eigenschaft als Gläubiger haben sie aber einen Anspruch auf Befriedigung, wie alle anderen Gläubiger. § 69.

9. Der § 30 Abs. 1 bleibt bestehen. Er ist zwar teilweise überholt durch § 73, der jede Auszahlung verbietet. Allein wenn diese gleichzeitig das zur Erhaltung des Stammkapitals erforderliche Vermögen angreift, treten die strengeren Bestimmungen des § 30 Abs. 1 auch im Stadium der Liquidation ein. Der § 30 Abs. 2 wird modifiziert durch § 73. Denn die Nachschüsse sind Bestandteile des Gesellschaftsvermögens und dieses darf an die Gesellschafter erst ausgezahlt werden nach Befriedigung der Gesellschaftsgläubiger. Aber daß der § 30 Abs. 2 nicht ersetzt wird durch § 73, daß vielmehr die Bestimmung auch hier praktische Bedeutung haben kann, darüber siehe unten Anm. 31. Anm. 9.

10. Der § 31 greift auch hier Platz. Wird Vermögen verteilt entgegen dem § 30, so müssen die Zahlungen der Gesellschaft erstattet werden. Das Nähere siehe zu § 31 und zu § 73. Anm. 10.

11. Der § 32 ist hier nur beschränkt anwendbar. Im Liquidationsstadium können Gewinne, die in diesem Stadium entstehen, nicht bezogen werden. In Betracht kommen nur solche Gewinne, auf deren Verteilung ein Gläubigeranspruch schon früher entstanden war. Soweit solche Gewinne erst im Liquidationsstadium zur Verteilung kommen — vgl. oben Anm. 8 —, kann allerdings § 32 Anwendung finden. Anm. 11.

12. § 33 Abs. 1 findet Anwendung. Ebenso auch § 33 Abs. 2, insbesondere auch, insoweit sich aus diesem Abs. 2 die positive Erlaubnis ergibt, den Geschäftsanteil zu erwerben, falls der Erwerb erfolgen kann aus dem über dem Stammkapital vorhandenen Vermögen. Dies widerspricht ja nicht den Liquidationszwecken, da ja die Befriedigung der Gläubiger dadurch nicht gefährdet wird. Anm. 12.

13. § 34 findet Anwendung, insbesondere auch insofern, als in ihm der positive Satz enthalten ist, daß unter Umständen die Einziehung von Geschäftsanteilen gestattet ist. Das Wesen der Liquidation steht dem nicht entgegen. Warum sollen nicht einzelne Geschäftsanteile billig erworben und dadurch die Verteilungschancen für die übrigen Gläubiger verbessert werden, wenn andererseits die Interessen der Gläubiger dabei nicht gefährdet werden? Anm. 13.

II. **Die Vorschriften des dritten Abschnitts.** Auch diese finden nach unserem § 69 auf das Stadium der Liquidation Anwendung, soweit sich nicht aus den Bestimmungen des gegenwärtigen Abschnitts oder aus dem Wesen der Liquidation ein anderes ergibt. Anm. 14.

§ 69. Im einzelnen ist hier zu bemerken:

1. § 35 (die gesetzlichen Vertreter der Gesellschaft, der Umfang ihrer Vertretungsbefugnis und die Form, in welcher sie ihre Willenserklärungen kundgeben). Dieser Paragraph ist durch §§ 68 und 70 ersetzt, bis auf § 35 Abs. 2 Satz 3, der hier anwendbar ist (vgl. hierüber Anm. 11 zu § 68).

Anm. 15. 2. § 36 (Prinzip der direkten Stellvertretung; die Gesellschaft wird durch die in ihrem Namen von den Geschäftsführern vorgenommenen Rechtsakte unmittelbar berechtigt und verpflichtet) ist durch § 71 ausdrücklich für anwendbar erklärt. Selbstverständlich muß sich das Geschäft innerhalb der Vertretungsbefugnis halten. Die Grenzen der Vertretungsbefugnis werden durch die Aufgabe der Liquidation bestimmt. Siehe darüber § 70 und Anm. 1 ff. dazu, insbesondere Anm. 16 über die Frage, ob, wenn eine Grenzüberschreitung nicht erkennbar war, das Geschäft für die Gesellschaft gilt.

Anm. 16. 3. § 37 (nach außen ist die Vertretungsbefugnis, wie sie vom Gesetz aufgestellt ist, unbeschränkbar, nach innen haben die Geschäftsführer die Beschränkungen innezuhalten, welche der Gesellschaftsvertrag und die Beschlüsse der Gesellschafter ihnen auferlegen) ist im § 71 für anwendbar erklärt. Siehe hierüber näheres Anm. 20 zu § 70.

Anm. 17. 4. § 38 (die Widerruflichkeit der Geschäftsführer) ist ersetzt durch § 66 Abs. 3 und daher hier nicht anwendbar.

Anm. 18. 5. § 39 (Anmeldung der Änderung in den Personen der Geschäftsführer und der Beendigung ihrer Vertretungsbefugnis) ist ersetzt durch § 67 und daher hier nicht anwendbar.

Anm. 19. 6. § 40 (Einreichung der jährlichen Gesellschafterliste) ist hier anwendbar. Auch im Liquidationsstadium kann die Person der Gesellschafter und der Betrag ihrer Anteile sich ändern, sowohl dadurch, daß vor der Liquidation erfolgte Veräußerungen nach der Liquidation bei der Gesellschaft angemeldet werden, als auch dadurch, daß während der Dauer der Liquidation Abtretungen stattfinden und angemeldet werden (vgl. oben Anm. 3 u. 4), als auch endlich dadurch, daß Gesellschafter während der Liquidation sterben oder eine sonstige Universalrechtsnachfolge (Fusion von Aktiengesellschaften, welche Mitglieder der Gesellschaft sind) eintritt.

Anm. 20. 7. § 41.

a) Abs. 1 (Verpflichtung der Geschäftsführer zur Sorge für die ordnungsmäßige Buchführung) ist durch § 71 ausdrücklich für anwendbar erklärt. Auch im Liquidationsstadium muß die Buchführung erfolgen. Die Gesellschaft bleibt ja in diesem Stadium eine Handelsgesellschaft (vgl. oben Anm. 1) und es sind ja jährliche Bilanzen zu ziehen (§ 71 Abs. 2).

Anm. 21. b) Die Absätze 2, 3 und 4 (Pflicht zur Aufstellung der Bilanz innerhalb der ersten drei Monate des Geschäftsjahres und Pflicht zur Publikation bei Bankgeschäften innerhalb derselben Frist) sind entsprechend anwendbar. Die Pflicht zur jährlichen Bilanzziehung selbst ist den Liquidatoren durch § 71 Abs. 2 auferlegt. Nun ist im § 41 Abs. 3 auch von der Gewinn- und Verlustrechnung die Rede. Aber aus § 71 Abs. 2 folgt, daß den Liquidatoren die Aufstellung einer Gewinn- und Verlustrechnung nicht zur Pflicht gemacht ist. Mithin sind der § 71 Abs. 2 und der analog anwendbare § 41 Abs. 2 und 3 dahin zu vereinigen, daß die Liquidatoren alljährlich eine Bilanz, aber keine Gewinn- und Verlustrechnung aufzustellen haben und zwar innerhalb der im § 41 Abs. 2 und 3 bezeichneten Fristen. Ebenso Neukamp Anm. 2 b *a*, während Liebmann Anm. 2 zu § 71 und Förtsch Anm. 2 zu § 71 den § 41 Abs. 2, 3 und 4 außer Anwendung setzen wollen, weil er im § 71 Abs. 2 nicht erwähnt ist. Doch ist das kein durchschlagender Grund. Auch macht Neukamp mit Recht darauf aufmerksam, daß auch die Publikationspflicht wichtig ist, weil, wenn auch der Betrieb von Bankgeschäften im Liquidationsstadium aufhört, doch die Abwickelung der bankgeschäftlichen Transaktionen für die Öffentlichkeit Interesse hat.

Anm. 22. 8. § 42 (Vorschriften für die Aufstellung der Bilanz). Diese kommen hier nicht zur Anwendung. Näheres hierüber zu § 71 Abs. 2.

9. § 43.

a) Abs. 1 (die Geschäftsführer haben die Sorgfalt eines ordentlichen Geschäftsmannes anzuwenden) ist durch § 71 Abs. 1 ausdrücklich für anwendbar erklärt. Mithin haben auch die Liquidatoren diese Sorgfalt anzuwenden. Anm. 23.

b) Abs. 2 (Haftung für Schadensersatz bei Verletzung dieser Sorgfalt). Durch § 71 ausdrücklich für anwendbar erklärt. Anm. 24.

c) Abs. 3 (einzelne besondere Fälle von Pflichtverletzung) ist durch § 73 Abs. 3 ersetzt. Dort ist aber die ungesetzliche Verteilung von Gesellschaftsvermögen besonders hervorgehoben, während im § 43 Abs. 3 auch noch der unzulässige Erwerb von Geschäftsanteilen besonders behandelt ist. In diesem letzteren Falle greifen also die Sonderbestimmungen des § 43 Abs. 3 nicht Platz, wenn die Zuwiderhandlung von Liquidatoren begangen wird. An sich ist der Erwerb von Geschäftsanteilen durch die Liquidatoren nicht absolut unerlaubt (vgl. oben Anm. 12). Anm. 25.

d) Abs. 4 (Verjährung der Ersatzansprüche in fünf Jahren) ist durch § 71 Abs. 1 und § 73 Abs. 3 ausdrücklich für anwendbar erklärt. Anm. 26.

e) Was über die Haftung der Geschäftsführer gegenüber den Gesellschaftern und dritten Personen ausgeführt ist (Anm. 23ff. zu § 43), gilt hier analog. Anm. 27.

10. § 44 (die für die Geschäftsführer gegebenen Vorschriften gelten auch für stellvertretende Geschäftsführer) ist analog anwendbar. Es können auch stellvertretende Liquidatoren gewählt werden. Über die Bedeutung einer solchen Wahl siehe die Erläuterungen zu § 44. Anm. 28.

11. § 45 (die Gesellschafter machen im allgemeinen ihre Rechte durch Gesellschafterbeschlüsse geltend) ist entsprechend anwendbar. Insbesondere ist auch Abs. 2 anwendbar. Auch hier geht der Gesellschaftsvertrag vor, insbesondere also diejenigen Bestimmungen, welche für das Liquidationsstadium im Gesellschaftsvertrage gegeben sind. Hervorzuheben ist, daß die Gesellschafter solche Beschlüsse nicht fassen können, welche mit dem Wesen der Liquidation unverträglich sind (vgl. z. B. Anm. 6). Anm. 29.

12. § 46. Dieser zählt auf, welche Gegenstände der Bestimmung der Gesellschafter unterliegen. Anm. 30.

a) Die Feststellung der Jahresbilanz und die Verteilung des aus derselben sich ergebenden Reingewinnes. Die Feststellung der Jahresbilanz ist auch im Stadium der Liquidation Sache des Gesellschafterbeschlusses (vgl. Anm. 7 zu § 71). Die Beschlußfassung über die Verteilung des Reingewinns aber steht mit dem Wesen der Liquidation im Widerspruch (vgl. oben Anm. 8) und kommt deshalb hier in Wegfall.

b) Die Einforderung der Einzahlungen auf die Stammeinlagen. Auch im Liquidationsstadium hat die Gesellschafterversammlung die Bestimmung darüber. Doch ist diese Beschlußbefugnis eingeengt durch das Wesen der Liquidation. Ihre Beschlüsse sind nur insoweit gültig, als sie dem Wesen der Liquidation nicht widersprechen. Insoweit sie ihr widersprechen, sind sie ungültig. Das Wesen der Liquidation besteht nun darin, daß die Aktiva angemessen verwertet, insbesondere auch die Forderungen eingezogen werden, damit die Gläubiger befriedigt und der Überschuß gleichmäßig bezw. statutenmäßig verteilt werde (§§ 69, 70, 72). Der Liquidator ist auf Grund dieser Gesetzesbestimmungen auch ohne Befragung der Gesellschafterversammlung berechtigt und verpflichtet, die Einlagerückstände einziehen, soweit sie für jene Zwecke erforderlich sind. Ein Beschluß der Gesellschaft, der die Erfüllung dieses Zweckes verhindern würde, wäre ungültig. Wenn z. B. Geschäftsanteile zweier Emissionen bestehen, die älteren vollgezahlt, die jüngeren zu 50 Proz. gedeckt, so hat der Liquidator die Pflicht, die 50 Proz. einzuziehen, ohne Befragung der Gesellschafterversammlung und unter Ignorierung eines entgegenstehenden Beschlusses der Gesellschafterversammlung. Dies beruht darauf, daß die Gesellschafter ein unentziehbares Sonderrecht darauf haben, daß das gesamte Vermögen gleichmäßig und statutenmäßig verteilt werde. Zu dem gesamten Vermögen gehören aber auch die Einlagerückstände. Ein Beschluß, welcher diese Verteilung hindert, würde gegen ein unentziehbares Sonderrecht verstoßen. Er ist deshalb den benachteiligten Gesellschaftern gegenüber ungültig und unbeachtlich (vgl. Anm. 40 zu § 45). Der Beschluß ist von jedem

§ 69. ihm nicht zustimmenden Gesellschafter anfechtbar. Wird er selbst einstimmig gefaßt, so darf und muß der Liquidator doch die Einziehung der Einlagen vornehmen, soweit dies zur Befriedigung der Gläubiger erforderlich ist. Insoweit ist der Beschluß nichtig. Dagegen kann ihm von dem belangten Gesellschafter eingewendet werden, daß er nicht Einlagerückstände einziehen dürfe, die nach Lage der Sache doch wieder an dieselben zahlenden Gesellschafter zurückgezahlt werden müssen. Dann würde sein Einziehungsversuch über das Liquidationsbedürfnis hinausgehen (siehe oben Anm. 6).

Über die Frage, ob der Liquidator mehr Einlagerückstände einziehen darf, als zur Befriedigung der Gläubiger und zur gesetzlichen und statutarischen Verteilung des Überschusses erforderlich ist, siehe noch Anm. 4 zu § 70; über die Frage, ob der Anspruch der Gesellschafter auf die Liquidationsquote und der Anspruch der Gesellschaft auf Einlagerückstände kompensiert werden können, siehe Anm. 3 zu § 72.

Anm. 31. c) Die Rückzahlung von Nachschüssen. Diese kann beschlossen werden. Aber es ist dabei zu berücksichtigen, daß das Gesellschaftsvermögen überhaupt erst zur Verteilung gelangen kann, wenn die Gläubiger befriedigt oder sichergestellt sind. Immerhin kann man nicht sagen, daß die Bestimmung des § 46 Nr. 3 im Liquidationsstadium wesenlos oder durch § 73 ersetzt sei. Denn es fragt sich eben, ob unter Wahrung des § 73, also nach Befriedigung oder Sicherstellung der Gläubiger, eine Rückzahlung von Nachschüssen überhaupt beschlossen werden kann. Das muß trotz § 72 bejaht werden. Allerdings bestimmt § 72, daß das Vermögen der Gesellschaft unter die Gesellschafter nach Verhältnis ihrer Geschäftsanteile zu verteilen ist. Allein wenn auch nicht zu leugnen ist, daß die einmal eingezahlten Nachschüsse Vermögen der Gesellschaft werden, so nehmen sie doch innerhalb dieses Vermögens eine Sonderstellung ein. Es besteht zwar kein Recht auf Rückzahlung, aber es ist doch das Recht gegeben, die betreffenden Beträge, für die auch in der Bilanz ein besonderes Passivkonto anzulegen ist (§ 42 Nr. 4), durch einen Beschluß der Gesellschafter zur Rückzahlung zu bringen (§ 30 Abs. 2). Die Nachschüsse werden also anders behandelt als die Einlagen. Diese letzteren können nur zurückbezahlt werden in Verbindung mit einer Herabsetzung des Stammkapitals. Sie sind im übrigen ein Bestandteil des Gesellschaftsvermögens, das den Gesellschaftern nicht zurückbezahlt werden kann. Einen so untrennbaren Bestandteil des Gesellschaftsvermögens bilden die Nachschüsse nicht. Sie werden zwar Bestandteile des Gesellschaftsvermögens, aber doch ausgezeichnet durch die für die Gesellschafter bestehenden Möglichkeit, durch Beschlußfassung ein Recht auf Rückzahlung zu erlangen, und mit dem Rechte der Gesellschafter, einen solchen Beschluß unter den gesetzlichen Kautelen zu fassen. Dieses Recht und diese Möglichkeit nach eingetretener Auflösung den Nachschußzahlern zu nehmen, dazu liegt keine Veranlassung vor. Es besteht kein Grund, den Nachschüssen ihre Sonderstellung in diesem Stadium zu nehmen. Die §§ 30 Abs. 2 und 46 Nr. 3 widersprechen nicht dem Wesen der Liquidation. Der § 72 steht, richtig verstanden, der Anwendung der §§ 30 Abs. 2 und 46 Nr. 3 nicht entgegen, eben weil sich der § 72 nur auf die normalen Bestandteile des Gesellschaftsvermögens bezieht, nicht auch auf diesen schon bei Lebzeiten der Gesellschaft mit der Besonderheit der Rückzahlungsmöglichkeit ausgestatteten Bestandteil des Gesellschaftsvermögens. Es ist dieses Ergebnis besonders von Bedeutung, sobald die Nachschüsse nicht von allen Gesellschaftern geleistet waren (vgl. hierüber Anm. 12 zu § 26).

Anm. 32. d) Die Teilung, sowie die Einziehung von Geschäftsanteilen. Die Bestimmung ist hier anwendbar. Daß sowohl die Teilung, wie die Einziehung von Geschäftsanteilen im Liquidationsstadium erfolgen kann, darüber siehe oben Anm. 5.

e) Die Bestellung und Abberufung von Geschäftsführern, sowie die Entlastung derselben. Die ersten beiden Punkte sind ersetzt durch § 66 Abs. 3. Der dritte Punkt, die Entlastung, ist hier anwendbar.

f) Die Maßregeln zur Prüfung und Überwachung der Geschäftsführung. Dieser Punkt ist hier anwendbar.

g) Die Bestellung von Prokuristen und von Handlungsbevollmächtigten zum gesamten Geschäftsbetriebe. Die Bestellung von Prokuristen fällt hier weg (vgl. Anm. 14 zu

§ 68). Handlungsbevollmächtigte zum gesamten Liquidationsbetriebe können bestellt werden. § 69.

h) Die Geltendmachung von Ersatzansprüchen, welche der Gesellschaft aus der Gründung und Geschäftsführung gegen Geschäftsführer und Gesellschafter zustehen, sowie zur Vertretung der Gesellschaft in Prozessen, welche sie gegen die Geschäftsführer zu führen hat. Dieser Punkt ist hier in allen Teilen anwendbar. Er ist auszudehnen auf Prozesse, die die Gesellschaft gegen die Liquidatoren zu führen hat (vgl. § 73 Abs. 3 und die dort gegebenen Erläuterungen).

13. § 47 (die Beschlußfassung erfolgt nach einfacher Stimmenmehrheit, je 100 M. geben eine Stimme; Vollmachten bedürfen der schriftlichen Form; in gewissen Fällen darf ein Gesellschafter nicht mitstimmen) gilt hier überall. Anm. 33.

14. § 48 (die Beschlüsse werden regelmäßig in Versammlungen gefaßt, ausnahmsweise ohne Versammlung) ist anwendbar. Anm. 34.

15. § 49 (die Versammlung wird durch die Geschäftsführer berufen; sie ist zu berufen, wenn dies im Interesse der Gesellschaft erforderlich erscheint; insbesondere wenn die Hälfte des Stammkapitals verloren gegangen ist) ist hier anwendbar. In Bezug auf Abs. 1 und 2 ist dies im § 71 ausdrücklich angeordnet; aber auch die Anwendbarkeit des Abs. 3 (Pflicht zur Berufung der Gesellschafterversammlung, wenn die Hälfte des Stammkapitals verloren gegangen ist) ist mit Neukamp Anm. 2b gegen Förtsch Anm. 2 anzunehmen, da auch im Liquidationsstadium die Gesellschafter ein erhebliches Interesse daran haben, zu erfahren, wann die Hälfte des Stammkapitals verloren gegangen ist. Vielleicht wollen sie dann die Liquidation in anderer Weise fortsetzen, vielleicht den Konkurs anmelden u. s. w. Anm. 35.

16. § 50 (Recht der Minderheit, die Versammlung einzuberufen) gilt auch hier. Anm. 36.

17. § 51 (Art der Einberufung der Versammlung und der Ankündigung der Tagesordnung) gilt auch hier.

18. § 52 (die Vorschriften über den Aufsichtsrat) gilt auch hier. Das heißt: wenn nach den Statuten ein Aufsichtsrat zu bestellen ist, so gilt dies auch für das Liquidationsstadium, falls das Statut nichts Gegenteiliges vorschreibt. Kann aber auch im Liquidationsstadium das Erfordernis des Aufsichtsrats dem Statut einverleibt werden? Darüber siehe Anm. 38 u. 39. Anm. 37.

III. **Die Vorschriften des vierten Abschnittes über die Abänderungen des Gesellschaftsvertrages.** Nach richtiger Ansicht sind auch diese anwendbar. Die herrschende Ansicht (vgl. OLG. Karlsruhe in CBlFG. 4, 271 und Recht 03, 531 Nr. 2145) nimmt das Gegenteil an. Die Gründe für die Anwendbarkeit sind folgende. Die Tendenz unserer Gesetzesvorschrift geht offenbar dahin, nur diejenigen für die lebende Gesellschaft gegebenen Vorschriften von der Anwendung im Liquidationsstadium auszuschließen, welche sich mit dem Wesen der Liquidation nicht vertragen. Das letztere kann aber keineswegs von den Vorschriften über die Änderungen des Gesellschaftsvertrages schlechtweg gesagt werden, wie dies an zahlreichen Beispielen gezeigt werden kann. Es enthält z. B. das Statut Vorschriften über die Art, wie die Liquidation durchgeführt werden soll, die sich, nachdem die Lage der Gesellschaft eine ganz andere geworden ist, als man bei der Gründung erwartet hatte, als unpraktisch erweisen. Warum in aller Welt sollte das Statut jetzt im Liquidationsstadium in dieser Hinsicht nicht geändert werden können? (vgl. KGJ. 15, 35). Weiter: Während die Verwaltung der Gesellschaft vor der Liquidation eine sehr leichte war, z. B. bloß in der Verwaltung von Grundstücken bestand, beginnt jetzt nach dem Eintritt der Liquidation erst die Schwierigkeit. Konnte man vorher von der Bestellung eines Aufsichtsrats absehen, so erweist sich jetzt ein solcher als erforderlich. Warum sollte es da nicht möglich sein, die Statuten dahin zu ändern, daß von jetzt an ein Aufsichtsrat bestellt werden soll? Wo läge der Sinn einer solchen Beschränkung? Ferner: Es erweist sich im Liquidationsstadium als nützlich und vorteilhaft, das Geschäft nebst Firma zu veräußern, die Firmenveräußerung aber ist eine Firmenänderung und diese ist eine Änderung der Statuten (vgl. Anm. 28 zu § 4); und es sollte diese Art der Durchführung der Liquidation unmöglich sein? Ferner: Die Statuten enthalten Beschränkungen über Anm. 38.

§ 69. die Veräußerung von Geschäftsanteilen, warum sollten diese nicht jetzt noch aufgehoben werden können? Auch die Kapitalserhöhung erweist sich oft als nützlich. Die Gesellschaft hat z. B. ein Grundstück, welches mit einer Hypothek belastet ist. Wäre es lastenfrei, so könnte es veräußert werden. Oder die brachliegenden Terrains der Gesellschaft könnten vorteilhaft verwertet werden, wenn auf einigen von ihnen Gebäude errichtet würden. Warum sollte es dem Wesen der Liquidation widersprechen, wenn zu diesen Zwecken eine Kapitalserhöhung erfolgt? Oder der Beschluß auf Fortsetzung der Gesellschaft gemäß § 60 Abs. 1 Nr. 4 kann vernünftigerweise nur dann gefaßt werden, wenn die Gesellschaft mit neuem Kapital ausgestattet wird. Ein vorsichtiger Gesellschafter kann in solchem Falle oft nur unter der Bedingung die Fortsetzung mitbeschließen, wenn die Kapitalserhöhung erfolgt. Warum sollte dies im Stadium der Liquidation nicht möglich sein? Auch die Kapitalsherabsetzung wird dem Wesen der Liquidation oft nicht widersprechen. Freilich eine Kapitalsherabsetzung zum Zwecke der Rückzahlung von Einlagen darf ja nicht erfolgen, weil hier die positive Vorschrift des § 73 entgegensteht. Aber sonstige Kapitalsherabsetzungen sind begrifflich nicht ausgeschlossen. So wird z. B. die Gesellschaft nach Einstellung des Konkursverfahrens oft nur dann vernünftigerweise fortgesetzt werden können, wenn die Ziffer des Stammkapitals der wahren Vermögenslage entsprechend herabgesetzt wird. Warum sollte das nicht möglich sein? Warum sollte das Gesetz eine solche Transaktion verbieten? Ebenso kann es geboten sein, auf die ausstehenden Einlagen zu verzichten, wenn hierdurch andere Vorteile für die Gesellschaft erreicht werden. Ist hiernach anzunehmen, daß Statutenänderungen keineswegs dem Wesen der Liquidation widersprechen, und sollten durch § 69 nur solche Bestimmungen für unanwendbar erklärt werden, welche diese Eigenschaft haben, so folgt daraus, daß begrifflich auch Statutenänderungen beschlossen werden können. Daraus allein, daß der § 69 nur die Vorschriften des zweiten und dritten Abschnittes erwähnt, ist das Gegenteil nicht anzunehmen, zumal der § 69 überhaupt nicht gerade glücklich und einwandfrei gefaßt ist. Denn er bestimmt, daß in Bezug auf „die Rechtsverhältnisse der Gesellschaft und der Gesellschafter" die Vorschriften des **zweiten und dritten** Abschnittes zur Anwendung kommen, während doch nur der **zweite** Abschnitt betitelt ist: „Von den Rechtsverhältnissen der Gesellschaft und der Gesellschafter." Übrigens sind auch Vorschriften des ersten Abschnittes, obgleich auch dieser im § 69 nicht erwähnt ist, von der Anwendung auf das Liquidationsstadium nicht ausgeschlossen. Denn wenn es im § 6 Abs. 2 heißt: „Zu den Geschäftsführern können Gesellschafter oder andere Personen bestellt werden", so ist dies eine Vorschrift des ersten Abschnittes, deren analoge Anwendung auf Liquidatoren nicht zweifelhaft ist. Ein weiteres Argument ergibt sich aus der Bestimmung des § 69 Abs. 2 (siehe unten Anm. 40) und aus § 72 Satz 2. Auch im Liquidationsstadium kann eine anderweite Verteilung des Gesellschaftsvermögens beschlossen werden. Durch § 69 ist es nicht verboten (Hachenburg in SeuffBl. 70, 305).

Anm. 39. **Es können hiernach im Liquidationsstadium auch Statutenänderungen, auch Kapitalserhöhungen und Kapitalsherabsetzungen vorgenommen werden**[1]. (Siehe oben Anm. 38.) Es kann z. B. der Sitz der Gesellschaft geändert werden (das Gegenteil hat für das Aktienrecht das KG. in KGJ. 15, 35 angenommen), nur daß durch eine Sitzverlegung im Liquidationsstadium der Gerichtsstand sich nicht mehr ändert (vgl. unten Anm. 40). Es kann ferner die Firma geändert werden. Es wird dies notwendig sein, wenn das Geschäft nebst Firma veräußert werden soll. Es können alle sonstigen im Gesellschaftsvertrage enthaltenen Bestimmungen geändert werden. Es können z. B. die Beschränkungen hin-

1) Soweit die hier niedergelegte Anschauung mit dem in Widerspruch steht, was Staub HGB. im Aktienrecht lehrte, so beruht dies darauf, daß er seine Ansicht geändert hatte. Der engeren Auffassung folgt für das Genossenschaftsgesetz RG. 50, 130: Nach der Auflösung bestehe die Genossenschaft nur noch für die Zwecke der Liquidation, und die Begründung neuer Mitgliedschaften liege außerhalb dieses Zwecks. Das Gegenteil ist oben dargelegt. Die Begründung neuer Mitgliedschaften liegt begrifflich nicht außerhalb des Zwecks der Liquidation, sondern kann durch die Zwecke einer sachgemäßen Abwickelung geboten erscheinen.

sichtlich der Veräußerung der Geschäftsanteile beseitigt werden oder umgekehrt neue § 69. Beschränkungen eingeführt werden u. s. w. Es kann ferner das Stammkapital erhöht werden, z. B. im Zusammenhange mit dem Beschlusse auf Fortsetzung der Gesellschaft. Es kann auch das Stammkapital herabgesetzt werden. (Letzteres aber nicht zum Zwecke der Rückzahlung von Einlagen: siehe oben Anm. 38.)

Zusatz. Der Abs. 2 unseres Paragraphen gibt eine prozessuale Bestimmung: Der Gerichts- Anm. 40. stand ändert sich nicht. Das spricht ebenfalls dafür, daß der Sitz verlegt, also das Statut geändert werden kann (vgl. Anm. 38). Denn wäre das nicht möglich, so wäre Abs. 2 überflüssig. Der allgemeine Gerichtsstand der Gesellschaft ist ja dort, wo die Gesellschaft ihren Sitz hat. Könnten also die Statuten nicht geändert werden, so könnte der Sitz nicht geändert werden, und es bliebe dann eo ipso der Gerichtsstand unveränderlich.

§ 70.

Die Liquidatoren haben die laufenden Geschäfte zu beendigen, die Verpflichtungen der aufgelösten Gesellschaft zu erfüllen, die Forderungen derselben einzuziehen und das Vermögen der Gesellschaft in Geld umzusetzen; sie haben die Gesellschaft gerichtlich und außergerichtlich zu vertreten. Zur Beendigung schwebender Geschäfte können die Liquidatoren auch neue Geschäfte eingehen.

Der vorliegende Paragraph umgrenzt die Aufgabe der Liquidatoren. Es sollen im folgenden zunächst diese Grenzen erläutert, alsdann soll die hieraus sich ergebende Rechtsstellung der Liquidatoren dargelegt werden. Einleitung.

I. **Die einzelnen Aufgaben der Liquidatoren.**

1. Sie haben die laufenden Geschäfte zu beendigen. Dazu gehört z. B. die Anm. 1. Fortführung schwebender Prozesse (ROHG. 21, 127). Die Vorschrift ist nicht dahin zu verstehen, als müßten die Liquidatoren die laufenden Geschäfte in ihrem Laufe unterbrechen und zu schnellem oder gar vorzeitigem Ende führen. In keiner Weise gibt ihnen der Eintritt der Liquidation dritten Kontrahenten gegenüber ein Recht dazu oder haben Dritte ein vorzeitiges Lösungsrecht (RG. 5, 8).
2. Sie haben die Verpflichtungen der aufgelösten Gesellschaft zu erfüllen. Anm. 2. Waren die Forderungen bisher bestritten, so können sie nach ihrem pflichtgemäßen Ermessen das Bestreiten aufgeben und Erfüllung leisten. Es überschreitet aber ihre Befugnisse, wenn sie verjährten Forderungen durch Anerkenntnis den Rechtsgrund verstärken und dieselben bezahlen (ROHG. 9, 85). Doch ist auch dies cum grano salis zu nehmen. Auch das Anerkenntnis oder die Bezahlung einer verjährten Forderung kann sich unter Umständen durch den Liquidationszweck rechtfertigen. Es kann sehr wohl sein, daß ein schwebendes Geschäft am besten dadurch erledigt wird, oder die Umsetzung eines Vermögensstückes in Geld am besten dadurch bewirkt wird, daß nebenher eine verjährte Forderung bezahlt wird. Dann ist der Liquidator auch dazu berechtigt.

Zu den Gläubigern der Gesellschaft in diesem Sinne gehören auch die Gesellschafter, Anm. 3. soweit sie Forderungen aus anderem Rechtsgrunde haben, und auch insoweit, als ihre Forderungen zwar im Gesellschaftsverhältnisse ihren Ursprung haben, aber doch selbständige Forderungen geworden sind, z. B. fällig gewordene Dividendenansprüche oder Ansprüche aus § 3 Abs. 2. Nur darf auch hier das zur Erhaltung des Stammkapitals erforderliche Vermögen nicht an die Gesellschafter ausbezahlt werden (vgl. Anm. 8 zu § 29). Über die ähnliche Frage bei der offenen Handelsgesellschaft vgl. RG. 29, 16. Die Gesellschaftsguthaben der Gesellschafter, die Liquidationsüberschüsse, haben die Liquidatoren zwar ebenfalls auszuzahlen. Doch beruht das nicht auf diesem Paragraphen, sondern auf § 72. Es hätte dies aber auch hier gesagt werden können und eigentlich sollen, wie auch § 49 BGB. diese Aufgabe der Liquidatoren in diesem Zusammenhange erwähnt.

§ 70. 3. Sie haben die Forderungen der Gesellschaft einzuziehen. Dazu gehören
Anm. 4. auch die Ansprüche der Gesellschaft an die Mitglieder aus ihrer Mitgliedschaft, insbesondere also auch rückständige Einlageverpflichtungen und aus Ersatz für zu Unrecht zurückbezahltes Stammkapital (§ 30 Abs. 1, § 31). Der Liquidator ist aber nicht berechtigt, mehr an Einlagerückständen einzuziehen, als erforderlich ist, um die Liquidation sachgemäß durchzuführen, insbesondere die Aktiva angemessen zu verwerten, die Gläubiger zu befriedigen und den Überschuß gesetz- und statutenmäßig zu verteilen[1]). Sollte er darüber hinaus Einlagerückstände einziehen, so würde er einziehen, was er doch wieder an die Zahlenden zurückzahlen müßte, das ist überflüssig und deshalb, weil es dem Wesen der Liquidation widerspricht, ungesetzlich. Doch muß der in Anspruch genommene Gesellschafter das einwenden und beweisen (RG. 45, 155 a. E., RG. v. 23. 3. 99 in JW. S. 305, 306). Wie weit der Liquidator an die Beschlüsse der Gesellschafterversammlung bei der Einziehung von Einlagerückständen gemäß §§ 46 Nr. 2, 69 gebunden ist, darüber siehe Anm. 30 zu § 69). Der Liquidator ist aber nicht bloß zur Einziehung, sondern, wo ihm dies angemessen erscheint, auch zur anderweiten Verwertung der Forderungen (Verkauf, Stellung zur Kompensation u. s. w.) berechtigt, da er ja hinsichtlich aller Vermögensstücke, also auch hinsichtlich der Forderungen, das Recht hat, sie in Geld umzusetzen (RG. 44, 84).

Anm. 5. 4. Die Liquidatoren haben das Vermögen der Gesellschaft in Geld umzusetzen. Die Art, wie sie dies tun, bleibt völlig ihrem pflichtgemäßen Ermessen überlassen. Sie können die Vermögensstücke freihändig verkaufen, oder durch Versteigerung. Sie können auch das ganze Geschäft, ja sogar das ganze Vermögen in Bausch und Bogen verkaufen, wenn ihnen dies nach pflichtgemäßem Ermessen als die angemessenste Art der Abwickelung erscheint. Die (von Neukamp Anm. 5, Förtsch Anm. 7 vertretene) Ansicht, daß die Tendenz des vorliegenden Paragraphen dahin geht, den Liquidatoren nur eine stückweise Versilberung zu gestatten, kann nicht aufrecht erhalten werden. Es ist dem vorliegenden Paragraphen eine solche Einengung der Grenzen ihrer Aufgaben nicht zu entnehmen. Der Verkauf in Bausch und Bogen widerspricht begrifflich nicht dem Liquidationszwecke und der den Liquidatoren gestellten Aufgabe (so auch Liebmann zu § 70 des Gesetzes). Will der Liquidator gleichzeitig die Firma veräußern, so bedarf er dazu freilich der Genehmigung der Gesellschafterversammlung. Denn Firmenüberlassung ist Firmenänderung, also Änderung des Gesellschaftsvertrages. Die Voraussetzungen einer solchen müssen also beobachtet werden. Siehe hierüber Anm. 28 zu § 4 und darüber, daß im Stadium der Liquidation Statutenänderungen möglich sind, Anm. 38 u. 39 zu § 69. Eine andere Frage ist, ob der Liquidator, ehe er eine solche Transaktion vornimmt, zur Vermeidung eigener Verantwortlichkeit die Gesellschafterversammlung befragen muß (hierüber Anm. 35 zu § 69 und Anm. 6 zu § 49).

Anm. 6. Weiter ist hervorzuheben, daß ihnen mit dem vorliegenden Paragraphen nicht etwa nur solche Geschäfte gestattet sind, bei welchem eine unmittelbare Umsetzung in Geld stattfindet, vielmehr liegt es im Bereiche ihrer Aufgabe, jedes Geschäft zu schließen, welches im letzten Ende darauf abzielt, die Vermögensstücke angemessen zu verwerten. Sie können also auch Erwerbsgeschäfte und Verträge jeder Art schließen, welche den wirtschaftlichen Endzweck verfolgen, die Vermögensstücke der Gesellschaft in Geld umzuwandeln. Sie können also z. B. Transportverträge schließen, wenn

---

1) Es kann jedoch nicht etwa so formuliert werden, daß er nicht Einlagerückstände einziehen dürfe, die zur Befriedigung der Gläubiger nicht erforderlich sind. Diese Formulierung würde dem Umstande nicht Rechnung tragen, daß das Gesellschaftsvermögen nicht bloß zur Befriedigung der Gläubiger dienen, sondern daß der Überschuß auch gesetz- und statutenmäßig verteilt werden soll (§ 72). Sonst würden ja diejenigen Gesellschafter, die ihrer Einzahlungspflicht vor der Liquidation genügt haben, benachteiligt werden gegen diejenigen, die zu dieser Zeit diese Pflicht nicht erfüllt hatten. Überdies ist nach § 72 der Überschuß des ganzen Vermögens zu verteilen, und zum Vermögen gehören auch Einlagerückstände. Nur unnötiges Hin- und Herzahlen soll vermieden werden und gegen einen Einziehungsversuch, der dies zur Folge haben würde, kann sich der verklagte Gesellschafter wehren.

sie die zu veräußernden Maschinen zunächst an einen anderen Ort stellen wollen, um sie dort besser zu versilbern, obwohl der Transportvertrag selbst kein Geschäft ist, durch welches ein Vermögensstück in Geld umgesetzt wird; sie können ein Lokal mieten, um dort die Vermögensstücke besser auszustellen, und so besser zu veräußern; sie können annoncieren u. s. w. Sie können auch Umsetzungsgeschäfte vornehmen, bei denen sie zunächst kein Geld erhalten, z. B. ein Grundstück gegen Aktien eintauschen, um dann die Aktien zu verkaufen; sie können demgemäß sich namens der Gesellschaft bei einer Aktienkapitalserhöhung oder bei der Erhöhung des Stammkapitals einer GmbH. oder gar bei der Gründung einer GmbH. oder einer Aktiengesellschaft durch Illation oder auch sonst beteiligen. Als Einlage kann das ganze Vermögen der GmbH. in Liquidation erscheinen. Das ist der Weg, auf dem sie sich in eine Aktiengesellschaft umwandelt. Auch hier wäre nicht die Genehmigung der Gesellschafter zur Wirksamkeit erfordert (vgl. unten Anm. 8). Ihre Verpflichtung gegenüber der Gesellschaft würden die Liquidatoren verletzen, falls sie auf eigene Faust vorgingen (vgl. Anm. 6 zu § 49 und unten Anm. 20). § 70.

Sie haben, obgleich dies im Gesetze nicht ausdrücklich hervorgehoben ist, auch die selbstverständliche Aufgabe, das Vermögen angemessen zu verwalten, bis seine Umsetzung in Geld gelingt. So steht ihnen zweifellos das Recht und wohl auch die Pflicht zu, Grundstücke, die sich einstweilen nicht veräußern lassen, angemessen zu vermieten, Gelder, die sich zur Verteilung nicht eignen, weil sie z. B. im Verlaufe der Liquidation noch gebraucht werden, angemessen anzulegen, also Wertpapiere dafür zu kaufen, obgleich dies gerade das Gegenteil von Umsetzung in Geld ist. Denn hier wird doch Geld in Ware umgesetzt. Es kann auch eine auf längere Dauer berechnete Pacht oder Miete dem Liquidationszwecke dienen, z. B. wenn diese durch die Überschüsse es ermöglichen, die Schulden unter Zustimmung der Gläubiger zu amortisieren, so daß dann die Verwertung der Aktiva ohne Rücksicht auf die Deckung der Passiva möglich ist. Die Gesellschafter können Beschlüsse über die Art der Liquidation und die Verwaltung des Vermögens fassen. Sie können den Liquidatoren für einzelne Geschäfte Vollmacht erteilen, die über den Umfang der gesetzlichen Vertretungsmacht hinausgehen, sowohl zu solchen Verfügungen über Gesellschaftsaktiva als zur Eingehung von Verbindlichkeiten. Sie sind die Herren des Gesellschaftsvermögens. Anm. 7.

Die vorstehend vorgetragenen Anschauungen sind vom RG. (44, 84) geteilt. Das KG. (Beschluß vom 4. Februar 1901 in KGJ. 21 A, 260) geht von engeren Anschauungen aus. Es lehnt sich eng an den Wortlaut unseres Paragraphen an und hält dafür, daß der Liquidator nur zur Umsetzung des Vermögens in Geld, nicht in andere Vermögensobjekte berechtigt ist. Von diesem Standpunkte aus hält dieses Gericht die Beteiligung des Liquidators bei der Gründung einer GmbH., also die Umwandlung des Vermögens in Anteile einer anderen neu zu gründenden GmbH., aus eigener Machtvollkommenheit des Liquidators und zwar auch Dritten gegenüber nicht für zulässig, allenfalls mit Zustimmung sämtlicher Gesellschafter. Nach dem oben Angeführten ist diese Einengung seiner Machtvollkommenheit nicht zutreffend. Hier greift das Prinzip Platz, welches der analoge § 48 Abs. 2 BGB. zum Ausdruck bringt, nach welchem der Liquidator die rechtliche Stellung des Vorstandes hat, soweit sich nicht aus dem Zwecke der Liquidation ein anderes ergibt. In diesem umfassenden Sinne ist die im § 49 BGB. enthaltene Deklaration aufzufassen. Für unser Gesetz gilt das Gleiche. Einmal ist der § 48 Abs. 2 subsidiär anwendbar. Überdies ist der § 37 Abs. 2, der die uneingeschränkte Vertretungsbefugnis des Geschäftsführers statuiert, nach § 69 auf die Liquidation insoweit anwendbar, als sich aus dem Wesen der Liquidation nicht ein anderes ergibt. Aus dem Wesen der Liquidation ergibt sich aber keineswegs diese Einengung der Vertretungsbefugnis. Die betreffenden Akte können vielmehr zur sachgemäßen Verwaltung und Verwertung des Gesellschaftsvermögens unter Umständen vorzüglich geeignet sein (zustimmend Pinner bei Holdheim 10, 136). Anm. 8.

Die Liquidatoren können auch Patente und Musterschutzrechte nehmen, denn unter Anm. 9.

§ 70. Umständen dient dies zur vorteilhaften Umsetzung des Gesellschaftsvermögens. Keineswegs liegt dies begrifflich außerhalb des Zweckes der Liquidation (Liebmann zu § 70; vgl. RG. 15, 106). Sie können endlich auch Vergleiche und Kompromisse (Schiedsverträge) schließen, soweit dies in den Rahmen der Liquidationstätigkeit fällt. Auch Schenkungen liegen nicht schlechthin außerhalb der Liquidationstätigkeit. Man denke an Trinkgelder, an Belohnungen an die Beamten für besonders hervorragende Dienste gegeben, um andere Beamte anzufeuern. Auch hier ist es nicht die juristische Natur des Rechtsgeschäfts, sondern lediglich seine tatsächliche Gestaltung im einzelnen Falle, welche es bewirken kann, daß das Geschäft aus dem Rahmen der Vertretungsbefugnis der Liquidatoren heraustritt (vgl. unten Anm. 16).

Anm. 10. 5. Sie haben die Gesellschaft gerichtlich und außergerichtlich zu vertreten. Die Vorschrift ist überflüssig. Denn aus § 69, kraft dessen der § 35 Abs. 1 auf die Liquidation anwendbar ist, ergibt sich das Gleiche. Überdies ist die Vorschrift hier nicht so deutlich, wie in seinem Vorbilde, dem § 149 HGB. Dort heißt der Passus: Die Liquidatoren vertreten innerhalb ihres Geschäftskreises die Gesellschaft gerichtlich und außergerichtlich. Gemeint ist natürlich dasselbe, wie zur Erläuterung hinzugefügt werden mag.

Anm. 11. Was im einzelnen ihre Stellung als gesetzliche Vertreter im Verkehr und in Prozessen betrifft, so gilt, abgesehen davon, daß sie eben nur für die Zwecke der Liquidation tätig sein dürfen, hier das Gleiche, wie für die Geschäftsführer als gesetzliche Vertreter im Verkehr und in Prozessen. Sie sind es, welche im Namen der Gesellschaft klagen, sie werden im Namen der Gesellschaft verklagt (Bolze 13 Nr. 501). Sie leisten für die Gesellschaft die Eide. Auch im Offenbarungseidsverfahren sind die Liquidatoren zur Ableistung des Eides zu laden. Eventuell richtet sich der Haftantrag gegen sie (vgl. die Ausführungen zu § 35).

Anm. 12. 6. Sie können zur Beendigung schwebender Geschäfte auch neue Geschäfte abschließen. Die Vorschrift ist von geringerer Bedeutung, wenn es richtig ist, daß die Liquidatoren zu neuen Geschäften überhaupt befugt sind, soweit sie im letzten Ende darauf hinzielen, das vorhandene Vermögen angemessen zu verwalten und zu verwerten (vgl. Anm. 6—8). Dann ist der Abschluß eines neuen Geschäfts nicht mehr davon abhängig, ob ein bestimmtes schwebendes Geschäft dadurch abgewickelt werden soll. Denn wenn dies auch nicht der Fall ist, das Geschäft aber seiner Tendenz und seinem Zwecke nach darauf abzielt, das Vermögen angemessen zu verwalten und zu verwerten, so fällt es doch in den Rahmen der den Liquidatoren zugewiesenen Aufgaben und der ihnen gestatteten Aktionsfreiheit (vgl. auch unten Anm. 15).

Anm. 13. 7. Alles in allem besteht die Aufgabe der Liquidatoren darin, daß sie das Gesellschaftsvermögen in der dem Liquidationszwecke angemessenen Weise zu verwalten und zu verwerten haben. Alle Rechtsgeschäfte, die sie in Erfüllung dieser Aufgabe vornehmen, fallen in den Kreis der ihnen zugewiesenen Aufgaben. Die im vorliegenden Paragraphen hervorgehobenen Einzelaufgaben sind in diesem Sinne zu verstehen und führen, wie oben Anm. 6—8 dargetan, richtig aufgefaßt, zu dieser allgemeinen Formulierung. Die so umschriebene Aufgabe der Liquidatoren wirkte nach innen wie nach außen. Sie bildet den Inhalt ihres Dienst- und Auftragverhältnisses gegenüber der Gesellschaft und den Inhalt ihrer Vollmacht gegenüber Dritten. Über das Verhältnis nach innen vgl. Anm. 14 und über das Verhältnis nach außen Anm. 15 ff. Über die Frage, inwieweit dem Dritten entgegen gehalten werden kann, daß ein Rechtsakt nicht dem Liquidationszwecke entspricht, Anm. 16.

Anm. 14. II. **Der rechtliche Charakter der hier aufgezählten Aufgaben und der dadurch geschaffenen Rechtsstellung der Liquidatoren ist folgender.**

1. Zweifellos liegt darin zunächst eine Instruktion für ihre Geschäftsführung. Sie haben lediglich die Aufgabe zu liquidieren und demgemäß nur solche Geschäfte abzuschließen, welche im Rahmen dieser Aufgabe liegen. Verletzen sie diese Verpflichtung, übertreten sie den Rahmen, so machen sie sich der Gesellschaft gegenüber ver-

antwortlich. Aber nur dieser, nicht auch den Gläubigern gegenüber. Zu diesen stehen sie in keiner Rechtsbeziehung (Anm. 27 zu § 69). Die hierin liegende Beschränkung steht in Bezug auf die Geschäftsführungsbefugnis auf gleicher Stufe wie die Beschränkungen, welche die Statuten oder die Beschlüsse der Gesellschafter ihnen auferlegen. Sie haben diese ebenso zu beobachten wie jene. Der § 37 Abs. 1, der nach § 71 auf Liquidatoren anwendbar ist, ist hier analog anwendbar. In ihrer Geschäftsführungsbefugnis sind sie aber weiter beschränkt durch etwaige Vorschriften der Statuten, des Dienstvertrages und auch durch gesetzliche Vorschriften (§§ 46, 49, 69); vgl. unten Anm. 20. **§ 70.**

2. Aber außerdem wird durch unseren Paragraphen ihre Vertretungsbefugnis nach außen umgrenzt. Mit Recht wird allgemein angenommen, daß die im vorliegenden Paragraphen geschehene Umgrenzung der Aufgabe der Liquidatoren auch **ihre Vertretungsbefugnis nach außen** umgrenzt (vgl. RG. 44, 82 und alle Kommentare zum HGB. zu § 149 und § 298). Die Liquidatoren sind hiernach zu anderen Geschäften, als zu solchen, welche die Liquidation mit sich bringt, nicht ermächtigt, auch nicht nach außen. Sie haben kausal bedingte Vollmacht. Anm. 15.

Liegt aber hierin nicht eine große Gefährdung des Verkehrs? Wie oben ausgeführt, kann beinahe jedes Rechtsgeschäft vermögensrechtlichen Inhalts ein Liquidationsgeschäft sein (Anm. 6—8 u. 13). Da sie, wie dort gezeigt, jedes Geschäft, welches den schließlichen Endzweck der Umsetzung des Vermögens in Geld oder der Abwickelung eines schwebenden Geschäfts verfolgt, jedes Geschäft, welches dem Zwecke der Liquidation entspricht, indem es die angemessene Verwaltung und Verwertung des Vermögens bezweckt, abschließen können, so kann beinahe jedes Rechtsgeschäft in den Kreis ihrer Aufgaben fallen, ein Liquidationsgeschäft sein. Nicht die juristische Natur der von den Liquidatoren gemachten Geschäfte, sondern ihr wirtschaftliches Endziel (der Liquidationszweck, der Endzweck der Umsetzung des Vermögens in Geld oder der Abwickelung schwebender Geschäfte, der Verwaltung und Verwertung des Vermögens) entscheidet schließlich, ob ein Geschäft unter die Vertretungsbefugnis der Liquidatoren fällt oder nicht. Ein und dasselbe Geschäft kann in diesen Rahmen fallen oder aus ihm herausfallen, je nach dem wirtschaftlichen Zwecke, welchen die Liquidatoren mit ihm verfolgen. Dieses letztere Moment ist aber oft ein Internum der Liquidatoren. Soll nun die Gültigkeit der Geschäfte von dem Vorhandensein dieses Internums abhängig sein? Soll das Geschäft gültig sein, wenn die Liquidatoren in ihrem Herzen einen mit der Verwaltung und Verwertung vereinbaren Zweck mit dem Geschäfte verfolgen, und ungültig, wenn ihr Gedankengang eine solche Richtung nicht verfolgt? Das kann ohne Gefährdung der Verkehrsinteressen nicht angenommen werden. Aber es braucht auch aus juristischen Gründen nicht angenommen zu werden. **Vielmehr muß der Liquidator dem Verkehr gegenüber zu allen Geschäften als legitimiert gelten, welche sich nicht erkennbar als nicht zu Liquidationszwecken getätigt darstellen.** Dieser Grundsatz muß hier ebenso angenommen werden, wie bei allen beschränkten Vertretungsverhältnissen. Auch der Prokurist z. B. hat beschränkte Vollmacht: er ist ermächtigt zu allen Geschäften, welche der Betrieb eines Handelsgewerbes mit sich bringt. Ein und dasselbe Geschäft kann in den Rahmen dieser Vollmacht fallen oder nicht, je nach dem wirtschaftlichen Zwecke, welchen der Prokurist mit ihm verfolgt. Beispielsweise ist der Prokurist zum Erwerbe eines Grundstücks ermächtigt, wenn er damit geschäftliche Zwecke verfolgt. Dagegen fällt der Erwerb eines Grundstücks für den Prinzipal zu privaten Wohnungszwecken außerhalb des Rahmens seiner Vertretungsmacht. Aber für die Frage der Gültigkeit des von ihm getätigten Grundstückserwerbsgeschäfts ist nicht etwa die Frage entscheidend, welches wirtschaftliche Endziel der Prokurist in seinem Innern mit dem Geschäfte verfolgt hat. Vielmehr genügt es, wenn der Prokurist als solcher auftritt, das von ihm vorgenommene Geschäft unter die Prokura fallen kann und dem Dritten nicht erkennbar war, daß es nicht für die Zwecke des Handelsgewerbes getätigt wurde. Kauft also der Prokurist als solcher im Namen des Prinzipals ein Grundstück, so ist dieses Geschäft gültig, auch wenn der Erwerb in Wahrheit mit dem Handelsgewerbe nichts zu tun hat, wenn nur die Nichtzugehörigkeit zum Betriebe des Handels- Anm. 16.

§ 70. gewerbes nicht erkennbar war. So muß auch hier die Gültigkeit angenommen werden, wenn ein Liquidator als solcher ein Geschäft abschließt, dieses seiner juristischen Natur nach unter den Liquidationsbetrieb fallen kann, und die erkennbaren tatsächlichen Besonderheiten des Geschäfts nicht darauf hinweisen, daß der Liquidator damit nicht die Zwecke der Liquidation verfolgte.

Anm. 17. Für die rechtliche Stellung der Liquidatoren gilt hiernach das Gleiche, wie für die des Konkursverwalters. Es ist nicht einzusehen, warum hier etwas anderes gelten sollte. Auch für den Konkursverwalter ist im Gesetze nichts weiter gesagt, als daß das Verwaltungs- und Verfügungsrecht über das Vermögen des Gemeinschuldners auf ihn übergeht. Gleichwohl ist hieraus nicht der Schluß zu ziehen, daß nur solche Geschäfte des Konkursverwalters gültig sind, durch welche derselbe sein Verwaltungs- und Verfügungsrecht wirklich betätigt, sondern alle Geschäfte, die ihrer juristischen Natur nach hierzu geeignet sind und keine tatsächlichen Besonderheiten aufweisen, die darauf hinweisen, daß sie keine Betätigung jenes Verwaltungsrechts sind. „Abgesehen von solchen augenscheinlich gegen Grund und Zweck der Verwaltungsbefugnis des Konkursverwalters verstoßenden Akten kann die Gültigkeit eines vom Konkursverwalter in Ausübung der Verwaltungsbefugnis abgeschlossenen Rechtsgeschäfts nicht von der Prüfung der Frage abhängig gemacht werden, ob dieses Geschäft oder sein praktischer Erfolg für die Zwecke der Verwaltung nötig oder erforderlich war" (RG. 29, 82).

Anm. 18. Indessen weicht die ausgeführte Ansicht von dem ab, was im allgemeinen im Handelsrechte über die Vollmacht von Liquidatoren gelehrt wird. Das ROHG. (21, 308) kommt ihr zwar nahe. Es nimmt an, daß das Geschäft gilt, wenn der Gegenkontrahent bei Anwendung gehöriger Sorgfalt zu der Annahme berechtigt war, daß es sich um ein Liquidationsgeschäft handelte. Das unterscheidet sich von der hier vertretenen Ansicht nur darin, daß das ROHG. dem dritten Kontrahenten den Beweis auferlegt, daß er bei gehöriger Sorgfalt zu jener Annahme berechtigt war. Zu dieser Verteilung der Beweislast liegt aber kein Grund vor. Vielmehr muß dem dritten Kontrahenten nachgewiesen werden, daß die tatsächlichen Besonderheiten des Geschäfts erkennen ließen, daß das Geschäft außerhalb des Rahmens des Liquidationszwecks lag. Es ist auch im Gebiet des BGB. kaum möglich, den Schutz des guten Glaubens an eine Vollmacht des Liquidators anzunehmen (vgl. §§ 170 ff. BGB.; Hachenburg Vorträge 257 ff.). Für den Verkehr muß es zunächst genügen, daß eine Person, welche Vertretungsbefugnis hat, in dieser Eigenschaft auftritt und Geschäfte vornimmt, welche an sich in den Rahmen der Vertretungsbefugnis fallen können. Daß ein solches Geschäft wegen der erkennbar gewesenen tatsächlichen Besonderheiten des Falles aus dem Rahmen der Vertretungsbefugnis gleichwohl heraustritt, ist eine Ausnahme, die von dem bewiesen werden muß, der sie behauptet und Beschränkungen der Vertretungsbefugnis daraus ableitet. Neukamp (Anm. 3) erkennt zwar an, daß für den Rechtsverkehr davon ausgegangen werden muß, daß die Liquidatoren bei Rechtsgeschäften mit Dritten ihre gesetzlichen Befugnisse nicht überschreiten. Er will ebenfalls die Fälle, in denen nicht schon die Natur des Geschäftes ganz offensichtlich ergibt, daß dasselbe außerhalb des Rahmens des Liquidationszweckes fällt, besonders schützen. Aber er tut dies nicht genügend, nämlich nicht dadurch, daß er in diesem Falle einfach die Gültigkeit des Geschäfts annimmt, nicht einmal wie das ROHG. dann, wenn der Dritte darlegt, daß er auch bei gehöriger Aufmerksamkeit das Geschäft für ein Liquidationsgeschäft halten mußte, sondern er will jene Fälle lediglich dadurch schützen, daß derjenige, der in solchem Falle die Ungültigkeit des Geschäfts behauptet, sie beweisen muß. Er will also lediglich die Beweislast verschieben, und wenn der Beweis, daß das Geschäft nicht zu den im vorliegenden Paragraphen aufgezählten Liquidationszwecken geschlossen wurde, geführt wird, läßt er das Geschäft ungültig sein, auch wenn es von den Liquidatoren als solchen abgeschlossen wurde, und seine Nichtzugehörigkeit zum Liquidationszweck für den Dritten nicht erkennbar war. Gerade darin aber liegt die Gefährdung des Verkehrs, zu welcher kein Anlaß vorliegt, da die bei anderen beschränkten Vertretungsverhältnissen geltenden bewährten Grundsätze zu solchen Ergebnissen nicht führen, wie das oben dargetan ist. Mit der bloßen Verschiebung der Beweislast ist dem Verkehr nicht geholfen. § 70.

Die hier vertretene Auffassung findet eine wesentliche Stütze darin, daß die Ausleger des BGB. bei der Erläuterung des analogen § 49 BGB. auf dem gleichen Standpunkte stehen (Planck Anm. 1 zu § 49 BGB.; Goldmann-Lilienthal I 93; Hölder Anm. 2 zu § 49; Rehbein I 57). Es geht nicht an, derselben Vorschrift hier eine andere Deutung beizulegen, als im BGB. Anm. 19.

Zusatz 1. Diese gesetzliche Vertretungsbefugnis der Liquidatoren ist nach außen unbeschränkbar, nach innen beschränkbar. Dies folgt schon aus § 37, der nach § 71 ausdrücklich für anwendbar erklärt ist. Soweit hiernach der vorliegende Paragraph die Vertretungsbefugnis der Liquidatoren ordnet, ist dieser Umfang Dritten gegenüber unbeschränkbar. Mögen Statuten oder Generalversammlungsbeschlüsse oder Dienstverträge den Liquidatoren zur Pflicht gemacht haben, nicht alle aus dem Liquidationszwecke folgenden Rechtsakte vorzunehmen, z. B. nicht Verkäufe von Grundstücken, oder bei allen Rechtsakten, die sie vornehmen, die Genehmigung eines anderen Organs einzuholen, so wird dadurch die Vertretungsbefugnis nach außen nicht geändert. Dem Dritten gegenüber ist die Vertretungsbefugnis in den im § 70 gezogenen Grenzen unbeschränkbar. Nur im Falle der Kollusion liegt eine scheinbare Ausnahme vor (vgl. hierüber Anm. 12 zu § 37). Aber nach innen können die Geschäftsführungsbefugnisse beschränkt werden. Die Liquidatoren haben nach innen alle diejenigen Beschränkungen inne zu halten, welche ihnen von den maßgebenden Organen auferlegt werden. Deshalb ist es eine gültige Beschränkung der Geschäftsführungsbefugnisse der Liquidatoren, wenn das Statut besagt, daß sie nach Eintritt der Liquidation das Geschäft mit der Firma einem Gesellschafter zu übertragen haben oder daß die Einzahlungen durch Bekanntmachung des Aufsichtsrats eingefordert werden, sollte dadurch den Liquidatoren auch das Liquidationsgeschäft erschwert werden. Darin liegt keine Einschränkung der Vertretungsmacht Dritten gegenüber, sondern den Gesellschaftern gegenüber (dies gegen RG. 45 S. 154, 155). Ebenso sind die Liquidatoren auch der Gesellschaft dafür verantwortlich, daß die innerhalb ihrer Vollmacht Dritten gegenüber gültig vorgenommenen Geschäfte auch in der Tat zu Liquidationszwecken dienen und angezeigt waren. Wegen der näheren Erläuterungen dieser Materie muß auf § 37 verwiesen werden. Nach innen sind die Liquidatoren auch durch das Gesetz beschränkt. Nach § 49 Abs. 1, der zufolge § 71 Abs. 1 auch für sie gilt, haben sie stets, wenn es im Interesse der Gesellschaft liegt, die Versammlung zu berufen (vgl. Anm. 6 zu § 49). Anm. 20.

Es wird auch noch die Frage erörtert, ob eine Erweiterung der gesetzlichen Vertretungsbefugnis durch Gesellschafterversammlung oder Statut zulässig ist. Die Frage wurde in der ersten Auflage (Anm. 21 S. 394) im Gegensatze zu Förtsch (Anm. 2), Liebmann (Anm. 3) verneint. Die Liquidatoren dürften alle Rechtsgeschäfte vornehmen, welche dem Liquidationszwecke entsprechen und nicht anderen Organen (Gesellschafterversammlung) vorbehalten sind. Wie könne da von einer Erweiterung noch gesprochen werden? Diese Ansicht ist nur zum Teil richtig. Eine allgemeine Vertretungsmacht für alle beliebigen Geschäfte wäre nicht zulässig. Nicht zu beanstanden sind aber Vollmachten für bestimmte einzelne innerhalb der Liquidation liegende Geschäfte, z. B. Zukauf von Terrains, Aufnahme von Darlehen (vgl. oben Anm. 7 a. E.). Anm. 21.

Zusatz 2. Über die Rechtswirkungen der von den Liquidatoren vorgenommenen Rechtshandlungen, daß diese insbesondere die Gesellschaft treffen und nur diese, vgl. Anm. 15 zu § 69, über die Haftung der Gesellschaft für Delikte der Liquidatoren, über die Haftung der Liquidatoren selbst gegenüber Dritten für Delikte und schuldhafte Vertragsverletzungen, die sie bei der Geschäftsführung begehen, über die Haftung desjenigen, der sich fälschlich als Liquidator ausgibt, über die Zulässigkeit von Rechtsgeschäften der Liquidatoren mit sich selbst, über alle diese Fragen s. Anm. 8ff. zu § 36. Die Fragen sind sämtlich wie bei den Geschäftsführern geschehen zu beantworten. Anm. 22.

§ 71.

§ 71.

Die Liquidatoren haben die aus §§ 36, 37, § 41 Absatz 1, § 43 Absatz 1, 2 und 4, § 49 Absatz 1 und 2, § 64 sich ergebenden Rechte und Pflichten der Geschäftsführer.

Sie haben sofort bei Beginn der Liquidation und demnächst in jedem Jahre eine Bilanz aufzustellen.

Der vorliegende Paragraph hebt einige Verpflichtungen der Geschäftsführer hervor.

Anm. 1. 1. Die in Abs. 1 hervorgehobenen Verpflichtungen sind bereits in der Erläuterung zu § 69 im Zusammenhange behandelt. Dort ist bei jedem einzelnen Paragraphen des zweiten und dritten Abschnitts die Frage erörtert, ob und in welcher Weise derselbe auf das Stadium der Liquidation anwendbar ist. Es kann daher auf diese Erläuterungen verwiesen werden.

Anm. 2. Nur hinsichtlich des § 64 ist die im vorliegenden Paragraphen angeordnete Anwendbarkeit noch besonders hervorzuheben. Es sind also die Liquidatoren verpflichtet, die Eröffnung des Konkurses zu beantragen, sobald die Zahlungsunfähigkeit der Gesellschaft eintritt oder aus einer aufgestellten Bilanz die Überschuldung sich ergibt. Sie haften sonst wie die Geschäftsführer. Näheres Anm. 6ff. zu § 64.

Über den Konkurs der GmbH. siehe die Erläuterungen zu § 63.

Anm. 3. 2. **In Abs. 2 unseres Paragraphen ist den Liquidatoren zur Pflicht gemacht, bei Beginn der Liquidation und demnächst in jedem Jahre eine Bilanz aufzustellen.**

a) Zunächst haben die Liquidatoren bei dem Beginn der Liquidation eine Bilanz aufzustellen. Das ist gewissermaßen die Eröffnungsbilanz für die in die Erscheinung tretende Liquidationsgesellschaft mit beschränkter Haftung. Die bisher geführten Bücher sind für diesen Zeitpunkt abzuschließen, und es ist unter Zugrundelegung eines Inventars die Bilanz aufzustellen. Fällt der Beginn der Liquidation in das Geschäftsjahr der Gesellschaft, was meistens der Fall sein wird, so kann infolgedessen die Ziehung einer Schlußbilanz für den abgelaufenen Bruchteil des Geschäftsjahrs unterbleiben. Diese hätte ja auch keinen Zweck. Denn der betreffende Gewinn kann doch nicht mehr verteilt werden, nachdem einmal die Auflösung beschlossen worden ist (vgl. Anm. 8 zu § 69). Unter Umständen kann dadurch beinahe für ein ganzes Jahr die Aufstellung einer Bilanz und die Verteilung von Dividenden fortfallen, wenn nämlich die Auflösung kurz vor Schluß des Geschäftsjahres beschlossen wird. Höchstens könnte eine solche Schlußbilanz wegen der Tantiemen in Frage kommen. Aber dieselbe deckt sich keineswegs mit der ersten Bilanz der Liquidationsgesellschaft. Ebenso ist der Gewinn nicht verteilbar, wenn für das ganze abgelaufene Geschäftsjahr zur Zeit des Liquidationsbeginnes die Bilanz noch nicht festgestellt war (vgl. Anm. 8 zu § 69).

Anm. 4. Die Eröffnungsbilanz ist der Gesellschafterversammlung nicht vorzulegen. Der § 46 Nr. 1 bezieht sich nur auf die Jahresbilanz. Bei Bankgeschäften ist sie nicht zu publizieren, denn auch § 41 Abs. 4 bezieht sich nur auf die Jahresbilanz.

Anm. 5. b) Weiter ist für den Schluß eines jeden Jahres eine Bilanz aufzustellen. Die Aufstellung einer Gewinn- und Verlustrechnung ist aber nicht vorgeschrieben (vgl. Anm. 21 zu § 69). Dabei ist das Jahr zu rechnen vom Beginn der Liquidation. Daß das frühere Geschäftsjahr beibehalten werden kann, ist hier nicht gesagt (anders § 299 HGB.). So auch Förtsch und Neukamp Anm. 3 gegen Liebmann Anm. 2, Esser und Parisius-Crüger.

Anm. 6. c) Über die Grundsätze, nach welchen die Liquidationsbilanzen aufzustellen sind, sagt das Gesetz mit ausdrücklichen Worten nichts. Aber der Natur der Sache entspricht es, daß die Sonderbilanzvorschriften unseres Gesetzes, die § 42 enthält, hier fortfallen. In § 299 HGB. ist dies für die Aktiengesellschaft ausdrücklich vorgeschrieben. Hier folgt es aus der Natur der Sache, daß das, wie Förtsch sagt, die

Kontinuität der Bilanz stört, kommt deshalb nicht in Betracht, weil ja die Auflösung § 71.
in dem Leben der Gesellschaft überhaupt eine bedeutsame Cäsur bewirkt, durch welche die Kontinuität in den mannigfachsten Richtungen unterbrochen wird. Jene Grundsätze passen nur für die ordentlichen Geschäftsbilanzen, welche Gewinnverteilungsbilanzen sind. Die Liquidationsbilanzen aber sind Vermögensverteilungsbilanzen. Es soll das vorhandene Vermögen realisiert und der hierbei erzielte Erlös verteilt werden. Mit Rücksicht auf diesen Zweck muß überall dasjenige als Wert eingestellt werden, was sich bei der Realisation voraussichtlich als Erlös ergeben wird. Dabei ist nicht überall notwendig, an Veräußerung zu denken. Hypotheken z. B., die einen geringeren Veräußerungswert haben, die aber durch Einziehung bei Fälligkeit voraussichtlich voll eingehen werden, können zum vollen Nennbetrage eingestellt werden. Wo die Veräußerung beabsichtigt ist, ist diejenige Art der Veräußerung, welche voraussichtlich erfolgen wird, der bestimmende Faktor. So z. B. braucht nicht derjenige Wert eingestellt zu werden, der bei einer Einzelversilberung sich ergeben würde, wenn der Liquidator damit umgeht, das Geschäft in Bausch und Bogen zu verkaufen, und ein sicherer Käufer in Aussicht steht, ein solcher vielleicht schon eine bindende Offerte abgegeben hat. Besondere Schwierigkeiten werden die nicht zur Weiterveräußerung, sondern dauernd zum Betriebe bestimmten Gegenstände machen. Hier sträubt sich die Geschäftsübung dagegen, sofort bei der Liquidationsbilanz im Hinblick auf eine Veräußerung den bisherigen Bilanzwert herabzusetzen. Mit Recht. Es werden die Liquidatoren so lange davon ausgehen dürfen, daß der Gebrauchswert und der Gestehungswert auch den Verkaufswert bildet, als nicht bestimmte Momente zu der gegenteiligen Annahme zwingen. Es kann trotz eines momentanen Sinkens der Bodenwerte eine Minderung im Grundstückskonto abgelehnt werden, wenn eine Besserung der Preise wieder angenommen wird und der Liquidator diese Zeit abwarten kann. Ist jedoch die Fabrik zu teuer gebaut, so daß ein Verkauf nie dieser Preis bringen wird, so ist die sofortige Abschreibung nötig. Ergibt die Liquidationsbilanz die Überschuldung, so muß Konkurs angemeldet werden. — Das Stammkapital braucht in diesen Bilanzen nicht zu figurieren, es wird aber ratsam sein, dies doch zu tun. Denn man zeigt dadurch, wie das Liquidationsvermögen sich auf die Stammanteile verteilt, und diese Übersicht ist den Gesellschaftern sehr willkommen. Eine Notwendigkeit, die Reserven besonders anzugeben, besteht nicht (vgl. Anm. 1 zu § 72).

d) Die Liquidationsjahresbilanzen sind innerhalb der in § 41 aufgestellten Frist aufzustellen Anm. 7.
und, bei Bankgeschäften, zu publizieren (vgl. hierüber Anm. 21 zu § 69). Sie sind auch der Gesellschafterversammlung zur Feststellung vorzulegen (vgl. Anm. 30 zu § 69; auch Neukamp Anm. 3 zu § 71 gegen Fortsch und Liebmann). Eine Einreichung zum Handelsregister findet nur insofern statt, als die Publikation der Bilanz bei Bankgeschäften zum Handelsregister einzureichen ist (§ 41 Abs. 4; Anm. 21 zu § 69).

e) Ein Zwang zur Aufstellung der Bilanzen durch den Registerrichter findet nicht statt, Anm. 8.
wohl aber zur Publikation bei Bankgeschäften (vgl. Anm. 33 und 45 zu § 41; Anm. 20 und 21 zu § 69).

§ 72.

Das Vermögen der Gesellschaft wird unter die Gesellschafter nach Verhältnis ihrer Geschäftsanteile verteilt. Durch den Gesellschaftsvertrag kann ein anderes Verhältnis für die Verteilung bestimmt werden.

Der vorliegende Paragraph behandelt die Frage: In welchem Verhältnisse erfolgt die Verteilung des Vermögens der Gesellschaft?

I. **Was ist zur Verteilung unter die Gesellschafter bestimmt?** Unser § 72 sagt darüber etwas Anm. 1.
lakonisch: „das Vermögen der Gesellschaft“. Aber gemeint ist dasselbe, was § 300 HGB. für das Aktienrecht sagt: das nach Berichtigung der Schulden verbleibende Vermögen der Gesellschaft. Nur das, was nach Berichtigung der Schulden übrig bleibt, ist zur

§ 72. Verteilung unter die Gesellschafter geeignet (vgl. § 73). Nicht bloß ein der Ziffer des Stammkapitals entsprechender Teil des Gesellschaftsvermögens, sondern alles, was vorhanden ist, muß zunächst verwendet werden, um die Gläubiger zu befriedigen. Denn das ganze Gesellschaftsvermögen haftet den Gläubigern (§ 13 Abs. 2 und Anm. 16 dazu). Es haftet, soweit ihm Reservekonten gegenüberstehen. Auch ein etwaiger Dividendenergänzungsfonds macht keine Ausnahme. Denn auch dieser stellt keinen Gläubigeranspruch der Gesellschafter dar. Für die Zwecke der Liquidation wird daher am besten eine Bilanz ohne Berücksichtigung der Reservekonten aufgestellt (vgl. Anm. 6 zu § 71), eine Bilanz, die auf der einen Seite lediglich die Aktiva, auf der anderen lediglich die Schulden enthält. Aus einer solchen Bilanz sieht man klar, was über die Schulden vorhanden und demgemäß zur Verteilung unter die Gesellschafter bestimmt ist.

Anm. 2. II. **Nach welchen Grundsätzen erfolgt die Verteilung des Liquidationsüberschusses?**

1. Die gesetzliche Regel geht dahin, daß das Vermögen nach Verhältnis der Geschäftsanteile verteilt wird. Es entscheidet in der Regel der Nennbetrag der Geschäftsanteile. Entspricht dieser nicht mehr dem prozentualen Anteile des Gesellschafters am Gesellschaftsvermögen, so ist dieser nach der tatsächlichen Sachlage festzustellen. So bei Einziehung einzelner Geschäftsanteile ohne Herabsetzung des Stammkapitals (Anm. 19 zu § 34) und bei Herabsetzung des Stammkapitals zur Beseitigung einer Unterbilanz (Anm. 7 zu § 58). Es wird keine Rücksicht darauf genommen, ob es sich um Sacheinlagen oder um Geldeinlagen handelt. Es hat nicht etwa der Geldeinzahler ein Recht auf bare Auszahlung und der Sacheinleger einen Anspruch auf Rückgabe seiner Einlage oder des Erlöses aus derselben. Beide Arten von Einlagen sind vielmehr durch den Akt der Gründung Eigentum der Gesellschaft geworden und unterliegen nach Auflösung und Liquidation einfach der Verteilung unter die Gesellschafter nach Verhältnis der Nennbeträge ihrer Geschäftsanteile. Es sind auch nicht etwa vorher die gezahlten Nachschüsse zurückzuzahlen. Über die Rückzahlung von Nachschüssen siehe vielmehr Anm. 31 zu § 69.

Anm. 3. Es wird auch keine Rücksicht darauf genommen, wieviel auf Geldeinlagen eingezahlt ist (vgl. RG. 33, 16 für das frühere Aktienrecht). Eine dem § 300 Abs. 3 HGB. analoge gesetzliche Vorschrift fehlt hier. Die Verteilung erfolgt auch in dieser Hinsicht einfach nach den Nennbeträgen der Stammanteile. Die Rückstände an Geldeinlagen sind hierbei Forderungen der Gesellschaft, und bei der Einziehung von Rückständen und bei Ausführung der Verteilung kann es hier zur Kompensation kommen (vgl. Anm. 6 und 30 zu § 69). Das im § 19 aufgestellte Kompensationsverbot fällt insoweit weg (Anm. 6 und 30 zu § 69). Daß die Gesellschaft kompensieren kann, ist selbstverständlich.

Anm. 4. 2. **Durch den Gesellschaftsvertrag kann ein anderes Verhältnis für die Verteilung bestimmt werden.**

a) Ein anderes Verhältnis. Es kann also bestimmt werden, daß die Geldeinleger ihr Geld, die Sacheinleger den Erlös ihrer Sacheinlage oder diese selbst zurückerhalten, und der Überschuß geteilt wird. Es kann bestimmt werden, daß gewisse Geschäftsanteile einen höheren Prozentsatz erhalten. Das wird dann geschehen, wenn Erfindungen statutarisch eingebracht werden, für die man wegen ihres ungewissen Wertes keinen allzuhohen Geschäftsanteil schaffen, die man aber andererseits den Geschäftsanteilen mit größerer Geldeinlage gleichstellen will. Es kann bestimmt werden, daß das Verhältnis der eingezahlten Beträge entscheidet rc. rc.

Anm. 5. b) Durch den Gesellschaftsvertrag kann dieses andere Verhältnis bestimmt werden. Zweifelsohne durch den ursprünglichen. Aber wie ist es mit dem späteren Gesellschaftsvertrag? Kann auch durch Statutenänderung das Verhältnis geändert werden? Die Antwort ist: ein solcher Statutenänderungsbeschluß greift in ein Sonderrecht ein und kann daher zwar durch Mehrheitsbeschluß gefaßt werden, aber nur mit Zustimmung der sonderberechtigten Gesellschafter (vgl. Anm. 4 zu § 53). Unter Umständen wird daher Einstimmigkeit vorhanden sein müssen, so z. B. wenn nachträglich bestimmt wird, daß die Sacheinleger ihre Sacheinlagen zurückerhalten, während die Geldeinleger ihre Bareinlagen zurückerhalten, der Überschuß aber geteilt wird. Hierdurch werden die Sonderrechte aller Gesellschafter berührt, und deshalb ist Einstimmigkeit erforderlich. **§ 72.**

Kann ein solcher, das Verteilungsverhältnis behandelnder Beschluß auch noch im Liquidationsstadium gefaßt werden? Das hängt von der Beantwortung der Frage ab, ob eine Statutenänderung überhaupt im Liquidationsstadium beschlossen werden kann. Es ist dies bejaht worden (Anm. 38 u. 39 zu § 69). Einem einstimmigen Beschlusse aller Gesellschafter kann ein Bedenken überhaupt nicht entgegengesetzt werden. Anm. 6.

Zusatz 1. Nicht behandelt ist diese Frage, durch wen die Verteilung des Gesellschaftsvermögens unter die Gesellschafter zu erfolgen hat. Förtsch Anm. 2 zu § 73 meint, daß die Liquidatoren diese Aufgabe nicht haben. Allein es ist nicht ersichtlich, wie sonst die Verteilung erfolgen sollte. Auch die Gesetzesstellen, auf welche er sich stützt, sprechen nicht für seine Ansicht. Er verweist darauf, daß nach § 49 Abs. 1 BGB. ihre letzte Pflicht ist, den Überschuß an die Anfallberechtigten auszuantworten. Das ist ganz richtig. Aber nach § 72 unseres Gesetzes sind eben anfallberechtigt die Gesellschafter nach Verhältnis ihrer Geschäftsanteile. Auf die Verteilung in dieser Weise haben die Gesellschafter, wie Förtsch selbst zugesteht, einen obligatorischen Anspruch an die Gesellschaft. Diesen zu befriedigen, ist die Aufgabe der gesetzlichen Vertreter der Gesellschaft. Auch aus § 73 Abs. 3 geht hervor, daß die Liquidatoren die Verteilung zu bewirken haben. Streitigkeiten über die Verteilung sind nicht durch Klage des Gesellschafters gegen die anderen Gesellschafter, sondern gegen die Liquidatoren auszutragen (RG. v. 5. 10. 04 in RG. 59, 58). Anm. 7.

Zusatz 2. Nicht behandelt ist in dem vorliegenden Paragraphen die Frage, in welchen Werten die Verteilung erfolgen muß. Mit anderen Worten: Hat der Gesellschafter einen unentziehbaren Anspruch auf Auszahlung der Liquidationsquote in Geld? Hierauf ist wie folgt zu antworten. Die gesetzliche Regel ist, daß die Verteilung in Geld erfolgt. Das ist der regelmäßige Gang der Sache und das Endziel der Liquidation, wie dies schon § 70 ergibt. Aber nicht ersichtlich ist, daß das Gesetz dem Gesellschafter ein unentziehbares Recht auf Auszahlung des Liquidationsüberschusses in Geld hat gewähren wollen. Aus § 49 Abs. 1 Satz 3 BGB. ergibt sich für das Recht der Vereine das Gegenteil. Es muß daher angenommen werden, daß regelmäßig allerdings der Liquidationsüberschuß in Geld auszuzahlen ist. Dies kann aber nicht nur dann unterbleiben, wenn der Gesellschaftsvertrag ein anderes bestimmt. Das ist selbstverständlich. Es kann auch ein einfacher Generalversammlungsbeschluß Naturalteilung anordnen (RG. v. 15. 11. 05 in JW. 06, 33 Nr. 43). Letzteres kann natürlich nur geschehen, wenn der Gesellschaftsvertrag nicht entgegensteht. Dann müßte ein Statutenänderungsbeschluß und, wenn die Statuten ersehen lassen, daß ein Sonderrecht festgesetzt werden sollte, außerdem noch die Zustimmung der Sonderberechtigten vorliegen. Daß aber der Anspruch auf Geldauszahlung nicht ohne weiteres ein Sonderrecht der Gesellschafter ist, das durch Mehrheitsbeschluß nicht aufgehoben werden könnte, wird auch für das Aktienrecht angenommen (Behrend § 140 Anm. 41; Ring Anm. 2 zu § 300, anders Pinner Aktienrecht § 300 Anm. II). Ein Fall der Naturalteilung lag der Entscheidung in RG. 34, 57 zu Grunde. Anscheinend hatte man dort daran keinen Anstoß genommen. Vorausgesetzt ist aber stets, daß der Anspruch der Gesellschafter auf gleichmäßige Verteilung dieser Naturalteilung nicht verletzt wird. Dies liegt nicht vor, wenn statt Wertpapieren einzelnen Gesellschaftern, deren Geschäftsanteile geringer sind, Geld gegeben wird (RG. in JW. 06, 32 Nr. 43), wie überhaupt da, wo die Sachleistung wirtschaftlich als börsen- oder marktgängige Ware dem Gelde gleichsteht. Fehlt dies Moment, so hindert die Ungleichheit die Verteilung in Stücken. Bei Terraingesellschaften ist also eine solche Teilung nur bei gleichwerten Parzellen möglich. Anm. 8.

Zusatz 3. Bestimmungen des Gesellschaftsvertrages, durch welche die Liquidationsraten zu Gunsten der Gesellschaft verfallen, wenn sie innerhalb einer bestimmten Zeit nicht abgehoben werden, sind im ursprünglichen Gesellschaftsvertrage ohne Zweifel zulässig, nach RG. 7, 32 kann auch ein Statutenänderungsbeschluß per maiora dies anordnen. Doch ist diese Ansicht bedenklich. Der Anspruch auf die Liquidationsraten ist ein unentziehbares Recht. Anm. 9.

§ 72. **Zusatz 4. Das Gleiche gilt von einer Bestimmung,** daß das Gesellschaftsvermögen ganz
Anm. 10. oder zum Teil nicht unter die Gesellschafter verteilt, sondern anderen Zwecken zugeführt werden soll. Durch die Vorschrift unseres Paragraphen sollte eine derartige Statutenbestimmung nicht ausgeschlossen werden. Sie ist deshalb gemäß § 45 BGB. zulässig, wie sie auch für das Aktienrecht für zulässig erachtet wird (vgl. Staub HGB. Anm. 1 zu § 300).

§ 73.

Die Verteilung darf nicht vor Tilgung oder Sicherstellung der Schulden der Gesellschaft und nicht vor Ablauf eines Jahres seit dem Tage vorgenommen werden, an welchem die Aufforderung an die Gläubiger (§ 65 Absatz 2) in den öffentlichen Blättern zum drittenmale erfolgt ist.

Meldet sich ein bekannter Gläubiger nicht, so ist der geschuldete Betrag, wenn die Berechtigung zur Hinterlegung vorhanden ist, für den Gläubiger zu hinterlegen. Ist die Berichtigung einer Verbindlichkeit zur Zeit nicht ausführbar oder ist eine Verbindlichkeit streitig, so darf die Verteilung des Vermögens nur erfolgen, wenn dem Gläubiger Sicherheit geleistet ist.

Liquidatoren, welche diesen Vorschriften zuwiderhandeln, sind zum Ersatze der verteilten Beträge solidarisch verpflichtet. Auf den Ersatzanspruch finden die Bestimmungen im § 43 Absatz 3 und 4 entsprechende Anwendung.

Der vorliegende Paragraph enthält Vorschriften zum Schutze der Gläubiger bei der Verteilung des Gesellschaftsvermögens unter die Gesellschafter.

Anm. 1. I. **Vorweg ist zu bemerken, daß es sich um die Verteilung des Gesellschaftsvermögens unter die Gesellschafter handelt.** Welcher Art das Gesellschaftsvermögen ist, ist gleichgültig. Nachdem die Gesellschaft in Liquidation getreten ist, darf an die Gesellschafter Gesellschaftsvermögen nur verteilt werden nach Befriedigung oder Sicherstellung der Gläubiger, und nach Ablauf eines Sperrjahres. Die Bestimmung des § 30 Abs. 1, daß das zur Erhaltung des Stammkapitals erforderliche Vermögen unter die Gesellschafter nicht verteilt werden darf, gilt nicht für die Liquidation, wenn die Gläubiger befriedigt sind, jedoch nur bei Beobachtung der hier erlassenen Vorschriften zum Schutze der Gläubiger. Auch auf Nachschüsse bezieht sich dieser Paragraph. Die Frist des § 30 Abs. 2 ist im Stadium der Liquidation bedeutungslos. Jedoch handelt es sich nur um die Ansprüche der Gesellschafter auf Verteilung von Gesellschaftsvermögen. Auf Tantiemeansprüche (Vergütung für Tätigkeit als Organ der Gesellschaft) erstreckt sich der vorliegende Paragraph nicht. Tantiemeansprüche können also auch vor der Befriedigung oder Sicherstellung aller Gläubiger und vor Ablauf eines Sperrjahrs befriedigt werden.

Anm. 2. Der vorliegende Paragraph greift nicht Platz bei solchen Dividendenansprüchen, welche vor dem Eintritte oder spätestens mit dem Eintritte der Liquidation existent und fällig wurden. Das sind Ansprüche, welche in der Regel ebenso behandelt werden müssen, wie die Ansprüche anderer Gläubiger (Jaeger KO. Anm. 12 zu § 208). Doch kann nach dem Eintritt der Liquidation ein Dividendenanspruch nicht mehr fällig und eine Verteilung von Dividenden für die Zeit vor der Liquidation im Stadium der Liquidation nicht mehr beschlossen werden (vgl. Anm. 8 zu § 69). Über den Einfluß des § 30 Abs. 1 auf den Dividendenanspruch vgl. Anm. 8 zu § 29 und 3 zu § 70.

Anm. 3. II. **Welche Vorschriften haben die Liquidatoren zum Schutze der Gläubiger zu beobachten?**

1. **Die erste Vorschrift ist die in § 65 Abs. 2 vorgesehene Aufforderung an die Gläubiger, sich zu melden.** Hierüber s. Anm. 11 zu § 65.

Anm. 4. 2. **Außerdem muß ein Jahr verflossen sein seit der dritten Publikation dieser Aufforderung** (sog. Sperrjahr). Diese Zeit ist der gesetzliche Zeitraum für die Gläubiger, um ihre Rechte wahrzunehmen. Eine Ausschüttung vor dieser Zeit ist ungesetzlich und zeitigt Ersatzfolgen (vgl. unten Anm. 12). Indessen ist in Ansehung der Gläubiger diese Frist keine Präklusivfrist, die sie etwa zur Vermeidung der Nichtbefriedigung einzuhalten hätten. Ist vielmehr ihre Gläubigerschaft der Gesellschaft bekannt, so muß der Betrag ihrer Forderung, auch ohne daß sie sich melden, bezahlt, oder, wenn die Berechtigung zur Hinterlegung vorhanden ist, hinterlegt werden (vgl. unten Anm. 5). Ist sie nicht bekannt, und hat die Ausschüttung des Gesellschaftsvermögens begonnen, ohne daß sie befriedigt oder sichergestellt wurden, so können sie sich noch später melden und müssen befriedigt werden, wenn Gesellschaftsvermögen noch vorhanden ist. Die Verteilung unter die Gesellschafter muß insoweit sistiert werden. Für die Klage des Gläubigers ist die Frage, ob Gesellschaftsvermögen vorhanden ist, überhaupt nicht erheblich. Das ist eine Frage der Zwangsvollstreckung. Auch durch den Gesellschaftsvertrag kann dem Sperrjahr die Wirkung der Präklusion nicht verliehen werden. Derselbe bindet ja den Gläubiger nicht (RG. v. 24. 2. 86 in JW. 119). § 73.

3. **Die dritte Vorschrift, welche die Liquidatoren zu beobachten haben, ist die Befriedigung oder Sicherstellung der Gläubiger.** Dabei ist wie folgt zu verfahren. Anm. 5.

a) Diejenigen Gläubiger, die sich melden, sind zu befriedigen, wenn ihre Forderungen fällig, unbedingt und unbestritten sind. Dabei ist zu erwähnen, daß die Liquidation an sich keine Veränderung der Gläubigerrechte bewirkt. Weder werden längere Verträge dadurch einem vorzeitigen Ende zugeführt, noch befristete Forderungen fällig, außer wenn das produktive Fortbestehen der Gesellschaft bei Eingehung des Vertragsverhältnisses allseitig vorausgesetzt wurde (ROHG. 24, 245; RG. 5, 7; 9, 14), noch liegt in dem Eintritte der Liquidation an sich ein Arrestgrund (ROHG. 23, 150; allenfalls könnte ein solcher in der Verletzung der Gläubigerschutzvorschriften liegen. Auch wird die Schuld durch den Eintritt der Liquidation nicht etwa aus einer Bringschuld eine Holschuld oder aus einer Holschuld eine Bringschuld, und endlich ist der Eintritt der Liquidation an sich kein Hinterlegungsgrund und auch kein Rechtsgrund zu dem Verlangen einer Sicherheit.

Wenn die Berichtigung einer Forderung eines Gläubigers, der sich gemeldet hat oder sonst bekannt ist, zur Zeit nicht ausführbar ist (z. B. er weigert sich mit Recht, das Geld anzunehmen, weil die Forderung noch nicht fällig ist), oder wenn die Forderung streitig ist, so darf die Verteilung nur erfolgen, wenn dem Gläubiger Sicherheit geleistet ist. Die letztere Vorschrift kann, wenn sie wörtlich ausgelegt wird, für die Gesellschaft unter Umständen sehr hart sein. Es ist in der Praxis vorgekommen, daß jemand eine Forderung an die Liquidationsgesellschaft aus halb wahren, halb unwahren Tatsachen willkürlich konstruiert hat. Soll dadurch unter allen Umständen die Verteilung völlig gehindert werden, ehe diesem Gläubiger Sicherheit geleistet ist? Man wird annehmen müssen, daß die Gesellschaftsorgane nach ihrem besten Ermessen die Höhe der Sicherstellung zu bestimmen haben, vorbehaltlich des Rechts des Forderungsprätendenten, durch den Prozeßrichter eine Erhöhung der Sicherheit zu erzielen (Ring Anm. 3b zu § 301 HGB.). *Über die Höhe der Sicherheit entscheidet im Streitfalle überhaupt der Prozeßrichter* nach Maßgabe der §§ 232 ff. BGB. Anm. 6.

Daß der Gläubiger eine Sicherheit bereits besitzt, wie z. B. bei Hypotheken oder durch Pfand gesicherten Forderungen, befreit von der Stellung der Sicherheit dann nicht, wenn die bestehende nicht genügt. Ob sie genügt, darüber entscheiden die §§ 232 ff. Eine Hypothek ist nach § 238 BGB. nur dann als sicher zu betrachten, wenn sie den Voraussetzungen entspricht, unter denen am Orte der Sicherheitsleistung Mündelgelder in Hypothekenforderungen angelegt werden dürfen. Daß eine Sicherungshypothek überhaupt nicht genügt, wie die erste Auflage annahm (Anm. 7 S. 400), wird sich nicht begründen lassen. Anm. 7.

Bei rein dinglichen Verpflichtungen, wie Grundschulden, braucht eine verstärkte Sicherheit nicht gegeben zu werden. Hier ist vertragsmäßig die Sicherheit auf ein bestimmtes Objekt beschränkt. Auf eine andere, größere Sicherheit wird hier nicht gerechnet (Ring Anm. 3b zu § 301 HGB.; Neukamp Anm. 2f). Anm. 8.

§ 73. b) Meldet sich ein Gläubiger nicht, so bleibt er, wenn er nicht bekannt ist, d. h. wenn die
Anm. 9. Existenz des Anspruchs nicht bekannt ist, natürlich unberücksichtigt. Er kann sich allerdings noch nach Beginn der Verteilung melden (vgl. oben Anm. 4). Wenn er aber bekannt ist, so ist er zu befriedigen, und, wenn die Berechtigung zur Hinterlegung vorhanden ist, ist der Betrag zu hinterlegen. Das Recht der Hinterlegung begründet also hier die Pflicht zur Hinterlegung. Ganz natürlich, denn die Gesellschaft löst ja ihre Organisation auf, wo sollte sonst der Betrag bleiben? Allerdings braucht der Gläubiger nicht vor der Fälligkeit befriedigt zu werden, und aus der Natur des Schuldverhältnisses folgt auch oft, daß er eine frühere Befriedigung nicht anzunehmen braucht. Der Eintritt der Liquidation ändert daran nichts. Und ehe er befriedigt oder sichergestellt ist, darf die Verteilung des Vermögens nicht erfolgen.

Anm. 10. c) Müssen die Gläubiger gleichmäßig befriedigt werden? Die Frage kann weder bejaht, noch verneint werden. Denn die Liquidatoren dürfen die Befriedigung der Gläubiger überhaupt nur so lange bewirken, als sie die Gesellschaft nicht für überschuldet halten. Halten sie dieselbe für überschuldet, so haben sie den Konkurs anzumelden (§ 64). Halten sie sie aber nicht für überschuldet, so haben sie alle Gläubiger natürlich voll zu befriedigen. Es liegt auch keine Veranlassung vor, sie nicht in derjenigen Reihenfolge zu bezahlen, in welcher sie sich melden.

Anm. 11. III. **Rechtsfolgen der Verletzung dieser Schutzvorschriften.** Eine Verteilung von Gesellschaftsvermögen ohne Beobachtung der Gläubigerschutzvorschriften widerspricht dem Gesetze. Die Fortsetzung einer solchergestalt drohenden oder begonnenen Verteilung kann von den Gläubigern durch Klage gegen die Gesellschaft, Arrest und einstweilige Verfügung inhibiert werden. Es kann dies nicht dadurch umgangen werden, daß die Gesellschaft die Geschäftsanteile ihrer Gesellschafter erwirbt. Das Geschäft wäre an sich gültig. Die Zahlung an die Gesellschafter ist in diesem Falle aber Ausschüttung des Gesellschaftsvermögens. Auch der Schleichweg der Beleihung der Geschäftsanteile durch die Gesellschaft fällt unter das Verbot (Ring Nr. 6 zu § 301 HGB.). Dritten, welche die Gesellschaft „entgründen", steht die Beleihung natürlich frei. Wird Gesellschaftsvermögen unter die Gesellschafter verteilt, ehe die Gläubiger befriedigt oder sichergestellt sind, und ehe das Sperrjahr abgelaufen ist, so kann dadurch ein Schaden entstehen. Welche Rechtsfolgen entstehen in diesem Falle?

1. Zunächst haften nach unserem Abs. 3 die Liquidatoren, welche den Vorschriften zuwider gehandelt haben, der Gesellschaft solidarisch auf Ersatz, d. h. sie müssen diejenigen Beträge, welche sie auf diese Weise zu Unrecht verteilt haben, der Gesellschaft ersetzen, damit die Gesellschaft in die Lage kommt, sie dem unbefriedigten Gläubiger zuzuwenden. Dabei finden die Vorschriften des § 43 Abs. 3 u. 4 entsprechende Anwendung. Vergleiche oder Verzichte der Gesellschaft sind also überhaupt unwirksam. Denn nach § 43 Abs. 2, § 9 Abs. 2 sind sie unwirksam, soweit der Ersatz zur Befriedigung der Gläubiger erforderlich ist. Hier aber handelt es sich überhaupt nur um einen solchen Ersatz. Doch findet dies keine Anwendung auf einen Vergleich, welchen der Ersatzpflichtige im Falle seiner Zahlungsunfähigkeit zur Abwendung oder Beseitigung des Konkursverfahrens mit seinen Gläubigern abschließt. Die Verpflichtung der Liquidatoren auf Ersatz wird dadurch nicht aufgehoben, daß sie in Verfolgung eines Beschlusses der Gesellschafter gehandelt haben. Nach § 43 gilt dies für die Geschäftsführer dann, wenn der Ersatz zur Befriedigung der Gläubiger der Gesellschafter erforderlich ist. Hier aber handelt es sich überhaupt nur um einen solchen Ersatz. Endlich verjähren nach § 43 Abs. 4 die Ansprüche in 5 Jahren.

Anm. 12. Das Nähere hierüber siehe zu § 43. Bemerkt wird jedoch, daß die Geltendmachung der Ersatzansprüche der Gesellschaft gegen die Liquidatoren nur erfolgen kann auf Grund eines Beschlusses der Gesellschafter (§ 46 Nr. 8, § 69; vgl. näheres hierüber Anm. 49 zu § 46, wo auch auseinandergesetzt ist, ob der Beschluß der Gesellschafter zur Begründung der Klage gehört und der in Anspruch genommene Liquidator das Fehlen des Beschlusses rügen kann). Die Gläubiger können durch Pfändung und Überweisung den Anspruch selbst geltend machen. Im Konkurse steht er dem Konkursverwalter zu. Der Anspruch kann noch geltend gemacht werden, wenn die Liquidation bereits beendet und in das Handelsregister eingetragen worden ist (vgl. Anm. 18 zu § 74 und unten Anm. 15). Haften die Liquidatoren wegen Verletzung ihrer Verpflichtungen auch den einzelnen Gesellschaftern? Hierüber vgl. Anm. 27 zu § 69. § 73.

2. Ein Ersatzanspruch der Gesellschaft gegen die Gesellschafter auf Erstattung der zu Unrecht erhaltenen Beträge soll nach den Motiven 44 „nach allgemeinen Rechtsgrundsätzen" bestehen. Offenbar denken die Motive hierbei an die allgemeinen Rechtsgrundsätze des bürgerlichen Rechts, also an die Regeln von der Bereicherung. Handelt es sich um das zur Erhaltung des Stammkapitals erforderliche Vermögen, so ist die Rückforderung auch nach § 31 im Liquidationsverfahren begründet. Bei anderen Vermögensteilen ist die Bestimmung und ihre strengen Folgen nicht anwendbar. Die Ansicht der ersten Aufl. (S. 401 Anm. 13), daß jeder Verstoß gegen § 73 auch ein solcher gegen § 31 sei, hat im Gesetze keine Stütze. Soweit es sich um Vermögen handelt, das den Betrag des Stammkapitals überschießt, also insbesondere Reserven, läßt sich die Rückforderung nur auf das unberechtigte Erlangen (§ 812 BGB.) gründen. Anm. 13.

Der Ersatzanspruch gegen die Gesellschafter wird geltend gemacht durch die Liquidatoren. Diese dürfen ihn jedoch nur geltend machen, wenn die Gesellschafter dies beschließen (§ 46 Nr. 8, § 69). Der in Anspruch zu nehmende Gesellschafter darf hierbei nicht mitstimmen (§ 47 Abs. 4). Kommt kein Beschluß zustande, so besteht der Anspruch der Gesellschaft gleichwohl. Es sind nur die Liquidatoren nicht in der Lage, ihn geltend zu machen. Die Gläubiger müssen sich in diesem Falle helfen durch Pfändung und Überweisung des der Gesellschaft zustehenden Anspruchs an die Gesellschafter (bezw. auch an die Liquidatoren). Nötigenfalls können sie auch Konkurs anmelden. Anm. 14.

Daß die Liquidation der Gesellschaft bereits beendet ist, daß die Beendigung vielleicht schon eingetragen, daß vielleicht auch schon der Konkurs über die Gesellschaft beendet ist, hebt die Möglichkeit, diese Ersatzansprüche geltend zu machen, nicht auf (vgl. Anm. 18 zu § 74). Anm. 15.

3. Haben die Gläubiger ein direktes Regreßrecht gegen die Liquidatoren? Das muß verneint werden. Ihrer rechtlichen Stellung nach stehen die Liquidatoren zu den Gläubigern in keinem direkten Rechtsverhältnisse. Bei Schaffung unseres Paragraphen ist es abgelehnt worden, den Gläubigern ein direktes Rückgriffsrecht zu gewähren. Aus diesem Grunde wird auch der § 53 BGB., der in Fällen dieser Art bei rechtsfähigen Vereinen ein direktes Klagerecht der Gläubiger gegen die Liquidatoren gibt, weder analog noch subsidiär Anwendung finden können (OLG. Zweibrücken v. 2. 4. 02 in Ztschr. f. HR. 34, 530). Anm. 16.

4. Haben die Gläubiger ein direktes Rückgriffsrecht gegen die Gesellschafter? Schon nach allgemeinen Grundsätzen findet eine solche Haftung nicht statt, weil die Voraussetzungen des § 812 BGB. nicht vorliegen. Die Gesellschafter, welche zu Unrecht erhaltene Beträge empfangen haben, sind auf Kosten der Gesellschaft, nicht auf Kosten der Gläubiger bereichert (vgl. Planck Anm. 3 zu § 53 BGB.). Aber wenn diese Deduktion auch zweifelhaft sein sollte, so schlägt doch jedenfalls die Erwägung durch, daß in § 31 die Rechtsfolgen der zu Unrecht empfangenen Zahlungen aus dem zur Erhaltung des Stammkapitals erforderlichen Vermögen und die Erstattungspflicht der Gesellschafter erschöpfend geordnet sind. Es geht nicht an, daneben noch eine Erstattungspflicht gegenüber den Gläubigern bestehen zu lassen. Aus diesem Grunde kann auch § 135 BGB. zu Gunsten der Gläubiger nicht in Anwendung kommen. Anm. 17.

5. Haben diejenigen Gläubiger, welche Zahlungen nicht empfangen haben, gegen diejenigen Gläubiger, welche auf solche Weise Zahlungen zu Unrecht empfangen haben, ein Rückgriffsrecht? Auch dies muß verneint werden (vgl. für das Aktienrecht RG. 5, 7; 7, 109; 9, 14; Ring Anm. 4 zu § 301; Pinner 298). Wohl aber haften die bevorzugten Gläubiger der Gesellschaft unter den Voraussetzungen der Konkursanfechtung. Anm. 18.

§ 73. 6. Endlich aber ist zu erwähnen, daß die unter Verletzung der Gläubigerschutzvorschriften
Anm. 19. erfolgende Verteilung von Gesellschaftsvermögen nicht etwa die weitere Folge hat, daß die betreffenden Rechtsakte ungültig würden. Denn die Folgen der vorzeitigen Verteilung sind hier erschöpfend geregelt (§ 134 BGB.). Wenn also z. B. zum Gesellschaftsvermögen nur Grundstücke gehören und diese in Ausführung der Verteilung vor Ablauf des Sperrjahres den Gesellschaftern überlassen werden, so darf der Grundbuchrichter die Auflassung nicht ablehnen. Mit den Gläubigern kann ja ein zustimmendes Arrangement getroffen sein. Den Grundbuchrichter gehen solche Fragen nichts an. Der Akt an sich ist rechtsgültig (vgl. auch Ring Anm. 4 zu § 301: die Verteilung ist nicht unwirksam; auch Makower Anm. III zu § 301 HGB.).

Anm. 20. 7. Ein Gläubiger, der sich innerhalb des Sperrjahres nicht meldete und dadurch den Liquidatoren nicht bekannt war, hat nach Ausschüttung des Vermögens der Gesellschaft keine Ansprüche. Er hat weder einen Schadensersatzanspruch gegen den Geschäftsführer noch einen Bereicherungsanspruch gegen die Gesellschafter.

§ 74.

Nach Beendigung der Liquidation sind die Bücher und Schriften der Gesellschaft für die Dauer von zehn Jahren einem der Gesellschafter oder einem Dritten in Verwahrung zu geben. Der Gesellschafter oder der Dritte wird in Ermangelung einer Bestimmung des Gesellschaftsvertrages oder eines Beschlusses der Gesellschafter durch das Gericht (§ 7 Absatz 1) bestimmt.

Die Gesellschafter und deren Rechtsnachfolger sind zur Einsicht der Bücher und Schriften berechtigt. Gläubiger der Gesellschaft können von dem Gericht (§ 7 Absatz 1) zur Einsicht ermächtigt werden.

Einleitung. **Der vorliegende Paragraph bestimmt über die Aufbewahrung der Bücher und Schriften der Gesellschaft und das Recht ihrer Einsicht nach Beendigung der Liquidation.** In einem Zusatz sollen jedoch die weiteren Pflichten der Liquidatoren nach Beendigung der Liquidation erörtert werden.

I. **Die Aufbewahrung der Bücher und Schriften der Gesellschaft.**

Anm. 1. 1. Wer hat für die Aufbewahrung Sorge zu tragen? Zweifelsohne die Liquidatoren, welche dieses Amt zur Zeit der Beendigung der Liquidation bekleiden. Sie können zwar durch Ordnungsstrafen dazu nicht angehalten werden. Aber sie verletzen ihre Pflichten, wenn sie dies nicht tun, und werden der Gesellschaft schadensersatzpflichtig (§ 43 Abs. 2, § 71). Dieser Schadensersatz kann auch nach Beendigung der Liquidation noch geltend gemacht werden (vgl. unten Anm. 18). Auch kann die Aufbewahrung von jedem Gesellschafter, jedem Rechtsnachfolger und jedem Gläubiger erzwungen werden. Denn es muß angenommen werden, daß diejenigen Personen, welche nach Abs. 2 ein Recht auf Einsicht haben, auch das Recht haben, den in Abs. 1 bezeichneten Weg, um die Bestimmung des Gerichts über den Ort der Aufbewahrung und damit die Anordnung des Gerichts auf Aufbewahrung, zu erwirken, zu beschreiten. Über die Vollstreckung eines solchen Gerichtsbeschlusses gilt das unten Anm. 8 Gesagte. Das Gericht kann, falls kein Beschluß der Gesellschaft vorliegt, auch nach der Übergabe der Bücher an einen Dritten durch die Liquidatoren einen Verwahrer bestimmen (vgl. OLG. Hamburg v. 24. 11. 05 in OLGR. 11, 400), wo die Frage dahingestellt blieb.

Anm. 2. 2. Was ist aufzubewahren? Die Bücher und Schriften der Gesellschaft. Und zwar nicht bloß diejenigen, welche kraft gesetzlicher Notwendigkeit gemäß §§ 38, 39 HGB. geführt werden müssen (die ordentlichen Handelsbücher, die empfangenen Handelsbriefe, die Abschrift der abgesandten Handelsbriefe, die Inventuren und die Bilanzen), sondern auch diejenigen Bücher und Schriften, welche überhaupt geführt wurden (z. B. auch ein

Geschäftsanteilsbuch, wenn ein solches geführt wurde, oder eine Geschäftsanteils- oder eine Gesellschafterliste, die geführt wurde; Quittungen; Frachtbriefe). § 74.

3. Wie lange? 10 Jahre, d. h. von der Beendigung der Liquidation an. Ring Anm. 3 zu § 302 HGB. meint: seit der Hinterlegung, Makower Anm. IV d seit der letzten Eintragung.

4. Wo sind sie aufzubewahren? Bei einem Gesellschafter oder bei einem Dritten. Diese bestimmt entweder der Gesellschaftsvertrag oder ein Beschluß der Gesellschafter. Fehlt eine solche Bestimmung, so haben nicht etwa die Liquidatoren den Aufbewahrungsort nach freiem Ermessen zu bestimmen, sondern sie haben sich an das Registergericht zu wenden. Auf die Bestimmung des Registergerichts finden die Vorschriften der §§ 146, 148 FG. Anwendung. Es muß also der Gegner, wenn tunlich, gehört werden. Ein Gegner ist aber nur dann vorhanden, wenn ein Streit entsteht, wenn also z. B. ein Gesellschafter eine bestimmte Stelle bezeichnet und die Liquidatoren eine andere in Antrag gebracht haben. Der Antrag kann aber auch von einem Gesellschafter oder einem Gläubiger ausgehen (vgl. oben Anm. 1). Dann ist die Gesellschaft, vertreten durch die Liquidatoren, der Gegner. Gegen die Verfügung des Registergerichts findet nach den bezeichneten Paragraphen sofortige Beschwerde und weitere sofortige Beschwerde statt (vgl. Anm. 5 zu § 66). Anm. 4.

5. Die Kosten der Aufbewahrung trägt die Gesellschaft. Die Liquidatoren haben daher einen angemessenen Betrag von der Verteilung unter die Gesellschafter auszuschließen und zurückzubehalten. Anm. 5.

6. Wie steht es mit der Aufbewahrungspflicht, wenn die Gesellschaft in der Liquidation ihr Geschäft veräußert hat und dabei die Handelsbücher dem Erwerber übergeben mußte? In diesem Falle fällt natürlich die Aufbewahrungspflicht im wesentlichen weg (Ring Anm. 2 zu § 302 HGB.; vgl. RG. 43, 134). Doch sind über den Vorgang der Geschäftsveräußerung und die nachfolgenden Geschäftsführungsakte neue Bücher anzulegen, und auf diese, sowie auf die weiteren Schriften, die anwachsen, beziehen sich die Vorschriften unseres Paragraphen. Anm. 6.

II. **Die Benutzung der aufbewahrten Bücher und Schriften.**

1. Die Benutzung erfolgt durch Einsicht. Eine Auslieferung kann im allgemeinen nicht verlangt werden. Doch kann eine ordnungsmäßige Einsicht unter Umständen die Auslieferung zur Voraussetzung haben. So z. B., wenn der Aufbewahrungsort die Einsicht oder eine längere Einsicht nicht gut gestattet. — Abschriften können nicht verlangt werden, aber Selbstanfertigung von Abschriften kann nicht verwehrt werden. Anm. 7.

2. Wem steht das Recht der Benutzung zu? Den Gesellschaftern und ihren Rechtsnachfolgern, sowie den Gläubigern. Zu den Gesellschaftern gehören nicht bloß diejenigen, die es bei der Auflösung waren, sondern auch die früheren. Zu den Gläubigern gehören nicht bloß die bei der Liquidation hervorgetretenen, im Gegenteil haben die dabei nicht hervorgetretenen ein noch größeres Interesse an der Einsicht. — Die Gesellschafter und ihre Rechtsnachfolger können ohne weiteres die Einsicht verlangen. Sie bedürfen dazu nicht der Ermächtigung des Gerichts. Sie haben ein direktes Recht gegen den, der die Aufbewahrung bewirkt. Sie haben es also nicht nötig, die Hilfe des Registergerichts anzurufen, aber sie haben auch kein Recht darauf. Ihnen mag der Prozeßrichter helfen, nötigenfalls im Wege der einstweiligen Verfügung. Die Gläubiger dagegen müssen die Ermächtigung des Registergerichts nachsuchen. Hierauf finden dann die Vorschriften der §§ 146, 148 FG. Anwendung (vgl. oben Anm. 4). Gegner ist hierbei die Gesellschaft, vertreten durch ihre Liquidatoren. Diese müssen tunlichst gehört werden. Das Gericht kann die Ermächtigung erteilen, d. h. wenn die Sachlage dazu angetan ist, so ist es dazu verpflichtet. Über Beschwerde siehe oben Anm. 4. Auf Grund der Ermächtigung kann dann der Gläubiger die Einsicht von dem Aufbewahrer verlangen. Er zwingt ihn dazu im allgemeinen durch den Prozeßrichter, der dem Gläubiger durch Klage und einstweilige Verfügung hilft. Die Landesgesetze sind aber befugt, auch unmittelbaren Zwang zu gestatten. So kann in Preußen auf Grund einer besonderen Verfügung des Anm. 8.

§ 74. Gerichtes Gewalt gebraucht werden, und zwar durch den Gerichtsvollzieher; der Verfügung muß regelmäßig eine Androhung vorangehen (Art. 17 des preuß. Gesetzes über die freiwillige Gerichtsbarkeit vom 21. September 1899), So auch Ring Anm. 4 zu § 302 HGB.

Anm. 9. 3. Vertretung und Zuziehung von Sachverständigen bei der Benutzung sind nicht ausgeschlossen. Es kann der Gesellschafter und auch der Gläubiger verlangen, daß nicht ihm allein oder daß in seiner Vertretung einem anderen, insbesondere einem Sachverständigen, die Einsicht gestattet werde. Die grundsätzliche Ausschließung von Vertretern und Beiständen würde zu unbilligen Härten führen (vgl. Bolze 22 Nr. 508). Umgekehrt kann auch das Gericht die Ermächtigung an den Gläubiger in dieser Weise einschränken, daß es dem Gläubiger nur mit solchen Beiständen oder einem bestimmten Sachverständigen als Vertreter die Einsicht gestattet.

Anm. 10. 4. Bemerkt wird, daß unter den Voraussetzungen des § 810 BGB. auch anderen Beteiligten das Recht der Einsicht zusteht.

Zusatz 1. Die sonstigen Pflichten der Liquidatoren nach beendigter Liquidation.

Anm. 11. 1. Sie haben Schlußrechnung zu legen. Es ist dies zwar nicht, wie in § 302 HGB. bei der Aktiengesellschaft ausdrücklich vorgeschrieben, aber es folgt aus allgemeinen Rechtsgrundsätzen. Verwalter fremden Vermögens sind Rechenschaft schuldig, und wer Rechenschaft schuldig ist, hat, wenn die Verwaltung mit Einnahmen und Ausgaben verbunden ist, diese Rechenschaft durch eine geordnete Zusammenstellung der Einnahmen und Ausgaben abzulegen (§§ 666, 675, 259 BGB.). Die Schlußrechnung ist den Gesellschaftern, d. h. den Gesellschaftern als Beschlußorgan zu legen. Das ergibt sich aus § 46 Nr. 5, § 69. Diese haben ja auch (s. § 46 Nr. 1) die sonstigen Bilanzen entgegenzunehmen und haben in allen Fällen die Entlastung zu bewirken. Wer aber die Entlastung zu bewirken hat, der hat auch das Recht auf Überreichung der Schlußrechnung. — Auf die Einberufung dieser Gesellschafterversammlung finden die allgemeinen Vorschriften Anwendung. — Durch den Gesellschaftsvertrag kann bestimmt werden, daß die Schlußrechnung einem anderen Organe zu legen ist. Auch wird nicht zu bezweifeln sein, daß auch die Gesellschafterversammlung anordnen kann, die Schlußrechnung solle einem anderen Organe vorgelegt werden.

Anm. 12. Der einzelne Gesellschafter hat aber kein Recht auf Legung der Schlußrechnung. Doch kann er den Beschluß der Gesellschafter auf Entlastung anfechten, wenn dieselbe erteilt ist ohne Legung der Schlußrechnung und obwohl er sie verlangte. In diesem Sinne hat er ein Recht auf Legung der Schlußrechnung (RG. 34, 57; vgl. Anm. 49 und 50 zu § 49).

Anm. 13. 2. Die Liquidatoren haben die Beendigung ihres Amtes zum Handelsregister anzumelden (§ 67). Sie verfallen sonst in Ordnungsstrafe (§ 14 HGB.). Das Handelsregistergericht hat die Eintragung zu bewirken und zu publizieren.

Anm. 14. 3. Die Liquidatoren haben das Erlöschen der Gesellschaftsfirma zum Handelsregister anzumelden. Zwar ist auch dies hier nicht, wie in § 302 HGB., vorgeschrieben. Aber es folgt aus allgemeinen Vorschriften. Denn nach § 13 Abs. 2 unseres Gesetzes und § 6 HGB. finden auf unsere Gesellschaft die Vorschriften über Kaufleute Anwendung. Nach §§ 29 und 31 HGB. ist aber das Erlöschen jeder Firma zur Eintragung in das Handelsregister anzumelden. Das gilt also auch für unsere Gesellschaft. Die Pflicht liegt den Liquidatoren ob. Die Anmeldung erfolgt durch so viele Liquidatoren, als zur Vertretung der Gesellschaft erforderlich sind. Die Liquidatoren können durch Ordnungsstrafen gemäß § 14 HGB. dazu gezwungen werden. In der Anmeldung haben sie die Erklärung abzugeben, daß die Liquidation beendet ist. Das Registergericht kann Nachweise darüber verlangen und auch selbst Ermittelungen anstellen (§ 12 FG.). Ist bei der Anmeldung des Erlöschens der Firma das Sperrjahr noch nicht umlaufen, so hat der Registerrichter nicht grundsätzlich die Eintragung abzulehnen. Es ist dies nur von dem Gesichtspunkte aus möglich, daß wegen Verteilung des Vermögens Ersatzansprüche gegen die Liquidatoren bestehen, vor deren Erledigung die Liquidation nicht beendet ist (KG. v. 16. 5. 04 in KGJ. 28 A, 51; Bankarchiv 05, 188).

Die Anmeldung führt zur Eintragung der Löschung der Firma. Es muß nur eingetragen werden, daß die Firma erloschen ist. Es empfiehlt sich aber der Deutlichkeit wegen auch dabei einzutragen, daß die Liquidation beendet sei. § 74. Anm. 15.

Die Eintragung ist vom Registergericht zu publizieren (§ 10 HGB.). Anm. 16.

Auch von Amtswegen kann die Löschung herbeigeführt werden, wenn sie im Wege der Anmeldung nicht zu erzielen ist (§ 31 Abs. 2 HGB.; § 141 FG.).

Hatte die Gesellschaft ihr Geschäft nebst Firma veräußert, so ändert dies an dieser ganzen Rechtslage nichts. Denn in diesem Falle muß ja die Gesellschaft eine andere Firma durch Statutenänderung annehmen (vgl. Anm. 28 zu § 4 und Anm. 25 zu § 60) und jetzt nach beendeter Liquidation muß das Erlöschen dieser Firma angemeldet werden. Anm. 17.

Zusatz 2. Die Lehre von der Wiedereröffnung der Liquidation. Wenn die Liquidation beendet und das Erlöschen der Firma eingetragen ist, so kann sich doch nachträglich die Wiedereröffnung der Liquidation als notwendig herausstellen. Es entsteht vielleicht ein Streit über die hinterlegten Beträge oder sonst bestellten Sicherheiten, oder es hat sich ein neues Vermögensstück gefunden, welches verwertet und dessen Erlös verteilt werden soll. So besonders, wenn ungesetzliche Verteilungen vorgekommen und dadurch Regreßansprüche entstanden sind (Anm. 13—15 zu § 73). Oder es steht ein Vermögensstück auf den Namen eines Anderen eingetragen, das in Wahrheit der Gesellschaft gehört. Wie soll diese das Vermögensstück vindizieren? In allen diesen Fällen kann die Liquidation wieder eröffnet werden. Zwar ist dies nicht ausdrücklich vorgeschrieben, wie in § 302 HGB. für die Aktiengesellschaft. Allein die Möglichkeit der Wiedereröffnung der Liquidation ergibt sich daraus, daß die Gesellschaft in solchen Fällen nicht untergegangen ist. Sie ist nur scheinbar untergegangen. Daß die Firma gelöscht ist, ändert daran nichts (vgl. RG. 41, 93). Es besteht daher kein gesetzlicher Grund gegen die Wiedereröffnung der Liquidation. Anm. 18.

In solchen Fällen können die Liquidatoren entweder durch Beschluß der Gesellschafter gemäß § 66 Abs. 1 oder auf Antrag von Gesellschaftern mit mindestens $^1/_{10}$ des Stammkapitals durch das Registergericht (§ 66 Abs. 2) oder endlich auf Antrag eines jeden Beteiligten ebenfalls durch das Gericht gemäß § 29 BGB. ernannt werden (vgl. Anm. 12 zu § 66). Anm. 19.

Das Amt des ernannten Liquidators beginnt mit seiner Ernennung, wenn er die Wahl annimmt. Ihm liegt die Pflicht ob, die Wiedereröffnung der Liquidation und sich selbst als Liquidator zum Handelsregister anzumelden (§ 67), wenn die Ernennung durch das Gericht erfolgt, so erfolgt die Eintragung von Amtswegen (§ 67 Abs. 3; vgl. Anm. 12 zu § 66). Die Gesellschaft erlangt durch die Wiedereröffnung der Liquidation ihre alte Organisation. Auch der Aufsichtsrat ist von neuem zu bestellen, wenn ein solcher statutarisch vorgeschrieben ist. Die Liquidatoren haben eine neue Eröffnungsbilanz zu machen, die Handelsbücher weiter zu führen u. s. w. Nach Beendigung ihrer Aufgaben haben sie wieder alle Pflichten, welche den Liquidatoren bei Beendigung der Liquidation obliegen (vgl. oben Anm. 1 ff.), insbesondere hat der Liquidator nach Beendigung seiner Aufgaben die Beendigung der wiedereröffneten Liquidation anzumelden. Anm. 20.

Alles dies greift auch dann Platz, wenn die Gesellschaft in Konkurs geraten und der Konkurs beendet war. Auch bei einer solchen Gesellschaft kann die Liquidation wieder eröffnet werden. Doch kann geeigneten Falles bei einer solchen Gesellschaft auch der Konkurs wieder eröffnet werden (§ 166 Abs. 2 KO., vgl. Jaeger Anm. 2 zu § 208 KO.). Anm. 21.

§ 75.

Enthält der Gesellschaftsvertrag nicht die nach § 3 Absatz 1 wesentlichen Bestimmungen oder ist eine dieser Bestimmungen nichtig, so kann jeder Gesellschafter, jeder Geschäftsführer und, wenn ein Aufsichtsrat bestellt ist, jedes Mitglied des Aufsichtsrats im Wege der Klage beantragen, daß die Gesellschaft für nichtig erklärt werde.

§ 75. Die Vorschriften der §§ 272, 273 des Handelsgesetzbuchs finden entsprechende Anwendung.

§ 272 HGB. Die Klage ist gegen die Gesellschaft zu richten. Die Gesellschaft wird durch den Vorstand, sofern dieser nicht selbst klagt, und durch den Aufsichtsrat vertreten.

Zuständig für die Klage ist ausschließlich das Landgericht, in dessen Bezirke die Gesellschaft ihren Sitz hat. Die mündliche Verhandlung erfolgt nicht vor dem Ablaufe der im § 271 Abs. 2 bezeichneten Frist. Mehrere Anfechtungsprozesse sind zur gleichzeitigen Verhandlung und Entscheidung zu verbinden.

Das Gericht kann auf Verlangen anordnen, daß der Gesellschaft wegen der ihr drohenden Nachteile von dem klagenden Aktionär Sicherheit zu leisten ist. Art und Höhe der Sicherheit bestimmt das Gericht nach freiem Ermessen. Die Vorschriften der Civilprozeßordnung über die Festsetzung einer Frist zur Sicherheitsleistung und über die Folgen der Versäumung der Frist finden Anwendung.

Die Erhebung der Klage und der Termin zur mündlichen Verhandlung sind unverzüglich von dem Vorstand in den Gesellschaftsblättern bekannt zu machen.

§ 273 HGB. Soweit der Beschluß durch rechtskräftiges Urteil für nichtig erklärt ist, wirkt das Urteil auch für und gegen die Aktionäre, die nicht Partei sind. Das Urteil ist von dem Vorstand unverzüglich zum Handelsregister einzureichen. War der Beschluß in das Handelsregister eingetragen, so ist auch das Urteil einzutragen; die Eintragung des Urteils ist in gleicher Weise wie die des Beschlusses zu veröffentlichen.

Für einen durch unbegründete Anfechtung des Beschlusses der Gesellschaft entstehenden Schaden haften ihr die Kläger, welchen eine bösliche Handlungsweise zur Last fällt, als Gesamtschuldner.

Anm. 1. **Vorbemerkung.** Die §§ 75—77 sollen eine Lücke des bisherigen Rechts ausfüllen. Die Frage der Nichtigkeit, ihre Voraussetzungen und ihre Rechtsfolgen waren früher nicht geregelt. Im Aktienrecht waren sie Gegenstand erheblicher Zweifel gewesen. Zur Beseitigung dieser Zweifel sind im Aktienrecht die §§ 309—311 geschaffen. Ihnen sind unsere §§ 75—77 nachgebildet.

Anm. 2. I. **Vorweg ist zu bemerken, daß es sich lediglich um die Nichtigkeit einer bereits eingetragenen Gesellschaft handelt.** Solange die Gesellschaft noch nicht eingetragen ist, bewirkt ein Mangel der Gründung, mag er wesentliche oder unwesentliche Gründungserfordernisse betreffen, daß die Eintragung abgelehnt werden muß. Unter den Gründern kann die Nichtigkeit durch Feststellungsklage festgestellt und die Eintragung im Wege der einstweiligen Verfügung verhindert werden (§ 16 HGB.).

Anm. 3. II. **Voraussetzung der Nichtigkeit ist,** daß eine der in § 3 Abs. 1 vorgesehenen wesentlichen Bestimmungen fehlt oder nichtig ist.

1. Ein Mangel des Gesellschaftsvertrags vermag die Nichtigkeit der Gesellschaft nur herbeizuführen, wenn er die in § 3 Abs. 1 enthaltenen Bestimmungen betrifft. Allen anderen ist dies versagt.

a) Ein Mangel in der Willenserklärung eines der Gesellschafter, die den Gesellschaftsvertrag vereinbaren, also Mangel beim Abschluß, hat keine Nichtigkeit des ganzen Rechtsgeschäftes zur Folge (vgl. KG. in OLGR. 4, 255). Er kann höchstens Nichtigkeit der einzelnen Erklärung herbeiführen. Die Anwendung des § 139 BGB. ist durch die besondere Bestimmung der §§ 75ff. unseres Gesetzes ausgeschlossen. Es kann die Nichtigkeit des ganzen Rechtsgeschäfts nicht dadurch begründet werden, daß die anderen Gesellschafter es ohne den nichtigen Teil nicht vorgenommen hätten. Dies ist eingehend in Anm. 21 zu § 2 besprochen. Dortselbst auch das Nähere über die Folgen der Unwirksamkeit einer Beitrittserklärung. Es steht den anderen Gesellschaftern frei, gemäß § 61 die Auflösung der Gesellschaft zu verlangen (vgl. Anm. 21 zu § 2 und Anm. 7 zu § 61). Dann tritt derselbe Zustand ein, wie bei durchgeführter Nichtigkeitsklage (vgl. Anm. 2 zu § 77). Hierher gehören also alle Fälle, bei denen infolge Mangels des rechtsgeschäftlichen Willens eines Mitgründers eine Nichtigkeit oder Anfechtbarkeit seiner Erklärung eintritt.

Dabei ist stets hervorzuheben, daß nach Eintragung zum Handelsregister jede Anfechtung des Beitritts zum Gesellschaftsvertrage wegen Irrtums, Betruges und Zwanges ausgeschlossen ist (vgl. Anm. 23 zu § 3). § 75.

b) Besteht der Mangel in dem Fehlen der vorgeschriebenen Form (§ 2), so ist vor der Eintragung kein gültiger Gesellschaftsvertrag vorhanden. Jeder Gesellschafter kann die Erfüllung weigern und dem Eintrage widersprechen. Nach der Eintragung ist nach der in diesem Kommentar vertretenen Ansicht jede Geltendmachung dieser Ungültigkeit ausgeschlossen (vgl. Anm. 50 zu § 2). Es ist in § 75 gesagt, daß nur die Verstöße gegen den materiellen Inhalt des Gesellschaftsvertrages die Nichtigkeit nach sich ziehen. Über die gegenteilige Ansicht des RG. und die Gründe hiergegen vgl. Anm. 50 zu § 2. Anm. 4.

c) Der Gesellschaftsvertrag ist ungültig, soweit sein Inhalt gegen eine zwingende gesetzliche Bestimmung verstößt (§ 134 BGB.). Diese Ungültigkeit beschränkt sich aber auf die unzulässige Stelle. Nur wenn sich der Verstoß auf die Essentialien des Rechtsgeschäfts, die in § 3 Abs. 1 aufgeführten Punkte bezieht, ist der ganze Gesellschaftsvertrag nichtig. Alle anderen Bestimmungen haben diesen Erfolg nicht, sie mögen für den Kontrahenten des Gesellschaftsvertrages noch so erheblich sein. Die Anwendung des § 139 BGB. ist auch hier ausgeschlossen. Es kann auch hier nur die Auflösungsklage aus wichtigen Gründen (§ 61 Abs. 2) erhoben werden. Dies gilt also, wenn z. B. die Geschäftsanteile für formlos veräußerlich oder ohne Genehmigung der Gesellschaft teilbar erklärt sind, wenn jeder Erwerber auch ohne Anmeldung bei der Gesellschaft als Gesellschafter betrachtet werden soll, wenn jeder Veräußerer durch den Verkauf von jeder Haftung frei erklärt wird u. s. w. Hier ist stets nur die gegen das Gesetz verstoßende Statutenbestimmung ungültig. Die Gesellschaft bleibt gültig. Handelt es sich um eine Regelung einer Materie, die an sich der Willkür der Gesellschafter überlassen ist und ist bei dieser ein Verstoß gegen eine zwingende Vorschrift des Gesetzes mit unterlaufen, so ist auf diese Stelle des Gesellschaftsvertrages § 139 BGB. anwendbar. So wenn bei der Einführung der Nachschußpflicht der Beschluß über die Einforderung dem Aufsichtsrate überlassen ist. Die ganze Nachschußverpflichtung bleibt alsdann nicht in Kraft, sofern nicht anzunehmen ist, daß sie nicht auch ohne den ungültigen Teil vorgenommen worden wäre (vgl. Anm. 4 zu § 26). Anm. 5.

Die Heilung eines solchen ungültigen Teiles des Gesellschaftsvertrages hat in der Form der Statutenänderung zu erfolgen. Selbstredend muß der Inhalt dann dem Gesetze entsprechen.

Über bedingt abgeschlossene Gesellschaftsverträge vgl. Anm. 34 zu § 2. Anm. 6.

Das hier Ausgeführte umfaßt auch den Fall der Übernahme der besonderen Pflichten der Gesellschafter neben der Einlage (§ 3 Abs. 2, vgl. Anm. 25 ff. zu § 3), wie umgekehrt den der besonderen Zusagen der Gesellschaft gegenüber den Gesellschaftern (Anm. 52 ff. zu § 5). Es bleibt bei der Nichtigkeit dieser besonderen Abreden, einerlei aus welcher Ursache sich diese ergibt. Auch wenn sie als gegen die guten Sitten verstoßend nichtig wären (§ 138 BGB.), bleibt die Gesellschaft gültig. Nur kann stets auch hier die Auflösung verlangt werden (§ 61).

d) Aus Verstößen gegen die Vorschriften bei der Anmeldung kann nie eine Nichtigkeit der Gesellschaft entstehen (vgl. hierüber Anm. 13 zu § 7 und Anm. 23 zu § 57). Es kann diese weder darauf gestützt werden, daß entgegen der Angabe bei der Anmeldung die Mindesteinlage noch nicht geleistet war (vgl. RG. 54, 393) oder daß die vorgeschriebene Versicherung nicht abgegeben war oder noch weniger, daß die Anmeldung und Versicherung eines Geschäftsführers durch einen Vertreter erfolgte (vgl. Anm. 7 zu § 7 und Anm. 23 zu § 57). Auch eine Wiederlöschung von Amtswegen auf Grund des § 142 FG. ist in diesem Falle ausgeschlossen (vgl. Anm. 7 zu § 5 und Anm. 23 zu § 57). Anm. 7.

2. Nichtigkeit des Gesellschaftsvertrages tritt nur ein, wenn es an dem wesentlichen Inhalte desselben, wie ihn § 3 Abs. 1 feststellt, fehlt oder eine hierüber getroffene Bestimmung ungültig ist. Das erstere tritt ein, wenn einer der wesentlichen Punkte ganz übergangen ist oder die getroffene Anordnung so allgemein und Anm. 8.

§ 75. unbestimmt, als das sie den Vertragsinhalt bilden kann. Das letztere liegt vor, wenn eine Verletzung der gesetzlichen Vorschriften oder ein Verstoß gegen die guten Sitten erfolgt. Dieser Verstoß kann sich z. B. bei dem Zweck (vgl. Anm. 5 zu § 1), aber auch bei der Firma geltend machen. Verstößt der ganze Vertrag gegen die guten Sitten, so sind auch alle Bestimmungen über die Essentialien nichtig. Die Nichtigkeit tritt also ein:

Anm. 9. a) Wenn die Firma oder der Sitz der Gesellschaft nicht bestimmt ist, oder wenn eine unzulässige Sitzbestimmung getroffen ist (z. B. im Auslande), oder wenn eine nach den Vorschriften über die Firma unzulässige Firma gewählt ist (über Sitz vgl. Anm. 3—5 zu § 3, über die Firma näheres Anm. 2 ff. zu § 4).

Anm. 10. b) Wenn der Gegenstand des Unternehmens nicht oder nicht dem Gesetze entsprechend bestimmt ist. Hierüber siehe Anm. 8 zu § 3. Hierher gehört auch der Fall, daß die erforderliche Staatsgenehmigung nicht vorhanden war (anders Staub HGB. Anm. 2 zu § 309, welche Ansicht aber schon in der ersten Auflage verlassen wurde). Denn wenn die Staatsgenehmigung erforderlich ist, so ist die Wahl des Gegenstandes ohne die Staatsgenehmigung gesetzlich verboten und deshalb ungültig (§ 134 BGB.). Doch ist zu beachten, daß die Staatsgenehmigung noch nachträglich erteilt werden und daß die Gesellschafter durch Dreiviertelmehrheit einen anderen Gesellschaftszweck beschließen können.

Anm. 11. c) Wenn der Betrag des Stammkapitals nicht oder nicht dem Gesetze entsprechend bestimmt ist. Es gehört der Fall hierher, daß das Stammkapital auf weniger als 20000 M. normiert ist (vgl. Anm. 2 zu § 5). Unerheblich ist dagegen, daß die Angabe nicht in Reichswährung erfolgte (vgl. Anm. 9 zu § 5). Der Mangel der Angabe des Stammkapitals ist nicht heilbar. Die eingetragene Gesellschaft muß gelöscht und eine neue gebildet werden.

Anm. 12. d) Wenn der Betrag der einzelnen Stammeinlagen nicht bestimmt oder nicht dem Gesetze entsprechend gewählt ist. So wenn ein solcher weniger als 500 M. beträgt oder nicht in Mark durch 100 teilbar ist (vgl. hierüber Anm. 3 und 8 zu § 5). Ebenso enthält der Gesellschaftsvertrag den Betrag der von jedem Gesellschafter zu zeichnenden Einlage wirksam nicht, wenn ein Gesellschafter mehrere Stammeinlagen übernimmt oder wenn der Gesamtbetrag der Einlagen nicht mit dem Stammkapital übereinstimmt (vgl. Anm. 4 und 5 zu § 5).

Anm. 13. e) Nicht unter die Nicht- oder nicht gültige Aufnahme der Stammeinlagen in den Gesellschaftsvertrag gehört die Übernahme derselben (vgl. Anm. 22 ff. zu § 2). Der Betrag der zu leistenden Einlage ist festzustellen. Nicht aber muß die Verpflichtung zu dieser Leistung wirksam sein, um die Gültigkeit des Gesellschaftsvertrages herbeizuführen. Die Zeichnung des Vertrages durch einen Geschäftsunfähigen oder ohne Vollmacht Vertretenen bewirkt keine Nichtigkeit (vgl. oben Anm. 3 und Anm. 21 zu § 2). Aus denselben Gründen tritt keine Nichtigkeit der Gesellschaft ein, wenn die im Gesellschaftsvertrage erklärte Sacheinlage mangels ungenügender Bezeichnung nicht gültig übernommen ist (vgl. Anm. 41 zu § 5). Hierher gehört auch der Fall, daß die Übernahme unter einer Bedingung oder unter Vorbehalt erfolgt. Auch dies ist unstatthaft (Anm. 34 ff. zu § 2). Auch hier ist der Gesellschaftsvertrag nicht ungültig, sondern nur die bedingte oder unter Vorbehalt erfolgende Übernahme. Über die Frage, wenn alle Beitrittserklärungen bis auf eine oder sämtliche Erklärungen ungültig, vgl. Anm. 33 zu § 2.

Anm. 14. **III. Die Rechtsfolgen der Nichtigkeit.**

1. Die rechtliche Bedeutung der Nichtigkeit.

a) Die latente Nichtigkeit, d. h. die Nichtigkeit vor der Eintragung des Urteils der Nichtigkeit zum Handelsregister. Die Denkschrift zum HGB. erklärt (S. 171, 172), das Nichtigkeitsurteil habe nur deklarative Bedeutung. Es sei nicht etwa anzunehmen, daß die Gesellschaft bis zur Eintragung des Urteils zu Recht bestände. Das schließe aber nicht aus, daß der Gesellschaft insoweit, als es sich um die Abwicklung ihrer Verhältnisse handle, dennoch eine gewisse Rechtsbeständigkeit beigelegt werde. Das ist in der Weise zu konstruieren, daß die Gesellschaft besteht, aber nicht zu Recht. Sie ist als GmbH. eingetragen, aber zu Unrecht. Daß sie als solche eingetragen ist, bewirkt, daß sie sich nach außen als solche betätigen kann. Sie gilt für den Rechtsverkehr als GmbH., ihre Rechtsgeschäfte sind Dritten gegenüber gültig (§ 77 Abs. 2), und zwar nicht bloß für den Verkehr mit gutgläubigen Dritten. Sie hat auch Organe. Sie hat einen Geschäftsführer. Sie kann einen Aufsichtsrat haben. Es können endlich die Gesellschafter Beschlüsse fassen. Auch die Organe bestehen aber auch hier zu Unrecht. § 75.

Die Nichtigkeitsklage bei der GmbH. beruht auf einem ähnlichen Gedanken wie die Nichtigkeitsklage im Eherecht. Ist die Ehe in das Standesbuch eingetragen, so ist sie so lange als bestehend zu behandeln, bis sie durch ein Urteil für nichtig erklärt ist. Auch bei dieser nichtigen Ehe können Rechtsfolgen entstehen, sowohl unter den Ehegatten als gegenüber den Kindern aus der nichtigen Ehe als gegenüber gutgläubigen Dritten (§§ 1324, 1344, 1699 BGB., § 632 CPO.). Die Nichtigkeit besteht in beiden Fällen. Aber die Folge des Eintrages in ein öffentliches Buch und der Schutz der Dritten, die sich hierauf verlassen dürfen, gibt auch dem nichtigen Rechtsakt so lange Wirkung, bis die Eintragung durch das richterliche Urteil und dessen Vermerk aufgehoben ist. Auch dann sind die Folgen dieses formellen Bestehens nicht vollends beseitigt. Solange die Nichtigkeit der GmbH. nicht durch das Urteil des Gerichtes oder das Vorgehen des Registerrichters gemäß § 144 FG. ausgesprochen ist, muß jeder, der mit der Gesellschaft zu tun hat, sei es ihr Gesellschafter, sei es ein Dritter, sie wie eine gültige und zu Recht bestehende Gesellschaft behandeln. Die Folge der Eintragung ist, daß trotz des nichtigen Gesellschaftsvertrages eine Gesellschaft entstanden ist. Allerdings eine solche, die den Todeskeim in sich trägt und deren Existenz ohne die erforderliche rechtliche Grundlage ist. Solange aber der Eintrag vorhanden ist, hält dieser die formelle Existenz aufrecht. Es finden daher Gesellschaftsversammlungen statt und es werden Gesellschafterbeschlüsse gefaßt. Es werden Rechtsgeschäfte abgeschlossen und vollzogen. Diese sämtlichen Lebensakte sind gültig. Sie bleiben es auch, wenn später die Nichtigkeit ausgesprochen wird. Sie werden nicht erst durch eine spätere Heilung der Nichtigkeit rechtsbeständig. Der Veräußerer eines Geschäftsanteils kann nicht schon deshalb auf Grund des § 437 BGB. auf Gewährleistung in Anspruch genommen werden, weil ein Grund zur Nichtigkeitsklage vorliegt. Die Nichtigkeit macht sich ja nicht geltend. Ihre Geltendmachung kann auch, zum Teil wenigstens, beseitigt werden. Unstatthaft ist es, daß bei Akten der freiwilligen Gerichtsbarkeit die Behörde die Gesellschaft zurückweise, weil sie einen Nichtigkeitsfehler habe. Der Grundbuchrichter kann nicht die Eintragung eines grundbuchmäßigen Geschäftes weigern, weil die Gesellschaft nichtig sei, z. B. den Eintrag einer Hypothek zu Gunsten der Gesellschaft aus diesem Grunde ablehnen (vgl. Keßler CBlFG. 5, 219 ff.). Unstatthaft ist es, als Einwand gegen die Wechselklage einer Gesellschaft deren Parteifähigkeit auf Grund der Nichtigkeit zu bestreiten (ungedrucktes Urteil des RG. v. 14. 1. 03 i. S. Slops und Schnorr gegen Ziegelwerke München-Gladbach I 192/1903). Es bleibt ja auch der Gesellschaft nach durchgeführter Nichtigkeitsklage die Parteifähigkeit (RG. v. 21. 12. 04, in RG. 59, 325 und bei Holdheim 14, 143), um so mehr vor derselben.

b) Die eingetragene Nichtigkeit. Nach beiden Richtungen, nach innen und nach außen, ändert sich dieser Zustand durch Eintragung der Nichtigkeit. Durch Klage und durch Vorgehen des Registergerichts (vgl. unten Anm. 17 ff. und Anm. 29 ff.) kann diese Eintragung herbeigeführt werden. Durch diese Eintragung wird der Mangel der Rechtsbeständigkeit in geordnete Bahnen gelenkt. Durch die Eintragung tritt der Liquidationszustand ein. Die Gesellschaft wird eine Liquidationsgesellschaft mit allen Rechten und Pflichten derselben, auch mit der hierzu nötigen Rechts- und Geschäftsfähigkeit. Ihre Organe werden Liquidationsorgane. Sie sind in ihrer Vertretungsbefugnis auf den Liquidationszweck beschränkt. Aber innerhalb dieses Zweckes sind sie rechtmäßige Organe (vgl. näheres zu § 77). Doch kann auch eine in Liquidation befindliche Gesellschaft für nichtig erklärt werden. Anm. 15.

Daß eine Nichtigkeitserklärung die Wirkung habe, daß ihre bisherigen Beschlüsse ungültig sind, wie die erste Auflage (Anm. 10 S. 408) annahm, kann als nicht mit dem Wesen der Nichtigkeit im Sinne des § 75 übereinstimmend nicht anerkannt werden. Die

§ 75. Konsequenzen würden dem Zwecke des Gesetzes direkt widersprechen. Man nehme an, daß die Gesellschafter die Einrufung von Nachschüssen beschlossen und durchgeführt haben. Soll dieser Beschluß jetzt ungültig und jeder Gesellschafter berechtigt sein, seine Zahlung zurückzufordern? Oder es ist ein Gesellschafter kaduziert worden. Soll er befugt sein, sich noch als Gesellschafter zu betrachten? Oder es würde die Genehmigung zu einem Verkauf eines Geschäftsanteils gegeben. Soll der Erwerber sich wegen Ungültigkeit dieser Genehmigung von dem Kauf, den er in Kenntnis des Nichtigkeitspunktes vornahm, losmachen können? Dies und alle ähnlichen Folgen sind unmöglich. Man bedenke auch, daß ja die Gesellschaft Organe hat, wenn auch zu Unrecht. Sie sind aber doch gültig gewählt und der Beschluß der Gesellschafter, der den Geschäftsführer bestellt, kann nicht nichtig sein. Gerade weil die Gesellschaft durch die Nichtigkeitserklärung, sei es im Wege des Prozesses oder der freiwilligen Gerichtsbarkeit, in Liquidation tritt, folgt, daß sie vorher nicht ein Weniger, sondern ein Mehr gewesen sein muß.

Anm. 16. c) Die Rechtsfolgen der Heilung der Nichtigkeit. Eine Änderung des latenten Nichtigkeitszustandes tritt in anderer Weise als durch Eintragung der Nichtigkeit ein durch Beseitigung des Nichtigkeitsgrundes gemäß § 76. Sobald diese Beseitigung geschehen ist, hört die Nichtigkeit auf. Fortan besteht sie zu Recht. Ihre Organe fungieren fortan rechtmäßig (näheres Anm. 10 zu § 76).

Anm. 17. 2. Die Nichtigkeitsklage. Die Nichtigkeit kann durch richterliches Urteil ausgesprochen werden. Auf die Nichtigkeitsklage finden die Vorschriften der §§ 272, 273 HGB. entsprechende Anwendung. Dieselben sind oben abgedruckt. Hiernach gilt folgendes:

Anm. 18. a) Die Klage kann angestellt werden von jedem Gesellschafter, also von jedem, der der Gesellschaft gegenüber als Gesellschafter gilt. Regelmäßig aber nur von demjenigen, dessen Gesellschaftereigenschaft der Gesellschaft unter Nachweis des Überganges angezeigt ist (§ 16 unseres Gesetzes). Unstatthaft ist die Klage eines gemäß § 21 ausgeschlossenen Gesellschafters, es sei denn, daß dieser einwendet, sein Ausschluß sei auf Grund von rechtsungültigen Beschlüssen erfolgt (vgl. ferner über die Legitimation Anm. 2 zu § 50, Anm. 1 zu § 61). Zur Klage befugt ist jeder Geschäftsführer, gleichviel, ob derselbe sonst alleinige Vertretungsbefugnis hat oder nicht, und jedes Mitglied des Aufsichtsrates, wenn ein solcher bestellt ist. Das Aufsichtsratskollegium als solches kann nicht klagen, wohl aber auch alle Aufsichtsratsmitglieder gemeinsam.

Anm. 19. b) Die Klage ist gegen die Gesellschaft zu richten (§ 272 Abs. 1 HGB.). Sie wird durch die Geschäftsführer und durch den Aufsichtsrat, wenn ein solcher bestellt ist, vertreten. Wenn ein ähnliches Organ (Beirat, Verwaltungsrat, Obmann u. s. w.; Anm. 2 zu § 52) besteht, so fungiert dieses hier nicht als Vertreter der Gesellschaft. Wenn die sämtlichen Geschäftsführer klagen, so wird die Gesellschaft durch den Aufsichtsrat vertreten. Aber wenn es keinen Aufsichtsrat gibt? Dann hilft § 57 CPO. (Prozeßpfleger). Wenn der Gesellschafter klagen will und die Gesellschaft einen Geschäftsführer und ein Mitglied des Aufsichtsrats nicht hat, so hilft außer § 57 CPO. auch noch § 29 BGB. (Bestellung eines Geschäftsführers durch das Amtsgericht; Anm. 43 zu § 35). In solchen Fällen kann auch die Gesellschaft gemäß § 46 Nr. 8 einen Vertreter ihrer Rechte bestellen. Die Vertretung der Gesellschaft durch ihre Organe im Nichtigkeitsprozesse zeigt wieder, daß diese bis zur Eintragung der Nichtigkeit bestehen und als zu Recht bestehend gelten (oben Anm. 15).

Anm. 20. c) Zuständig ist ausschließlich das Landgericht am Sitze der Gesellschaft (§ 272 Abs. 2 HGB.). Aus dieser Zuständigkeitsvorschrift folgt, was nicht zu übersehen ist, **daß die Revision ohne Rücksicht auf den Wert des Streitgegenstandes zulässig ist** (§ 547 Nr. 2 CPO.). — Der Rechtsstreit gehört vor die Kammer für Handelssachen (§ 101 Nr. 3a GVG.).

Anm. 21. d) Mehrere Nichtigkeitsklagen sind zu verbinden (§ 272 Abs. 2 HGB.). Die mehreren Nichtigkeitskläger sind notwendig Streitgenossen (§ 62 CPO.), jedoch nur, wenn sie die Nichtigkeit auf denselben Rechtsgrund stützen.

Anm. 22. e) Sicherheitspflicht (§ 272 Abs. 3 HGB.). Auf Verlangen der Gesellschaft kann das Gericht anordnen, daß der klagende Gesellschafter (nicht auch der klagende Geschäftsführer oder das klagende Mitglied des Aufsichtsrats) wegen der der Gesellschaft drohenden Nachteile Sicherheit zu leisten habe. Die Art und Höhe der Sicherheit bestimmt das Gericht nach freiem Ermessen. Die Bestimmung der Sicherheit erfolgt regelmäßig durch Zwischenurteil (RG. 24, 429). Nur dann, wenn über Pflicht und Höhe der Sicherheit Einigkeit herrscht und nur die Fristbestimmung noch übrig bleibt, genügt ein Beschluß des Gerichts (RG. v. 28. 12. 01 in JW. 02, 90). Das Verlangen auf Sicherheitsleistung ist keine prozeßhindernde Einrede. Eine Berufung gegen das Zwischenurteil ist daher nicht gegeben. — Für die Höhe der Sicherheit ist § 273 Abs. 2 HGB. entscheidend, also die Frage, ob Anlaß zu der Annahme böslicher Klageerhebung vorliegt. Eine summarische Prüfung der Klagebegründung wird dabei zulässig und nicht zu umgehen sein. Die Vertreter der Gesellschaft werden die für die Böslichkeit sprechenden Momente und die Gefahr, welche mit der Klageerhebung verknüpft ist, dartun müssen. — Die Sicherheit haftet für den der Gesellschaft entstehenden Schaden, jedoch nur, wenn der Fall der Haftung des § 273 Abs. 2 vorliegt, nicht einfach für jeden Schaden, der entsteht (vgl. hierüber Staub HGB. Anm. 10 zu § 272). — Wegen Rückgabe der Kaution hat man sich an die Gesellschaft zu wenden. Die Einwilligung der Geschäftsführer genügt. Doch ist auch Antrag an das Gericht gemäß § 109 CPO. gestattet. § 75.

f) Die Klageerhebung und der Verhandlungstermin sind von den Geschäftsführern in den Gesellschaftsblättern zu publizieren (§ 272 Abs. 4 HGB.). Über Gesellschaftsblätter siehe Anm. 10 zu § 30. Durch Ordnungsstrafe können die Geschäftsführer hierzu nicht gezwungen werden. Anm. 23.

g) Für die Zustellung der Klage gilt der § 171 CPO., d. h. es genügt, daß einem der mehreren gesetzlichen Vertreter zugestellt wird. Es muß aber an beide Organe (Geschäftsführer und Aufsichtsrat, wofern letzterer besteht) zugestellt werden. Der § 171 Abs. 3 CPO. kann daher nur mit einer Modifikation angewendet werden. Es muß mindestens einem Mitgliede eines jeden dieser beiden Organe zugestellt werden (RG. 14, 142). Im Rubrum müssen soviel Geschäftsführer genannt werden, als zur Vertretung der Gesellschaft erforderlich sind, und hinsichtlich des Aufsichtsrats sämtliche Mitglieder des Aufsichtsrats, weil nur sämtliche Mitglieder des Aufsichtsrats diesen bilden (RG. v. 4. 5. 01 in JW. 482). Anm. 24.

h) Eine Frist zur Erhebung der Nichtigkeitsklage ist nicht gegeben. Denn § 271 HGB. ist nicht für anwendbar erklärt. Anm. 25.

i) Mit der Klage kann auch eine einstweilige Verfügung auf Sistierung jeder Gesellschaftstätigkeit verbunden werden.

k) Das ergangene Urteil wirkt, wenn es auf Nichtigkeit lautet, präjudiziell für und gegen alle Gesellschafter (§ 273 Abs. 1 HGB.). Diese Folge tritt aber erst mit der Rechtskraft ein. Bis dahin kann der Kläger die Klage zurücknehmen oder einen Vergleich schließen. Das die Klage abweisende Urteil ist dagegen nicht präjudiziell. Anm. 26.

l) Das Urteil ist von den Geschäftsführern unverzüglich zum Handelsregister einzureichen (§ 273 Abs. 1 HGB.). Dies kann durch Ordnungsstrafe erzwungen werden (§ 14 HGB.). Die Nichtigkeit wird im Handelsregister eingetragen, und zwar ohne besondere Anmeldung. Die Eintragung wird gemäß § 10 HGB. publiziert. Über die Wirkung der Eintragung der Nichtigkeit s. oben Anm. 10. Anm. 27.

m) Für einen durch eine unbegründete Nichtigkeitsklage entstehenden Schaden haften der Gesellschaft die Kläger, welchen eine bösliche Handlungsweise zur Last fällt, als Gesamtschuldner (§ 273 Abs. 2 HGB.). Anm. 28.

Unbegründet ist die Nichtigkeitsklage sowohl dann, wenn sie formell, als wenn sie materiell unbegründet war. Um einen der Gesellschaft entstehenden Schaden handelt es sich, nicht um einen den einzelnen Gesellschaftern entstehenden Schaden. Die Kläger haften, auch wenn der Geschäftsführer oder ein Aufsichtsratsmitglied geklagt hat. Über bösliche Handlungsweise siehe Anm. 11 zu § 31. Sie ist hier nur in der Weise denkbar,

§ 75. daß der Kläger seine Klage für unbegründet hielt, oder daß er sich der hohen Wahrscheinlichkeit, sie sei unbegründet, bewußt war und sie dennoch angestellt hat. Hält er dagegen die Klage für begründet, so fällt ihm eine bösliche Handlungsweise nicht schon deshalb zur Last, weil der Weiterbestand der Gesellschaft ganz zweckmäßig ist, ihr Zerstörungsversuch erhebliche Rechtsgüter vernichtet hat (vgl. Staub HGB. Anm. 7—10 zu § 273).

Anm. 29. 3. Die Löschung von Amtswegen. Wenn die Voraussetzungen der Nichtigkeit nach § 75 gegeben sind und nicht nach § 76 Abhilfe geschaffen wird, kann das Registergericht oder auch das übergeordnete Landgericht die Gesellschaft auch von Amtswegen löschen (§ 144 FG.). Diese Befugnis des Registerrichters ist schon an wiederholten Stellen berührt (vgl. Anm. 21, 24 und 35 zu § 2; Anm. 44 zu § 5; Anm. 10 zu § 7; Anm. 13 zu § 10 und Anm. 13 ff. zu § 57). Es ist hier im Zusammenhange nochmals auf dieses für das Recht der GmbH. sehr bedeutsame Institut der Löschung von Amtswegen einzugehen. (Über die Entstehungsgeschichte des § 144 FG. vgl. Düringer-Hachenburg I Anhang Note III zu § 144 FG.).

Anm. 30. a) Die Voraussetzungen der Löschung von Amtswegen sind dieselben wie bei der Nichtigkeitsklage. Sie kann dann erfolgen, wenn ein Gesellschafter oder Geschäftsführer berechtigt war, die Nichtigkeitsklage zu erheben. Es kann daher jeder Gesellschafter oder Geschäftsführer, statt seinerseits auf eigene Kosten einen solchen Prozeß anzustrengen, eine Anzeige beim Registergerichte machen. Zugleich enthält die Vorschrift des § 144 Abs. 1 FG. aber auch eine Schranke der Löschungsbefugnis. Sie tritt nur ein, wenn die Voraussetzungen der Nichtigkeitsklage gegeben sind. Es muß ein Mangel eines wesentlichen Teiles des Gesellschaftsvertrages (§ 3 Abs. 1 unseres Gesetzes) dem Inhalte nach vorliegen (vgl. KG. v. 11. 11. 01 in OLGR. 4, 254; KGJ. 23 A, 100; CBlFG. 2, 274). Sie ist also ausgeschlossen, wenn andere Teile des Gesellschaftsvertrages als die im § 3 Abs. 1 aufgeführten nichtig sind (vgl. Anm. 5 zu § 75). Sie ist ausgeschlossen, wenn nur einzelne Beitrittserklärungen zum Gesellschaftsvertrage unwirksam sind (vgl. Anm. 21 zu § 2; Anm. 3 zu § 75). Sie ist ausgeschlossen, wenn der Gesellschaftsvertrag der vorgeschriebenen Form entbehrt (vgl. hierüber und über die gegenteilige Ansicht des RG. Anm. 50 zu § 2; Anm. 4 oben). Sie ist ausgeschlossen, wenn eine der Voraussetzungen der Eintragung mangelt (vgl. hierüber und über die Ansicht des KG. Anm. 13 zu § 7 und Anm. 7 oben), also insbesondere wenn die vorgeschriebene Einzahlung nicht erfolgt war, wenn die Anmeldung nicht von allen hierzu Verpflichteten abgegeben wurde, wenn sie nicht den gesetzlichen Inhalt aufweist oder wesentliche Beilagen fehlen u. s. w. Aus § 75 ergibt sich die Tendenz des Gesetzes, an eingetragenen und als bestehend behandelten Gesellschaften nur in den schwerwiegendsten Fällen, in denen die Essentialien des Gesellschaftsvertrages fehlen, zu rühren. Der § 142 FG., der die Löschung einer Eintragung zuläßt, die erfolgt war, „obgleich sie wegen Mangels einer wesentlichen Voraussetzung unzulässig war“, ist durch § 144 Abs. 1, der die spezielle Vorschrift gibt, ausgeschlossen (a. M. anscheinend KG. v. 28. 11. 04 in CBlFG. 6, 86 und KGJ. 28 A, 299; vgl. Anm. 10 zu § 7; Anm. 23 zu § 57).

Anm. 31. Die Löschung ist dadurch nicht ausgeschlossen, daß der gesetzwidrige Inhalt des Gesellschaftsvertrages korrekt in das Handelsregister eingetragen wurde. Es hatte z. B. der Registerrichter aus der beigelegten Liste der Gesellschafter die im Gesellschaftsvertrage fehlende Stammeinlage ergänzt, oder es fehlte bei der Firma der Zusatz „Gesellschaft mit beschränkter Haftung“, während der Eintrag die richtige Bezeichnung enthielt (vgl. Keßler in CBlFG. 5, 210).

Anm. 32. Wird der Sitz der Gesellschaft verlegt, so steht das Recht, das Löschungsverfahren einzuleiten, dem Registerrichter der derzeitigen Hauptniederlassung zu. Der Widerspruch kann nicht darauf gestützt werden, daß nur der Richter, der die Eintragung vornahm, sie auch wieder beseitigen könne. Wenn auch in §§ 142 ff. FG. ein Ausfluß des in § 18 FG. niedergelegten Prinzips von den Rechten des Richters in Sachen der freiwilligen Gerichtbarkeit, seine Verfügung abzuändern, zu erblicken ist (Denkschr. z. FG.

S. 72/73), so folgt daraus doch nicht, daß nur der verfügende Richter selbst zu dieser § 75.
Änderung legitimiert sei. Es steht dieses Recht dem jeweils kompetenten Registergerichte zu. Nicht aber hat der Registerrichter bei einer Sitzverlegung das Recht, die Eintragung der Gesellschaft in das Handelsregister ihres neuen Sitzes abzulehnen, der Mangel mag noch so schwerwiegend sein. Es findet keine Eintragung im Sinne des Gesetzes, sondern nur eine Übertragung statt.

Dem Registerrichter einer Zweigniederlassung steht die Einleitung des Anm. 33.
Löschungsverfahrens nicht zu (vgl. Anm. 25 zu § 12). Er kann nur den Richter der Hauptniederlassung auf den Mangel aufmerksam machen.

Daß die Beseitigung der eingetragenen Gesellschaft wegen des Anm. 34.
wesentlichen Mangels „im öffentlichen Interesse erforderlich erscheint“, ist nur für die Löschung von eintragungspflichtigen Beschlüssen, nicht für die der Gesellschaft selbst vorgeschrieben (§ 144 Abs. 2 FG.). Trotzdem ist zu beachten, daß das Gesetz nur eine Befugnis des Registerrichters („kann“) aufstellt. Von dieser Befugnis wird der Registerrichter nur Gebrauch machen, wenn eine klare Sachlage gegeben ist. Bei streitigen Fragen wird er sich der Einleitung des Verfahrens enthalten (Dorner Kommentar Bem. 3a zu § 142 FG.; LG. Leipzig in BuschsZ. 32, 401; Reichel das. 406). Eine Verpflichtung besteht nicht. Es kann also der Antrag eines Gesellschafters oder eines Dritten abgelehnt werden, auch wenn die materiellen Voraussetzungen (oben Anm. 30) gegeben sind. Der Gesellschafter oder Geschäftsführer, dessen Antrag auf Einleitung des Nichtigkeitsverfahrens abgelehnt ist, hat keine Beschwerde. Er ist kein Beteiligter im Sinne der §§ 16 und 20 FG. Sein Recht ist nicht durch die Verfügung beeinträchtigt. Zulässig ist jedoch ein selbständiger Antrag an das Landgericht gemäß § 143 FG. Der Effekt ist ähnlich wie bei der Beschwerde. Hat die Handelskammer gemäß § 126 FG. den Antrag auf Löschung beim Registerrichter eingereicht, so steht ihr gegen die Ablehnung die Beschwerde zu (§ 126 Abs. 1 FG.).

b) Das Verfahren bei der Löschung von Amtswegen ist das in § 142 FG. vorgesehene. Anm. 35.

Zunächst hat das Gericht „die Beteiligten“ von der beabsichtigten Löschung zu benachrichtigen und denselben eine angemessene Frist zur Geltendmachung eines Widerspruches zu setzen. Die Frist muß hier mindestens drei Monate betragen (§ 142 Abs. 2 und § 144 Abs. 3 FG.). Die Beteiligten sind hier die Gesellschaft selbst. Daß darunter alle zur Nichtigkeitsklage Berechtigten gemeint seien (so Dorner Kommentar zum FG. Bem. 7 zu § 144), hat im Gesetz keine Stütze. Die Benachrichtigung ist gemäß § 16 Abs. 2 der Gesellschaft bekannt zu geben. Das geschieht durch Zustellung. Denn mit ihr beginnt der Lauf einer Frist.

Inhaltlich wird nicht eine Androhung erfordert. Es ist nur mitzuteilen, daß das Anm. 36.
Gericht die Absicht der Löschung ausspreche. Es hat ja immer noch freie Wahl, ob es diese Absicht ausführt. Noch weniger ist eine Aufforderung zur Beseitigung des Mangels verlangt. Dagegen ist die Setzung der Frist zum Widerspruch wesentlich. Fehlt diese, so läuft für den Widerspruch keine Frist. Er kann jederzeit erfolgen. Der Ausspruch der Löschung ist unstatthaft, da der Widerspruch noch zulässig ist. Gegen eine ohne solche Widerspruchsfrist ausgesprochene und eingetragene Löschung ist jederzeit die Beschwerde zulässig und begründet. Die Frist bezweckt ja gerade, der Gesellschaft die Vornahme einer Heilung zu ermöglichen oder, wo dies nicht möglich, doch wenigstens die Vorbereitungen zu einer Überleitung der unheilbar nichtigen Gesellschaft in eine neu gegründete zu treffen. Ein Höchstbetrag der Frist ist im Gesetz nicht vorgeschrieben. In dieser Richtung hat der Registerrichter freien Spielraum. Die Frist kann daher auch noch nach Bekanntgabe erstreckt werden.

Erfolgt ein Widerspruch der Gesellschaft, so hat das Gericht darüber zu Anm. 37.
entscheiden (§ 144 Abs. 1, § 142 Abs. 3, § 141 Abs. 3 FG.). Der Widerspruch wird durch die Gesellschaft, vertreten durch soviel Geschäftsführer, als zu wirksamen Rechtshandlungen erforderlich ist, eingelegt. Der Widerspruch ist an eine Form nicht gebunden. Er kann

§ 75. schriftlich oder zu Protokoll des Registerrichters oder des Gerichtsschreibers eines jeden deutschen Amtsgerichts erfolgen (§ 11 FG.). Das Gericht kann auch hier die Erörterung der Sache in einem Termine beschließen (§ 134 FG.). Beim Ausbleiben der Vertreter der Gesellschaft kann die Entscheidung nach Sachlage erfolgen. Ist der Widerspruch verspätet, so hat das Gericht dennoch die etwa vorgebrachten Gründe zu prüfen. Erkennt es hieraus die Unrichtigkeit seiner Auffassung oder eine inzwischen eingetretene Heilung, so ist es auch jetzt noch seine Pflicht, von der Löschung abzusehen (§ 18 FG.). Einer Begründung bedarf der Widerspruch nicht. Er nötigt vielmehr das Gericht erst zu einer mit Gründen zu versehenden Entscheidung. Ratsam ist es aber, sofern der Gesellschaft die Gründe des Gerichts bekannt sind, diesen schon im Widerspruch zu begegnen. Wenn die Gesellschaft infolge der Benachrichtigung den Mangel des Gesellschaftsvertrages gemäß § 76 heilt, so ist auch dieses neue Moment im Wege des Widerspruchs geltend zu machen. Das Gericht ist jedoch auch ohne solchen befugt, sobald es aus der Anmeldung des Heilungsbeschlusses (vgl. Anm. 7 zu § 76) den Fortfall der Nichtigkeitsgründe sieht, die Löschung zu unterlassen und die Ankündigung derselben zurückzuziehen. Erfolgt die Löschung trotz der Heilung infolge der Unterlassung des Widerspruchs, so ist gegen den Löschungsbeschluß die Beschwerde zulässig (§ 20 FG.). Die Löschung ist zu Unrecht erfolgt.

Anm. 38. Weist das Gericht den Widerspruch zurück, so steht der Gesellschaft die sofortige Beschwerde zu (§ 141, § 22 Abs. 3 FG.). Gibt es dem Widerspruche statt, so unterbleibt die angekündigte Löschung. Ebenso wenn das Landgericht als Beschwerdeinstanz den Widerspruch für begründet erklärt. Hatte die Handelskammer den Löschungsantrag gestellt (§ 126 FG.; vgl. oben Anm. 31), so steht ihr die Beschwerde gegen den Beschluß des Gerichts zu. Die Verfügung, wonach dem Widerspruch endgültig stattgegeben wird, ist für das Gericht bindend. Es kann nicht, wenn es später seine Aufhebung der Löschungsabsicht für unrichtig ansieht, diese von neuem ankündigen. Das Recht des Landgerichts zum Einschreiten gemäß § 143 FG. ist damit nicht berührt.

Anm. 39. Ist der Widerspruch rechtskräftig verworfen oder ist kein Widerspruch eingelegt, so kann das Gericht die Löschung aussprechen. Es muß dies nicht. Es kann sich, sei es infolge einer Vorstellung der Gesellschaft, sei es aus eigener Nachprüfung, überzeugen, daß die Löschung unbegründet oder unzweckmäßig wäre, z. B. wenn die Gesellschaft in Liquidation getreten ist. Es kann ebenso auch die bereits ausgesprochene Löschung wieder aufheben (§ 18 FG.), auch wenn diese der Gesellschaft, was nicht vorgeschrieben ist (vgl. § 130 Abs. 2 FG.), bekannt gegeben wurde. Dasselbe gilt endlich auch, wenn die Eintragung der Löschung erfolgt war. Durch die Eintragung der Gesellschaft wird nur zu deren Gunsten das Recht hervorgerufen, daß ein besonderes Löschungsverfahren (§ 142 HGB.) eingeleitet werde. Die zu Unrecht erfolgte Löschung des Eintrags untersteht der allgemeinen Bestimmung des § 18 FG.

Anm. 40. Die Löschung geschieht durch Eintragung eines Vermerkes (§ 142 Abs. 1 Satz 2 FG.). Gründe braucht der Vermerk nicht zu enthalten. Es genügt z. B.: „durch Beschluß des Amtsgerichts vom 1. Okt. 1905 wurde die Gesellschaft als nichtig gelöscht". Damit wird nicht die erfolgte Eintragung ungeschehen gemacht. Die Gesellschaft tritt vielmehr in das Liquidationsstadium (vgl. Anm. 2 zu § 77).

Anm. 41. c) Das Verhältnis der Nichtigkeitsklage zu dem Verfahren des Registerrichters. Beide stehen selbständig nebeneinander. Es kann insbesondere jeder Gesellschafter, auch wenn die Löschung von Amtswegen rechtskräftig abgelehnt wurde, die Nichtigkeitsklage erheben. Ebenso schließt die rechtskräftige Abweisung dieser die Einleitung des Offizialverfahrens nicht aus. Praktisch dürfte das letztere wenig Wert haben, falls die dem Registergerichte vorgesetzte Instanz bereits materiell sich äußerte. Die Nichtigkeitsklage kann von Bedeutung werden, um die Frage zur Entscheidung des RG. zu bringen. Wird die Nichtigkeitsklage während der Einleitung des Offizialverfahrens erhoben, so kann das Registergericht die Aussetzung der Verfügung bis zu der Entscheidung des Prozesses beschließen (§ 197). Es wird diese Aussetzung die Regel bilden (Denkschr. zum FG. 75).

§ 76. § 76.

Ein Mangel, der die Bestimmungen über die Firma oder den Sitz der Gesellschaft oder den Gegenstand des Unternehmens betrifft, kann durch einstimmigen Beschluß der Gesellschafter geheilt werden.

Der vorliegende Paragraph eröffnet Mittel und Wege, um die Nichtigkeit zu beseitigen. Die Zulassung dieser Heilung ist eine Abweichung von den Grundsätzen der Nichtigkeit. Denn ein nichtiges Rechtsgeschäft muß völlig neu vorgenommen werden (§ 141 BGB.). Aber wie die nichtige, aber in das Heiratsregister eingetragene Ehe einer formlosen Bestätigung (§ 1325 Abs. 2 BGB.), ja auch einer Heilung durch Zeitablauf (§ 1324 Abs. 2) fähig ist, so kennt unser Gesetz eine Beseitigung des Mangels der in das Handelsregister eingetragenen Gesellschaft, die die Nichtigkeit beseitigt. Daraus, daß dies durch einen Beschluß der Gesellschaft erfolgt, zeigt sich wieder, daß sie trotz des Fehlers, solange sie nicht für nichtig erklärt ist, wirksam Beschlüsse faßt (vgl. Anm. 15 ff. zu § 75). Die erste Auflage sah in der Zulassung des Beschlusses eine Ausnahme der ihr zu Grunde liegenden Auffassung von den internen Beschlüssen dieser Gesellschaft (Einleitung zu § 75). Nach der jetzt vertretenen Auslegung wird die Heilung als Ausfluß der besonderen Art von Nichtigkeit, die weniger eine Nichtigkeit als eine Auflösbarkeit ist, und der Beschluß als eine Folge der bis zur Vernichtung der Gesellschaft bestehenden Gesellschaft erscheinen. Einleitung.

1. *Der Paragraph unterscheidet heilbare und nicht heilbare Nichtigkeiten.* Anm. 1.
Unheilbar sind Verstöße gegen § 3 Nr. 3 und Nr. 4, also Mängel, welche die Bestimmungen über die Höhe des Stammkapitals und den Betrag der einzelnen Stammeinlagen betreffen (vgl. Anm. 12 zu § 3; Anm. 2 zu § 5; Anm. 11 zu § 75). Wenn also z. B. die Ziffer des Stammkapitals im Gesellschaftsvertrage fehlt, so kann dies nicht geheilt werden und die Gesellschaft bleibt nichtig. Indessen kann selbstverständlich die Ziffer des Stammkapitals sich aus sonstigen Bestimmungen des Gesellschaftsvertrages mit ergeben. Dann liegt kein Verstoß gegen § 3 Nr. 3 vor. So z. B., wenn gesagt wird, daß das Stammkapital aufgebracht wird durch 6 Stammeinlagen zu 10000 M. Daß das Stammkapital in solchen Fällen 60000 M. beträgt, ist klar. Wenn aber das Stammkapital auch nicht implicite angegeben, sondern die Gesellschaft so konstruiert ist, wie etwa eine Gewerkschaft, so ist die Gesellschaft unheilbar nichtig. Ebenso ist die Nichtigkeit unheilbar, wenn das Stammkapital unter 20000 M. ist. Es ist nicht möglich, durch Erhöhung desselben um den Fehlbetrag den Gesellschaftsvertrag gültig zu machen (vgl. Anm. 2 zu § 5).

Das Gleiche ist der Fall, wenn die Stammeinlagen auf weniger als 500 M. lauten Anm. 2. (vgl. Anm. 13 zu § 3, Anm. 34 zu § 5, Anm. 17 zu § 75). Bei Mängeln der unheilbaren Art bleibt auch bei Einstimmigkeit aller Gesellschafter nur der Weg der Neugründung. In die neue Gesellschaft sind alle Aktiven und Passiven der alten gegen Geschäftsanteile der neuen Gesellschaft (vgl. Anm. 2 zu § 5) einzubringen. Dagegen soll auch hier nochmals hervorgehoben werden (vgl. Anm. 16 zu § 3, Anm. 3 zu § 75), daß ein Verstoß gegen § 3 Nr. 4 im Sinne der Nichtigkeitsvorschriften dann nicht vorliegt, wenn der Gesellschaftsvertrag die Stammeinlagen richtig angibt, eine Übernahmeerklärung aber aus civilrechtlichen Gründen unwirksam ist (RG. v. 11. 11. 01 in KGJ. 23 A, 101 und in RJA. 3, 16; vgl. Anm. 21 zu § 2 und Anm. 3 zu § 75; Staub HGB. Anm. 2 zu § 310; Ring HGB. Anm. 8 zu § 309). Die Ungültigkeit einer Übernahmeerklärung gibt auch den andern Gesellschaftern nicht das Recht, ihre eigene Beteiligung für unwirksam zu erklären (vgl. Anm. 21 zu § 2), sondern höchstens ein Recht, auf Auflösung gemäß § 61 zu klagen, aber auch dies nur geeigneten Falls. Wie, wenn sämtliche Übernahmeerklärungen civilrechtlich ungültig sind? Hierüber vgl. Anm. 33 zu § 2.

Heilbar sind nach unserem Paragraphen Mängel, welche die Be- Anm. 3.
stimmungen über die Firma oder den Sitz der Gesellschaft oder den

§ 76. Gegenstand des Unternehmens betreffen. Über diese Erfordernisse vgl. Anm. 3 ff. zu § 3; Anm. 2 ff. zu § 4 und Anm. 8 zu § 3.

Anm. 4. 2. **Die Heilung erfolgt durch einstimmigen Beschluß der Gesellschafter.**

a) Alle Gesellschafter müssen also mitstimmen und zustimmen. Für das Aktienrecht (§ 310 HGB.) genügt ein Beschluß mit einer Mehrheit von drei Vierteln der abgegebenen Stimmen, wie bei jeder Änderung der Statuten. Bei der GmbH. kann ein Gesellschafter, wenn sein Geschäftsanteil auch nur 500 M. beträgt, die Heilung vereiteln. Erforderlich ist der Beschluß aller, die zur Zeit desselben Gesellschafter sind. Also derjenigen, welche der Gesellschaft gegenüber gemäß § 16 Gesellschafter geworden sind. Kaduzierte oder amortisierte Geschäftsanteile kommen nicht in Betracht. Für Geschäftsanteile, welche die Gesellschaft gültig erworben hat, stimmen die Geschäftsführer der Gesellschaft (vgl. Anm. 16 zu § 33). Die Geschäftsführer werden für verpflichtet erachtet werden müssen, den Beschluß herbeizuführen. Berechtigt hierzu sind auch der Aufsichtsrat und die Gesellschafter nach Maßgabe der allgemeinen Bestimmungen (vgl. § 50). Doch ist gemäß § 51 Abs. 3 der Beschluß auch dann gültig, wenn er in einer nicht ordnungsmäßig berufenen Versammlung gefaßt ist, da ja alle Gesellschafter zustimmen müssen.

Anm. 5. b) Der Beschluß muß gemäß § 53 gerichtlich oder notariell beurkundet werden, da es sich um eine Änderung des Gesellschaftsvertrages handelt. Deshalb bedarf es auch einer Versammlung. Der § 48 Abs. 2 kommt nicht in Anwendung (Anm. 10 zu § 53).

Anm. 6. c) Der Inhalt des Heilungsbeschlusses muß dahin gehen, daß der Mangel der Bestimmung durch eine dem Gesetze entsprechende Bestimmung beseitigt wird. Wenn z. B. ein gesetzlich unzulässiger Gegenstand des Unternehmens gewählt war, so muß ein zulässiger gewählt werden. War etwa die Staatsgenehmigung erforderlich und nicht erteilt, so kann nunmehr beschlossen werden, einen Gegenstand des Unternehmens zu wählen, der von der Staatsgenehmigung nicht abhängig ist. Natürlich genügt es statt dessen auch, wenn die Staatsgenehmigung nachträglich beigebracht wird.

Anm. 7. d) Der Beschluß muß gemäß § 54 zur Eintragung in das Handelsregister angemeldet werden, muß in das Handelsregister eingetragen und vom Registergericht gemäß § 10 HGB. publiziert werden. Erst durch die Eintragung erlangt der Beschluß gemäß § 54 Abs. 3 rechtliche Wirkung. Alles dies deshalb, weil es sich um eine Statutenänderung handelt.

Anm. 8. 3. **Eine Frist, innerhalb deren die Heilung erfolgen kann, ist nicht bestimmt.** Die Heilung ist auch nach Zustellung der Nichtigkeitsklage und nach Einleitung des Offizialverfahrens auf Löschung (Anm. 29 ff. zu § 75) zulässig bis zur Eintragung des Nichtigkeitsurteils oder bis zur Löschung gemäß § 144 FG. Darüber hinaus (wie Förtsch Anm. 2 will) ist es unmöglich. Es kann ja auch die infolge Auflösungsbeschlusses in Liquidation getretene Gesellschaft nicht mehr ins Leben gerufen werden (vgl. Anm. 3 zu § 60). Die in § 144 FG. vorgesehene Frist von mindestens drei Monaten bezweckt gerade, der Gesellschaft Gelegenheit zu geben, in der Zwischenzeit die Heilung zu beschließen. Nach § 34 der Allgemeinen Verfügung des Preuß. Justizministers vom 7. Nov. 1899 über die Führung des Handelsregisters ist die Gesellschaft bei der Benachrichtigung gemäß § 144 FG. auf die Möglichkeit der Heilung hinzuweisen.

Anm. 9. Wie nun, wenn die Heilung bewirkt ist, und nachträglich dennoch ein rechtskräftiges Nichtigkeitsurteil ergeht oder ein ergangenes rechtskräftig wird? Der Fall liegt dann ebenso, wenn eine von vornherein gültige eingetragene Gesellschaft durch ein unrichtiges Urteil für nichtig erklärt wurde. Das Urteil bewirkt die Nichtigkeit, auch wenn es unrichtig ist. Es schafft Rechtskraft, und zwar nach § 75 des Gesetzes, § 273 HGB., nicht bloß unter den Prozeßparteien. Verantwortlich sind in solchem Falle die Geschäftsführer, welche es unterlassen haben, die erfolgte Heilung rechtzeitig im Prozesse geltend zu machen.

Anm. 10. 4. **Die Heilung bewirkt, daß die Gesellschaft fortan gültig ist.** Eine nach der Heilung erhobene Klage ist abzuweisen. Ebenso wirkt die Heilung während des Prozesses. Nur die Kosten hätte die Gesellschaft zu tragen. Denn die Tatsache, daß sie bisher mit dem Fehler § 76. behaftet war, bleibt bestehen. Daß die bisherigen Beschlüsse von neuem gefaßt werden müssen, nahm die erste Auflage (S. 412 Anm. 10) in Konsequenz der Auffassung von dem Wesen der Nichtigkeit und der Wirkung auf die Beschlüsse (vgl. Anm. 15 zu § 75) an. Nach der jetzt vertretenen Ansicht bleiben die Beschlüsse gültig (vgl. auch Pinner 325 und Ring Anm. 4 zu § 310, welche Heilung aller bisherigen Beschlüsse annehmen).

Über den Fall, daß die Heilung erfolgt, und nachher ein rechtskräftiges Nichtigkeitsurteil ergeht, siehe Anm. 9.

5. **Besteht eine Verpflichtung zur Mitwirkung bei der Heilung?** Nicht für jeden Gesellschafter. Anm. 11. Denn die Gesellschafter stehen als solche nicht miteinander in rechtlichen Beziehungen. Wohl aber für die Gründer. Denn diese sind einander verpflichtet, zur Entstehung einer gültigen Gesellschaft mitzuwirken. Es kann auf die Stimmabgabe in der rekonstruierenden Gesellschafterversammlung geklagt werden. Das rechtskräftige Urteil ist die Abstimmung. Sie ist gesellschaftliches Rechtsgeschäft (vgl. Anm. 7 zu § 45). Sind die Geschäftsanteile nicht mehr in den Händen der ersten Gesellschafter, so ist eine Heilung nicht erzwingbar.

Aus demselben Gesichtspunkte beantwortet sich die Frage, ob bei einer unheilbaren Nichtigkeit die Neugründung erzwungen werden kann. Dies ist stets dann zu bejahen, wenn ein gültiger Vorvertrag vorliegt (vgl. Anm. 30 und 48 zu § 2) und die Erfüllung desselben dem einzelnen Kontrahenten noch zugemutet werden kann. Letzteres ist dann nicht mehr der Fall, wenn Momente vorliegen, aus denen ein Gesellschafter nach der Gründung die Auflösung fordern konnte (§ 61 und Anm. 5 hierzu).

Zusatz. Auf andere Ungültigkeiten des Gesellschaftsvertrages sind die Bestimmungen des § 76 nicht anwendbar. Anm. 12. Handelt es sich um Stellen desselben, die nicht zu den im § 3 Abs. 1 benannten Punkten gehören (vgl. Anm. 3 und 5 zu § 75), so sind nur diese selbst, nicht der ganze Gesellschaftsvertrag nichtig. Um diese anderen Stellen gültig zu machen, bedarf es nur der gewöhnlichen Statutenänderung. Selbstredend muß der Inhalt des Beschlusses jetzt zulässig sein.

Eine ungültige Beitrittserklärung kann insofern geheilt werden, als eine Heilung des Rechtsgeschäfts von dem in Frage stehenden Mangel möglich ist. Anderenfalls bedarf es einer neuen Übernahmeerklärung (vgl. Anm. 25 und 27 zu § 2).

Beschlüsse, welche den Gesellschaftsvertrag abändern, auch solche, die eine Erhöhung oder Herabsetzung des Stammkapitals bezwecken, sind nicht heilbar. Sind sie trotz Eintragung zum Handelsregister nichtig, so müssen sie von neuem vorgenommen und angemeldet werden. Sie wirken erst von der wiederholten Anmeldung und deren Vermerk im Handelsregister ab (vgl. Anm. 11 zu § 54 und Anm. 14 zu § 57). Über den Fall der Unwirksamkeit der Sacheinlage und deren Heilung vgl. Anm. 43 und 44 zu § 5.

§ 77.

Ist die Nichtigkeit einer Gesellschaft in das Handelsregister eingetragen, so finden zum Zwecke der Abwickelung ihrer Verhältnisse die für den Fall der Auflösung geltenden Vorschriften entsprechende Anwendung.

Die Wirksamkeit der im Namen der Gesellschaft mit Dritten vorgenommenen Rechtsgeschäfte wird durch die Nichtigkeit nicht berührt.

Die Gesellschafter haben die versprochenen Einzahlungen zu leisten, soweit es zur Erfüllung der eingegangenen Verbindlichkeiten erforderlich ist.

Die Folgen der Eintragung der Nichtigkeit.

1. Die Nichtigkeit wird eingetragen entweder auf Grund des Nichtigkeits- Anm. 1. urteiles (gemäß § 75 des Gesetzes, § 273 HGB.) oder im Offizialverfahren gemäß § 144 FG. (vgl. Anm. 29 zu § 75). Für beide Fälle bestimmt unser Paragraph die

§ 77. Rechtsfolgen in gleicher Weise. Er bezieht sich auf beide Fälle. Einzutragen ist nicht eine deklaratorische Bemerkung, sondern die Tatsache *des Urteils*. Der Registerrichter hat keine Möglichkeit, dieses nachzuprüfen (vgl. Simonis, Die Nichtigkeitserklärung der Aktiengesellschaft 36).

Anm. 2. 2. **Die Folgen der Eintragung der Nichtigkeit.**

a) *Die Gesellschaft wird eine Liquidationsgesellschaft.* Die Reorganisation ist nicht mehr möglich. Also muß die Gesellschaft, die besteht, aber nicht zu Recht besteht, untergehen, und zwar in geordneten Bahnen, ihre Verhältnisse müssen abgewickelt werden. Die Liquidationsvorschriften finden Anwendung. Die Rechts- und Geschäftsfähigkeit der Gesellschaft besteht für die Zwecke der Liquidation. Es sind Liquidatoren einzutragen, dieselben funktionieren nach außen und nach innen beschränkt, aber nach beiden Seiten zu Recht. Als Liquidatoren fungieren die bisherigen Geschäftsführer, wenn nicht der Gesellschaftsvertrag oder ein Gesellschafterbeschluß ein anderes bestimmt. Auch kann gemäß § 66 des Gesetzes oder gemäß § 29 BGB. die Ernennung von Liquidatoren durch das Gericht beantragt werden. Die Anmeldung und Eintragung richtet sich nach § 67. Die Gesellschaft bleibt aber auch in diesem Auflösungszustande parteifähig (RG. 59, 325 v. 21. 12. 04).

Anm. 3. b) *Besonders wird bestimmt, daß die bis zur Eintragung der Nichtigkeit im Namen der Gesellschaft mit Dritten vorgenommenen Rechtsgeschäfte durch die Nichtigkeit nicht berührt werden.* Die Liquidatoren können sich nicht auf den Standpunkt stellen, die Gesellschaft habe, da sie nichtig war, im Rechtsverkehr überhaupt nicht auftreten können. Den Rechtsverkehr geht vielmehr die Nichtigkeit nichts an, solange sie nicht offenkundig ist. Für den Rechtsverkehr ist die Gesellschaft gültig, solange die Nichtigkeit nicht eingetragen ist. Auch die in der Zwischenzeit zwischen der Nichtigkeitserklärung und der Eintragung der Nichtigkeit vorgenommenen Rechtsgeschäfte machen hiervon keine Ausnahme. Dies ergibt deutlich § 77 Abs. 2, besonders im Zusammenhang mit § 77 Abs. 1. Es kann nicht etwa § 15 HGB. herangezogen und behauptet werden, daß der Dritte, der von dem rechtskräftigen Nichtigkeitsurteil Kenntnis hatte, die Nichtigkeit gegen sich gelten lassen müsse. Das Urteil hat mehr als nur deklaratorische Bedeutung. Wollte man aber annehmen, das Urteil stelle die Nichtigkeit nur fest und die einzutragende Tatsache sei nicht das Nichtigkeitsurteil, sondern die Nichtigkeit, dann müßte, wer den § 15 HGB. für anwendbar hält, die Folgerung ziehen, daß, wer die die Nichtigkeit begründenden Tatsachen kennt, sie gegen sich gelten lassen muß, noch ehe sie eingetragen ist. Dies aber führte mit zu den größten Härten und Inkonvenienzen und stünde mit § 77 in Widerspruch (zust. Ring Anm. 2 zu § 311 HGB.; dagegen Liebmann Anm. 3; Neukamp Anm. 2).

Anm. 4. c) *Die Gesellschafter haben die versprochenen Zahlungen zu leisten, soweit, aber auch nur soweit dies zur Erfüllung der eingegangenen Verbindlichkeiten erforderlich ist.* Dies ist auch sonst bei der Liquidation der Fall (Anm. 4 zu § 70; vgl. unten Anm. 9). Der § 77 Abs. 3 ist überhaupt eigentlich überflüssig (nur daß er die Beweislast zu Ungunsten der Gesellschaft verschiebt). Denn die Einlageverpflichtungen müssen grundsätzlich erfüllt werden, sie mögen bei der Gründung oder bei einer Kapitalserhöhung eingegangen worden sein, soweit dies zur Erfüllung der eingegangenen Verbindlichkeiten erforderlich ist. Die Übernahme solcher Einlageverpflichtungen hat eine erhöhte Bedeutung. Die betreffenden Erklärungen werden dem Registergericht und dem ganzen Rechtsverkehr gegenüber abgegeben. Ihre civilistische Tragweite reicht so weit, als der Zweck der Erklärung reicht. Der Zweck der Erklärung aber ist unter anderem die Schaffung einer Kreditbasis für die im Rechtsverkehr auftretende Gesellschaft. Da nun auch die nichtige Gesellschaft infolge ihrer Eintragung im Verkehr als gültig zu betrachten ist (§ 77 Abs. 2), so sind die Einlageverpflichtungen insoweit zu erfüllen, als zur Erfüllung der durch dieses Auftreten im Rechtsverkehr entstandenen Verpflichtungen erforderlich ist. (Denkschrift zum HGB. 171.)

Besteht hiernach die einmal übernommene Einlageverpflichtung auch vor der Eintragung der Nichtigkeit, so kann dies durch die Eintragung der Nichtigkeit natürlich keine Veränderung erleiden. Denn nunmehr ist ja die Gesellschaft eine zu Recht bestehende Liquidationsgesellschaft. Es dient lediglich der Deutlichkeit, wenn § 77 Abs. 3 das Fortbestehen der Einlageverpflichtungen betont. § 77. Anm. 5.

Das Fortbestehen bezieht sich sowohl auf diejenigen Einlageverpflichtungen, welche bei der Gründung, als auch auf diejenigen, welche bei einer Kapitalserhöhung übernommen worden sind. Dieses letzte Moment begründete die erste Auflage (Anm. 6 S. 413) damit, daß, wenn auch die Beschlüsse der nichtigen Gesellschaft an sich von den Gesellschaftern als ungültig betrachtet werden können, hier doch mehr vorliege, als ein solcher Beschluß. Hier liege die Übernahme der Verpflichtung und die Abgabe der Erklärung gegenüber dem Registerrichter und dem Rechtsverkehr vor. Die Haftung für die Folgen der Beschlüsse erklärt sich jedoch einfacher aus ihrer Gültigkeit bis zur Nichtigkeitserklärung. Anm. 6.

Daß wegen Willensmängeln (Irrtum, Betrug, Zwang) die Erklärung der Übernahme nicht angefochten werden kann, gilt natürlich auch für dieses Stadium. Die Geltendmachung von absoluter oder relativer Unwirksamkeit der Beitrittserklärung (vgl. Anm. 3 zu § 75) ist auch in diesem Stadium zulässig, so Geschäftsunfähigkeit, Geisteskrankheit. Ebenso Minderjährigkeit und der Mangel der Vollmacht u. s. w. (vgl. Anm. 21 ff. zu § 2). Anm. 7.

Wie nun aber, wenn die Nichtigkeit der Gesellschaft gerade darauf beruht, daß die Stammeinlagen nicht oder nicht gehörig festgesetzt wurden? Wenn z. B. Stammeinlagen von 200 M. in der Gesamthöhe von 5000 M. bestimmt sind? Auch in diesem Falle besteht § 77 Abs. 3. Denn es genügt, daß die rechtsgültige Übernahme einer Verpflichtung vorliegt, wenn auch die Festsetzung des Statutes fehlerhaft ist und die Nichtigkeit der Gesellschaft nach sich zieht. Umgekehrt besteht auch, wenn der Gesellschaftsvertrag sämtliche wesentlichen Bestandteile (§ 3 Abs. 1) enthält, die Leistungspflicht nicht, sobald die Übernahmeerklärung ungültig ist (vgl. Anm. 22 zu § 2, Anm. 3 zu § 75, Anm. 2 zu § 76). Sämtliche Bestimmungen des Gesetzes über die Art der Einlageleistung gelten auch hier. Es ist also weder ein Erlaß noch eine Stundung, weder eine Aufrechnung noch eine Hingabe an Zahlungsstatt zulässig (vgl. Anm. 8—24 zu § 19). Anm. 8.

Der § 77 Abs. 3 bedarf allerdings auch einer Einschränkung. Es kann nicht mehr an Einlagen eingefordert werden, als zur Befriedigung der Gläubiger erforderlich ist. Allein auch in dieser Beziehung besteht zwar ein Unterschied von der lebenden und nicht für nichtig erklärten Gesellschaft, nicht aber von der liquidierenden Gesellschaft. Auch bei dieser darf nicht mehr an Einlagen eingefordert werden, als der Liquidationszweck erfordert (vgl. Anm. 2 zu § 70). Freilich gehört dabei zum Liquidationszwecke nicht bloß die Befriedigung der Gläubiger, sondern auch die Verteilung des Vermögens (§ 72). Aber das sollte auch hier nicht anders sein. Die Einziehung der Einlagen darf das Prinzip der Gleichberechtigung nicht verletzen. Haben einzelne Gesellschafter ihre Einlagen voll eingezahlt, so dürfen die anderen Gesellschafter die Einzahlung ihrer Rückstände nicht deshalb verweigern, weil die Gläubiger schon befriedigt seien. Sie dürfen die Einzahlung nur insoweit ablehnen, als sie unter Berücksichtigung der Gläubigeransprüche und unter Wahrung des Prinzips der Gleichberechtigung doch nur das zahlen würden, was ihnen wieder zurückgezahlt werden müßte. Man kann auch so formulieren: Soweit Gesellschafter mehr an Einlagen gezahlt haben, als sie bei gesetz- und statutenmäßiger Heranziehung zur Befriedigung der Gläubiger hätten beitragen müssen, sind sie selbst Gläubiger geworden, denn insoweit haben sie einen Rückforderungsanspruch an die Gesellschaft auf Grund der Nichtigkeit der Gesellschaft. Anm. 9.

Zusatz. Zu erwähnen sind noch folgende Gesichtspunkte: Anm. 10.

1. Auch eine vor dem 1. Jan. 1900 entstandene GmbH. kann für nichtig erklärt werden. Vgl. hierüber Staub Anm. 16 zu § 309 HGB.
2. Die Liquidation kann, wenn sich nach Beendigung derselben neues Vermögen findet, wieder eröffnet werden (Anm. 18 zu § 74).

§ 77. 3. Auch der Konkurs kann über die für nichtig erklärte Gesellschaft ausbrechen und zwar sowohl vor der Eintragung der Nichtigkeit als nachher (Jaeger KO. Anm. 2 zu § 208).

4. Der Fortsetzungsbeschluß gemäß § 60 Nr. 4 ist aber nicht zulässig. Es kann nicht eine nichtige Gesellschaft durch einen Beschluß der Gesellschafter zu einer gültigen werden. Dagegen steht nichts entgegen, daß die Gesellschaft im Wege der Liquidation umgegründet wird. Es kann der Liquidator das Vermögen der Gesellschaft in eine andere Gesellschaft inferieren (Anm. 8 zu § 70, Anm. 2 zu § 76).

Sechster Abschnitt.

Schlußbestimmungen.

§ 78.

Die in diesem Gesetze vorgesehenen Anmeldungen zum Handelsregister sind durch die Geschäftsführer oder die Liquidatoren, die im § 7 Absatz 1, § 12 Absatz 1, § 57 Absatz 1, § 58 Absatz 1 Nr. 3, § 80 Absatz 5 vorgesehenen Anmeldungen sind durch sämtliche Geschäftsführer zu bewirken.

Der vorliegende Paragraph behandelt die Anmeldungen zum Handelsregister, welche in diesem Gesetze vorgeschrieben sind.

Anm. 1. Im allgemeinen sind dieselben durch die Geschäftsführer und die Liquidatoren, in einzelnen besonderen Fällen durch sämtliche Geschäftsführer zu bewirken. Der Unterschied besteht darin, daß die ersteren Anmeldungen durch so viel Geschäftsführer und Liquidatoren, als zur Vertretung der Gesellschaft überhaupt erforderlich und ausreichend sind (dazu sind nicht immer sämtliche bestellte Vertreter erforderlich), erfolgen müssen, die letzteren durch sämtliche Geschäftsführer. Aber auch bei den ersteren ruht die Pflicht der Anmeldung auf allen gesetzlichen Vertretern. Nur wird sie dadurch erfüllt, daß so viele von ihnen, als zur Vertretung der Gesellschaft berechtigt sind, die Anmeldung bewirken. Die einzelnen Fälle sind an den betreffenden Stellen des vorliegenden Gesetzes behandelt.

Anm. 2. Über die Art, wie die Anmeldung bewirkt wird, vgl. § 12 HGB. und § 128 FG., über die Wirkungen der Eintragung § 15 HGB. Auch diese Frage ist an den einzelnen betreffenden Stellen des vorliegenden Gesetzes behandelt.

Anm. 3. Es sei endlich auch hier nochmals hervorgehoben, daß ein Mangel der Anmeldung keine Nichtigkeit der Gesellschaft zur Folge haben kann (Anm. 7 zu § 75, Anm. 23 zu § 57). Auch als Mangel einer Voraussetzung des Eintrags, die zu einer Wiederlöschung desselben führen kann, darf es nicht betrachtet werden (§ 142 FG. und Anm. 7 u. 30 zu § 75.)

Anm. 4. Über die Anmeldung durch einen Vertreter vgl. Anm. 7 zu § 7, Anm. 1 zu § 54, Anm. 3 zu § 57.

§ 79.

In Ansehung der in §§ 7, 54, § 57 Absatz 1, § 58 Absatz 1 Nr. 3, § 80 Absatz 5 bezeichneten Anmeldungen zum Handelsregister findet, soweit es sich um die Anmeldung zum Handelsregister des Sitzes der Gesellschaft handelt, eine Verhängung von Ordnungsstrafen nach § 14 des Handelsgesetzbuchs nicht statt.

Der vorliegende Paragraph enthält bloß eine negative Vorschrift. Er ordnet an, in welchen Fällen die Anmeldung zum Handelsregister nicht durch Ordnungsstrafe erzwungen wird. Es sind dies diejenigen Fälle, bei welchen die Eintragung konstitutiven Charakter hat (Eintragung der Gesellschaft selbst, Eintragung der Statutenänderung, der Kapitalserhöhung, der Kapitalsherabsetzung). Das Gesetz überläßt es den Beteiligten, ob sie diejenige Anmeldung bewirken wollen, bei welcher die Rechtswirkung erst mit der Eintragung entsteht. Ein öffentliches Interesse an der Eintragung besteht nur in denjenigen Fällen, in welchen die Tatsachen auch ohne Eintragung Rechtswirkung haben. In diesen Fällen soll die geschehene und rechtswirksam gewordene Tatsache auch öffentlich bekundet werden. Nur in diesen Fällen findet ein Zwang zur Anmeldung statt. Aus unserer Vorschrift geht auch hervor, daß die hier in Rede stehenden Anordnungen nur insoweit vom Zwange befreit sind, als es sich um die Eintragung in das Hauptregister handelt. Ganz natürlich, denn nur insoweit hat die Eintragung konstitutive Wirkung. Ist aber die Eintragung in das Hauptregister erfolgt, so hat die Tatsache Rechtswirkung erlangt, und nunmehr erfordert es das öffentliche Interesse, daß die rechtswirksam gewordene Tatsache auch im Zweigregister bekundet werde. § 79. Anm. 1.

Ist die Anmeldung erfolgt, sind aber hierbei Ordnungswidrigkeiten vorgekommen, z. B. es haben nicht alle Geschäftsführer angemeldet oder es ist eine Anmeldung unvollständig, so ist wieder die Androhung der Ordnungsstrafe zulässig. Da in solchen Fällen der Registerrichter zwar verpflichtet ist, die nicht korrekte Anmeldung zurückzuweisen, nicht aber befugt, nach erfolgter Eintragung sie wieder zu beseitigen (vgl. Anm. 23 zu § 57, Anm. 30 zu § 75) so muß ihm die Möglichkeit gegeben sein, diesen Mangel zu beseitigen. Er kann die Anmeldung des Gesellschaftsvertrags und seiner Abänderungen nicht erzwingen. Ist diese aber einmal erfolgt, so steht ihm bei der Durchführung sein Ordnungsstrafrecht zu.

Zusatz. Der § 14 HGB., auf welchen dieser Paragraph Bezug nimmt, lautet: Anm. 2.

> Wer verpflichtet ist, eine Anmeldung, eine Zeichnung der Unterschrift oder eine Einreichung von Schriftstücken zum Handelsregister vorzunehmen, ist hierzu von dem Registergerichte durch Ordnungsstrafen anzuhalten. Die einzelne Strafe darf den Betrag von dreihundert Mark nicht übersteigen.

Das Nähere über das Ordnungsstrafverfahren ergeben die §§ 1—34, 132—139 FG. (vgl. Staub HGB. Anm. 3 ff. zu § 14 HGB.). Hier sollen in aller Kürze einige Gesichtspunkte hervorgehoben werden.

1. Sobald das Registergericht von einem das Einschreiten rechtfertigenden Sachverhalte glaubhafte Kenntnis erhält, hat es dem Beteiligten unter Androhung einer Ordnungsstrafe aufzugeben, innerhalb einer bestimmten Frist seiner gesetzlichen Verpflichtung nachzukommen oder die Unterlassung mittelst Einspruchs gegen die Verfügung zu rechtfertigen. Die Beschwerde gegen diese Verfügung ist unzulässig (§ 132 FG.). Die Verfügung richtet sich gegen die Anmeldungspflichtigen, hier also gegen die Geschäftsführer und Liquidatoren, nicht gegen die Gesellschaft. Anm. 3.
2. Wird innerhalb der gesetzten Frist weder der Pflicht genügt, noch Einspruch erhoben, so ist die angedrohte Strafe festzusetzen und zugleich die frühere Verfügung unter Androhung einer erneuten Ordnungsstrafe zu wiederholen, u. s. f., bis der gesetzlichen Verpflichtung genügt oder Einspruch erhoben ist (§ 133 FG.). Anm. 4.
3. Wird rechtzeitig Einspruch erhoben, so sind zwei Fälle möglich: entweder das Gericht erachtet den Einspruch für begründet, dann nimmt es seine Verfügung zurück, oder es hält ihn nicht für begründet, dann lädt es den Beteiligten zur Erörterung der Sache zu einem Termin. Die Verhandlung ist nicht öffentlich. Wenn auf Grund dessen, was der Termin gezeitigt hat, der Einspruch für begründet erachtet wird, so hat das Gericht die erlassene Verfügung aufzuheben; andernfalls hat es den Einspruch zu verwerfen und die angedrohte Strafe festzusetzen. Es kann aber auch von der Festsetzung einer Strafe absehen oder eine geringere als die angedrohte Strafe festsetzen. In Fällen der Verwerfung des Einspruchs hat das Gericht zugleich eine erneute Verfügung nach § 132 FG. zu erlassen. Anm. 5.

§ 79. 4. Gegen den Beschluß, durch welchen die Ordnungsstrafe festgesetzt oder der Einspruch verworfen wird, findet die sofortige Beschwerde statt (§ 139 FG.). Die Frist ist 2 Wochen, eine Form ist nicht vorgeschrieben, neue Tatsachen und Beweise sind zulässig. Sie hat aufschiebende Wirkung. Wenn durch die angefochtene Verfügung eine Strafe festgesetzt ist, so wird vom Landgericht entschieden. Dieses sowohl wie das Amtsgericht können stets die Vollziehung der angefochtenen Verfügung aussetzen, bis über die Beschwerde entschieden ist. Gegen die Entscheidung des Landgerichts ist die sofortige weitere Beschwerde zulässig, wenn die Entscheidung auf einer Gesetzesverletzung beruht; für diese ist zuständig das Oberlandesgericht (in Preußen das KG., in Bayern das Oberste Landesgericht). Dieses hat jedoch, wenn es bei der Auslegung einer reichsgesetzlichen Vorschrift von der auf weitere Beschwerde ergangenen Entscheidung eines anderen Oberlandesgerichtes oder einer Entscheidung des RG. abweichen will, die weitere Beschwerde dem RG. vorzulegen. Alsdann entscheidet das RG. Die weitere Beschwerde kann zu Protokoll des Gerichtsschreibers eingelegt oder sie muß von einem Rechtsanwalt unterzeichnet sein, es sei denn, daß sie von einer Behörde eingelegt wurde oder von einem Notar, welcher in der Angelegenheit für den Beschwerdeführer einen Antrag an das Gericht erster Instanz gestellt hat. Die Frist ist ebenfalls 2 Wochen.

Anm. 6.

Anm. 7. Das Gericht kann seine eigene Verfügung nicht aufheben, denn es handelt sich um Verfügungen, welche entweder der sofortigen Beschwerde, oder solche, welche der weiteren Beschwerde unterliegen (§§ 18, 29 FG.).

Anm. 8. Auch die Organe des Handelsstandes sind berechtigt und verpflichtet, bei dem Ordnungsstrafverfahren durch Anträge und Beschwerden mitzuwirken.

§ 80[1]).

Wird eine Aktiengesellschaft zum Zweck der Umwandlung in eine Gesellschaft mit beschränkter Haftung aufgelöst, so kann die Liquidation derselben unterbleiben, wenn hinsichtlich der Errichtung der neuen Gesellschaft den nachstehenden Bestimmungen genügt wird.

Das Stammkapital der neuen Gesellschaft darf nicht geringer sein als das Grundkapital der aufgelösten Gesellschaft.

Den Aktionären ist durch öffentliche Bekanntmachung oder in sonst geeigneter Weise Gelegenheit zu geben, mit dem auf ihre Aktien entfallenden Anteil an dem Vermögen der aufgelösten Gesellschaft sich bei der neuen Gesellschaft zu beteiligen. Die Aktien der sich beteiligenden Mitglieder müssen mindestens drei Vierteile des Grundkapitals der aufgelösten Gesellschaft darstellen.

Der auf jede Aktie entfallende Anteil an dem Vermögen der aufgelösten Gesellschaft wird auf Grund einer Bilanz berechnet, welche der Generalversammlung der Aktionäre zur Genehmigung vorzulegen ist. Der Beschluß, durch welchen die Genehmigung erfolgt, bedarf einer Mehrheit von drei Vierteilen des in der Generalversammlung vertretenen Grundkapitals.

Die neue Gesellschaft muß spätestens binnen einem Monate nach Auflösung der Aktiengesellschaft zur Eintragung in das Handelsregister angemeldet werden. Die Eintragung darf nur erfolgen, nachdem die Beobachtung der vorstehenden Bestimmungen nachgewiesen ist.

---

1) Literatur: Müller, Die Umwandlung einer Aktiengesellschaft in eine Gesellschaft mit beschränkter Haftung. Leipzig 1896.

Der vorliegende Paragraph will den Aktiengesellschaften die Möglichkeit eröffnen, sich unter Vermeidung der Liquidation in eine GmbH. umzuwandeln. Ohne diese Gesetzesvorschrift wäre diese Umwandlung nur möglich auf dem in § 303 HGB. gestatteten Wege, d. h. durch Veräußerung des Vermögens im ganzen, wobei aber das Sperrjahr abgewartet werden müßte und vor Ablauf desselben nicht einmal die Übergabe des Vermögens an die neue Gesellschaft erfolgen könnte (§ 303 Abs. 3 HGB.). Der vorliegende Paragraph öffnet den Weg, auf welchem mit einem Schlage von Rechtswegen das Vermögen auf die neue Gesellschaft übergeht und die Aktiengesellschaft vom Rechtsboden verschwindet. Es handelt sich um eine Umwandlung (vgl. § 81 Abs. 3). Aus der Aktiengesellschaft soll eine GmbH. werden. § 80. Einleitung.

Zu bemerken ist, daß sich die Vorschrift nur auf Aktiengesellschaften bezieht, nicht einmal auf Aktienkommanditgesellschaften, ebenso nicht auf sonstige juristische Personen, noch weniger auf offene Handelsgesellschaften und Kommanditgesellschaften (KG. v. 9. 12. 95 in KGJ. 15, 39 und v. 9. 7. 04 in OLGR. 9, 246).

Die fünf Hauptakte der Umwandlung.

Bei der Umwandlung der Aktiengesellschaft in eine GmbH. sind fünf Hauptakte zu unterscheiden. An dieselben reihen sich mehrere Nebenakte.

1. **Der erste Hauptakt ist die Gewährung der Beteiligungsmöglichkeit an alle Aktionäre.** Es ist nicht gerade notwendig, daß mit diesem Hauptakte die Transaktion beginnt. Es kann auch die Auflösung der Gesellschaft und die Genehmigung der Beteiligungsbilanz vorhergehen. Es genügt, wenn dieser Akt vor der Errichtung der neuen Gesellschaft erfolgt. Aber am besten wird die ganze Transaktion damit begonnen, weil man dadurch eine Übersicht erhält, ob und in welcher Weise sie sich wird durchführen lassen. Anm. 1.

   Die Gelegenheit kann gewährt werden durch öffentliche Bekanntmachung. Wie diese zu erfolgen habe, ist nicht gesagt. Maßgebend ist, wie nach den Statuten der Aktiengesellschaft ihre Bekanntmachungen erfolgen. Aber die Gelegenheit kann auch auf andere Weise gewährt werden: durch Gerichtsvollzieherzustellung, durch eingeschriebenen Brief, durch mündliche Aufforderung. In dem letzteren Falle wird der nach Abs. 5 zu führende Nachweis auf Schwierigkeiten stoßen. Unmöglich aber ist er nicht. Eidesstattliche Versicherungen, eventuell sonstige Feststellungen gemäß § 12 FG. werden zum Ziele führen. Anm. 2.

   Die Gewährung der Gelegenheit muß eine geeignete sein. Auch dies hat der Registerrichter nachzuprüfen. Sie muß also in der Form geeignet sein, aber auch nach der Richtung, daß sie keine Überraschung oder Überrumpelung enthält. Es würde z. B. gegen das Gesetz verstoßen, wenn die Bekanntmachung in der Morgennummer einer Zeitung stehen und am Abend desselben Tages die Errichtung der GmbH. stattfinden würde. Zur Gewährung der Beteiligungsgelegenheit gehört auch die erforderliche Information. Es ist zwar nicht vorgeschrieben, daß die Bilanzziffer oder die näheren Modalitäten der Umwandlung bei der Bekanntmachung mitzuteilen sind. Aber es wird trotzdem, wenn die Aufforderung Sinn und Zweck haben soll, mindestens auf Verlangen des Aktionärs ihm Auskunft hierüber zu gewähren sein. Anm. 3.

2. **Der zweite Hauptakt ist die Auflösung der Gesellschaft.** Der betreffende Beschluß muß den aktienrechtlichen Vorschriften entsprechen. Er muß also zunächst gehörig angekündigt werden (§ 256, insbesondere § 256 Abs. 2 HGB.). Inhaltlich gehört dazu insbesondere, daß nicht bloß die Auflösung, sondern auch ihr eigenartiger Zweck, die Umwandlung der Gesellschaft in eine GmbH. in die Ankündigung aufgenommen wird. Die Aktionäre müssen wissen, daß es sich um eine ganz bestimmte Art von Auflösung handelt. Liegt in der Auflösung eine Statutenänderung, so folgt dieses Erfordernis schon aus § 274 Abs. 2 HGB. Doch macht eine ordnungswidrige Berufung nach aktienrechtlichen Grundsätzen (vgl. Staub HGB. Anm. 9 zu § 256) den Beschluß nicht absolut ungültig, sondern nur anfechtbar (Müller 14). Der Beschluß selbst muß gerichtlich oder notariell beurkundet werden (§ 259 HGB.). Gefaßt muß er werden mit einer Mehrheit von mindestens $^3/_4$ des bei der Beschlußfassung vertretenen Grundkapitals. Das Statut kann noch andere Anm. 4.

§ 80. Erfordernisse aufstellen (§ 292 Nr. 2 HGB.). Außerdem muß der Beschluß ersehen lassen, daß er zu dem Zwecke der Umwandlung der Aktiengesellschaft in eine GmbH. gefaßt wird. Das ist die herrschende Ansicht (siehe besonders Müller 20), und sie kann nicht in Zweifel gezogen werden. Nur in diesem Falle kann die Liquidation zunächst unterbleiben und die Errichtung der Gesellschaft innerhalb Monatsfrist abgewartet werden u. s. w. Nur ein solcher Beschluß gewährt den bei der neuen Gesellschaft sich beteiligenden Aktionären die Machtbefugnis, das Vermögen der alten Gesellschaft durch den Akt der Errichtung der neuen Gesellschaft dieser zuzuführen. Wie sollte sonst der Rechtsverkehr und der Registerrichter ersehen, daß es sich hier um die ganz besondere Art der Auflösung handelt? In anderer Form abgegebene Erklärungen wären unverbindlich und könnten jene ausdrückliche Erklärung im Beschlusse nicht ersetzen. Nur diese vermag dem Beschlusse sein eigenartiges Gepräge, seine besondere Rechtswirkung zu verleihen. Nur ein solcher Beschluß gewährt der Aktiengesellschaft auch die Fortsetzungsmöglichkeit nach § 307 HGB., wenn die Umwandlung scheitert (vgl. unten Anm. 35 und 39). Die Wirkung des Beschlusses ist der eigenartige, unten Anm. 10 näher dargelegte Rechtszustand der Gesellschaft. Ferner aber liegt in dem Beschlusse die Ermächtigung der sich bei der neuen Gesellschaft beteiligenden Aktionäre, dieser das ganze Vermögen der Aktiengesellschaft zuzuführen (unten Anm. 27).

Anm. 5. Der gefaßte Beschluß kann wegen Verletzung des Gesetzes oder des Statutes angefochten werden. Für die Anfechtung gilt § 271 HGB., für die Passivlegitimation eventuell § 308 HGB. Das Anfechtungsrecht kann nicht etwa mit Rücksicht darauf ausgeschlossen werden, daß sonst die Umwandlung unmöglich werde. Die Gesellschaftsorgane werden vielmehr zu erwägen haben, ob die Anfechtung voraussichtlich begründet erscheint — alsdann werden sie die Umwandlung nicht fortsetzen — oder ob sie nur zweifelhaft ist und eine vorsichtige Abwägung das Für und Wider es geraten erscheinen läßt, die Umwandlungsakte zunächst fortzusetzen und die Anmeldung der neuen Gesellschaft rechtzeitig innerhalb Monatsfrist zu bewirken. Oft werden sie sogar die Pflicht haben, die Anfechtungsklage einzureichen. Unmöglich wird die Umwandlung durch die Anfechtungsklage jedenfalls nicht, da sie für den Fall der Abweisung der Anfechtungsklage gesichert ist, falls nur die neue Gesellschaft innerhalb Monatsfrist angemeldet wird.

Anm. 6. An den Hauptakt des Auflösungsbeschlusses schließt sich dann als Nebenakt die Anmeldung des Beschlusses gemäß § 293 HGB. Dieselbe kann erzwungen werden gemäß § 14 HGB. Zwar kann die Anmeldung der neuen Gesellschaft nicht erzwungen werden (s. unten Anm. 36). Allein das erstreckt sich auf die hier vorliegende Anmeldung der Auflösung der Aktiengesellschaft nicht, und zwar aus guten Gründen. Denn wenn diese Auflösung nicht zur Umwandlung führt, so muß die Liquidation eintreten, und deshalb muß die Auflösung vom Registergericht kontrolliert werden (KGJ. 19, 10).

Anm. 7. Hieran schließt sich dann als weiterer Nebenakt die Eintragung des Beschlusses (§ 293 HGB.) und die Veröffentlichung desselben durch das Handelsregistergericht gemäß § 10 HGB.

Anm. 8. Die Eintragung ist übrigens nicht Vorbedingung der Gültigkeit des Auflösungsbeschlusses, es sei denn, daß sie eine Statutenänderung in sich schließt, was der Fall ist, wenn nach dem Gesellschaftsvertrage die Gesellschaft erst in einer bestimmten späteren Zeit ihre Endschaft erreichen soll (vgl. Anm. 11 zu § 60).

Anm. 9. Es unterbleibt aber die Ernennung und Anmeldung von Liquidatoren, wie sie in den §§ 295 und 296 HGB. vorgeschrieben ist, und die in § 297 HGB. vorgesehene Aufforderung an die Gläubiger, sich zu melden (vgl. jedoch § 81 Abs. 3 unseres Gesetzes).

Anm. 10. Der Rechtszustand der Gesellschaft in diesem Stadium, zwischen der eingetragenen Auflösung und der Eintragung der neuen Gesellschaft, ist ein ganz eigenartiger. Es ist eine Gesellschaft, deren Zweck und Gegenstand darin besteht, in eine

GmbH. umgewandelt zu werden. Der Beschluß ist nicht etwa suspensiv bedingt durch die Umwandlung, sondern er ist definitiv (KGJ. 19, 10). Die Gesellschaft ist also aufgelöst, aber sie tritt nicht in Liquidation. Sie besteht als eine in der Umwandlung begriffene, zur Umwandlung bestimmte Gesellschaft. Sie wird nach wie vor geleitet durch den Vorstand, dessen Aufgabe es ist, alles zu tun, was erforderlich ist, um die beschlossene Umwandlung durchzuführen. Das Unternehmen der Gesellschaft darf der Vorstand weiterbetreiben, damit das Unternehmen als solches in die neue Gesellschaft übergeleitet wird. Dadurch verändert sich allerdings der Bestand des Gesellschaftsvermögens, und das Gesellschaftsvermögen geht in dem Zustande über, in welchem es sich zur Zeit der Anmeldung der neuen Gesellschaft befindet. Die nach Abs. 4 aufzunehmende Bilanz ist nur eine Grundlage für die Berechnung der Beteiligungsquoten, sie bedeutet nicht etwa, daß der neuen Gesellschaft gerade dieser Vermögensbestand intakt zugeführt werden muß. Vielmehr kann sich der Vermögensbestand in der Zwischenzeit bis zur Eintragung verändern, größer und kleiner werden. Die Gefahr dieser Veränderungen trägt die neue Gesellschaft. Es wird ihr dasjenige Vermögen zugeführt, welches ein im Verkehr stehendes Aktienunternehmen gehabt hat, in demjenigen Bestande, welchen das während der Dauer der Transaktion fortgeführte Unternehmen zur Zeit der Eintragung der neuen Gesellschaft hat. Wenn zwischen Auflösung und Eintragung Konkurs ausbricht, scheitert die ganze Transaktion. — Der Vorstand kann aber nicht für befugt erachtet werden zu Rechtshandlungen, welche mit der beabsichtigten Umwandlung in eine GmbH. unverträglich sind. Insoweit ist die Vertretungsbefugnis des Vorstandes eingeschränkt, und Rechtshandlungen des Vorstandes, welche offensichtlich einen derartigen Verstoß enthalten, sind für die Gesellschaft unverbindlich. — Außer der Verwaltung des Gesellschaftsvermögens hat der Vorstand die weitere Verpflichtung, dafür zu sorgen, daß die Errichtung der neuen Gesellschaft ohne Verzug erfolgt und rechtzeitig angemeldet wird. — Auch die übrigen Organe der Gesellschaft bestehen fort. Die Generalversammlung muß sogar in Aktion treten, nämlich zu dem Zwecke der Genehmigung der Beteiligungsbilanz. Aber unzutreffend ist es, wenn Müller S. 29 meint, das sei ihre einzige Funktion. Sie kann selbstverständlich nichts tun, was dem Wesen dieses eigentümlichen Zwischenstadiums und dem Endziel, der Umwandlung in eine GmbH., widerspricht. Sie kann insbesondere nicht die anderweite Veräußerung des gesamten Gesellschaftsvermögens beschließen, nicht das Kapital erhöhen oder herabsetzen. Sie kann aber die Statuten ändern, dies jedoch nur mit derjenigen Majorität, mit welcher die Auflösung beschlossen wird. Denn nur die Mehrheit, welche die Auflösung beschlossen hat, kann beschließen, daß es trotz der Veränderung der Verfassung bei der Umwandlung verbleiben soll. Sie kann ferner sonstige Beschlüsse fassen, welche die Natur eines Verwaltungsbeschlusses haben, so z. B. wenn nach den Statuten die Generalversammlung den Vorstand anzustellen hat. Sie kann ferner den Vorstand abberufen, Aufsichtsratsmitglieder wählen u. s. w. § 80.

Der Beschluß kann auch nicht suspensiv bedingt gefaßt werden, d. h. in dem Sinne, daß er überhaupt nur gelten soll für den Fall, daß die neue Gesellschaft errichtet wird, so daß also die Gesellschaft nicht als aufgelöst gilt, wenn die neue Gesellschaft nicht errichtet wird. Ein solcher Beschluß würde die eigenartige Rechtswirkung des vorliegenden Paragraphen nicht erzeugen können. Er würde nicht die Wirkung haben, daß die sich an der neuen Gesellschaft beteiligenden Gesellschafter die Machtbefugnis haben, der neuen Gesellschaft das gesamte Gesellschaftsvermögen der alten Gesellschaft zuzuführen. Liebmanns entgegengesetzte Ansicht ist nicht zutreffend. Anm. 11.

3. **Der dritte Hauptakt ist die Genehmigung der Beteiligungsbilanz.** Jeder Aktionär kann sich mit seinem an der Aktiengesellschaft ihm zustehenden Anteil an der neuen Gesellschaft beteiligen. Wer sich nicht beteiligt, muß wegen seines Anteils mit Geld abgefunden werden (§ 81). Für beide Zwecke wird sein Anteil berechnet auf Grund einer Bilanz, welche der Generalversammlung zur Genehmigung vorzulegen ist. Eine gesetzliche Verpflichtung zur Auslegung dieser Bilanz vor der Generalversammlung oder der ab- Anm. 12.

§ 80. schriftlichen Mitteilung oder der Veröffentlichung besteht nicht. Der § 163 HGB. ist nicht anwendbar. Er bezieht sich nur auf die Jahresbilanz (vgl. aber auch oben Anm. 3).

Dieser dritte Hauptakt kann mit dem zweiten (dem Auflösungsbeschluß) und auch mit dem vierten (der Gesellschaftserrichtung) verbunden werden. Die Verbindung mit dem zweiten Hauptakte, dem Auflösungsbeschlusse, hält Neukamp Anm. 1a dann nicht für möglich, wenn eine Statutenänderung im Auflösungsbeschlusse liegt. Allein es steht nichts entgegen, eine Statutenänderung zu beschließen, und für den Fall ihrer Eintragung diejenigen weiteren Beschlüsse zu fassen, die zur Ausführung des Statutenänderungsbeschlusses dienen (vgl. Anm. 8 zu § 54; auch Staub HGB. Anm. 4 zu § 277).

Anm. 13. Die betreffende Generalversammlung muß den allgemeinen Vorschriften über Generalversammlungen von Aktiengesellschaften entsprechen. Insbesondere kann die betreffende Generalversammlung von jedem zur Einberufung zuständigen Organ einberufen werden. Die Tagesordnung muß gehörig bekannt gemacht werden. Ihre Beschlüsse bedürfen der gerichtlichen oder notariellen Beurkundung. Ferner ist nach unserem Abs. 4 eine Mehrheit von $^3/_4$ des in der Generalversammlung vertretenen Grundkapitals erforderlich. Was dies bedeutet, siehe Anm. 4 zu § 51.

Anm. 14. Was die Beschaffenheit der Bilanz betrifft, so kann zunächst nicht zweifelhaft sein, daß sie auf den Zeitpunkt der Auflösung gemeint ist (Müller 30). Das ist bei einer Gesellschaft, die ein im Betriebe befindliches Geschäft hat, unmöglich. Eine Bilanz setzt eine vorgehende Aufnahme voraus. Die Aufnahme kann nicht erst an dem Tage erfolgen, an dem über die Bilanz beschlossen wird. Es finden seit dem Tage der Inventur und dem Abschlusse der Konti fortwährend Änderungen statt. Das muß auch hier mit in den Kauf genommen werden. Selbstverständlich kann aber trotz dieses Momentes nicht eine beliebige frühere Bilanz oder ein beliebiger früherer Bilanztag gewählt werden. Die Bilanz ist zum Zwecke der Umwandlung errichtet und hat dem Tage des Beschlusses sich möglichst zu nähern.

Anm. 15. Aus dem Zwecke der Bilanz folgt noch ein weiteres. Es kann nicht zweifelhaft sein, daß die Vorschriften des § 261 HGB. nicht Platz greifen. Sie soll ja keine Gewinnverteilungsbilanz sein, sondern sie soll die Lage des gesamten Vermögens der Gesellschaft ergeben, damit festgestellt werde, wie hoch der Anteil jedes einzelnen Aktionärs an demselben ist. Es liegt also eine reine Vermögensbilanz vor, sie hat insofern denselben Charakter wie die Liquidationseröffnungsbilanz (vgl. Staub HGB. Anm. 6 zu § 299). Der Unterschied von dieser besteht jedoch darin, daß sie die Vermögensgegenstände zu denjenigen Werten einzustellen hat, den sie für das bestehende Unternehmen haben, denn dieses Unternehmen soll ja wirtschaftlich fortgeführt werden. (Simon Bilanzen 463.) Demgemäß fällt einerseits die Vorschrift weg, daß gewisse Vermögensgegenstände höchstens mit dem Anschaffungspreise anzusetzen sind, während andererseits auch nicht der Liquidationswert (Versilberungs- oder Schmelzwert) zum Ansatz kommt. Es kommt überall der wahre Geschäftswert in Ansatz. Reservenkonten haben in dieser Bilanz keinen Raum. Die Einstellung des Grundkapitals unter die Passiva unterliegt aber keinem Bedenken, trägt vielmehr unter Umständen dazu bei, den Anteil jedes einzelnen Aktionärs an dem gesamten Vermögen übersichtlich vor Augen zu führen.

Anm. 16. Mehr als der wahre Wert darf schon deshalb nicht in Ansatz kommen, damit die neue Gesellschaft nicht „übergründet" wird und nicht Geschäftsanteile geschaffen werden in einer Höhe, die dem wahren Werte der der Gesellschaft zugeführten Gegenstände nicht entspricht, aber auch deswegen, weil ja sonst die ausscheidenden Aktionäre eine zu hohe Abfindung erhalten würden. Der Einstellung der Aktiva zu einem geringeren als dem wahren Wert steht dagegen nichts entgegen. Die Gesellschaft wird dann auf solider Basis gegründet und hat stille Reserven. Aber die Aktionäre haben hiergegen ein Einspruchsrecht, weil ihre Beteiligung an der neuen Gesellschaft und die Abfindung der ausscheidenden Aktionäre zu gering wird. (Über das Anfechtungsrecht siehe unten Anm. 17.)

Auf Grund dieser Bilanz wird der Anteil jedes einzelnen Aktionärs berechnet. Gibt es nur eine Gattung von Aktien, so ist die Berechnung einfach. Sie beruht dann einfach auf den Regeln der Arithmetik. Wenn das Vermögen einen Wert von $1^1/_2$ Millionen hat, bei einem Grundkapital von einer Million und 1000 Aktien zu 1000 M., so ist jede Aktie zu 1500 M. beteiligt. Aber bei verschiedenen Gattungen von Aktien kann oft die Berechnung einer weiteren Schätzung bedürfen. Entscheidend ist in solchem Falle der statutenmäßige Anteil der Aktien bei der Ausschüttung des Gesellschaftsvermögens. Überall dort, wo die Berechnung des Anteils sich nicht ohne weiteres durch einfache ziffermäßige Berechnung aus der Bilanz ergibt, muß die Feststellung ebenfalls durch die Generalversammlung erfolgen. Sonst wäre der Bilanzgenehmigungsbeschluß nicht vollständig, da keine ausreichende Grundlage für die Umwandlung vorhanden wäre. § 80.

Der Bilanzgenehmigungsbeschluß kann auch gemäß §§ 271 ff. HGB. angefochten werden (Müller 35). Die Umwandlung wird durch die Anfechtungsklage allein nicht in Frage gestellt, wie Simon § 123 und Liebmann Anm. 4 meinen. Die einmonatliche Frist des Abs. 5 wird ja durch die Anmeldung der neuen Gesellschaft gewahrt. Ist die Anfechtung von Erfolg begleitet, so zerfällt natürlich die ganze Transaktion. Die Anfechtung folgt den Regeln der §§ 271, 272. Auf unrichtige Schätzung kann die Anfechtung nicht ohne weiteres gestützt werden, sondern nur dann, wenn die Wertansätze auf Willkür oder bösem Willen beruhen (vgl. Staub HGB. Anm. 6 zu § 261). Im übrigen kann die Anfechtung sowohl wegen zu niedriger als wegen zu hoher Schätzung erfolgen. Das erstere beschwert die verbleibenden und die ausscheidenden Aktionäre, das letztere jedenfalls die verbleibenden Aktionäre, weil dadurch die Abfindung der ausscheidenden sich über Gebühr erhöht (vgl. oben Anm. 15). Anm. 17.

An diesen Hauptakt schließt sich als Nebenakt die Einreichung des Bilanzgenehmigungsbeschlusses zum Handelsregister (§ 259 Abs. 5 HGB.).

4. **Der vierte Hauptakt ist die Errichtung der GmbH.** Anm. 18.

Hierfür bestehen folgende Vorschriften:

a) Zur Beteiligung zugelassen müssen alle Aktionäre werden. Dies ergibt sich ja schon aus der Vorschrift, daß allen Aktionären Gelegenheit gegeben werden muß, sich zu beteiligen (oben Anm. 1).

b) Beteiligen müssen sich so viel Aktionäre, daß ihre Aktien zusammengezählt mindestens $^3/_4$ des Grundkapitals der aufgelösten Gesellschaft darstellen. Dabei ist es nicht notwendig, daß diejenigen Aktionäre, welche den Auflösungsbeschluß gefaßt haben, auch an der Errichtung der neuen Gesellschaft teilnehmen. Vielmehr können es auch andere Aktionäre sein, sofern nur der Gesamtbetrag der sich an der Errichtung beteiligenden Aktien $^3/_4$ des Grundkapitals der Aktiengesellschaft erreicht. Dabei handelt es sich lediglich um $^3/_4$ des nominellen Grundkapitals. Das ist so deutlich ausgesprochen, daß ein Zweifel nicht hätte aufkommen sollen und es kaum zu begreifen ist, wie in der Literatur statt dessen die Ansicht aufgestellt werden konnte, die Aktien müßten $^3/_4$ des gesamten Gesellschaftsvermögens darstellen. Bestehen verschiedene Gattungen von Aktien, von denen die einen geringeren Anteil an dem Ausschüttungsvermögen haben, als die anderen, so entscheidet lediglich der Nennbetrag der Aktien und das Verhältnis dieses Nennbetrages zum ziffermäßigen Gesamtbetrage des Grundkapitals. Unter Umständen liegt darin eine Unbilligkeit. Wenn z. B. die Aktiengesellschaft ein Grundkapital von 2 Millionen M. hat, davon 500000 M. Vorzugsaktien und $1^1/_2$ Millionen M. Stammaktien, welche statutenmäßig einen geringeren Anteil am Ausschüttungsvermögen haben, so genügt es doch, wenn unter den sich bei der Errichtung der neuen Gesellschaft beteiligenden Aktionären lauter Stammaktionäre befinden. Diese führen dann durch den Akt der Errichtung der neuen Gesellschaft dieser das gesamte Gesellschaftsvermögen zu, an welchem sie doch nur einen geringen Anteil haben! Gleichwohl ist diese Ansicht die allein zutreffende, da der Wortlaut des Gesetzes klar ist und eine abweichende Ansicht nicht zuläßt. Die Unbilligkeit wird vielleicht deshalb nicht häufig vorkommen, weil mit den Vorzugsaktien wohl meist ein höheres Stimmrecht verbunden Anm. 19.

§ 80. sein wird, mittels dessen die Vorzugsaktionäre sich einer ihnen ungünstigen Umwandlung widersetzen können.

Anm. 20. c) Jeder Aktionär kann sich mit seinem ganzen Aktienbestande bei der Errichtung der neuen Gesellschaft beteiligen oder auch nur mit einem Teile desselben. Besitzt er mehrere Aktien und beteiligt er sich mit einem Teile derselben an der neuen Gesellschaft, so kann er den Auflösungsbeschluß nicht mehr anfechten (RG. 33, 92).

Anm. 21. d) Ferner kann sich jeder Aktionär nur mit dem vollen Vermögenswerte derjenigen Aktien, mit welchen er sich beteiligen will, beteiligen, und zwar mindestens mit dem vollen Betrage einer Aktie, was Müller 43 mit Unrecht bestreitet. Er kann nicht mit einem Teile der auf eine Aktie entfallenden Anteilsquote sich bei der Gründung der neuen Gesellschaft beteiligen und mit einem Teile sich ausschließen und Geldabfindung verlangen. Das ergibt der Abs. 3 deutlich. Denn danach ist den Aktionären Gelegenheit zu geben, „sich mit dem auf ihre Aktien entfallenden Anteil am Vermögen der aufgelösten Gesellschaft bei der neuen Gesellschaft zu beteiligen". Damit ist die Art der Beteiligung klar und deutlich gekennzeichnet. Eine andere Art der Beteiligung, als mit dem vollen auf mindestens eine Aktie entfallenden Anteil am Vermögen der aufgelösten Gesellschaft ist im Gesetze nicht zugelassen. Das gilt insbesondere auch dann, wenn der Anteil des Aktionärs an dem Vermögen der aufgelösten Aktiengesellschaft sich seiner ziffermäßigen Höhe nach wegen der Sondervorschriften unseres Gesetzes als Grundlage der Beteiligung bei einer GmbH. nicht eignet, wenn er z. B. 1450 M. beträgt. Er ist dann nicht in Mark durch 100 teilbar (§ 5 unseres Gesetzes). In solchem Falle muß eine Abrundung seiner Beteiligungsziffer erfolgen, und zwar nach oben oder nach unten. Erfolgt sie nach oben, so muß der Aktionär zuzahlen. Erfolgt sie nach unten, so kann dies nicht dadurch geschehen, daß dem Gesellschafter der überschießende Betrag zurückgezahlt wird, weil er sich eben mit dem vollen Betrage derjenigen Aktien, mit welchen er sich beteiligt, beteiligen muß. Vielmehr könnte die Abrundung nur dadurch erfolgen, daß der Gesellschafter sich mit dem nach unten abgerundeten Geschäftsanteil ohne Herauszahlung der Differenz zufrieden erklärt. Aus solchen Schwierigkeiten herauszukommen, ist eben Sache der Vereinbarung. Bei der Gründung der neuen Gesellschaft müssen die Interessenten sehen, wie sie sich über derartige Abrundungen verständigen. Gelingt dies nicht, so ist eben der Versuch der Umwandlung gescheitert.

Anm. 22. e) Das Beteiligungsrecht haftet an der Aktie, nicht etwa an der Person. Es ist zulässig, daß zwischen Auflösung und Umwandlung das Aktionärrecht übertragen wird. Berechtigt zur Teilnahme an der neuen Gesellschaft ist derjenige, der zur Zeit der Errichtung der Aktiengesellschaft gegenüber als Aktionär zu betrachten ist.

Anm. 23. f) Das Stammkapital der neuen Gesellschaft darf nicht geringer sein, als das Grundkapital der aufgelösten Gesellschaft (Abs. 2). Auch dies ist rein ziffermäßig zu verstehen. Das Grundkapital der alten Gesellschaft braucht durchaus nicht dem Werte des Gesellschaftsvermögens gleichzukommen. Das letztere kann größer sein, ohne daß dies aus der Bilanz hervorgeht, indem vielleicht die Aktiva niedriger angesetzt sind, als ihr wahrer Wert beträgt. Die nach Abs. 4 aufzustellende Beteiligungsbilanz (siehe oben Anm. 14) ergibt in solchem Falle ein Mehr des Gesellschaftsvermögens über das Grundkapital. In diesem Falle kann das Stammkapital der neuen Gesellschaft die Ziffer des Grundkapitals der aufgelösten Aktiengesellschaft auch dann übersteigen, wenn sich nicht alle Aktionäre an der neuen Gesellschaft beteiligen. Ist z. B. das in gleichberechtigte Aktien zerlegte Grundkapital der Aktiengesellschaft 1 Million M., beträgt aber das Gesellschaftsvermögen derselben (Aktiva minus Schulden) 2 Millionen M., so wird, wenn sich Aktionäre mit Aktien im Gesamtbetrage von $^3/_4$ des Aktienkapitals bei der neuen Gesellschaft beteiligen, dieser ein Vermögen von 1 500 000 M. zugeführt, und die neue Gesellschaft kann daher ein Stammkapital von 1 500 000 M. erhalten, also ein Stammkapital, welches größer ist als die Ziffer des Grundkapitals der alten Gesellschaft, obwohl sich nicht einmal alle Aktionäre bei der Errichtung der neuen Gesellschaft beteiligt haben. Selbstverständlich steht aber auch einer Abmachung auf der Basis, daß trotz des Mehrwertes des Vermögens der Aktiengesellschaft über den Nennwert hinaus die neue Gesellschaft dasselbe Stammkapital habe, nichts im Wege. Nur müssen alle Aktionäre damit einverstanden sein. § 80.

Wenn aber die aufgelöste Aktiengesellschaft eine aktienrechtliche Unterbilanz hat, d. h. eine Bilanz, bei welcher das reine Gesellschaftsvermögen (Aktiva minus Schulden) geringer ist als das Grundkapital, so kann das Stammkapital der neuen Gesellschaft nicht ohne weiteres die Höhe des Grundkapitals der alten Gesellschaft erreichen. Denn die neue Gesellschaft muß auf reeller Grundlage errichtet werden. Nach den Vorschriften unseres Gesetzes muß ja jeder Geschäftsanteil der wirklichen Einlage entsprechen (§ 14). Wird ihr also ein Vermögen zugeführt, welches seinem Werte nach geringer ist als das Grundkapital der alten Gesellschaft, so kann sie ihren Gesellschaftern nicht Geschäftsanteile zuteilen, deren Gesamthöhe eine Stammkapitalsziffer ergeben würde, welche gleichkommt der Ziffer des Grundkapitals der alten Gesellschaft. Hier muß in der Weise ausgeholfen werden, daß die sich beteiligenden Gesellschafter ihre Stammeinlagen durch Zuzahlung erhöhen (dann erhalten sie entsprechend höhere Geschäftsanteile und es erhöht sich die Ziffer des Stammkapitals) oder dadurch, daß sich außer den bisherigen Aktionären fremde Personen bei der Errichtung der Gesellschaft beteiligen. Beides ist zulässig (vgl. unten Anm. 25). Versagt der Versuch dieser Aushilfe, dann ist die Umwandlung nicht ausführbar. Denn geringer als das Grundkapital der alten Gesellschaft darf das Stammkapital der neuen Gesellschaft nicht sein. Anm. 24.

Höher als die Grundkapitalsziffer der alten Gesellschaft kann das Stammkapital der neuen Gesellschaft immer sein, sogar auch dann, wenn das Stammkapital hinter der Ziffer des ihr zugeführten Gesellschaftsvermögens zurückbleibt. Denn es kann durch Erhöhung der Einlagen der sich beteiligenden Gesellschafter und entsprechende Zuzahlungen oder durch Beteiligung fremder Personen eine Erhöhung und Vermehrung der Stammeinlagen und dadurch eine Erhöhung des Stammkapitals erzielt werden. Anm. 25.

g) **Die Beteiligung an der neuen Gesellschaft erfolgt durch die Teilnahme an dem Abschlusse eines Gesellschaftsvertrages, welcher den Vorschriften unseres Gesetzes entsprechen muß.** Anm. 26.

α) Es muß also gemäß § 2 in gerichtlicher oder notarieller Form ein Gesellschaftsvertrag abgeschlossen werden.

β) Der Gesellschaftsvertrag muß gemäß § 3 enthalten: die Firma und den Sitz der Gesellschaft. Die Firma kann die der Aktiengesellschaft (selbstverständlich mit den aus § 4 sich ergebenden Änderungen; vgl. unten Anm. 28), sie kann aber auch eine andere sein. — Das Gleiche gilt vom Sitze der Gesellschaft. Keineswegs ist erforderlich, daß die neue Gesellschaft den Sitz der alten Gesellschaft fortsetzt. Das Gegenteil nimmt Müller 38 an, weil dadurch die Kontinuität des Unternehmens wesentlich in Frage gestellt werde. Der Grund ist nicht einleuchtend. — Der Gesellschaftsvertrag muß ferner enthalten den Gegenstand des Unternehmens und den Betrag des Stammkapitals. Nach § 3 Nr. 4 muß der Gesellschaftsvertrag ferner enthalten den Betrag der von jedem Gesellschafter auf das Stammkapital zu leistenden Einlagen (Stammeinlagen). Ganz wörtlich kann diese Bestimmung hier nicht befolgt werden. Denn soweit die Beteiligung an der neuen Gesellschaft erfolgt mit dem auf die Aktien entfallenden Vermögensanteil an der Aktiengesellschaft, liegt keine eigentliche Stammeinlage im Sinne des Gesetzes vor. Der Rechtsvorgang ist vielmehr folgender: Kraft der Machtbefugnis, welche den sich beteiligenden Aktionären durch den Auflösungsbeschluß nach Abs. 1 beigelegt ist, führen diese das gesamte Gesellschaftsvermögen der aufgelösten Gesellschaft durch den Errichtungsakt der neuen Gesellschaft zu. Auch wenn nicht alle Aktionäre sich bei der Errichtung der neuen Gesellschaft beteiligen, so führen doch die sich bei der Errichtung der neuen Gesellschaft beteiligenden Aktionäre dieser das gesamte Vermögen zu, nur daß das Vermögen in Anm. 27.

§ 80. diesem Falle belastet wird durch die Ansprüche der ausscheidenden Gesellschafter auf Auszahlung der ihnen zustehenden Abfindungen. Die sich beteiligenden Aktionäre machen durch die Zuführung des gesamten Vermögens der alten Gesellschaft gewissermaßen eine gemeinsame Einlage: sie führen alle insgesamt der neuen Gesellschaft das Vermögen der alten Gesellschaft zu und zwar durch Errichtung des Gesellschaftsvertrages. Denn durch die Eintragung der neuen Gesellschaft geht von Rechtswegen das Vermögen auf die neue Gesellschaft über (§ 81 Abs. 1). Die Einlage, die sie zu leisten haben, leisten sie also durch die Erklärung, daß sie sich mit den betreffenden Vermögensanteilen bei der neuen Gesellschaft beteiligen. Als Äquivalent hierfür wird ihnen ein diesem Vermögensanteile im Werte entsprechender Geschäftsanteil zugeteilt.

Ferner muß noch § 3 Abs. 2 beachtet werden.

Anm. 28. γ) Die Firma der neuen Gesellschaft muß den Vorschriften des § 4 entsprechen. Sie muß also insbesondere auf alle Fälle den Zusatz „mit beschränkter Haftung" erhalten, und der Zusatz „Aktiengesellschaft" muß fortfallen. Daß die Identität der Firma, wenn es auf diese ankommt, dadurch nicht gestört wird, geht aus Anm. 21 zu § 4 hervor.

Anm. 29. δ) Gemäß § 5 muß das Stammkapital mindestens 20000 M. betragen. Ist der Wert dessen, was die Aktionäre durch ihre Beteiligung der Gesellschaft zuführen, geringer, so muß das Fehlende durch weitere Einlagen der sich beteiligenden Aktionäre oder Dritter ergänzt werden (oben Anm. 25).

Anm. 30. Ferner muß nach § 5 die Stammeinlage jedes Gesellschafters mindestens 500 M. betragen. Betrug der Vermögensanteil eines Aktionärs an der alten Gesellschaft weniger an Wert, so kann seine Beteiligung bei der neuen Gesellschaft nur erfolgen, wenn er weitere Einlagen leistet. Nur in diesem Falle kann ihm ein Geschäftsanteil von 500 M. zugeteilt werden (vgl. oben Anm. 21).

Anm. 31. Ferner kann jeder Gesellschafter nur eine Stammeinlage übernehmen. Sein mehrfacher Aktienbesitz verwandelt sich daher in einen einzigen Geschäftsanteil.

Anm. 32. Jeder Stammanteil muß ferner nach § 5 durch Mark in 100 teilbar sein. Eventuell muß die Abrundung nach oben oder nach unten erfolgen (hierüber oben Anm. 21).

Anm. 33. Auch Sacheinlagen können außer der Zuführung des Gesamtvermögens der alten Gesellschaft geleistet werden, und zwar sowohl von den Aktionären, welche sich beteiligen, als auch von dritten Personen, welche als weitere Gesellschafter hinzutreten (oben Anm. 25). Alsdann ist § 5 Abs. 4 zu beachten.

Anm. 34. ε) Nach § 6 müssen auch Geschäftsführer bestellt werden.

Anm. 35. b) An den Hauptakt der Errichtung der Gesellschaft schließt sich der Nebenakt der Anmeldung derselben.

α) Dieselbe muß nach Abs. 5 unseres Paragraphen spätestens binnen einem Monat nach Auflösung der Aktiengesellschaft erfolgen. Die Frist beginnt regelmäßig mit dem Auflösungsbeschluß, außer wenn derselbe eine Statutenänderung enthält. In diesem letzteren Falle beginnt die Frist erst mit der Eintragung des Auflösungsbeschlusses in das Handelsregister, weil erst mit dieser der Auflösungsbeschluß seine Wirksamkeit erlangt (oben Anm. 8).

Erfolgt die Anmeldung innerhalb eines Monats nicht, so bleibt die Gesellschaft aufgelöst und tritt nunmehr in Liquidation, sie kann aber nach § 307 HGB. fortgesetzt werden (vgl. unten Anm. 39).

Anm. 36. β) Die Anmeldung erfolgt durch sämtliche Geschäftsführer der neuen Gesellschaft (§ 78). Sie kann durch Ordnungsstrafe nicht erzwungen werden (§ 79). Aber die Geschäftsführer verletzen ihre Pflicht, wenn sie die Anmeldung, und insbesondere die rechtzeitige Anmeldung unterlassen (vgl. Anm. 1 zu § 7). Die Anmeldung erfolgt in beglaubigter Form (§ 12 HGB.). Sie hat zu erfolgen bei dem Gerichte, wo die neue Gesellschaft ihren Sitz haben soll (§ 7 unseres Gesetzes). Darüber, ob auch die Person des Geschäftsführers anzumelden ist, vgl. Anm. 3 zu § 7. Sollen Zweigniederlassungen errichtet werden, so greift § 12 unseres Gesetzes Platz. Der § 7 Abs. 2 unseres Gesetzes kommt insoweit nicht zur Anwendung, als es sich um die Vermögensanteile der bisherigen

Aktionäre handelt, sondern nur insoweit, als es sich um neue Einlagen handelt. Denn § 80. in ersterer Beziehung kommt in Betracht, daß den Geschäftsführern das Vermögen der alten Gesellschaft im Gründungsstadium nicht ausgeantwortet, sondern von der alten Gesellschaft verwaltet wird, bis es nach Eintragung der neuen Gesellschaft von Rechtswegen auf die neue Gesellschaft übergeht. Von § 8 findet Abs. 1 Nr. 1—4 Anwendung. Insbesondere muß auch die etwa erforderliche Staatsgenehmigung beigefügt werden, welche auf die neue Gesellschaft lauten muß. Sie wird nicht dadurch überflüssig, daß die Aktiengesellschaft die staatliche Genehmigung hatte. Die beiden Gesellschaften sind ja nicht einmal identisch, und die Staatsbehörde kann überdies einer Aktiengesellschaft, zumal wenn sie auf veränderter vermögensrechtlicher Basis beruht, gestatten, was sie einer GmbH. nicht gestatten möchte. Müller 39 übersieht diese Erwägungen und kommt nur dadurch zur entgegengesetzten Ansicht. Ferner kommt § 8 Abs. 3 (Zeichnung der Unterschrift durch die Geschäftsführer zur Aufbewahrung bei dem Gericht) zur Anwendung. Dagegen § 8 Abs. 2 nur insoweit, als es sich um neue Einlagen handelt, während das bisherige Gesellschaftsvermögen von Rechtswegen auf die neue Gesellschaft übergeht, sobald die Gesellschaft eingetragen ist (§ 81). Das ist aber auch der früheste Zeitpunkt. Die Geschäftsführer der GmbH. sind daher gar nicht in der Lage, die Versicherung abzugeben, daß die Leistungen an sie in ihrer Eigenschaft als Geschäftsführer der neuen Gesellschaft bewirkt sind und sich in ihrer freien Verfügung zu Gunsten der neuen Gesellschaft befinden.

Die Funktion der Geschäftsführer erschöpft sich im Gründungsstadium in der Anmeldung der neuen Gesellschaft und der Verwahrung und der Verwaltung der außer dem der alten Gesellschaft gehörenden Vermögen etwa gemachten Einlagen. Der Vorstand der alten Gesellschaft fungiert als solcher zunächst weiter. Er verwaltet das Vermögen der alten Gesellschaft. Mit der Eintragung der neuen Gesellschaft hört die Funktion des Vorstandes der alten Gesellschaft auf. Die Aktiengesellschaft geht in diesem Augenblicke unter. Das gesamte Vermögen der alten Gesellschaft geht von Rechtswegen auf die neue über (§ 81). Anm. 37.

γ) Erfolgt die Anmeldung, so hat der Registerrichter zu prüfen, ob die Voraussetzungen der Abs. 1—5 unseres Paragraphen gegeben sind. Außerdem hat er selbstverständlich alles übrige zu prüfen, was seiner Prüfung unterliegt. Er ist überall berechtigt, wegen der Wahrheit der bei ihm angemeldeten Tatsachen Ermittelungen anzustellen (§ 12 FG.). Hinsichtlich der Bilanz hat er aber nicht zu kontrollieren, ob die Bilanzansätze zutreffen. Es genügt, daß eine dem Wesen einer Bilanz entsprechende Aufstellung gemacht ist und daß die Berechnung der Anteile nicht gegen die Regeln der Arithmetik verstößt. Überall dort, wo Schätzungen erforderlich sind, hat er weder das Recht noch die Pflicht, seinerseits nachzuprüfen und Feststellungen zu treffen, ob die Ansätze richtig sind. Anm. 38.

Erfolgt die Eintragung nicht, wird sie rechtskräftig zurückgewiesen, so bleibt die Gesellschaft aufgelöst und tritt in Liquidation. Sie kann aber nach § 307 HGB. fortgesetzt werden. Diese Fortsetzungsmöglichkeit setzt aber voraus, daß schon die Auflösung den Zweck der Umwandlung in eine GmbH. erkennen läßt (oben Anm. 8). Eigentümlicherweise ist für diesen Fortsetzungsbeschluß keine Frist bestimmt, so daß die solchergestalt in Liquidation getretene Gesellschaft jederzeit ihre Fortsetzung, d. h. ihre Rekonstruktion in eine lebende Gesellschaft beschließen kann. Anm. 39.

δ) Der § 9 unseres Gesetzes greift Platz. Anm. 40.

5. **Der fünfte Hauptakt der Umwandlung ist die Eintragung der Gesellschaft.** Für sie gilt § 10 unseres Gesetzes. Anm. 41.

Die Rechtswirkung der Eintragung ist, daß die alte Gesellschaft untergeht und das Vermögen der alten Gesellschaft auf die neue übergeht, daß ferner im Augenblicke dieses Überganges die ausscheidenden Aktionäre aus Gesellschaftern Gläubiger werden (näheres hierüber zu § 81).

An diesen fünften Hauptakt schließt sich als Nebenakt die Veröffentlichung der Eintragung durch das Registergericht nach § 10 Abs. 3 unseres Gesetzes. Anm. 42.

§ 80. Anm. 43. Oft wird gelehrt, daß sich als weiterer Nebenakt die Löschung der Firma der alten Gesellschaft anschließt (so Neukamp Anm. 1f). Das erscheint aber nicht zutreffend. Meist kann sie gar nicht gelöscht werden, nämlich wenn sie auf die neue Gesellschaft übergeht. Es könnte in diesem Falle höchstens eingetragen werden, daß sie auf die neue Firma übergegangen ist. Indessen wird bei der alten Gesellschaft überhaupt nichts weiter eingetragen. Die alte Gesellschaft ist ja gerade durch die Eintragung der neuen Gesellschaft untergegangen, und dieser Untergang ist aus dem Handelsregister durch die Eintragung der neuen Gesellschaft ersichtlich. Es wird sich aber der Ordnung und Übersichtlichkeit wegen empfehlen, daß bei der alten Gesellschaft ein Vermerk gemacht wird, wonach der im Auflösungsbeschluß hervorgehobene Zweck der Auflösung, nämlich die Umwandlung in eine GmbH., erreicht ist, und daß die neue Gesellschaft, und wenn sie eingetragen ist. Aber gesetzlich vorgeschrieben ist das nicht.

§ 301 HGB. kommt natürlich nicht zur Anwendung (vgl. Anm. 30 zu § 81). Auch § 302 HGB. kommt außer Anwendung, insbesondere sind die Bücher und Papiere der Gesellschaft nicht am dritten Orte zu verwahren, da sie mit dem ganzen Unternehmen auf die neue Gesellschaft übergehen.

Anm. 44. **Zusatz 1. Anfechtung und Nichtigkeit.** Die einmal eingetragene neue Gesellschaft kann nur gelöscht werden gemäß § 75 und § 144 FG. Ein Mangel in einem der anderen Momente des Umwandlungsaktes, die Gewährung der Beteiligungsmöglichkeit an die Aktionäre, die Feststellung der Beteiligungsbilanz u. s. w. berühren niemals die Gültigkeit der GmbH. (vgl. Anm. 3ff. zu § 75). Werden die aktienrechtlichen Beschlüsse, auf Grund deren die Einbringung des Vermögens der Aktiengesellschaft in die GmbH. erfolgte, angefochten, so entzieht dies der letzteren das Vermögen. Es liegt ein Grund zur Auflösungsklage vor (§ 61). Es kann der Registerrichter aber nicht auf Grund des § 142 FG. zur Löschung schreiten. Wenn also die Anfechtung des Auflösungsbeschlusses erfolgt, so wird der Registerrichter, wenn ihm die Anfechtung begründet erscheint, gut tun, nach § 127 FG. die Eintragung auszusetzen. Daß aber das aktienrechtliche Anfechtungsrecht gegenüber der neuen Gesellschaft besteht, wie Liebmann Anm. 7 sagt, ist nicht ganz richtig. Die Aufhebung der Beschlüsse der Aktiengesellschaft kann nur mittelbar die Auflösung der GmbH. nach sich ziehen. Wenn umgekehrt die GmbH. für nichtig erklärt wird, so lebt auch dadurch die Aktiengesellschaft nicht auf. Die Folge der Nichtigkeit ist ja nur Liquidation der GmbH. Man muß eben unterscheiden zwischen einer überhaupt nicht entstandenen Gesellschaft und einer Gesellschaft, welche entstanden ist, aber mit Nichtigkeitsgründen (vgl. die Abhandlung von Dernburg in der Guttentagschen Festschrift für den 26. deutschen Juristentag 14). Diese letztere kann nur wieder durch Liquidation untergehen, aber nicht aus der Welt verschwinden, als wäre sie nie dagewesen. Nur wenn letzteres möglich wäre, könnte die aufgelöste Aktiengesellschaft wieder aufleben.

Anm. 45. **Zusatz 2. Stempelfragen.** Zunächst ist in Preußen der Stempel für Errichtung von Verträgen über GmbH. zu entrichten gemäß Tarifposition Nr. 25 des preußischen Stempelgesetzes (siehe Anm. 28 zu § 2; vgl. Heinitz 367). Sodann aber ist auch der in demselben Gesetze vorgesehene Einbringungsstempel zu entrichten, und zwar nicht nur, insoweit neue Einlagen gemacht werden, sondern auch insoweit, als die zum Gesellschaftsvermögen gehörigen Aktiva eingebracht werden (vgl. Anm. 33 zu § 5). Denn mag auch eine Sacheinlage im strengsten Wortsinne nicht vorliegen, weil ja nicht jeder Gesellschafter einen ihm gehörigen Vermögensgegenstand einlegt (siehe oben Anm. 27), so führen doch die sich beteiligenden Aktionäre kraft der ihnen durch den Auflösungsbeschluß beigelegten Machtbefugnisse der neuen Gesellschaft das bisherige Gesellschaftsvermögen zu, und das ist im Sinne des Stempelgesetzes eine „Einbringung". Das Gleiche wird ja auch bei der Fusion zweier Aktiengesellschaften angenommen, obgleich hier die Zuführung durch einen Vertrag der alten Gesellschaft mit der neuen erfolgt, nicht aber durch eine Sacheinlage seitens der einzelnen Aktionäre. An diesen Ausführungen ändert nichts die Entstehungsgeschichte des § 81 Abs. 1. Die dort erfolgte Anordnung des Überganges des Vermögens von Rechtswegen verdankt ihre Entstehung dem Bestreben, daß „nunmehr stempel- oder abgabepflichtige Rechtsgeschäfte hinsichtlich des Überganges des Vermögens nicht vorkommen" möchten. Dieser Erfolg ist auch insofern erzielt, als zur Übertragung des Eigentums nunmehr überhaupt kein Rechtsgeschäft mehr gehört, keine Übergabe und keine Auflassung. An der Stempelpflichtigkeit des Kausalgeschäfts, auf Grund dessen der Übergang des Eigentums erfolgt, ändert das aber nichts, wie ja auch bei der Fusion zweier Aktiengesellschaften, obwohl auch bei dieser das Eigentum durch Universalsukzession übergeht, das Kausalgeschäft, der Fusionsvertrag, nach der Ansicht des RG. dem Stempel unterliegt. § 80.

Zusatz 3. Der umgekehrte Fall: die Umwandlung einer GmbH. in eine Aktiengesellschaft ist gesetzlich nicht besonders geregelt. Diese Umwandlung kann erfolgen, indem die Gesellschaft ihr Vermögen in eine neu zu gründende Aktiengesellschaft inferiert (hierüber Anm. 25 und 27 zu § 60) oder indem die Gesellschafter ihre Anteile inferieren und dann die Aktiengesellschaft als Inhaberin sämtlicher Geschäftsanteile die Auflösung und die Übertragung des Vermögens der GmbH. auf sie selbst beschließt (hierüber Anm. 21 zu § 60). Anm. 46.

§ 81.

In dem Falle des § 80 geht das Vermögen der aufgelösten Gesellschaft einschließlich ihrer Schulden mit der Eintragung der neuen Gesellschaft in das Handelsregister auf diese von Rechts wegen über.

Jeder Aktionär, welcher bei der neuen Gesellschaft sich nicht beteiligt hat, kann von dieser die Auszahlung eines seinem Anteil an dem Vermögen der aufgelösten Gesellschaft entsprechenden Betrages verlangen.

Unverzüglich nach der Eintragung der neuen Gesellschaft in das Handelsregister sind die Gläubiger der aufgelösten Gesellschaft nach Maßgabe der Bestimmungen des § 297 des Handelsgesetzbuchs durch die Geschäftsführer der neuen Gesellschaft aufzufordern, sich bei dieser zu melden. Die Gläubiger, welche sich melden und der Umwandlung nicht zustimmen, sind zu befriedigen oder sicherzustellen. Die Geschäftsführer sind den Gläubigern der aufgelösten Gesellschaft persönlich und solidarisch für die Beobachtung dieser Vorschriften verantwortlich.

Der vorliegende Paragraph gibt Vorschriften über die Art, **wie sich der Übergang des Vermögens der aufgelösten Aktiengesellschaft auf die neue GmbH. vollzieht** (Abs. 1), darüber, welche Rechte die ausscheidenden Aktionäre haben (Abs. 2), und gibt endlich Vorschriften zu Gunsten der Gläubiger der aufgelösten Gesellschaft (Abs. 3). Einleitung.

I. (Abs. 1.) **Der Übergang des Vermögens der aufgelösten Gesellschaft auf die neue GmbH.** vollzieht sich, wie Abs. 1 sagt, von Rechtswegen. Es liegt eine Universalsukzession vor. Die aufgelöste Aktiengesellschaft geht unter. Ihr Vermögen und ihre Schulden gehen im Augenblicke der Eintragung der neuen Gesellschaft von Rechtswegen, d. h. ohne besonderen Übertragungsakt, auf die neuerrichtete und durch die Eintragung zur Entstehung gelangende GmbH. über. Der Rechtsvorgang ist der gleiche wie bei der Fusion. Wie bei dieser, geht die eine Gesellschaft unter, auf die andere geht das Vermögen der aufgelösten Gesellschaft über. Der Unterschied besteht nur darin, daß bei der Fusion diejenige Gesellschaft, auf welche das Vermögen der aufgelösten übergeht, schon besteht, hier dagegen erst mit der Eintragung entsteht und mit der Entstehung Eigentümerin des Vermögens der aufgelösten Gesellschaft wird. Aber Universalsukzession liegt hier wie dort vor. Anm. 1.

Die Gläubiger der Aktiengesellschaft können sich nunmehr direkt an die neu begründete GmbH. halten. Es ist ein Schuldnerwechsel eingetreten. Deshalb und weil das Vermögen der aufgelösten Aktiengesellschaft, belastet mit der Verbindlichkeit, die aus- Anm. 2.

§ 81. scheidenden Aktionäre abzufinden, auf die GmbH. übergeht, sind in Abs. 3 besondere Schutzvorschriften für die Gläubiger gegeben. Aber im übrigen ändert sich ihre materielle Rechtslage nicht. Die befristeten Forderungen werden nicht etwa durch die Umwandlung fällig. Die Entscheidung des RG. 9 S. 18, 21 muß auch hier entsprechende Anwendung finden. Unter besonderen Umständen kann der § 321 BGB. zur Anwendung gelangen, und wenn eine wesentliche Verschlechterung der Vermögensverhältnisse der Gesellschaft eintrat, daraufhin eine Verweigerung der an sich schuldigen Vorleistung gerechtfertigt erscheinen. In der Umwandlung allein liegt eine solche nicht.

Anm. 3. Prozesse, die für und gegen die übertragende Gesellschaft geschwebt haben, werden unterbrochen und wieder aufgenommen nach Maßgabe der §§ 239 ff. CPO. Die untergegangene Aktiengesellschaft wird hierbei behandelt, wie eine verstorbene und beerbte Partei. Rechtskräftige Schuldtitel, welche gegen die Aktiengesellschaft schon bestanden, sind gegen die GmbH. nach Maßgabe des § 727 CPO. umzuschreiben.

Anm. 4. Besondere Eigentumsübertragungsakte, Rechtsgeschäfte zum Zwecke der Eigentumsübertragung, finden nicht statt. Der Eigentumsübergang vollzieht sich eben von Rechtswegen, von selbst. Deshalb brauchen Grundstücke nicht aufgelassen zu werden (vgl. KGJ. 11, 129), Mobilien nicht übergeben zu werden, damit das Eigentum übergehe. Forderungen brauchen nicht zediert, Orderpapiere nicht indossiert zu werden. Bei Grundstücken erfolgt die Umschreibung auf einen einfachen Antrag. Dieser bewirkt nicht erst die Rechtsveränderung, sondern stellt nur die Übereinstimmung des Grundbuchs mit der bereits eingetretenen Rechtslage her. Das Grundbuch wird berichtigt. Gehören zu dem Vermögen der Aktiengesellschaft Geschäftsanteile einer GmbH., so bedarf es keiner Genehmigung der Übertragung. Der Fall steht auch hier dem des Erbganges gleich. Ist ein Geschäftsanteil für unvererblich erklärt (vgl. Anm. 2 zu § 15), so gilt dies nicht ohne weiteres für den Übergang von der Aktiengesellschaft auf die GmbH. Es müßte die Auslegung des Gesellschaftsvertrages besondere Momente ergeben, daß jede allgemeine Rechtsnachfolge ausgeschlossen sein soll, wenn die Konsequenz des Verbotes auf die hier in Frage stehende Universalsukzession gezogen werden soll.

Anm. 5. Auch der Besitz geht ohne weiteres auf die neue Gesellschaft über, wie beim Erben. Sollten sich Gegenstände im Besitze von Vorstandsmitgliedern befinden, welche nicht Geschäftsführer der neuen Gesellschaft sind, so sind dieselben Besitzdiener im Sinne des § 855 BGB. für die neue Gesellschaft (Förtsch Anm. 2).

Anm. 6. Eine Bürgschaft für alle Schulden, die der Hauptschuldner mit der Aktiengesellschaft kontrahieren würde, gilt auch für diejenigen Schulden, die der Hauptschuldner während der Zeit kontrahiert, wo er diesen Geschäftsverkehr mit der GmbH. fortsetzt. Von Kautionshypotheken gilt das Gleiche. Denn es wird ja hier die Rechtspersönlichkeit der übertragenden Gesellschaft fortgesetzt, da eine Universalsukzession vorliegt wie im Falle des Erbganges.

Anm. 7. Die bisherigen Aktionäre hören, da die Aktiengesellschaft aufhört, auf, ihre Aktionäre zu sein. Soweit sie sich bei der neuen Gesellschaft beteiligen, bestimmt sich Art und Umfang ihrer Rechte nach dem Gesetze betreffend die GmbH. und dem abgeschlossenen Gesellschaftsvertrage. Ihre Rechtsstellung ist daher eine wesentlich verschiedene. Soweit sie bei der neuen Gesellschaft sich nicht beteiligen, ist ihre Rechtsstellung in Abs. 2 unseres Paragraphen geordnet. Vgl. daher das Folgende.

Anm. 8. II. (Abs. 2.) **Die ausscheidenden Aktionäre können ihre Abfindung verlangen.** Ihre Abfindung besteht in einem Anspruch auf Auszahlung eines Betrages, der dem Anteil am Vermögen der aufgelösten Gesellschaft gleichkommt. Es ist das derjenige Betrag, der sich aus der nach § 80 Abs. 4 festzustellenden Bilanz ergibt. An diese Feststellung sind die ausscheidenden Aktionäre gebunden. Sie können nicht etwa im Klagewege gegen die neue Gesellschaft einen höheren Betrag verlangen, indem sie den Wert ihres Anteils höher veranschlagen und einen etwaigen Mehrwert beweisen wollen.

Anm. 9. Wer sich nur mit einem Teil seiner Aktien beteiligt hat, kann wegen des Restes seiner Aktien die Geldabfindung verlangen.

Die Geldabfindung ist ein reines Gläubigerrecht. Der Anspruch ist sofort nach Eintragung der Gesellschaft fällig. Eine gegenteilige Festsetzung bei der Gründung der GmbH. ist für die Aktionäre nur dann bindend, wenn sie zustimmten. Ob die Schutzvorschriften des Abs. 3 sich auch auf sie erstrecken, darüber siehe unten Anm. 12. § 81. Anm. 10.

III. **Die Gläubigerschutzvorschriften.** Anm. 11.

1. Dieselben sind deshalb gerechtfertigt, weil die Gläubiger einen neuen Schuldner erhalten. Es haftet ihnen nicht mehr eine Aktiengesellschaft, sondern eine GmbH. Ihr Vertrauen braucht zu dieser Gesellschaftsform nicht dasselbe zu sein, wie zur Rechtsform der Aktiengesellschaft. Ferner geht zwar das Vermögen der aufgelösten Aktiengesellschaft auf die neue Gesellschaft über. Aber es ist mit der Verpflichtung, die ausscheidenden Aktionäre und zwar sofort zu befriedigen, belastet.

2. Die Schutzvorschriften sind folgende: Anm. 12.

a) Die Gläubiger der aufgelösten Gesellschaft sind gemäß § 297 HGB. aufzufordern, sich bei der neuen Gesellschaft zu melden. Dazu gehören, und das ist auch die herrschende Ansicht, nicht die ausscheidenden Aktionäre hinsichtlich ihrer Geldabfindungsansprüche nach Abs. 2. Denn diese waren ja nicht Gläubiger der aufgelösten Gesellschaft. Bei der aufgelösten Gesellschaft waren sie nur Aktionäre. Nur der neuen Gesellschaft stehen sie als Gläubiger gegenüber.

Die Aufforderung erfolgt gemäß § 297 HGB., also dreimal in den Gesellschaftsblättern. Diese Blätter sind bestimmt in § 182 Abs. 2 Nr. 3 und Abs. 3 HGB. Danach sind es der Deutsche Reichsanzeiger und die im Gesellschaftsvertrage der aufgelösten Gesellschaft bestimmten anderen Blätter. Doch wird sie erlassen von den Geschäftsführern der neuen Gesellschaft, wie dies Abs. 3 ausdrücklich bestimmt. Anm. 13.

Die Aufforderung hat unverzüglich zu erfolgen, d. h. ohne schuldhaftes Zögern (§ 121 BGB.). Anm. 14.

Diejenigen Gläubiger, welche sich melden und der Umwandlung nicht zustimmen, sind zu befriedigen oder sicher zu stellen. Auch hierauf bezieht sich, wie die Entstehungsgeschichte der Vorschrift ergibt, das Wort unverzüglich. Also auch dies muß ohne schuldhaftes Zögern geschehen. Die Gläubiger sind zu befriedigen oder sicher zu stellen. Die Gläubiger, deren Forderungen fällig sind, haben allerdings ohnedies einen Anspruch auf Befriedigung. Aber wenn die Befriedigung wegen Mangels an flüssigen Mitteln nicht erfolgen kann, so muß doch wenigstens unverzüglich die Sicherstellung erfolgen. Dafür sind — das ist der Sinn — die Geschäftsführer den Gläubigern verantwortlich. Sie hat zu erfolgen, soweit dies möglich ist (vgl. unten Anm. 19). Die Inhaber nicht fälliger Forderungen haben ein Recht auf Sicherstellung. Die Art und Höhe der Sicherstellung richtet sich nach §§ 232ff. BGB. (siehe Anm. 26 zu § 58). Darüber, wie es mit streitigen Forderungen zu halten ist und mit Forderungen, für welche eine Sicherheit schon besteht, siehe Anm. 26 zu § 58. Anm. 15.

Meldet sich ein Gläubiger nicht, so braucht seine Sicherstellung nicht zu erfolgen, sondern nur seine Befriedigung zur Verfallzeit (vgl. Anm. 27 zu § 58). Anm. 16.

Meldet sich ein Gläubiger und stimmt er der Umwandlung zu, so gilt das Gleiche (vgl. Anm. 27 zu § 58). Anm. 17.

Für die Beobachtung dieser Vorschriften sind die Geschäftsführer den Gläubigern verantwortlich. Darin liegt nicht, wie dies die herrschende Ansicht (vgl. Förtsch Anm. 6, Neukamp S. 251) annimmt, eine einfache solidarische Haftbarkeit oder eine Bürgschaft für die Schulden der aufgelösten Gesellschaft. Es sollte mit diesen Worten nichts weiter gesagt werden, als daß die Geschäftsführer, während sie sonst nur der Gesellschaft für ihre Geschäftsführung verantwortlich sind, hier den Gläubigern direkt verantwortlich sein sollen. Aber die Folgen der Verantwortlichkeit sind keine anderen. Mit keinem Worte ist angedeutet, daß die Verantwortlichkeit hier eine solidarische Haftbarkeit oder eine Bürgschaft für die Schulden der Gesellschaft bedeuten solle. Sie sollen ja nicht für die Schulden der Gesellschaft haften, sondern nur verantwortlich sein „für die Beobachtung der Vorschriften". Anm. 18.

§ 81. Anm. 19. Die Folgen der Verantwortlichkeit sind also hier dieselben, wie auch sonst, wenn keine besonderen Folgen festgesetzt sind. Die Geschäftsführer haften also den Gläubigern für denjenigen Schaden, der ihnen daraus entsteht, daß die Vorschriften nicht beobachtet sind. Aber keineswegs können die Gläubiger ihre Forderungen ohne weiteres gegen die Geschäftsführer geltend machen, wenn etwa die Befriedigung oder Sicherstellung durch die Gesellschaft nicht erfolgt ist. Vielmehr können sie stets nichts weiter als Befriedigung oder Sicherstellung von der Gesellschaft verlangen. Nur dann, wenn durch schuldhafte Zögerung in der Erfüllung der Befriedigungs- oder Sicherstellungspflicht den Gläubigern ein Schaden erwachsen ist, haften die Geschäftsführer diesen. Das braucht aber nicht immer der Fall zu sein. So z. B. dann nicht, wenn die Befriedigung oder Sicherstellung nachträglich erfolgt, oder wenn sie wegen Mangels an Befriedigungs- oder Sicherstellungsmitteln überhaupt nicht erfolgen kann, und auch zur Zeit der Eintragung nicht erfolgen konnte. Die analoge Vorschrift des § 306 Abs. 6 hat in der Literatur die gleiche Auslegung erfahren. (Vgl. Staub HGB. Anm. 19 zu § 306.)

Anm. 20. Ein sogenanntes Sperrjahr besteht hier nicht. § 301 HGB. kommt nicht zur Anwendung und etwas ähnliches ist nicht bestimmt. Es ist also nicht verlangt, daß seit der letzten Aufforderung ein Jahr verstrichen sein muß, ehe eine Gewinnverteilung an die Gesellschafter erfolgen darf.

§ 82.

Mit Gefängnis bis zu einem Jahre und zugleich mit Geldstrafe bis zu fünftausend Mark werden bestraft:

1. Geschäftsführer und Mitglieder einer Gesellschaft mit beschränkter Haftung, welche behufs Eintragung der Gesellschaft in das Handelsregister, sowie Geschäftsführer, welche behufs Eintragung einer Erhöhung des Stammkapitals in das Handelsregister dem Gericht (§ 7 Absatz 1) hinsichtlich der Einzahlungen auf die Stammeinlagen wissentlich falsche Angaben machen;
2. Geschäftsführer einer Gesellschaft mit beschränkter Haftung, welche, um die Eintragung einer Herabsetzung des Stammkapitals in das Handelsregister zu erwirken, dem Gericht (§ 7 Absatz 1) hinsichtlich der Befriedigung oder Sicherstellung der Gläubiger wissentlich eine unwahre Versicherung abgeben;
3. Geschäftsführer, Liquidatoren, sowie Mitglieder eines Aufsichtsrats oder ähnlichen Organs einer Gesellschaft mit beschränkter Haftung, welche in einer öffentlichen Mitteilung die Vermögenslage der Gesellschaft wissentlich unwahr darstellen oder verschleiern.

Zugleich kann auf Verlust der bürgerlichen Ehrenrechte erkannt werden.

Sind mildernde Umstände vorhanden, so tritt ausschließlich die Geldstrafe ein.

Anm. 1. **Vorbemerkung. Allgemeines über die Strafbestimmungen unseres Gesetzes.** Dieselben bezwecken lediglich den Schutz der Allgemeinheit, des Publikums, aller derer, die mit der Gesellschaft kontrahieren wollen, welche ihre Gläubiger werden wollen oder es sind, welche ihr als Gesellschafter beitreten wollen. Den Schutz der Gesellschafter selbst bezwecken sie nicht (Motive 46).

Anm. 2. Die allgemeinen Bestimmungen des Strafgesetzbuches finden selbstverständlich auf diese Vorschriften Anwendung: wegen der Teilnahme insbesondere die §§ 47—50 StGB., wegen der Verjährung § 67, ebenso wegen des Versuchs §§ 43—46. Daraus folgt, daß ein Versuch bei den Strafbestimmungen der §§ 82 und 84 nicht strafbar ist, da es sich bei ihnen um Vergehen handelt und der Versuch hier nicht ausdrücklich für strafbar erklärt ist (§ 43 StGB.). § 82.

Auch die Bestimmungen der Strafprozeßordnung und des Gerichtsverfassungsgesetzes finden Anwendung auf diese Delikte. Anm. 3.

Außer den hier gegebenen Vorschriften finden natürlich die sonst geltenden Strafbestimmungen Anwendung, insbesondere auch der § 266 Nr. 2 (die allgemeine strafrechtliche Untreue, Verfügungen eines Bevollmächtigten über Gegenstände des Machtgebers zum Nachteil desselben. Hierüber siehe den Exkurs zu § 84). Anm. 4.

Daß die Vorschriften des Bankdepotgesetzes auf die Geschäftsführer einer GmbH. Anwendung finden, ist im § 12 des gedachten Gesetzes ausdrücklich ausgesprochen (vgl. Anm. 10 zu § 41). Anm. 5.

Der vorliegende Paragraph behandelt drei Delikte.

Nr. 1. Falsche Angaben bei der Gründung und bei der Kapitalserhöhung.

a) Bestraft werden die Geschäftsführer. Sollten andere Organe derartige Angaben machen, so bleiben sie straflos, auch wenn die Angaben falsch sind, es müßte denn der Tatbestand anderer Strafgesetze vorliegen (z. B. Betrug). Die Erwähnung der Gesellschafter ist die Folge eines Versehens. Nach dem Entwurfe des Gesetzes sollten auch die Gesellschafter die Anmeldung bewirken. Nach der schließlichen Fassung fiel diese Mitwirkung weg. Man übersah dann in der RK. nach der Änderung des § 7 Abs. 3 auch die entsprechende Strafbestimmung zu redigieren. Die erste Auflage (Anm. 6 S. 431) nahm im Widerspruche mit der herrschenden Meinung trotzdem die Strafbarkeit des Gesellschafters an, der eine unwahre Anmeldung vornimmt. Das Gesetz bestimme doch nun einmal, daß auch die Gesellschafter bestraft werden sollen, wenn sie falsche Angaben über die Einzahlung machen. Darüber könne man sich nicht einfach hinwegsetzen. Allein hierbei ist übersehen, daß § 82 der strafrechtliche Schutz für ein civilrechtliches Gebot ist. Nur den Geschäftsführern liegt die Pflicht zur Anmeldung ob. Nur sie haben das Recht der Anmeldung. Nur sie können also hierbei die Versicherungen wirksam abgeben. Nur sie können demnach eine schuldhafte Verletzung dieser Vorschrift begehen. Bei der Kapitalserhöhung sind schon nach der Fassung unseres Gesetzes nur die Geschäftsführer strafbar. Da auch während der Liquidation Kapitalserhöhungen vorkommen können (Anm. 38 zu § 65), so sind auch die Liquidatoren getroffen. Als ausdehnende Interpretation kann man das letztere wohl nicht bezeichnen. Anm. 6.

b) Die Angaben müssen wissentlich falsch abgegeben sein. Sie müssen sich auf die Einzahlung beziehen. Sie müssen behufs Eintragung der Gesellschaft oder einer Kapitalserhöhung gemacht sein. Sie müssen dem Gerichte gegenüber erfolgen. Anm. 7.

α) Wissentlich falsch. Dolus eventualis gibt es also hier nicht. Man kann wohl etwas eventuell wollen, aber nicht eventuell wissen. Mehrere falsche Angaben, auch in verschiedenen Schriftstücken, durch dieselbe Person, behufs Eintragung derselben Gesellschaft oder derselben Kapitalserhöhung sind eine strafbare Handlung (RGSt. 18, 115). Daß unter den Gründern oder Übernehmern des erhöhten Kapitals sich Strohmänner befinden, also Personen, die in eigenem Namen, aber für fremde Rechnung Anteile übernehmen, macht die Erklärung nicht unwahr. Denn die Strohmänner sind wahre Gründer (vgl. Anm. 20 zu § 2). Die von ihnen oder von ihren Auftraggebern für sie bewirkte Einzahlung ist also eine wahre, von ihnen bewirkte Einzahlung. Anm. 8.

β) Behufs Eintragung der Gesellschaft oder einer Kapitalserhöhung muß die Angabe gemacht sein. Hierher gehört auch der Fall, daß in der Anmeldung die Versicherung unterblieb, die Eintragung versehentlich erfolgte und die Versicherung nachträglich noch abgegeben wurde.

γ) Hinsichtlich der Einzahlungen müssen die Angaben gemacht sein. Man streitet darüber, ob unter Einzahlungen nur Barzahlungen zu verstehen sind oder auch Sacheinlagen. Die erste Auflage (Anm. 8 S. 431) nahm auf Basis einer Bemerkung der

§ 82. Motive an, daß die Vorschrift die weitere Bedeutung haben sollte. „Namentlich muß“, sagen die Motive, „jede arglistige Täuschung des Publikums über die wesentlichen finanziellen Grundlagen des Unternehmens strafrechtlich geahndet werden.“ Daß die Sacheinlagen aber ebenso zu den finanziellen Grundlagen des Unternehmens gehören, wie die Bareinzahlungen, sei selbstverständlich. Der Wortlaut des Gesetzes aber stehe dieser Auffassung und dieser Absicht des Gesetzes nicht entgegen. In Betracht kommt dabei aber, ob man überhaupt eine Verpflichtung der Geschäftsführer auch bezüglich der Sacheinlage die Versicherung abzugeben, annimmt. Verneint man dies mit der jetzt vertretenen Ansicht (vgl. Anm. 14—16 zu § 7), so kann so wenig wie die unterlassene Versicherung die unrichtige Angabe strafbar sein. Die Behauptung, daß die Sacheinlage erfüllt sei, ist für die Eintragung unwesentlich. Man kann auch nicht sagen, daß, wenn auch keine Verpflichtung bestehe, die freiwillige Abgabe der Versicherung doch wahrheitsgemäß sein müsse und daher die unwahre strafbar sei. Die letztere Schlußfolgerung wäre nicht richtig. Das Gesetz straft nur die Verletzung seiner Gebote. Wie ist es bei der unwahren Versicherung, daß die bewirkten Geldleistungen sich in der freien Verfügung des Geschäftsführers befinden (§ 8 Abs. 2)? Sie wird von der Vorschrift nicht getroffen. Im Aktienrecht ist allerdings die analoge Vorschrift des § 313 Nr. 1 vom Reichsgericht nach dieser Richtung ausdehnend ausgelegt worden (RGSt. 24, 291; 30, 319; dagegen Staub HGB. Anm. 1 zu § 313: Liebmann Anm. 6 will die reichsgerichtliche Auslegung auch hier gelten lassen).

Darüber, wann die Einzahlungen als bewirkt anzusehen sind, siehe Anm. 19 zu § 7.

Keine falsche Angabe liegt vor, wenn eine Bargründung beurkundet ist, die 25 Proz. auch bezahlt sind, die Absicht aber dahin geht, statt der Bareinlage eine Sacheinlage zu machen, so daß der Gesellschafter z. B. nach der Eintragung sein bares Geld zurückerhält und die Sache einlegt. Diese Handlung macht civilrechtlich haftbar (§ 31). Sie ist unwirksam (§ 19). Aber eine unwahre Angabe liegt nicht vor. Zweifelhafter liegt die Frage, wenn die Einlage gemacht ist, aber statt in bar in Sachen. Aber hier wird man die Strafbarkeit bejahen. Denn es wird die Einzahlung versichert. Sind die Bestimmungen des Gesetzes über die Bareinlage auch nicht so strenge wie bei der Aktiengesellschaft, so muß doch eine Geldleistung erfolgen. Die Sachleistung statt der zugesagten Geldleistung ist keine Erfüllung (§ 19 Abs. 4).

Anm. 9. δ) Erfolgt die Anmeldung durch einen Vertreter (vgl. Anm. 7 zu § 7), so ist der Geschäftsführer strafbar, wenn er von der Unwahrheit der in seinem Namen abgegebenen Versicherung Kenntnis hat und sie geschehen läßt. Die Anmeldung ist seine Erklärung. Umgekehrt ist er ja auch straffrei, wenn er selbst die Anmeldung zeichnet, in der von einen Beauftragten erregten Irrtum, die Einlagen seien bewirkt.

Anm. 10. ε) Dem Gerichte muß die Angabe gemacht sein. Das Vergehen ist also erst dann vollendet, wenn die Urkunde dem zuständigen Gerichte überreicht ist. Die vorherige Erklärung zu notariellem Protokoll bringt das Delikt noch nicht zur Vollendung (vgl. Anm. 9 zu § 8). Wenn die von den Notar bereits gezeichnete Erklärung von diesem zurückgehalten werden soll, bis ausdrückliche Weisung kommt, infolge eines Versehens des Notars oder seiner Angestellten aber die Urkunde dem Gerichte vorher übergeben wird, so liegt keine strafbare Handlung vor. Das Wissen von der Unwahrheit muß im Momente der Einreichung der Anmeldung beim Gerichte vorhanden sein. Gleichgültig ist die Kenntnis, daß im Momente der Unterzeichnung die Geldeinlage noch aussteht, sofern nur der Wille der Geschäftsführer feststeht, erst nach der Zahlung die Anmeldung zu vollziehen. Dagegen bedarf es des Eintritts eines Erfolges, der Eintragung u. s. w. nicht zur Vollendung des Delikts (RGSt. 37, 26). Es kommt auch nicht auf die Kenntnis des Registerrichters von dem Inhalte des Schriftstücks an. Maßgebend ist die Entgegennahme der Anmeldung im regulären Geschäftsgange (RGSt. in DJ. 04, 996).

Anm. 11. c) Konkurrenz mit anderen Delikten (Betrug, Urkundenfälschung) ist nicht ausgeschlossen. Darin allein aber, daß infolge der falschen Versicherung der Registerrichter die Gesellschaft einträgt, liegt natürlich keine intellektuelle Urkundenfälschung.

Nr. 2. Falsche Angaben über Befriedigung oder Sicherstellung der Gläubiger bei der Anmeldung der Kapitalsherabsetzung. § 82.

Hier sind nur die Geschäftsführer strafbar. Das Vergehen muß auch hier wissentlich begangen sein (oben Anm. 7). Die Angabe muß dem Gerichte gemacht sein (oben Anm. 10). Mehrere falsche Versicherungen sind ein Delikt (oben Anm. 7). Keine Strafbarkeit liegt vor, wenn ein Gläubiger nicht befriedigt, seine Forderung in gutem Glauben bestritten ist. Ratsam ist die Angabe dieser strittigen Forderung in der Anmeldung. Näheres Anm. 26 zu § 58. Anm. 12.

Nr. 3. Wissentlich unwahre Darstellungen oder Verschleierungen der Vermögenslage der Gesellschaft in der Öffentlichkeit.

a) Die Mitteilung muß öffentlich sein. Falsche Darstellungen innerhalb der Gesellschaft, also den Gesellschaftern gegenüber, und sei es auch in einer Gesellschafterversammlung, oder dem Aufsichtsrat gegenüber, genügen hier nicht, da ja nur die Allgemeinheit geschützt werden sollte, nicht die Gesellschafter (oben Anm. 1). Anders § 314 HGB. für das Aktienrecht. Öffentliche Mitteilung liegt dann vor, wenn sie an einen unbegrenzten Kreis von Personen erfolgt. Es genügt nicht, daß sie einem Dritten in einer nur für diesen bestimmten Weise geschieht. Ein Geschäftsführer, der dem künftigen Schwiegervater eines Freundes, um dessen Bewerbung zu unterstützen, falsche Angaben über die Vermögenslage der von jenem mitgeleiteten Gesellschaft macht, ist nicht nach § 82 Ziffer 3 strafbar. Ebenso genügt nicht zur Strafbarkeit, daß der Geschäftsführer annehmen mußte, daß die Gesellschafter seine Mitteilungen weiter erzählen. Anders wenn er die Angaben machte, damit sie weiter gegeben werden. Anm. 13.

b) Im übrigen kommt es auf die Art der Mitteilung nicht an. Sie kann schriftlich oder mündlich erfolgen, durch Zirkulare, Briefe, in Plakaten, Inseraten, Reden. Sie kann insbesondere auch durch Vorlegen einer unrichtigen Bilanz erfolgen. Eine strafbare Handlung der unwahren oder verschleierten Bilanz kennt unser Gesetz nicht. Die falsche Bilanz wird nur strafbar, wenn sie als Mittel zur Verbreitung falscher Angaben dient. Dasselbe gilt von einem Geschäftsbericht der Geschäftsführer oder des Aufsichtsrates, falls ein solcher erstattet wird (vgl. Anm. 28 zu § 41). Anm. 14.

c) Die Mitteilung muß ausgehen von den Leitern der Gesellschaft in ihrer dienstlichen Eigenschaft. Private Mitteilungen fallen darunter nicht. Diese Meinung wird auch im Aktienrecht bei der analogen Vorschrift des § 314 vertreten (vgl. Staub HGB. Anm. 1 zu § 314). Wenn also z. B. ein Bankier, um Geschäftsanteile billig loszuschlagen, die Vermögenslage der Gesellschaft in einem Zeitungsartikel privater Natur ungünstig darstellt, so kann das wohl den Tatbestand des Betruges oder des versuchten Betruges darstellen, aber die vorliegende Strafvorschrift findet keine Anwendung, auch wenn der Bankier Mitglied des Aufsichtsrats der Gesellschaft ist oder einem sonstigen Organ der Gesellschaft angehört. Dagegen ist es nicht gerade notwendig, daß die Publikationen von den Gesellschaftsorganen unterschrieben sind. Die Publikation einer falschen Bilanz z. B., die von den Geschäftsführern in ihrer offiziellen Eigenschaft ausgeht, ist strafbar, auch wenn die Unterschriften fehlen, sofern nur ersichtlich ist, daß die Publikation eine von den Leitern ausgehende, offizielle Bekanntmachung ist. — Die Gesellschaftsorgane, welche dieses Delikt begehen können, sind die Geschäftsführer, Liquidatoren, Mitglieder des Aufsichtsrates oder eines ähnlichen Organs (z. B. ein Delegierter, ein Obmann, die Mitglieder eines Beirats). Über den Begriff des ähnlichen Organs siehe Anm. 2 zu § 52. Anm. 15.

d) Unwahr ist die Darstellung nicht bloß dann, wenn falsche positive Tatsachen darin enthalten sind, sondern auch dann, wenn erhebliche wahre Tatsachen verschwiegen sind. Zu der ersten Gruppe gehört auch, daß sie bewußt unrichtige Schätzungen enthält, z. B. wenn die Außenstände erheblich über ihrem wahrscheinlichen Werte angegeben sind (RGSt. 14, 80), ebenso wenn Grundstücke über ihrem Werte geschätzt, eingetretene Anm. 16.

§ 82. Abnutzungen nicht abgeschrieben, Warenvorräte zu hoch abgeschätzt sind u. s. w. Freilich wird man bei Schätzungen stets sehr vorsichtig in der Anwendung der Strafbestimmungen sein müssen. Nur auffällige, in die Augen springende Fehlschätzungen werden hier geahndet werden können. Denn Differenzen kommen hier immer vor, oft auch sehr erhebliche. Schätzungen sind eben Meinungssachen und fallen immer verschieden aus. Das Sprichwort „Taxen sind Faxen" enthält zwar eine Übertreibung, aber doch einen wahren Kern. Zu beachten ist dabei ferner, daß Vermögensgegenstände, welche dauernd zum Betriebe des Unternehmens bestimmt sind (§ 42 Ziffer 1), nur so lange zu den Gestehungskosten aufgenommen werden dürfen, als dieser Gebrauch besteht. Hat diese Benutzung endgültig aufgehört, soll das Gebäude, die Maschine u. s. w. abgestoßen werden, so darf dieser Gegenstand nur noch zu dem zu erwartenden Verkaufswerte eingestellt werden (Rehm, Die Bilanzen der Aktiengesellschaften und GmbH. 874; daselbst auch weitere Beispiele von Überbewertung). Daß neben die Überwertung eines vorhandenen Aktivums auch die Einstellung gar nicht bestehender Vermögensstücke fällt, ist selbstverständlich. Wenn der Geschäftsführer, um Verluste zu verdecken, sich selbst dafür als Debitor belastet, ohne mit den Gesellschaftern eine Forderung, die ihn zum Ersatz verpflichtet, zu vereinbaren, so liegt hier nur die Einfügung einer nicht bestehenden Forderung in den Vermögensbestand vor.

Die andere Gruppe bildet das Unterdrücken von erheblichen Posten. Dies bezieht sich wesentlich auf die Passivseite. Das Fortlassen von Schulden verändert die Vermögenslage. Bei Eventualverpflichtungen (Bürgschaften, Garantien u. s. w.) muß mit der Wahrscheinlichkeit der Haftung gerechnet werden. Ist diese nicht anzunehmen, so mag der Posten fortbleiben. Dagegen ist das Nichteinsetzen einer Bürgschaft bei bevorstehendem Zusammenbruche des Hauptschuldners eine Fälschung. Es kann aber auch die Bilanz durch Weglassen eines Aktivpostens unrichtig werden. Dann erscheint der Vermögensstand als zu nieder.

Anm. 17. Die Angabe muß **wissentlich** unwahr sein (vgl. Anm. 7). Der gute Glaube schließt die Strafbarkeit aus. Hielt der Geschäftsführer u. s. w. die Darstellung für wahr, so ist er straflos. Auch dann, wenn er bei einiger Sorgfalt die Unrichtigkeit hätte erkennen müssen (§ 59 RStGB.). Das Übersehen von Momenten, die eine Herabsetzung der bisherigen Schätzung, die Einstellung eines Passivpostens verlangen, macht nicht strafbar. Hierher sind auch die Fälle zu rechnen, in denen die Geschäftsführer zwar Kenntnis von solchen Tatsachen erhalten, sie aber aus Irrtum oder Mangel an Überlegung nicht mit den Vermögensposten ihrer Gesellschaft in Verbindung bringen. So ist es z. B. denkbar, daß sie von dem Zusammenbruche des Hauptschuldners, für den die Gesellschaft bürgte, erfahren und doch bei der Aufstellung der Bilanz dieses Moment und daher die Einstellung des Passivums übersehen. Es sind dies Fälle des „Nichtdarandenkens". Man wird auch in Fällen, in denen eine objektiv unrichtige Bewertung des nicht mehr dauernd dem Geschäftsbetriebe gewidmeten Gegenstandes stattfand, den Geschäftsführer für straflos halten, wenn er dartut, daß er dieses Moment übersehen habe. Die Schwierigkeit wird stets in der Beweisführung liegen. Erscheint dem Richter nach der ganzen Sachlage ein solches Übersehen als wahrscheinlich, so wird er dem Geschäftsführer glauben. Das wird namentlich dann zutreffen, wenn keinerlei Absicht, die Lage des Geschäftes besser oder schlechter zu machen, anzunehmen ist. Bedarf es auch dieser zur Strafbarkeit nicht, so dient sie doch als wichtiges Erkennungsmittel gegenüber dem behaupteten guten Glauben und dem nur fahrlässigen Versehen. Es ist dies wichtig für die Fälle, in denen bei gut stehenden Gesellschaften unrichtige Bewertungen erfolgten, die dann von Gegnern der Gesellschaft oder eines Geschäftsführers zu Denunziationen benützt werden.

Auch der Rechtsirrtum entschuldigt. Er ist kein Irrtum über das Strafgesetz. Dieses enthält nur das Verbot falscher Mitteilungen. Bezieht sich der Irrtum aber auf die handels- oder gesellschaftsrechtlichen Vorschriften, so schließt er die Strafbarkeit aus. So wenn der Geschäftsführer der Annahme war, er dürfe den früher dem Betriebe gewidmeten Gegenstand auch nach Aufhören der Benutzung zu den Gestehungskosten einstellen. Der Beweis seines Irrtums wird auch hier nach den Umständen zu würdigen sein. Das vorherige Einholen eines Rechtsgutachtens wird hier wie überhaupt stets dann wesentlich, wenn es einer Auslegung des Gesetzes bedarf. § 82.

Bösliche Absicht ist nicht erfordert. Auch die in guter Absicht erfolgende unrichtige Darstellung ist strafbar (Rehm a. a. O. 890 ff.; v. Gordon in DJZ. 02, 381). Hierher sind also alle die Fälle zu rechnen, in denen die Geschäftsführer nicht im eigenen Interesse, sondern um eine geplante Sanierung durchzuführen, den wahren Stand der Gesellschaft geheim halten und unrichtig darstellen. Es gibt auch bei dieser Sachlage kein anderes Mittel, als offene Darlegung der Verhältnisse. Anm. 18

Verschleierung ist diejenige Art der Darstellung, welche die wahren Tatsachen undeutlich oder unkenntlich macht, und zwar dergestalt, daß dadurch eine unrichtige Beurteilung der Sachlage veranlaßt wird (Renaud Aktiengesellschaften 623; Rehm Bilanzen 852). Wird der Vermögensstand verschleiert, so muß eine bewußt unklare Darstellung gegeben werden, in dem Bewußtsein, daß im Dritten, welcher diese Angabe hört oder liest, eine unrichtige Vorstellung entsteht. Es kann dies durch den Gebrauch undeutlicher oder mehrdeutiger Benennungen erfolgen. So wenn der Wechselbestand als Wertpapierkonto bezeichnet wird. Zwar sind Wechsel auch Wertpapiere im weiteren Sinne. Allein der Verkehr denkt sich unter Wertpapierkonto nur Effekten. Ebenso ist es eine Verschleierung, wenn die Effekten unter den Debitoren erscheinen, obgleich Forderungswertpapiere auch Forderungen sind. Es kann eine Verschleierung auch durch das Weglassen von Vorkommnissen geschehen, die in der Bilanz oder in der Gewinn- und Verlustrechnung zu erscheinen haben. So wenn die zur Deckung eines Verlustes erfolgende freiwillige Zuwendung durch die Gesellschafter verschwiegen wird. Es braucht dies nicht mit ausführlicher Breite berichtet zu werden. Es muß aber jeder, der die Bilanz liest, erkennen können, daß ohne den Zuschuß ein Verlust vorläge. Der gute Glauben oder die Unkenntnis von der Verschleierung schließt auch hier die Strafbarkeit aus (vgl. oben Anm. 17). Über erlaubte Verschleierungen vgl. Rehm Bilanzen 853 ff. Anm. 19.

Die Vermögenslage der Gesellschaft muß falsch dargestellt sein. Das ist enger als der Begriff „Stand der Verhältnisse“ nach § 314 HGB. Unter dem Stande der Verhältnisse sind auch Ereignisse zu verstehen, die eine Einwirkung auf die Vermögenslage der Gesellschaft noch nicht bewirkt haben, die aber möglicherweise einen solchen Einfluß in der Zukunft haben können. Die Vermögenslage dagegen ist der gegenwärtige Vermögensstand, wobei lediglich die bereits erfolgten Einwirkungen der Ereignisse zu berücksichtigen sind. Doch gehören bereits eingetretene Gefährdungen zur Vermögenslage der Gesellschaft. Unter „Vermögenslage“ fällt aber nicht nur die unrichtige Darstellung des vorhandenen Wertes, so daß Straffreiheit eintritt, sobald nur die Bilanz in den Ziffern richtig ist und dasselbe Resultat sich bei unverschleierter oder wahrer Aufstellung hätte erreichen lassen. Die „Vermögenslage“ umfaßt auch die Art der Anlage des Vermögens. Die Darstellung ist falsch oder verschleiert, wenn das Warenkonto kleiner und das Debitorenkonto größer, als es ist, erscheinen. Die Bilanz ist falsch, wenn Aktiva und Passiva um denselben Betrag verringert werden. Es ist für den Dritten, der sich auf die Mitteilungen verläßt, erheblich, wie sich das Vermögen der Gesellschaft zusammensetzt. Selbstredend muß die Darstellung diese unrichtigen Punkte enthalten. Wenn die Geschäftsführer in Zeitungsbekanntgaben lediglich das Reinvermögen der Gesellschaft angeben, ohne es zu detaillieren, so umfaßt es die falschen Bezeichnungen in der nicht publizierten Bilanz nicht. Anm. 20.

Dagegen braucht die unwahre Darstellung nicht gerade für die Gesellschaft günstig zu sein. Auch ungünstige Darstellungen fallen darunter. Denn durch solche unrichtigen Darstellungen können Gesellschafter und Gläubiger in ihren Entschließungen hinsichtlich ihrer Beziehungen zur Gesellschaft falsch beeinflußt werden. Der Umstand jedoch, daß die Bilanz Abschreibungen oder Minderbewertungen enthält, durch die die Vermögenslage geringer erscheint, als sie in Wahrheit ist, wird regelmäßig zum Gegenstande strafrechtlichen Vorwurfs nicht gemacht werden können, Anm. 21.

§ 82. da ein solches Verfahren üblich und gesetzlich ist und den Grundsätzen der Solidität entspricht (vgl. Anm. 7 zu § 42). Die Öffentlichkeit muß darauf gefaßt sein, daß solche Minderbewertungen versteckt in der Bilanz enthalten sind. Die Interessen der Gläubiger aber sind dadurch nur gewahrt. Eine Bilanz mit versteckten Reserven enthält daher, wenn sonstige Momente nicht hinzutreten, keinen Verstoß gegen die vorliegende Strafvorschrift (vgl. auch Neukamp in ZHR. 48, 457; Rehm Bilanzen 870). Aber es darf durch die Publikation nicht der falsche Schein erweckt werden, als enthalte die Bilanz keine versteckten Reserven.

Anm. 22. **Zusatz 1. Zuständig ist ausschließlich die Strafkammer** (§ 73 Nr. 1 GVG.).

Anm. 23. **Zusatz 2. Der Versuch ist nicht strafbar,** da ein Vergehen vorliegt und der Versuch nicht für strafbar erklärt ist (§ 43 StGB.).

§ 83.

Die Strafvorschriften der §§ 239 bis 241 der Konkursordnung finden gegen die Geschäftsführer einer Gesellschaft mit beschränkter Haftung, welche ihre Zahlungen eingestellt hat oder über deren Vermögen das Konkursverfahren eröffnet worden ist, Anwendung, wenn sie in dieser Eigenschaft die mit Strafe bedrohten Handlungen begangen haben.

Anm. 1. 1. Die hier in Bezug genommenen Strafvorschriften lauten:

§ 239 KO. Schuldner, welche ihre Zahlungen eingestellt haben, oder über deren Vermögen das Konkursverfahren eröffnet worden ist, werden wegen betrüglichen Bankerutts mit Zuchthaus bestraft, wenn sie in der Absicht, ihre Gläubiger zu benachteiligen,

1. Vermögensstücke verheimlicht oder bei Seite geschafft haben,
2. Schulden oder Rechtsgeschäfte anerkannt oder aufgestellt haben, welche ganz oder teilweise erdichtet sind,
3. Handelsbücher zu führen unterlassen haben, deren Führung ihnen gesetzlich oblag, oder
4. ihre Handelsbücher vernichtet oder verheimlicht oder so geführt oder verändert haben, daß dieselben keine Übersicht des Vermögenszustandes gewähren.

Sind mildernde Umstände vorhanden, so tritt Gefängnisstrafe nicht unter drei Monaten ein.

§ 240 KO. Schuldner, welche ihre Zahlungen eingestellt haben, oder über deren Vermögen das Konkursverfahren eröffnet worden ist, werden wegen einfachen Bankerutts mit Gefängnis bestraft, wenn sie

1. durch Aufwand, Spiel oder Wette oder durch Differenzhandel mit Waren oder Börsenpapieren übermäßige Summen verbraucht haben oder schuldig geworden sind;
2. in der Absicht, die Eröffnung des Konkursverfahrens hinauszuschieben, Waren, oder Wertpapiere auf Kredit entnommen und diese Gegenstände erheblich unter dem Werte in einer den Anforderungen einer ordnungsmäßigen Wirtschaft widersprechenden Weise veräußert oder sonst weggegeben haben;
3. Handelsbücher zu führen unterlassen haben, deren Führung ihnen gesetzlich oblag, oder dieselben verheimlicht, vernichtet oder so unordentlich geführt haben, daß sie keine Übersicht ihres Vermögenszustandes gewähren, oder
4. es gegen die Bestimmung des Handelsgesetzbuchs unterlassen haben, die Bilanz ihres Vermögens in der vorgeschriebenen Zeit zu ziehen.

Neben der Gefängnisstrafe kann in den Fällen der Nr. 1, 2 auf Verlust der bürgerlichen Ehrenrechte erkannt werden.

Sind mildernde Umstände vorhanden, so kann auf Geldstrafe bis zu 6000 Mark erkannt werden.

§ 241 KO. Schuldner, welche ihre Zahlungen eingestellt haben, oder über deren Vermögen das Konkursverfahren eröffnet worden ist, werden mit Gefängnis bis zu zwei Jahren bestraft, wenn sie, obwohl sie ihre Zahlungsunfähigkeit kannten, einem Gläubiger in der Absicht, ihn vor den übrigen Gläubigern zu begünstigen, eine Sicherung oder Befriedigung gewährt haben, welche derselbe nicht oder nicht in der Art oder nicht zu der Zeit zu beanspruchen hatte. § 83.

Sind mildernde Umstände vorhanden, so kann auf Geldstrafe bis zu 6000 Mark erkannt werden.

2. Eine eingehende Erläuterung dieser Paragraphen kann nicht die Aufgabe dieses Kommentars sein. Sie gehört in den Kommentar einer Konkursordnung (vgl. Jaeger, Kommentar zur Konkursordnung zu diesen Paragraphen, und Stenglein, Strafrechtliche Nebengesetze). Doch sei folgendes bemerkt: Anm. 2.

a) Für strafbar erklärt sind die Geschäftsführer. Aber auch auf Liquidatoren bezieht sich die Strafvorschrift. Das ist im § 244 KO. ausgesprochen. Nach diesem Paragraphen finden die Strafvorschriften der §§ 239—241 auch auf die Liquidatoren einer Handelsgesellschaft Anwendung, und die GmbH. ist eine Handelsgesellschaft (§ 13 Abs. 3 unseres Gesetzes). Andere Gesellschaftsorgane können als Teilnehmer bestraft werden. Anm. 3.

b) Der Umstand, daß die Bestellung zum Geschäftsführer oder Liquidator civilrechtlich anfechtbar ist, schließt die Bestrafung nicht aus. Es genügt, daß sie das Amt betätigt und in dieser Eigenschaft gehandelt haben (RGSt. 16, 269). Anm. 4.

c) Über die Verpflichtung der Geschäftsführer zur Buchführung siehe besonders § 41 unseres Gesetzes. Anm. 5.

§ 84.

Die Geschäftsführer oder Liquidatoren einer Gesellschaft mit beschränkter Haftung werden mit Gefängnis bis zu drei Monaten und zugleich mit Geldstrafe bis zu eintausend Mark bestraft, wenn entgegen den Vorschriften im § 64, § 71 Absatz 1 der Antrag auf Eröffnung des Konkursverfahrens unterlassen ist.

Sind mildernde Umstände vorhanden, so tritt ausschließlich die Geldstrafe ein.

Straflos bleibt derjenige, bezüglich dessen festgestellt wird, daß der Antrag auf Eröffnung des Konkursverfahrens ohne sein Verschulden unterblieben ist.

Der vorliegende Paragraph bestraft die Unterlassung des Konkursantrages in den gesetzlich vorgeschriebenen Fällen. Er korrespondiert mit § 315 Nr. 2 HGB.

1. Strafbar sind die Geschäftsführer oder Liquidatoren, nicht auch die Mitglieder des Aufsichtsrats oder die Prokuristen oder die Generalbevollmächtigten der Gesellschaft oder gar die Gesellschafter (vgl. Anm. 1 und 2 zu § 64). Anm. 1.

2. Das Vergehen liegt in der Unterlassung des Antrages auf Konkurseröffnung entgegen der Vorschrift des § 64. Zu diesem letzteren Paragraphen ist von uns eingehend ausgeführt worden, unter welchen Voraussetzungen diese Vorschrift als verletzt zu betrachten ist. Anm. 2.

Hier soll noch das strafrechtliche Verschulden näher auseinandergesetzt werden, zumal Abs. 3 in dieser Beziehung eine besondere Vorschrift gibt.

An sich erfordert die Vorschrift Verschuldung, die Vorsatz oder Fahrlässigkeit sein kann. Allein der Abs. 3 unseres Paragraphen bestimmt noch, daß Straflosigkeit eintritt, wenn der Mangel des Verschuldens festgestellt wird. Das hat nun allerdings nicht zur Folge, daß der Angeklagte die Beweislast habe. Der Angeklagte braucht auch angesichts dieser Vorschrift seine Unschuld nicht zu beweisen. Allein auf der anderen Seite genügt doch zu seiner Verurteilung, daß der objektive Tatbestand und ferner festgestellt wird, Anm. 3.

§ 84. daß ein Mangel des Verschuldens nicht erwiesen sei. Es liegt in der Tat eine strafprozessualische Schuldpräsumtion vor, und wenn es auch Pflicht des Richters ist, von Amtswegen zu erforschen und zu erwägen, ob er zu derjenigen Feststellung gelangen kann, welche nach Abs. 3 die Straflosigkeit des Angeklagten herbeiführt, so muß er doch andererseits verurteilen, auch wenn er die Schuld nicht feststellen kann, sofern er nur nicht den Mangel des Verschuldens festzustellen in der Lage ist. Zur Freisprechung kommt er erst dann, wenn er den Mangel des Verschuldens festzustellen vermag, zur Verurteilung aber erst dann, wenn er in dem Urteile erklärt, daß der objektive Tatbestand vorhanden ist und er den Mangel des Verschuldens nicht feststellen kann (ebenso Liebmann Anm. 1; nicht ganz so Stenglein 2. Aufl. 722, der die letztere Feststellung nur dann für nötig hält, wenn das Nichtverschulden behauptet ist; ihm folgt anscheinend Förtsch Anm. zu § 84; wiederum anders Ring Anm. 3 zu § 315 HGB., welcher nicht bloß die Beweislast des Angeklagten leugnet, sondern auch hier die allgemeinen Grundsätze über die Notwendigkeit der Schuldfeststellung anwenden will, was aber dem Wortlaut und der in den Motiven 46 ausgesprochenen Absicht unseres Gesetzes widerspricht).

Anm. 4. Ein Verschulden kann dann mangeln, wenn der Geschäftsführer durch nicht von ihm verschuldete Umstände verhindert worden ist, den Antrag auf Konkurseröffnung zu stellen oder von dem Zustande der Zahlungsunfähigkeit oder Überschuldung der Gesellschaft Kenntnis zu erhalten (Förtsch Anm. zu § 84; vgl. auch RG. 5, 163—165). Z. B. wenn er als Geschäftsführer eine Geschäftsreise nach dem Auslande machte und während dieser Zeit falsche Berichte über die Geldverhältnisse der Gesellschaft empfing, oder wenn er so schwer krank war, daß er nicht imstande war, sich um die Geschäfte zu kümmern. Daß ein Konkursantrag von anderer Seite gestellt und noch nicht erledigt ist, schließt die Strafbarkeit der Geschäftsführer nicht aus (RG. 2. Strafsen. v. 27. 3. 05 in JW. 05, 551 Nr. 7). Über die Sanierungsversuche vgl. Anm. 6 zu § 64.

Exkurs zu § 84.

A. Fehlende Strafvorschriften.

Anm. 1. 1. **Eine besondere Untreuevorschrift analog dem § 312 HGB. fehlt hier.** Hier wird die Materie geregelt durch § 266 Nr. 2 [1]) StGB., welcher lautet:

„Wegen Untreue werden mit Gefängnis, neben welchem auf Verlust der bürgerlichen Ehrenrechte erkannt werden darf, bestraft:

2. Bevollmächtigte, welche über Forderungen oder andere Vermögensstücke des Auftraggebers absichtlich zum Nachteile desselben verfügen."

Zur Erläuterung dieser Vorschrift wird hier bemerkt:

Anm. 2. a) Dieses Vergehen kann von dem Geschäftsführer einer GmbH. begangen werden, wie dies auch von dem Vorstand einer Aktiengesellschaft angenommen wurde (RGSt. in 7, 279; Olshausen 6. Aufl. Anm. 7 zu § 266). Das Gleiche gilt von den Mitgliedern des Aufsichtsrats (vgl. die gleichen Belegstellen). Erforderlich und ausreichend ist, daß ein Verhältnis besteht, kraft dessen dem Handelnden der Abschluß von Rechtsgeschäften übertragen ist, wenn auch nicht gerade ein Verhältnis, welches eine direkte Stellvertretung zur Folge hat (RGSt. 7, 377). Soweit diese Erfordernisse zutreffen, gilt die Strafvorschrift auch für ähnliche Organe (Anm. 2 zu § 52) und auch für sonstige Beamte der Gesellschaft.

Anm. 3. b) Begangen wird aber das Delikt nicht durch jedes absichtliche Handeln zum Nachteil der Gesellschaft, sondern nur durch nachteilige Verfügungen über Forderungen und andere Vermögensstücke der Gesellschaft. Dadurch unterscheidet sich eben diese Strafbestimmung

---

1) § 266 Nr. 1 StGB. greift nicht Platz, weil der Geschäftsführer einer GmbH. weder Vormund, noch Kurator, noch Güterpfleger, noch Sequester, noch Massenverwalter ist.

von der Untreuebestimmung des § 312 HGB. Im einzelnen wird hierfür auf die Kommentare zum StGB. verwiesen. Nur das eine sei bemerkt, und darin liegt ja eben der Grundunterschied von dem Untreueparagraphen 312 HGB., daß eine Verfügung über ein bestimmtes Vermögensstück der Gesellschaft vorliegen muß. Das Delikt wird daher nicht erschöpft durch bloße Belastung der Gesellschaft mit einer Schuldverbindlichkeit (Olshausen Anm. 9b zu § 266 StGB.). Das Vergehen ist hiernach z. B. nicht begangen dadurch, daß der Geschäftsführer eine verjährte Schuld anerkennt. Wie aber, wenn er sich zur Hergabe eines bestimmten Vermögensstückes obligatorisch verpflichtet? Hierdurch ist das Vergehen konsumiert. Denn hier ist Gegenstand des Rechtsgeschäfts ein bestimmtes im Eigentum der Gesellschaft befindliches Vermögensstück. Der im Strafgesetzbuch erhaltene Begriff Verfügung kann aber nicht in der engen Bedeutung angewandt werden, welche das Wort im BGB. hat, wo es nur die dingliche Verfügung umfaßt. § 84.

2. **Keine Strafvorschrift enthält unser Gesetz über die unbefugte Ausgabe von Geschäftsanteilscheinen.** Während § 314 Nr. 2, 3, 4 und 5 HGB. über die unbefugte Ausgabe von Aktien (Ausgabe vor der Leistung des Ausgabepreises, vor der Eintragung des erhöhten Grundkapitals, Ausgabe unter dem gesetzlichen Nennbetrage) Strafvorschriften enthält, fehlen hier analoge Vorschriften naturgemäß. Denn die Ausgabe von Anteilscheinen ist gesetzlich überhaupt nicht vorgeschrieben. Sie ist nicht verboten (Exkurs zu § 14), aber es ist dem Gesellschaftsvertrage überlassen, das Nähere hierüber in den gesetzlichen Grenzen festzusetzen, und von einer Strafvorschrift für den Fall, daß die statutarischen oder gesetzlichen Grenzen nicht innegehalten werden, ist abgesehen worden. Anm. 4.

3. **Eine Strafvorschrift für den Fall, daß die Gesellschaft längere Zeit ohne Aufsichtsrat bleibt,** fehlt hier. Der § 315 Nr. 1 HGB. gibt eine solche Vorschrift für die Aktiengesellschaften. In unserem Gesetze muß sie naturgemäß fehlen, weil das Gesetz auf das Bestehen eines Aufsichtsrats überhaupt keinen erheblichen Wert legt, jedenfalls keinen solchen, daß das öffentliche Interesse dabei im Spiel wäre. Nur wenn das Statut einen solchen vorschreibt, ist er zu wählen (§ 52). Demgemäß ist die Verabsäumung der Wahl nur die Verletzung privatrechtlicher Vorschriften, hinsichtlich deren auf die Geltendmachung der Rechtsfolgen der Verletzung von den Beteiligten verzichtet werden kann. Anm. 5.

4. **Eine Strafvorschrift über falsche Hinterlegungsbescheinigungen von Geschäftsanteilen zum Zwecke der Ausübung des Stimmrechts,** analog dem § 316 HGB., fehlt hier. Hier kann daher Bestrafung nur eintreten, wenn der Tatbestand anderer Delikte vorliegt (Betrug, Urkundenfälschung). Anm. 6.

5. **Auch der sogenannte Stimmenkauf** (§ 317 HGB.) ist hier nicht unter eine besondere Strafvorschrift gestellt. Das ist als eine Lücke zu bezeichnen. Der Mißbrauch kann auch hier vorkommen und ist hier ebenso strafwürdig, wie im Aktienrecht. Von einer analogen Anwendung des § 317 HGB. ist natürlich keine Rede. Civilrechtlich verstößt ein solches Abkommen gegen die guten Sitten und ist nichtig (OLG. Colmar v. 27. 3. 03 in OLGR. 6, 503). Anm. 7.

6. **Auch der Mißbrauch fremder Geschäftsanteile zur Ausübung des Stimmrechts** (§ 318 HGB.) ist hier nicht, wie im Aktienrecht, unter Strafe gestellt. Freilich kann hier ein Mißbrauch nicht so leicht erfolgen. Aber denkbar ist er auch hier. Man denke z. B. daran, daß jemandem ein Geschäftsanteil zum Schein cediert worden ist oder als Legitimationsübertragung (Anm. 76 zu § 15), und zwar für eine bestimmte Gesellschafterversammlung, und der Cessionar benutzt die dadurch geschaffene äußere Rechtslage, um mit dem Geschäftsanteile auch in künftigen Versammlungen zu stimmen. Strafbarkeit läge hier nicht vor. Den Beteiligten bleibt nur der Weg der Anfechtung. Allenfalls können andere Strafvorschriften (Betrug u. s. w.) Platz greifen, wenn deren Tatbestand vorliegt. Anm. 8.

7. **Auch das entgeltliche Leihen und Verleihen von Geschäftsanteilen und das Stimmen mit solchen Geschäftsanteilen** (§ 318 Satz 2 HGB.) ist hier nicht unter eine Strafvorschrift gestellt. Denkbar ist diese Manipulation auch hier, nämlich in der Weise, daß jemand sich zum Schein Geschäftsanteile abtreten läßt. An sich ist das nicht unzulässig (Anm. 76 und 80 zu § 15). Auch dann, wenn es gegen Entgelt geschieht, kann es hiernach nicht bestraft Anm. 9.

§ 84. werden. Es ist auch civilrechtlich nicht anfechtbar oder zur Anfechtung des Beschlusses zu benutzen.

Anm. 10. 8. Auch § 75 des Börsengesetzes (**Anwendung täuschender Mittel in betrügerischer Absicht, um auf den Marktpreis von Waren oder Wertpapieren einzuwirken, und wissentlich unrichtige öffentliche Kundgebungen, durch welche die Zeichnung oder der Ankauf oder Verkauf von Wertpapieren herbeigeführt werden soll**) ist hier nicht anwendbar, weil Geschäftsanteile einer GmbH. weder Waren noch Wertpapiere sind (Staub HGB. Anm. 36 ff. zu § 1; vgl. oben Anm. 2 im Exkurse zu § 14). Auch hier kann nur Bestrafung eintreten, wenn der Tatbestand anderer Delikte, z. B. des Betruges vorliegt.

Anm. 10a. 9. **Auch falsche Angaben über die Übernahme der Stammeinlagen** sind hier nicht besonders strafbar, sondern nur über die Einzahlungen auf die Stammeinlagen — § 82 Nr. 1 — (anders § 313 Nr. 1 HGB.).

B. Der Geschäftsanteil der GmbH. als Gegenstand obligatorischer Rechtsgeschäfte und dinglicher Rechte.

Anm. 11. **Einleitung.** Die gleiche Materie ist von Lehmann in ZHR. 51, 373 hinsichtlich der Aktie behandelt. Mit Recht betont Lehmann dort, daß es sich zwar weniger um aktienrechtliche Materien handelt, als um Anwendung allgemeiner Grundsätze auf einen bestimmten Gegenstand des Vertrages. Immerhin werden, wie Lehmann mit Recht vom Aktienrecht betont, jene allgemeinen Grundsätze in ihrer Durchführung durch die besondere Natur des Rechts unseres Gesetzes beeinflußt und darum rechtfertigt es sich, die wichtigsten hier in Betracht kommenden Rechtssätze zu behandeln.

Anm. 12. I. **Der Kauf eines Geschäftsanteils.**

1. Der Kauf ist der hauptsächlichste derjenigen Verträge, durch welche ein Geschäftsanteil einer GmbH. durch Rechtsgeschäft unter Lebenden den Berechtigten wechselt. Daß der Kaufvertrag in notarieller Form geschlossen werden muß, geht aus § 15 Abs. 4 hervor. (Näheres Anm. 6 ff. zu § 15.) Es handelt sich um den Kauf eines Rechts. Der Verkäufer ist daher verpflichtet, dem Käufer das Recht zu verschaffen (§ 433 Abs. 1 BGB.; Düringer-Hachenburg III 31 ff.). Der Kaufvertrag kann auch einen fremden Geschäftsanteil betreffen. Ein solcher Vertrag verpflichtet den Verkäufer, dem Käufer den versprochenen Geschäftsanteil zu verschaffen. Sind Urkunden über die Geschäftsanteile oder über die Einzelrechte auf Dividenden u. s. w. ausgegeben, so muß der Verkäufer dem Käufer auch die Urkunden verschaffen. Die Kosten der Abtretung trägt der Käufer (§ 448 Abs. 6). Ist, was zulässig ist (Anm. 59 zu § 15), der Übergang des Geschäftsanteils auf eine andere Person an die Aushändigung dieses Anteilscheins geknüpft, so liegt Kauf eines Rechts und einer Sache vor und der Verkäufer ist verpflichtet, dem Käufer die Abtretung des Rechts und die Übergabe der Urkunde zu verschaffen. Hat der Verkäufer seiner Verpflichtung zur Abtretung (und eventuell zur Aushändigung des Anteilscheins) genügt, so ist der Käufer Gesellschafter geworden (Anm. 66 zu § 15). Es steht ihm nunmehr das Recht und die Möglichkeit zu, seine Mitgliedschaft der Gesellschaft anzumelden, und dadurch auch der Gesellschaft gegenüber Gesellschafter zu werden (§ 16). Daraus folgt, daß der Verkäufer regelmäßig nicht verpflichtet ist, seinerseits diese Anmeldung herbeizuführen, es sei denn, daß dem Käufer sich besondere Schwierigkeiten entgegenstellen (Lehmann 375). Andererseits hat der Verkäufer das Recht, den Rechtsübergang auch seinerseits der Gesellschaft anzumelden. Er hat daran ein Interesse, weil er dadurch seiner Pflichten gegenüber der Gesellschaft fortan ledig wird (Anm. 21 zu § 16).

Anm. 13. Der Verkäufer ist verpflichtet, dem Käufer das Mitgliedsrecht frei von Rechten zu verschaffen, die von Dritten gegen den Käufer geltend gemacht werden können (§ 434 BGB.), es sei denn, daß der Käufer das Vorhandensein des Rechts des Dritten beim Vertragsabschlusse kannte (§ 439 Abs. 1 BGB.). Die zur Zeit der Abtretung auf dem Geschäftsanteil ruhenden Mängel und Lasten gehen durch die Abtretung auf den Erwerber über, auch wenn er sie nicht kannte (Anm. 70 zu § 15).

Der Verkäufer haftet dem Käufer ferner für den rechtlichen Bestand des Anteilsrechts, **§ 84.** also dafür, daß der Käufer Mitglied der Gesellschaft der zugesicherten Art wird (§ 437 Anm. 14. Abs. 1 BGB.). War z. B. der Geschäftsanteil bereits kaduziert, oder konfisziert, oder amortisiert (§§ 21, 27, 34 unseres Gesetzes), so haftet der Verkäufer dem Käufer nach §§ 437 Abs. 1, 440 Abs. 1, 325 BGB. auf vollen Schadensersatz. Der Käufer hat statt dessen auch das Rücktrittsrecht (§ 437 Abs. 1, § 440 Abs. 1, § 325 Abs. 1 BGB.). Das Anfechtungsrecht aus § 119 BGB., das ihm die erste Auflage (S. 438 Anm. 14) zusprach, ist ihm richtiger zu versagen. Der Gegenstand des Vertrags ist kein anderer durch den Mangel im Rechte. Bei Gattungskäufen kann er an Stelle des gelieferten Geschäftsanteils einen anderen, gültigen verlangen (Lehmann 379). Die Haftung des Verkäufers für die Verschaffung des Geschäftsanteils ist eine fortdauernde. Zum Bestande des Geschäftsanteils gehört nicht nur, daß er zur Entstehung gelangt war, sondern daß er auch nicht nachträglich infolge eines vom Verkäufer zu vertretenden Umstandes erlischt. Der Verkäufer hat die vor dem Zeitpunkte der Vertragserfüllung zu liegenden Momente zu vertreten (Düringer-Hachenburg III 35). Dies trifft zu, wenn das Kaduzierungsverfahren eingeleitet ist, wenn ein nach dem Gesellschaftsvertrage die Amortisation begründender Umstand für den verkauften Geschäftsanteil bereits eingetreten war u. s. w. Wird in der Zwischenzeit zwischen Kaufabschluß und Abtretung des Geschäftsanteils dieser vernichtet oder abandonniert, so haftet der Verkäufer gemäß § 325 BGB. Wird die Gesellschaft, deren Geschäftsanteil verkauft wird, für nichtig erklärt (Anm. 14 zu § 75 ff.; § 144 FG.), so tritt die Haftung des Verkäufers ein. Der Verkäufer hat das von ihm verkaufte Recht, einen Geschäftsanteil einer bestehenden Gesellschaft, nicht geliefert. Über den Fall, daß der Geschäftsanteil nicht übertragen werden kann, weil die Genehmigung der Gesellschaft, die statutarisch vorgeschrieben ist, versagt wird, vgl. Anm. 57 zu § 15. Die Haftung des Verkäufers hängt davon ab, ob der Käufer die statutarische Bestimmung kannte oder nicht. Im Falle des Verkaufes eines Teiles eines Geschäftsanteils entsteht eine solche Haftung nicht. Hier hat das Gesetz den Vorbehalt der Genehmigung der Gesellschaft gemacht.

Die Vorschriften über Gewährleistung wegen Mängel der Sache (§ 459 BGB.) Anm. 15. greifen hier nicht Platz, weil hier der Verkauf eines Rechtes vorliegt. Ist die Gesellschaft daher nicht im Zustande der Prosperität oder fehlen dem Geschäftsanteile sonstige Eigenschaften, so kann der Käufer Rechte darauf nicht stützen, es sei denn, daß es sich um besondere Zusicherungen oder um arglistige Täuschung handelt (§ 123 BGB.). Es kann jedoch nicht etwa gesagt werden, daß beim Verkauf von Geschäftsanteilen die Prosperität des Unternehmens im Verkehr als wesentlich erachtet wird. Die Erfahrung lehrt das Gegenteil. Auch Geschäftsanteile einer nicht prosperierenden Gesellschaft können aus den verschiedensten Gründen Gegenstand gültiger und ernsthafter Kaufverträge sein. Bei der Zusicherung von Eigenschaften haftet der Verkäufer nach den Vorschriften über die Gewährleistung eines Rechts. Die Eigenschaften bilden ein Teil desselben (Düringer-Hachenburg HGB. III 42). Im Falle des Betrugs hat der Käufer die Wahl, ob er den Kauf anfechten oder die Geschäftsanteile behalten und Schadensersatz begehren will.

Die Nutzungen und Lasten gehen nach § 446 BGB. von der Übergabe der verkauften Anm. 16. Sache auf den Käufer über. Hier wird also von der Abtretung an dieser Übergang stattfinden. Von da ab sollen die Bezugsrechte einerseits und die Pflichten andererseits auf den Käufer übergehen. Im Verhältnis zur Gesellschaft tritt dieser Übergang allerdings erst von der Anmeldung ein (§ 16), aber im Verhältnis der Parteien zueinander entscheidet die Abtretung. Meist ist aber hinsichtlich des Dividendenüberganges die Meinung die, daß die Dividende des laufenden Geschäftsjahres dem Käufer ganz zufällt. Im Zweifel wird dies nach den Erfahrungen des Verkehrs angenommen werden müssen. Der Käufer vergütet auch hier die Stückzinsen. Die Pflichten, insbesondere die Pflichten zur Einzahlung noch ausstehender Einlagen gehen insoweit auf den Käufer über, als die Einzahlungen noch nicht fällig sind. Wenigstens ist dies dann anzunehmen, wenn dem Käufer bekannt ist, daß Einlagen noch ausstehen. Aus den Umständen, insbesondere auch

§ 84. aus der Höhe des Kaufpreises wird aber oft gefolgert werden können, daß der Verkäufer im Verhältnis zum Käufer auch die noch ausstehenden Einzahlungen zu leisten hat (Lehmann 383; bezw. oben Anm. 67 zu § 15).

Anm. 17. Außerdem haftet der Verkäufer dem Käufer für physische Fehler der etwa ausgestellten Urkunde gemäß §§ 459 ff. BGB. Da aber die Urkunde das Recht nicht repräsentiert, so sind Mängel in der Regel unwesentlich.

Anm. 18. Der Käufer ist verpflichtet, dem Verkäufer den Kaufpreis zu zahlen und ferner den Geschäftsanteil abzunehmen, d. h. die Abtretung entgegenzunehmen, was wegen der mit dem Geschäftsanteil verbundenen Verpflichtungen von Wichtigkeit sein kann. Für den Weigerungsfall siehe Anm. 27 zu § 15. Über die Frage, ob der Verzug der Abnahme des Gesellschaftsanteils auch als Erfüllungsverzug gilt, vgl. Düringer-Hachenburg III 50.

Anm. 19. Als Verkäufer kann auftreten jeder Gesellschafter, der Konkursverwalter eines Mitgliedes, der Gerichtsvollzieher (Anm. 12 im Exkurse zu § 15 und unten Anm. 24 ff.), auch die Gesellschaft selbst in mehreren Fällen (§§ 23, 33).

Anm. 20. In handelsrechtlicher Hinsicht ist noch zu erwähnen, daß der Kaufvertrag über einen Geschäftsanteil kein Handelskauf ist, weil er weder eine Ware, noch ein Wertpapier betrifft. Er ist zwar ein Handelsgeschäft, wenn der Verkäufer oder der Käufer ein Kaufmann ist (§ 343 HGB.). Aber ein Handelskauf ist nicht jeder Kauf, der ein Handelsgeschäft ist, sondern nur derjenige handelsgeschäftliche Kauf, dessen Gegenstand eine Ware oder ein Wertpapier ist. Unter keinen dieser beiden Begriffe fällt aber der Geschäftsanteil einer GmbH. (Staub HGB. Anm. 2 im Exkurse vor § 373; Anm. 36 ff. zu § 1; oben Anm. 2 im Exkurse zu § 14).

Anm. 21. Daß der Kauf eines Geschäftsanteils einer GmbH. auch dann nicht formfrei ist, wenn er ein Handelsgeschäft ist, darüber siehe Anm. 25 zu § 15.

Anm. 22. II. **Andere obligatorische Rechtsgeschäfte.** Der Geschäftsanteil einer GmbH. kann auch Gegenstand eines Tauschvertrages sein. Es kann ein Geschäftsanteil einer GmbH. gegen einen anderen oder gegen einen anderen Gegenstand eingetauscht werden. Hierauf greift § 515 BGB. und demzufolge die Vorschriften über den Kauf Platz. (Über die Form siehe Anm. 5 ff. u. 37 ff. zu § 15.) Auch zur Hingabe an Erfüllungsstatt kann ein Geschäftsanteil benutzt werden (§ 365 BGB.), auch durch Vergleich kann man ihn erwerben (über die Form des gerichtlichen Vergleichs siehe Anm. 8 zu § 15), auch Gegenstand der Illation in eine andere Gesellschaft (Aktiengesellschaft, GmbH.) kann ein Geschäftsanteil sein (vgl. Anm. 9 zu § 15; Anm. 8 zu § 70). — Auch Gegenstand einer Schenkung kann er sein (Anm. 8 zu § 15).

Anm. 23. III. **Pfandrecht an einem Geschäftsanteil.** Über die Verpfändung der Geschäftsanteile ist im Exkurse zu § 15 ausführlich gehandelt. Hinzugefügt mag jedoch werden, daß der Pfandgläubiger der Gesellschaft gegenüber keine Pflichten aus dem Geschäftsanteil übernimmt, sondern daß die Pflichten, welche mit dem Geschäftsanteil verknüpft sind, beim Gesellschafter verbleiben. Das hat jedoch auch wieder zur Folge, daß alle Folgen der Nichterfüllung auch während der Dauer des Pfandrechts eintreten. Die Gesellschaft kann daher, wenn der Verpfänder in der Einzahlung der rückständigen Einlagen säumig wird, ihn gemäß § 21 ausschließen und gemäß § 23 den Geschäftsanteil veräußern. Schließt sie ihn aus, so wird der Geschäftsanteil frei vom Pfandrecht auf einen dritten Erwerber wie auf den Rechtsvorgänger des Pfandbestellers übertragen. Denn der Pfandgläubiger hat den Geschäftsanteil mit dieser Ausschlußmöglichkeit erworben. Ein nicht voll bezahlter Geschäftsanteil trägt eben den Todeskeim in sich (vgl. Anm. 25 ff. zu § 21).

Anm. 24. **Auch durch Pfändung** kann ein Pfandrecht entstehen (vgl. über die Zwangsvollstreckung in Geschäftsanteile näheres Anm. 11 ff. im Exkurse zu § 15). Hier soll nur folgendes noch hinzugefügt werden:

Anm. 25. Der Verkauf gepfändeter Geschäftsanteile durch den Gerichtsvollzieher geschieht im Wege der öffentlichen Versteigerung. Auch wenn sie einen Börsen- oder Marktpreis haben,

sind sie nicht aus freier Hand zum Tageskurse zu verkaufen, weil sie nicht Wertpapiere § 84.
sind (oben Anm. 20), § 821 CPO. also nicht Platz greift.

Über die Form, in welcher sich der Rechtsübergang im Falle dieser öffentlichen Versteigerung vollzieht, siehe Anm. 12 im Exkurse zu § 15.

Dem Erwerber in dieser öffentlichen Versteigerung steht wegen eines Mangels im Anm. 26.
Rechte oder wegen eines Mangels der veräußerten Sache (der zugehörigen Urkunden) ein Anspruch auf Gewährleistung nicht zu (§ 806 CPO.), weder gegen den Gläubiger, der die Pfändung veranlaßte, noch gegen den bisherigen Gesellschafter. War also z. B. der Geschäftsanteil mit einem Pfandrecht belastet oder bestand er als solcher, als er versteigert wurde, nicht, so hat der Ersteher keinen Gewährleistungsanspruch gegen den Gläubiger oder gegen den Schuldner. Er kann den Erstehungspreis nicht zurückfordern. Was er erwirbt, ist unter Umständen ein Nichts. Nur aus besonderen Rechtsgründen können hier Regreßansprüche entstehen (Arglist der Beteiligten, Verletzung der Amtspflicht durch den Gerichtsvollzieher u. s. w.). Der § 806 CPO., dem Gaupp-Stein (Kommentar zur CPO.) wegen § 935 BGB. erhebliche Bedeutung absprechen, gewinnt hiernach bei der Versteigerung von Geschäftsanteilen einer GmbH. sehr erhebliche Bedeutung. Daß er auf solche Versteigerungen Anwendung findet, kann nach dem Zusammenhange der gesetzlichen Vorschriften keinem Zweifel unterliegen. Denn der § 806 CPO. steht in dem Titel Zwangsvollstreckung in das bewegliche Vermögen unter Nr. I Allgemeine Bestimmungen, Nr. II behandelt die Zwangsvollstreckung in körperliche Sachen, Nr. III die Zwangsvollstreckung in Forderungen und andere Vermögensrechte. Jene allgemeinen Bestimmungen beziehen sich also auch auf die Zwangsvollstreckung in andere Vermögensrechte.

IV. **Der Nießbrauch an Geschäftsanteilen.** Die Bestellung des Nießbrauchs erfolgt nach den Anm. 27.
für die Übertragung des Geschäftsanteils geltenden Vorschriften (§ 1069 Abs. 1 BGB.). Erfolgt also die Bestellung durch Vertrag, so muß die gerichtliche oder notarielle Form gewählt werden (§ 15 Abs. 3 unseres Gesetzes). Die Übergabe des Anteilscheins gehört regelmäßig nicht zur Übertragung des Nießbrauchs, wohl aber dann, wenn die Statuten die Übertragung des Geschäftsanteils an die Übergabe des Anteilscheins knüpfen (vgl. Anm. 59 zu § 15). In diesem Falle muß dem Nießbraucher mindestens der Mitbesitz übertragen werden (vgl. § 1081 BGB.). Der Besitz der Talons steht dem Eigentümer und dem Nießbraucher gemeinschaftlich, der Besitz der Dividendenscheine dem Nießbraucher allein zu (§ 1081 BGB.). Der Nießbraucher hat kein Stimmrecht, sondern nur der Gesellschafter. Dem Nießbraucher gegenüber ist der Besteller verpflichtet, das Stimmrecht so auszuüben, daß er dessen Interesse nicht verletzt. Hat der Nießbraucher zugleich das Verwaltungsrecht, so gilt das in Anm. 23 Gesagte.

Die Dividenden gebühren dem Nießbraucher zu einem der Dauer seiner Berechtigung Anm. 28.
entsprechenden Teil (§ 101 BGB.). Die Liquidationsquote und die etwaige Amortisationssumme ist an den Nießbraucher und den Gesellschafter gemeinschaftlich zu zahlen (§ 1077 BGB.). Nießbraucher und Gesellschafter sind einander verpflichtet, dazu mitzuwirken, daß das eingezogene Kapital mündelsicher verzinslich angelegt und dem Nießbraucher der Nießbrauch daran gewährt wird. Die Art der Anlegung bestimmt der Nießbraucher (§§ 1079, 1083 Abs. 2 BGB.).

Die Verpflichtungen, welche an dem Geschäftsanteile haften, verbleiben bei dem Be- Anm. 29.
steller des Nießbrauchs. Er allein ist insbesondere zur Einzahlung von Einlagerückständen verpflichtet. Zahlt der Nießbraucher solche Beträge, so haftet ihm der Gesellschafter auf Ersatz nach den Regeln von der Geschäftsführung ohne Auftrag (§ 1049 BGB.). Zahlt keiner von beiden, so kann der Geschäftsanteil trotz des Nießbrauchs kaduziert werden und dadurch der Gesellschaft anheimfallen. Selbstverständlich fällt dann der Nießbrauch fort (vgl. oben Anm. 23).

V. **Die ehemännliche und elterliche Nutznießung von Geschäftsanteilen.** Steht dem Ehemanne Anm. 30.
kraft des gesetzlichen Güterrechts Verwaltung und Nutznießung an dem Eingebrachten der Ehefrau zu, so kann er über Geschäftsanteile, die zu dem eingebrachten Gute gehören, dennoch nicht ohne Zustimmung der Frau verfügen (§ 1375 BGB.). Nur wenn

§ 84. die Frau bereits zu solcher Verfügung obligatorisch verpflichtet ist, kann er den Geschäftsanteil abtreten oder verpfänden, je nach dem Inhalt der obligatorischen Verpflichtung (§ 1376 Nr. 3 BGB.). Dagegen greift der § 1376 Nr. 1 BGB., wonach der Ehemann auch über verbrauchbare Sachen der Frau selbständig verfügen kann, hier nicht Platz. Denn Geschäftsanteile sind nicht bewegliche Sachen und verbrauchbare Sachen sind nur bewegliche Sachen (§§ 92, 90 BGB.). Wenn also z. B. die Geschäftsanteile auch zu einem von der Ehefrau ererbten Bankgeschäfte gehören, darf der Ehemann doch nicht darüber verfügen.

Anm. 31. Erwirbt der Mann mit den Mitteln des eingebrachten Gutes einen Geschäftsanteil einer GmbH., so wird die Ehefrau unmittelbar Eigentümerin des Geschäftsanteils, also auch dann, wenn er denselben auf seinen eigenen Namen erworben hat (§ 1381 Abs. 2 BGB., vgl. Anm. 77 zu § 15). Dies greift nur dann nicht Platz, wenn der Ehemann nicht für Rechnung des eingebrachten Gutes erwerben wollte. Aber daraus allein, daß er auf eigenen Namen erwarb, folgt noch nicht, daß er nicht für Rechnung des eingebrachten Gutes erwerben wollte.

Anm. 32. Die Nutzungen gehören dem Ehemann, wie dem Nießbraucher. Er hat demnach Anspruch auf die Dividenden zu einem der Dauer seiner Berechtigung entsprechenden Teil. Sollten Dividendenscheine auf den Namen der Ehefrau lauten, so wird er doch durch seine Eigenschaft als Ehemann zur Einziehung derselben legitimiert (§ 1383 BGB.).

Anm. 33. Das Stimmrecht in der Generalversammlung wird man ihm gewähren müssen, weil dies zur Verwaltungsbefugnis gehört (so auch für Aktien Simon in der Festgabe für Wilke 273; Lehmann a. a. O. 406). Liegt in der Abstimmung aber mehr als eine Verwaltung, nämlich eine Verfügung über den Geschäftsanteil, so fehlt ihm das Recht dazu. Das gilt dann, wenn er auf Sonderrechte verzichten soll (so Lehmann gegen Simon). Das ist schon deshalb zutreffend, weil die Zustimmung zum Eingriffe in Sonderrechte etwas anderes ist, als das Recht zum Stimmen (Anm. 4 u. 21 zu § 53).

Anm. 34. Zur Zahlung von ausstehenden Einlagen ist der Ehemann nicht verpflichtet. Sie können nicht zu den privatrechtlichen Lasten im Sinne des § 1385 Nr. 2 BGB. gezählt werden. Zahlt er die Summe zur Vermeidung der Kaduzierung, so kann er von der Ehefrau Ersatz verlangen (§ 1390 BGB.). Zahlt weder der Mann noch die Frau, so kann nur die Frau verklagt werden. In das eingebrachte Gut kann aber nur dann vollstreckt werden, wenn die Verpflichtung aus der Zeit vor Eintritt des gesetzlichen Güterrechts stammt oder wenn sie die Ehefrau nach dessen Eintritt mit Zustimmung des Ehemannes auf sich genommen hatte. Anderenfalls kann die Gesellschaft sich an das eingebrachte Gut nur nach den Vorschriften über die ungerechtfertigte Bereicherung halten. Daraus und aus sonstigen Grundsätzen folgt, daß der Geschäftsanteil selbst wegen rückständiger Einlagen kaduziert werden kann, wobei selbstverständlich der ehemännliche Nießbrauch fortfällt (oben Anm. 29).

Anm. 35. Steht dem Inhaber der elterlichen Gewalt die Verwaltung des dem Kinde gehörigen Geschäftsanteils zu, so darf er als Vertreter des Kindes über den Geschäftsanteil verfügen. Ausgenommen sind Schenkungen (§ 1641 BGB.). Einer Genehmigung des Vormundschaftsgerichts zur Veräußerung oder Belastung des Geschäftsanteils bedarf er nicht. Allein wenn z. B. zum Mündelvermögen die sämtlichen Geschäftsanteile einer GmbH. gehören, so fällt die Veräußerung derselben im Ganzen unter §§ 1822 Nr. 1, 1643 BGB., weil dies der Veräußerung eines Erwerbsgeschäftes gleichsteht.

Anm. 36. Ist die Mutter die Inhaberin der elterlichen Gewalt, und ist ein Beistand bestellt, so bedarf sie zu Verfügungen über den Geschäftsanteil der Zustimmung des Beistandes, die durch Zustimmung des Vormundschaftsgerichts ersetzt werden kann (§§ 1690, 1812 BGB.). Die Nutzungen des unfreien Kindesvermögens gehören dem Inhaber der elterlichen Gewalt, so wie einem Nießbraucher (§ 1652 BGB.). Vgl. darüber oben Anm. 32. Zu Einzahlungen auf den Geschäftsanteil ist er nicht verpflichtet. Dagegen kann die Gesellschaft ohne Rücksicht auf die elterliche Nutznießung Befriedigung aus dem Vermögen des Kindes verlangen (§ 1659 Abs. 1 BGB.).

Das Stimmrecht übt der Inhaber der elterlichen Gewalt als gesetzlicher Vertreter aus.

VI. **Leihe, Miete und Pacht.** § 84.

1. Der Geschäftsanteil kann auch geliehen werden. Es kann der Geschäftsanteil abgetreten werden, damit der Cessionar nach außen als Gesellschafter gelte und daraufhin Verwaltungsrechte ausübe (vgl. oben Anm. 9). Anm. 37.

Geschieht dies gegen Entgelt, so ist es Miete (vgl. oben Anm. 9). Anm. 38.

2. Der Geschäftsanteil kann auch verpachtet werden. Der Pächter gewinnt gegenüber dem Verpächter das Recht auf die Nutzungen. Aber der Gesellschaft gegenüber kann er dieses Recht nur geltend machen, wenn es ihm besonders abgetreten wird, was bei Inhaberdividendenscheinen durch bloße Übertragung des Besitzes erfolgt. Veräußert der Verpächter den Geschäftsanteil an einen Dritten, der dem Pächter den Genuß der Dividenden entzieht, so ist der Pächter von der Entrichtung des Pachtzinses befreit oder er kann Schadensersatz wegen Nichterfüllung verlangen (§§ 541, 581 Abs. 2 BGB.).

VII. **Der Geschäftsanteil als Teil einer Vorerbschaft.** Ist der Geschäftsanteil an einen Erben gefallen, dem ein Nacherbe bestimmt ist, so ist der Vorerbe in den geschäftlichen Verfügungen über den Geschäftsanteil infolge dieser Nacherbschaft nur insofern beschränkt, als er ihn nicht verschenken kann (§ 2113 Abs. 2 BGB.). Eine solche unentgeltliche Veräußerung ist beim Anfall der Nacherbschaft unwirksam, insoweit dadurch das Recht des Nacherben beeinträchtigt wird (§ 2113 Abs. 1). Bis dahin ist die Wirksamkeit der Schenkung in der Schwebe. Der Gesellschaft gegenüber ist der Schenknehmer Gesellschafter bis der Nacherbfall eintritt. Dann aber ist die Schenkung von Anfang an unwirksam. Dies hat die Folge, daß auch alle gegen den Schenknehmer entstandenen Ansprüche der Gesellschaft fortfallen. Sie ruhen auf der Erbschaft, die mit denselben belastet den Nacherben zufällt. Wenn die Nacherbfolge nicht eintritt, z. B. die Bedingung, unter der der Nacherbe berufen war, fällt aus, so ist die Schenkung von Anfang an wirksam, nicht erst vom Ausfall der Nacherbfolge ab. Entgeltliche Verfügungen des Vorerben sind stets wirksam. Es gibt auch nicht wie bei Inhaber- und Orderpapieren Schutzmaßregeln zu Gunsten des Nacherben. Es gibt keinen den Vorschriften bei der Buchforderung an das Reich entsprechenden Anspruch auf Wahrung des Nacherbrechts durch Anzeige bei der Gesellschaft. Anm. 39.

C. Die Steuerrechtsverhältnisse der GmbH. in den größeren Bundesstaaten[1]).

I. **Preußen.** Hier werden die GmbH. nicht zu den direkten Staatssteuern herangezogen, zur Einkommensteuer nicht, weil das Einkommensteuergesetz vom 24. Juni 1891 den Kreis der einkommensteuerpflichtigen juristischen Personen fest umschreibt, unsere Gesellschaft aber nicht erwähnt. Steuerbar ist daher lediglich nur der den Mitgliedern der Gesellschaft aus dem Jahresbetriebe ausgezahlte Gewinn. Zur Einreichung der Geschäftsberichte und Jahresabschlüsse sind nur solche GmbH. verpflichtet, welche Bankgeschäfte betreiben. Bezüglich der Gemeindeabgaben unterliegen die GmbH. den den Gemeinden überwiesenen Ertragssteuern. Zur Gemeindeeinkommensteuer werden jedoch nicht die Gesellschaften, sondern nur die einzelnen Gesellschafter herangezogen. Die Gemeinden können jedoch die von den auswärts wohnenden Mitgliedern einer GmbH. zu entrichtende Gemeindeeinkommensteuer von der Gesellschaft direkt einziehen (§ 33 Nr. 2 und 3 und § 67 des Kommunalabgabengesetzes vom 14. Juli 1893). Die praktische Folge dieser Bestimmung ist, daß die Besteuerung der in der Gemeinde wohnenden Gesellschafter und die der Forensen sich verschieden gestaltet. Bei der Veranlagung zur Staatseinkommensteuer versteuern, wie bereits hervorgehoben, die in der Gemeinde wohnenden Gesellschafter ihren Gewinn aus der Gesellschaftsbeteiligung als Kapitals- Anm. 40.

---

1) Das Material ist enthalten in dem Aufsatze von Justizrat Dr. Paul Holdheim in dessen Monatsschrift für Handelsrecht 1903 Nr. 1. Vgl. auch den Aufsatz: Die Besteuerung der Aktiengesellschaften und der Gesellschaften mit beschränkter Haftung von v. Dewitz, Deutsche Monatsschrift 8 (1905), 779 ff., woselbst insbesondere die geplante Abänderung des preußischen Systems besprochen ist.

§ 84. einkommen. Infolge der Gemeindezuschläge gilt dies auch für die Gemeindeeinkommensteuer. Die außerhalb der Gemeinde wohnenden Mitglieder der Gesellschaft versteuern jedoch ihren Gesellschaftsgewinn als gewerbliches Einkommen. Infolgedessen wird bei ihnen nicht nur ihr Anteil an dem verteilten, sondern auch an dem zur Reservebildung, Schuldentilgung u. s. w. verwendeten Reinertrag der Gesellschaft herangezogen (PrOVG. 31, 50).

Anm. 41. In gleicher Weise wie zu den Gemeindeabgaben werden auch die Mitglieder einer GmbH. zu den Kreissteuern herangezogen (Gesetz betr. die Heranziehung zu den Kreisabgaben vom 1. April 1902).

Anm. 42. II. **Bayern.** Hier werden die GmbH. nicht zur Einkommensteuer herangezogen. Diese Steuer ist subsidiärer Natur. Ihr unterliegt nur der, der „ein Einkommen bezieht, das nicht bereits mit Grund-, Haus-, Gewerbe- oder Kapitalrentensteuer belegt ist". (Art. 1 des Gesetzes betreffend die Einkommensteuer vom 9. Juni 1899.) Die Gesellschaften, die gewerbesteuerpflichtig sind, werden daher nicht getroffen. Ebensowenig unterliegen unsere Gesellschaften der Kapitalrentensteuer (Nr. 8 des Gesetzes betreffend die Kapitalrentensteuer vom 9. Juni 1899), weil der Gewinn unter die Gesellschafter verteilt wird.

Anm. 43. Dagegen unterliegen die GmbH. der staatlichen Gewerbesteuer und die Gesellschafter haften solidarisch für sie (§ 18 des Gesetzes betreffend die Gewerbesteuer vom 9. Juni 1899. Vgl. dagegen Rehm bei Holdheim 12, 73).

Anm. 44. Zu den direkten Kommunalsteuern werden sie nicht herangezogen, weil dieselben in Zuschlägen zu den Staatssteuern bestehen, die Grundsätze der letzteren sind daher auch hier maßgebend.

Anm. 45. III. **Württemberg.** Mit seiner Einkommensteuerreform ist dieses Land noch nicht zum Abschluß gelangt. Der gegenwärtige Stand ist der, daß die Gesellschaften selbst nur zur Gewerbe-, Grund- und Gebäudesteuer herangezogen werden, das Einkommen aus der Gewinnbeteiligung aber auf Grund der Kapitalrentensteuer in der Hand der Gesellschafter versteuert wird. Dasselbe gilt von der Gemeindesteuer, sowie von der Steuer zu den Amtskörperschaften.

Anm. 46. IV. **Sachsen.** Hier werden sowohl die GmbH. als auch die Gesellschafter wegen ihrer Gewinnbeteiligung zur Staatseinkommensteuer herangezogen, die Gesellschafter jedoch nur mit der Hälfte ihres Gewinnbetrages. Dabei werden aber überall nur die verteilten Überschüsse berechnet, nicht diejenigen, die in Reserve gestellt werden (§§ 4, 17 und 19 des Einkommensteuergesetzes vom 24. Juli 1900). Die Kommunalsteuern richten sich nach den direkten Staatssteuern, teilweise gelten besondere Gemeinderegulative, so für Leipzig vom 26. März 1879.

Anm. 47. V. **Baden.** Das Badische Einkommensteuergesetz vom 24. Juli 1884 traf die GmbH. noch nicht. Wohl aber wurden sie von dem Gesetze vom 9. August 1900, betr. die Abänderung des Einkommen-, Gewerbe-, Wandergewerbe- und Kapitalrentensteuergesetzes, in den Bereich der Besteuerung mit einbezogen. Danach sind sowohl die Gesellschaft als auch die einzelnen Gesellschafter einkommensteuerpflichtig. Der dadurch herbeigeführten Doppelbesteuerung wird durch einen Abzug von 3 Proz. des einbezahlten Stammkapitals von dem Überschusse der Gesellschaft Rechnung getragen. Auffallend ist, daß auch die zum Erneuerungsfonds verwendeten Beträge steuerpflichtig sind. Die Gesellschaften werden daher besser tun, Abschreibungen vorzunehmen, anstatt Erneuerungsfonds zu bilden. Die Gesellschafter versteuern selbstverständlich nur die ihnen ausgezahlten Gewinnanteile. Der Kapitalrentensteuer unterliegt die Gesellschaft nicht, wohl aber der Gewerbesteuer. Die Gemeindesteuern werden durch Zuschläge zu den direkten Staatssteuern erhoben.

Alphabetisches Sachregister.

Die großen Zahlen weisen auf die Paragraphen des Gesetzes, die kleinen auf die Anmerkungen zu den betreffenden Paragraphen; E weist auf die allgemeine Einleitung zu Beginn des Kommentars; Exk. auf den Exkurs zu einzelnen Paragraphen.

Frommann'sche Buchdruckerei (Hermann Pohle) in Jena. — 3019

Printed and bound by CPI Group (UK) Ltd, Croydon, CR0 4YY
30/09/2026
14973061-0006